Streetworld

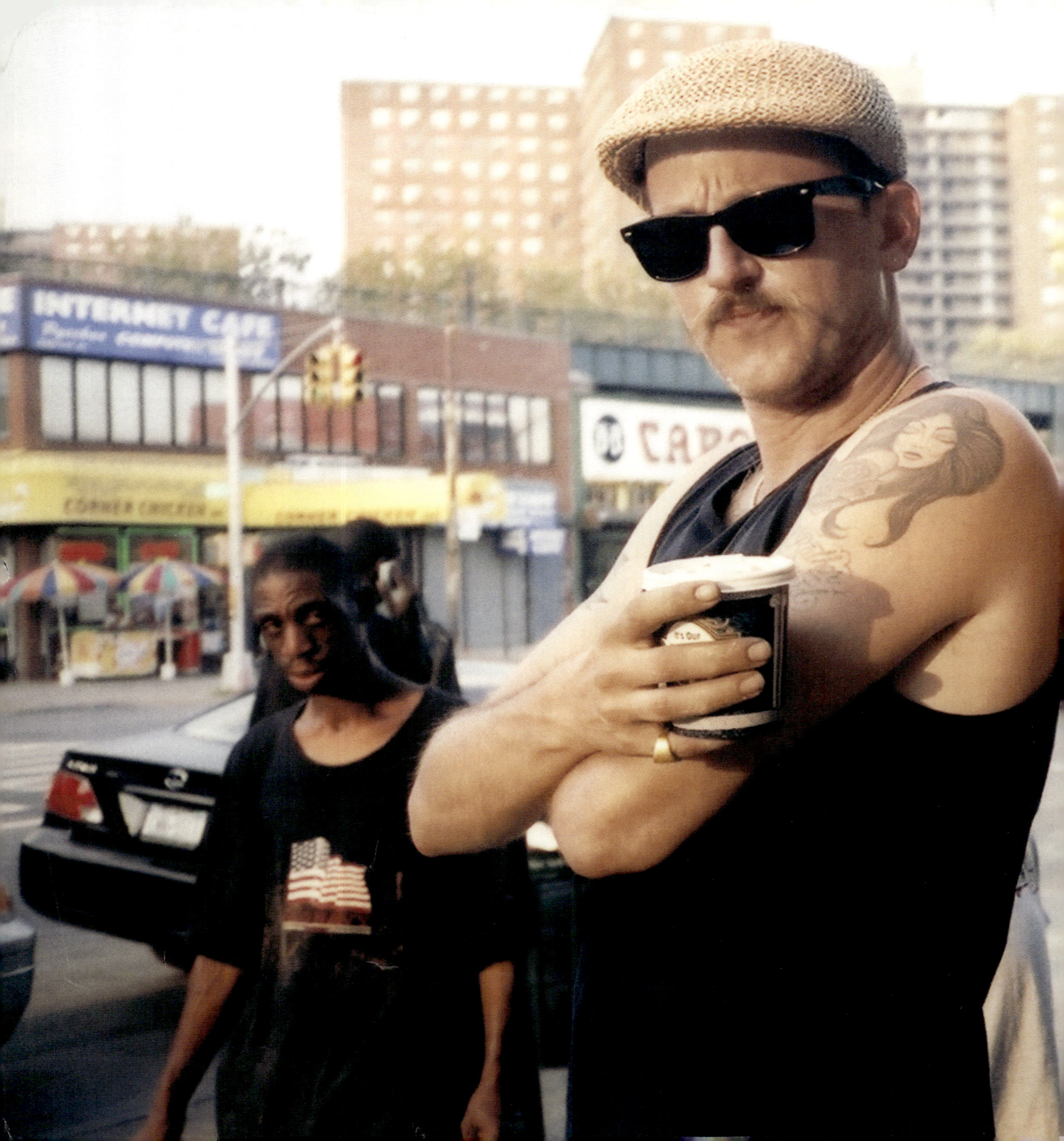
INTERNET CAFE

Streetworld

GRAFFITI, SKATEBOARDS UND TATTOOS:
URBANE SUBKULTUR
AUS FÜNF KONTINENTEN

ROGER GASTMAN
CALEB NEELON
ANTHONY SMYRSKI

ZEICHNUNGEN VON ALEX LUKAS

MIT MEHR ALS 1000 FARBILLUSTRATIONEN

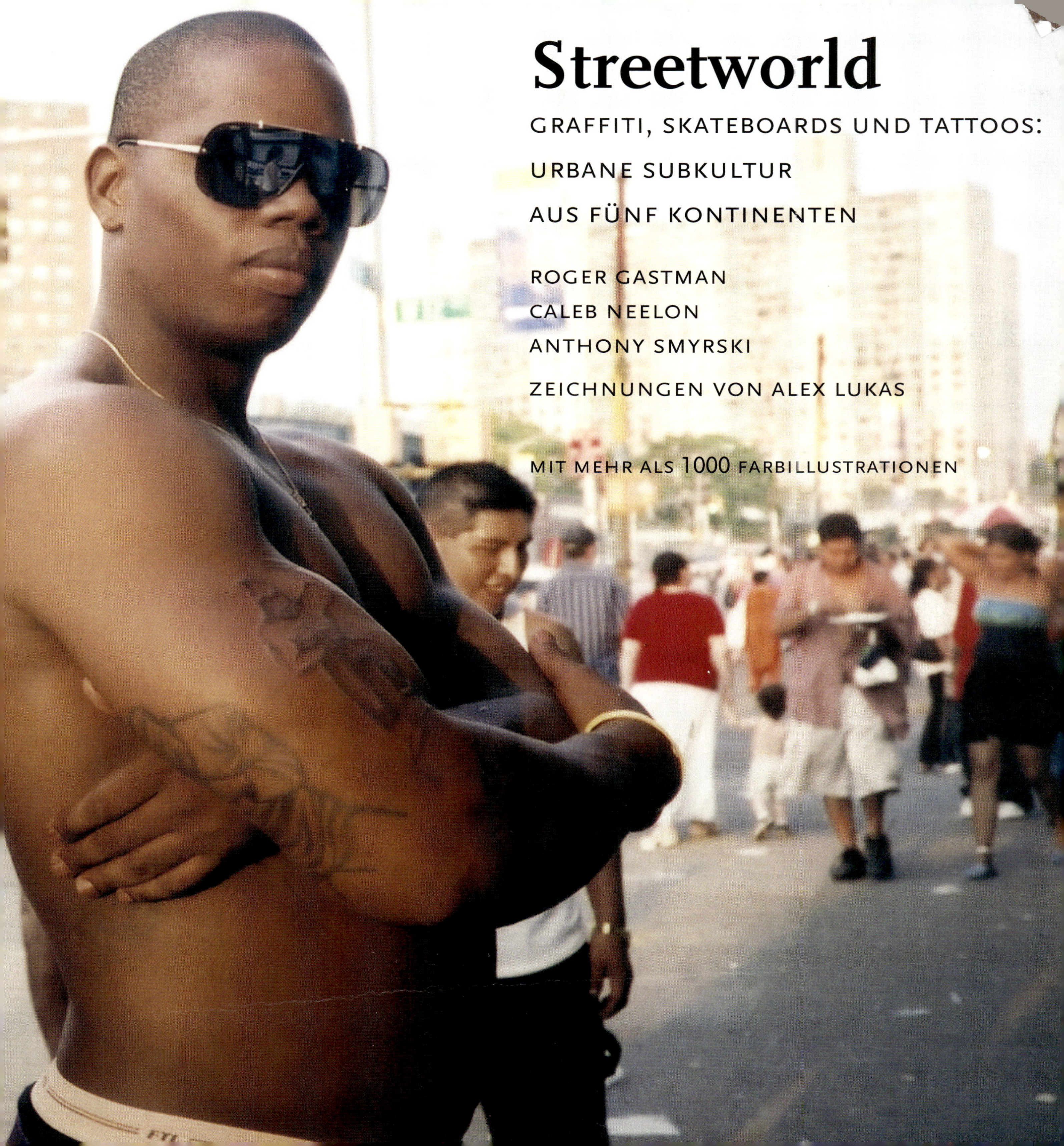

Die Fotografien auf Seite 64 bis 67 zeigen gefälschte Waren. Thames & Hudson unterstützt in keiner Weise die Herstellung und den Verkauf dieser Produkte, da dies die gewerblichen Schutz- und Urheberrechte der Hersteller verletzt. Die Fotografien sind als Kommentar zu einem sozialen Phänomen und als Veranschaulichung eines Aspekts von Straßenkultur zu verstehen.

Veröffentlicht mit Genehmigung von
Thames & Hudson, London

Titel der englischen Originalausgabe:
Street World – Urban Culture from Five Continents

Autorisierte deutsche Ausgabe veröffentlicht von
NATIONAL GEOGRAPHIC DEUTSCHLAND
(G+J/RBA GmbH & Co KG), Hamburg 2008

Übersetzung: Natalia Schaupp, Wien
Produktion: Print Company Verlagsges.m.b.H., Wien
Titelgestaltung: Groothuis, Lohfert, Consorten glcons.de

Printed in Singapore by CS Graphics
ISBN 978-3-86690-056-1

Die Website von National Geographic Deutschland können Sie unter www.nationalgeographic.de besuchen.

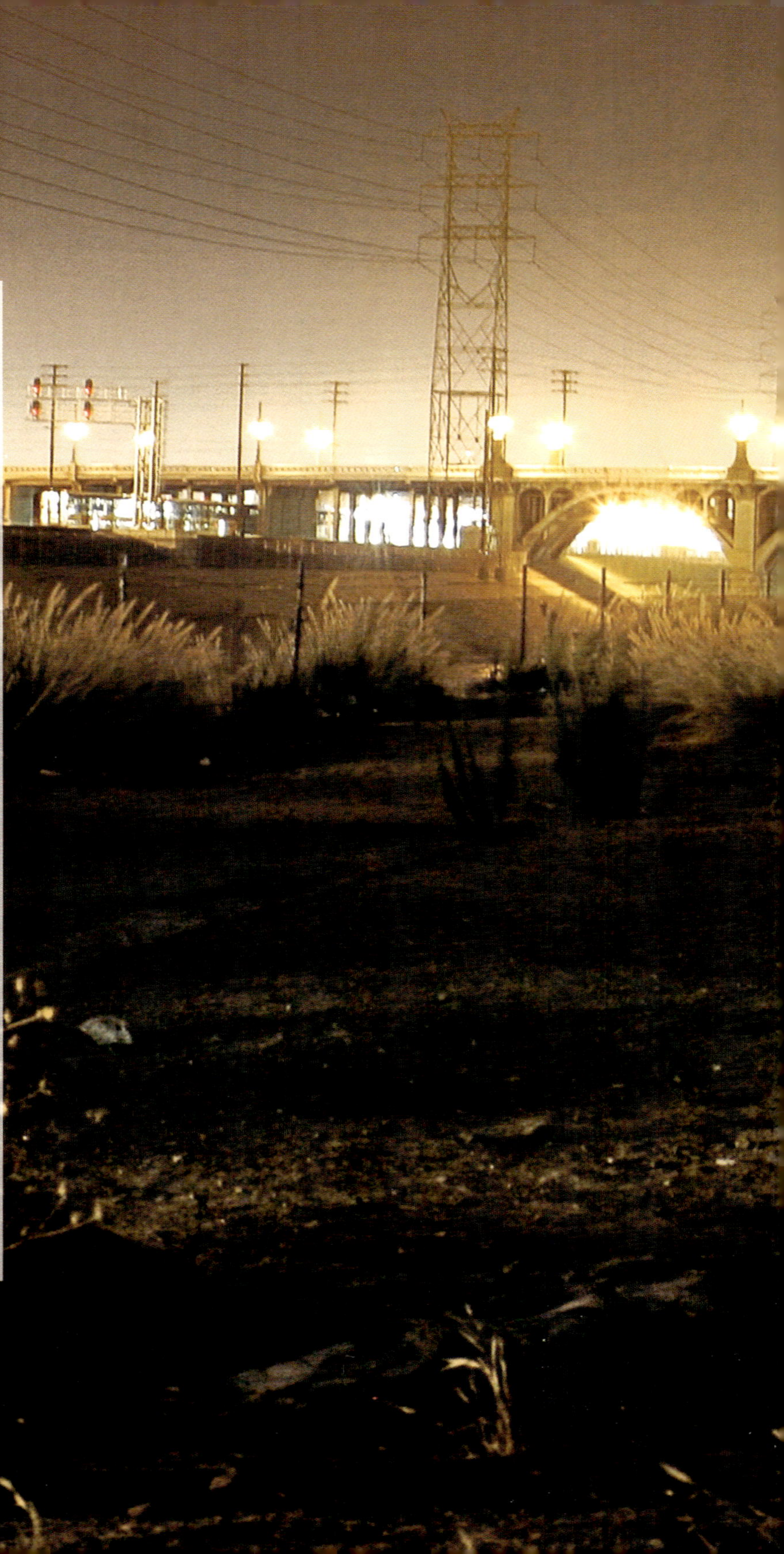

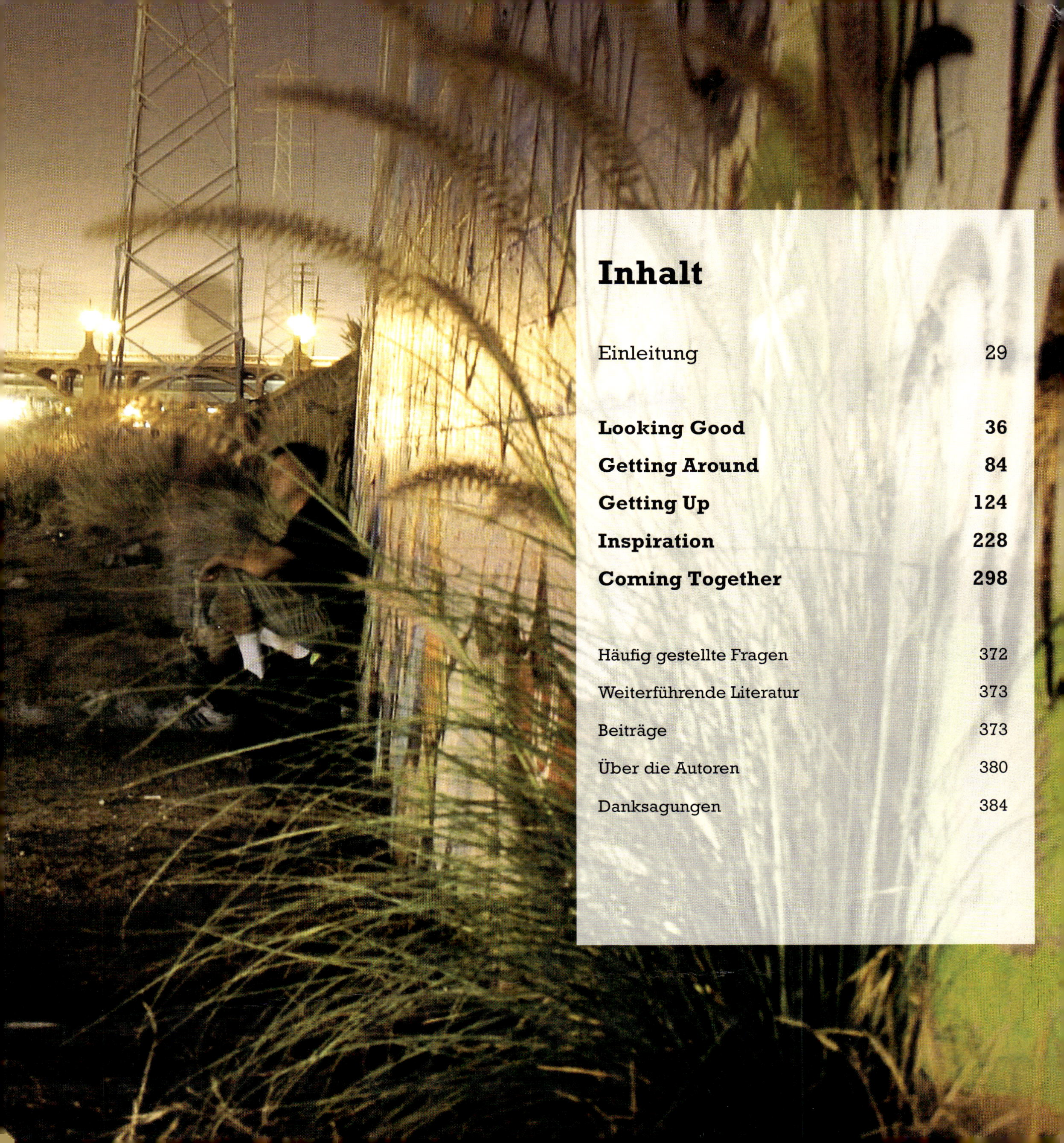

Inhalt

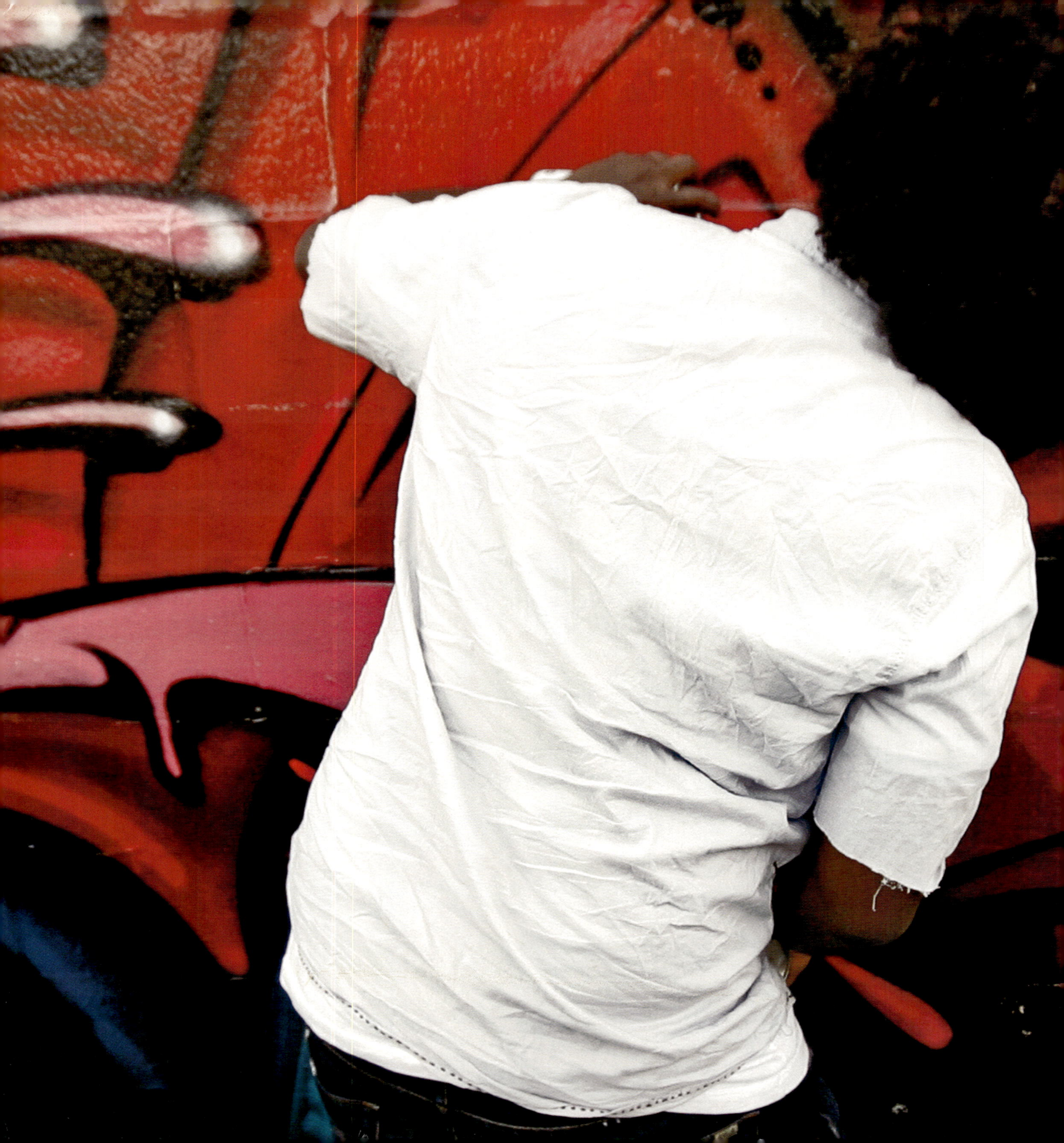

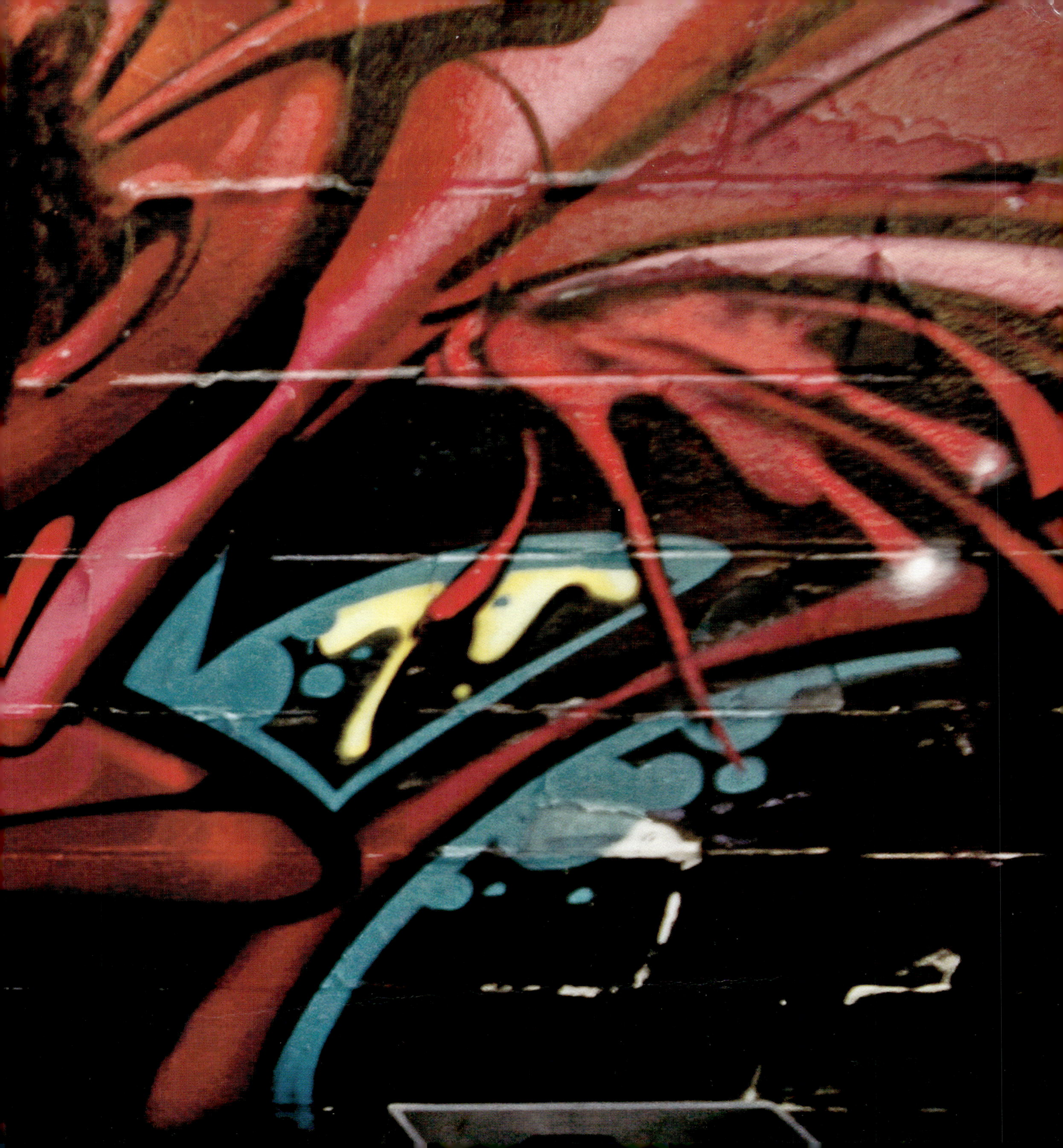

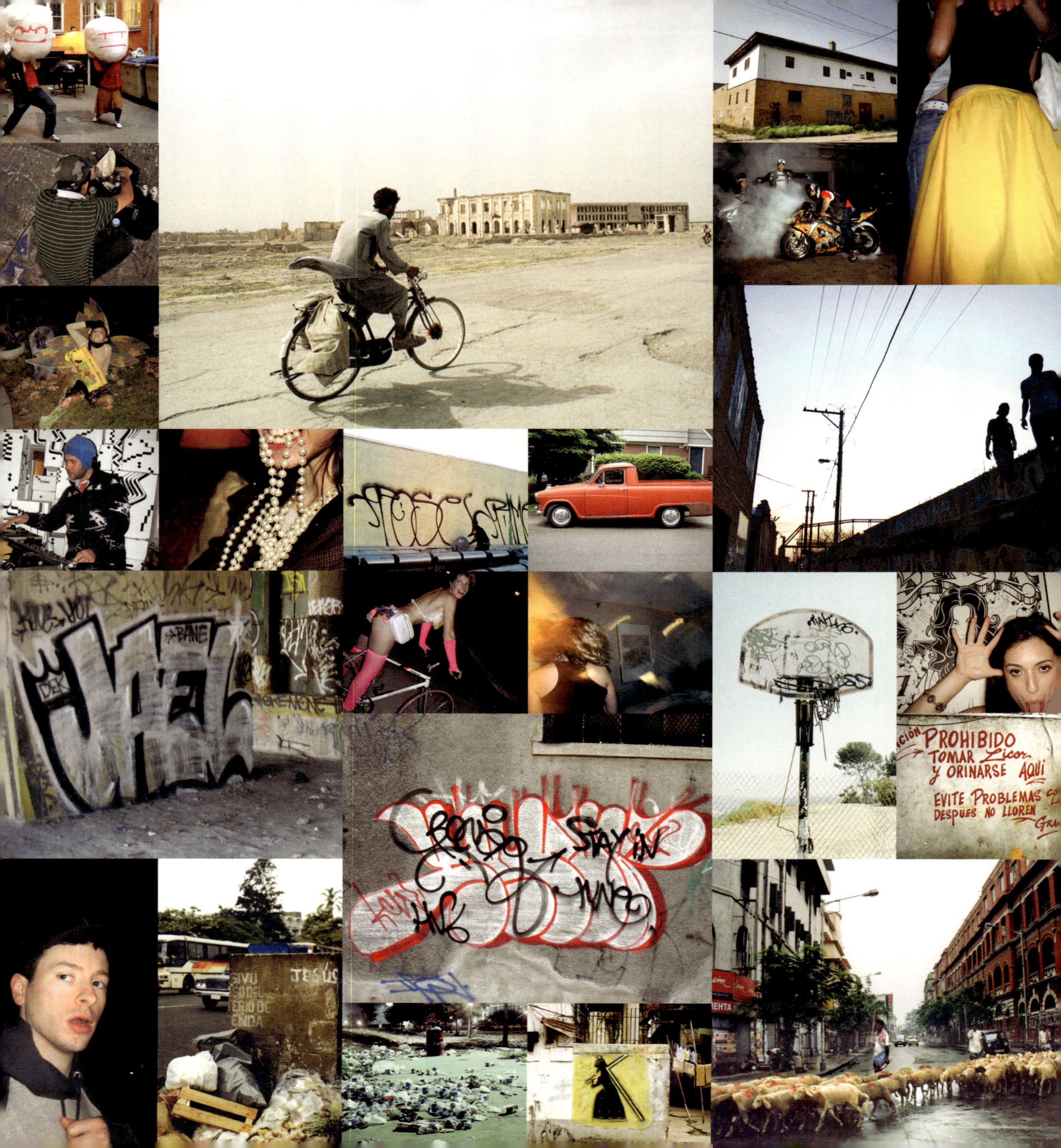
PROHIBIDO
TOMAR Licor
y ORINARSE AQUI
EVITE PROBLEMAS
DESPUES NO LLOREN
JESÚS

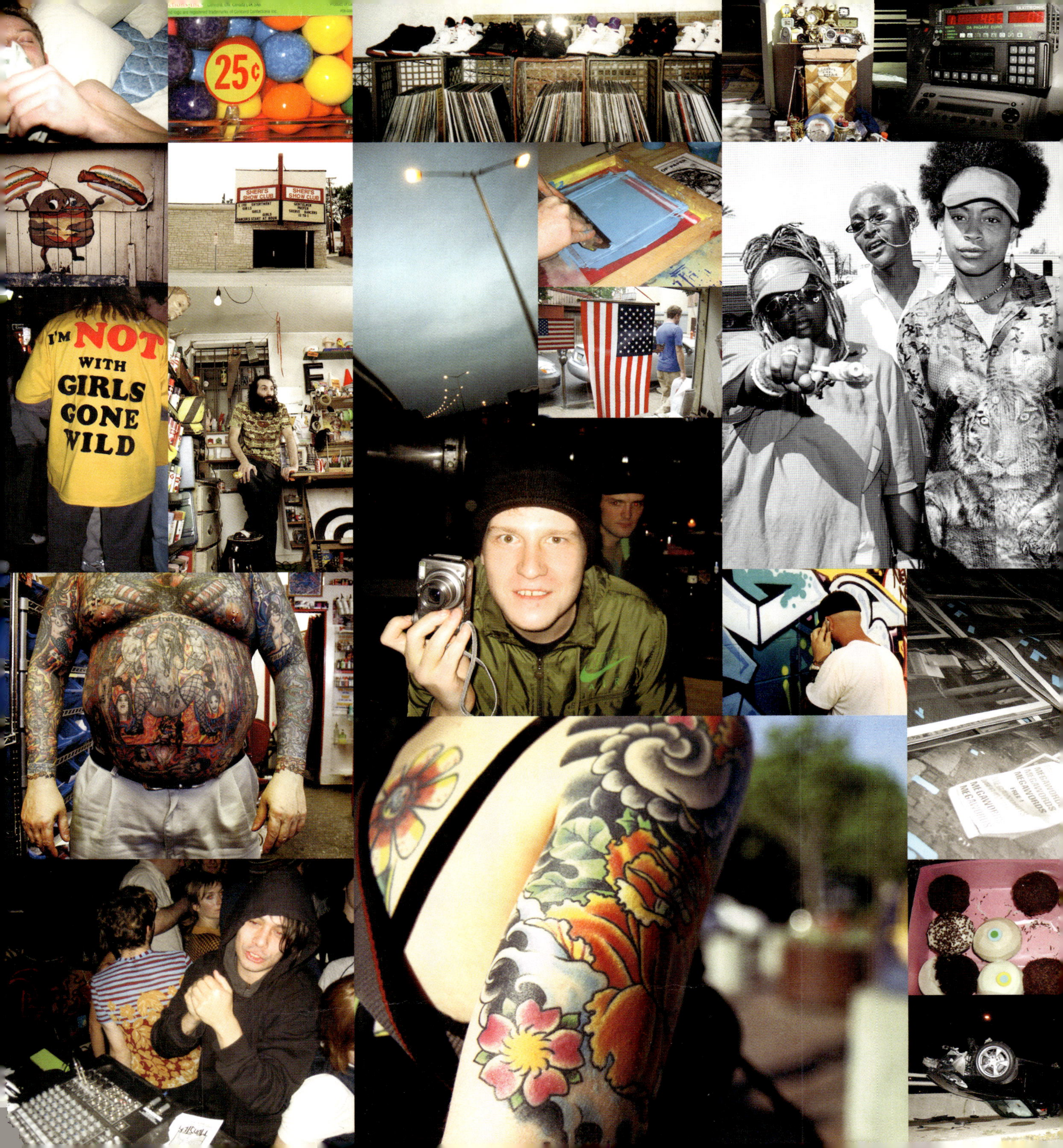
25¢
I'M NOT WITH GIRLS GONE WILD
SHERI'S SHOW CLUB
MEGAWORDS

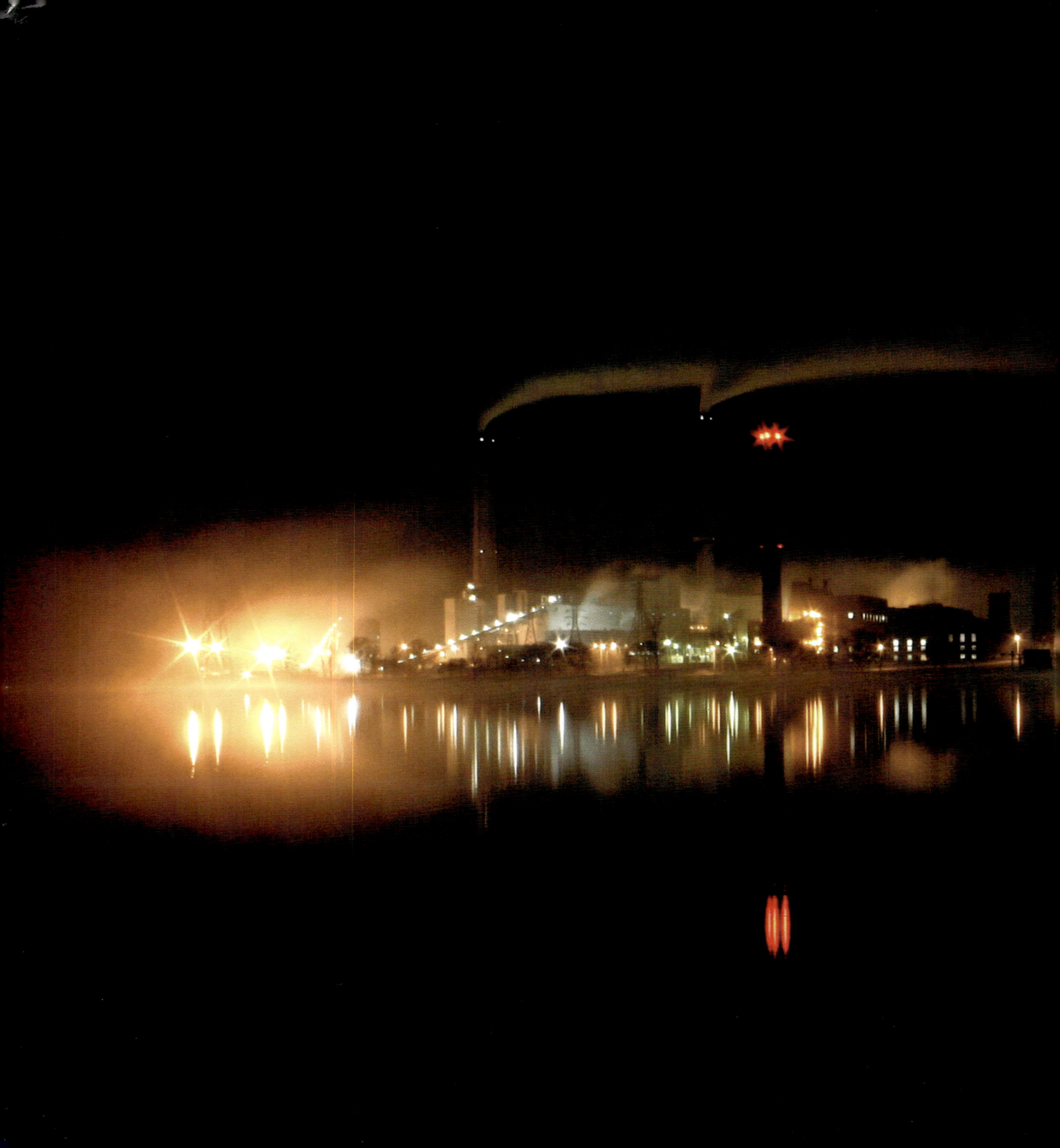

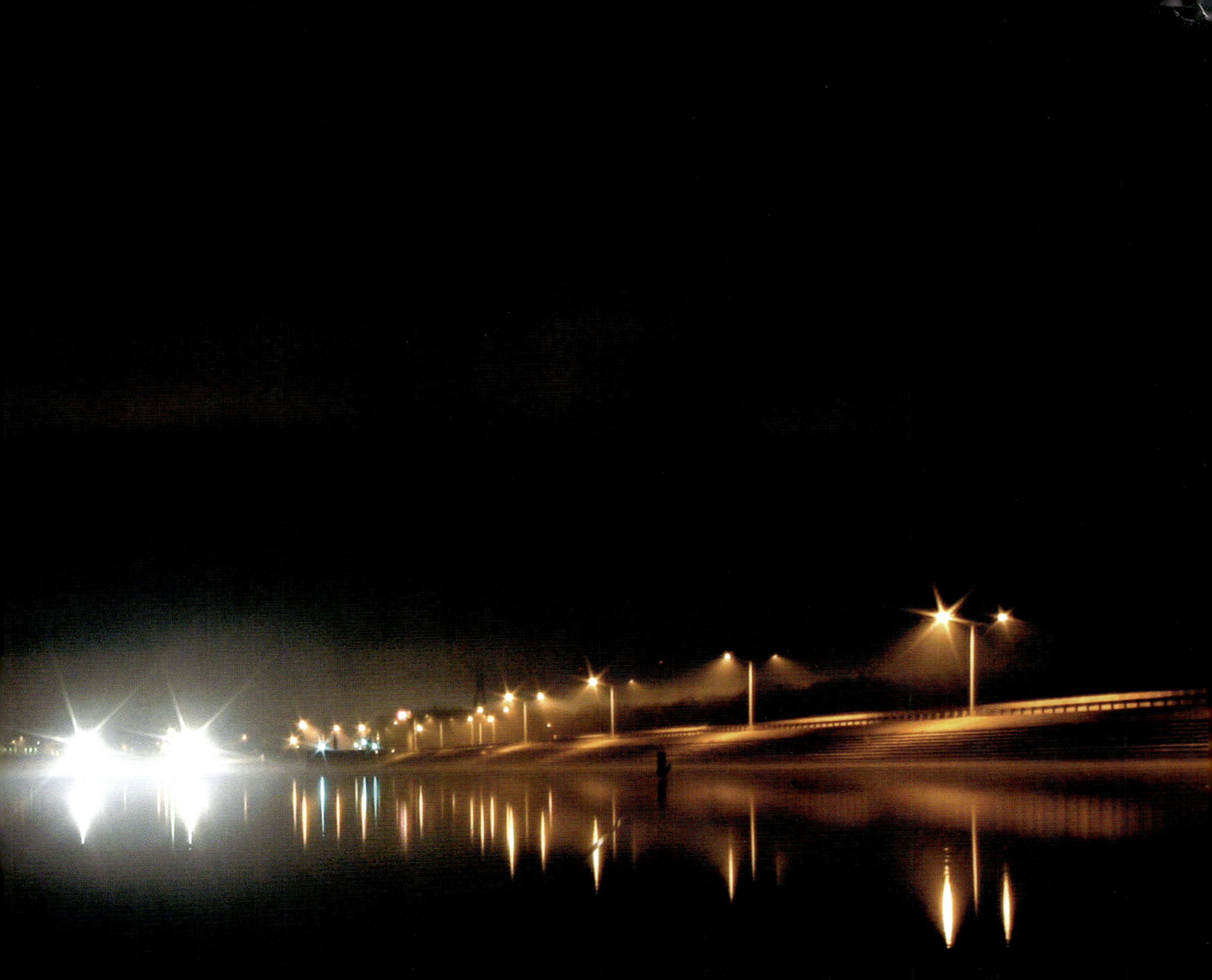

Ob man versucht, sich im Herzen einer Stadt Orientierung zu verschaffen, oder ihre Skyline aus der Ferne betrachtet – meist sagt uns das einzigartige Stadtbild, um welche Stadt es sich handelt. Die urbane Umgebung – hohe Gebäude, überfüllte Gehwege, Straßenverkäufer – ist immer von den ganz speziellen Kennzeichen einer Stadt geprägt, die durch ihre Lage, Architektur und vor allem durch ihre Bewohner bestimmt werden. Städte werden zu kulturellen Epizentren, wenn ihre hippsten Bewohner zusammenkommen und Bewegungen ins Leben rufen, die zu Trends werden und sich auf die Vorstädte und darüber hinaus ausbreiten. Schließlich vereinigen sich die Bemühungen all dieser Menschen und verleihen jeder Stadt ihren einzigartigen Charakter. Denn was ist eine Stadt, wenn nicht eine Schöpfung von Menschenhand?

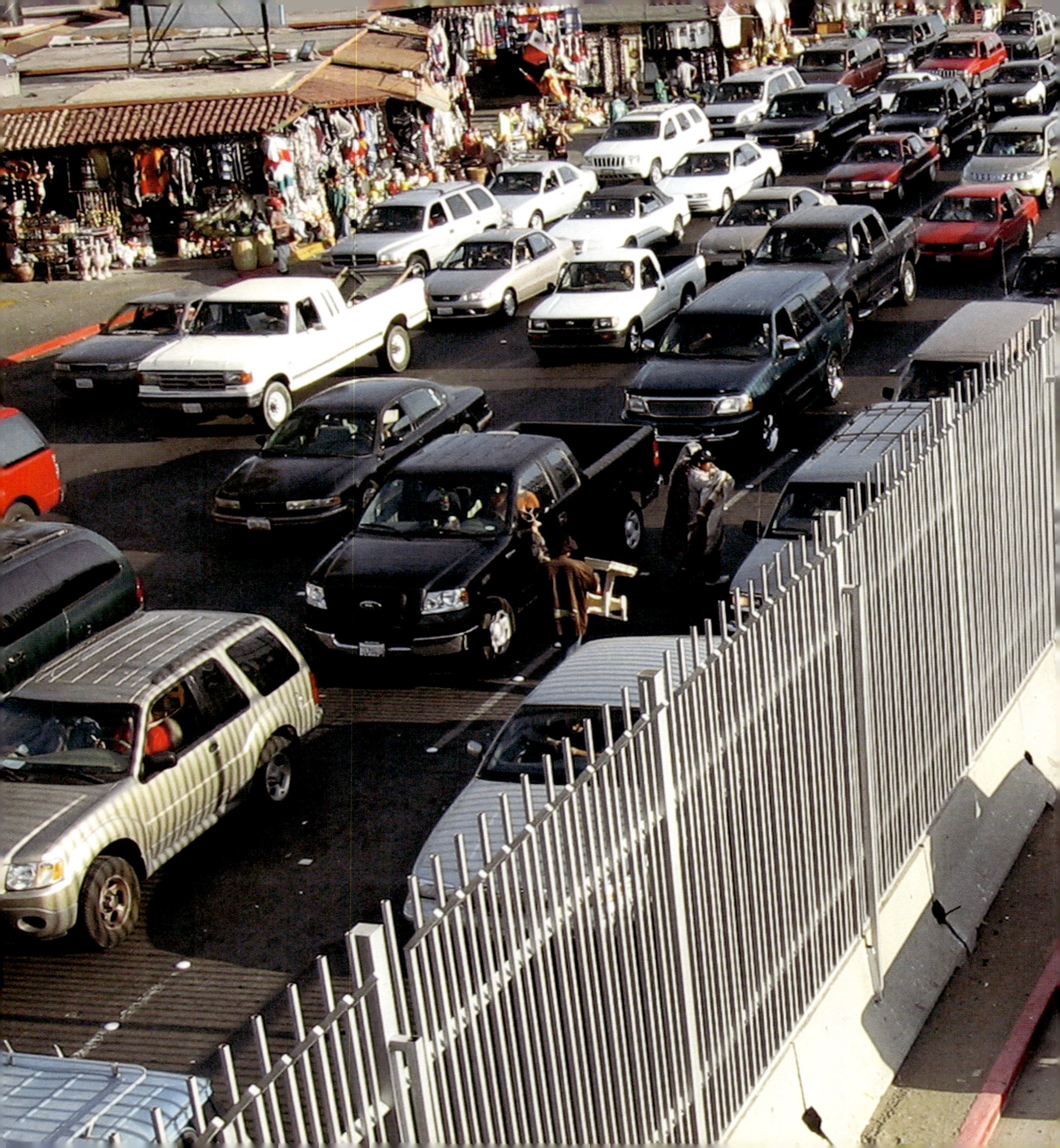

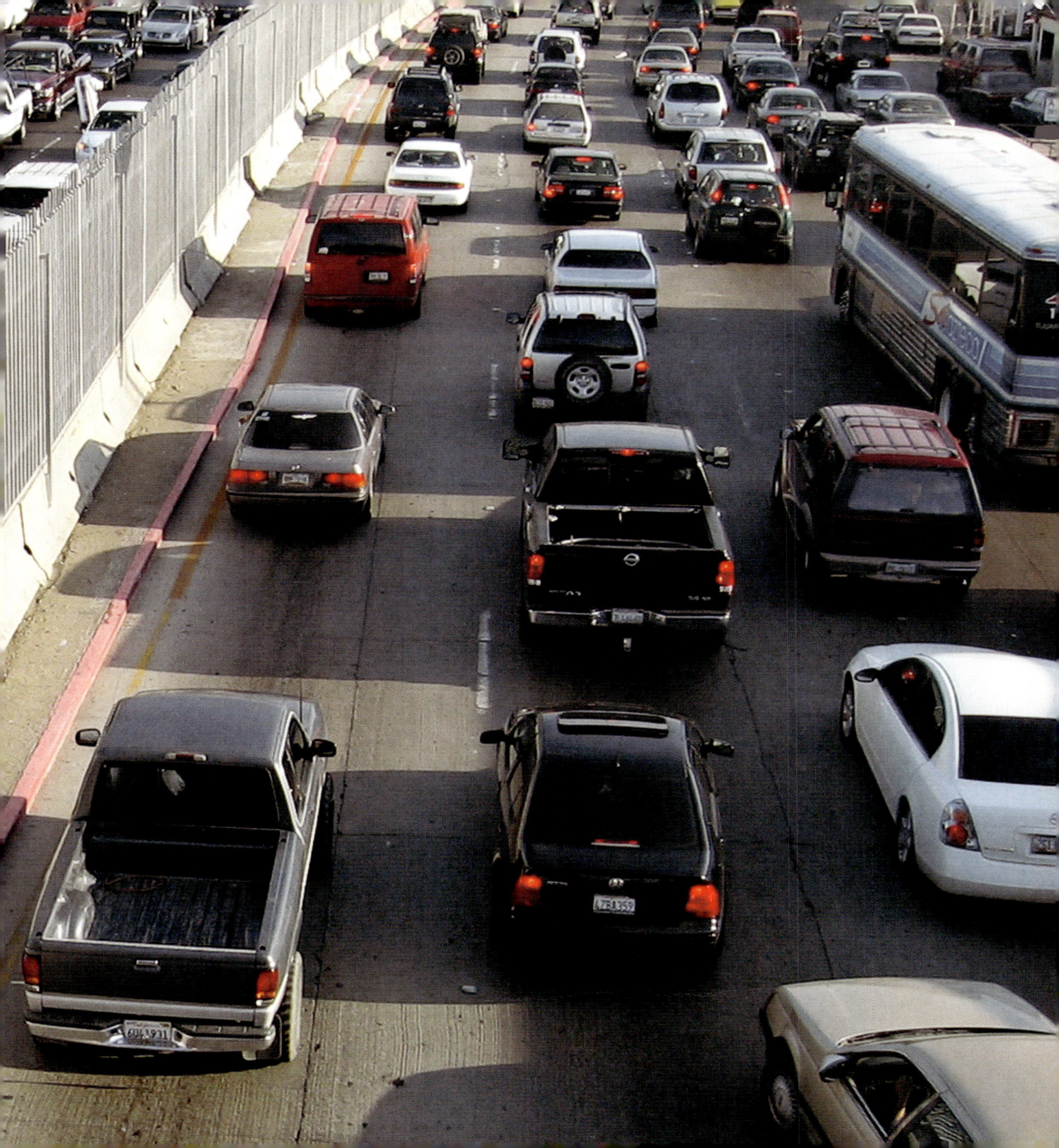

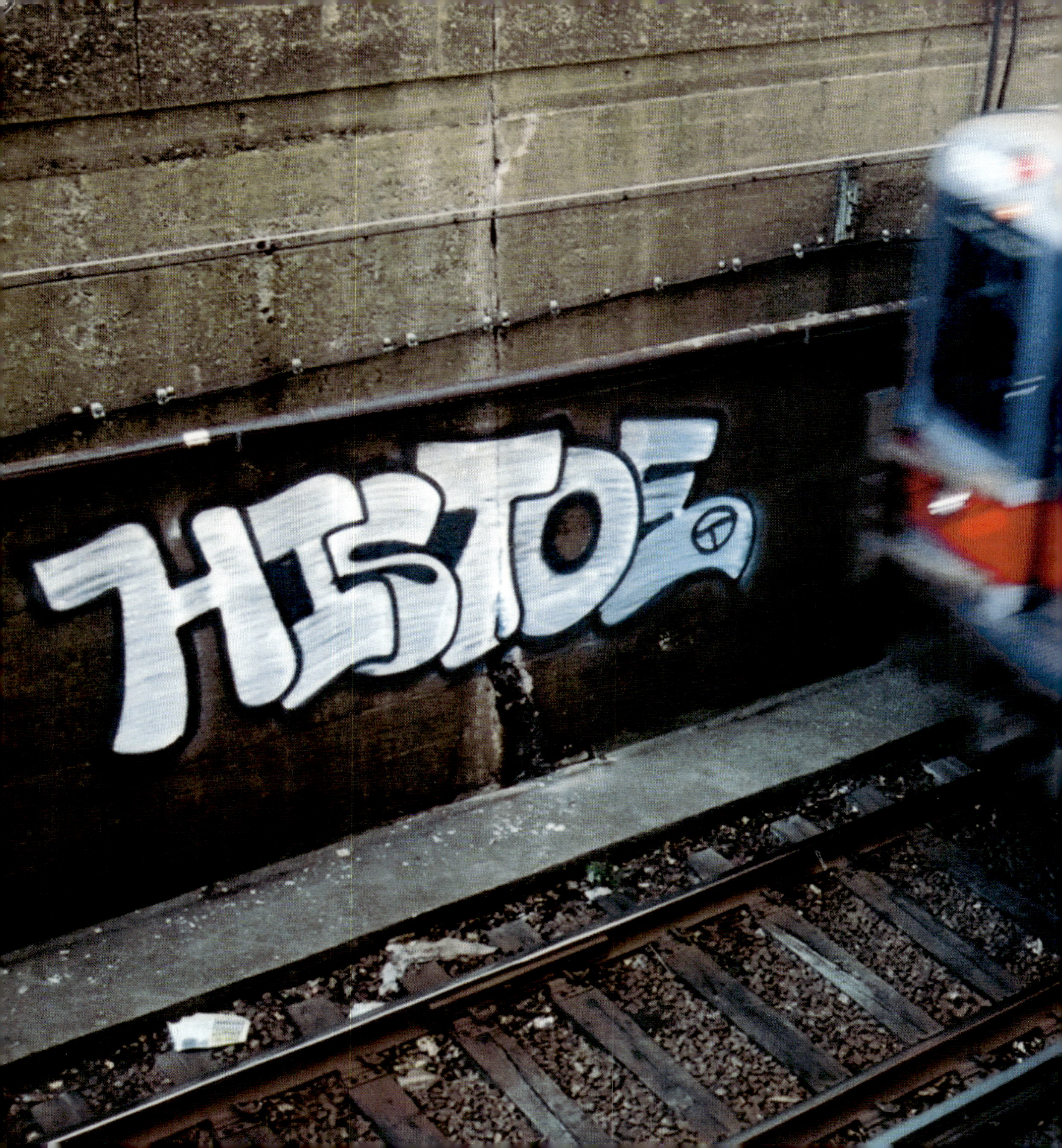

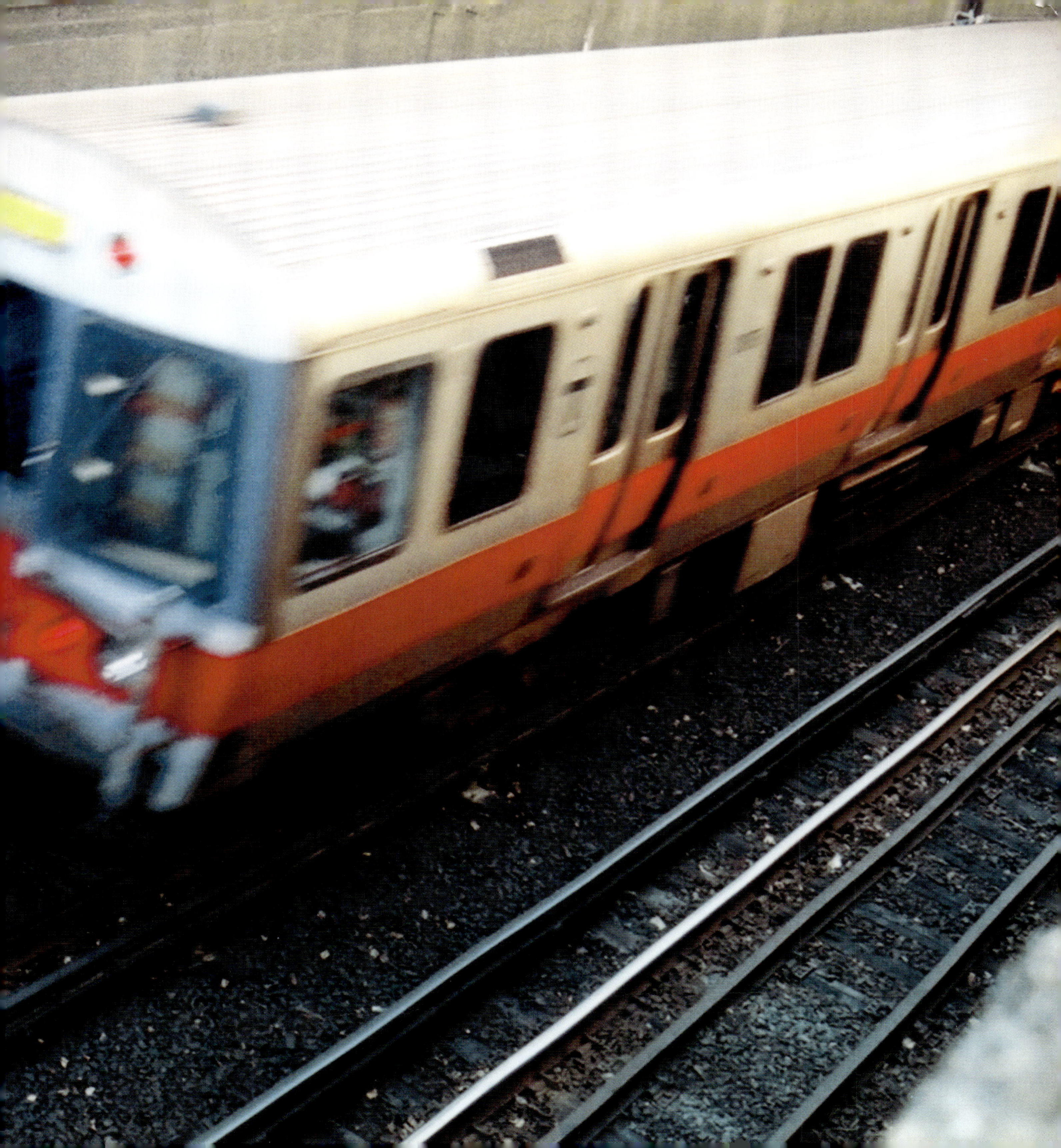

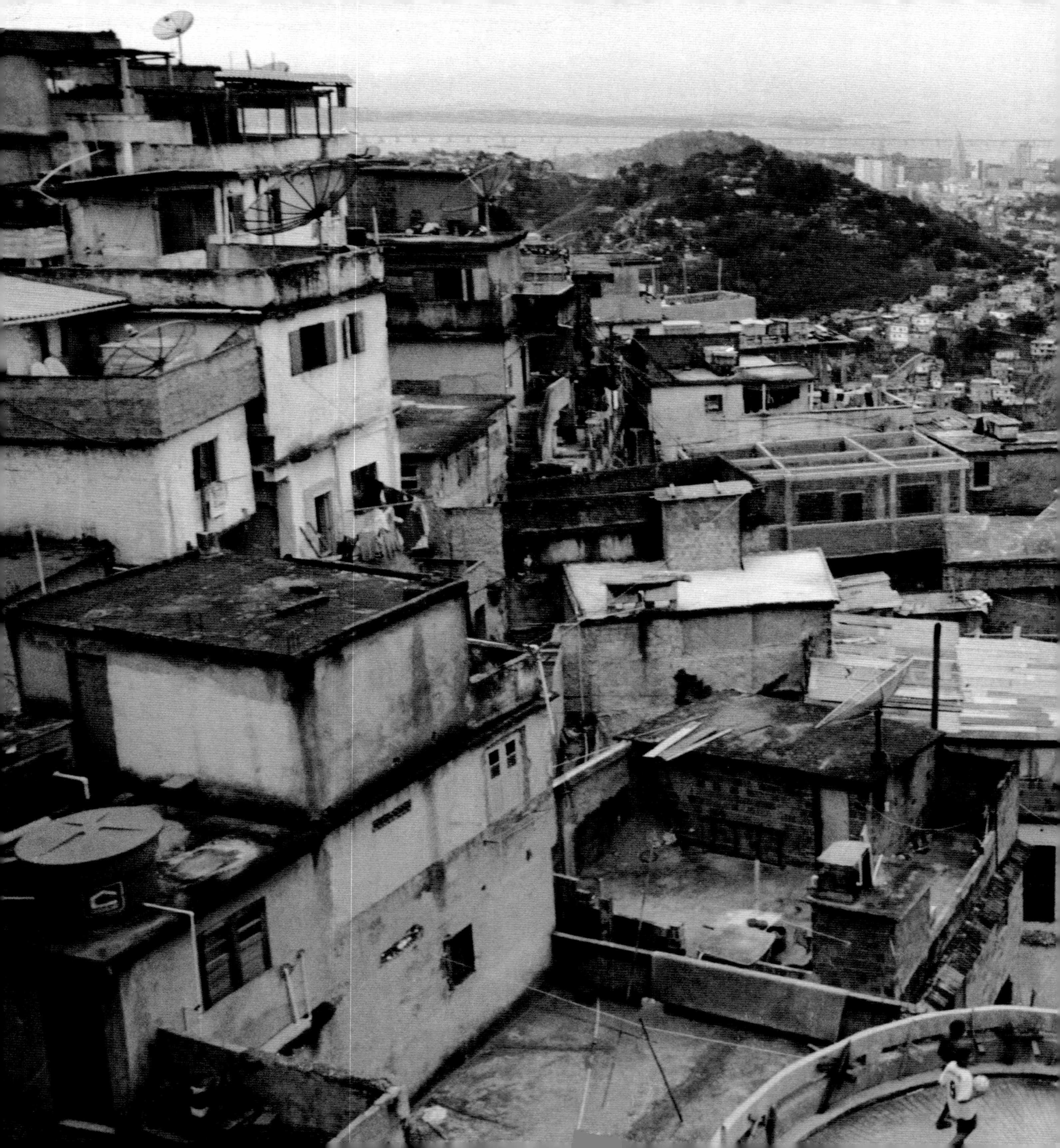

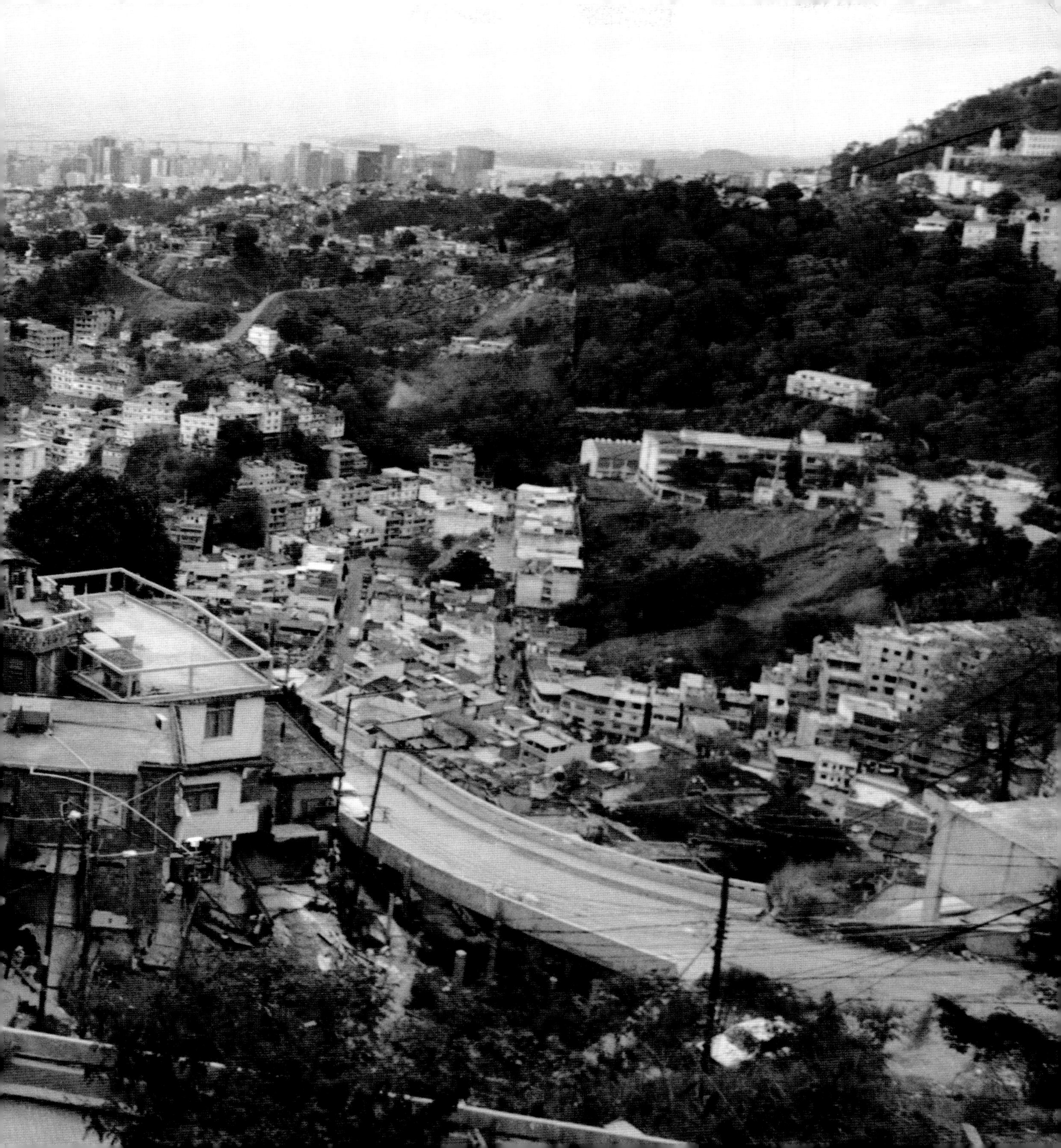

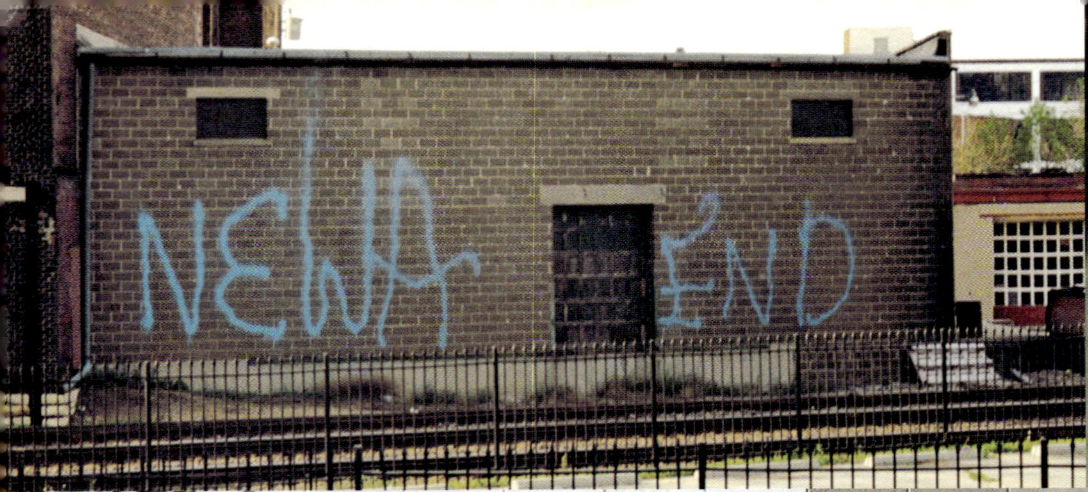

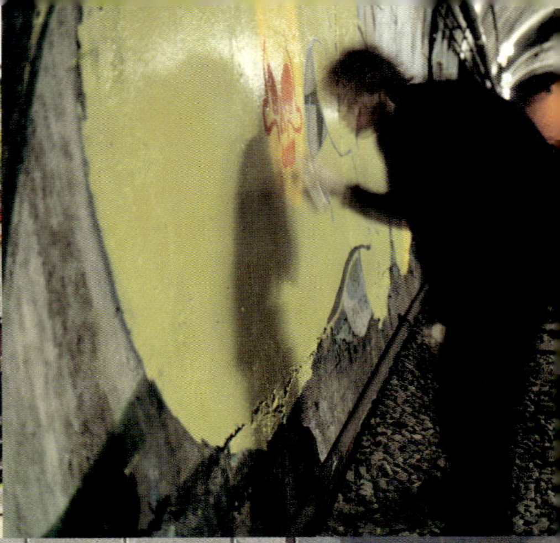

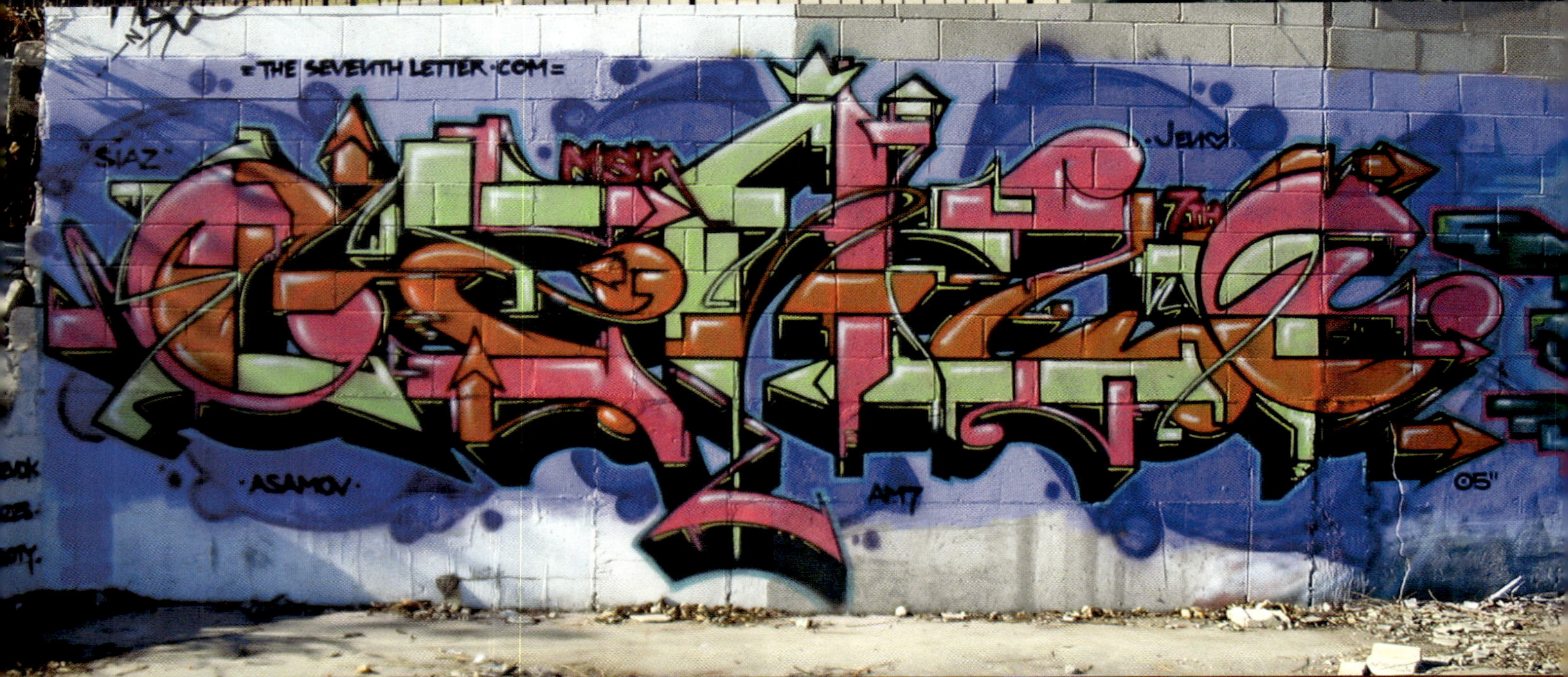
THE SEVENTH LETTER.COM
SIAZ
ASAMOV

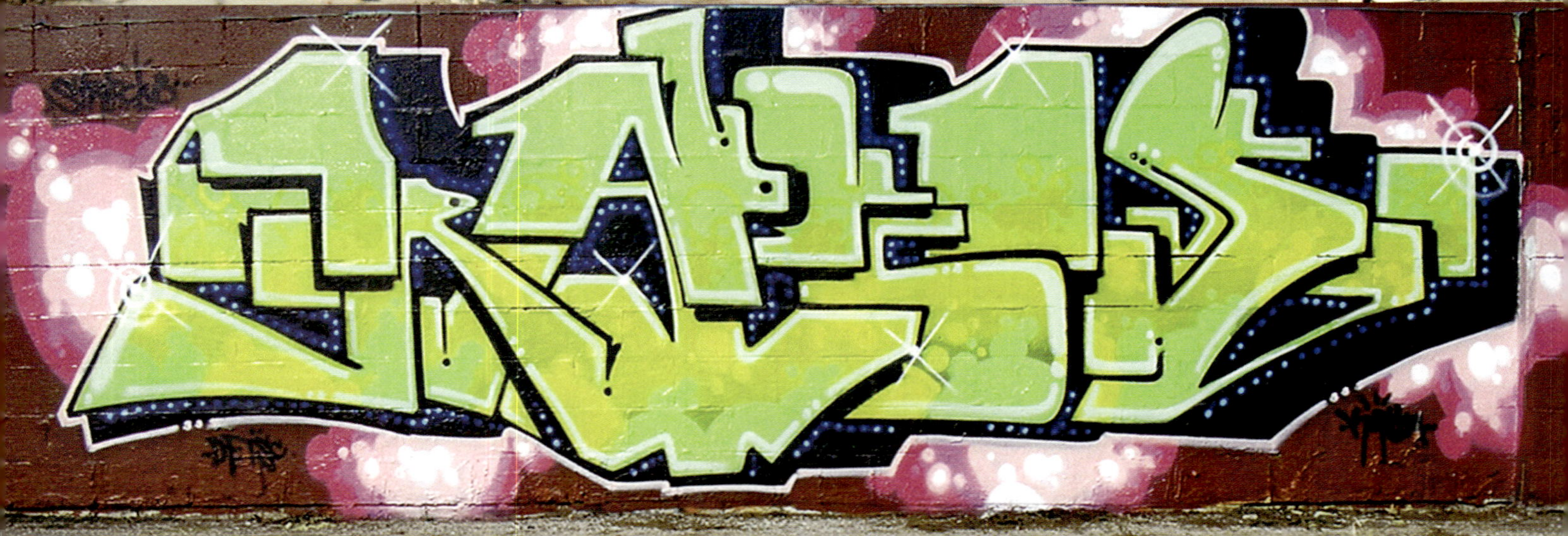

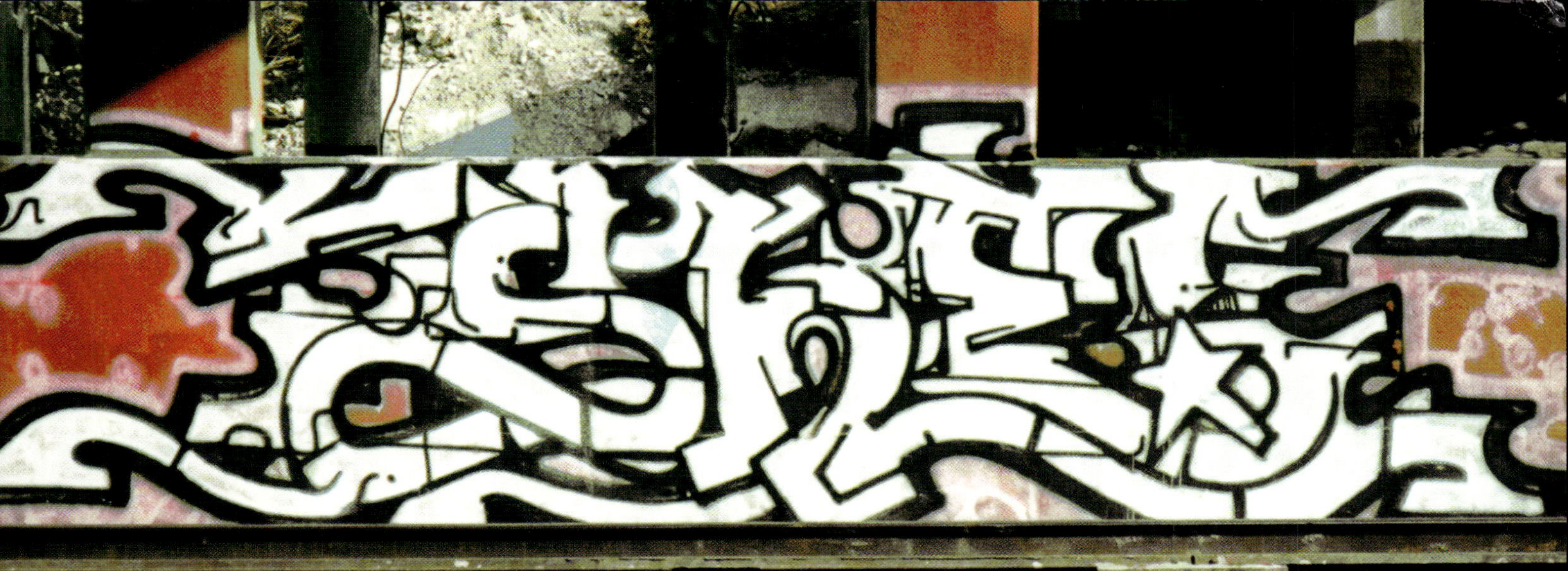

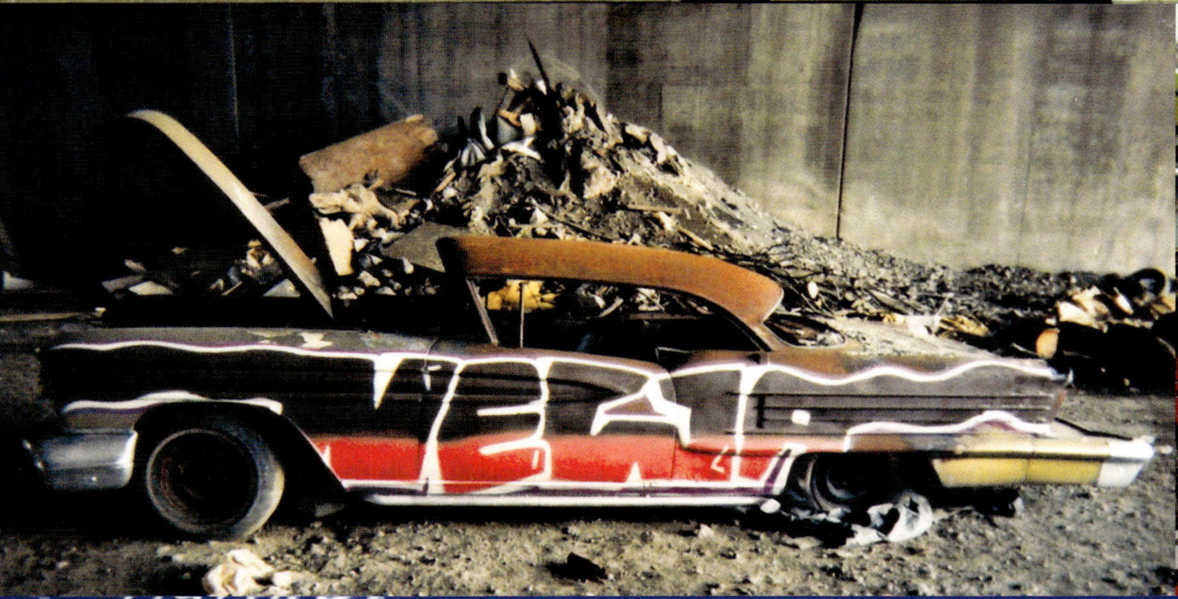

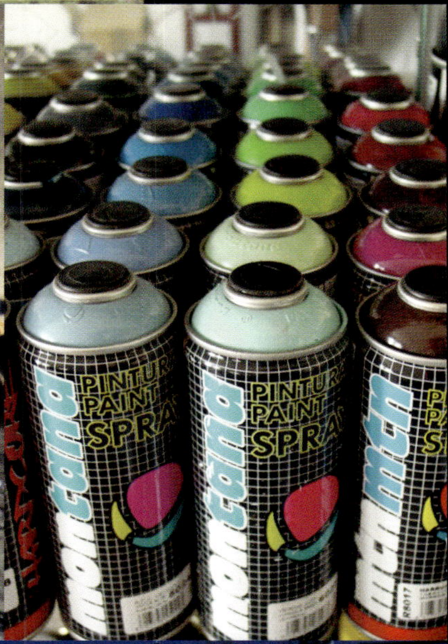
PINTURA
montana

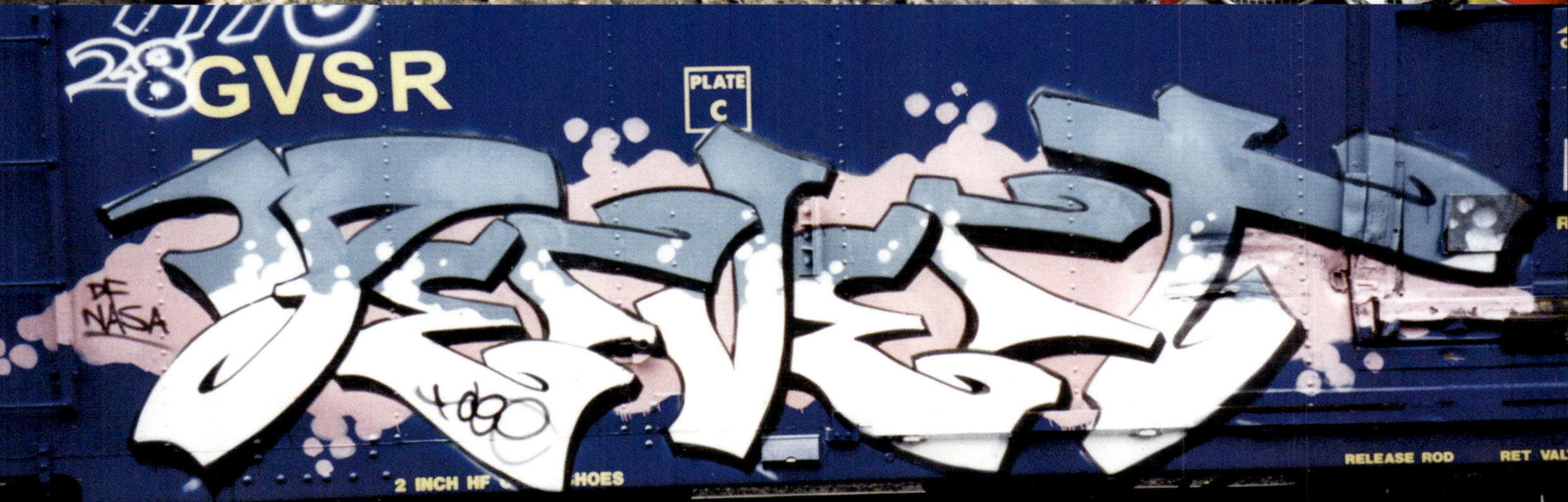
28
GVSR
PLATE C
RELEASE ROD

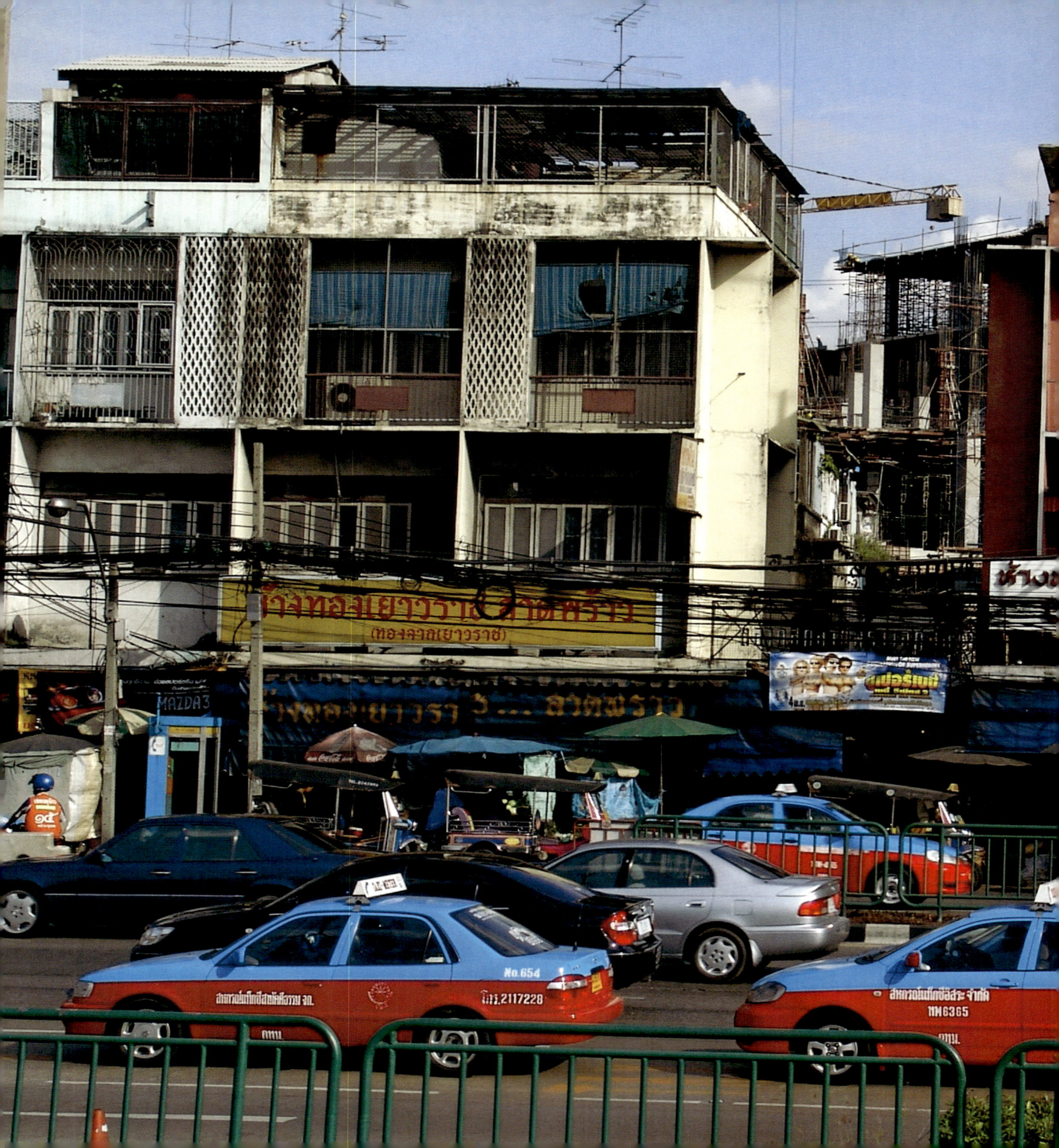
MAZDA3
No.654

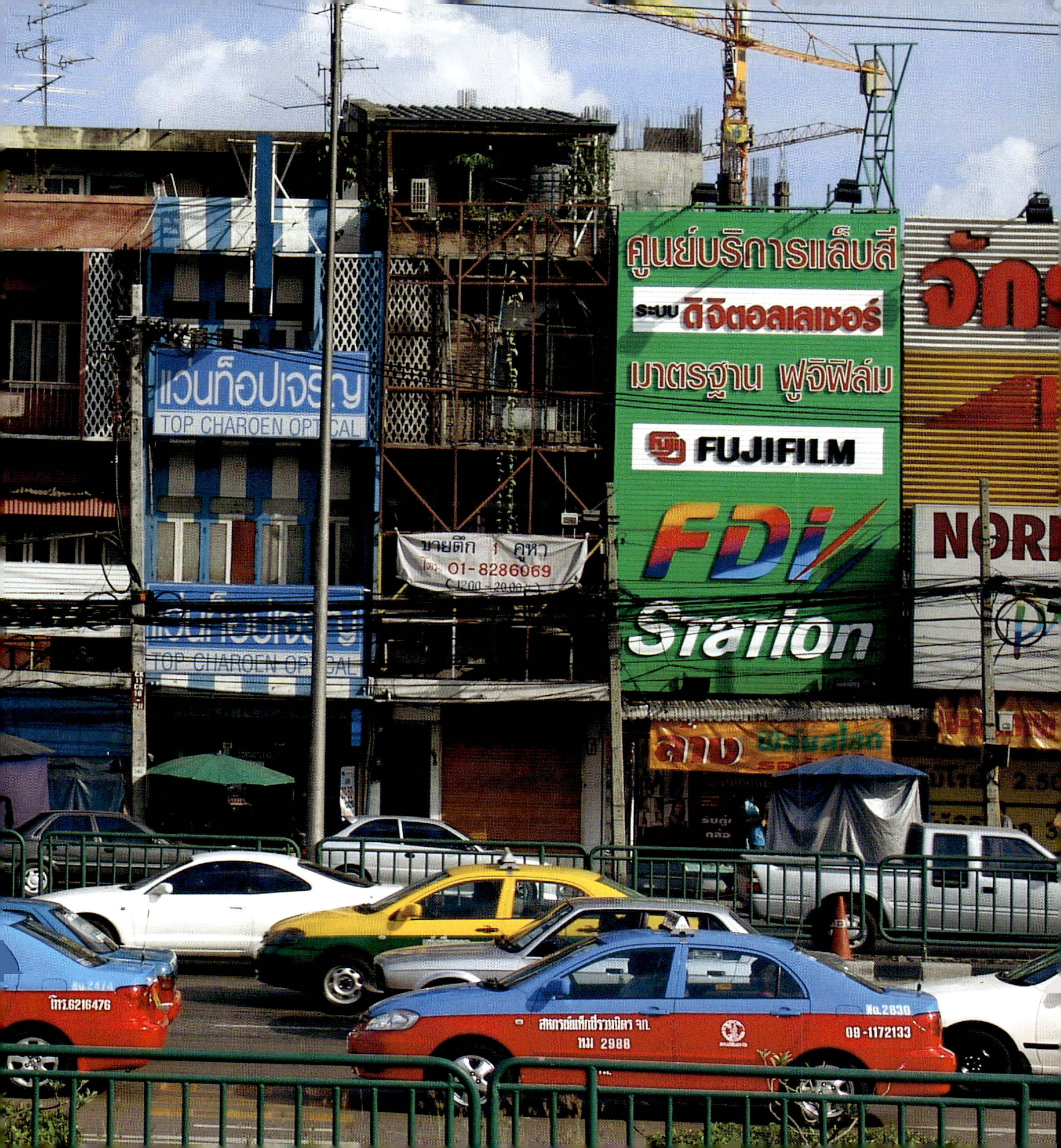
แว่นท็อปเจริญ
TOP CHAROEN OPTICAL
ศูนย์บริการแล็บสี
ระบบ ดิจิตอลเลเซอร์
มาตรฐาน ฟูจิฟิล์ม
FUJIFILM
FDi
Station
ขายตึก 1 คูหา
01-8286069

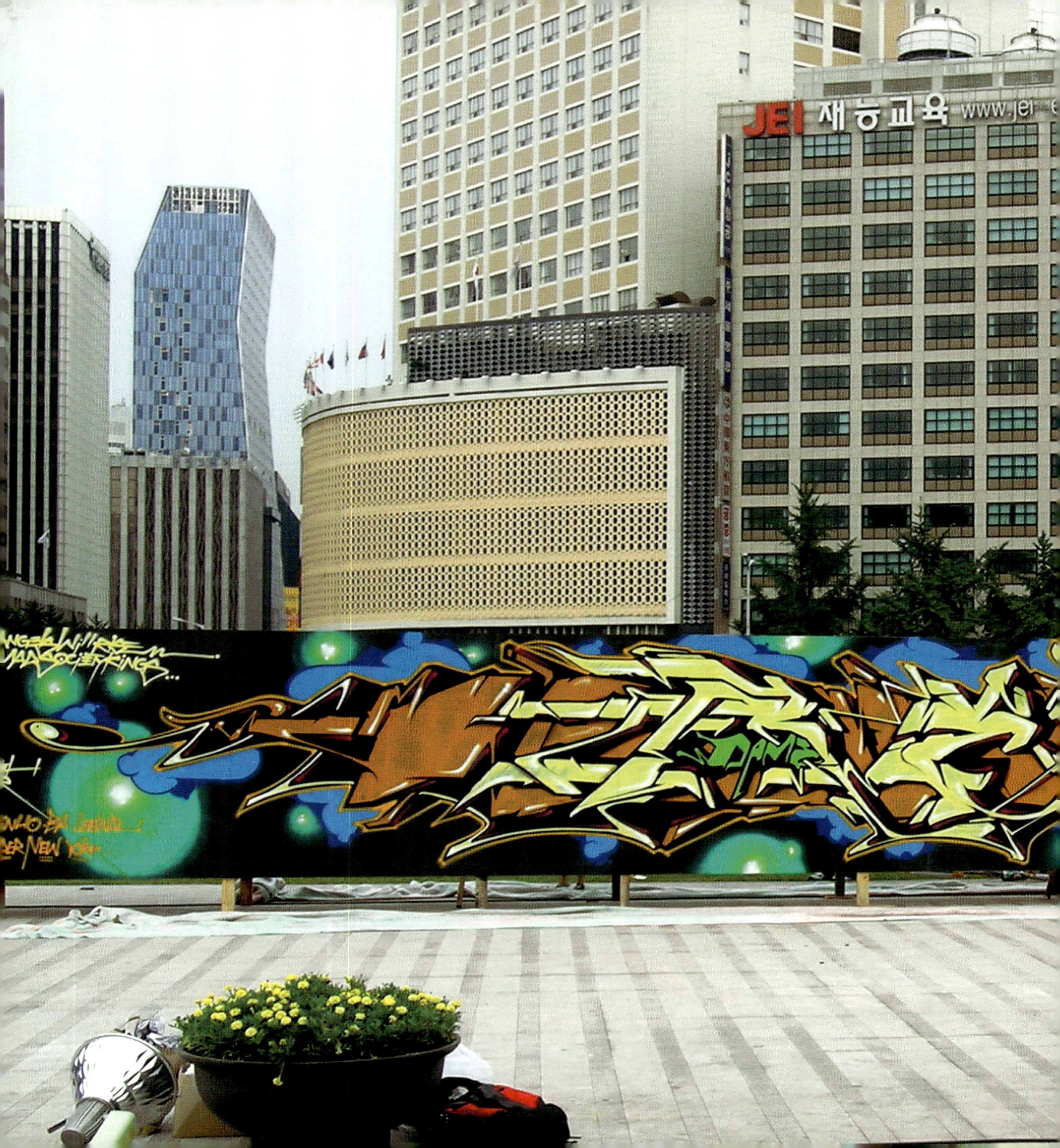
JEI 재능교육 www.jei

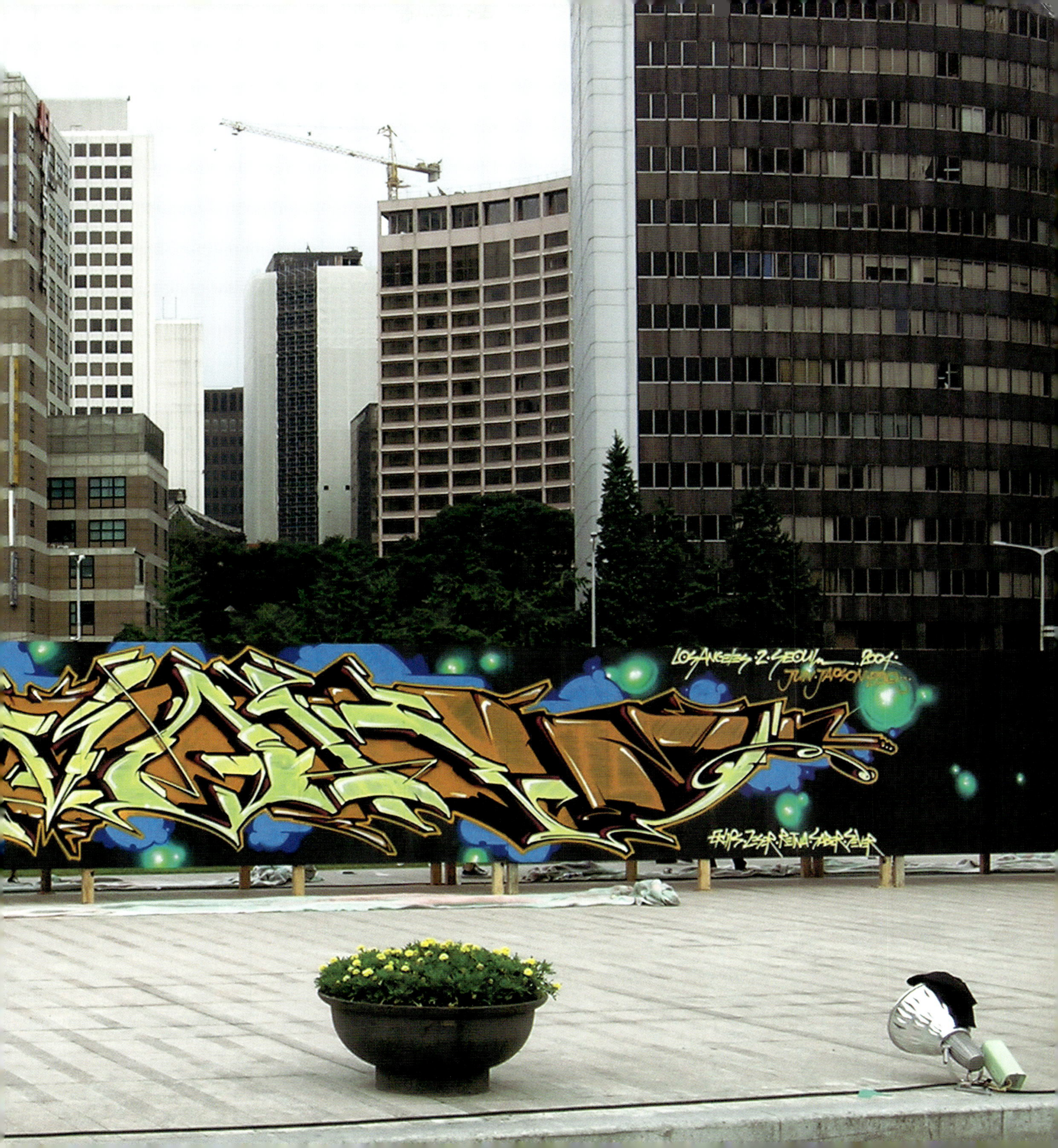
LosAngeles.2.SEOUL 2004.

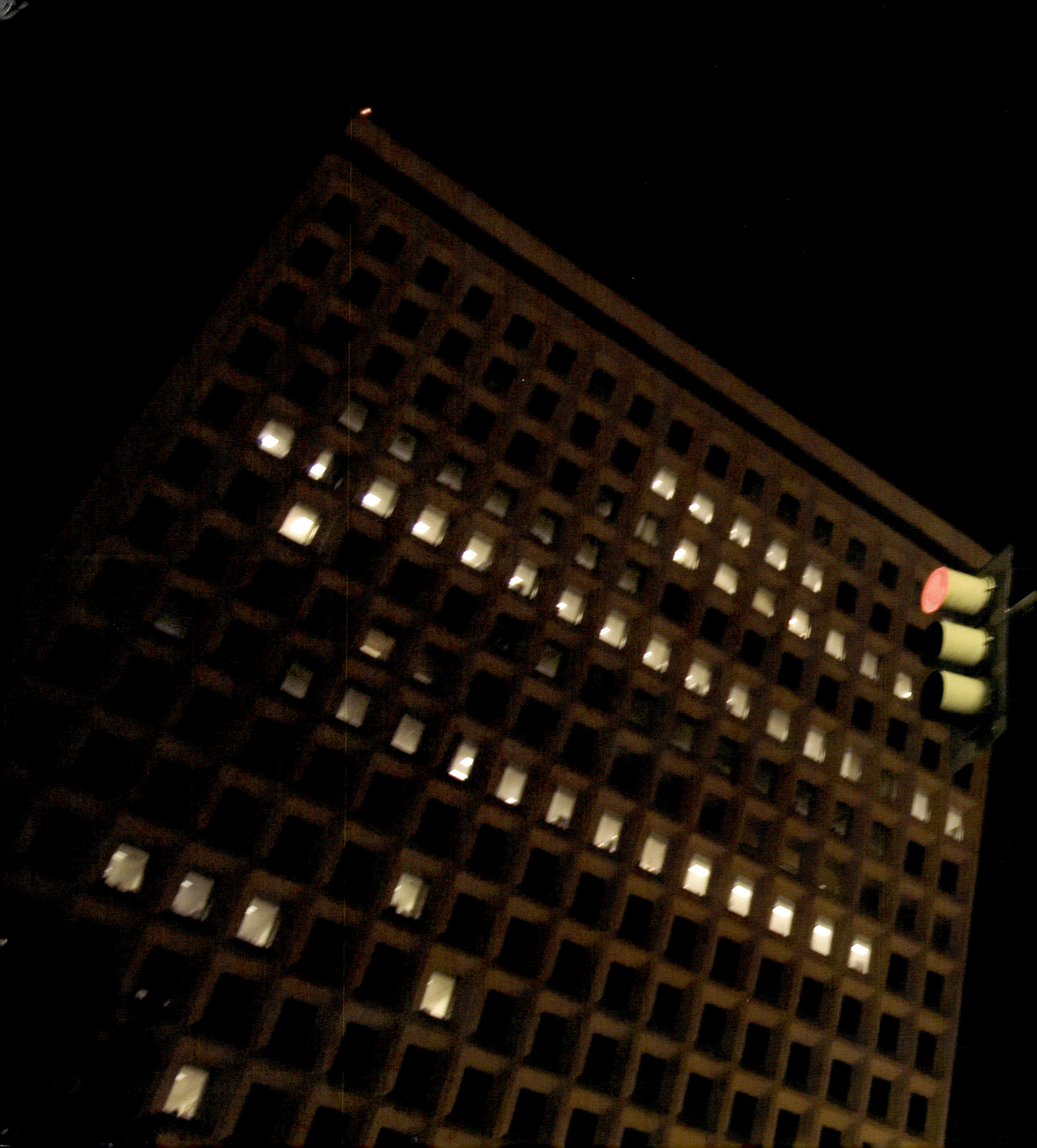

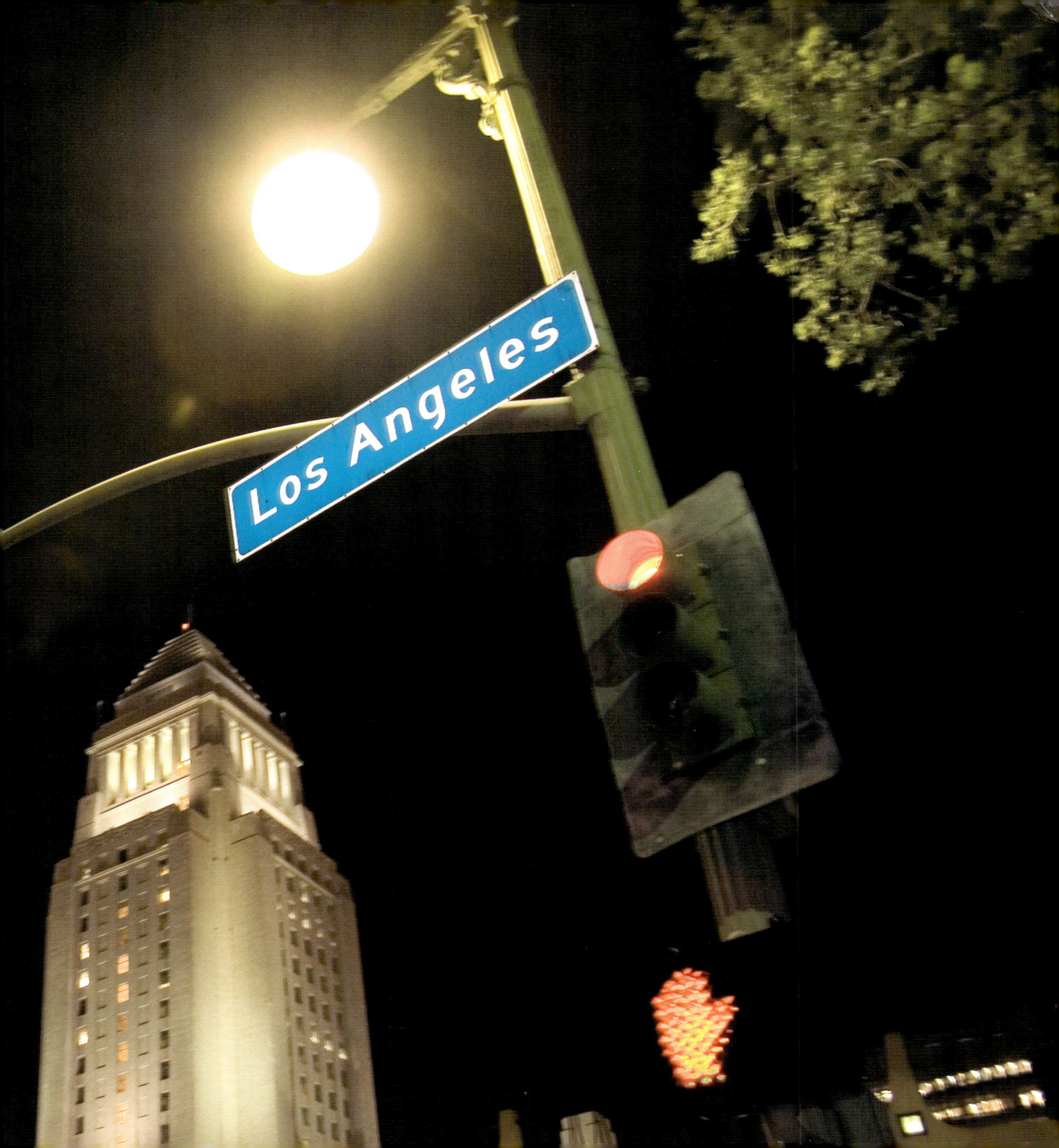
Los Angeles

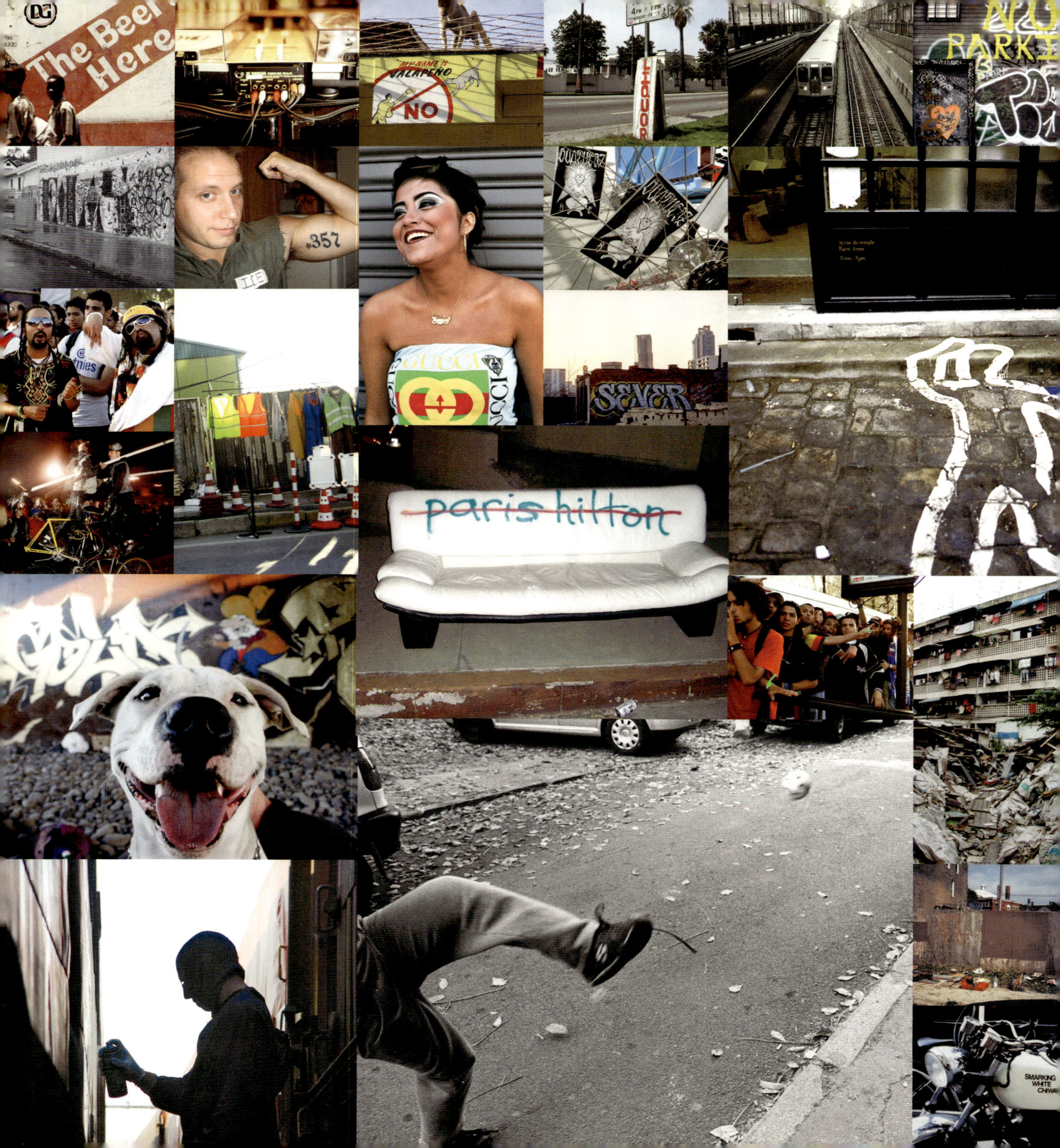
The Beer
Here
NO
LIQUOR
357
ICE
GUCCI
SEVER
paris hilton

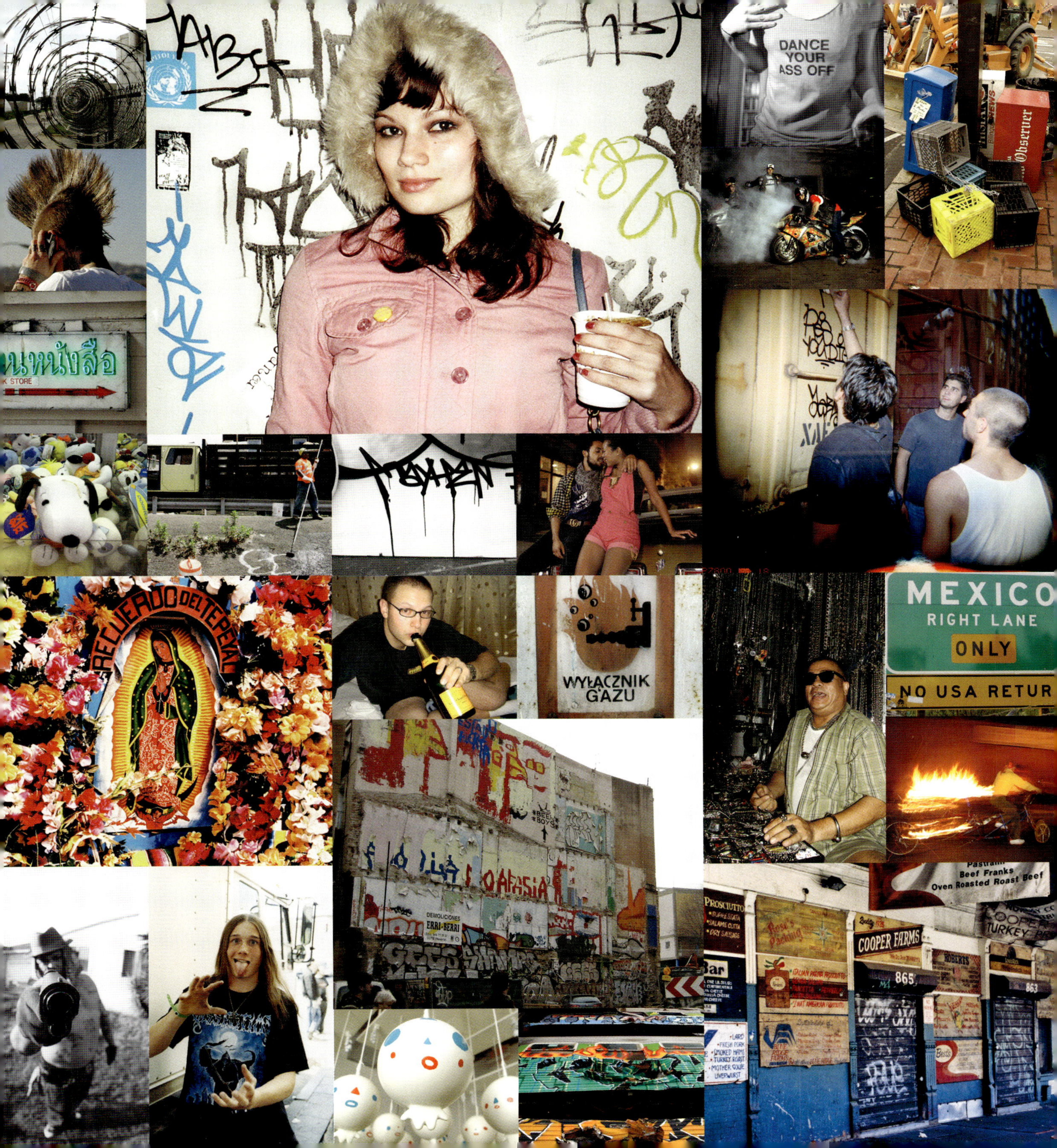
DANCE YOUR ASS OFF
Observer
MEXICO
RIGHT LANE
ONLY
NO USA RETUR
RECUERDO DEL TEPEYAC
WYŁACZNIK GAZU
DEMOLICIONES
ERRI-BERRI
Pastrami
Beef Franks
Oven Roasted Roast Beef
PROSCIUTTO
Bar
COOPER FARMS
865
863

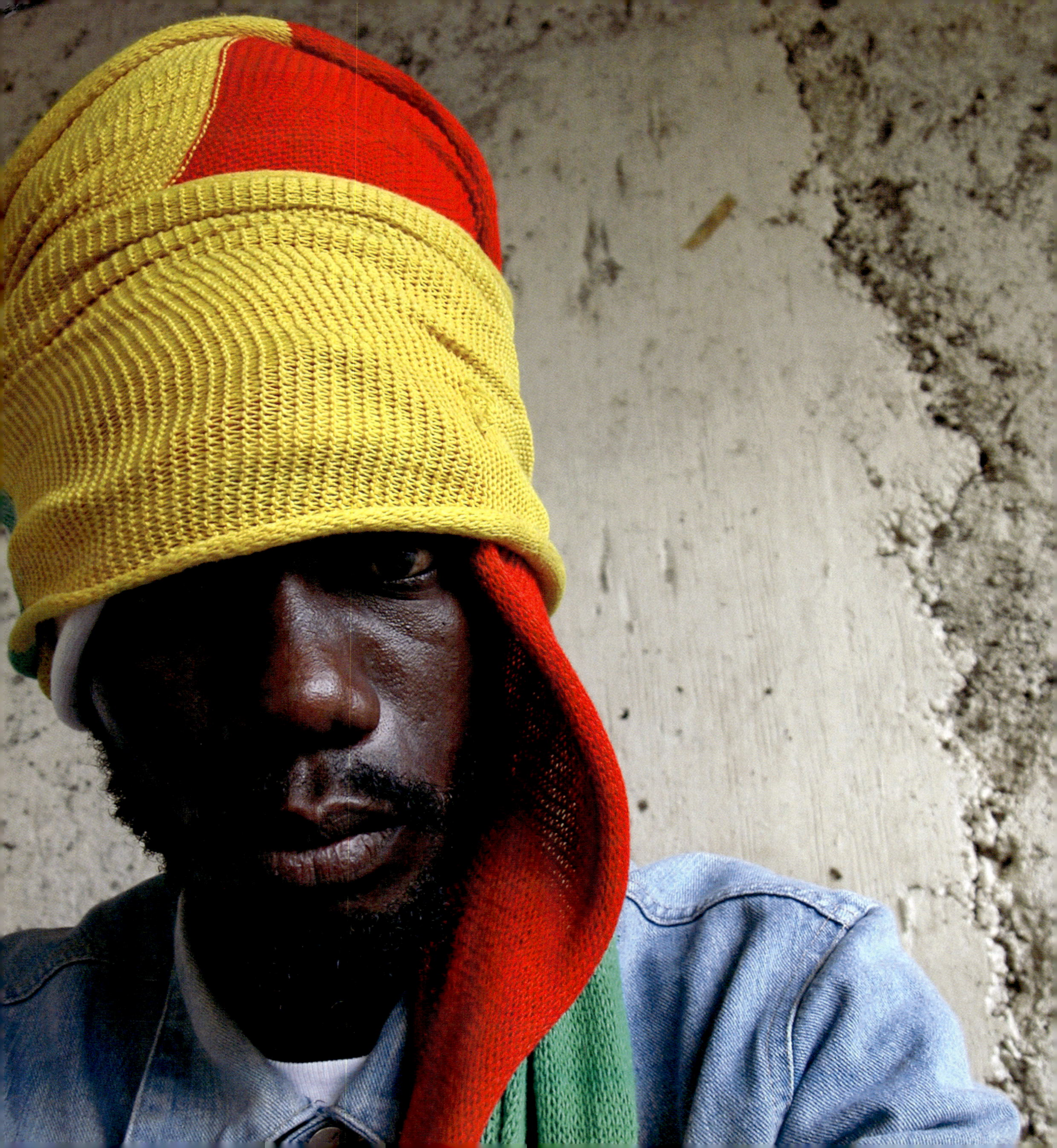

Einleitung

Roger Gastman   Caleb Neelon   Anthony Smyrski

Während der letzten fünfzehn Jahre entwickelte sich durch die Verknüpfung zahlreicher urbaner Subkulturen ein Phänomen, das so groß, einflussreich und durchdringend ist wie nie zuvor. Diese neue Straßenkultur umfasst internationale Trends wie Hip-Hop und Punk ebenso wie weniger bekannte, die die Subkulturen in den Megacities Brasiliens, in den Townships Südafrikas und die Menschen in Mumbai gleichermaßen beeinflussen. Die Subkulturen dieser Welt – alt und neu – leben von und auf der Straße und gewinnen immer mehr an Bedeutung.

Von den Skateboardern, die für ihre Leidenschaft alle erdenklichen Ecken und Oberflächen nutzen, über Graffiti- und Straßenkünstler, die eine Verhaftung riskieren, um Mauern und Wände zu bemalen, bis hin zur ungebändigten Entwicklung der Mode, ausgehend von den vielen Subkulturen des Punk und des Hip-Hop, zur ständigen Kulisse aus Musik, Stadtbildern und Reisen – dieses Buch beinhaltet Momente der größten Inspiration und visuellen Kreativität der Gegenwart. Unsere neue globale urbane Kultur – die Straßenkultur mit all ihren Facetten – ist das Thema.

Die mehr als 1000 gezeigten Fotografien sind als Reise, Aufzeichnung und Inspiration zu verstehen. Die Straßen der Welt sind dynamische Plätze visueller Kreativität, und inmitten des Gedränges und Durcheinanders arbeiten Fotografen, die dokumentieren, erschaffen und gemeinsam dieses Buch zum Leben erwecken. Sie kommen von nah und fern, aus den unterschiedlichsten Ländern und allen bewohnten Kontinenten. Unter ihnen befinden sich Fotografen, die zur Weltspitze gehören, ebenso wie Menschen, denen rein zufällig ein genialer Schnappschuss gelungen ist. Einige fühlen sich zur Fotografie berufen, andere wiederum betreiben sie als Zeitvertreib, greifen aus purem Reflex zur Kamera oder wegen einer anderen kreativen Tätigkeit, wie es Designer, Skateboarder, Künstler, Schriftsteller oder Verleger tun. Sie sind so unterschiedlich wie die vielen Straßenkulturen, die sie festhalten, erhalten und mit uns teilen. Ihre Geschichten sind Geschichten des Miteinander-Verbunden-Seins einer globalen Straßenkultur.

Straßenkultur ist ständig auf der Reise, sei es als allgegenwärtige globale Macht wie der Hip-Hop oder als kleines Phänomen, das an einen bestimmten Ort gebunden ist, wie in Südafrika das Schmücken von Grabsteinen für Menschen, die jung aus dem Leben geschieden sind. Durch Besucher von weit her zu den kulturellen Hot Spots gebracht oder durch deren Bewohner auf der ganzen Welt verteilt, bleiben Straßenkulturen niemals auf nur einen Ort begrenzt. So wie eine Straße zu einer anderen führt, bis schließlich alle Straßen untereinander verbunden sind, treffen Straßenkulturen aufeinander, ob durch Personen oder durch Druckmedien wie diesem Buch.

Einige der meist verbreiteten und populärsten Straßenkulturen, wie der Hip-Hop und das Skateboarden, fanden ihren Ursprung in bestimmten Städten und zu bestimmbaren Zeitpunkten. Doch bei näherer Betrachtung reichen ihre Wurzeln bis zum Anbeginn der Geschichtsschreibung. Betrachtet man den Hip-Hop näher, so begann alles in den frühen 1970er-Jahren mit den großen Block Parties und James Browns berühmter Rap-Sprache. Forscht man allerdings weiter, entdeckt man, dass er mit all seinen Einflüssen aus visueller Kunst, Tanz, Musik und Dichtung bedeutend älter ist. Die Idee, ein Brett auf Rädern zu fahren, ist vermutlich fast so alt wie das Rad an sich, doch der Name Skateboard wurde zum ersten Mal in den 1950er-Jahren in Kalifornien verwendet, als die Surfer ihren Sport auf die Straße verlagerten und ihn mit dem Rollschuhfahren verbanden.

Doch das sind nicht die einzigen Beispiele. Die Kunst des Tätowierens wurde bereits jahrtausendelang von verschiedenen Stammeskulturen praktiziert, doch erst zu Beginn des 19. Jahrhunderts wurde sie von Reisenden aus der Südsee und Japan in den Westen gebracht. Erst in den letzten Jahren fanden Tattoos ihren Weg aus der Welt der Subkulturen und gewannen immer mehr an Popularität, und das nur, weil sie größtenteils als Kunstform akzeptiert wurden und nicht mehr ausschließlich Seeleuten, Bikern, Punks und ähnlichen Gruppen vorbehalten waren. Sich mit Juwelen zu schmücken ist ein moderner Trend, aber sicherlich keine neue Erfindung – nur sind die Juwelen mittlerweile nicht mehr ausschließlich den Königshäusern vorbehalten. Die Kampagnen mittels massenhaft hergestellter Straßenkunstposter von Visionären wie Shepard Fairey nahmen vielleicht in den letzten Jahren explosionsartig zu, doch der eigentlich Verantwortliche für diese Bewegung könnte auch der Erfinder des Buchdrucks, Johannes Gutenberg, gewesen sein. Insofern ist alles und doch nichts neu unter dieser Sonne.

Straßenkulturen sind mehr als nur Aktionen oder Modetrends. Sie begründen ein Lebensgefühl, und die Gemeinsamkeiten ihrer Anhänger umfassen deren Musik- und Kleidungsgeschmack, die Wahl ihrer Transportmittel genauso wie die Drogen, die sie konsumieren. Oft entstehen neue Kulturen, wenn Leute mit unterschiedlichem Lebensstil denselben Geschmack bezüglich des grenzüberschreitendsten Mediums schlechthin, der Musik, teilen. Ideen sind unbestritten die leichtesten Reisenden und es gibt keinen besseren Weg, sie zu verbreiten, als durch Gesang. Die Essenz einer Kultur passt – mit Hilfe eines MP-3-Players – in jede Hosentasche. Sie kann als Kombination von Einsen und Nullen von Computer zu Computer wandern und Schlagworte, Hymnen, den Slang und den Gesang einer Gruppe von Menschen ganz unkompliziert und dennoch höchst ansteckend verbreiten.

Straßenkultur gibt es überall, und sie verbreitet sich dort, wo sie auf Brüder und Schwestern im Geiste trifft – unabhängig von Nationalität und politischem Hintergrund. Während der letzten fünfzehn Jahre konnten sich Subkulturen, die vorher der westlichen Bevölkerung vorbehalten waren, auf Orte ausbreiten, die zuvor undenkbar waren. Graffiti hat von den New Yorker U-Bahnen aus die ganze Welt erobert, doch in den 1990er-Jahren gewann es mit den ehemaligen Ostblockländern an neuem Terrain. Dies schien logisch, da Graffiti jahrzehntelang an der Fassade des Kommunismus – der Berliner Mauer – gekratzt hatte. Natürlich war dies nur einer der vielen Weltenbummler, der sich seinen Weg um den Globus bahnte. Ständig auf der Suche nach Möglichkeiten zur Entfaltung, rief er junge Leute mit neuen Ideen und Techniken auf den Plan.

Das massenhafte Publikum auf einer Bühne wie der Straße brachte die verschiedensten Subkulturen dazu, gemeinsam denselben Raum zu nutzen. Brückenbauer im kulturellen Sinn sind aufgeweckte Leute, deren Weitsicht über ihren eigenen Bereich hinausgeht. Sie entdeckten Gleichgesinnte eines globalen Phänomens, die wie Mitglieder einer Familie sind, aber einander noch nie getroffen haben. Meist sind es Reisende im Stadtbereich wie Fahrradboten, deren Arbeit sie manchmal aus den Innenstädten herausführt. Skateboarder, die nach neuen Plätzen Ausschau halten. Graffiti-Künstler auf ihrer Mission durch die ganze Stadt. DJs und Modefans, die keinen auch noch so unbekannten Laden auf der Suche nach Raritäten auslassen. Oft entstehen Straßenkulturen, wenn Altes auf Neues trifft. Ihre Erschaffer finden Inspiration sowohl in den Altlasten der Städte als auch in den Strömungen, die sich über ihre Grenzen hinaus verbreitet haben.

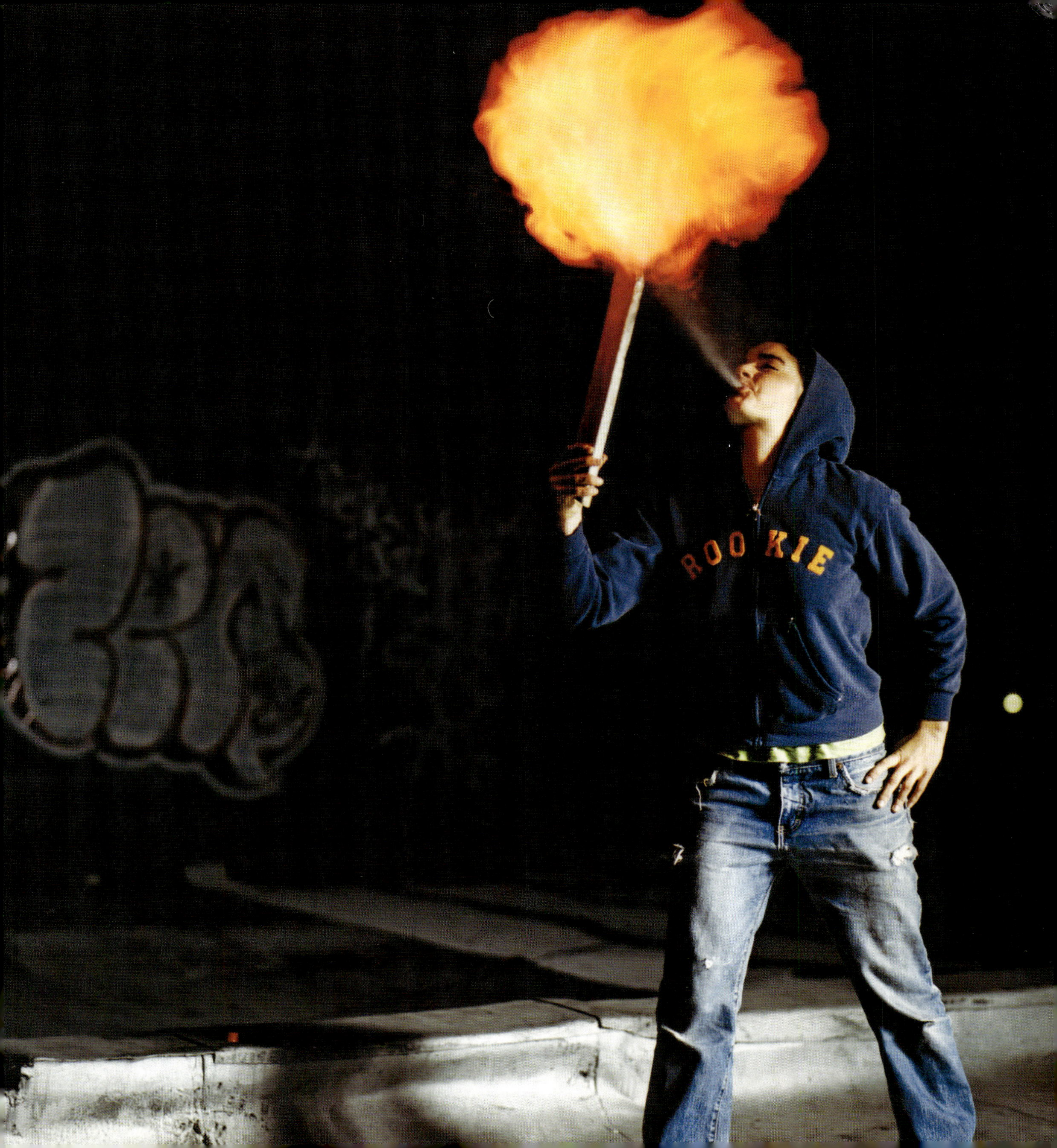
ROOKIE

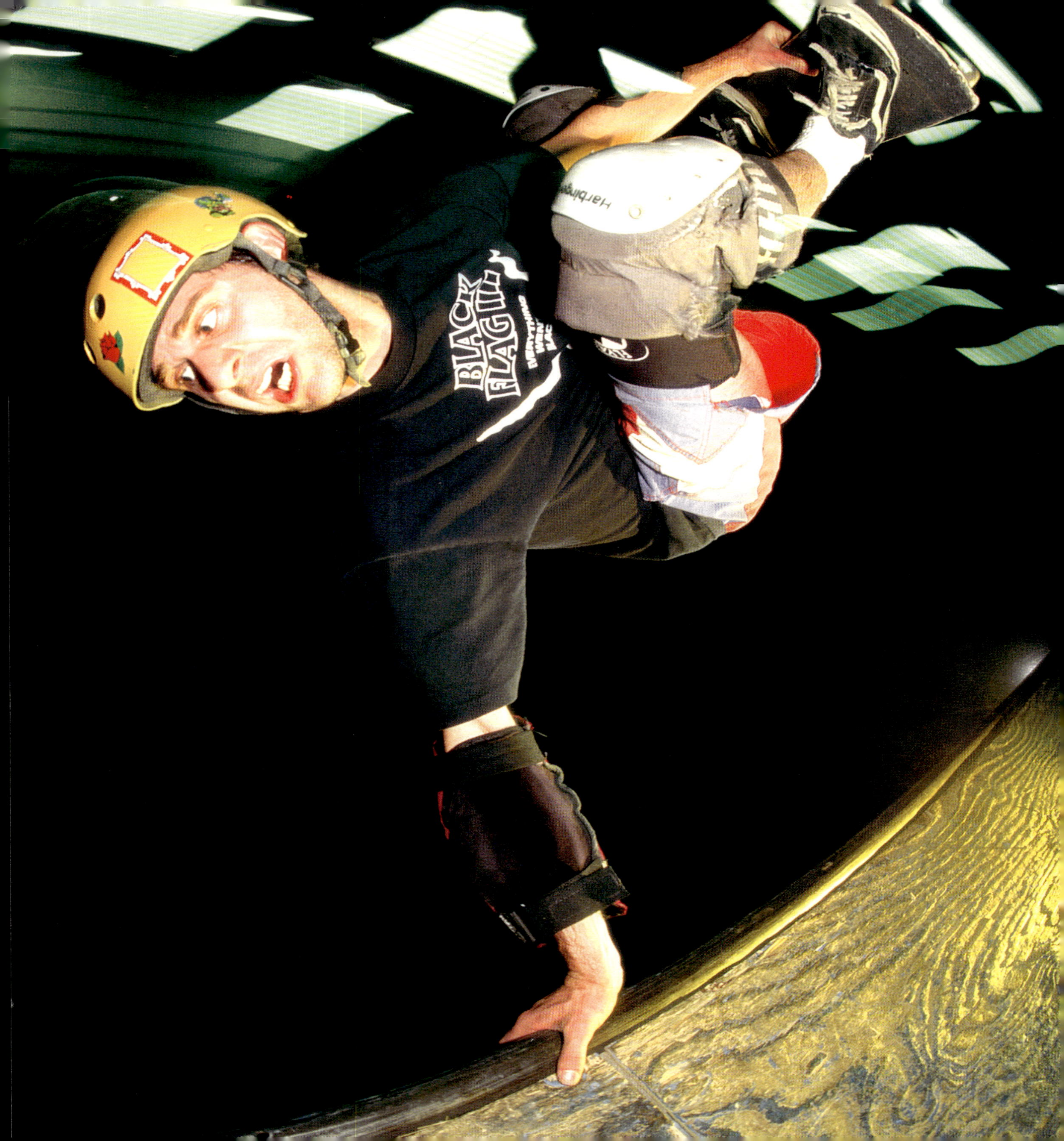
BLACK FLAG

Diese Verbreitung findet statt, wenn Künstler und andere Kreative nach Stadtteilen suchen, die noch nicht überteuert sind – Plätze, die oft von einer Vielzahl von Kulturen geprägt sind. Suchende erkunden ihre Städte und finden sich dabei häufig als Teil von scheinbar verschiedenen Szenen wieder. Dabei verschwinden oft die Grenzen zwischen individuellen Aktionen; ehemals getrennte Subkulturen fließen zusammen, während andere unabhängig von einander weiter existieren.

Heute wird Straßenkultur von Subkulturen auf der ganzen Welt beeinflusst. Der Einfluss der nutzerkontrollierten Medien macht es heute so einfach wie nie, Mitteilungen, Stilrichtungen und Kunst jeder Art zu verbreiten. Mode und Stilelemente der Skater, Gangster, B-Boys und Punks gibt es überall. Die Arbeit von Graffiti- und Straßenkünstlern ist ebenfalls überall zu finden – auf Wänden und Zügen bis hin zu ganz legal angebrachter Werbung und T-Shirt-Logos. Die Reisenden dieser Welt verbreiten Straßenkulturen wie einen Virus, wobei sie immer etwas von sich selbst zurücklassen und Fremdes mit nach Hause nehmen. Die Straßen der Städte weltweit sind Orte der Vermischung, wo subkulturelle Grenzen überschritten, ja manchmal sogar aufgehoben werden.

Neue Kulturen strahlen von medienüberfluteten Städten wie New York, London, Tokio und Los Angeles aus und sind heute eines der wichtigsten globalen Phänomene unserer Welt. Andere moderne kulturelle Phänomene bleiben größtenteils auf bestimmte Städte wie Rio de Janeiro, Mumbai oder Johannesburg beschränkt und werden nur dadurch bekannt, dass Reisende ihre Ideen verbreiten.

Häufig findet eine Subkultur Eingang in eine neue Stadt, wird allerdings von ihren Bewohnern abgeändert und angepasst. Hip-Hop schuf den London Grime, der sich eher des Londoner Slangs und nicht – wie zu erwarten gewesen wäre – des New Yorker Slangs bediente. Japanische Jugendliche übernahmen mit Freude die amerikanische Biker-Gang-Kultur, doch statt Harley Davidson zu fahren und mit Pistolen zu protzen, fahren die Bosozoku, wie sie sich selbst nennen, Yamahas und Suzukis und tragen Schwerter. Es gibt weltweit unzählige Beispiele, wie Subkulturen assimiliert und angepasst werden. Selbst wenn eine Subkultur an verschiedenen Orten gleich auftritt, hat sie doch immer ein gewisses eigenständiges Flair.

Doch eines ist allen Subkulturen gemeinsam: die Straßen der Stadt als Plätze des Zusammentreffens und der Koexistenz von unterschiedlichen Menschen, die alle am selben Ort wohnen. In den am dichtesten besiedelten Städten findet man aufgrund der kleinen Wohnfläche des Einzelnen Straßenkultur schlichtweg überall. In weniger dicht besiedelten Städten verbreitet sich Straßenkultur an belebten Orten wie Stränden oder Märkten. In vielerei Hinsicht sind diese Orte wie die Leute, die sie bevölkern – Richter über die Straßenkulturen. Funktioniert eine Straßenkultur auf den Straßen einer bestimmten Stadt nicht gut, wird es sie nicht lange geben. Man könnte es mit den in einer Stadt üblichen Transportmitteln vergleichen: Die flache Landschaft von Miami und Los Angeles ist perfekt geeignet für das Fahren von Low-Rider Wagen, die Hügel von San Francisco sind die perfekte Herausforderung für Mountainbike-Fahrer. Natürlich steckt mehr dahinter. Die Straßen der Welt befördern die wahrlich revolutionären Ideen, Stilrichtungen und Bewegungen an die Spitze und verbreiten sie so über den gesamten Globus.

Reise und Neugier sind nahe am Puls der Straßenkulturen, und Reisende, die ihrer Leidenschaft nachgehen, Grenzen zu überschreiten, sind das Herzstück des kulturellen Austausches. Jede Leidenschaft hat ihren idealen Ort, ihre ideale Erfahrung – beim Surfen würde dies der perfekten Welle entsprechen – und die Suche danach ist es, die Leute auf der ganzen Welt antreibt. Gleichzeitig hat jede Kultur ihr eigenes Mekka, und deren Anhängern erscheint es normal, ein Jahr lang Geld zu sparen, um einen Skateboard-Trip nach Los Angeles zu finanzieren oder beim Besprayen eines U-Bahn-Wagons in New York eine Ausweisung zu riskieren. Kosten und eventuelle Risiken sind für den Straßenkünstler unwichtig. Wesentlicher ist es, in jeder Stadt eine Gruppe von Gleichgesinnten zu treffen – zukünftige Freunde, die oft Kost und Logis zur Verfügung stellen. Während der letzten Jahre wurden diese Netzwerke junger Menschen immer größer.

Was ermöglichte es diesen globalen Gemeinschaften, zu wachsen und miteinander in Verbindung zu treten? Zwischen Städten, Ländern und Kontinenten werden Straßen als Bühne immer wichtiger, während Reisende, globaler Handel und Medien ihren Teil dazu beitragen, die Kulturen dieser Welt zu verbreiten. Computer machen es leichter, Magazine und Bücher für ein kleines Publikum herzustellen. Unternehmen spezialisieren sich, um Nischenprodukte wie Designer-Taschen für tragbare Musikabspielgeräte und spezielles Werkzeug für Graffiti-Künstler anbieten zu können. Mitte der 1990er-Jahre wurden Internet und E-Mail rasch zu lebensnotwendigen Hilfsmitteln, um Netzwerke aufzubauen und Informationen auszutauschen. Auch große Firmen ließen nicht lange auf sich warten: Vom Handy-Hersteller über den Schuhfabrikanten bis hin zu Automobilerzeugern – sie alle haben die Bedeutung von Straßenkultur erkannt.

Sobald eine bestimmte Subkultur die Massenmedien erreicht, breitet sie sich rasend schnell über das Ursprungsland hinaus aus und wird bald zum globalen Phänomen. Irgendwo dazwischen wird ganz inoffiziell ein allgemeingültiger Code für Coolness festgesetzt, sobald Menschen bemerken, dass die Beliebtheit einer Subkultur von ihrer einzigartigen und interessanten Sichtweise des urbanen Lebens abhängt – angefangen von der Einstellung „Respekt durch Gewalt“ der Biker-Gangs bis hin zur Verschönerungsphilosophie der Guerilla-Gärtner, die Blumen inmitten der Betonwüste einer Großstadt pflanzen.

Natürlich bleibt nichts für immer interessant und beliebt. Früher oder später werden die meisten Subkulturen zu abgedroschen für den Geschmack ihrer kreativsten Anhänger, die sich unausweichlich abgrenzen und schließlich der Straßenkultur einen neuen Trend beifügen. Das Interesse an den neuesten Entwicklungen und Veränderungen von Straßenkultur nimmt keinesfalls ab, es wird sogar größer. Das Ergebnis ist ein noch stärkerer globaler Einfluss. Wenn eine Straßenkultur aus São Paulo, Kingston oder Berlin es schafft, die Aufmerksamkeit junger Menschen auf der anderen Seite des Globus zu erregen, wissen wir, dass hier etwas sehr Bedeutungsvolles vor sich geht.

Mit diesem Buch möchten wir diese Entwicklung feiern. Sie werden in diesem Buch Dinge finden, zu denen Sie – und dessen bin ich sicher – auf die eine oder andere Weise Ihren Beitrag geleistet haben oder dessen Teil Sie waren. Sie werden aber auch zahlreiche andere Wurzeln und Äste der Straßenkultur dieser Welt kennenlernen.

Entdecken und genießen Sie, inspirieren Sie und lassen Sie sich inspirieren.

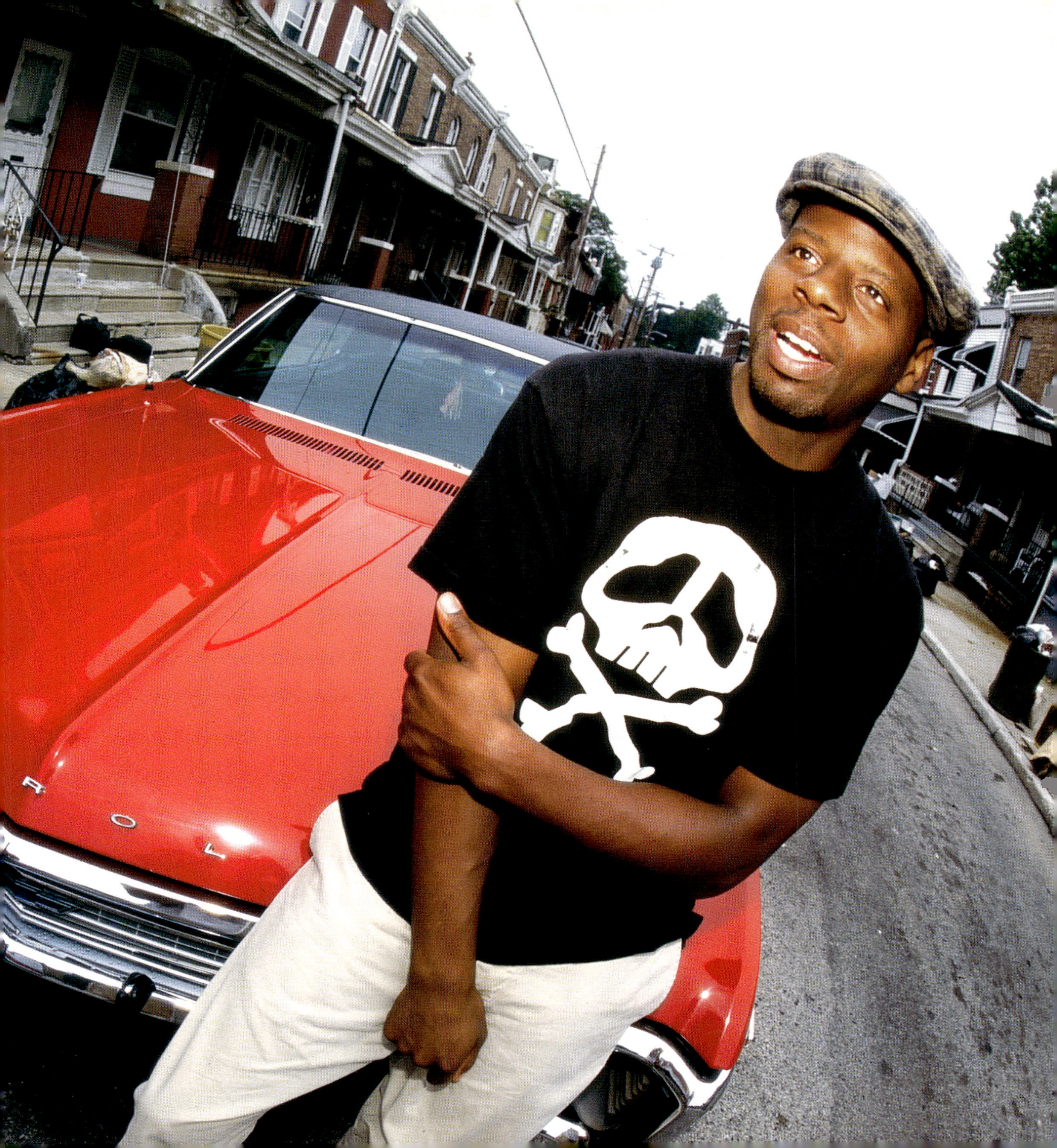

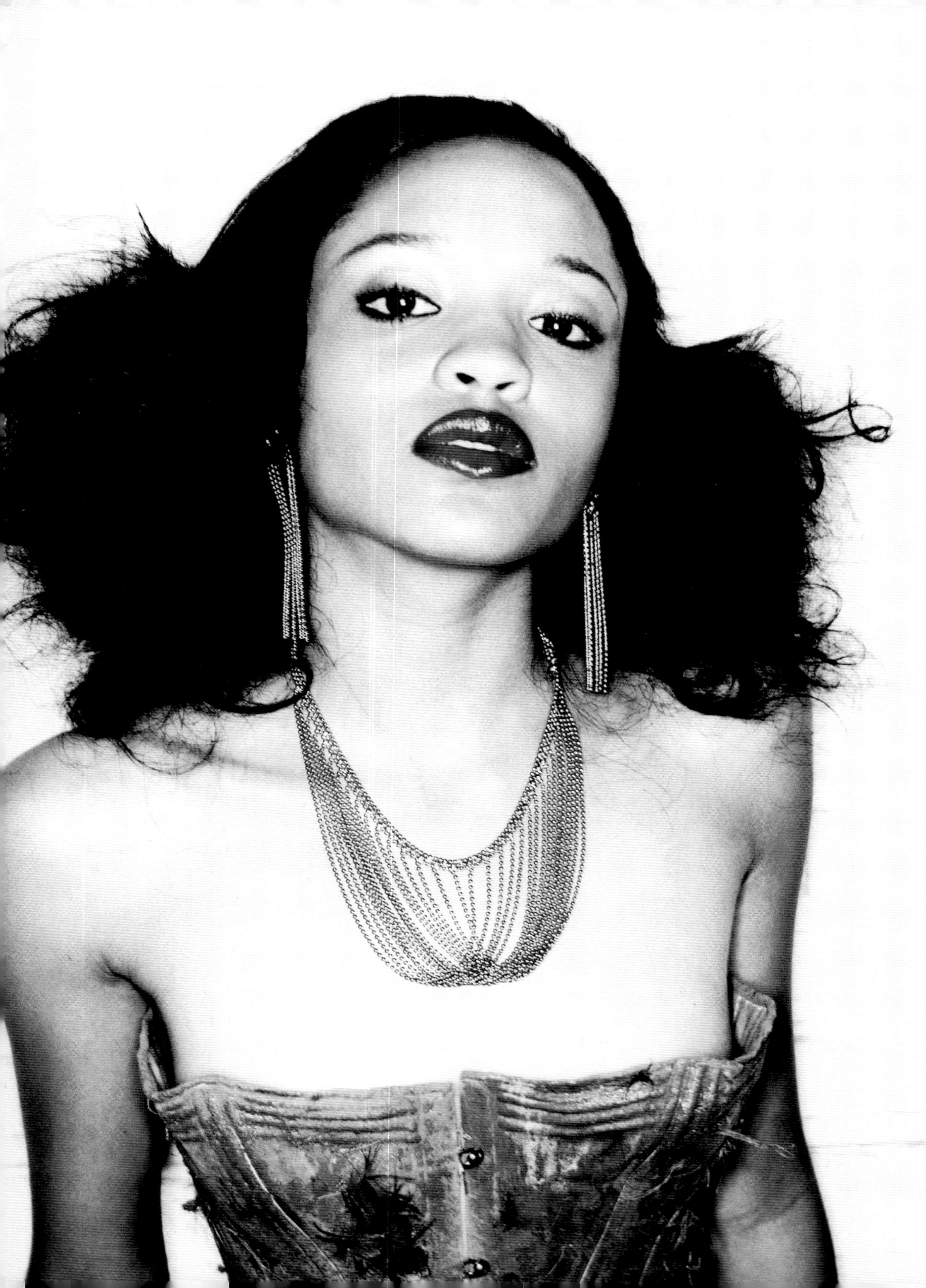

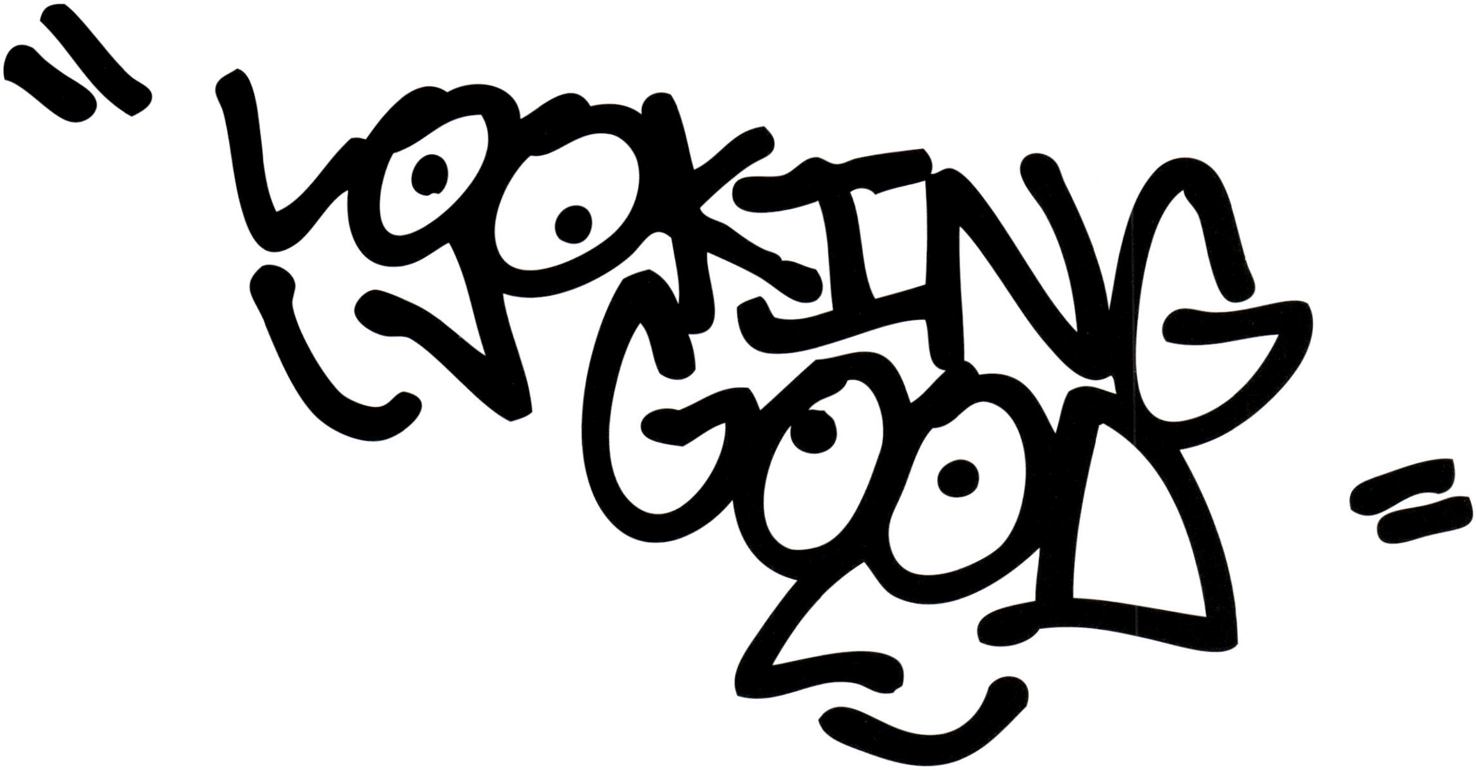

LOOKING GOOD •

Mode ist eines der grundlegenden Elemente der Straßenkultur. Menschen brauchen täglich Kleidung, und die Stücke, die sie wählen, sind Ausdruck dessen, was sie sind, an was sie glauben und wie sie sich in Bezug auf die anderen verstehen. Mode ist ein großer, gieriger und schamloser Räuber und Hip-Sein ist alles. Besucher der Haute-Couture-Modeschauen in New York, Paris und Mailand vermischen die Looks sämtlicher sozialer Schichten. Diese Designerstücke um mehrere Tausend Euro werden später vielleicht sogar mit Stücken aus dem Billigladen kombiniert. Früher oder später enden alle Designerstücke als gefälsche Ware auf irgendeinem Lastwagen und führen auf den ersten Blick die meisten Leute in die Irre. Mode lebt vielleicht mehr als jede andere Kunstform davon, Ideen anderer zu klauen. Das geschulte Modeauge kann aus jeder Kategorie von Kleidungsstilen etwas übernehmen. Die Art, wie manche Menschen einen Hut tragen oder ein Bandana binden – immer ist irgendwas daran hip und gefällt einer anderen Gruppe von Menschen. Eben diese Stilelemente sind das Gold der Modeindustrie. Es kann dies ein mit Diamanten bestückter Ring um 100 000 Dollar oder ein weißes mit Zaubermarker beschriftetes T-Shirt sein. Vielleicht sieht ja beides zusammen sogar gut aus. Und das ist eines der guten Dinge daran, ein Mensch zu sein.

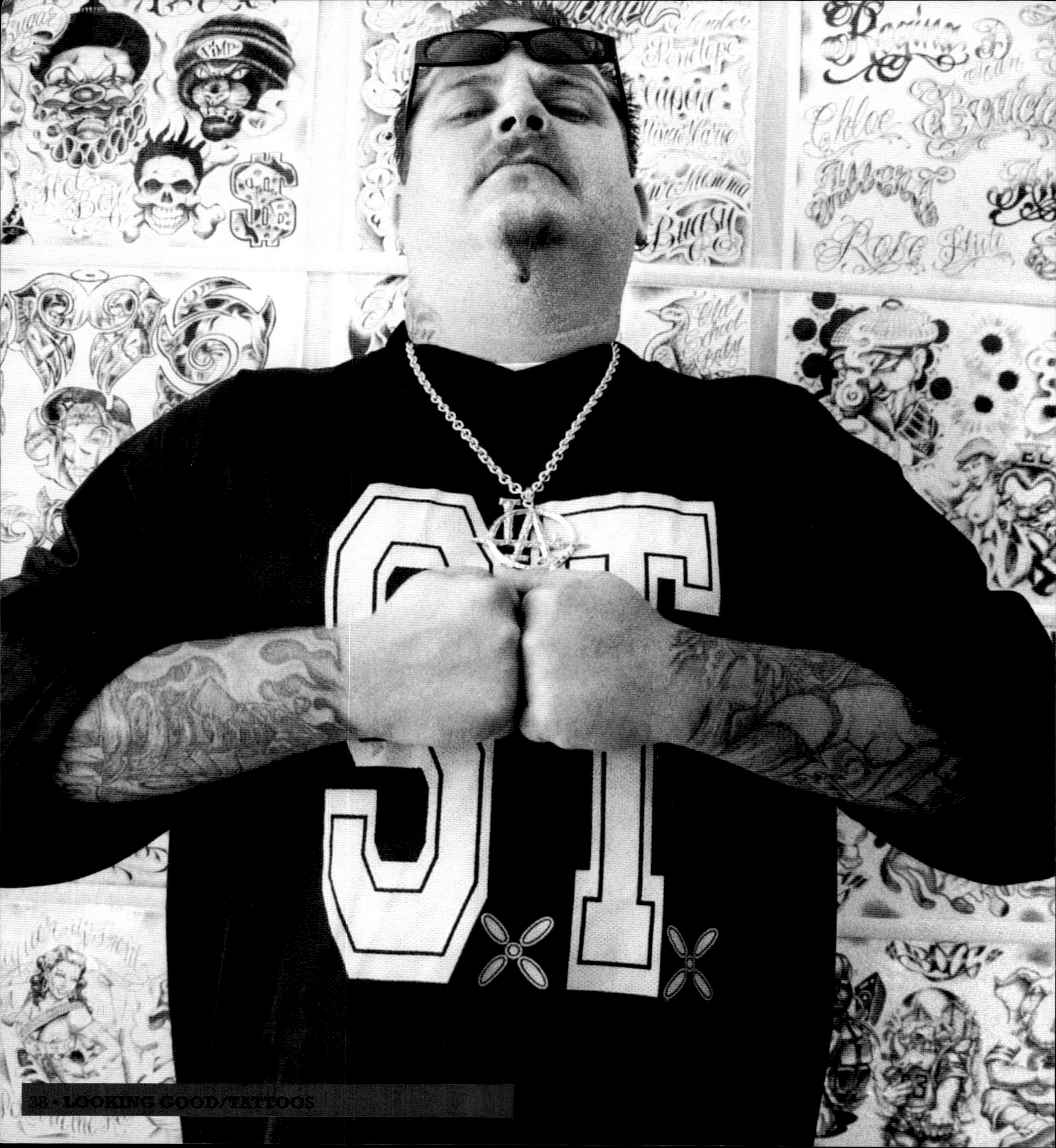

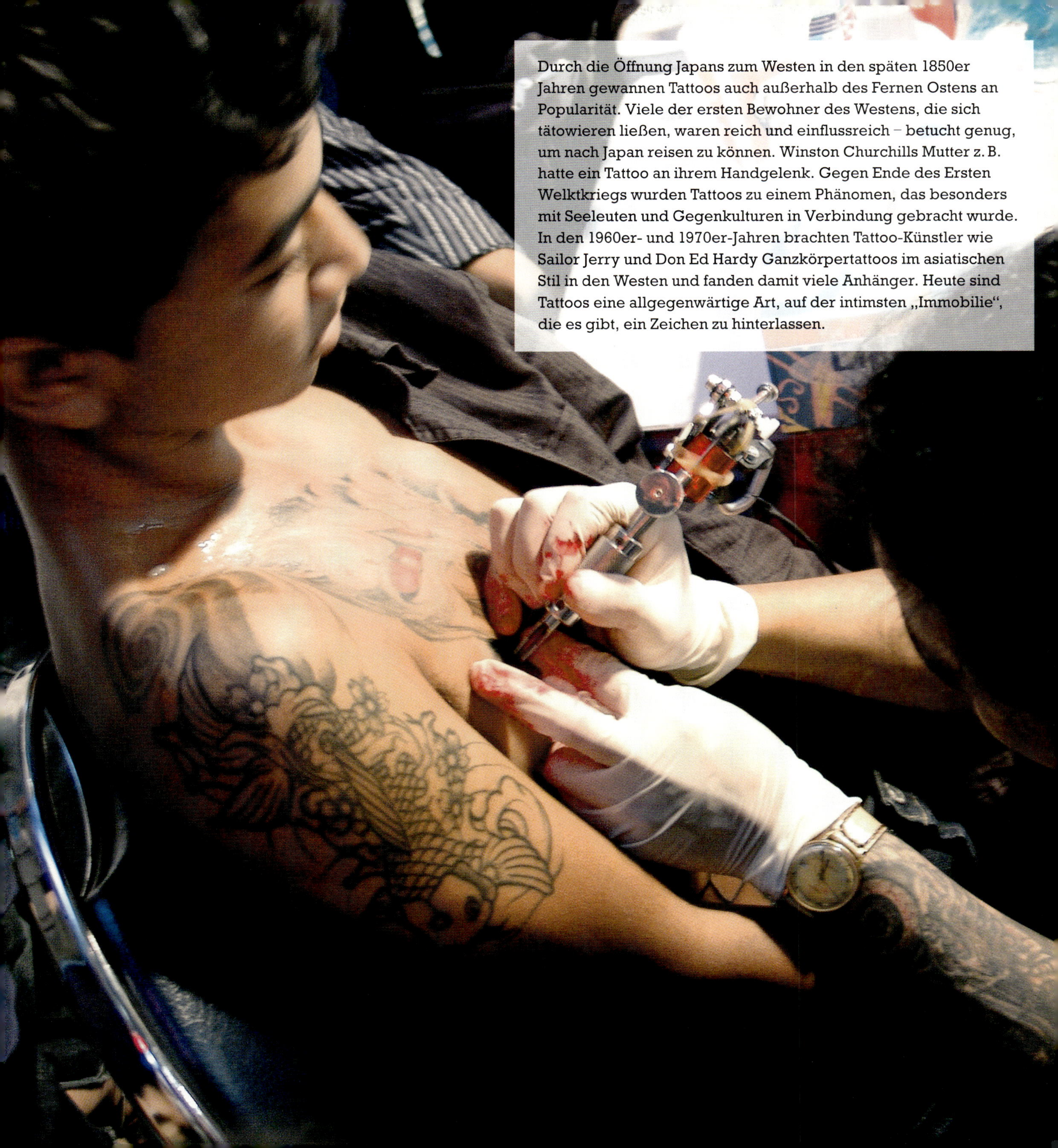

Durch die Öffnung Japans zum Westen in den späten 1850er Jahren gewannen Tattoos auch außerhalb des Fernen Ostens an Popularität. Viele der ersten Bewohner des Westens, die sich tätowieren ließen, waren reich und einflussreich – betucht genug, um nach Japan reisen zu können. Winston Churchills Mutter z. B. hatte ein Tattoo an ihrem Handgelenk. Gegen Ende des Ersten Welktkriegs wurden Tattoos zu einem Phänomen, das besonders mit Seeleuten und Gegenkulturen in Verbindung gebracht wurde. In den 1960er- und 1970er-Jahren brachten Tattoo-Künstler wie Sailor Jerry und Don Ed Hardy Ganzkörpertattoos im asiatischen Stil in den Westen und fanden damit viele Anhänger. Heute sind Tattoos eine allgegenwärtige Art, auf der intimsten „Immobilie“, die es gibt, ein Zeichen zu hinterlassen.

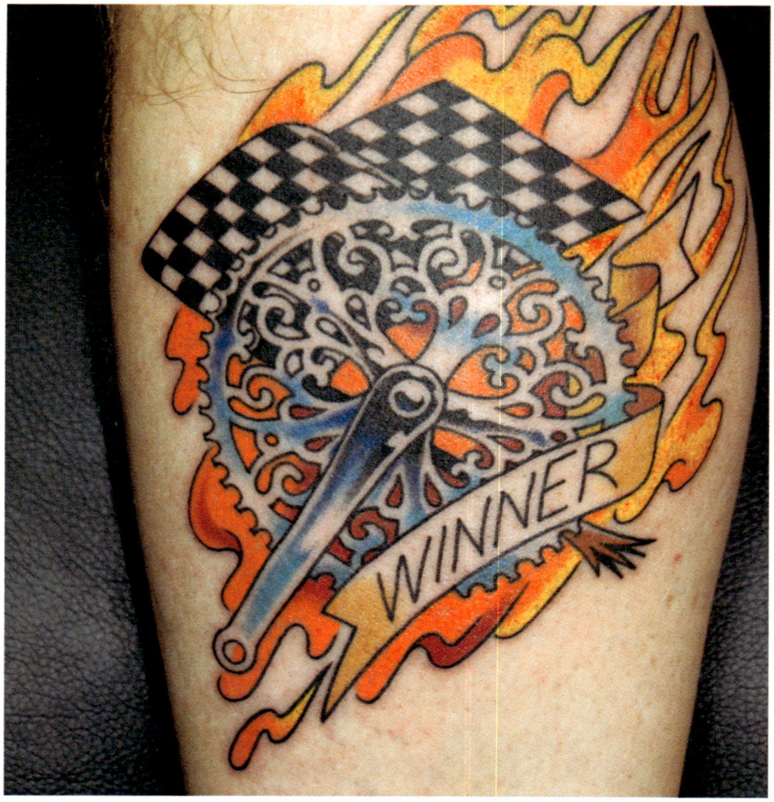

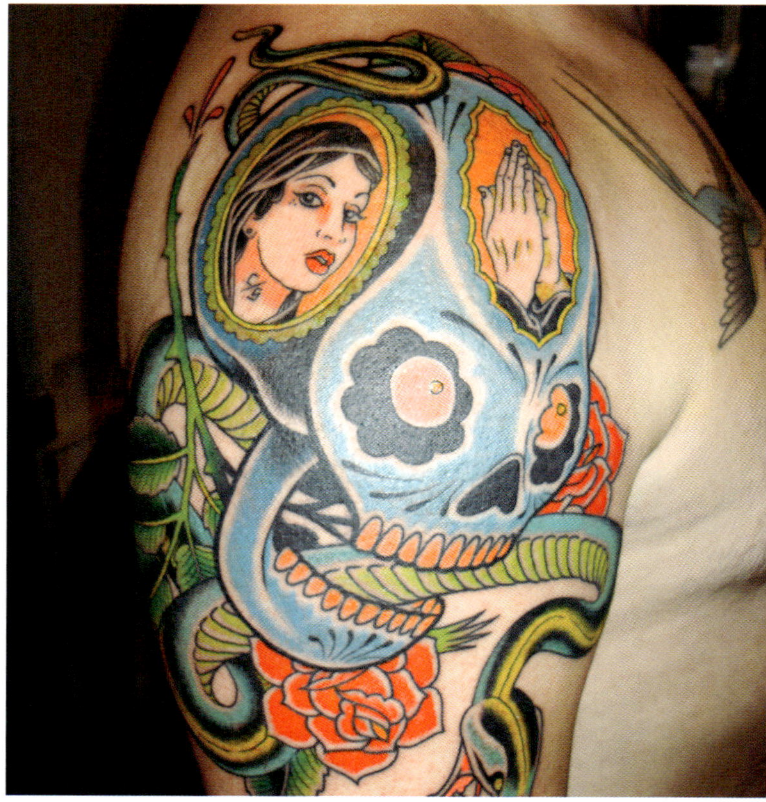

Mike Giant, Tattoo-Künstler aus Albuquerque, war zunächst ein *goofy* skatender Jugendlicher, dann Graffiti-Künstler, der für seine klaren Linien bekannt war. Kurze Zeit studierte er Architektur. Als er Mitte der 1990er-Jahre zu tätowieren begann, lernte er diese Kunst so schnell wie kein anderer und verlieh den sich wiederholenden Designs und Motiven durch plastische Darstellungen seine einzigartige Note. Heute ist Mike Giant mit Illustrationen, Tattoos, Graffiti und Rennrädern beschäftigt.

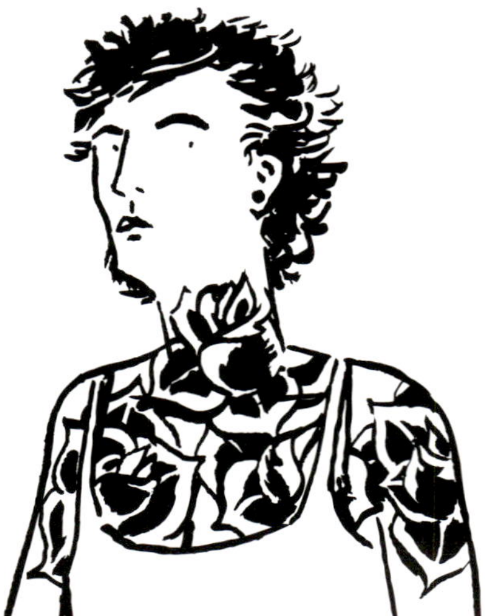

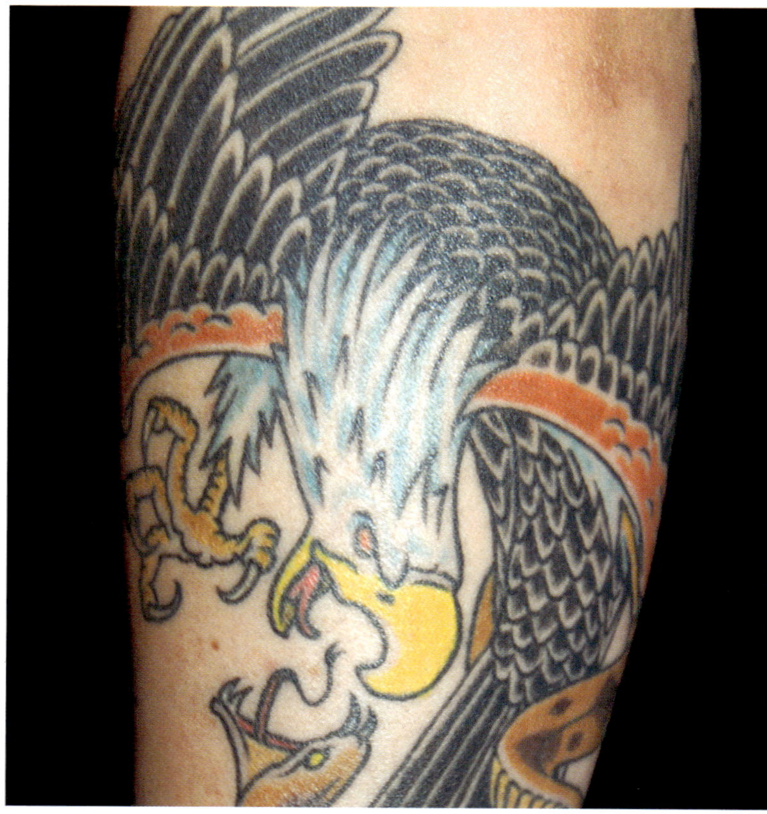

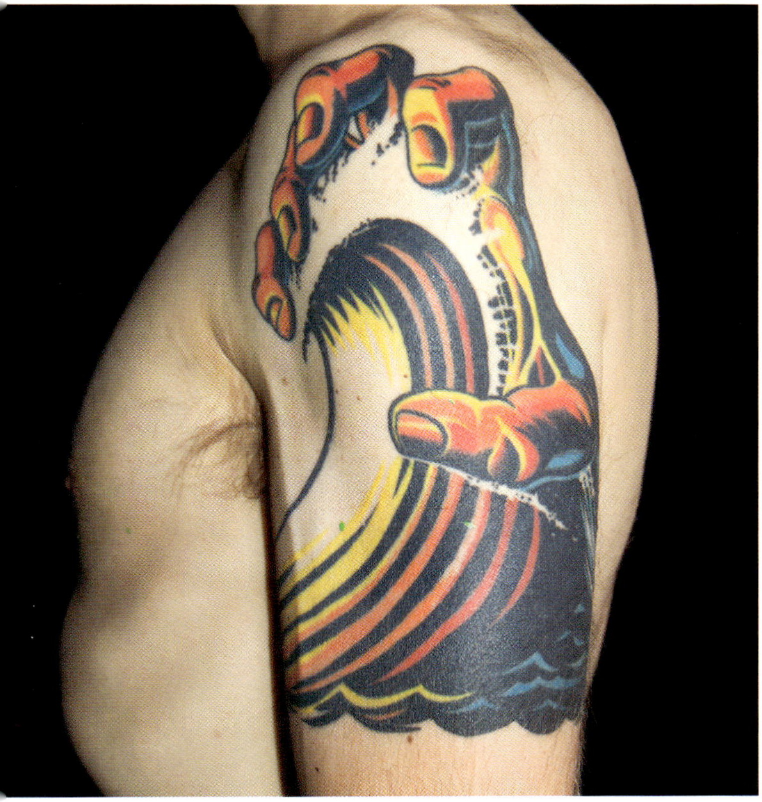

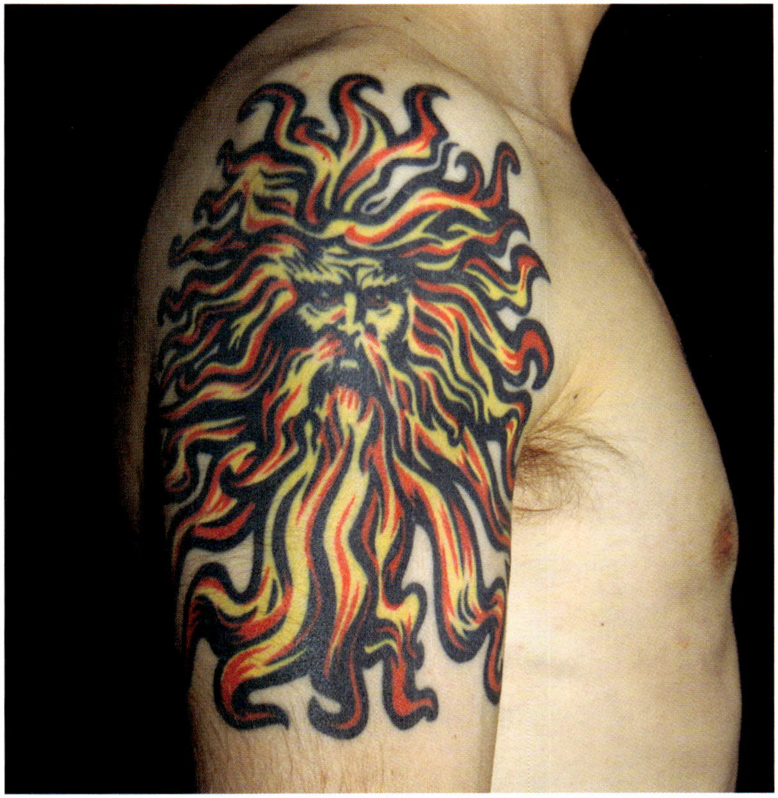

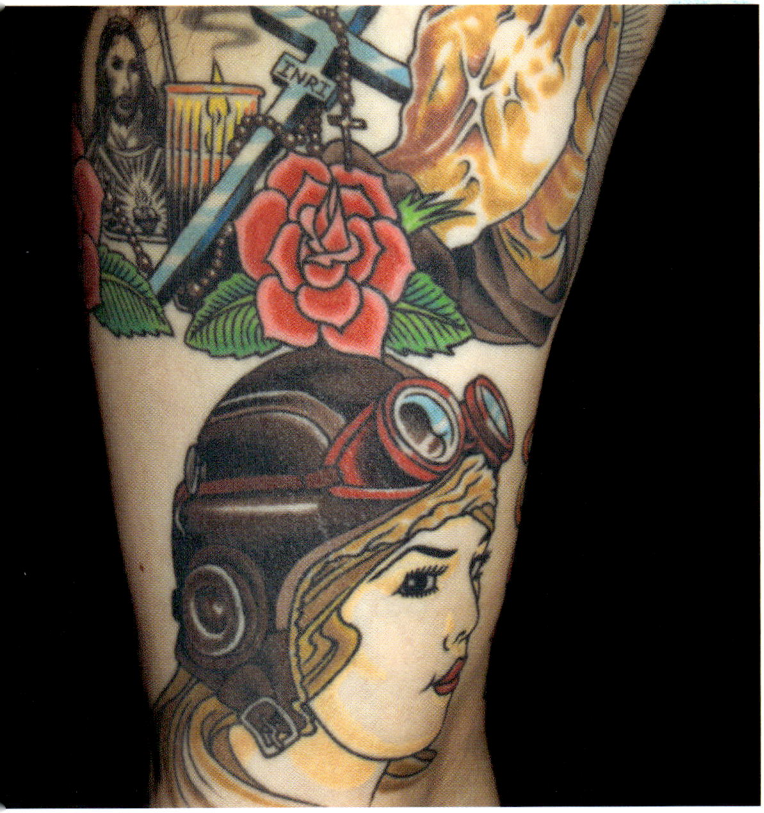
INRI

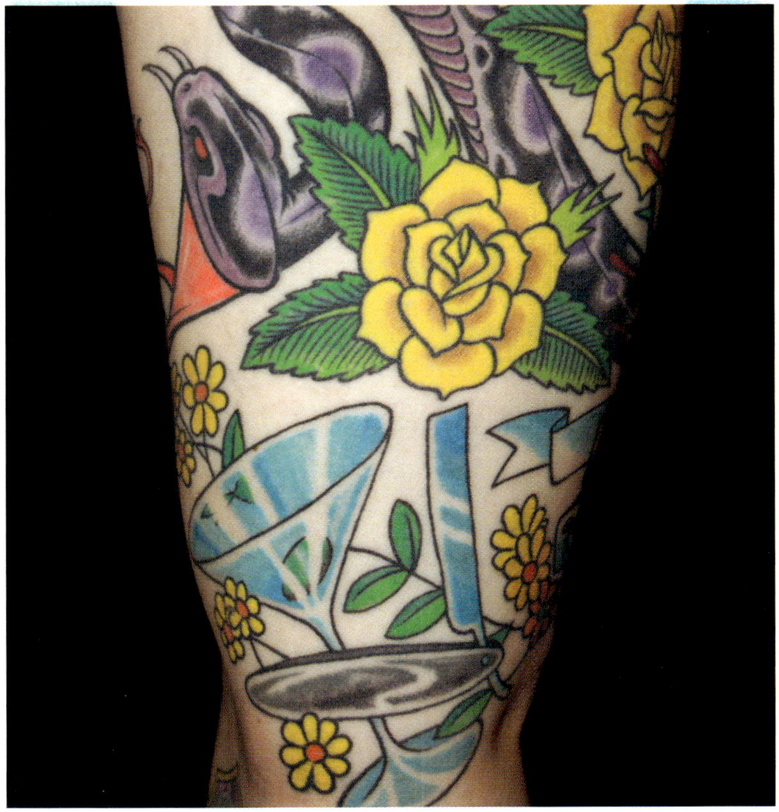

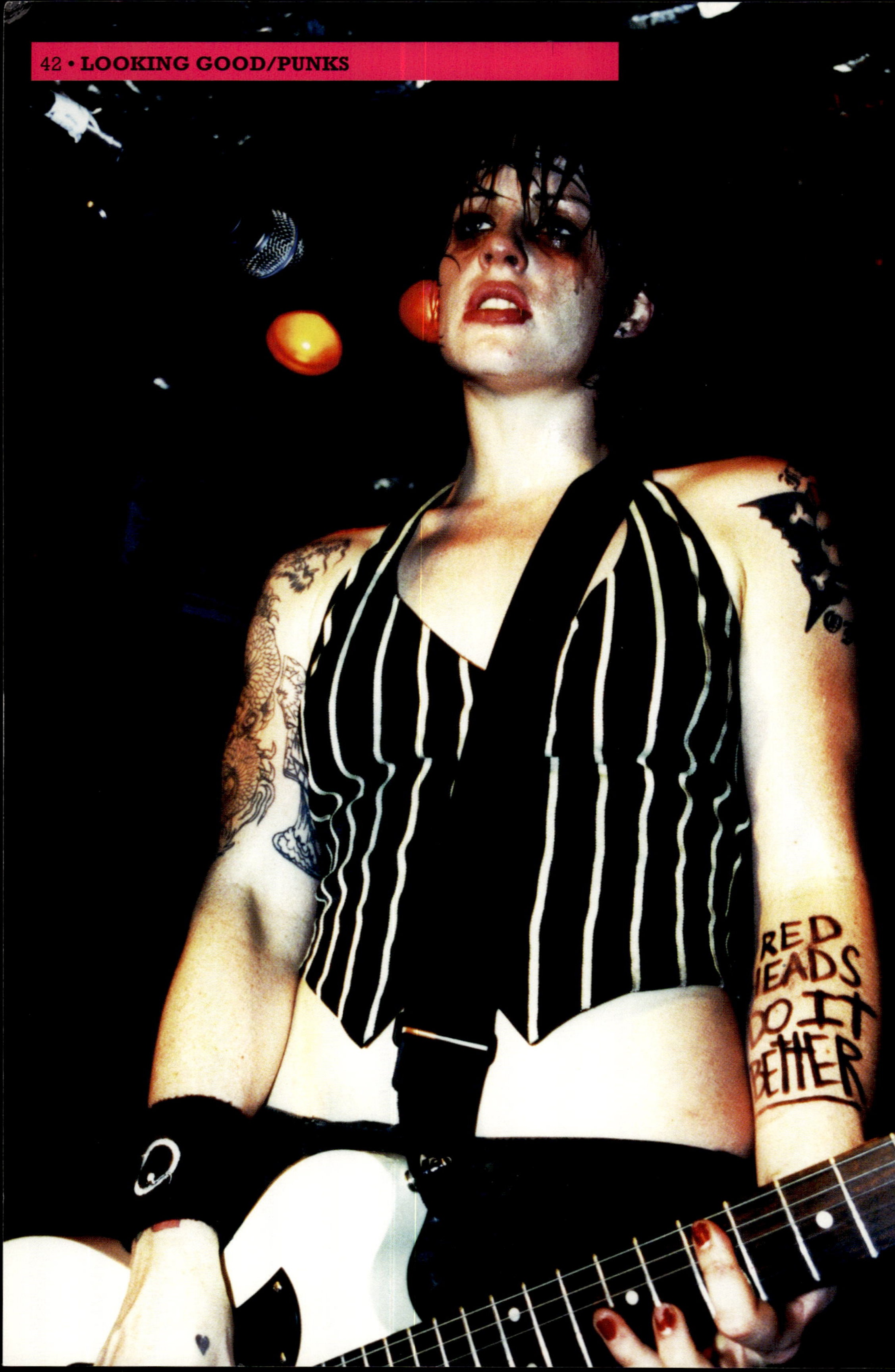
RED
HEADS
DO IT
BETTER

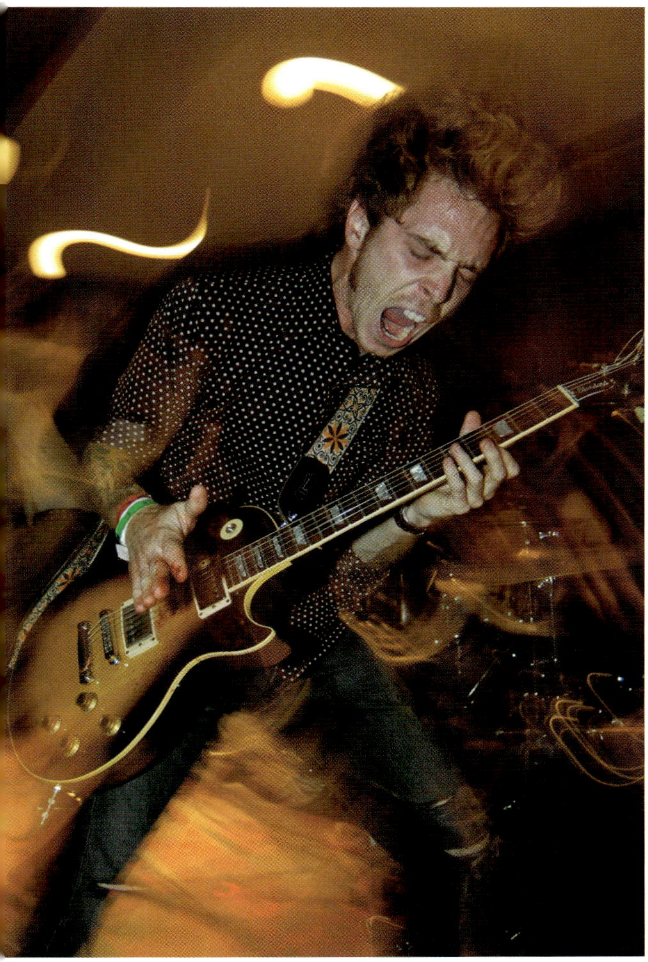

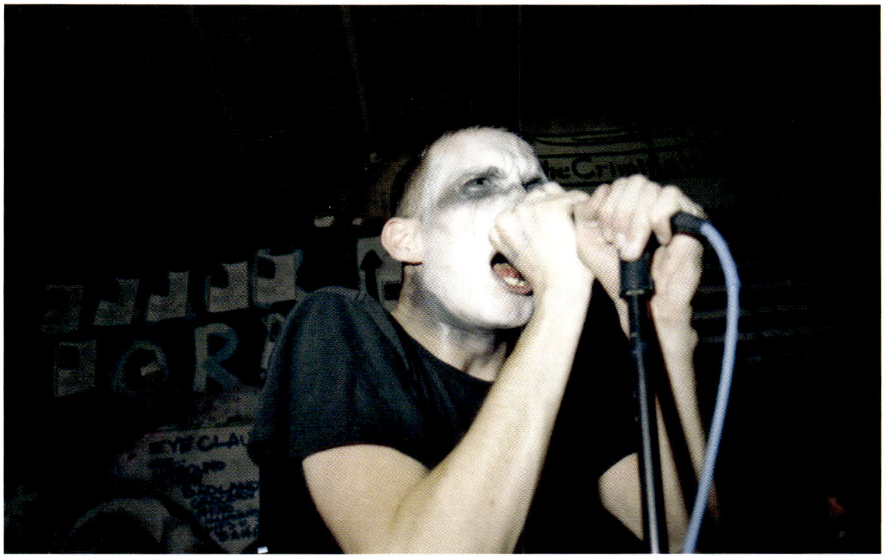

Jede Generation hat ihre Rebellen, und von den 1970er-Jahren an waren viele von ihnen Punkrocker. Punkrock-Musiker waren laut und kampflustig, immer bereit, eine Party zu sprengen oder ein Auto zu zerstören und danach auf der Couch eines Freundes einzupennen. Wie alt oder neu die Musik auch sein mag, immer trifft sie den Nerv einer desillusionierten Jugend, die sich in der Gesellschaft mit ihren festgelegten Strukturen und strengen Werten nicht zurechtfindet. Punkrock vetritt natürlich auch eine eigene Ethik: Eine Kultur, die die Konsumgesellschaft ablehnt und es vorzieht, Dinge selbst herzustellen. Es scheint, als hätten Punks durch ihre Weigerung, sich anzupassen, mit Autoritäten zusammenzuarbeiten und sich an die Traditionen ihrer Gesellschaft zu halten, mehr mit ihren auf der ganzen Welt verstreuten Verbündeten gemein als mit den eigenen Nachbarn.

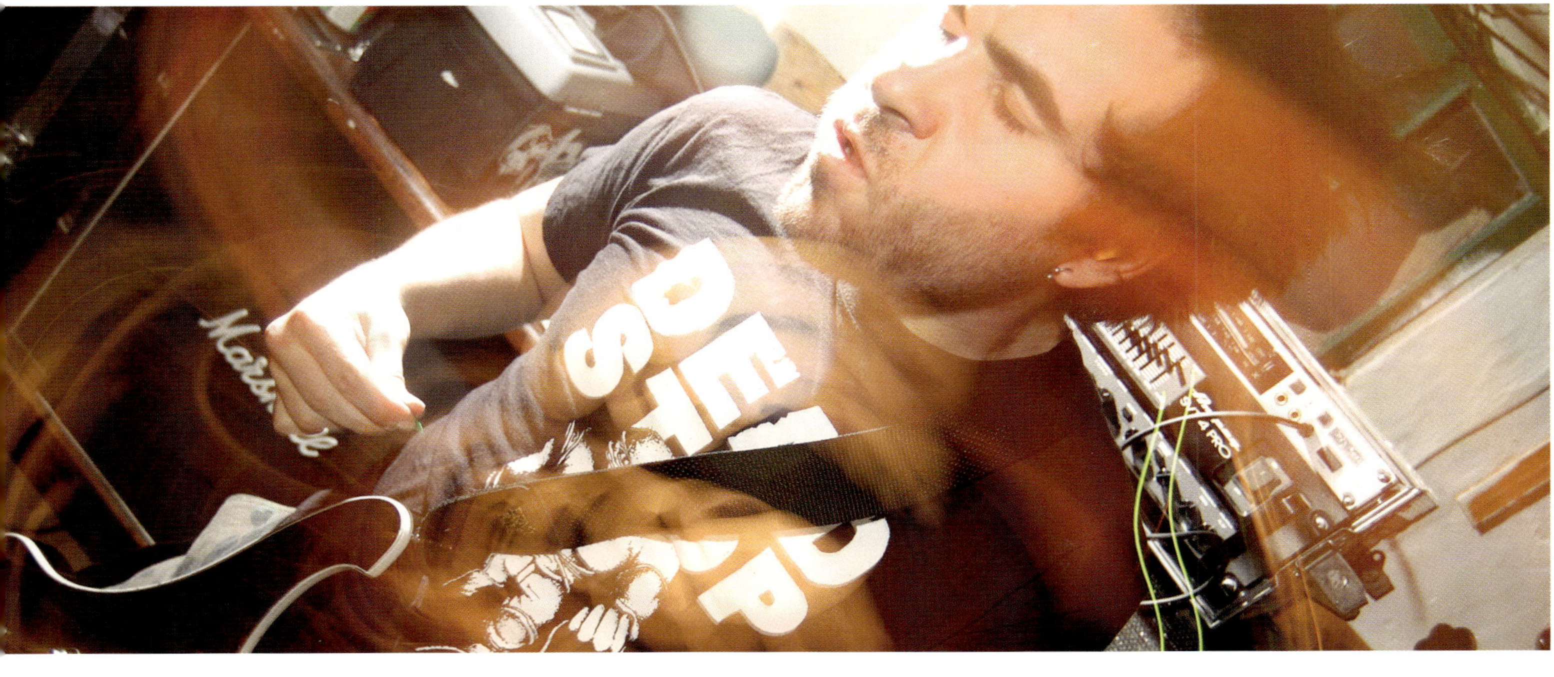

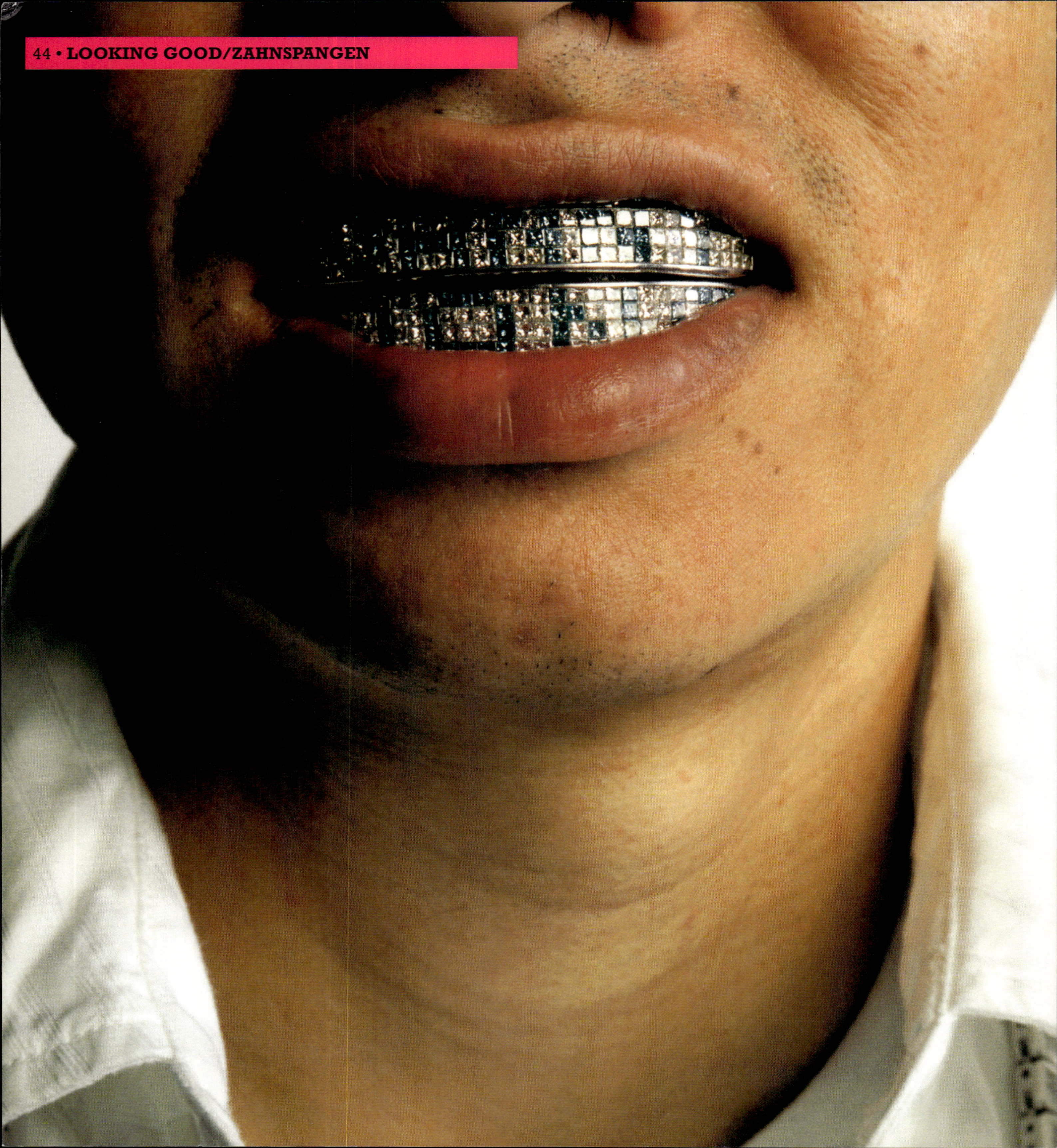

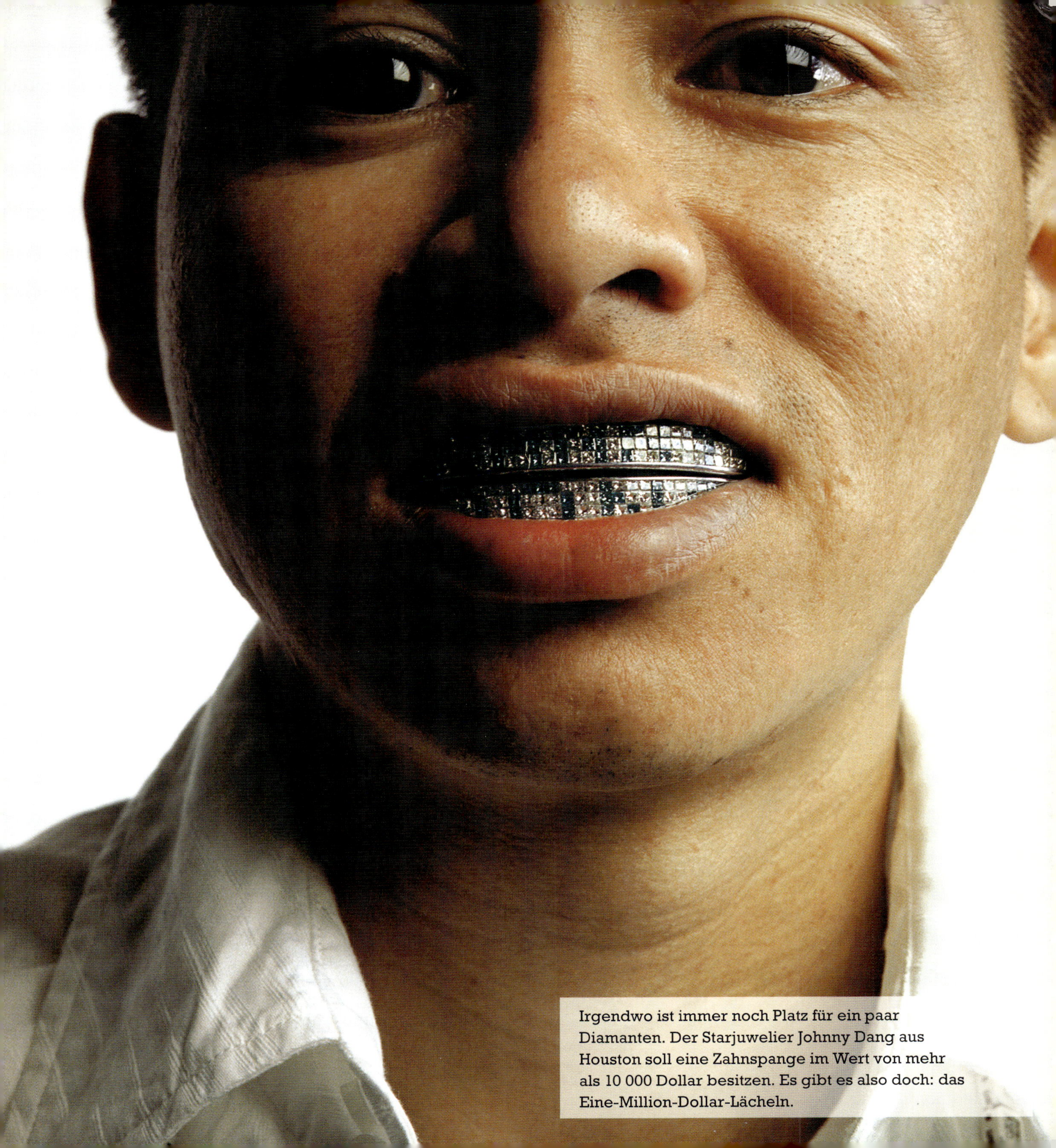

Irgendwo ist immer noch Platz für ein paar Diamanten. Der Starjuwelier Johnny Dang aus Houston soll eine Zahnspange im Wert von mehr als 10 000 Dollar besitzen. Es gibt es also doch: das Eine-Million-Dollar-Lächeln.

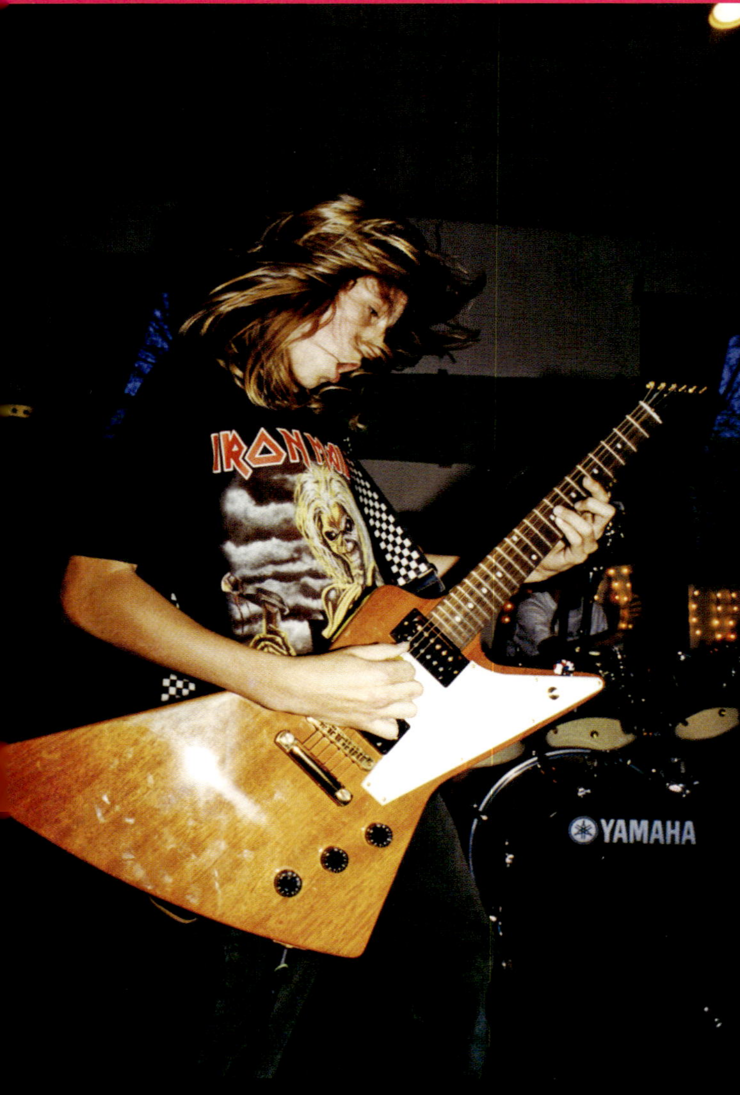
YAMAHA

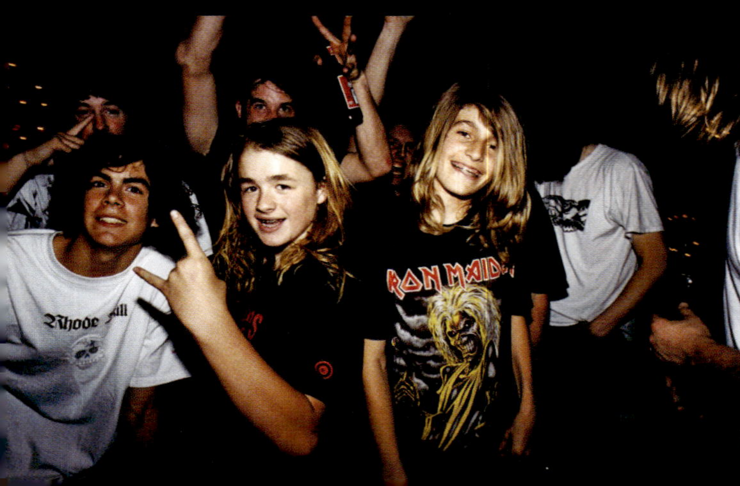

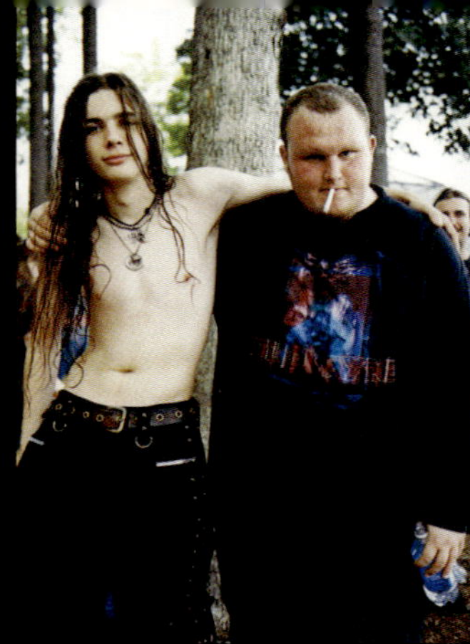

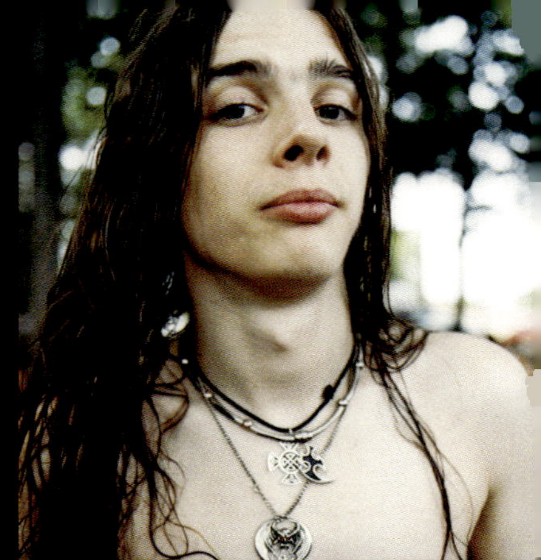

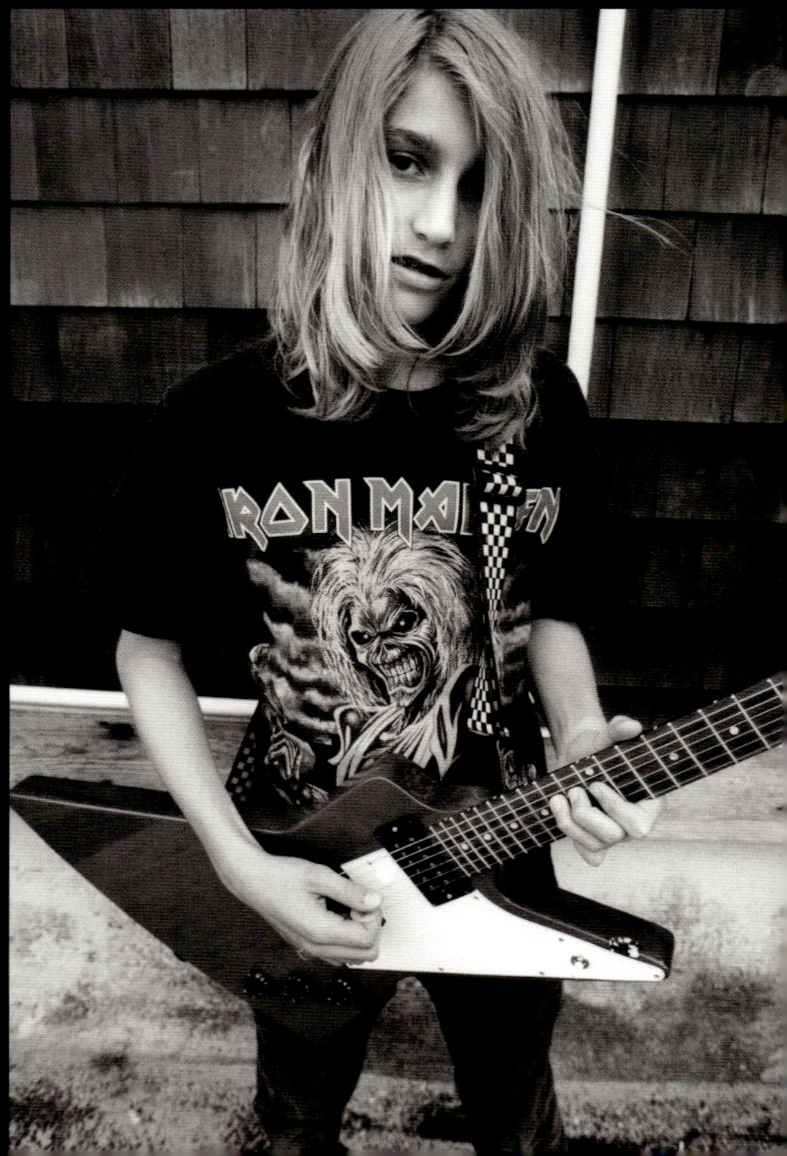

Nachdem in den frühen 1970er-Jahren Heavymetal-Musik aufgekommen war, beeinflusste sie das Leben von Teenagern auf der ganzen Welt. Wer nach Beweisen sucht, sollte sich einmal die Inschriften auf den Tischen und in den Toiletten höherer Schulen genauer ansehen. Unzählige Male wird man hier Black Sabbath-, Iron Maiden- und Motörhead-Logos finden. Für rebellierende Jugendliche hat Heavymetal alles, was sie von Musik erwarten: verzerrte Gitarrenklänge, laut dröhnende Drums und Texte, deren Bandbreite von politisch bis hin zu fantastisch reicht. Die Fotografin Angela Boatwright ist fasziniert von der Heavymetal-Kultur und ihren Fans. In ihrer Arbeit hier fängt sie beide Seiten der Subkultur ein: die helle und die dunkle.

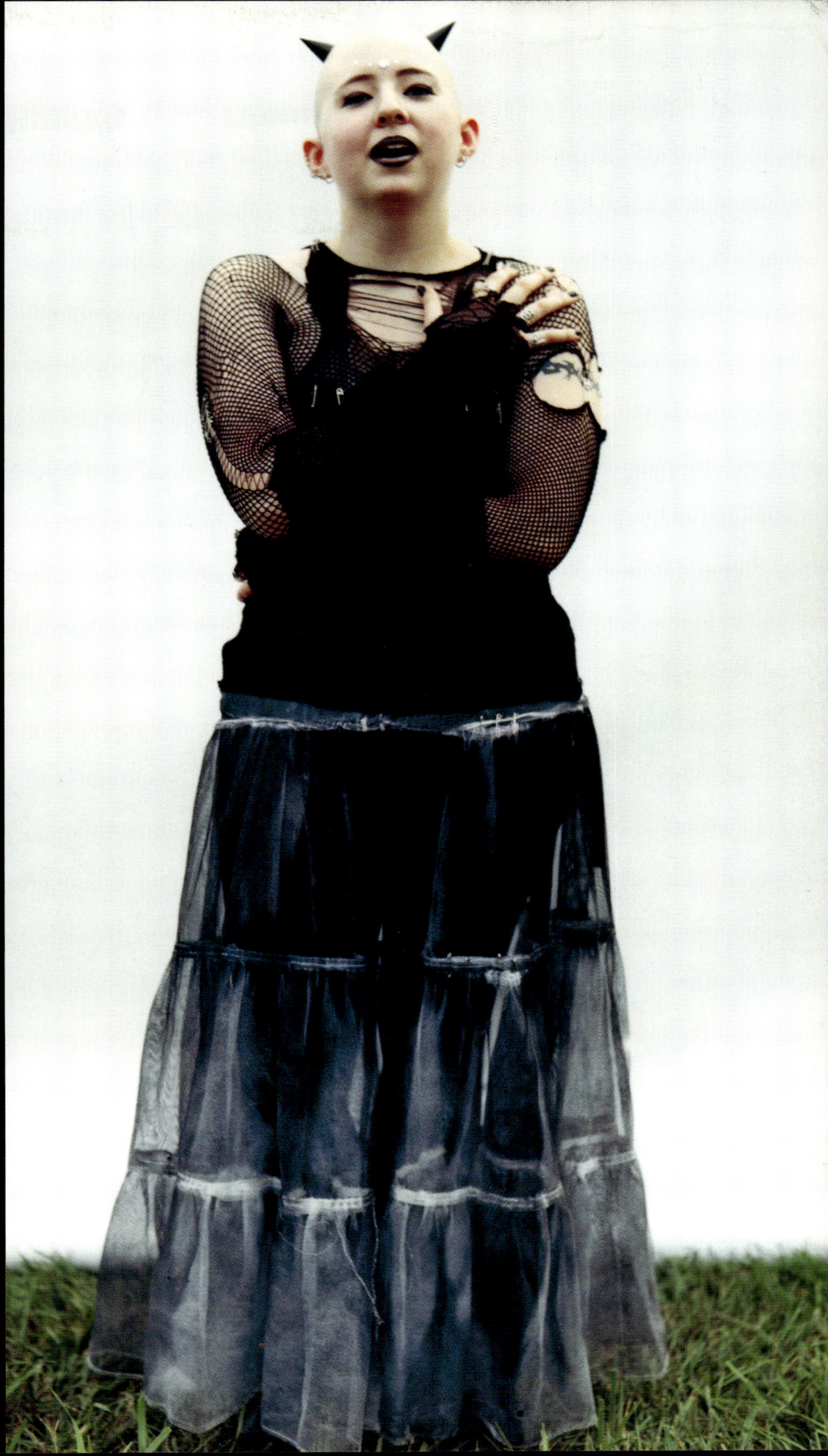

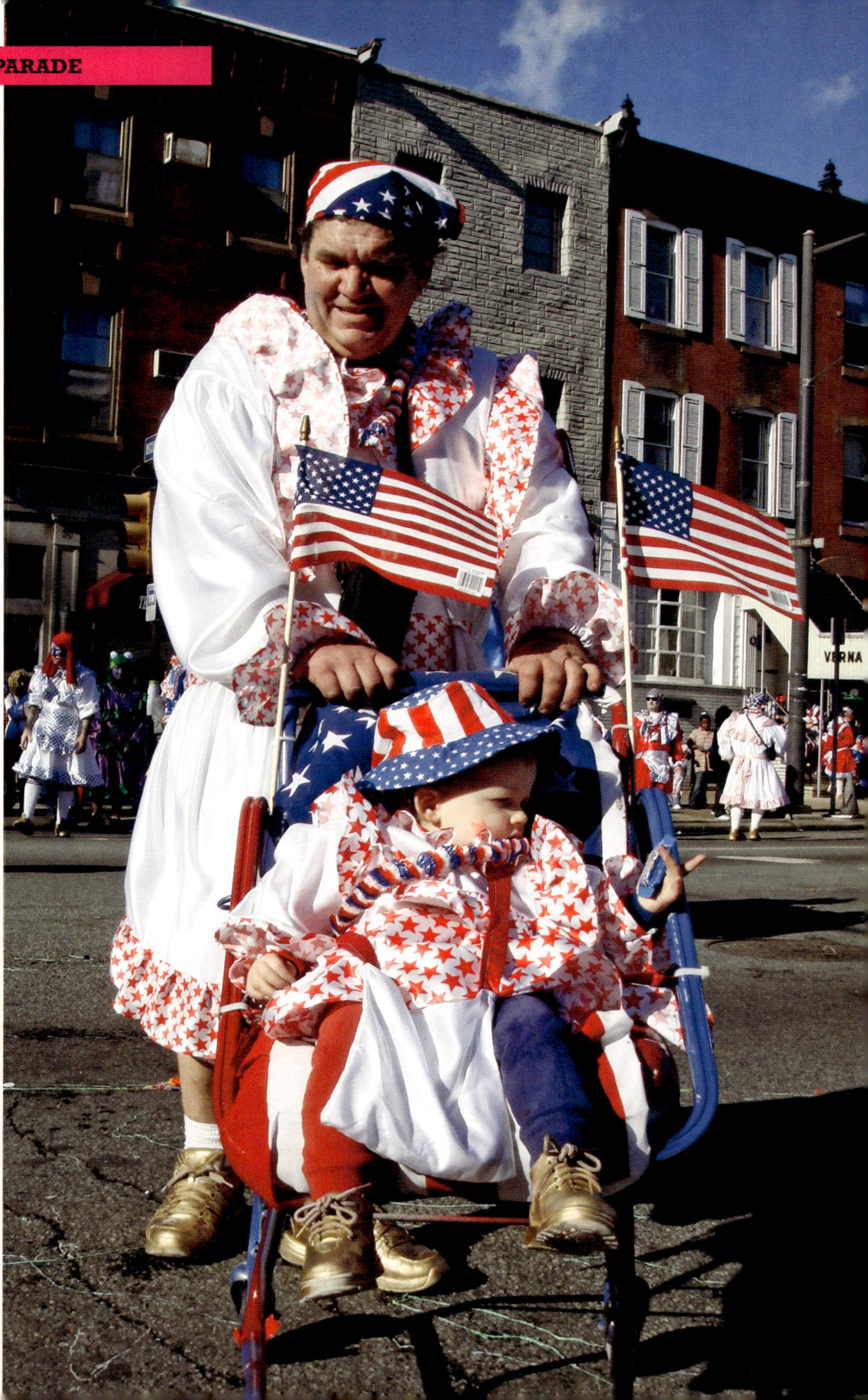

Jeder liebt Paraden, und die Mummers Parade in Philadelphia zieht seit über 100 Jahren am Neujahrstag Menschenmassen an. Während der Parade, die viele internationale Nachahmer fand, versammeln sich die Bewohner Philadelphias in Clubs und versuchen, sich gegenseitig an originellen Kostümen und ausgefeilten Darbietungen zu übertreffen. Jeder nimmt mit seinem Kostüm an einem Wettbewerb teil, um das Preisgeld in Höhe von mehreren Tausend Dollar zu ergattern. Paraden sind wie eine ganze Fashion Week, nur eben an einem Tag.

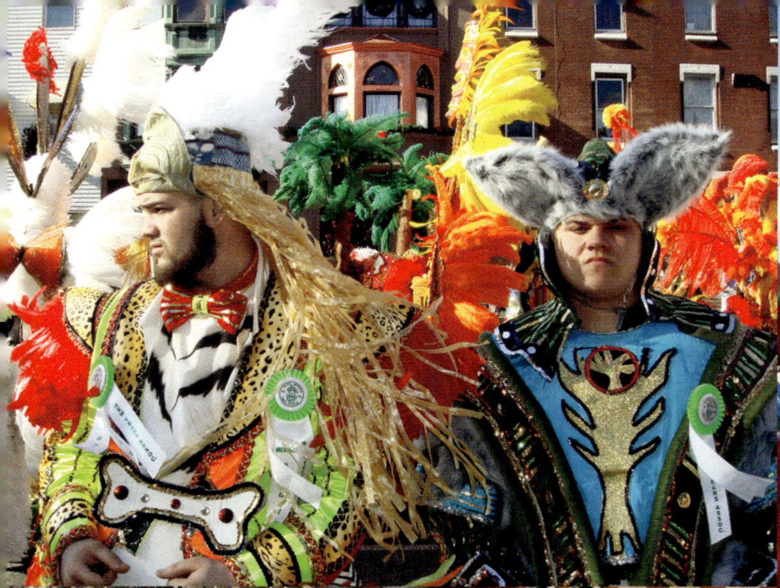

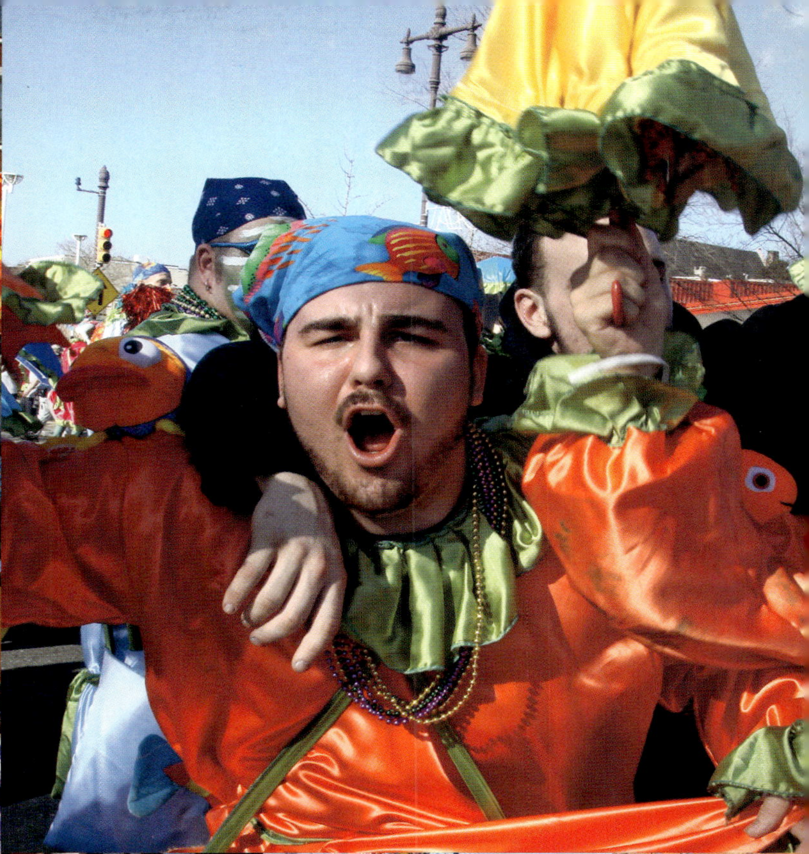

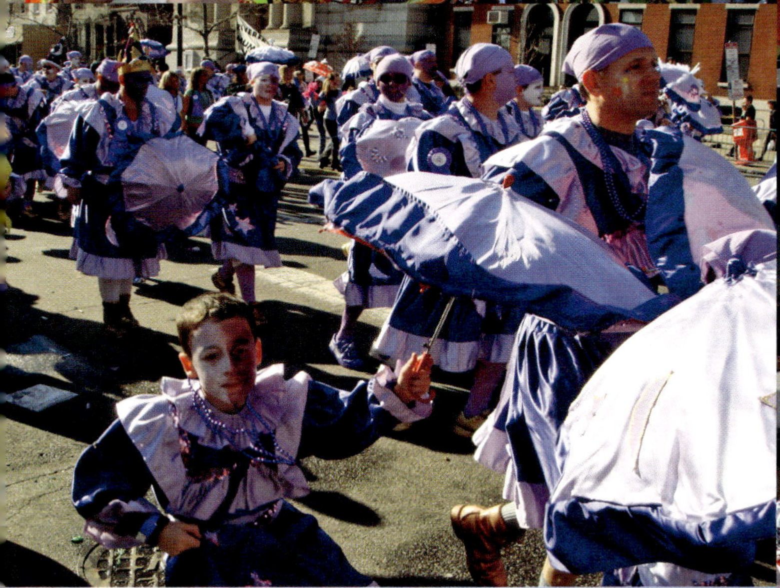

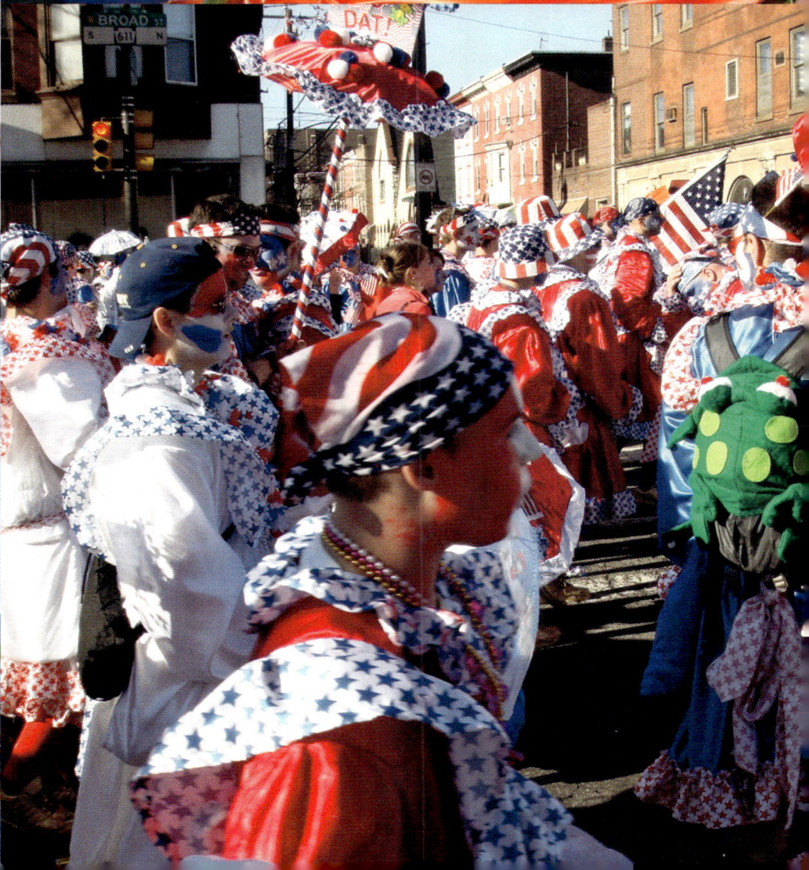
BROAD ST
S 611 N

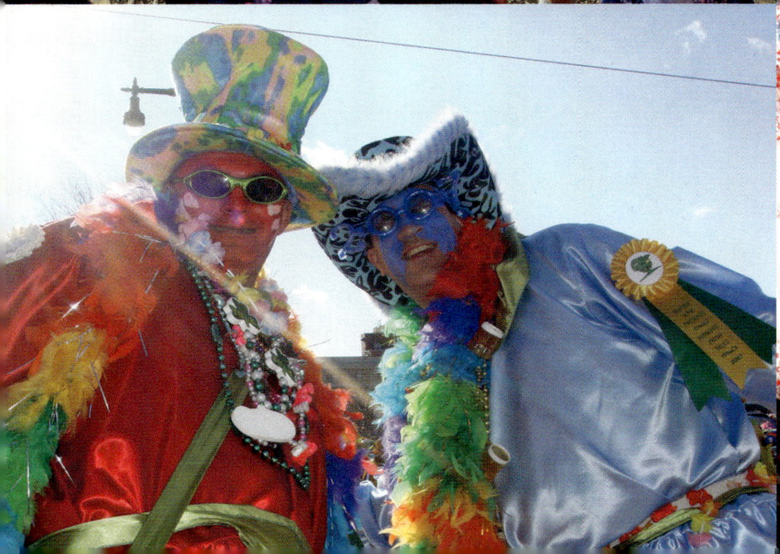

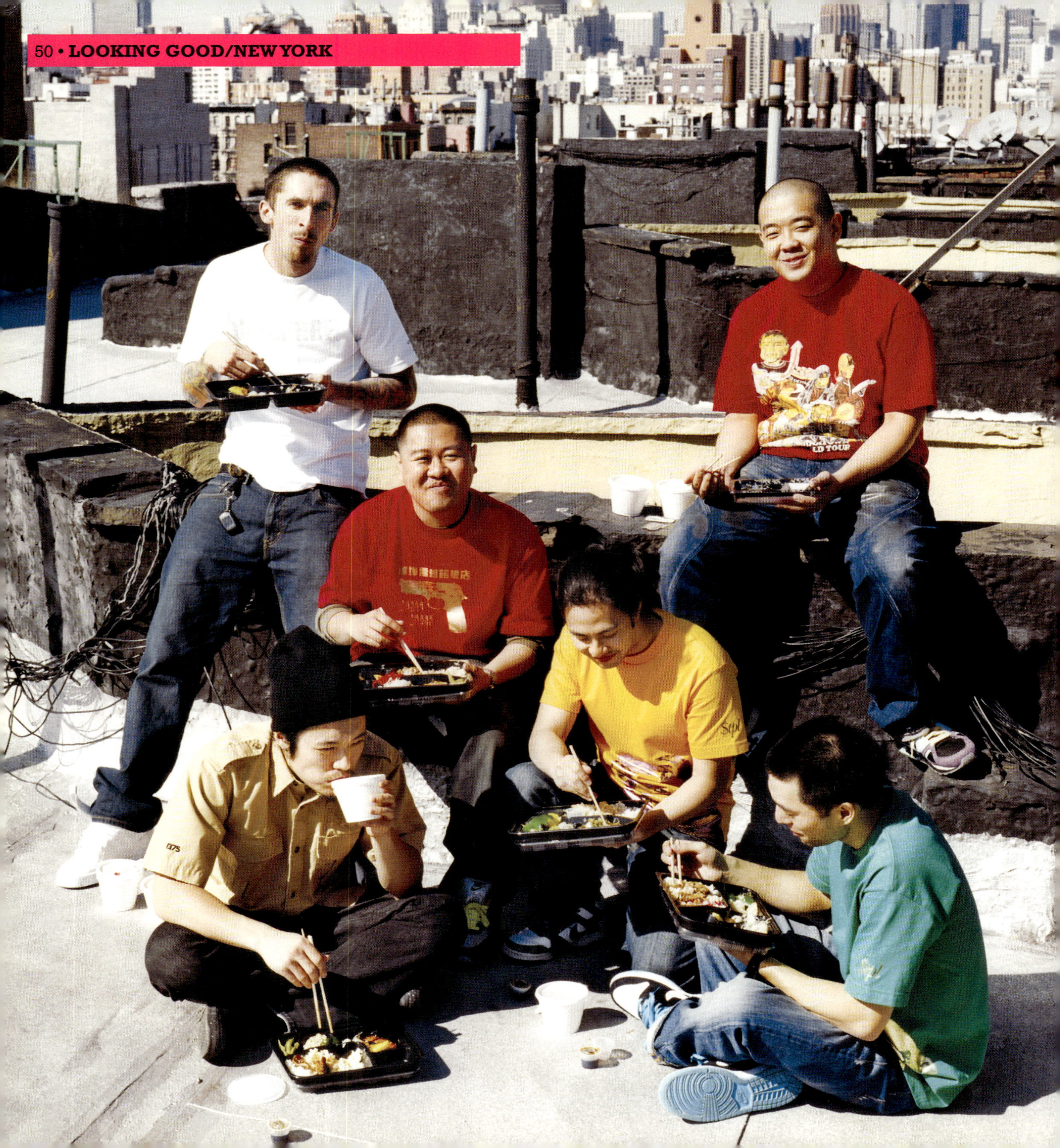

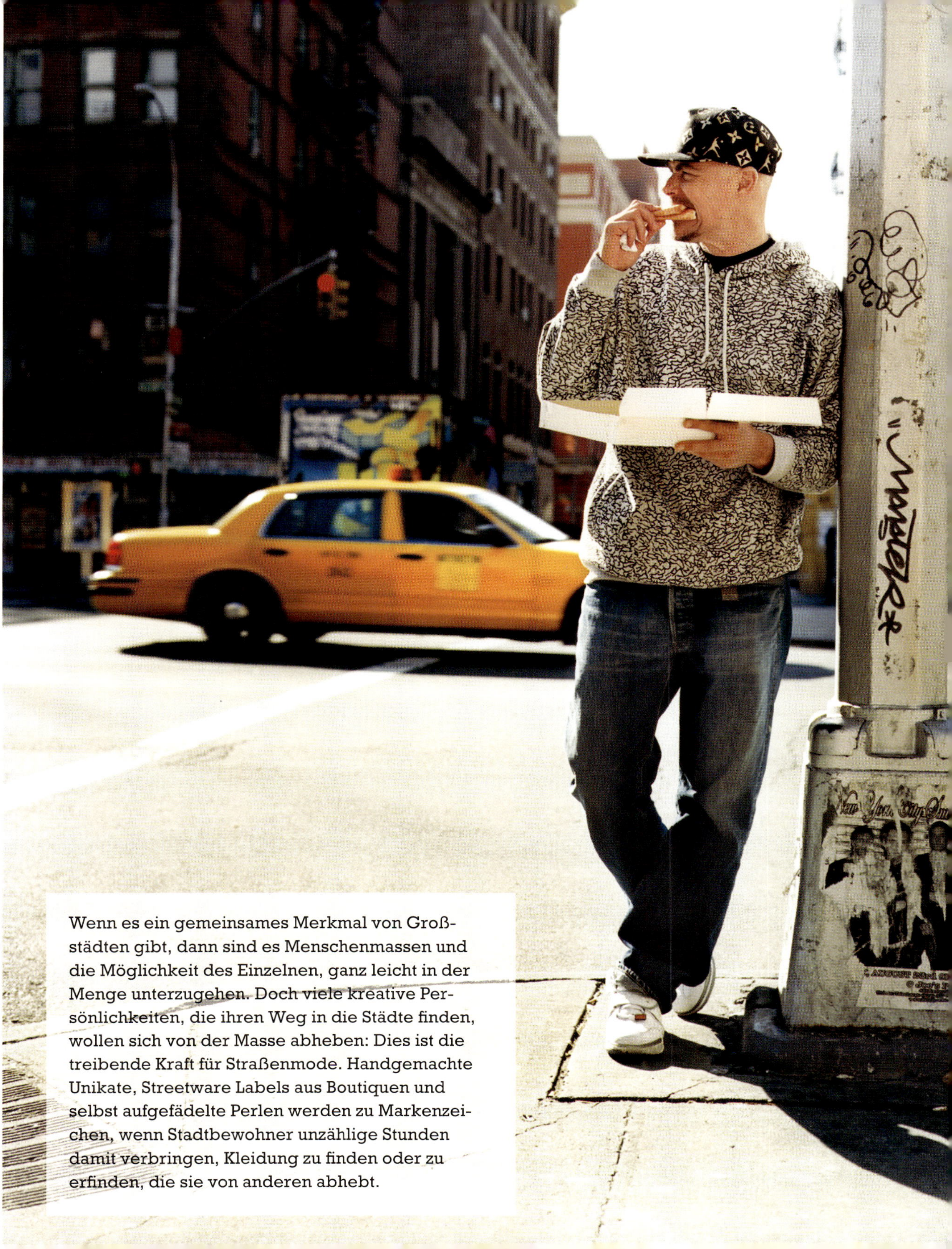

Wenn es ein gemeinsames Merkmal von Großstädten gibt, dann sind es Menschenmassen und die Möglichkeit des Einzelnen, ganz leicht in der Menge unterzugehen. Doch viele kreative Persönlichkeiten, die ihren Weg in die Städte finden, wollen sich von der Masse abheben: Dies ist die treibende Kraft für Straßenmode. Handgemachte Unikate, Streetware Labels aus Boutiquen und selbst aufgefädelte Perlen werden zu Markenzeichen, wenn Stadtbewohner unzählige Stunden damit verbringen, Kleidung zu finden oder zu erfinden, die sie von anderen abhebt.

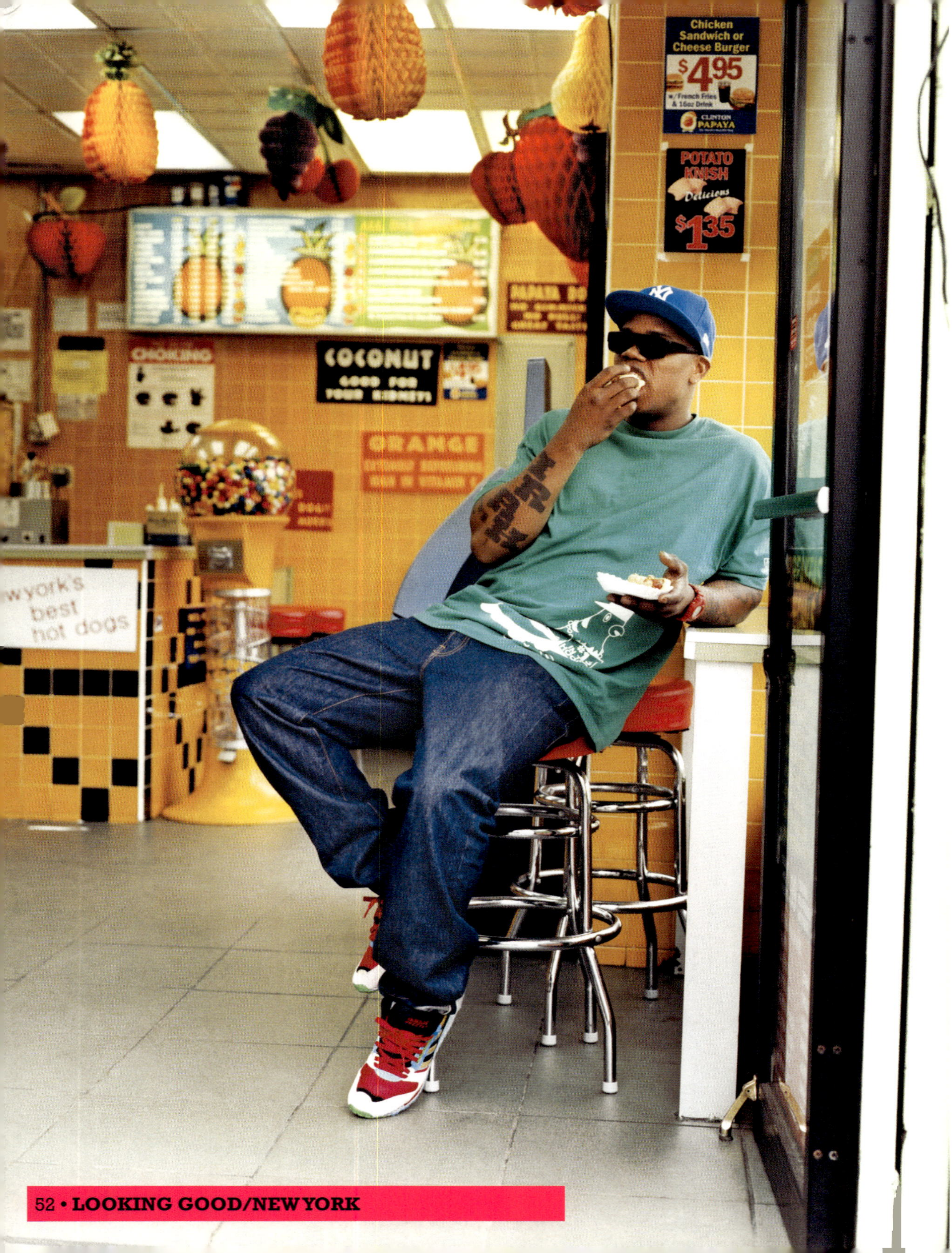
Chicken
Sandwich or
Cheese Burger
$4.95
w/French Fries
& 16oz Drink
CLINTON
PAPAYA
POTATO
KNISH
Delicious
$1.35
COCONUT
GOOD FOR
YOUR KIDNEYS
ORANGE
CHOKING
best
hot dogs

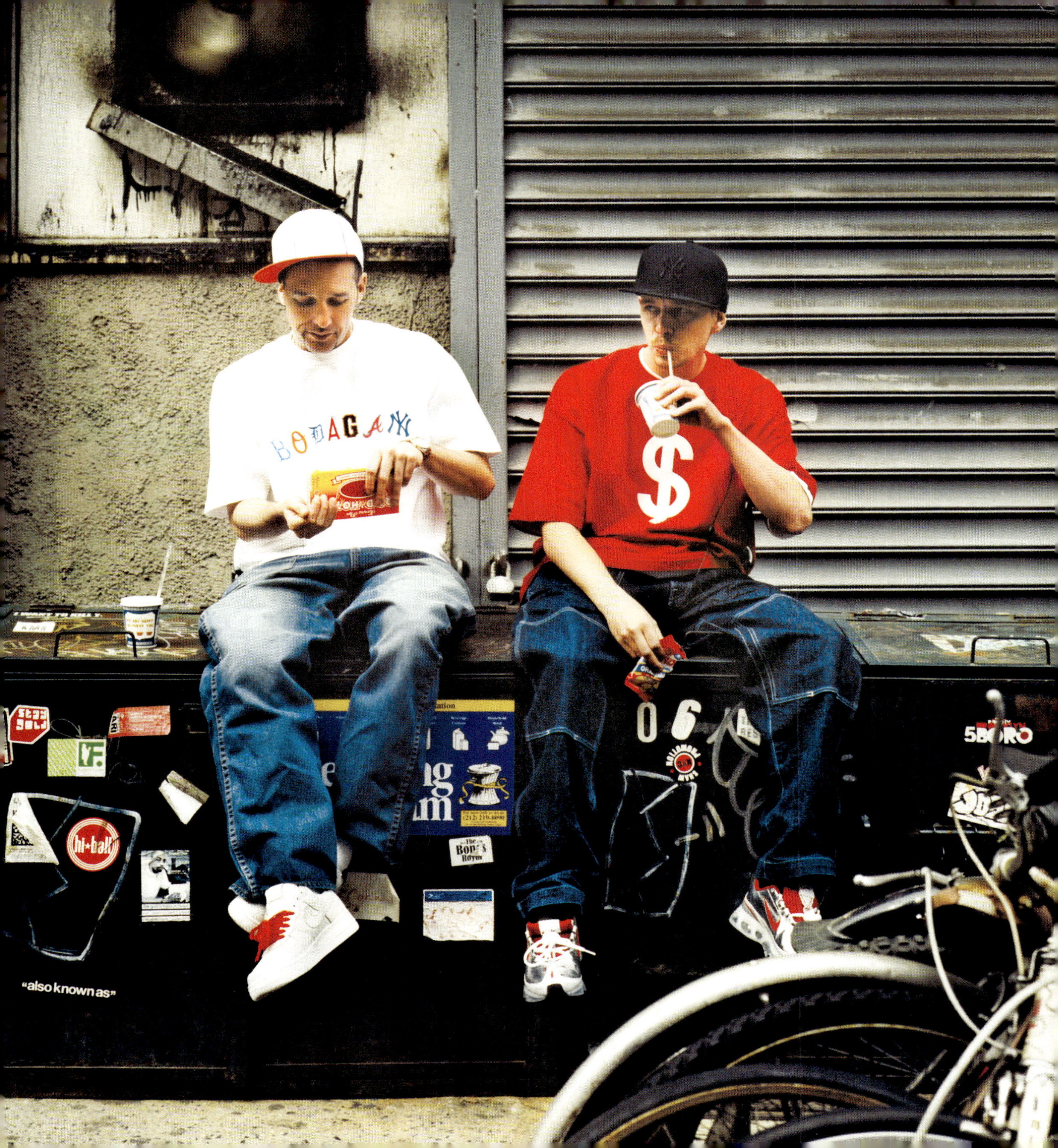

"also known as"
5BORO
hi-ball

Die DMS Gruppe tauchte Mitte bis Ende der 1980er-Jahre in New York auf. Sie setzte sich damals aus einigen Hardcore-Bands und berühmt-berüchtigten Graffiti-Künstlern zusammen. Heute ist das Dirty Money Syndicate nach wie vor einflussreich in der Musik und Graffiti-Szene und es scheint, als würde sich daran auch in naher Zukunft nichts ändern.

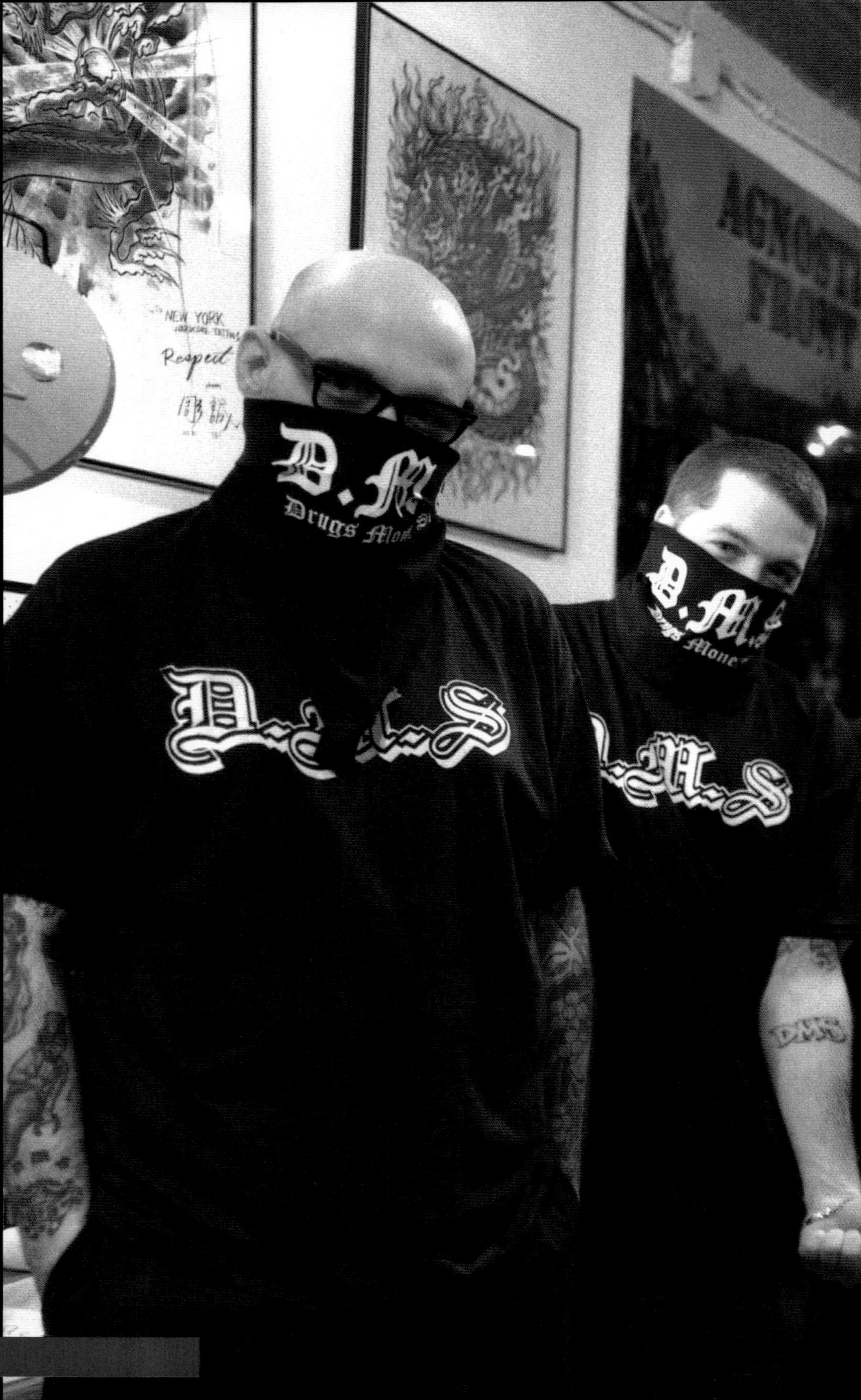

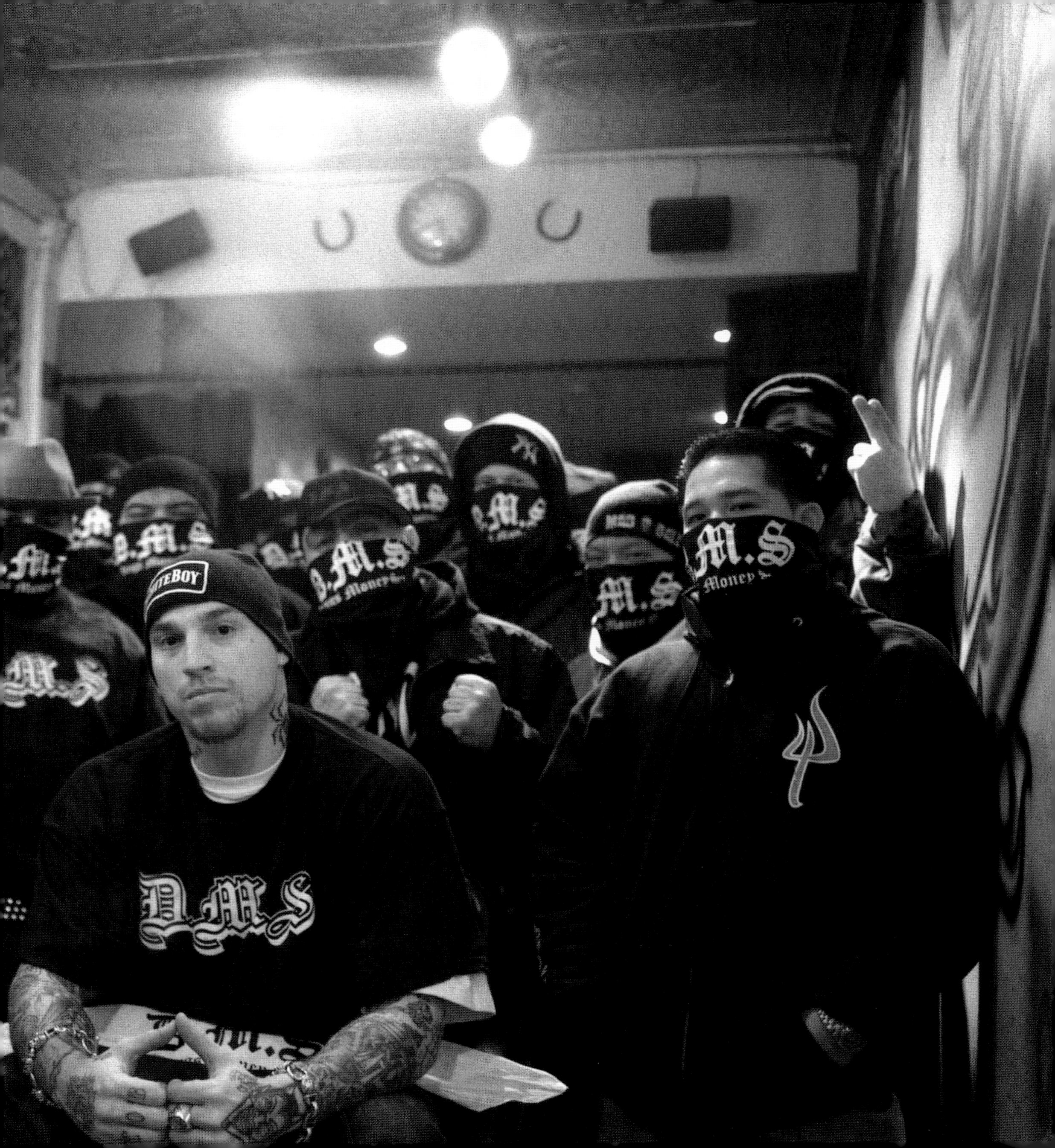
D.M.S

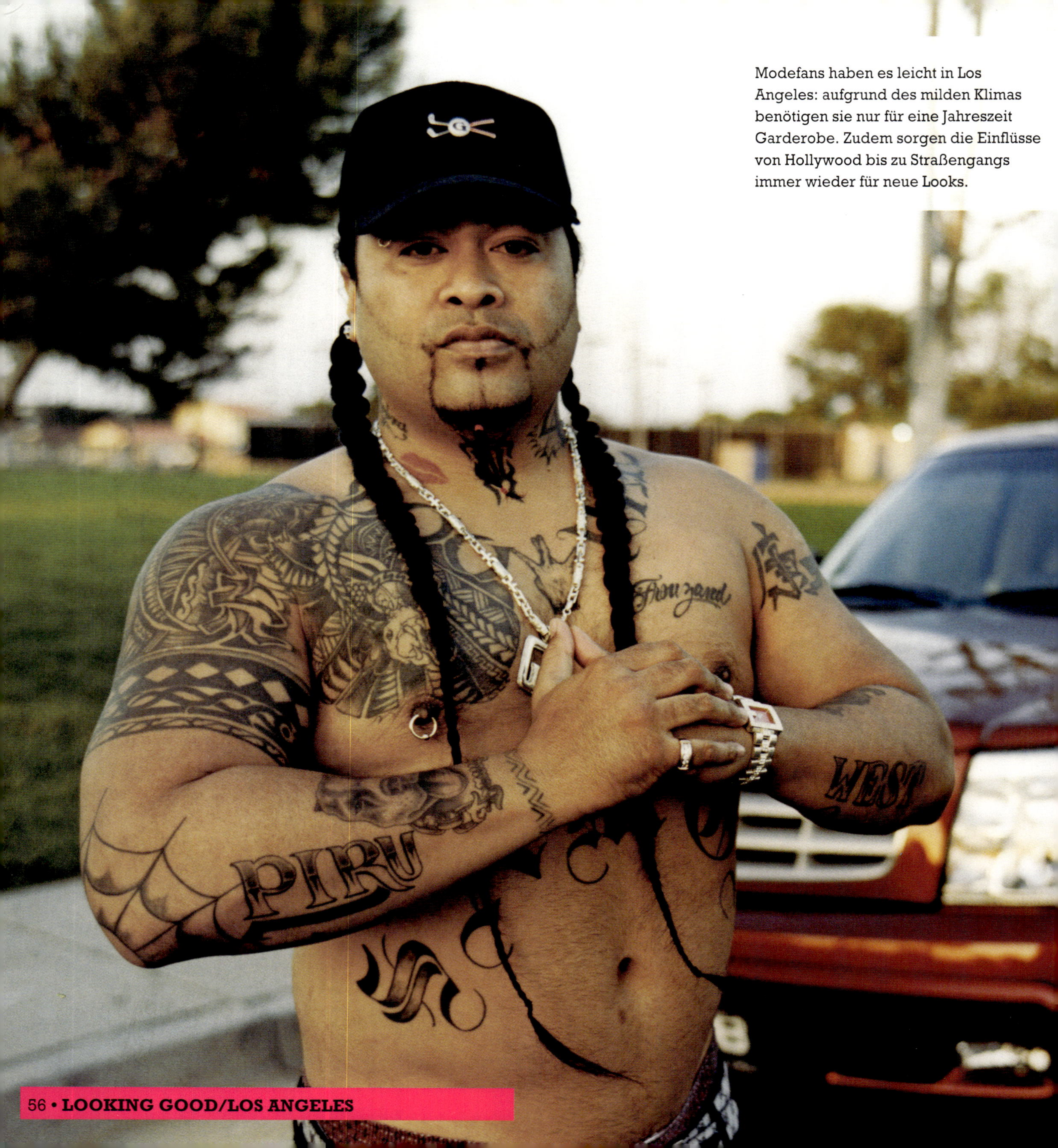

Modefans haben es leicht in Los Angeles: aufgrund des milden Klimas benötigen sie nur für eine Jahreszeit Garderobe. Zudem sorgen die Einflüsse von Hollywood bis zu Straßengangs immer wieder für neue Looks.

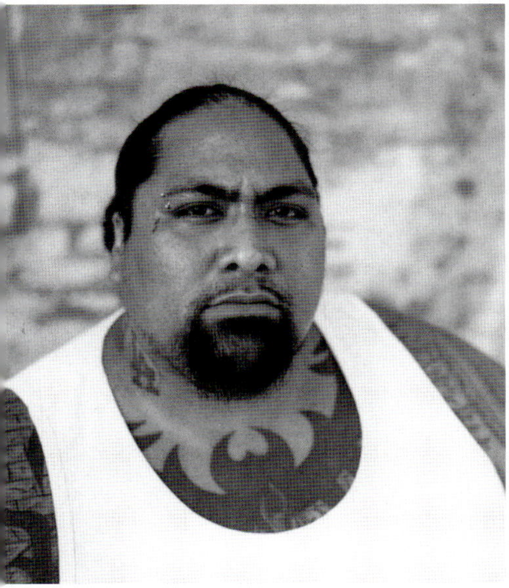

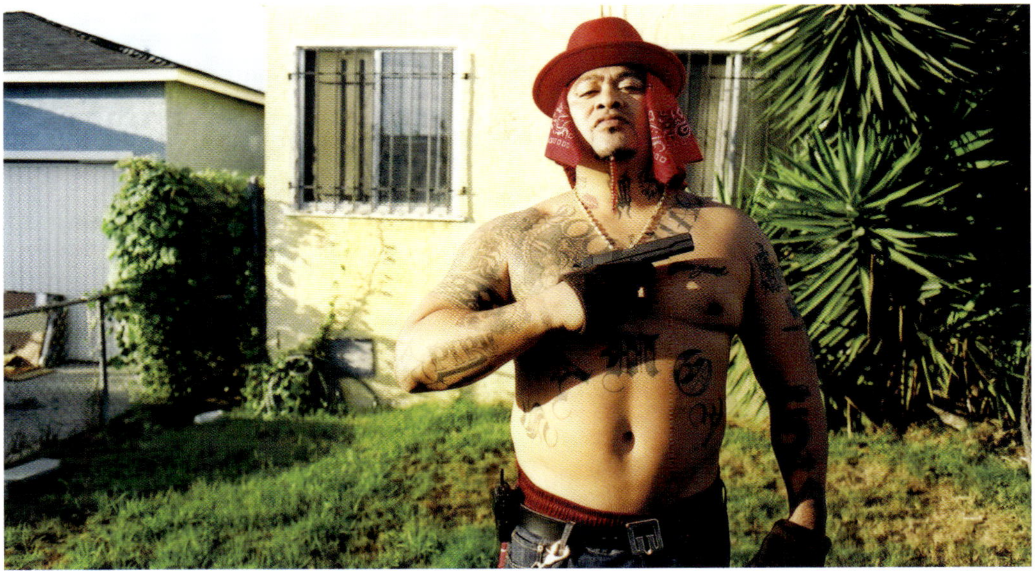

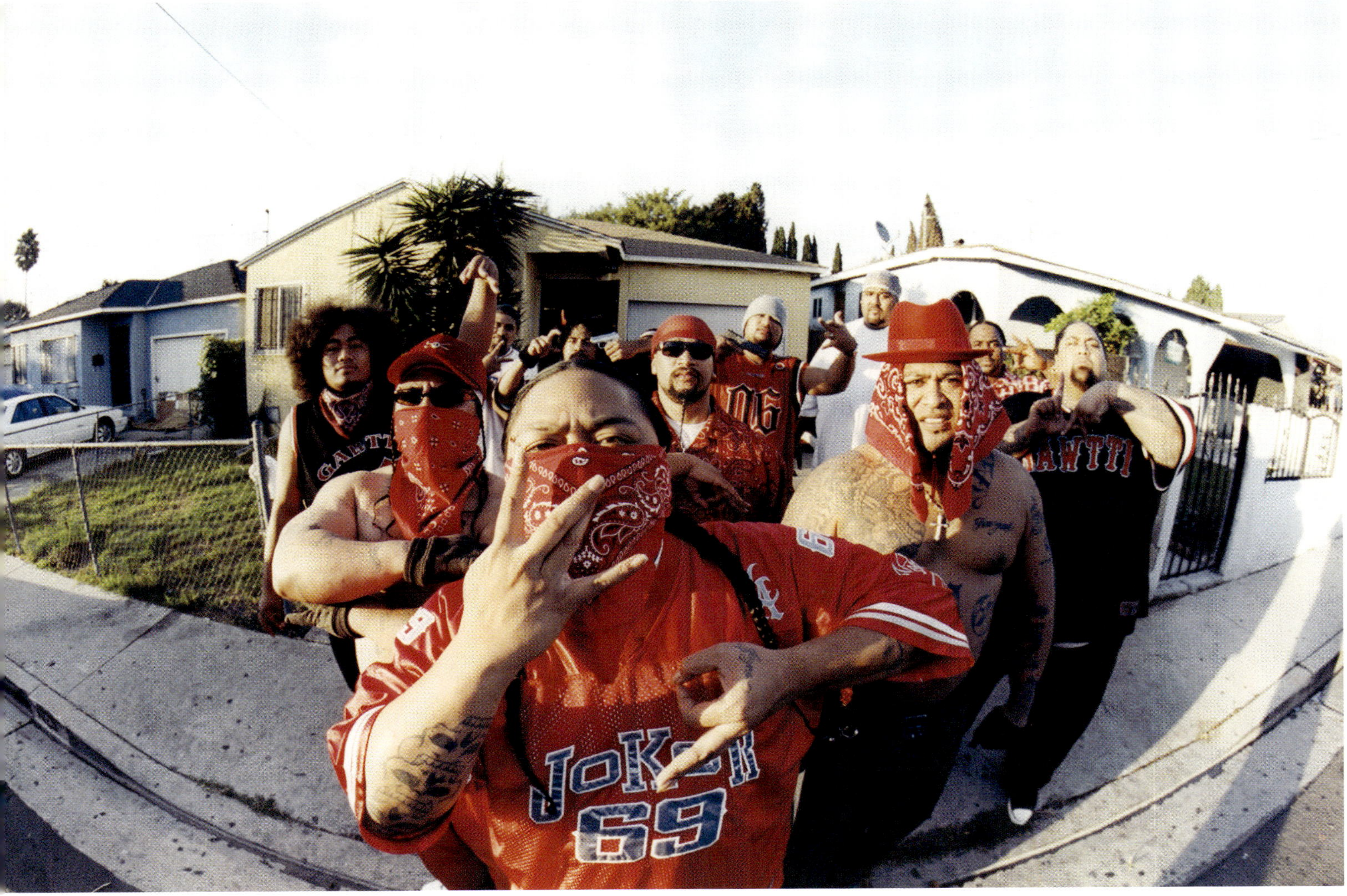
GAWTTI
JoKer
69

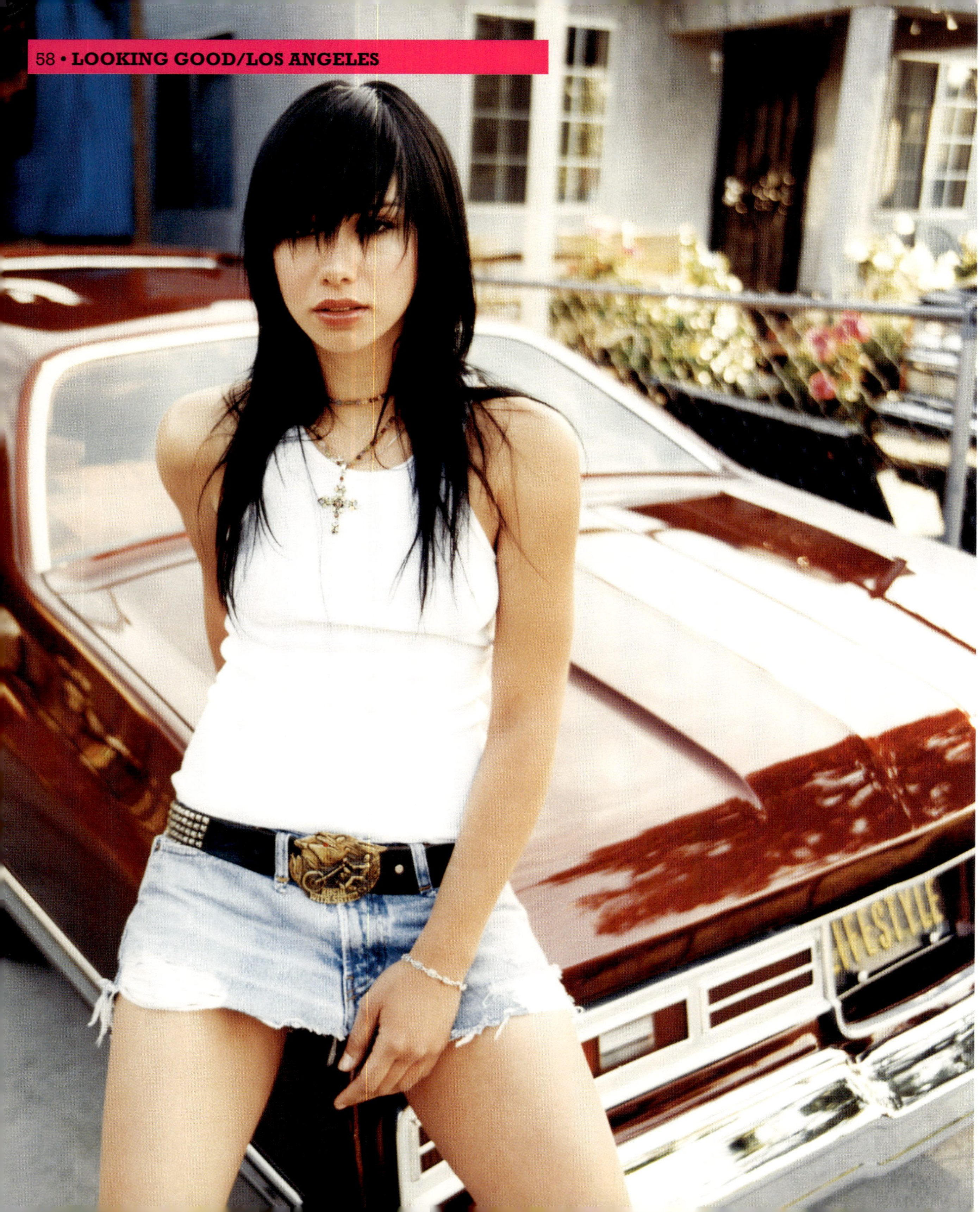

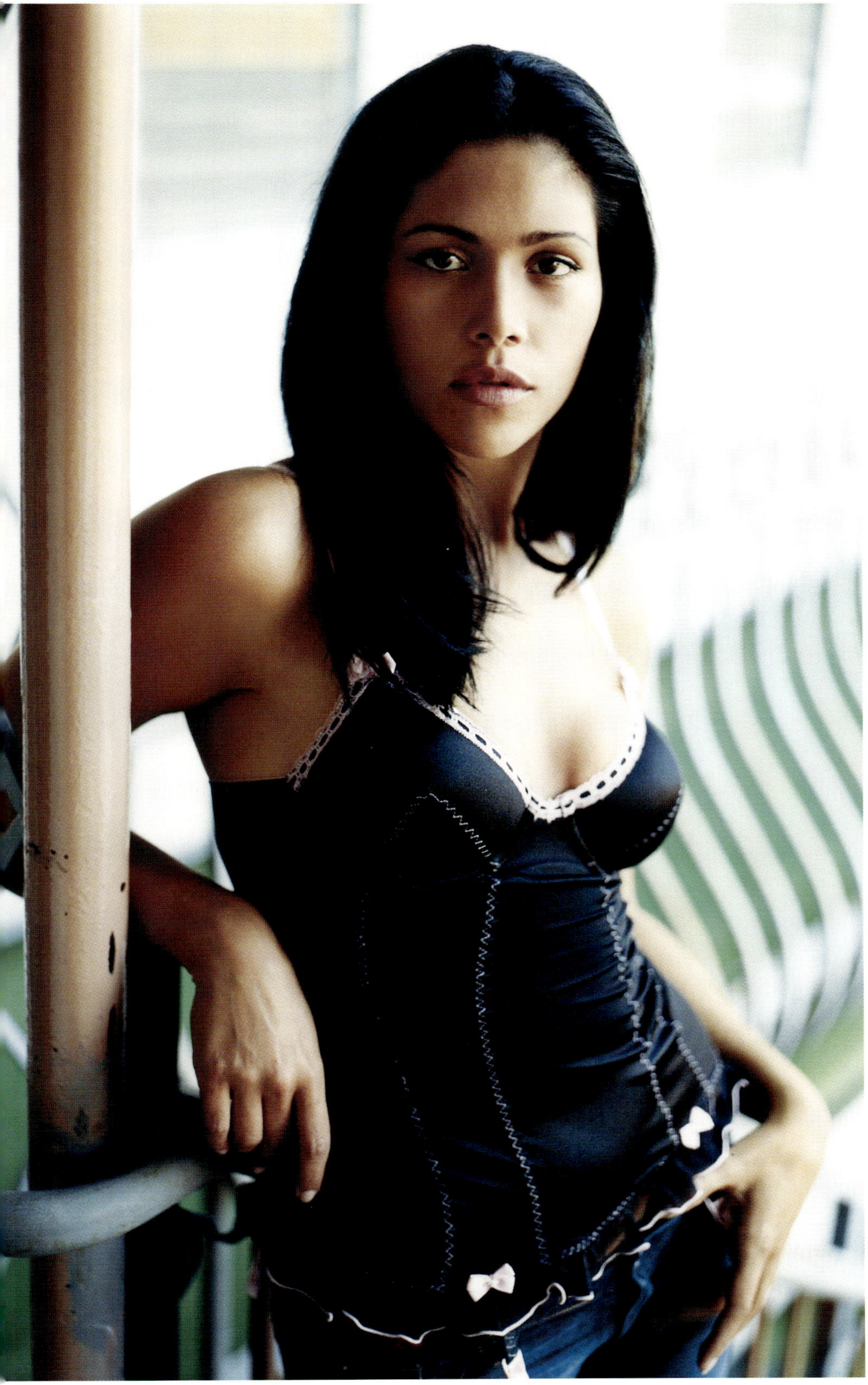

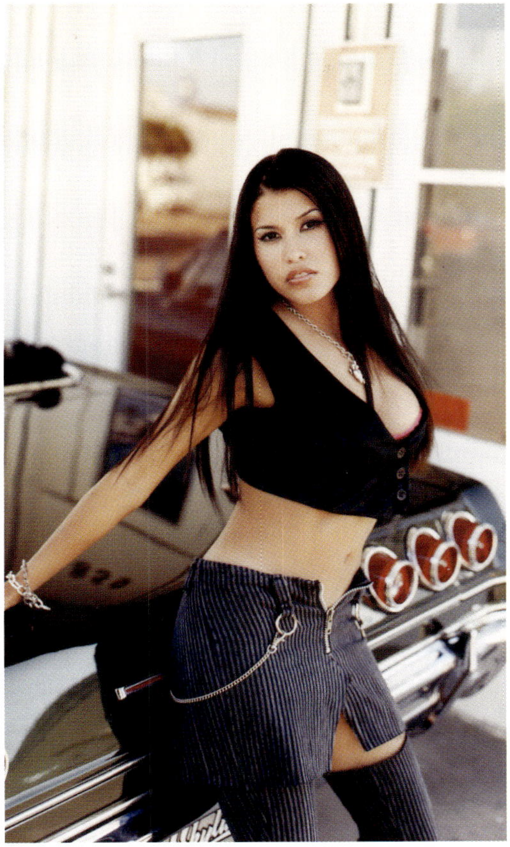

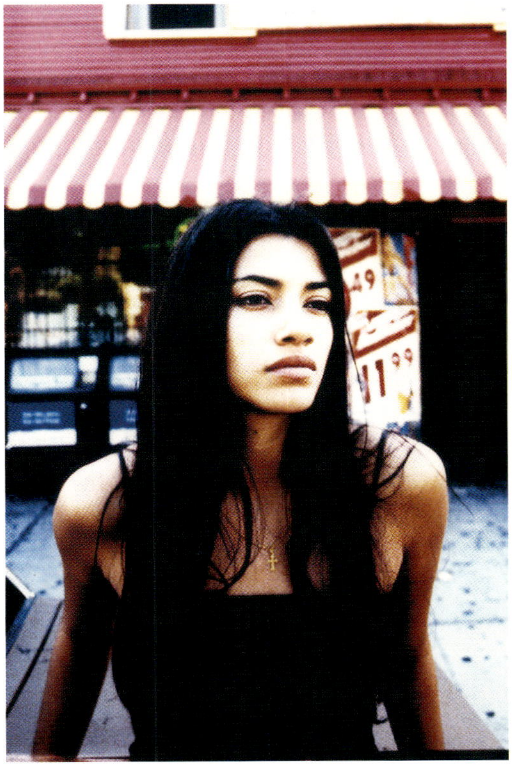

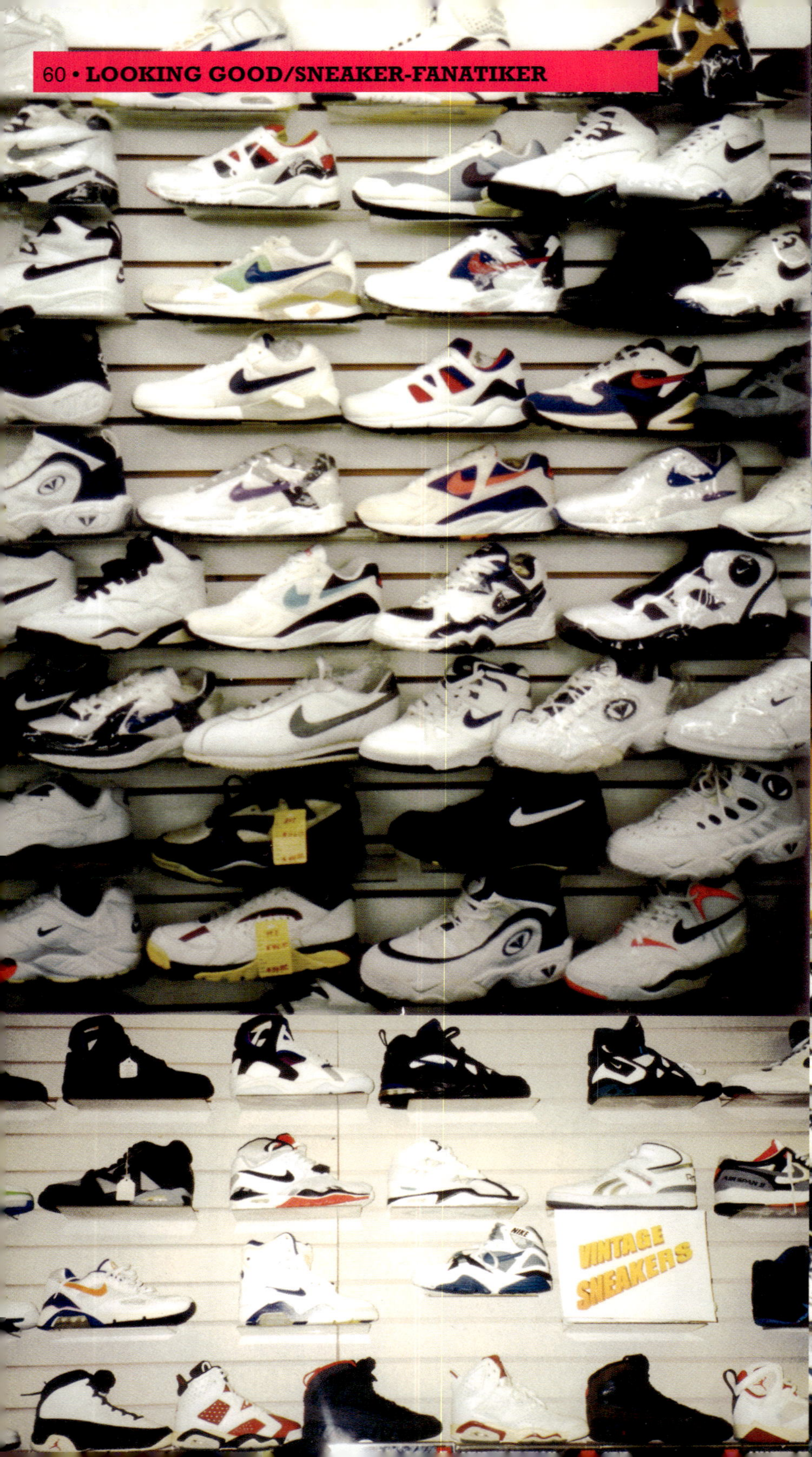
VINTAGE
SNEAKERS

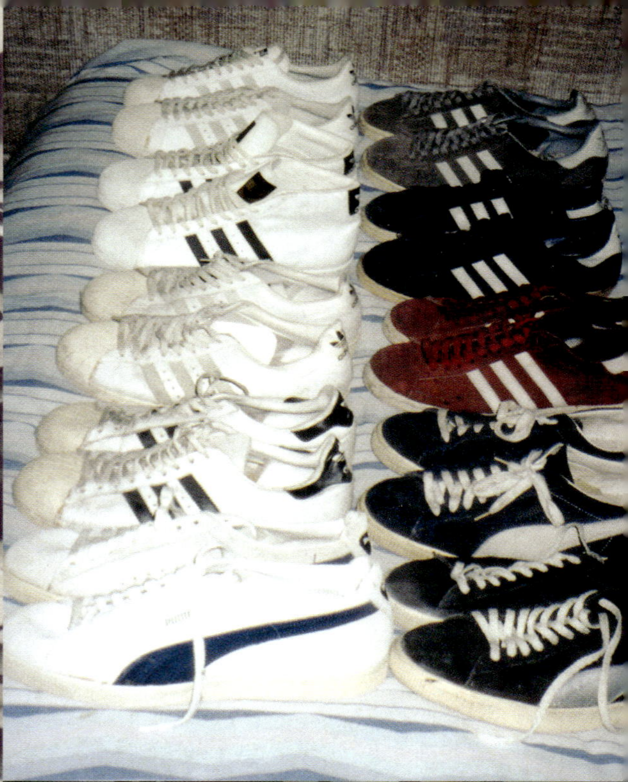

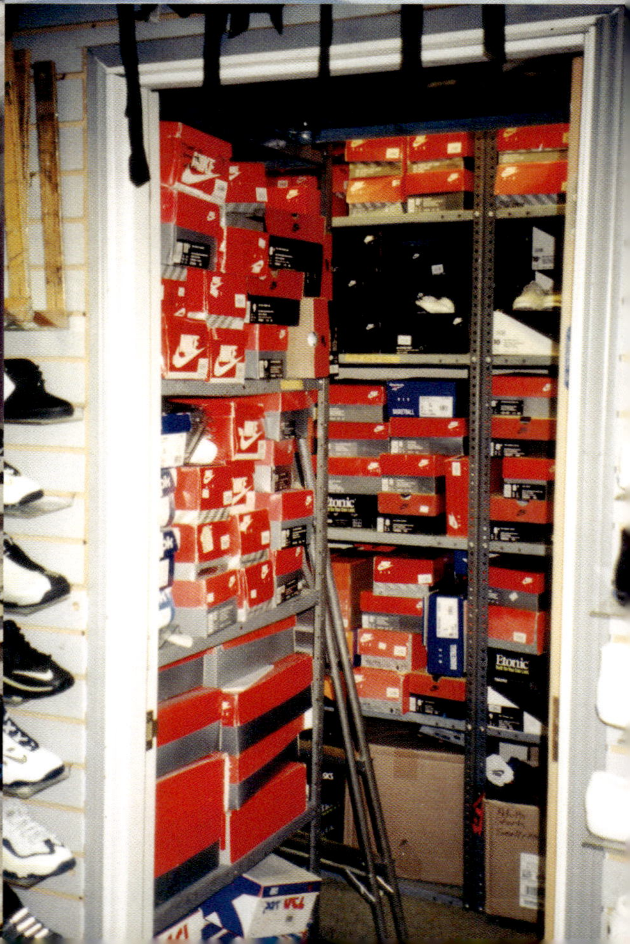

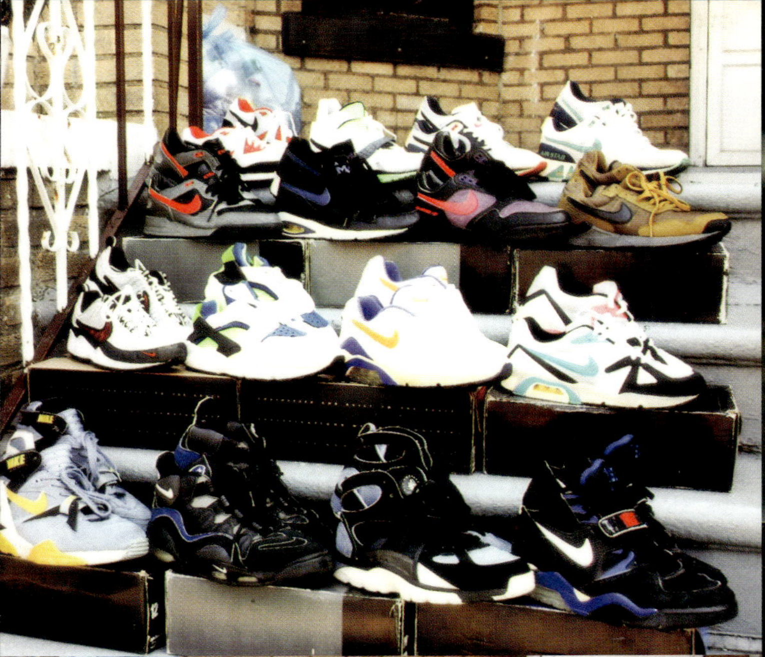

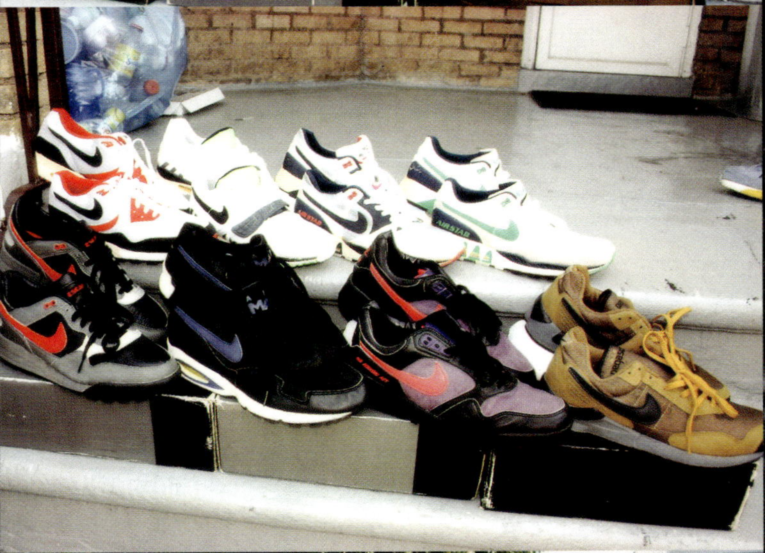

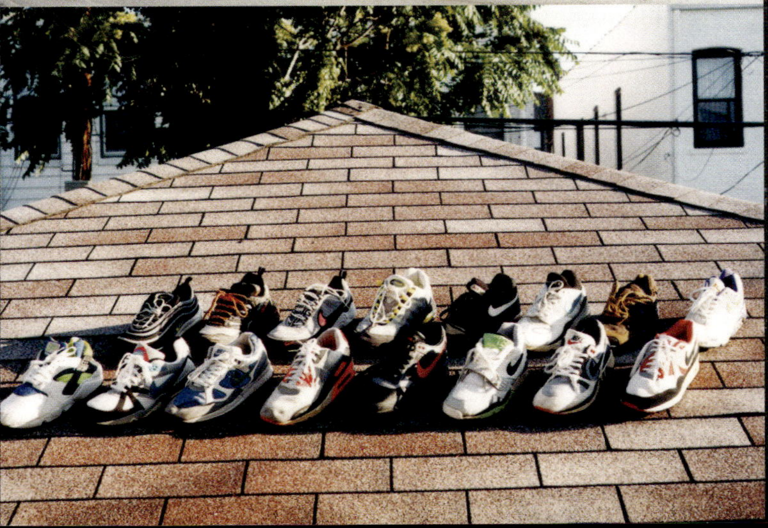

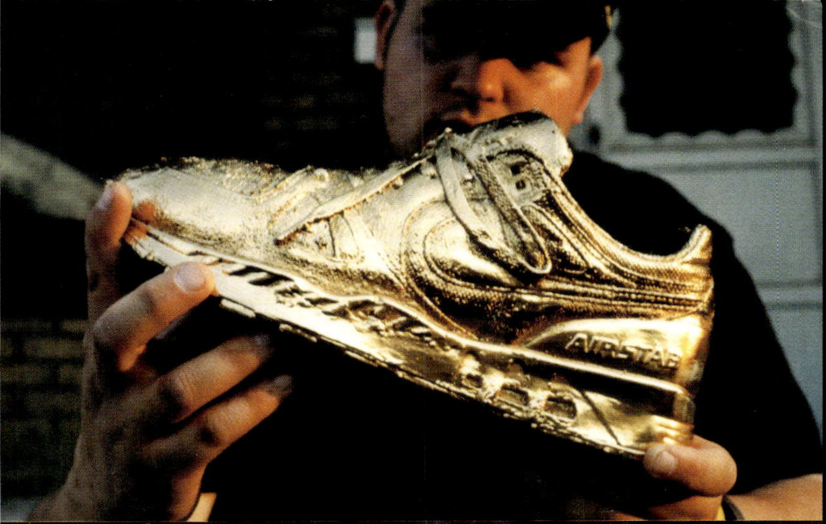

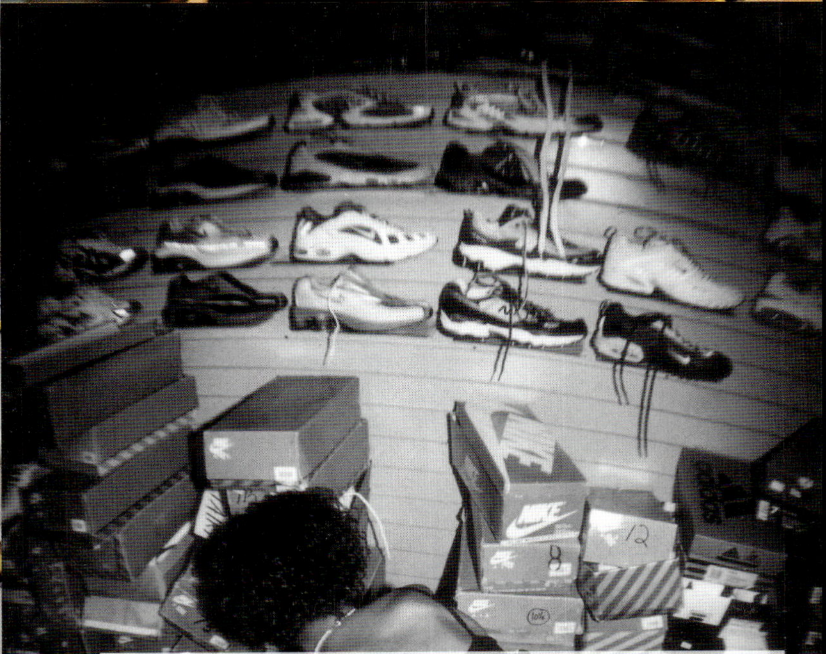

Es gibt Leute, die Turnschuhe tragen, und Leute, die sie besitzen. Diese „Sneaker-Fanatiker“ stehen bereits frühmorgens vor dem Laden mit ihren Lieblingsmarken, um als Erste die neuesten, seltensten und farbigsten Turnschuhe am Markt zu ergattern. Ihre Kleiderschränke sind voll mit Schuhkartons, in denen sie ihre kostbaren Schätze aufbewahren – angefangen von den Turnschuhen aus Schulzeiten bis hin zum letzten Kauf. Viele stehen auf Nike Dunk: ein Modell, das in unzähligen Farben und Farbkombinationen und von Tausenden von Designern kreiert wurde, die dem Dunk ihre eigene Handschrift verleihen – unter ihnen die New Yorker Graffiti-Legenden Stash und Futura sowie der Metall-Künstler Pushead.

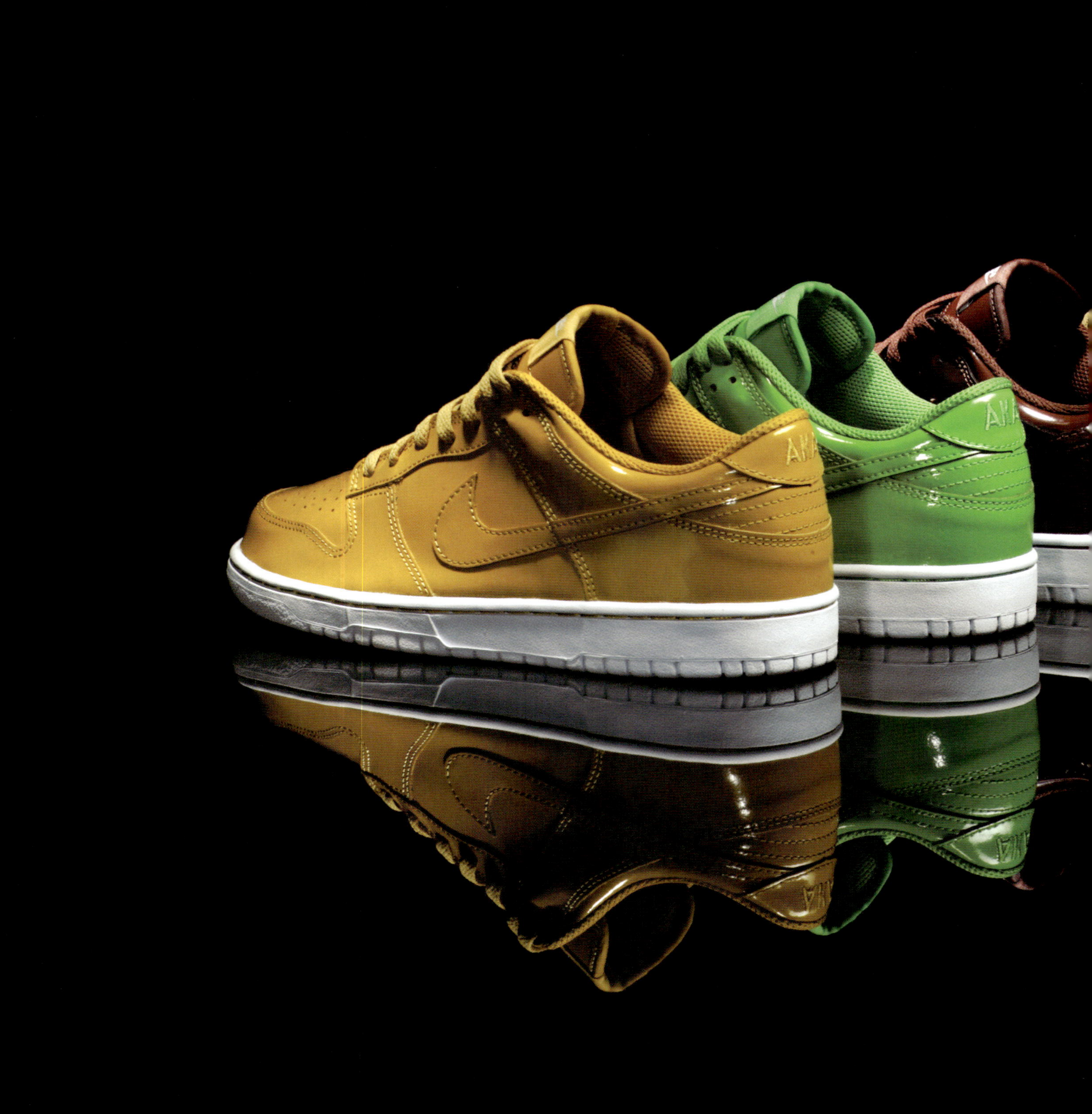

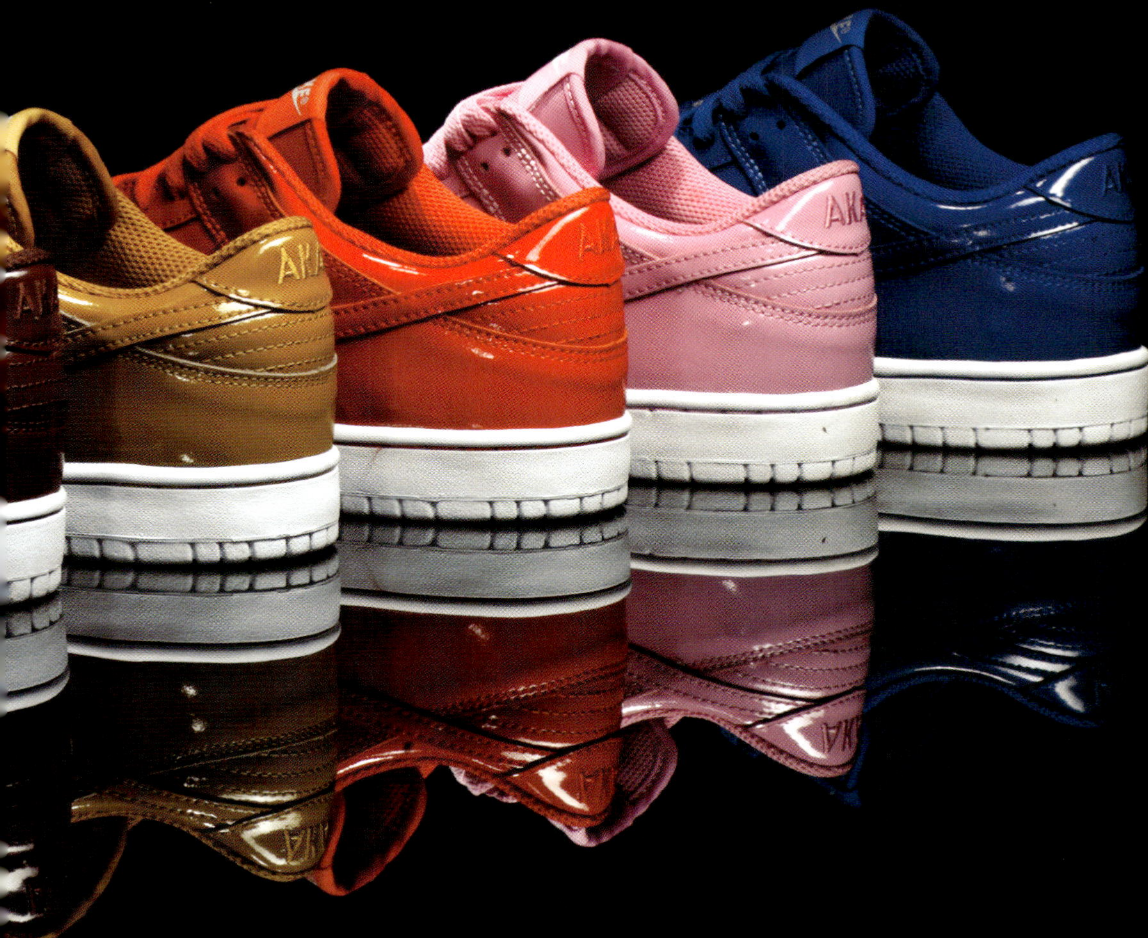

Es ist schlichtweg unmöglich, dieselben Schuhe wie der Rest der Welt zu tragen – manche haben diese Einstellung bis zum Extrem betrieben. Ein Beispiel für die Entwicklung vom Turnschuh zum Kunstobjekt ist die AKA Wet Look Nike Dunk Lo Kollektion von 2006, deren Designer sich von den Farben der Vintage-Spraydosen inspirieren ließen und die in Lackleder erhältlich ist. Hier ist eines von insgesamt nur fünf Sets zu sehen. Ein anderes wurde auf einer Wohltätigkeitsveranstaltung für Kunstunterricht versteigert und brachte – nach erbittertem Bieten – 14 900 Dollar.

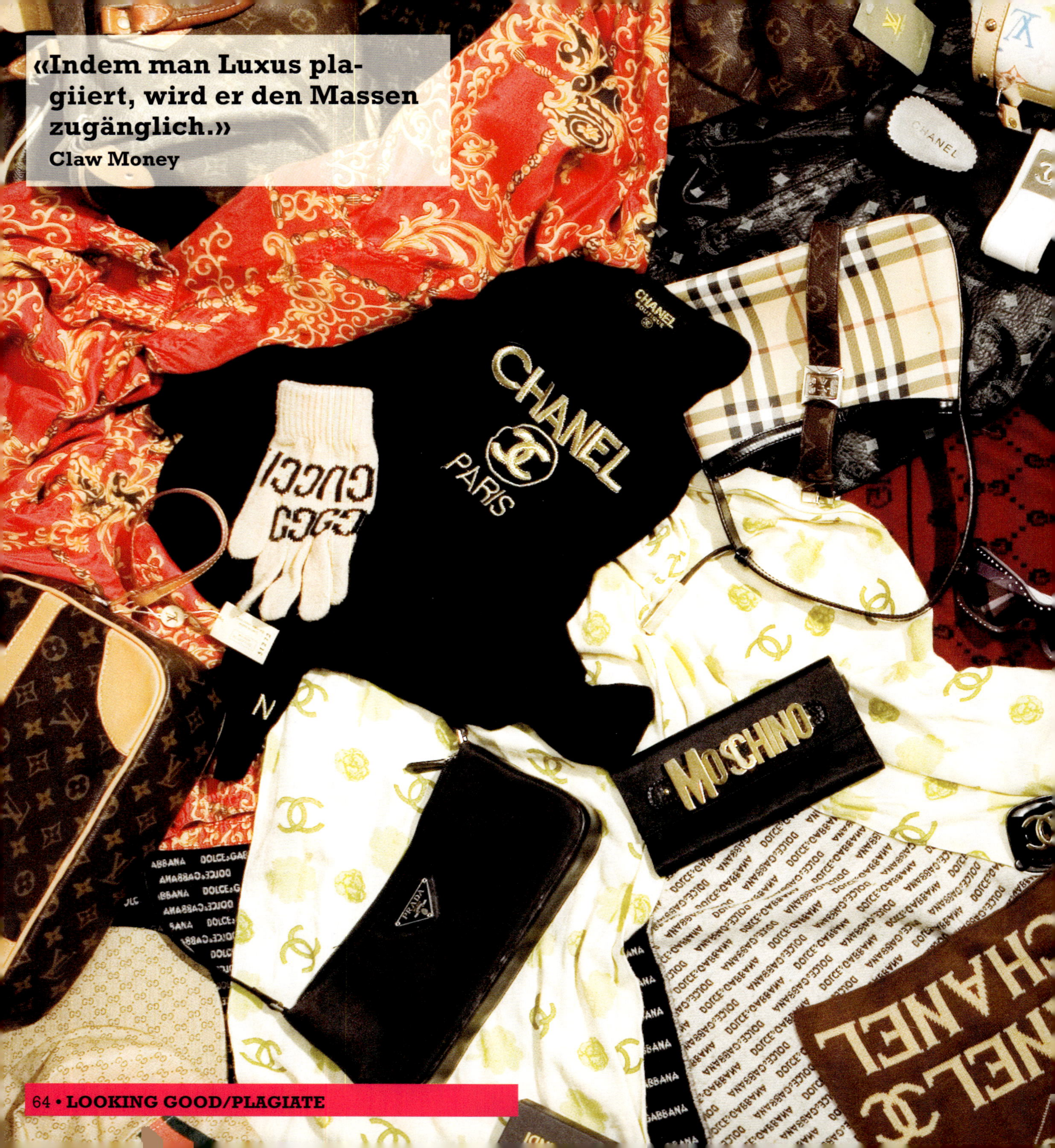

«Indem man Luxus plagiiert, wird er den Massen zugänglich.»
Claw Money

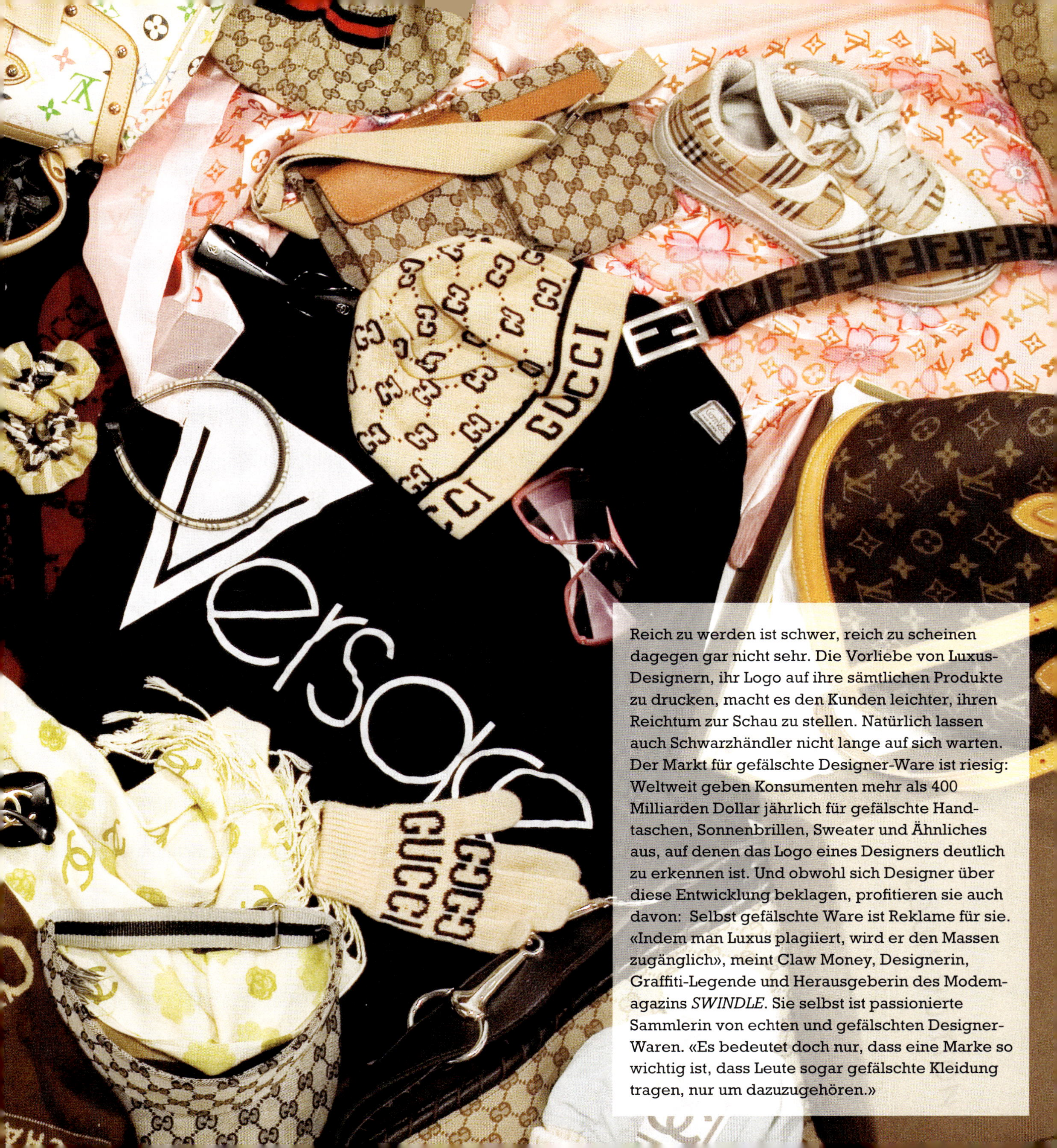

Reich zu werden ist schwer, reich zu scheinen dagegen gar nicht sehr. Die Vorliebe von Luxus-Designern, ihr Logo auf ihre sämtlichen Produkte zu drucken, macht es den Kunden leichter, ihren Reichtum zur Schau zu stellen. Natürlich lassen auch Schwarzhändler nicht lange auf sich warten. Der Markt für gefälschte Designer-Ware ist riesig: Weltweit geben Konsumenten mehr als 400 Milliarden Dollar jährlich für gefälschte Handtaschen, Sonnenbrillen, Sweater und Ähnliches aus, auf denen das Logo eines Designers deutlich zu erkennen ist. Und obwohl sich Designer über diese Entwicklung beklagen, profitieren sie auch davon: Selbst gefälschte Ware ist Reklame für sie. «Indem man Luxus plagiiert, wird er den Massen zugänglich», meint Claw Money, Designerin, Graffiti-Legende und Herausgeberin des Modemagazins *SWINDLE*. Sie selbst ist passionierte Sammlerin von echten und gefälschten Designer-Waren. «Es bedeutet doch nur, dass eine Marke so wichtig ist, dass Leute sogar gefälschte Kleidung tragen, nur um dazuzugehören.»

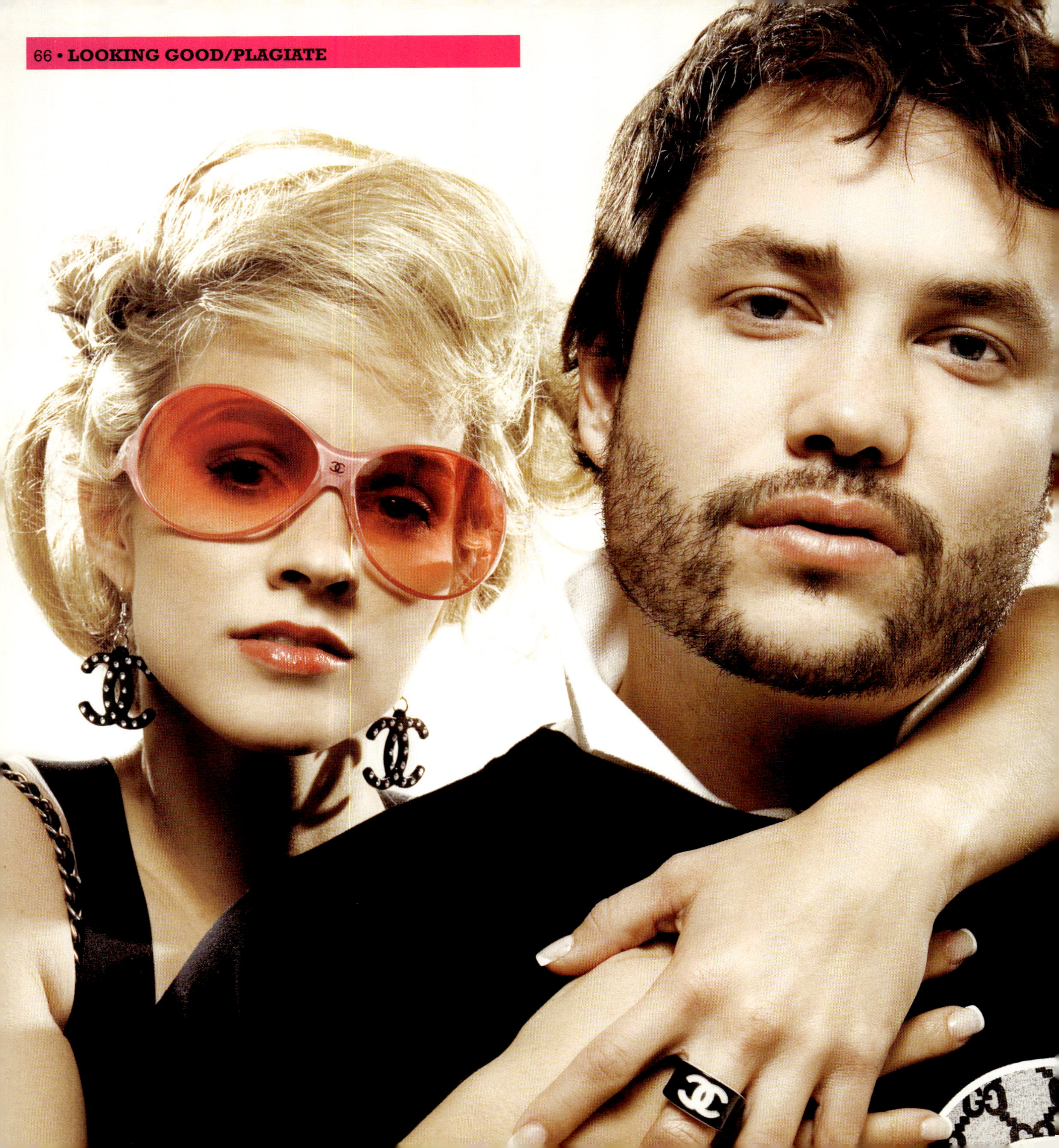

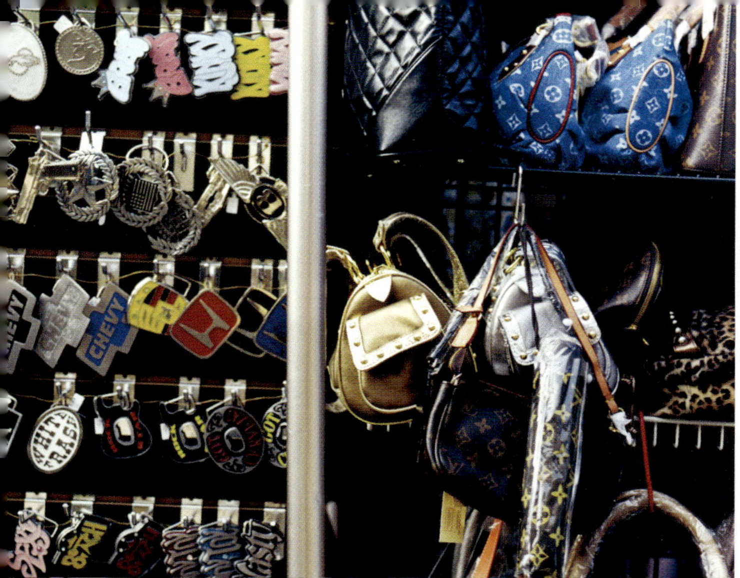
CHEVY
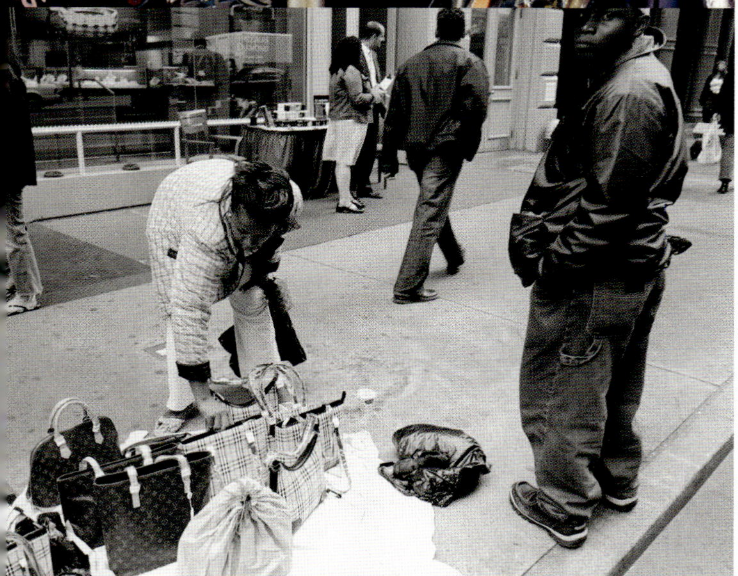
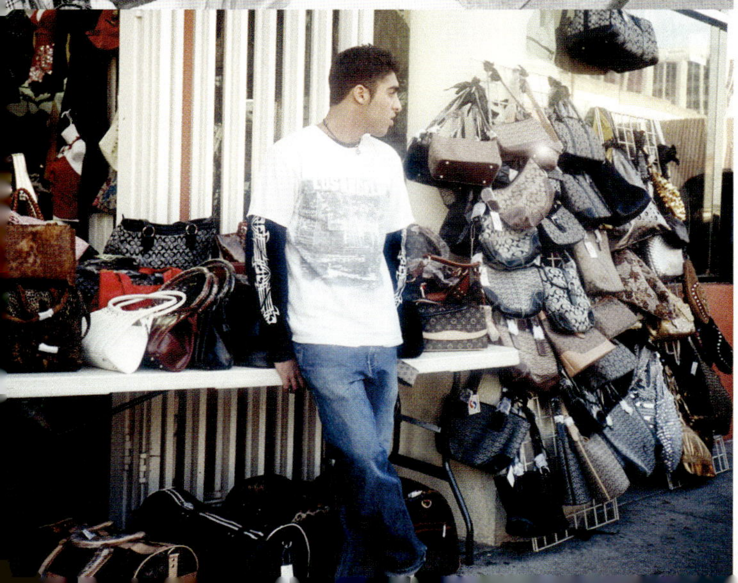
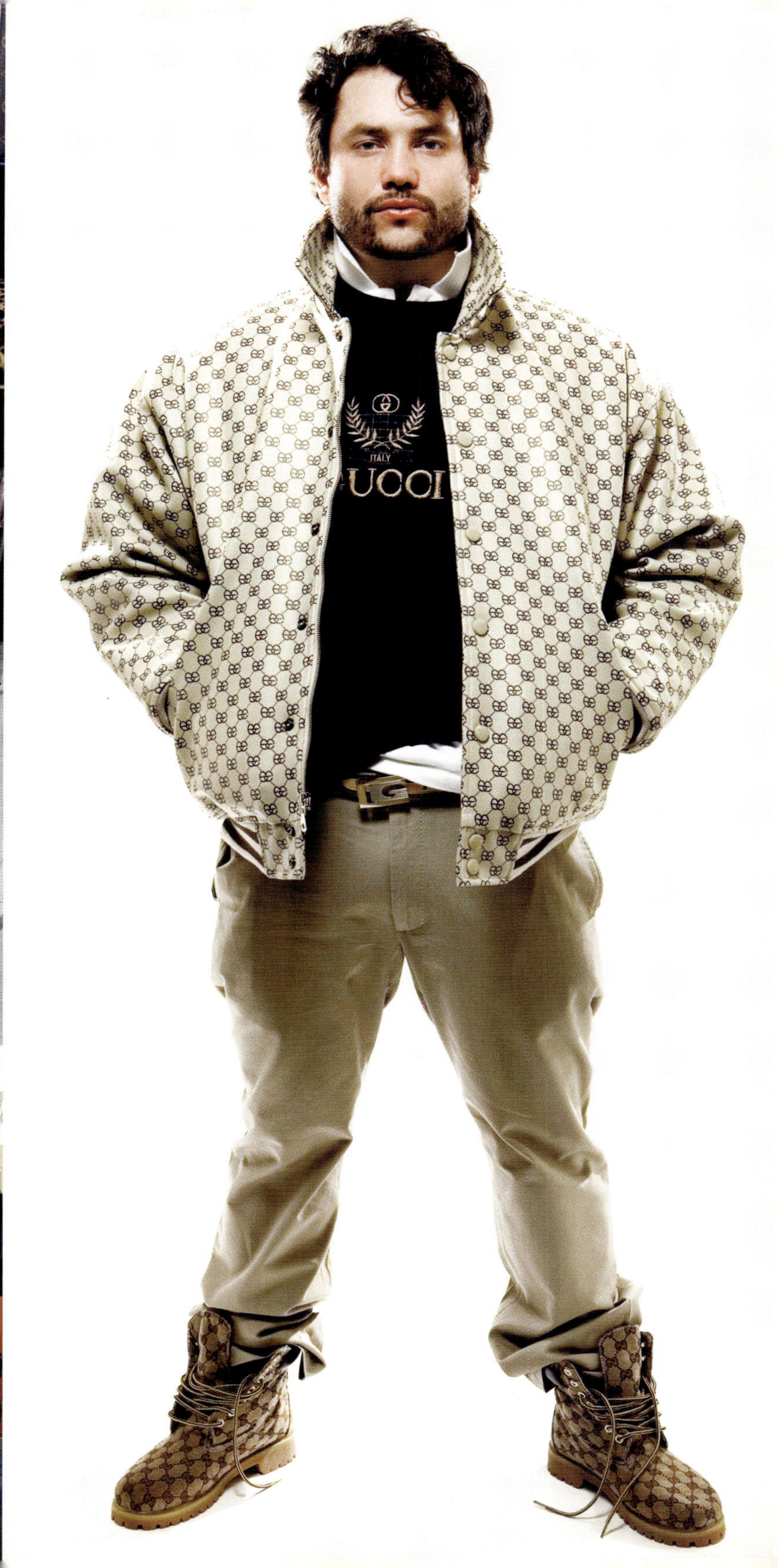
ITALY

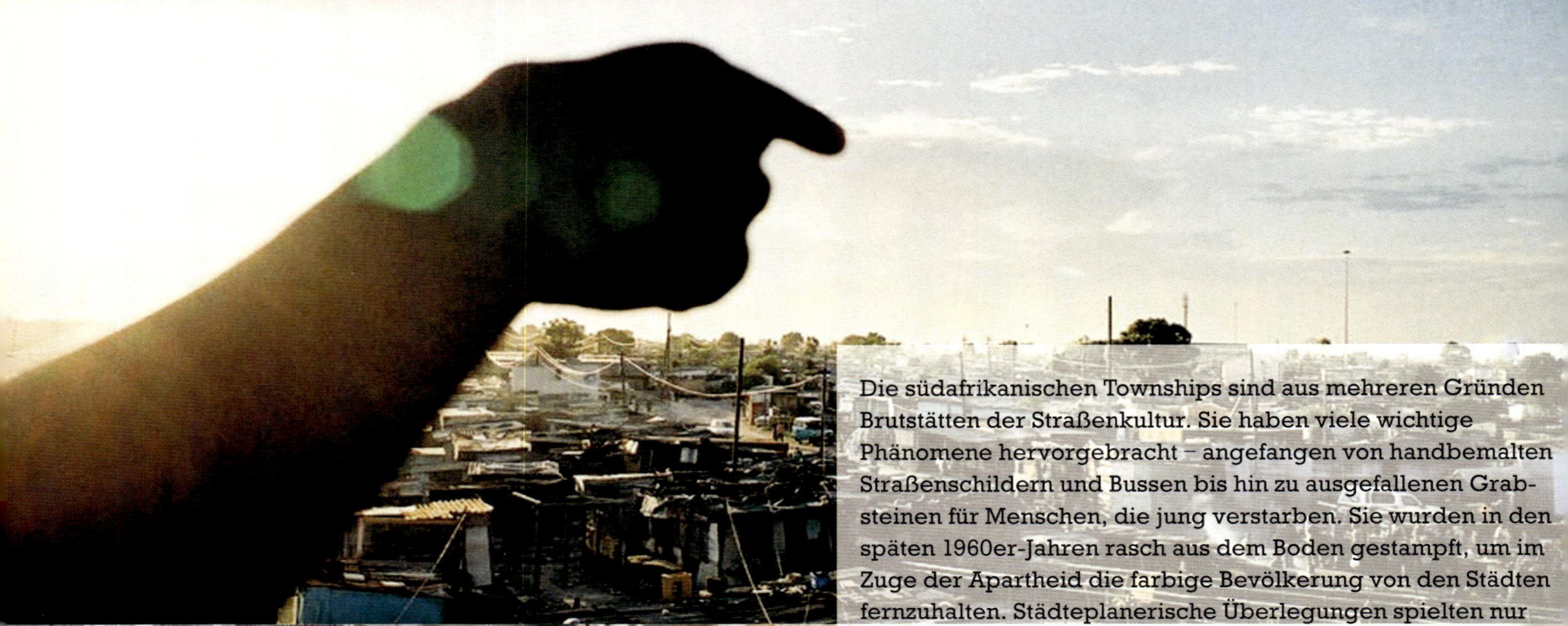

Die südafrikanischen Townships sind aus mehreren Gründen Brutstätten der Straßenkultur. Sie haben viele wichtige Phänomene hervorgebracht – angefangen von handbemalten Straßenschildern und Bussen bis hin zu ausgefallenen Grabsteinen für Menschen, die jung verstarben. Sie wurden in den späten 1960er-Jahren rasch aus dem Boden gestampft, um im Zuge der Apartheid die farbige Bevölkerung von den Städten fernzuhalten. Städteplanerische Überlegungen spielten nur eine Nebenrolle. Armut und Ungerechtigkeiten waren hier an der Tagesordnung. Gezwungen, in den Townships zu leben, wurde die Straße für viele arme Schwarze zum Ort, sich in dieser neuen und unerfreulichen Gegend zu behaupten. Heute sind Townships offiziell für alle offen, doch nach wie vor ist ein Großteil der Bevölkerung farbig und mittellos. Ihrem Einfallsreichtum und ihrer Kreativität tut dies keinen Abbruch.

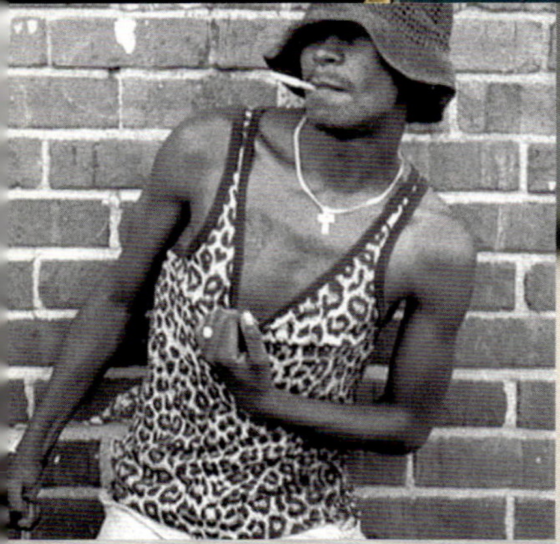

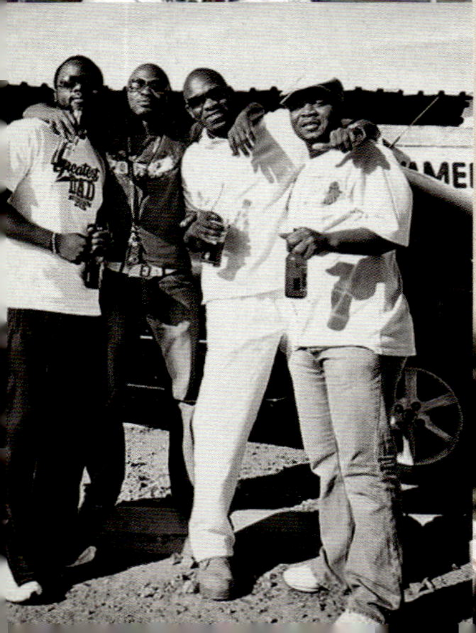

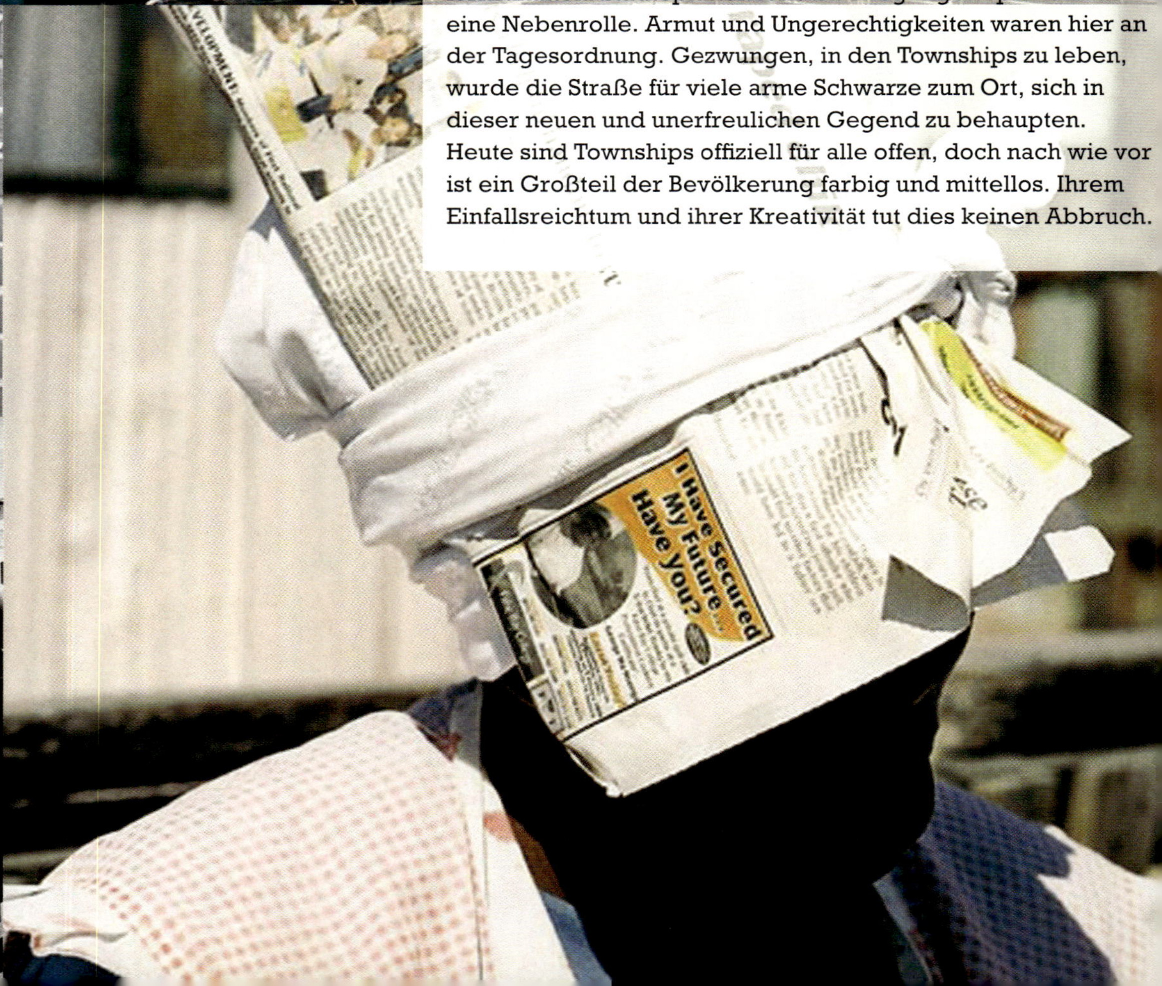

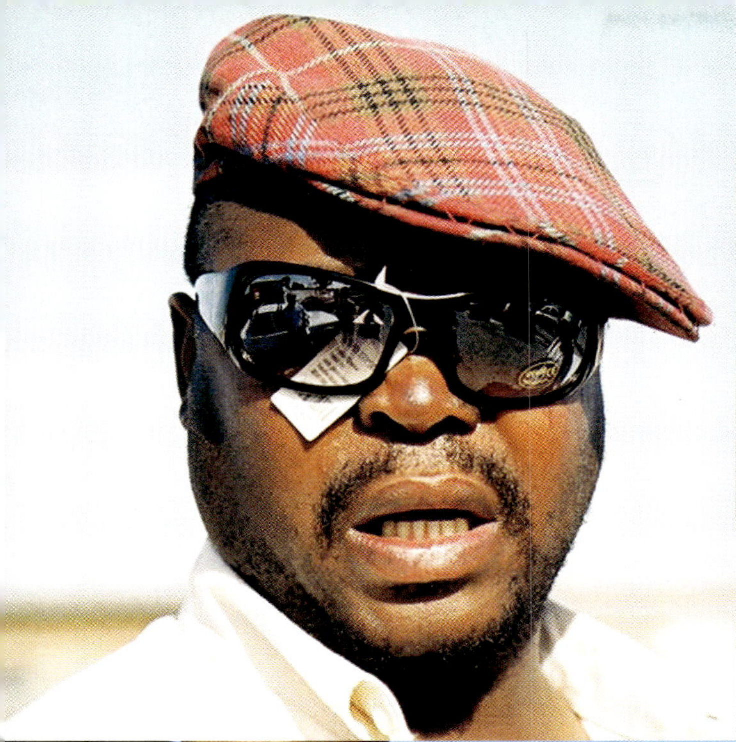

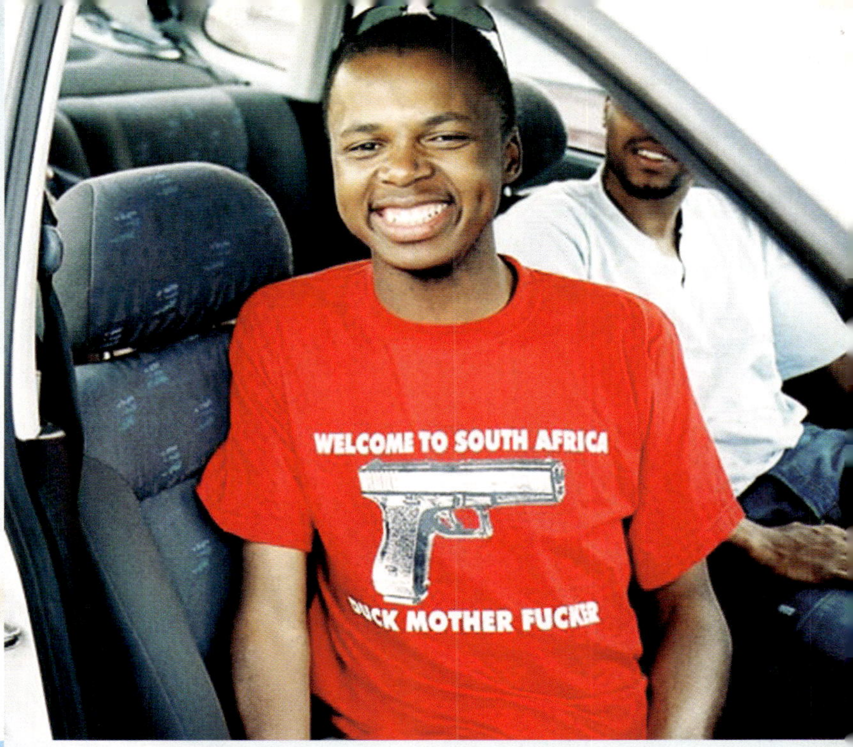
WELCOME TO SOUTH AFRICA
MOTHER FUCKER

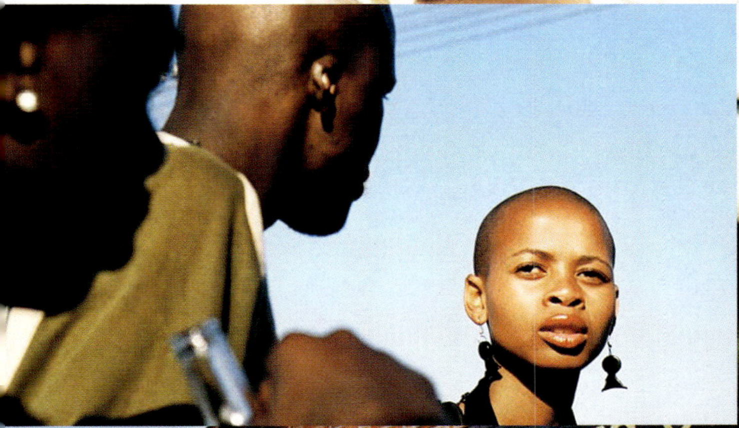

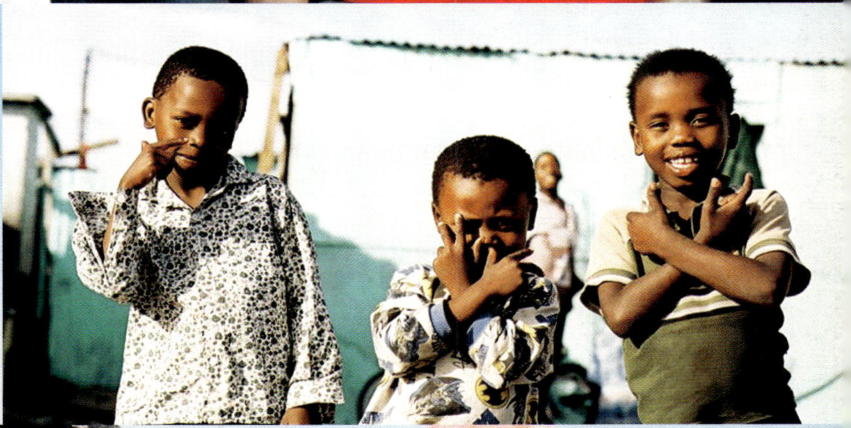

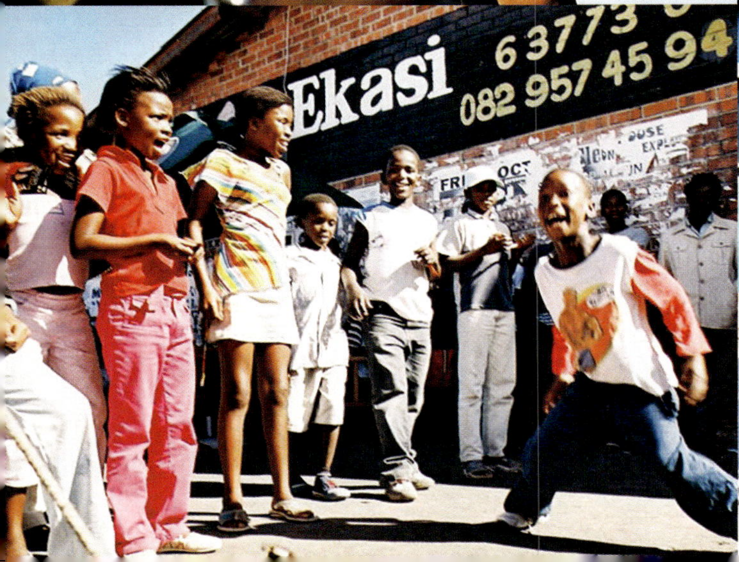
Ekasi
082 957 45 94

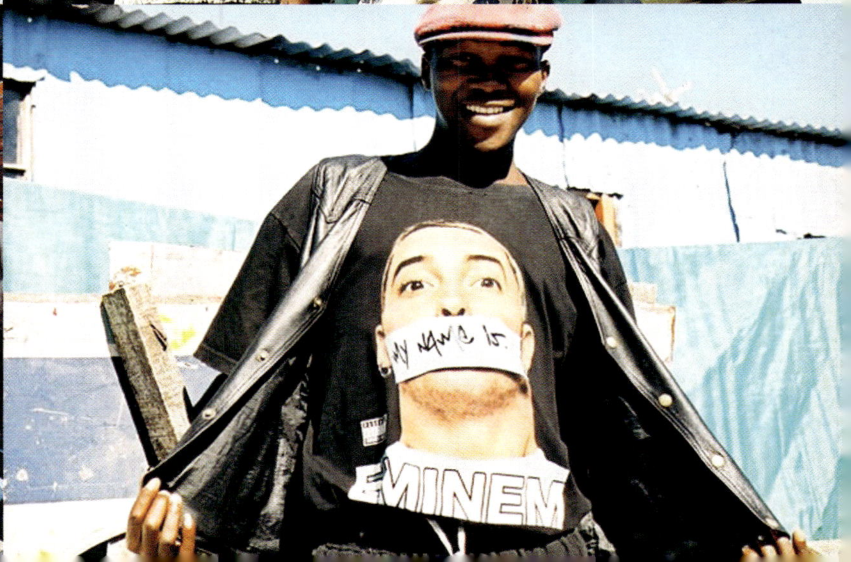
MY NAME IS
EMINEM

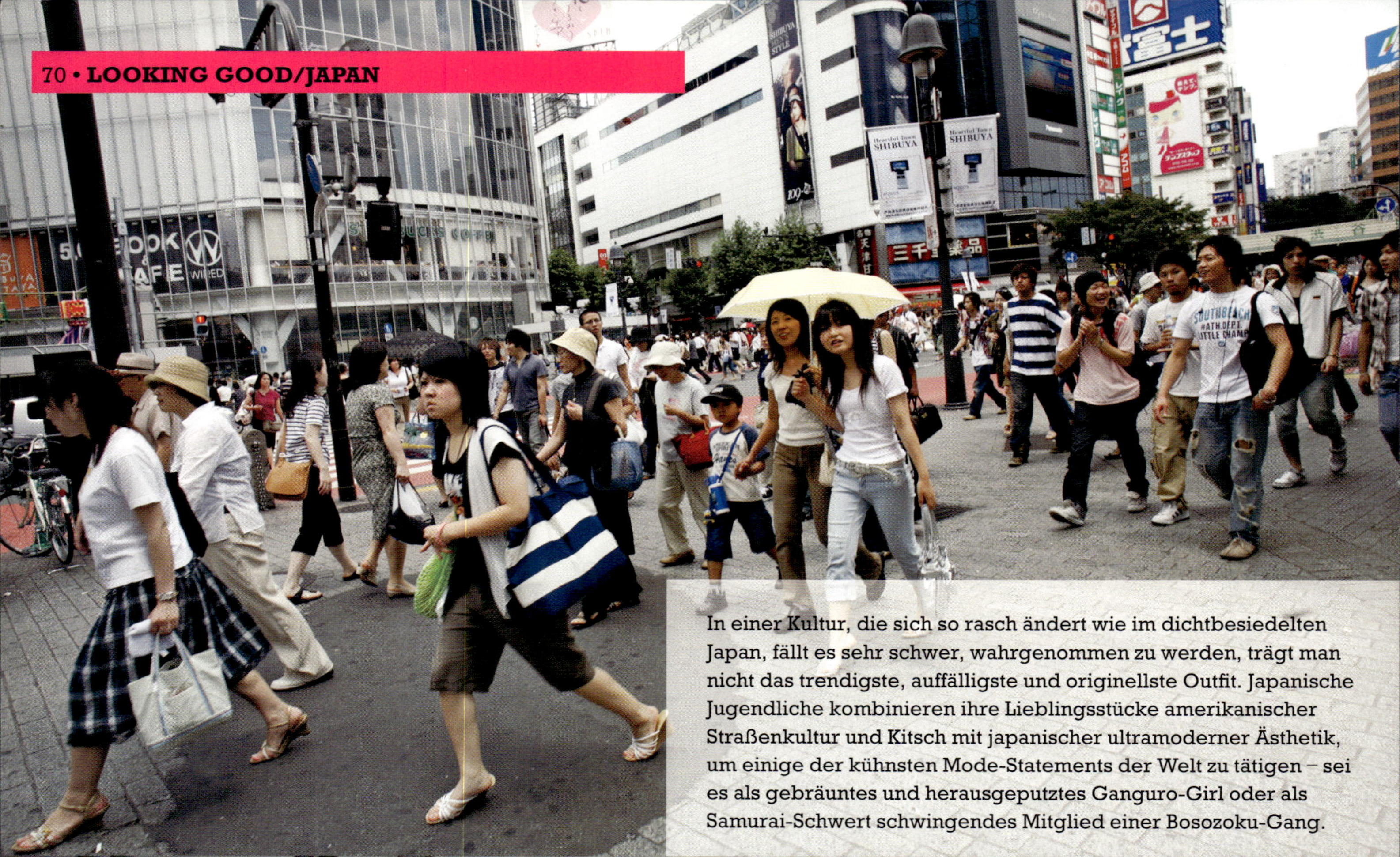

In einer Kultur, die sich so rasch ändert wie im dichtbesiedelten Japan, fällt es sehr schwer, wahrgenommen zu werden, trägt man nicht das trendigste, auffälligste und originellste Outfit. Japanische Jugendliche kombinieren ihre Lieblingsstücke amerikanischer Straßenkultur und Kitsch mit japanischer ultramoderner Ästhetik, um einige der kühnsten Mode-Statements der Welt zu tätigen – sei es als gebräuntes und herausgeputztes Ganguro-Girl oder als Samurai-Schwert schwingendes Mitglied einer Bosozoku-Gang.

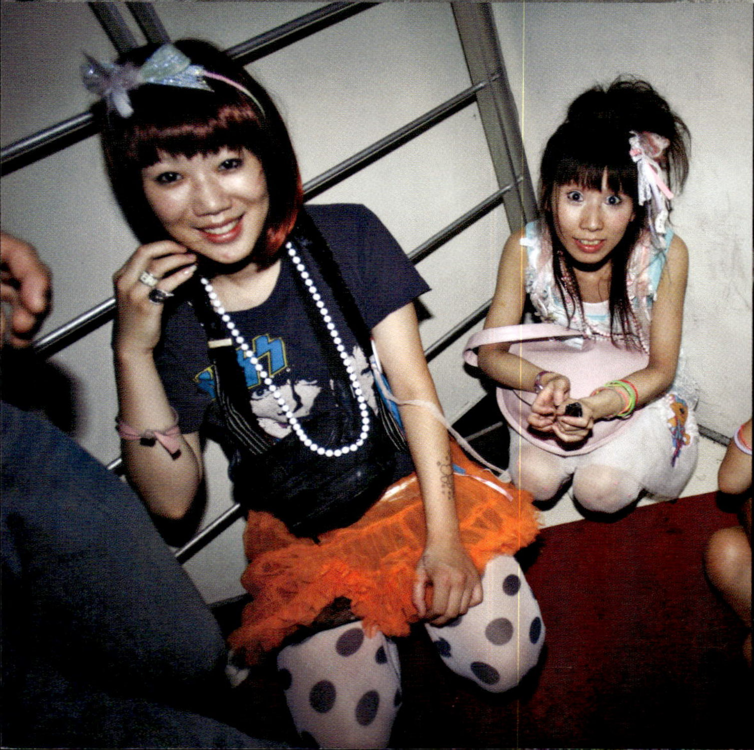

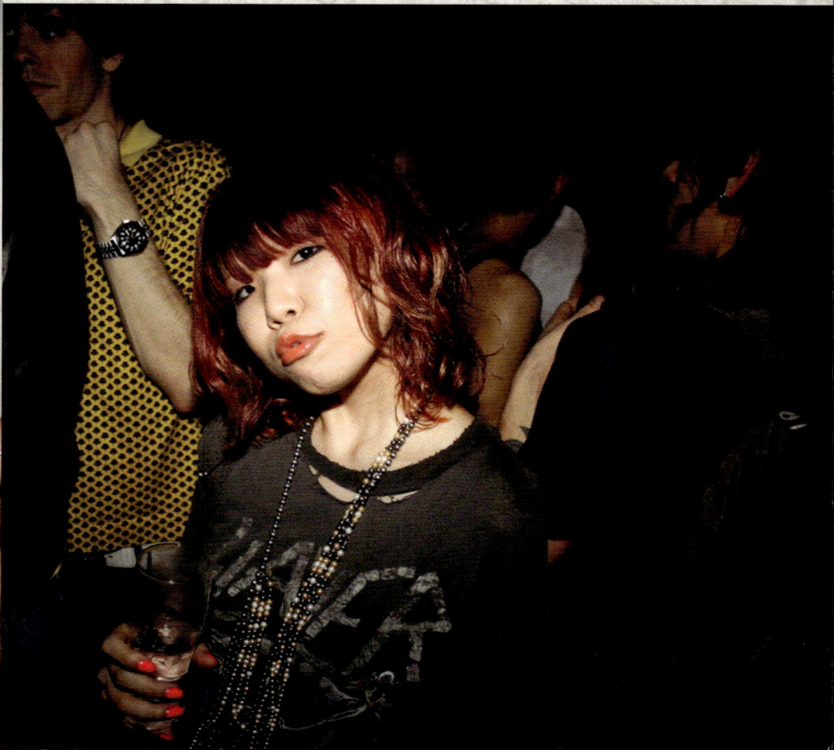

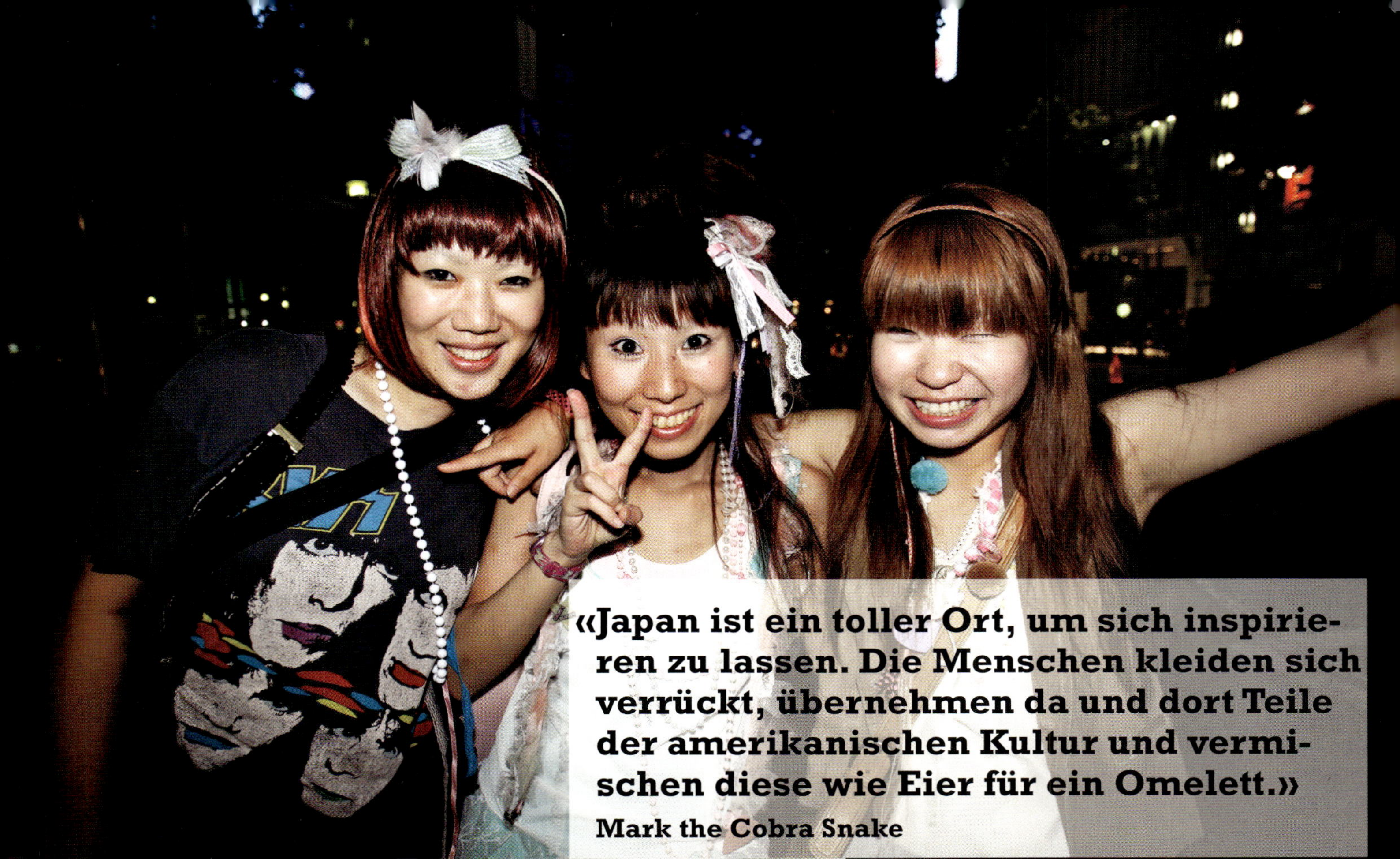

«Japan ist ein toller Ort, um sich inspirieren zu lassen. Die Menschen kleiden sich verrückt, übernehmen da und dort Teile der amerikanischen Kultur und vermischen diese wie Eier für ein Omelett.»

Mark the Cobra Snake

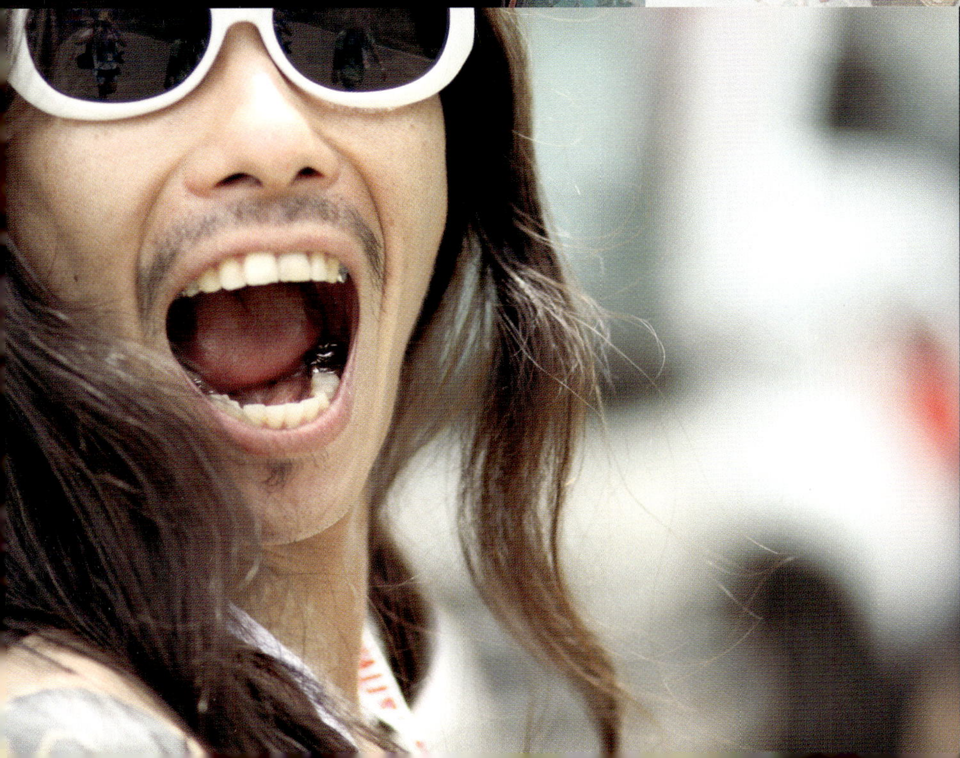

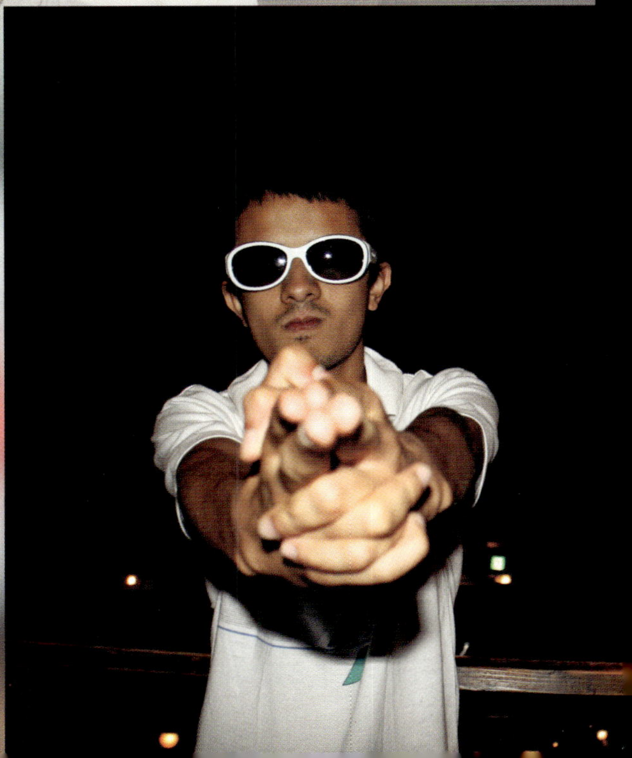

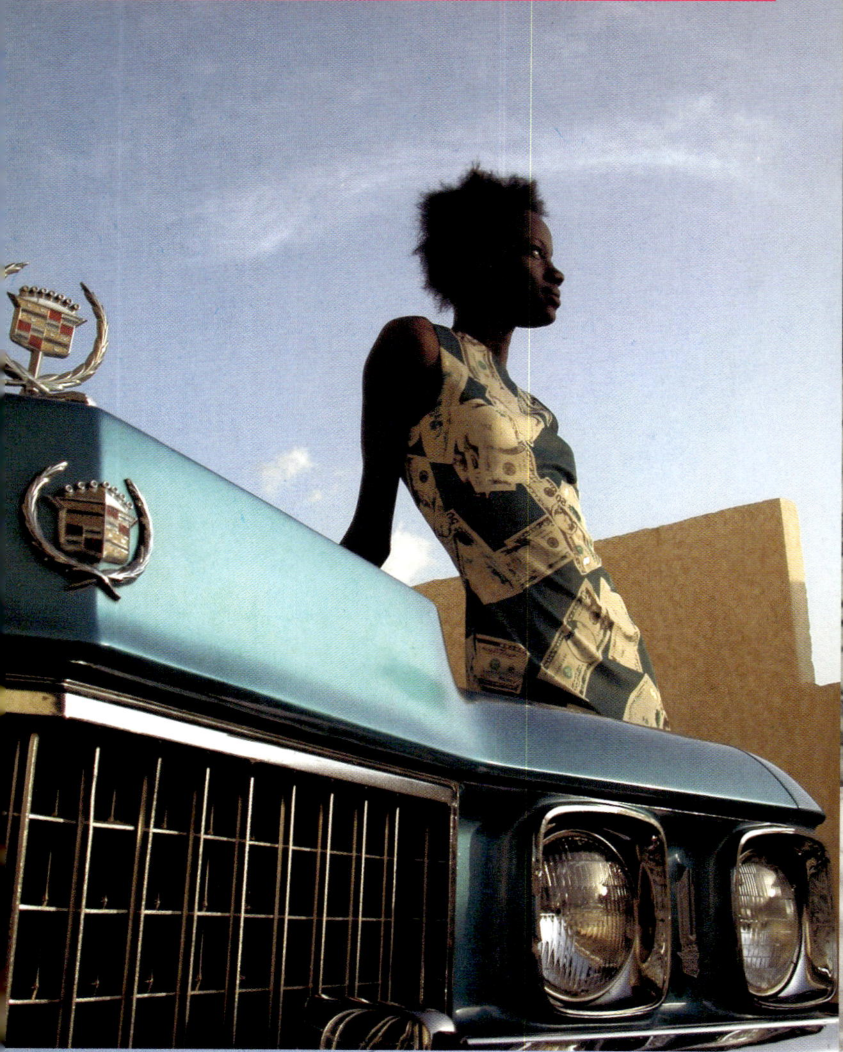

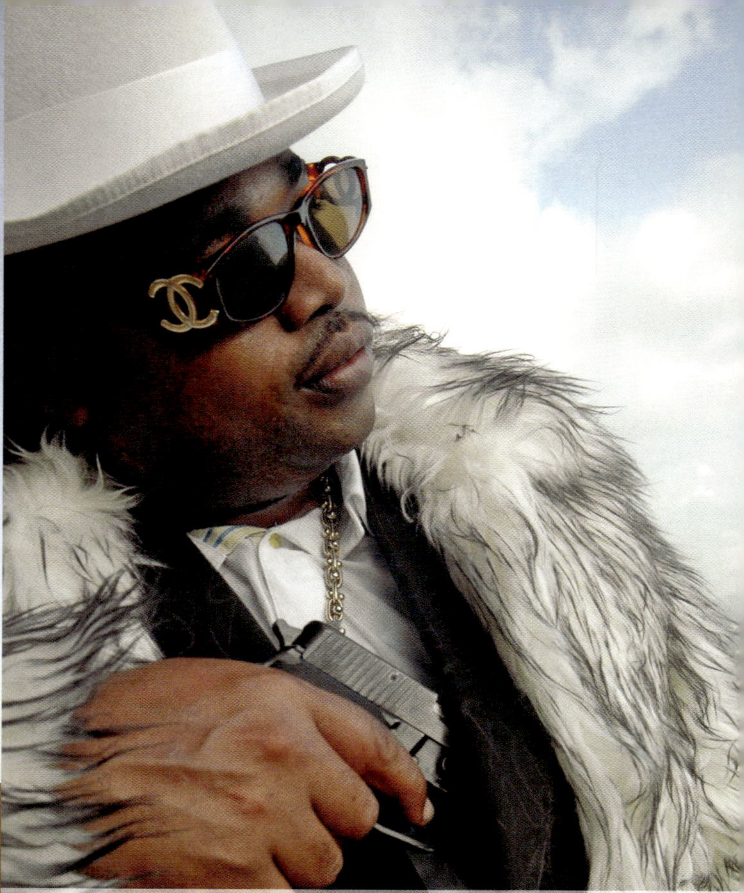

Pelze, Dreads, Cadillacs und Badeanzüge – Jamaika ist seit Jahrzehnten ein wunderbarer Ort für Straßenkultur. Eines der Kennzeichen Jamaikas ist, dass kein Einfluss von außerhalb der Landesgrenzen die Insel unverändert wieder verlässt. Jamaika verleiht allem seine eigene Note – von der Kleidung über die Sprache bis hin zur Musik.

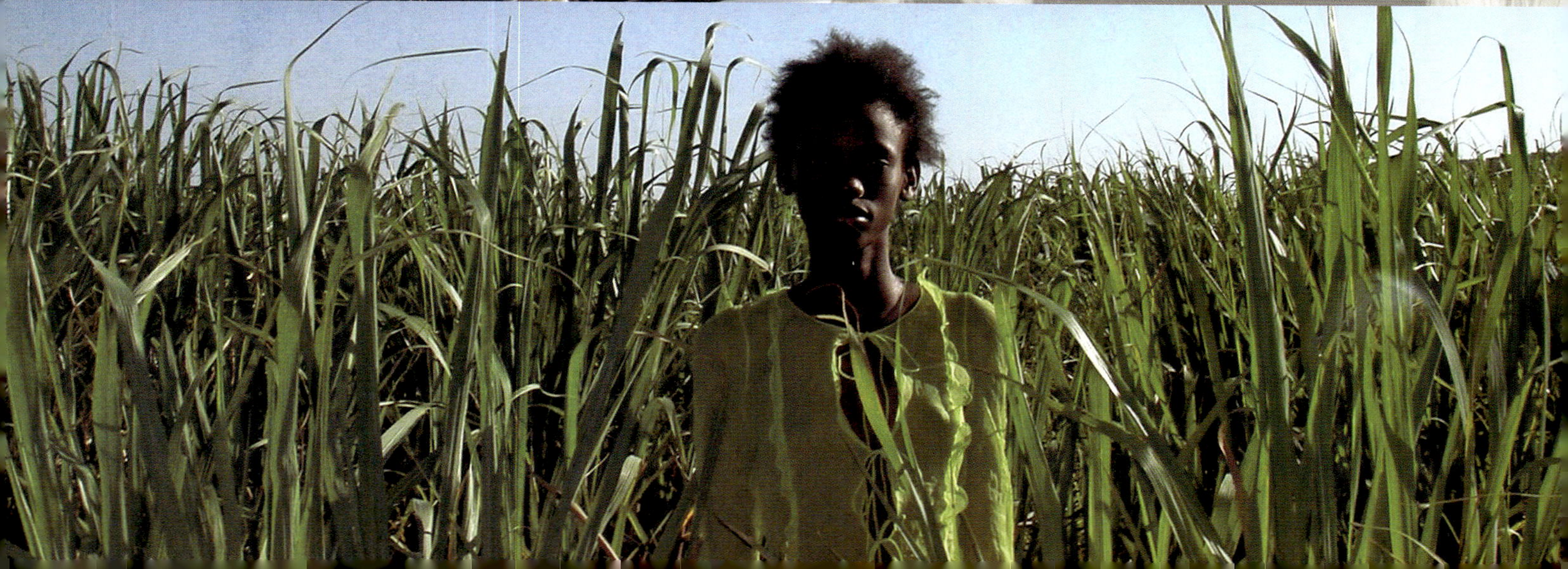

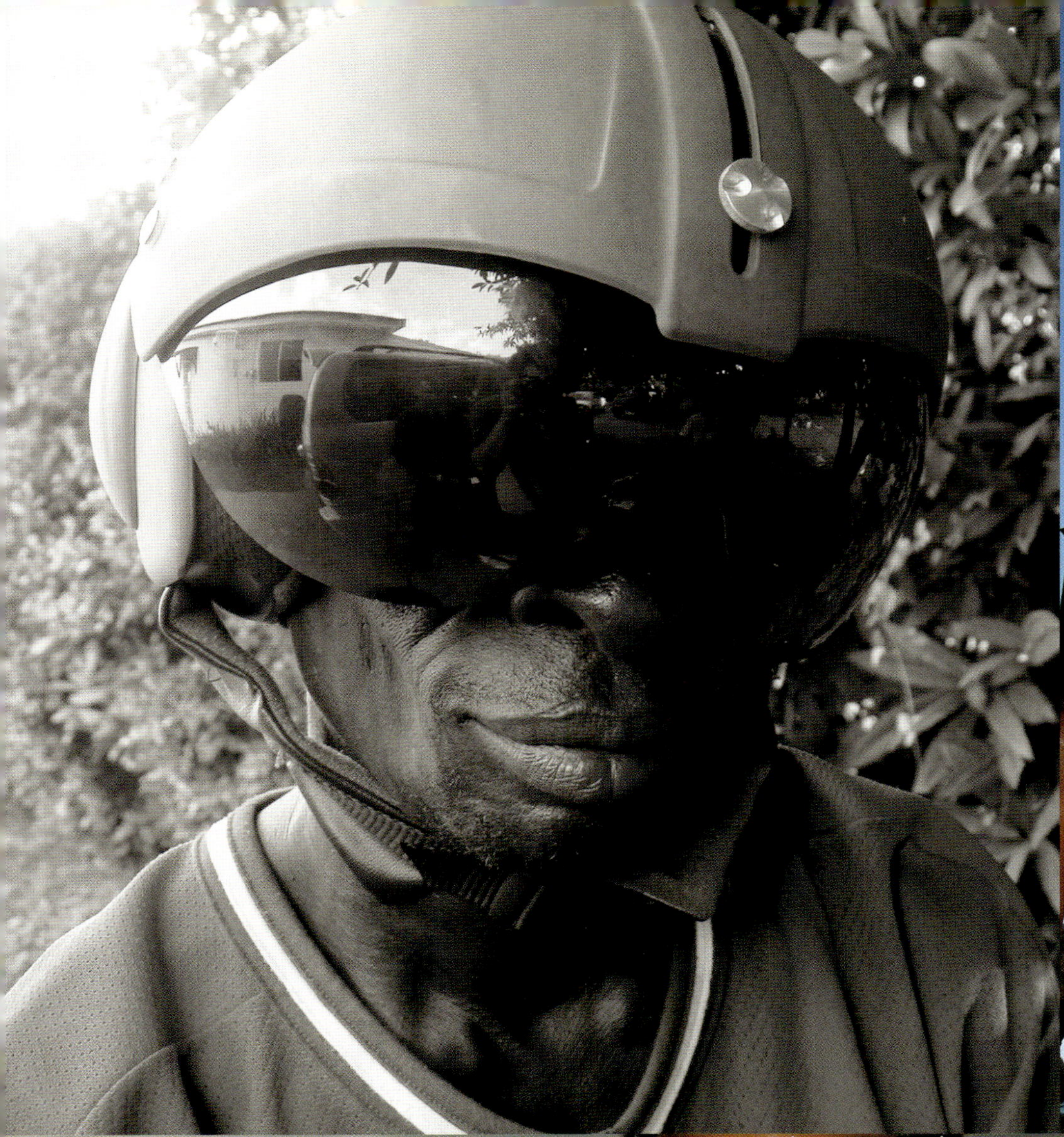
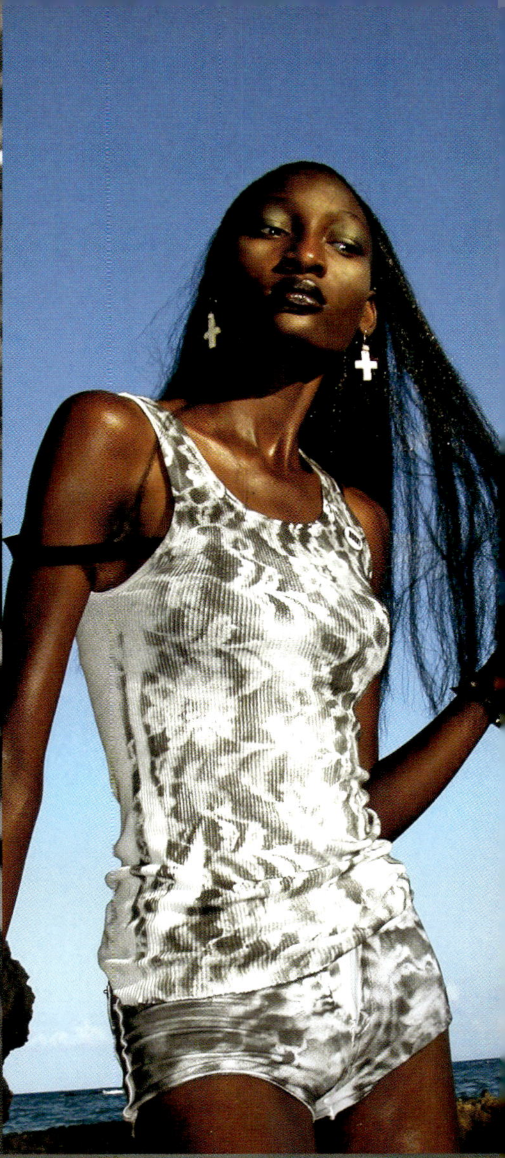
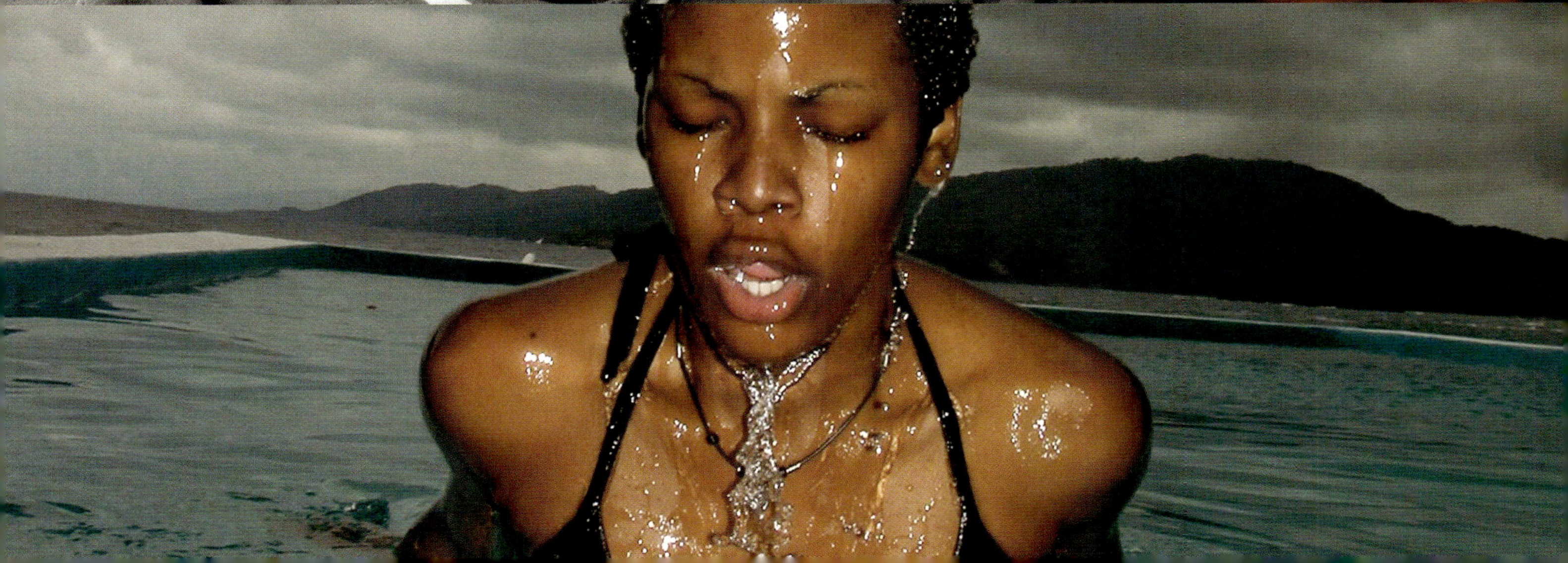

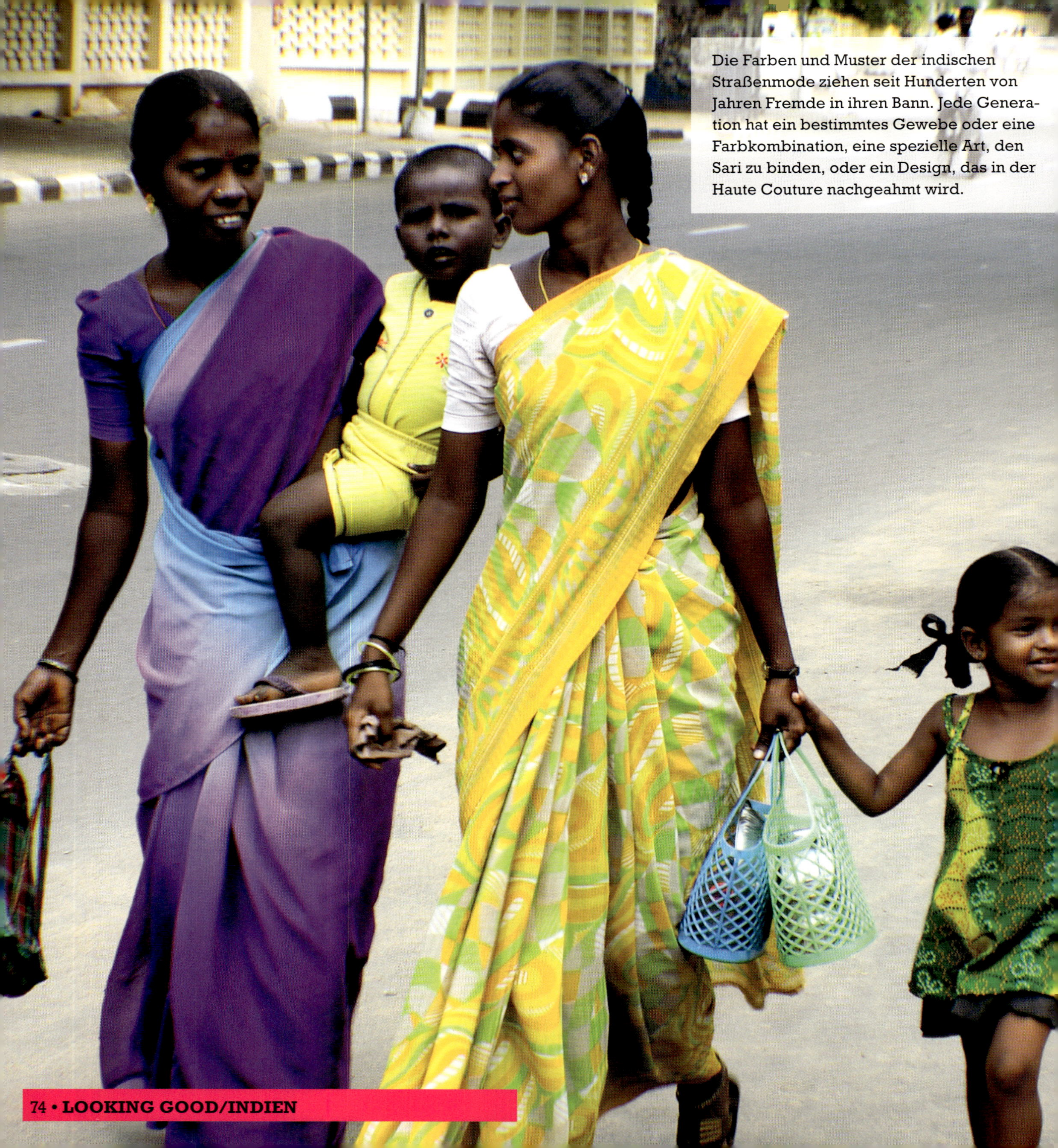

Die Farben und Muster der indischen Straßenmode ziehen seit Hunderten von Jahren Fremde in ihren Bann. Jede Generation hat ein bestimmtes Gewebe oder eine Farbkombination, eine spezielle Art, den Sari zu binden, oder ein Design, das in der Haute Couture nachgeahmt wird.

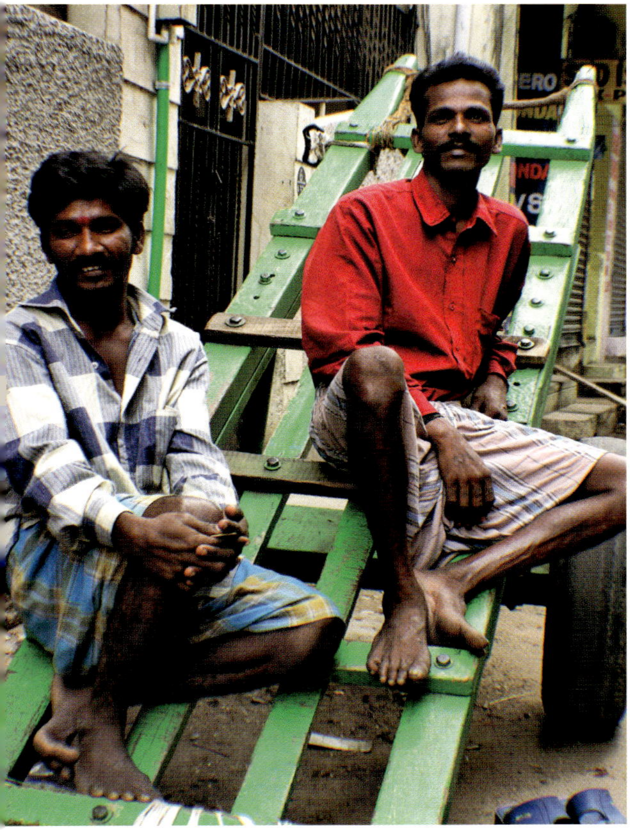
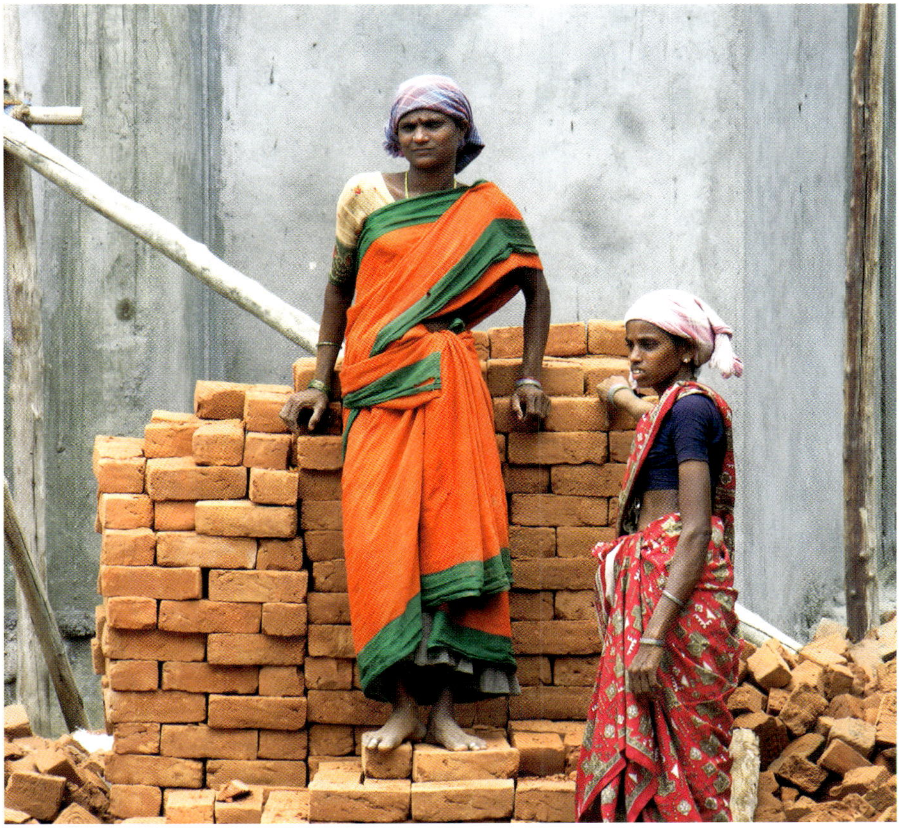
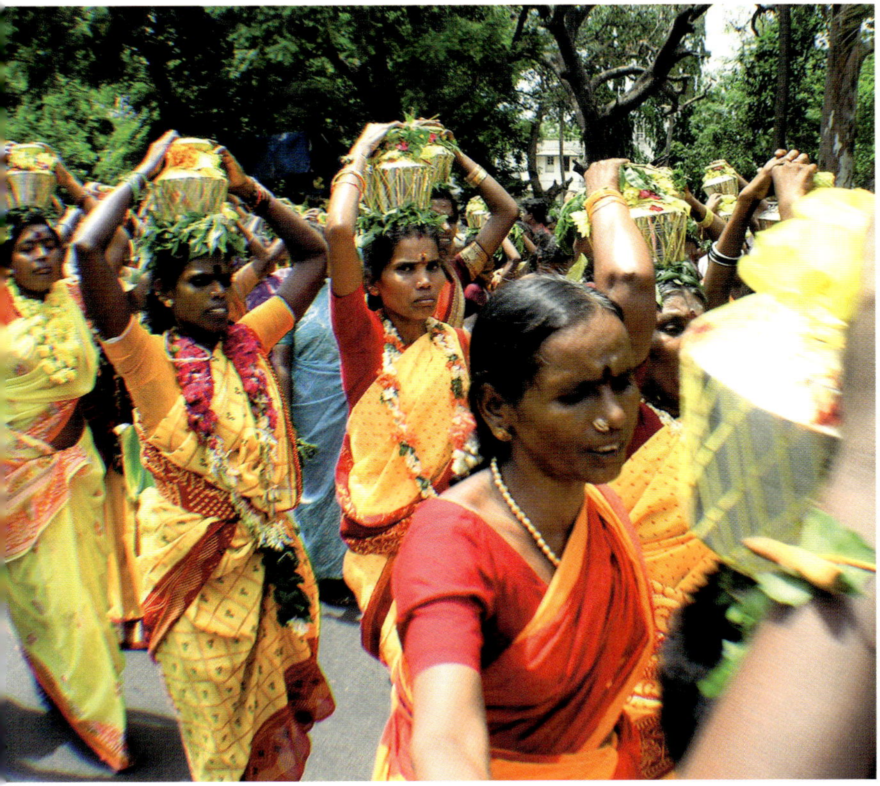
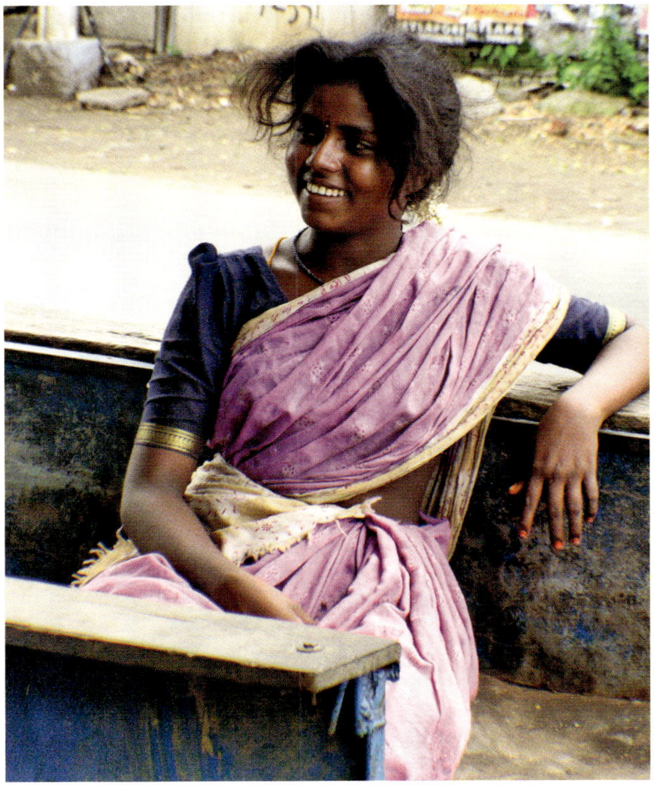

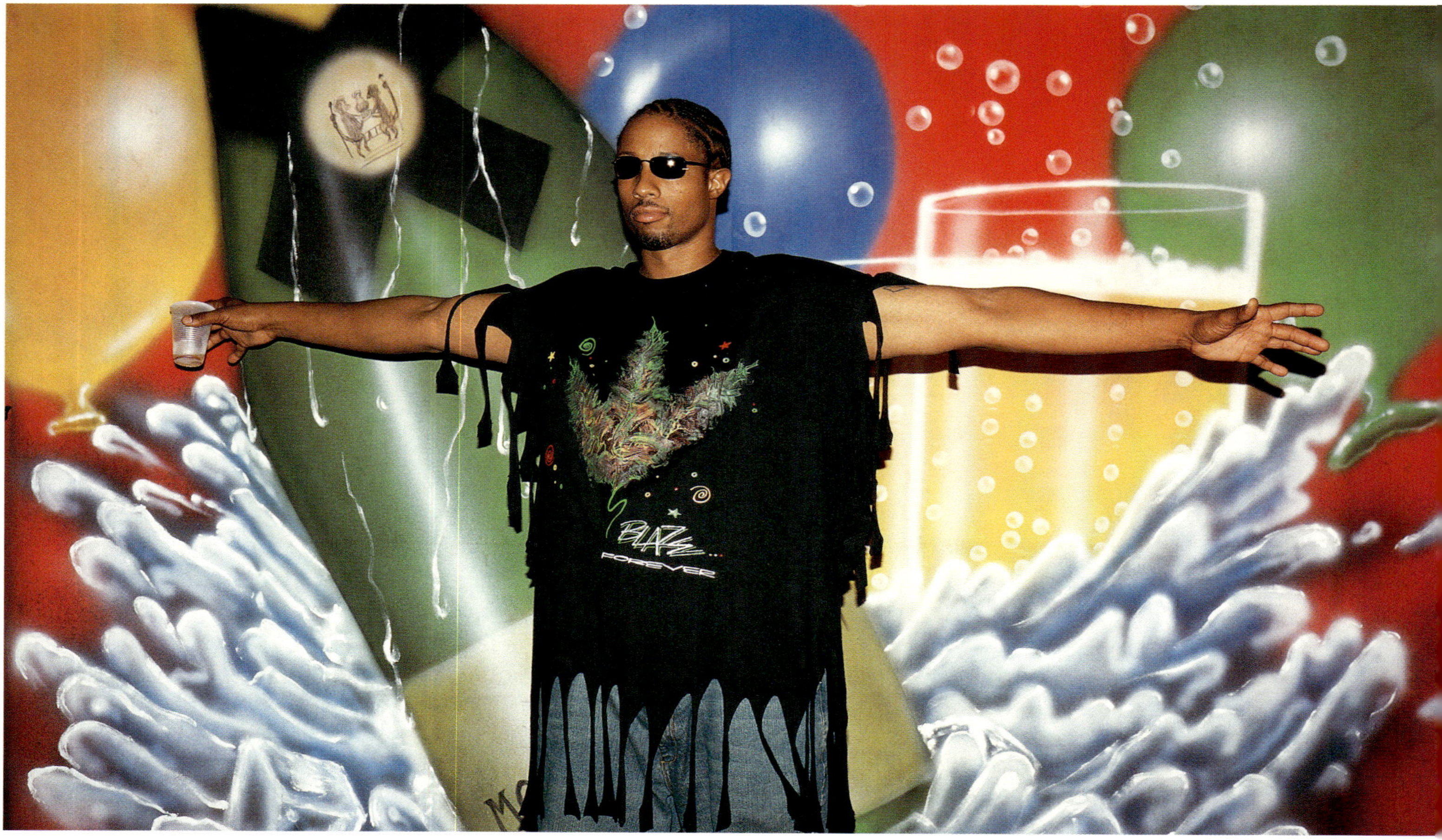

Mitte der 1970er-Jahre entdeckten die farbigen Bewohner einer amerikanischen Stadt einen neuen Groove, eine neue Bewegung und nannten sie „Go-Go“. New Orleans hat Jazz, Chicago Blues, Detroit hat Motown, Memphis Rock´n´Roll, Nashville hat Countrymusik, New York Hip-Hop und Washington D.C. hat seinen Go-Go. Dieser hat nichts mit erotischen Tänzerinnen in einer Bar zu tun. Er ist vielmehr eine Art von Musik und Kultur, die in Washington D.C. entstand und blieb. Sein Pate Chuck Brown spielt ihn nach wie vor, neben anderen Go-Go-Bands, die in seine Fußstapfen traten, unter ihnen E.U. (Experience Unlimited), Trouble Funk, Rare Essence and the Junkyard Band und viele andere. Und wie bei jeder anderen Musikrichtung gibt es den passenden Look: Jacken von Universal Madness in Tarnfarben, dazu Turnschuhe und Baseballkappen.

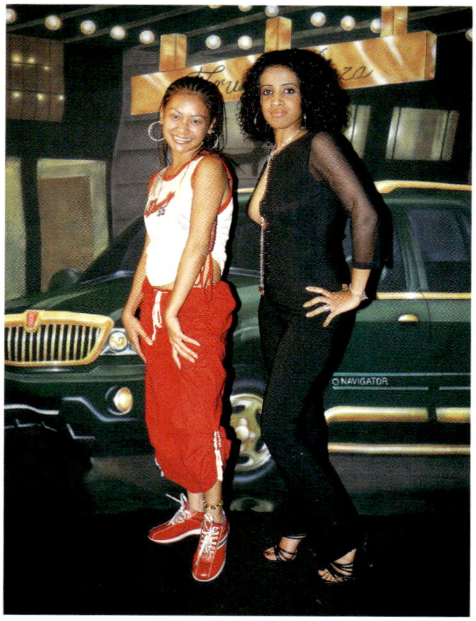

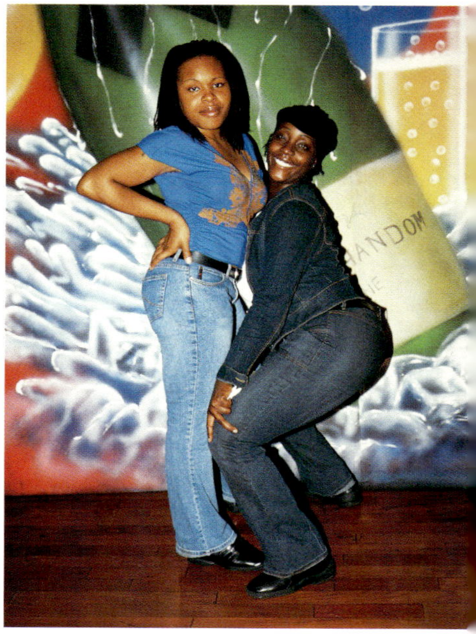

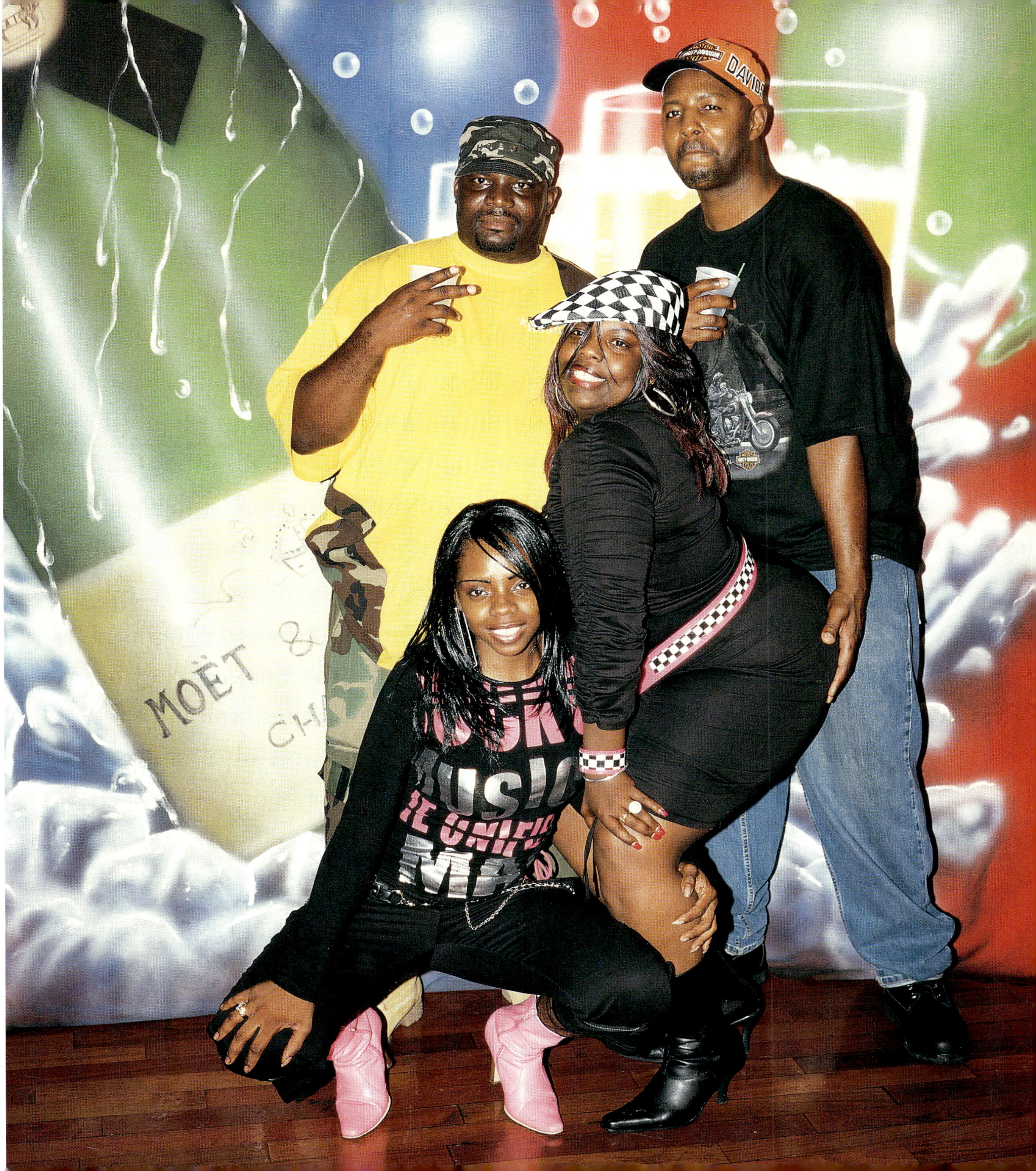
MOËT &
CH
MUSIC

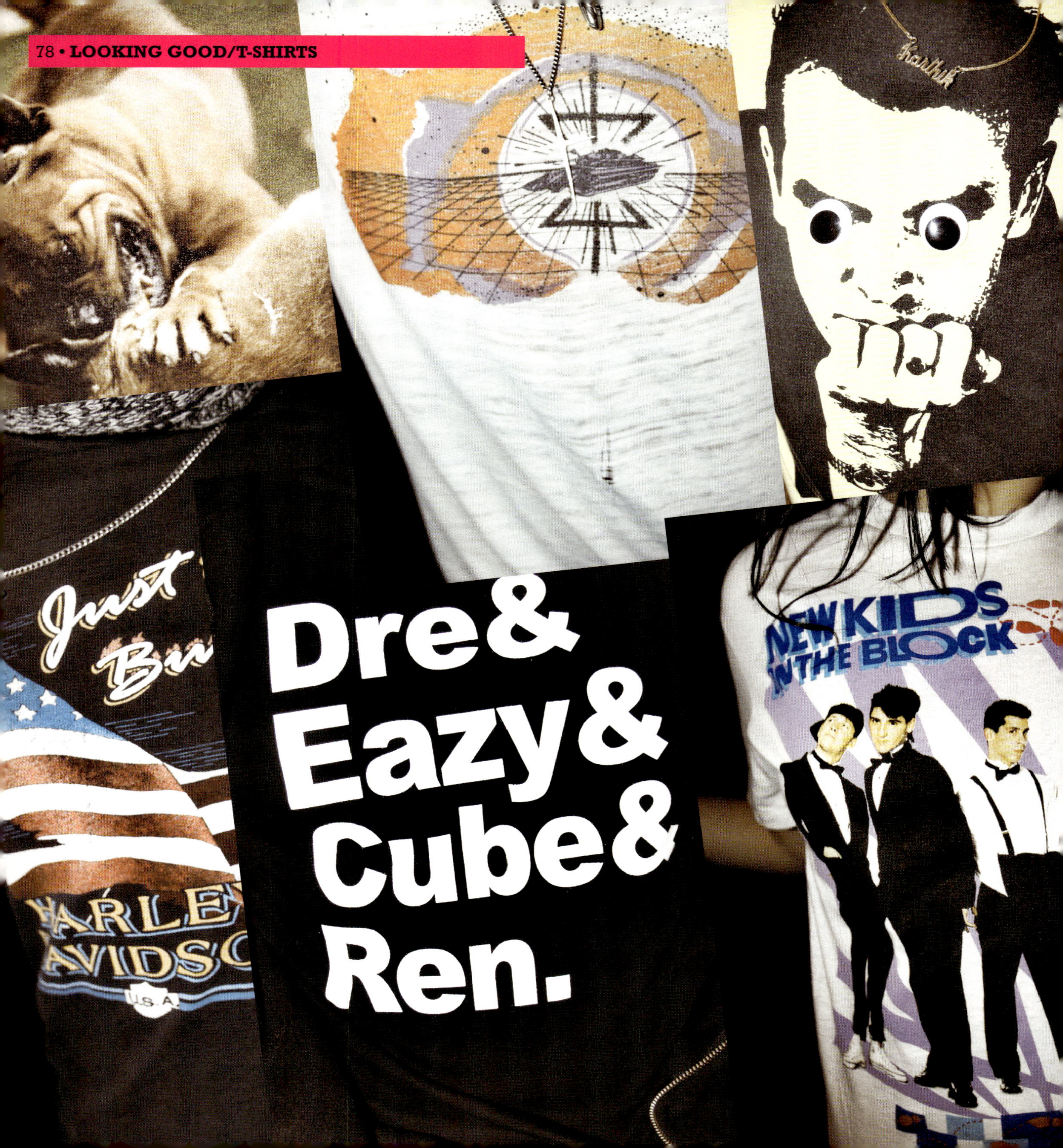
Dre&
Eazy&
Cube&
Ren.
NEW KIDS
THE BLOCK
U.S.A.

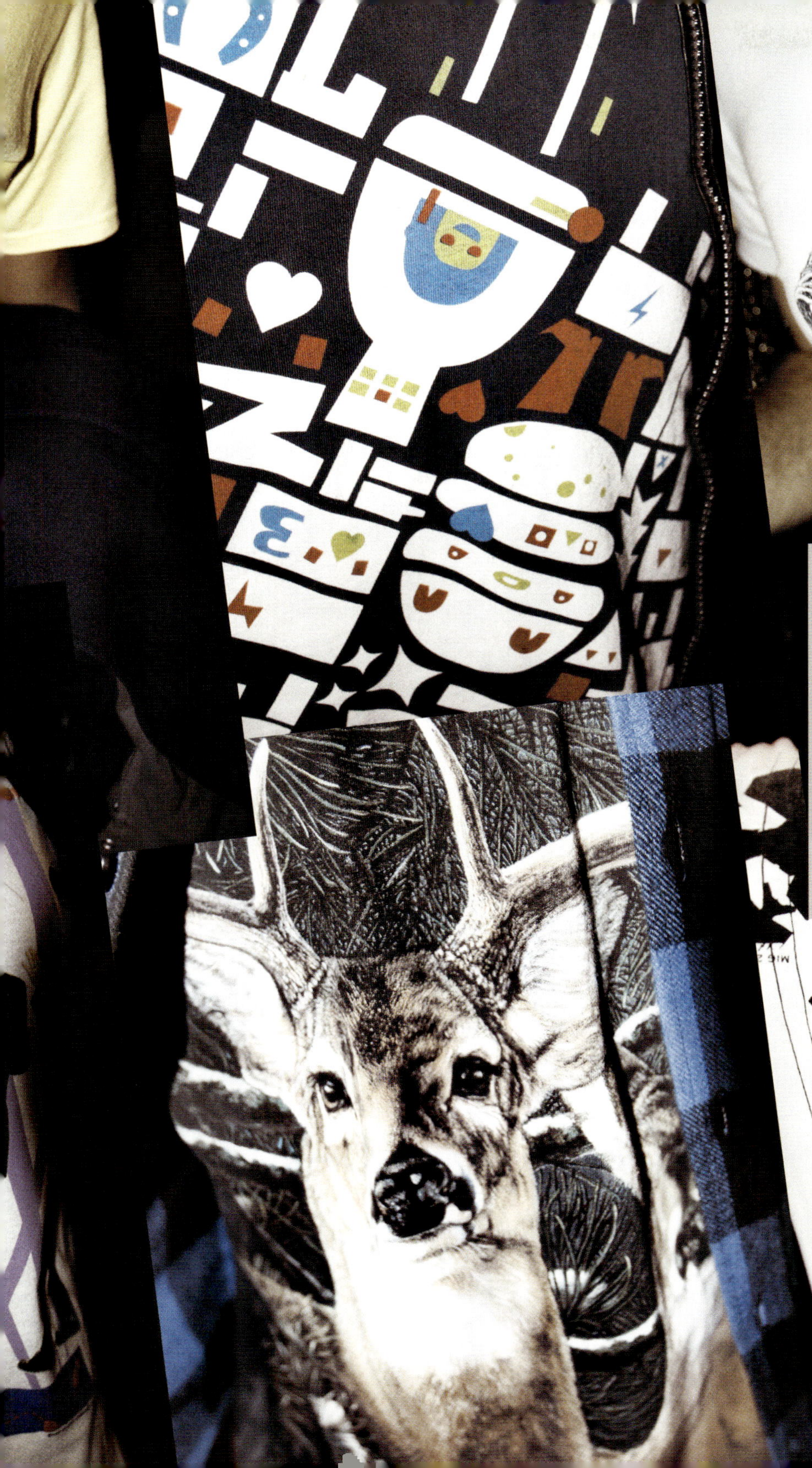

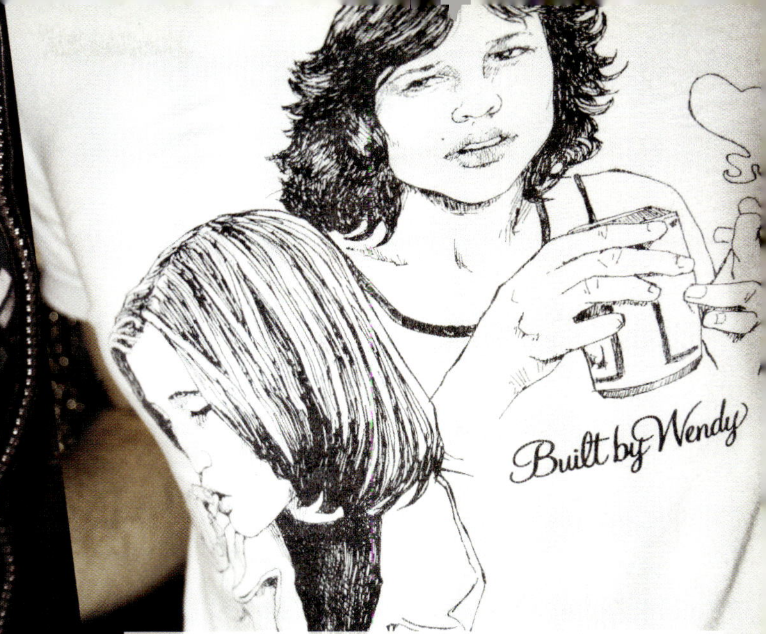

Wie viele andere Mode-Statements wurde das T-Shirt mit Aufschrift oder Logo vom Militär eingeführt. Während des Zweiten Weltkriegs sah man manchmal Soldaten damit, was die Leute schockierte, war das T-Shirt doch ursprünglich als Unterwäsche gedacht. Bald darauf trugen es alle – vom Filmstar bis zum Musiker. Bereits in den 1960er-Jahren gab es dann T-Shirts mit Symbolen gegen das Establishment in Hülle und Fülle. Heute werden nicht selten Designer-T-Shirts und Boutiquen-Stücke für mehr als 100 Dollar verkauft.

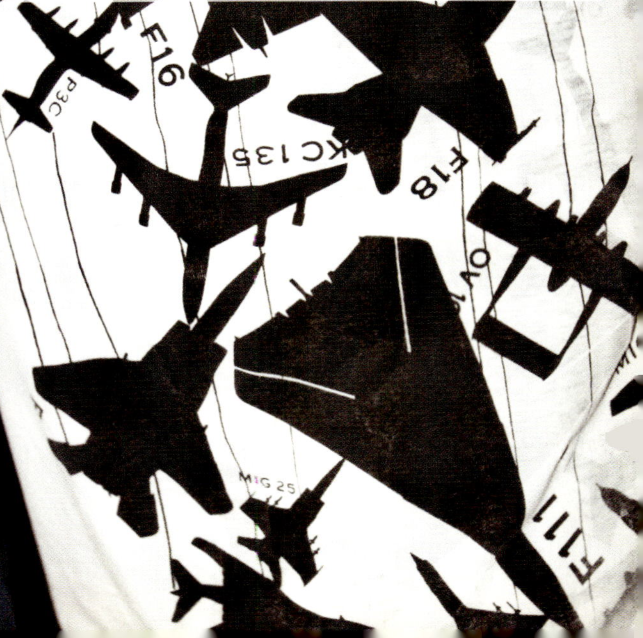

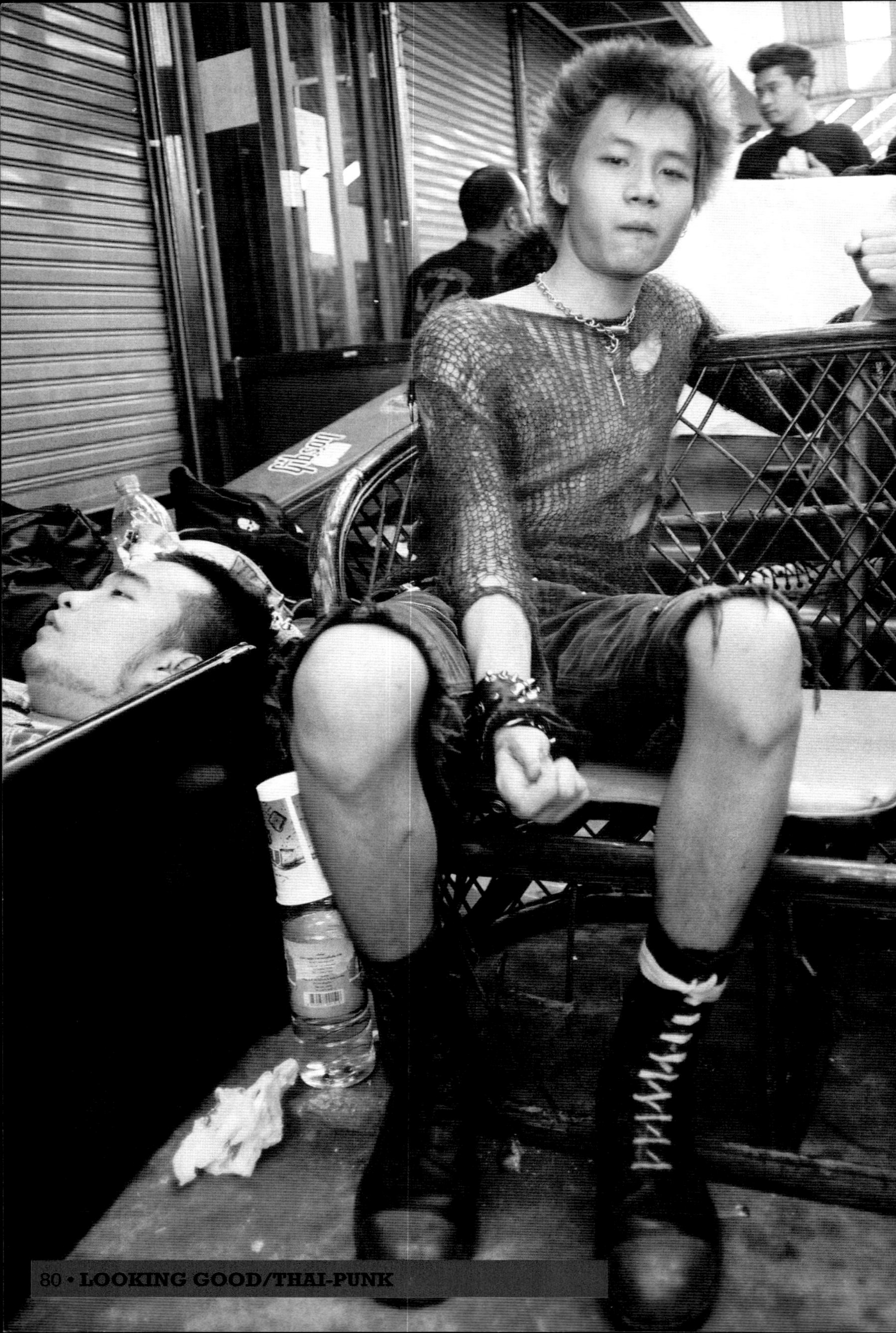

Mitte der 1960er-Jahre entstand in Thailand eine kleine, aber sehr einflussreiche Punk-Szene. Mit Bands wie Rambo, die auftraten, wo auch immer sie die Möglichkeit fanden, eroberte die Punk-Ethik neue Breitengrade. In Bangkok spielen sie in Clubs wie dem Chilling House. Der Stil, die Richtung und die Einstellung sind ja bereits bekannt.

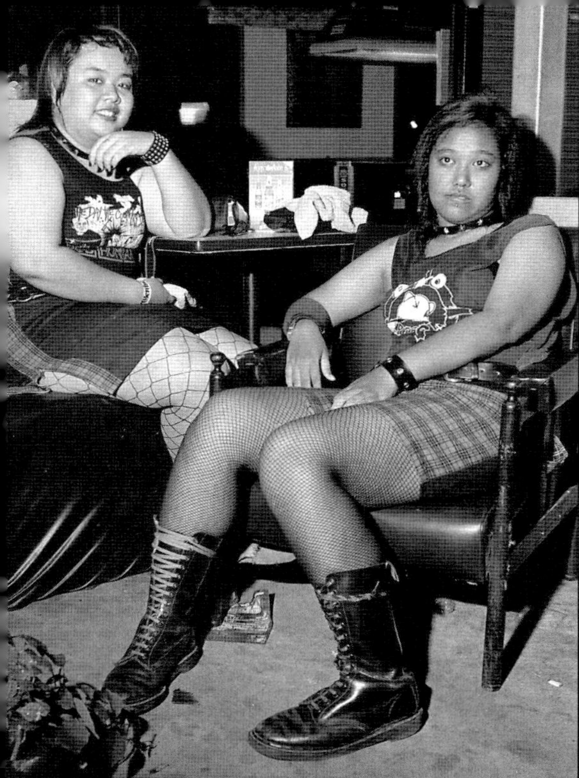

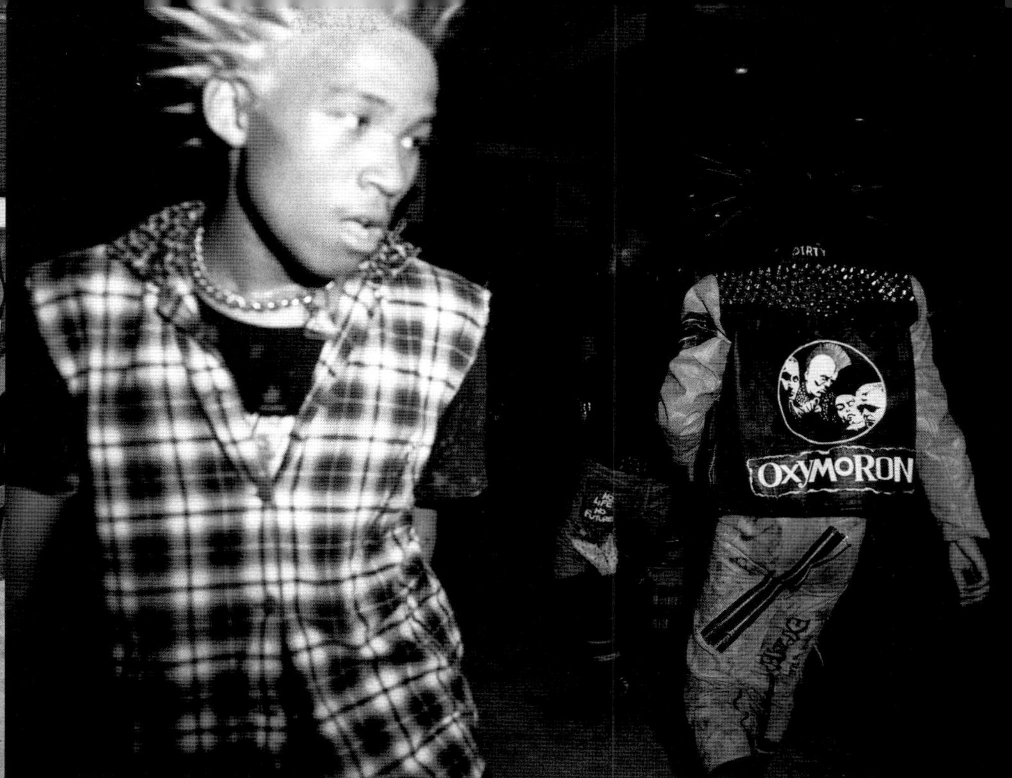
OXYMORON

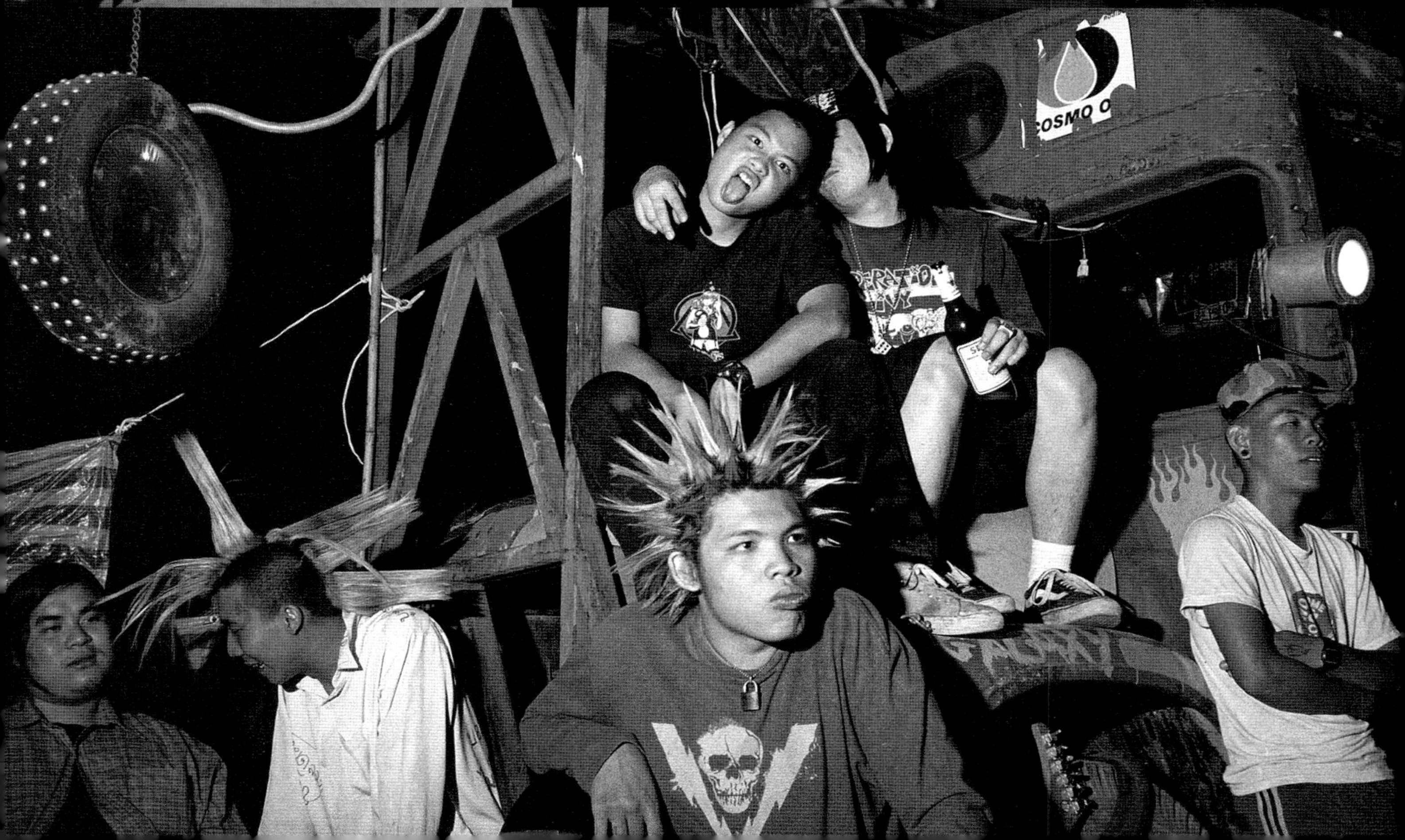
COSMO O

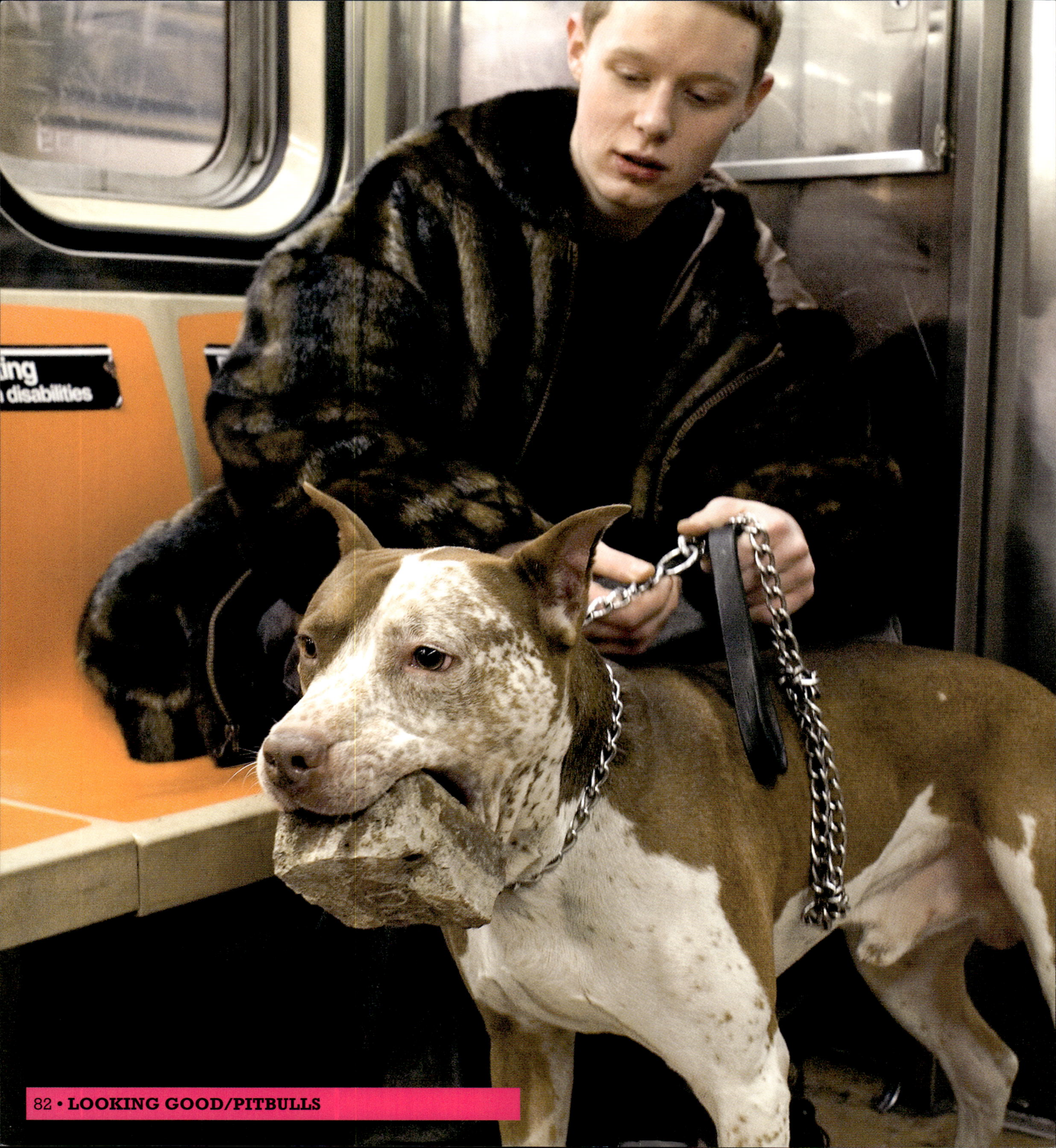
ing
disabilities

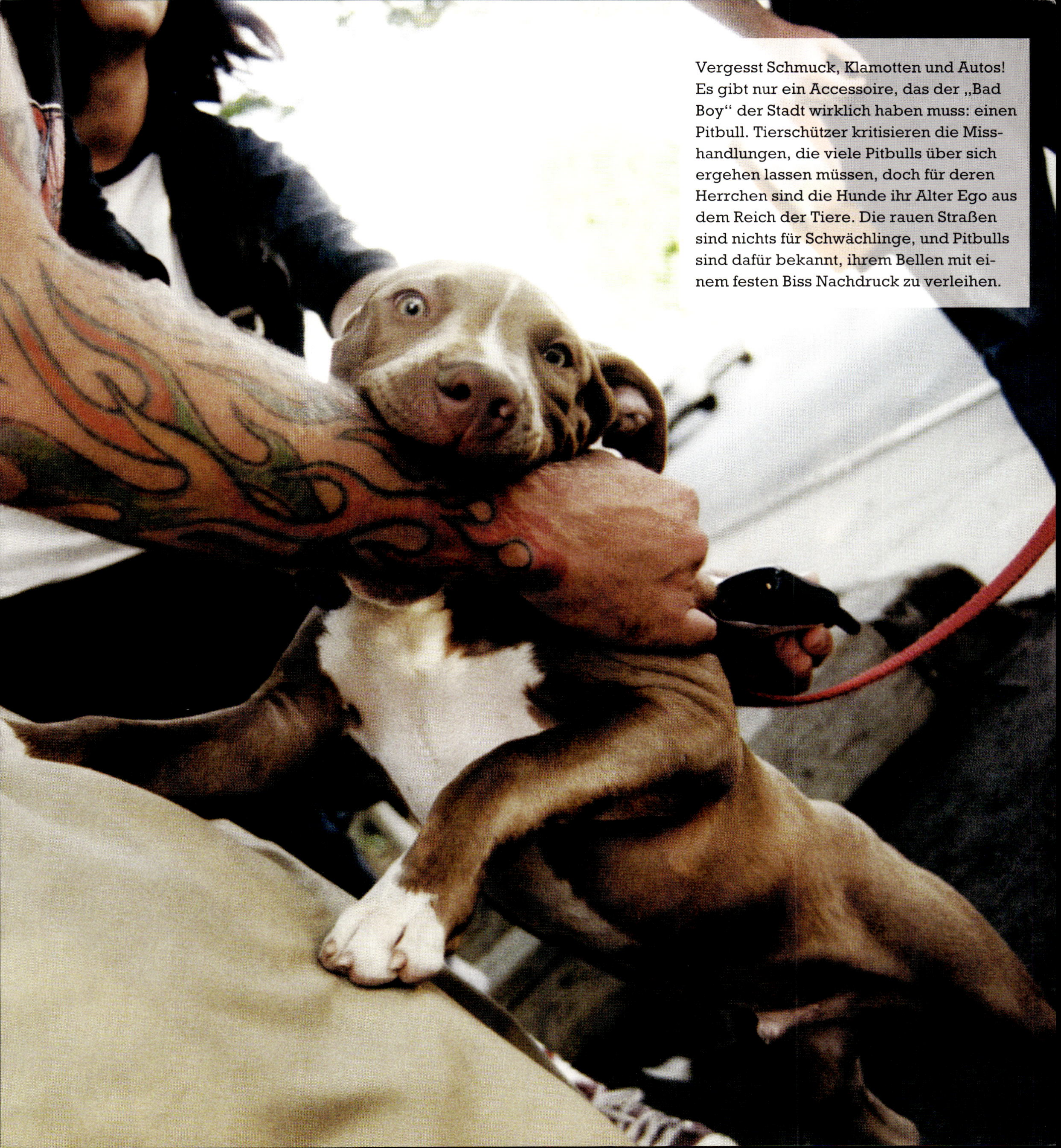

Vergesst Schmuck, Klamotten und Autos! Es gibt nur ein Accessoire, das der „Bad Boy“ der Stadt wirklich haben muss: einen Pitbull. Tierschützer kritisieren die Misshandlungen, die viele Pitbulls über sich ergehen lassen müssen, doch für deren Herrchen sind die Hunde ihr Alter Ego aus dem Reich der Tiere. Die rauen Straßen sind nichts für Schwächlinge, und Pitbulls sind dafür bekannt, ihrem Bellen mit einem festen Biss Nachdruck zu verleihen.

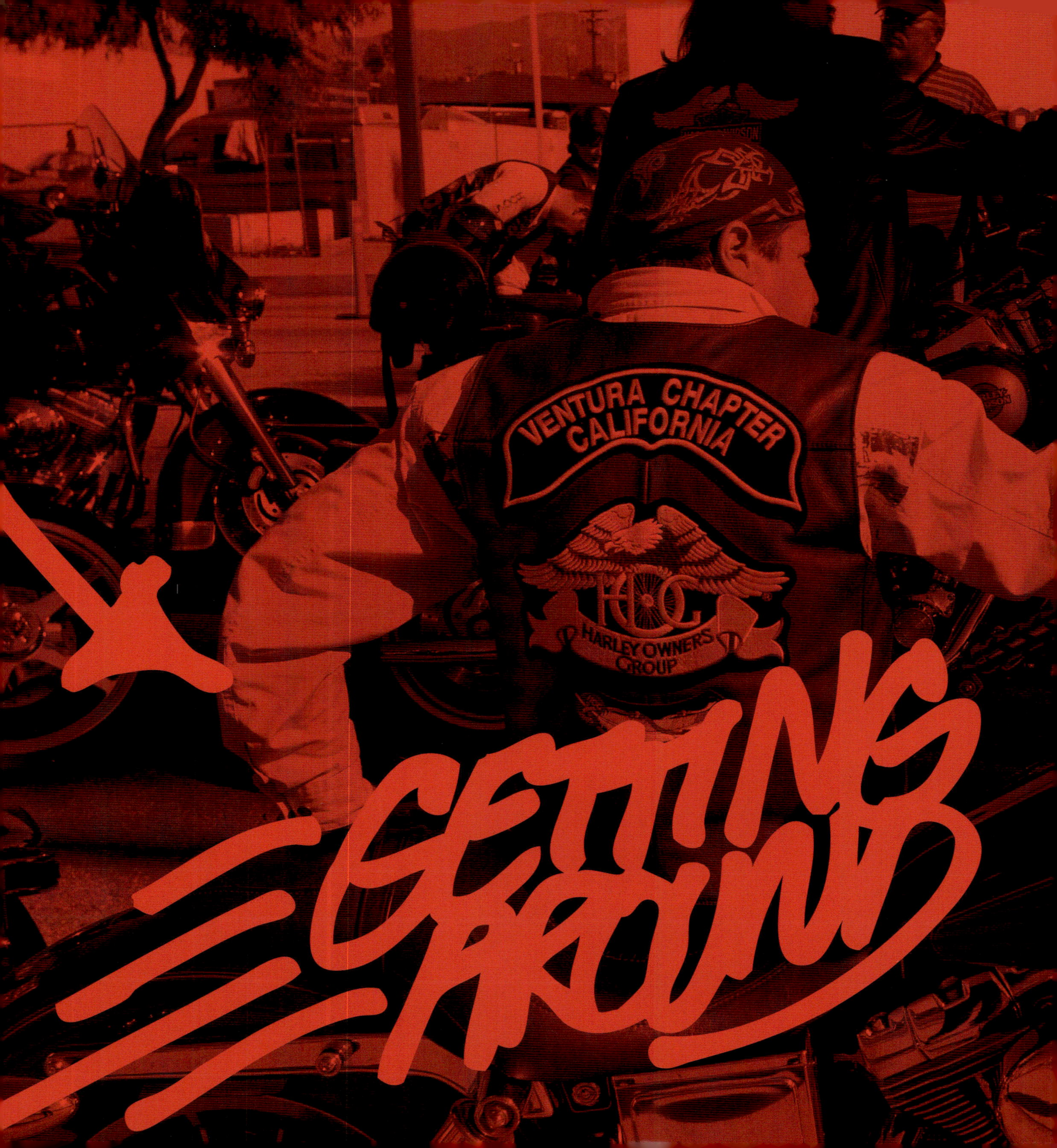

GETTING AROUND

• GETTING AROUND

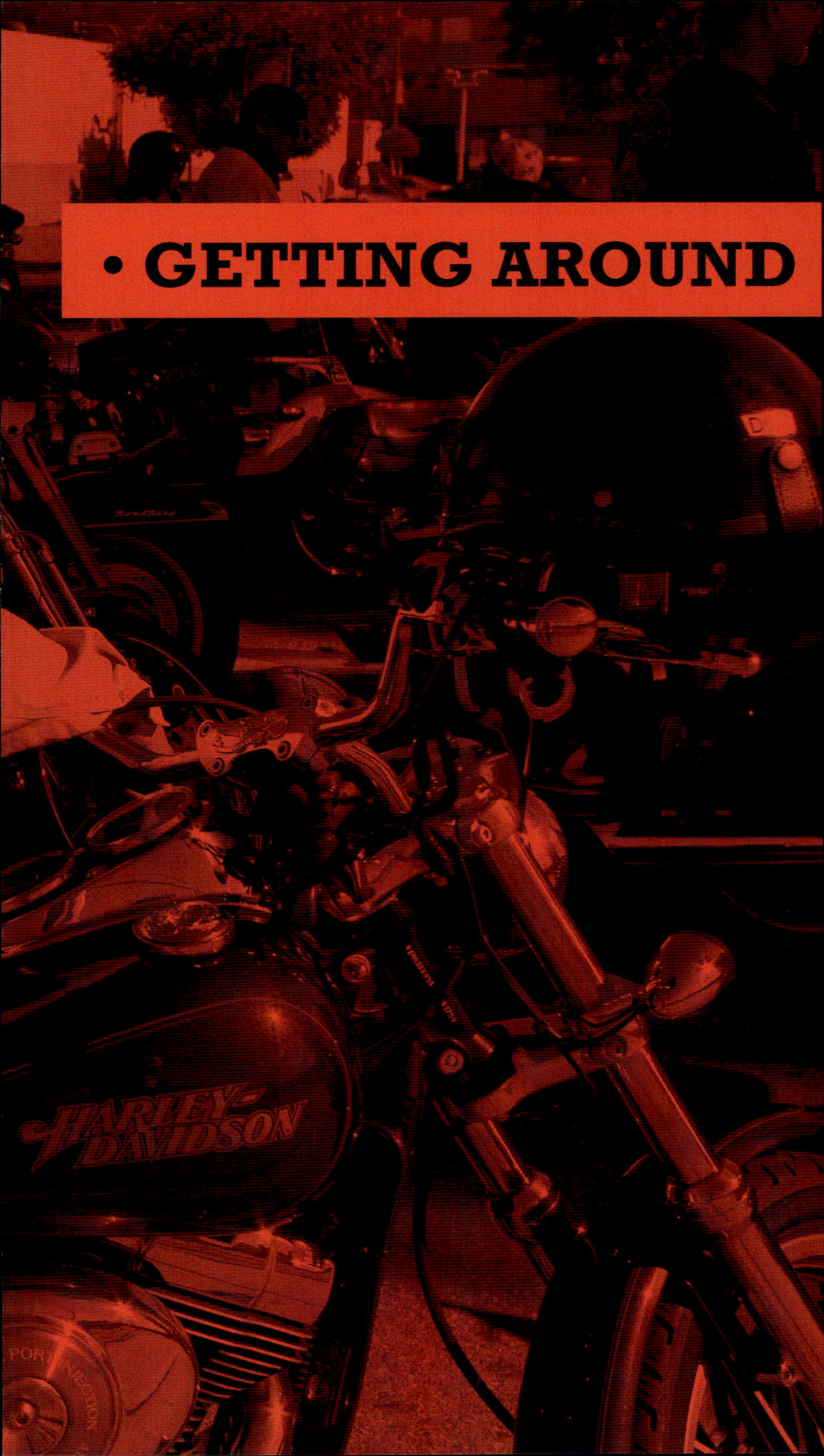

Seit es Fahrzeuge gibt, verwenden Menschen diese, um ihrer Persönlichkeit Ausdruck zu verleihen, sei es indem sie sie aufmotzen oder einfach abfahren.

So mancher verbringt Stunden damit, aus diversen Skateboard-Decks sorgfältig die beste Illustration auszuwählen, um diese anschließend zu zerkratzen und die bemalte Oberfläche an Bordsteinen und Pflanzgefäßen zu zerstören.

Ein anderer wiederum macht es zu seiner Wissenschaft, das richtige Fahrrad zu finden und verschiedenste Teile anderer Fahrräder daran anzuschweißen, bis es sich schließlich ausreichend von den anderen unterscheidet, und man losfahren kann.

Autos, LKWs, Motorroller ... ein Transportmittel ist erst dann wertvoll, wenn man es sich zu Eigen gemacht hat.

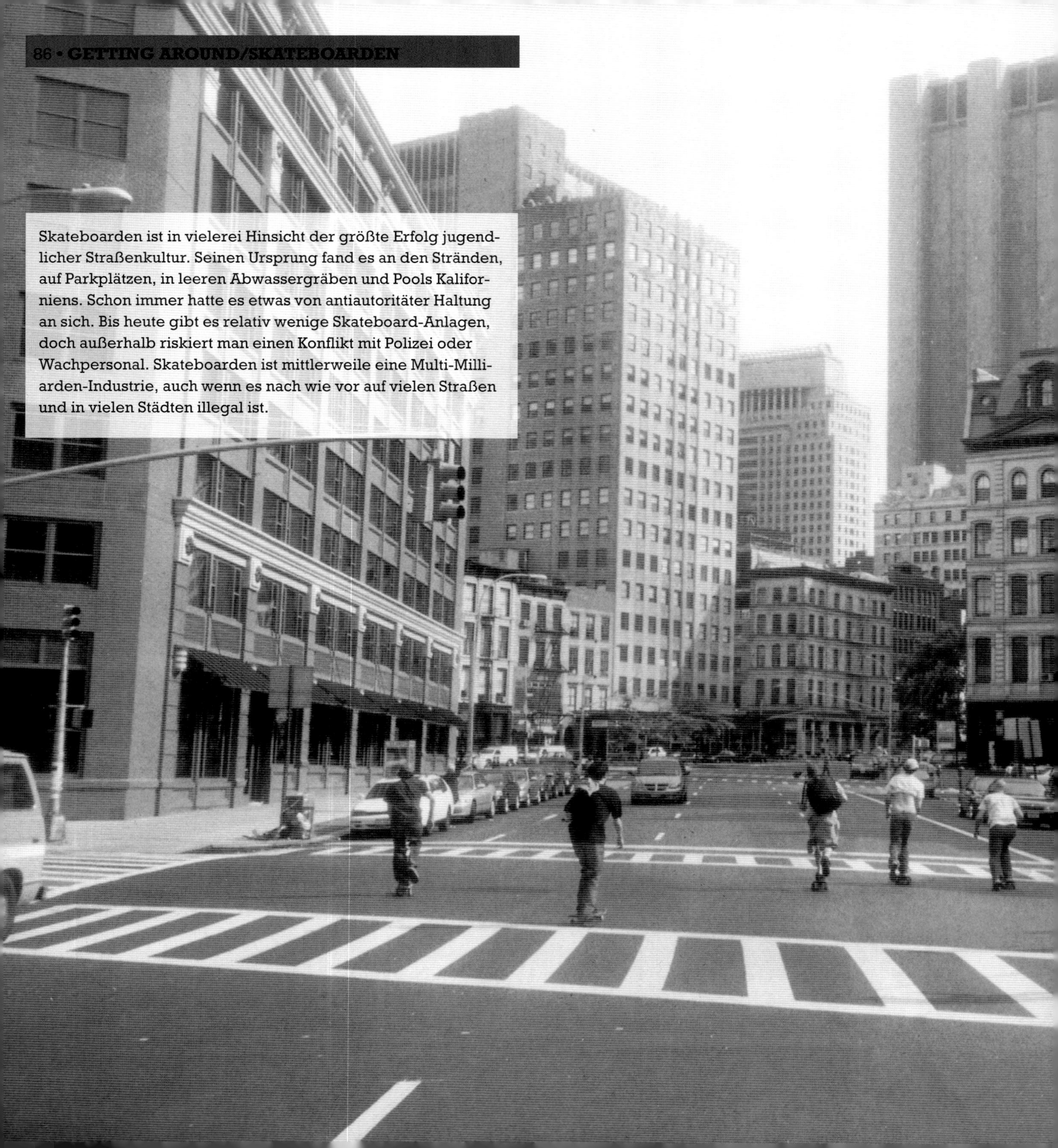

Skateboarden ist in vielerei Hinsicht der größte Erfolg jugendlicher Straßenkultur. Seinen Ursprung fand es an den Stränden, auf Parkplätzen, in leeren Abwassergräben und Pools Kaliforniens. Schon immer hatte es etwas von antiautoritäter Haltung an sich. Bis heute gibt es relativ wenige Skateboard-Anlagen, doch außerhalb riskiert man einen Konflikt mit Polizei oder Wachpersonal. Skateboarden ist mittlerweile eine Multi-Milliarden-Industrie, auch wenn es nach wie vor auf vielen Straßen und in vielen Städten illegal ist.

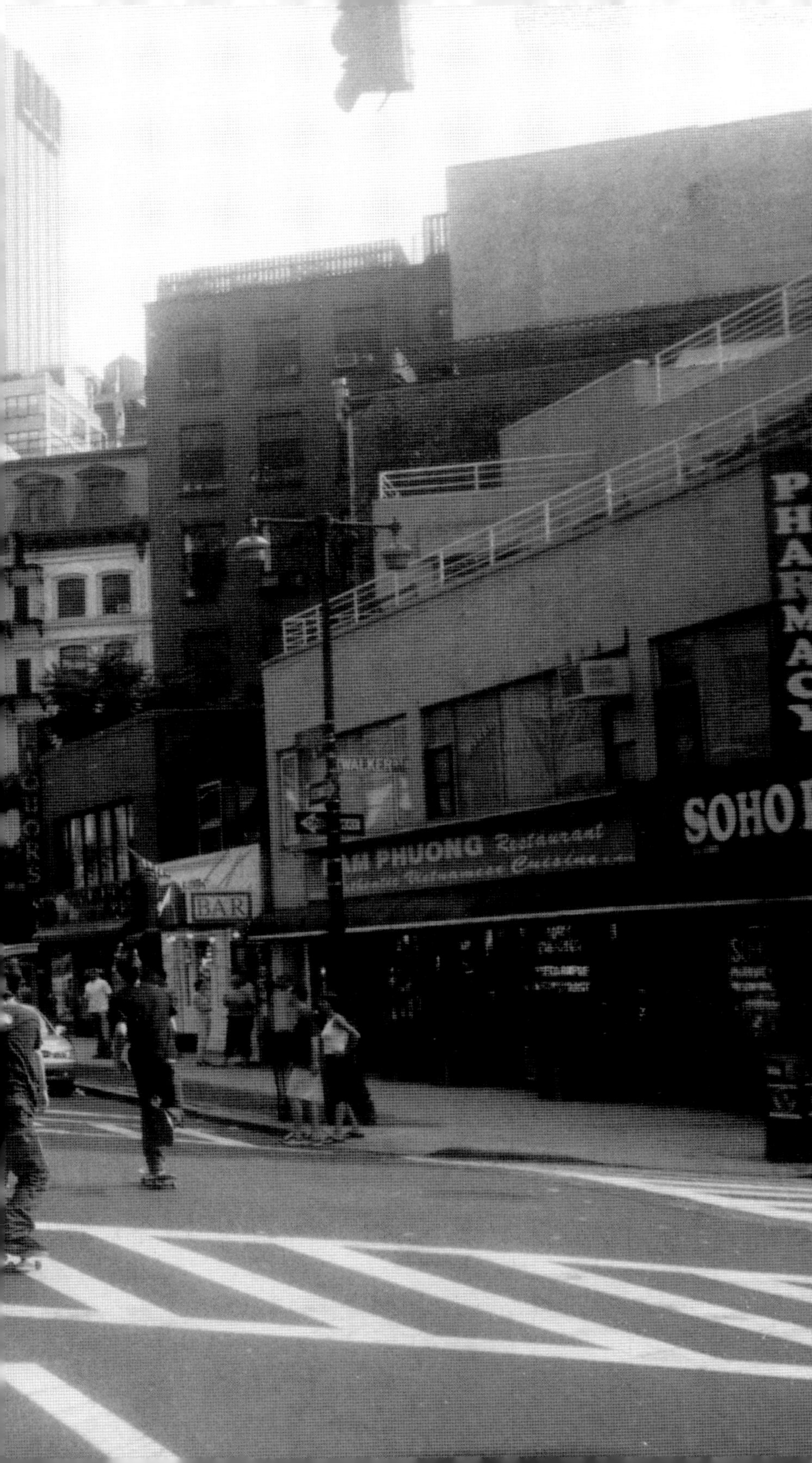
PHARMACY
SOHO
BAR
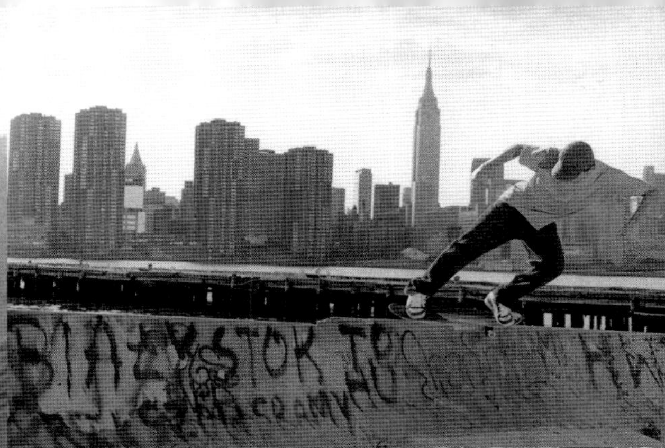
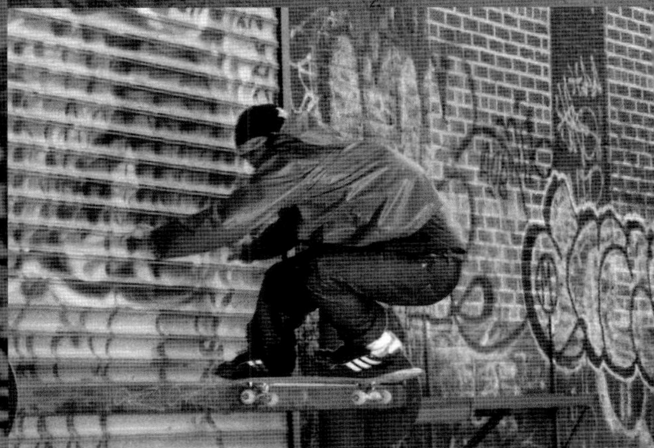
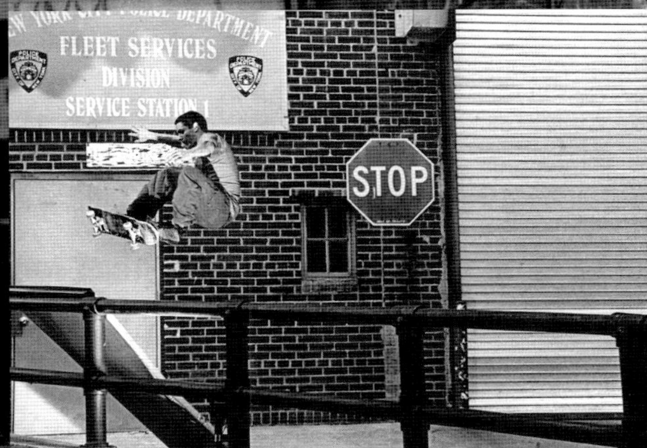
FLEET SERVICES
DIVISION
SERVICE STATION 1
STOP
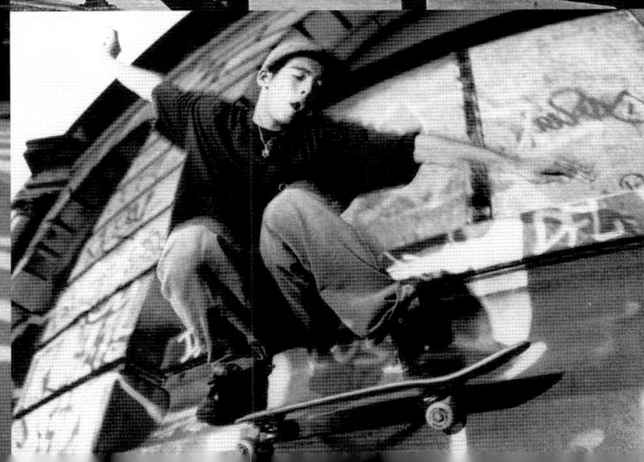

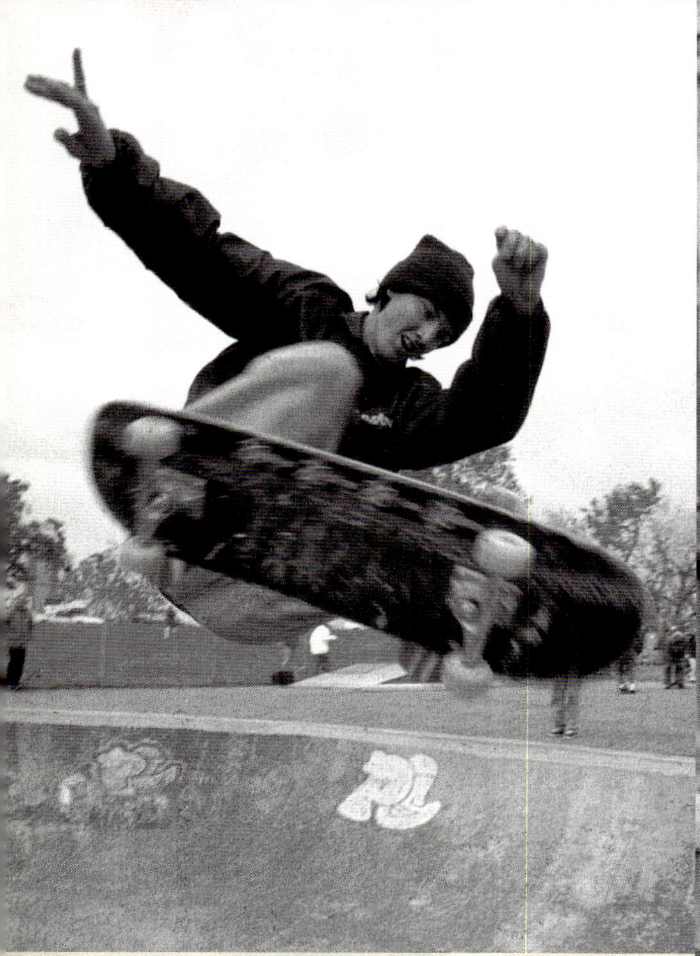

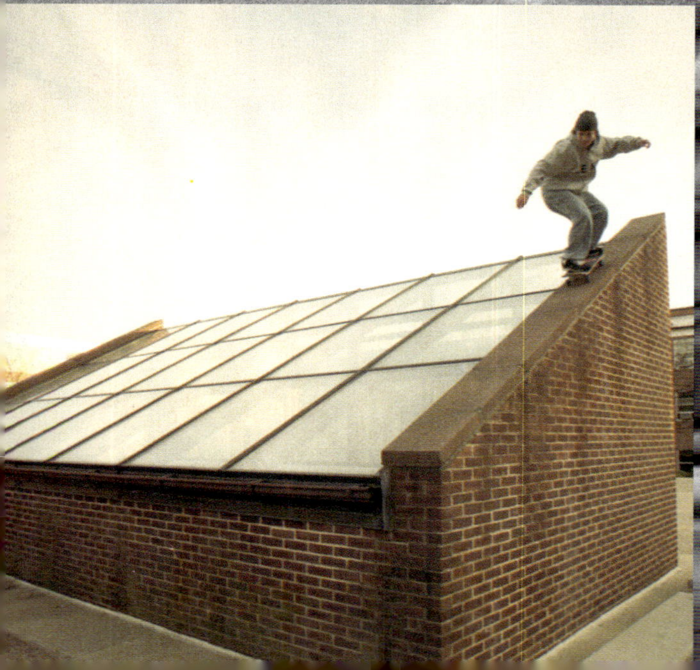

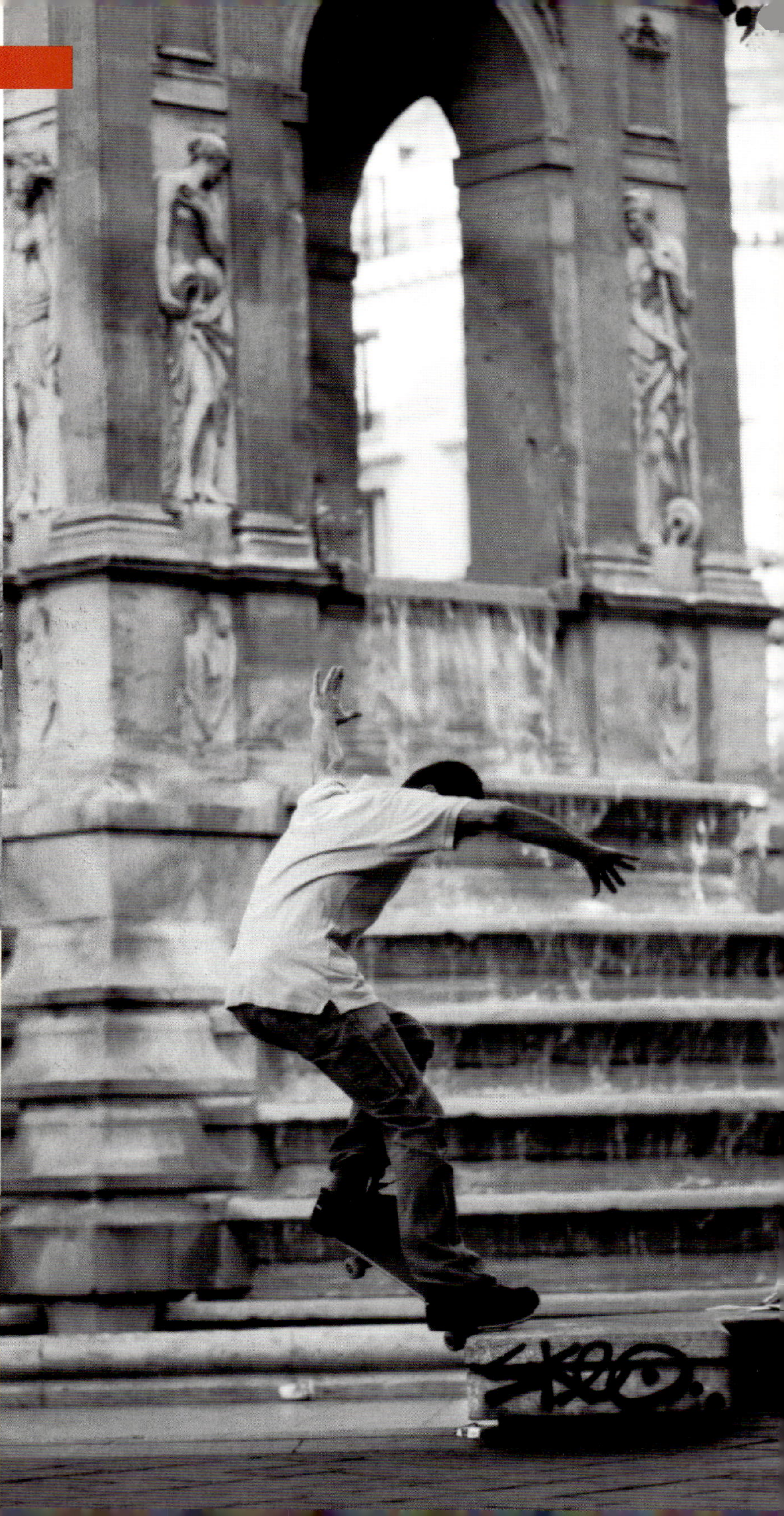

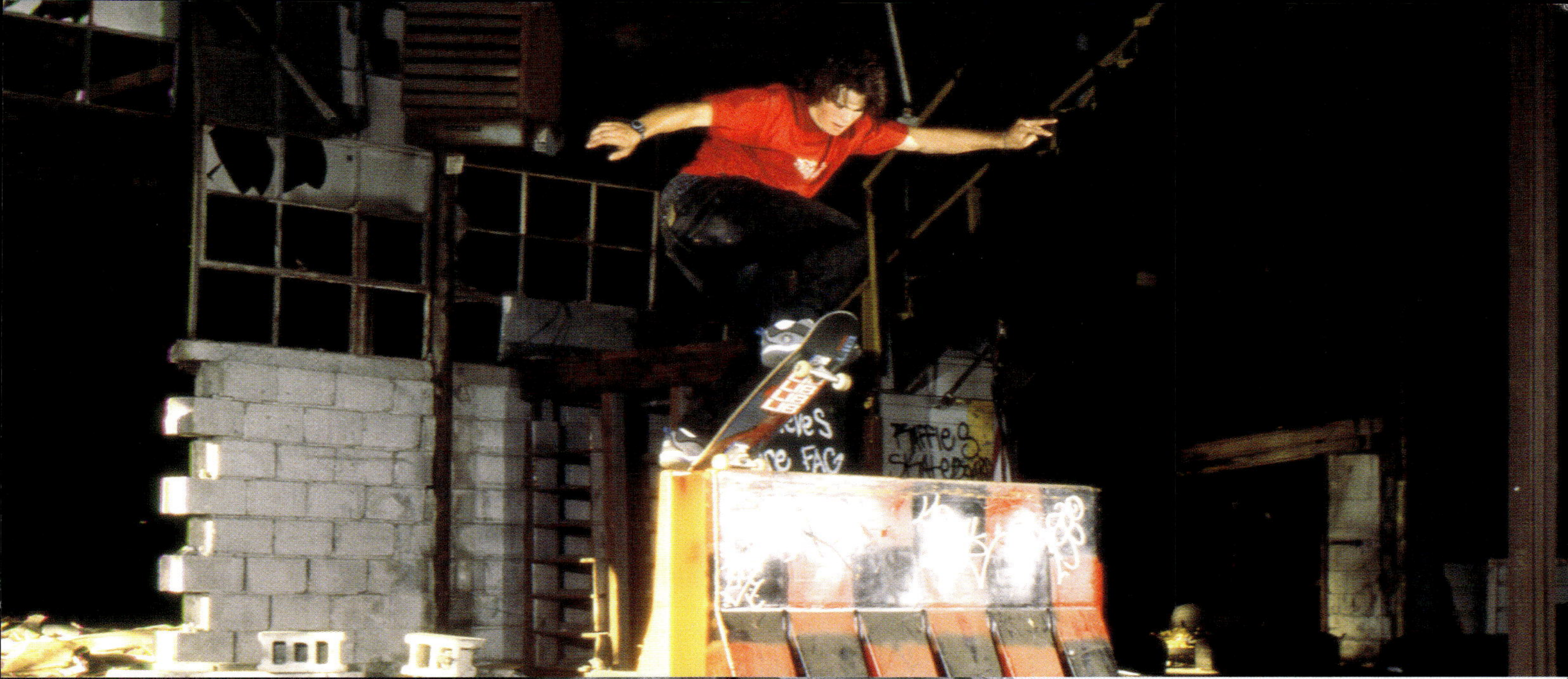

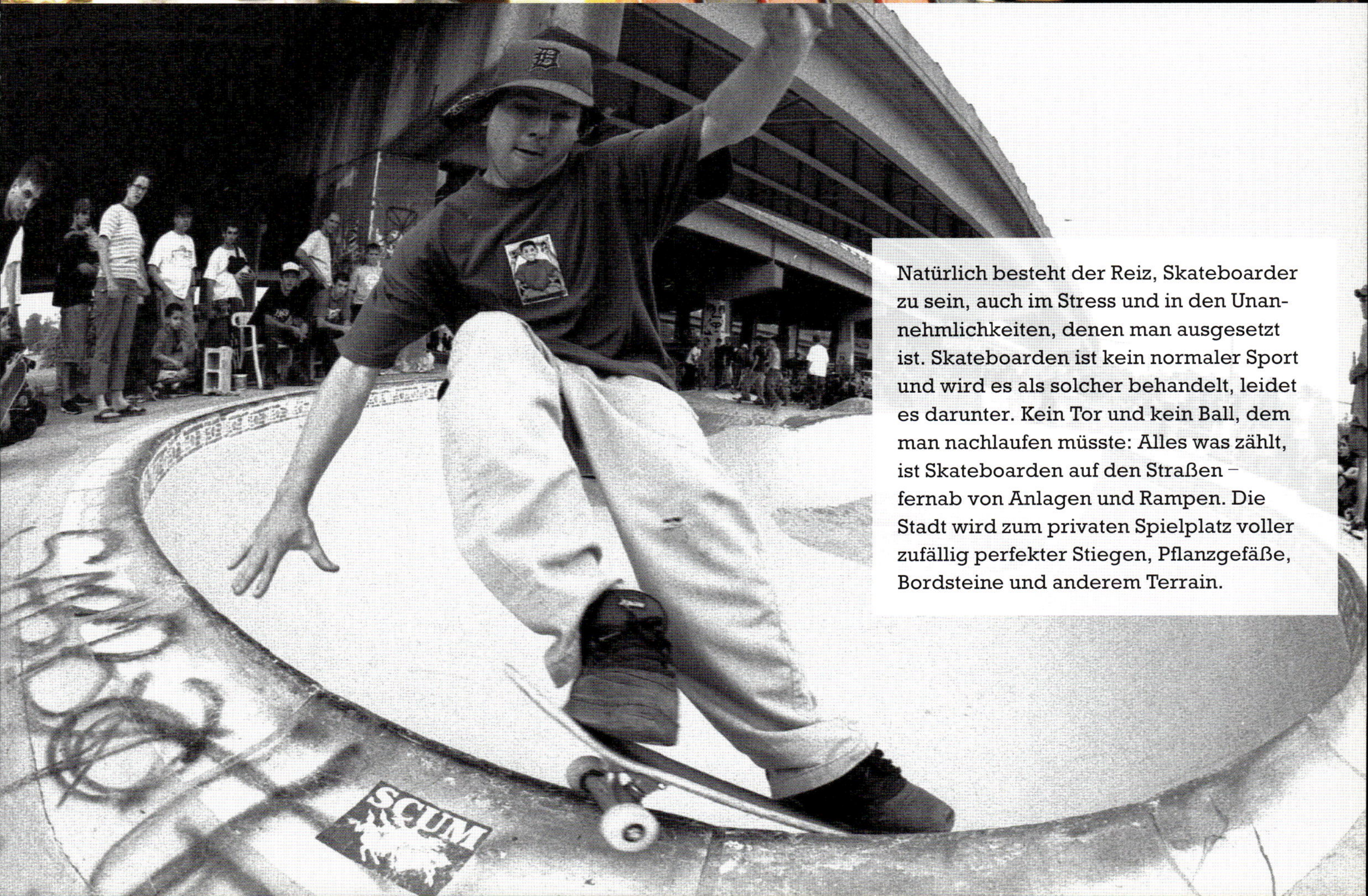

Natürlich besteht der Reiz, Skateboarder zu sein, auch im Stress und in den Unannehmlichkeiten, denen man ausgesetzt ist. Skateboarden ist kein normaler Sport und wird es als solcher behandelt, leidet es darunter. Kein Tor und kein Ball, dem man nachlaufen müsste: Alles was zählt, ist Skateboarden auf den Straßen – fernab von Anlagen und Rampen. Die Stadt wird zum privaten Spielplatz voller zufällig perfekter Stiegen, Pflanzgefäße, Bordsteine und anderem Terrain.

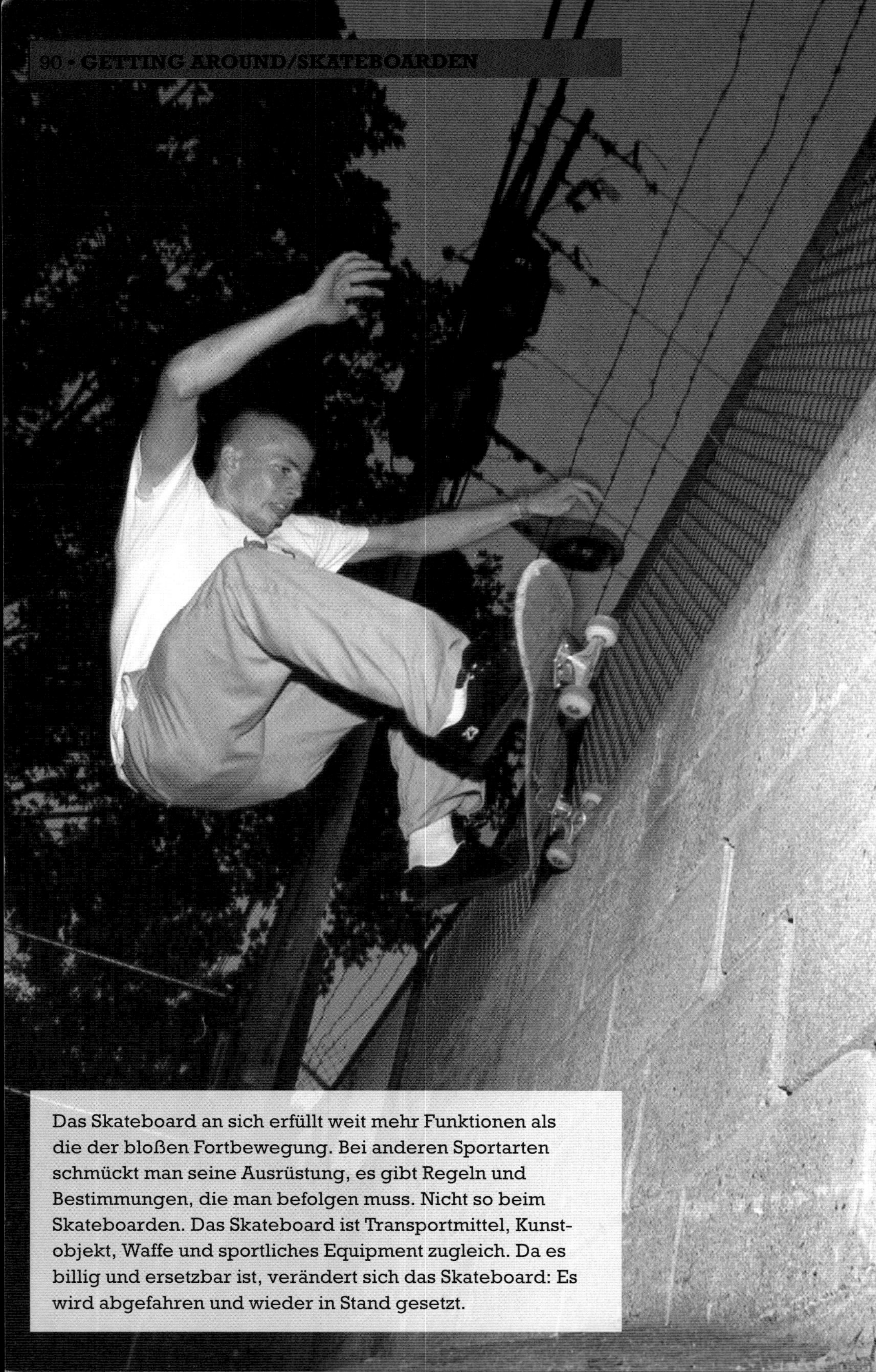

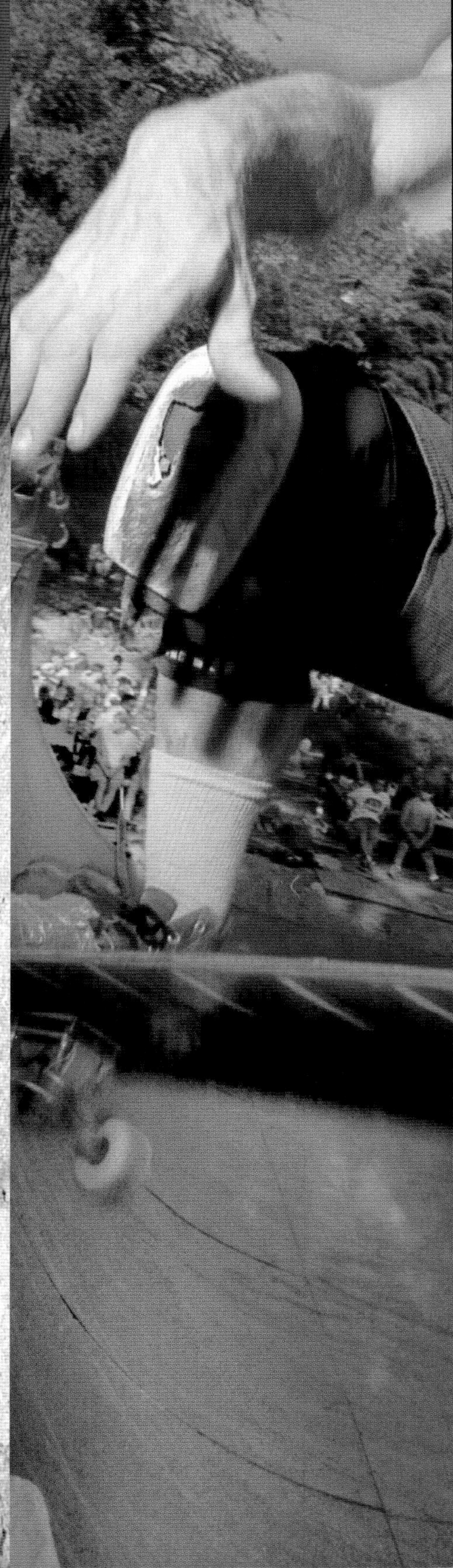

Das Skateboard an sich erfüllt weit mehr Funktionen als die der bloßen Fortbewegung. Bei anderen Sportarten schmückt man seine Ausrüstung, es gibt Regeln und Bestimmungen, die man befolgen muss. Nicht so beim Skateboarden. Das Skateboard ist Transportmittel, Kunstobjekt, Waffe und sportliches Equipment zugleich. Da es billig und ersetzbar ist, verändert sich das Skateboard: Es wird abgefahren und wieder in Stand gesetzt.

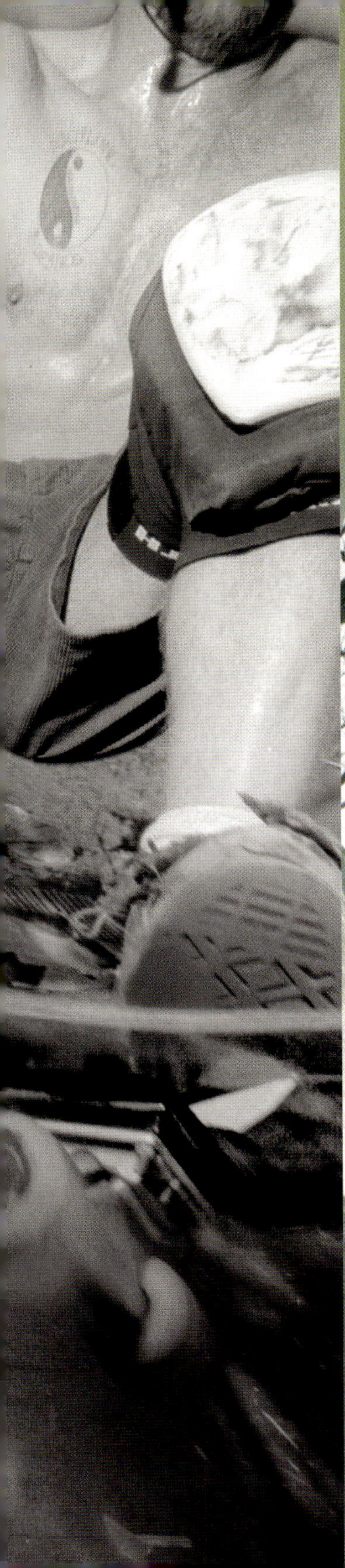
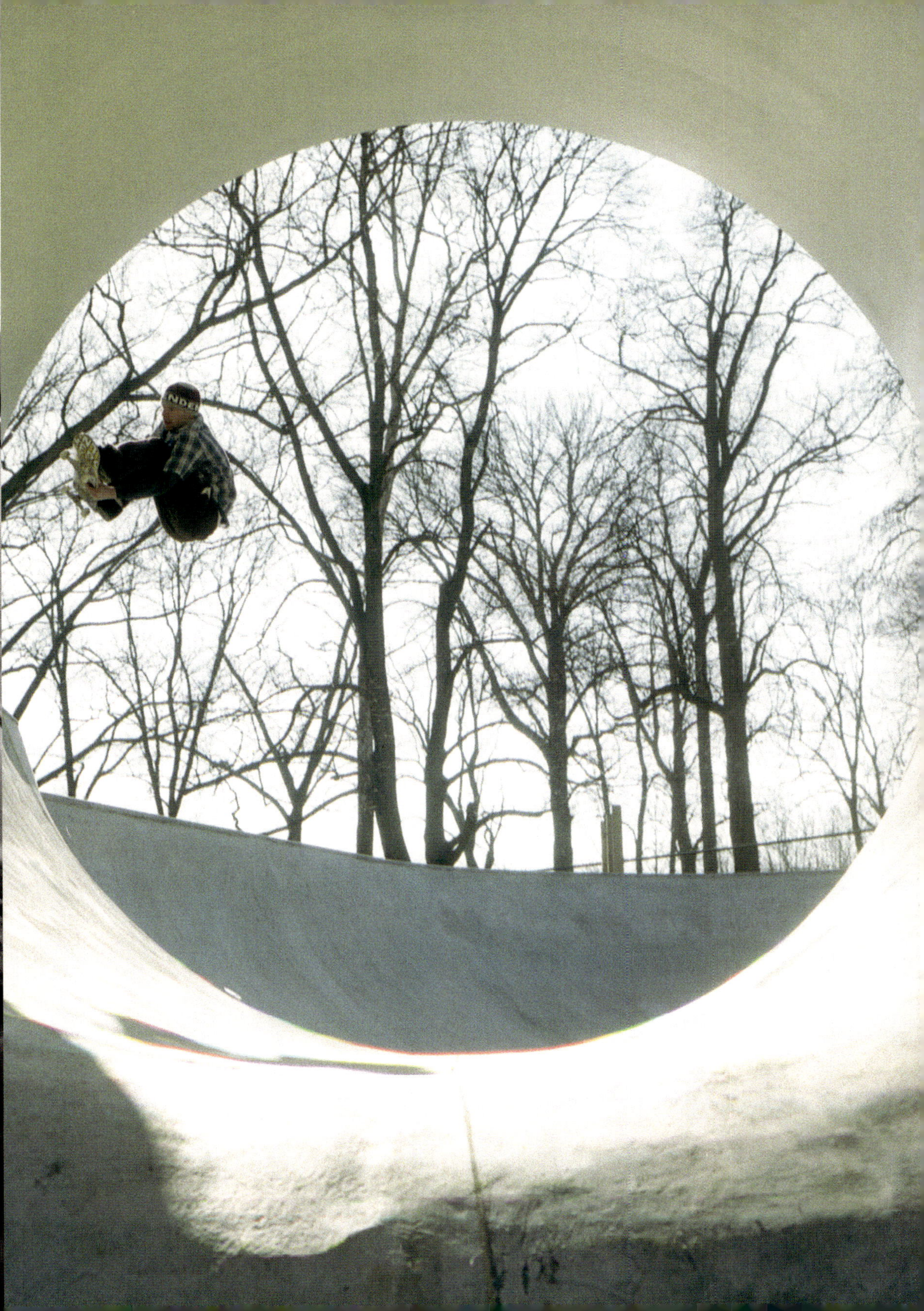

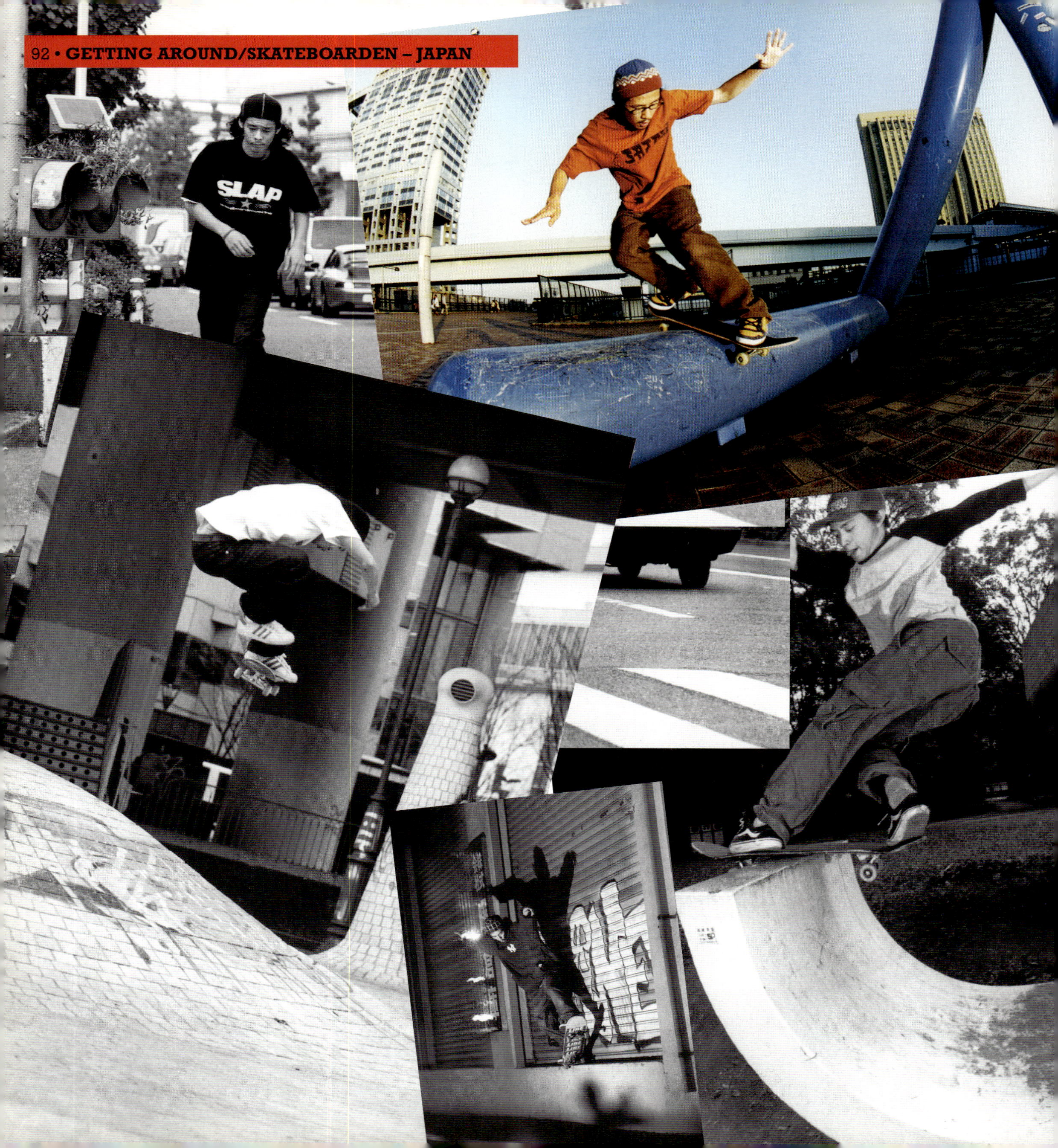
SLAP

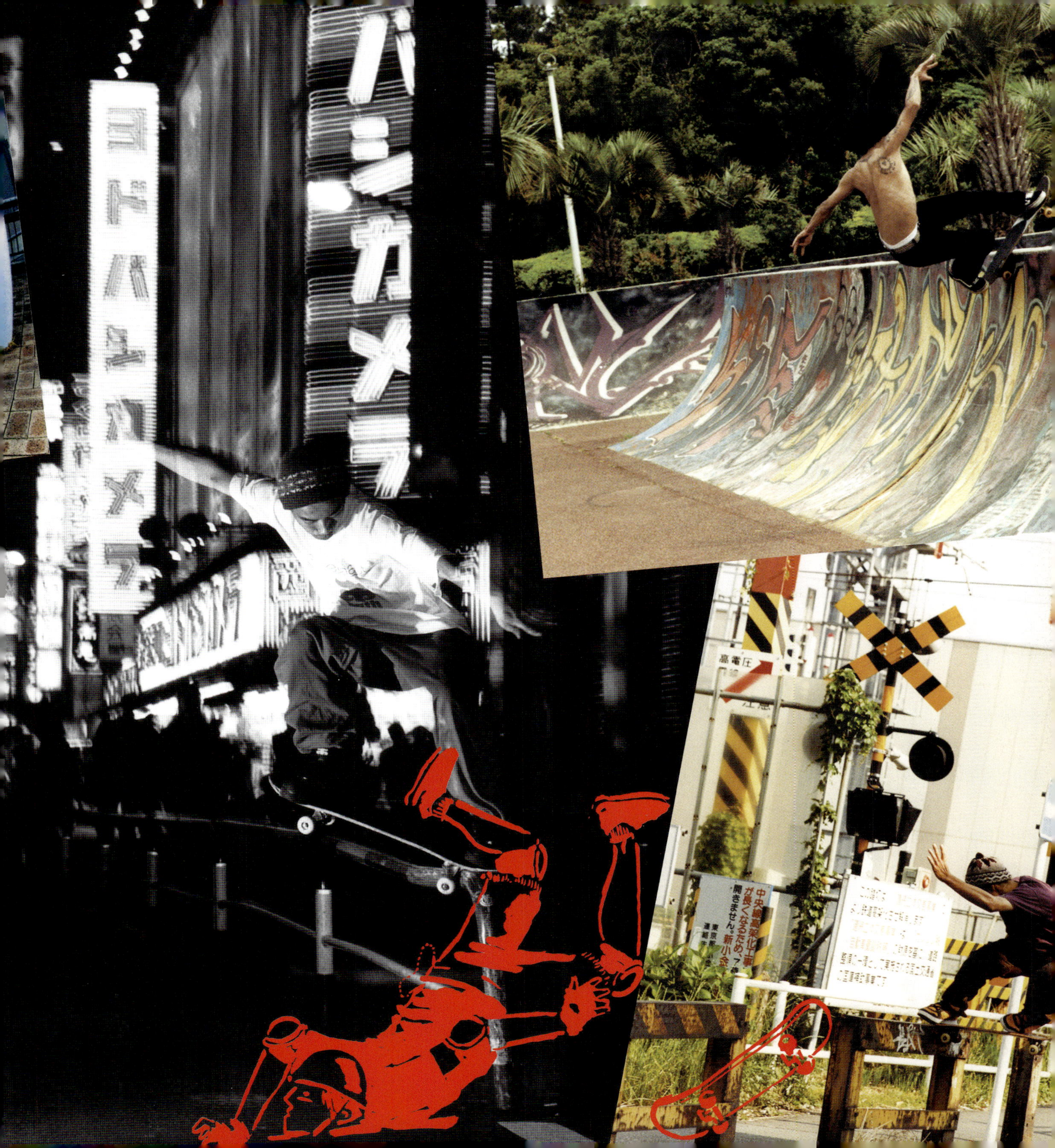
ヨドバシカメラ
バシカメラ
高電圧
くなるため、
開きません。

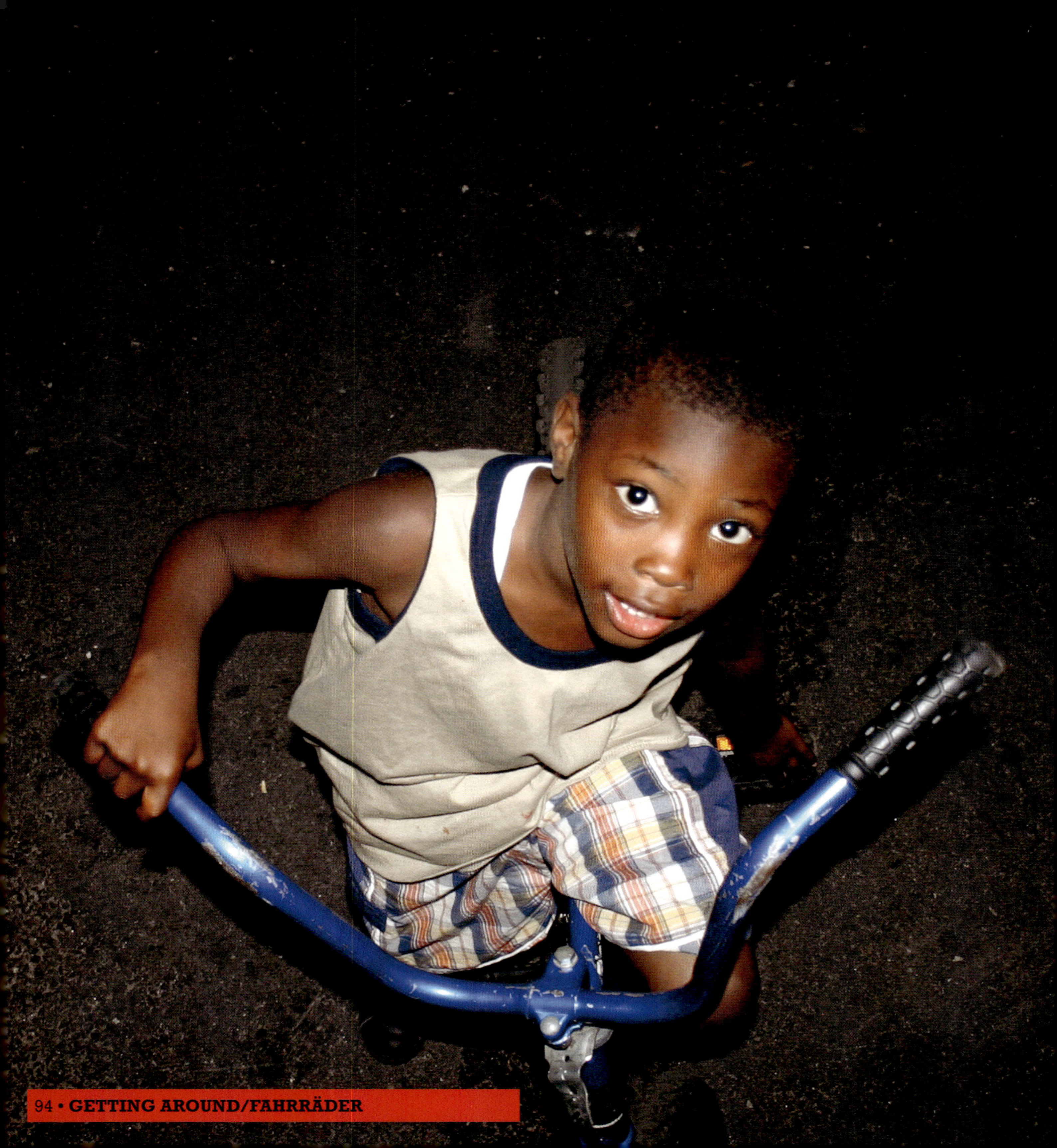

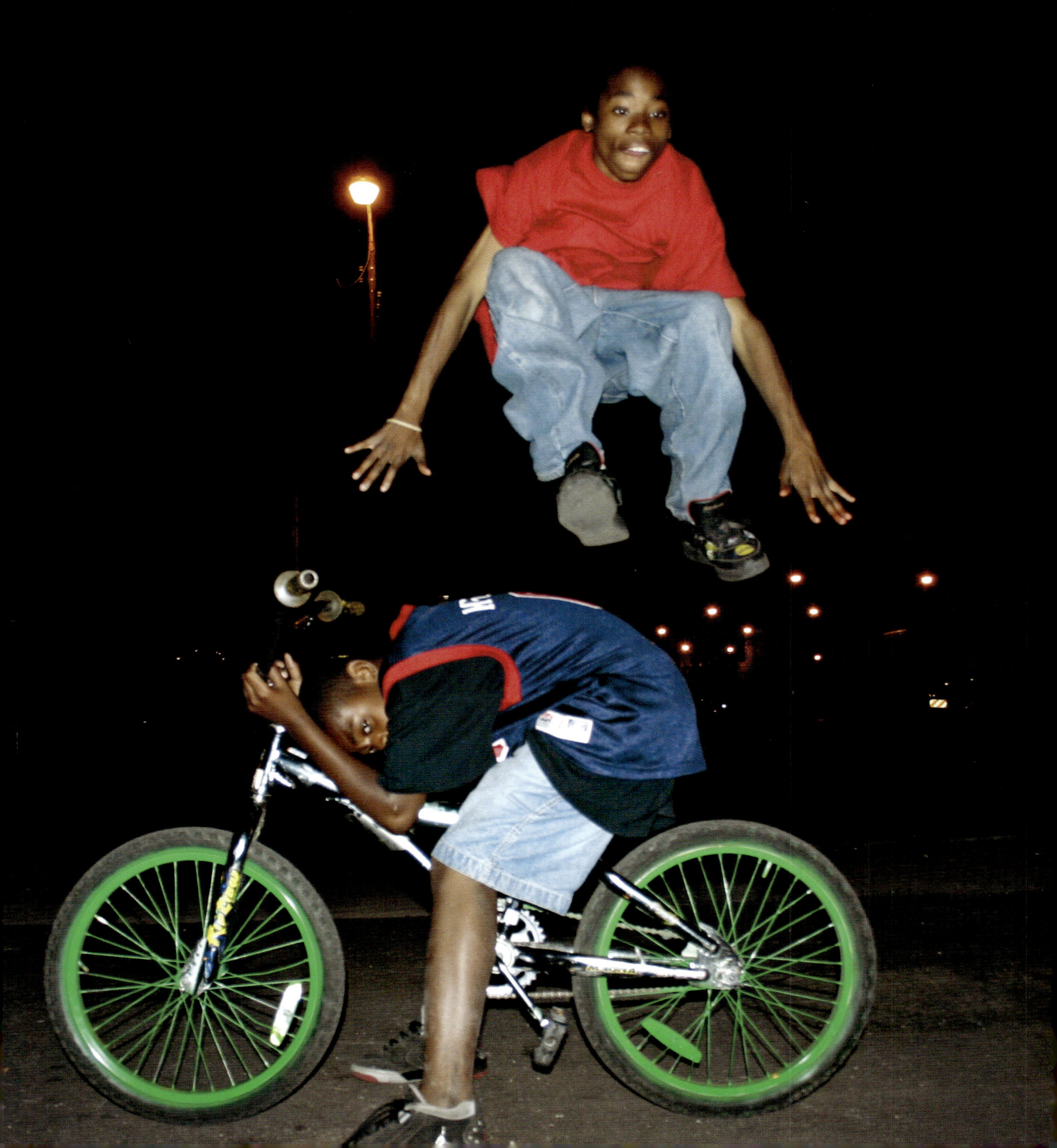

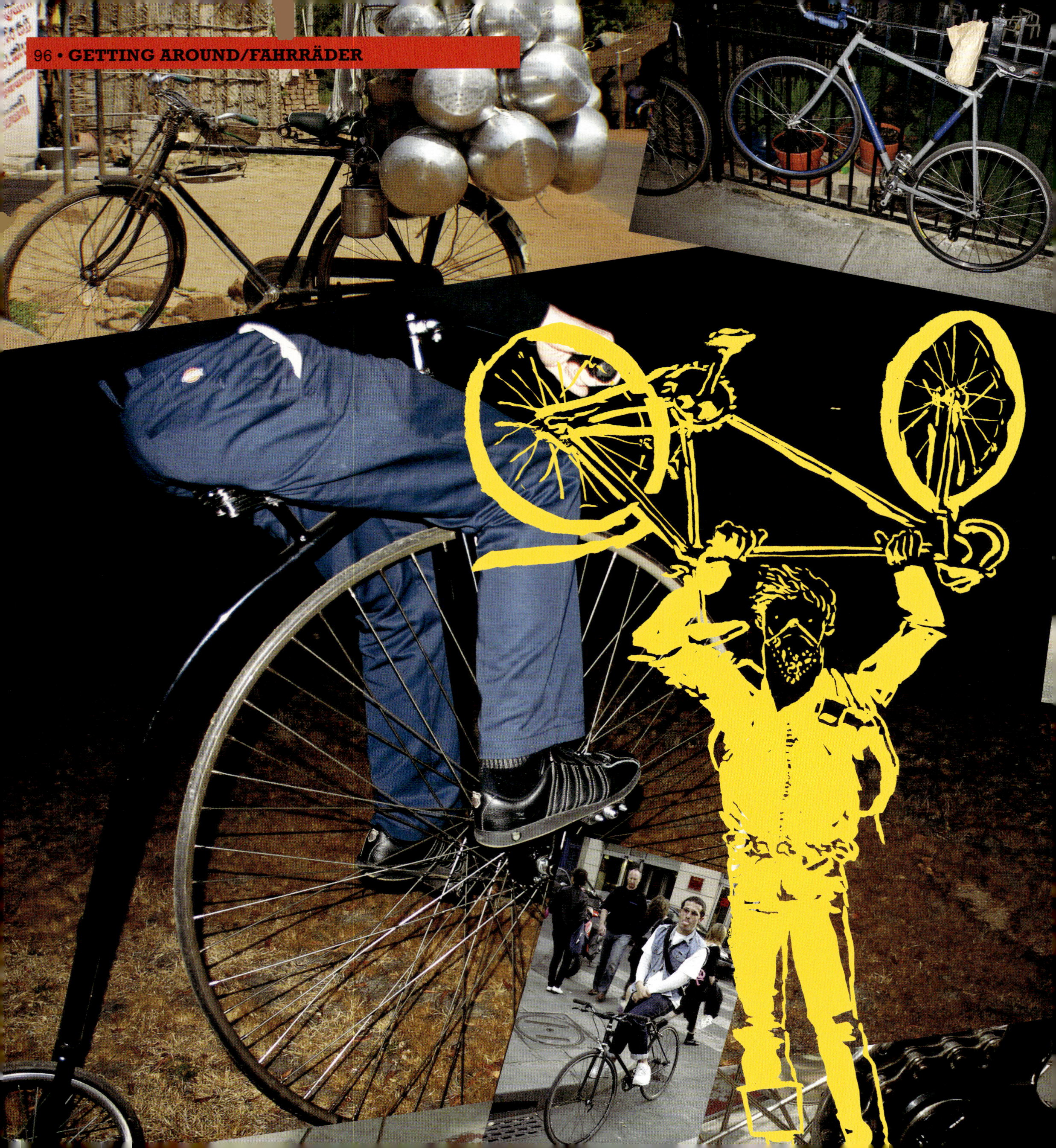

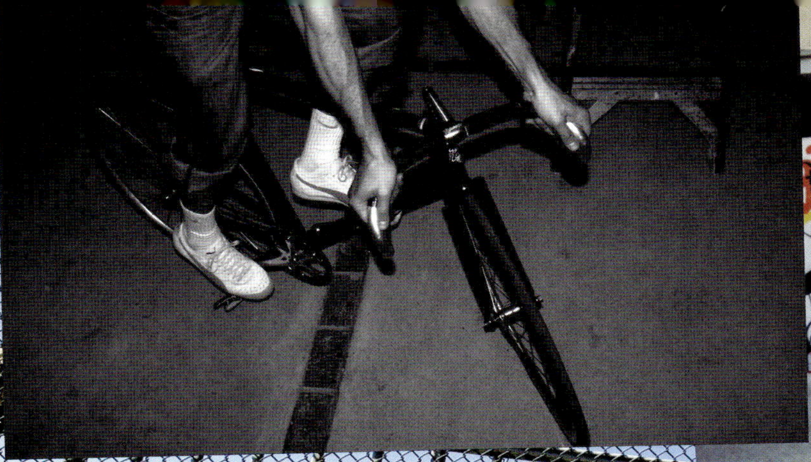
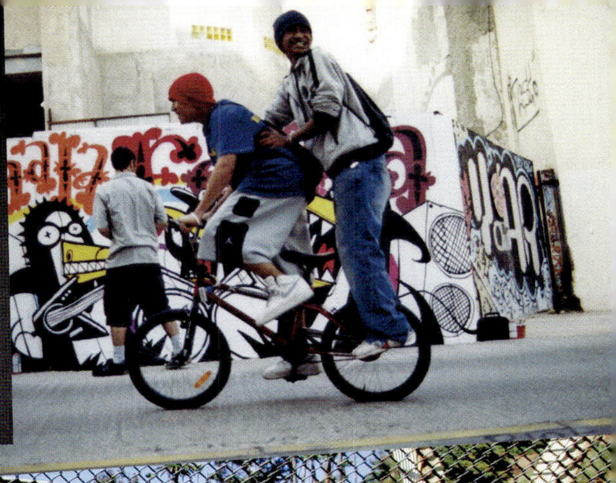
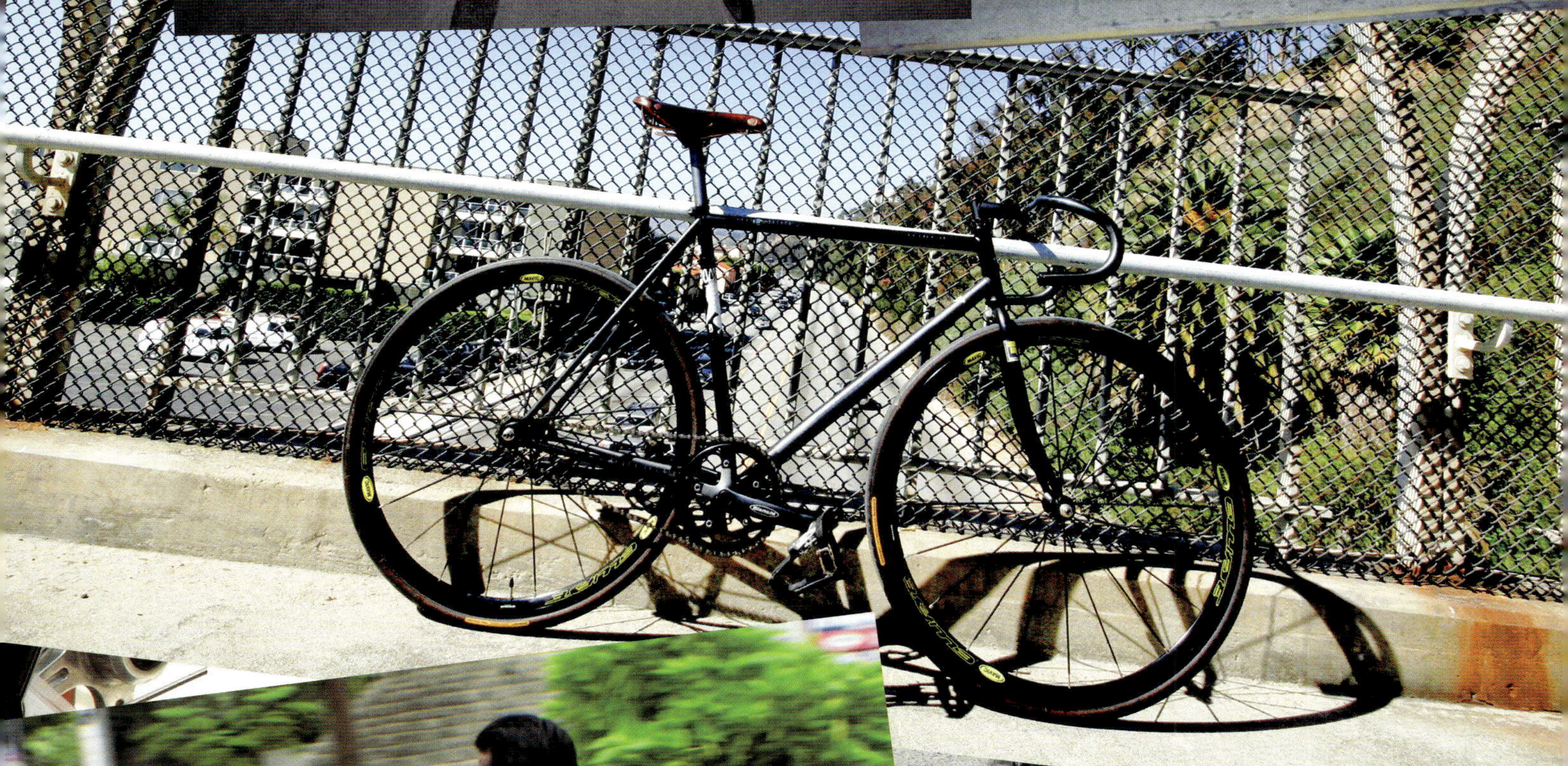
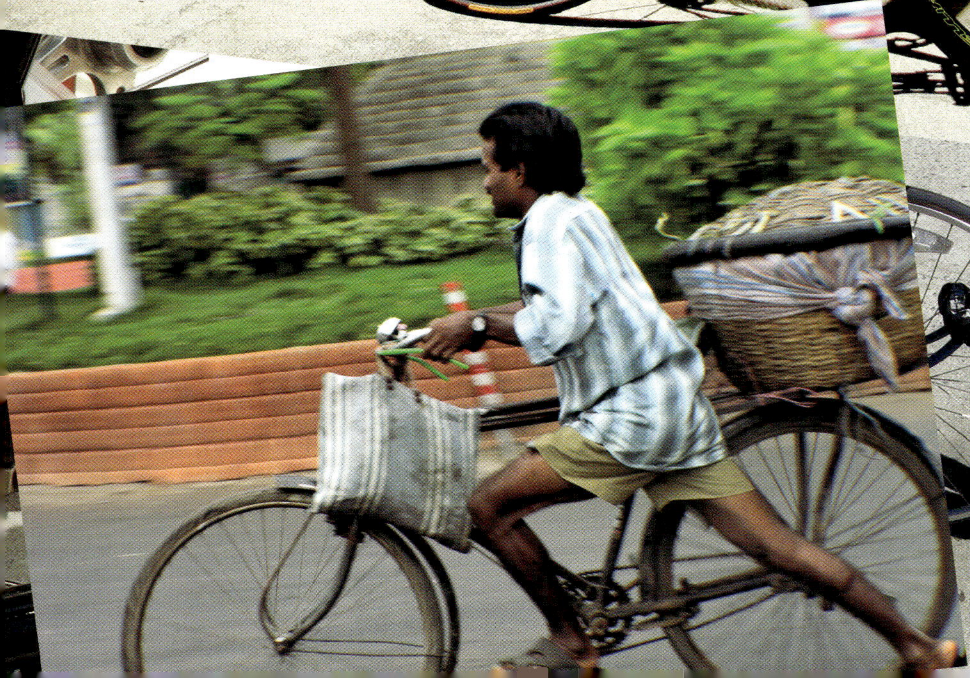
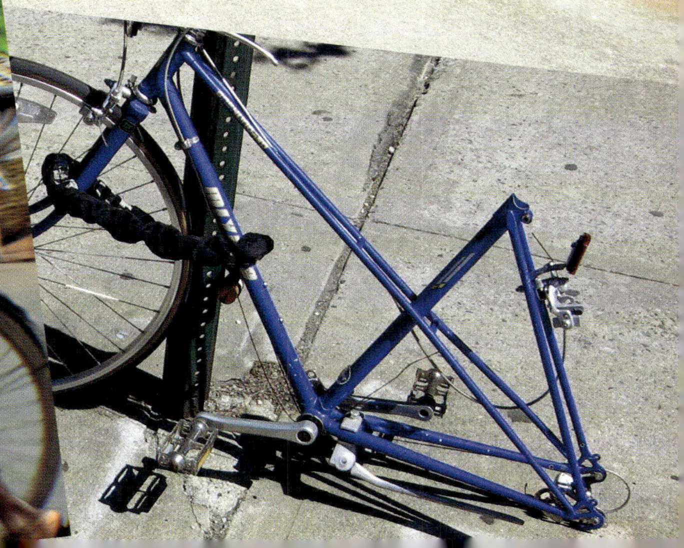

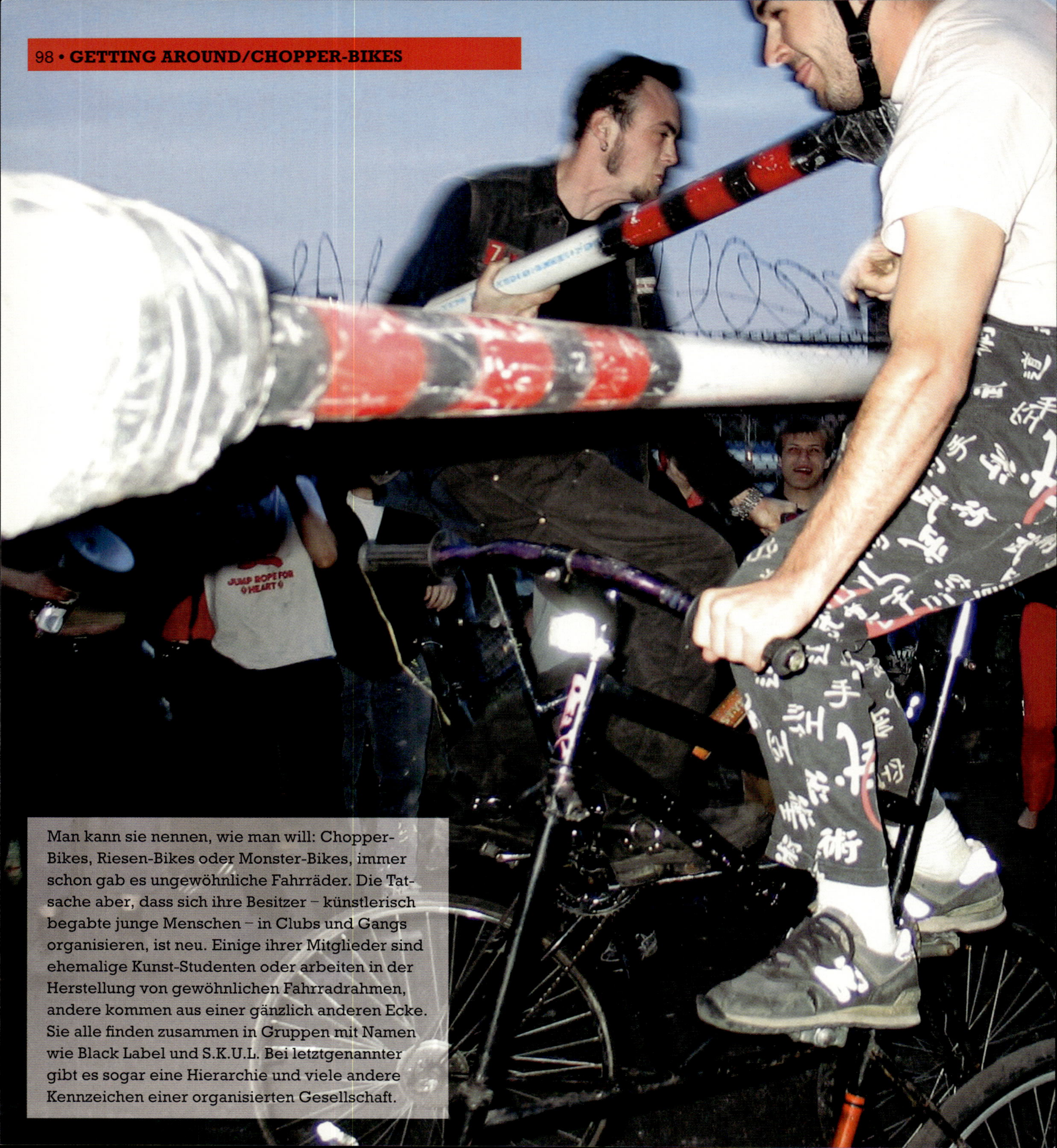

Man kann sie nennen, wie man will: Chopper-Bikes, Riesen-Bikes oder Monster-Bikes, immer schon gab es ungewöhnliche Fahrräder. Die Tatsache aber, dass sich ihre Besitzer – künstlerisch begabte junge Menschen – in Clubs und Gangs organisieren, ist neu. Einige ihrer Mitglieder sind ehemalige Kunst-Studenten oder arbeiten in der Herstellung von gewöhnlichen Fahrradrahmen, andere kommen aus einer gänzlich anderen Ecke. Sie alle finden zusammen in Gruppen mit Namen wie Black Label und S.K.U.L. Bei letztgenannter gibt es sogar eine Hierarchie und viele andere Kennzeichen einer organisierten Gesellschaft.

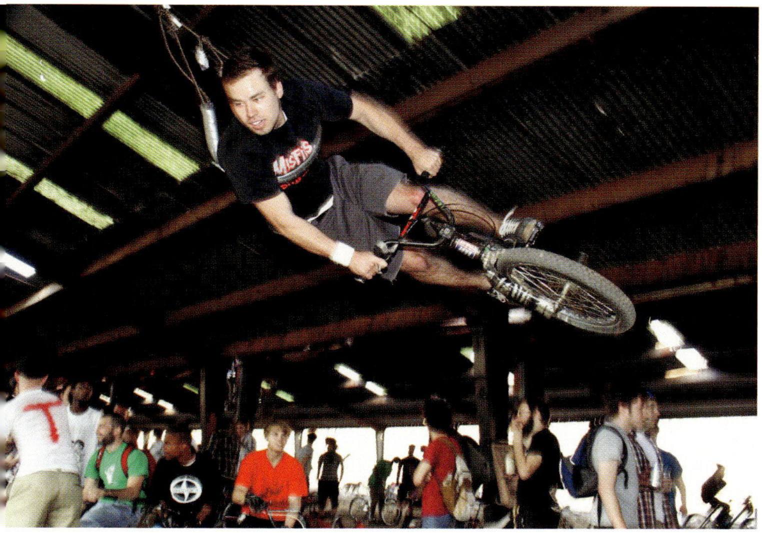
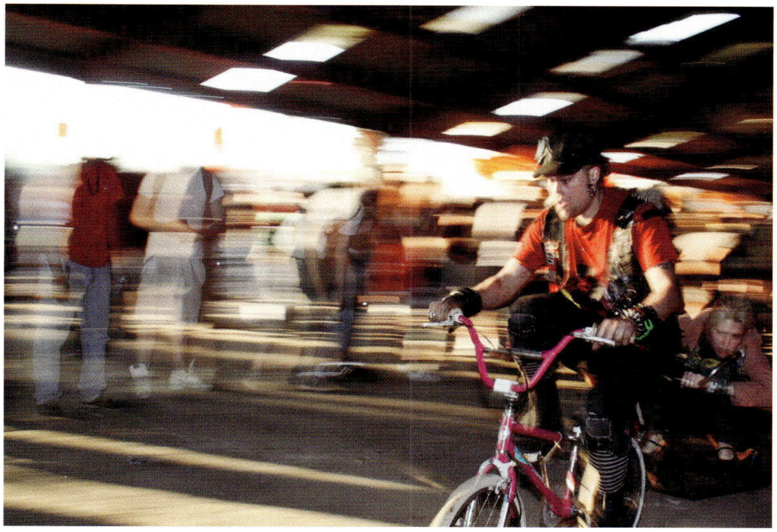
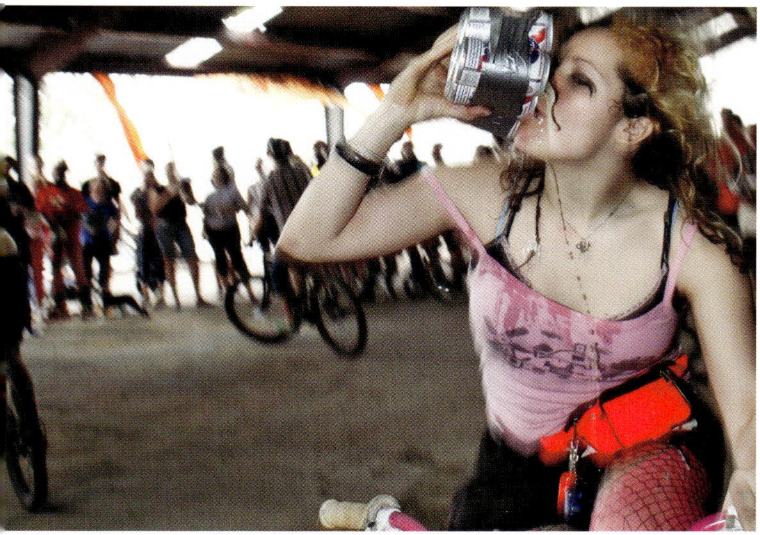
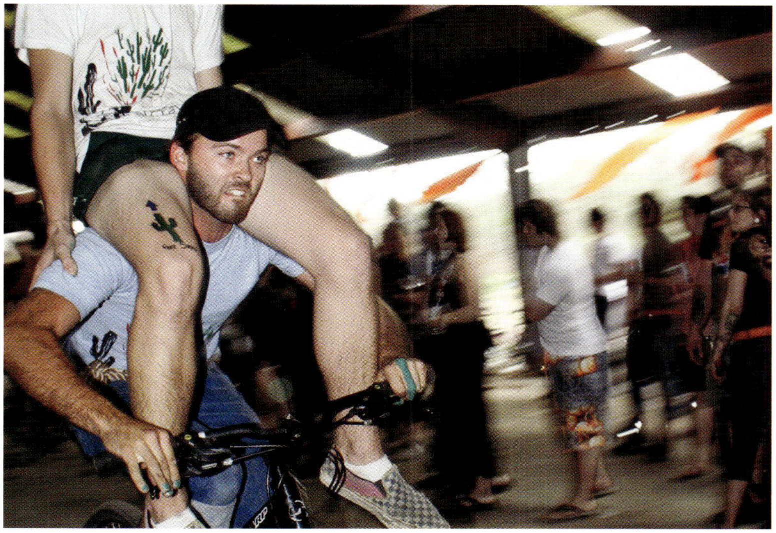
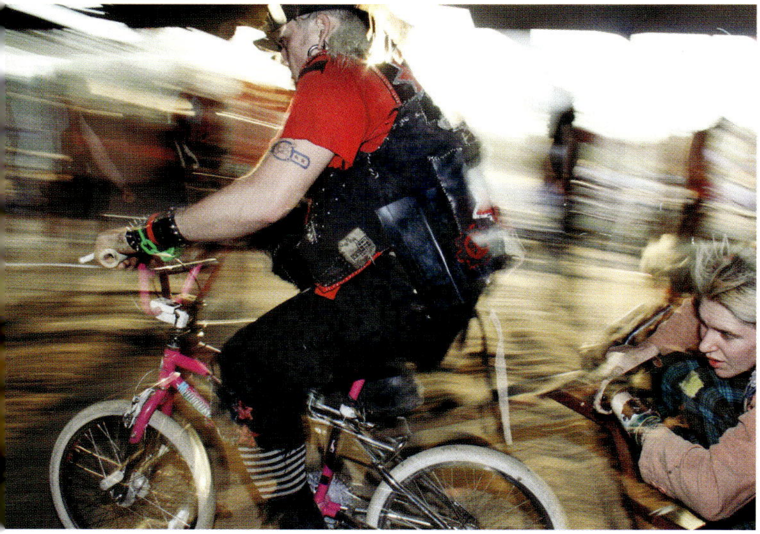
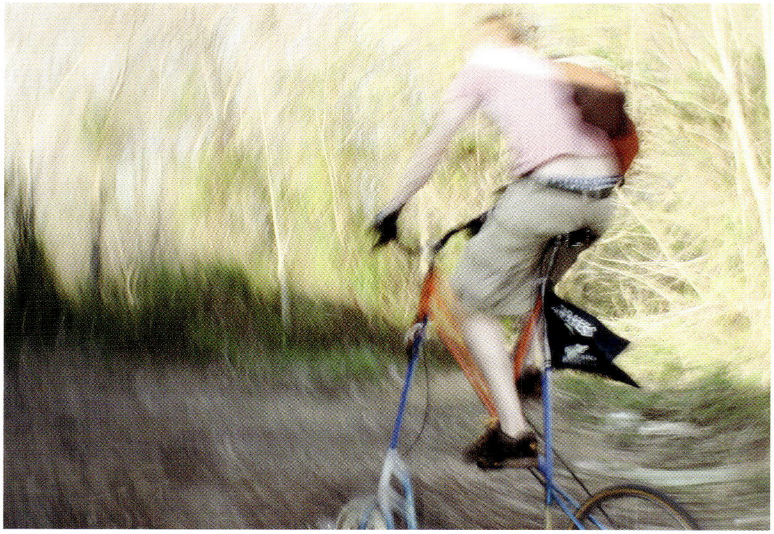

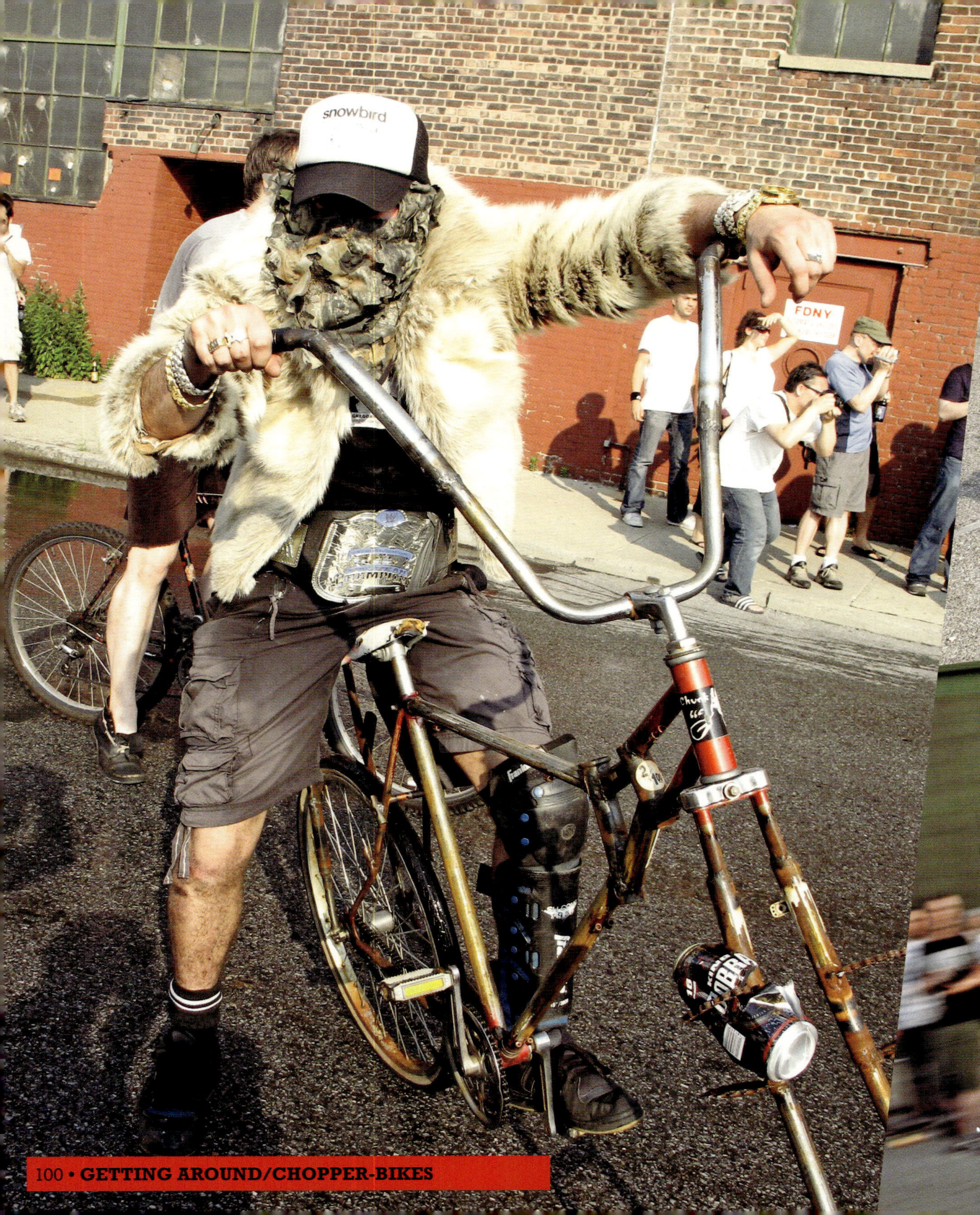
snowbird
FDNY
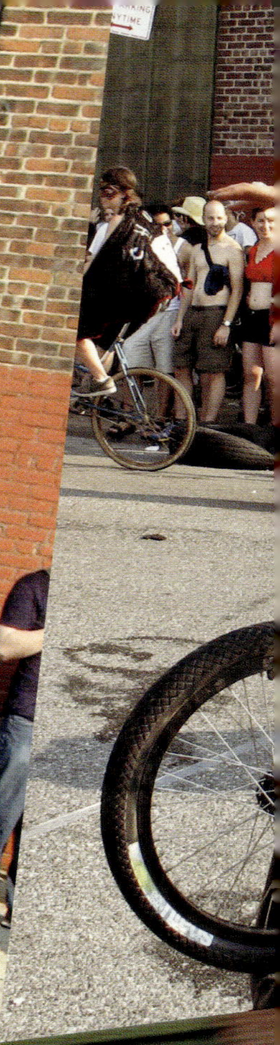
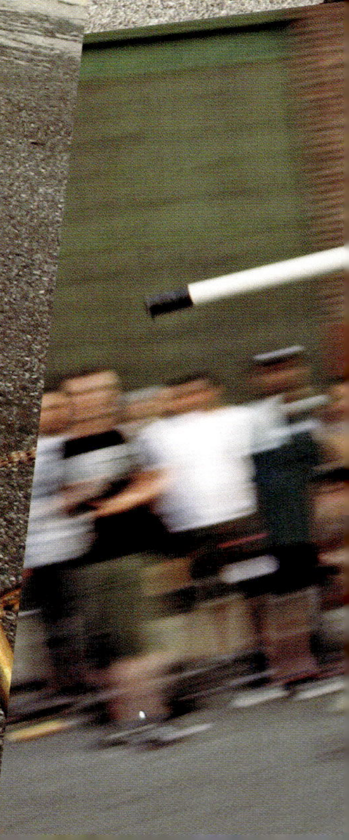

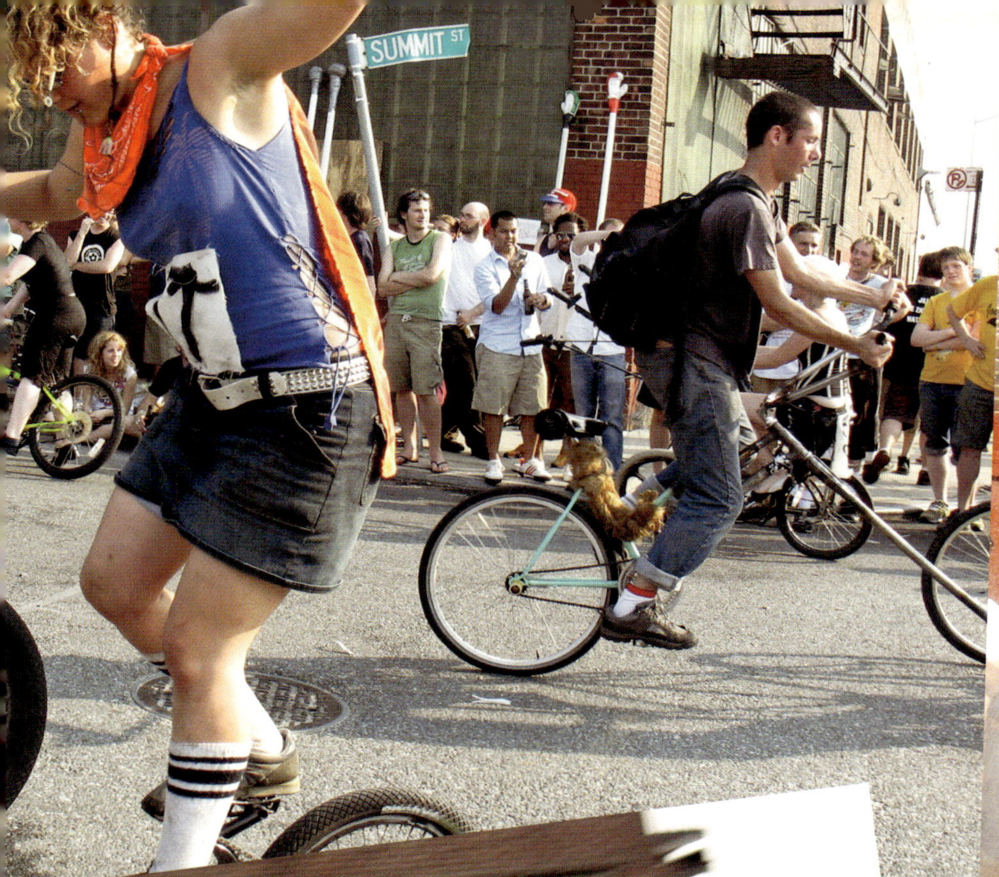

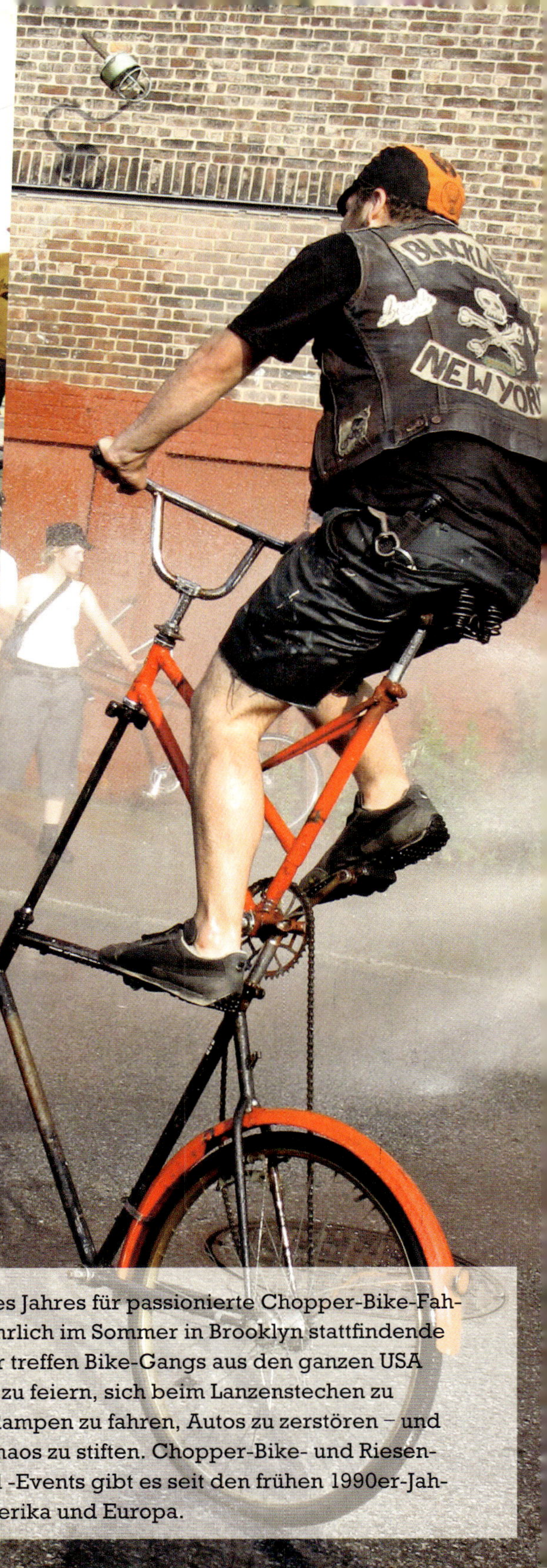

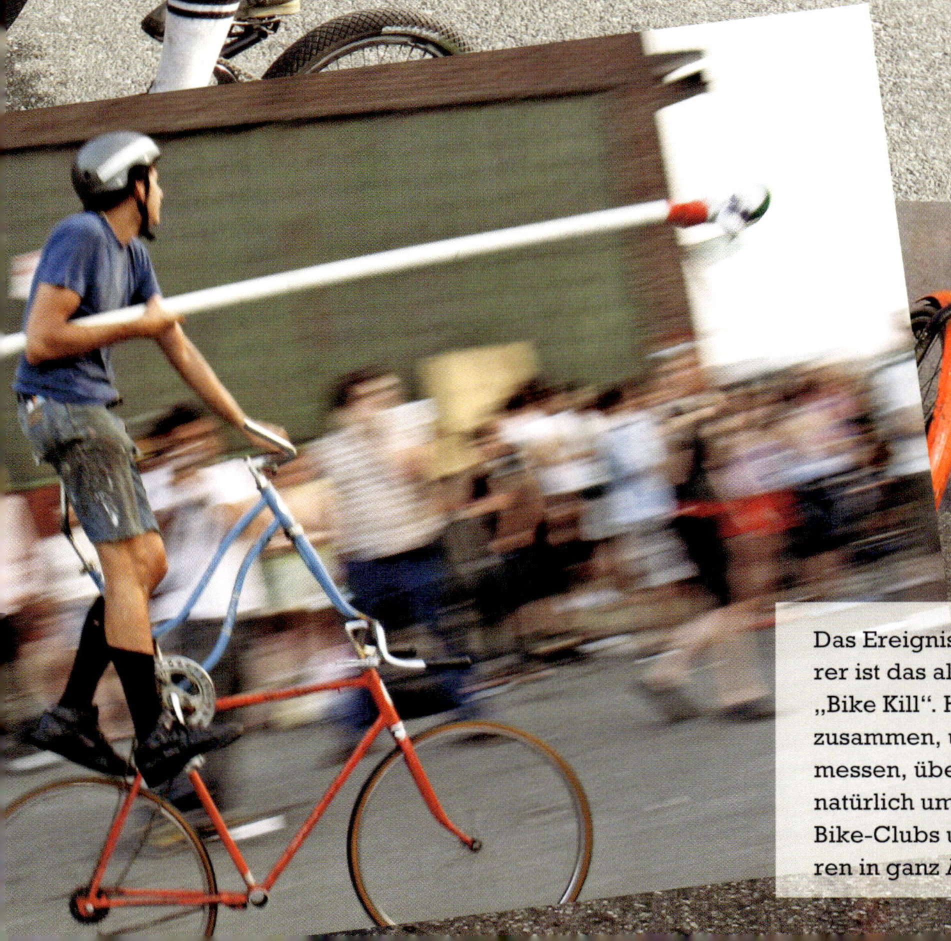

Das Ereignis des Jahres für passionierte Chopper-Bike-Fahrer ist das alljährlich im Sommer in Brooklyn stattfindende „Bike Kill". Hier treffen Bike-Gangs aus den ganzen USA zusammen, um zu feiern, sich beim Lanzenstechen zu messen, über Rampen zu fahren, Autos zu zerstören – und natürlich um Chaos zu stiften. Chopper-Bike- und Riesen-Bike-Clubs und -Events gibt es seit den frühen 1990er-Jahren in ganz Amerika und Europa.

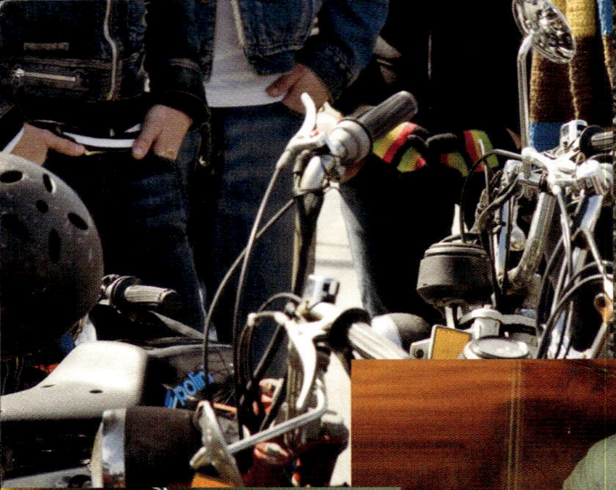

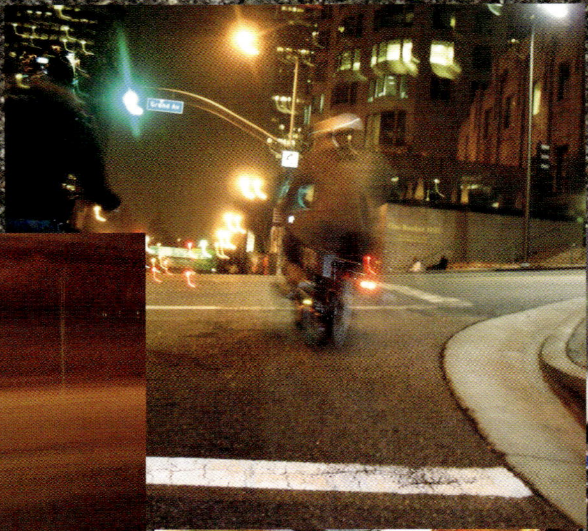

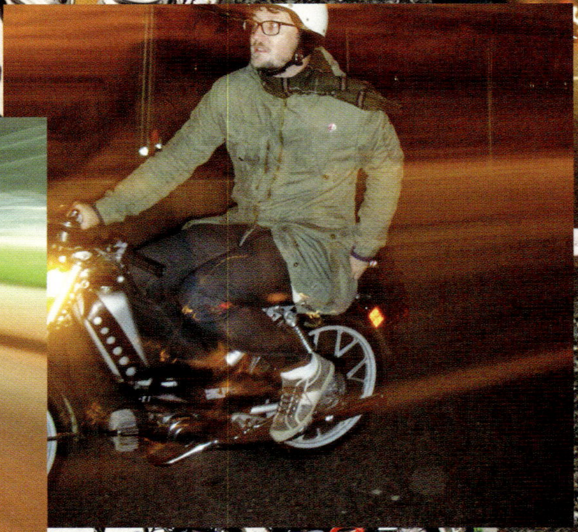

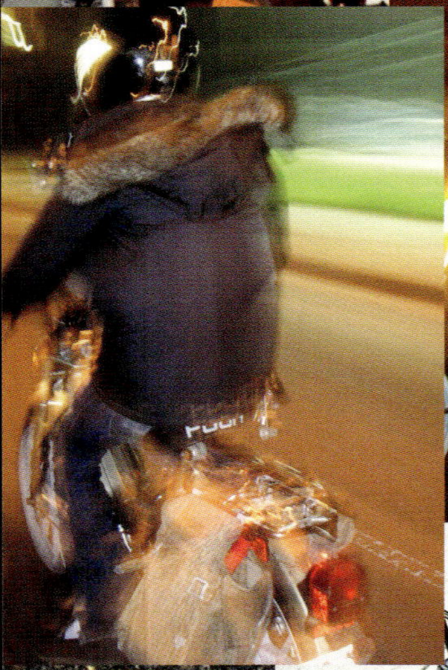

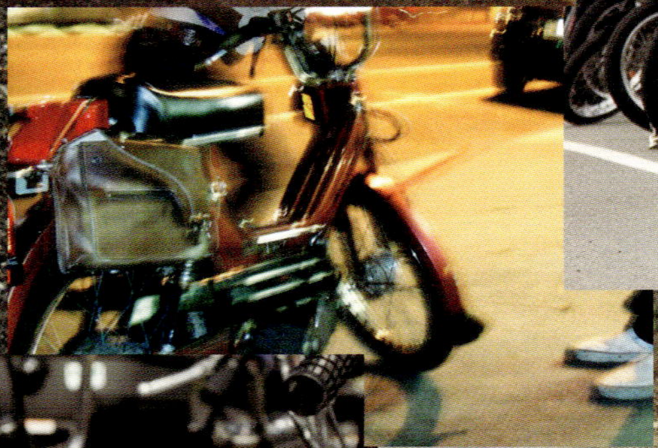

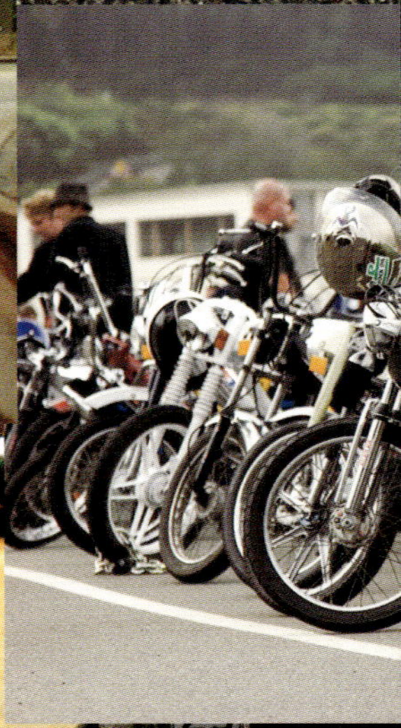

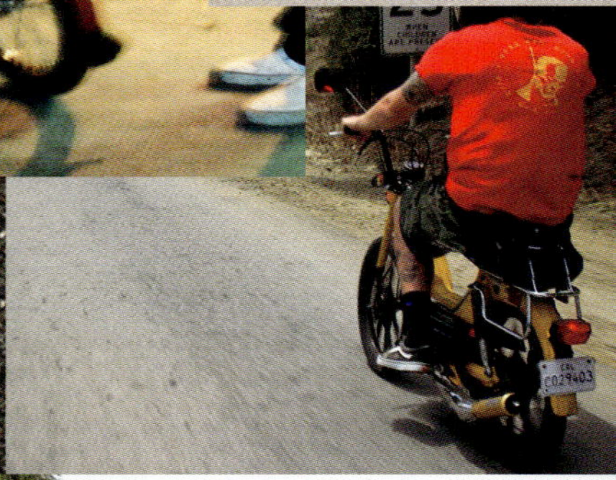

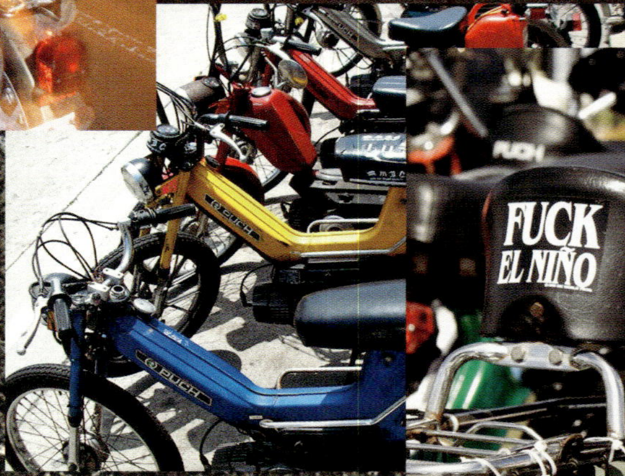

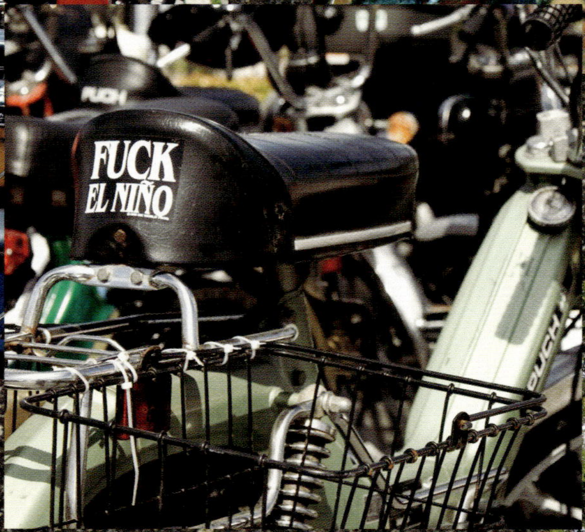
FUCK
EL NIÑO

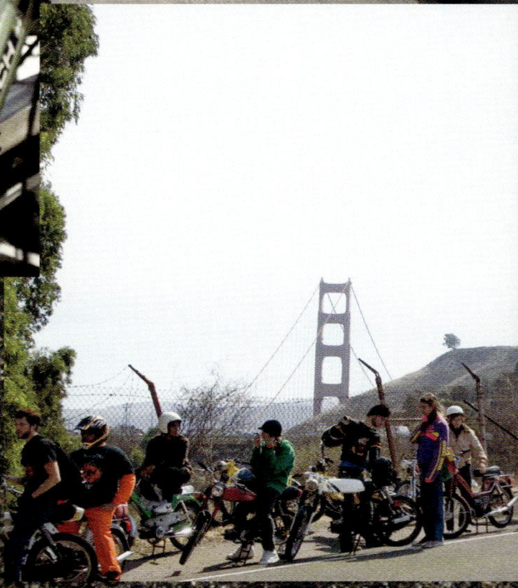

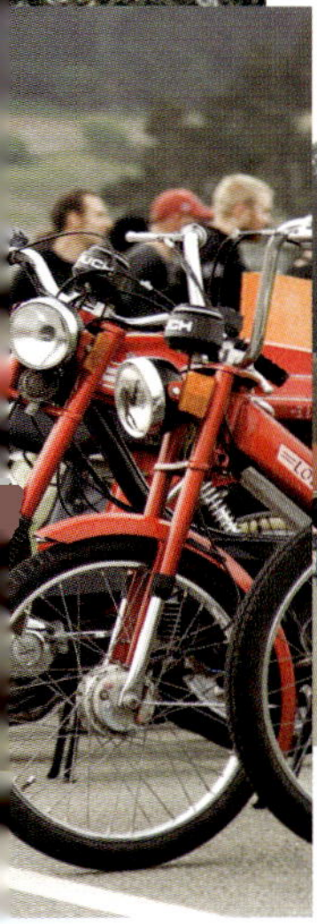

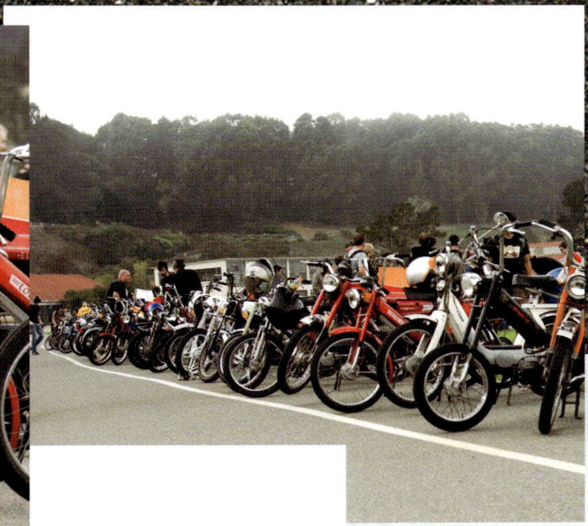

Auf den Straßen Europas und Südostasiens gehören sie zum Alltag, doch in den USA bekommt man nur selten Motorroller und Mopeds zu Gesicht. Diese Zweiräder zählen zu den billigsten motorisierten Transportmitteln und machen fehlende Geschwindigkeit durch Effizienz und leichte Manövrierfähigkeit wett. Beide kamen in den 1940er-Jahren auf und unterscheiden sich durch ihre Bauart: Mopeds verfügen über hervorstehende Pedale, die zum Starten dienen. Der Motor ist bei ihnen in der Mitte des Fahrzeugs montiert, bei Motorrollern dagegen meist im hinteren Teil. Motorroller- und Mopedfahrer versuchen meist, sich voneinander abzugrenzen. Dies ist allerdings mehr auf die unterschiedliche Bauart der Fahrzeuge als auf persönliches Misstrauen zurückzuführen. Sowohl Motorroller- als auch Mopedfahrer organisieren Rennen, helfen einander jeweils beim Aufmotzen ihre Fahrzeuge und errichten Websites, um ihre Gemeinschaft weltweit zu vergrößern.

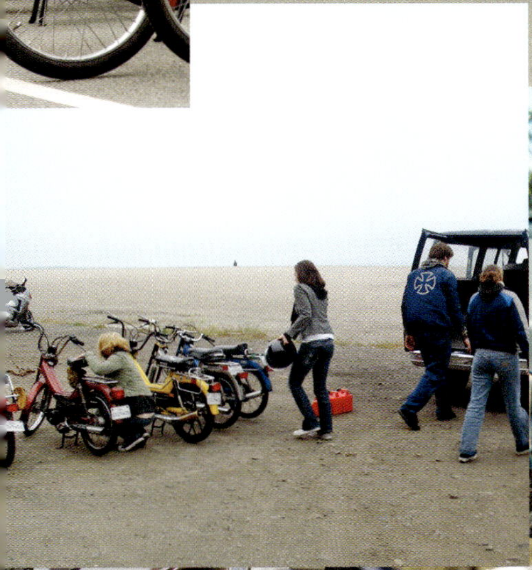

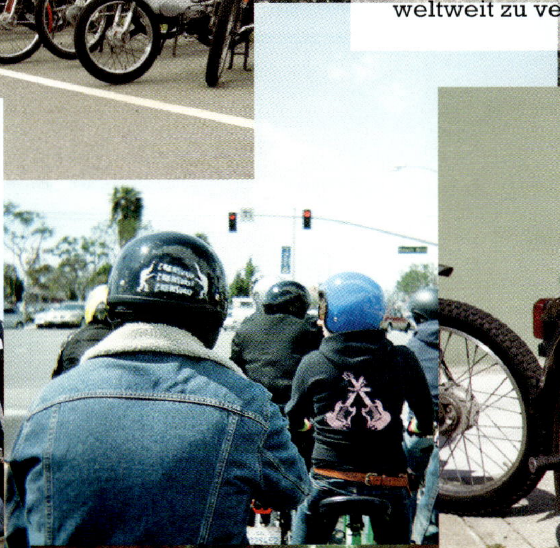

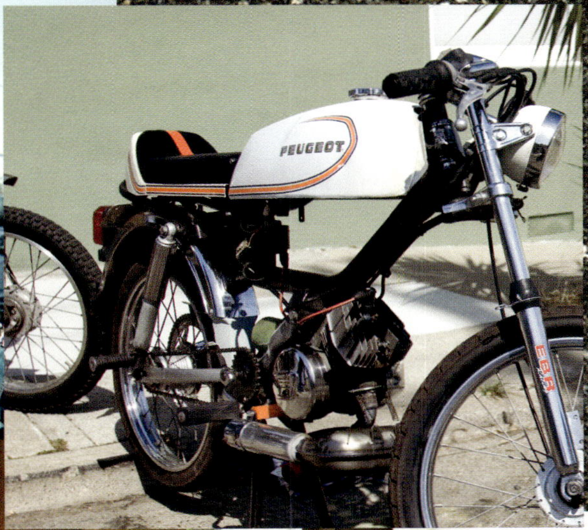

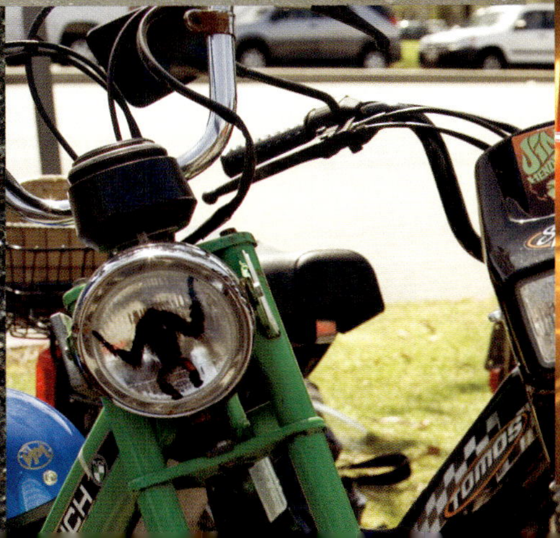

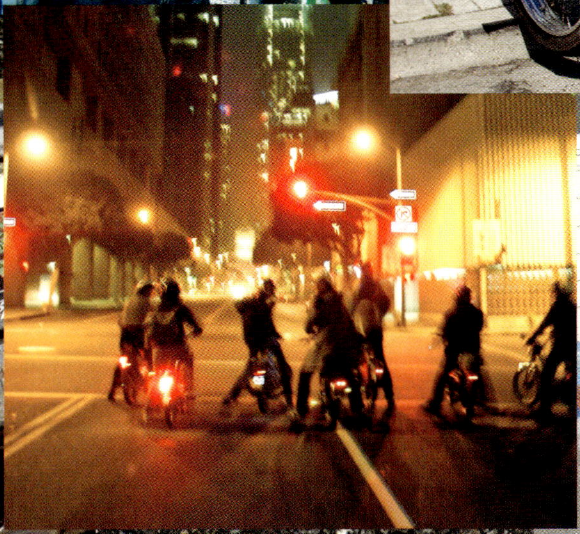

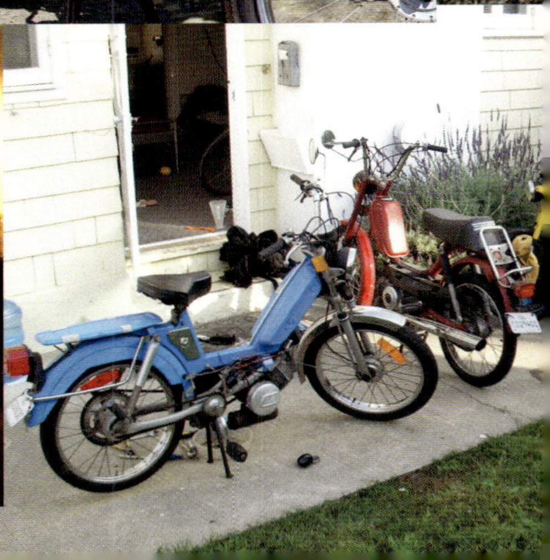

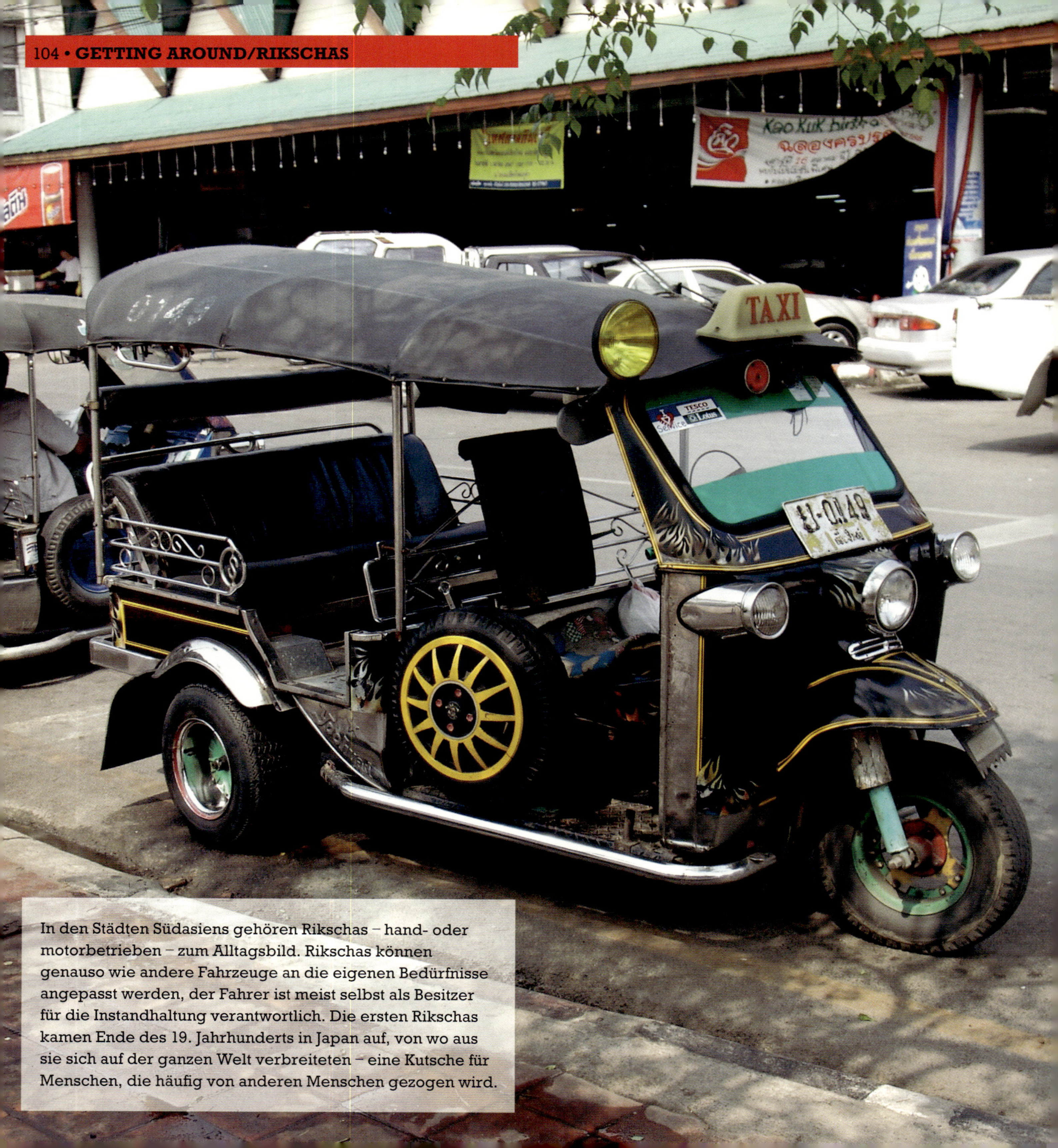

In den Städten Südasiens gehören Rikschas – hand- oder motorbetrieben – zum Alltagsbild. Rikschas können genauso wie andere Fahrzeuge an die eigenen Bedürfnisse angepasst werden, der Fahrer ist meist selbst als Besitzer für die Instandhaltung verantwortlich. Die ersten Rikschas kamen Ende des 19. Jahrhunderts in Japan auf, von wo aus sie sich auf der ganzen Welt verbreiteten – eine Kutsche für Menschen, die häufig von anderen Menschen gezogen wird.

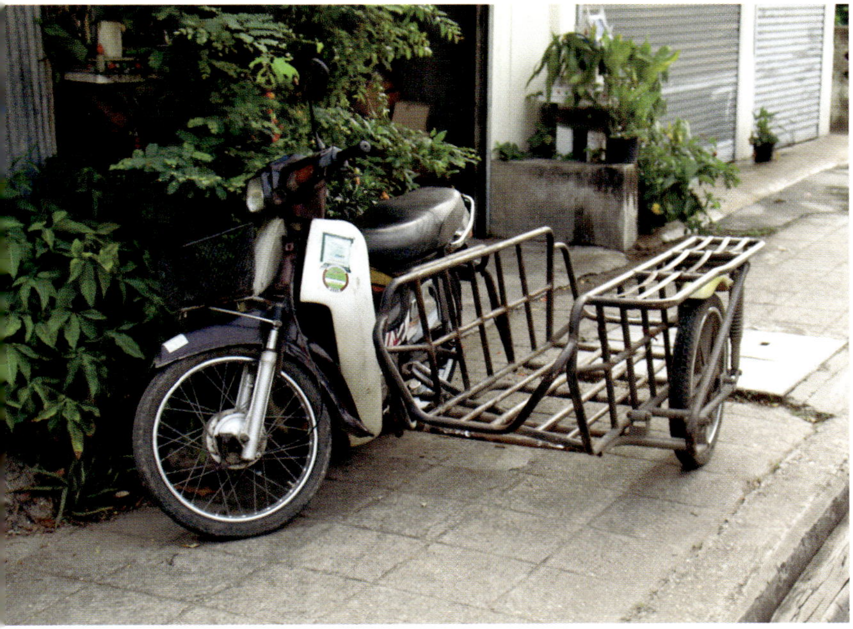
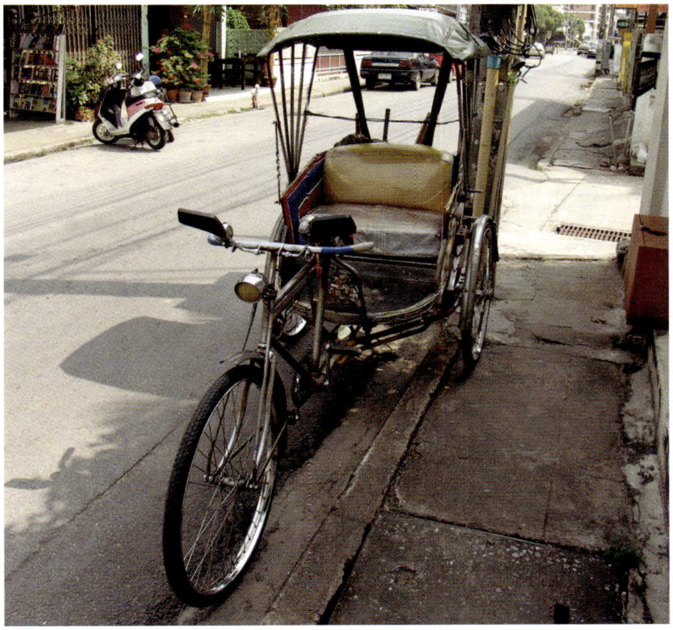
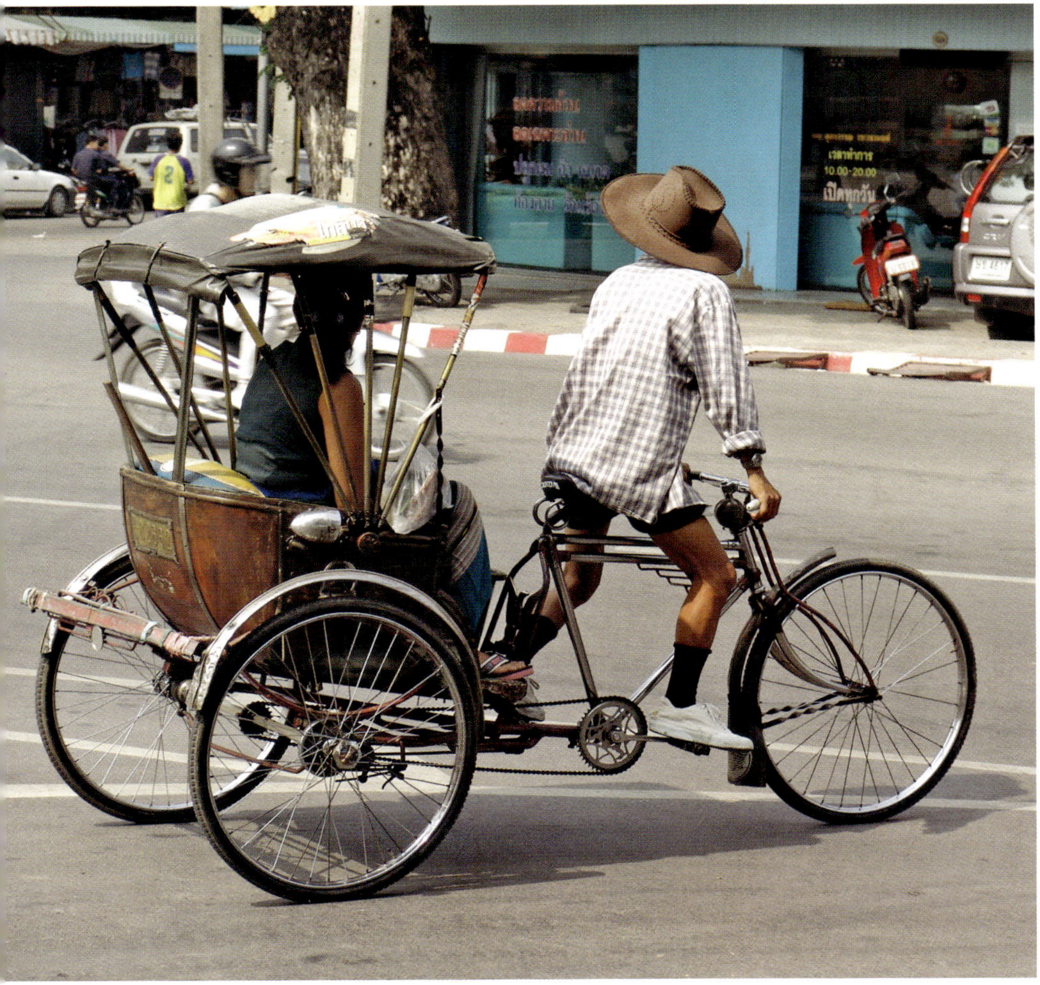
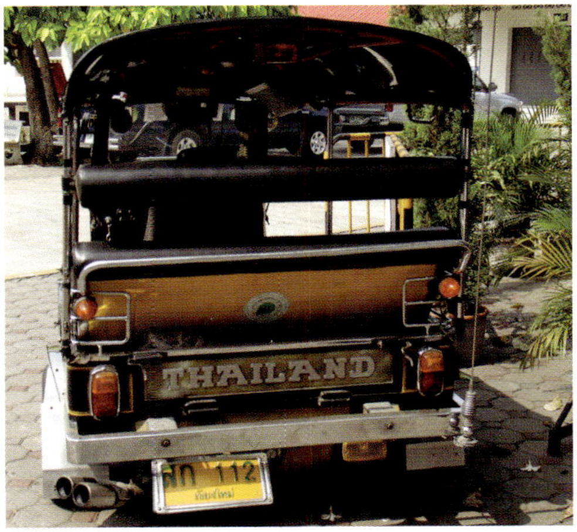
THAILAND
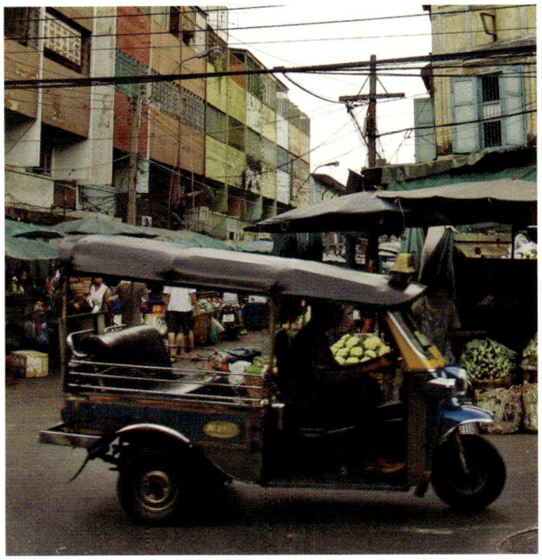

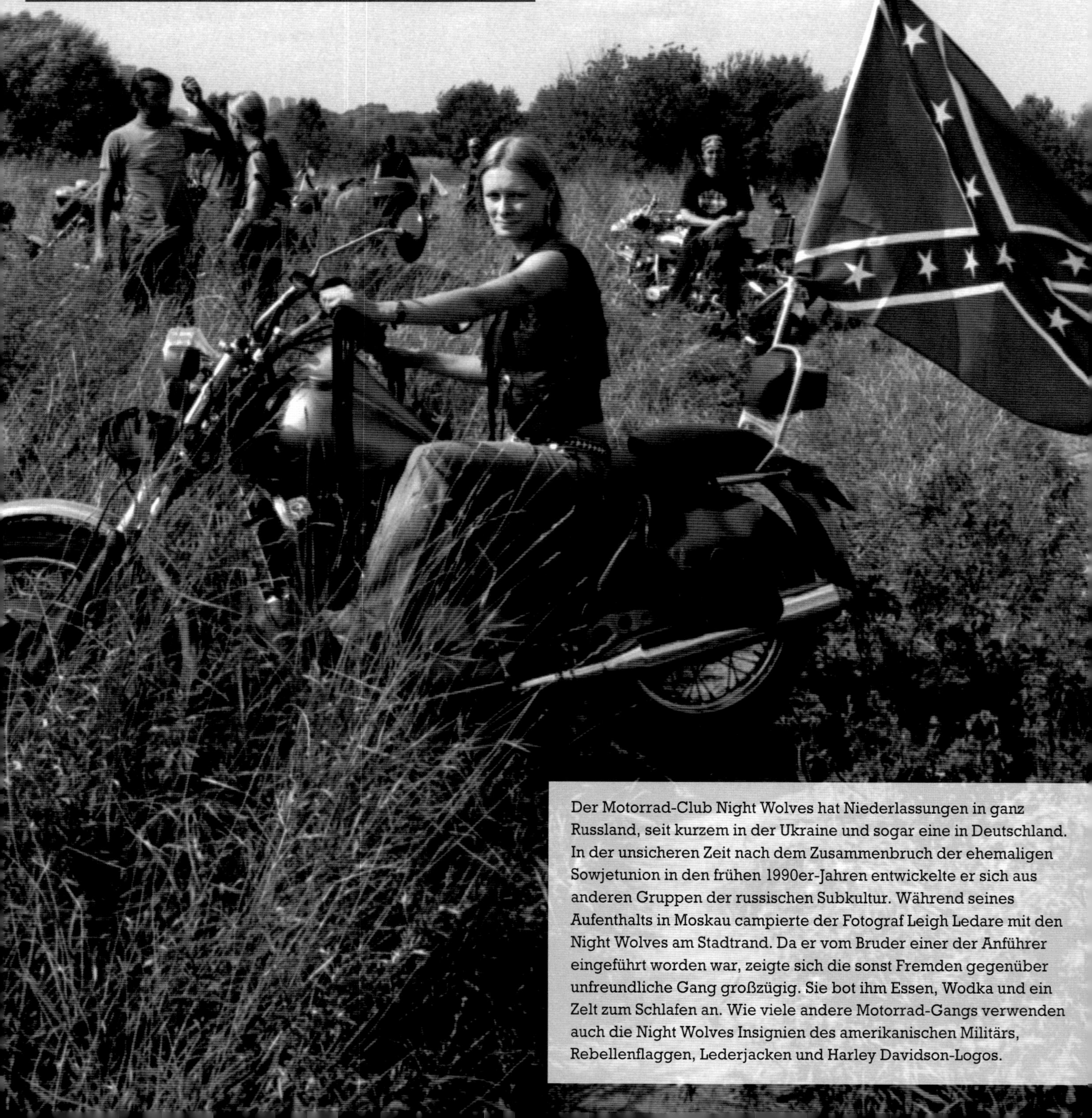

Der Motorrad-Club Night Wolves hat Niederlassungen in ganz Russland, seit kurzem in der Ukraine und sogar eine in Deutschland. In der unsicheren Zeit nach dem Zusammenbruch der ehemaligen Sowjetunion in den frühen 1990er-Jahren entwickelte er sich aus anderen Gruppen der russischen Subkultur. Während seines Aufenthalts in Moskau campierte der Fotograf Leigh Ledare mit den Night Wolves am Stadtrand. Da er vom Bruder einer der Anführer eingeführt worden war, zeigte sich die sonst Fremden gegenüber unfreundliche Gang großzügig. Sie bot ihm Essen, Wodka und ein Zelt zum Schlafen an. Wie viele andere Motorrad-Gangs verwenden auch die Night Wolves Insignien des amerikanischen Militärs, Rebellenflaggen, Lederjacken und Harley Davidson-Logos.

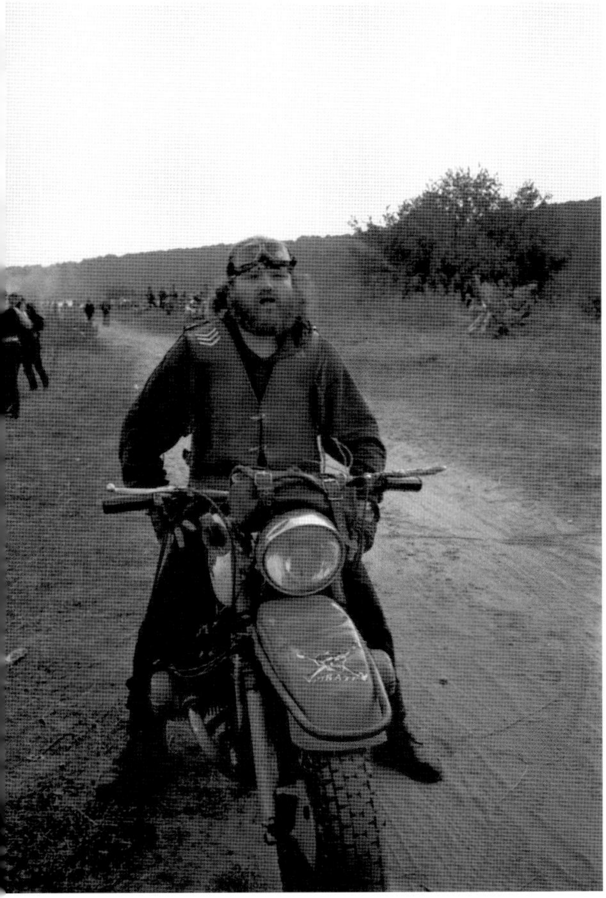

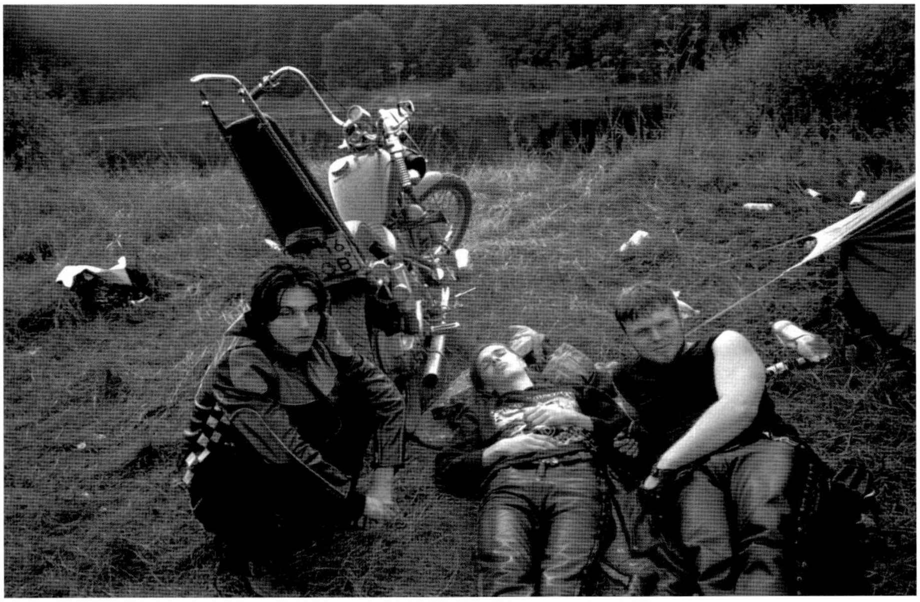

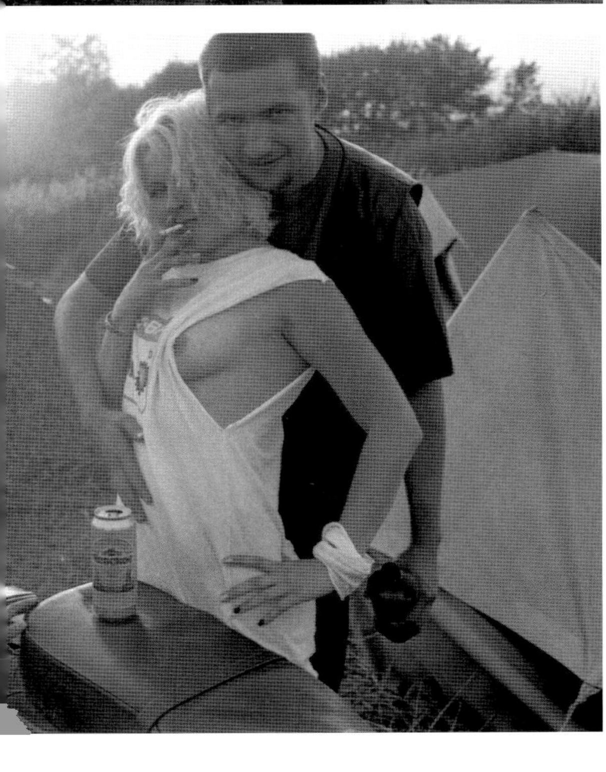

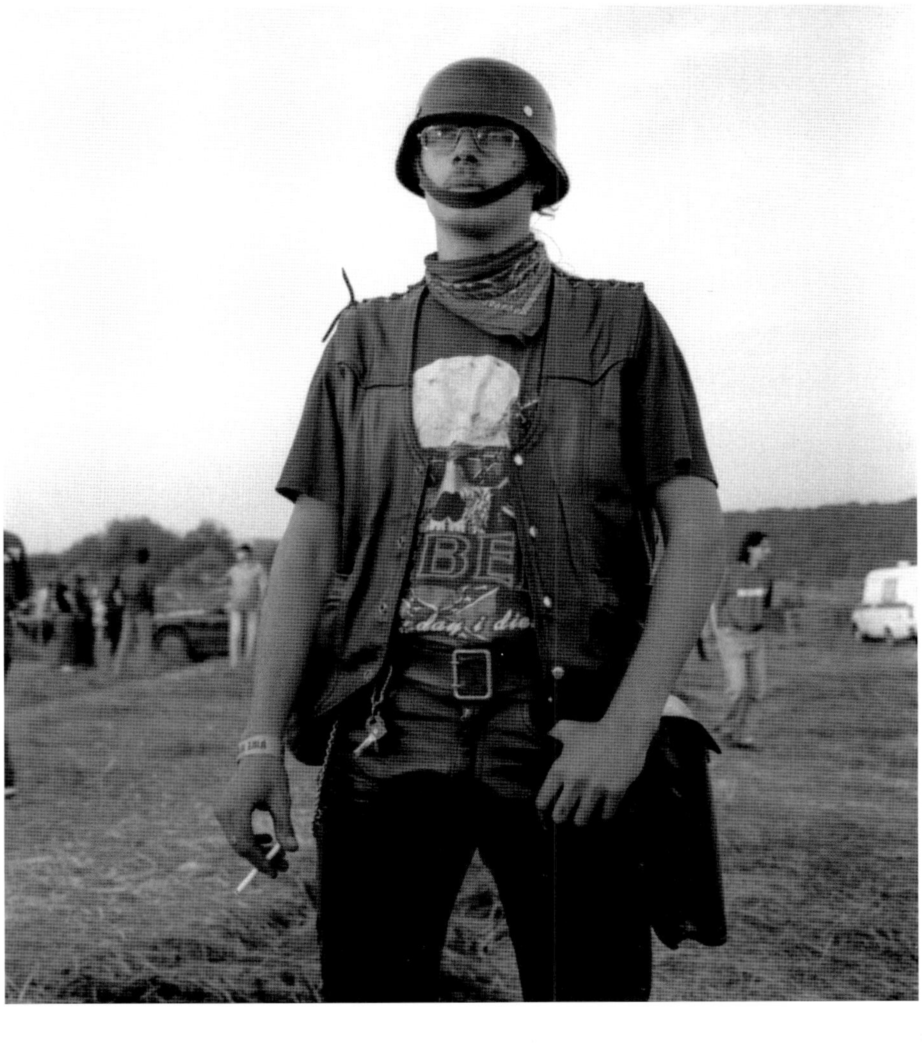

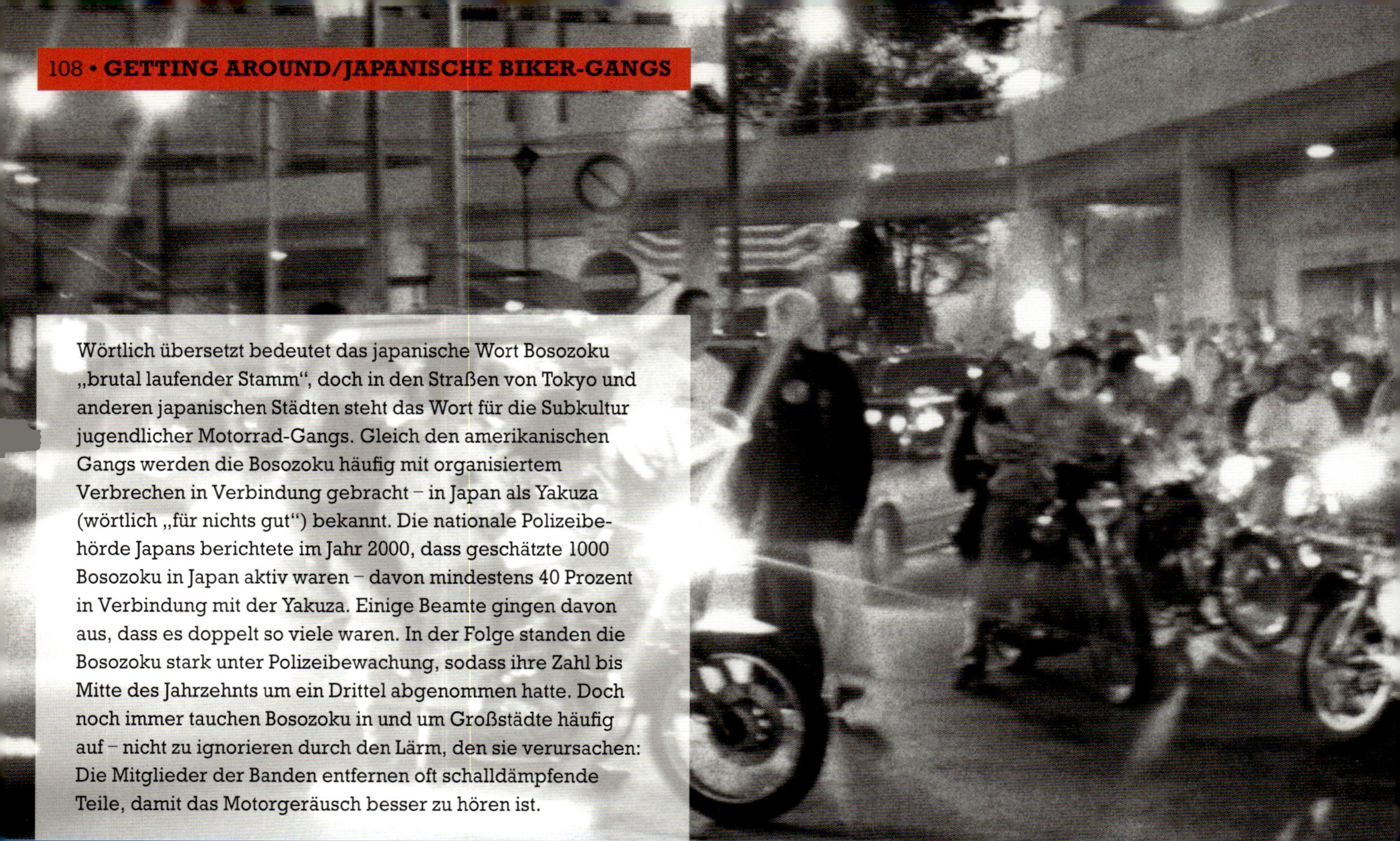

Wörtlich übersetzt bedeutet das japanische Wort Bosozoku „brutal laufender Stamm“, doch in den Straßen von Tokyo und anderen japanischen Städten steht das Wort für die Subkultur jugendlicher Motorrad-Gangs. Gleich den amerikanischen Gangs werden die Bosozoku häufig mit organisiertem Verbrechen in Verbindung gebracht – in Japan als Yakuza (wörtlich „für nichts gut“) bekannt. Die nationale Polizeibehörde Japans berichtete im Jahr 2000, dass geschätzte 1000 Bosozoku in Japan aktiv waren – davon mindestens 40 Prozent in Verbindung mit der Yakuza. Einige Beamte gingen davon aus, dass es doppelt so viele waren. In der Folge standen die Bosozoku stark unter Polizeibewachung, sodass ihre Zahl bis Mitte des Jahrzehnts um ein Drittel abgenommen hatte. Doch noch immer tauchen Bosozoku in und um Großstädte häufig auf – nicht zu ignorieren durch den Lärm, den sie verursachen: Die Mitglieder der Banden entfernen oft schalldämpfende Teile, damit das Motorgeräusch besser zu hören ist.

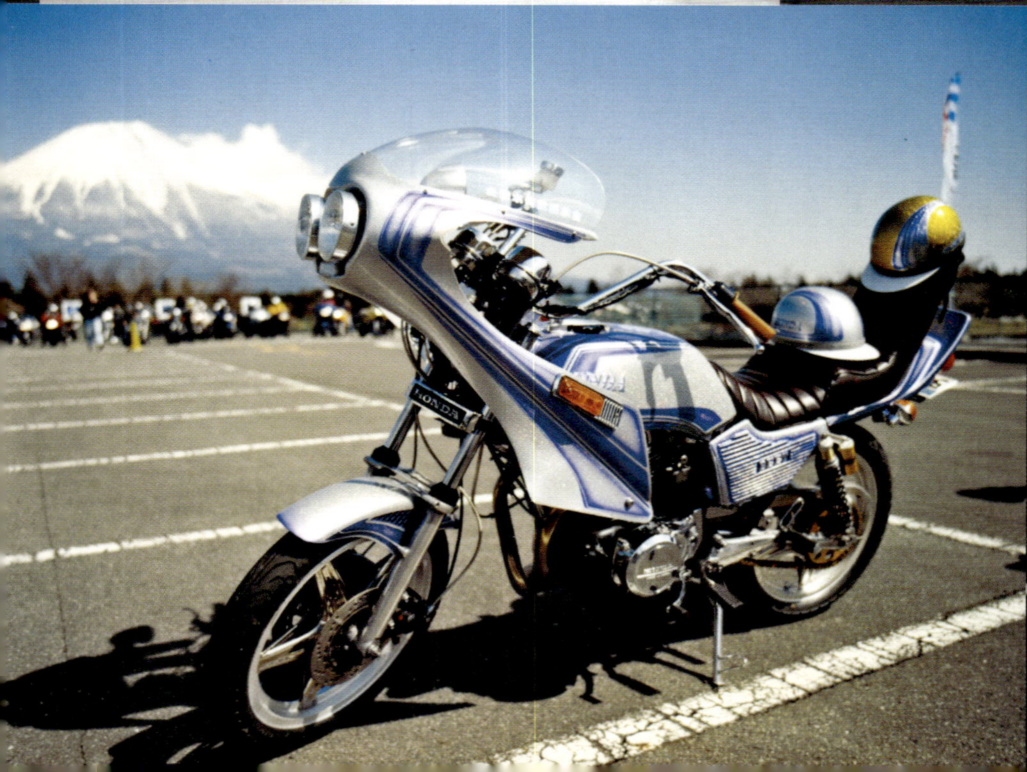

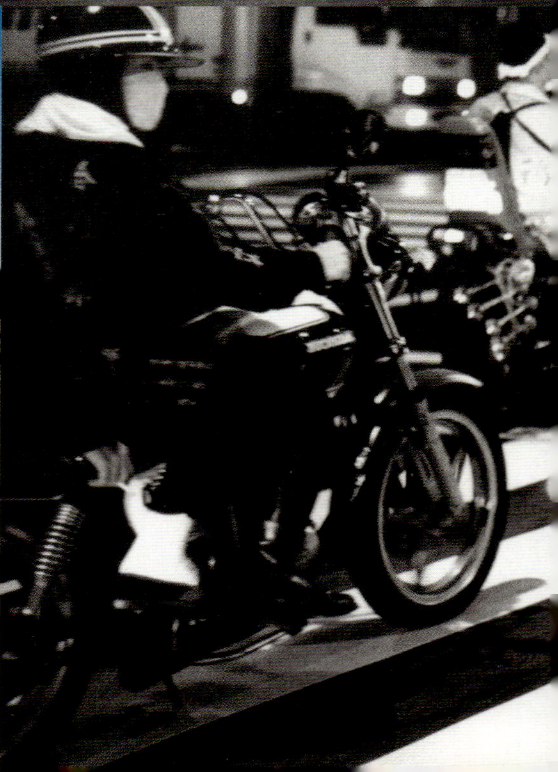

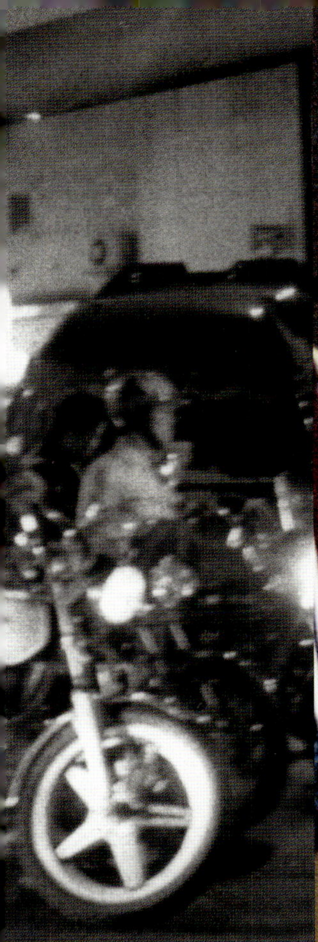

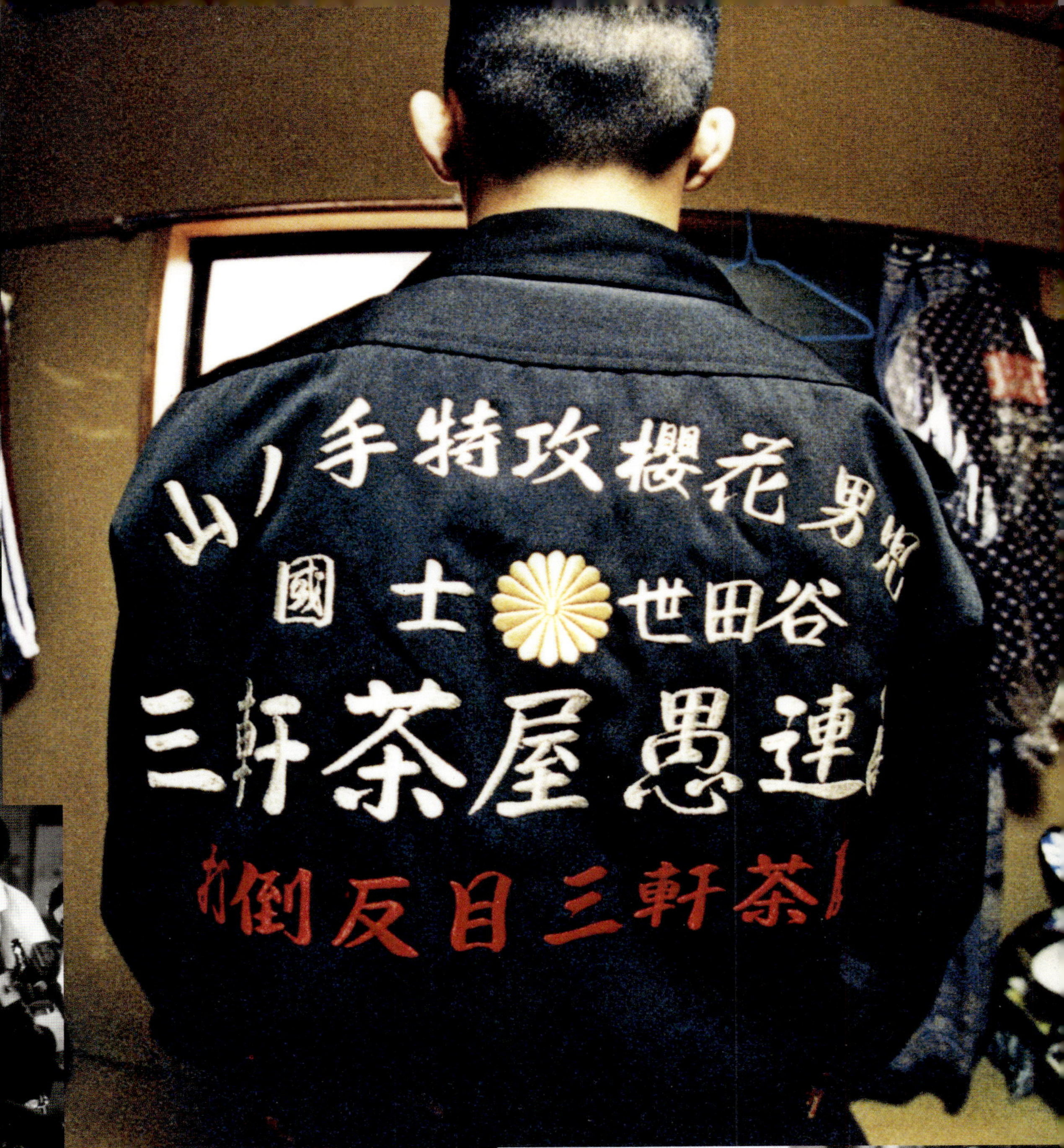
山ノ手特攻櫻花男
國士
世田谷
三軒茶屋愚連
倒反目三軒茶

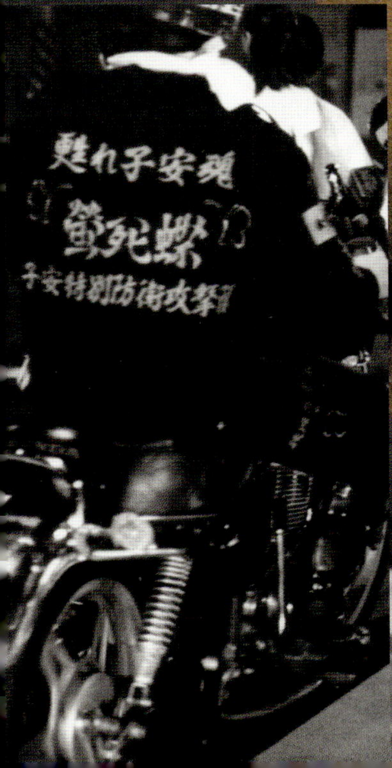
甦れ子安魂
子安特別防衛攻撃

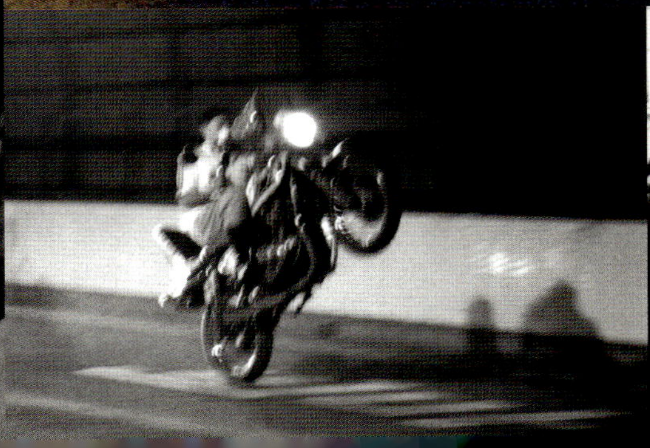

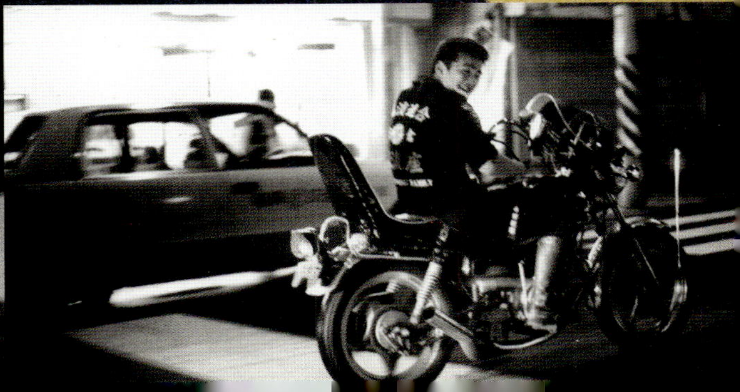

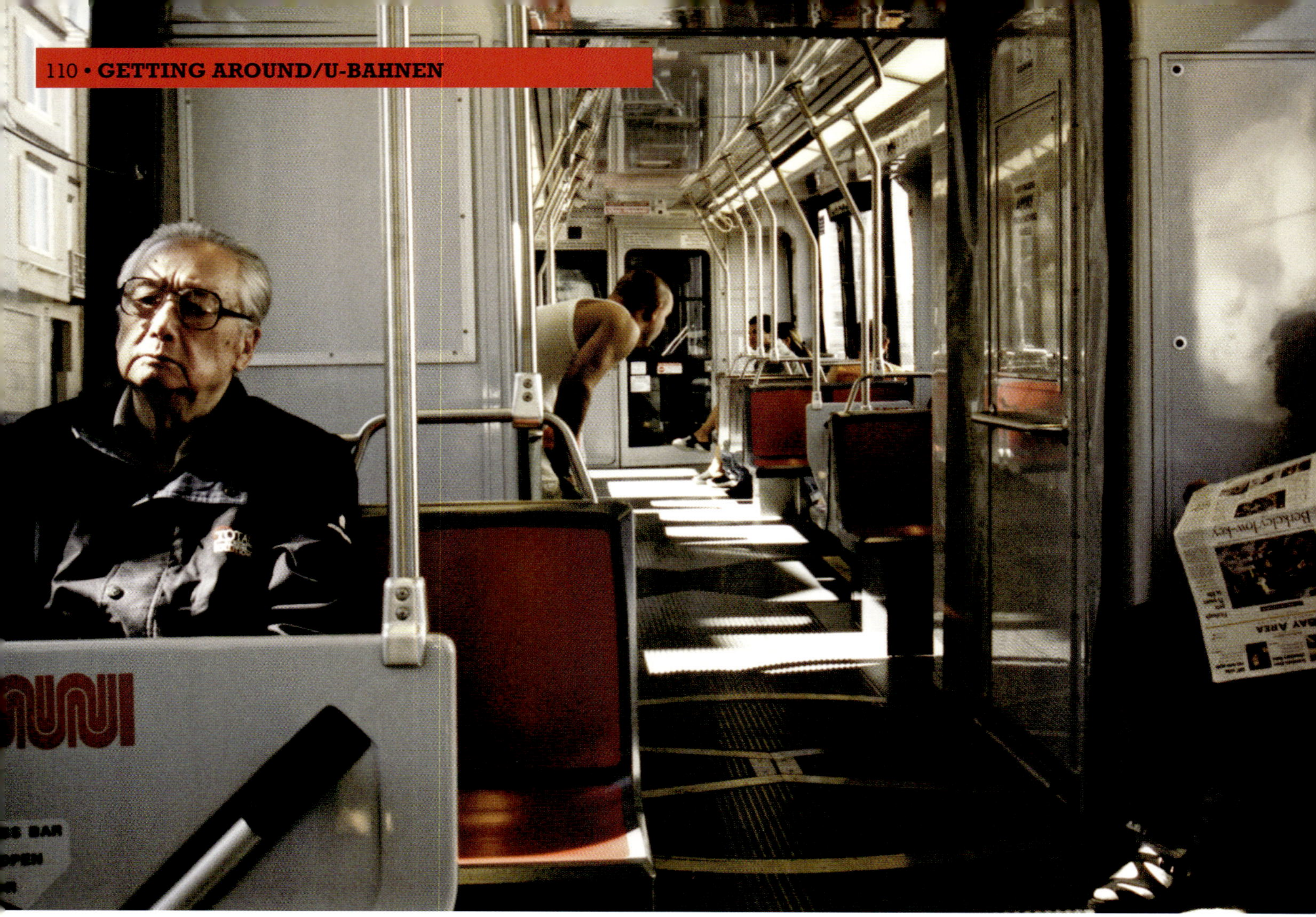

Wenn ein Stadtbewohner das „Blut“ einer Stadt ist, dann sind öffentliche Verkehrsmittel ihre Venen und Arterien, die den Bewohnern rasches und effizientes Fortkommen ermöglichen. Ein Bus ist immer ein Bus, wo auch immer die Reise hinführt – aus der Stadt aufs Land –, doch U-Bahnen stehen für die Identität urbaner Fortbewegung schlechthin. Viele städtische U-Bahn-Stationen sind architektonisch so einzigartig, dass sie mehr sind als einfach nur Haltestellen. In vielen Städten wie Paris, Los Angeles und Washington D.C. werden die U-Bahnen „Metro“ genannt. In London heißen sie „Tube“, in Chicago „El“. In New York sagt man einfach „Train“. Wie auch immer man es nennen mag, das U-Bahn-System ist das Herzstück einer jeden Stadt, wo Menschen sowohl miteinander agieren als auch mit dem urbanen Umfeld in Kontakt treten.

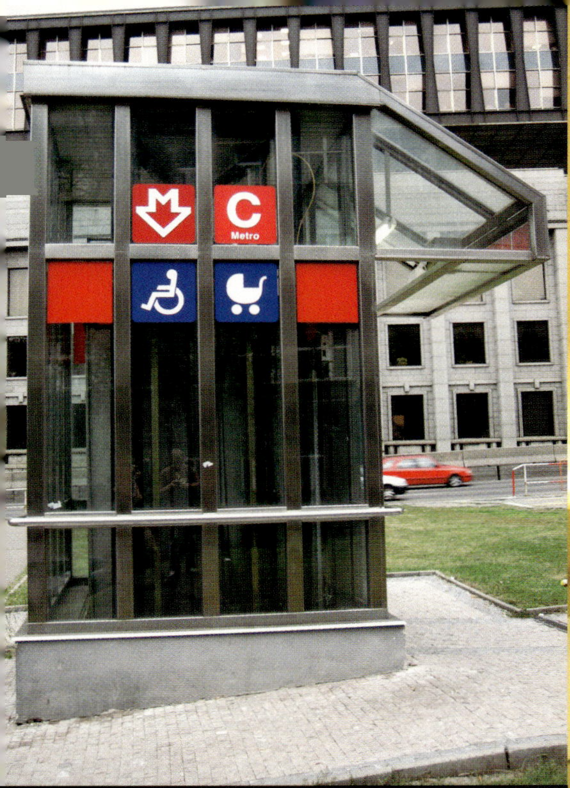
C
Metro

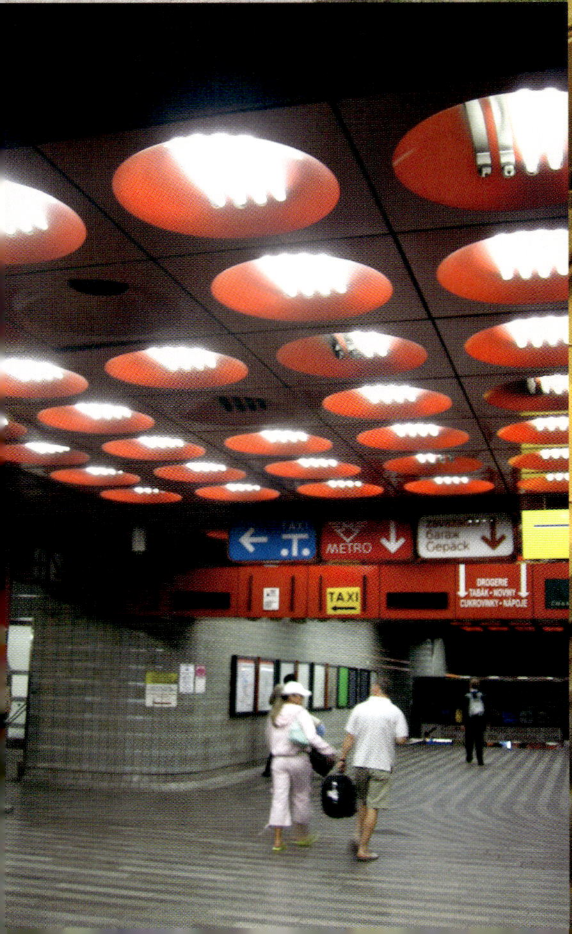
METRO
Gepäck
TAXI

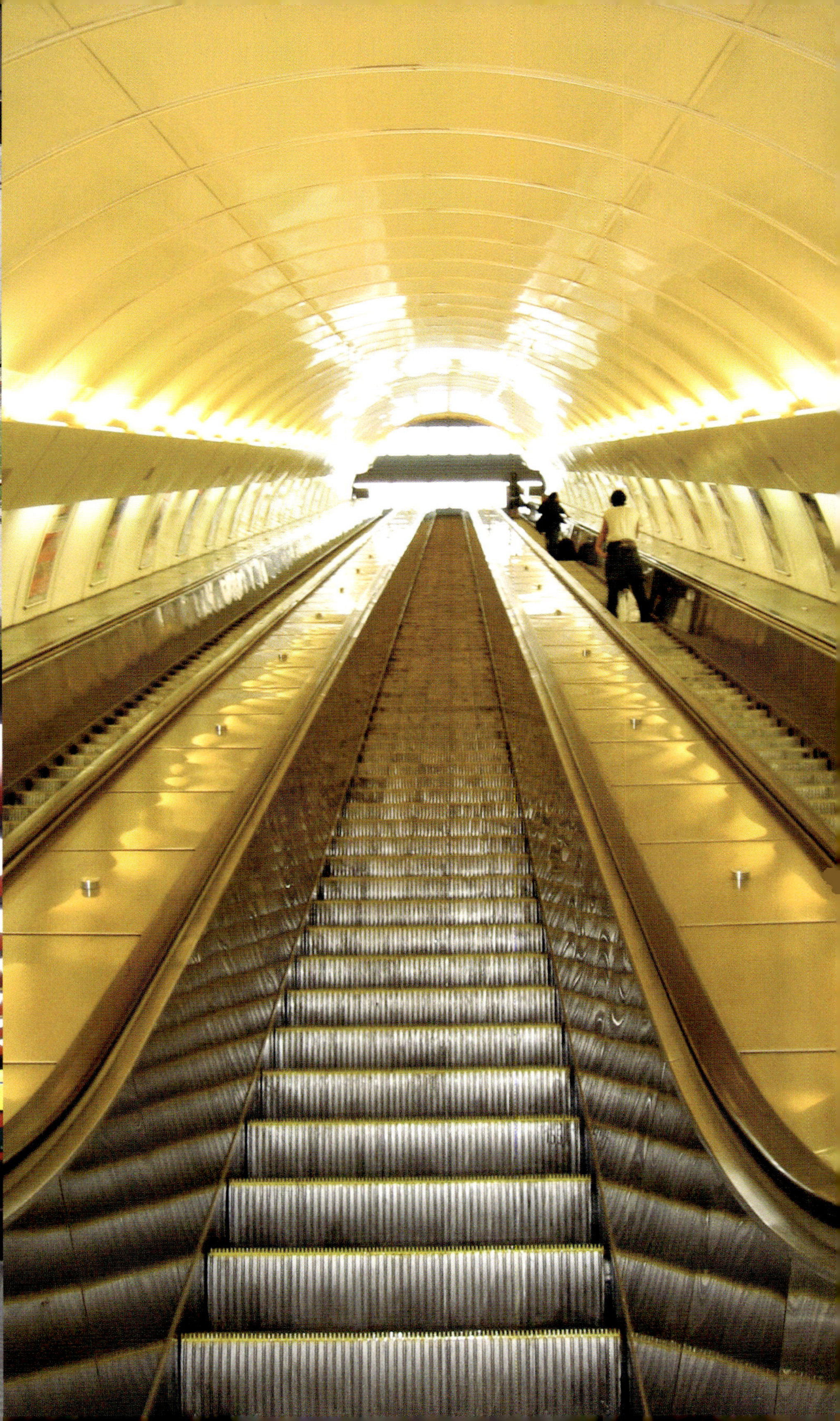

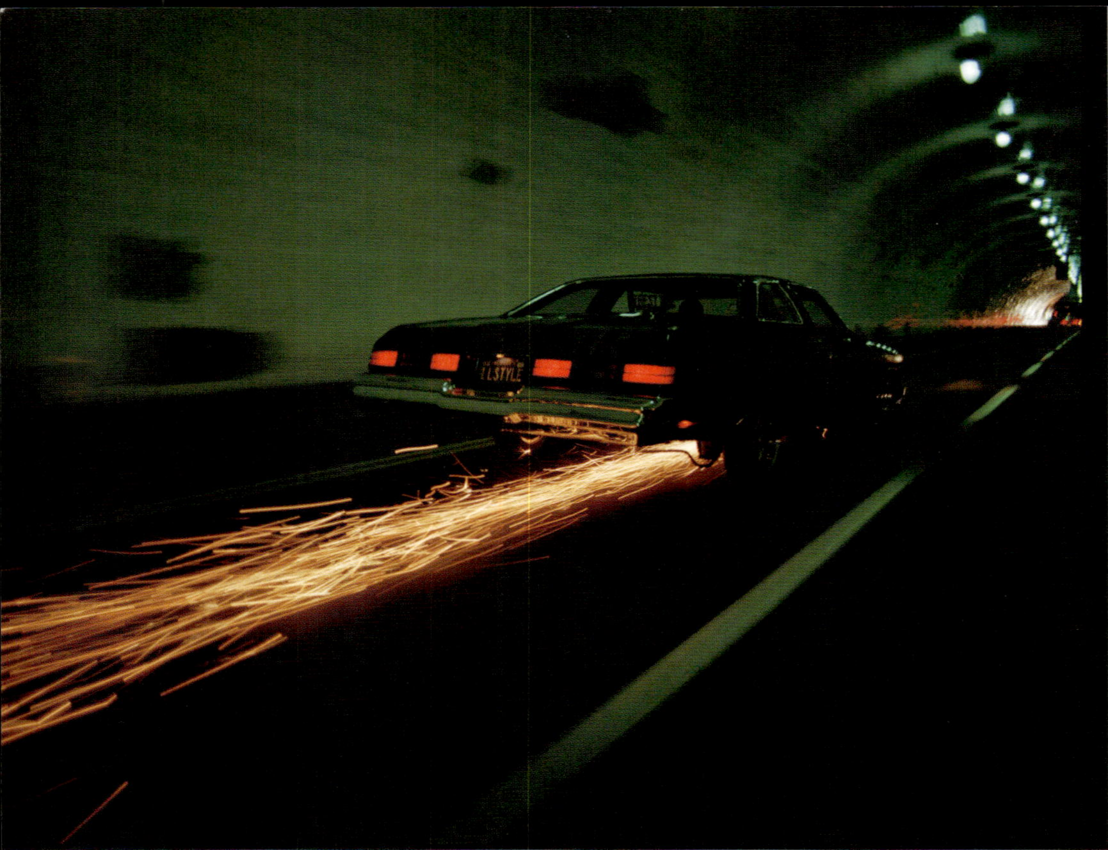
1LSTYLE

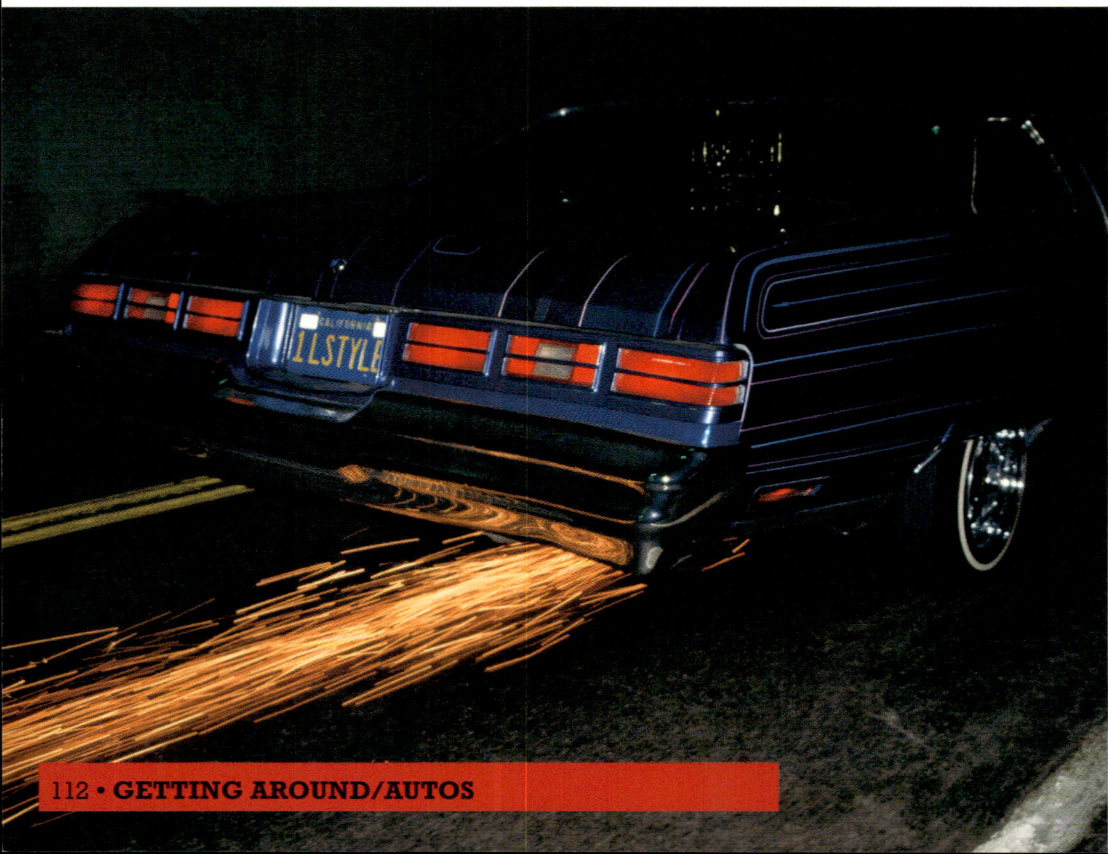
CALIFORNIA
1LSTYLE

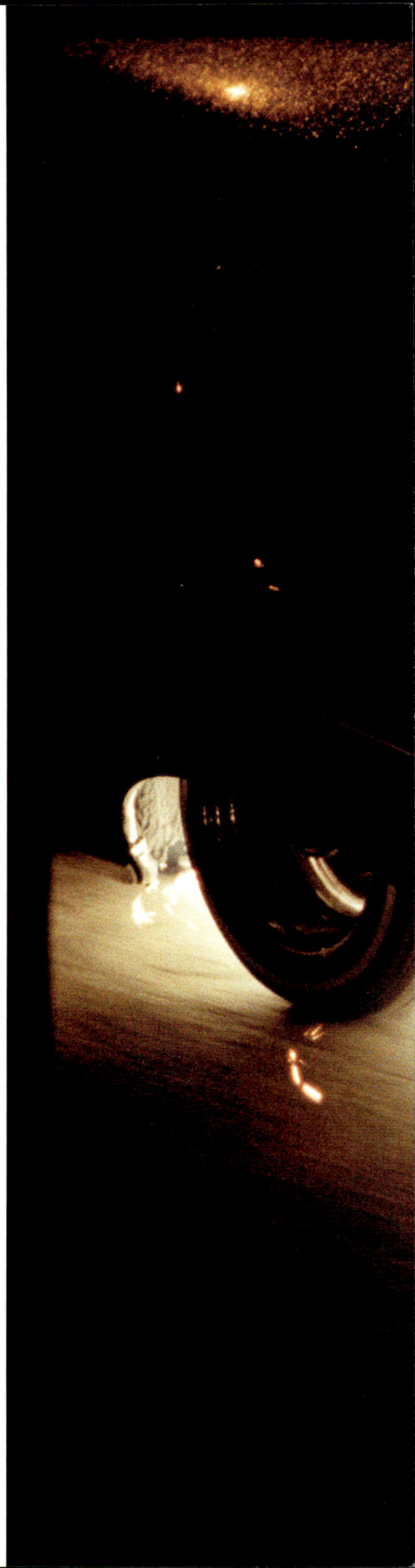

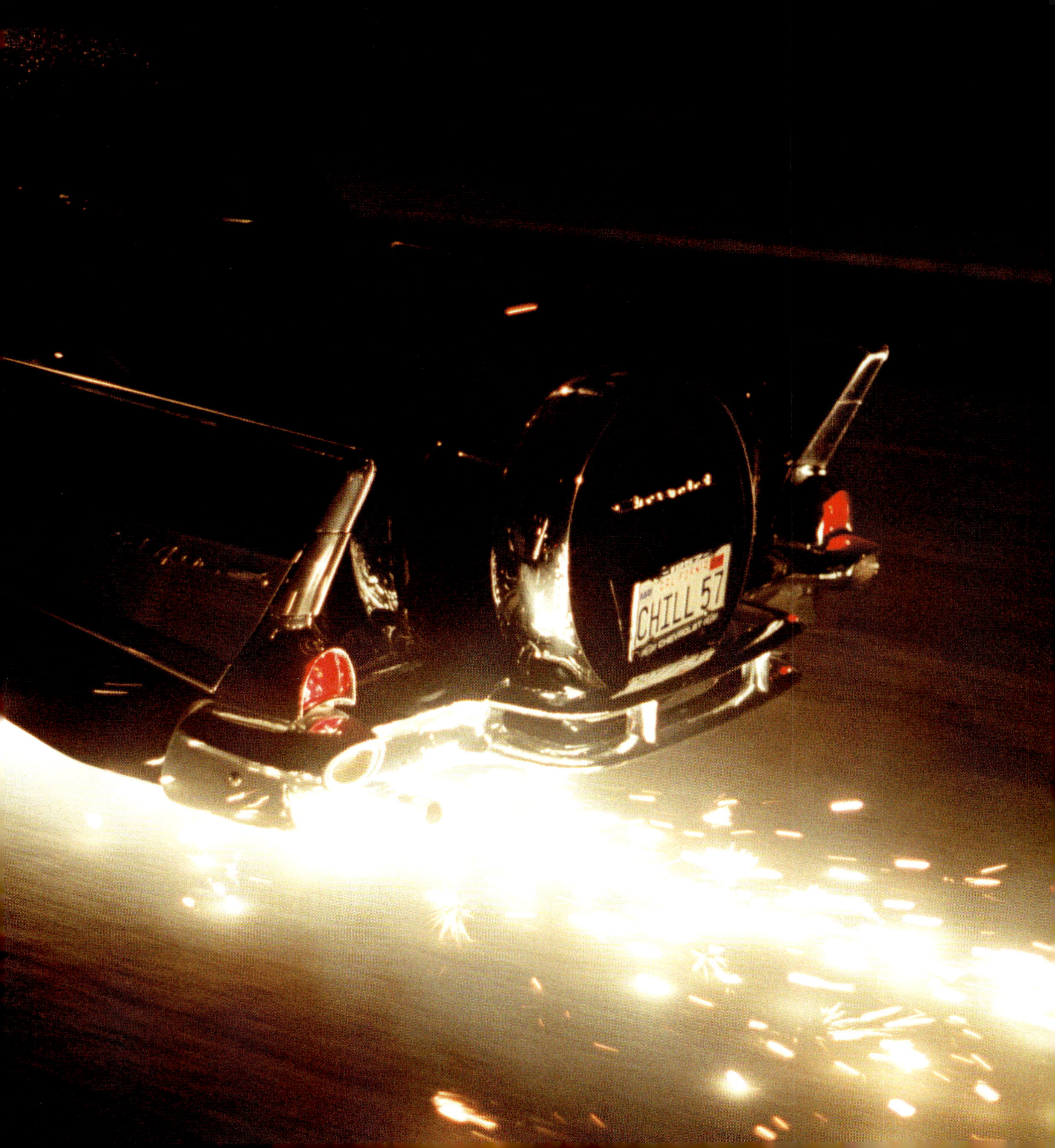
CHILL 57

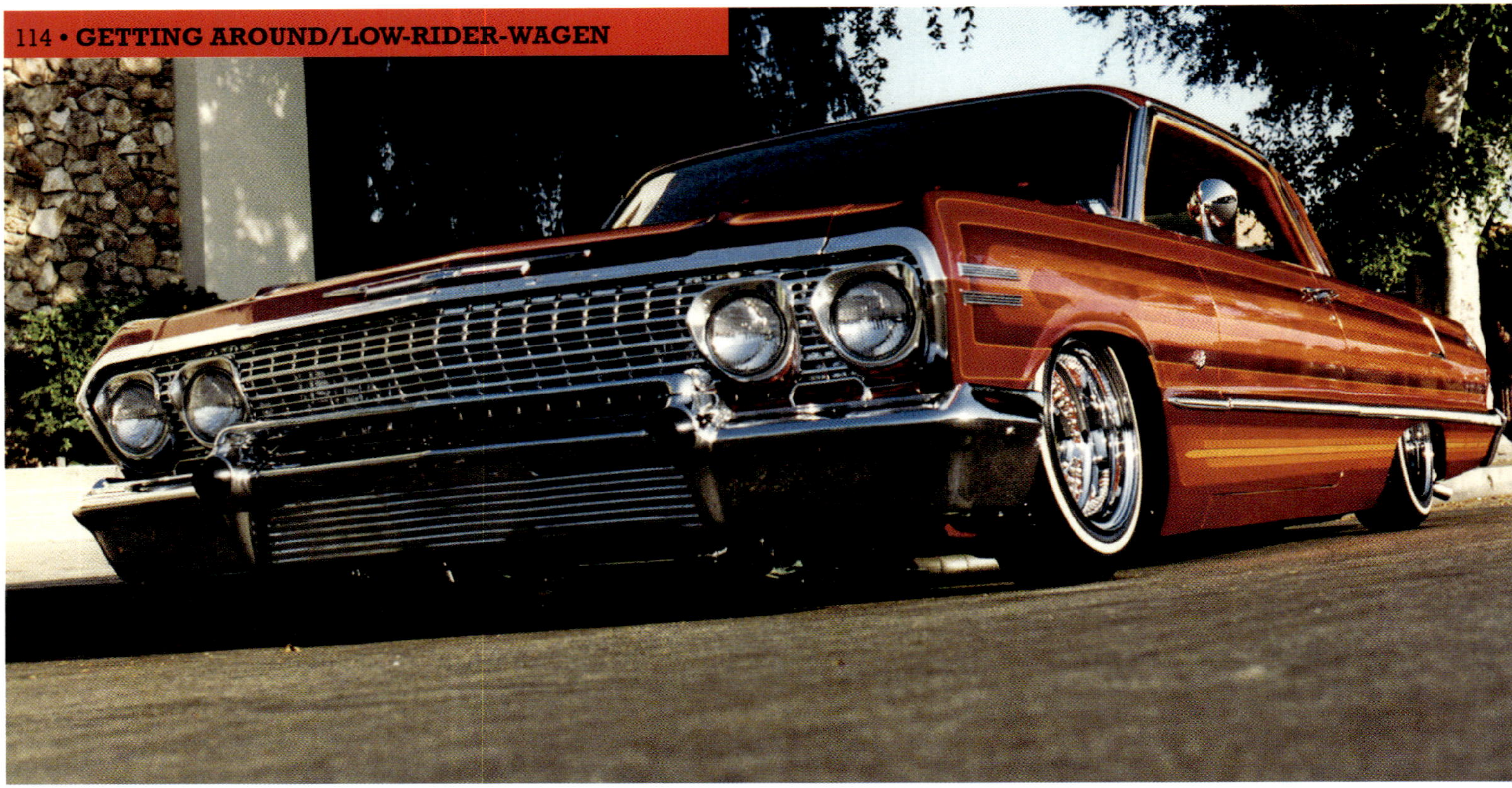

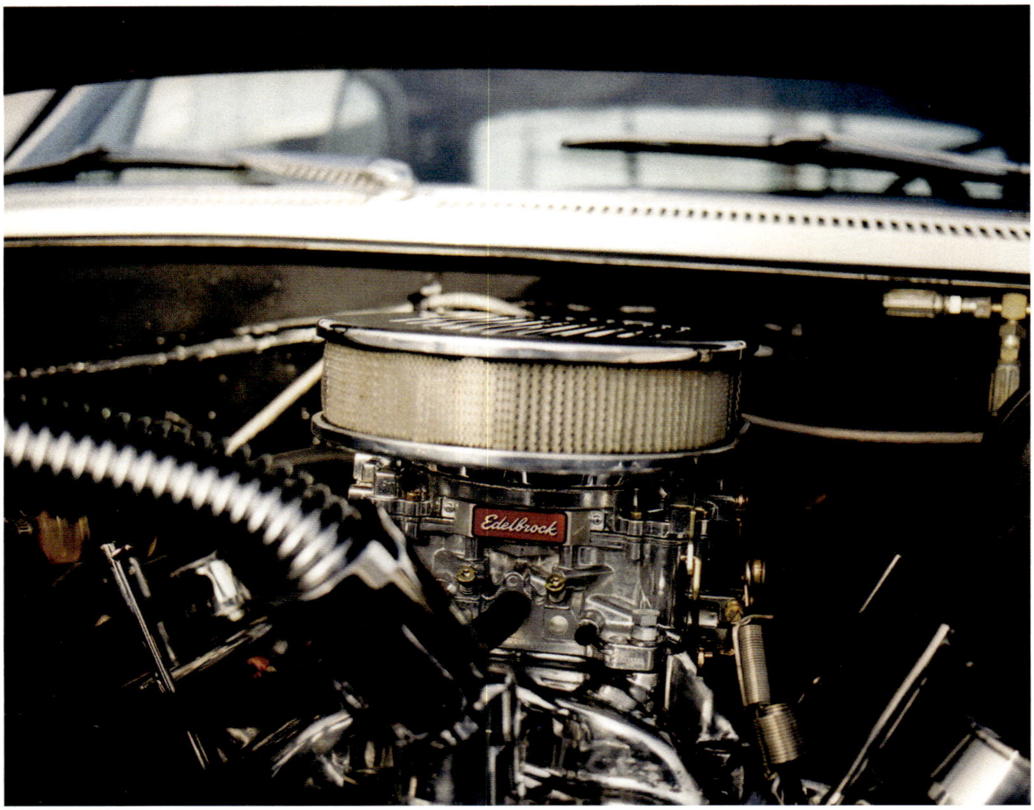
Edelbrock

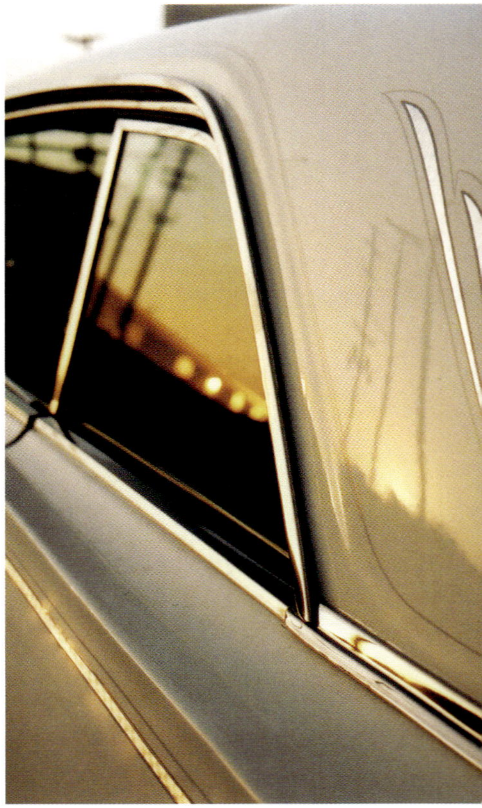

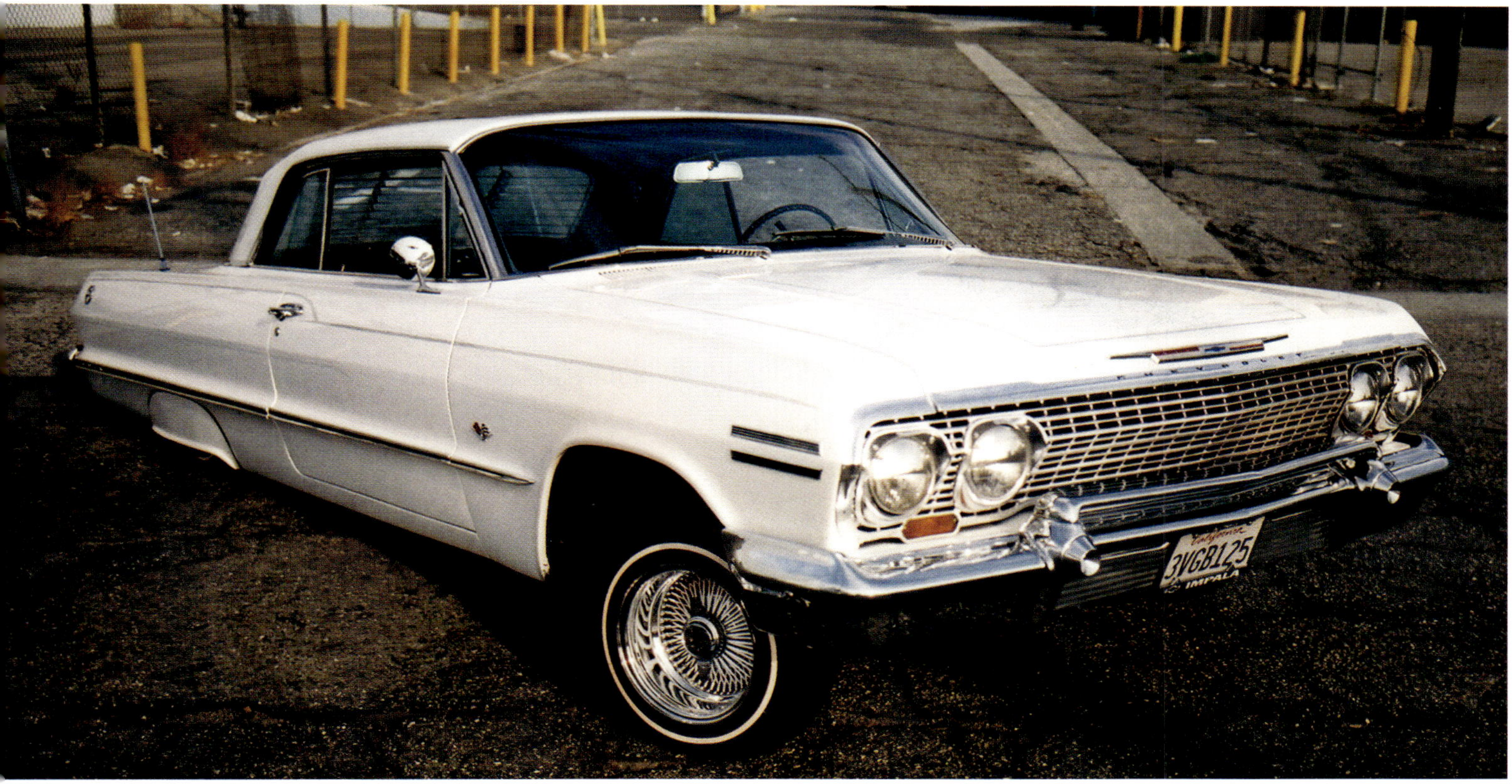
3VGB125
IMPALA

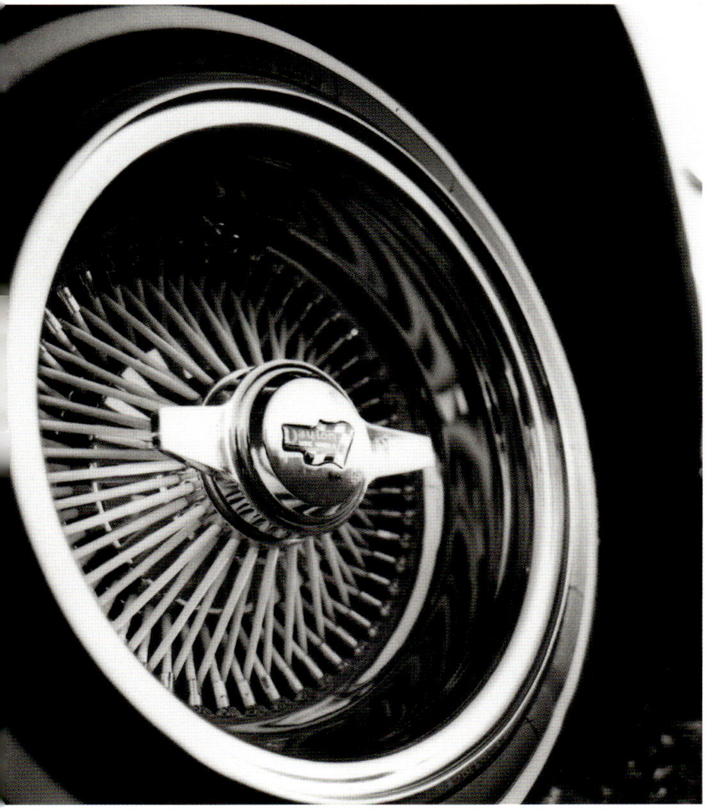

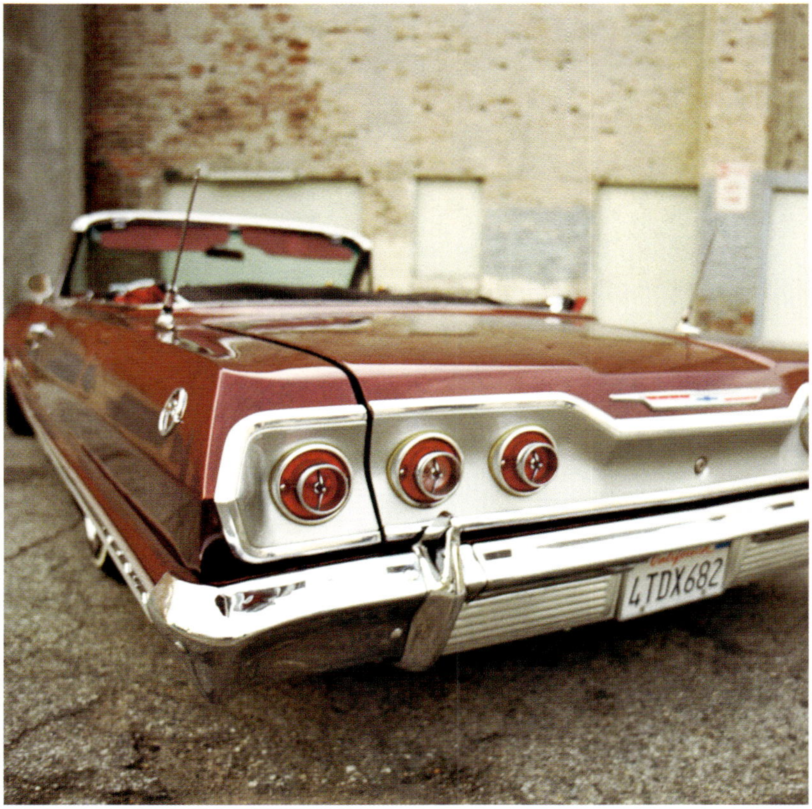
4TDX682

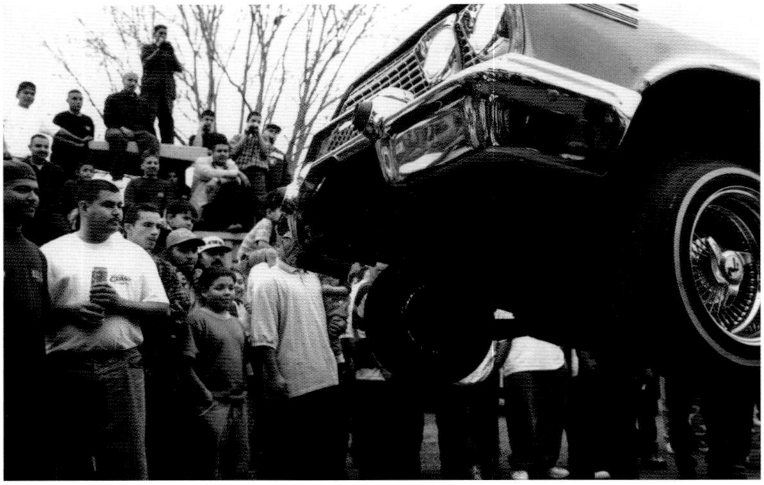

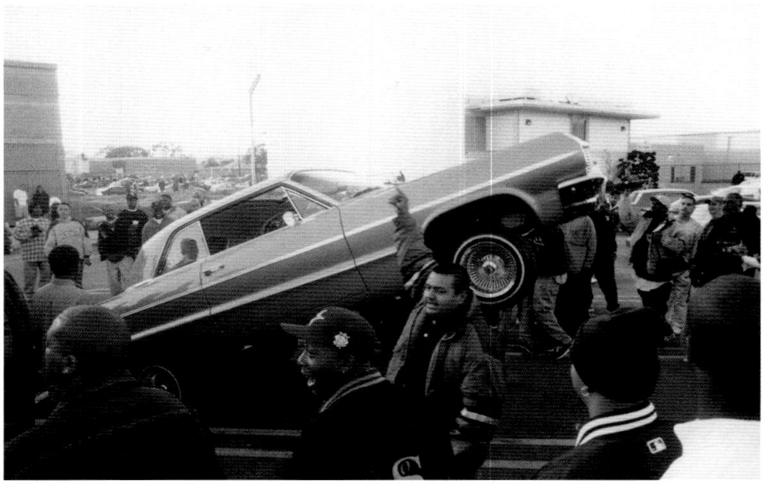

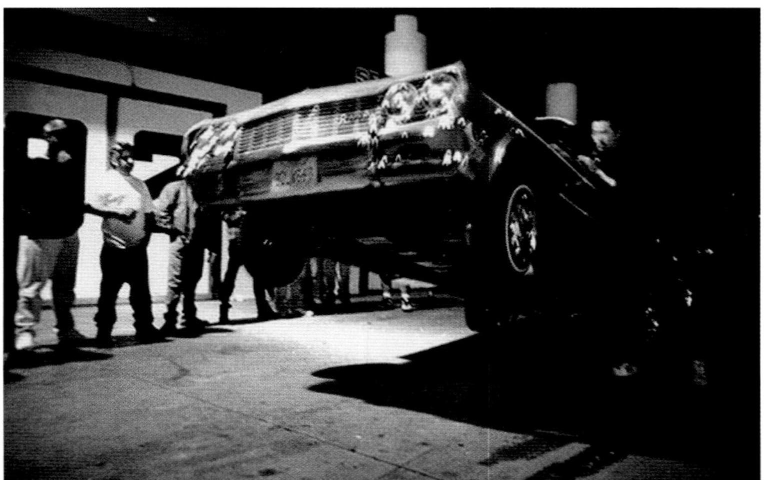

Da alle Teile eines Wagens individuell gestaltet werden können und manipulierte Federungen Autos in hüpfende Hasen verwandeln, sind die sogenannten Low-Rider-Wagen seit Jahrzehnten fester Bestandteil der Chicano- und Latino-Kultur. Fahrergesteuerte Hydraulikfederungen erlauben es, jede erdenkliche Ecke oder Seite des Wagens anzuheben oder abzusetzen oder gleich das ganze Auto hüpfen zu lassen – ein Vorgang, der *hitting* oder *flipping switches* genannt wird. Von der Innenausstattung und den Reifen über die Lackierung und den Motor bis hin zum Sound-System kann alles persönlich gestaltet werden.

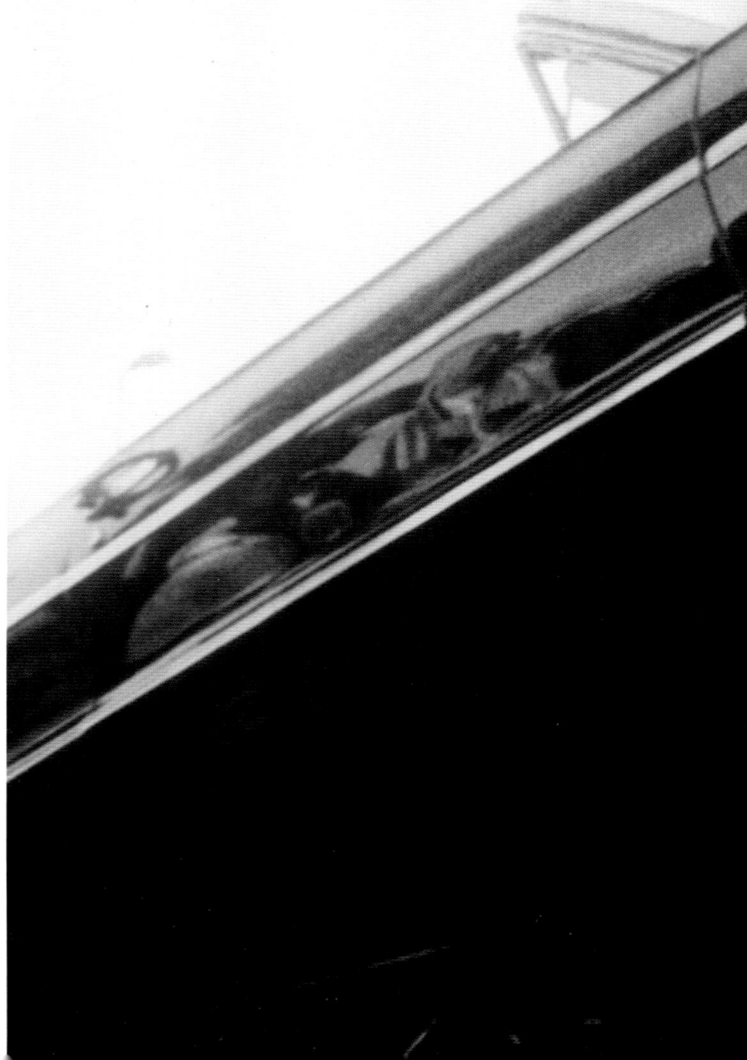

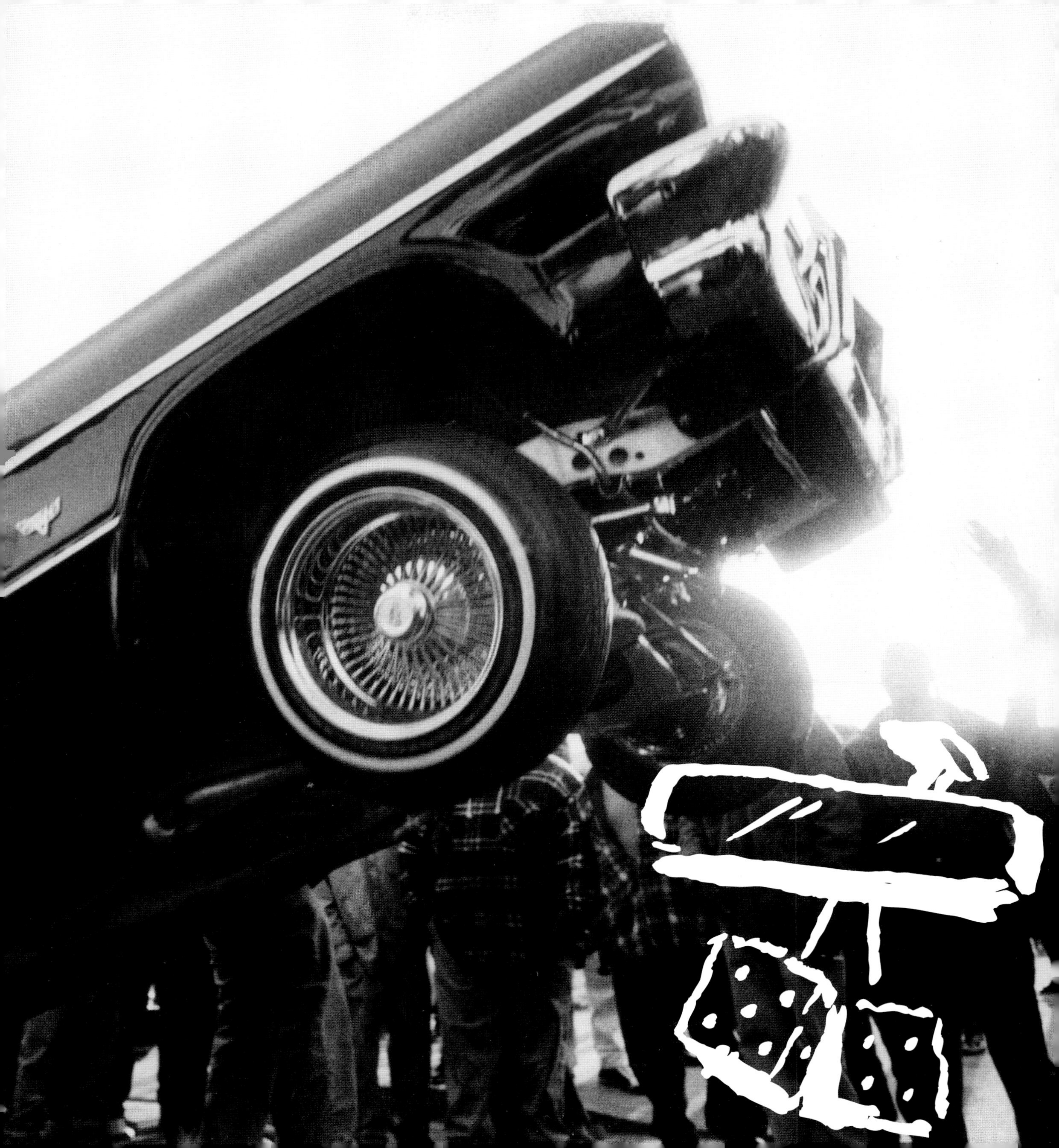

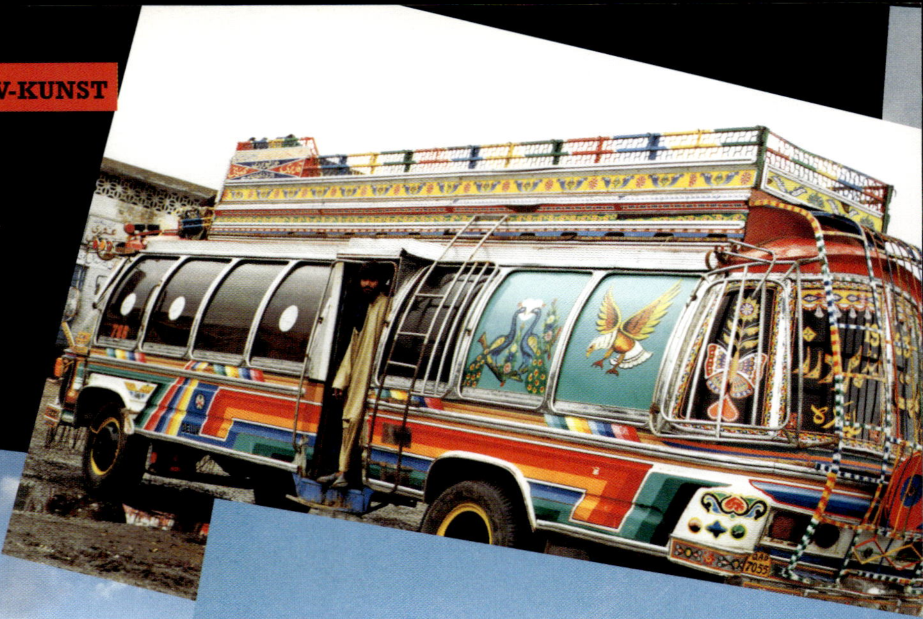

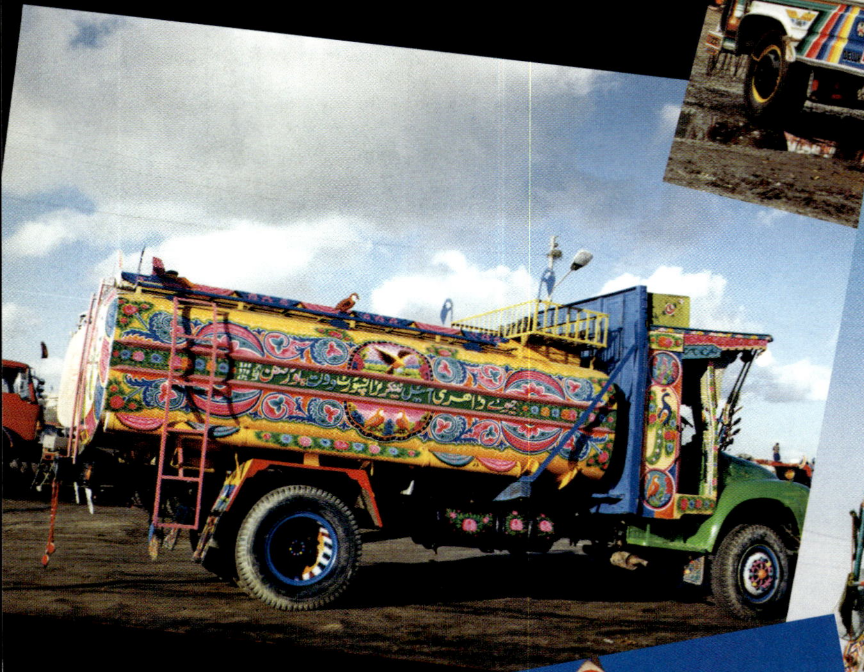

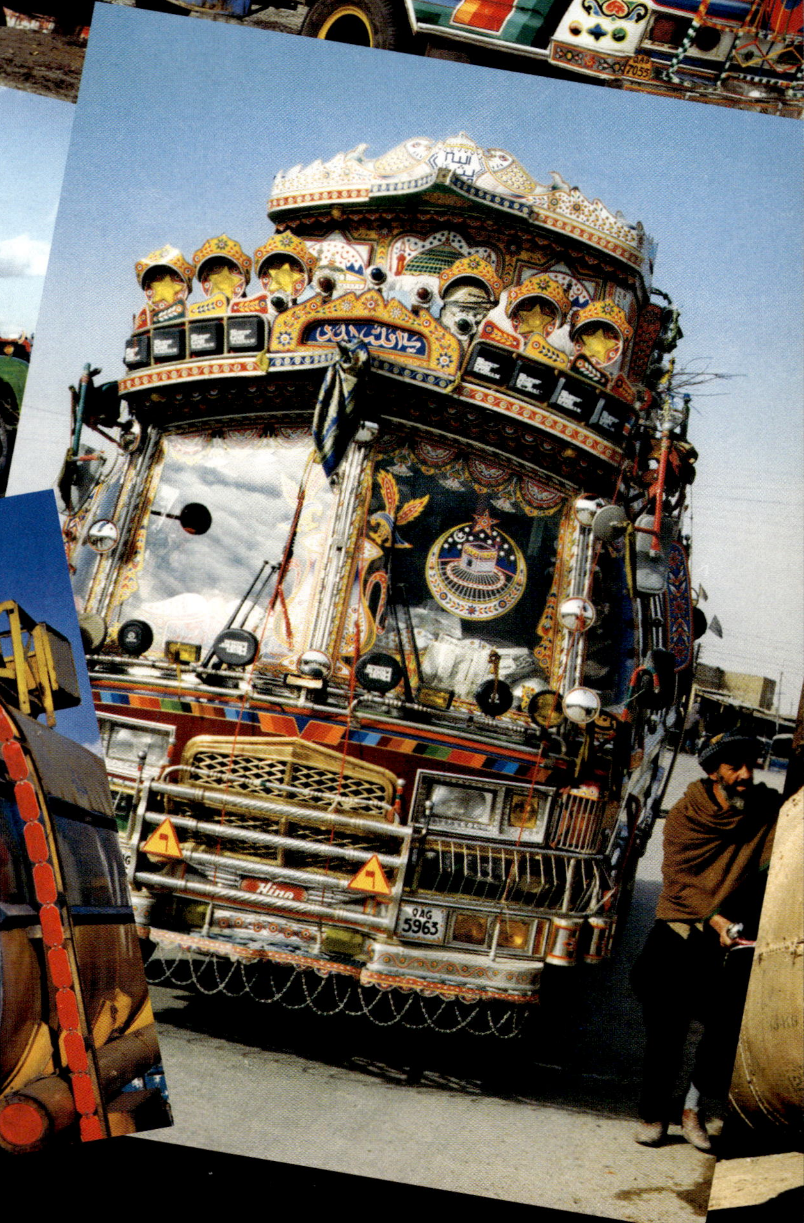
Hino
5963

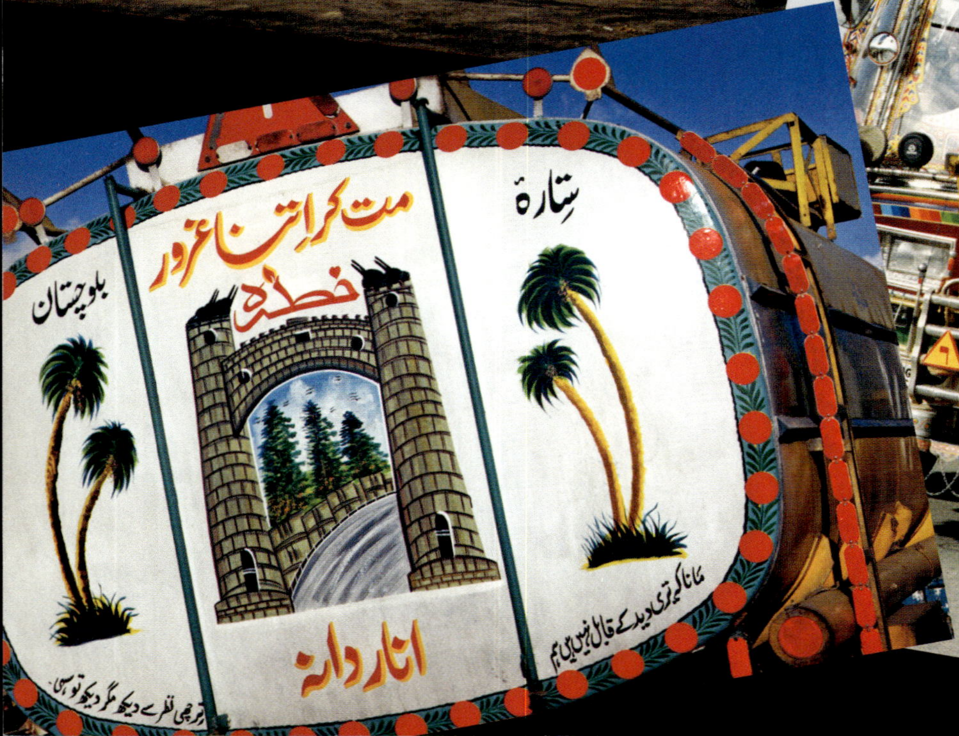
مت کر اتنا غرور
خطرہ
ستارہ
بلوچستان
انار دانہ

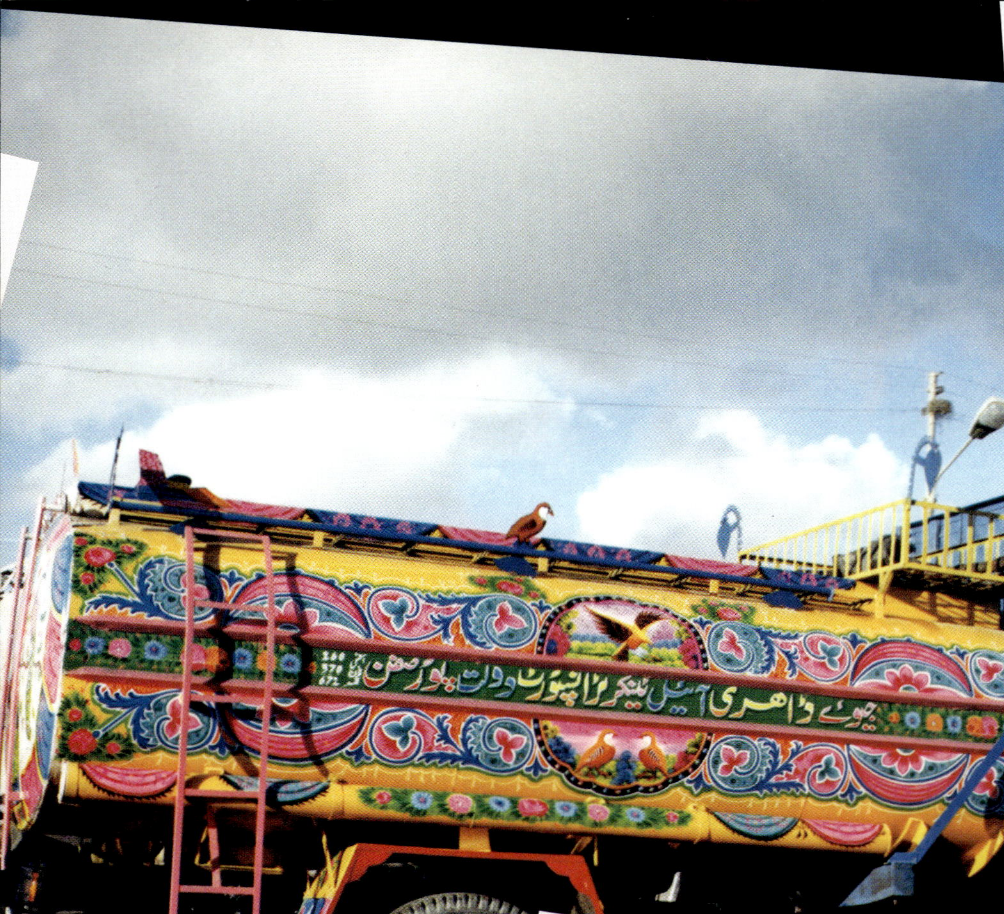

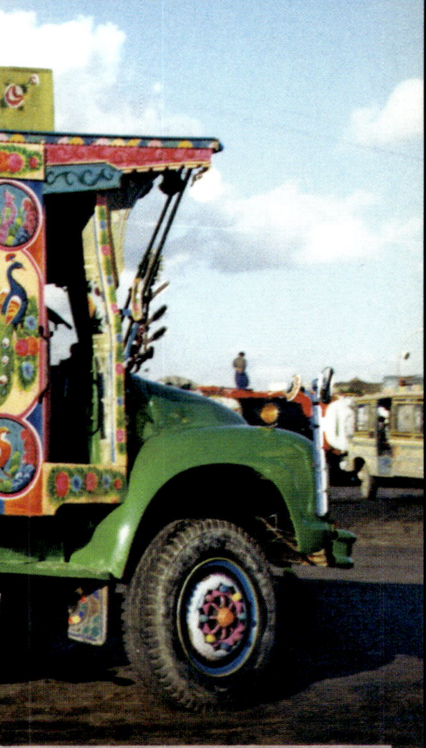

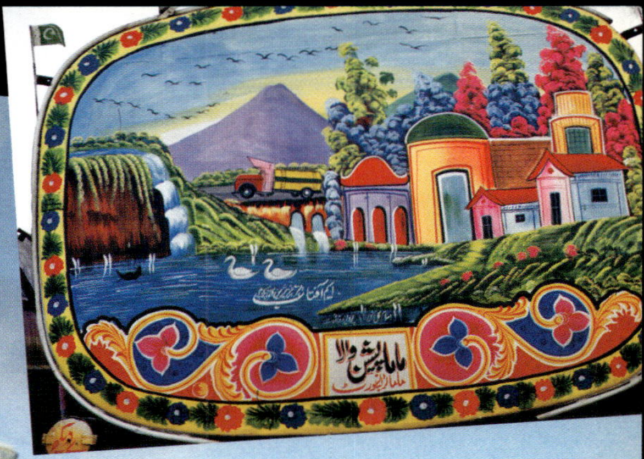

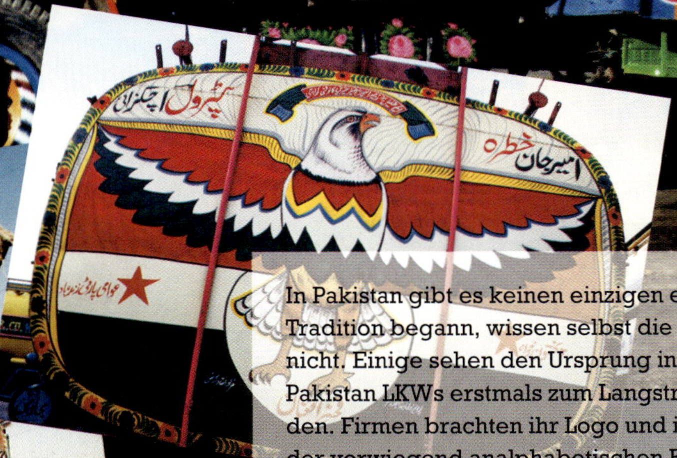

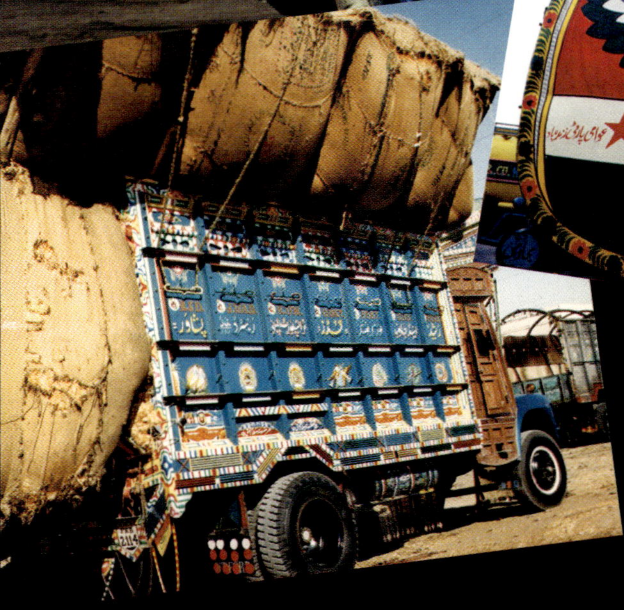

In Pakistan gibt es keinen einzigen einfarbigen LKW. Womit diese Tradition begann, wissen selbst die Erschaffer dieser Kunstwerke nicht. Einige sehen den Ursprung in den 1940er-Jahren, als in Pakistan LKWs erstmals zum Langstrecken-Transport eingesetzt wurden. Firmen brachten ihr Logo und immer gewagtere Designs an, um der vorwiegend analphabetischen Bevölkerung das Wiedererkennen zu erleichtern. Doch könnten die Wurzeln auch in einer Zeit liegen, als jungsteinzeitliche Händler mit geschmückten Kamel-Karawanen von der Küste Pakistans nach Zentralasien reisten. Wann auch immer es begann, die kunstvolle Bemalung pakistanischer Lastwagen hat das Straßenbild verändert und Durchgangsstraßen in Kunstgalerien verwandelt. Hier vermischen sich östliche und westliche Einflüsse – von Poesie und religiösen Versen über Landschaften bis hin zu Figuren aus der Mythologie und modernen Berühmtheiten.

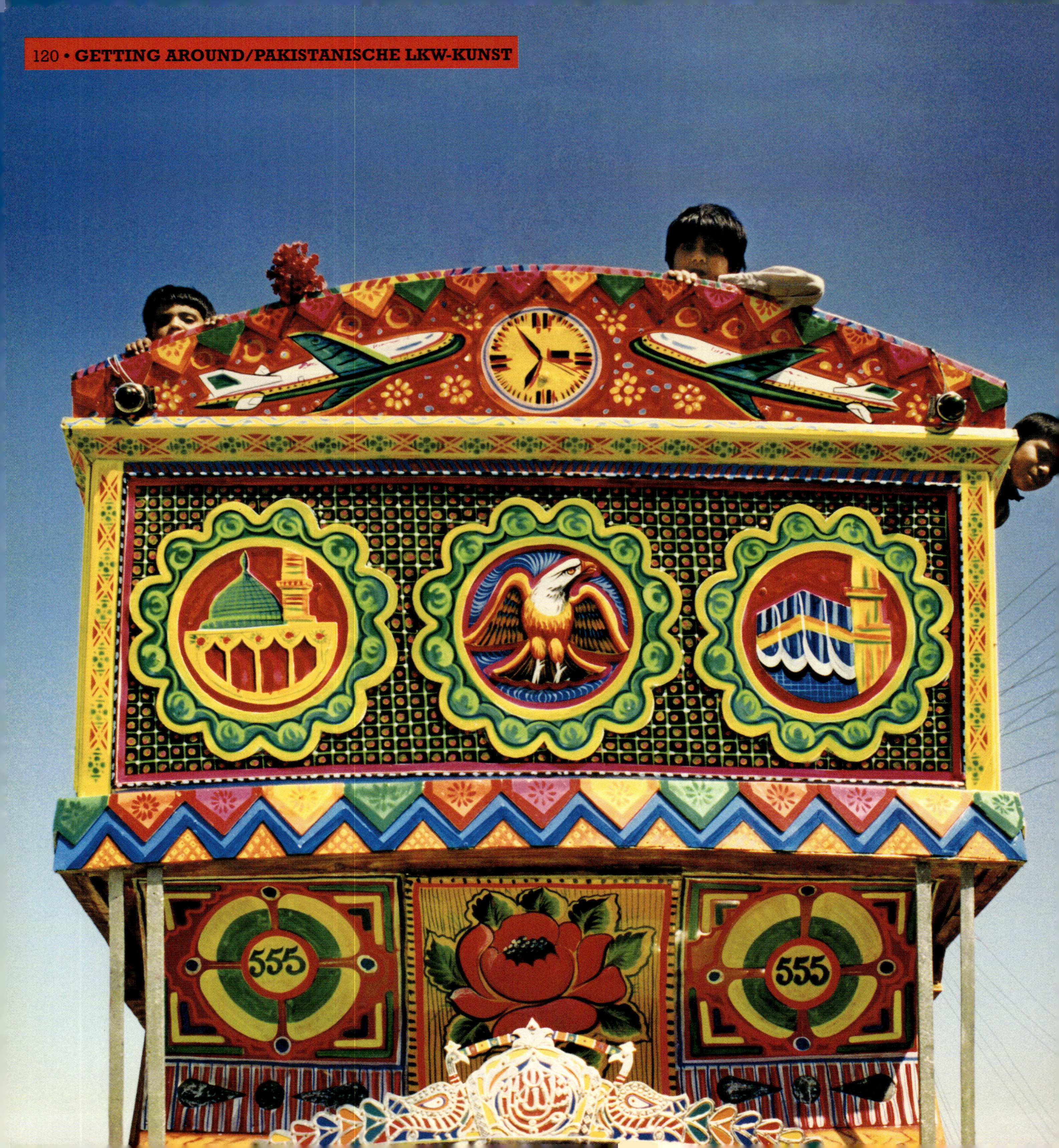
555
555

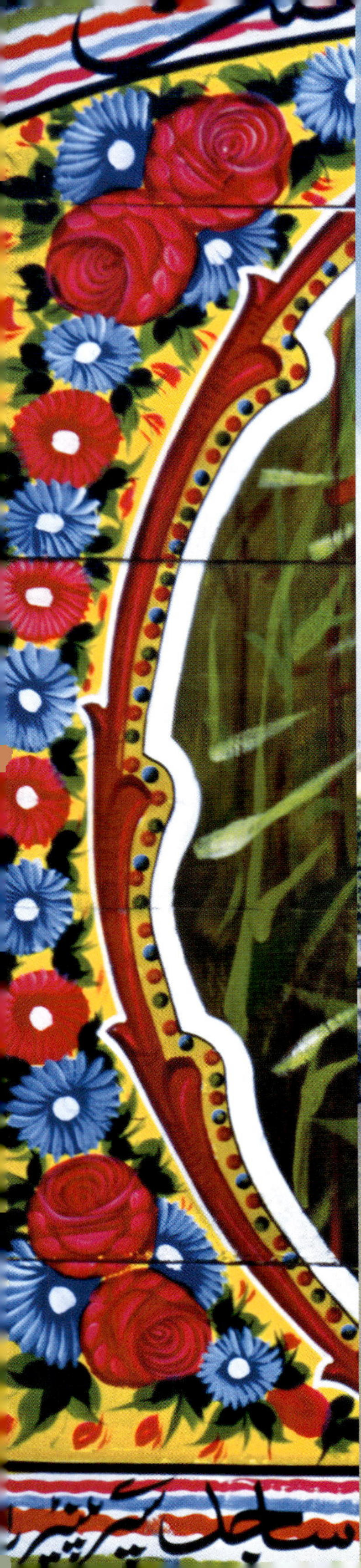

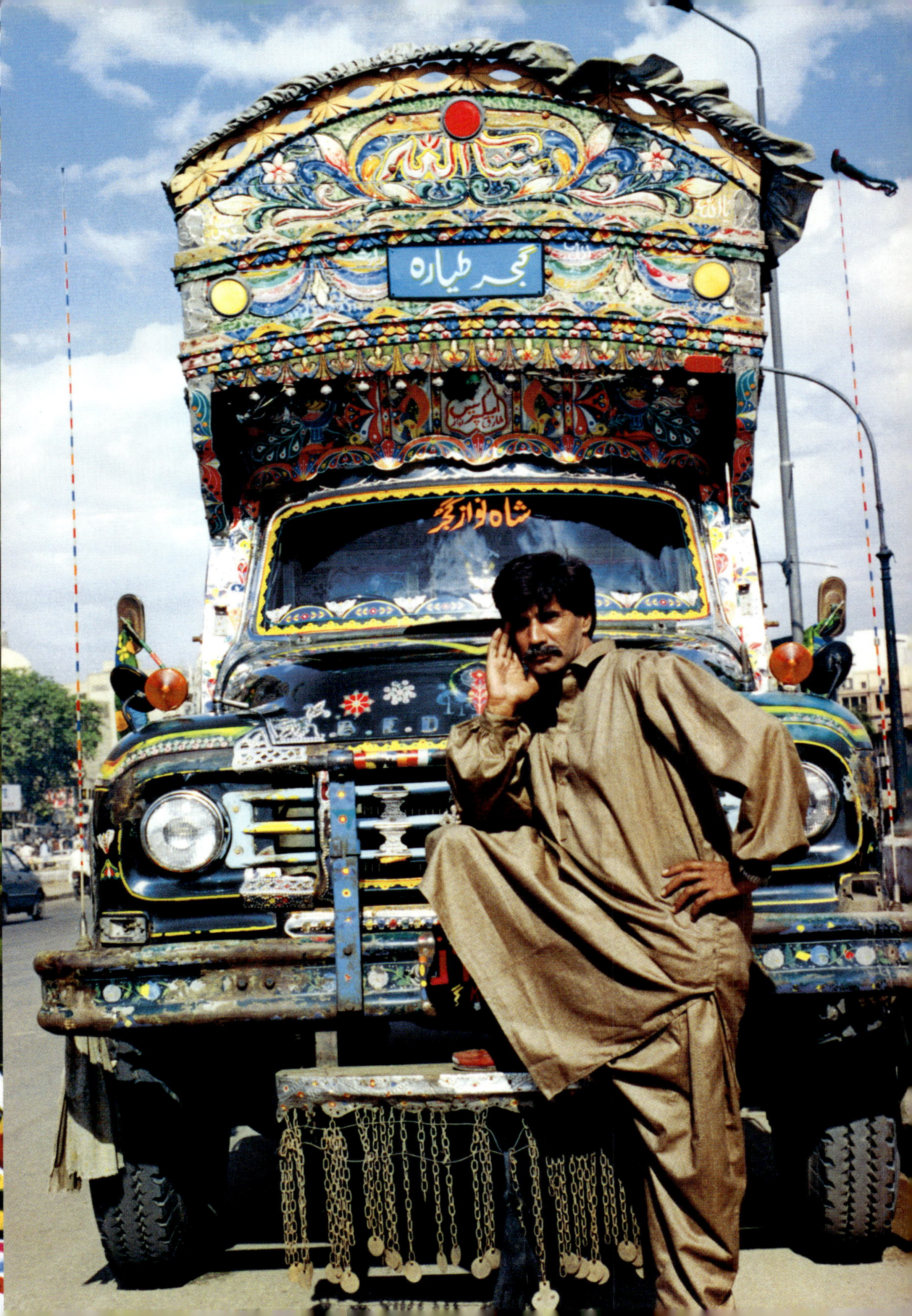
گجر طیارہ
شاہ نواز گجر

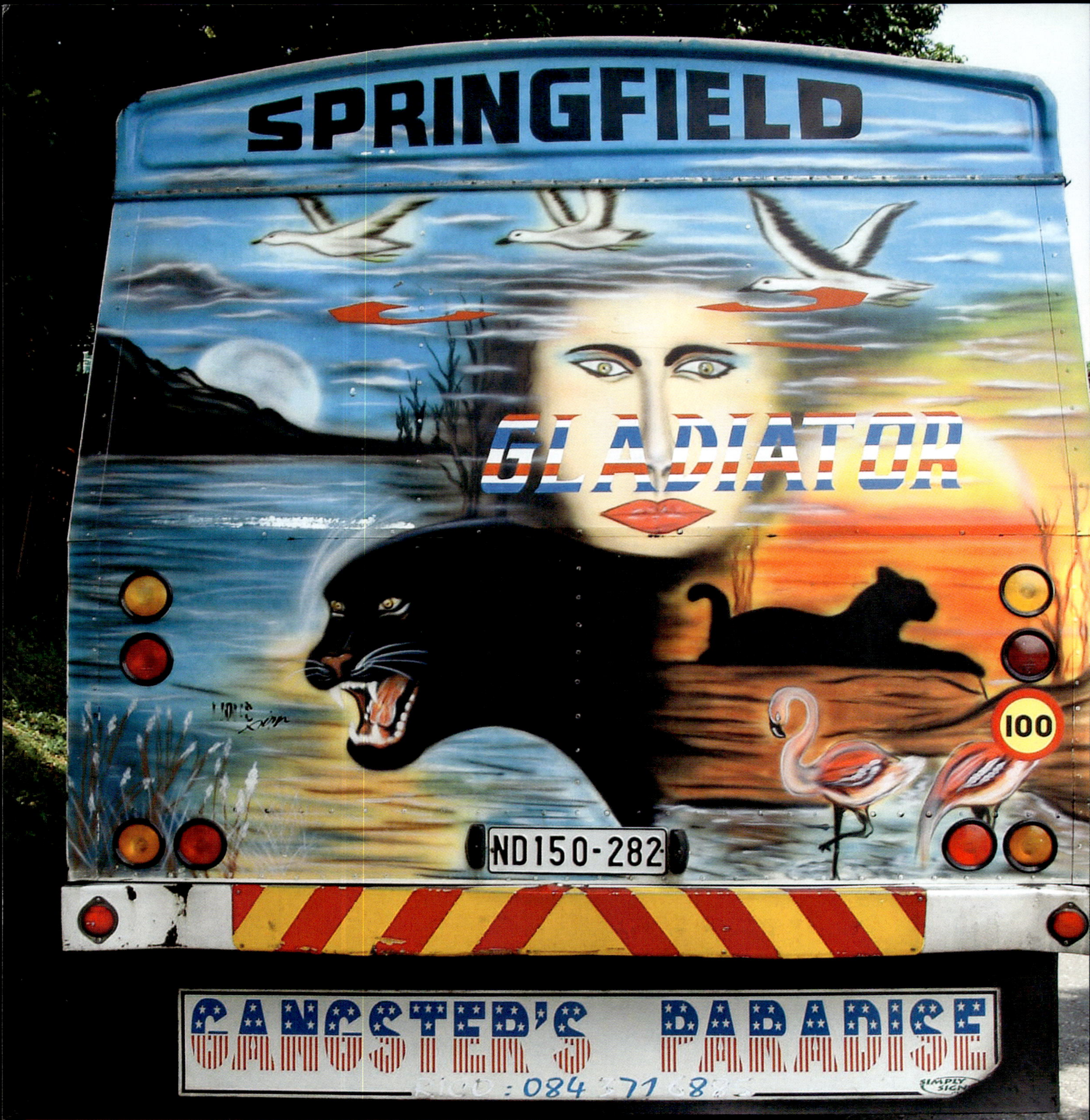
SPRINGFIELD
GLADIATOR
100
ND150-282
GANGSTER'S PARADISE

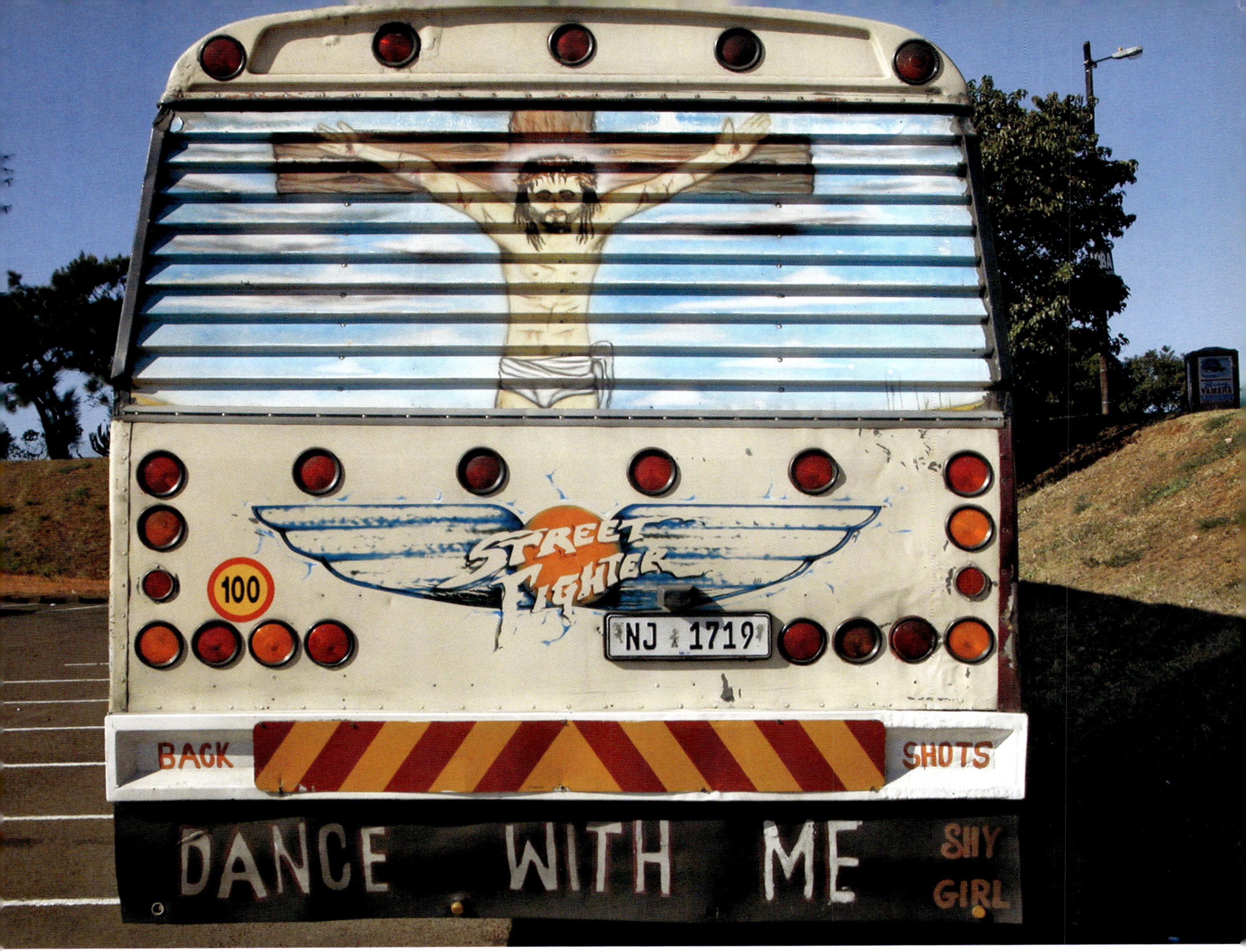

Die Busse in Südafrika unterscheiden sich stark von den eintönigen und langweiligen Standardbussen öffentlicher Verkehrsbetriebe in Westeuropa und Amerika. Jeder einzelne repräsentiert ein Stück Identität seines Fahrers und Besitzers – sie alle sind unterschiedlich und häufig mit aktuellen Themen und Botschaften versehen.

GETTING UP •

Werbung und Beschilderung wohin das Auge blickt: eine visuelle Reizüberflutung. Die Reaktion darauf begann, als jemand einen Namen auf Oberflächen in der ganzen Stadt malte. Mehr als 40 Jahre später machen Graffiti und verwandte Ausdrucksformen wie Poster, Straßenkunst und Wandbemalungen die Straßen demokratischer, da jeder um Raum und Aufmerksamkeit kämpft. Über die ganze Welt verteilt gibt es ein Netzwerk und eine locker organisierte Kultur, die ihren Beitrag zum visuellen Chaos auf den Straßen leistet, was zu Freundschaften, Gerichtsverhandlungen und sehr viel Kunst führt.

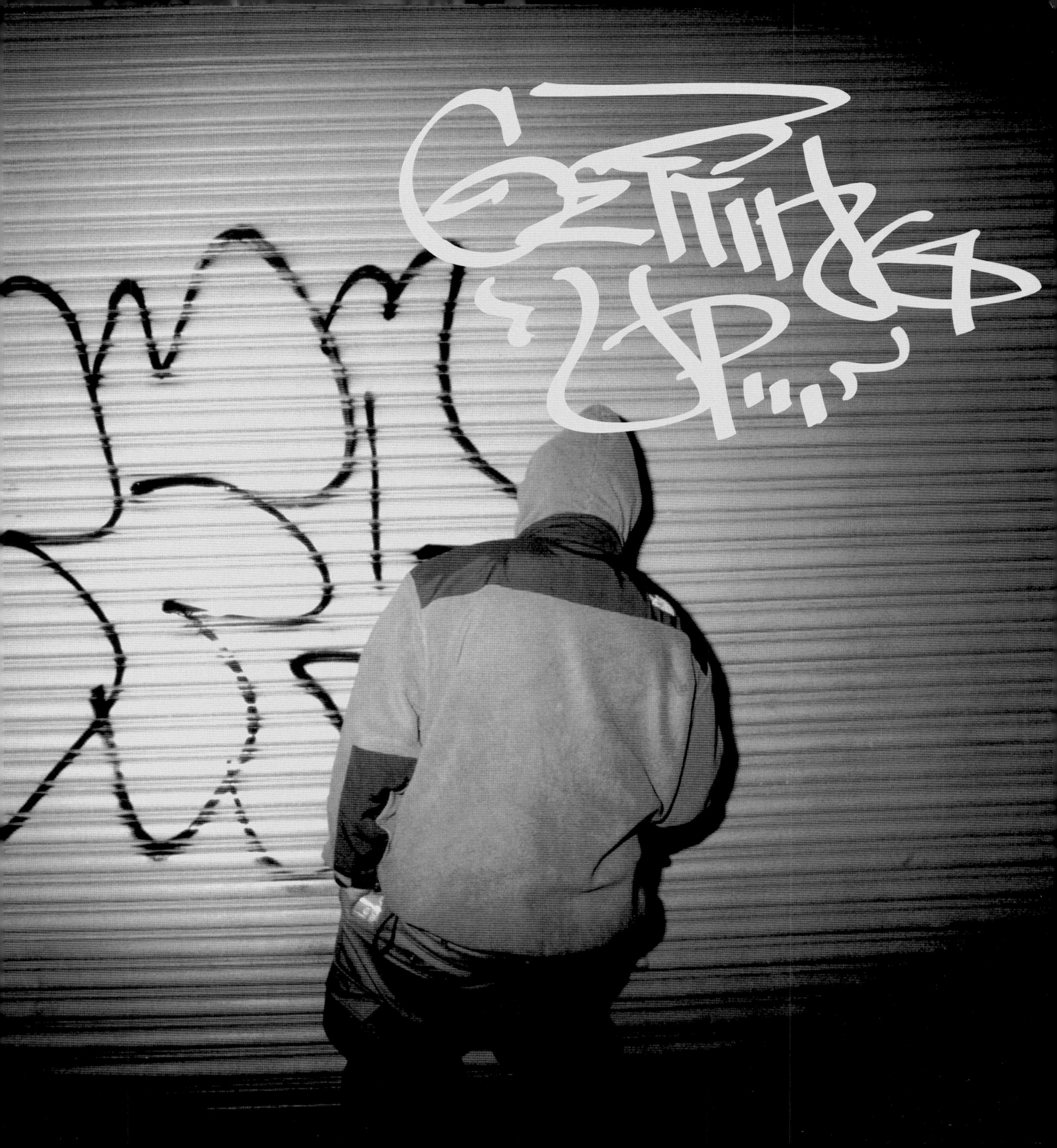
Getting Up...

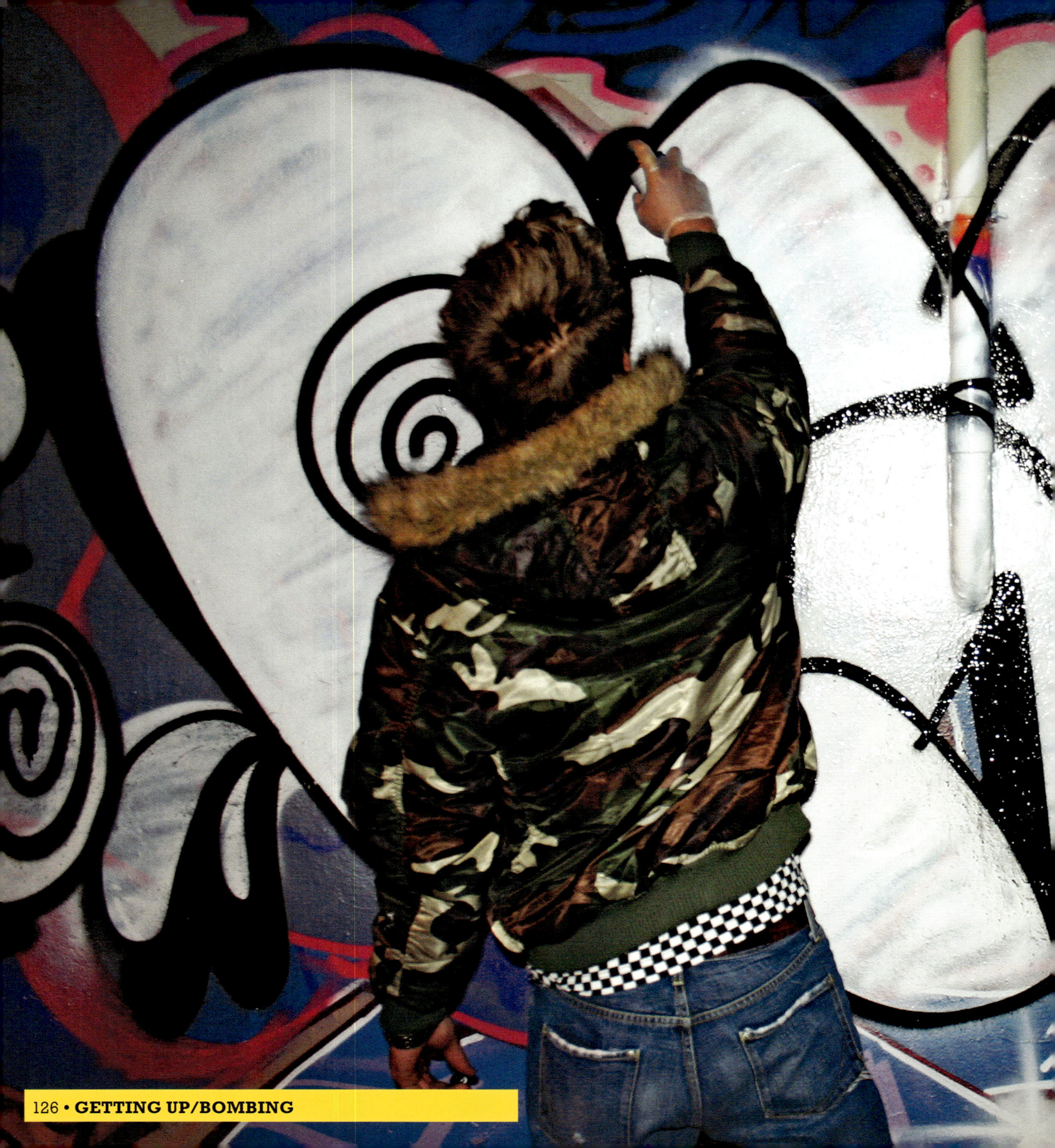

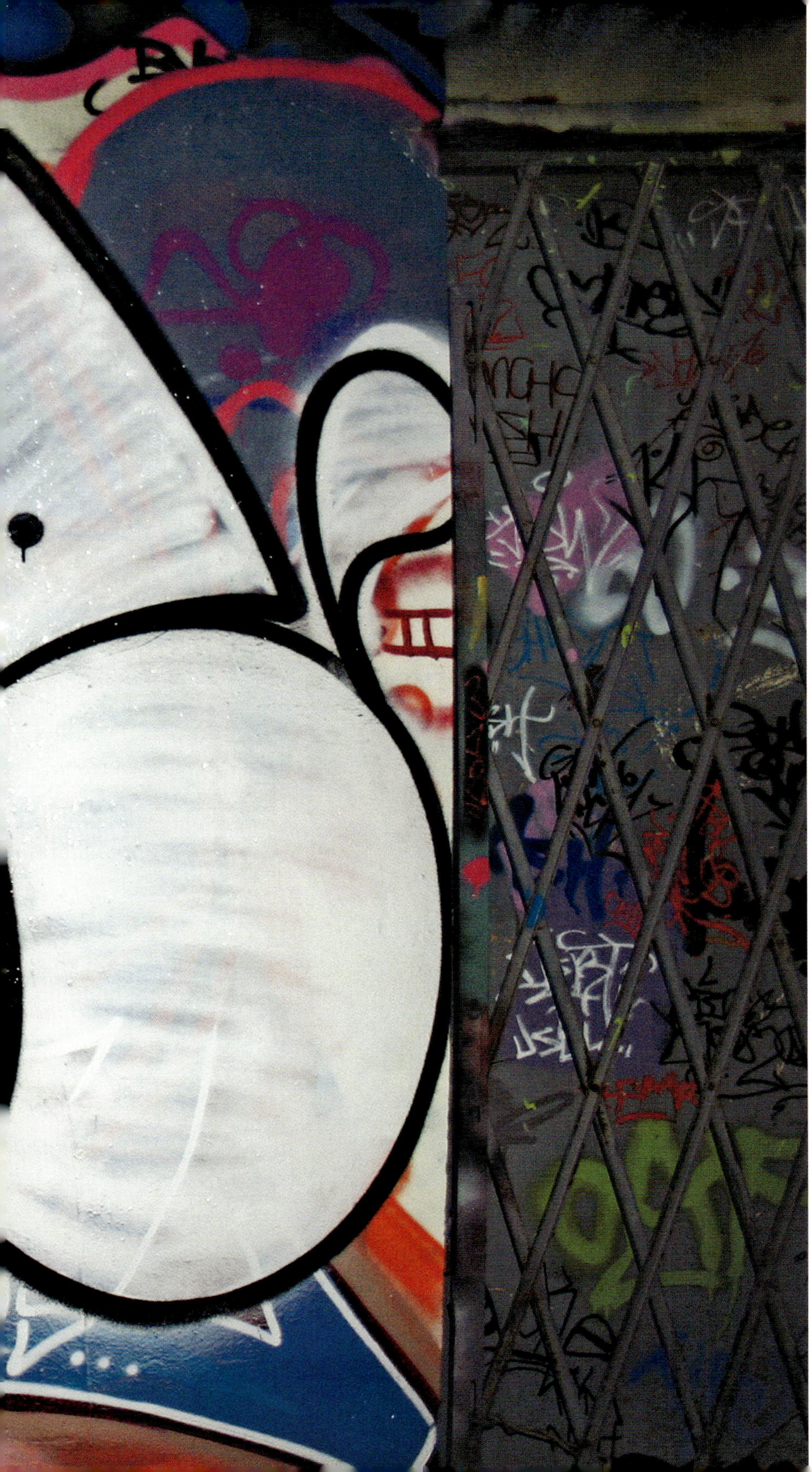

Die Bandbreite von Graffiti reicht vom ungeniert Hässlichen zum unvermeidbar Schönen. Der rußgeschwärzte, schmutzige, noch tropfende *tag* wird von denselben Händen erschaffen wie das riesige, vielfarbige Wandbild. Das *throw-up*, das seinen Weg zwischen die beiden fand, vereint Geschwindigkeit, Stil und Größe. Und Pose – hier zu sehen – beherrscht sein Handwerk. Das sogenannte *bombing*, der Akt, seinen Namen illegalerweise und ungeachtet des Vorwands, ein Kunstwerk zu schaffen, auf die Wand zu bringen, bleibt das Herzstück von Graffiti. Es ist diese Zwiespältigkeit, die es unmöglich macht, den tropfenden *tag* als puren Vandalismus abzustempeln und das vielfarbige Wandbild als legale Kunst zu bezeichnen. Kunst und Verbrechen in perfekter Harmonie – genau das macht Graffiti aus.

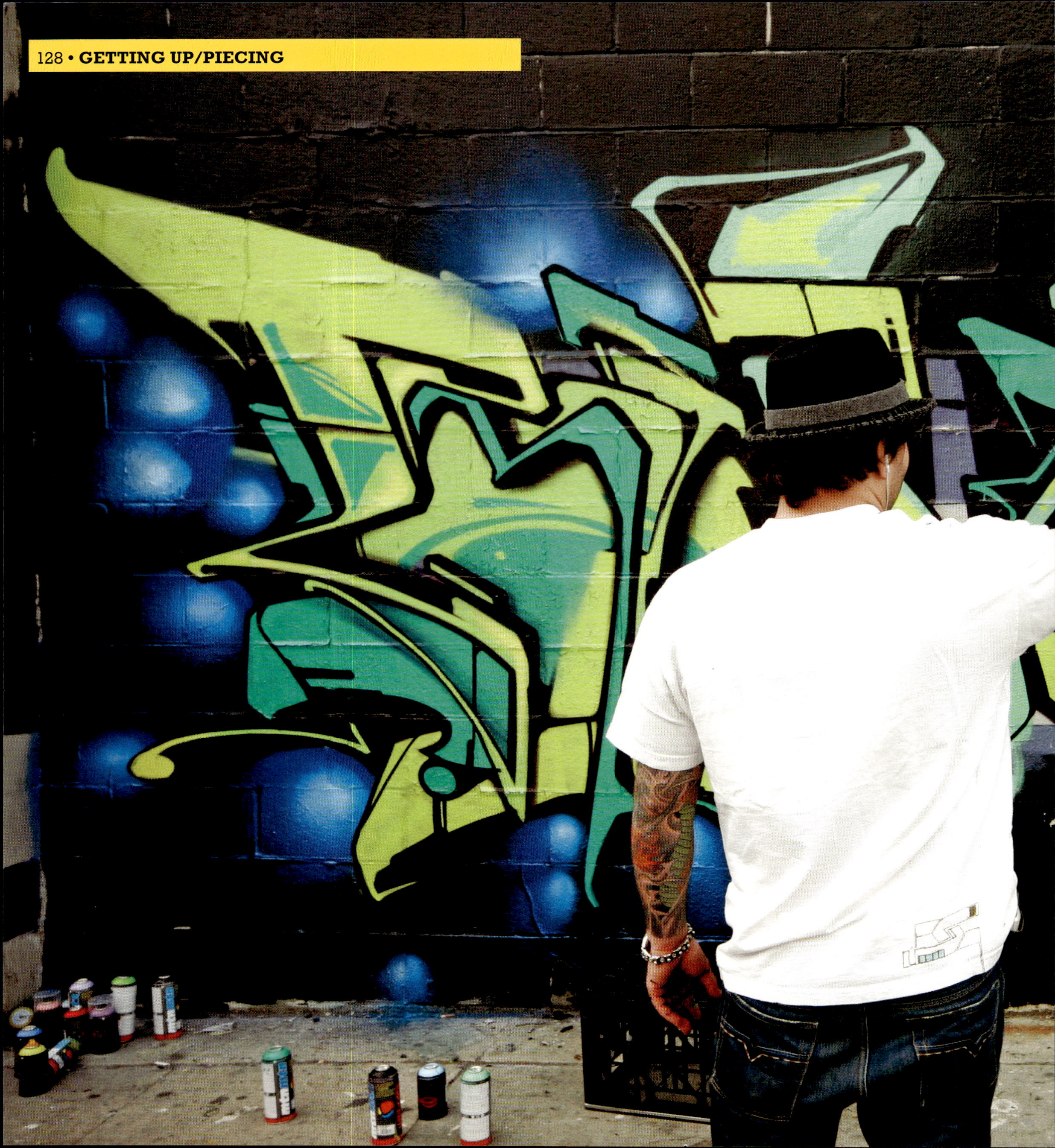

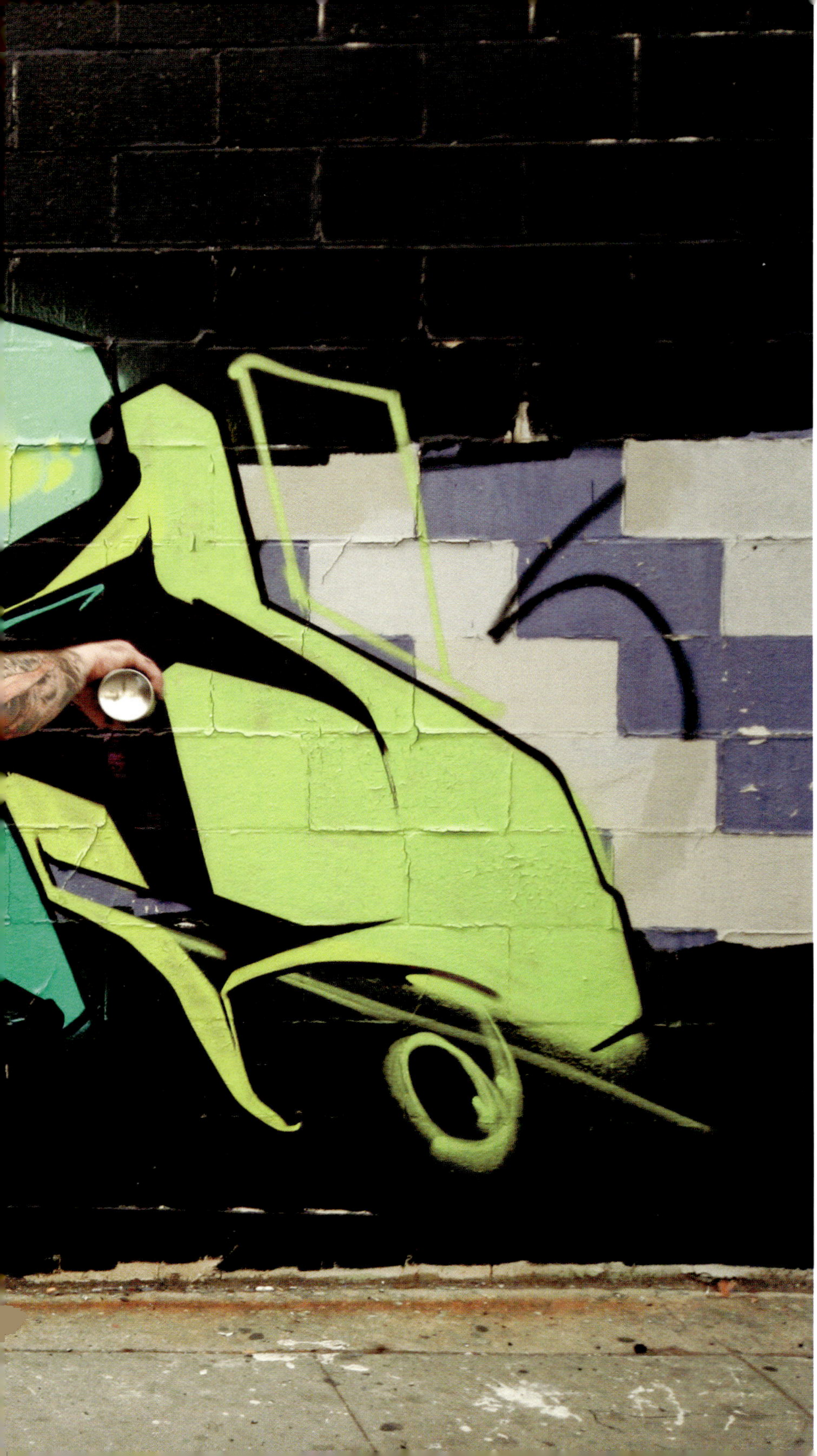

Das künstlerische Herzstück von Graffiti ist die typografische Darstellung von Buchstaben, und Puristen legen allergrößten Wert darauf. Für sie sind Farbwahl, Ornamente und Verzierungen eher nebensächlich. Oft sind Schriftzüge nirgendwo besser ausgearbeitet, verfeinert und zur Schau gestellt als in einem guten Graffiti-Bild. Von einem Graffiti-Writer wird grundsätzlich erwartet, dass er dieses Handwerk perfekt beherrscht – ganz egal, ob es sich um einfache oder komplexe Schriftzüge handelt, um riesengroße, zeitaufwendige Arbeiten oder um das einfache *tagging*, das nur Sekunden dauert. Revok, hier zu sehen, beherrscht sie alle gut.

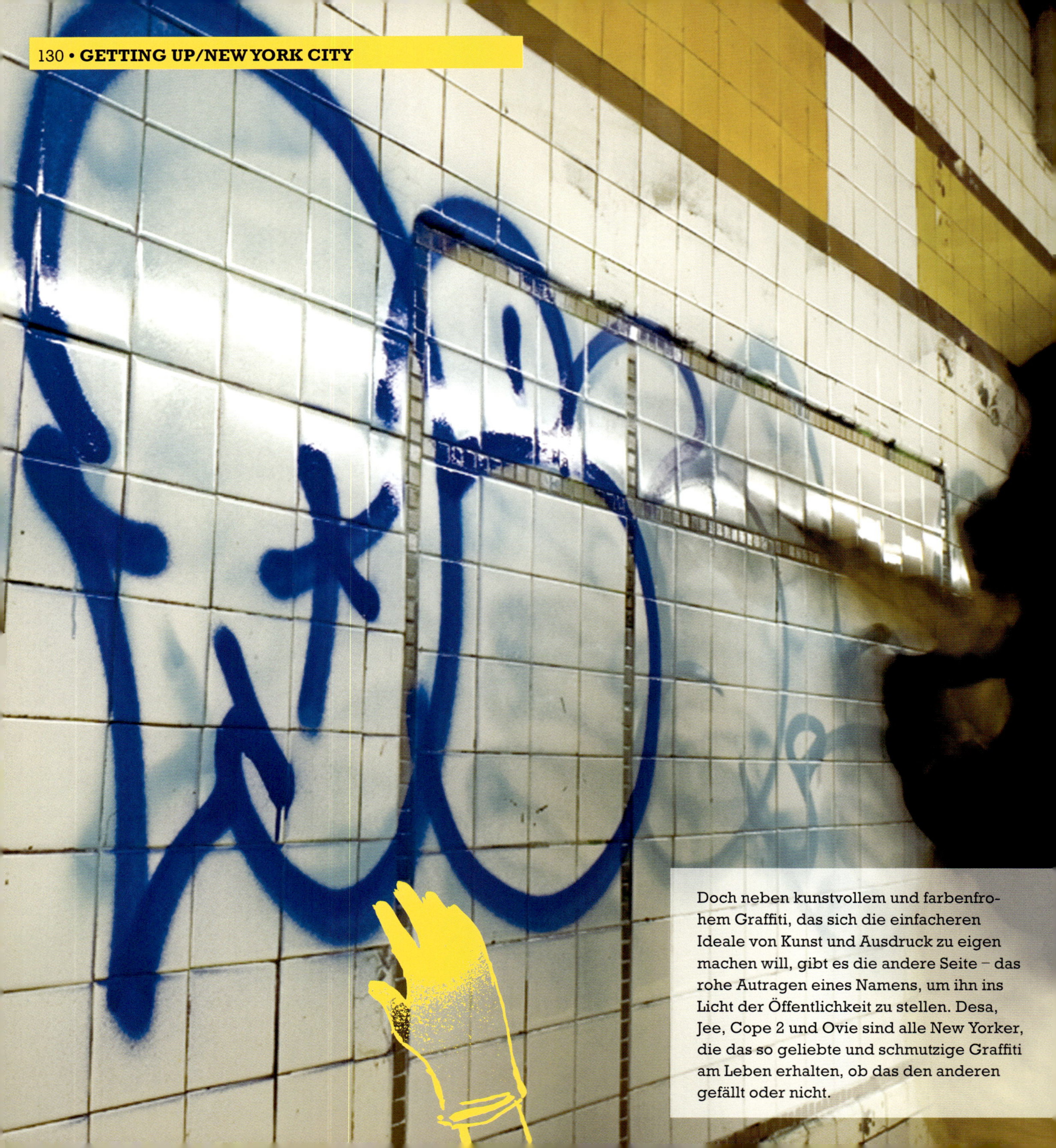

Doch neben kunstvollem und farbenfrohem Graffiti, das sich die einfacheren Ideale von Kunst und Ausdruck zu eigen machen will, gibt es die andere Seite – das rohe Autragen eines Namens, um ihn ins Licht der Öffentlichkeit zu stellen. Desa, Jee, Cope 2 und Ovie sind alle New Yorker, die das so geliebte und schmutzige Graffiti am Leben erhalten, ob das den anderen gefällt oder nicht.

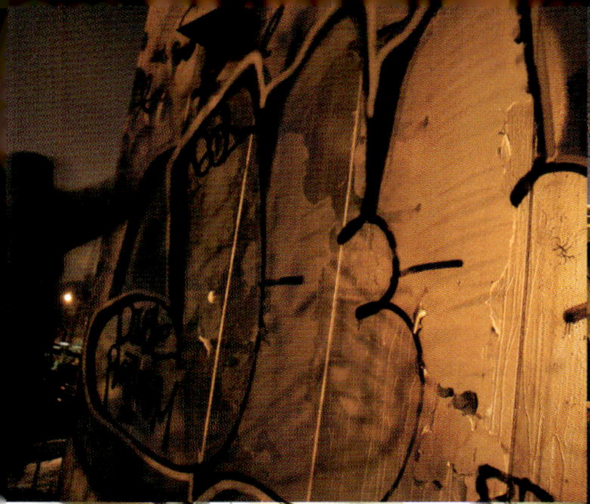
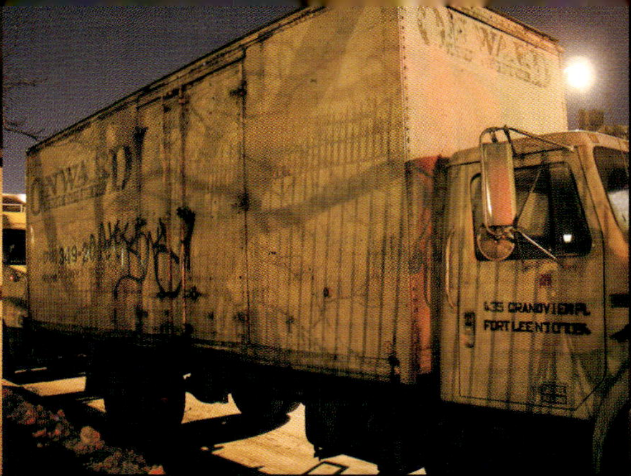
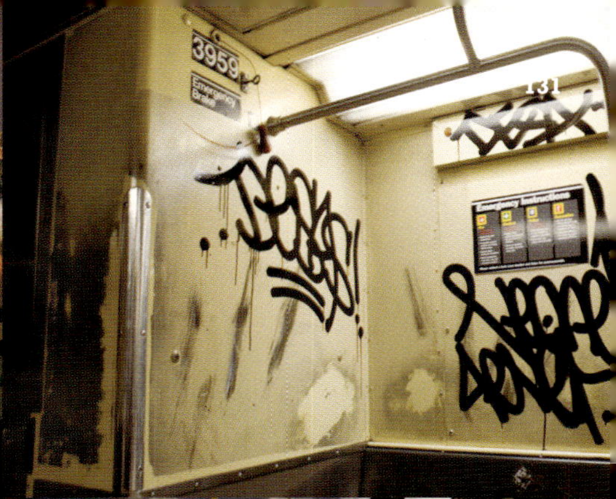
3959
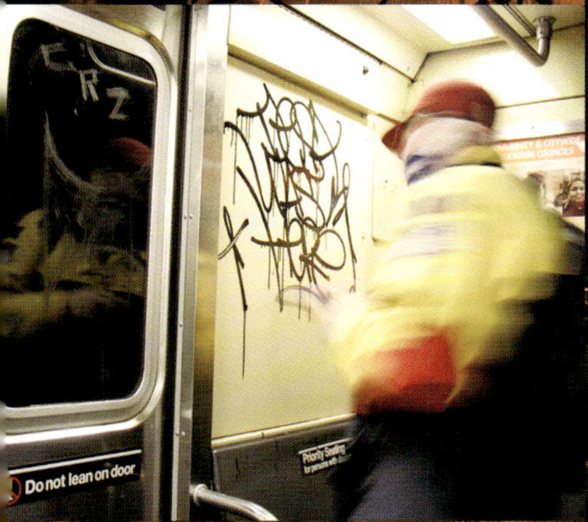
Do not lean on door
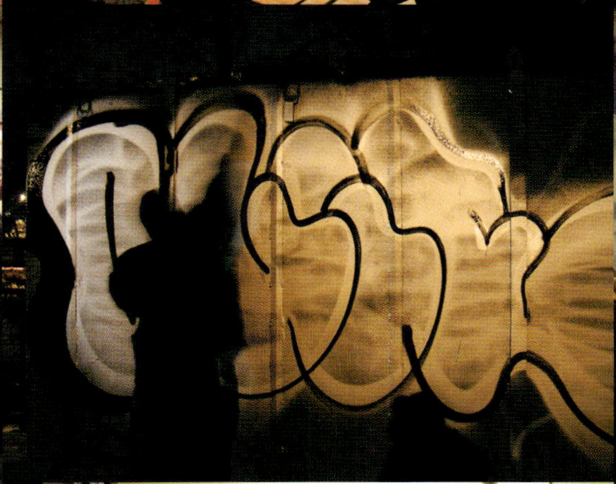
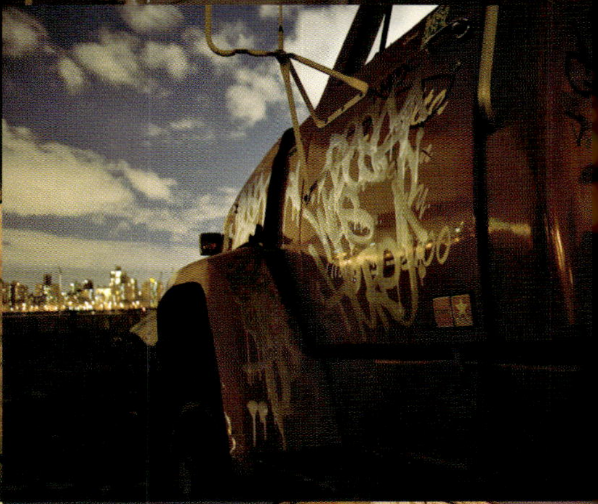
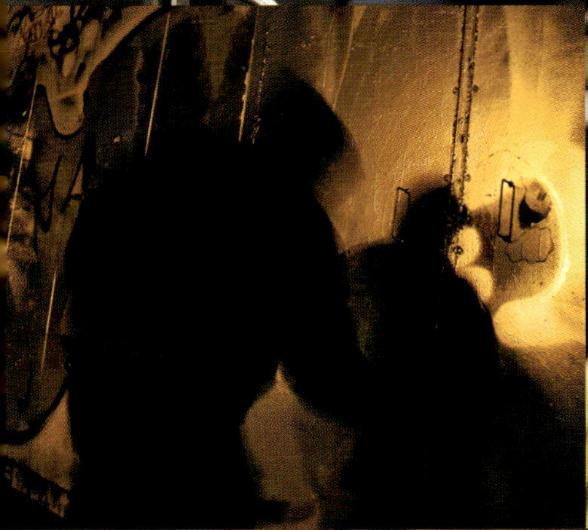
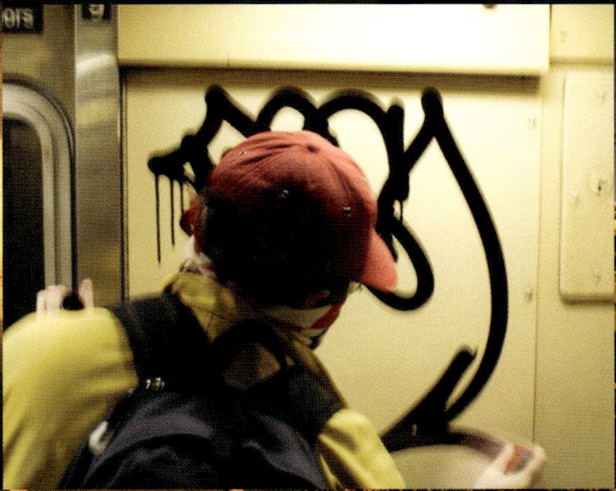
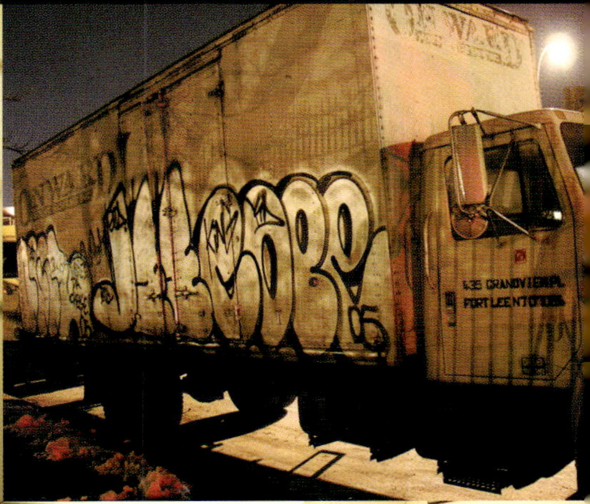
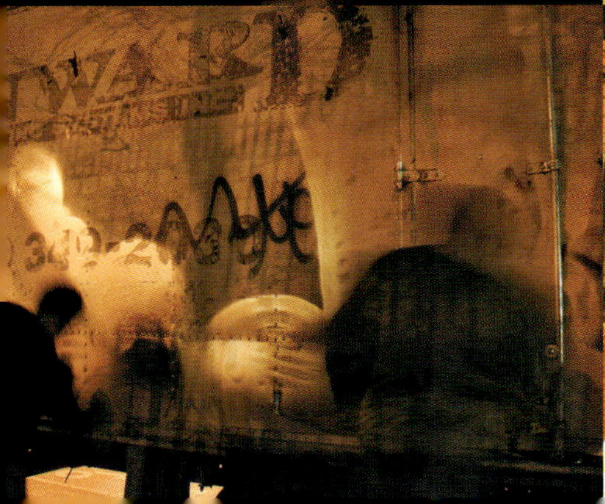
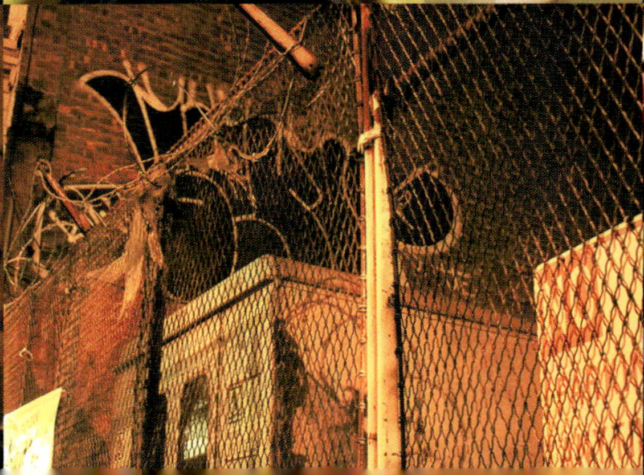
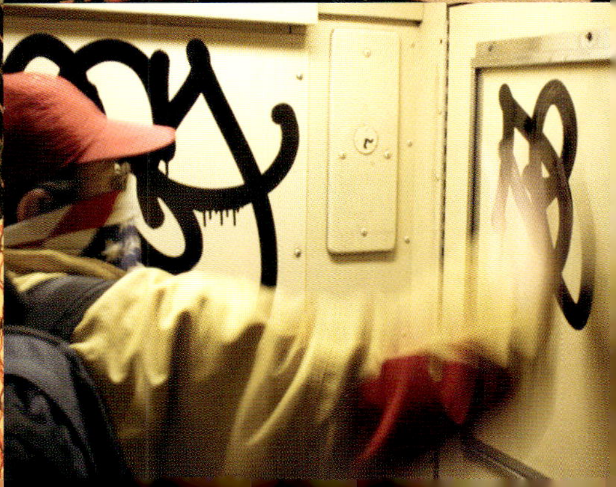

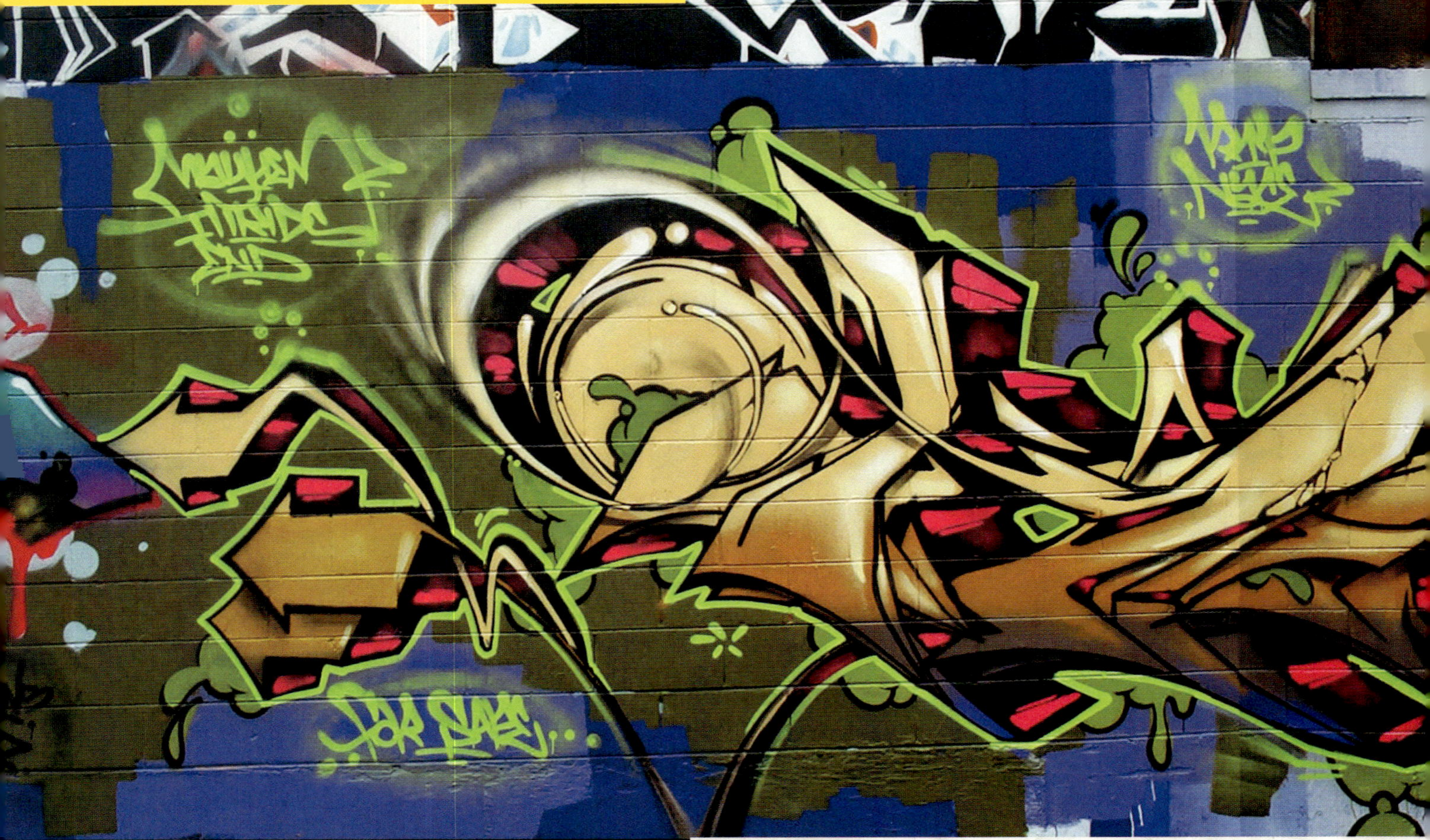

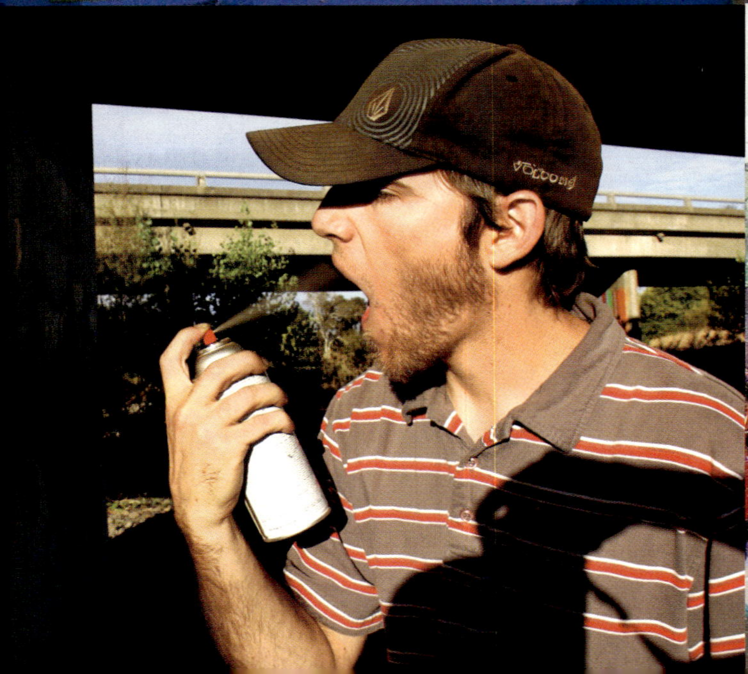

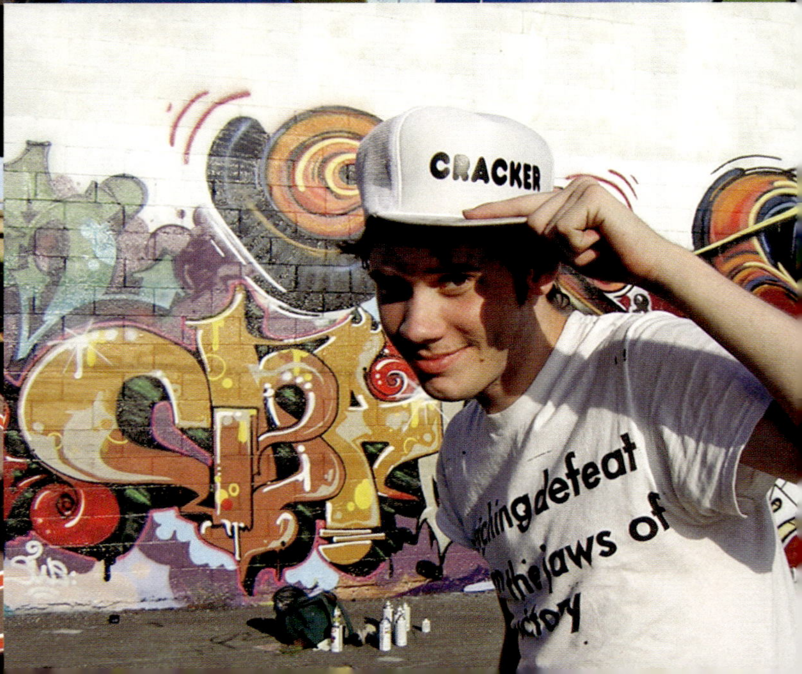
CRACKER

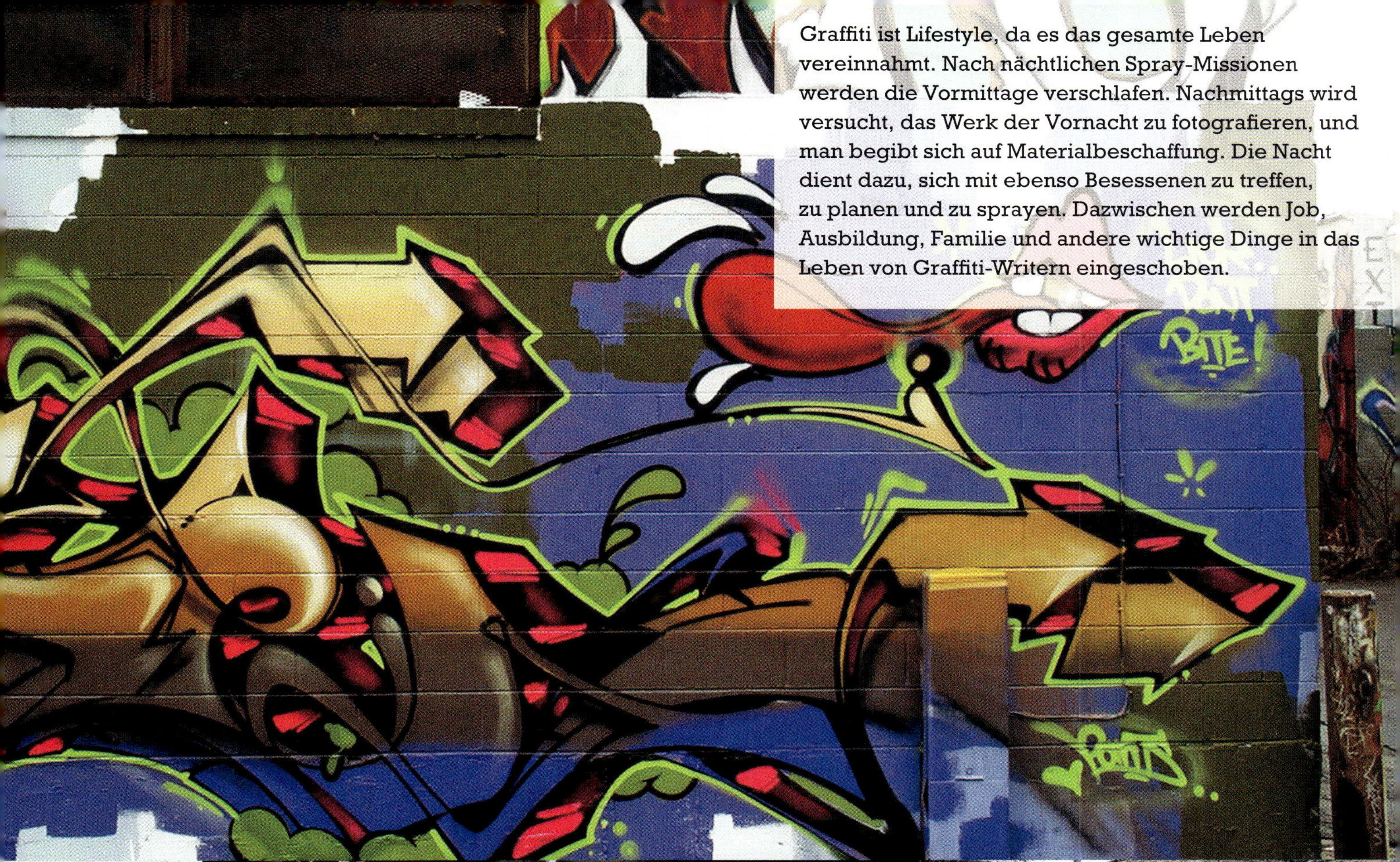

Graffiti ist Lifestyle, da es das gesamte Leben vereinnahmt. Nach nächtlichen Spray-Missionen werden die Vormittage verschlafen. Nachmittags wird versucht, das Werk der Vornacht zu fotografieren, und man begibt sich auf Materialbeschaffung. Die Nacht dient dazu, sich mit ebenso Besessenen zu treffen, zu planen und zu sprayen. Dazwischen werden Job, Ausbildung, Familie und andere wichtige Dinge in das Leben von Graffiti-Writern eingeschoben.

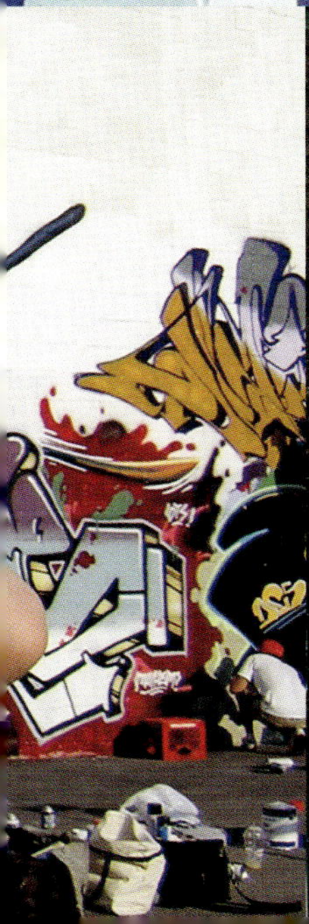

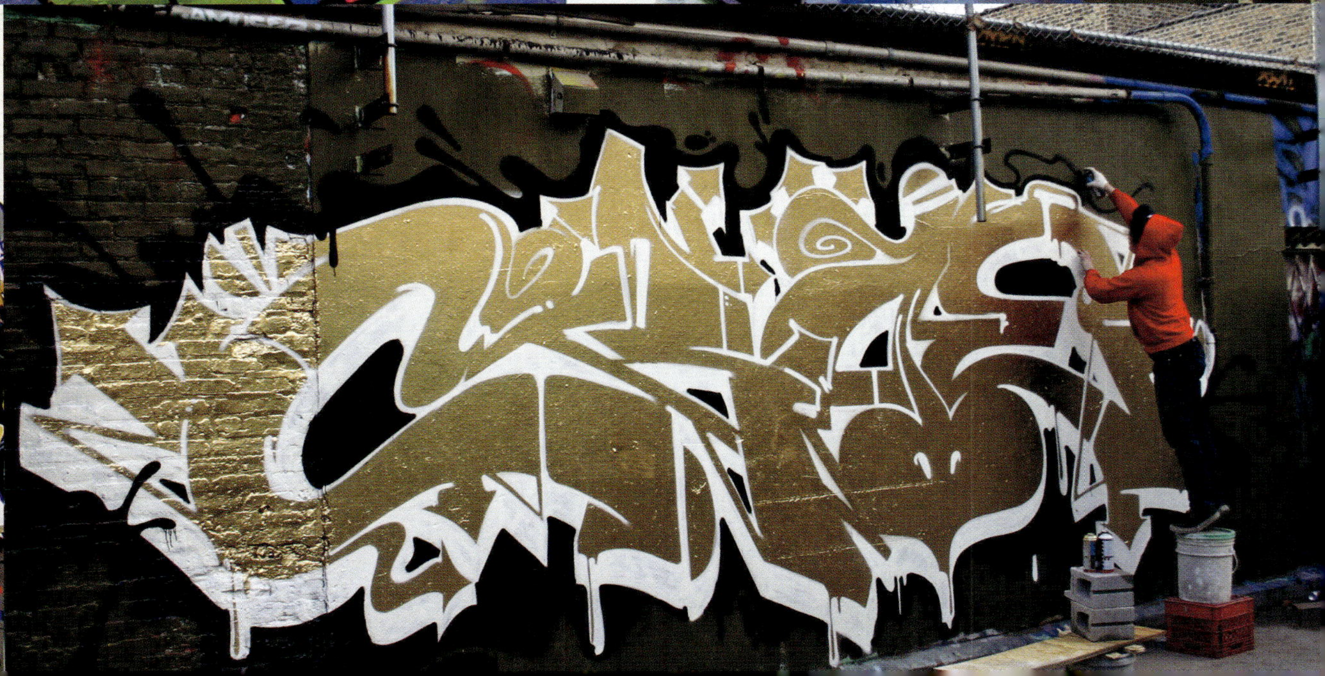

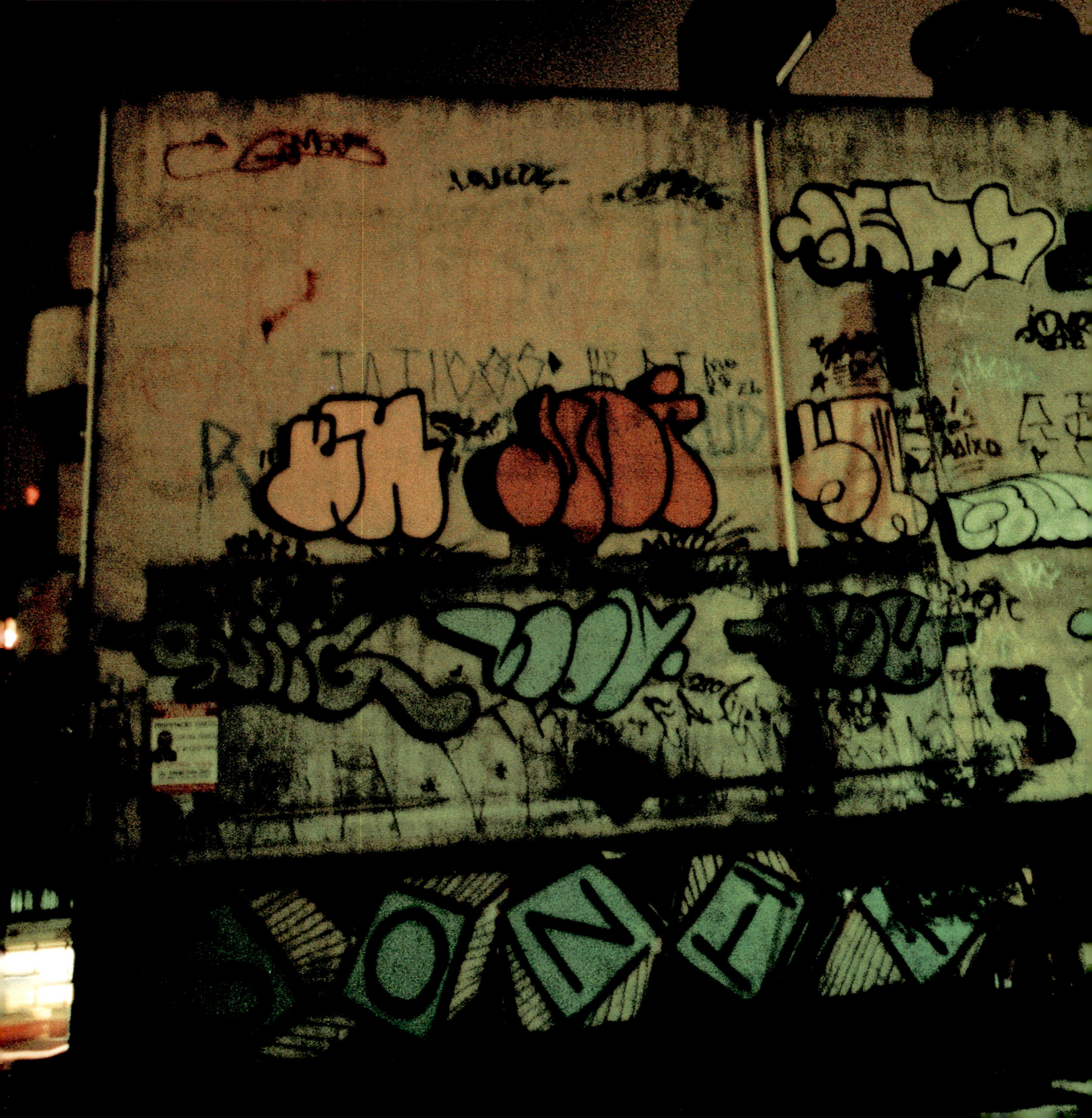

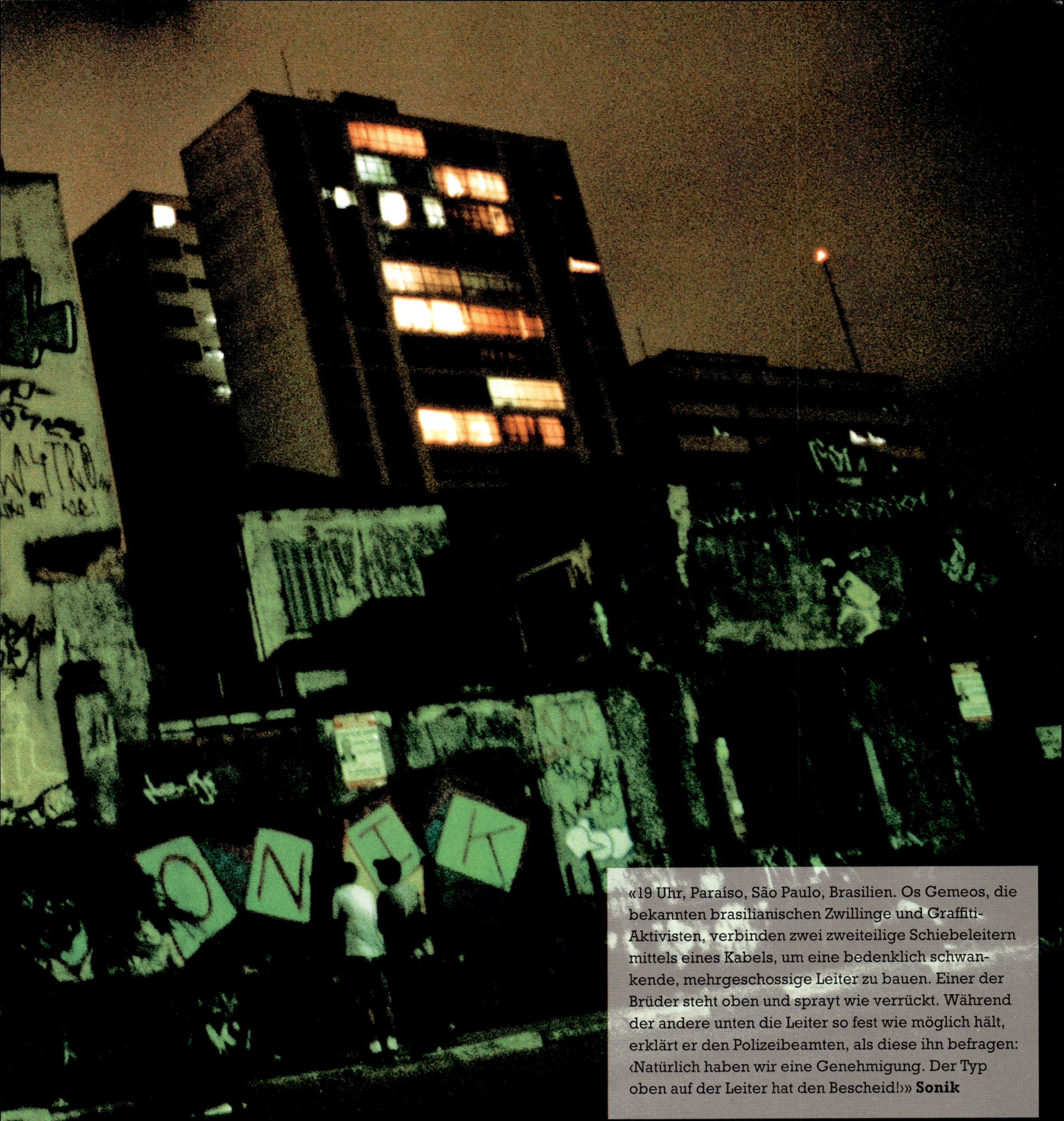

«19 Uhr, Paraíso, São Paulo, Brasilien. Os Gemeos, die bekannten brasilianischen Zwillinge und Graffiti-Aktivisten, verbinden zwei zweiteilige Schiebeleitern mittels eines Kabels, um eine bedenklich schwankende, mehrgeschossige Leiter zu bauen. Einer der Brüder steht oben und sprayt wie verrückt. Während der andere unten die Leiter so fest wie möglich hält, erklärt er den Polizeibeamten, als diese ihn befragen: ‹Natürlich haben wir eine Genehmigung. Der Typ oben auf der Leiter hat den Bescheid!›» **Sonik**

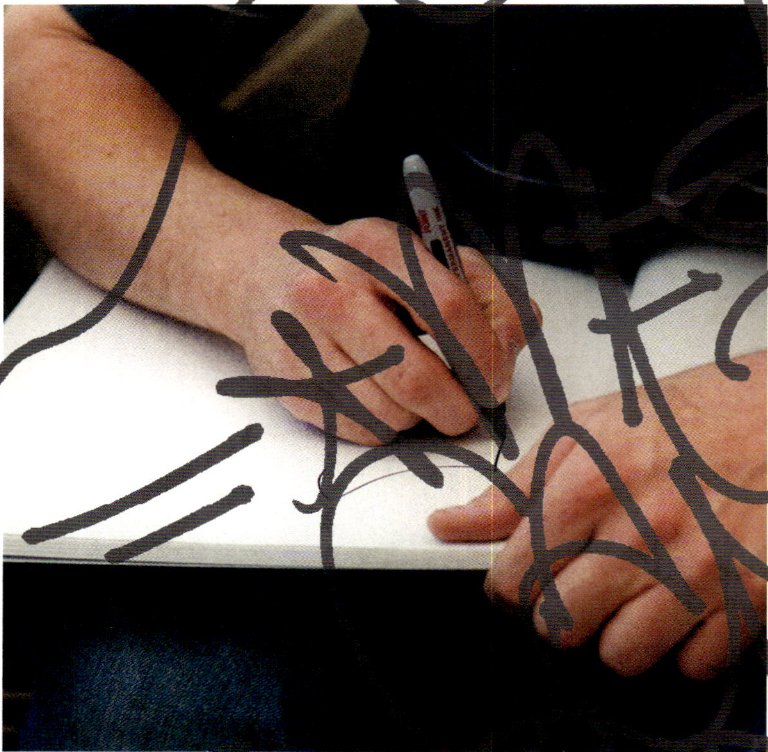

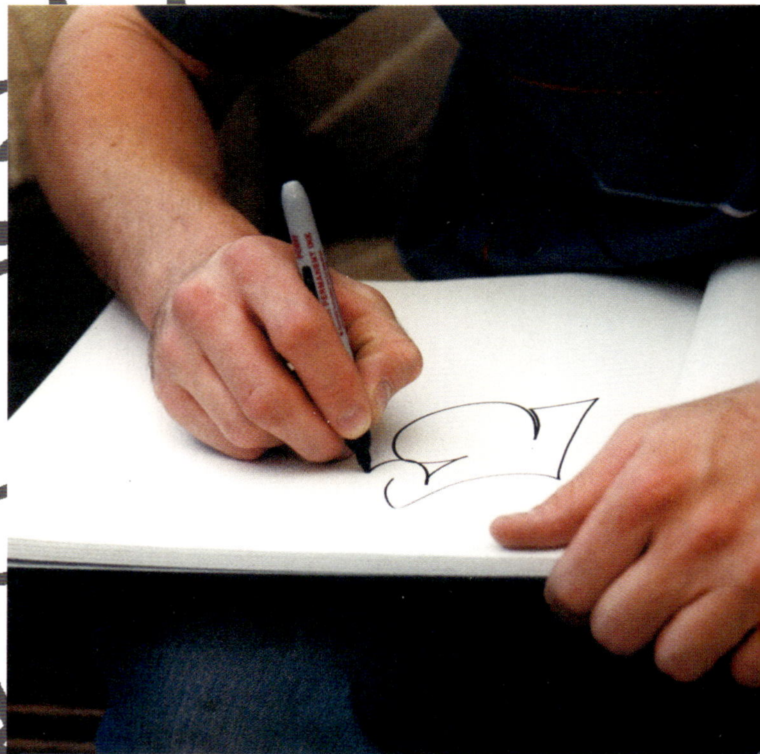

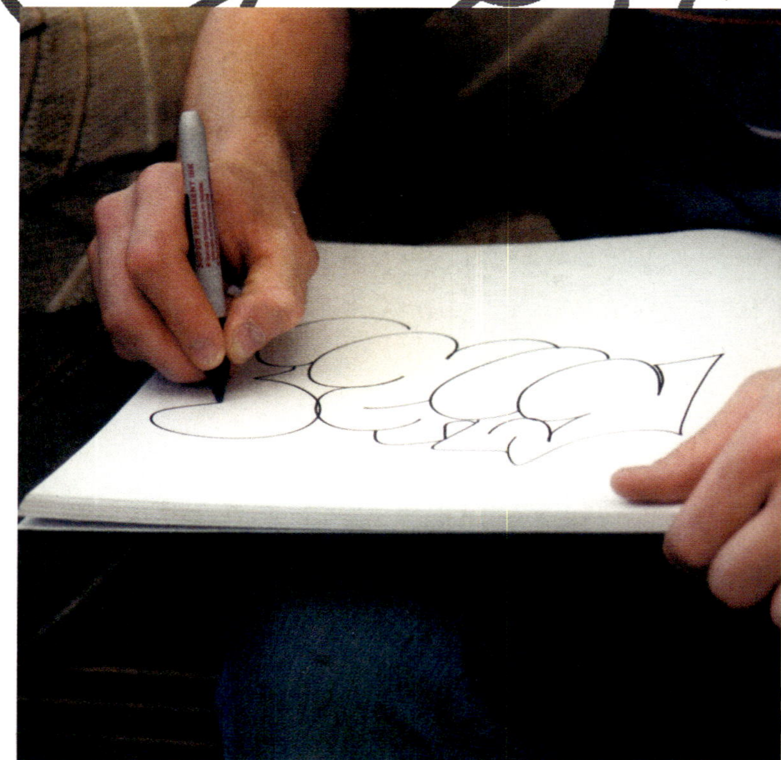

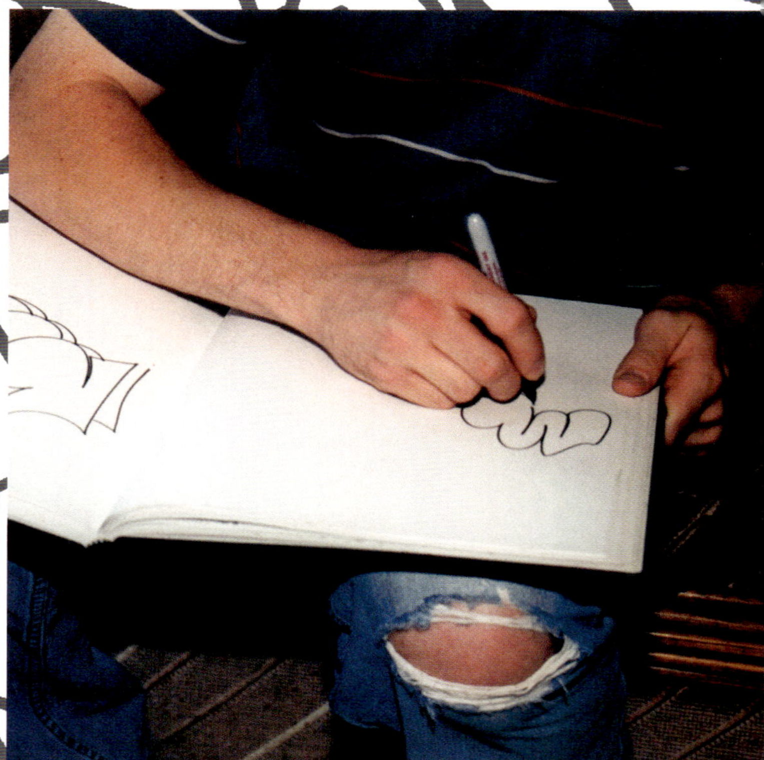

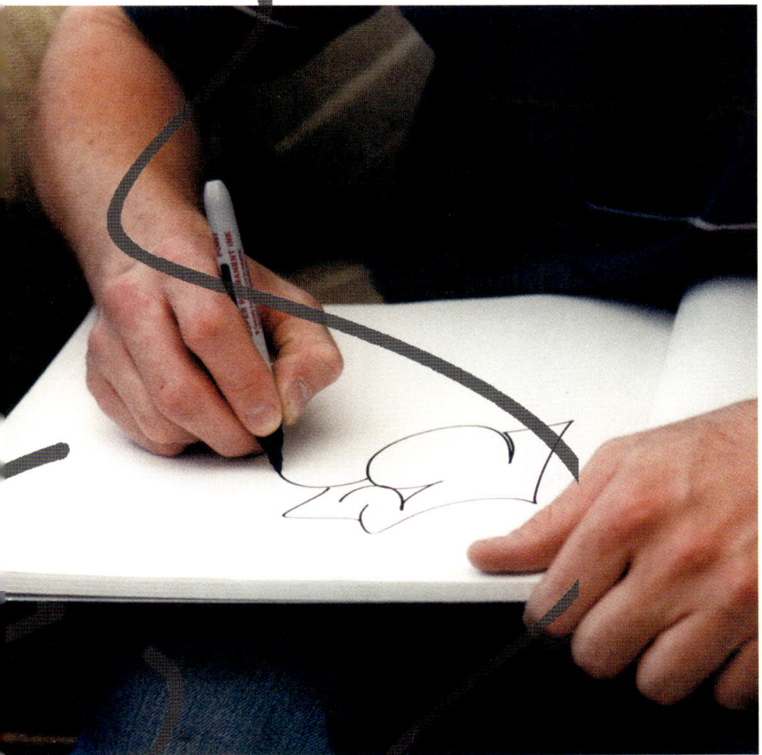

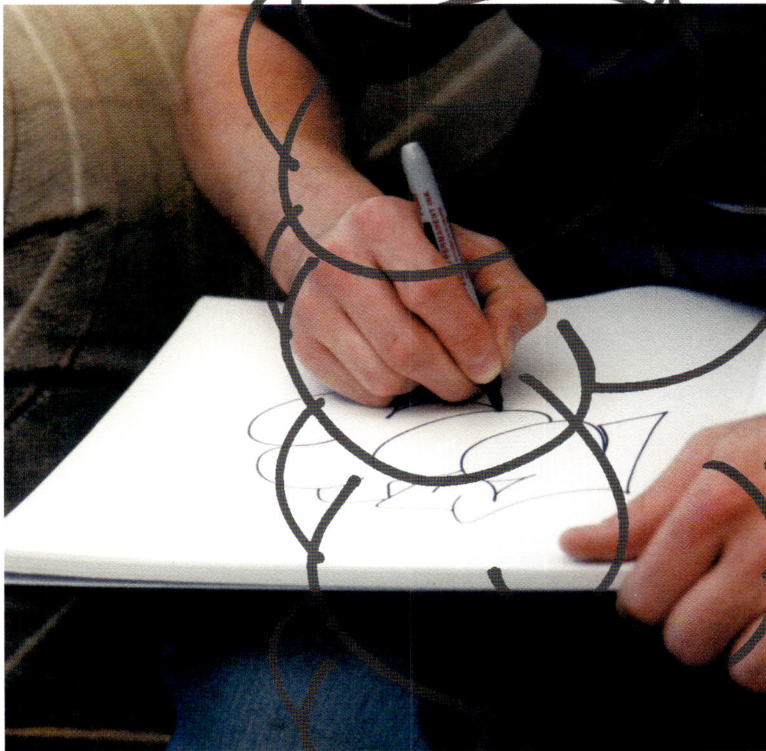

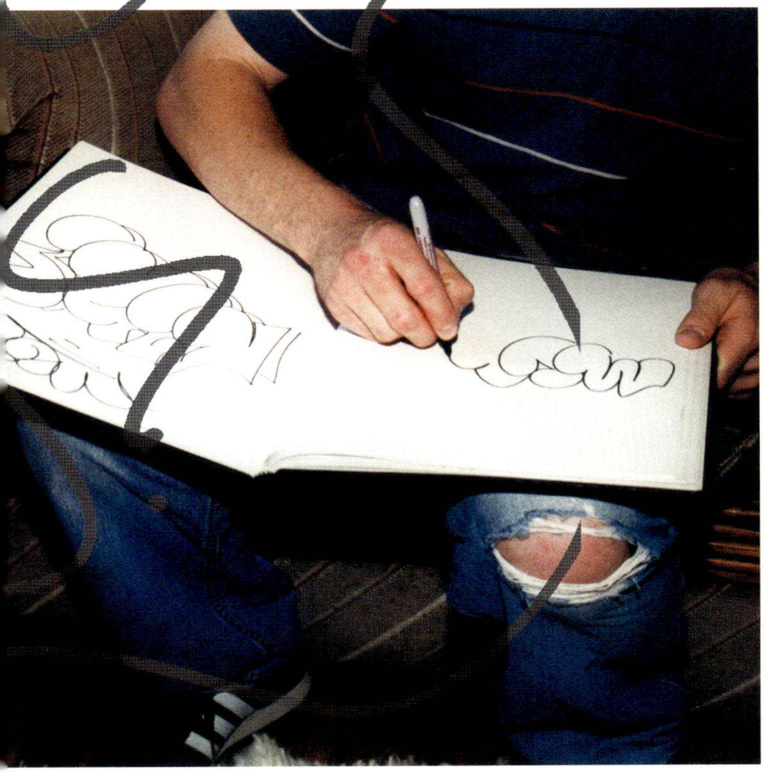

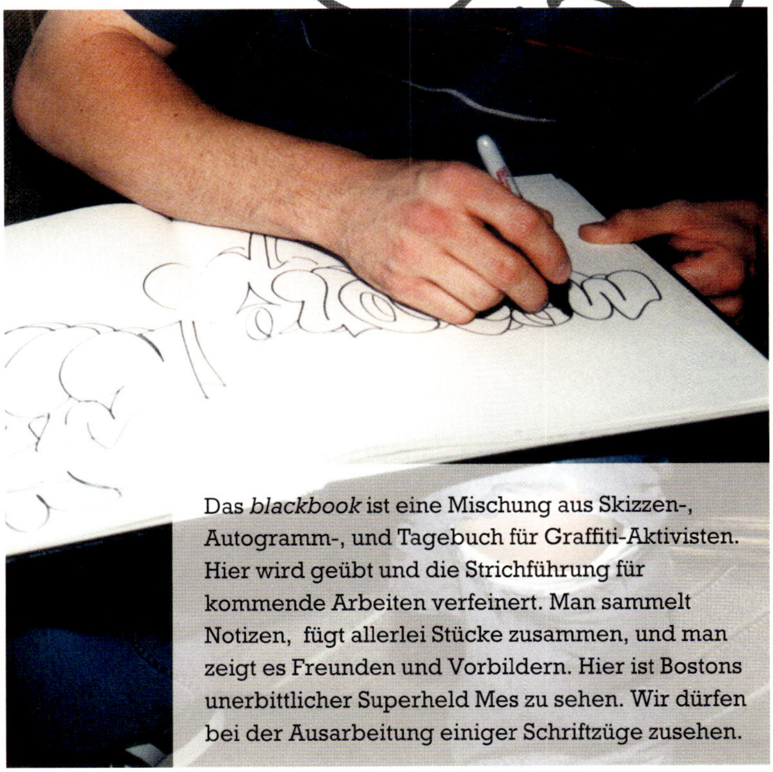

Das *blackbook* ist eine Mischung aus Skizzen-, Autogramm-, und Tagebuch für Graffiti-Aktivisten. Hier wird geübt und die Strichführung für kommende Arbeiten verfeinert. Man sammelt Notizen, fügt allerlei Stücke zusammen, und man zeigt es Freunden und Vorbildern. Hier ist Bostons unerbittlicher Superheld Mes zu sehen. Wir dürfen bei der Ausarbeitung einiger Schriftzüge zusehen.

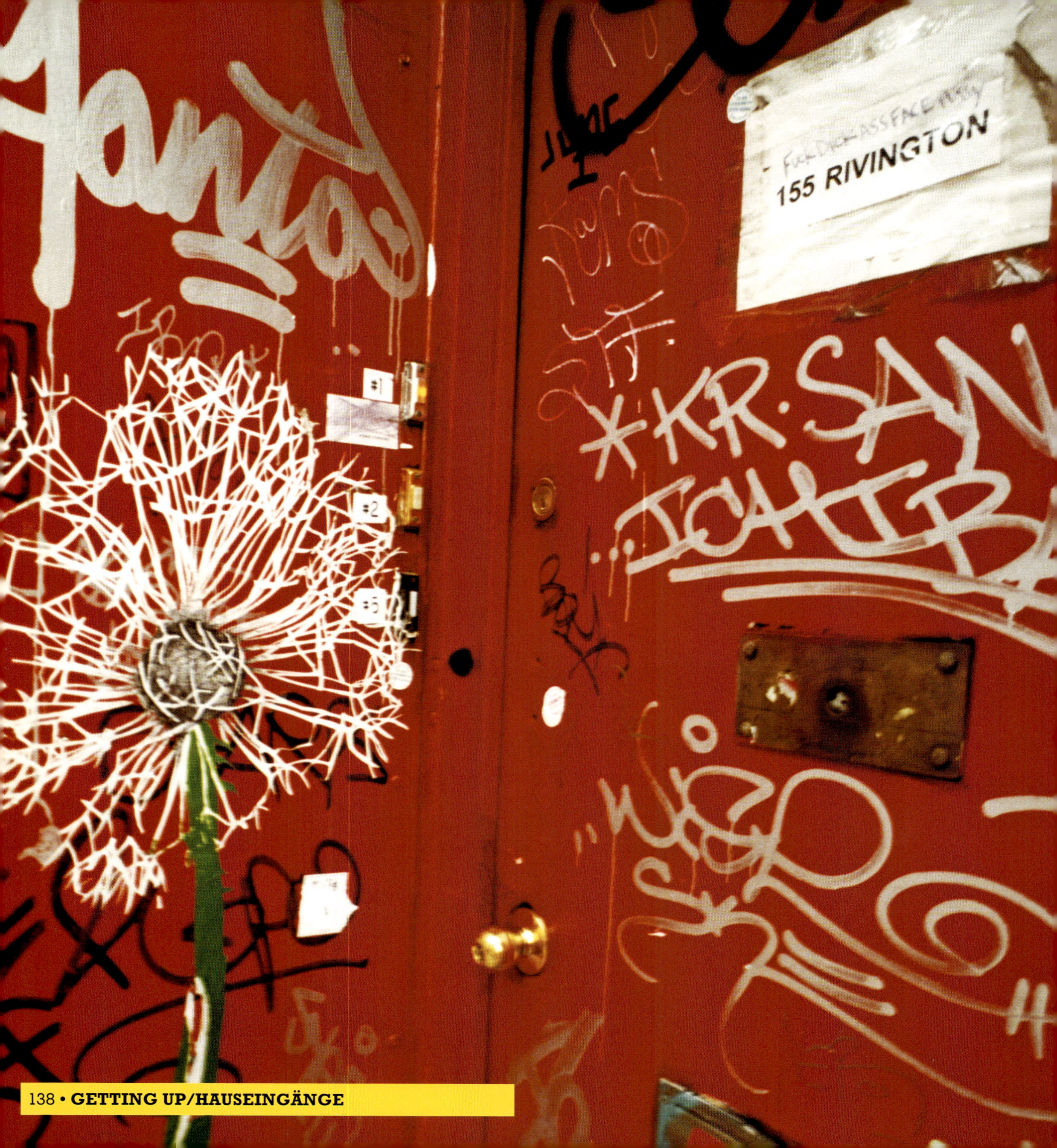
155 RIVINGTON
#1
#2

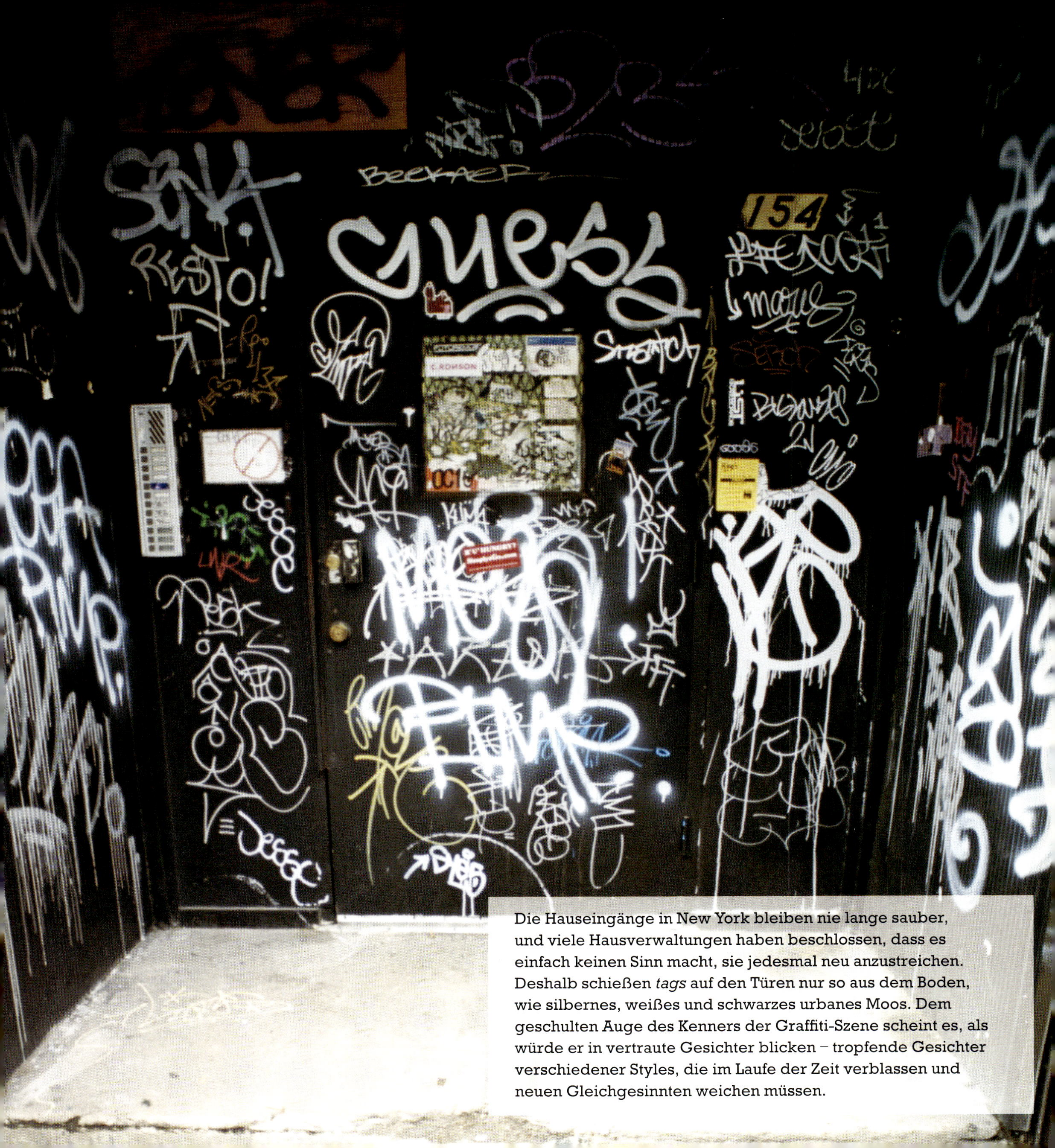

Die Hauseingänge in New York bleiben nie lange sauber, und viele Hausverwaltungen haben beschlossen, dass es einfach keinen Sinn macht, sie jedesmal neu anzustreichen. Deshalb schießen *tags* auf den Türen nur so aus dem Boden, wie silbernes, weißes und schwarzes urbanes Moos. Dem geschulten Auge des Kenners der Graffiti-Szene scheint es, als würde er in vertraute Gesichter blicken – tropfende Gesichter verschiedener Styles, die im Laufe der Zeit verblassen und neuen Gleichgesinnten weichen müssen.

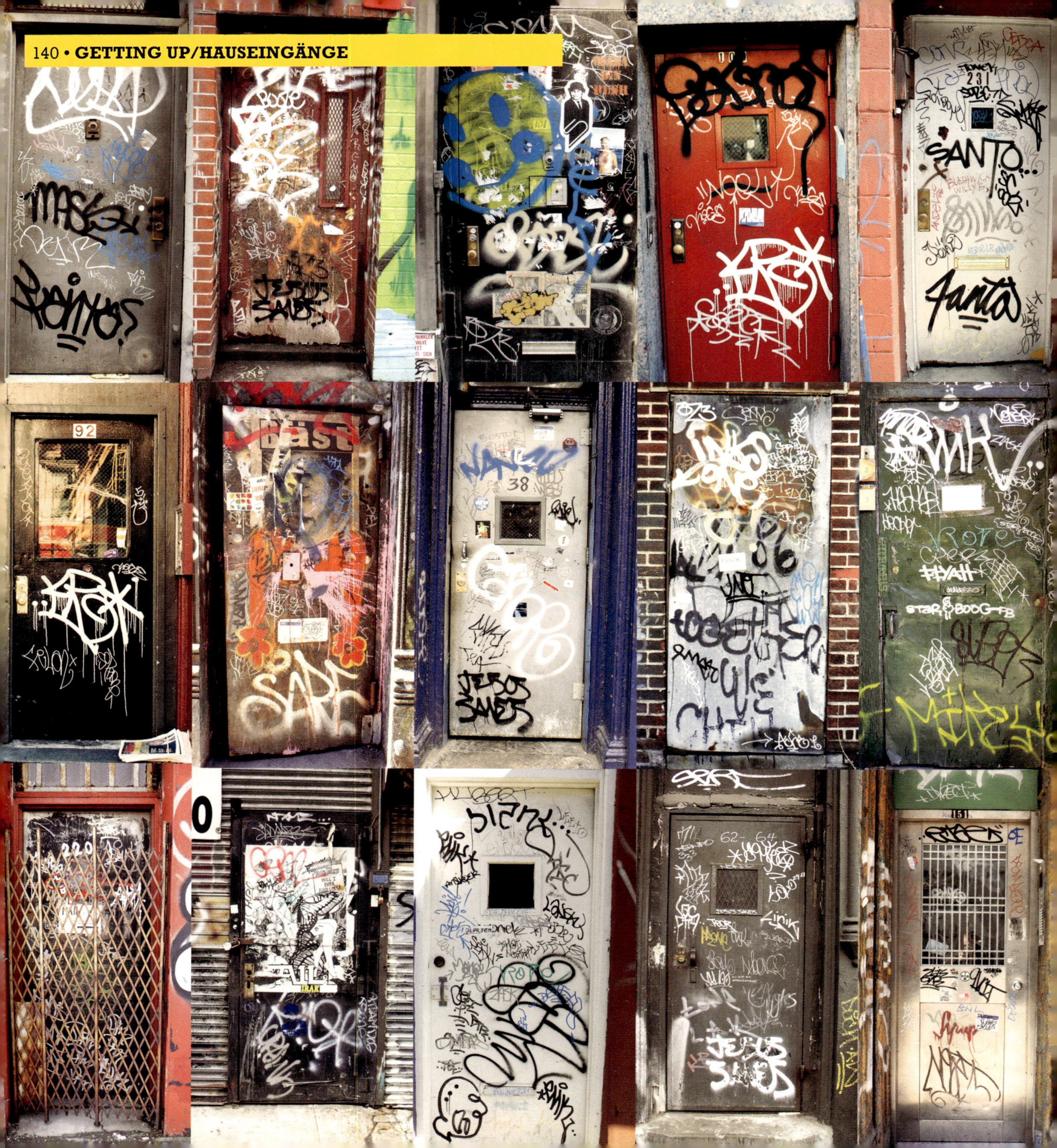
JESUS SAVES
SANTO
92
38
JESUS SAVES
JESUS SAVES

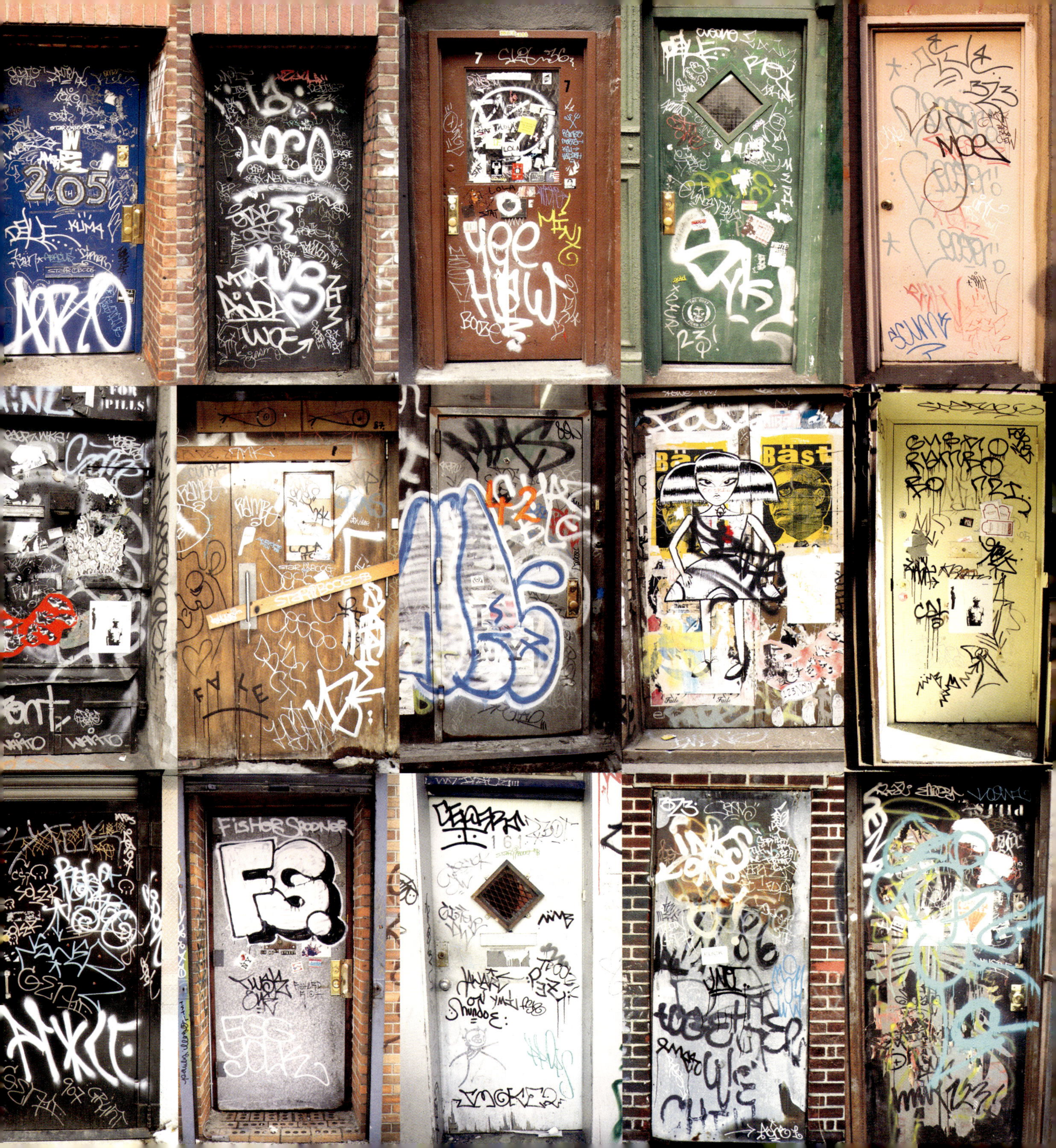
FOR PILLS
Bäst
Bäst
FISHER SPOONER

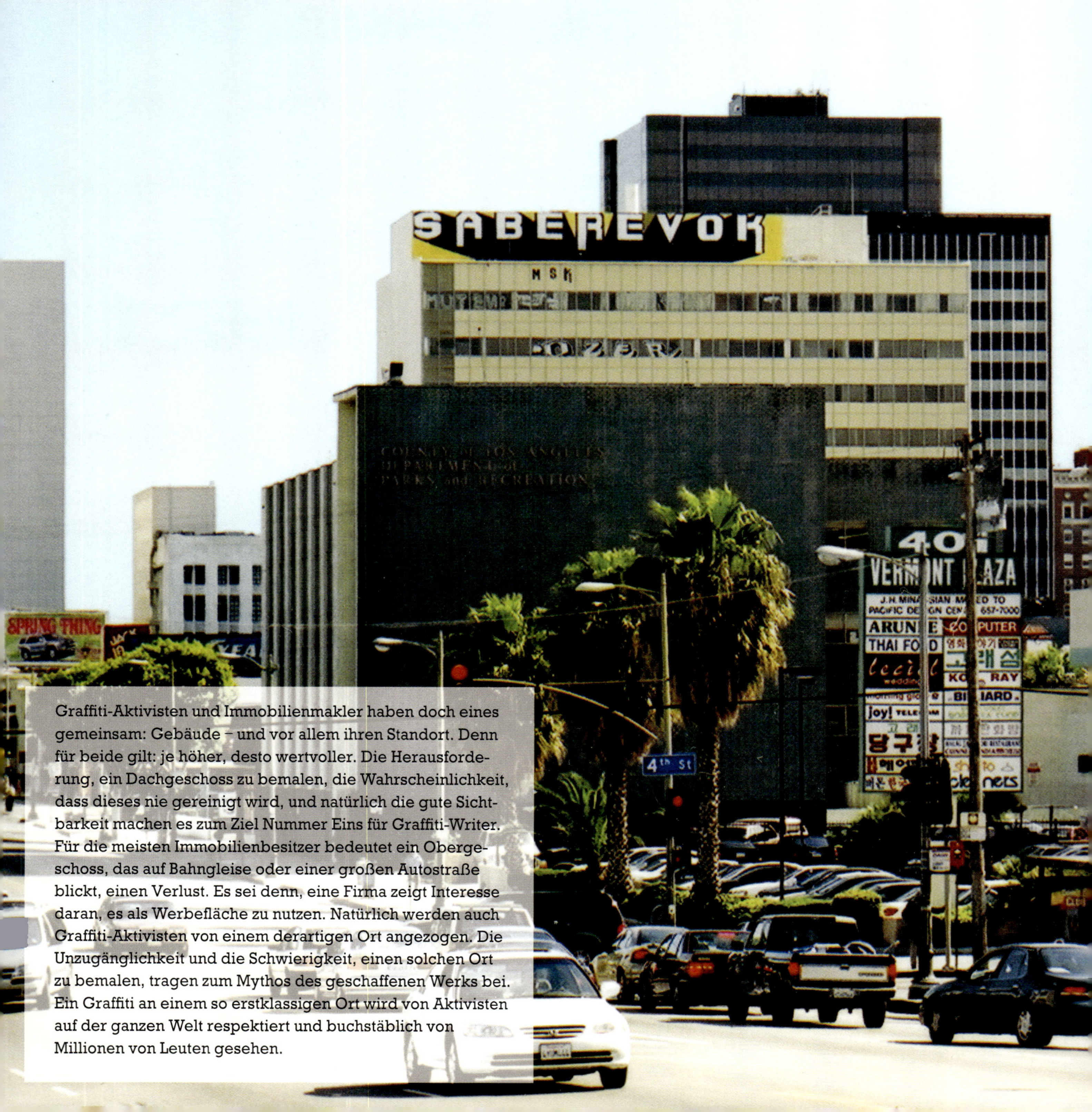

Graffiti-Aktivisten und Immobilienmakler haben doch eines gemeinsam: Gebäude – und vor allem ihren Standort. Denn für beide gilt: je höher, desto wertvoller. Die Herausforderung, ein Dachgeschoss zu bemalen, die Wahrscheinlichkeit, dass dieses nie gereinigt wird, und natürlich die gute Sichtbarkeit machen es zum Ziel Nummer Eins für Graffiti-Writer. Für die meisten Immobilienbesitzer bedeutet ein Obergeschoss, das auf Bahngleise oder einer großen Autostraße blickt, einen Verlust. Es sei denn, eine Firma zeigt Interesse daran, es als Werbefläche zu nutzen. Natürlich werden auch Graffiti-Aktivisten von einem derartigen Ort angezogen. Die Unzugänglichkeit und die Schwierigkeit, einen solchen Ort zu bemalen, tragen zum Mythos des geschaffenen Werks bei. Ein Graffiti an einem so erstklassigen Ort wird von Aktivisten auf der ganzen Welt respektiert und buchstäblich von Millionen von Leuten gesehen.

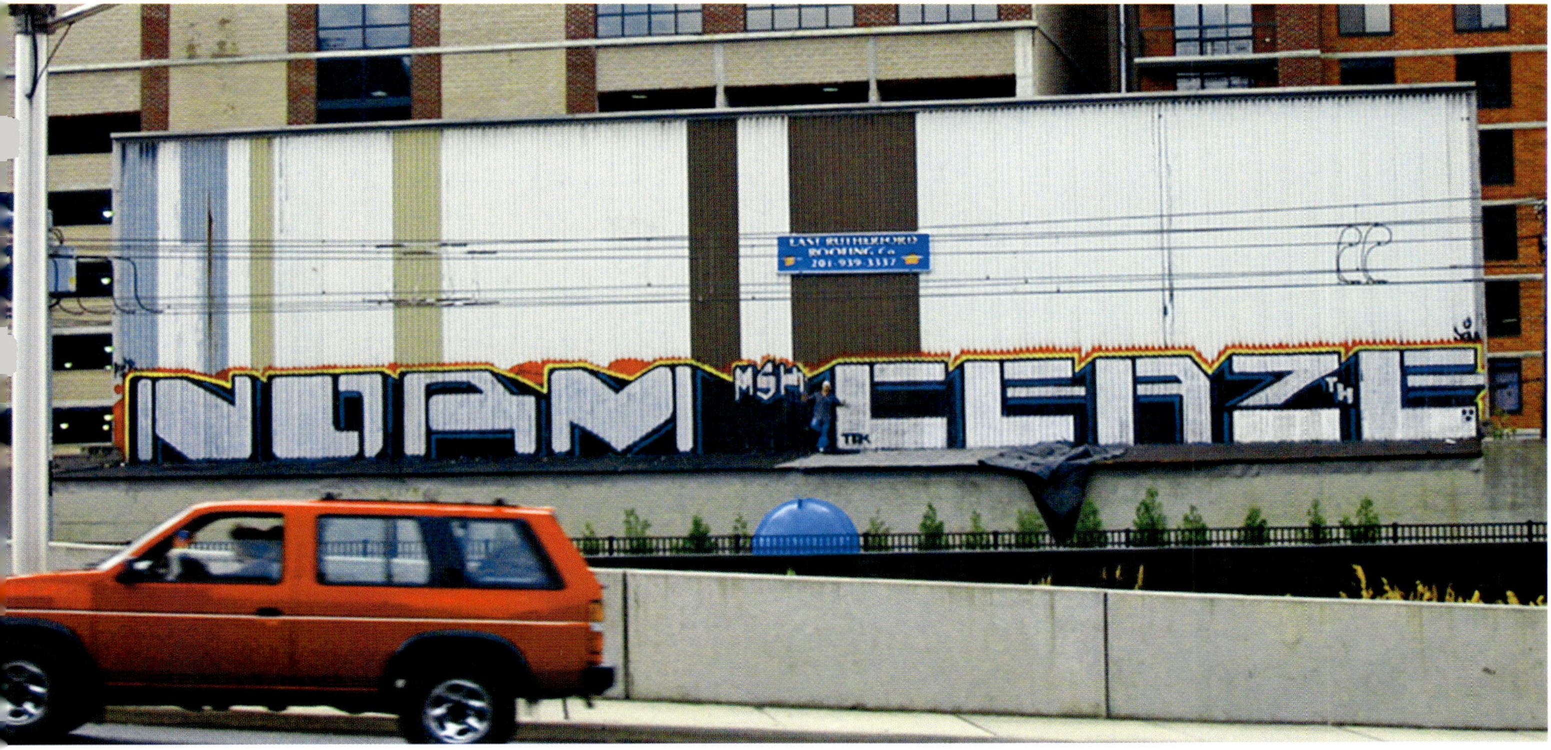
EAST RUTHERFORD
ROOFING Co
201-939-3337

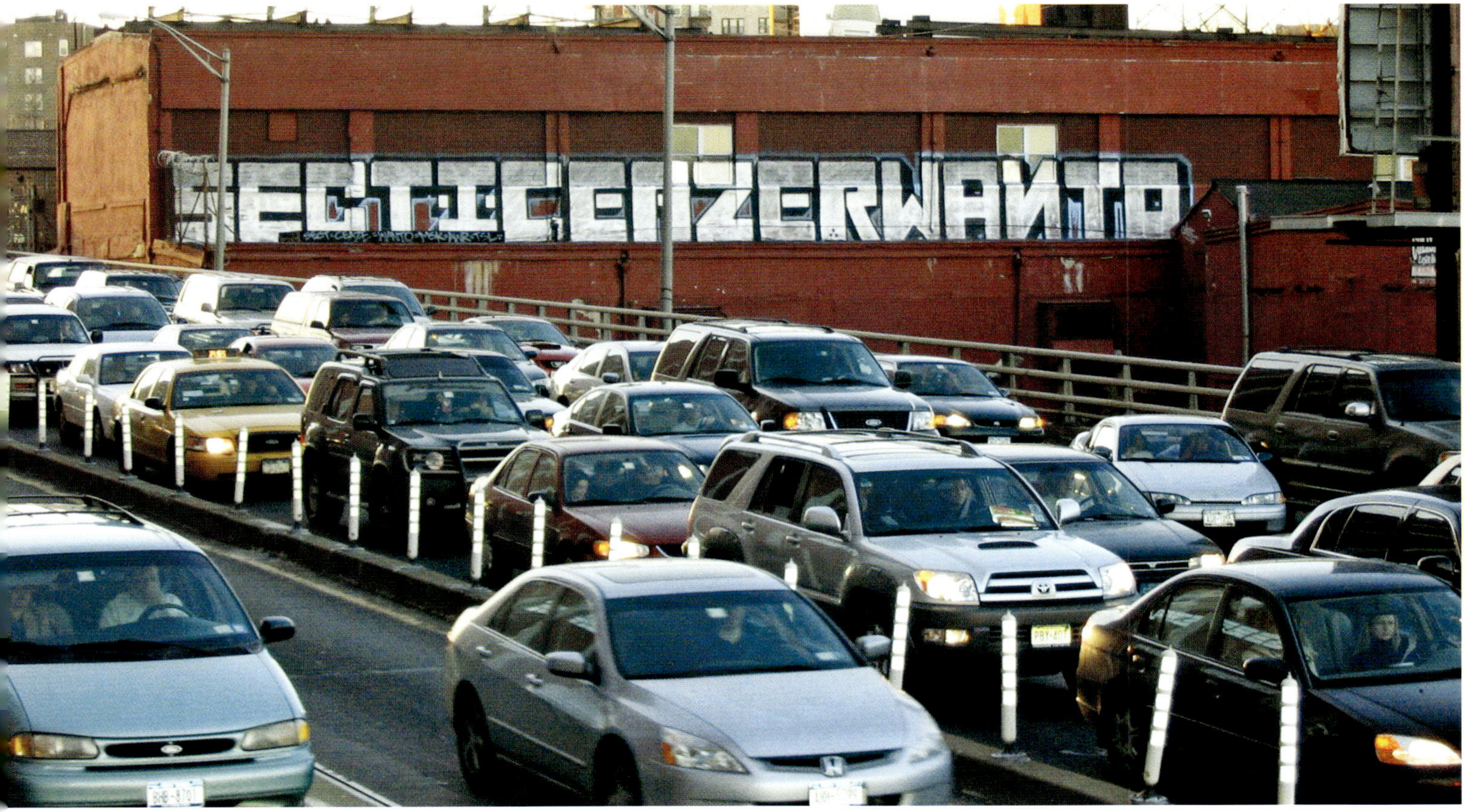

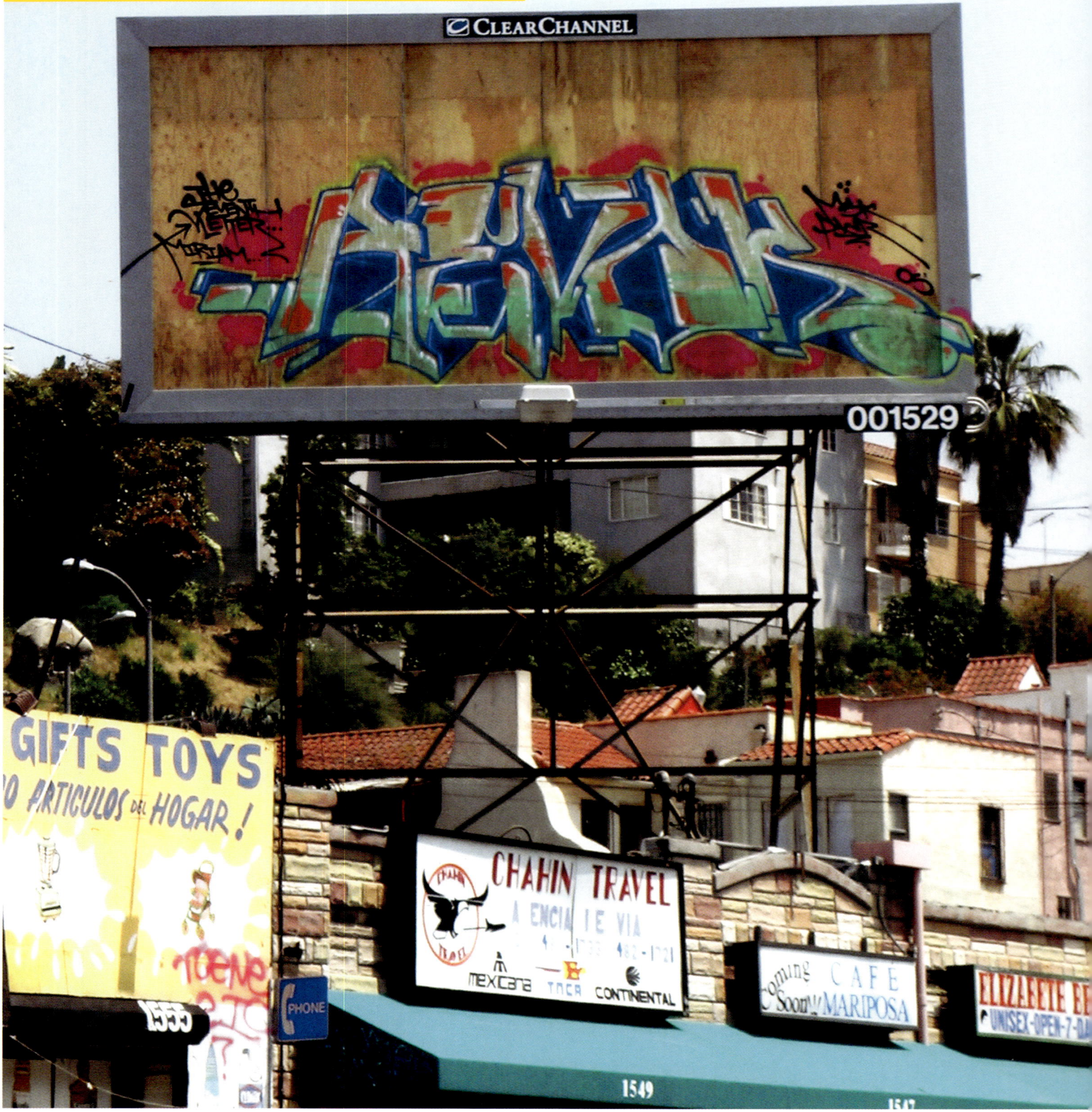
CLEARCHANNEL
001529
GIFTS TOYS
ARTICULOS DEL HOGAR!
1555
PHONE
CHAHIN TRAVEL
MEXICANA
TACA
CONTINENTAL
Coming Soon!! CAFE MARIPOSA
UNISEX-OPEN-7-DA
1549

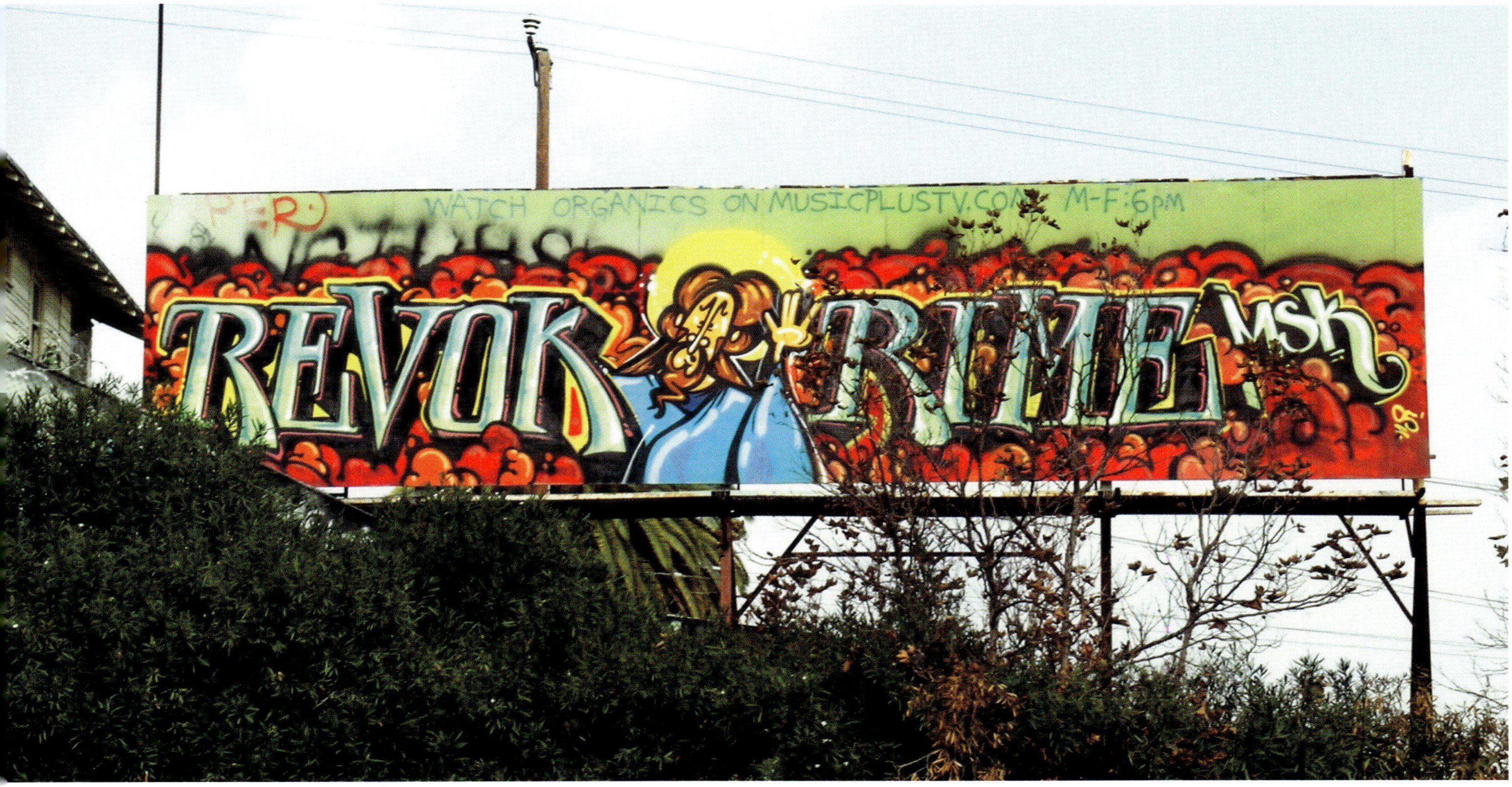

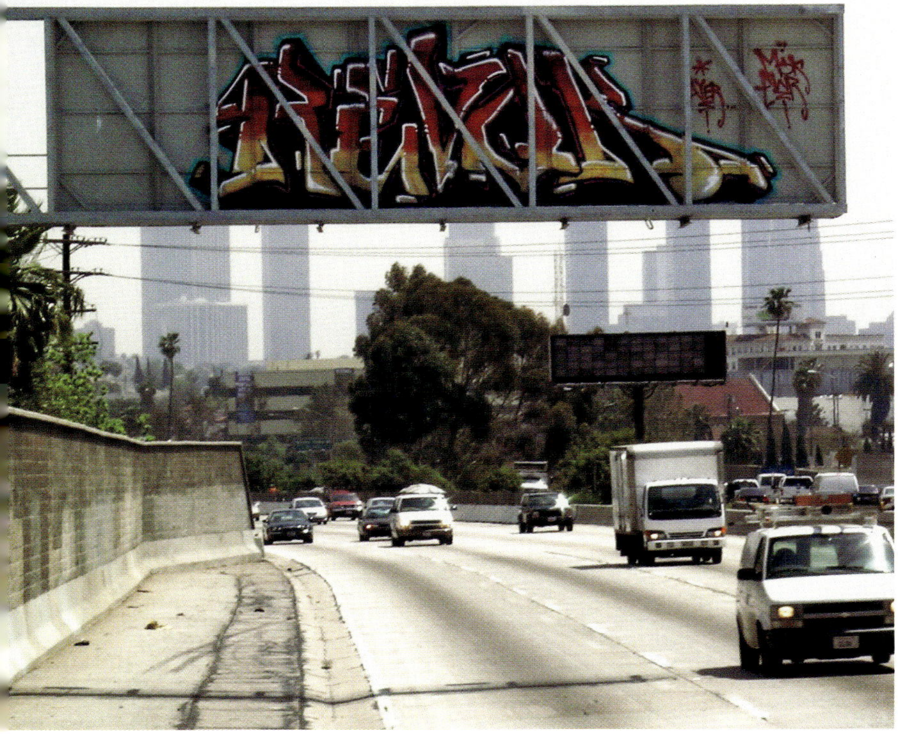

Reklametafeln dienen nur einem Zweck: eine Mitteilung an möglichst viele Menschen zu bringen. Ob bereits werbend oder noch unbeschriftet – Reklametafeln betteln Graffiti-Aktivisten förmlich an, diese zu erklimmen und zu verzieren. Natürlich ist es riskant, in solch luftigen Höhen zu sprayen, da ersehnte Sichtbarkeit auch Nachteile mit sich bringt – doch Graffiti-Aktivisten sind Meister darin, heimlich und unentdeckt zu arbeiten.

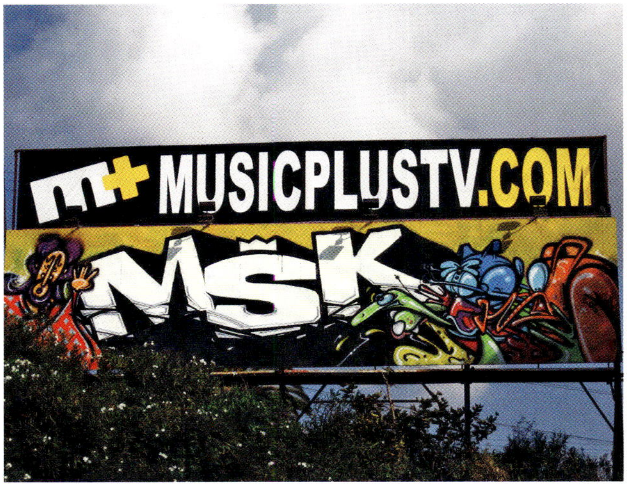

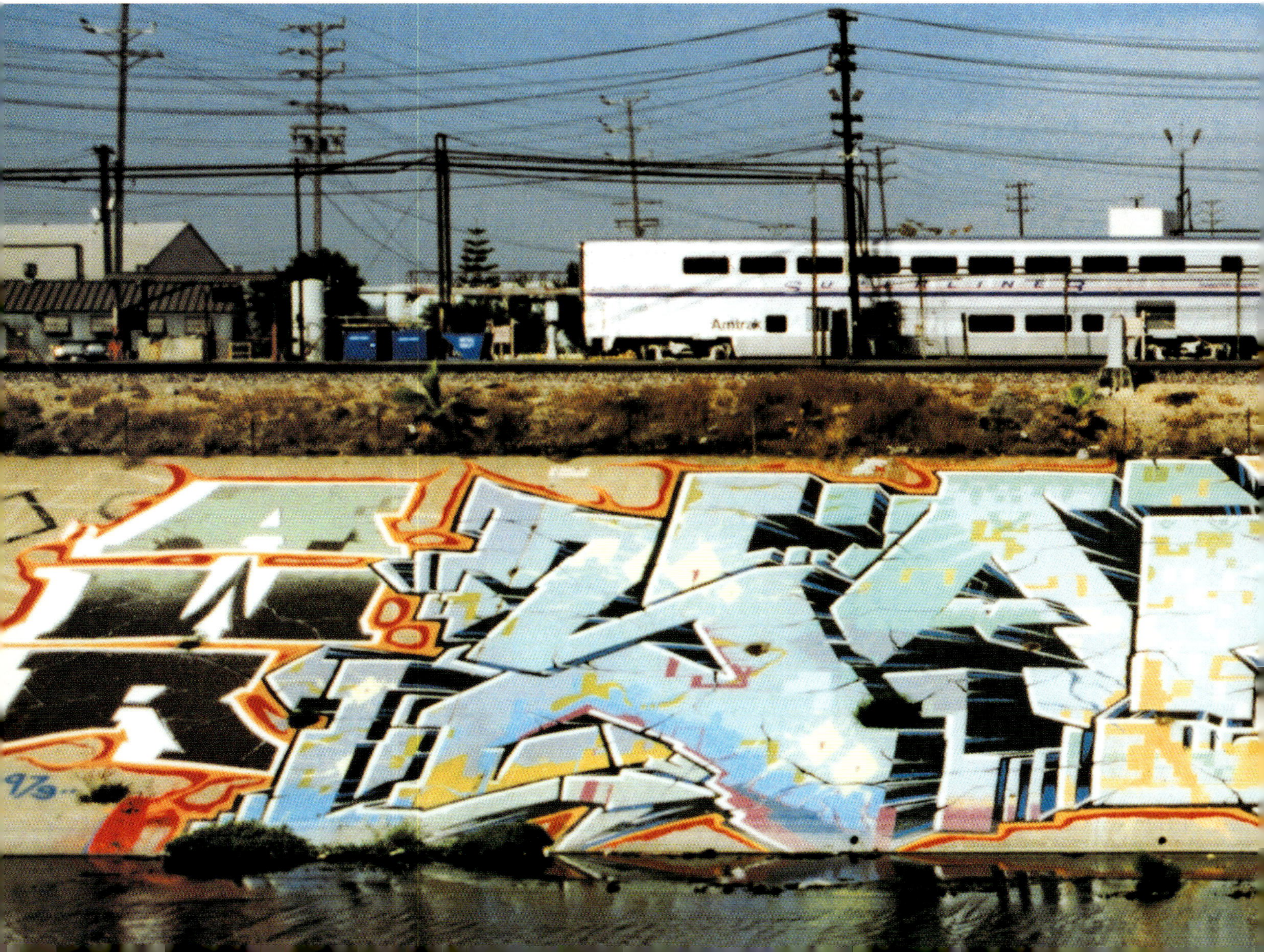
SURFLINER
Amtrak

ür Graffiti gibt es kein Guinness Buch der Rekorde. Würde es ines geben, wäre Saber darin vermerkt. Er war bereits eine ebende Legende in Los Angeles, doch als er 1997 das größte raffiti aller Zeiten schuf, erlangte er Weltruhm. Sein Graffiti am eicht abschüssigen Betonufer des Los Angeles River hat beinahe ie Größe eines Fußballfelds. Es kostete ihn ungefähr 360 Liter arbe und ein Jahr Arbeit in sorgfältig geplanten Nächten, um es ertigzustellen.

s war nötig, die gesamte Ausrüstung über Stacheldrahtzaun zu eben und durch von Gangs kontrolliertes Gebiet zu transportieren. Anschließend musste er die Farbe auftragen. Dabei durfte er weder von der Polizei von Amtrak noch von den Cops aus Los Angeles bemerkt werden – beide Seiten durchkämmen das Gebiet regelmäßig auf ihren Kontrollgängen. Nach einem Jahr war Sabers Knie durch die Arbeit auf der schrägen Oberfläche kaputt, aber er hatte sein Kunstwerk vollendet. Sein Vater kroch in das verlassene Gebiet auf der anderen Seite des Flusses, wo ihn zunächst – vergeblich – Gangster verfolgten, um seine Kamera zu klauen. Danach fotografierte er seinen Sohn. Saber ist kein kleiner Typ, doch er füllt nicht einmal die kleinsten Löcher des „B“s in der Mitte seines Namens aus.

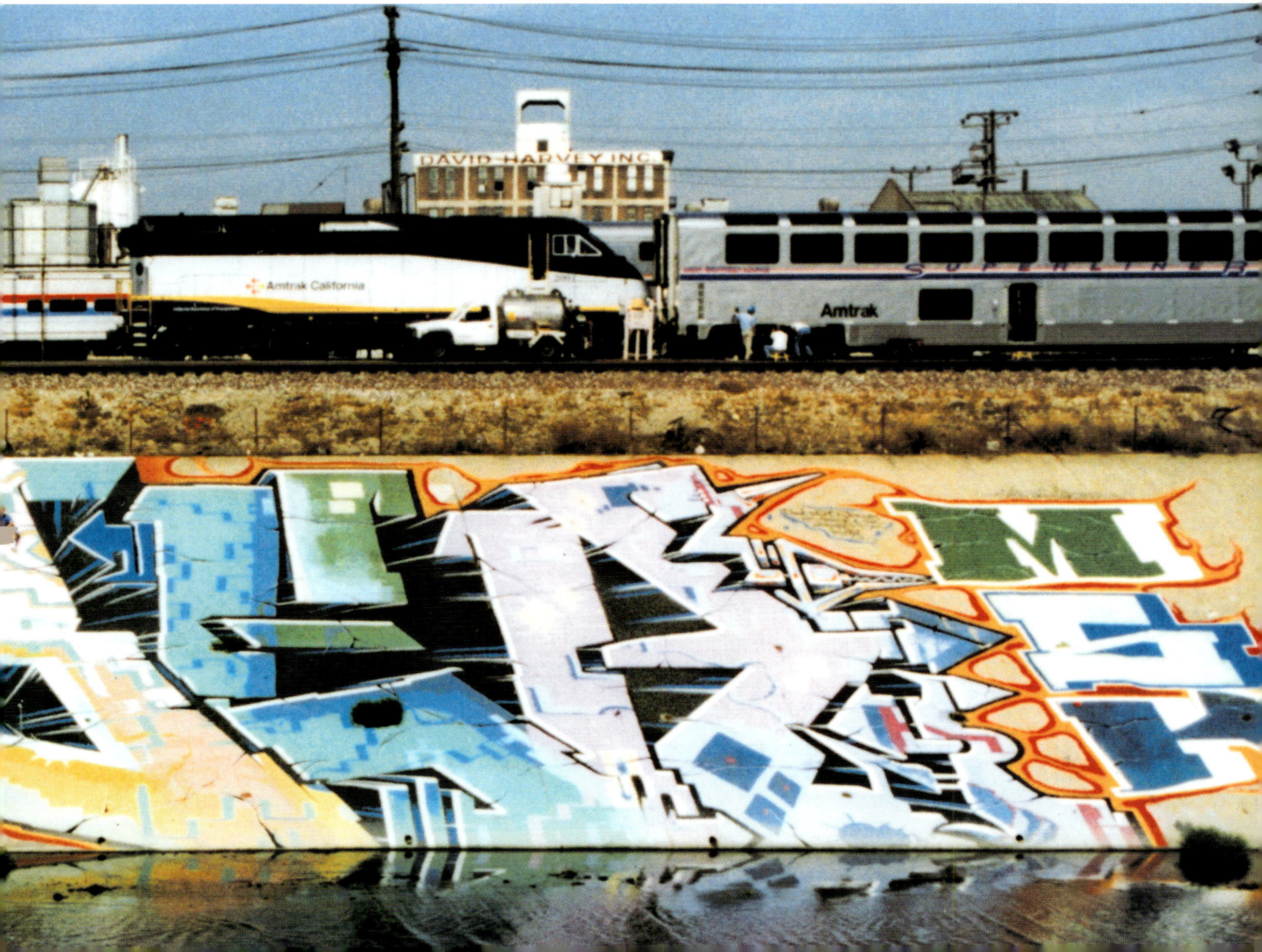

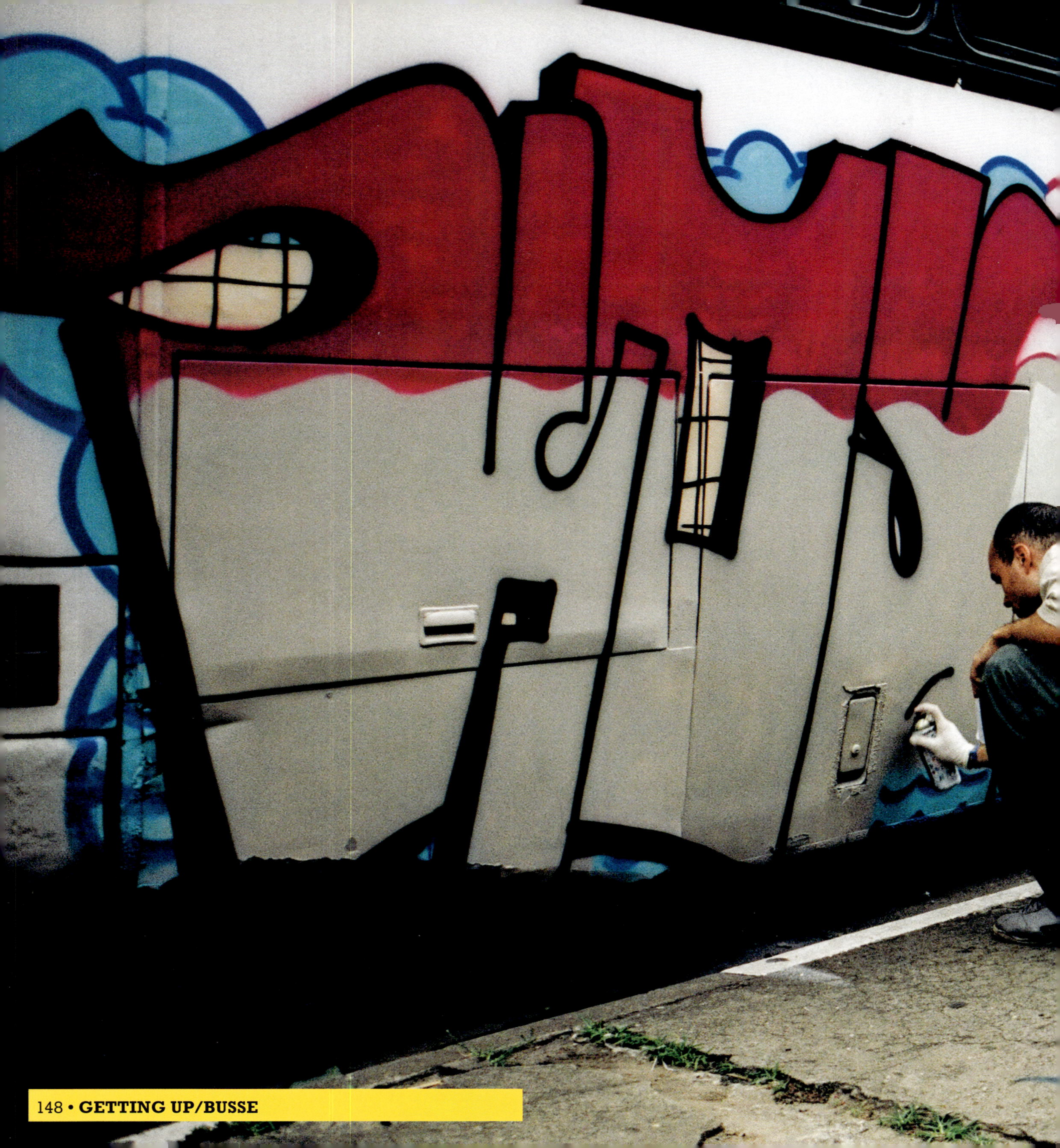

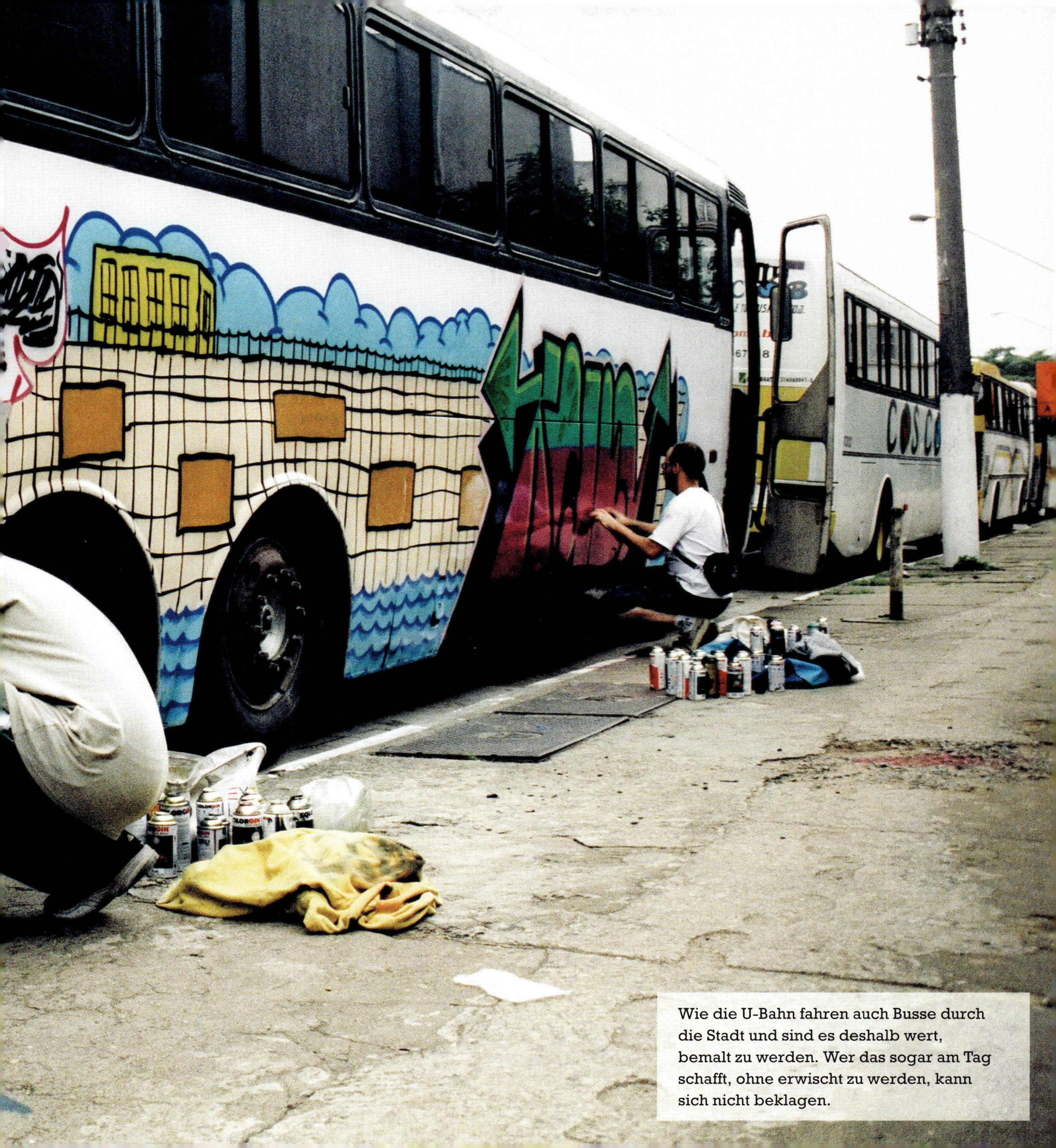

Wie die U-Bahn fahren auch Busse durch die Stadt und sind es deshalb wert, bemalt zu werden. Wer das sogar am Tag schafft, ohne erwischt zu werden, kann sich nicht beklagen.

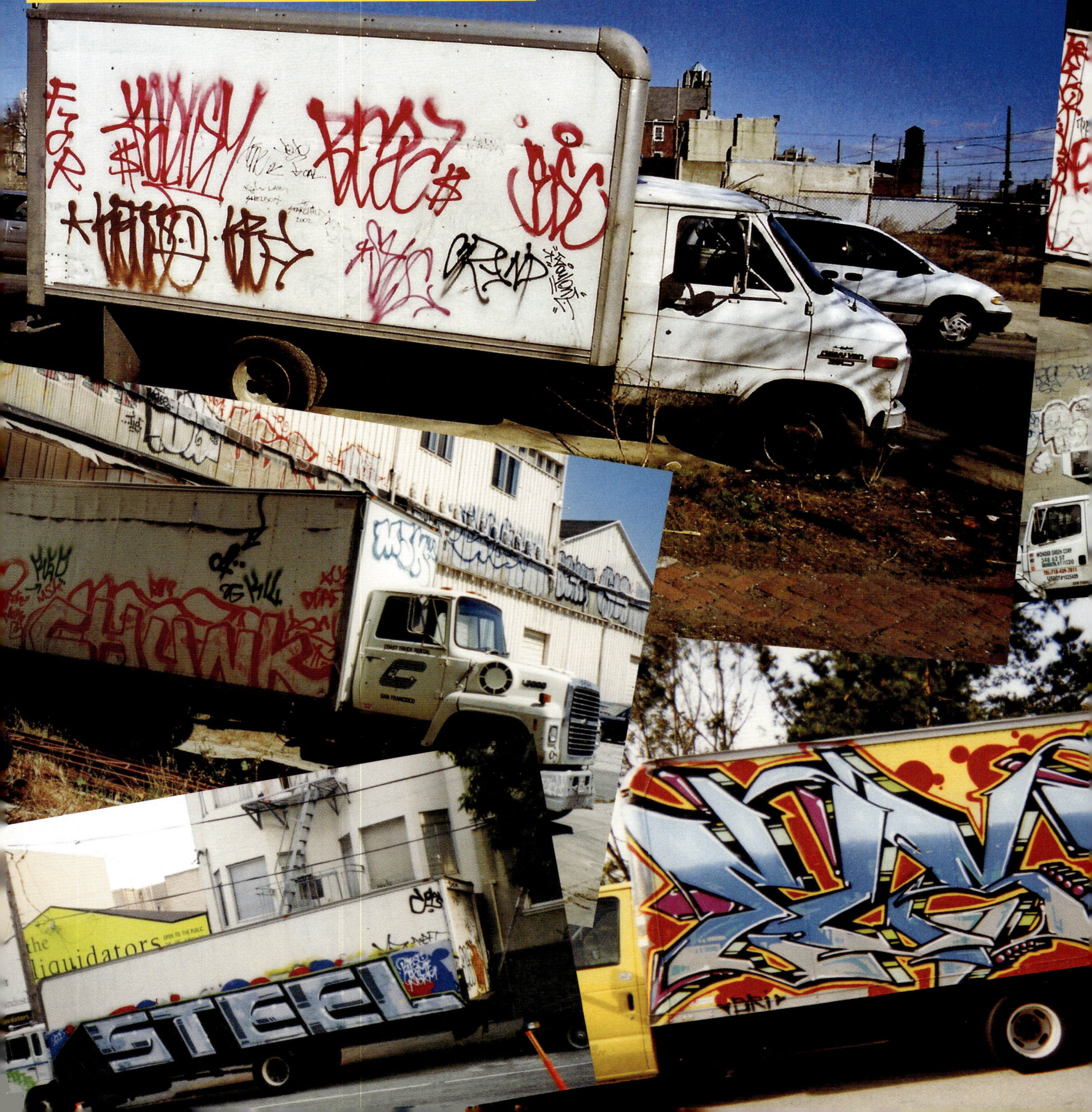
the liquidators
STEEL

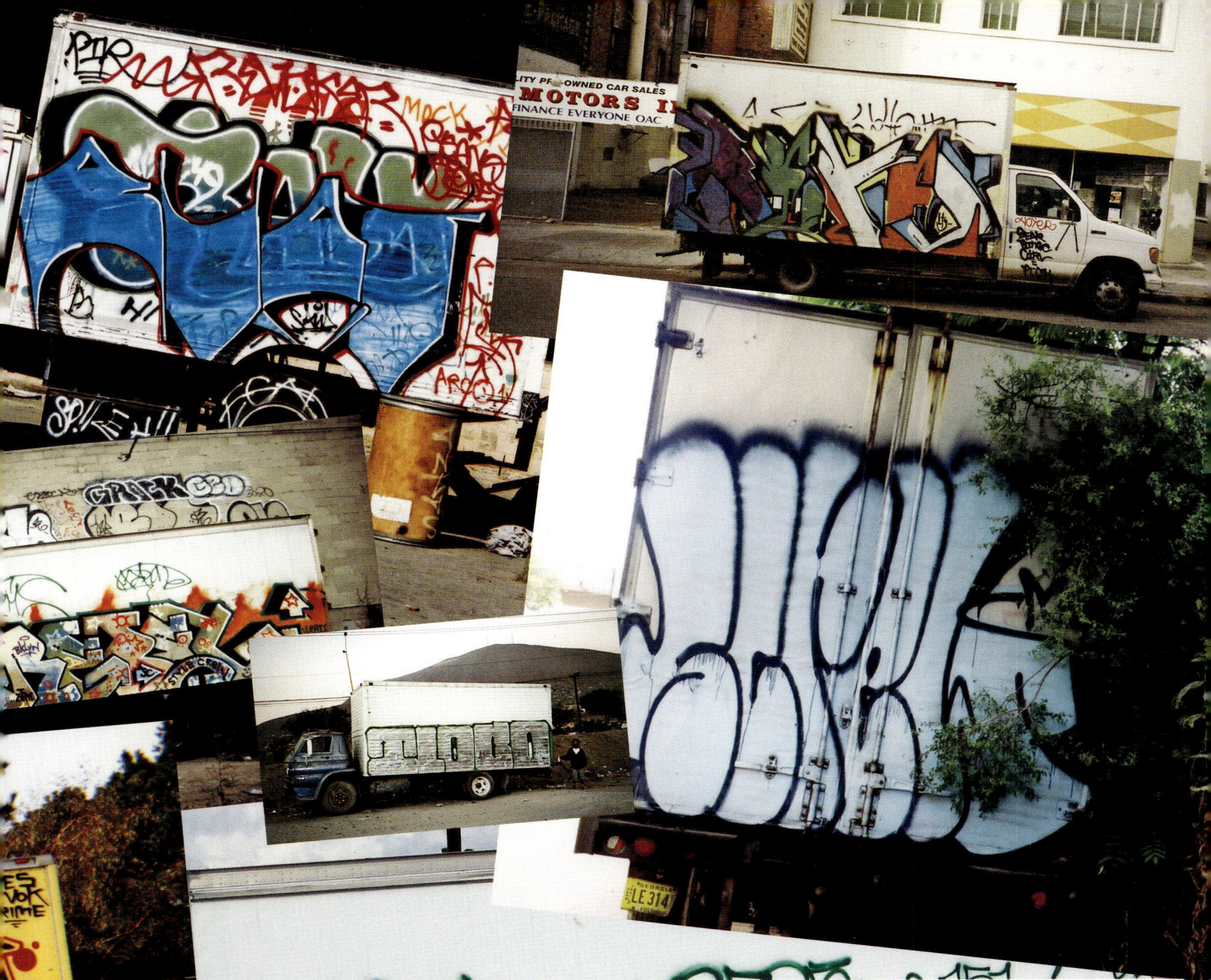

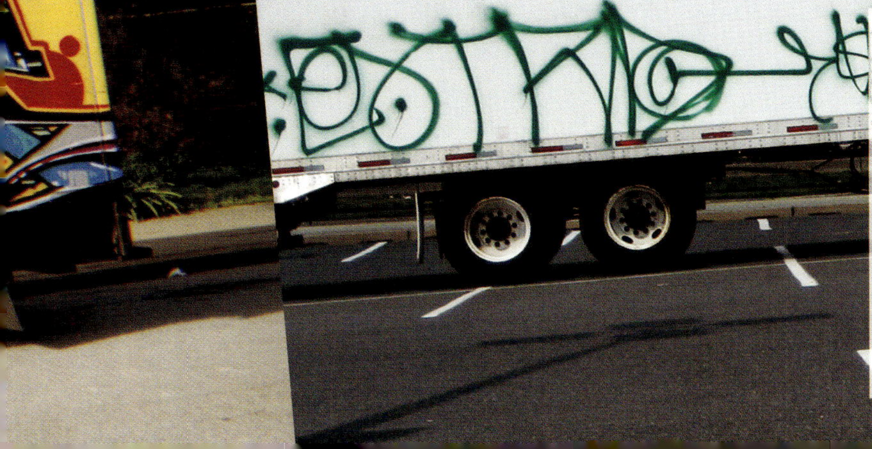

Die meisten Menschen überlegen beim Anblick der weißen Seite von LKWs, was sich wohl im Inneren verbirgt. Graffiti-Aktivisten hingegen überlegen, was sich an der Außenseite dieser zu Werbezwecken wunderbar geeigneten Flächen anbringen ließe. Nicht nur, dass LKWs im Straßenverkehr leichter zugänglich sind als U-Bahn-Wagons und Güterwagen, deren Bearbeitung sorgfältig abgestimmte Aktionen verlangt; sondern LKWs und Anhänger werden auf den Straßen auch von einem größeren Publikum gesehen.

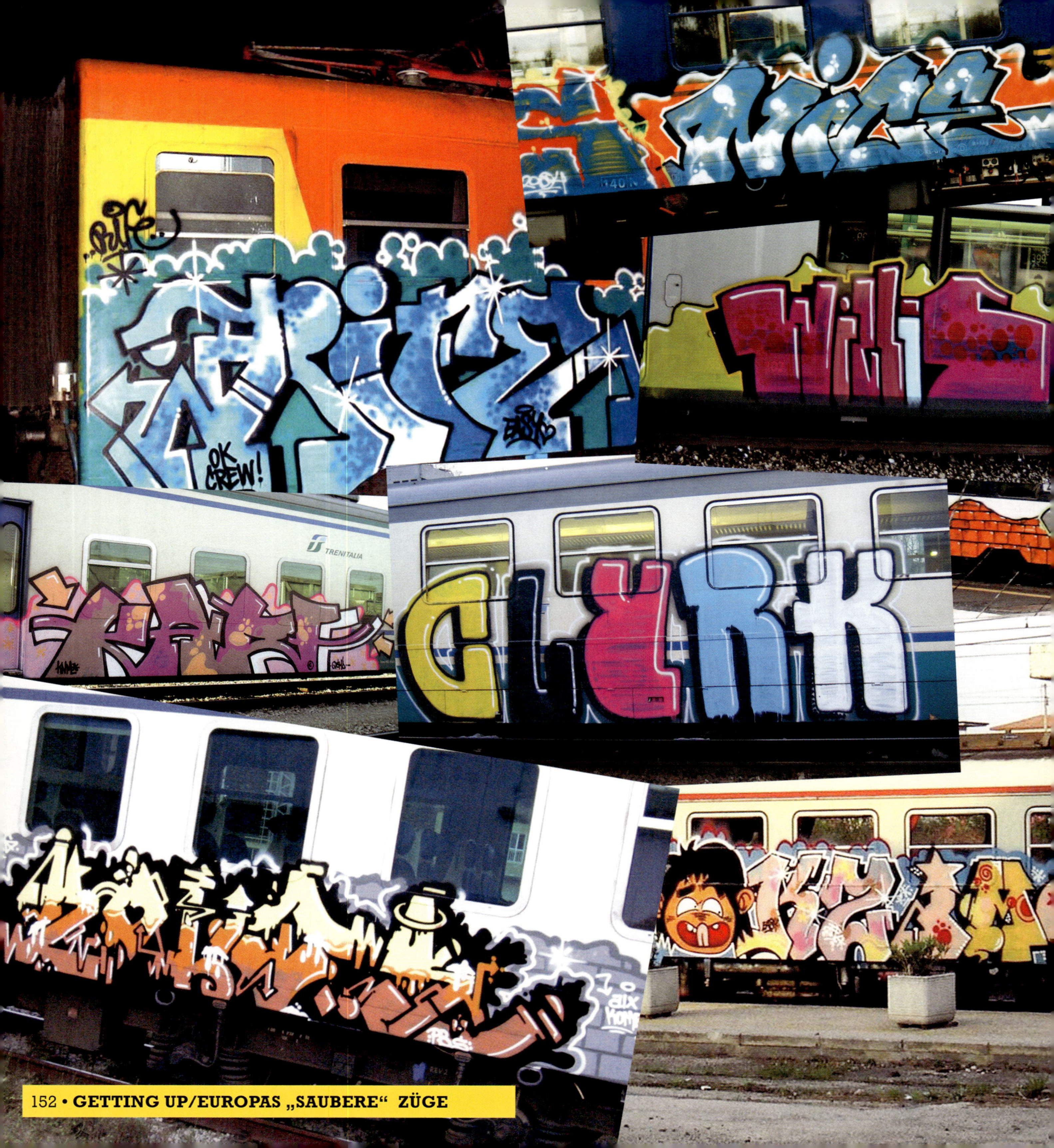
OK CREW!
TRENITALIA
CLERK

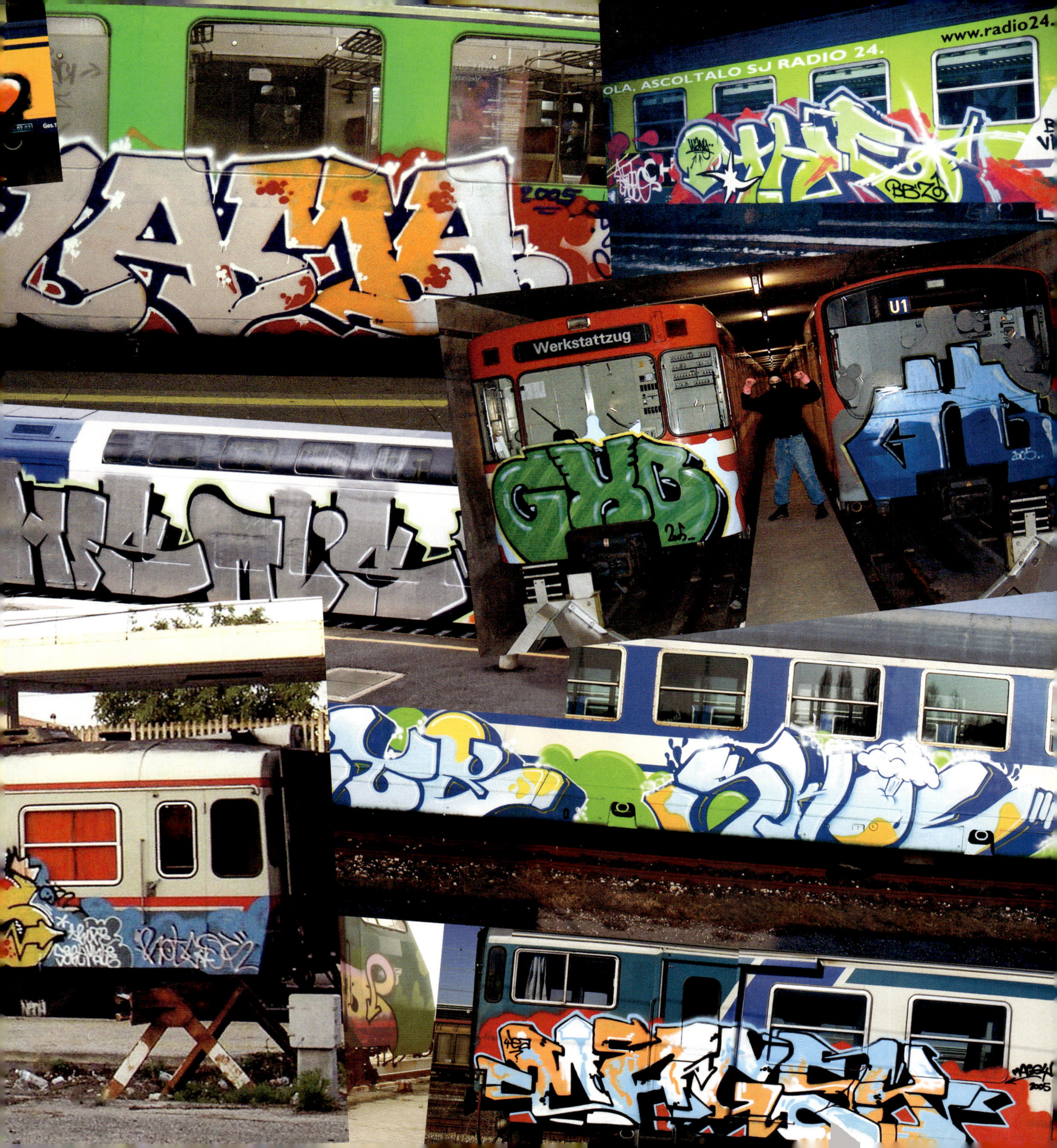
www.radio24.
OLA, ASCOLTALO SJ RADIO 24.
Werkstattzug
U1

«U-Bahn-Wagons sind das purste Medium für Graffiti, ein großer Teil unseres Erbes.»

Pose

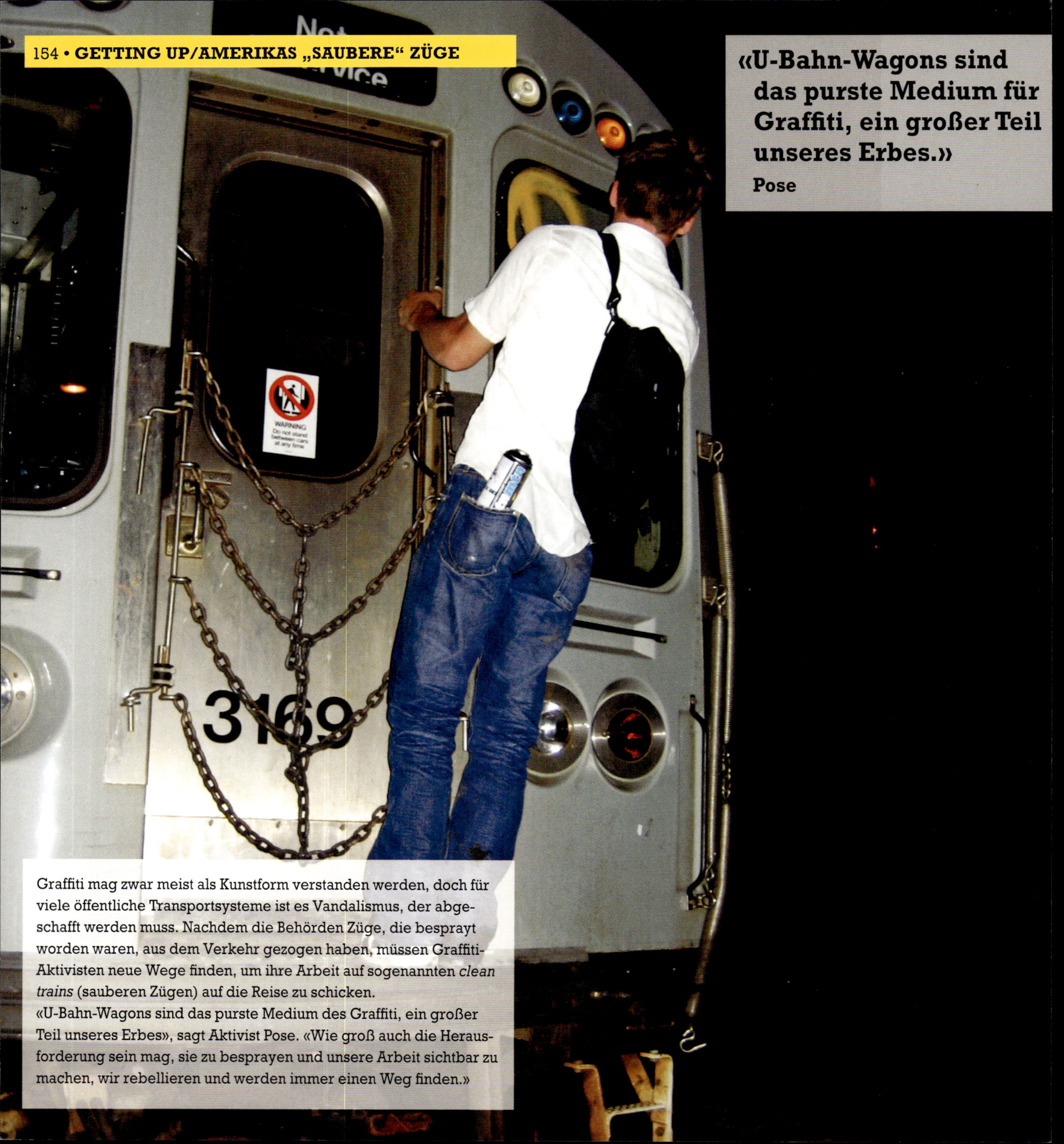

Graffiti mag zwar meist als Kunstform verstanden werden, doch für viele öffentliche Transportsysteme ist es Vandalismus, der abgeschafft werden muss. Nachdem die Behörden Züge, die besprayt worden waren, aus dem Verkehr gezogen haben, müssen Graffiti-Aktivisten neue Wege finden, um ihre Arbeit auf sogenannten *clean trains* (sauberen Zügen) auf die Reise zu schicken.
«U-Bahn-Wagons sind das purste Medium des Graffiti, ein großer Teil unseres Erbes», sagt Aktivist Pose. «Wie groß auch die Herausforderung sein mag, sie zu besprayen und unsere Arbeit sichtbar zu machen, wir rebellieren und werden immer einen Weg finden.»

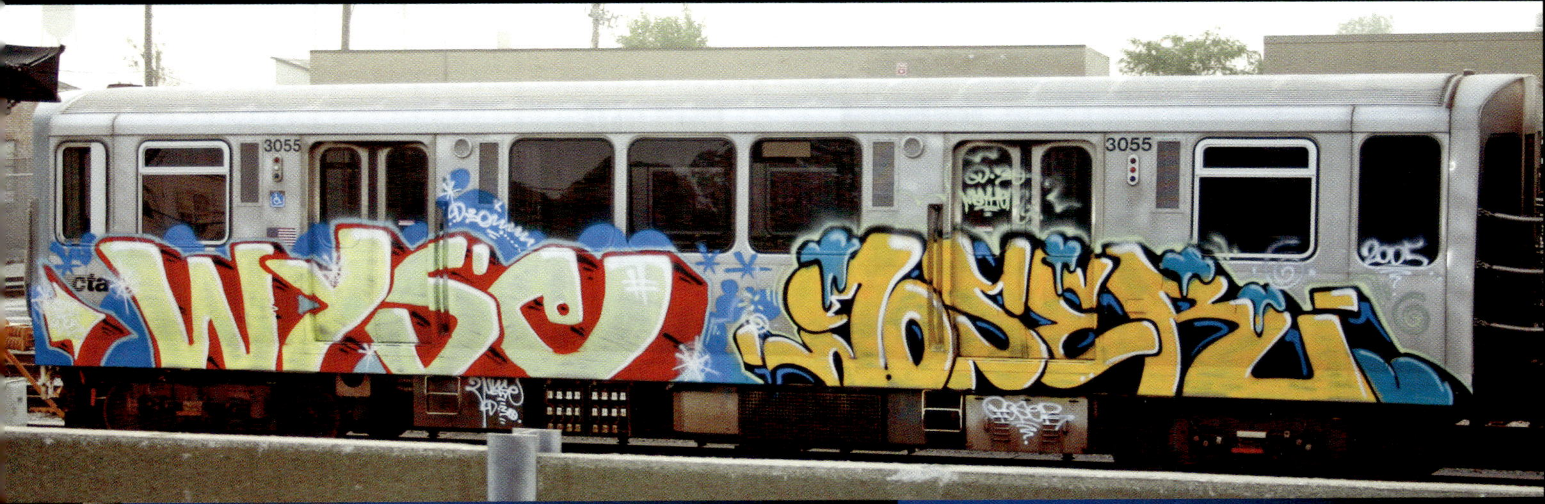
3055
3055
cta
2005
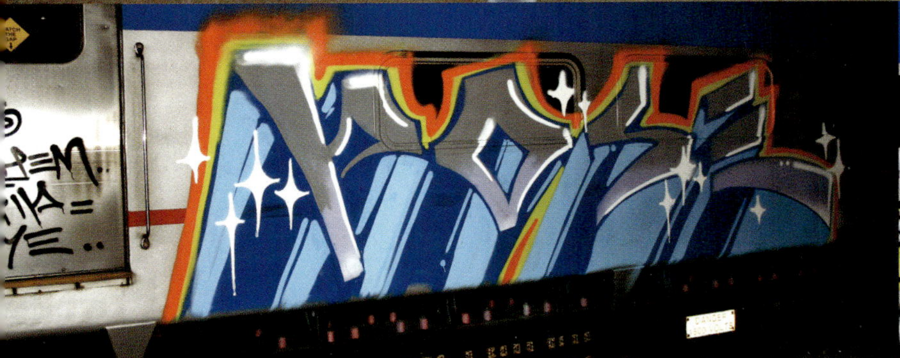
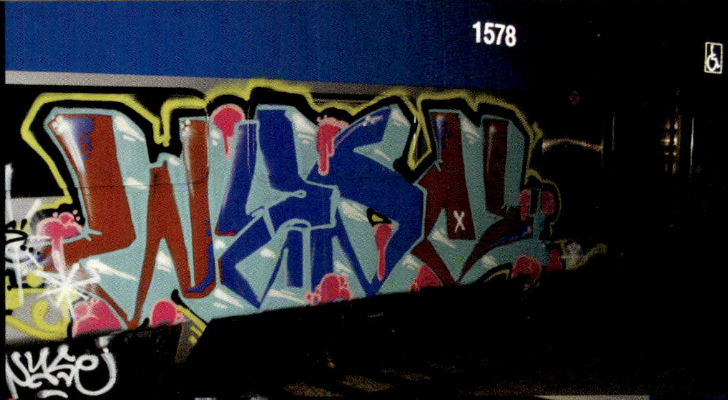
1578
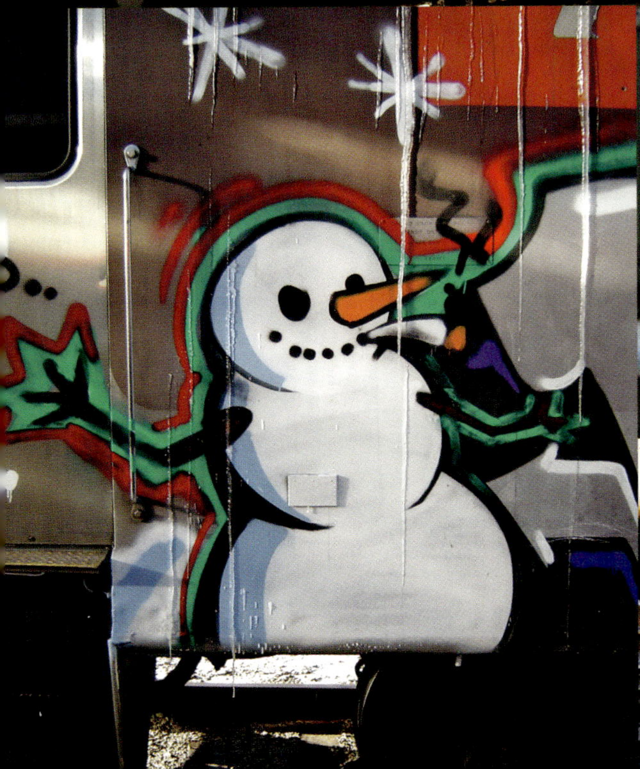
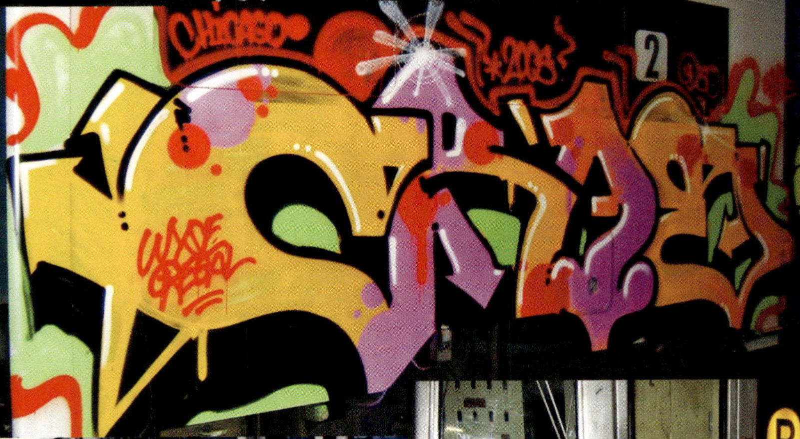
CHICAGO
2
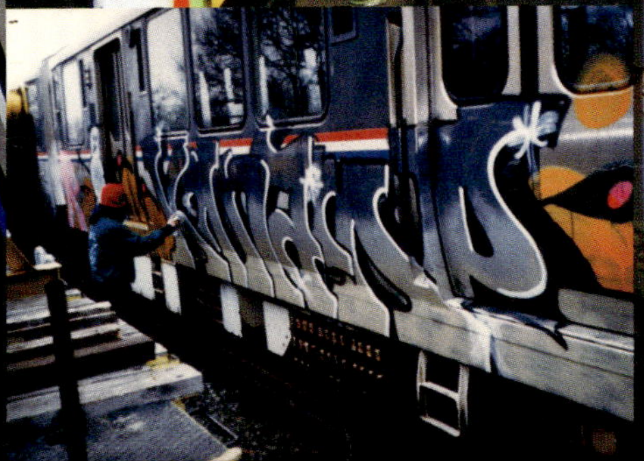
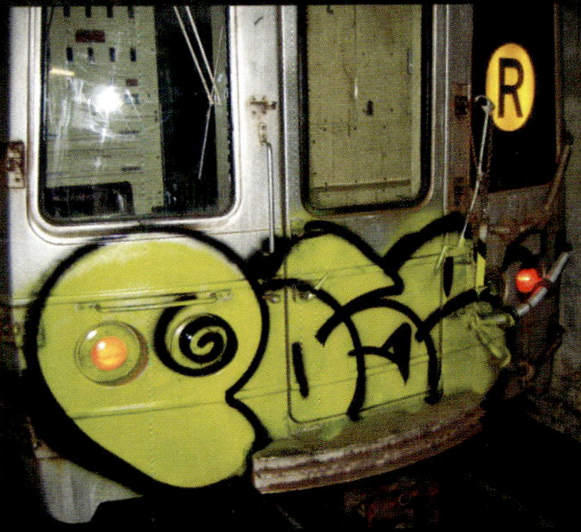
R

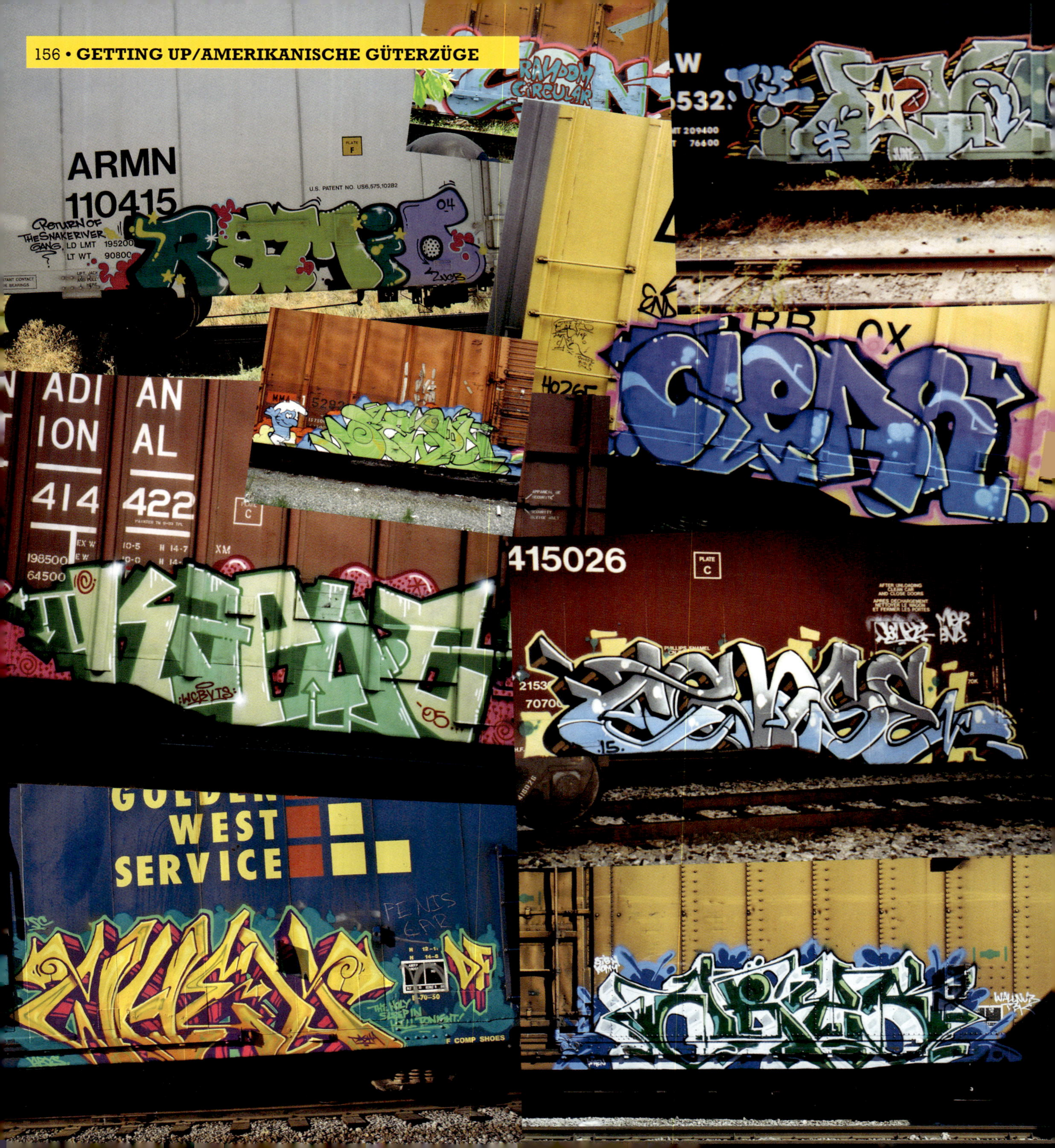
ARMN
110415
U.S. PATENT NO. US6,575,102B2
RETURN OF THE SNAKE RIVER GANG
RANDOM CIRCULAR
414
422
415026
WEST
SERVICE

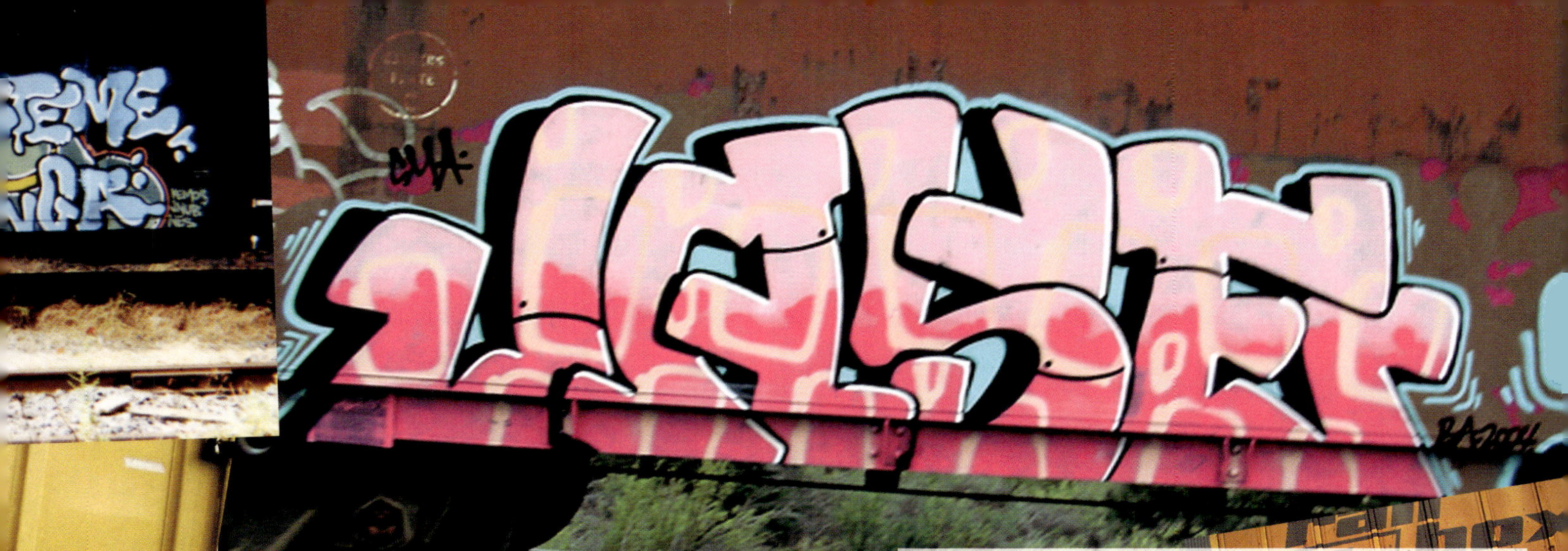

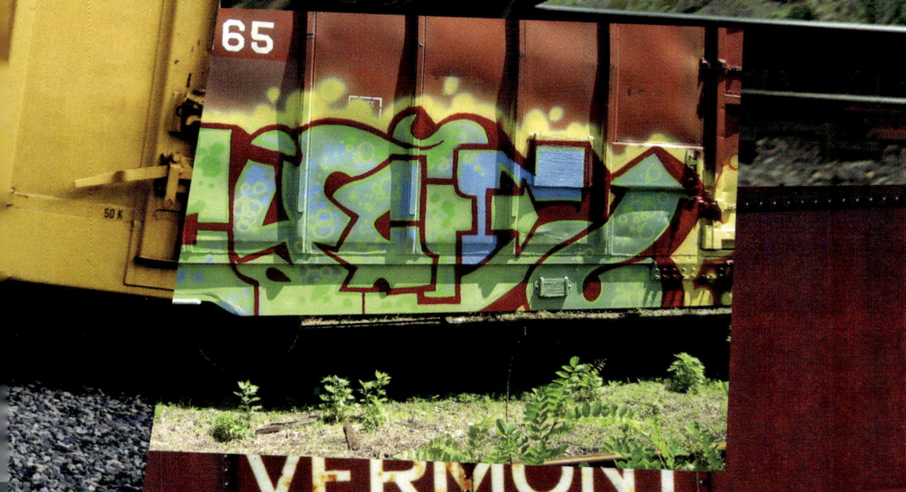

Güterzüge dienen zum Transport von Gütern auf der ganzen Welt – doch das ist nicht alles. Viele Züge sind mit Graffiti geschmückt, da die Aktivisten erkannt haben, wie mächtig ein Medium ist, das Tausende von Kilometern in nur wenigen Tagen zurücklegen kann. Die Tradition, Güterzüge zu bemalen, ist ein Vermächtnis des New Yorker U-Bahn-Systems, das seit den späten 1980er-Jahren graffiti-frei ist. Da es Graffiti-Aktivisten nicht mehr möglich war, diese zu bearbeiten, wechselten sie zu Güterzügen. Heute verwenden sie diese zur Kommunikation mit Gleichgesinnten in ganz Amerika. So werden die Züge zu Boten.

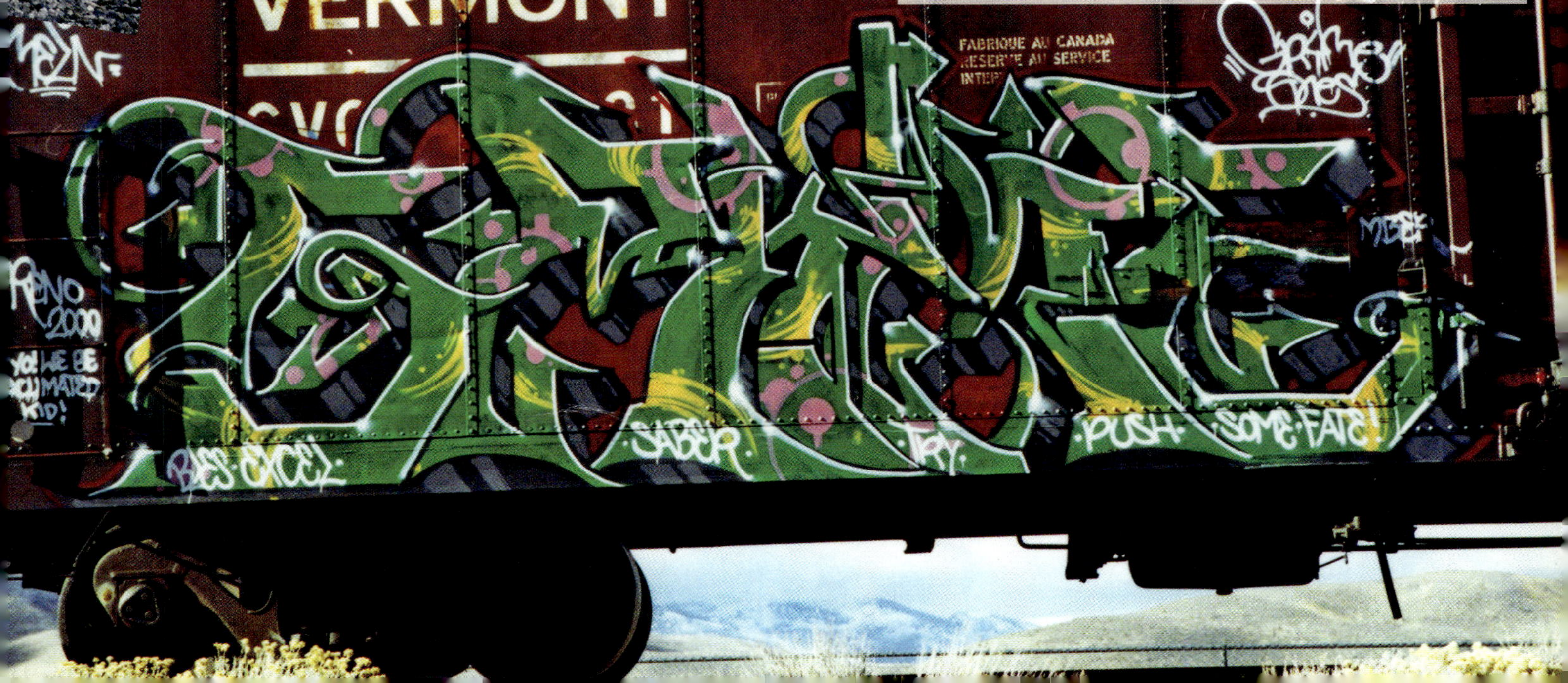

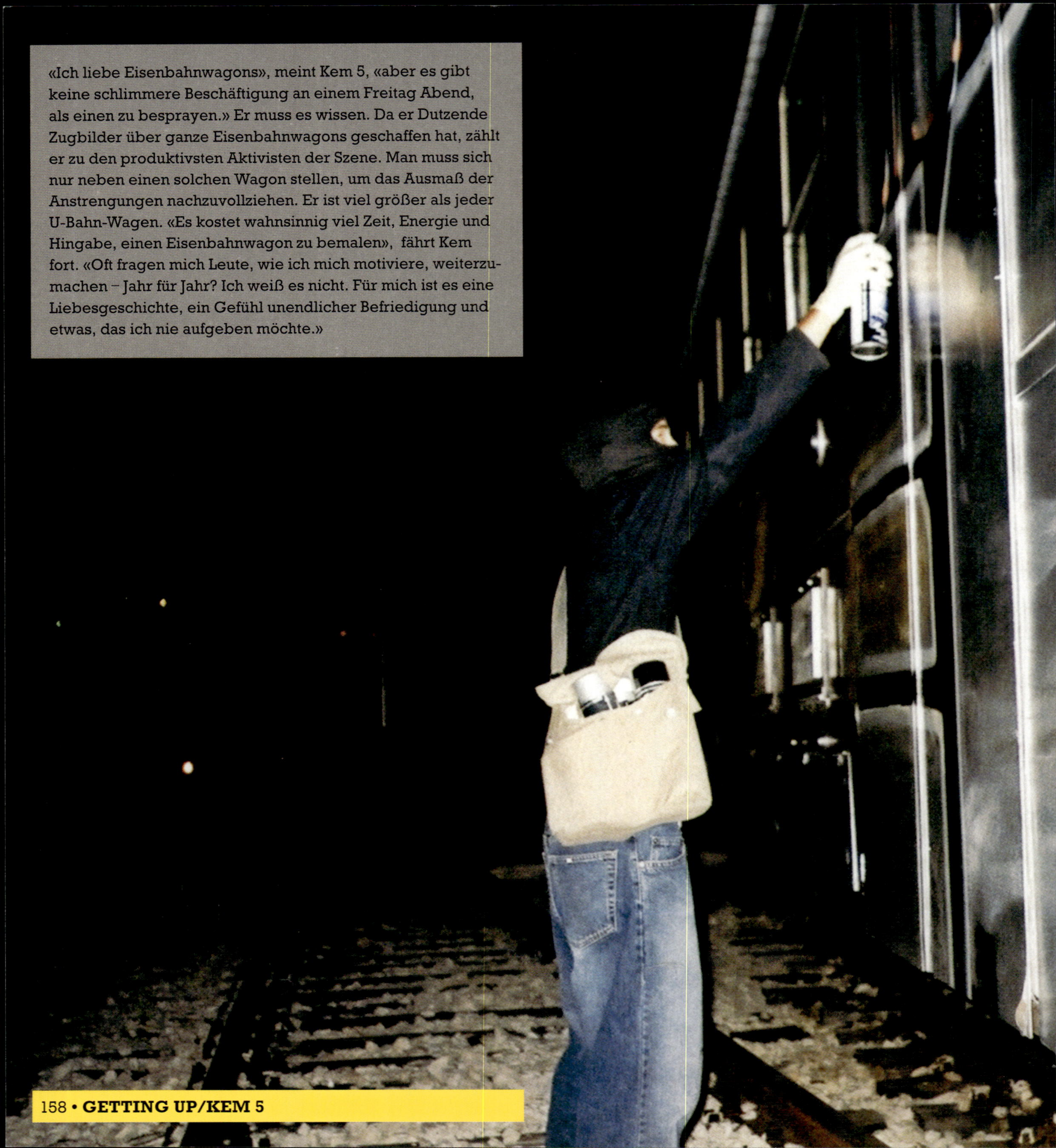

«Ich liebe Eisenbahnwagons», meint Kem 5, «aber es gibt keine schlimmere Beschäftigung an einem Freitag Abend, als einen zu besprayen.» Er muss es wissen. Da er Dutzende Zugbilder über ganze Eisenbahnwagons geschaffen hat, zählt er zu den produktivsten Aktivisten der Szene. Man muss sich nur neben einen solchen Wagon stellen, um das Ausmaß der Anstrengungen nachzuvollziehen. Er ist viel größer als jeder U-Bahn-Wagen. «Es kostet wahnsinnig viel Zeit, Energie und Hingabe, einen Eisenbahnwagon zu bemalen», fährt Kem fort. «Oft fragen mich Leute, wie ich mich motiviere, weiterzumachen – Jahr für Jahr? Ich weiß es nicht. Für mich ist es eine Liebesgeschichte, ein Gefühl unendlicher Befriedigung und etwas, das ich nie aufgeben möchte.»

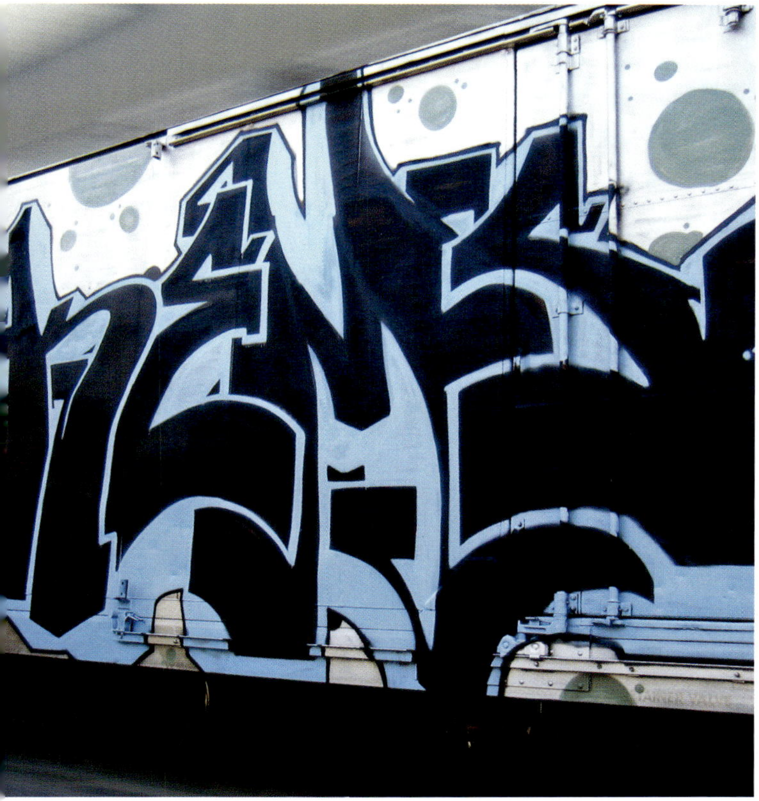

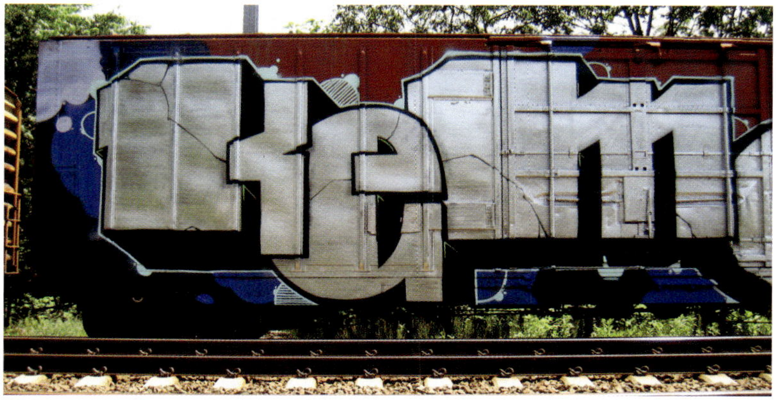

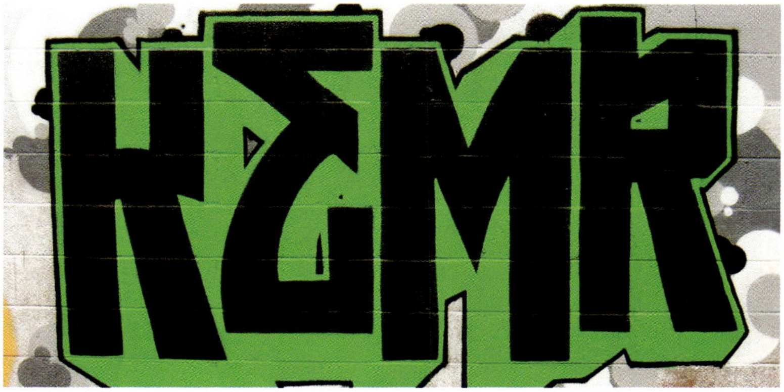
KEMR

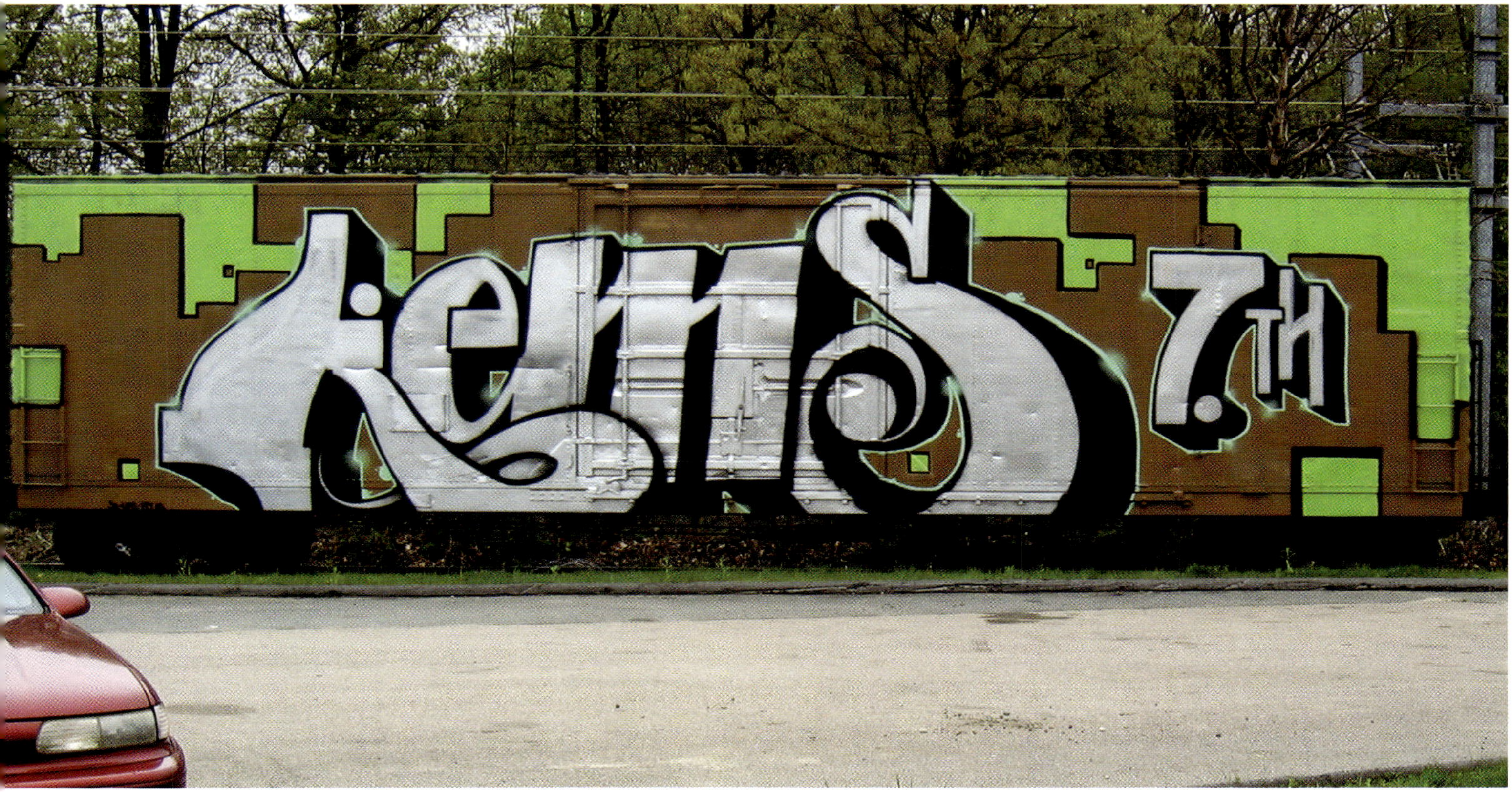
7TH

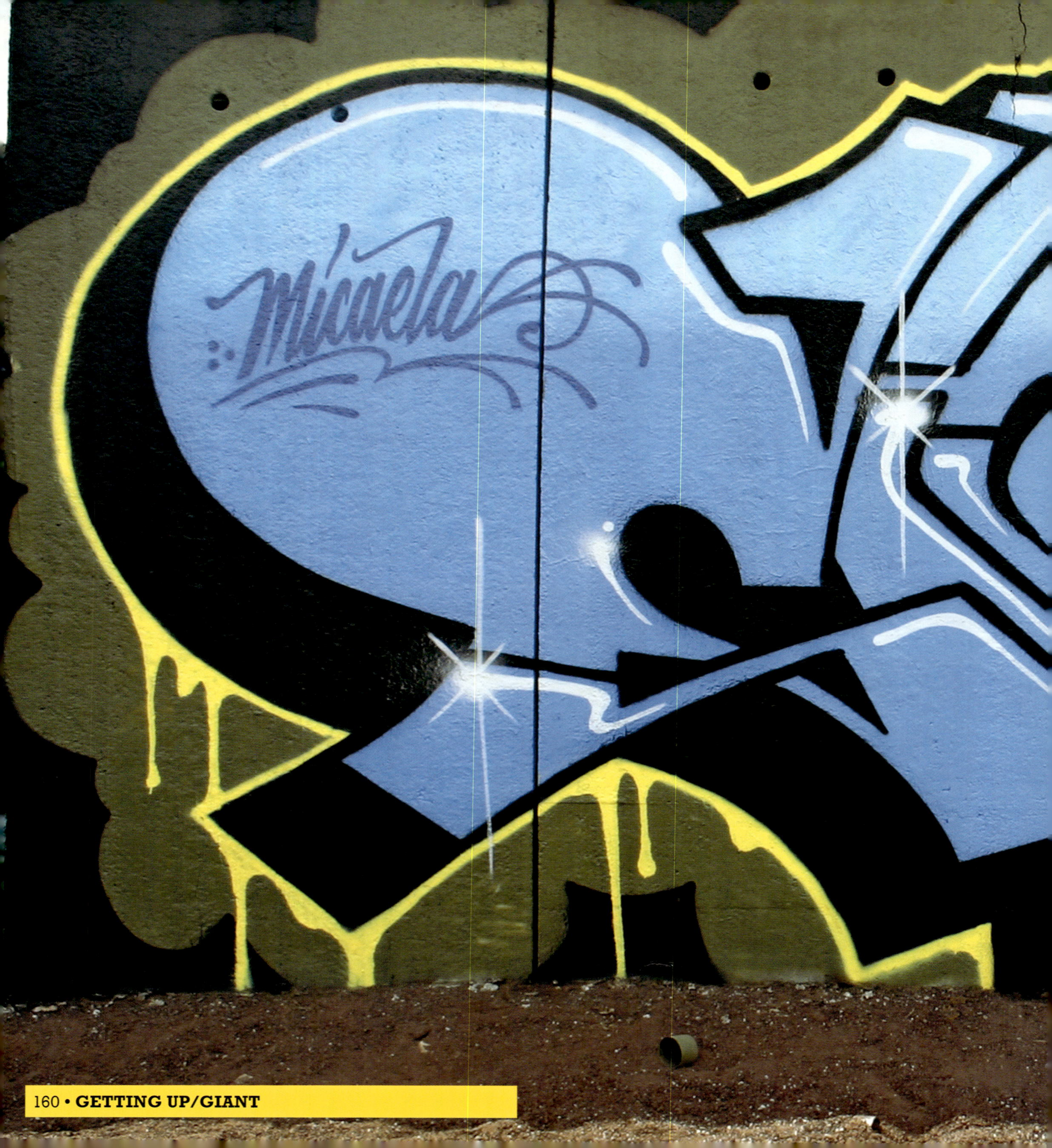
Micaela

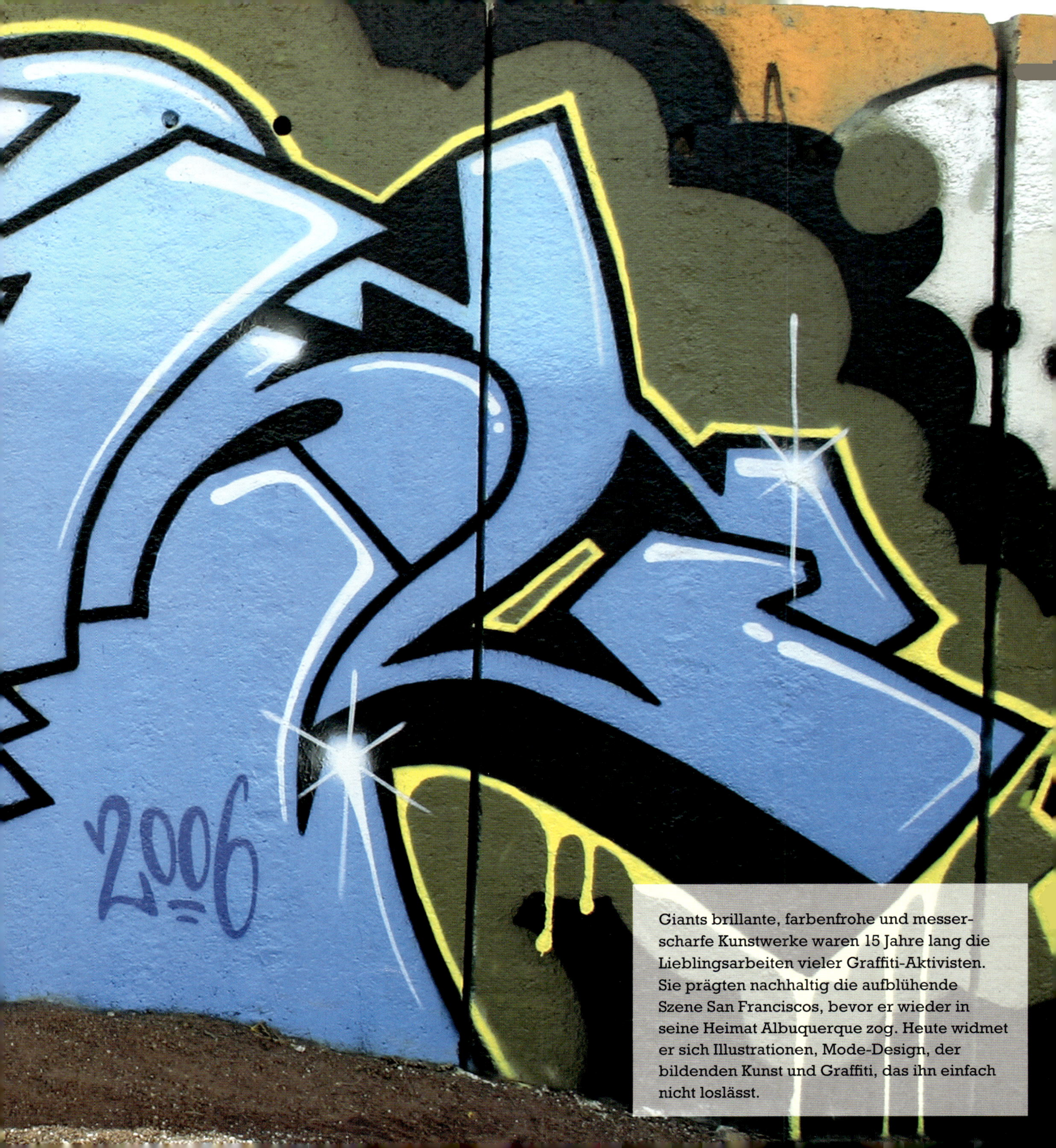

Giants brillante, farbenfrohe und messerscharfe Kunstwerke waren 15 Jahre lang die Lieblingsarbeiten vieler Graffiti-Aktivisten. Sie prägten nachhaltig die aufblühende Szene San Franciscos, bevor er wieder in seine Heimat Albuquerque zog. Heute widmet er sich Illustrationen, Mode-Design, der bildenden Kunst und Graffiti, das ihn einfach nicht loslässt.

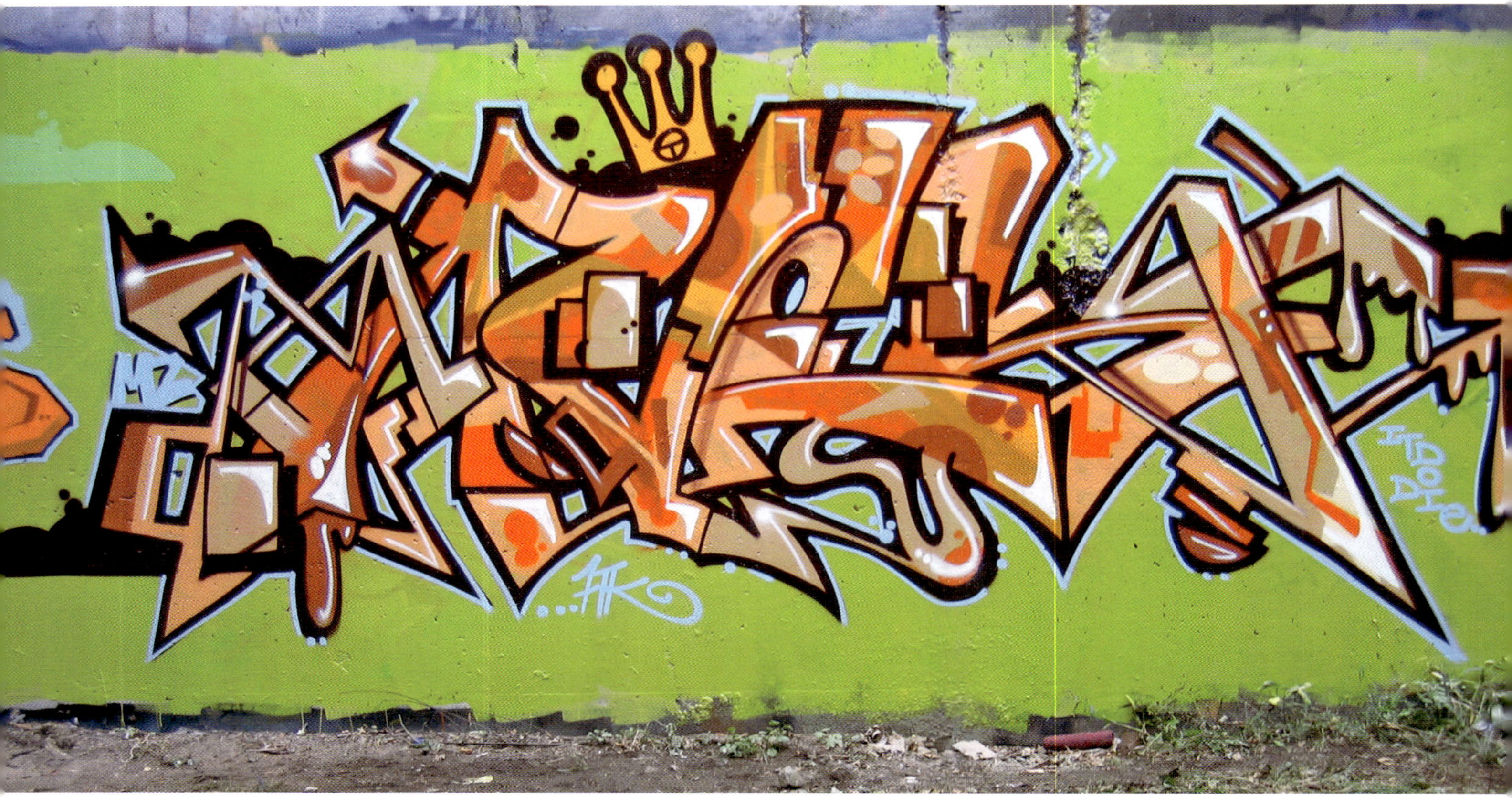

Trotz aller Gemeinsamkeiten und einer weltweiten Szene hat Graffiti einen sehr lokalen Charakter. «Es gibt so etwas wie eine lokale Ästhetik, die Städte voneinander unterscheidet», erklärt Aves, der in Lowell aufwuchs, 45 Minuten Autofahrt von Boston entfernt.

«Ich mag an Boston, dass man hier am Stil genau erkennt, in welcher Gegend oder in welcher Vorstadt man sich befindet, sogar in U-Bahn-Reichweite. Die Unterschiede sind manchmal sehr fein, aber man erkennt sie. Zugleich gibt es jedoch bestimmte Schriftarten, *tags* und Zeichentechniken, die man in der gesamten Bostoner Szene findet und die sich in fast allen Arbeiten in der ganzen Stadt in unterschiedlicher Qualität wiederholen.»

«*Tagging* spielte hier immer eine große Rolle: Eine gute Handschrift zu haben, viel zu *taggen* und zu jeder Zeit einen Marker bei sich zu tragen, war immer wichtig. Die jugendlichen Graffiti-Aktivisten legen hier auf das *tagging* genauso viel Wert wie andere Fraktionen auf das *piecing*, die Auswahl des Ortes und das *bombing*.»

«Meiner Meinung nach ist das Interessante an Boston, dass sich die Graffiti-Aktivisten nicht beeinflussen lassen – und zwar weder von Einheimischen, die fort waren und neue Einflüsse mitbrachten, noch von Aktivisten, die aus anderen Städten kommen und sich mit Ortsansässigen zusammentun. Wenn der Kontakt durch Verbindungen und Freundschaften, also durch echten menschlichen Kontakt, hergestellt wird, ist das Resultat viel authentischer, als wenn jemand Inspiration im Internet oder in Magazinen sucht und schließlich die fremden Arbeiten ohne wirkliche Überzeugung kopiert.»

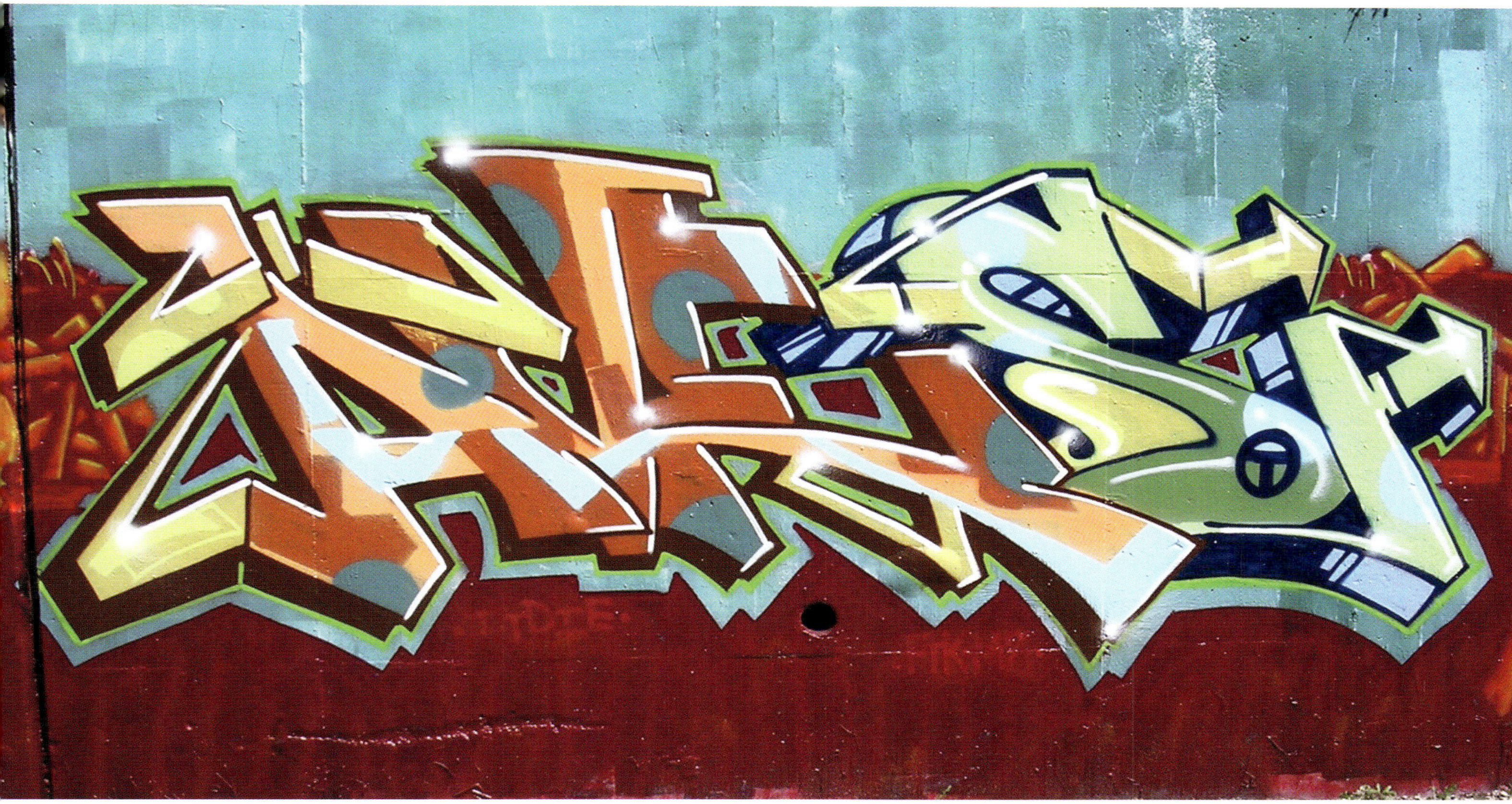

Oben links: «Dies machte ich quasi en passant. Ich musste nicht arbeiten und hatte einige Stunden Zeit vor dem Unterricht. Da ich nur eine Dose hatte, zog ich die Outlines nach und malte nicht im 3D-Style. Ich versuchte mich an einer Stilart, die ich ein Jahr zuvor probiert hatte. Ich wollte das Ganze weicher und fließender gestalten als meine vorherigen Arbeiten mit strengen Linien, die vom Graffiti der 1980er-Jahre in Boston und New York City geprägt waren. Ich spielte mehr mit der Form der Buchstaben, machte sie kurviger, änderte die Breite und versuchte, das normale Sprayen hinter mir zu lassen, dennoch aber die Winkel und die Verbindungen nach dem alten Muster zu zeichnen.»

Oben rechts : «Das ist eine meiner früheren Arbeiten, als ich versuchte, von den Standardbuchstaben wegzukommen. Ich schrieb mein AVE' sehr dünn, das S' dagegen in einem anderen Stil und mit anderen Farben, um das Ganze interessanter aussehen zu lassen. Zu dieser Zeit spielte ich viel mit der Form meiner ersten drei Buchstaben, um diese dann vom letzten Buchstaben abzuheben. »

Der in Wien lebende Graffiti-Aktivist Keramik macht seit 15 Jahren fröhliche, exzentrische Bilder. Er hält die Arbeiten bewusst einfach und verwendet immer wieder dieselben Figuren – die bekanntesten unter ihnen sind seine Hasen und Pferde. Er arbeitet rasch und sehr produktiv in ganz Europa, hielt sich aber auch im brasilianischen Mekka des Graffitis, in São Paulo, auf.

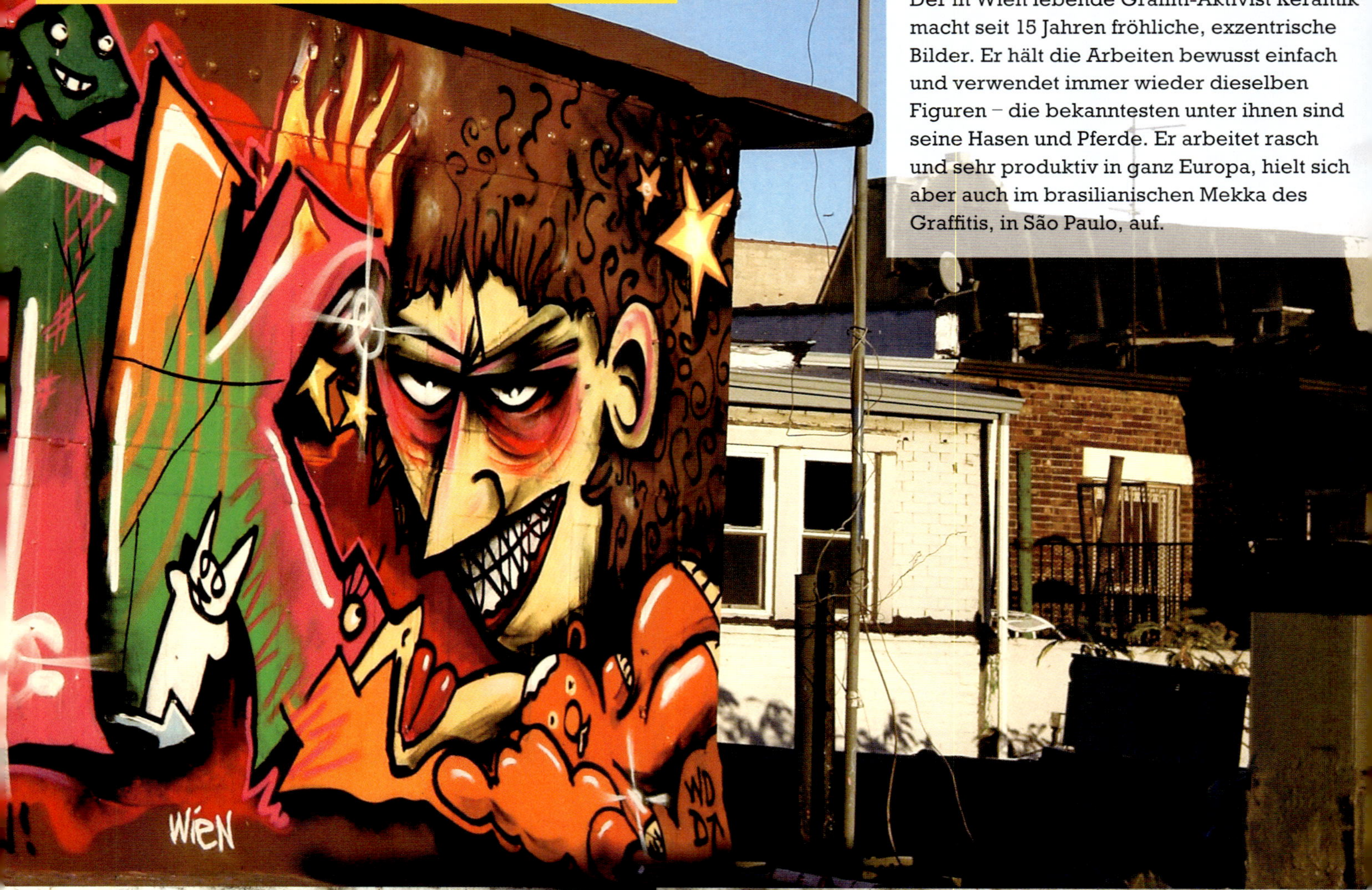

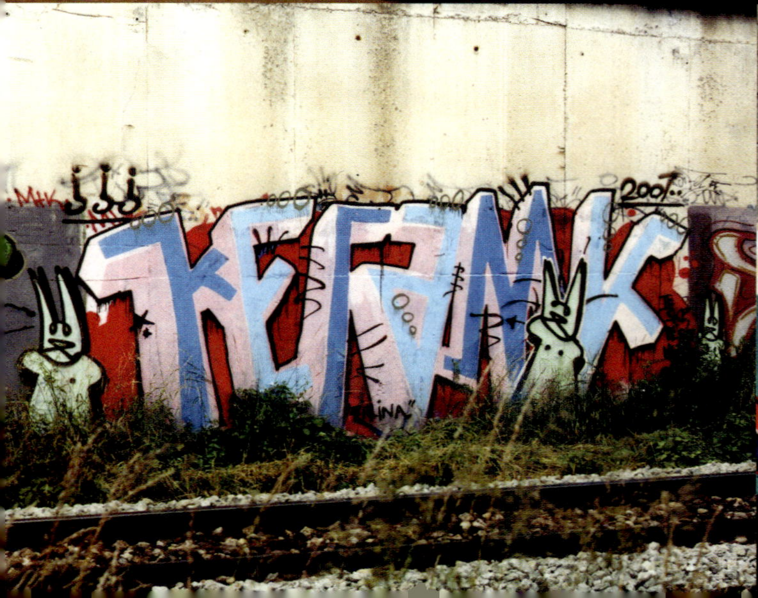

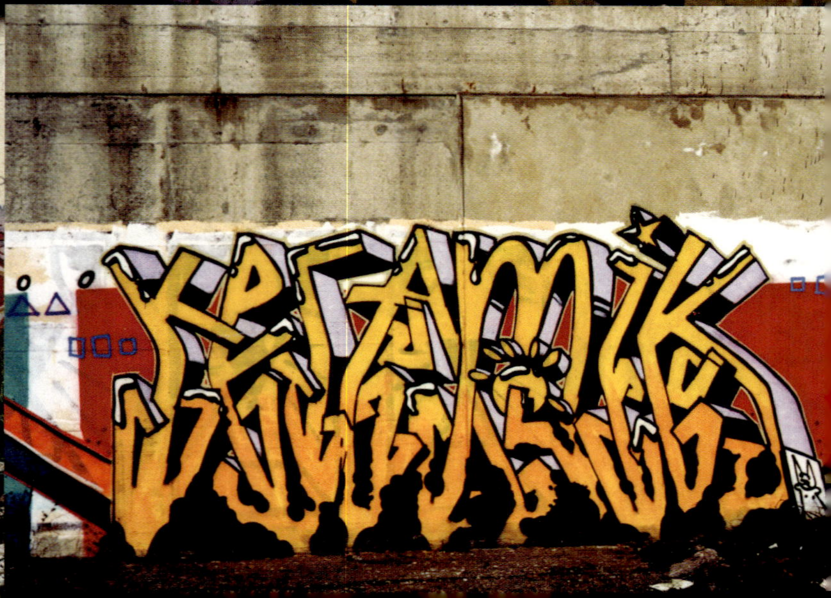

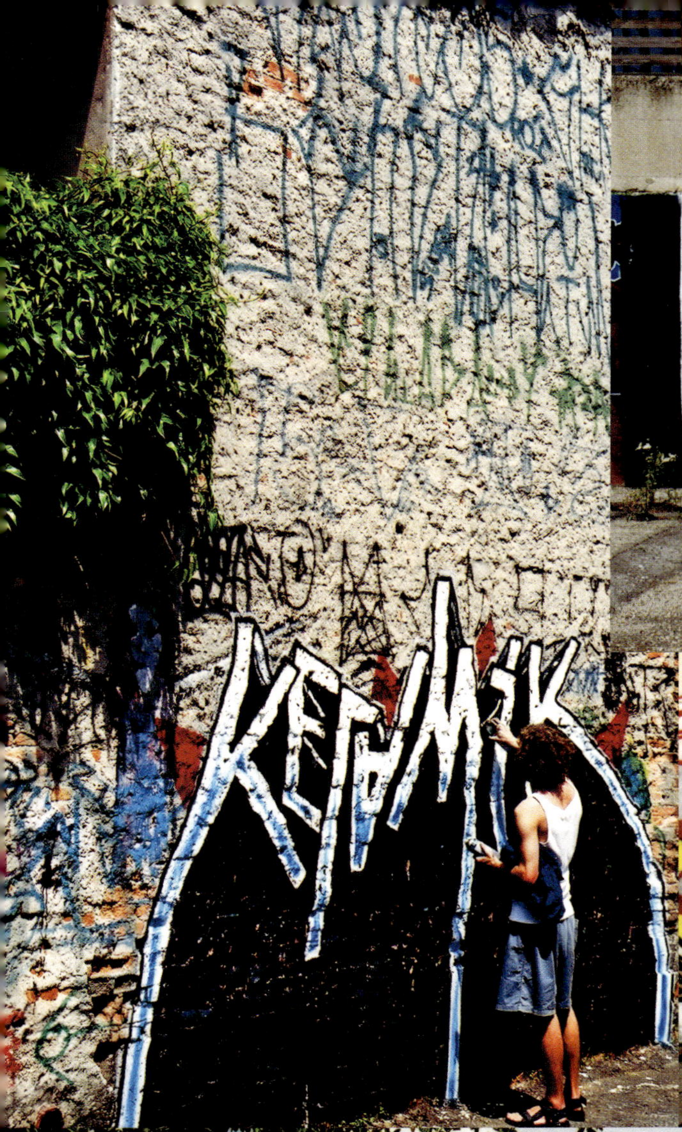
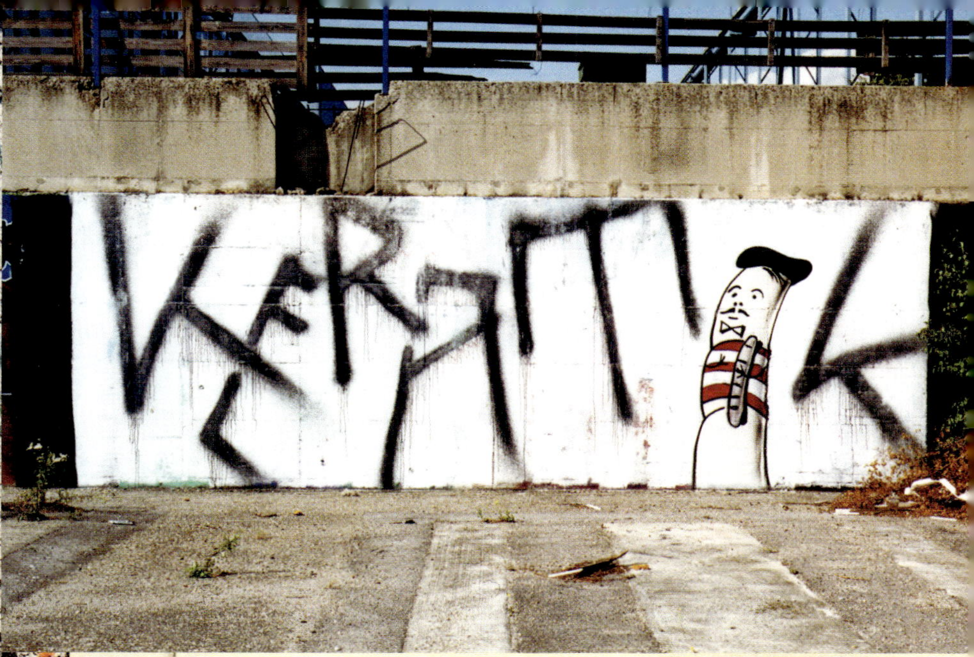
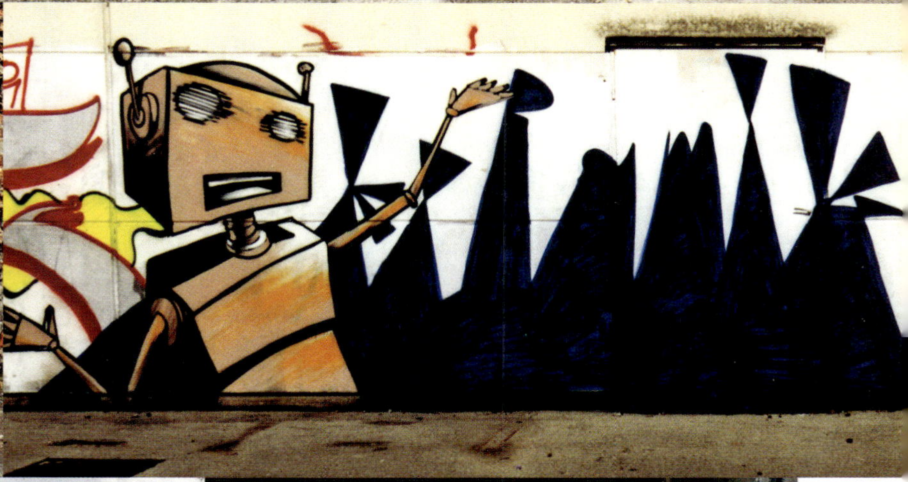
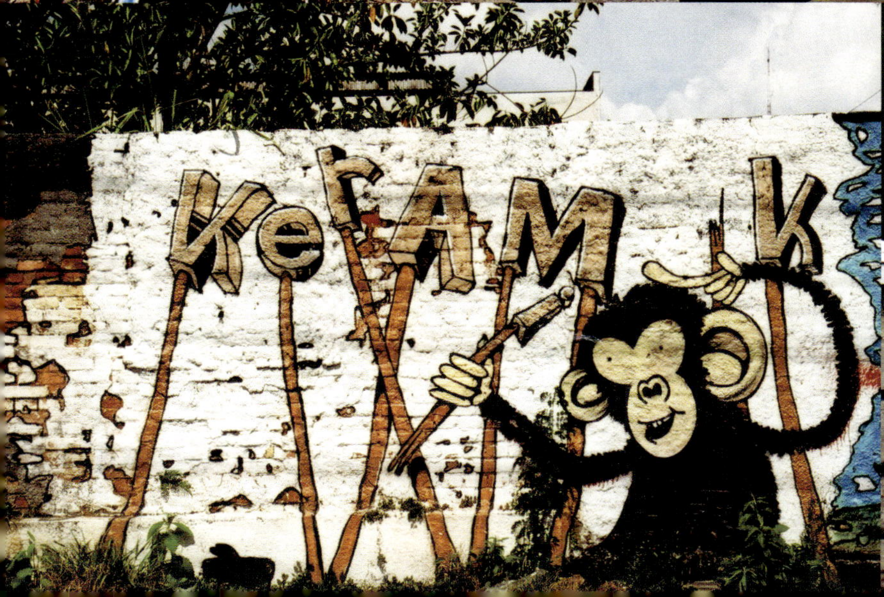
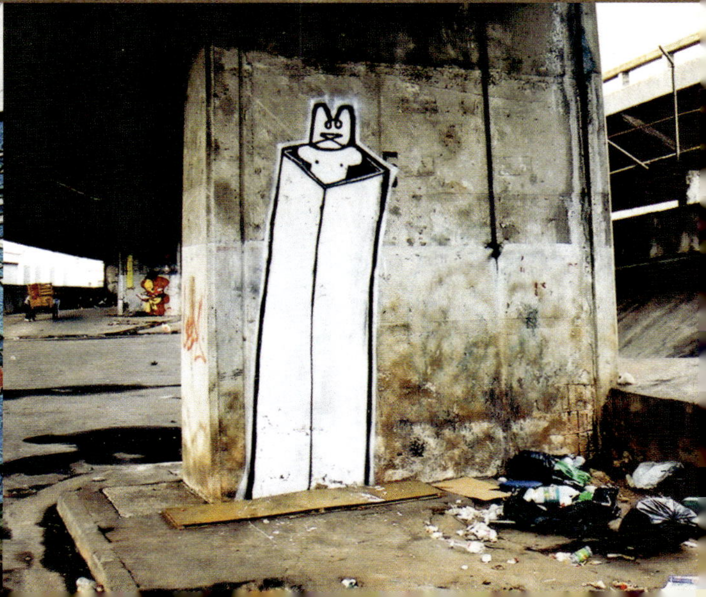

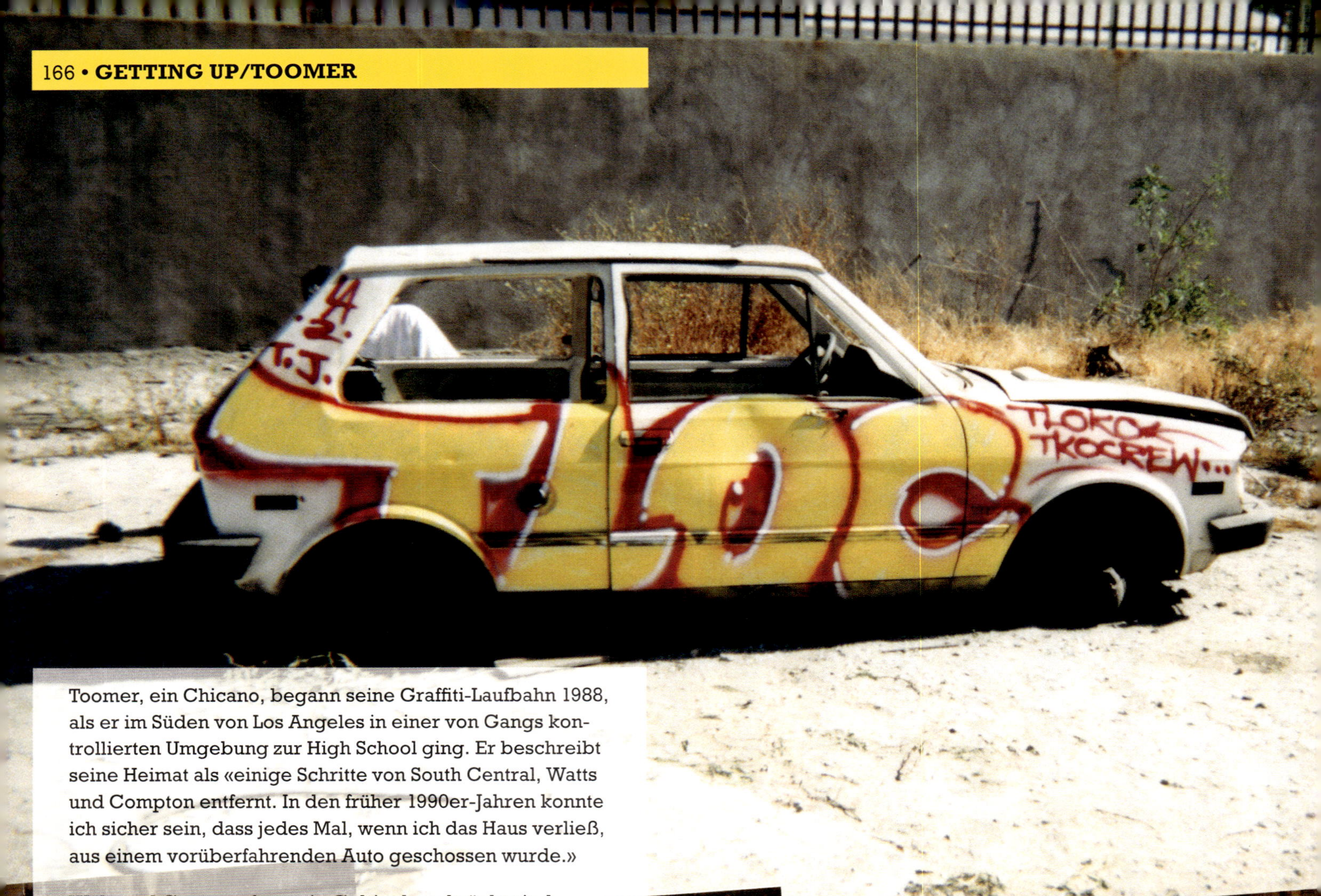

Toomer, ein Chicano, begann seine Graffiti-Laufbahn 1988, als er im Süden von Los Angeles in einer von Gangs kontrollierten Umgebung zur High School ging. Er beschreibt seine Heimat als «einige Schritte von South Central, Watts und Compton entfernt. In den früher 1990er-Jahren konnte ich sicher sein, dass jedes Mal, wenn ich das Haus verließ, aus einem vorüberfahrenden Auto geschossen wurde.»

Während Gangs auf nur ein Gebiet beschränkt sind, geht es beim Graffiti darum, neue Orte zu finden und zu bemalen. «Ging ich von zu Hause aus Richtung Süden zum Einkaufszentrum, machte mich garantiert eine Gang an. War ich in Richtung Norden unterwegs, bekam ich Probleme mit einer anderen. In der näheren Umgebung konnte ich nicht sprayen. Gangs waren ein echtes Problem. Also ging ich in andere Teile der Stadt. In den frühen 1990er-Jahren lebte ich praktisch in Downton L.A. und habe dort alles mit Graffiti bemalt.»

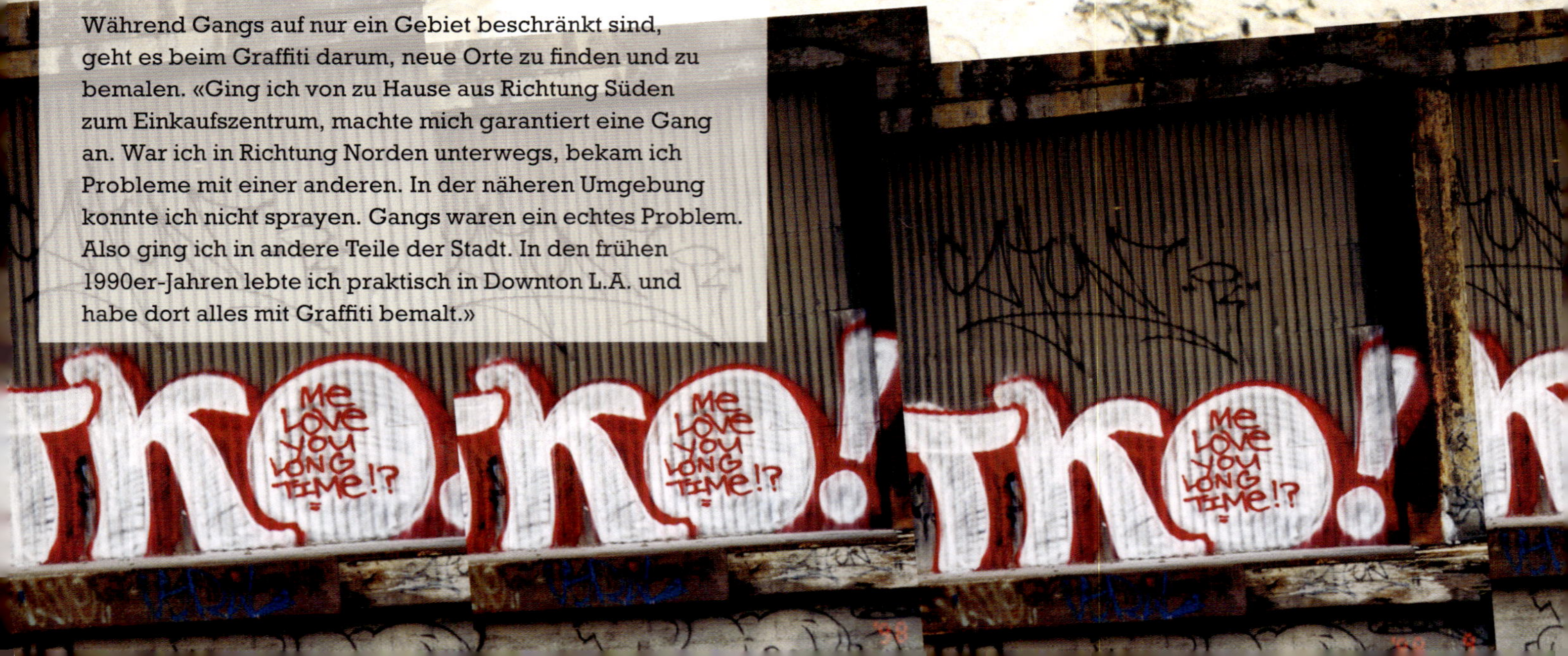

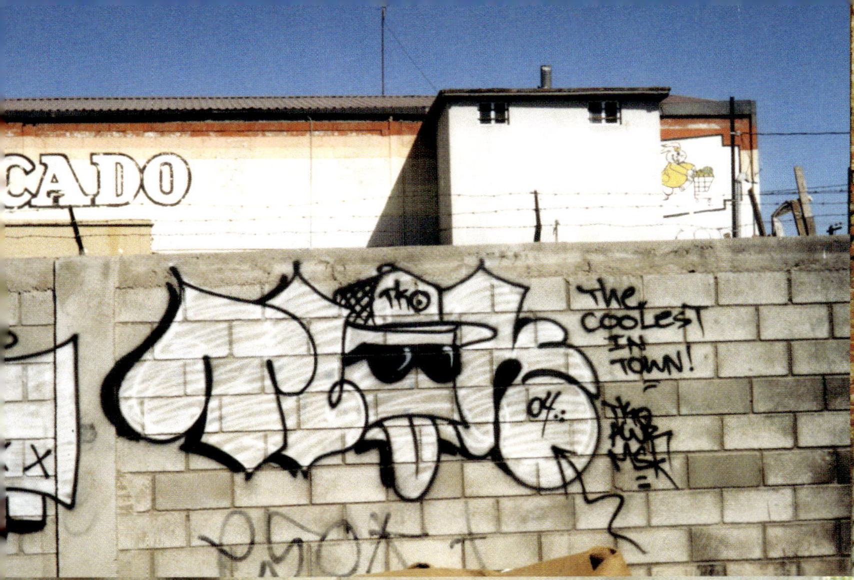
CADO
TKO
The COOLEST IN TOWN!

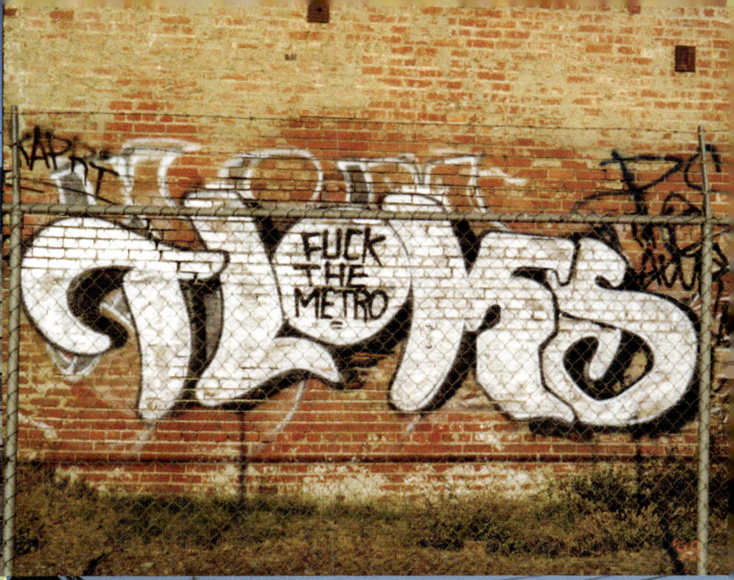
FUCK THE METRO

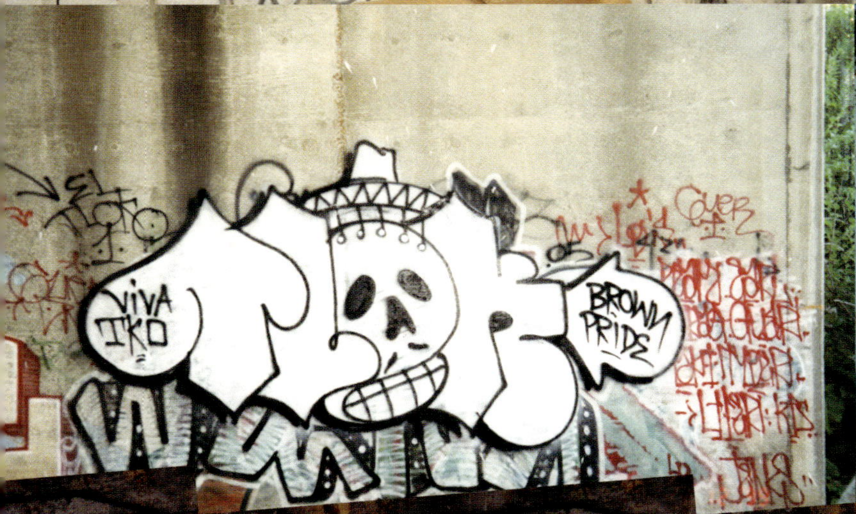
VIVA TKO
BROWN PRIDE

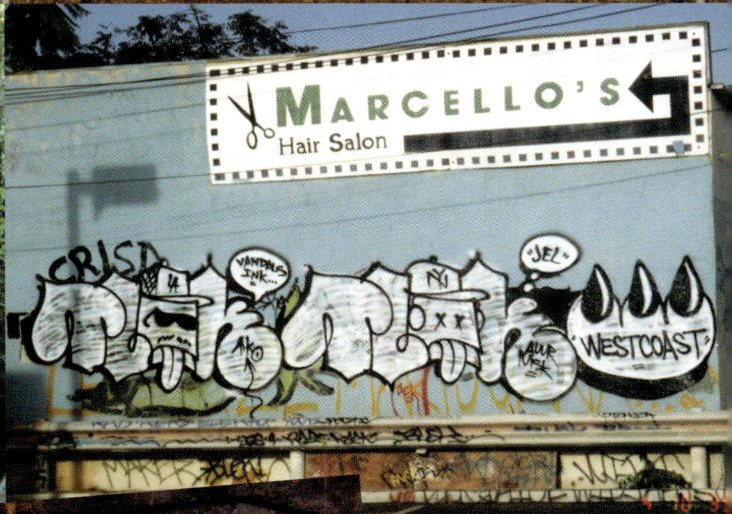
MARCELLO'S
Hair Salon
WESTCOAST

Me LOVE YOU LONG TIME!?

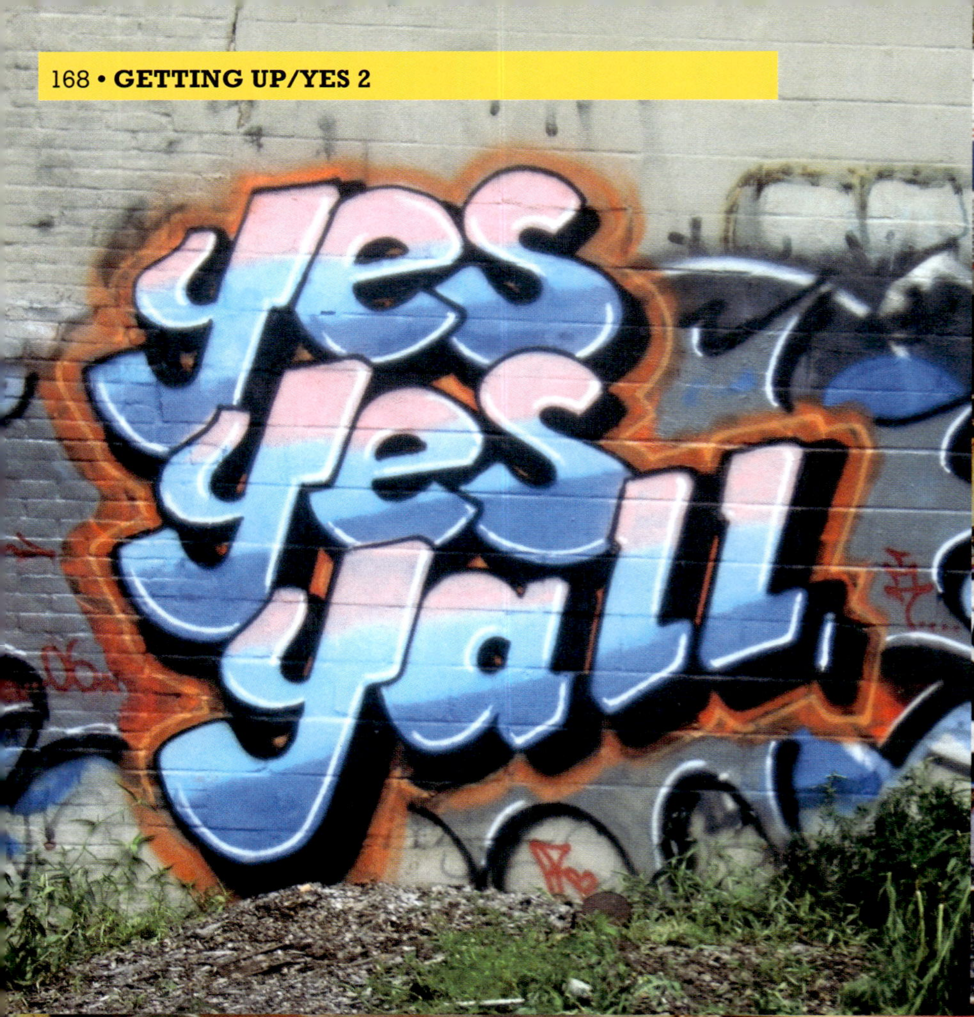
yes
yes
yall.

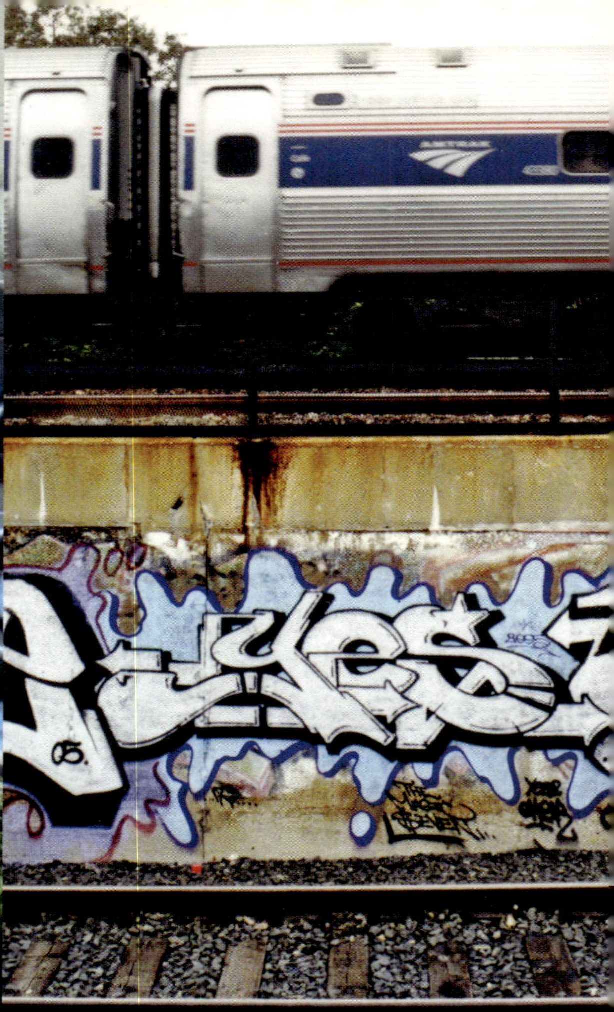

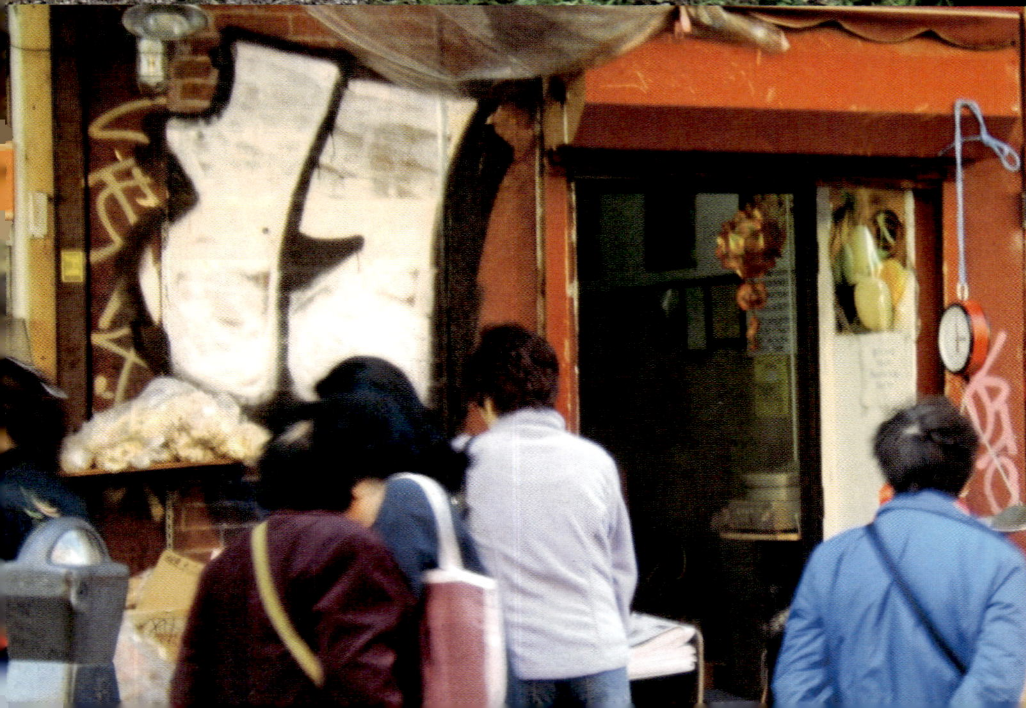

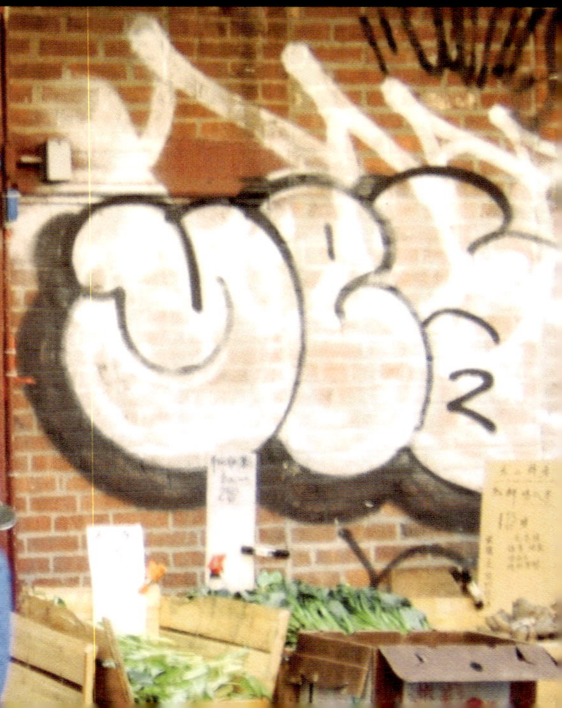

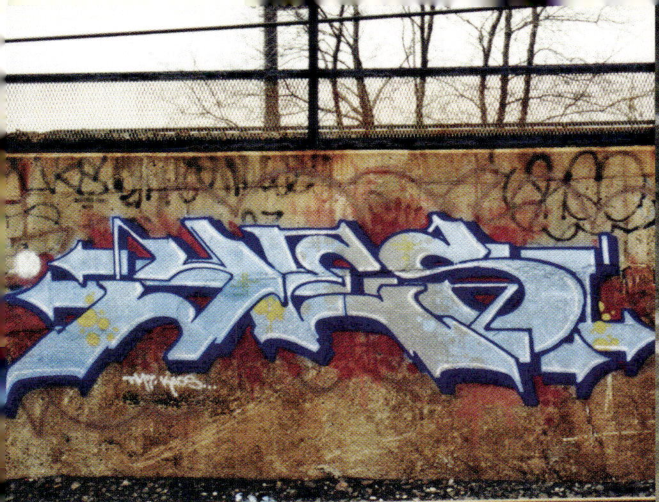

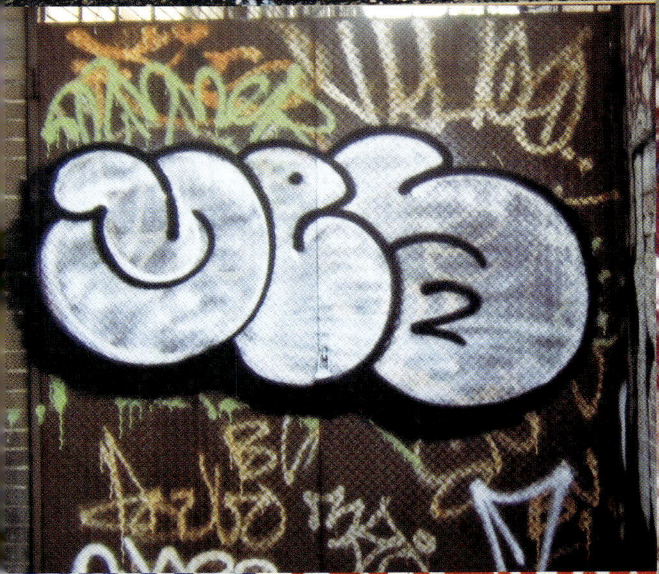

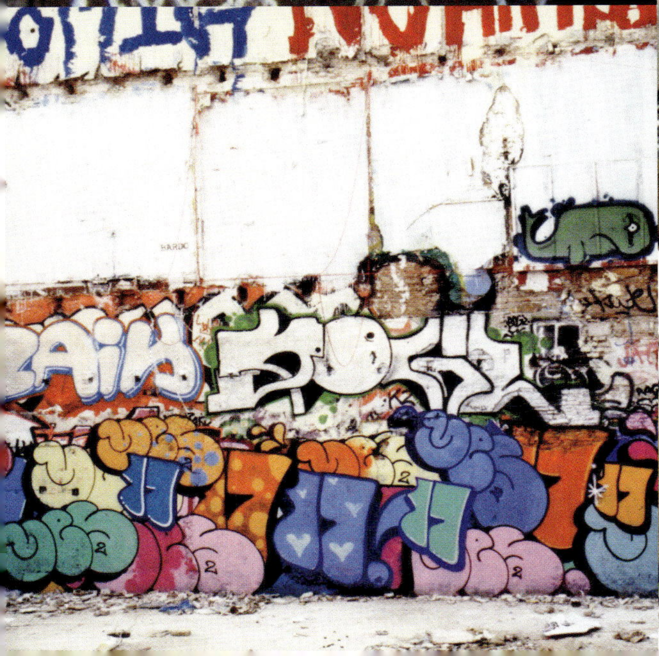

Für den aus der Bronx stammenden Yes 2 begann seine Graffiti-Laufbahn nach der Grundschule, im Jahr 1986, gerade mal zwölf Jahre alt. Er erinnert sich noch an die gute alte Zeit, als die U-Bahn-Wagons von NYC besprüht wurden. Er aber trug wesentlich dazu bei, dass die Graffiti-Szene auch nach dieser Zeit weiter blühte. Er beherrscht viele Graffiti-Stile und ist ständig auf der Suche nach neuen Oberflächen in Straßen, an Eisenbahnschienen, öffentlichen Wänden und sauberen U-Bahn-Wagons. «Mir ist es wichtig, draußen zu bleiben und mich immer weiter zu verbessern.»

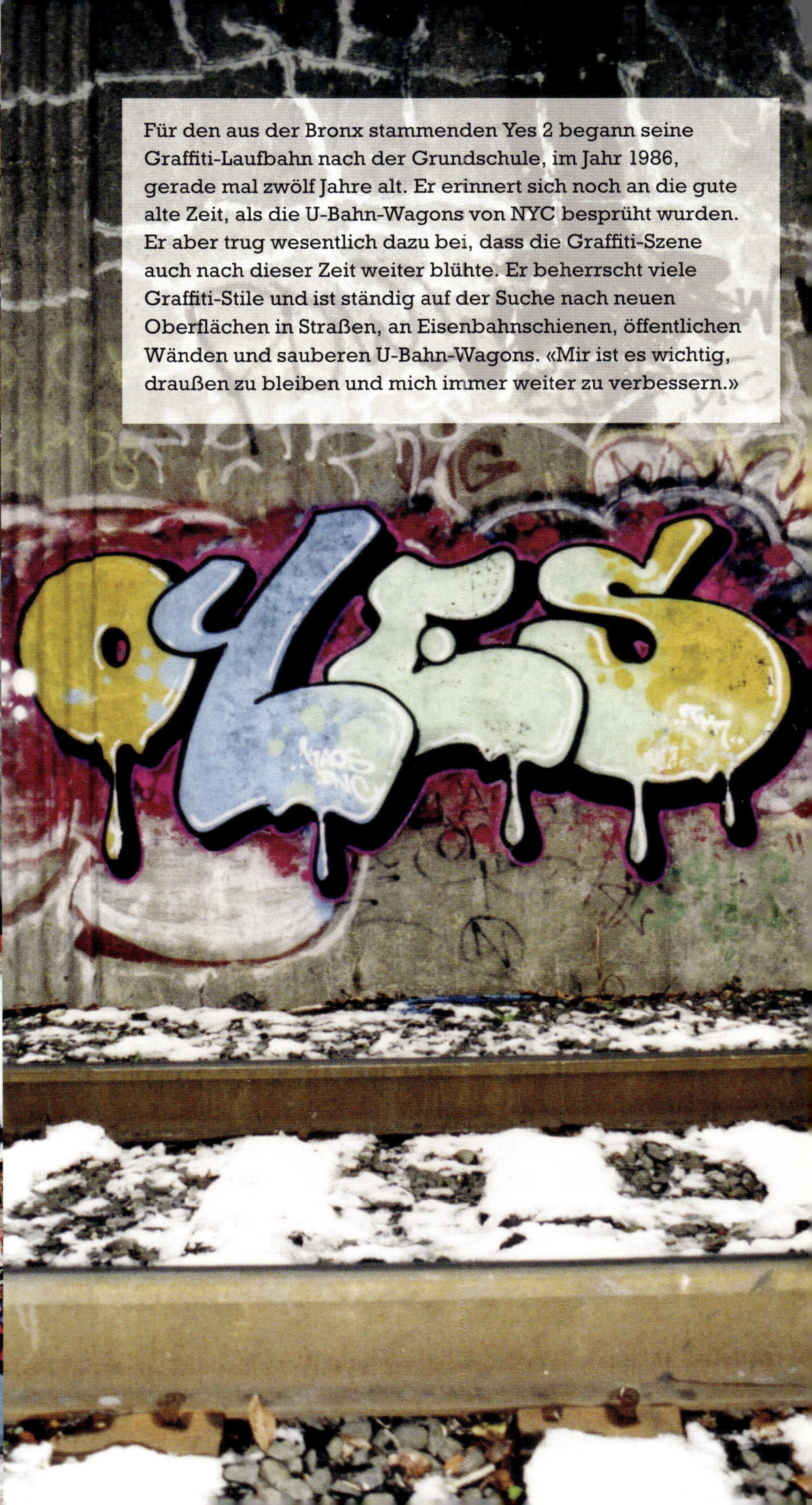

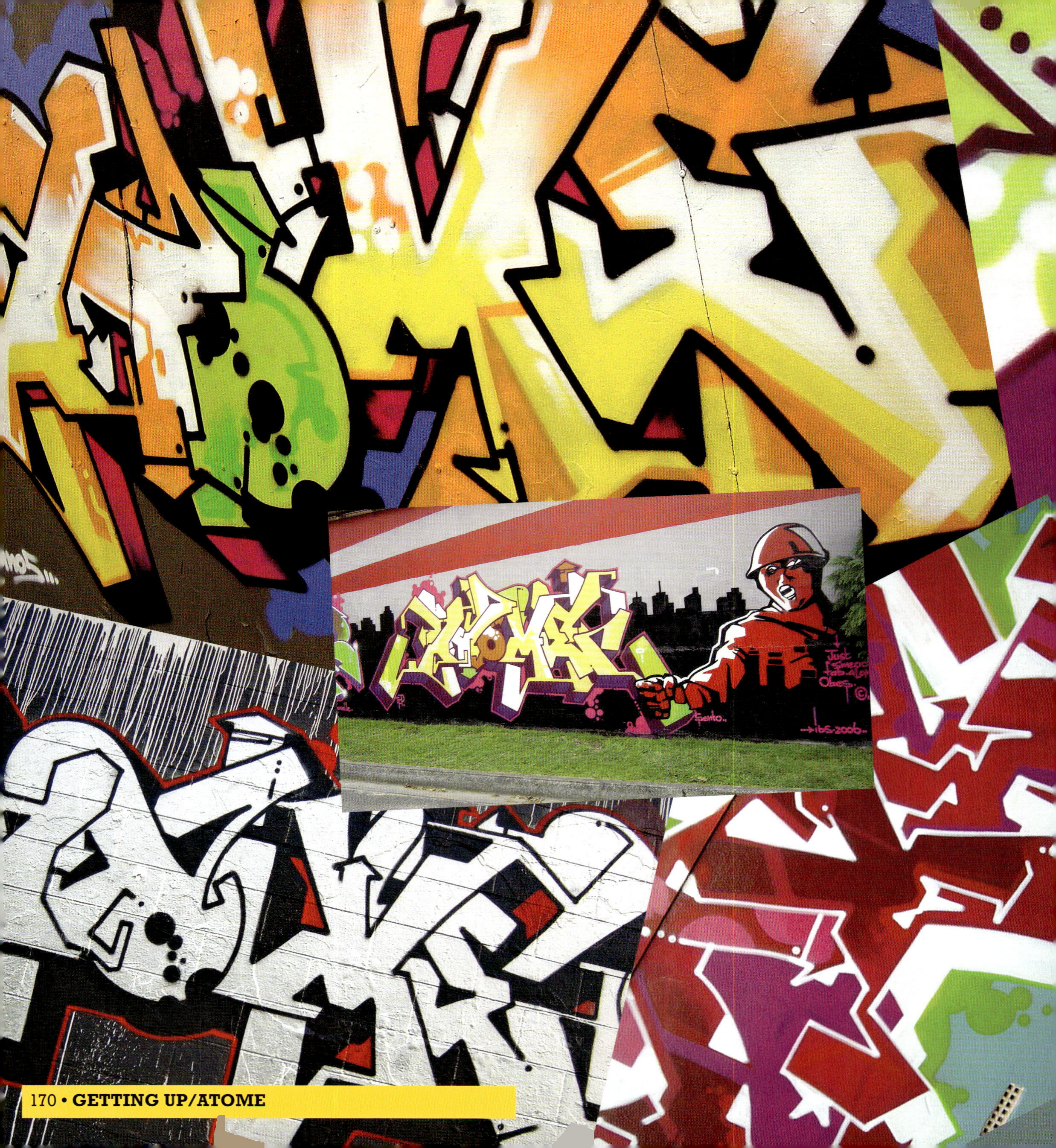
Just
ibs 2006

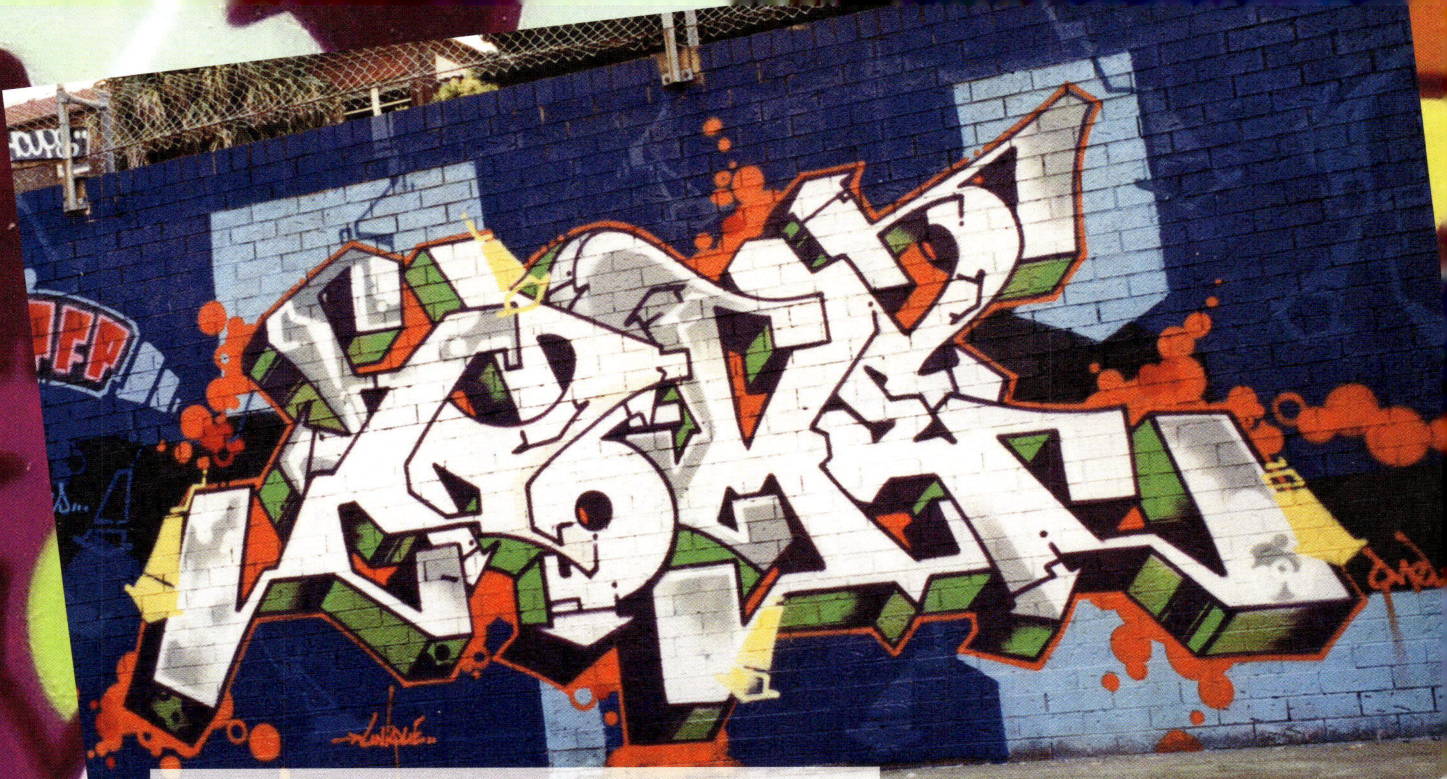

Viele Graffiti-Aktivisten entwickeln ihren Stil, die Buchstaben zu schreiben, sprunghaft. Die Schriftzüge sind voller Gruben und Täler, manchmal mit Durchbruch, manchmal lassen sie einen Buchstaben herunterhängen. Bei Durchsicht der Fotoalben des aus Sydney stammenden Atome erlebt man etwas gänzlich anderes. Jedes einzelne seiner Werke – und es sind mehrere Hundert – ist wie eine Animation, ein Ausschnitt aus einen Film. Andere wiederum unterscheiden sich nicht wesentlich von den Arbeiten seiner Zeitgenossen. Beobachtet man allerdings seine Arbeit über die Jahre hinweg, ist die Entwicklung klar erkennbar: Die Ausweitung, die Gewichtung und die Platzierung der Buchstaben seines Namens wurden verfeinert.

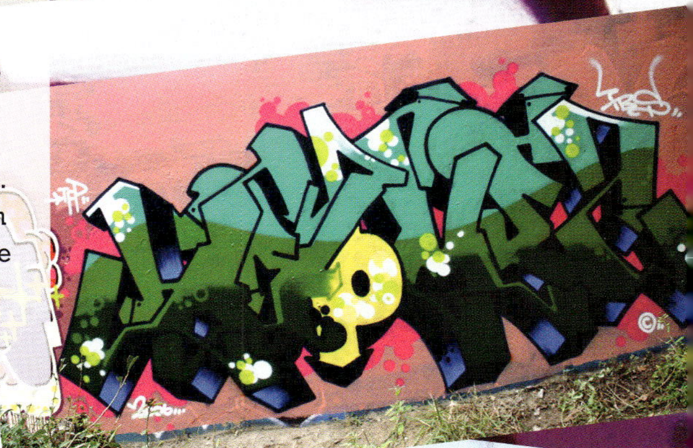

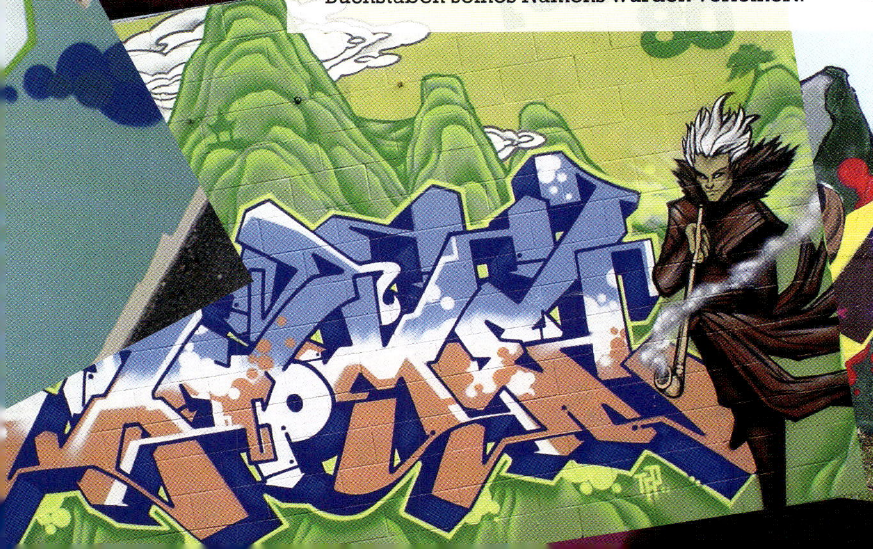

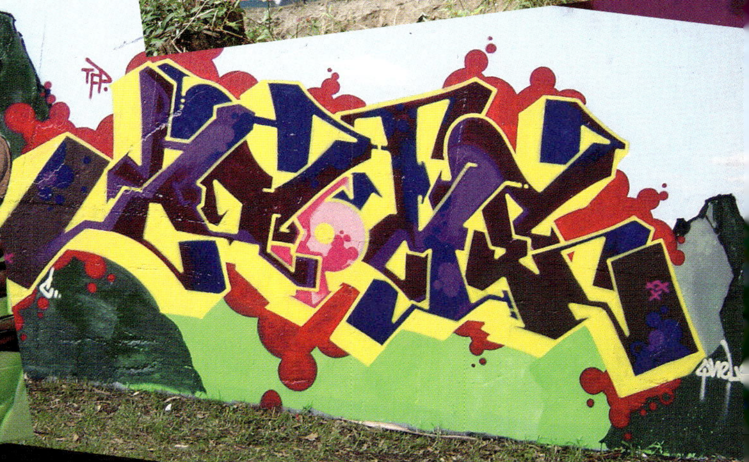

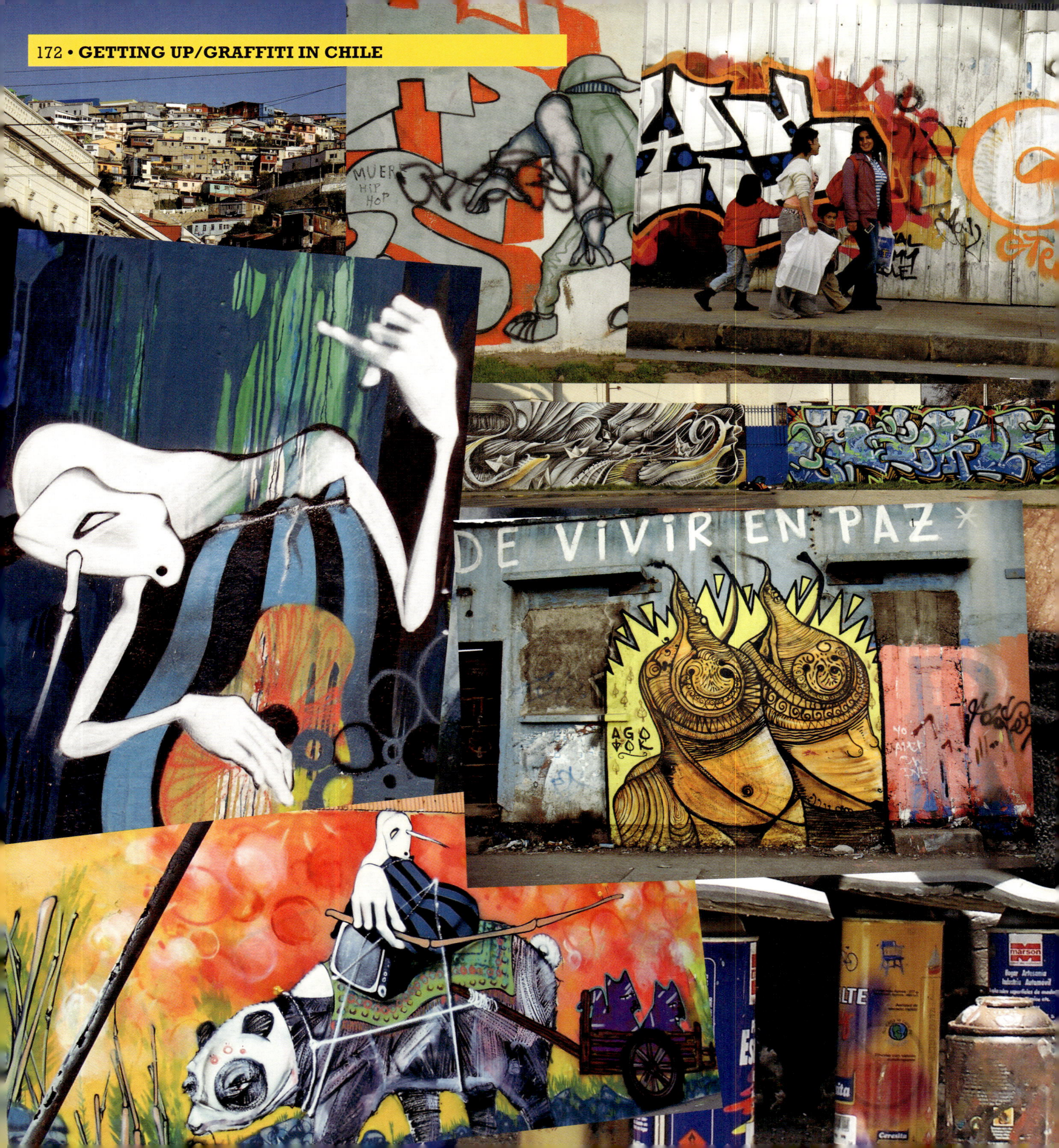
MUERE
HIP
HOP
DE VIVIR EN PAZ

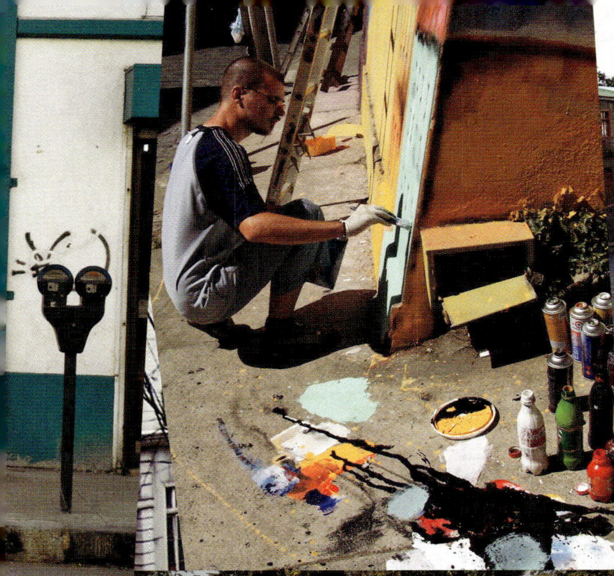
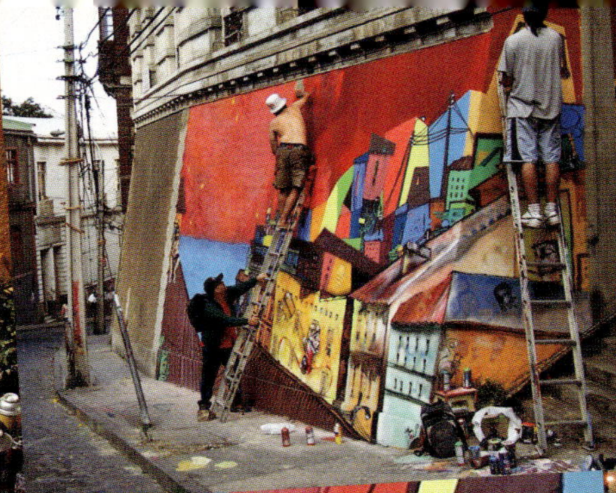
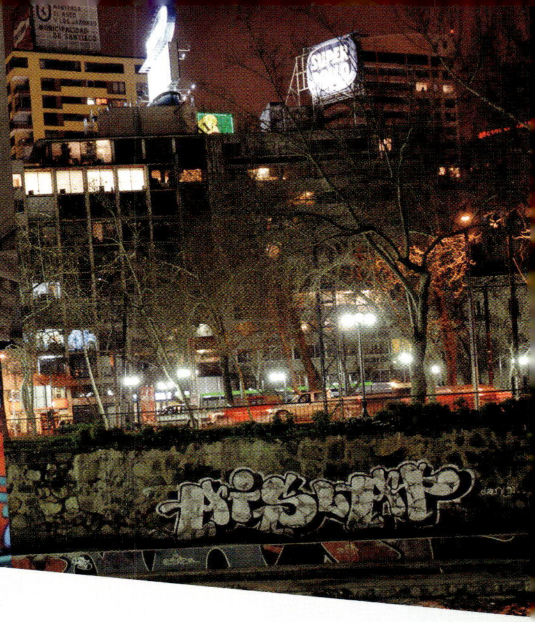
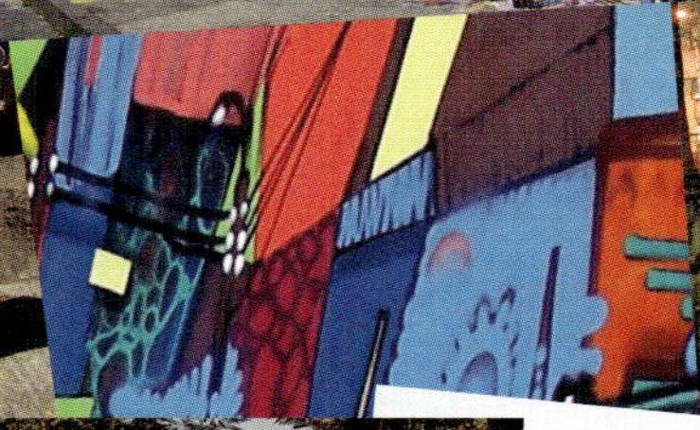
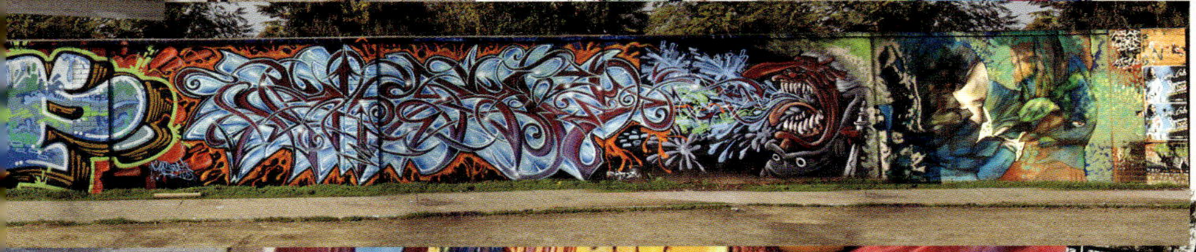
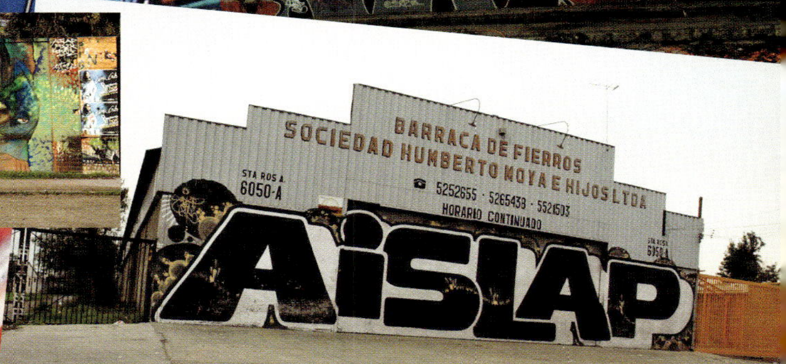

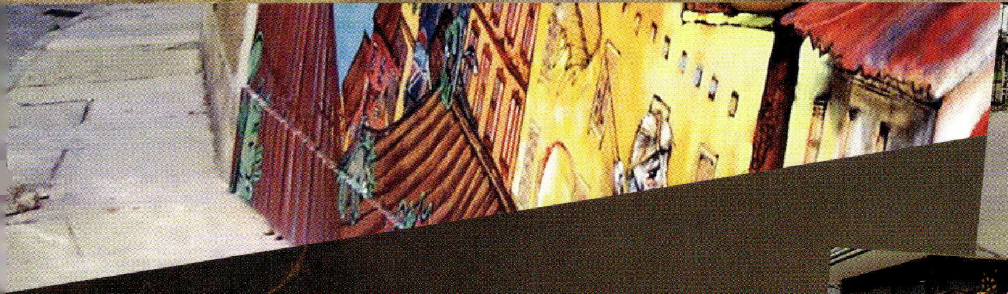
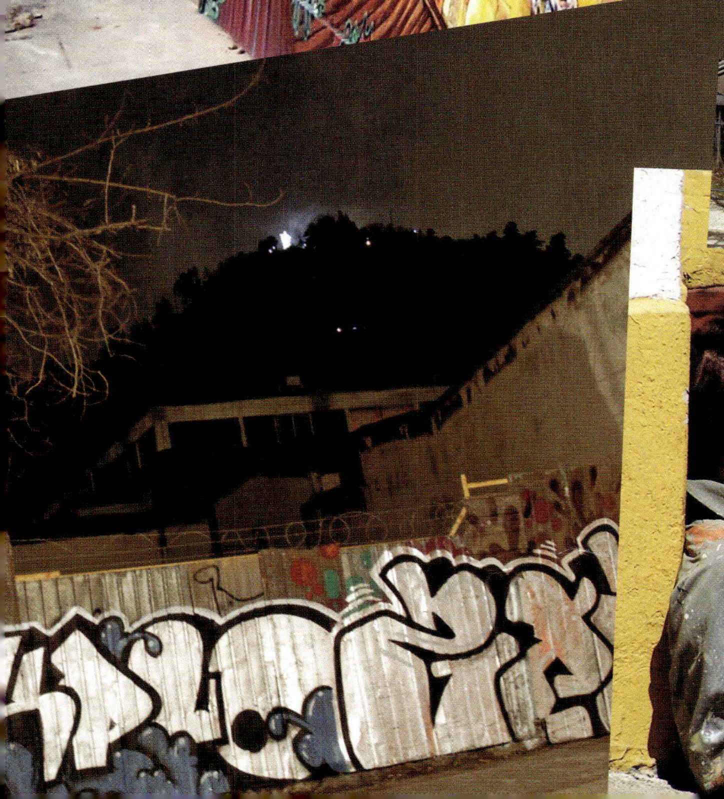
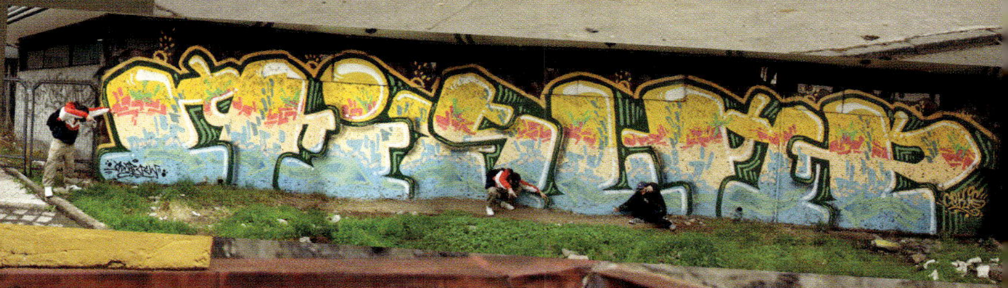
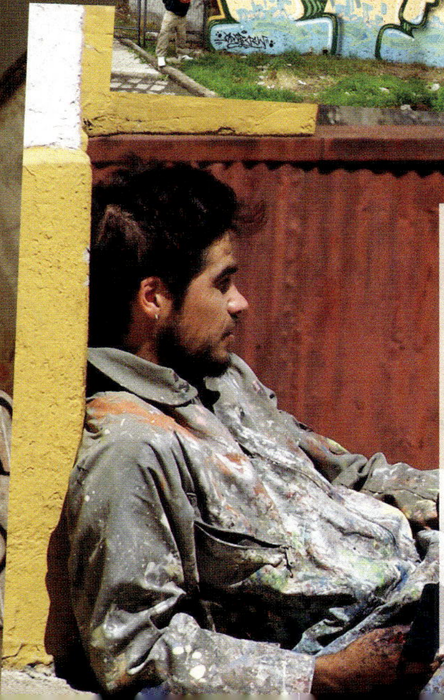

Seine vielen einheimischen Talente, ein relativ empfängliches Publikum und das milde Klima machten die Hauptstadt Chiles, Santiago, während des letzten Jahrzehnts zu einer Brutstätte für Graffiti in Südamerika. Relativ isoliert von der weltweiten Graffiti-Szene können die Aktivisten hier ihren Stil entwickeln, ohne den Blick der Welt über ihren Schultern zu spüren – ein Phänomen, das Graffiti-Aktivisten in vielen anderen Städten beeinflusst.

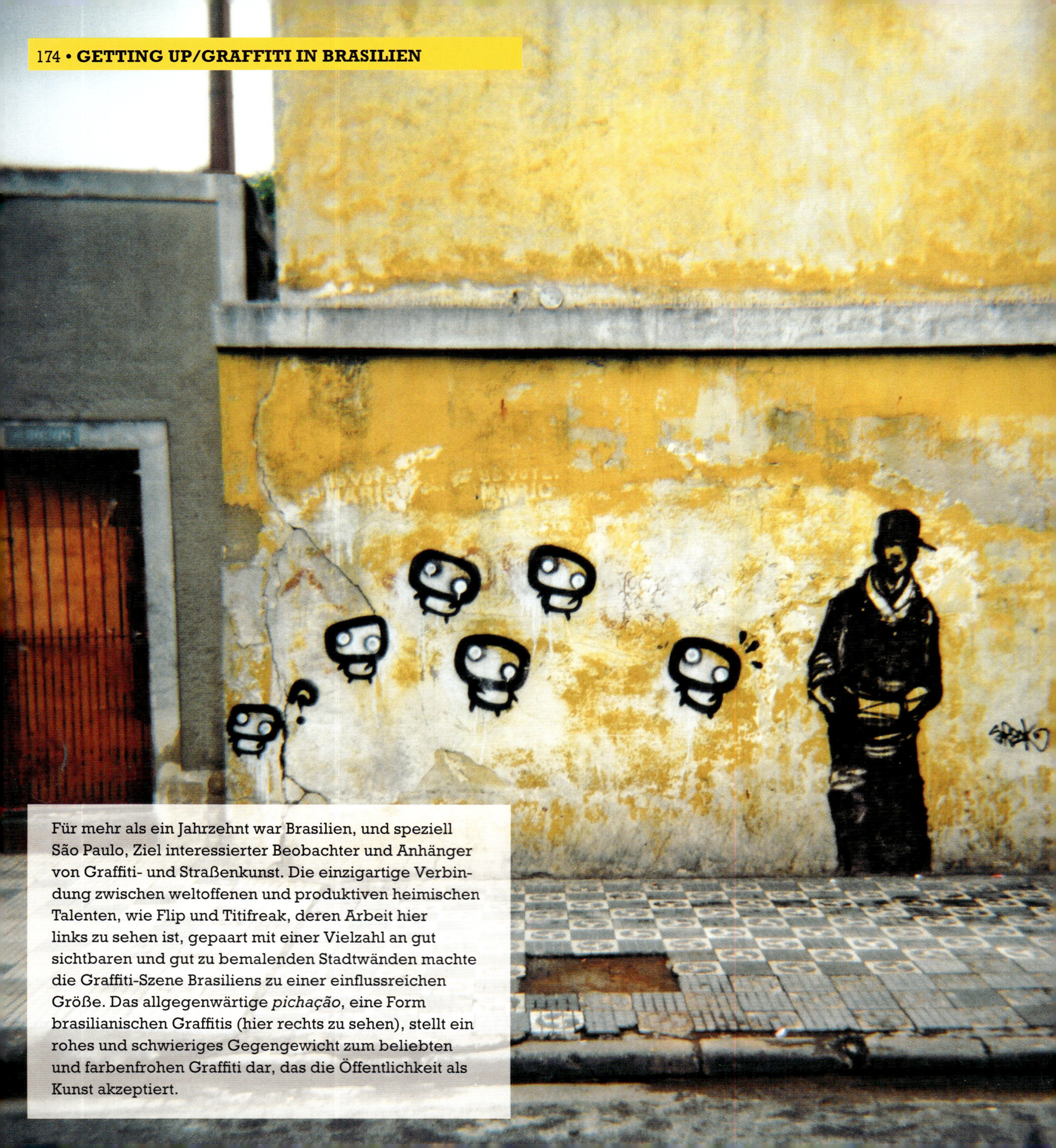

Für mehr als ein Jahrzehnt war Brasilien, und speziell São Paulo, Ziel interessierter Beobachter und Anhänger von Graffiti- und Straßenkunst. Die einzigartige Verbindung zwischen weltoffenen und produktiven heimischen Talenten, wie Flip und Titifreak, deren Arbeit hier links zu sehen ist, gepaart mit einer Vielzahl an gut sichtbaren und gut zu bemalenden Stadtwänden machte die Graffiti-Szene Brasiliens zu einer einflussreichen Größe. Das allgegenwärtige *pichação*, eine Form brasilianischen Graffitis (hier rechts zu sehen), stellt ein rohes und schwieriges Gegengewicht zum beliebten und farbenfrohen Graffiti dar, das die Öffentlichkeit als Kunst akzeptiert.

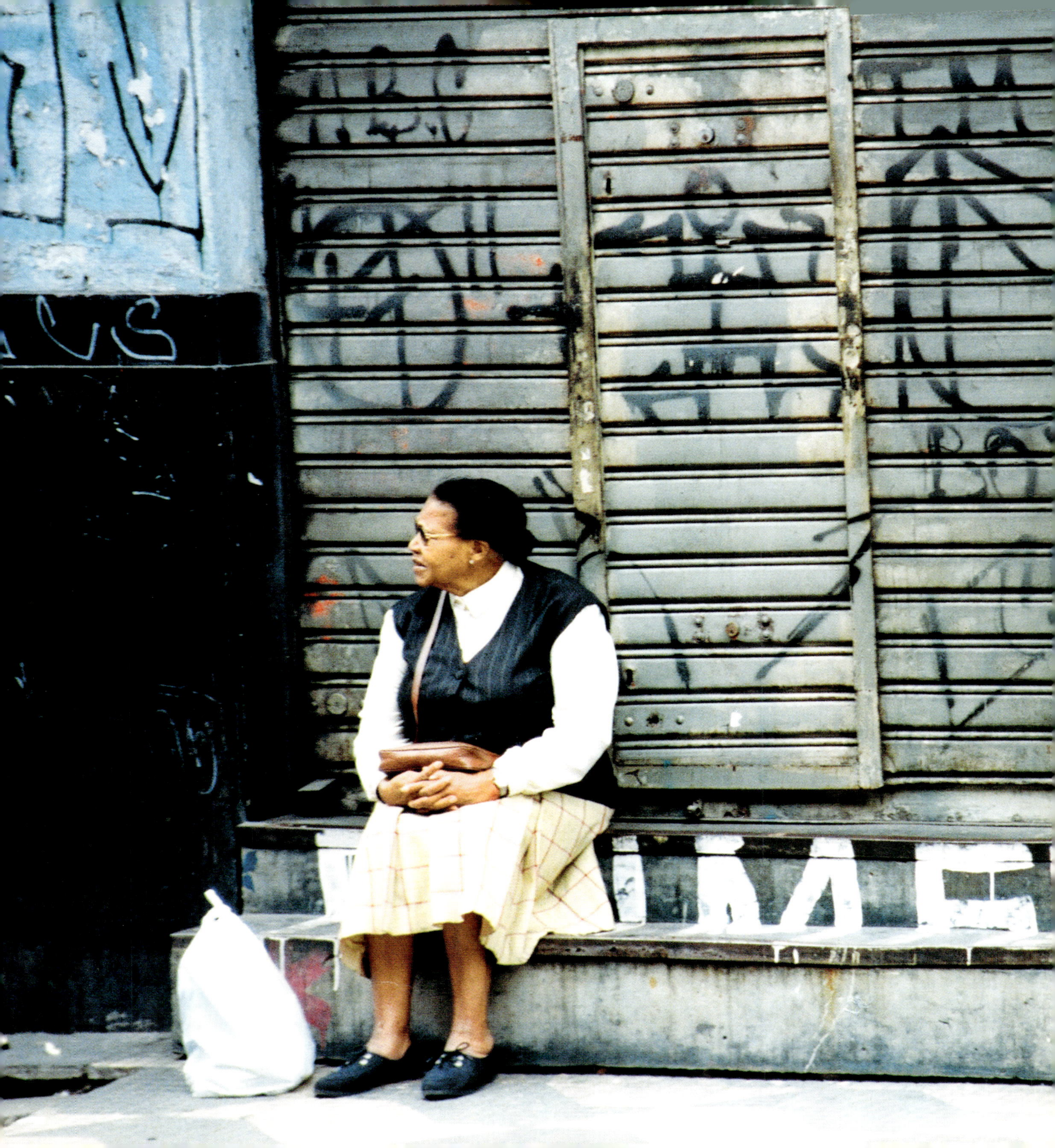

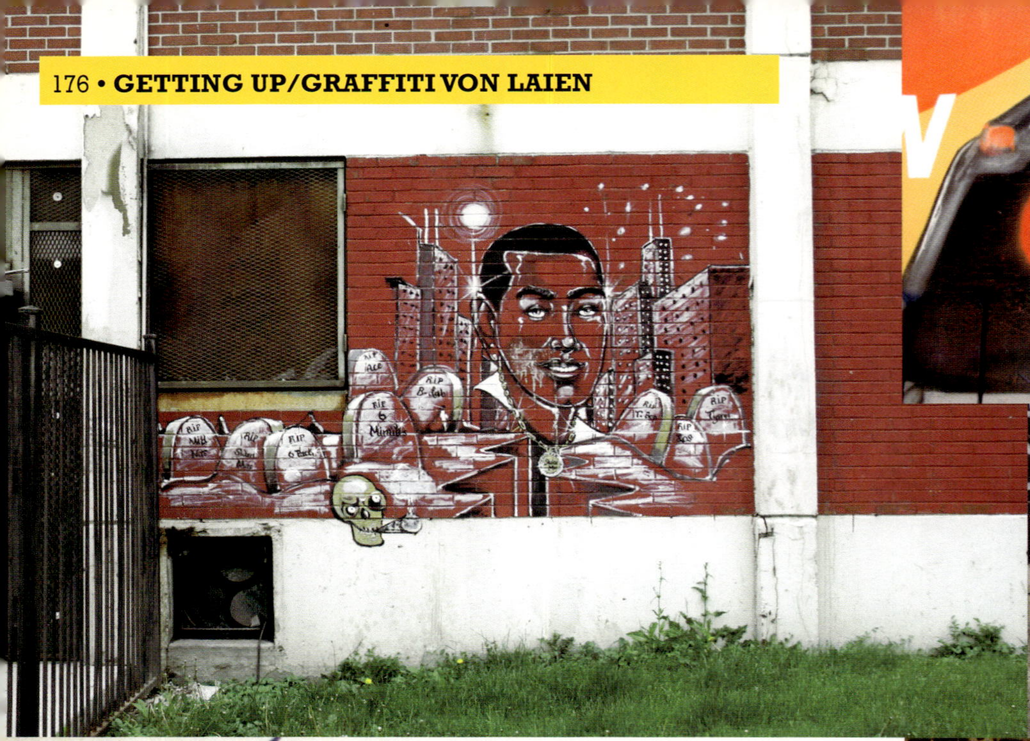

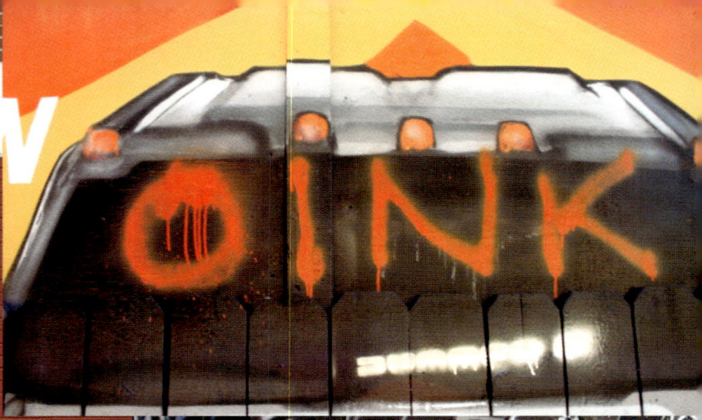
OINK

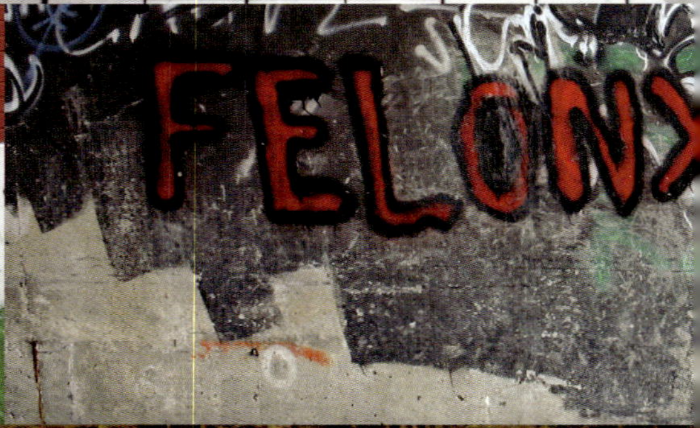
FELON

PEDAL
WANTED
SE BUSCA!
(PANCHO VILLA)
Poszukiwany
żywy lub martwy
10$ nagrody!!!
MUCHO

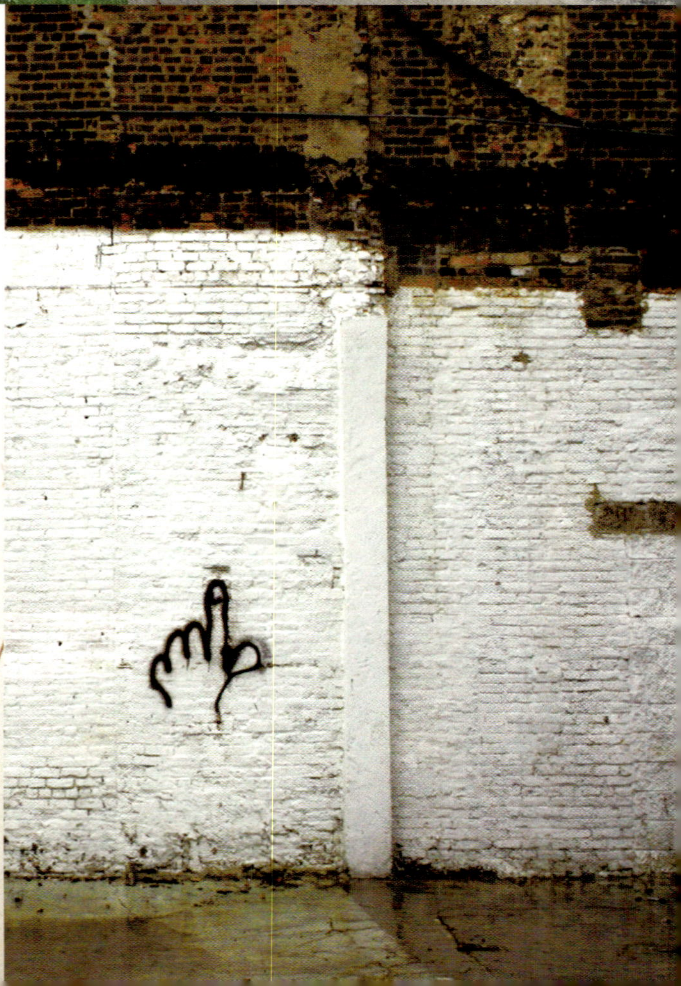

Graffiti ist nicht nur demjenigen vorenthalten, der daraus eine Kunst macht. Jeder kann zum visuellen Chaos beitragen, das unsere Welt lebenswert macht. Es bedarf dazu einfach eines Filzstifts und des Wunsches, ihn zu benutzen. Während Mitglieder der Graffiti-Subkultur oft ihr Leben dem Graffiti als Kunstform widmen, gibt es viele Laien, die Wände von öffentlichen Gebäuden, Toiletten und andere Plätze bearbeiten. Diese Art von Graffiti unterscheidet sich nicht nur in Technik und Fingerfertigkeit, sondern auch im Inhalt, der vom politischen Kommentar bis hin zu Klosprüchen reicht. «Ich war bekannt dafür, besoffen meine Einfälle auf der Toilette von Kneipen zu verewigen», erzählt der Barbesitzer Nicky Teri aus Los Angeles. «Ich markiere nicht mein Revier, ich möchte die Leute nur zum Lachen bringen.»

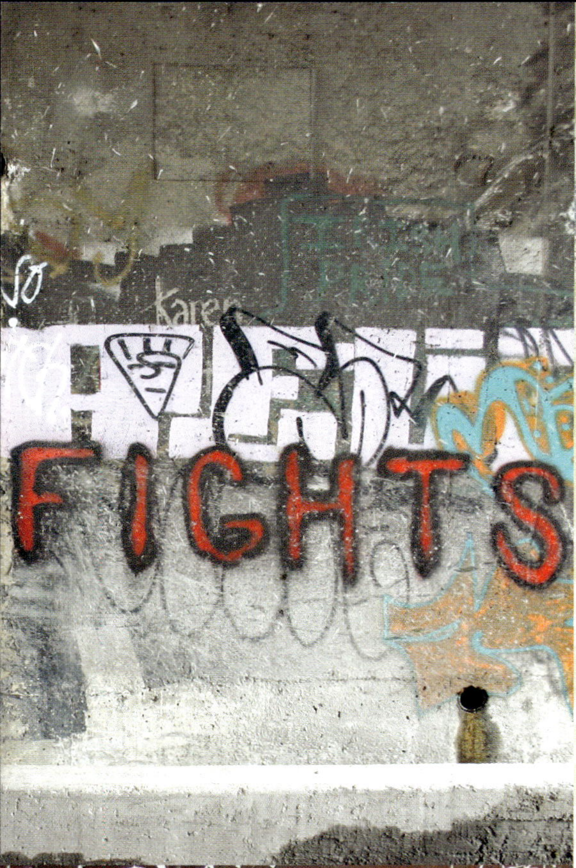

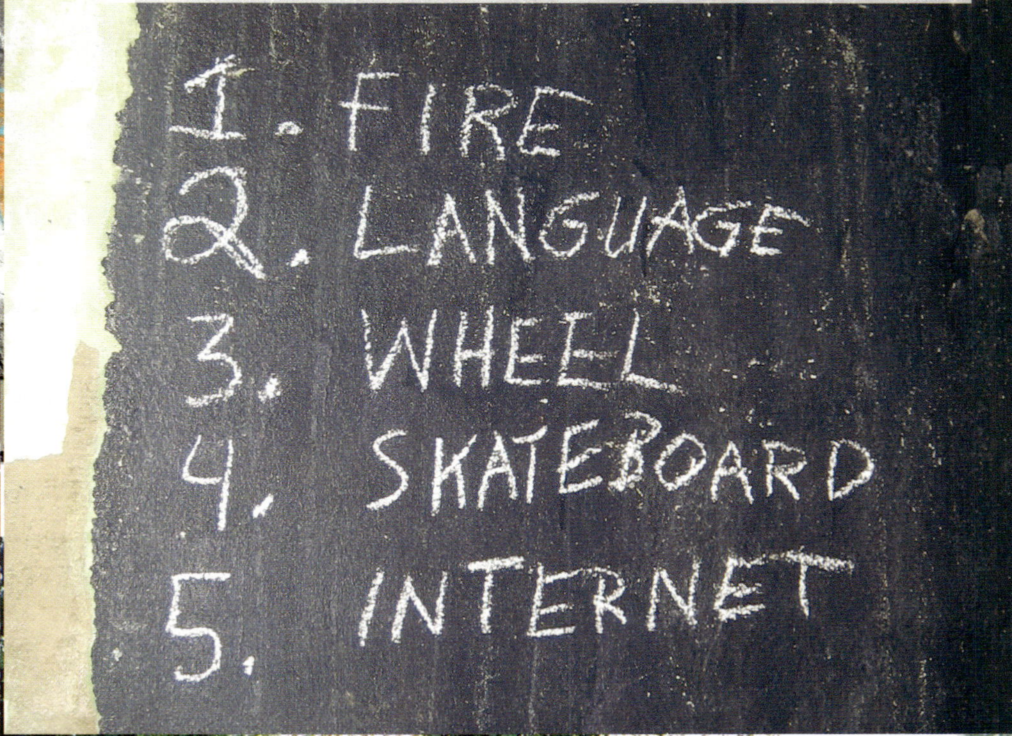

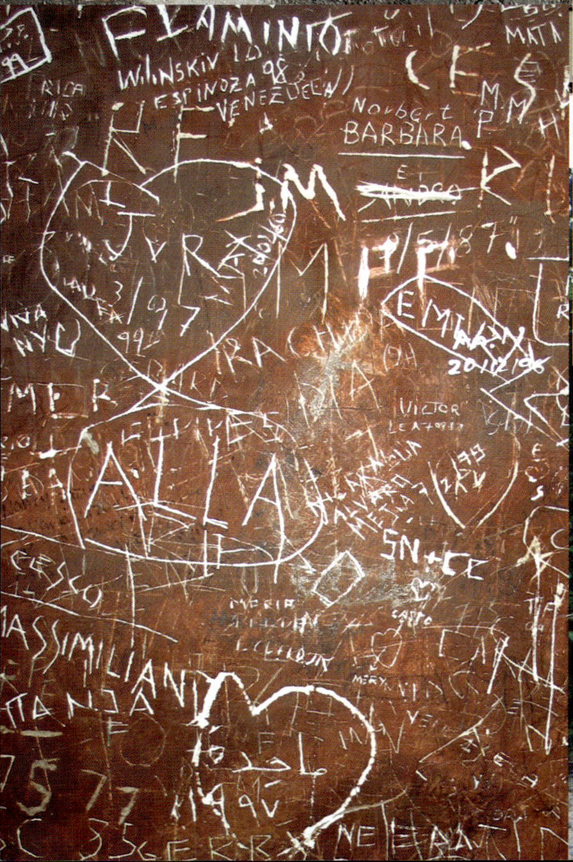

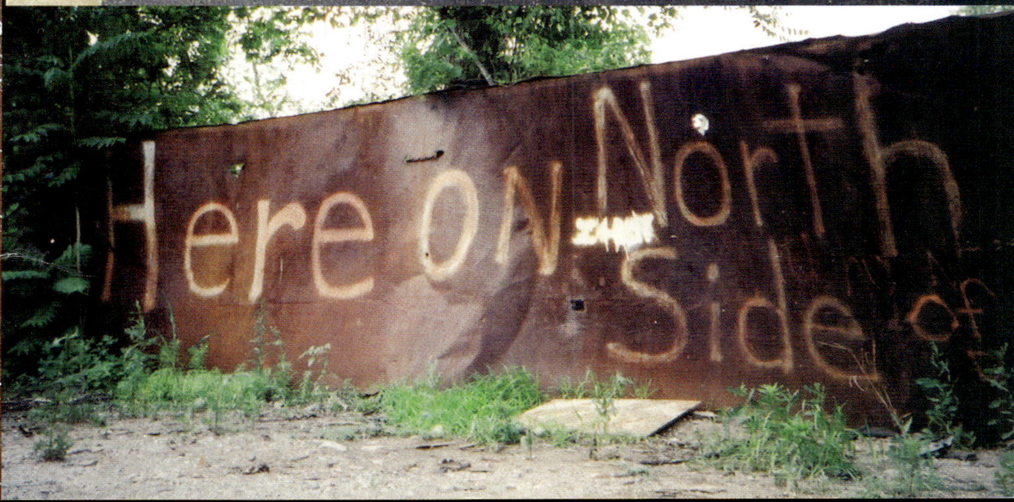

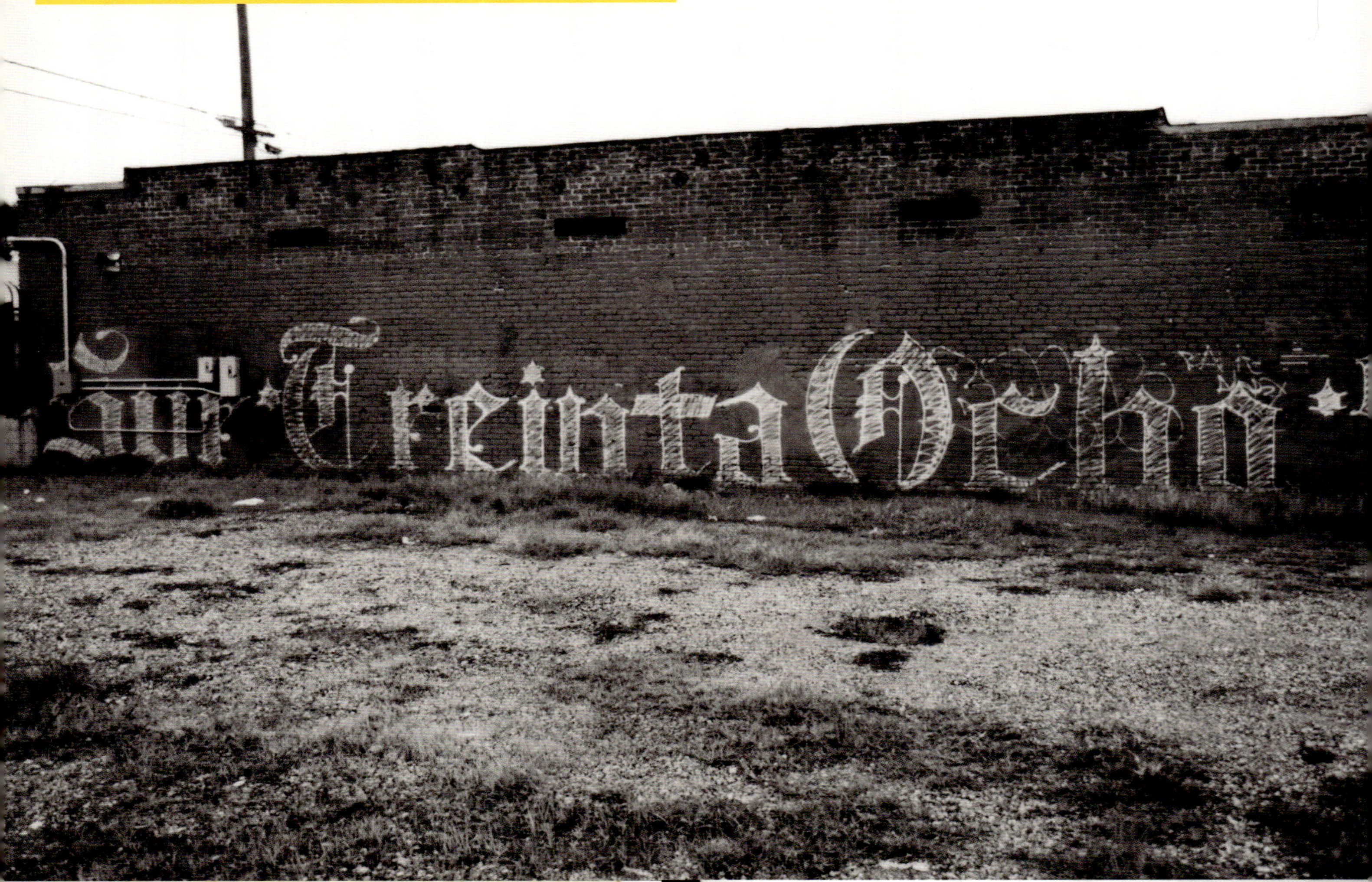
Sur Treinta Ocho

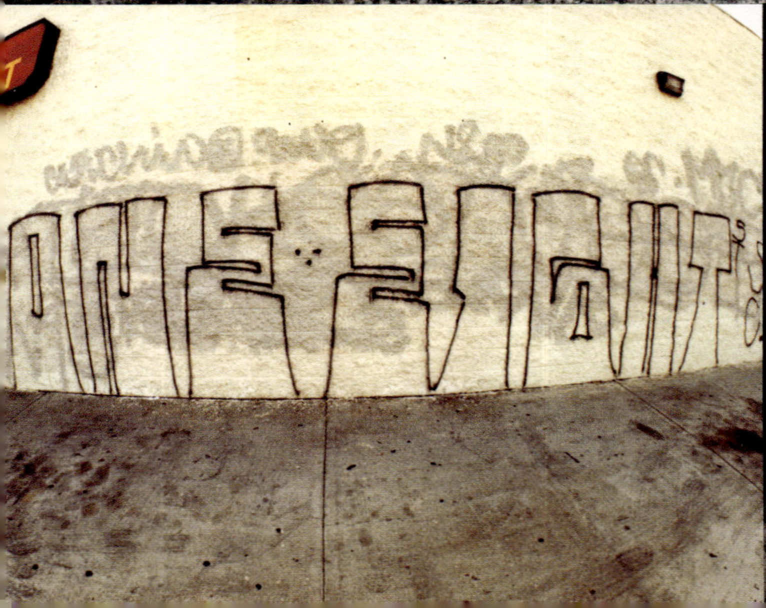
ONE EIGHT

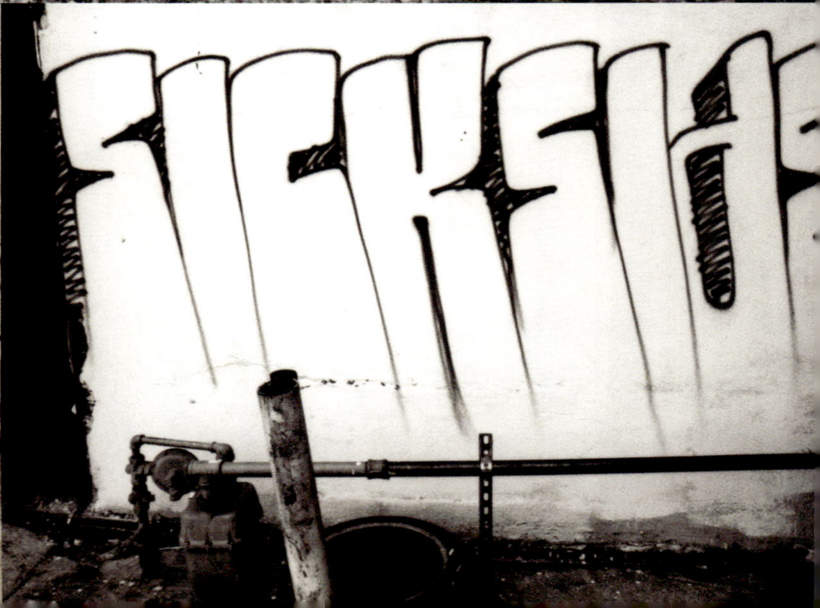

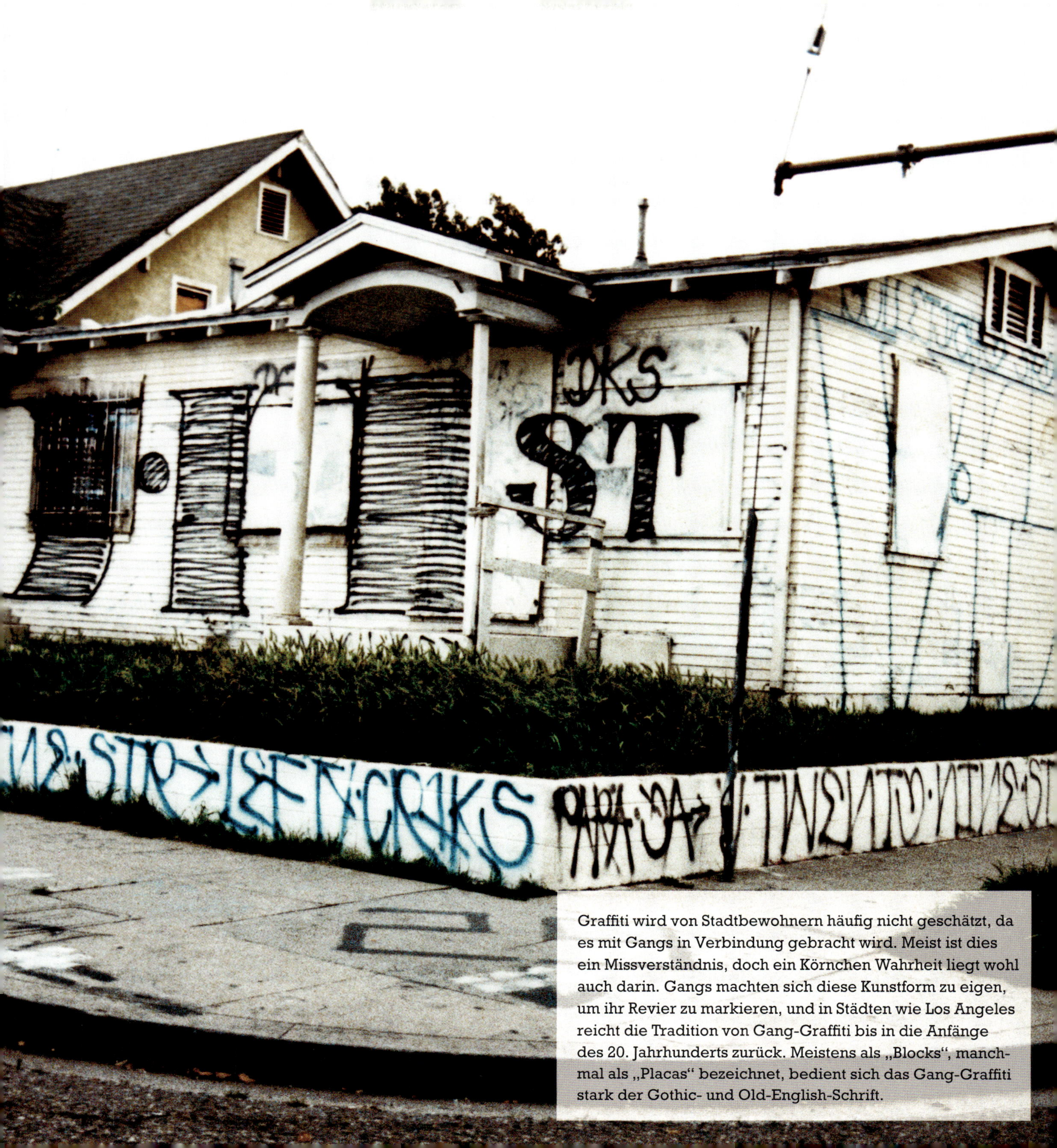

Graffiti wird von Stadtbewohnern häufig nicht geschätzt, da es mit Gangs in Verbindung gebracht wird. Meist ist dies ein Missverständnis, doch ein Körnchen Wahrheit liegt wohl auch darin. Gangs machten sich diese Kunstform zu eigen, um ihr Revier zu markieren, und in Städten wie Los Angeles reicht die Tradition von Gang-Graffiti bis in die Anfänge des 20. Jahrhunderts zurück. Meistens als „Blocks“, manchmal als „Placas“ bezeichnet, bedient sich das Gang-Graffiti stark der Gothic- und Old-English-Schrift.

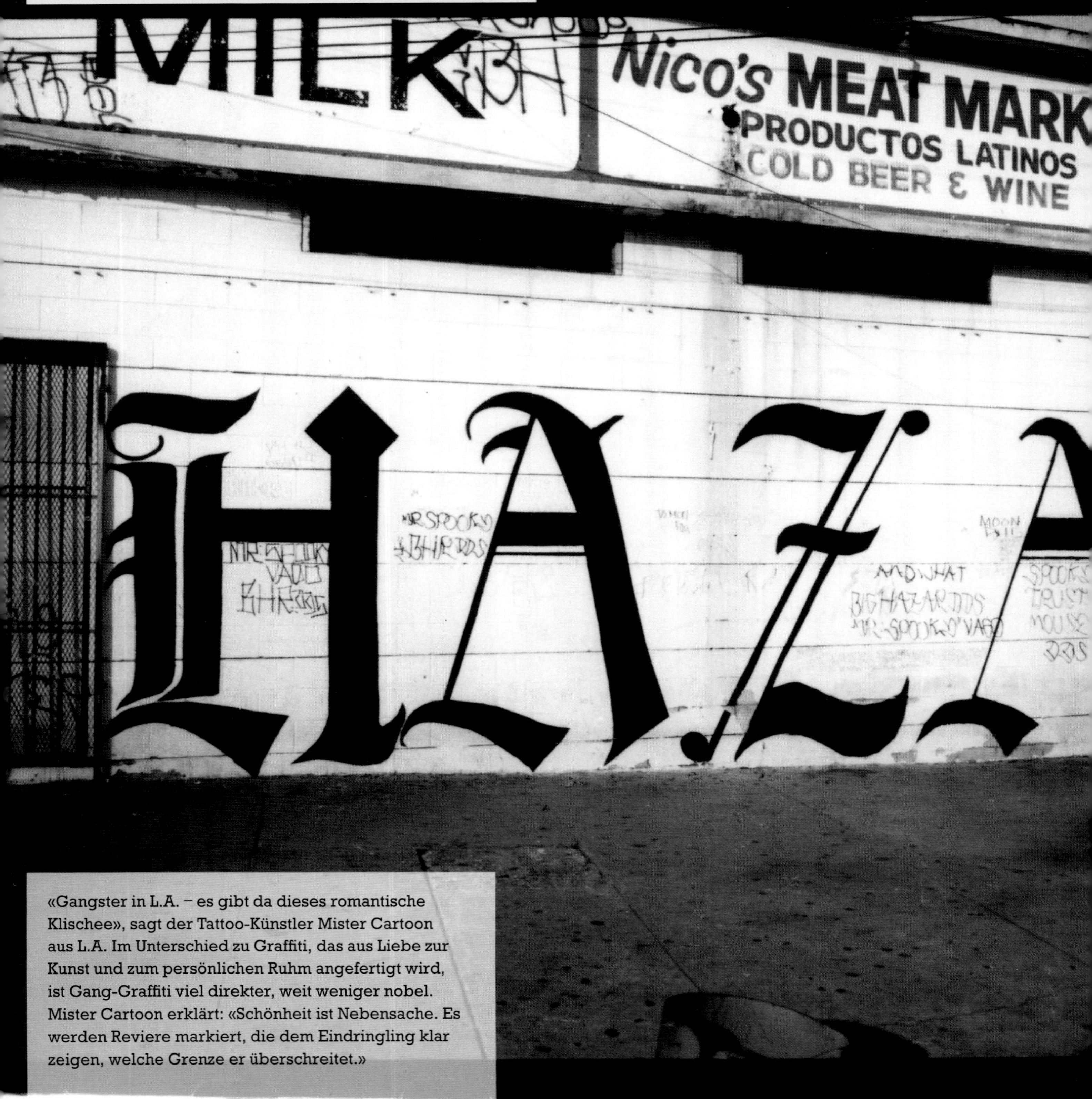

«Gangster in L.A. – es gibt da dieses romantische Klischee», sagt der Tattoo-Künstler Mister Cartoon aus L.A. Im Unterschied zu Graffiti, das aus Liebe zur Kunst und zum persönlichen Ruhm angefertigt wird, ist Gang-Graffiti viel direkter, weit weniger nobel. Mister Cartoon erklärt: «Schönheit ist Nebensache. Es werden Reviere markiert, die dem Eindringling klar zeigen, welche Grenze er überschreitet.»

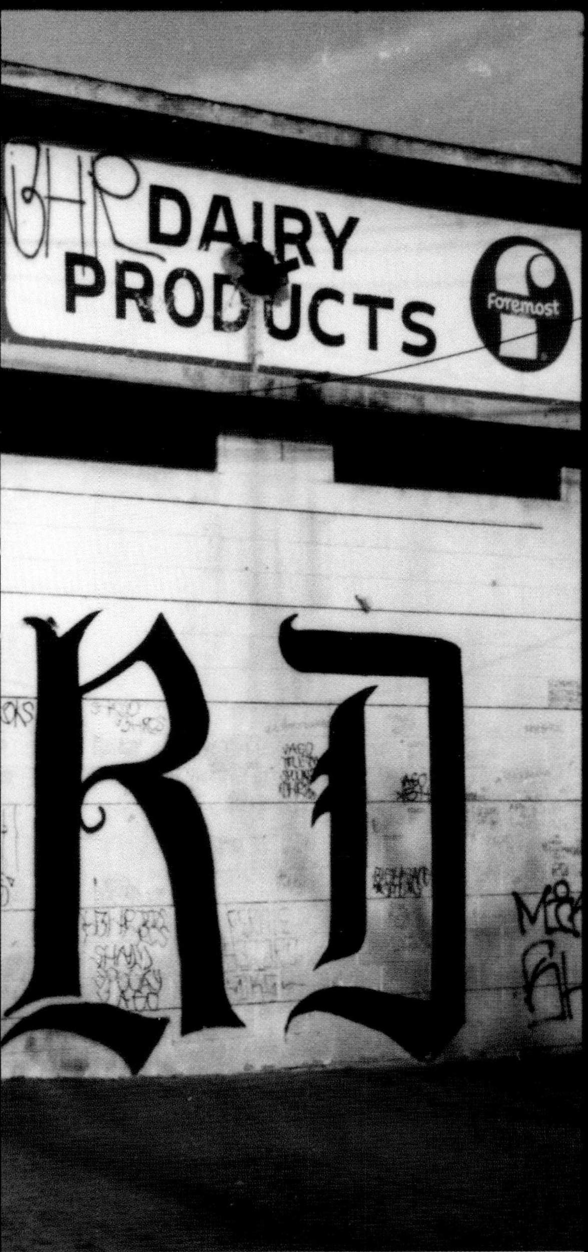

«Schönheit ist Nebensache. Es werden Reviere markiert, die dem Eindringling klar zeigen, welche Grenze er überschreitet.»

Mister Cartoon

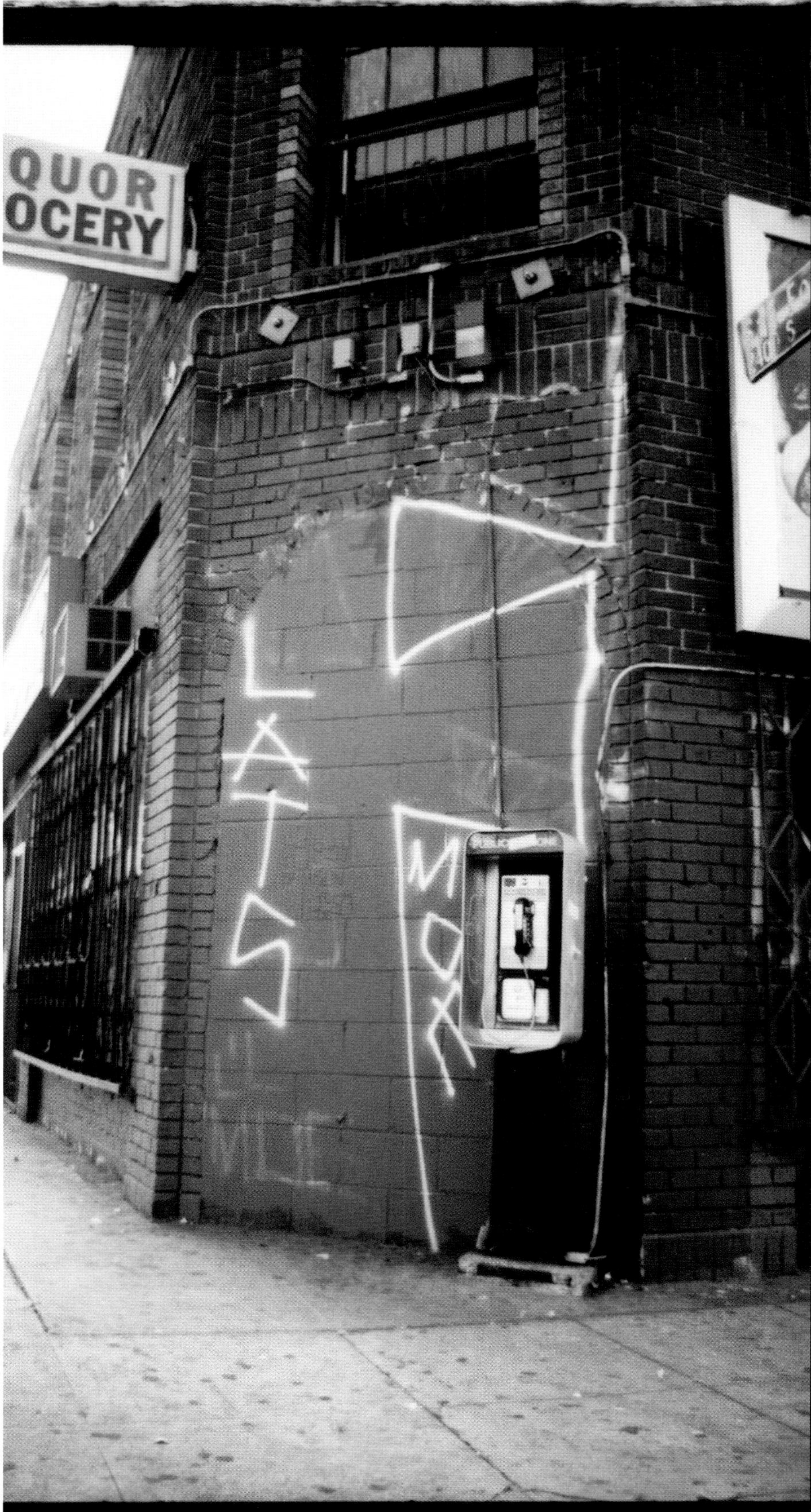

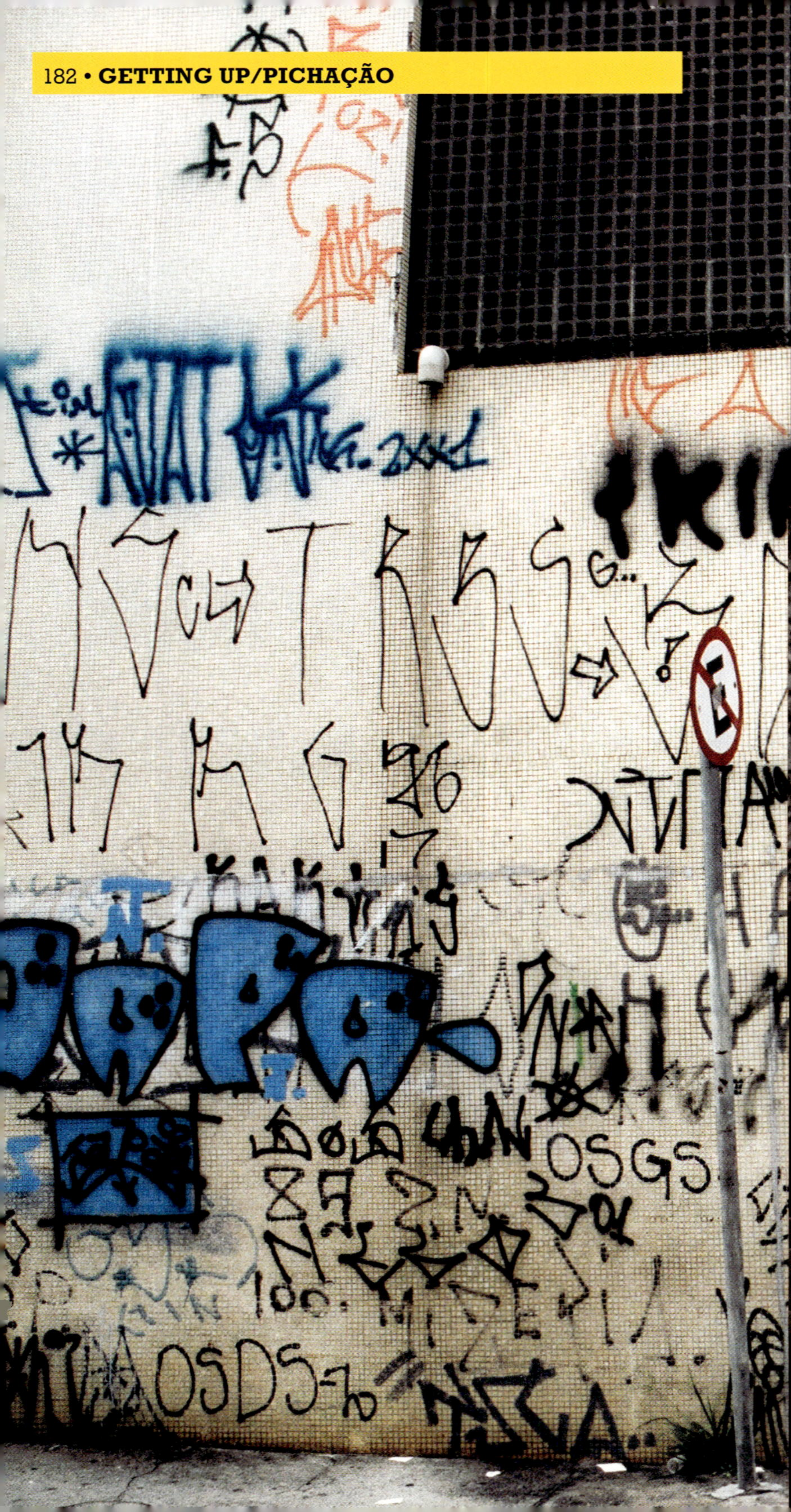

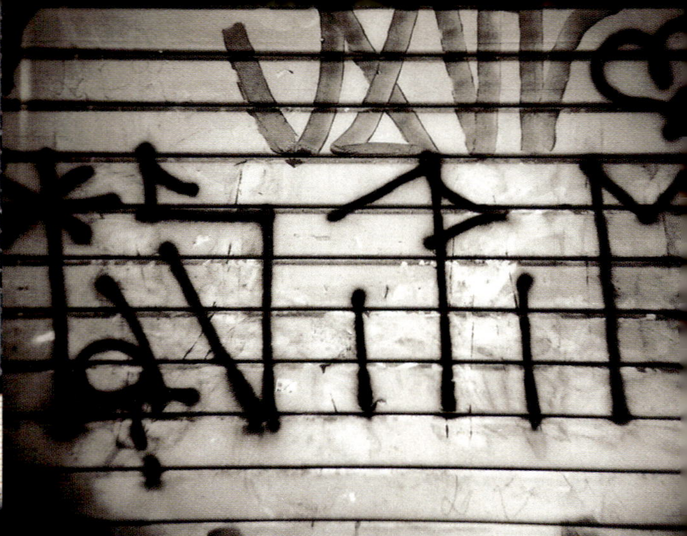

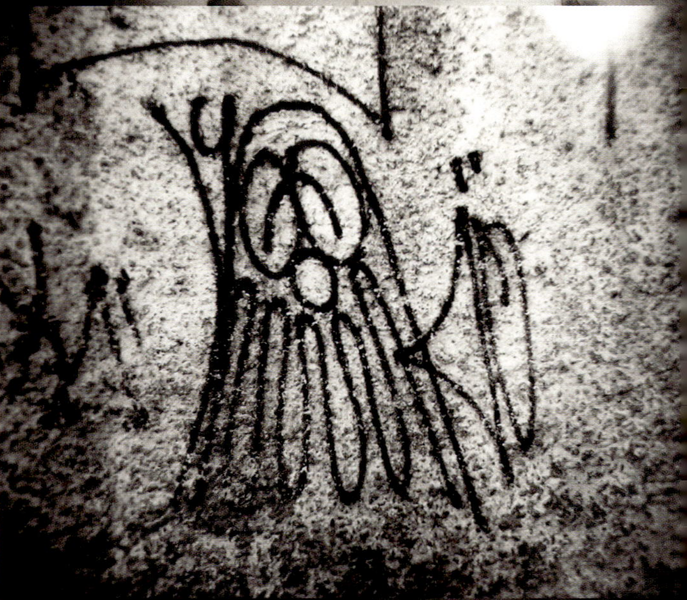

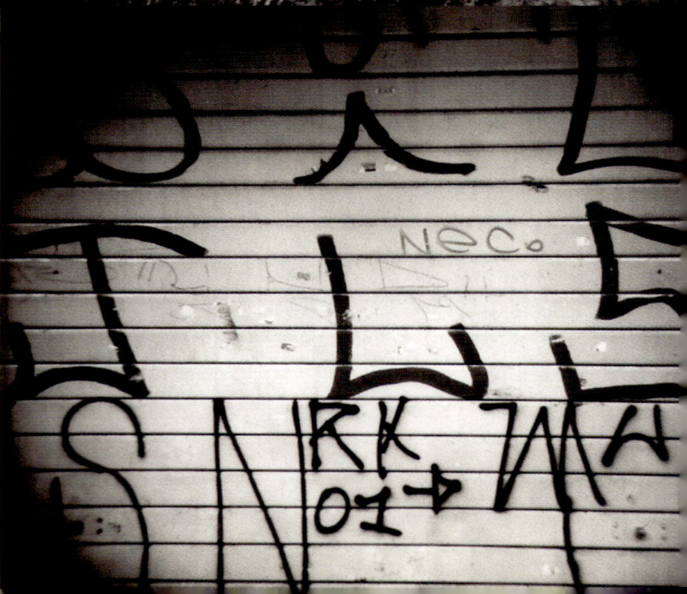

In den 1960ern beschlossen junge Bewohner São Paulos, dass das beste Mittel gegen innerstädtische Depression wäre, die Stadt zu „beschreiben“ – und das mit Spraydosen, Pinselrollern und eimerweise Latexfarbe. Da es sich meist um hingekritzelte politische Aussagen an den Straßen handelte, wurde das Phänomen nach *piche* – Teer – *pinchação* benannt. In den 1980ern traten die Namen von einzelnen Sprayern und deren Crews in den Vordergrund. Im Gegensatz zu stilisierten *tags* und farbenfrohen Graffitis breiteten sich *pichaçãos* nicht auf der ganzen Welt aus. Heute ist es nach wie vor ein auf Brasilien beschränktes Phänomen ohne künstlerischen Anspruch, das aufgrund seiner Allgegenwärtigkeit dennoch beherrschend ist.

Pichadores halten ihre Utensilien sehr einfach: schwarze oder weiße Sprühfarbe oder Industrie-Latexfarbe, oft in Wasserflaschen transportiert. Die Schrift ist weder farbig noch detailliert. Die besten *tags* werden so breit wie möglich über eine Fläche geschrieben. In São Paulo ist praktisch alles unter fünf Metern von ihnen bedeckt, genauso wie das oberste Stockwerk jedes Gebäudes, das leicht über das Dach zu erreichen ist. Einige der produktivsten Namen der *pichação*-Szene gehören zu einer Gruppe von 20 Typen, die sich ein Gebäude vornehmen und von jedem Fenster aus sprühen. Andere wiederum gehören zu einer einzigen fleißigen Person. Die Namen haben nichts mit Gangs zu tun. Unabhängig davon, wie die Öffentlichkeit dies wahrnimmt, sind ihre Inhalte Respekt, das Ansehen auf der Straße und schlichtweg der Spaß am Kriminellen.

Die Schriftarten der *pichadores* sind zumeist Old English und Gothic. Zu Beginn wurden sie von den Rockalben-Covers der 1970er von Motörhead, Pink Floyd oder Led Zeppelin beeinflusst. Heute bezieht *pichação* seine Inspiration aus sich selbst. Dafür muss man nur mit offenen Augen durch São Paulo gehen.

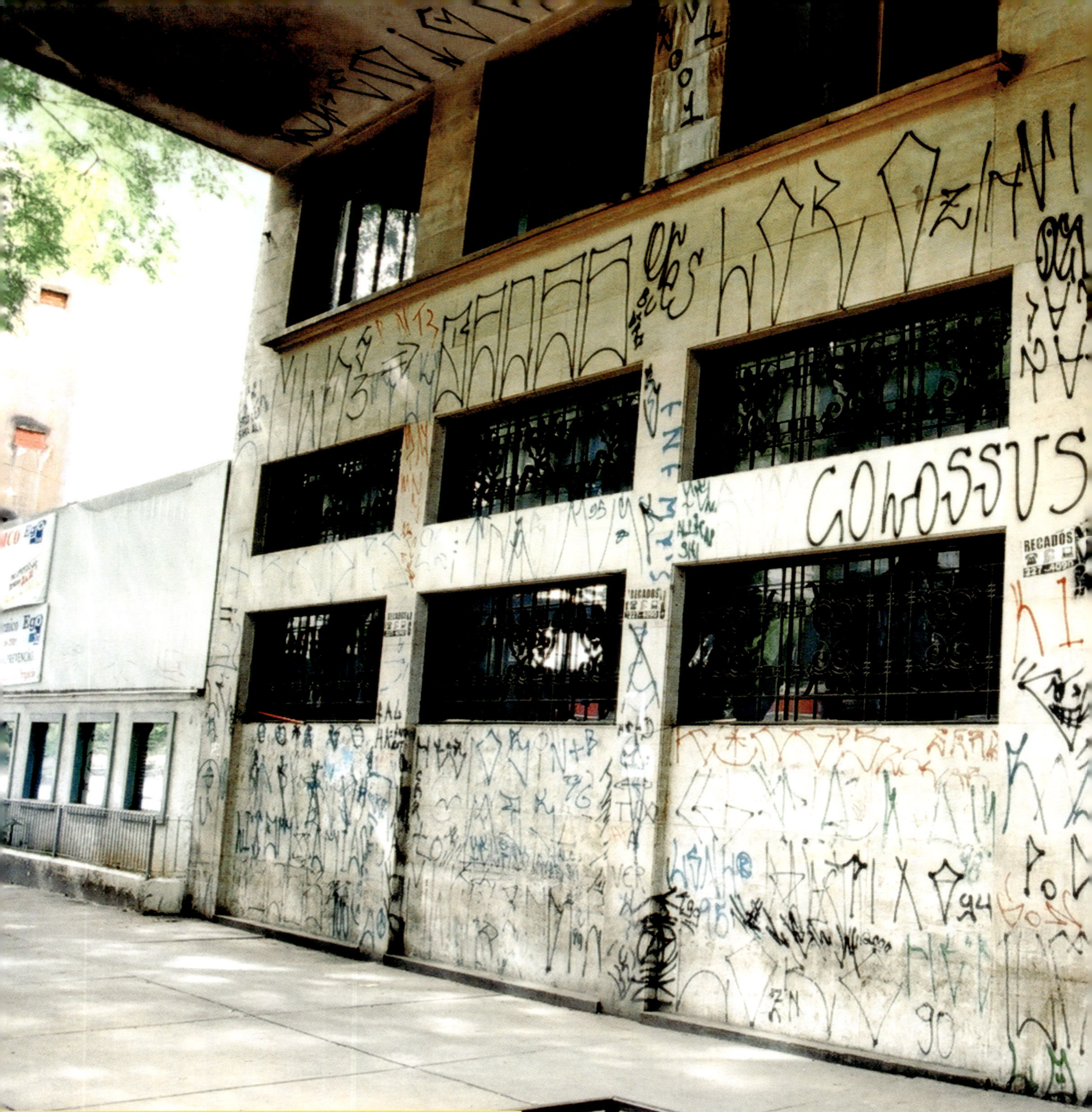
RECADOS

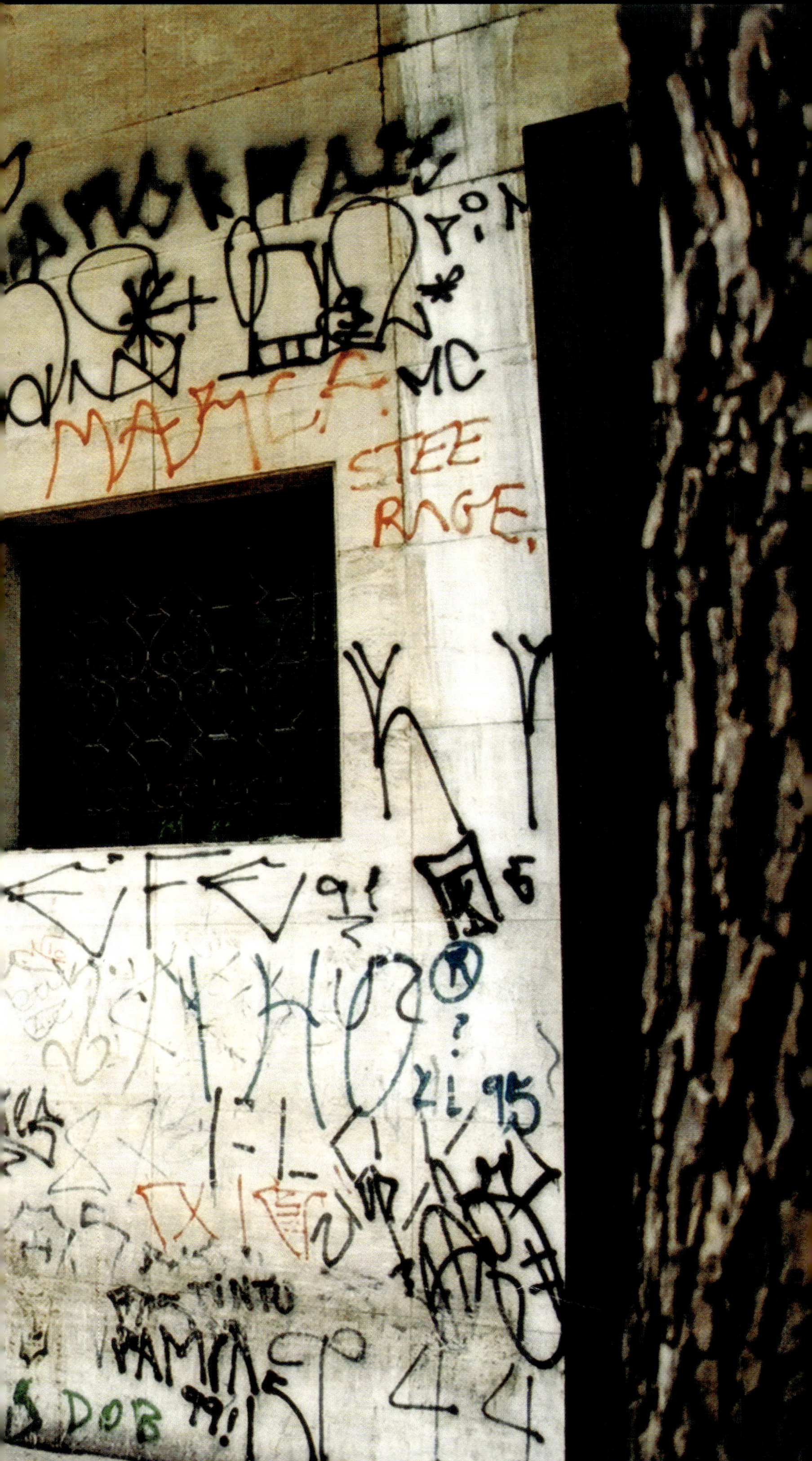
MC
STEE
RAGE.

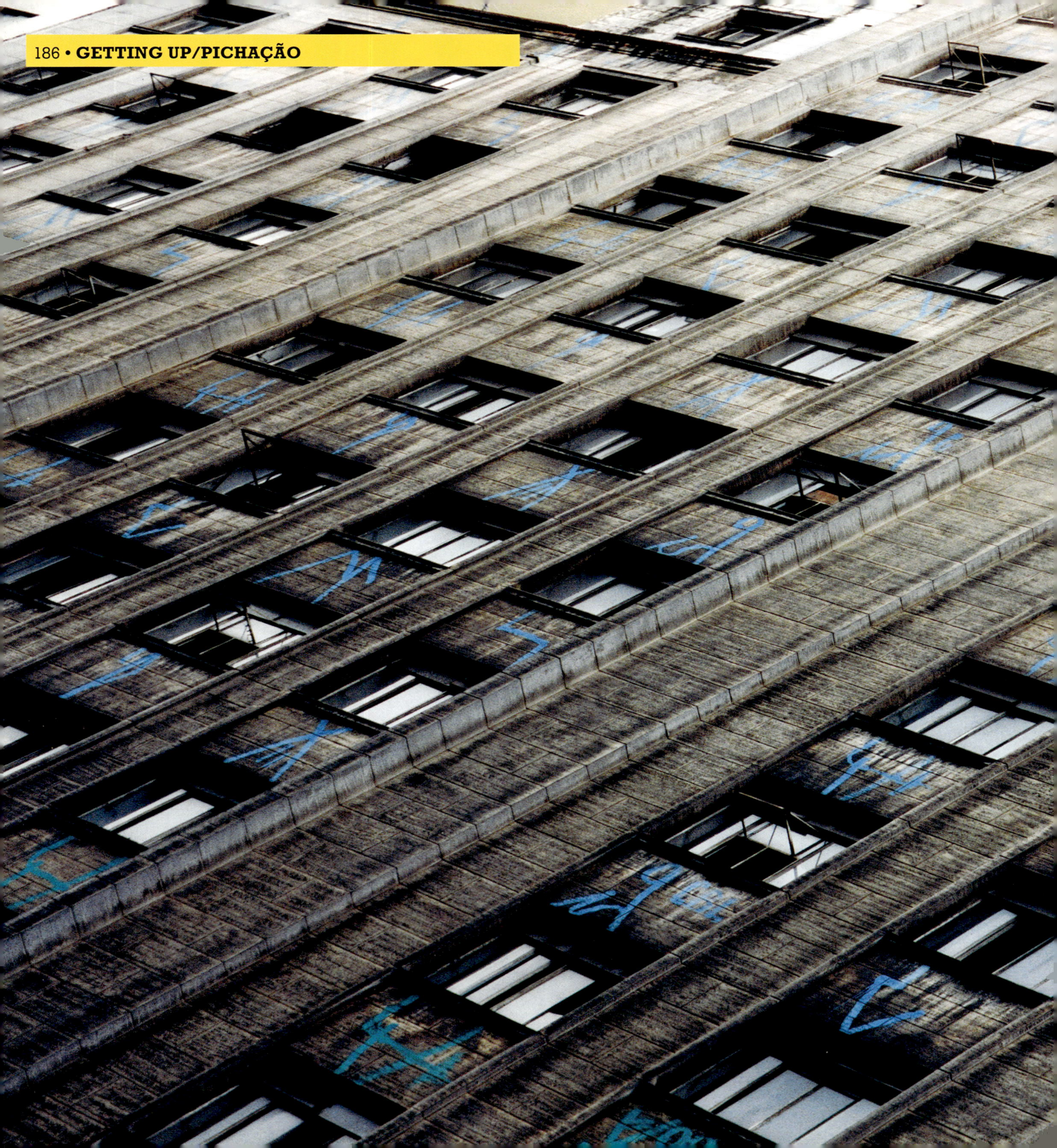

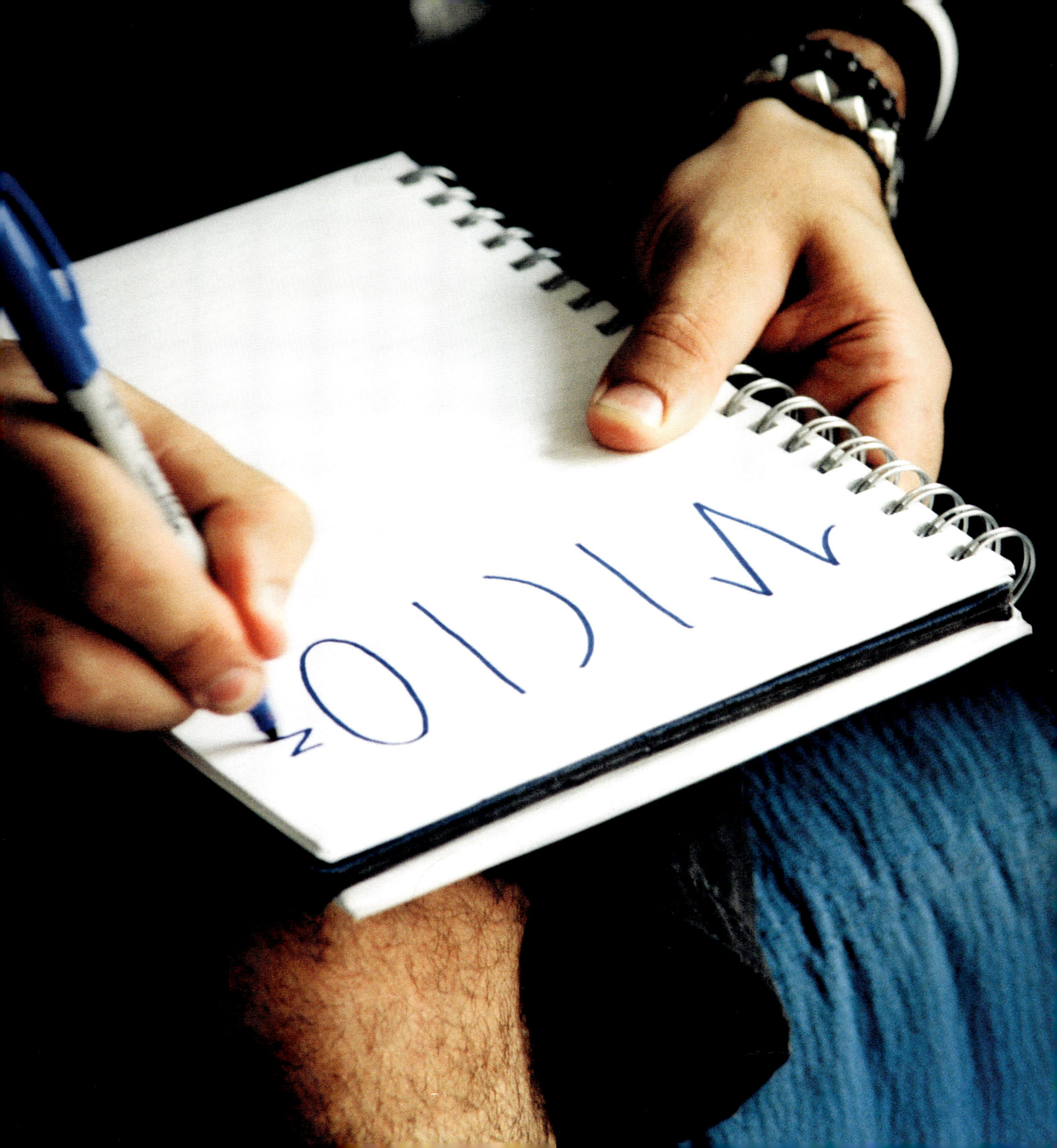

Irgendwo zwischen Graffiti, Wandbild und anderen quasi-legalen Ausdrucksformen in der Öffentlichkeit entstand etwas, das bis jetzt noch keinen besseren Namen als „Straßenkunst“ gefunden hat. Straßenkunst lässt sich vielleicht am besten als illegale Kunst auf der Straße beschreiben, die aber nicht zu Graffiti gezählt

«Ich bin froh, wenn ich Graffiti-Aktivisten sehe, die versuchen, nicht nur mit uns Graffiti-Freunden zu kommunizieren, sondern auch mit anderen Menschen!» Blu

werden kann, da der Name des Künstlers nicht im Vordergrund steht. Auch wenn sie sich nicht des Stilmittels der Unterschrift und der Stilarten des traditionnellen Graffiti bedient, hat sie doch das kriminelle Element damit gemein und existiert weltweit parallel dazu. Ihre Medien sind breitgefächert und voller Möglichkeiten. Straßenkunst begegnet uns in Form von einfachen Postern oder Aufklebern bis hin zu perfekt ausgearbeiteten Skulpturinstallationen und großen Wandbildern.

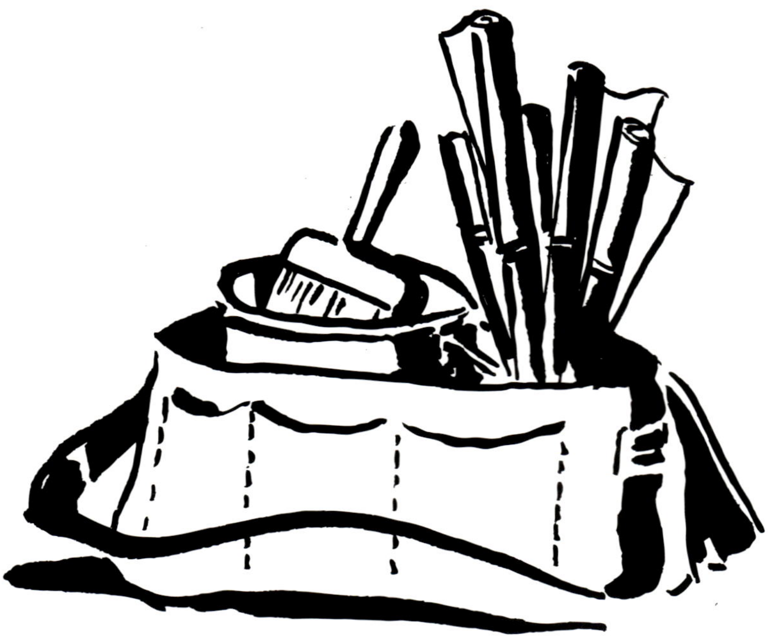

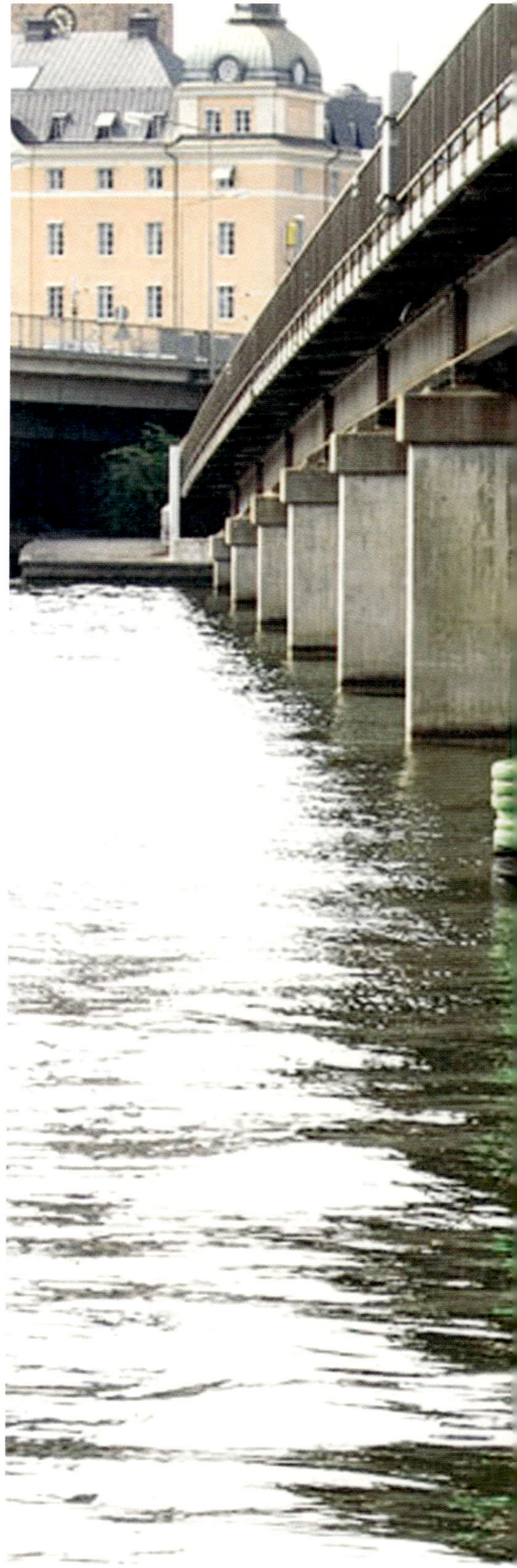

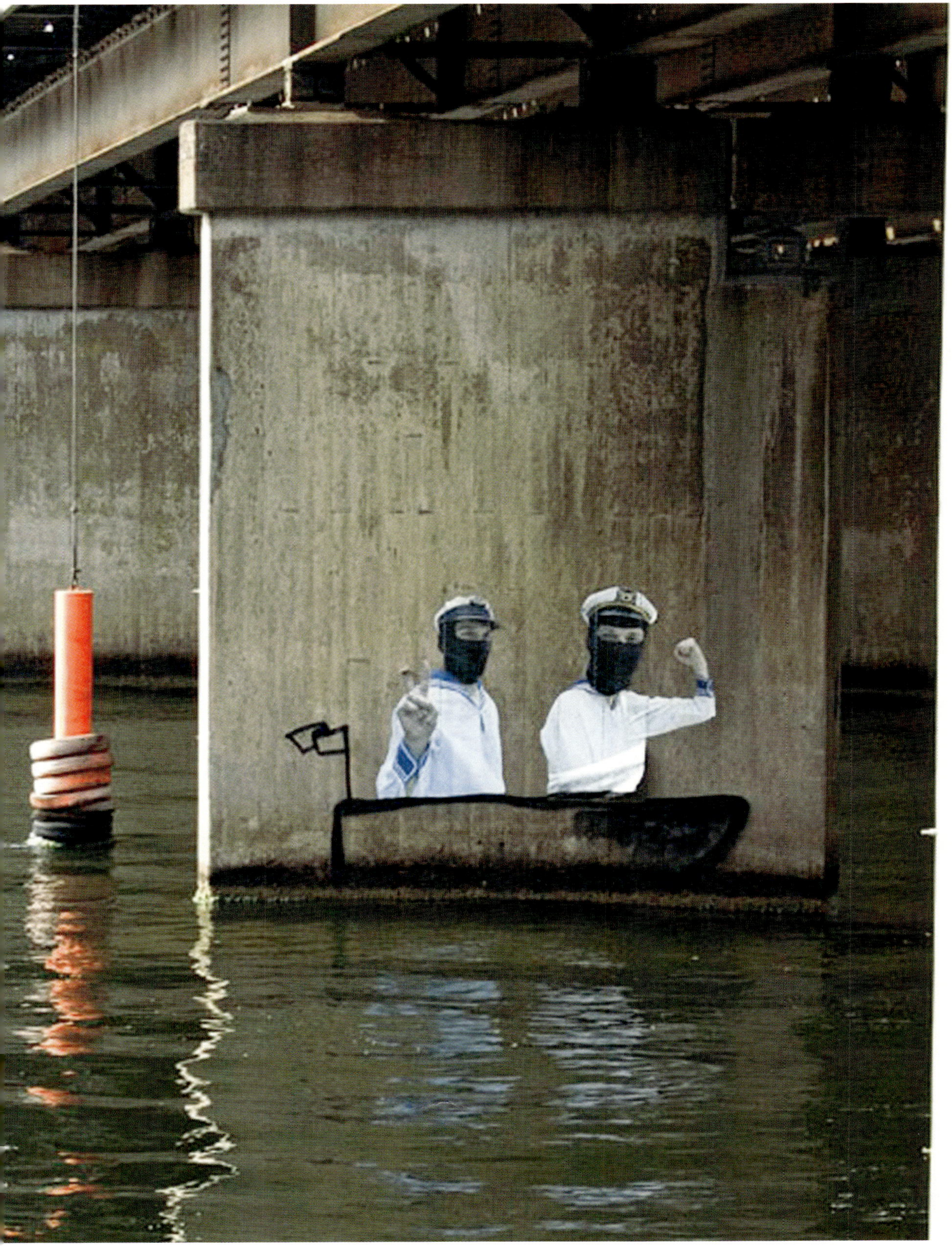

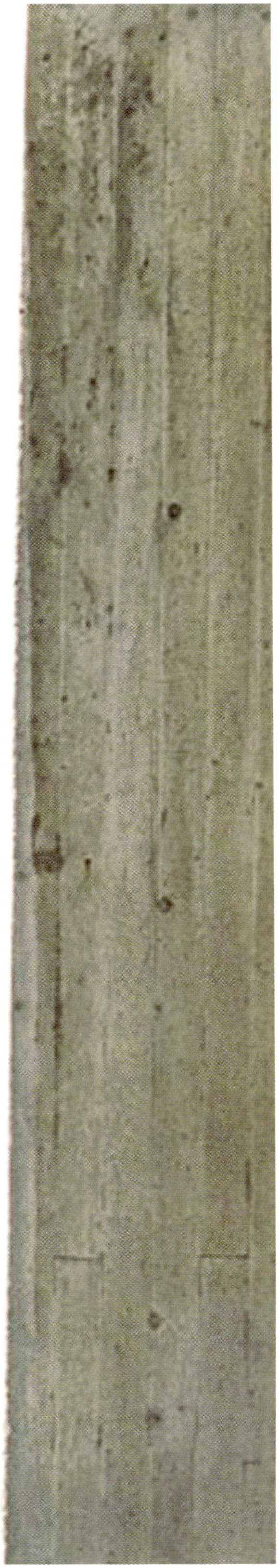

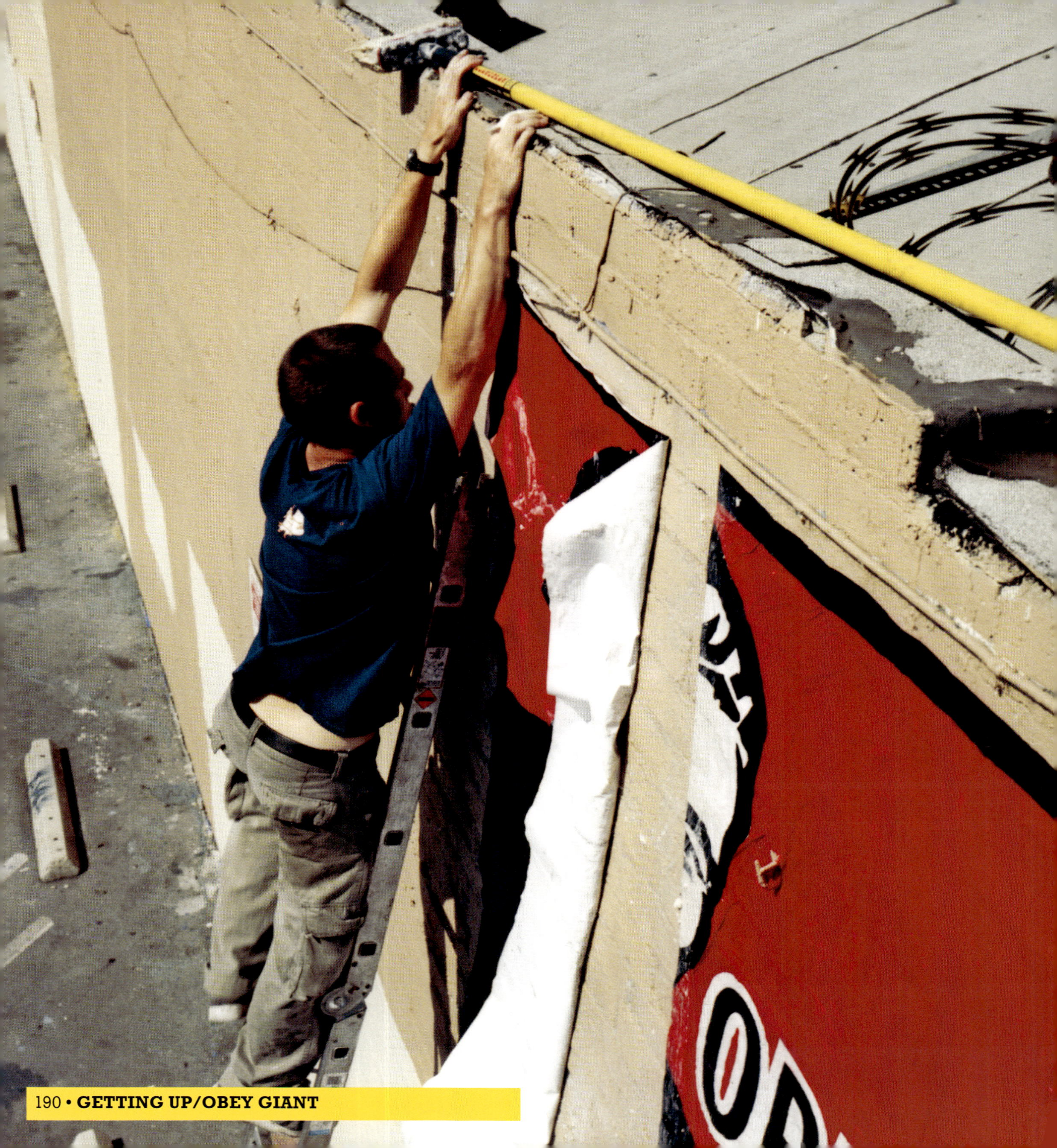

Shepard Fairey weiß einiges darüber, wie man Kultur beeinflusst. Seine Propaganda-Aktionen fanden durch ihre massive weltweite Präsenz in der Öffentlichkeit Einzug in das urbane Bewusstsein. Alles begann 1989 mit seinen Obey-Giant-Aufklebern. Das Bild wurde an jede nur erdenkliche Oberfläche in Providence, Rhode Island, geklebt – als Experiment in Phänomenologie.

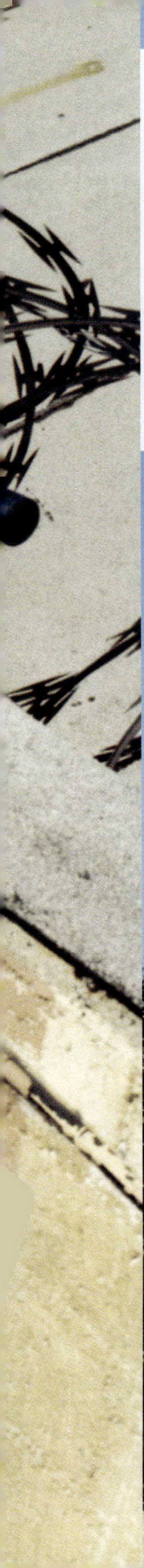

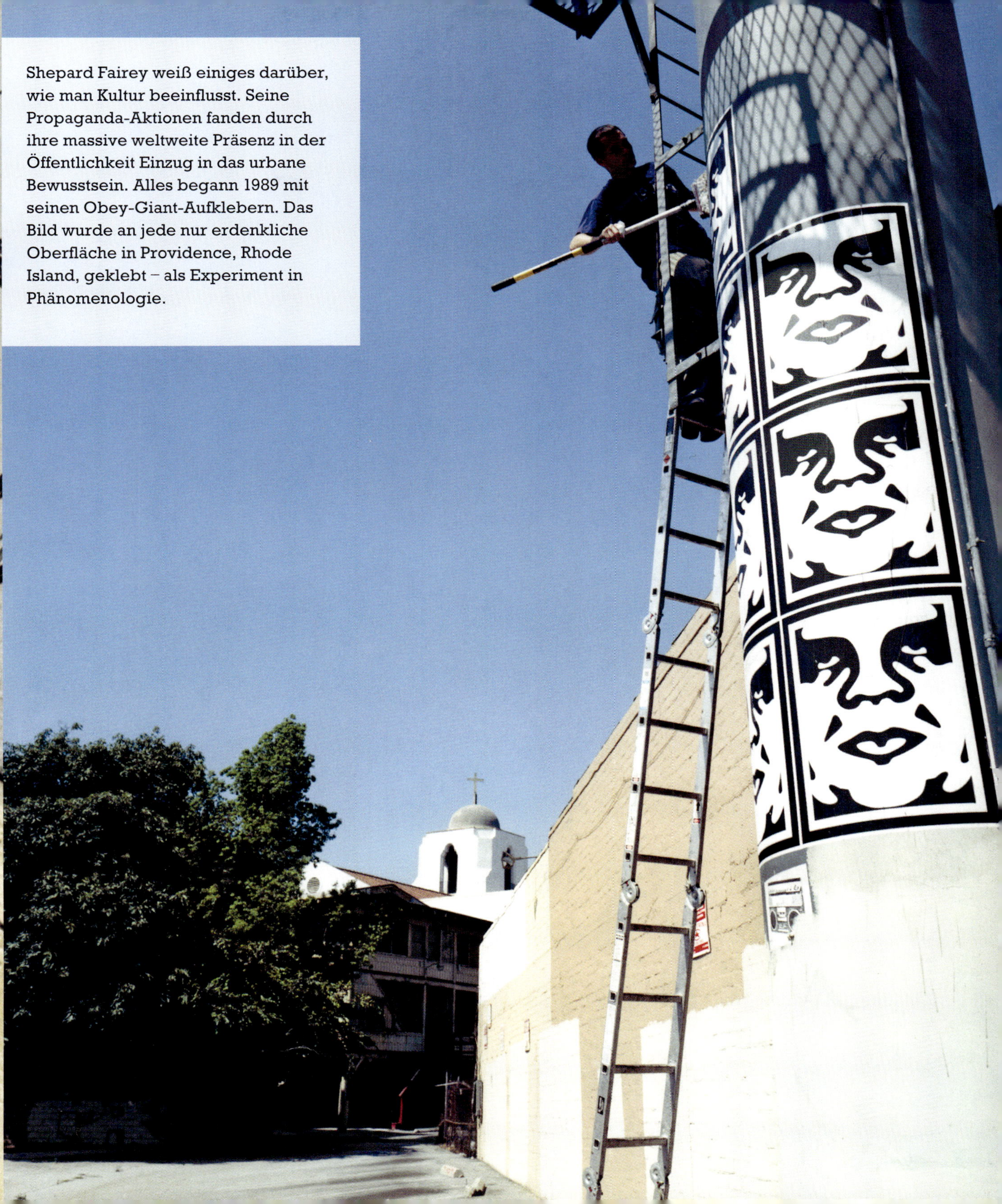

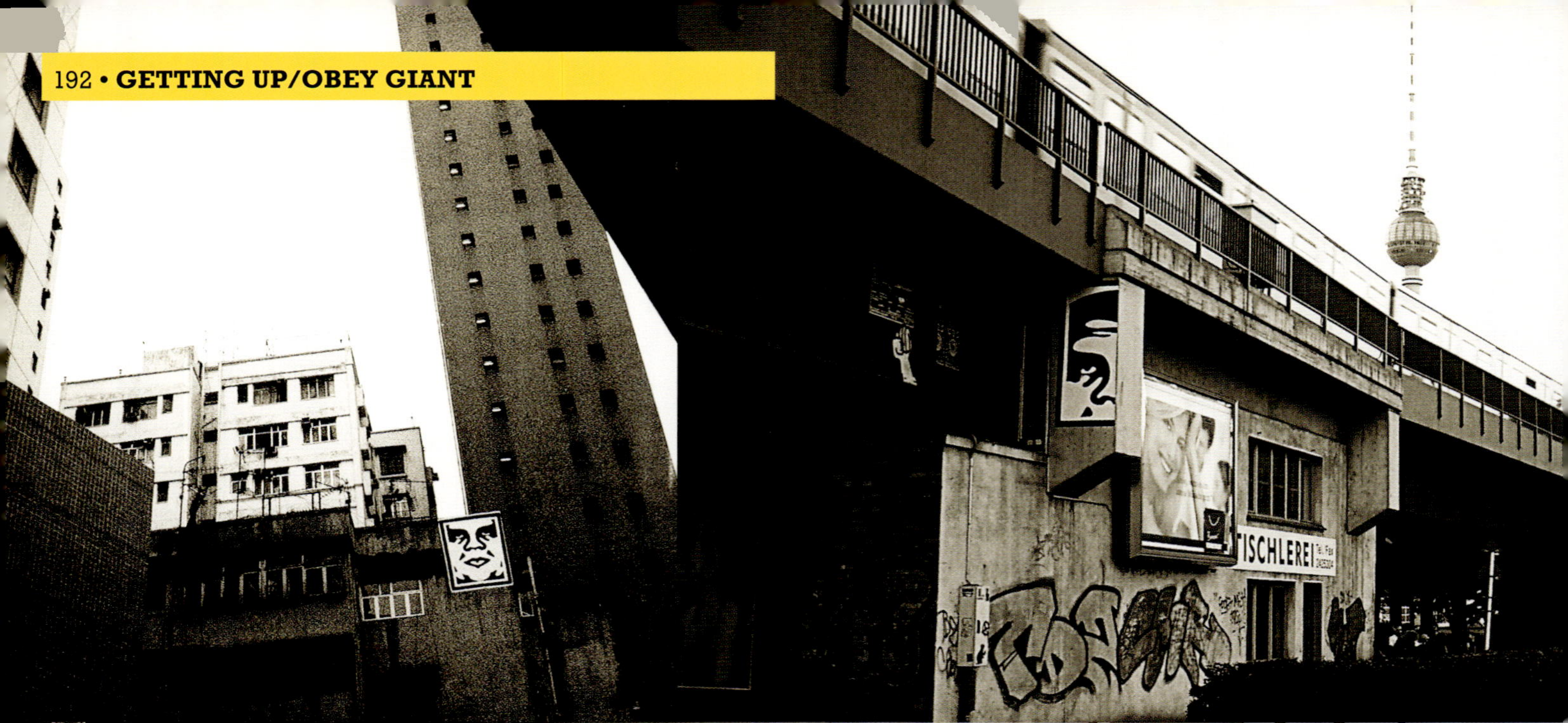
TISCHLEREI

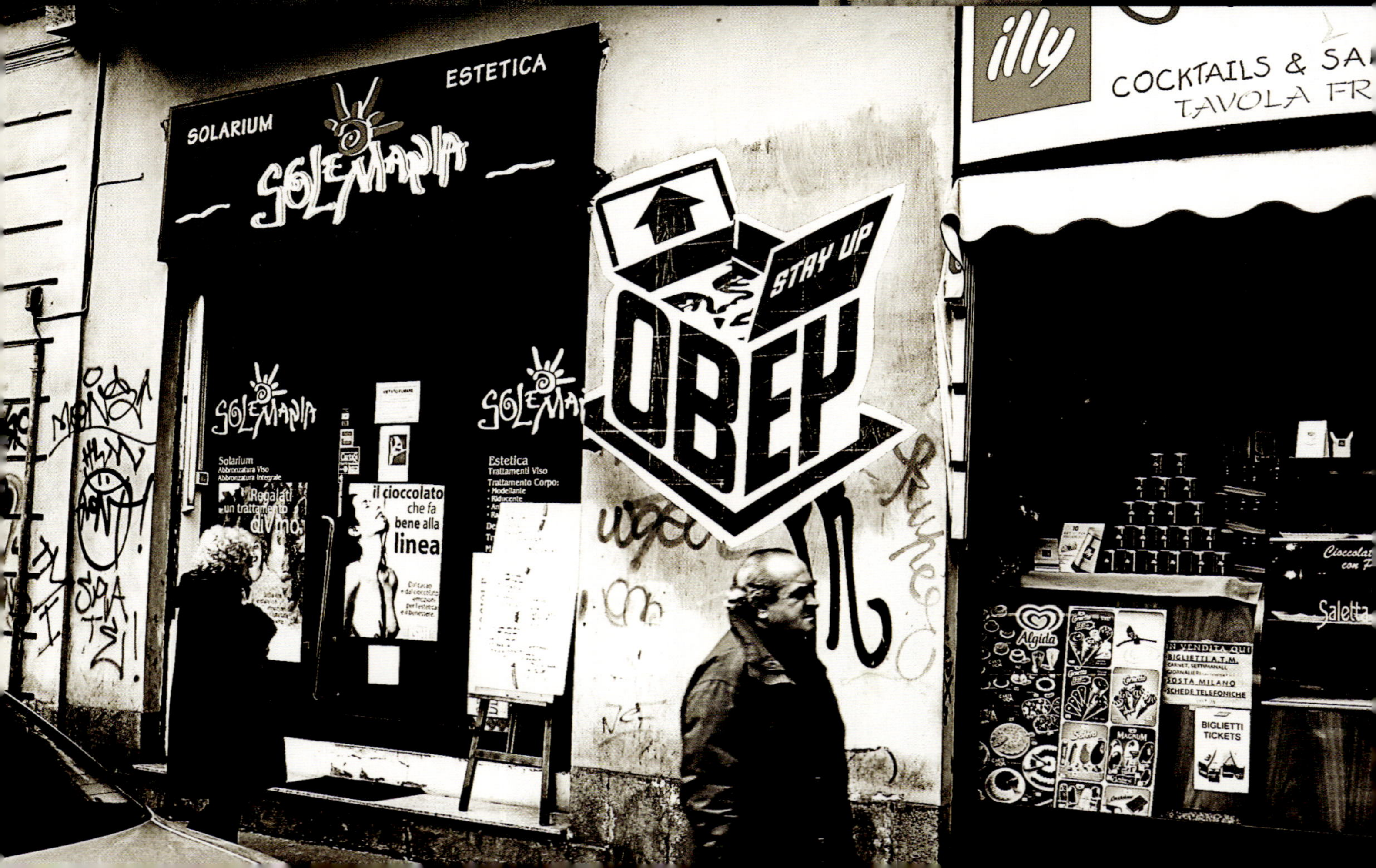
SOLARIUM
ESTETICA
SOLEMANIA
illy
COCKTAILS & SA
TAVOLA FR
STAY UP
OBEY
Solarium
Estetica
il cioccolato che fa bene alla linea
Algida
BIGLIETTI TICKETS
Saletta

Der Erfolg des Experiments konnte an der Reaktion ahnungsloser Passanten gemessen werden, die sich gezwungenermaßen damit auseinandersetzten, dass die Bilder auf Aufklebern, Postern und zweckentfremdeten Reklametafeln angebracht worden waren. Bei all der Berieselung unseres Unbewusstseins durch Marketingkampagnen bedarf es etwas, das völlig fehl am Platz und dennoch visuell ansprechend ist, um unsere Aufmerksamkeit zu erregen. Fairey rief eine gänzlich neue Bewegung ins Leben. Sie fand ihren Weg aus Galerien auf die Straße und oft wieder zurück in Galerien, ja sogar in Museen. Fairey: «Ich fertigte 2,5 Millionen Aufkleber, 45 000 Poster und Tausende von Sprühschablonen an. Ich machte alles selbst, tauschte den Gewinn von verkauften Postern gegen Material oder investierte ihn wieder. Ich bekam mehr „Bonuspunkte“ für mein Geld als jede Firma.»

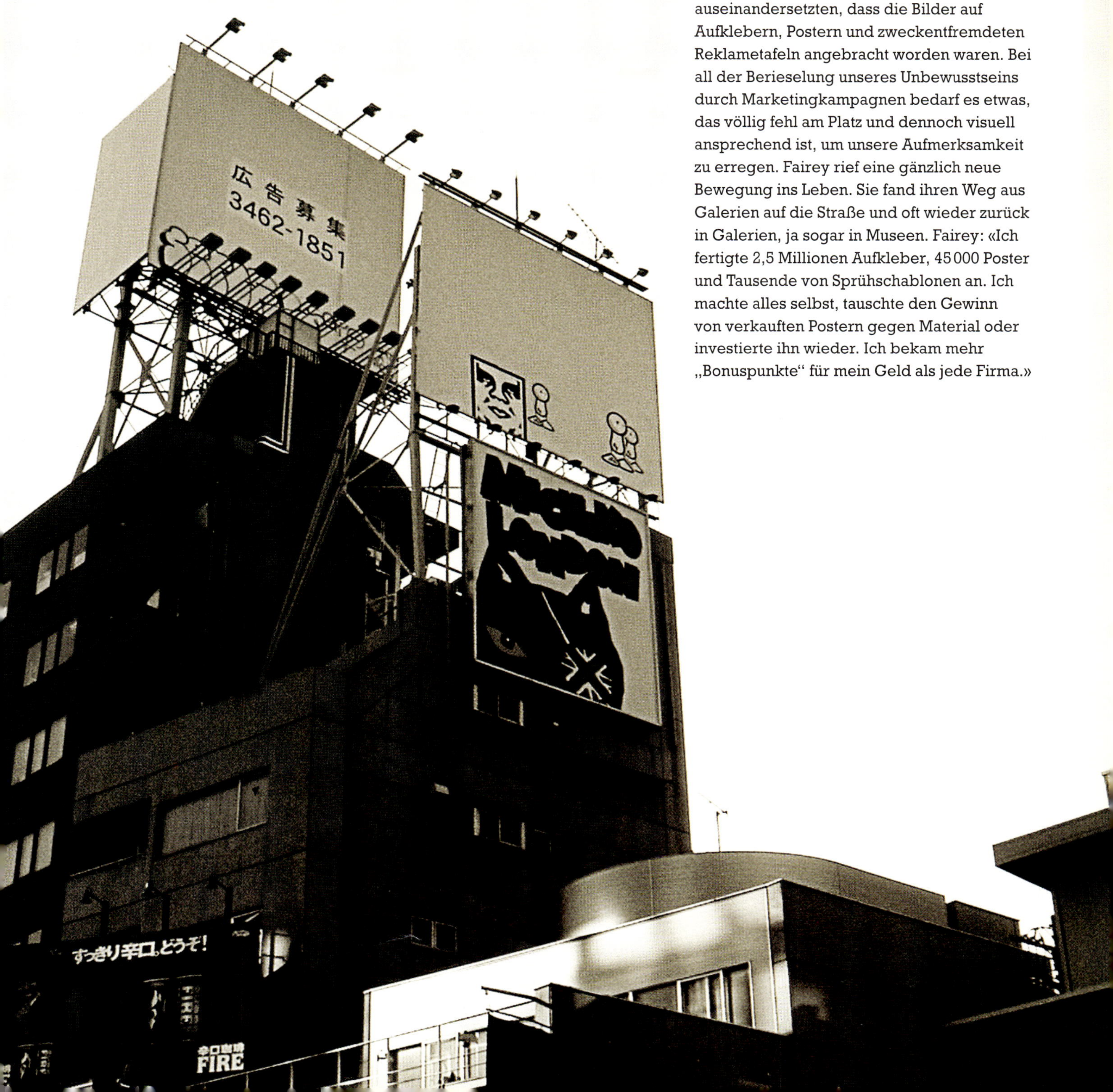

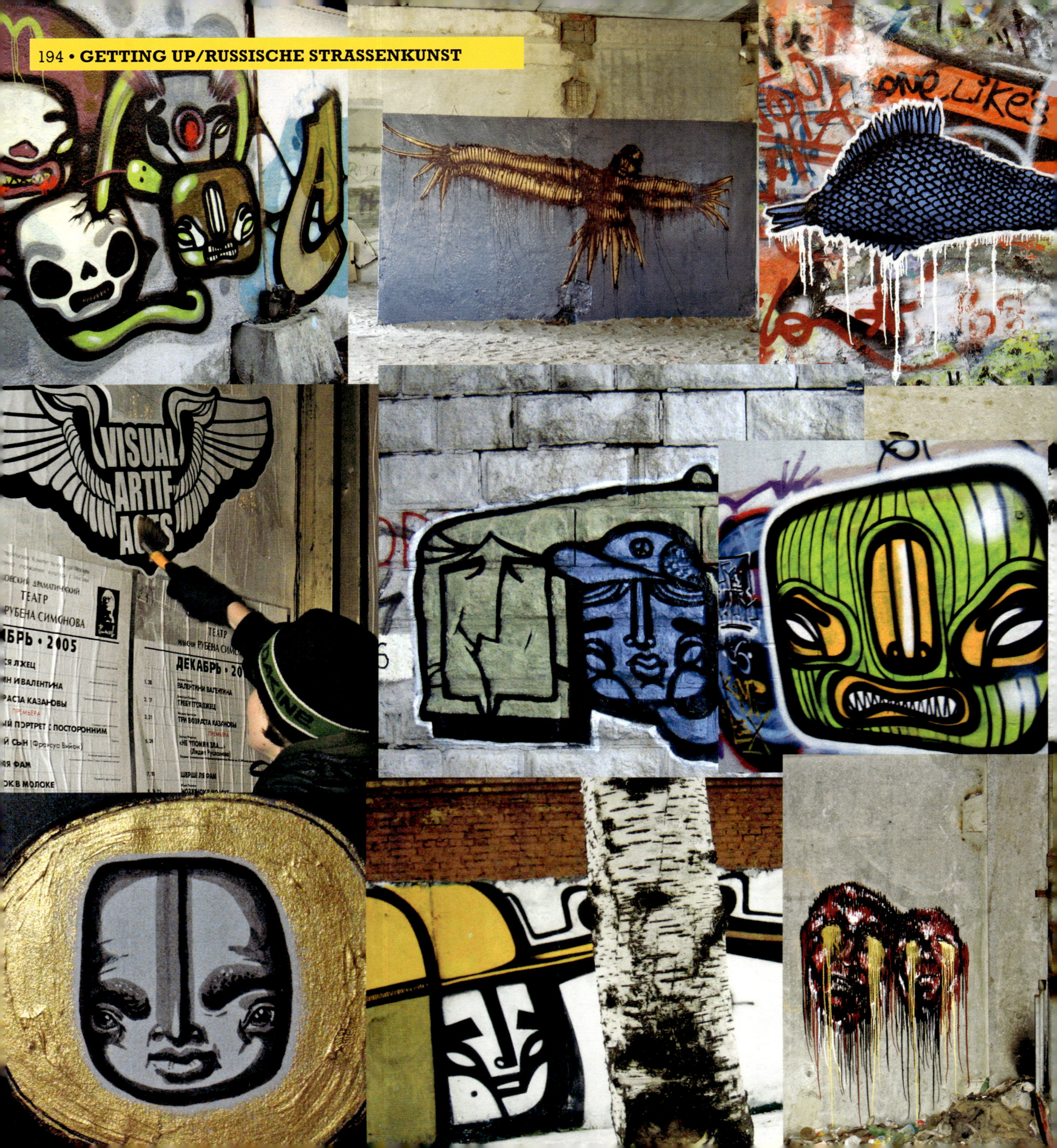
one likes
VISUAL
ARTIF
ACTS
ТЕАТР
РУБЕНА СИМОНОВА
БРЬ • 2005
ТЕАТР
ДЕКАБРЬ • 20
ВАЛЕНТИН ВАЛЕНТИНА
ТРИ ВОЗРАСТА КАЗАНОВЫ
ПРЕМЬЕРА
ШЕРШЕ ЛЯ ФАМ
DAKINE

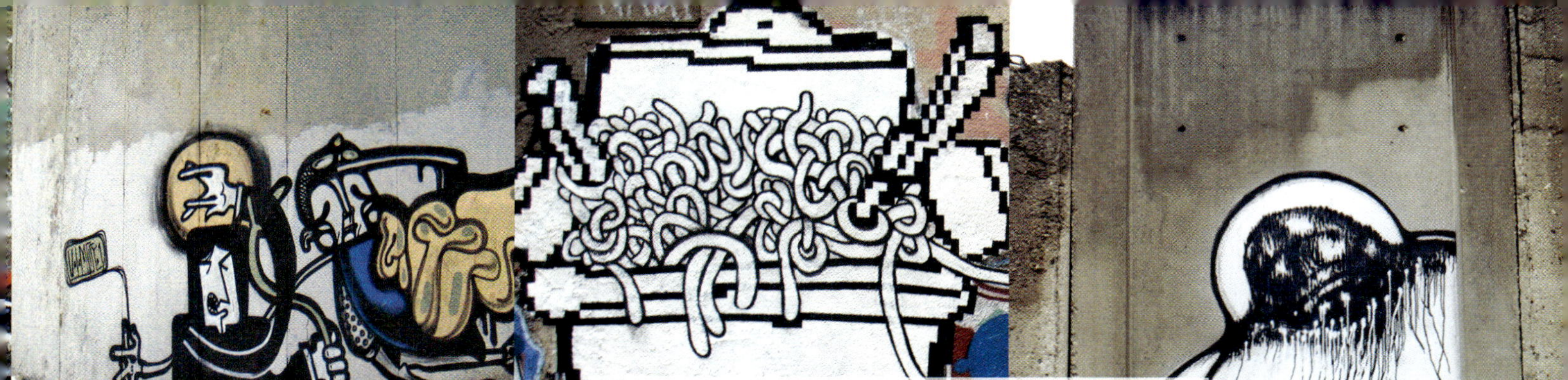

Straßenmalerei erfreut sich weltweit größter Beliebtheit. Während bei Graffiti das Schreiben eines Namens im Mittelpunkt steht, wurde speziell in Ländern, die nicht das lateinische Alphabet verwenden, figurative Arbeit immer populärer. Dies sind die Arbeiten von R8bit, Bigud und Limite in und um aufgelassene sowjetische Bunker und Fabriken in Moskau.

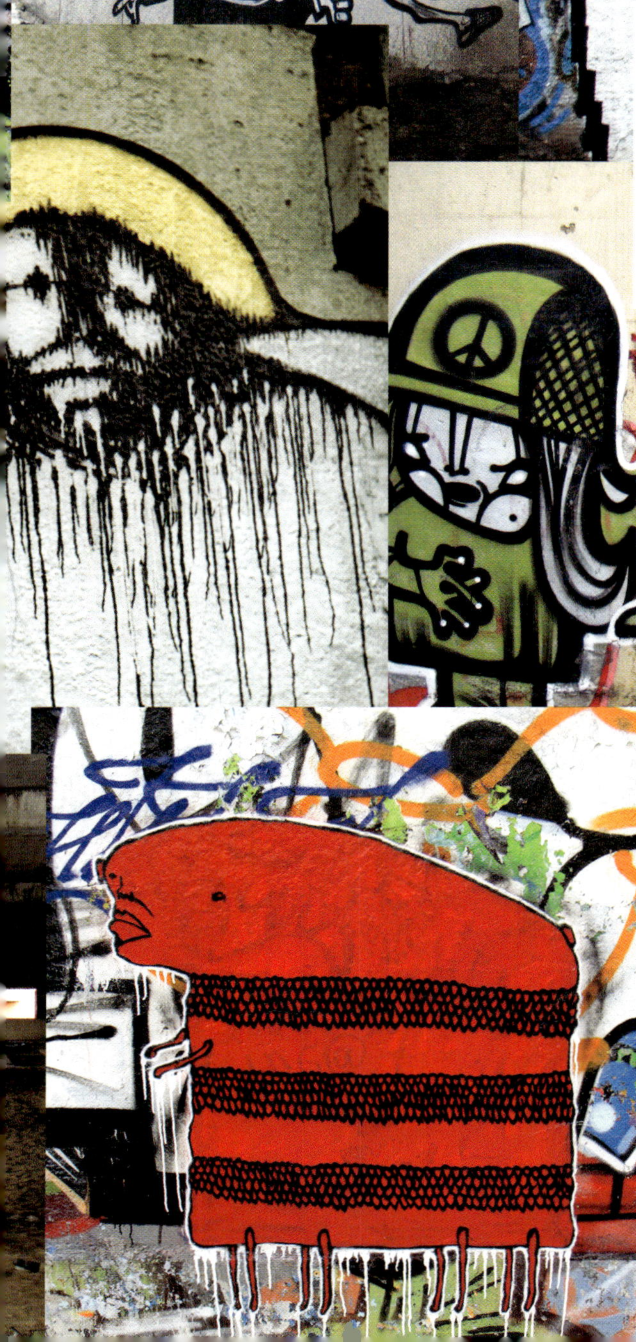

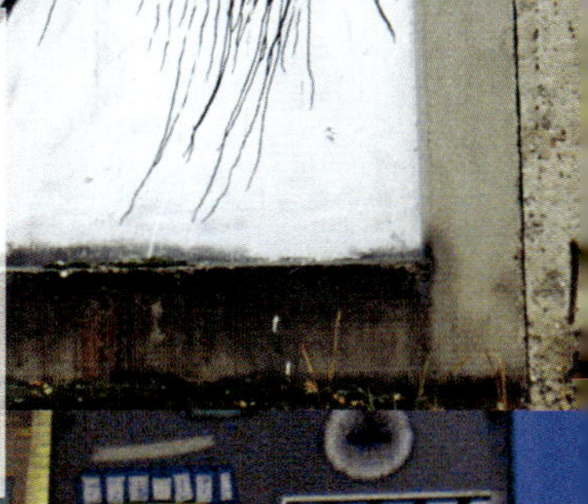

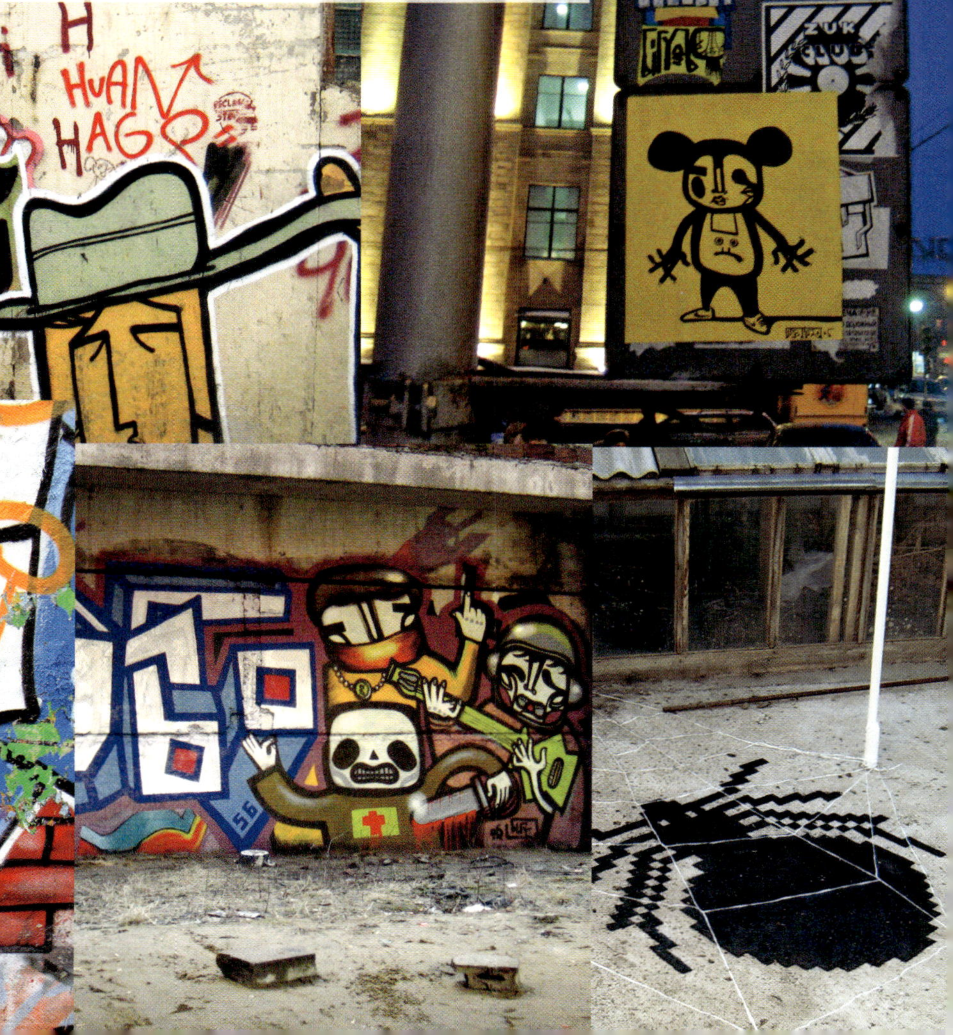

Der britische Straßenkünstler Banksy verschwendet weder Worte noch Raum in seinen mächtigen ironischen Mitteilungen, die eine Vielzahl an sozialen und politischen Themen aufgreifen – von Obdachlosigkeit, über Hunger bis hin zu Kriegshetze. Kein anderer zeitgenössischer Künstler kann mit so wenig Worten so viel ausdrücken, nicht nur durch seine Bilder und Phrasen, sondern auch durch seine gewagten Aktionen, ganz im Sinn der Kommunikationsguerilla. 2006 war Banksy auf der ganzen Welt in der Presse, nachdem er einen Menschen in Overall mit Kapuze in Disneyland platzierte, der einen vermeintlichen Terroristen im amerikanischen Gefangenenlager Guantanamo darstellte. Andere Meisterstücke seines Schaffens waren das heimliche Aufhängen seiner eigenen Werke in einigen der größten Kunstmuseen der Welt oder das Austauschen von Paris Hiltons CDs in Plattenläden mit seinem eigenen „Remix" (unter anderem mit Songs wie „Why Am I Famous?"). Darüber hinaus reiste er zu den Krisenherden der Welt, wie Palästina und Chiapas in Mexiko, um durch seine dort angebrachten Wandgemälde den Menschen Unterstützung zu zeigen, die seiner Meinung nach von ihren Regierungen ungerecht behandelt werden.

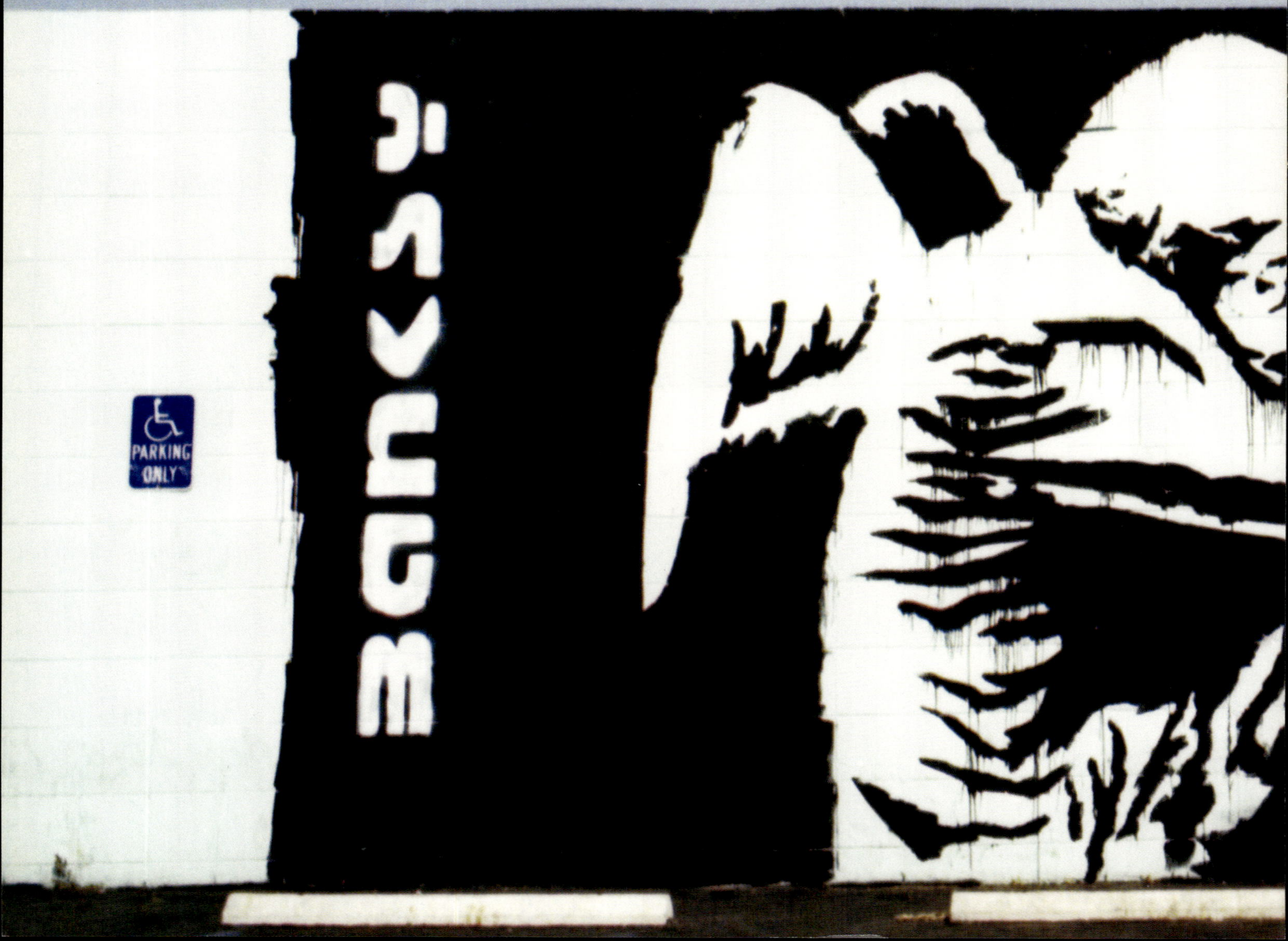

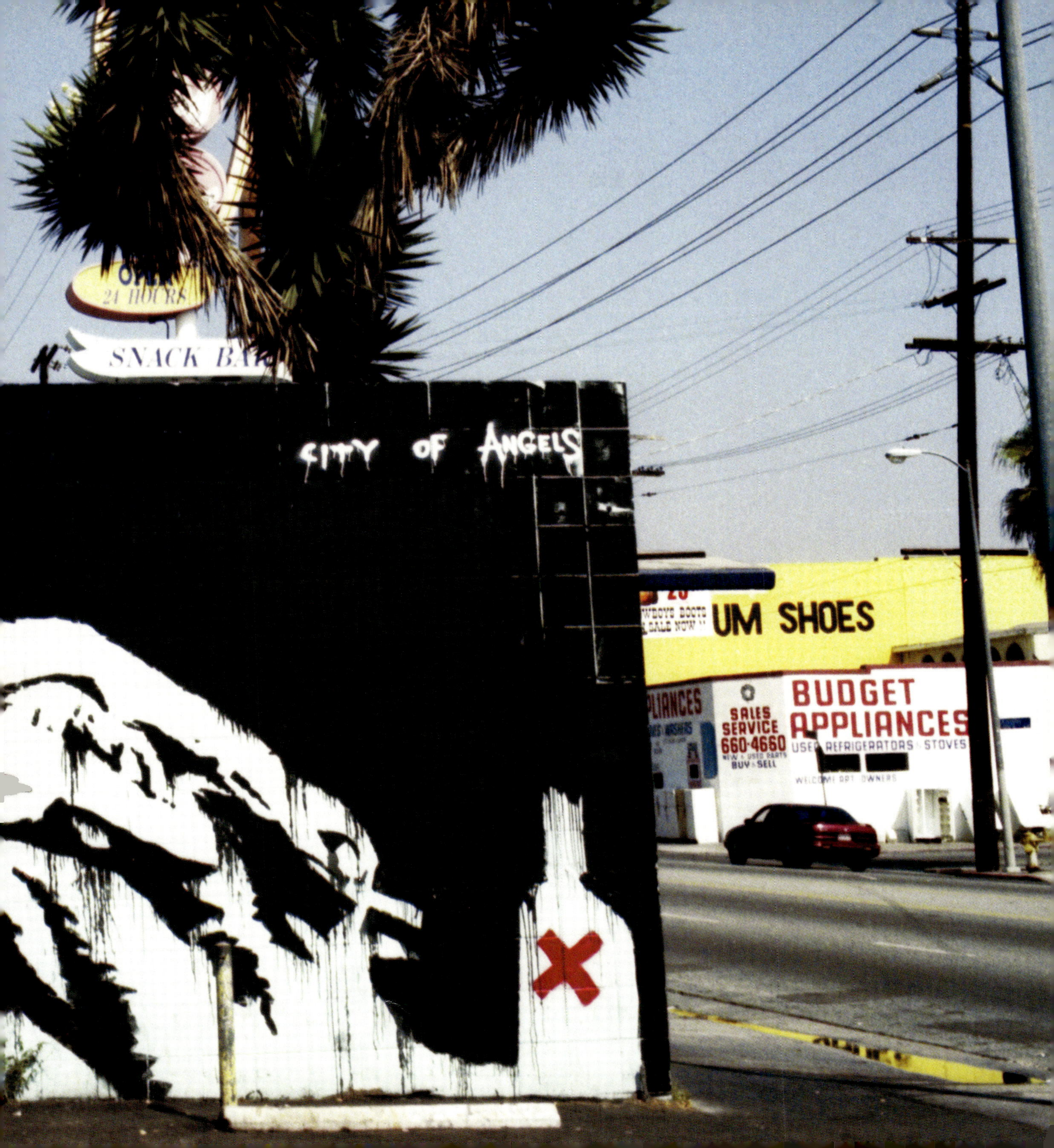
24 HOURS
CITY OF ANGELS
UM SHOES
BUDGET
APPLIANCES
REFRIGERATORS
STOVES
SALES
SERVICE
660-4660
BUY & SELL

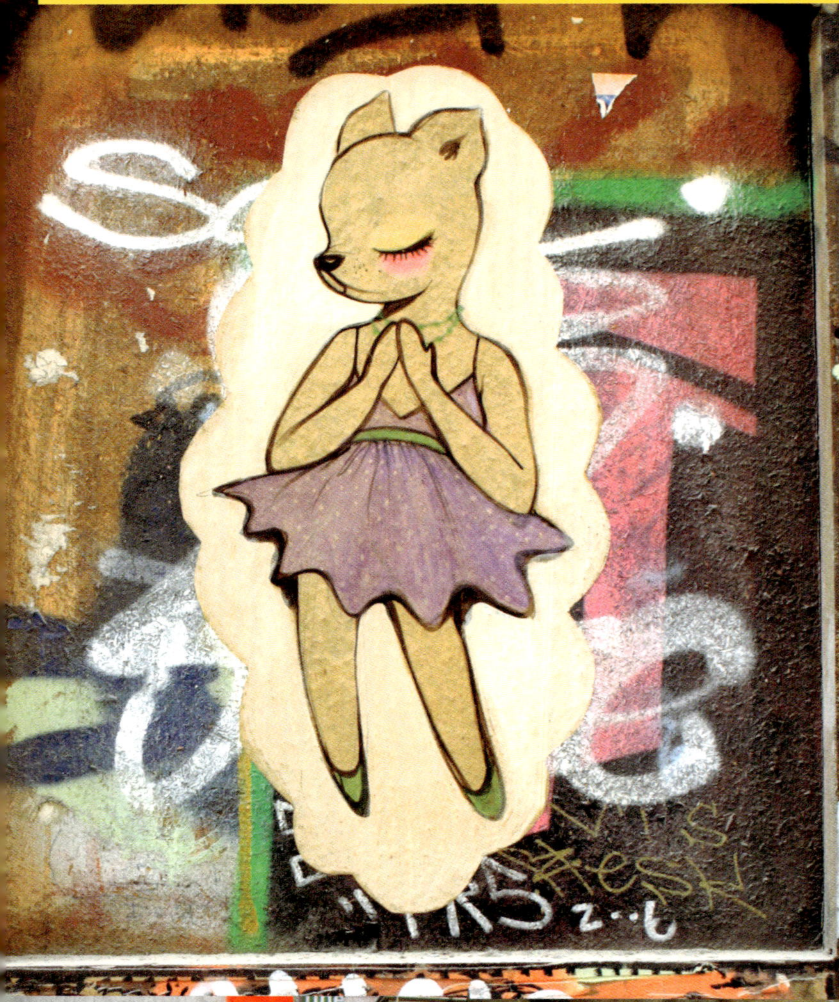

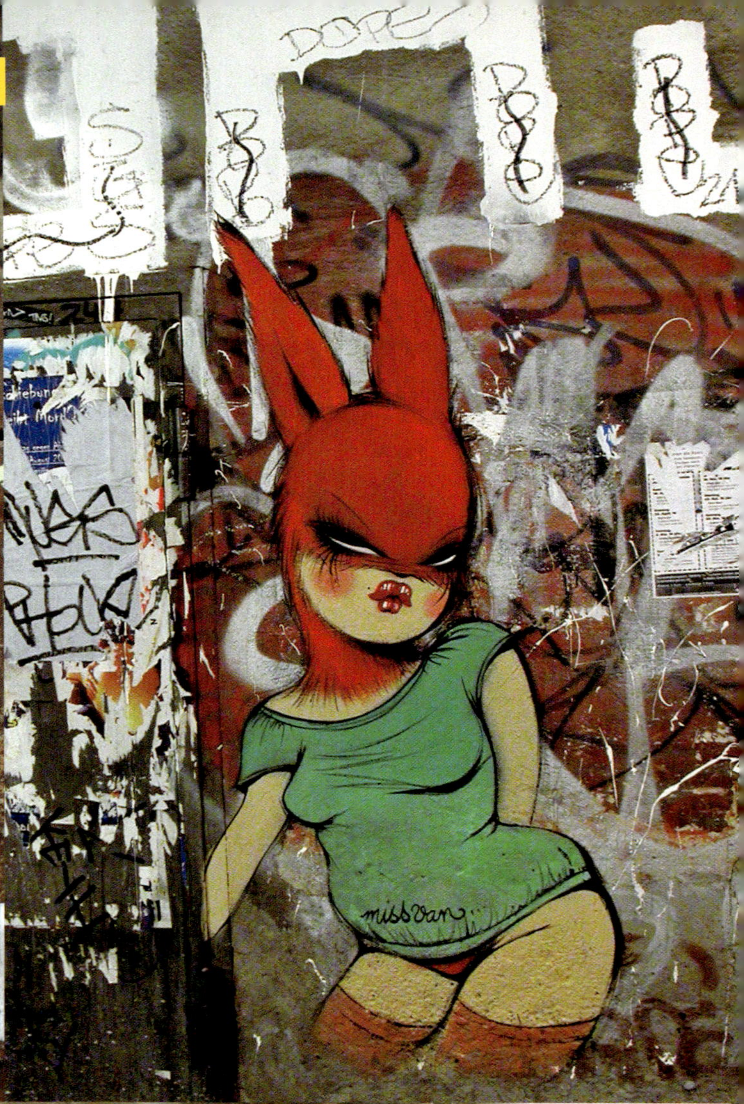

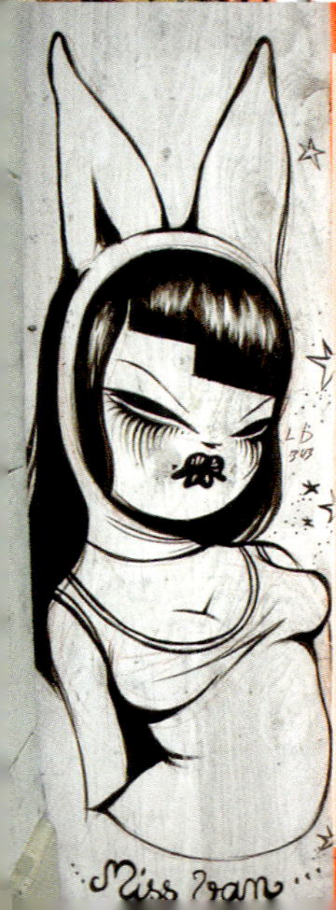

Die aus Toulouse stammende und derzeit in Barcelona lebende Miss Van ist bekannt für ihre süßlichen, weiblichen Charaktere, *poupées* oder *dolls* genannt. Obwohl diese Mitte bis Ende der 1990er-Jahre an Straßenwänden auftauchten, haben sie etwas Zeitloses. Es scheint fast, als hätten Frauen solche Charaktere an die Wände gemalt, seit es Graffiti gibt. Stadtbewohner entwickelten richtige Beziehungen zur jeweiligen Miss Van-Figur in ihrem Viertel. Zwar weckten die Bilder die Abneigung einiger Feministinnen, doch meist sind beide Geschlechter gleichermaßen angezogen von Miss Vans einzigartigen Arbeiten, die auch in Galerien ausgestellt sind.

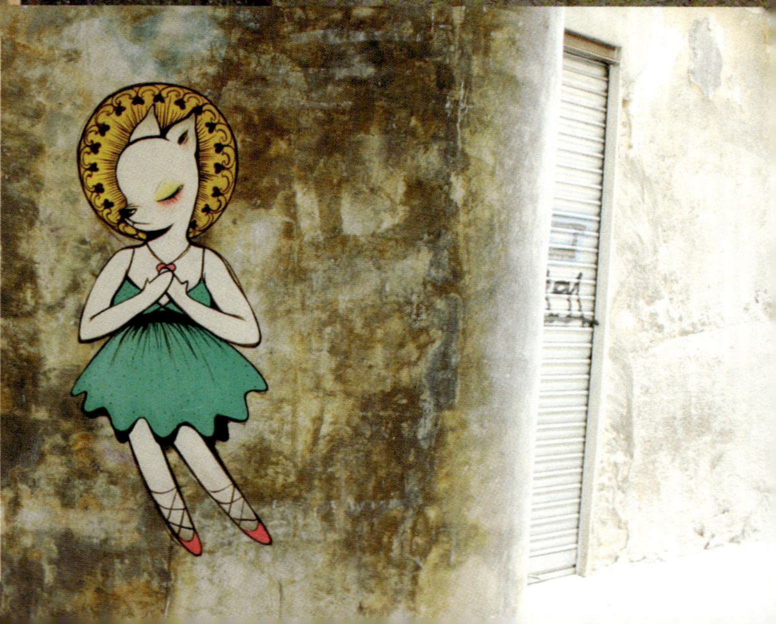

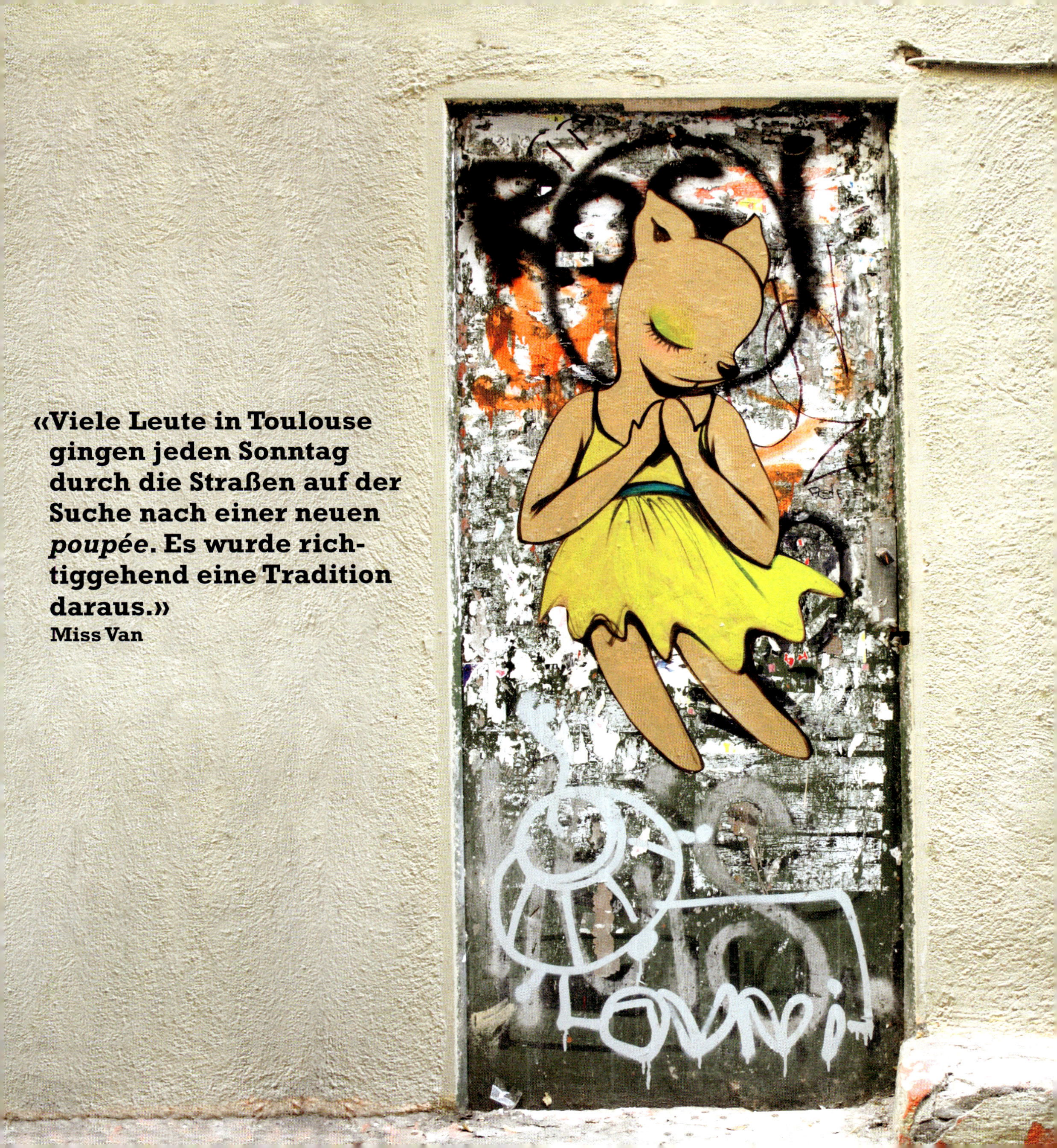

«Viele Leute in Toulouse gingen jeden Sonntag durch die Straßen auf der Suche nach einer neuen *poupée*. Es wurde richtiggehend eine Tradition daraus.»

Miss Van

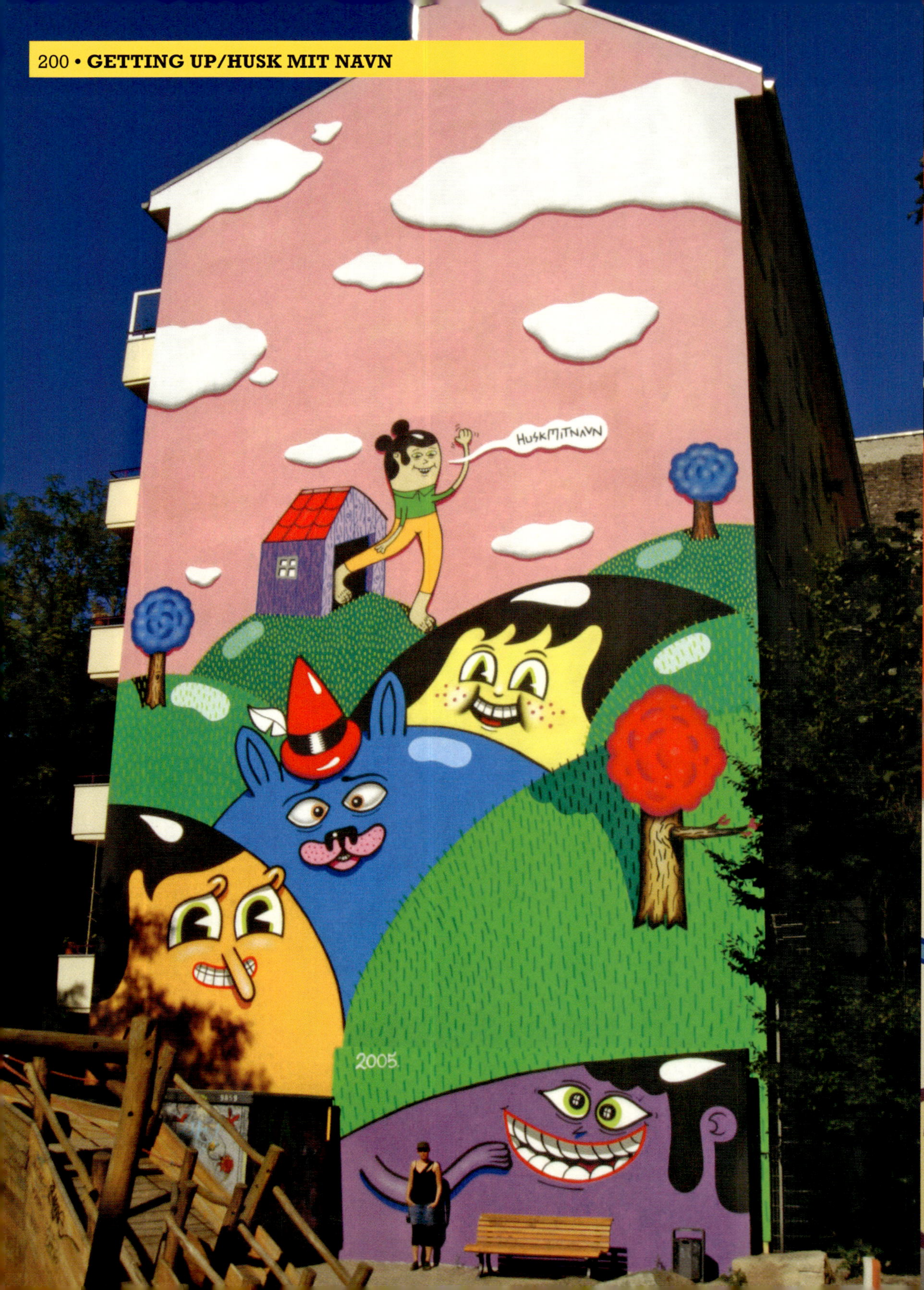
HUSKMITNAVN
2005

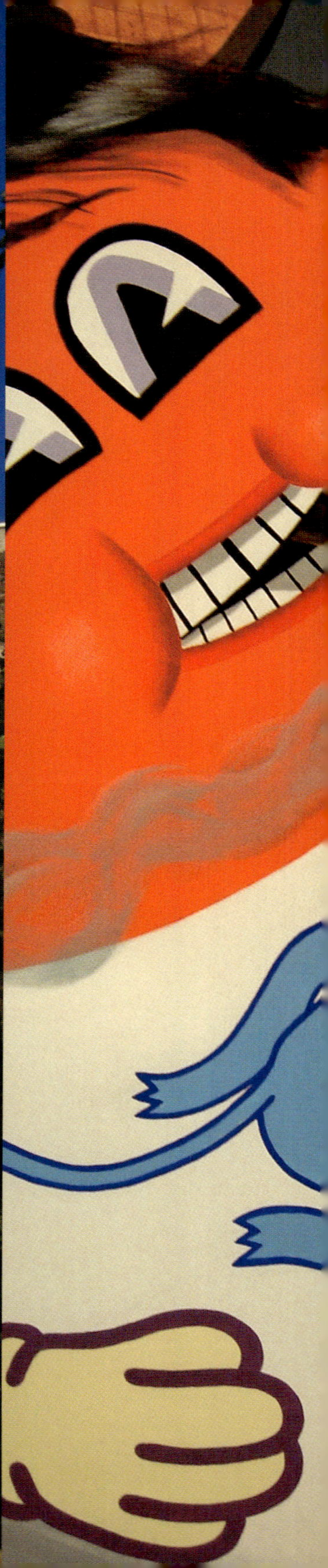

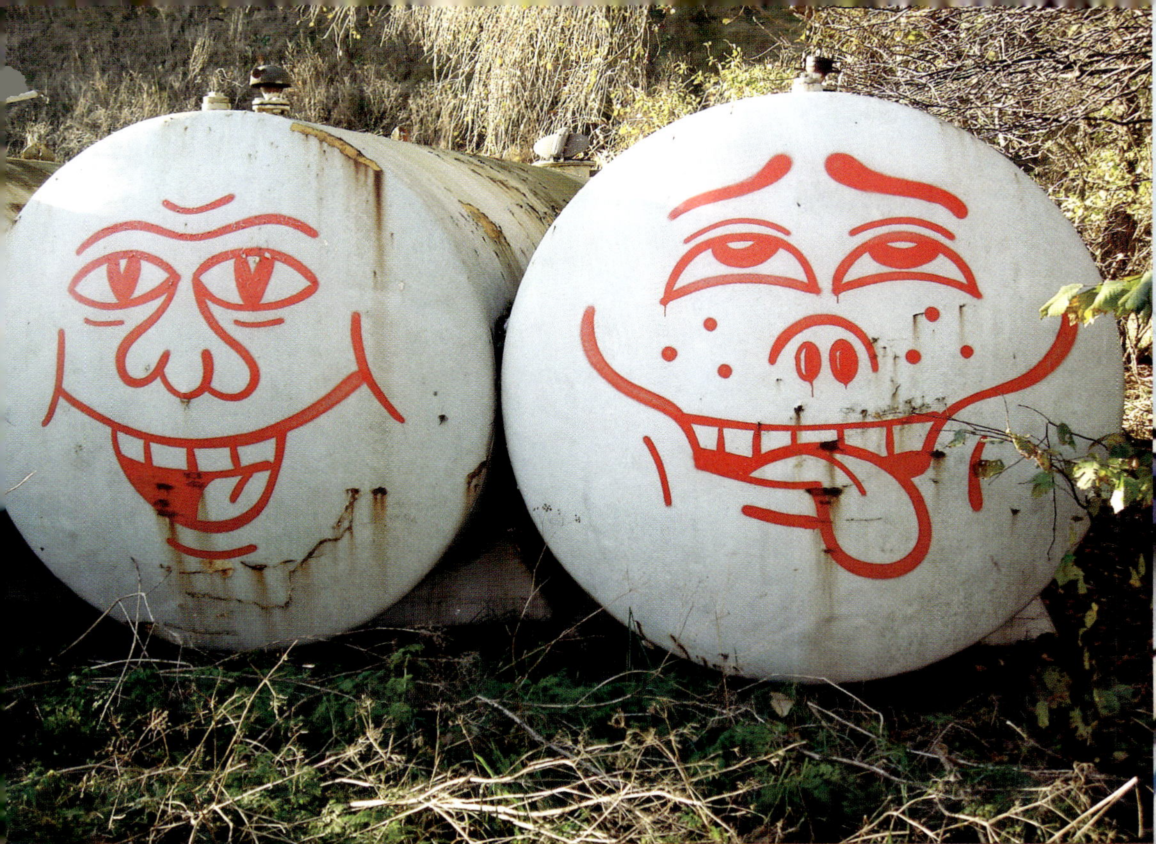

Der dänische Graffiti-Aktivist, Straßen- und Galeriekünstler und Cartoonist Husk Mit Navn (wörtlich übersetzt „Erinnere dich an meinen Namen“) schafft mit nur wenigen Strichen fröhliche, witzige Figuren. Mit nur einer einzigen Spraydose gelingen ihm große Wandbilder, oder er zaubert Arbeiten in allen Farben des Regenbogens.

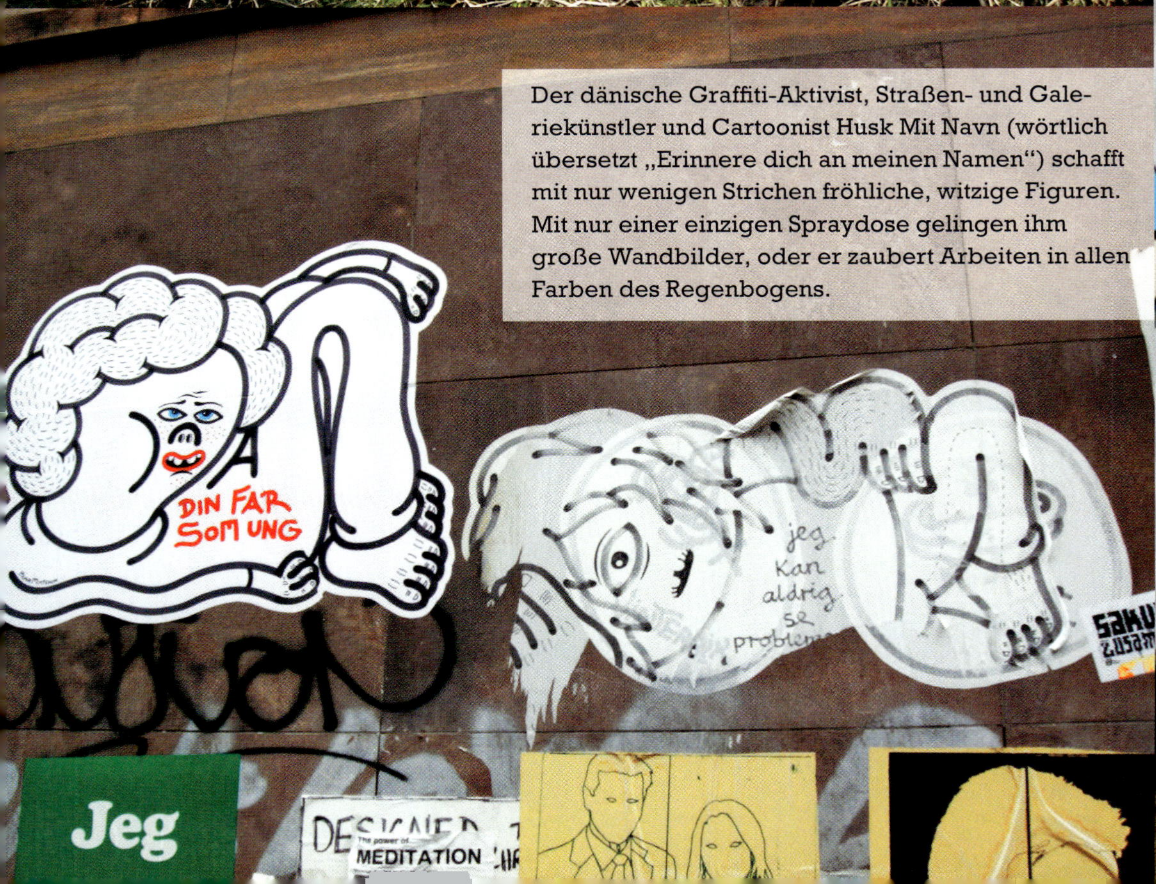

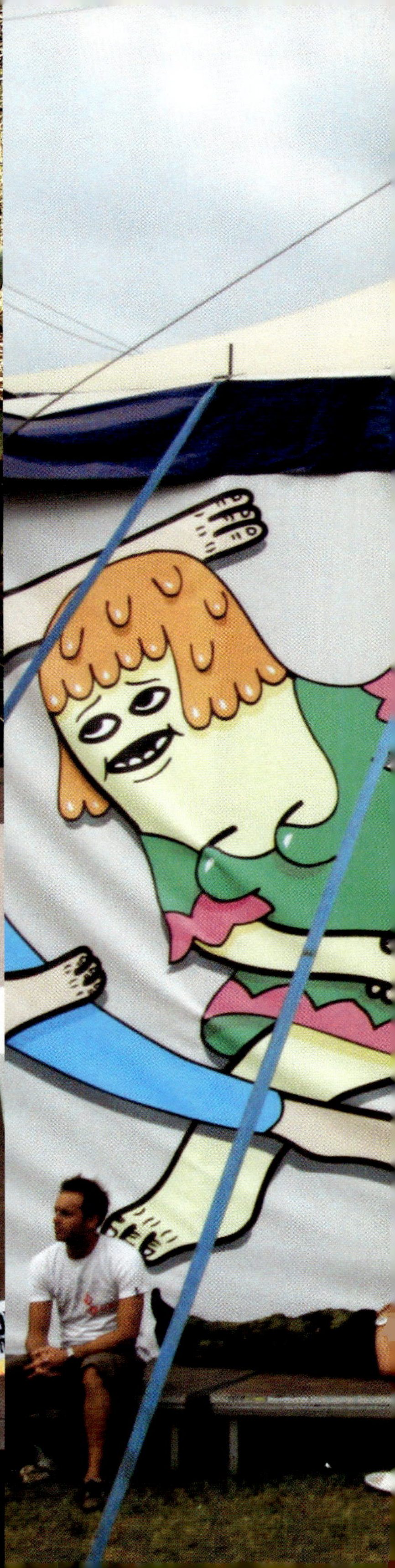

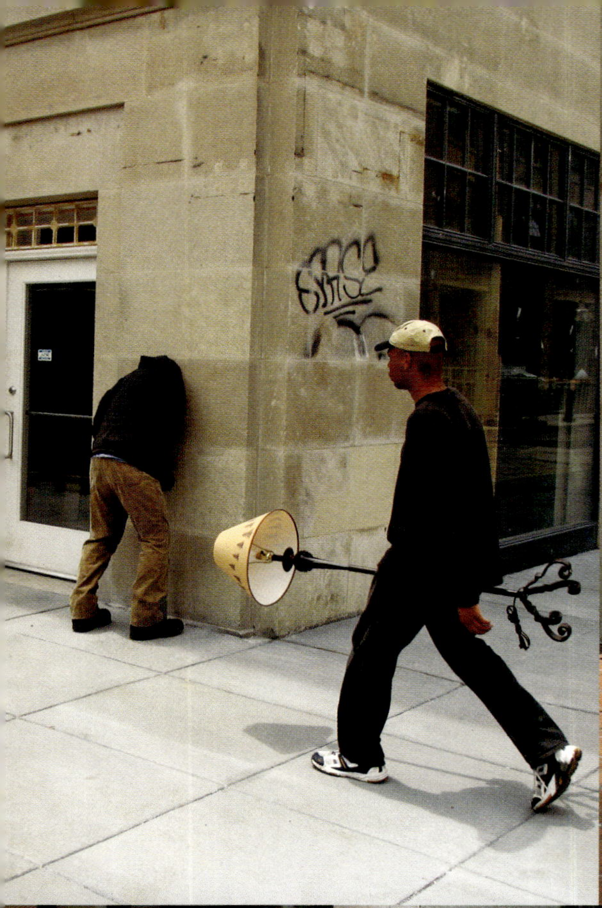

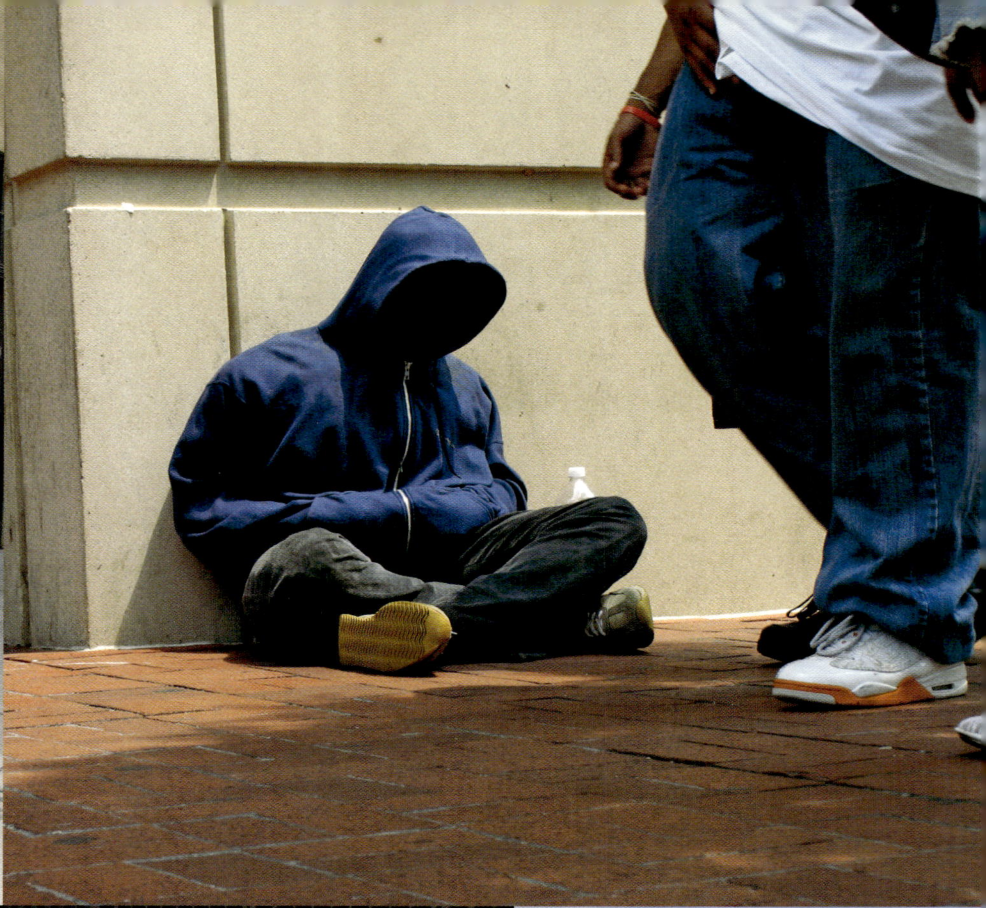

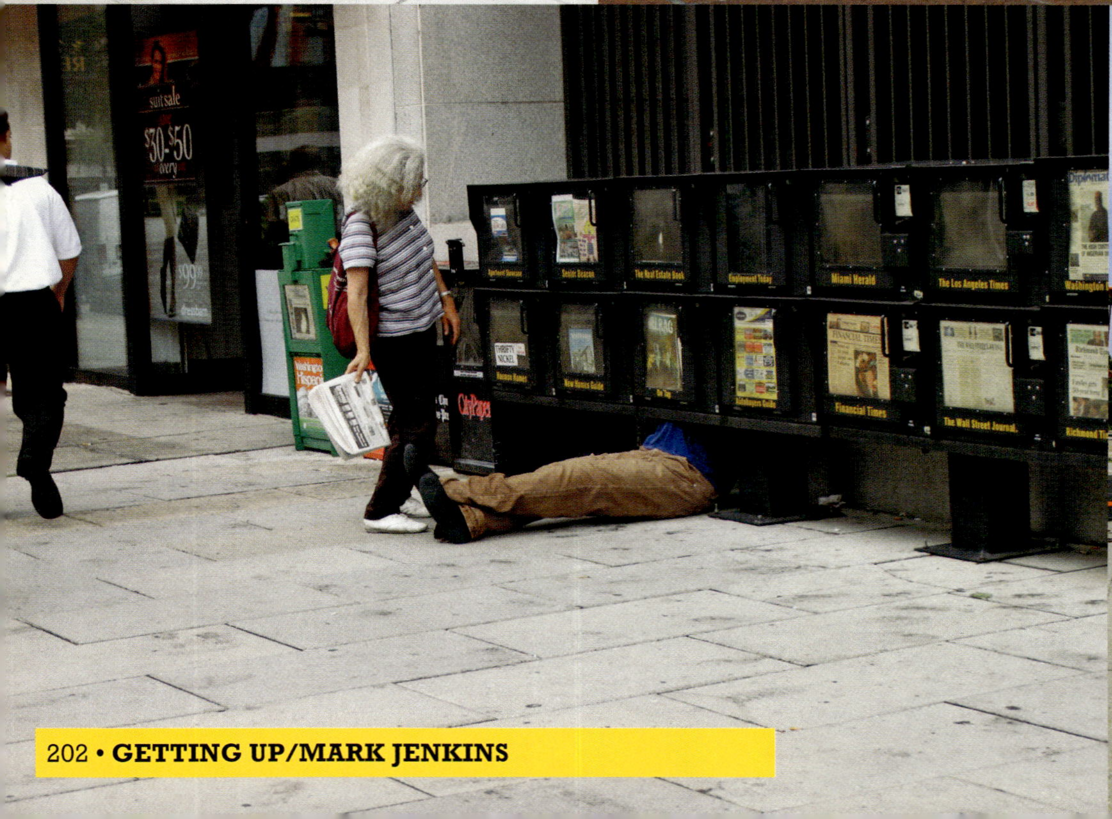
suit sale
$30-$50
Miami Herald
The Los Angeles Times
Financial Times
The Wall Street Journal.
CityPaper

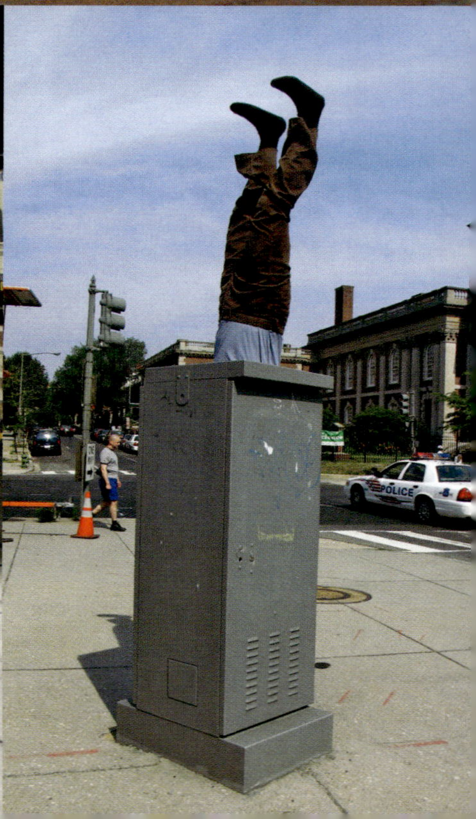
POLICE

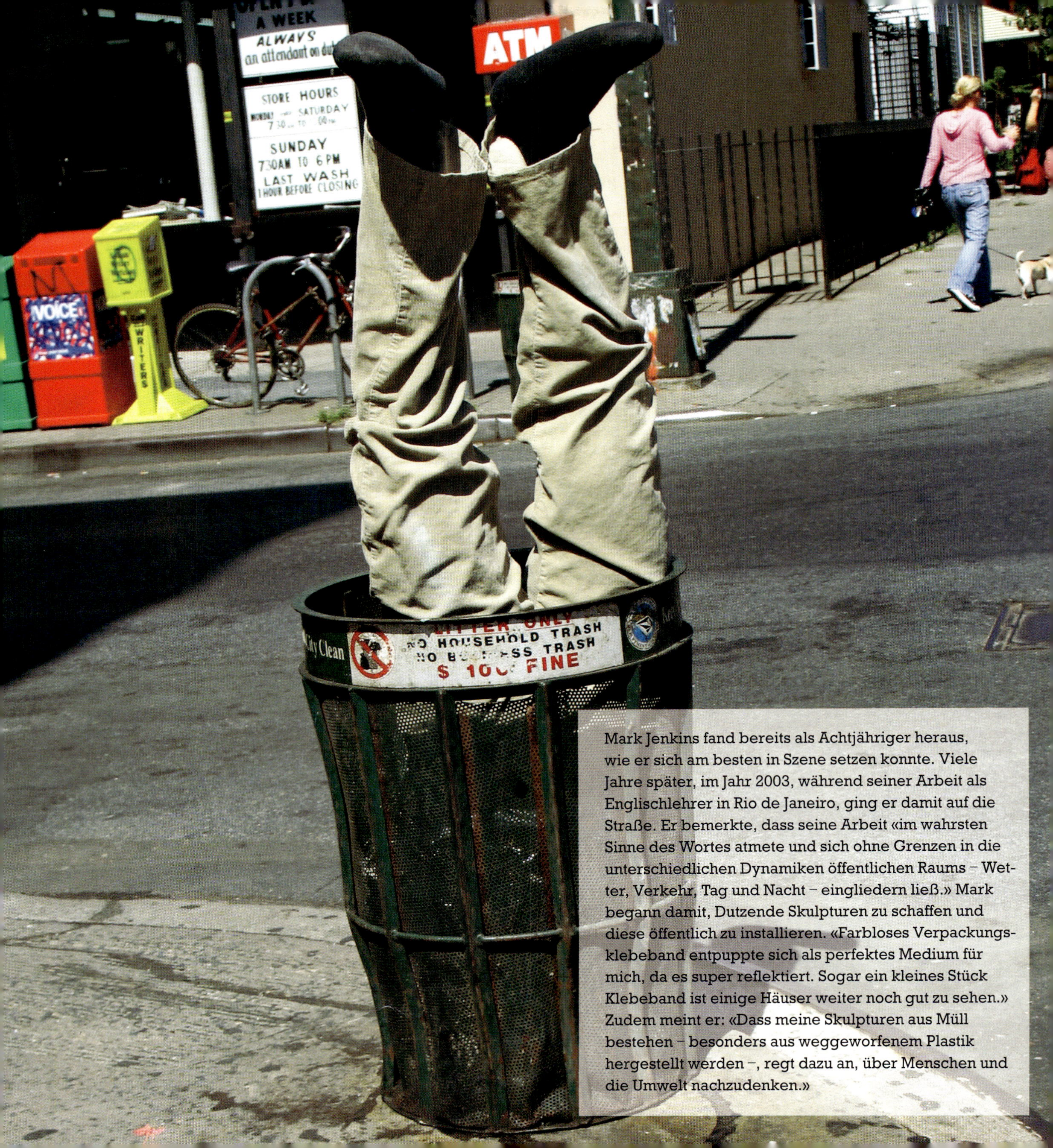

Mark Jenkins fand bereits als Achtjähriger heraus, wie er sich am besten in Szene setzen konnte. Viele Jahre später, im Jahr 2003, während seiner Arbeit als Englischlehrer in Rio de Janeiro, ging er damit auf die Straße. Er bemerkte, dass seine Arbeit «im wahrsten Sinne des Wortes atmete und sich ohne Grenzen in die unterschiedlichen Dynamiken öffentlichen Raums – Wetter, Verkehr, Tag und Nacht – eingliedern ließ.» Mark begann damit, Dutzende Skulpturen zu schaffen und diese öffentlich zu installieren. «Farbloses Verpackungsklebeband entpuppte sich als perfektes Medium für mich, da es super reflektiert. Sogar ein kleines Stück Klebeband ist einige Häuser weiter noch gut zu sehen.» Zudem meint er: «Dass meine Skulpturen aus Müll bestehen – besonders aus weggeworfenem Plastik hergestellt werden –, regt dazu an, über Menschen und die Umwelt nachzudenken.»

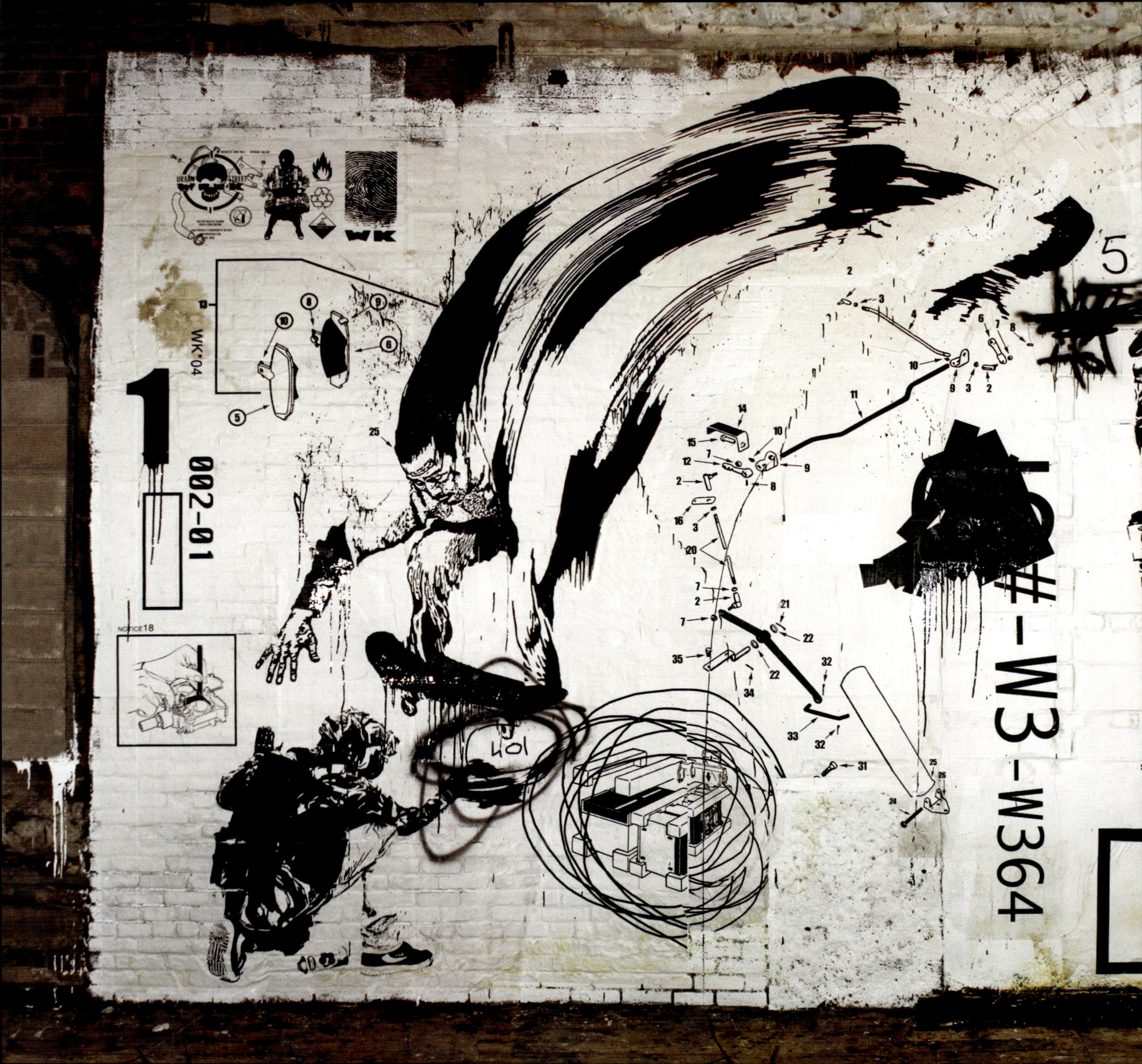
URBAN
STREET
WK
WK'04
1
002-01
NOTICE18
401
#-W3-W364
5

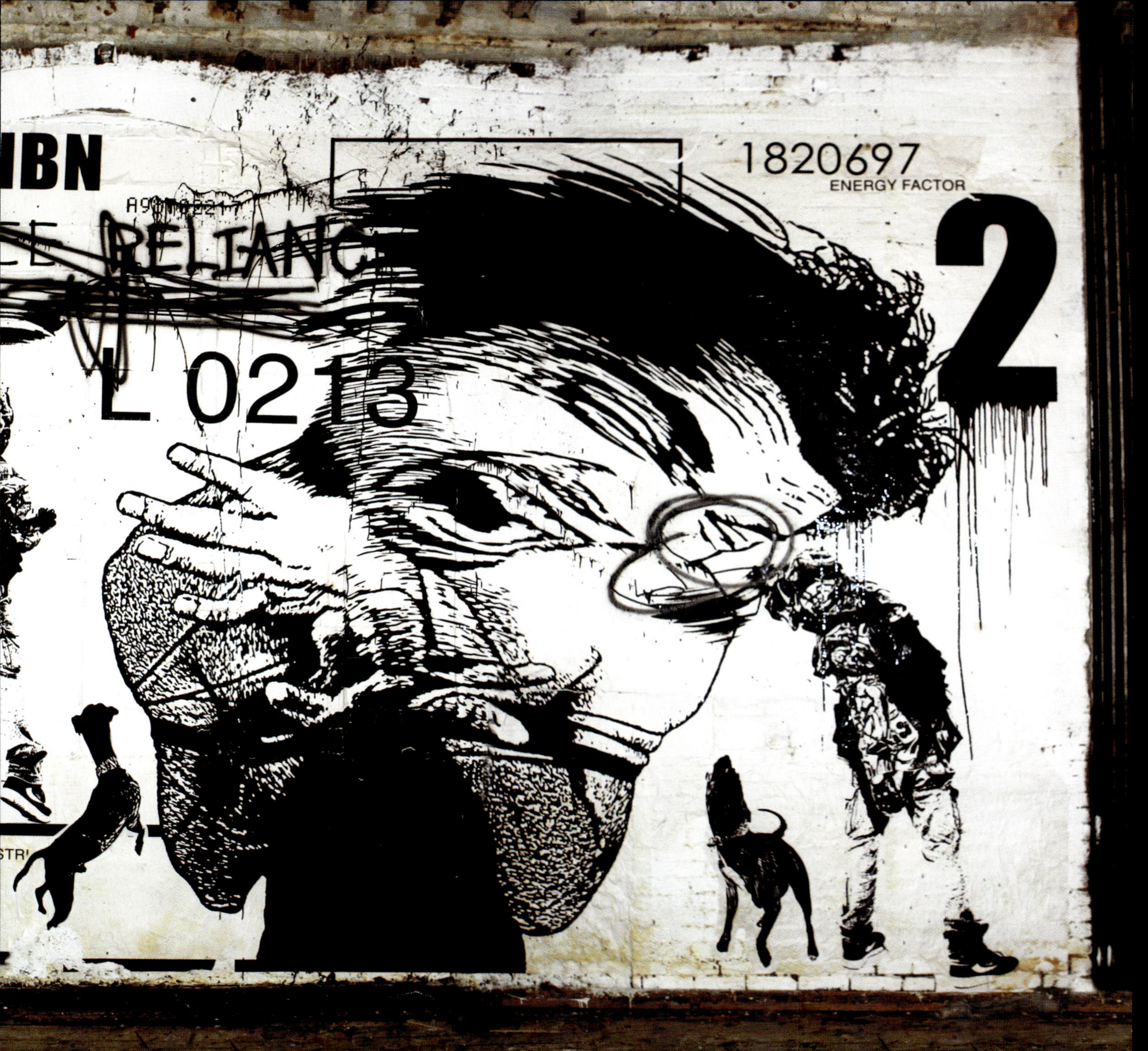
1820697
ENERGY FACTOR
2
L 0213

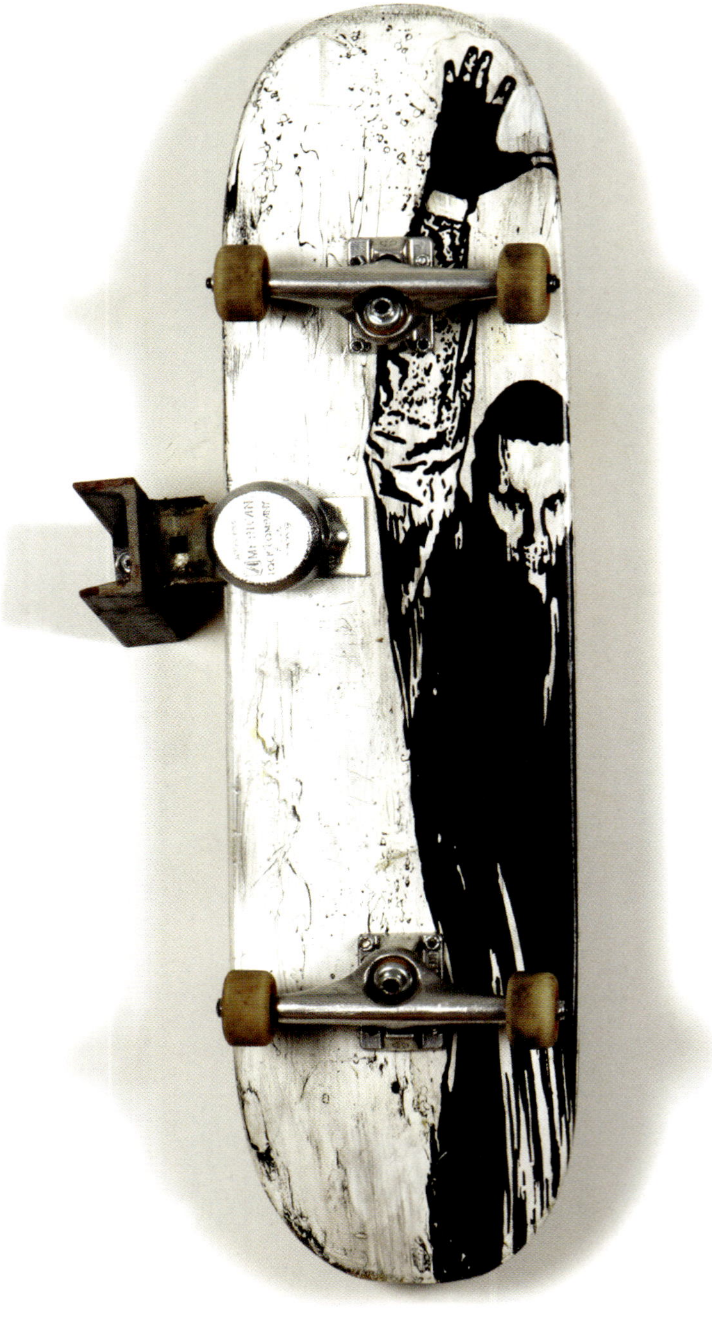

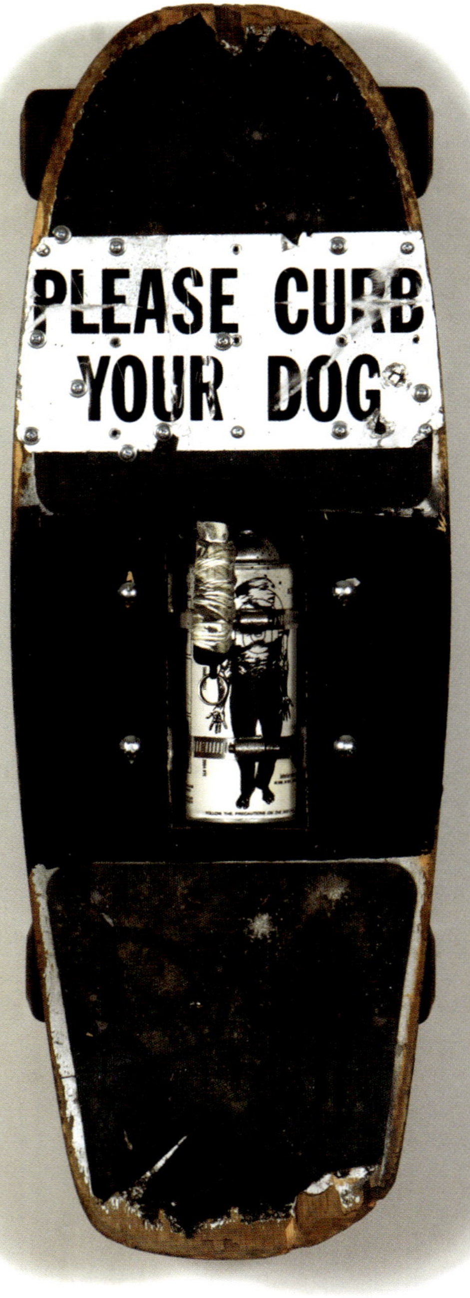
PLEASE CURB
YOUR DOG

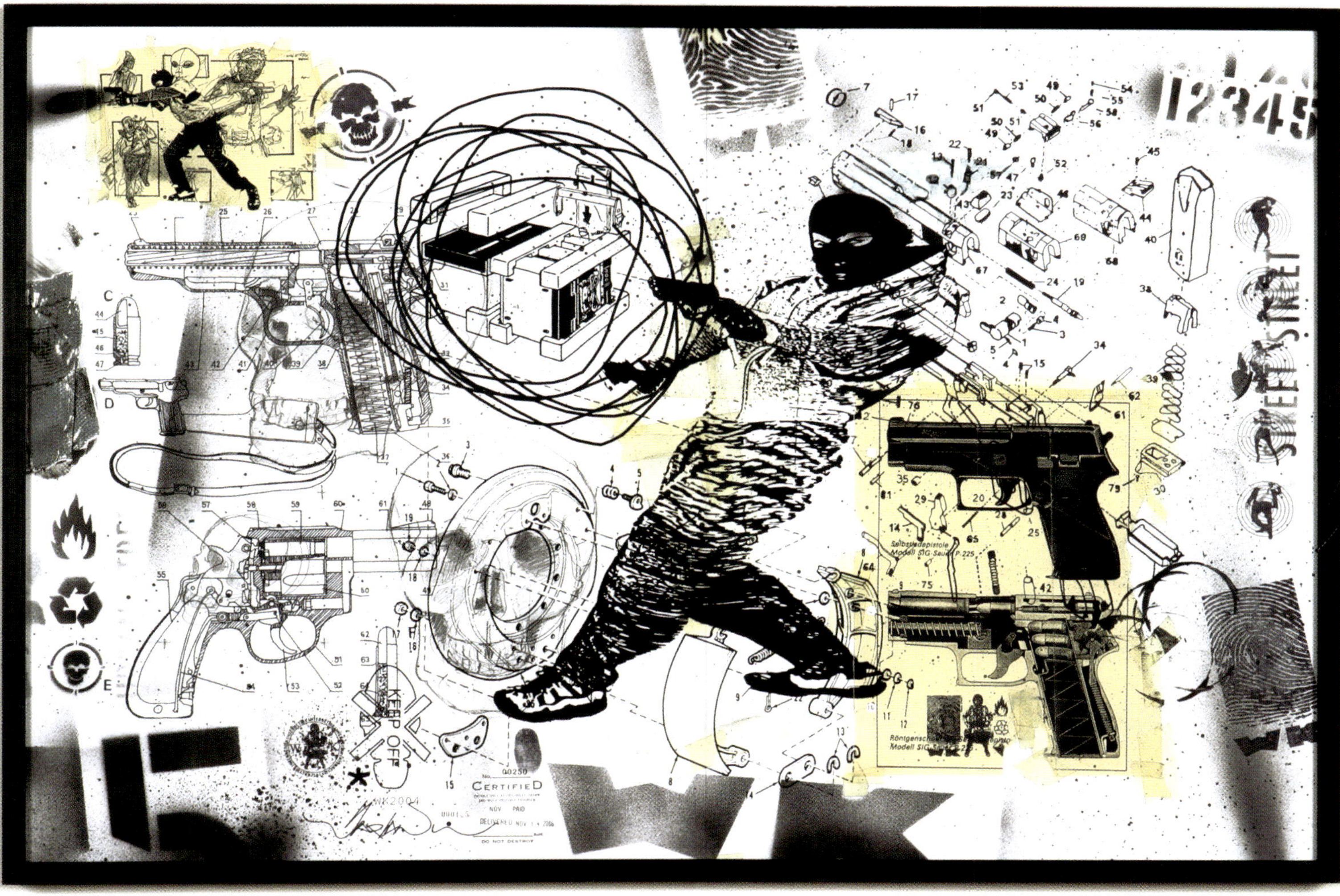

WK Interact ist ein französischer Künstler, der in New York City lebt, wo er sowohl im Studio als auch auf der Straße arbeitet. Seine Schwarz-Weiß-Bilder von in die Länge gezogenen Figuren erkennt man sofort. Sollten Sie das Glück haben, auf eines seiner Bilder zu stoßen, werden Sie es bereits aus der Ferne bemerken.

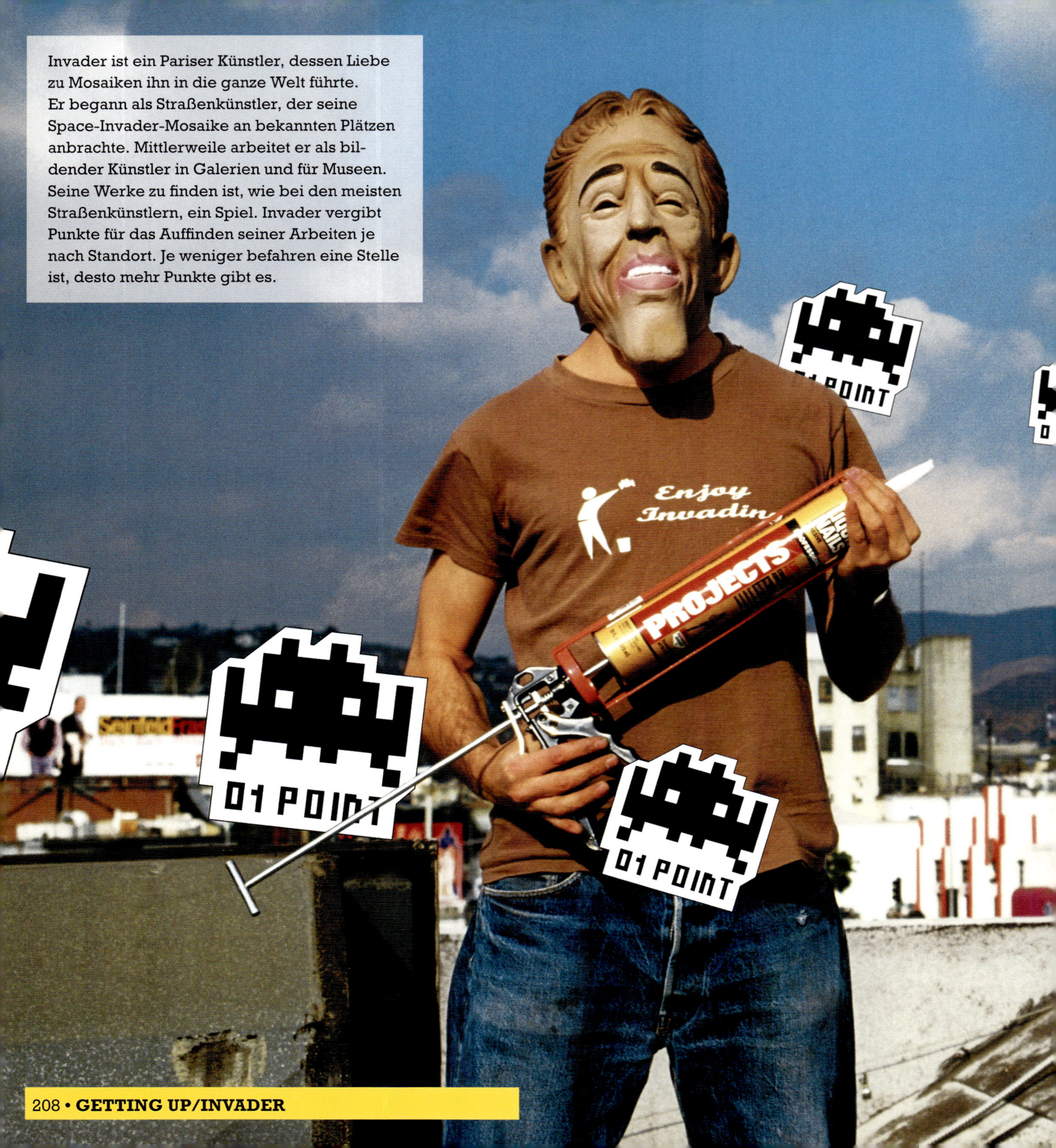

Invader ist ein Pariser Künstler, dessen Liebe zu Mosaiken ihn in die ganze Welt führte. Er begann als Straßenkünstler, der seine Space-Invader-Mosaike an bekannten Plätzen anbrachte. Mittlerweile arbeitet er als bildender Künstler in Galerien und für Museen. Seine Werke zu finden ist, wie bei den meisten Straßenkünstlern, ein Spiel. Invader vergibt Punkte für das Auffinden seiner Arbeiten je nach Standort. Je weniger befahren eine Stelle ist, desto mehr Punkte gibt es.

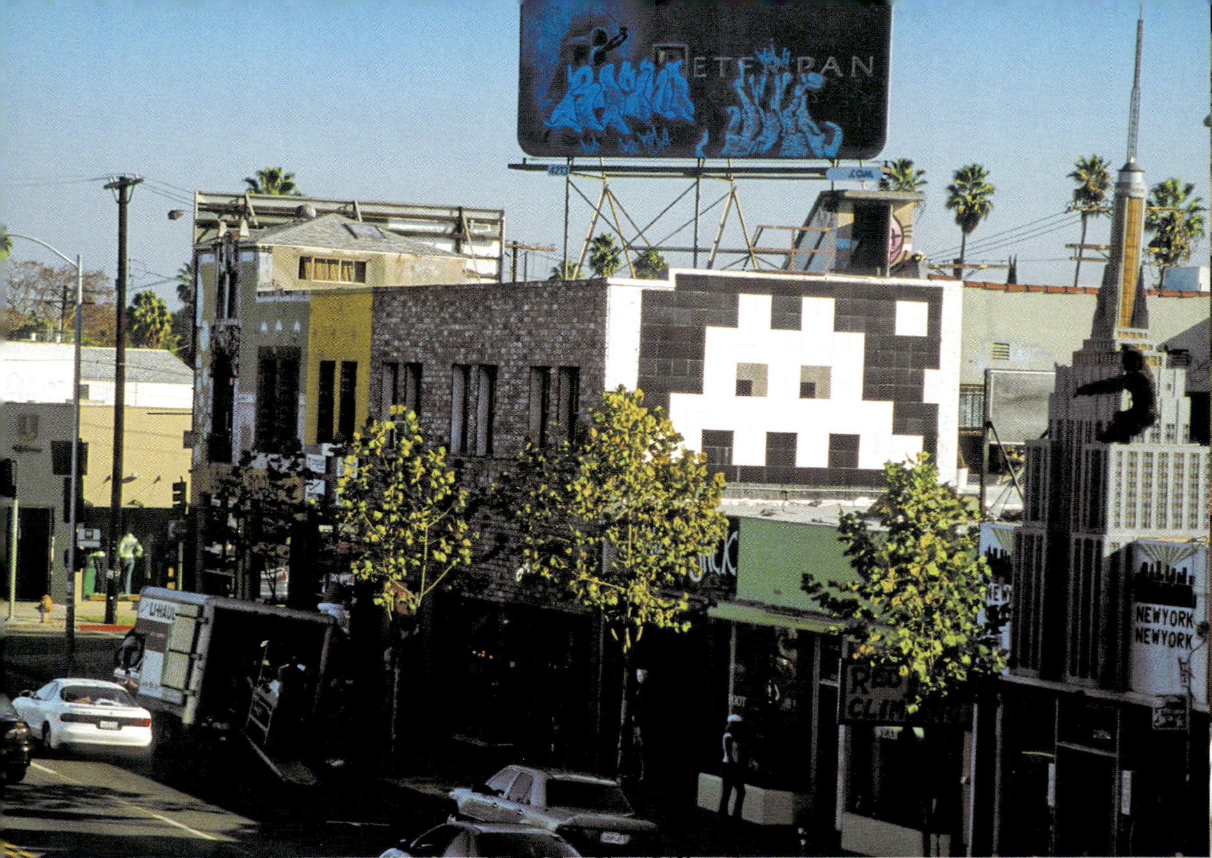
NEWYORK
NEWYORK
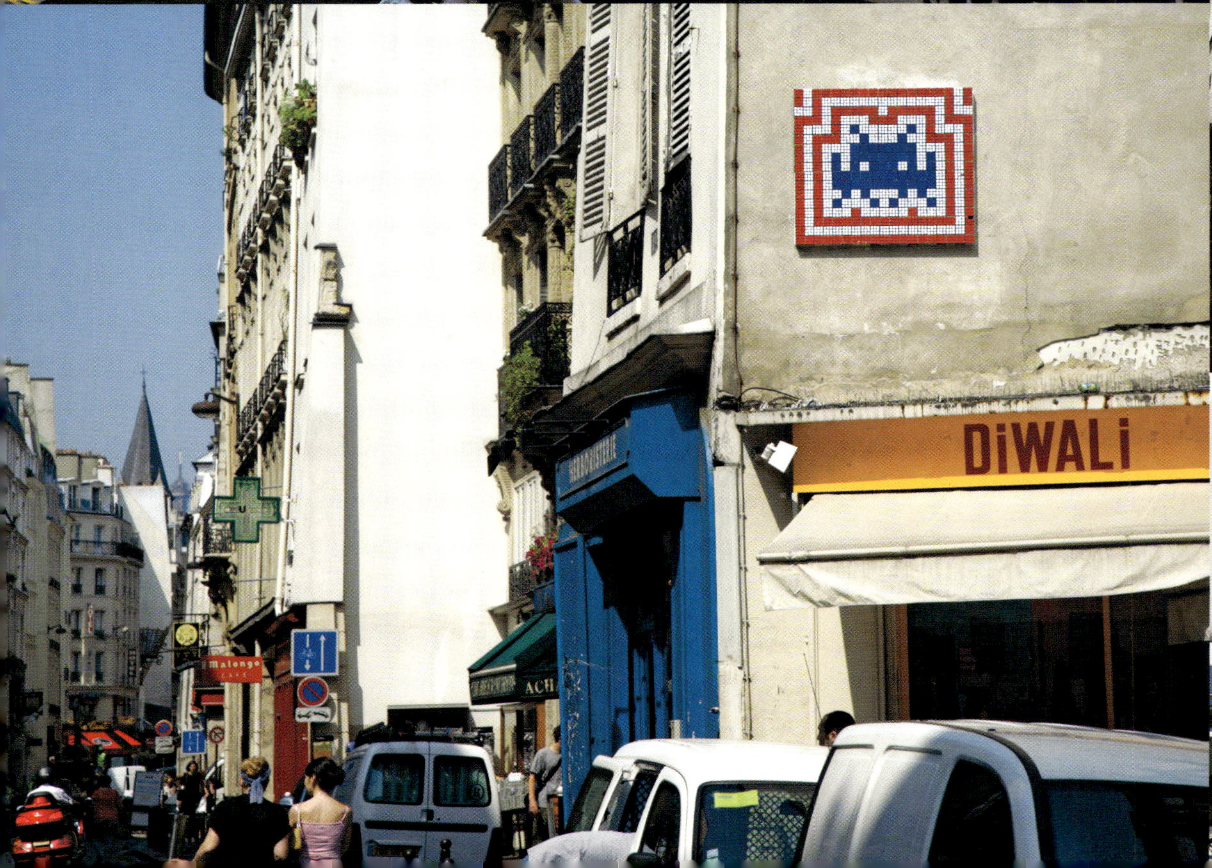
DiWALi
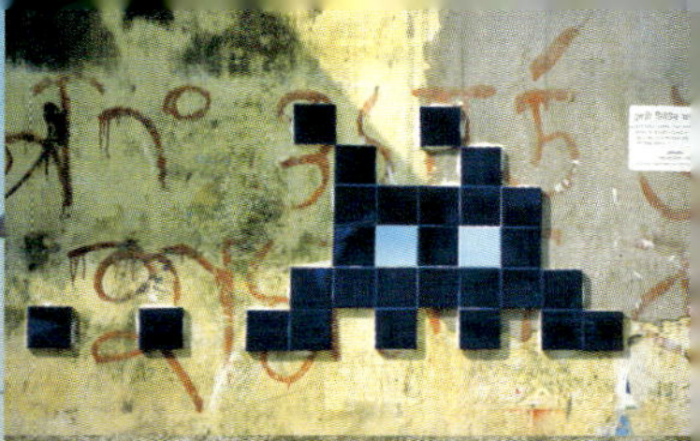
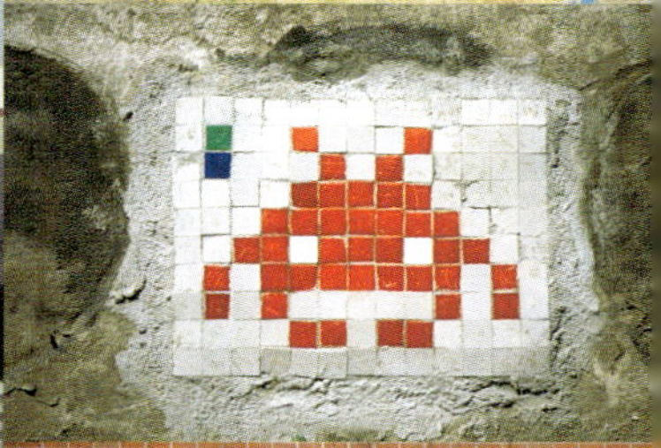
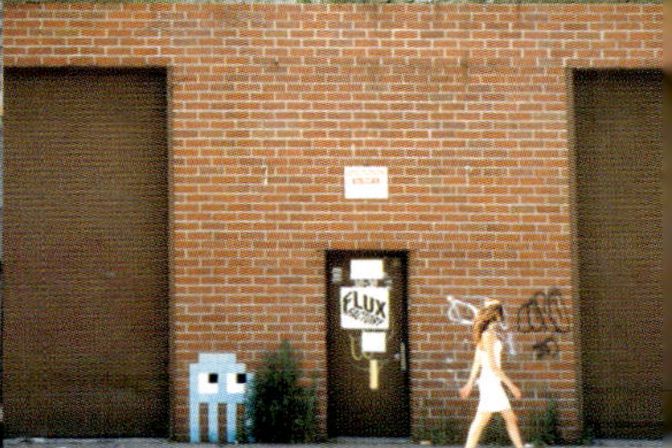
FLUX
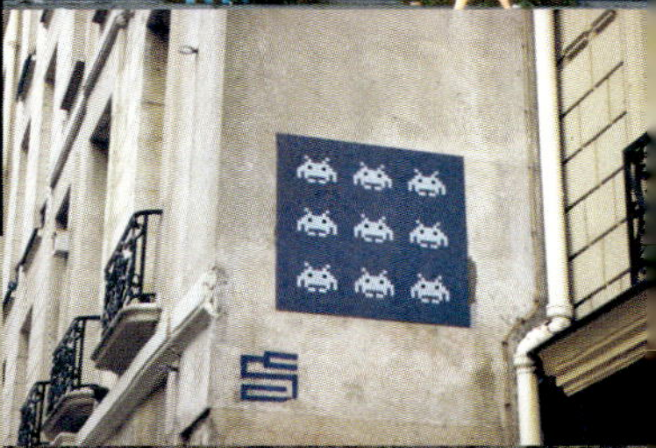
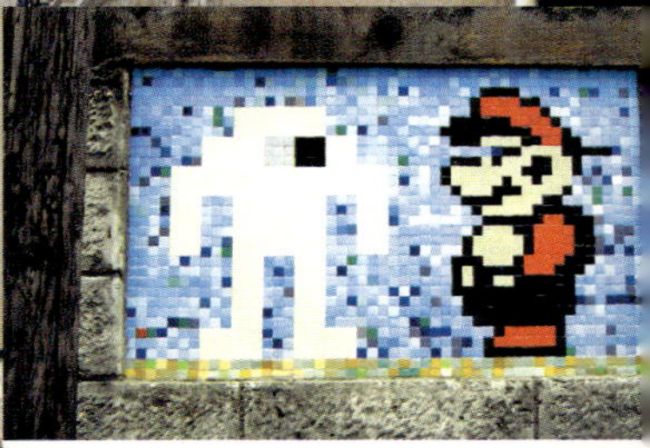
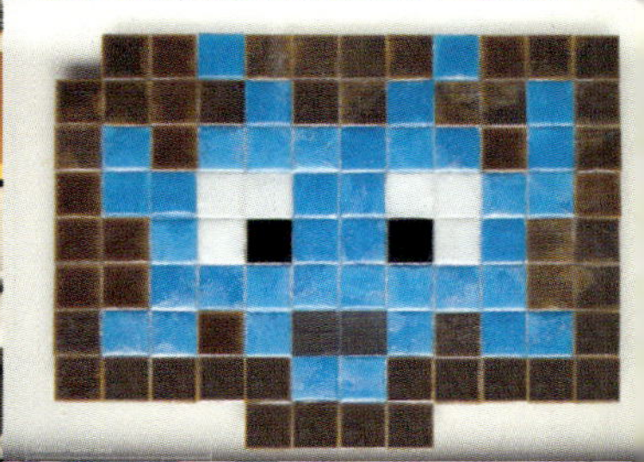
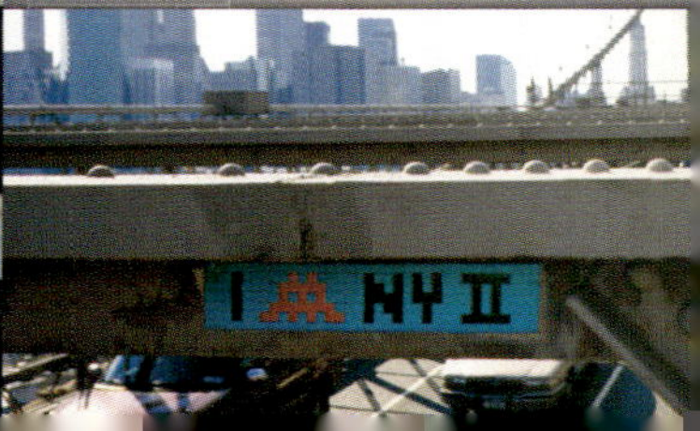

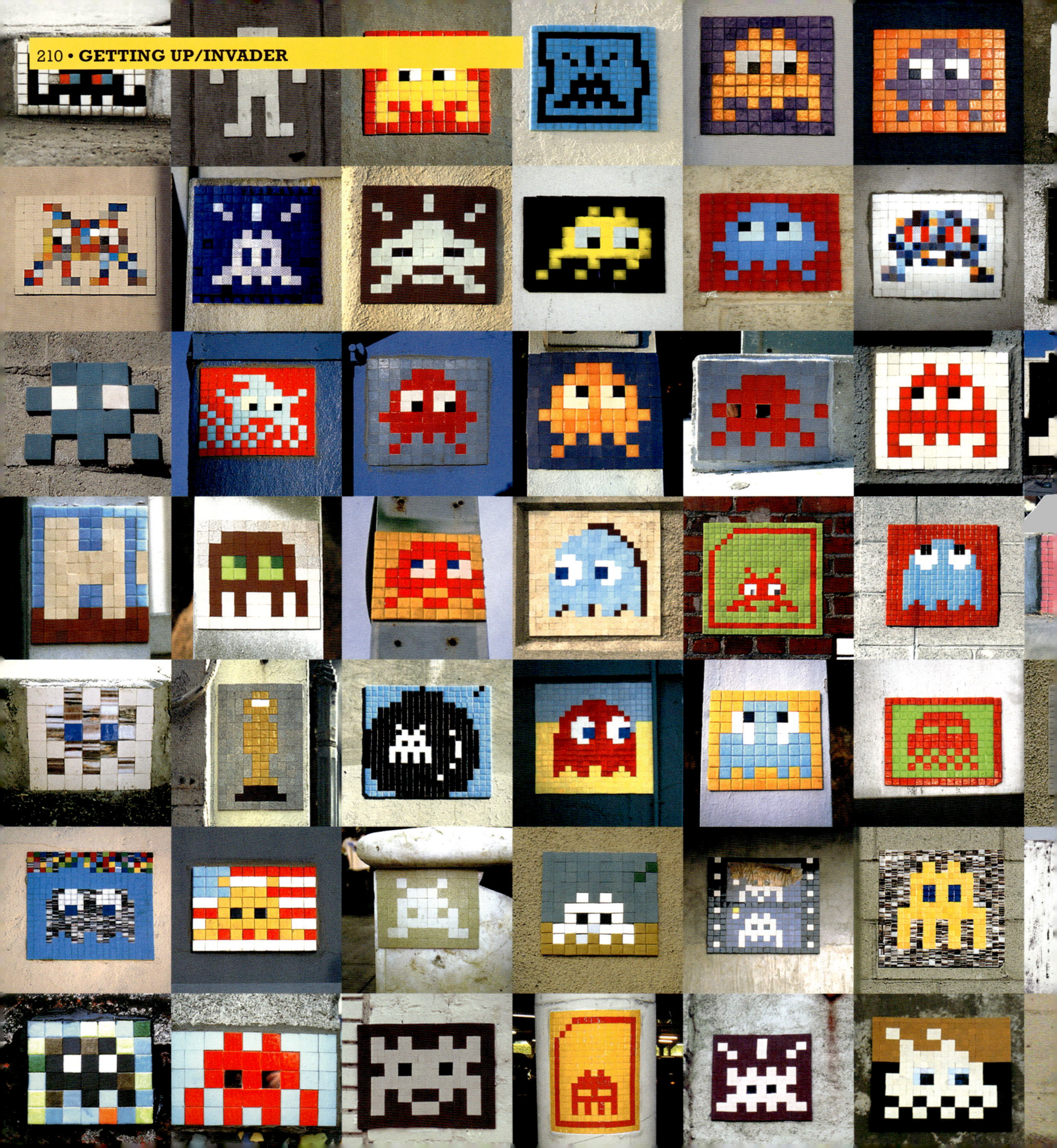

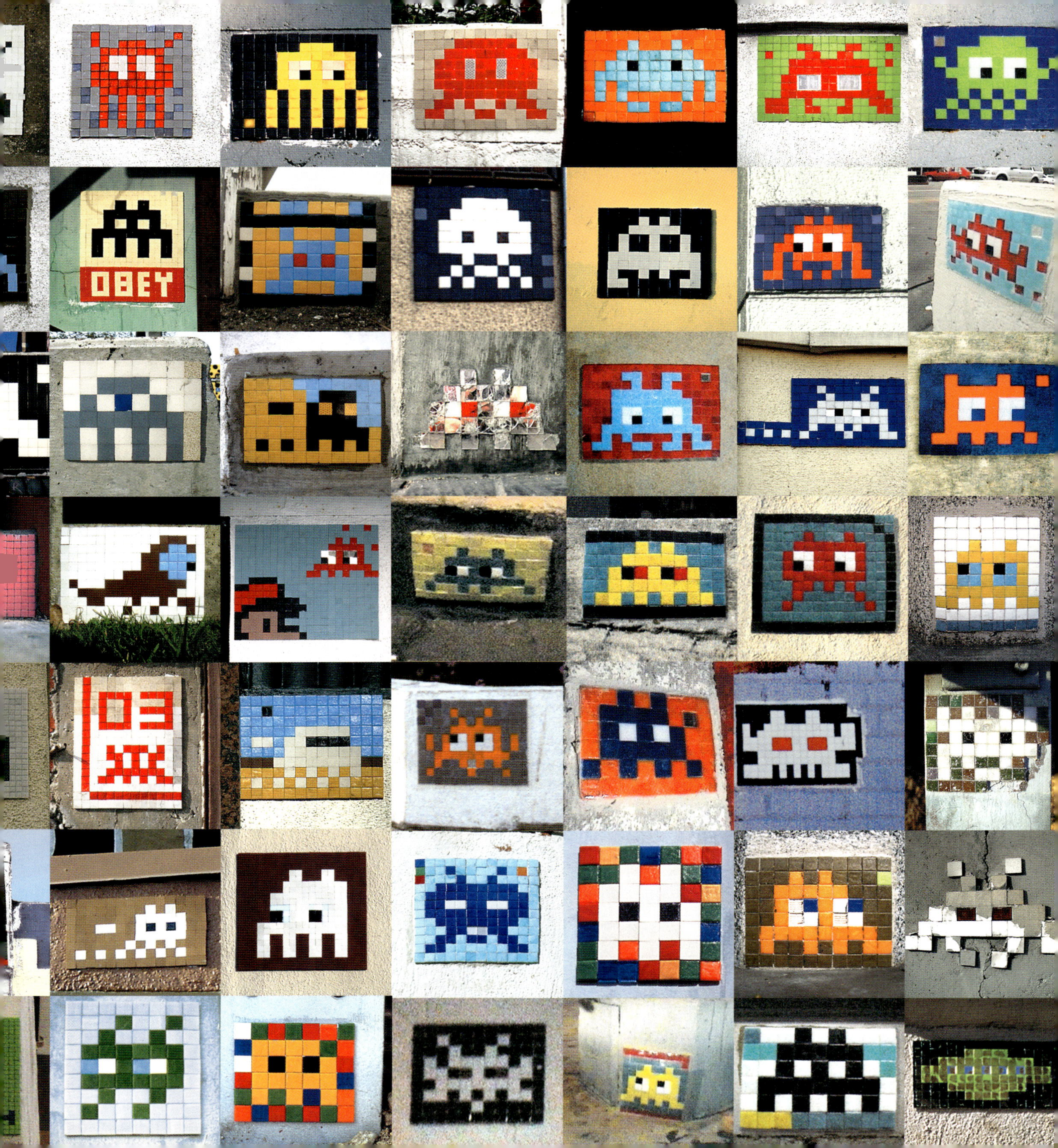
OBEY

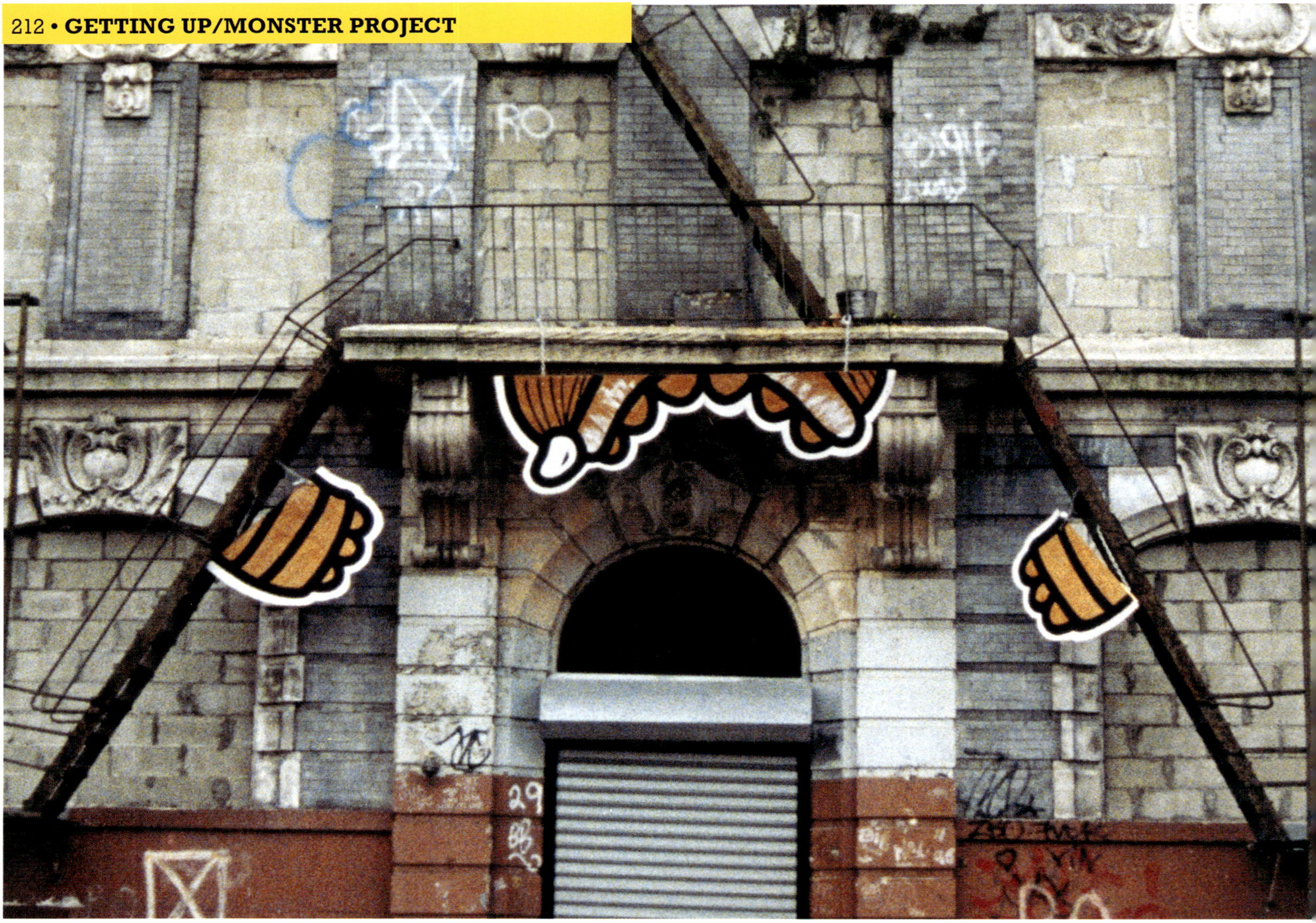

Im Jahr 2000 begann das Team von Monster Project standortabhängige Installationen in vergessenen Ecken von Städten – darunter Boston und New York – zu erschaffen. Da den Arbeiten oft eine langwierige Planungsphase vorausgeht und das Team häufig gezwungen ist, nachts zu arbeiten, erzählt jede Arbeit eine Geschichte, jede Installation wird zum Abenteuer. Kein Werk gleicht dem anderen, so wie ein Standort nie einem anderen gleicht.

Für Monster Project war es immer wichtiger, eine Arbeit zu beenden, als in der gesamten Stadt präsent zu sein. Der Standort war immer wichtiger als das Monster selbst. Stellten sich Menschen schließlich an einem Ort ein Monster vor, an dem es keines gab, war das Ziel erreicht – und kein Monster mehr nötig.

«Wir wollen auf die vergessene Schönheit einer Stadt hinweisen – auf vergessene Ecken, heruntergekommene Mauern, vernachlässigte Strukturen jeder Art. Wir wählen schmutzige Winkel, von denen aus sich das Monster unbemerkt an die Menschen heranschleichen kann.»

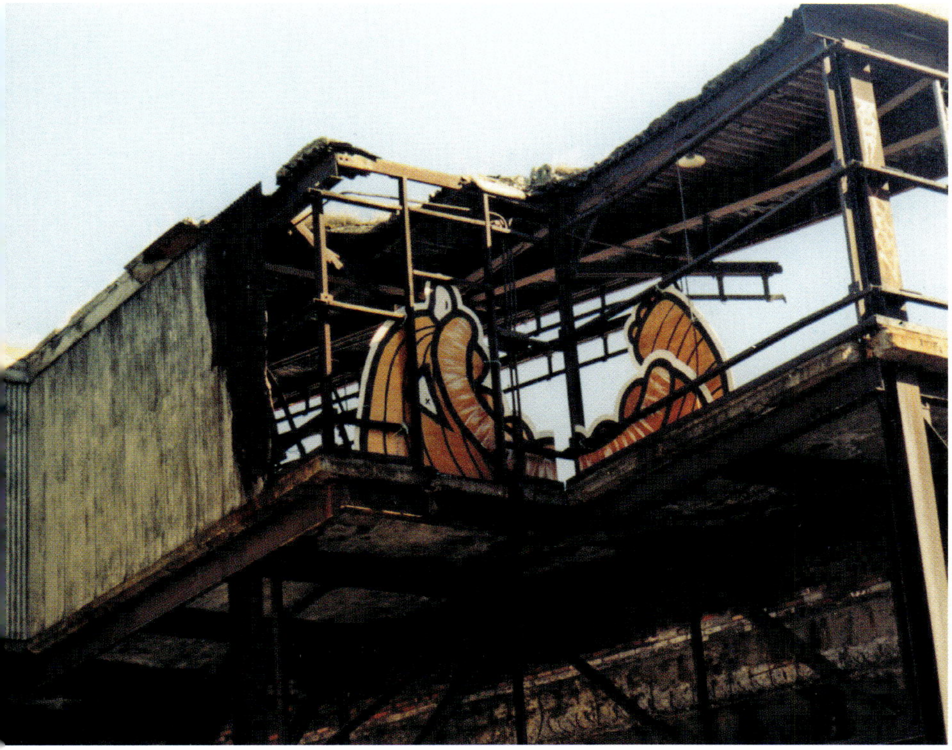

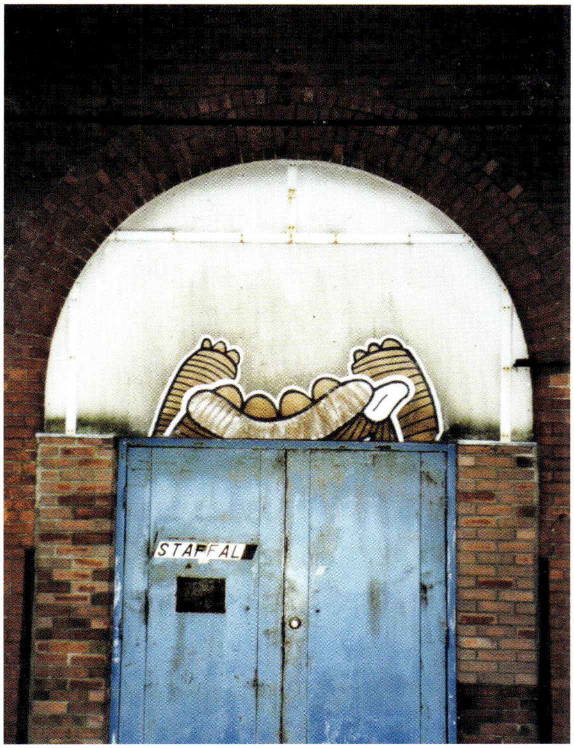
STAFFAL

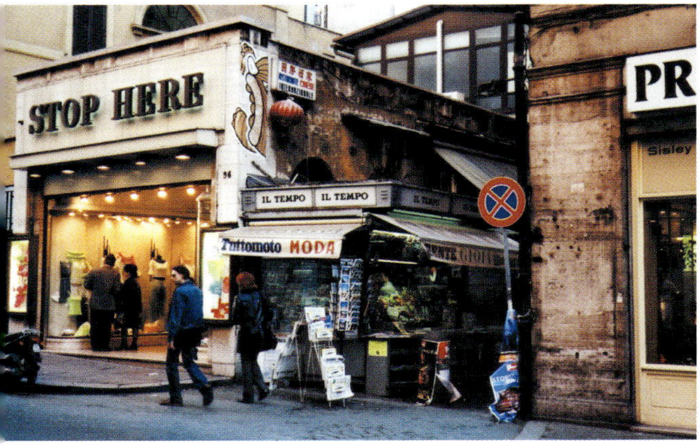
STOP HERE
IL TEMPO
IL TEMPO
Tuttomoto MODA
PR
Sisley

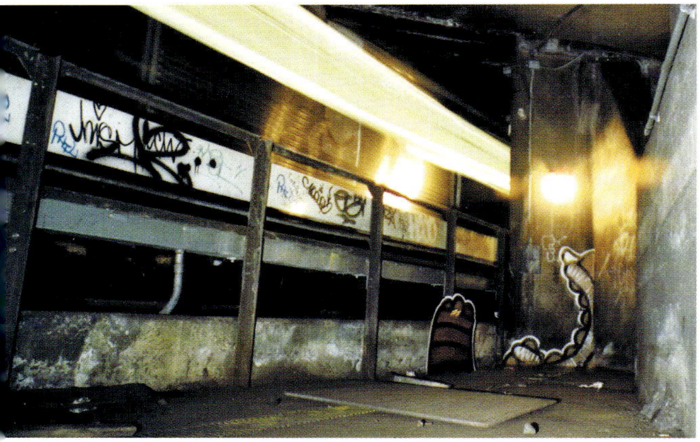

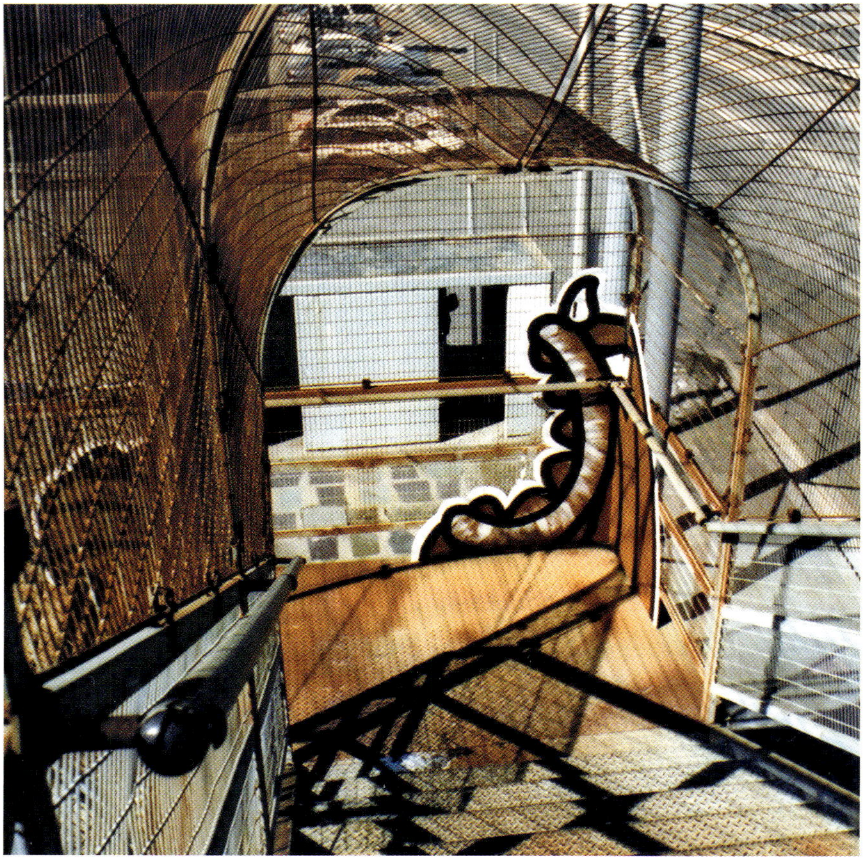

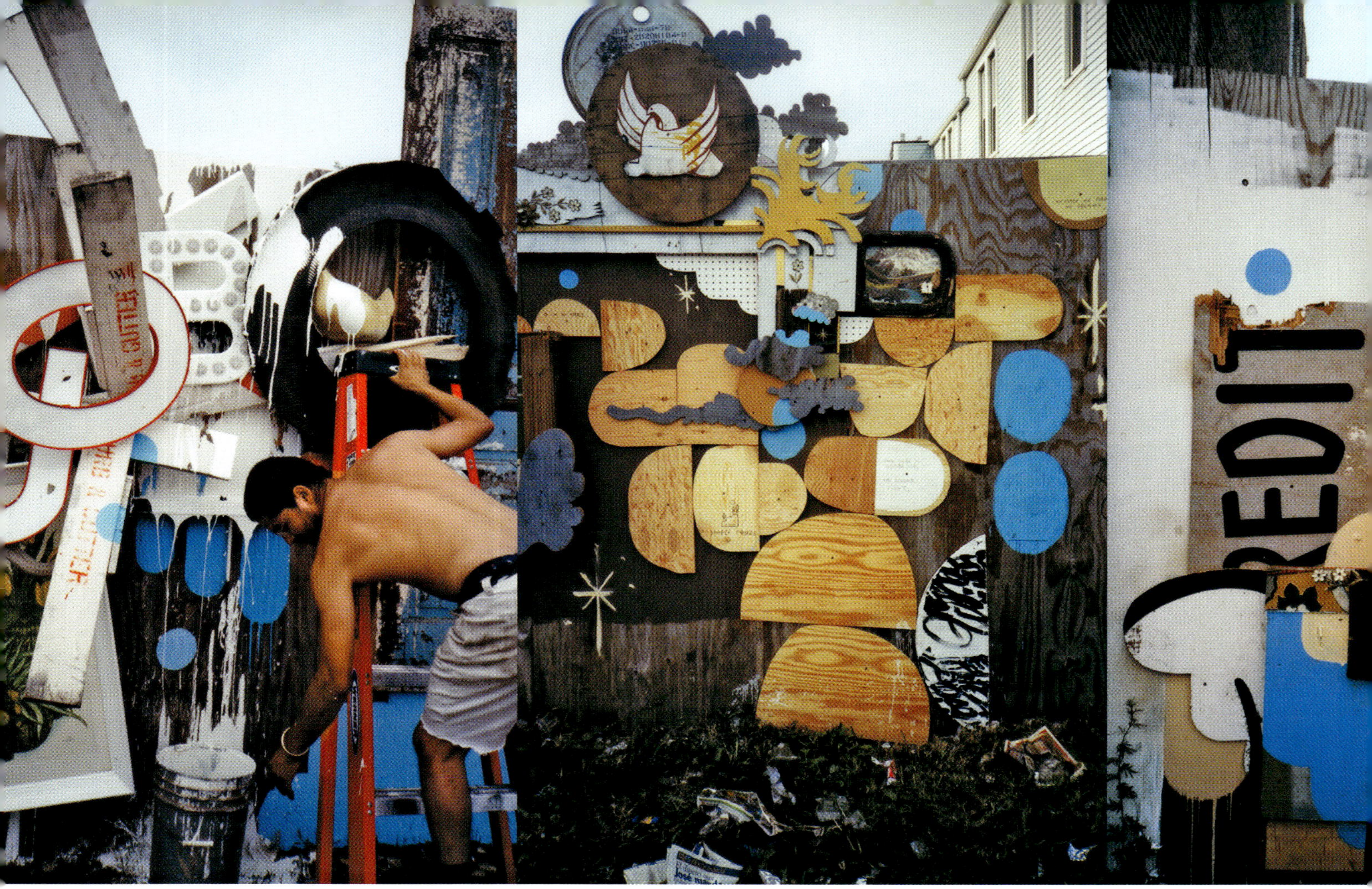
REDIT

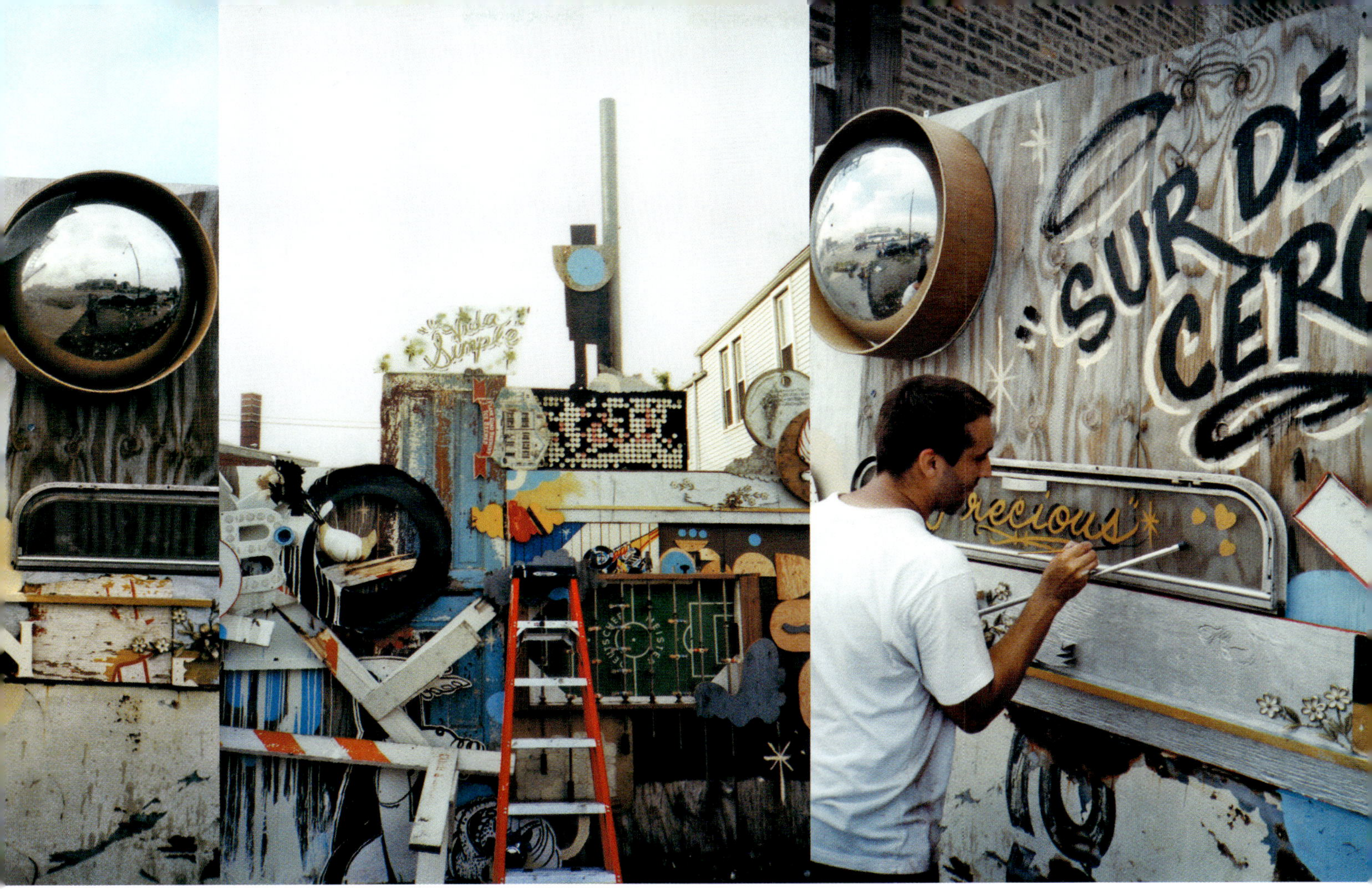

Das in Chicago schaffende Künstler-Trio Juan Chavez, Mike Genovese und Cody Hudson sammelt gemeinsam mit ansässigen Freunden und unzähligen Besuchern herumliegendes Holz und Objekte und bringt sie an verschiedenen von ihnen bemalten Oberflächen an. Für ihr hier gezeigtes Projekt „Sur del Cero", eine ihrer vielen Kombinationen aus Wandbild, Installation und Skulptur, verschwenden sie weder Material noch suchen sie nach etwas Bestimmtem – die perfekte Ausgangslage für Kunst auf der Straße.

Das Trio verlagerte seine Arbeit auf die Straße und begab sich in einem großen Van auf Materialsuche. Auf dem Weg von Chicago nach Philadelphia sammelten sie Objekte, machten sie zu Kunst und brachten sie auf dem Weg zu ihrem Ziel, der Philadelphia artist collective and galerie Space1026, an. Diese zeigte die Resultate der Reise von 2006 in einer Ausstellung mit dem Titel „Long Walk Home".

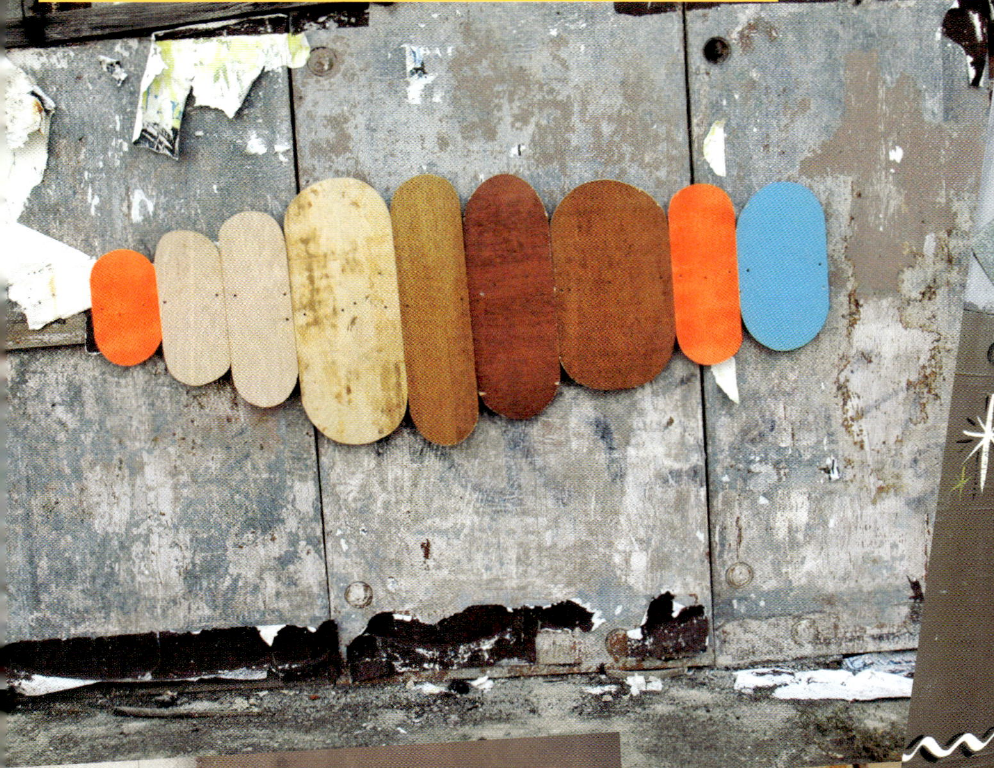

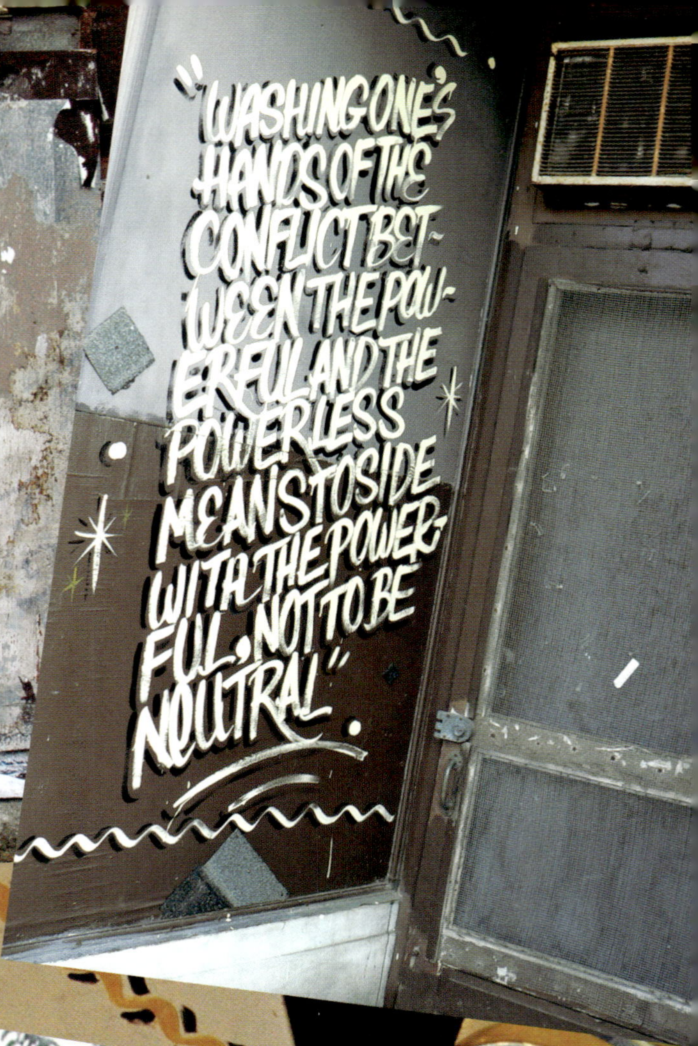
"WASHING ONE'S
HANDS OF THE
CONFLICT BET-
WEEN THE POW-
ERFUL AND THE
POWERLESS
MEANS TO SIDE
WITH THE POWER-
FUL, NOT TO BE
NEUTRAL".

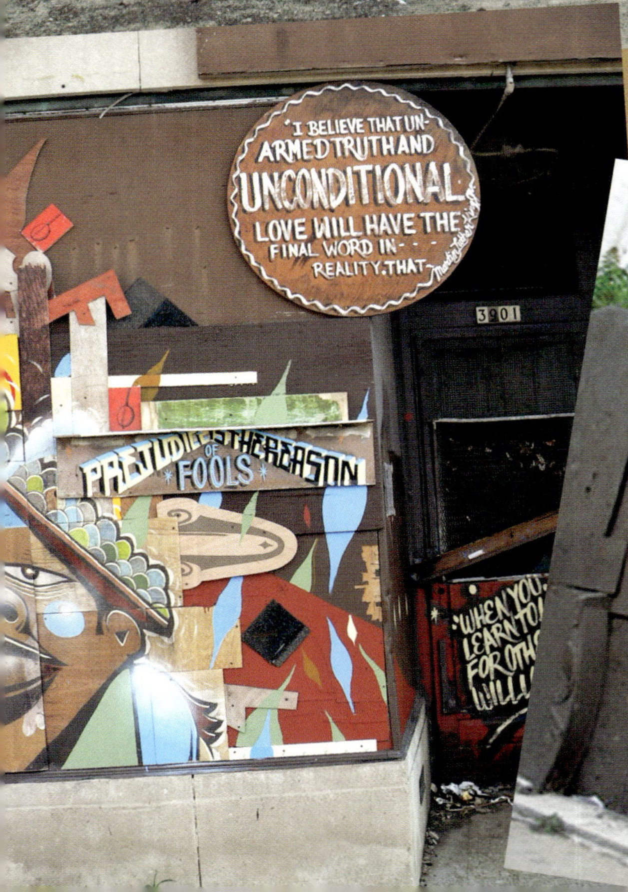
"I BELIEVE THAT UN-
ARMED TRUTH AND
UNCONDITIONAL
LOVE WILL HAVE THE
FINAL WORD IN-
REALITY. THAT
3901
PREJUDICE IS THE REASON OF FOOLS

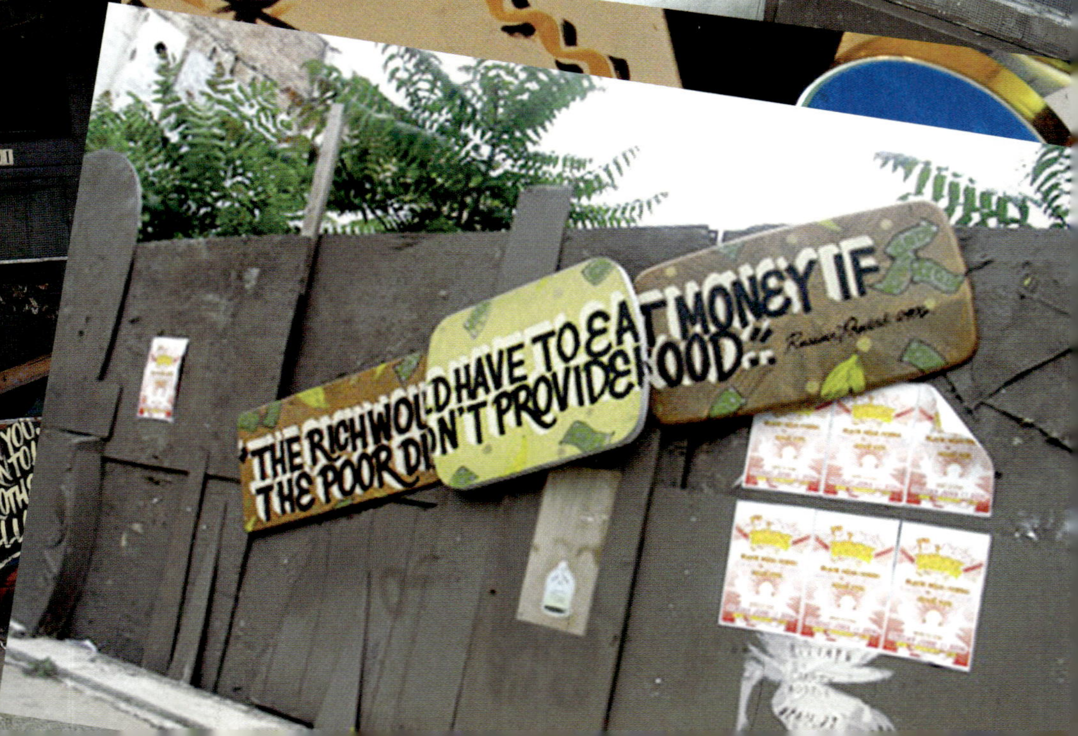
"THE RICH WOULD HAVE TO EAT MONEY IF
THE POOR DIDN'T PROVIDE FOOD.."

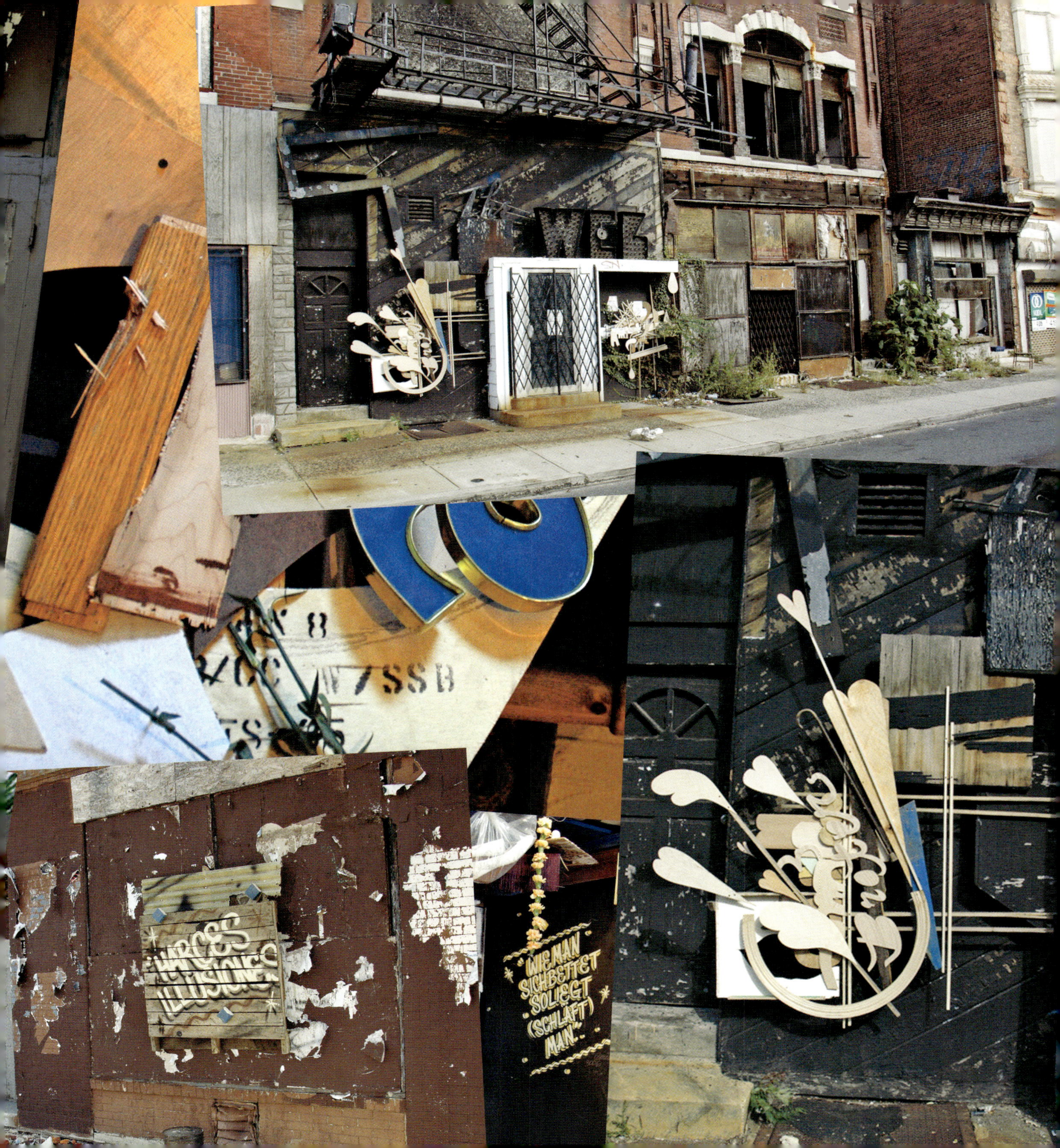
WIE MAN SICH BETTET SO LIEGT (SCHLAFT) MAN.

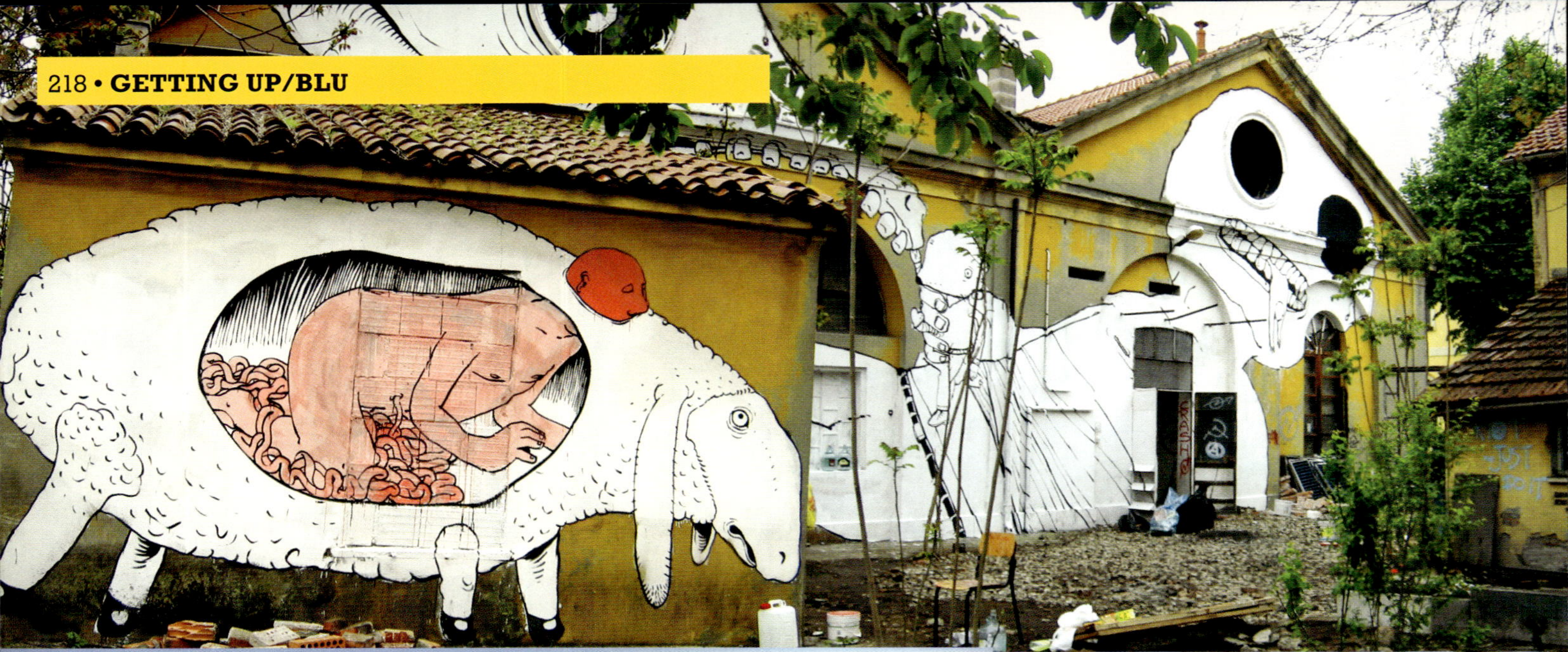

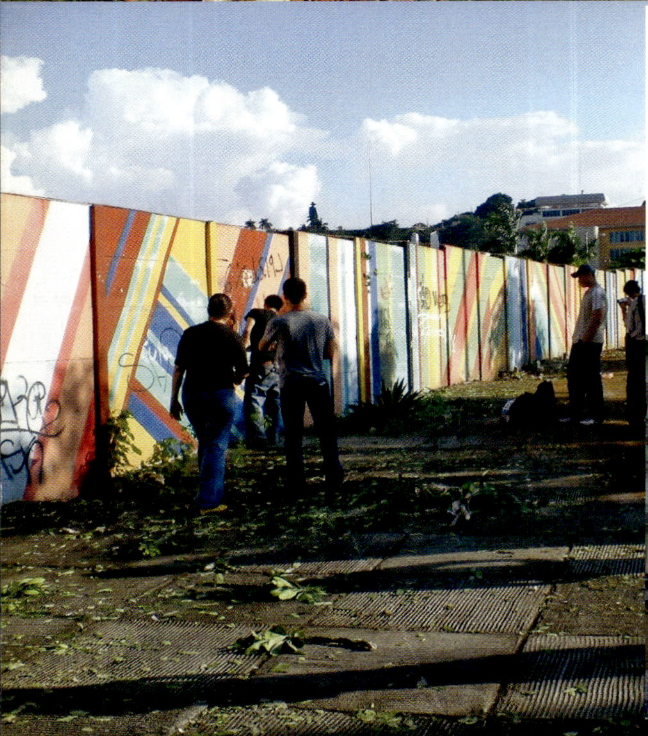

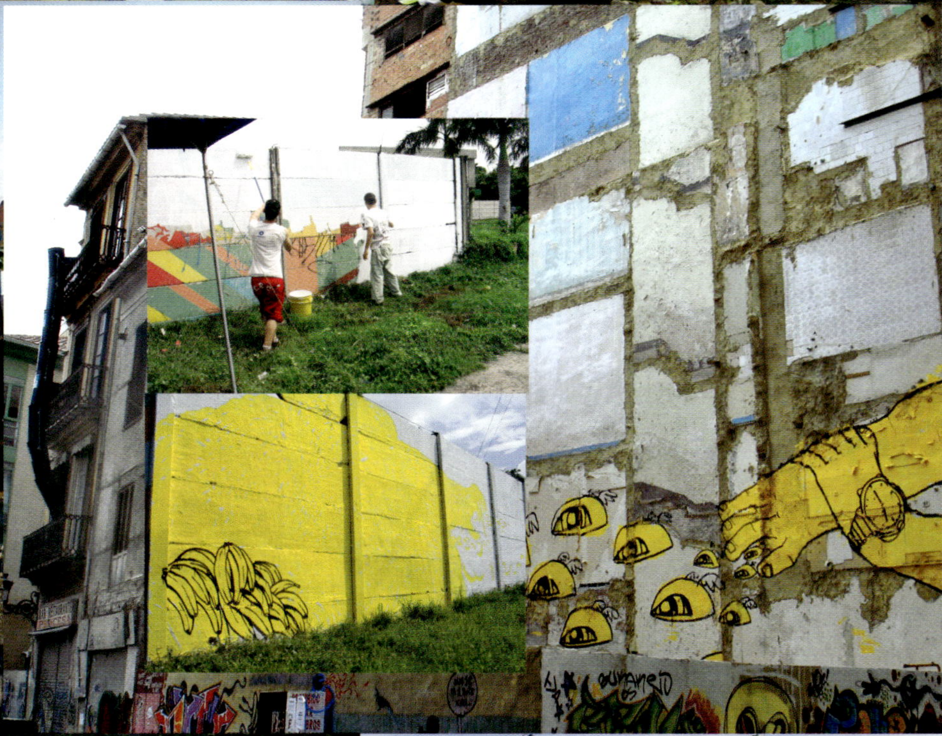

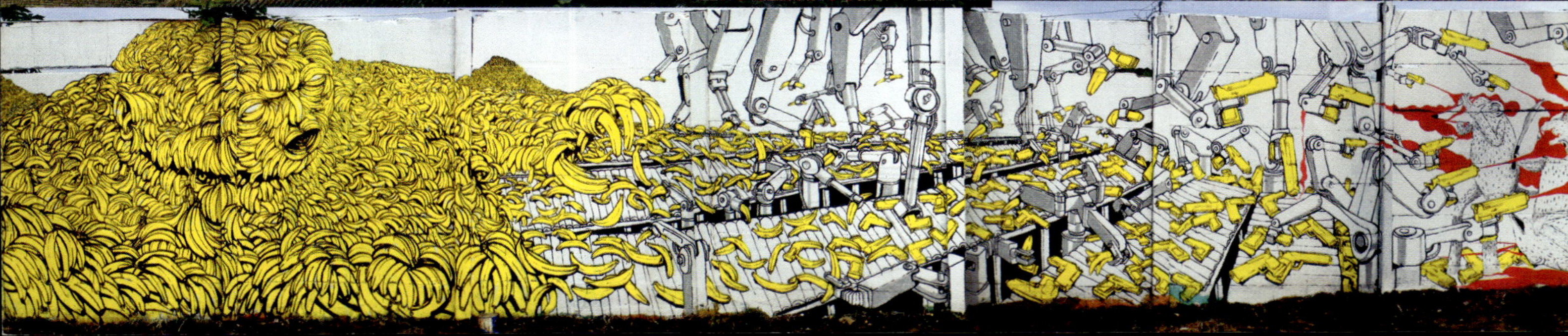

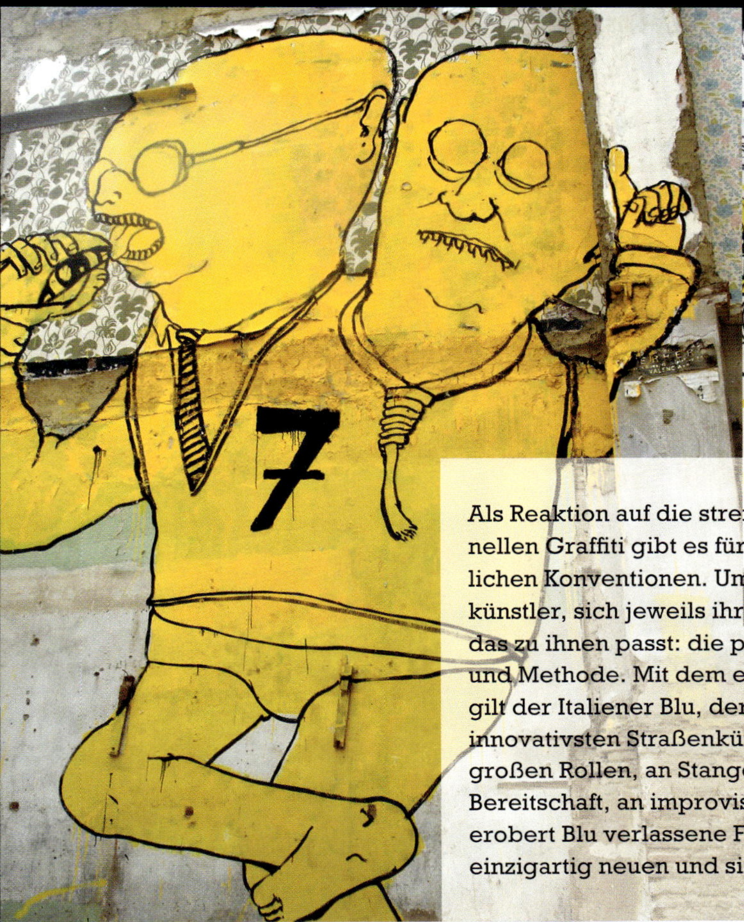

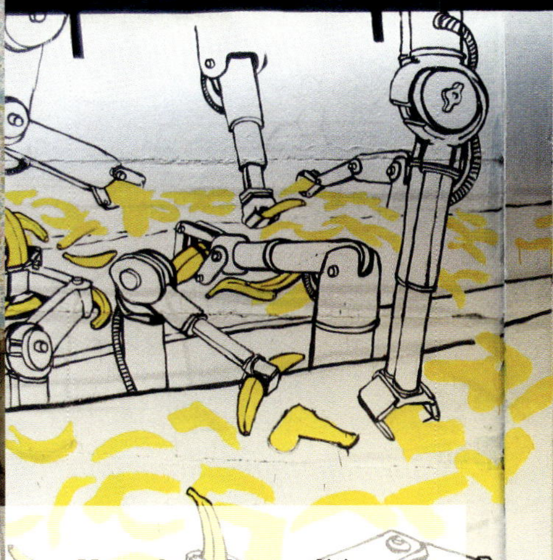

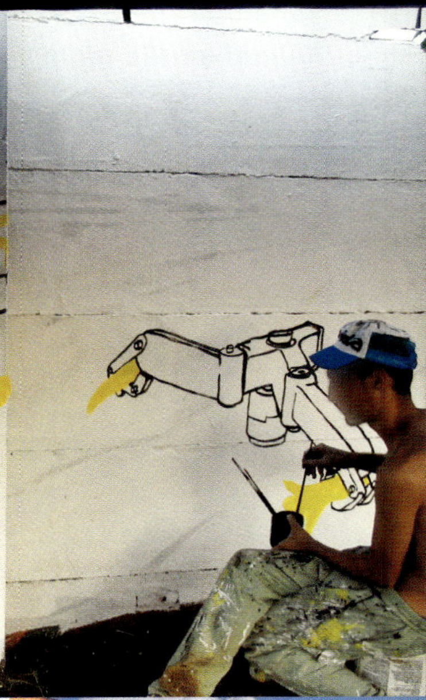

Als Reaktion auf die strengen Vorgaben des traditionellen Graffiti gibt es für Straßenkunst keine einheitlichen Konventionen. Umso wichtiger ist es für Straßenkünstler, sich jeweils ihr eigenes Medium zu schaffen, das zu ihnen passt: die perfekte Mischung aus Stil, Mittel und Methode. Mit dem einfachsten aller Mittel bewaffnet gilt der Italiener Blu, der illegal arbeitet, als einer der innovativsten Straßenkünstler der neuen Generation. Mit großen Rollen, an Stangen befestigten Bürsten und der Bereitschaft, an improvisierten Leitern hochzuklettern, erobert Blu verlassene Flächen und bevölkert sie mit einzigartig neuen und simplen Figuren.

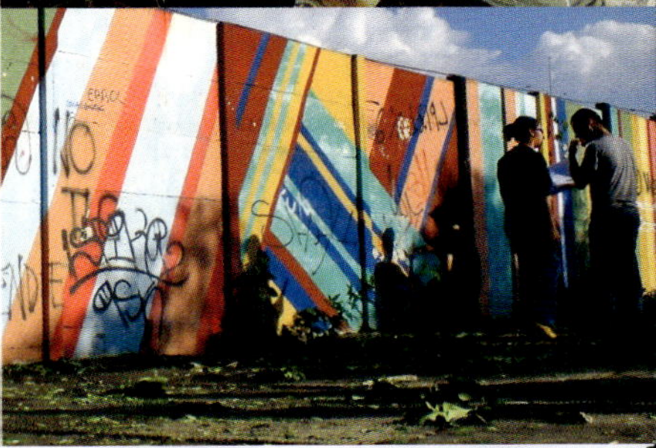

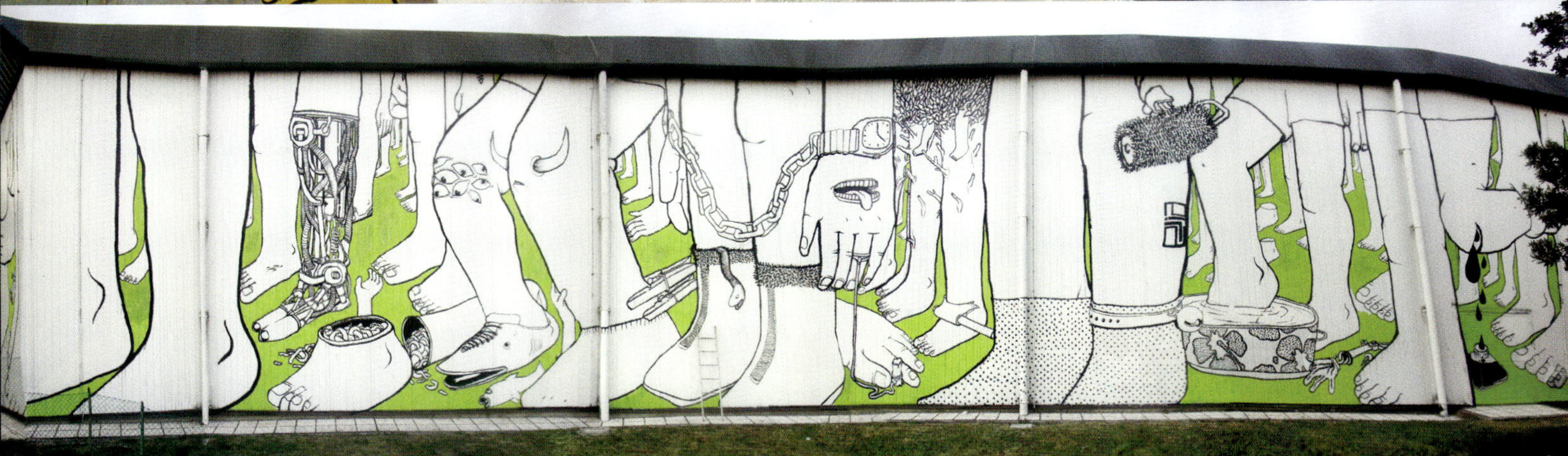

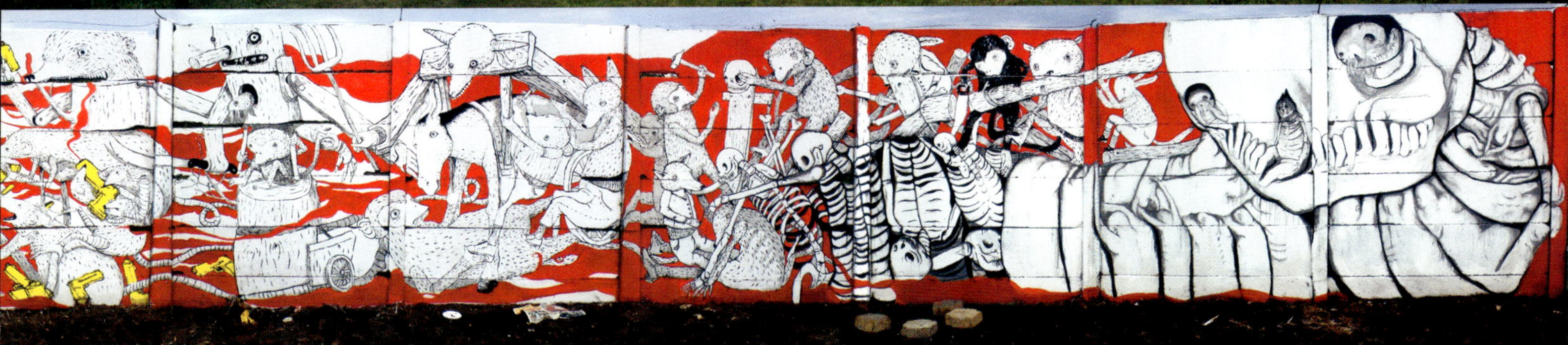

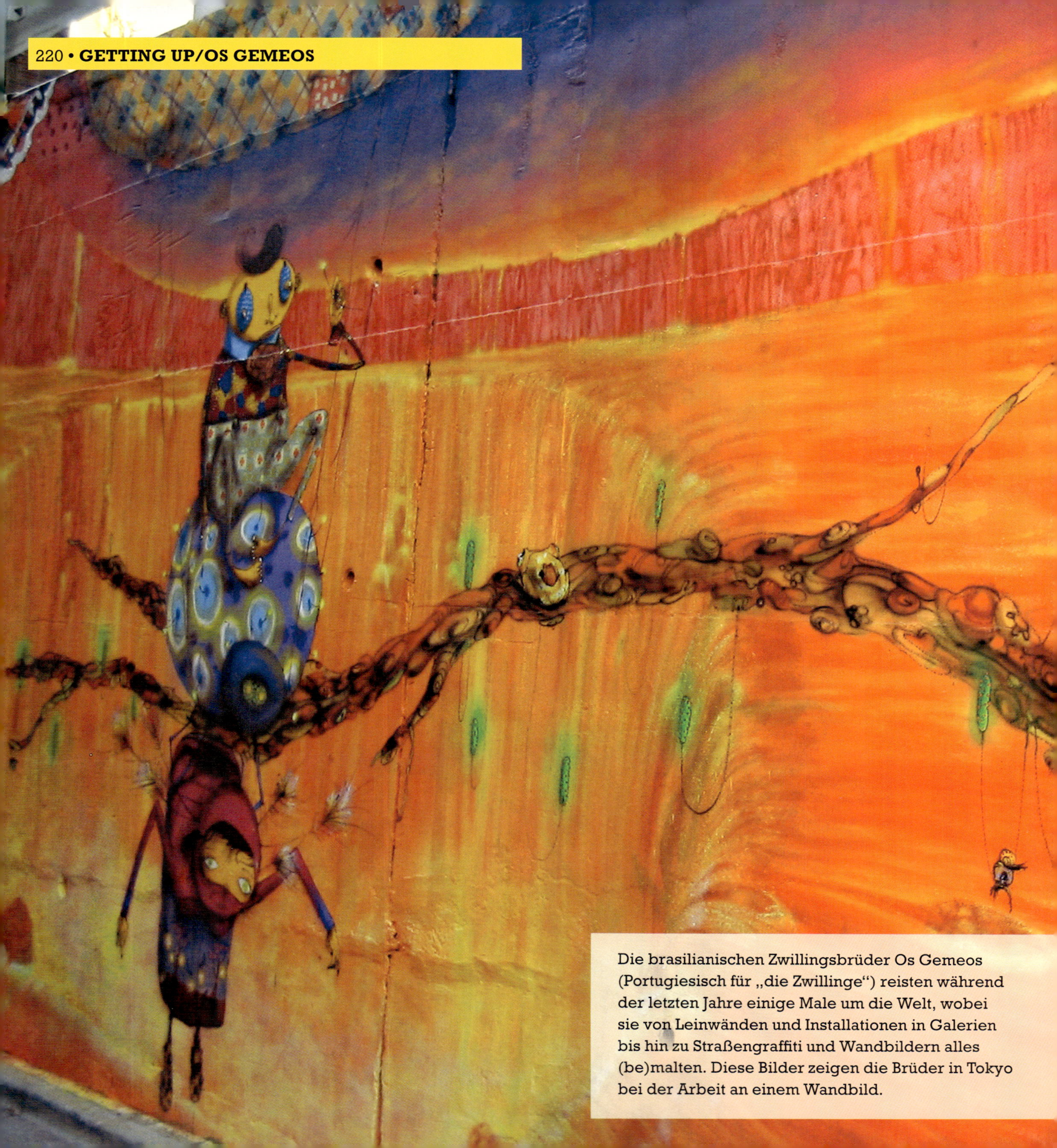

Die brasilianischen Zwillingsbrüder Os Gemeos (Portugiesisch für „die Zwillinge") reisten während der letzten Jahre einige Male um die Welt, wobei sie von Leinwänden und Installationen in Galerien bis hin zu Straßengraffiti und Wandbildern alles (be)malten. Diese Bilder zeigen die Brüder in Tokyo bei der Arbeit an einem Wandbild.

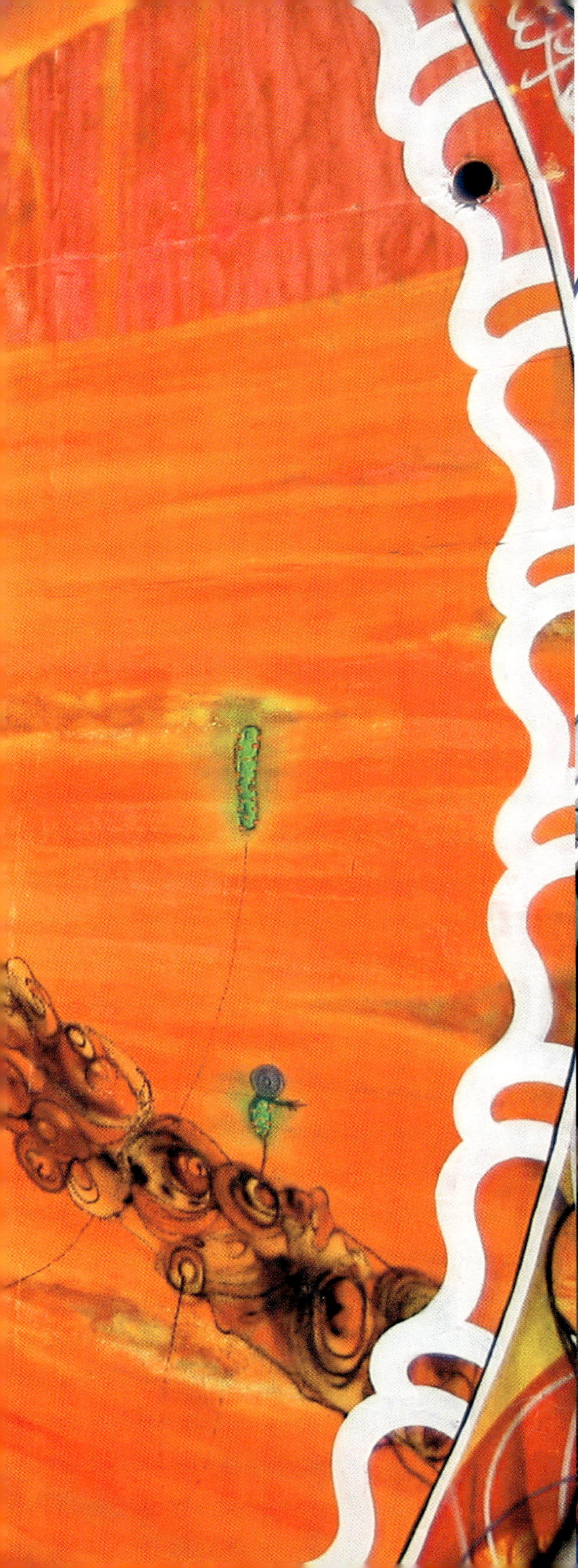
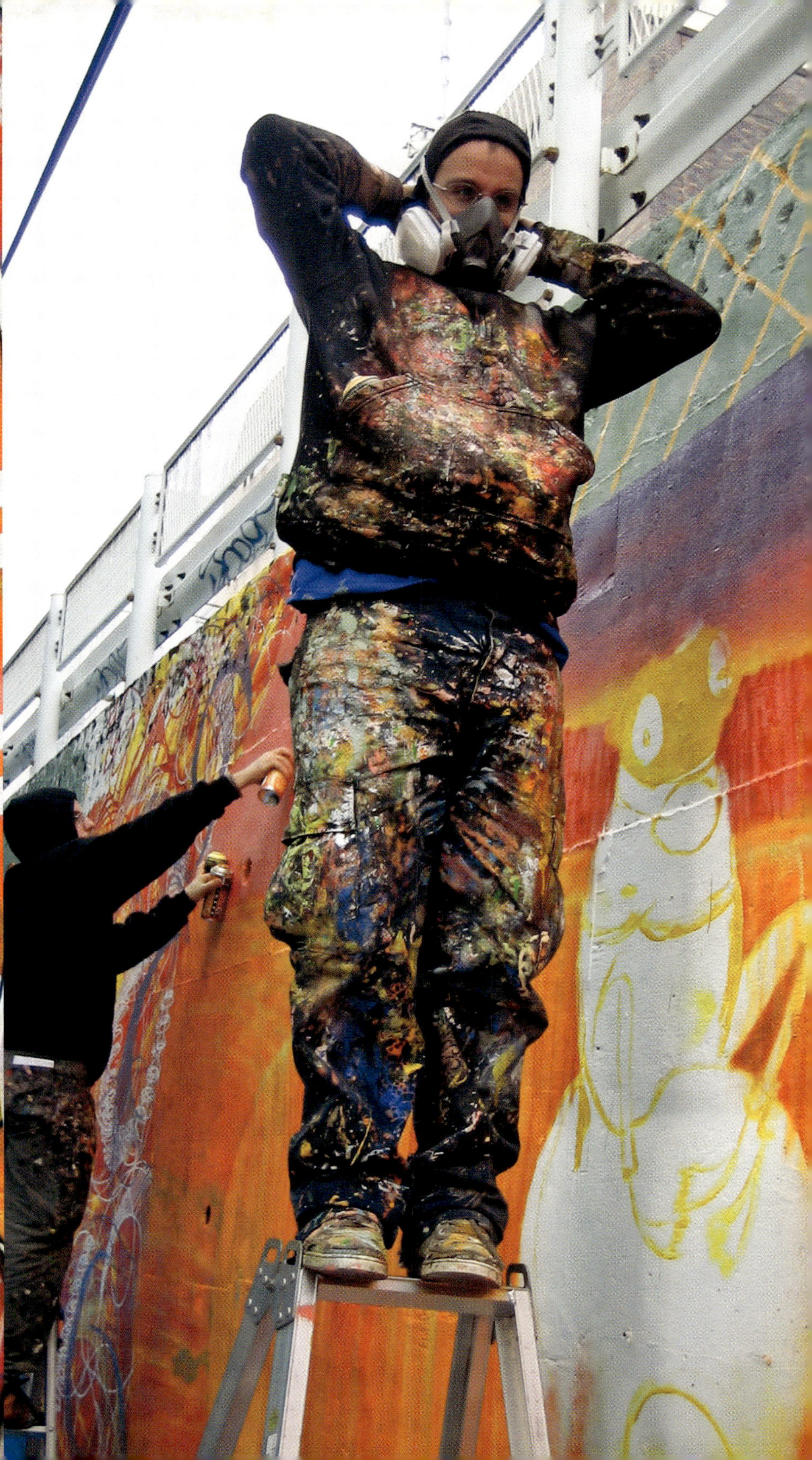

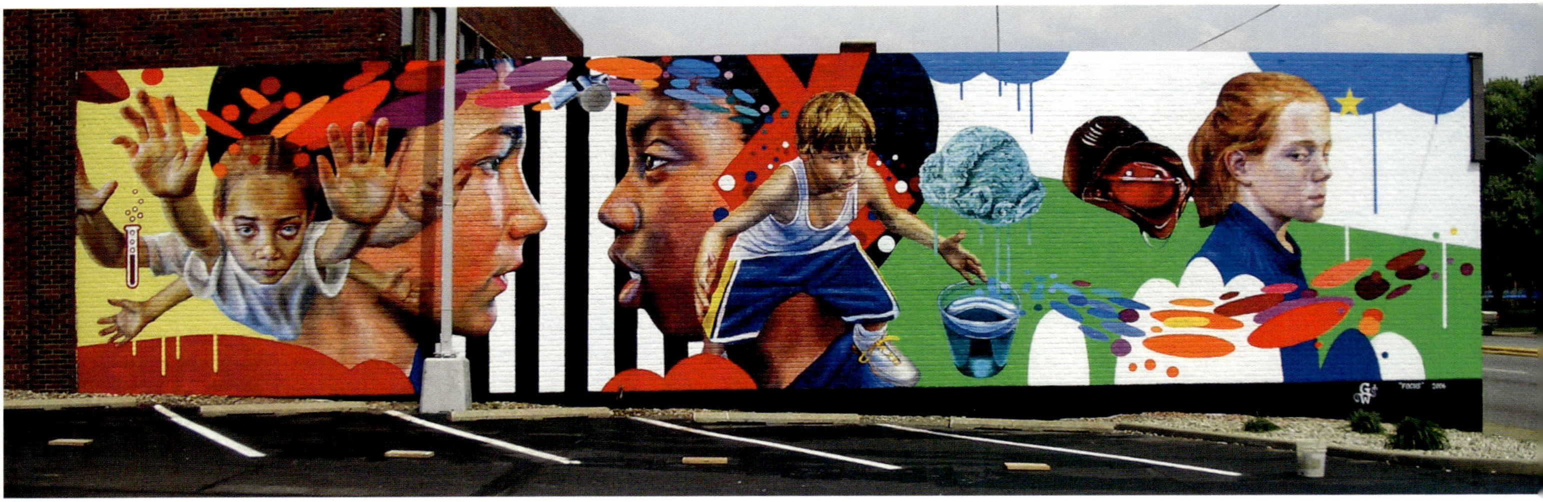

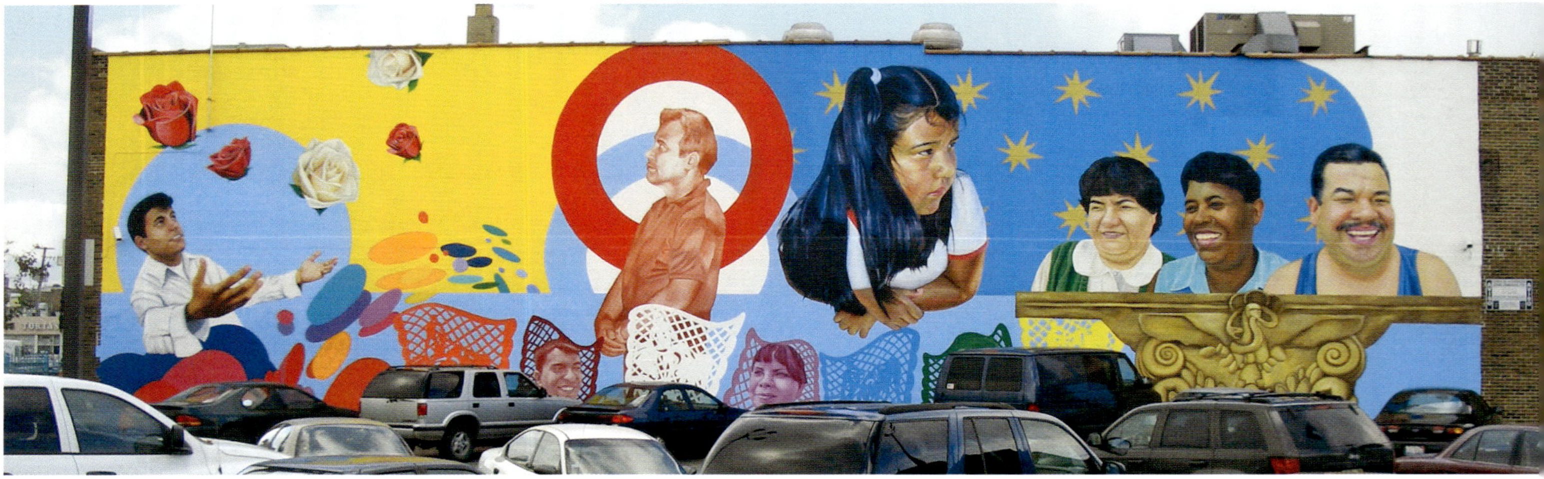

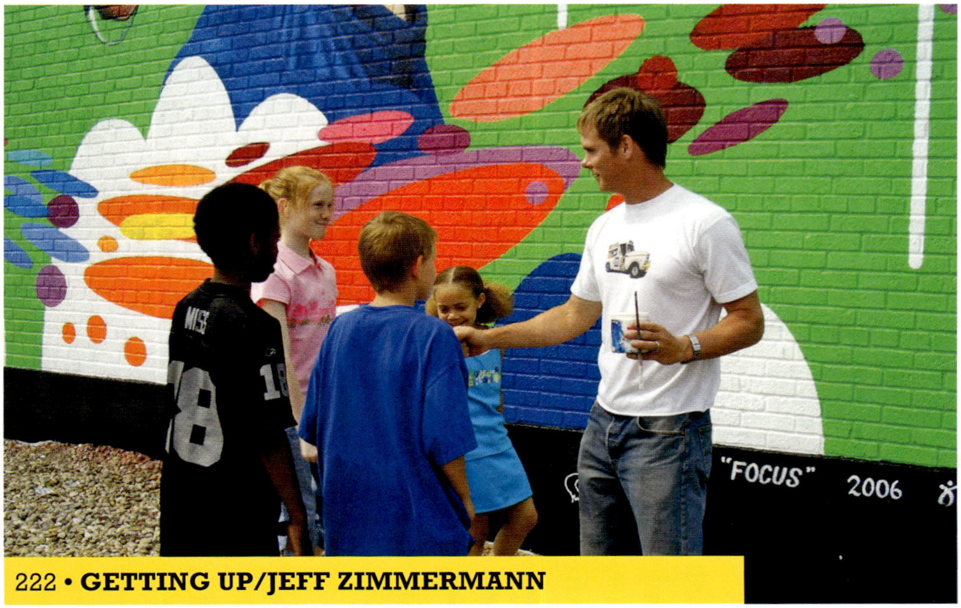

"FOCUS" 2006

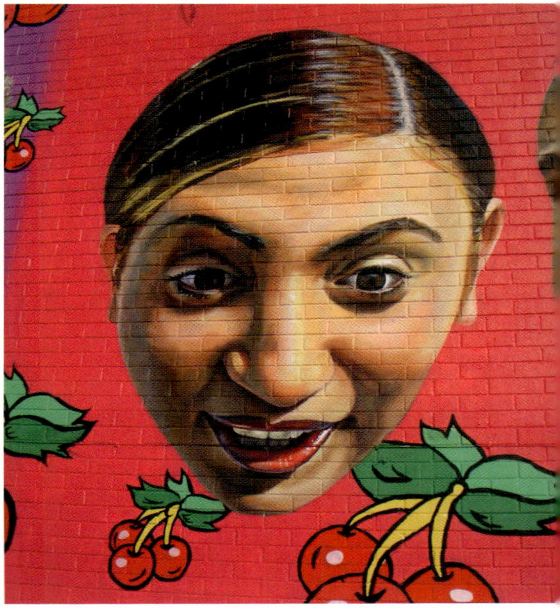

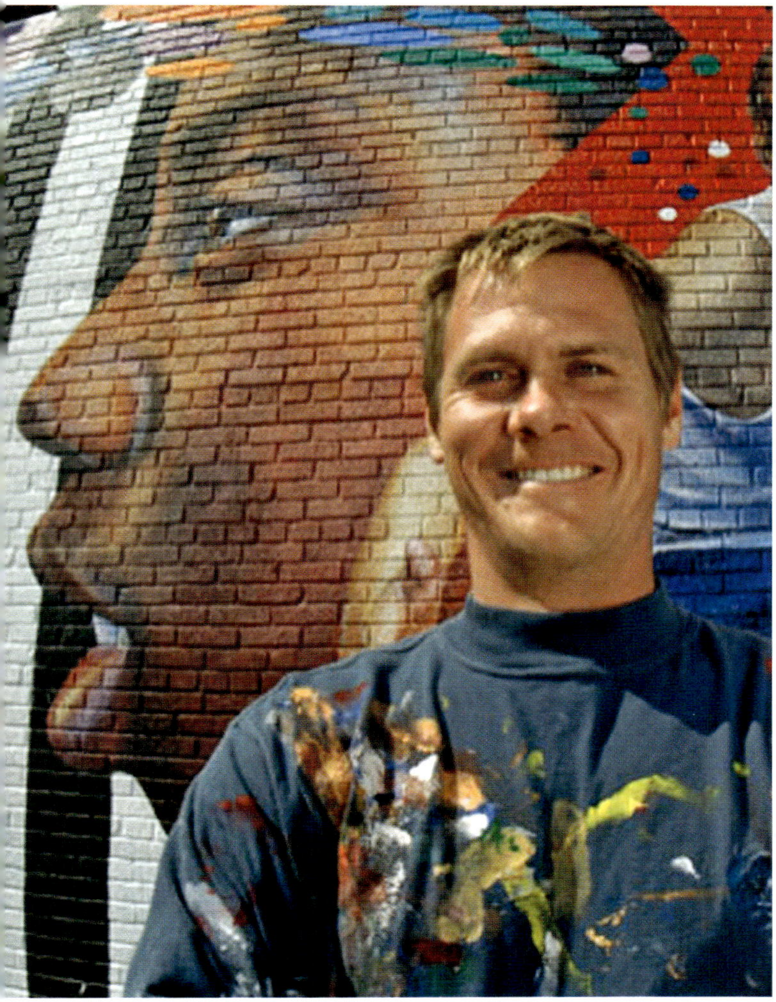

Jeff Zimmermann, ein Künstler aus Chicago, kam zu seinem ersten Wandbild, als er einen Auftrag annahm, den andere Künstler ablehnten: das Bildnis der Jungfrau von Guadalupe für einen ortsansässigen Pastor. Dies war im Jahr 1996 und bis dahin hatten nur wenige Freunde seine Werke zu Gesicht bekommen. Nun wurde sein Wandbild von Tausenden von Menschen gesehen. Er war auf dem richtigen Weg, doch es sollte sich als schwierig herausstellen, bemalbare Wände zu finden.

«Geeignete Wände zu finden kann dein Selbstbewusstsein ruinieren», sagt er. «Viele Leute denken einfach, das ist nur eine Masche. Als würdest du darauf warten, von der Leiter zu fallen und zu klagen. Da ich zu den Leuten und nicht sie zu mir kommen, erlebe ich häufig Ablehnung. Du musst die Leute davon überzeugen, dass sie ein Stück öffentlicher Kunst auf ihrem Anwesen brauchen und dass sie dafür viel Geld zahlen müssen. Das fällt leichter, wenn du detailliert beschreibst, wie viel Arbeit dahinter steckt, ihnen die Qualität vergangener Projekte zeigst und ihnen erklärst, dass die Arbeit ungefähr 20 Jahre lang halten wird. Dividiert man die Ausgaben dann durch 20, ist es kein schlechtes Geschäft. Mein Rat: Vergeudet eure Zeit nicht mit Projekten, die von der Entscheidung einer Gruppe abhängen. Findet die Entscheidungsträger und verhandelt mit ihnen alleine.»

Jeff ist weiß, doch da weiße Menschen am liebsten weiße Mauern haben, fand Jeff in von farbigen Menschen bewohnten Gebieten weit mehr Zuspruch. «In Chicago sind die meisten meiner Arbeiten in Stadtteilen zu finden, die von Latinos bewohnt sind. Ich schuf auch einige Bilder in anderen Ländern wie in Honduras, Puerto Rico, Peru und Kenia.»

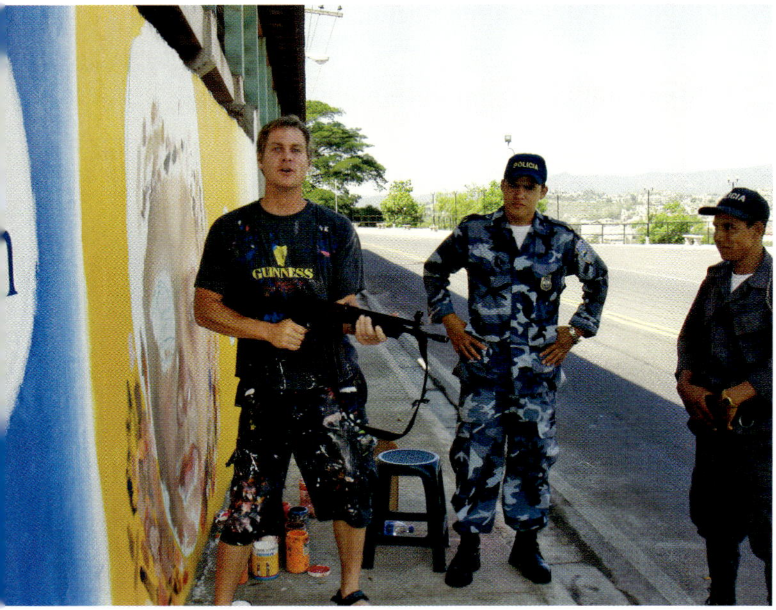

Da Wandbilder öffentliche Kunstwerke sind, wird die Motivwahl häufig zu einem öffentlichen Prozess. «Ich sehe mich gerne in der Umgebung um und treffe Menschen», sagt Jeff. «Wenn du das oft tust, kommst du mit Anwohnern ins Gespräch. Dann musst du sie davon überzeugen, für ein paar Fotos zu posieren. Die Leute, die die besten Fotomodelle sind, mit dem meisten Gefühl, Ausdruck etc. werden in die Arbeit mit eingebunden.»

«Meine Malereien sind nicht immer als Wandbilder zu verstehen», fährt Jeff fort. Diese zeigen oft das stumpfsinnige Bild von Regenbögen und Händen, die sich über einer Weltkugel halten. Natürlich «kann eine Person vorbeispazieren, nach rechts und links blicken und am Ende zu dem Schluss kommen, das Bild nicht zu verstehen. Es ist ja schließlich keine Reklametafel. Vielleicht fällt dir erst beim 20. Mal etwas daran auf und du verstehst etwas. Ist das nicht erstrebenswerter?»

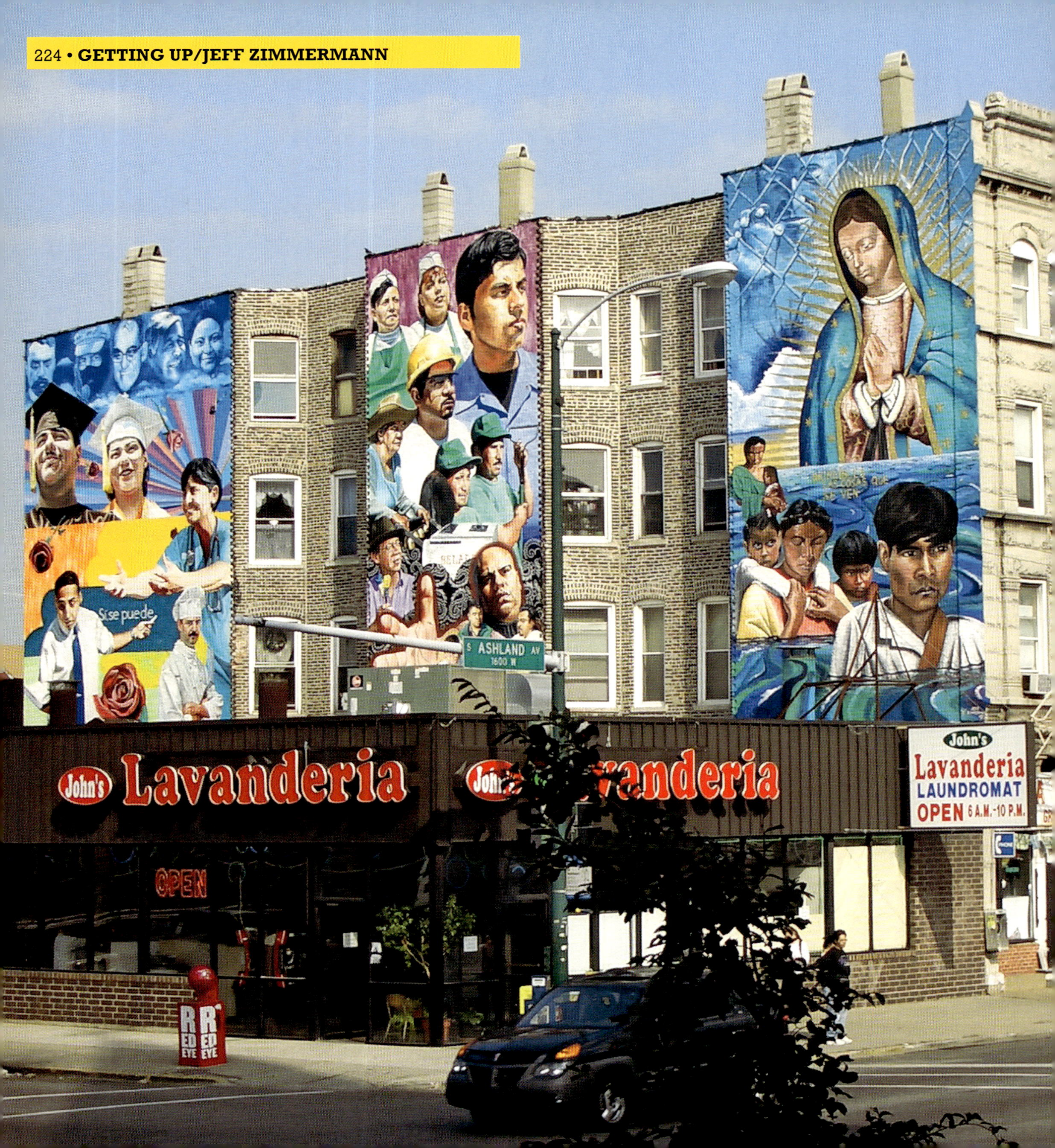
Sí se puede
S ASHLAND AV
1600 W
John's Lavanderia
John's
Lavanderia
LAUNDROMAT
OPEN 6 A.M.-10 P.M.
OPEN
RED EYE

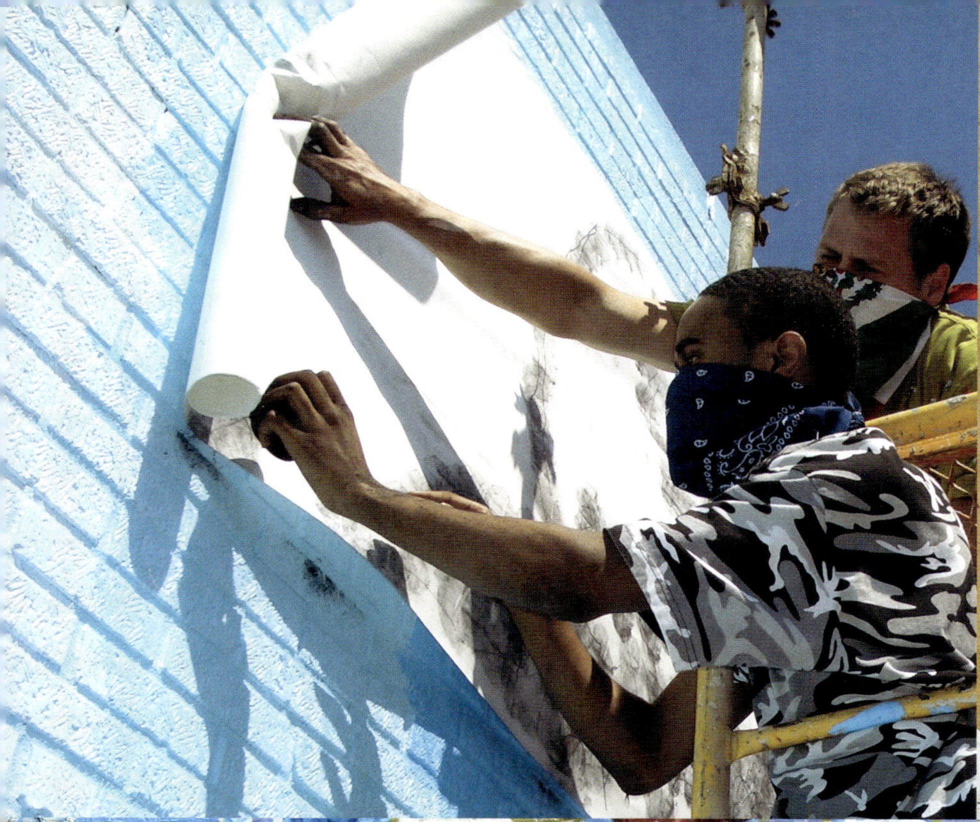

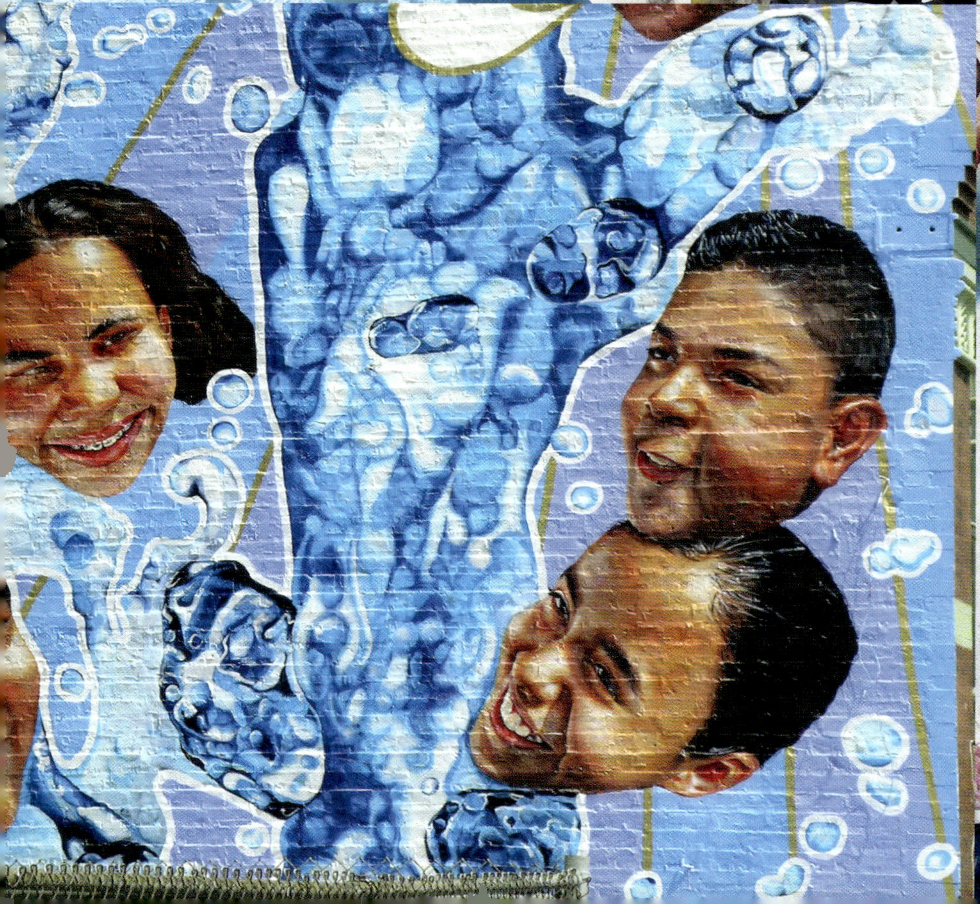

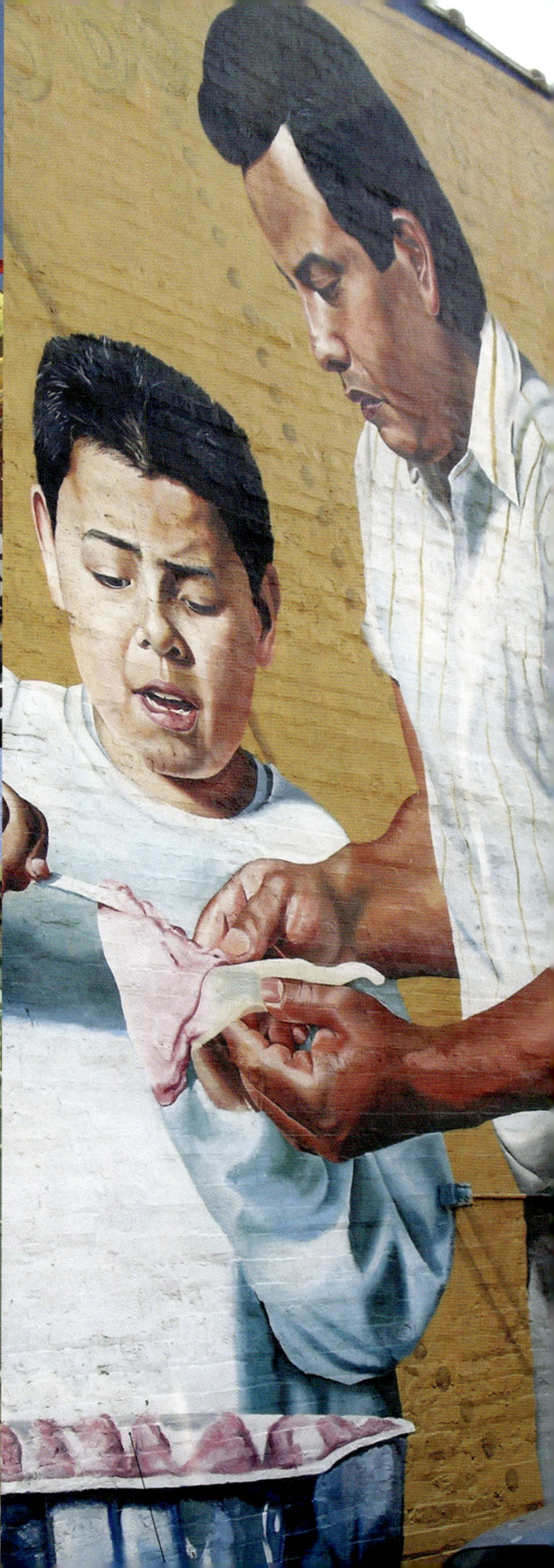

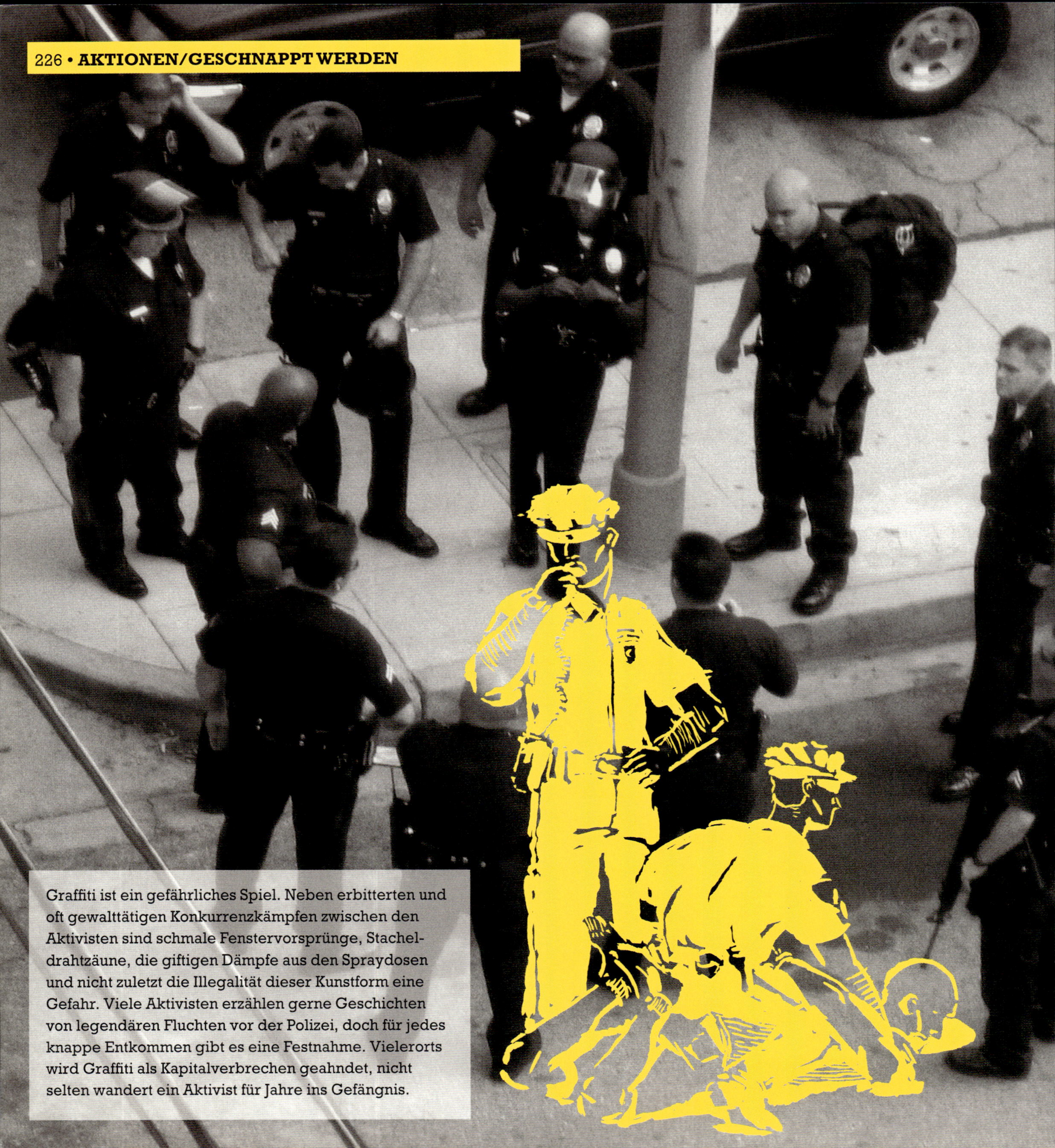

Graffiti ist ein gefährliches Spiel. Neben erbitterten und oft gewalttätigen Konkurrenzkämpfen zwischen den Aktivisten sind schmale Fenstervorsprünge, Stacheldrahtzäune, die giftigen Dämpfe aus den Spraydosen und nicht zuletzt die Illegalität dieser Kunstform eine Gefahr. Viele Aktivisten erzählen gerne Geschichten von legendären Fluchten vor der Polizei, doch für jedes knappe Entkommen gibt es eine Festnahme. Vielerorts wird Graffiti als Kapitalverbrechen geahndet, nicht selten wandert ein Aktivist für Jahre ins Gefängnis.

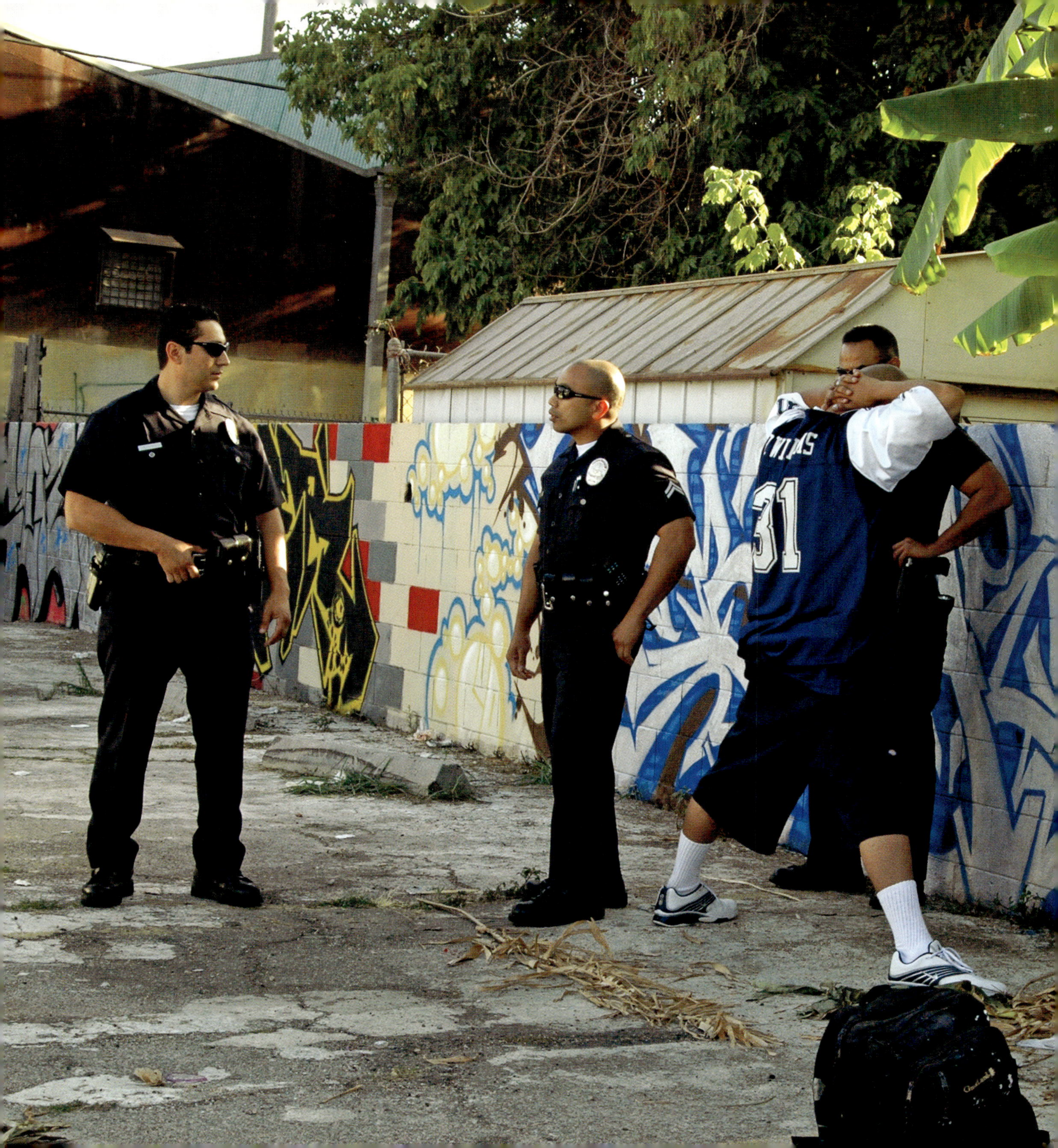
31

• INSPIRATION

Straßenkultur lässt sich von allem inspirieren, was in unserer Umgebung zu finden ist, dem flüchtigen Blick oft verborgen. Überraschende Gegenstände, Volkskunst, all die Plätze und Räume, die nach kreativer Gestaltung schreien, bringen neue Ideen.

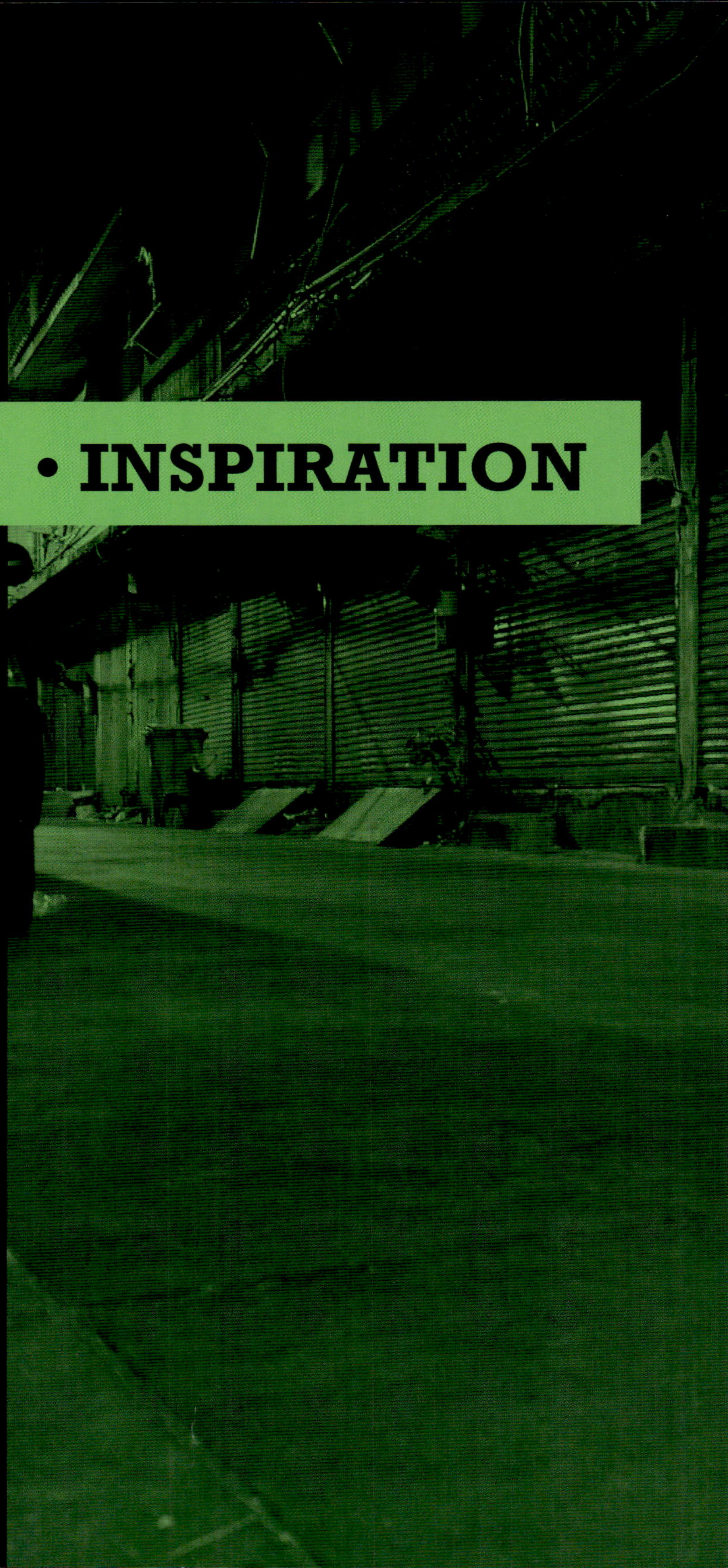

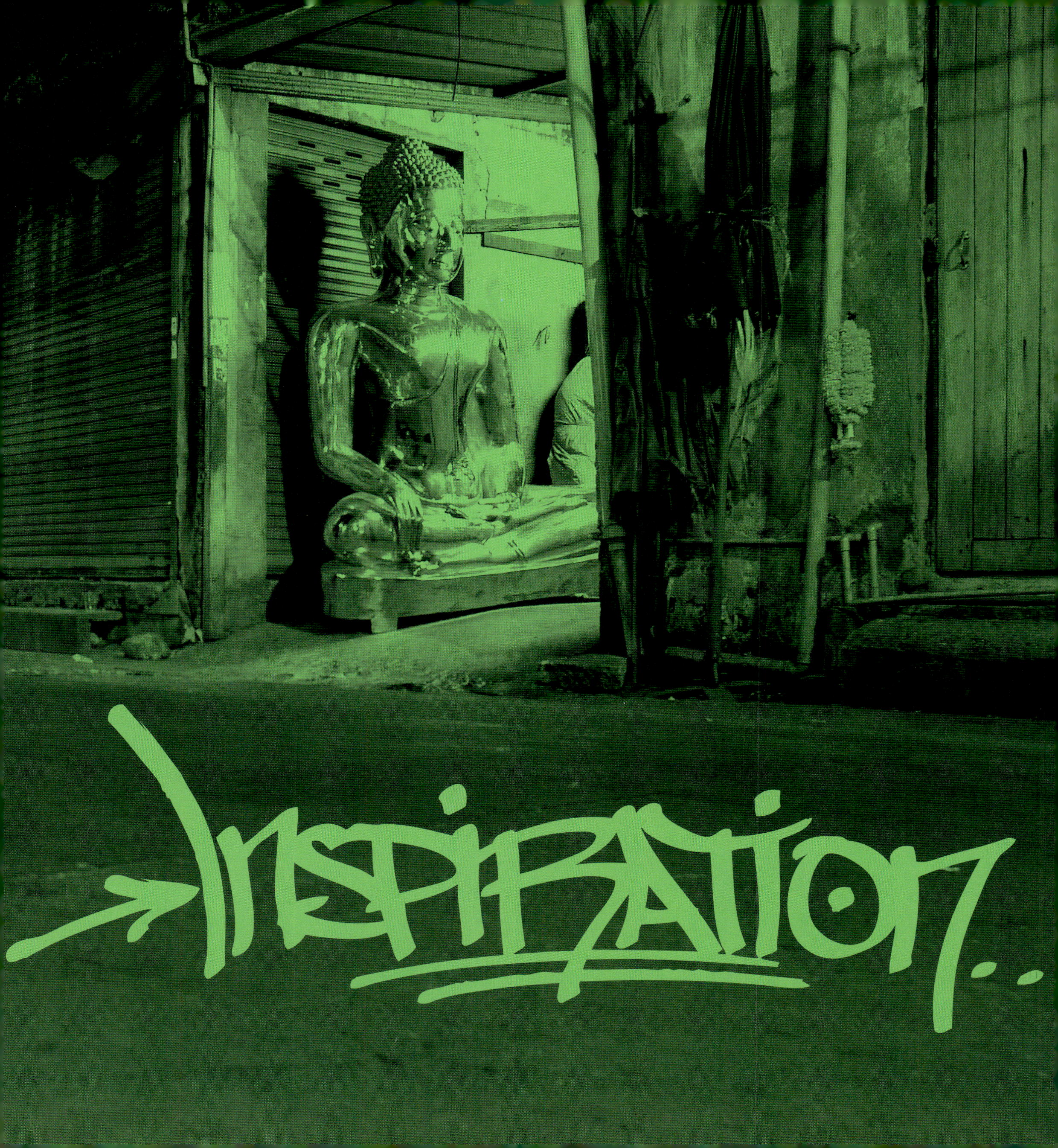
Inspiration..

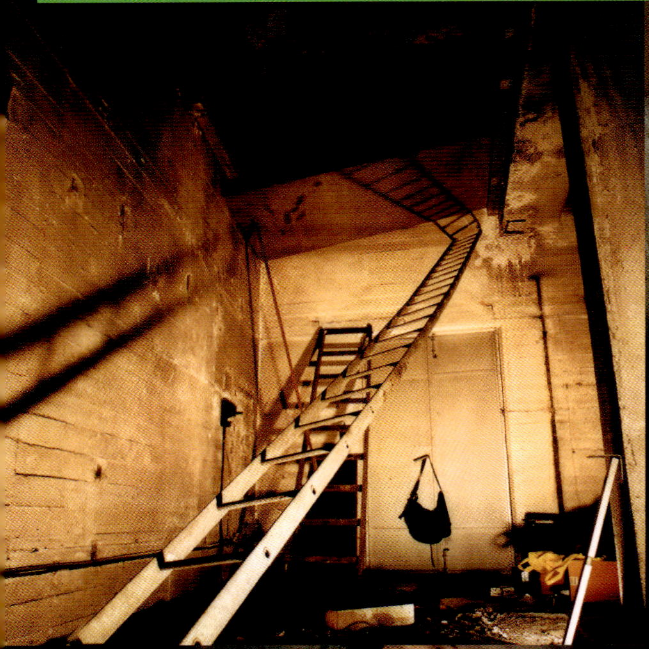

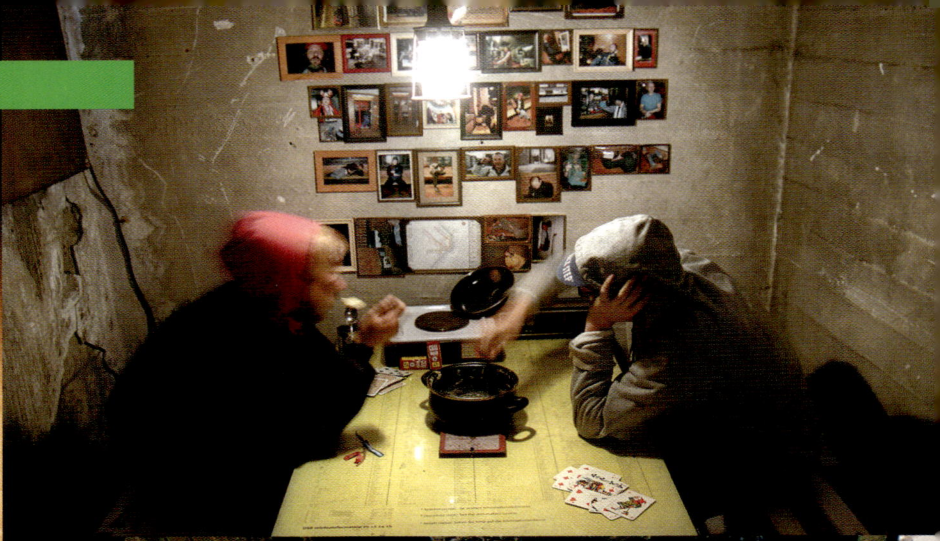

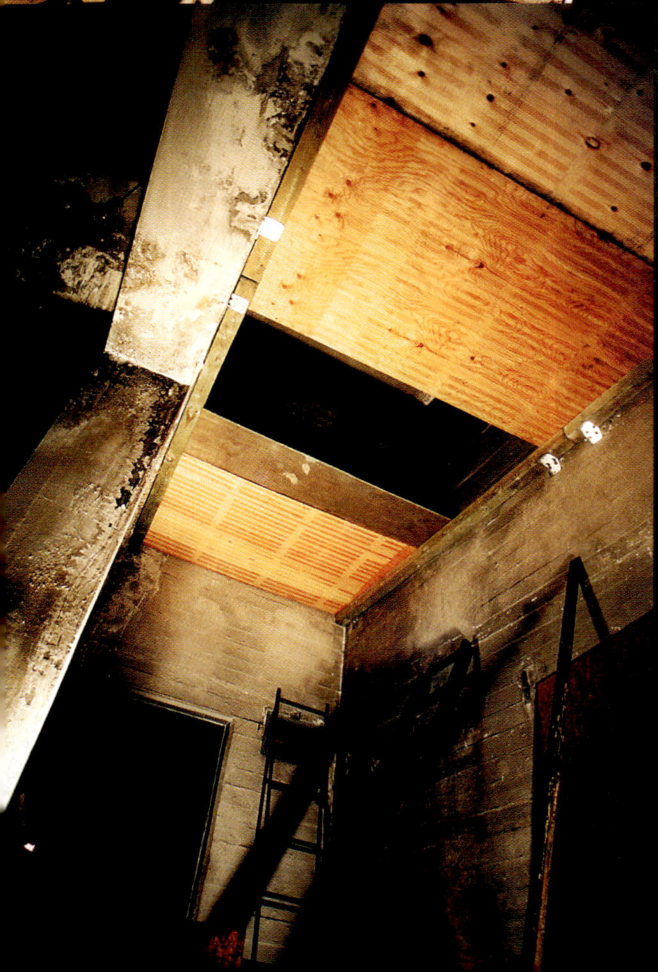

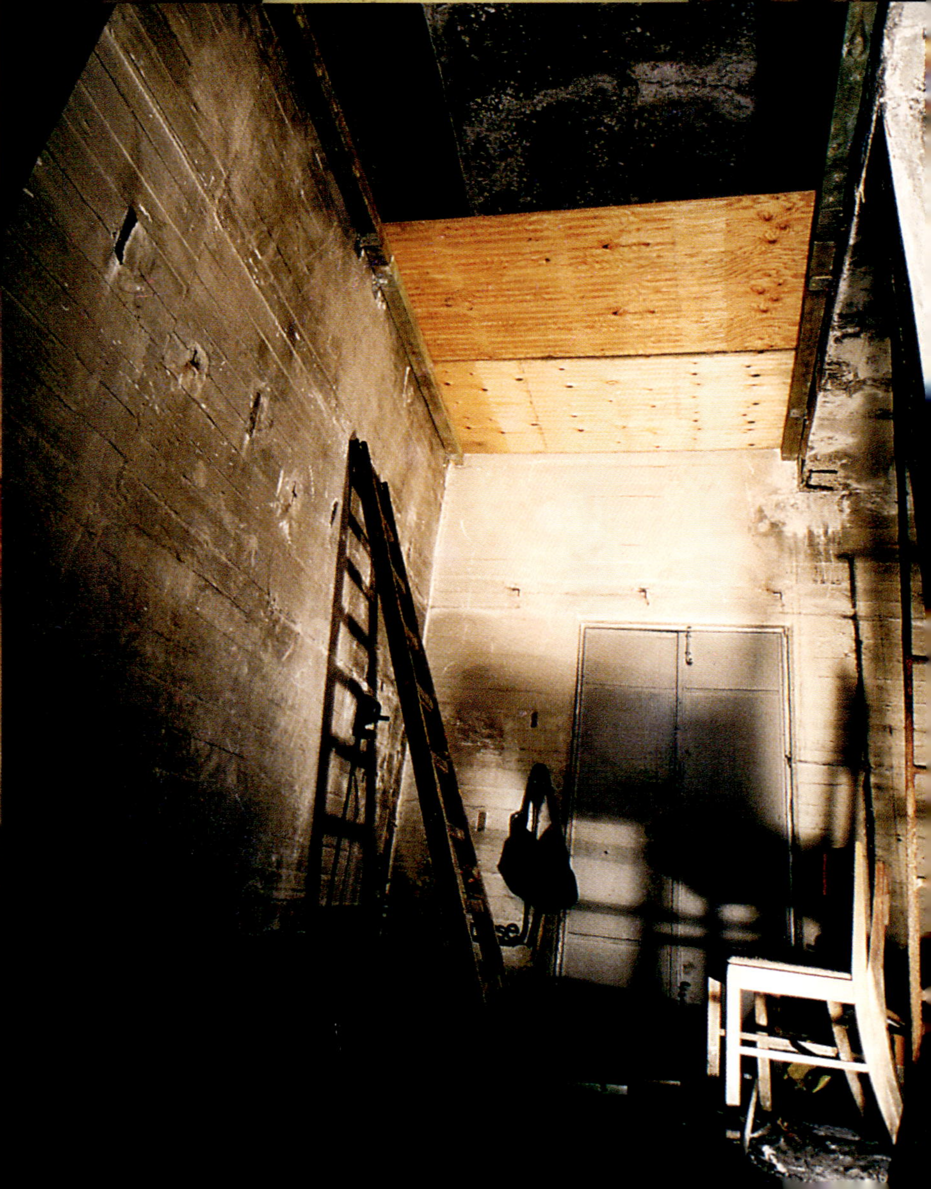

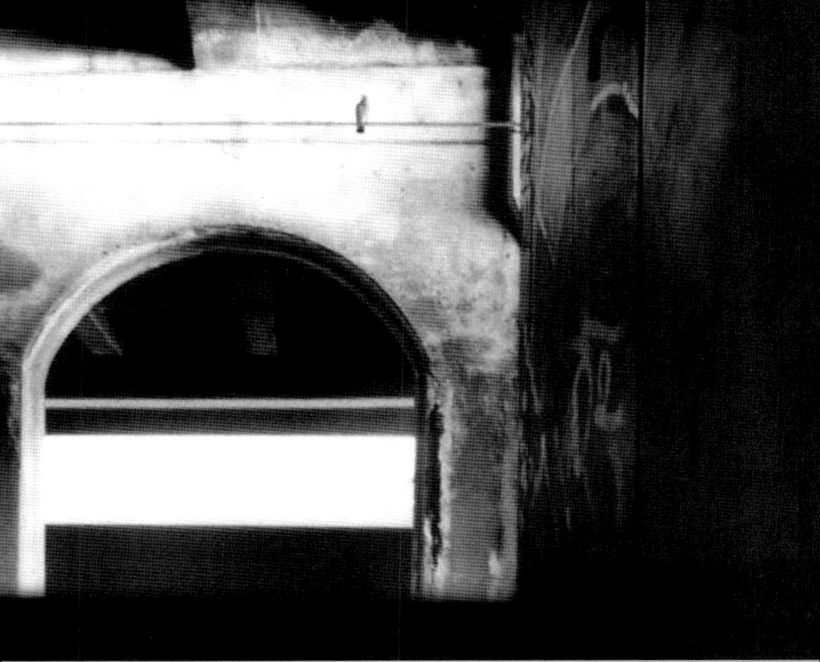

Diese unterirdische Wohnung namens Clandestine Loft wurde in einem unbenutzten Gang der Kopenhagener U-Bahn in der Nähe der Central Station errichtet. Anfang 2003 entdeckten der schwedische Künstler Adams und der dänische Künstler Itso den Durchlass auf der Suche nach einem Heim. Sie teilten den sechs Meter hohen Raum in zwei Ebenen. Als Einrichtung dienten Hängematten aus gefundenen Postsäcken und Stühle aus Zugbeschilderungen und Holzstücken. Um unentdeckt zu bleiben, kleideten sie sich wie Schienenarbeiter. Ein sehr langes Verlängerungskabel, das bis zur Hauptstation reichte, diente der Stromversorgung eines kleinen Kühlschranks, eines Ofens, einer Mikrowelle und einer Lampe. An der Wand hingen gerahmte Fotografien von neuen Freunden, die in der Central Station herumlungerten. Im Februar 2007 wurde die Wohnung von Schienenarbeitern entdeckt und zerstört.

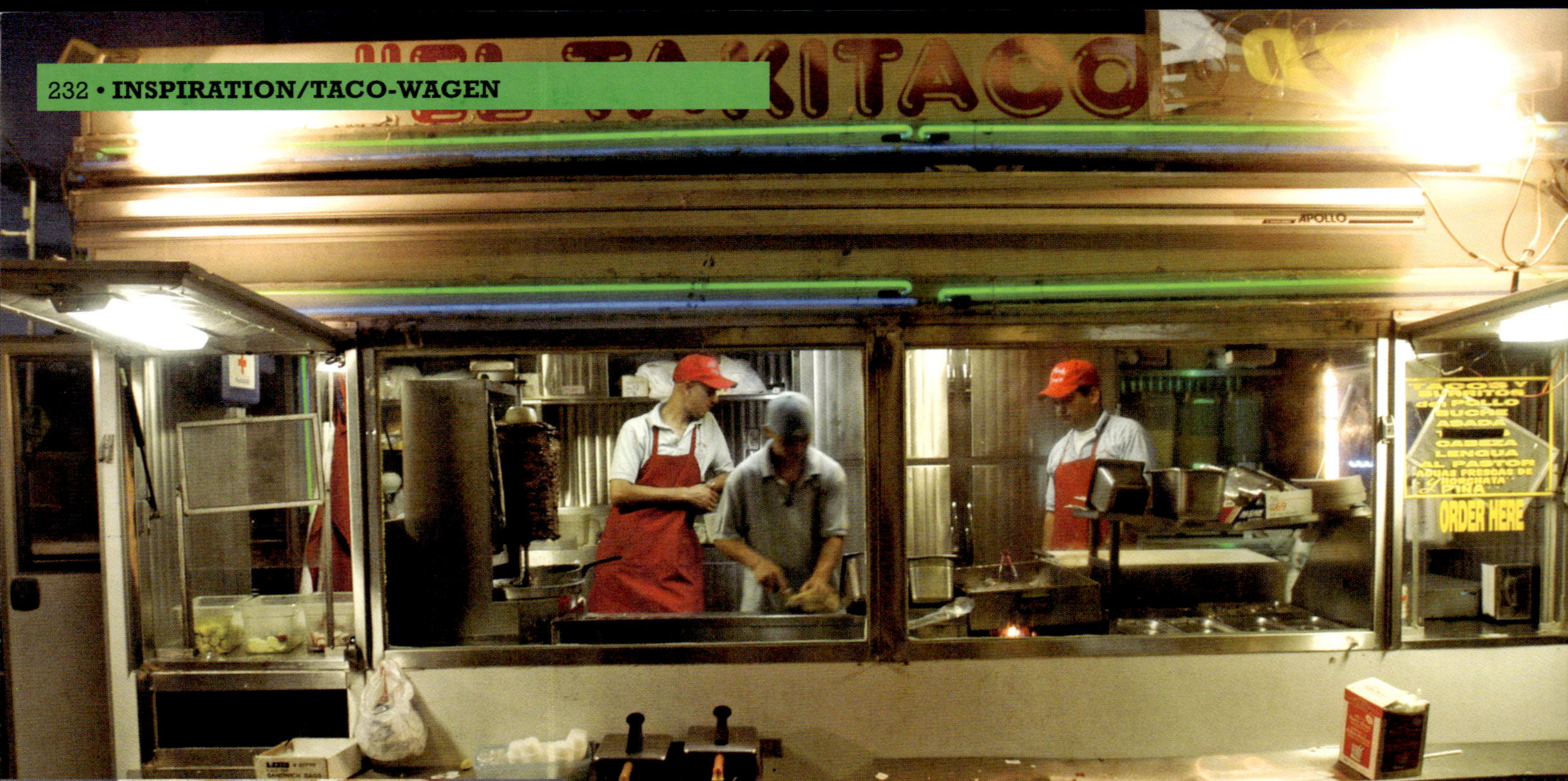
ORDER HERE
TACOS JALISCO
5959 MAYWOOD AVE.

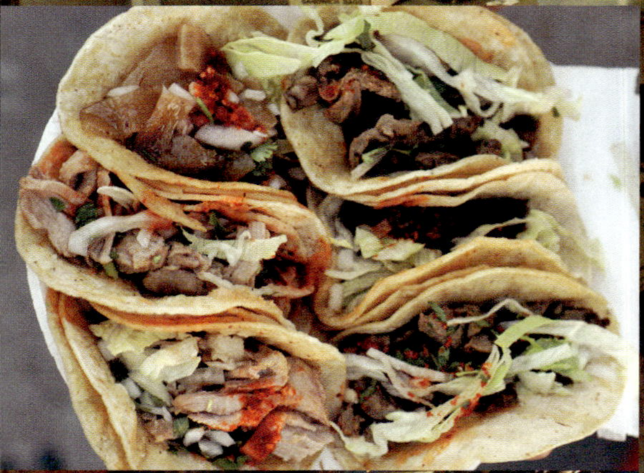

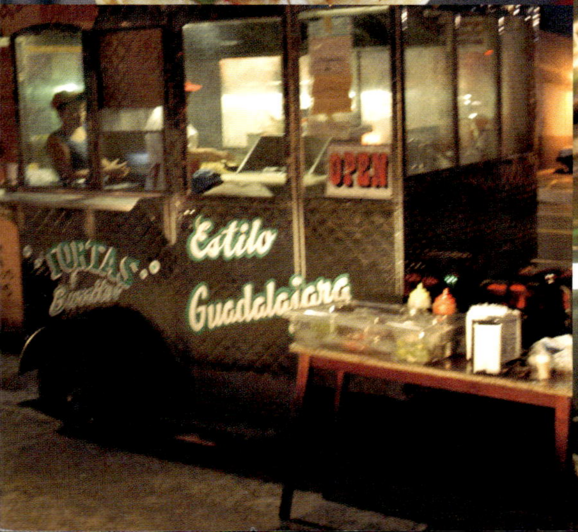
OPEN
Estilo
Guadalajara

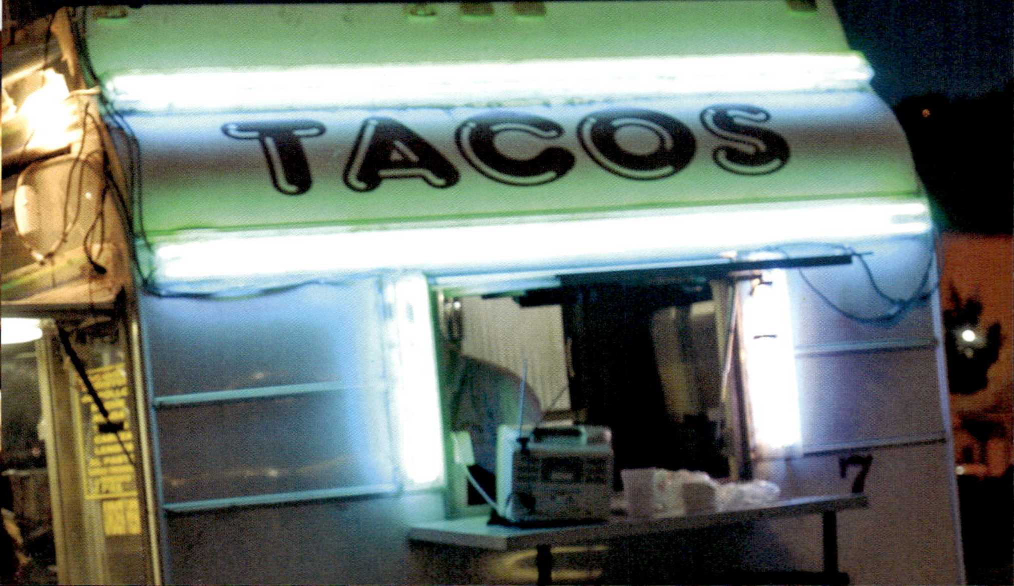
TACOS

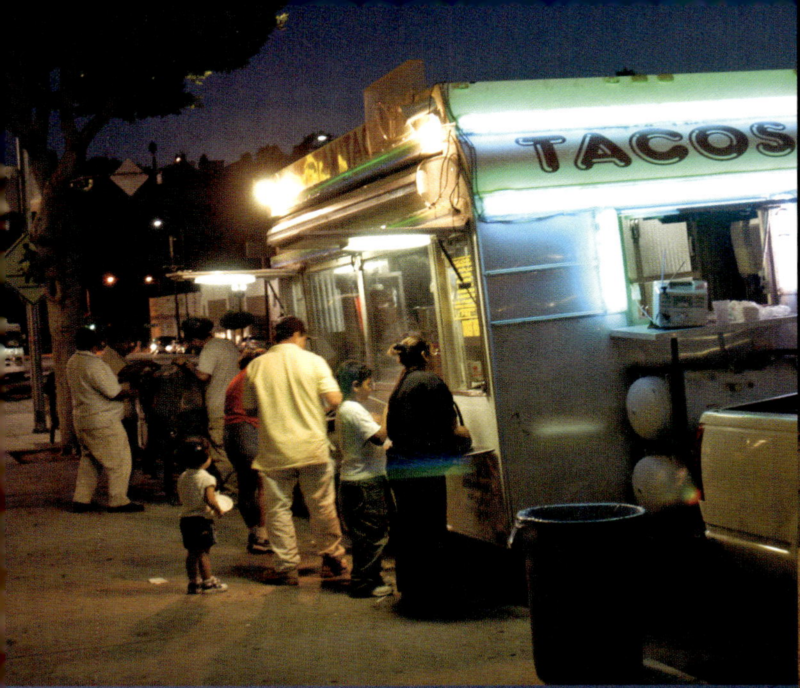

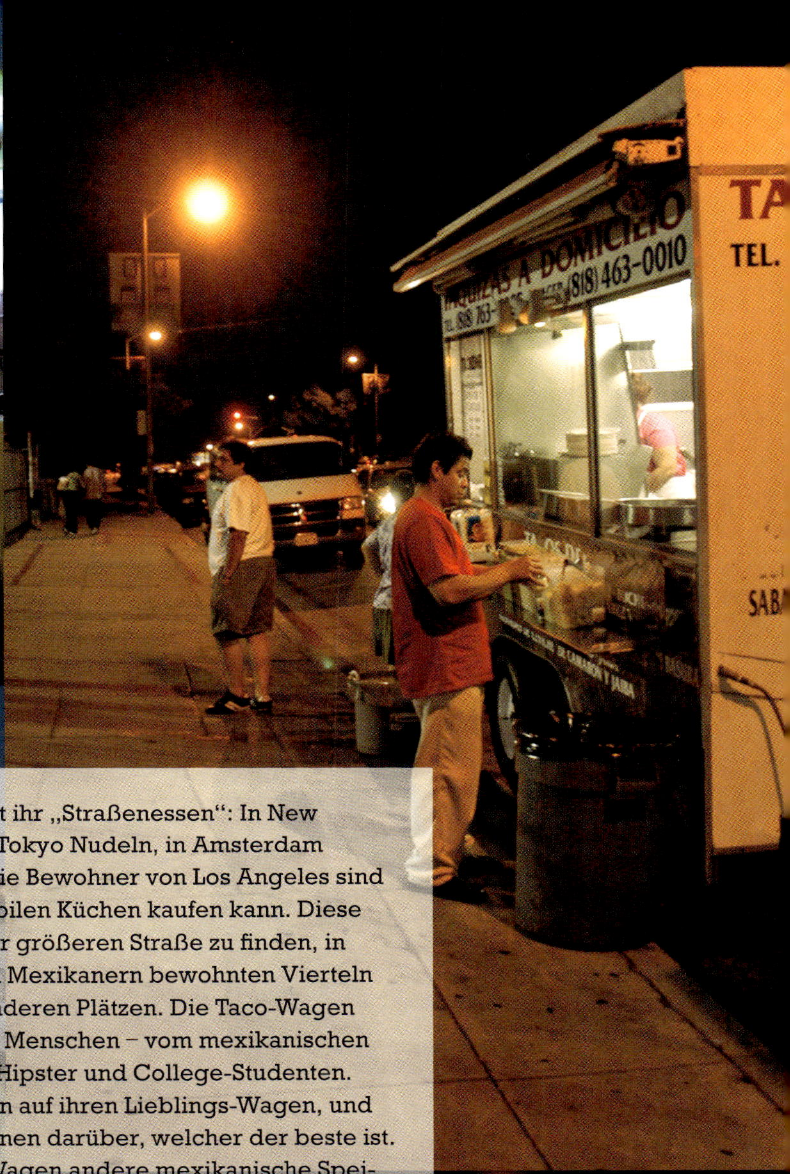

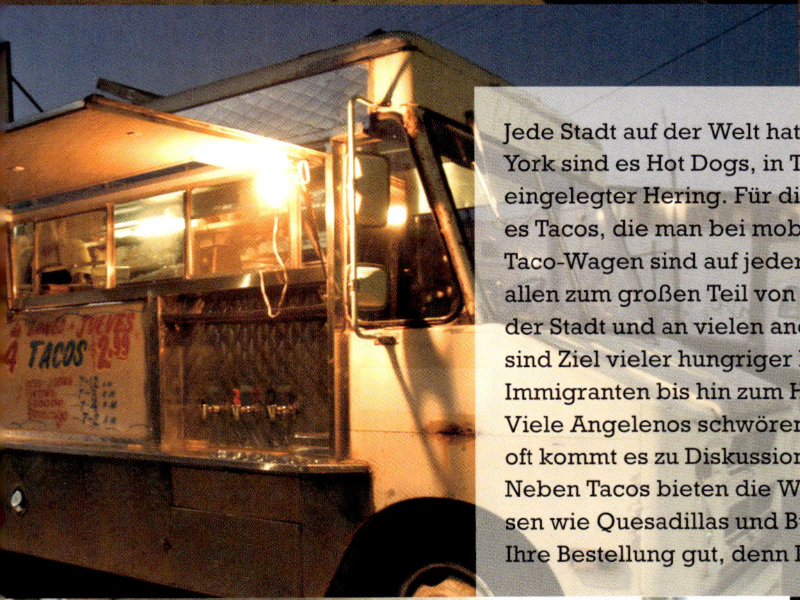

Jede Stadt auf der Welt hat ihr „Straßenessen“: In New York sind es Hot Dogs, in Tokyo Nudeln, in Amsterdam eingelegter Hering. Für die Bewohner von Los Angeles sind es Tacos, die man bei mobilen Küchen kaufen kann. Diese Taco-Wagen sind auf jeder größeren Straße zu finden, in allen zum großen Teil von Mexikanern bewohnten Vierteln der Stadt und an vielen anderen Plätzen. Die Taco-Wagen sind Ziel vieler hungriger Menschen – vom mexikanischen Immigranten bis hin zum Hipster und College-Studenten. Viele Angelenos schwören auf ihren Lieblings-Wagen, und oft kommt es zu Diskussionen darüber, welcher der beste ist. Neben Tacos bieten die Wagen andere mexikanische Speisen wie Quesadillas und Burritos an. Doch überlegen Sie Ihre Bestellung gut, denn L.A. ist die Taco-Stadt schlechthin.

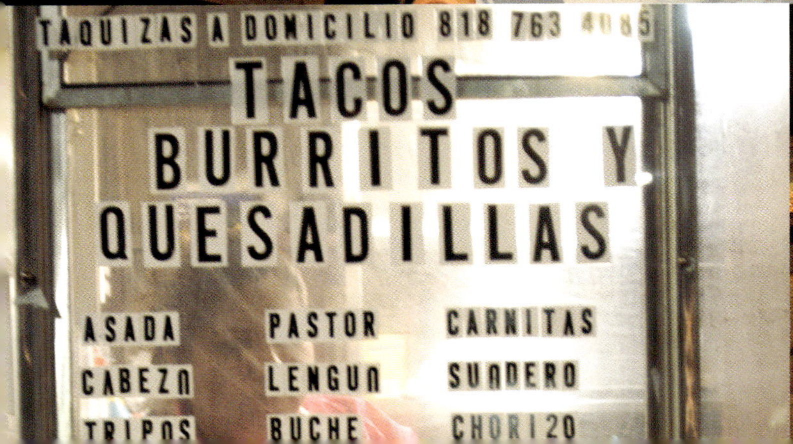

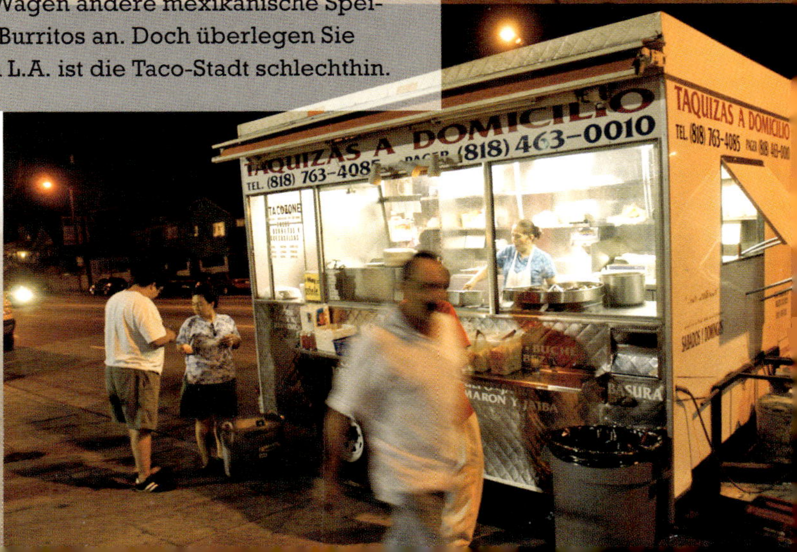

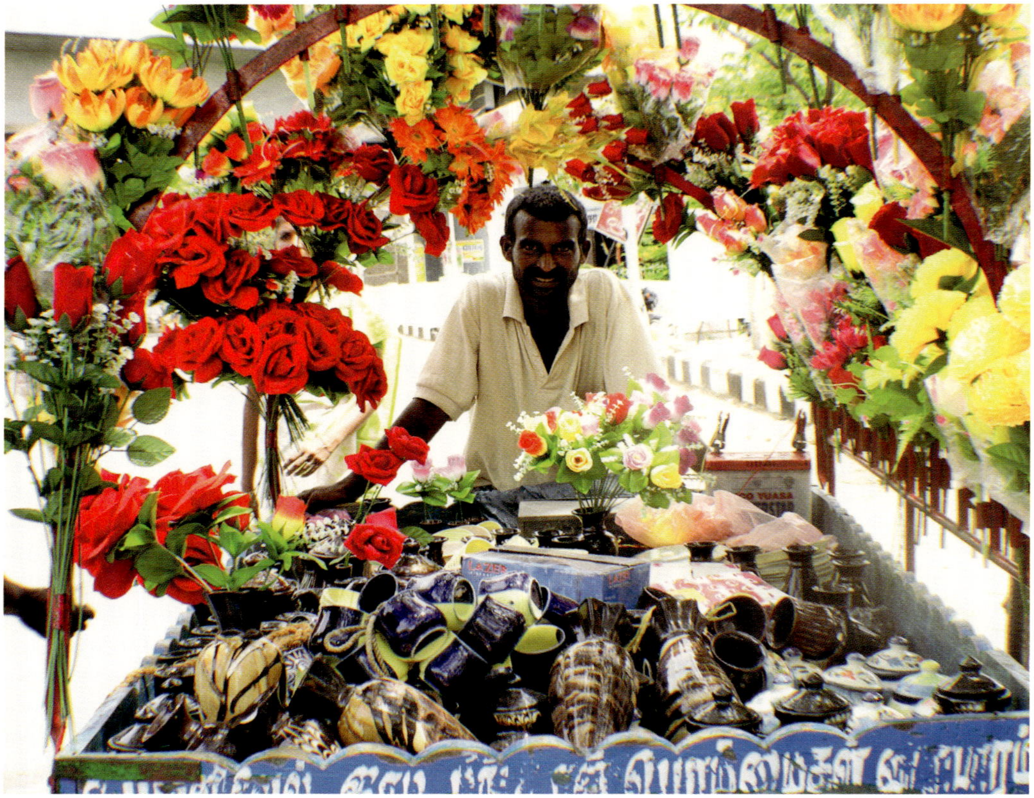

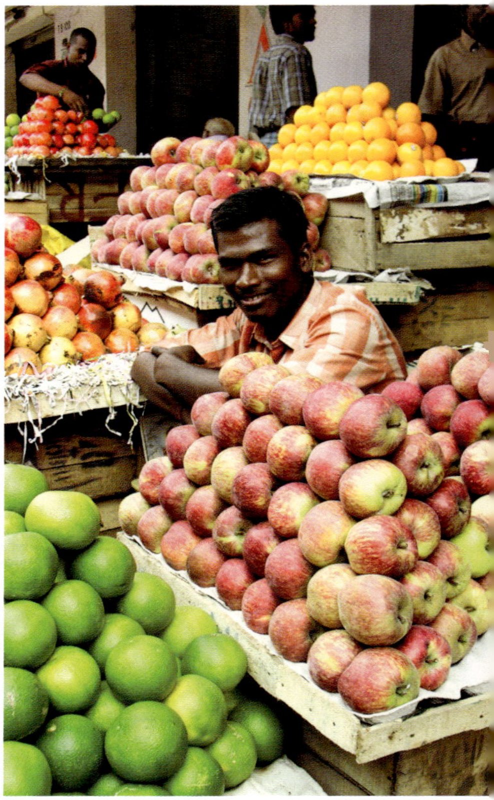

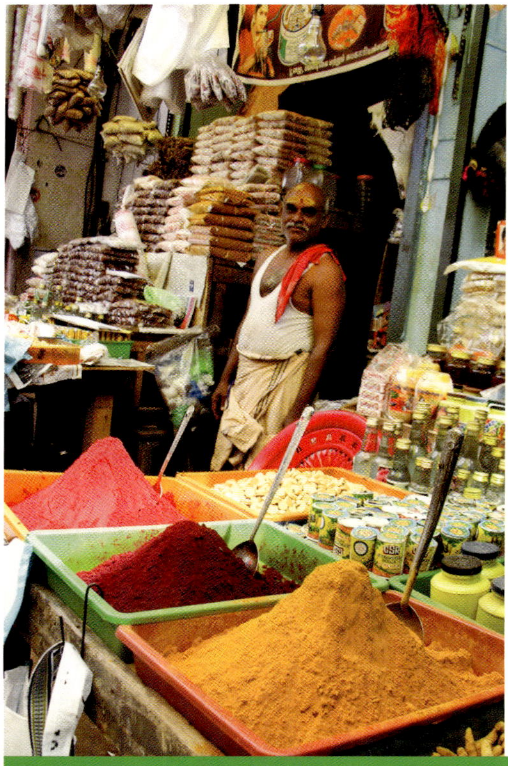

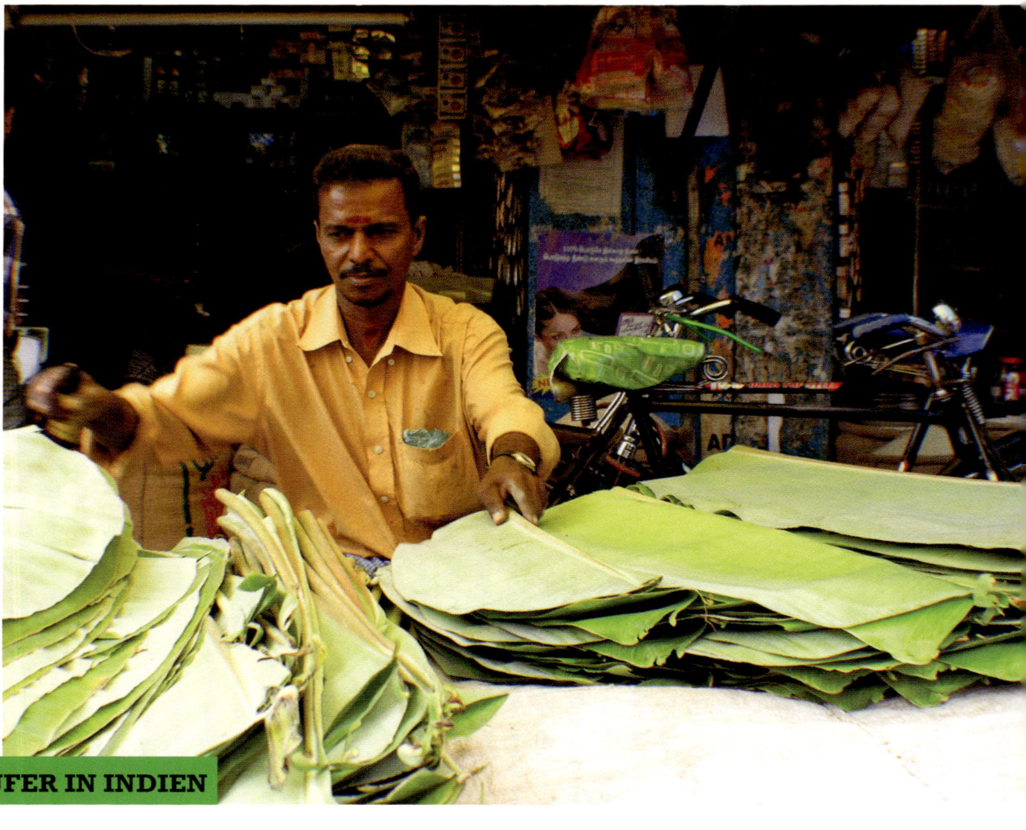

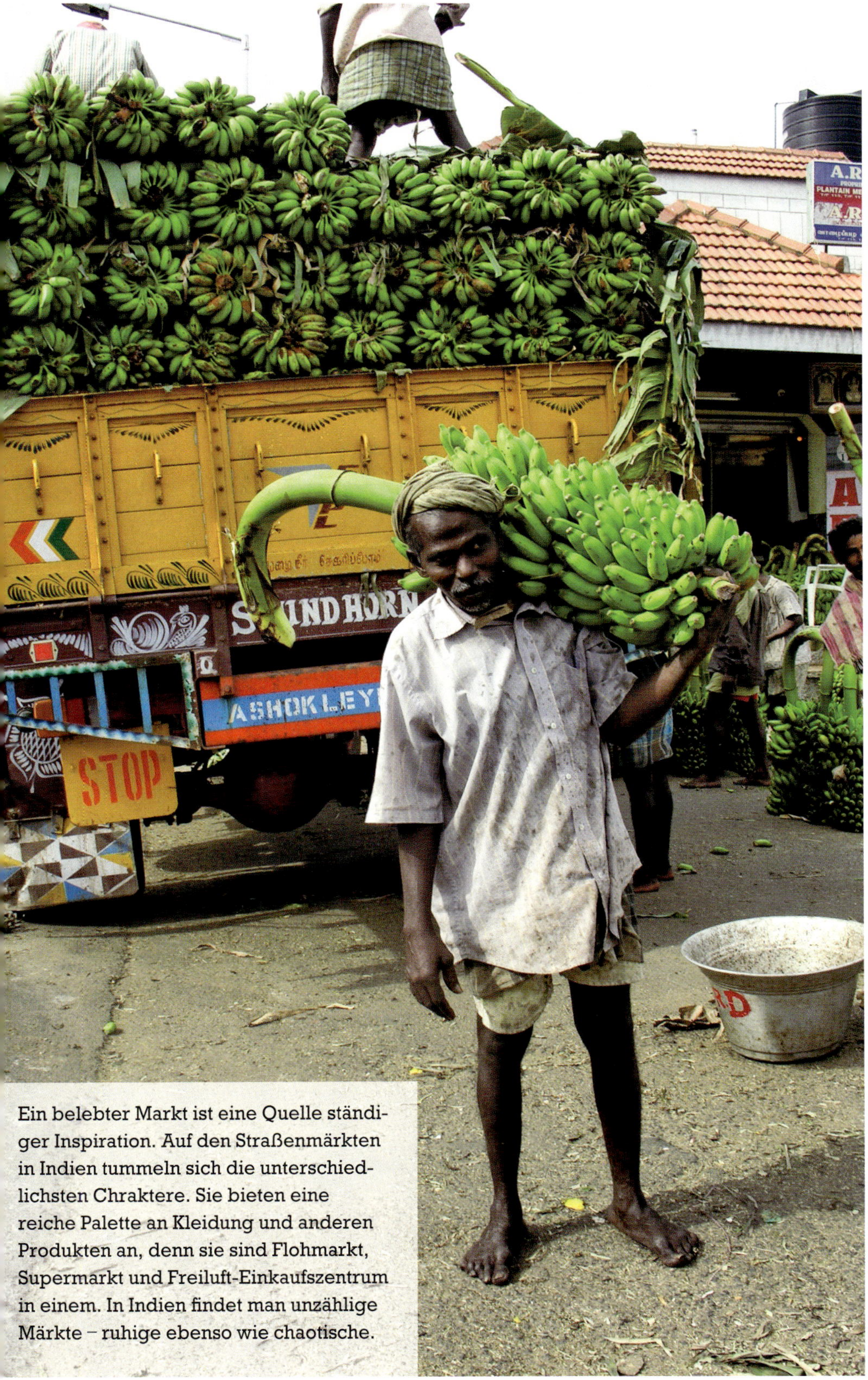

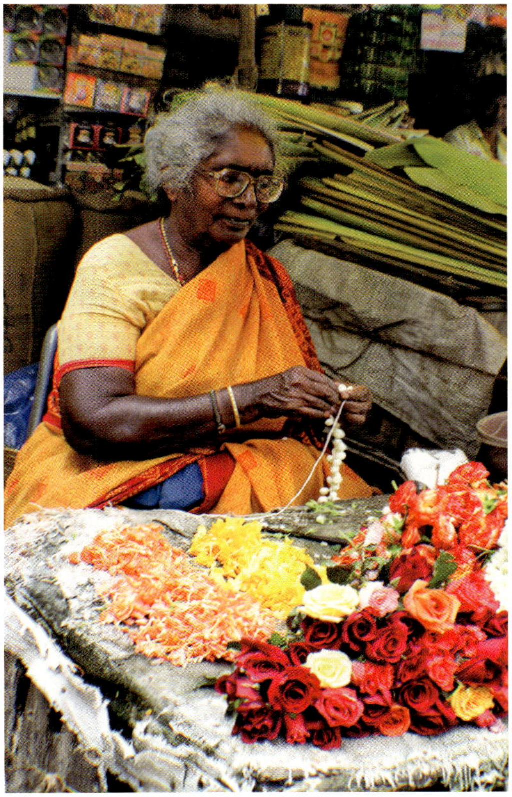

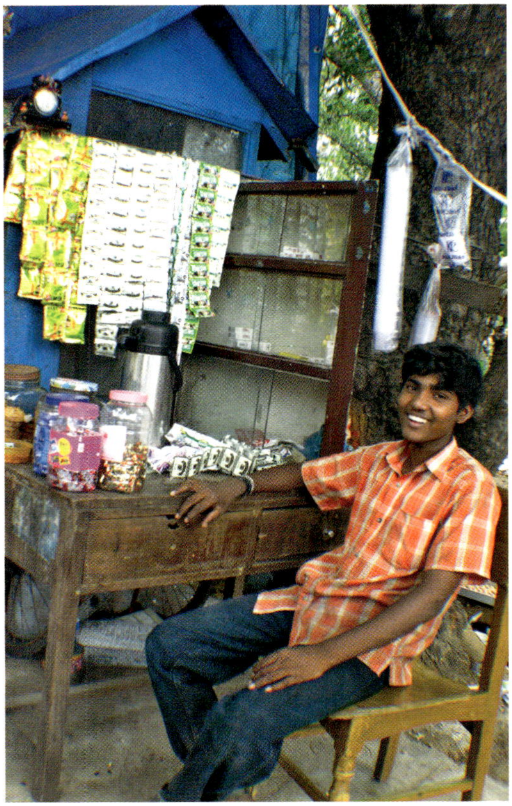

Ein belebter Markt ist eine Quelle ständiger Inspiration. Auf den Straßenmärkten in Indien tummeln sich die unterschiedlichsten Chraktere. Sie bieten eine reiche Palette an Kleidung und anderen Produkten an, denn sie sind Flohmarkt, Supermarkt und Freiluft-Einkaufszentrum in einem. In Indien findet man unzählige Märkte – ruhige ebenso wie chaotische.

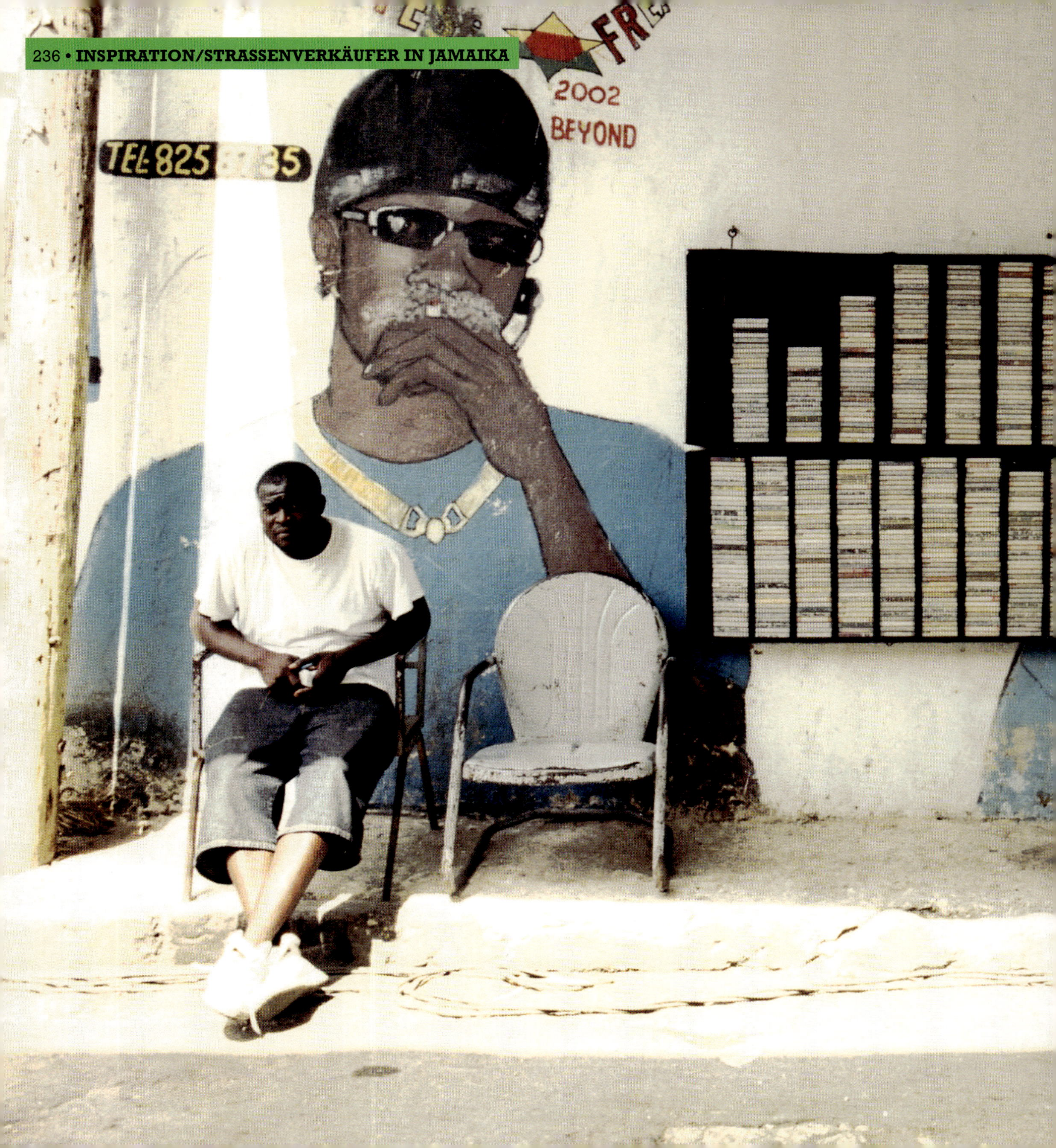
2002
BEYOND

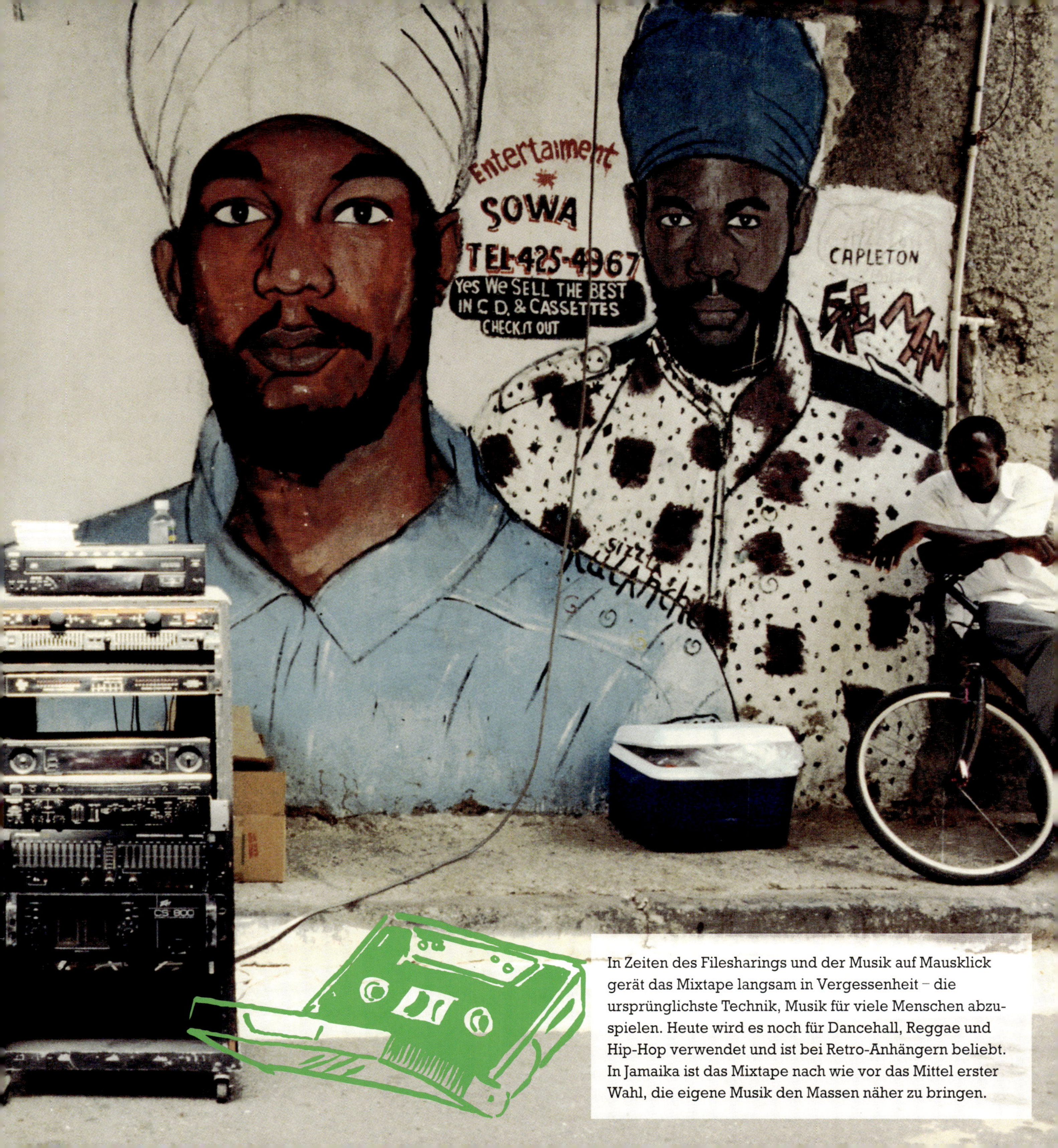

In Zeiten des Filesharings und der Musik auf Mausklick gerät das Mixtape langsam in Vergessenheit – die ursprünglichste Technik, Musik für viele Menschen abzuspielen. Heute wird es noch für Dancehall, Reggae und Hip-Hop verwendet und ist bei Retro-Anhängern beliebt. In Jamaika ist das Mixtape nach wie vor das Mittel erster Wahl, die eigene Musik den Massen näher zu bringen.

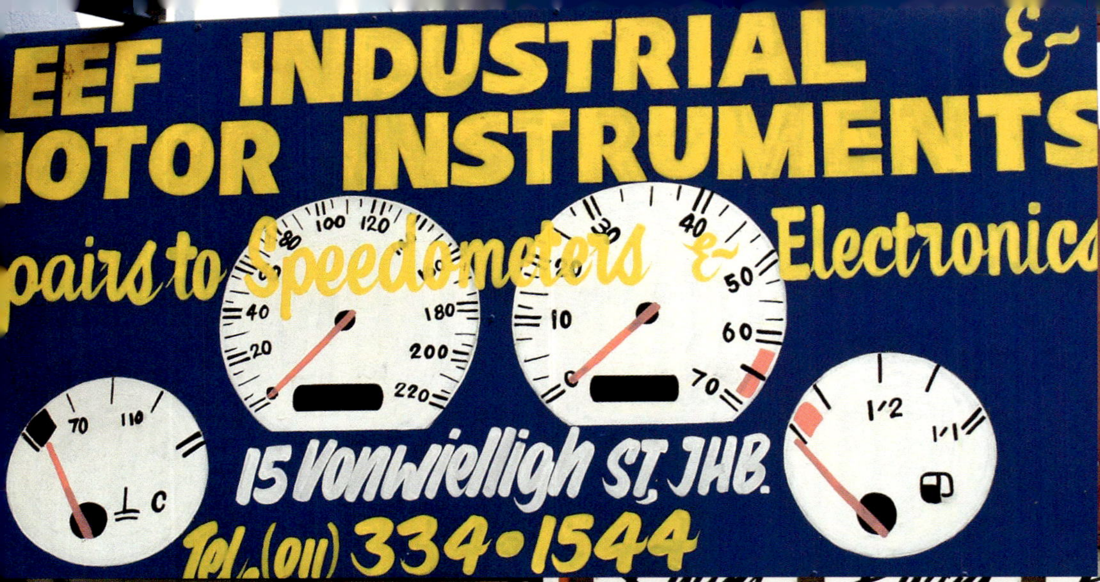
EEF INDUSTRIAL &
OTOR INSTRUMENTS
pairs to Speedometers & Electronic
15 Vonwielligh ST, JHB.
Tel. (011) 334•1544
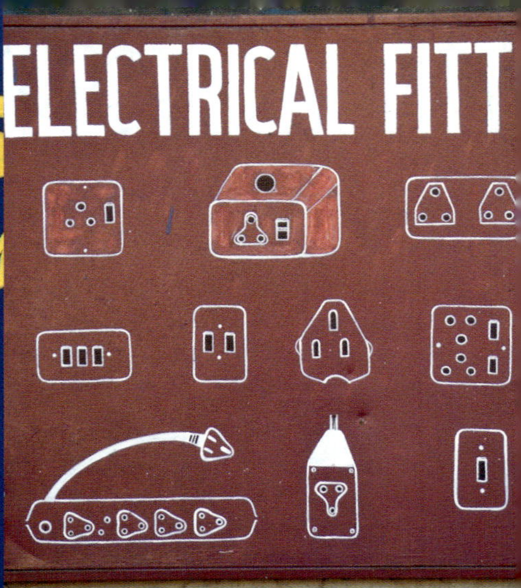
ELECTRICAL FITT
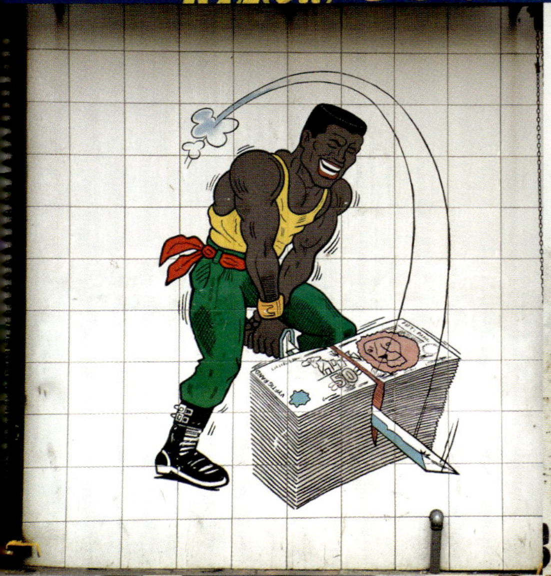
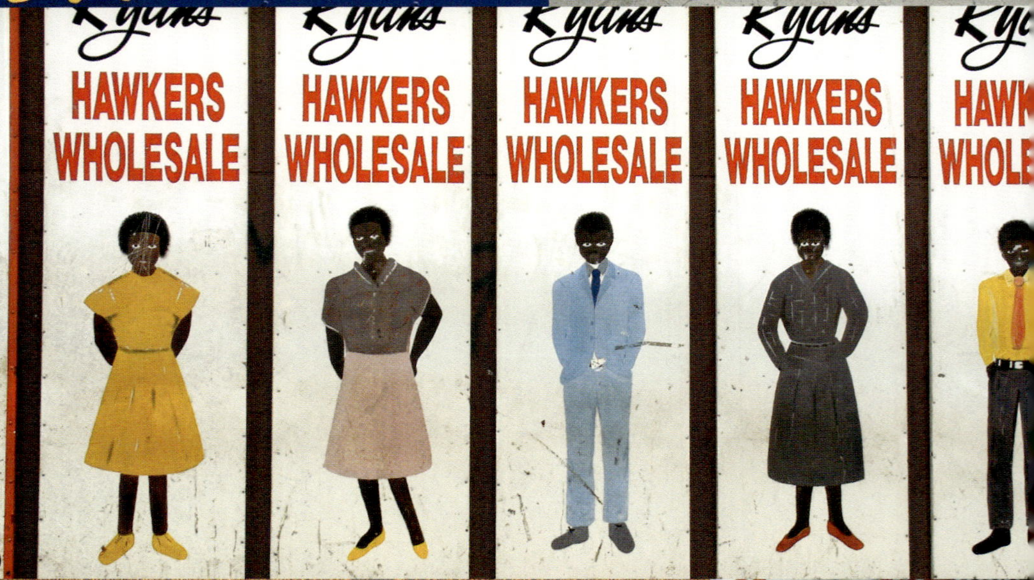
HAWKERS
WHOLESALE
HAWKERS
WHOLESALE
HAWKERS
WHOLESALE
HAWKERS
WHOLESALE
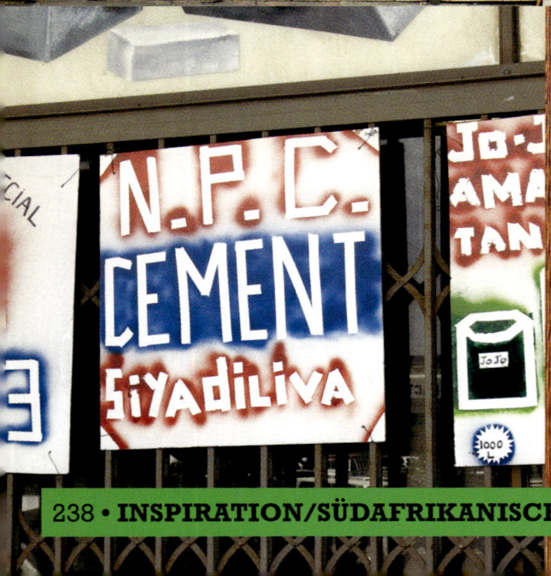
N.P.C.
CEMENT
Siyadiliva
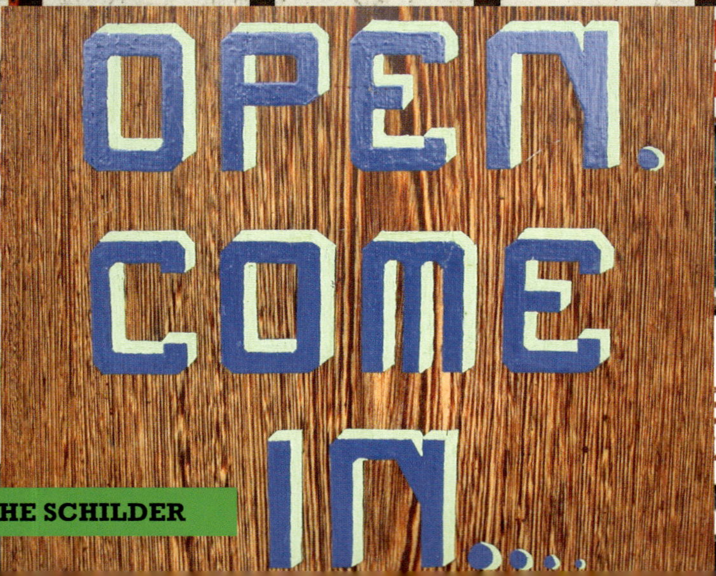
OPEN.
COME
IN...
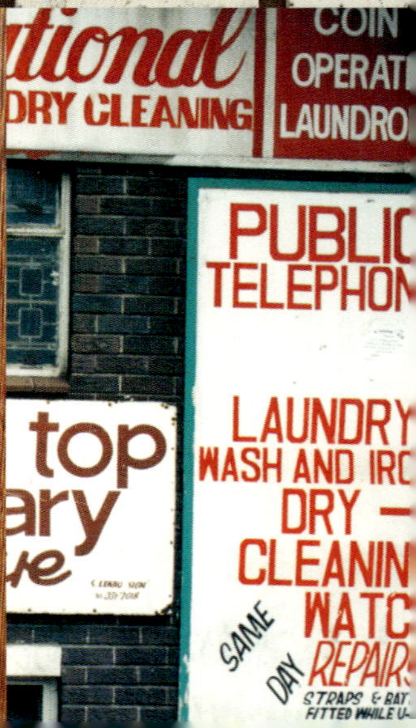
DRY CLEANING
COIN
PUBLIC
LAUNDRY
DRY —
SAME DAY

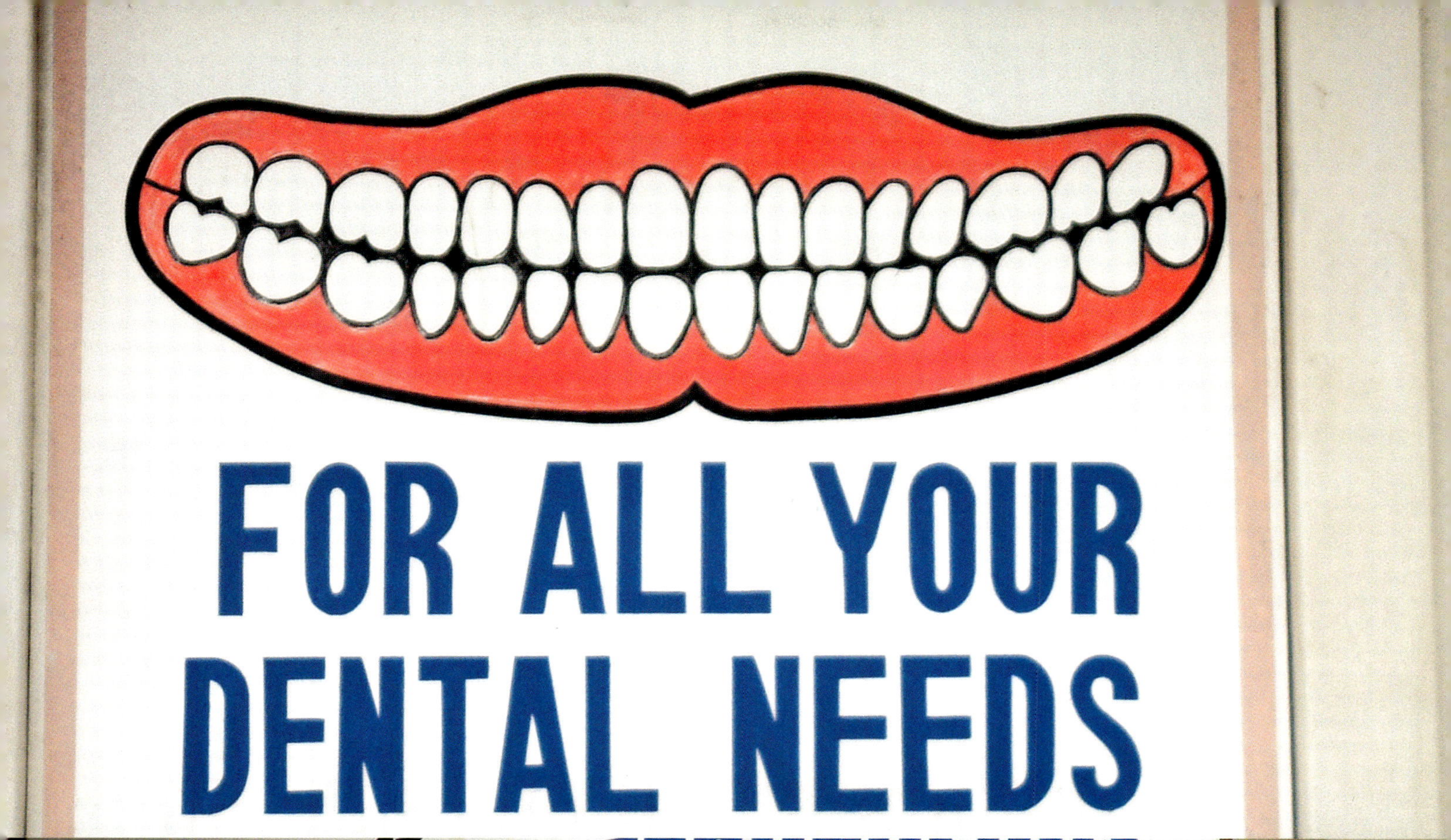

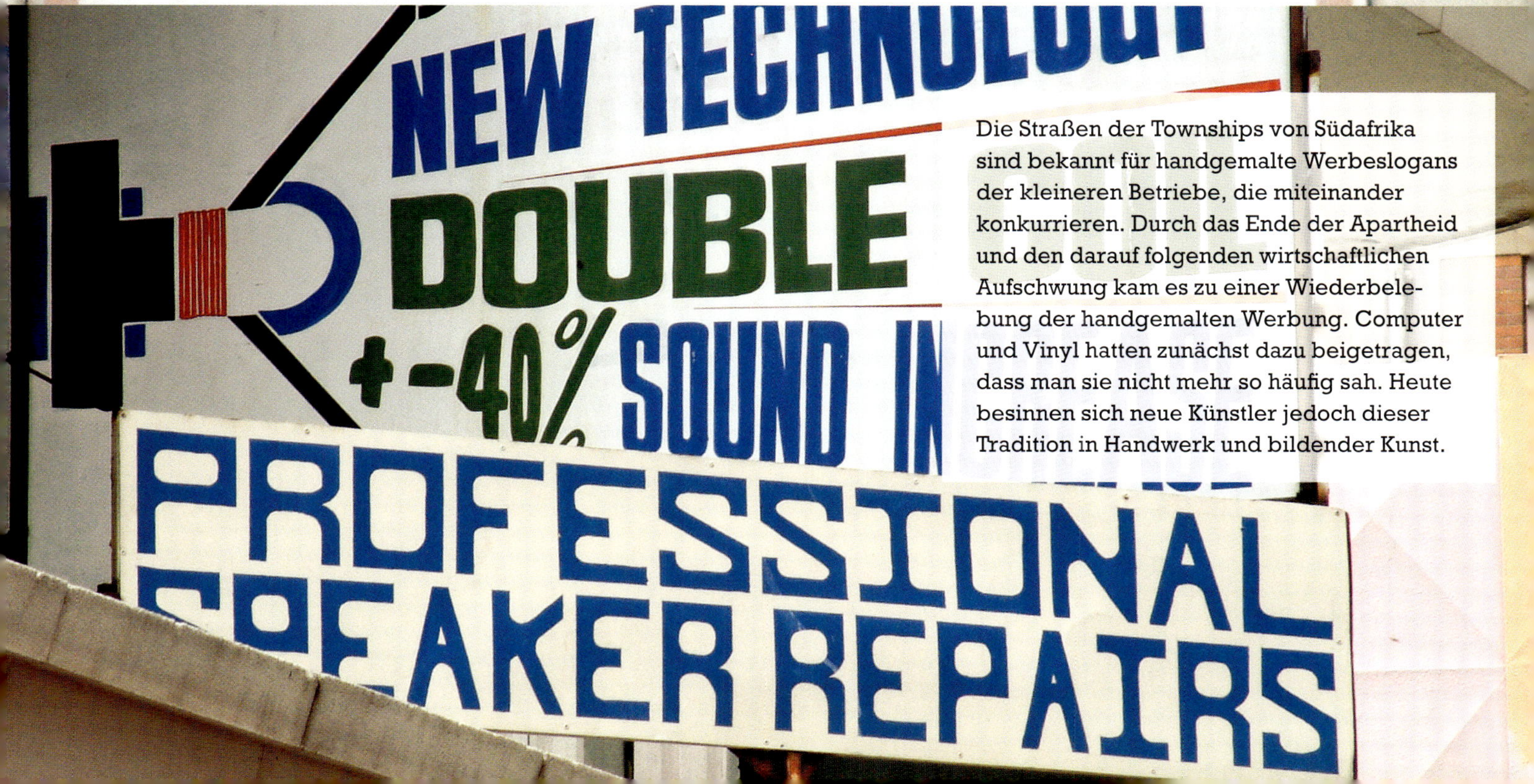

Die Straßen der Townships von Südafrika sind bekannt für handgemalte Werbeslogans der kleineren Betriebe, die miteinander konkurrieren. Durch das Ende der Apartheid und den darauf folgenden wirtschaftlichen Aufschwung kam es zu einer Wiederbelebung der handgemalten Werbung. Computer und Vinyl hatten zunächst dazu beigetragen, dass man sie nicht mehr so häufig sah. Heute besinnen sich neue Künstler jedoch dieser Tradition in Handwerk und bildender Kunst.

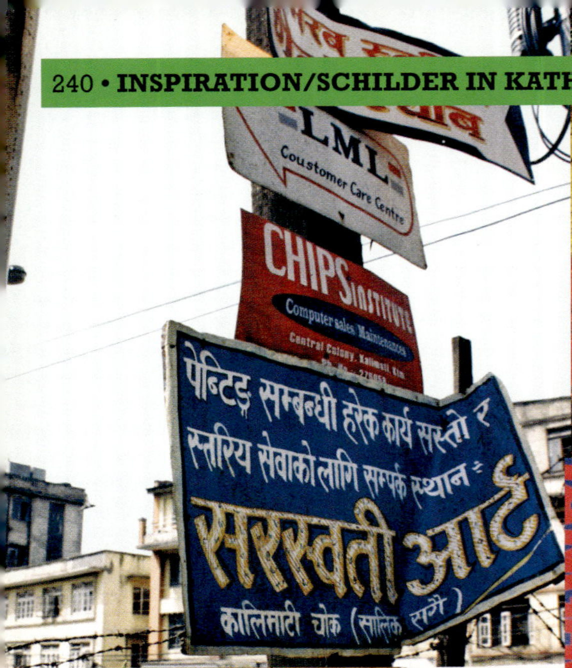

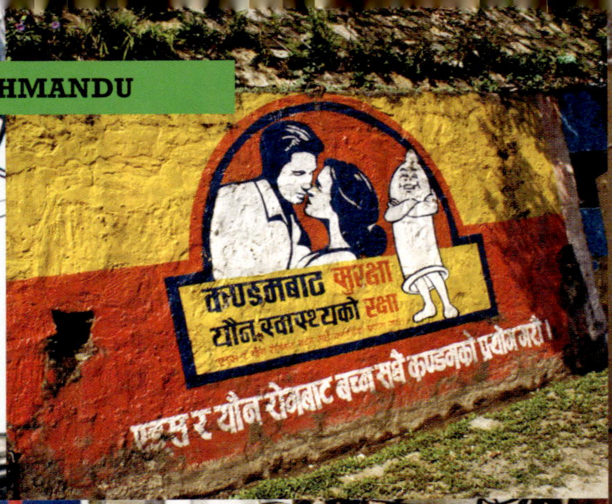

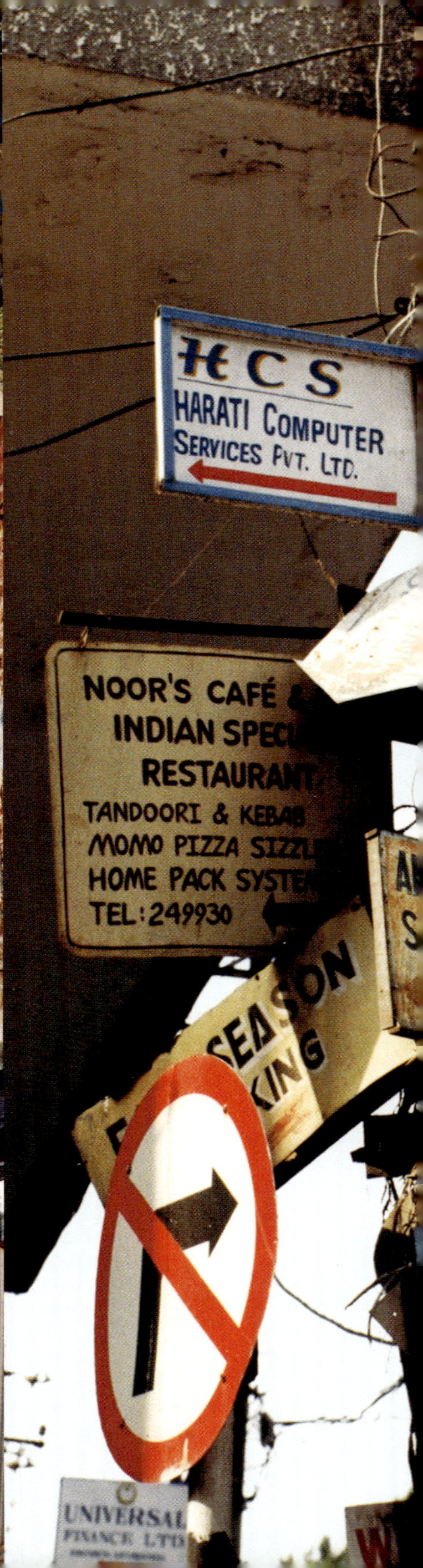

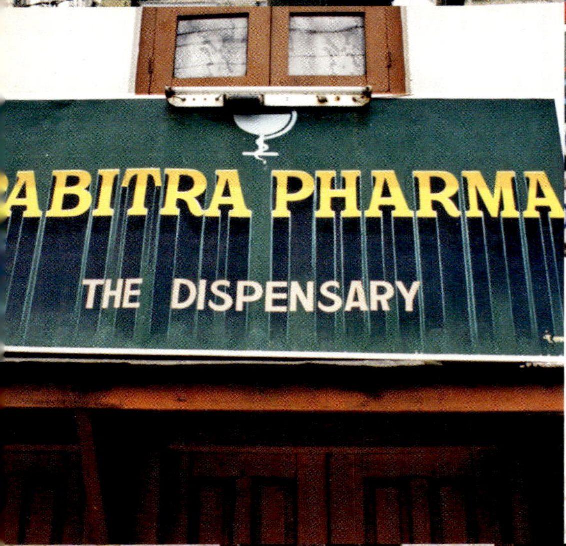

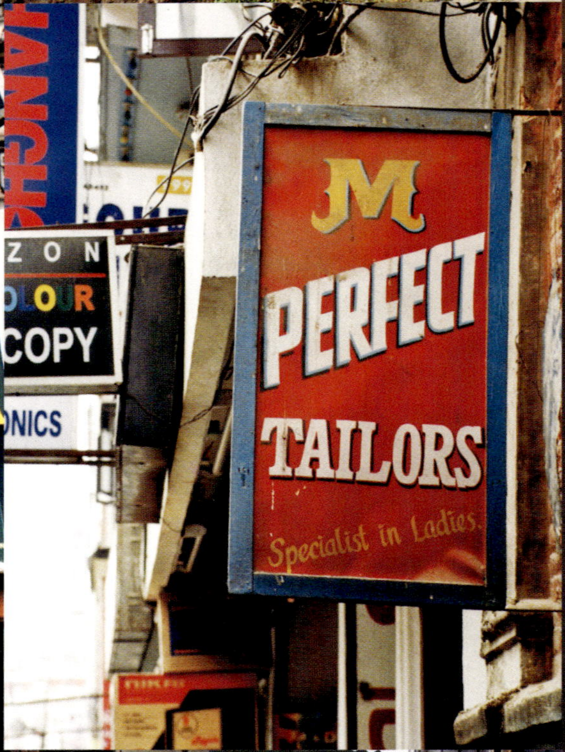

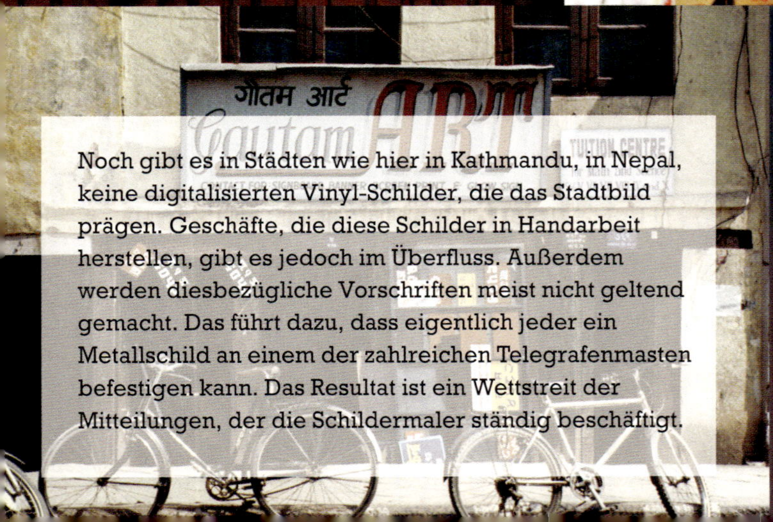

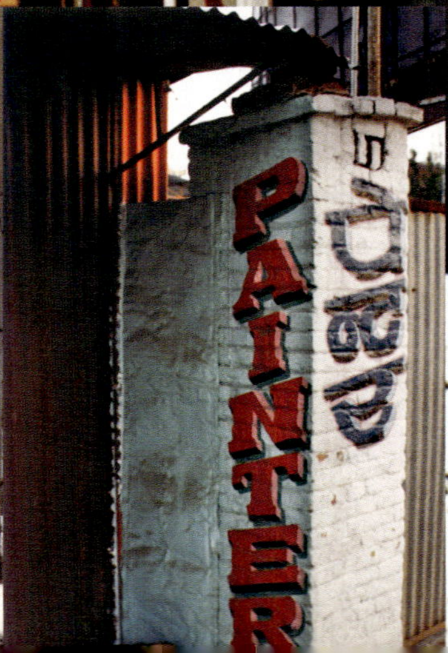

Noch gibt es in Städten wie hier in Kathmandu, in Nepal, keine digitalisierten Vinyl-Schilder, die das Stadtbild prägen. Geschäfte, die diese Schilder in Handarbeit herstellen, gibt es jedoch im Überfluss. Außerdem werden diesbezügliche Vorschriften meist nicht geltend gemacht. Das führt dazu, dass eigentlich jeder ein Metallschild an einem der zahlreichen Telegrafenmasten befestigen kann. Das Resultat ist ein Wettstreit der Mitteilungen, der die Schildermaler ständig beschäftigt.

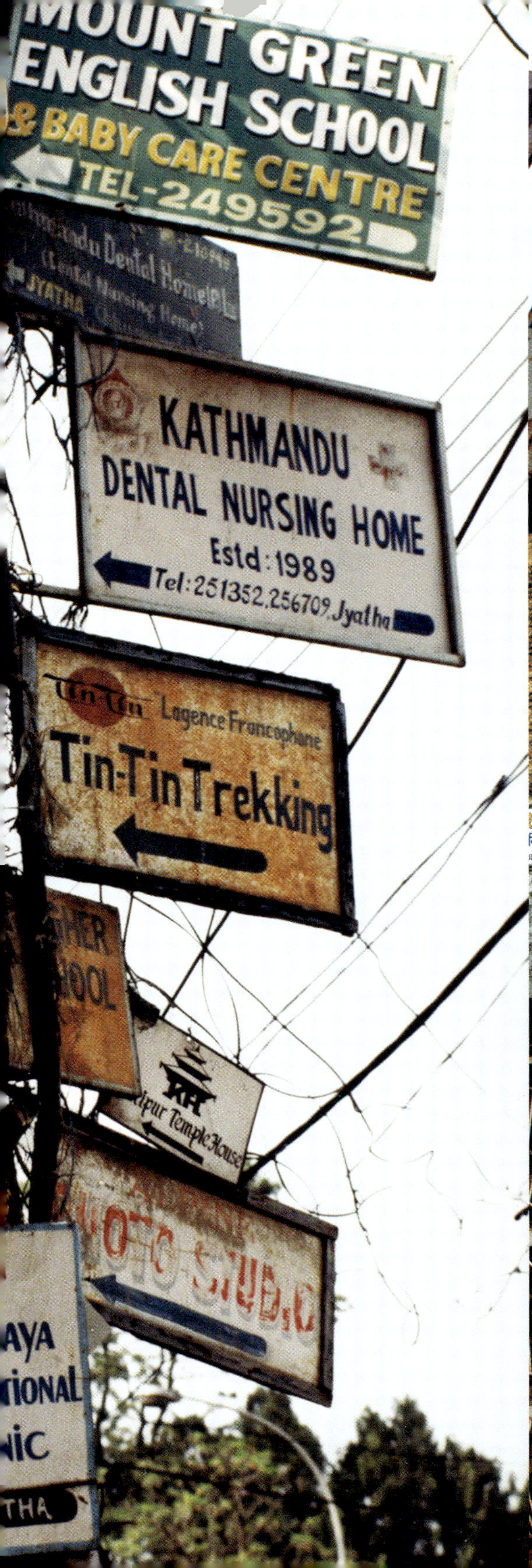
MOUNT GREEN ENGLISH SCHOOL & BABY CARE CENTRE
TEL-249592
KATHMANDU DENTAL NURSING HOME
Estd: 1989
Tel: 251352, 256709, Jyatha
Tin-Tin
Tin-Tin Trekking

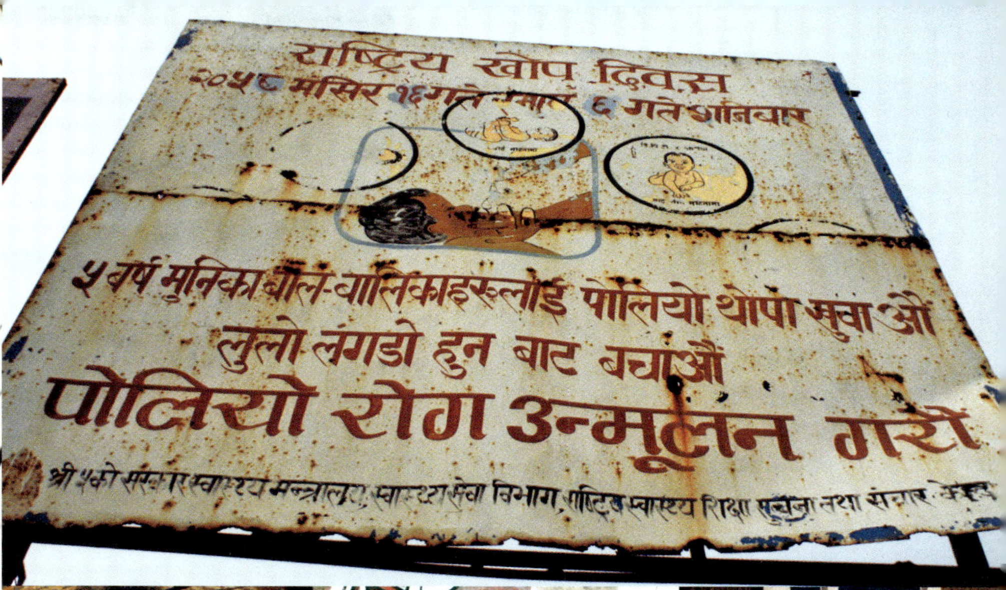
राष्ट्रिय खोप दिवस
लुलो लगडो हुन बाट बचाऔं
पोलियो रोग उन्मूलन गरौं

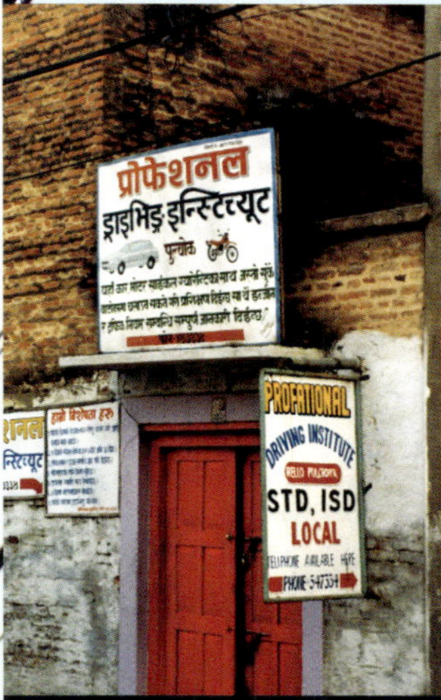
प्रोफेशनल
STD, ISD
LOCAL

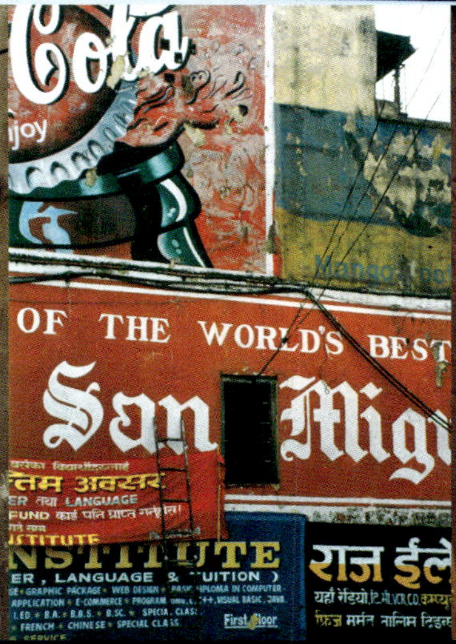
Cola
OF THE WORLD'S BEST

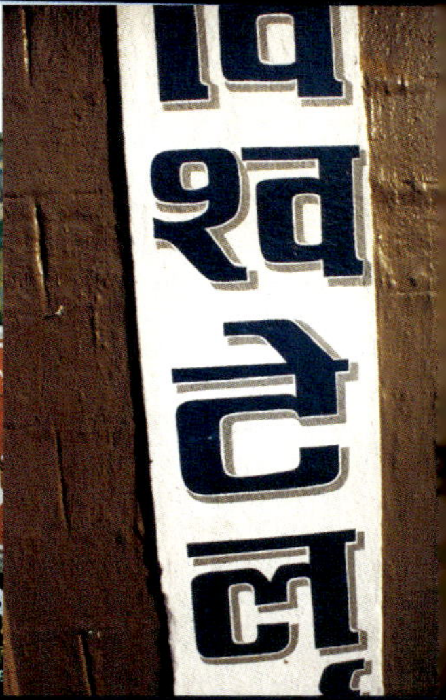

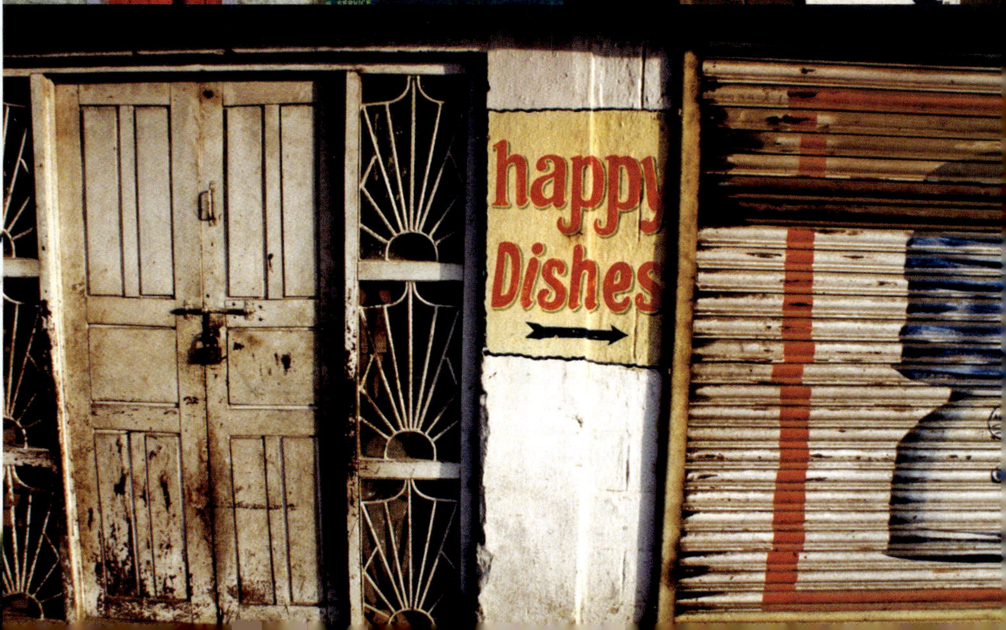
happy
Dishes

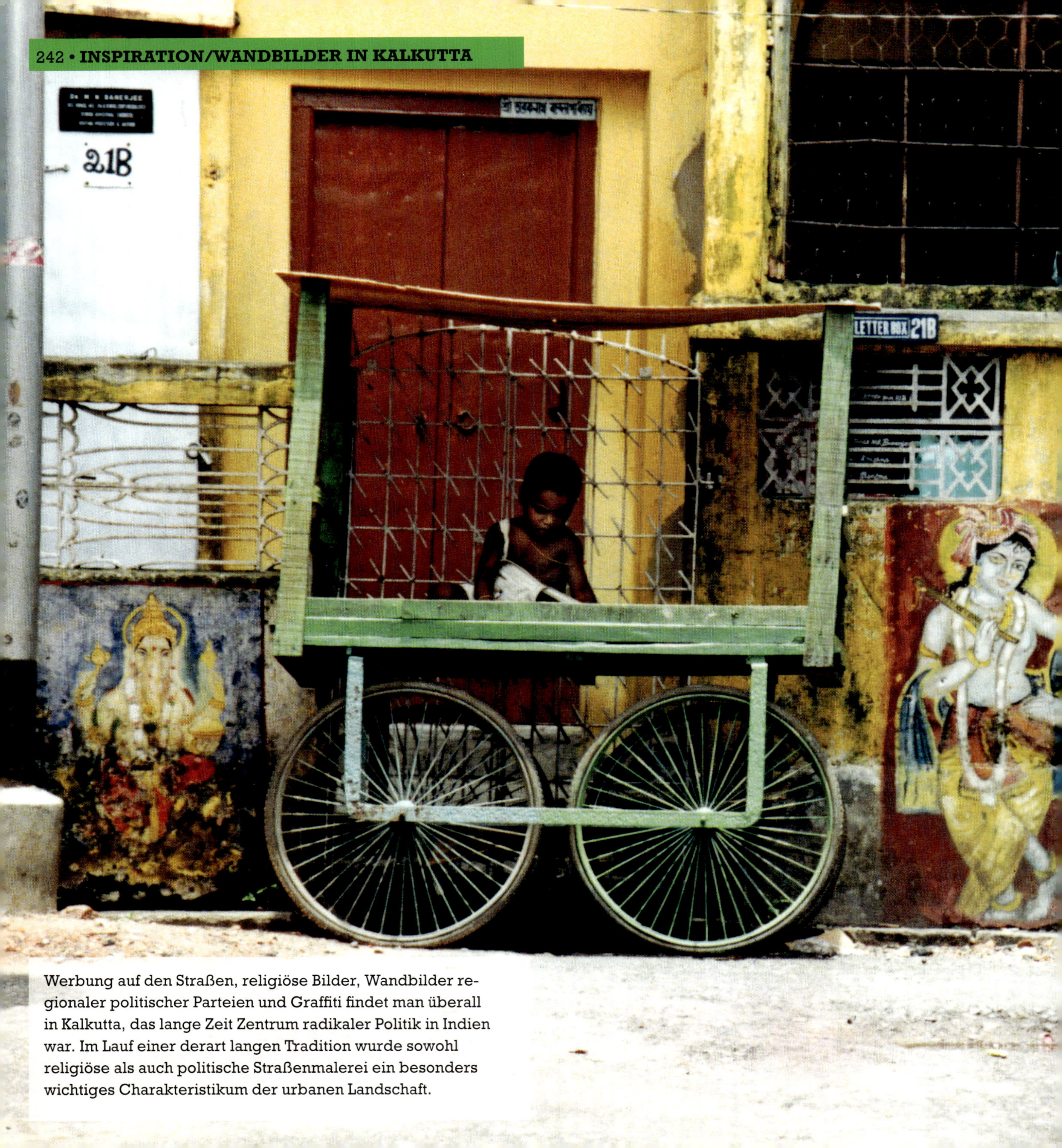

Werbung auf den Straßen, religiöse Bilder, Wandbilder regionaler politischer Parteien und Graffiti findet man überall in Kalkutta, das lange Zeit Zentrum radikaler Politik in Indien war. Im Lauf einer derart langen Tradition wurde sowohl religiöse als auch politische Straßenmalerei ein besonders wichtiges Charakteristikum der urbanen Landschaft.

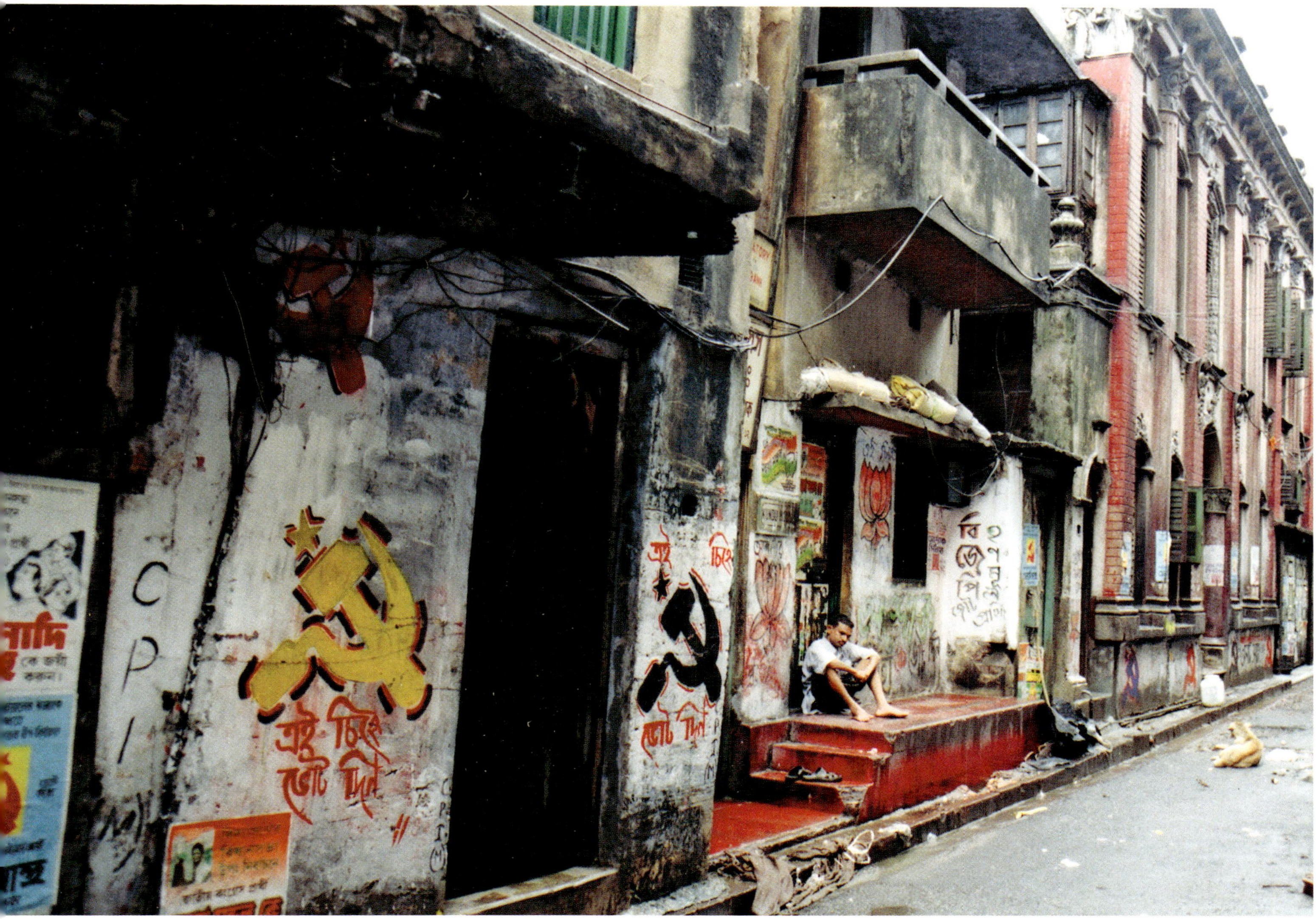
CPI

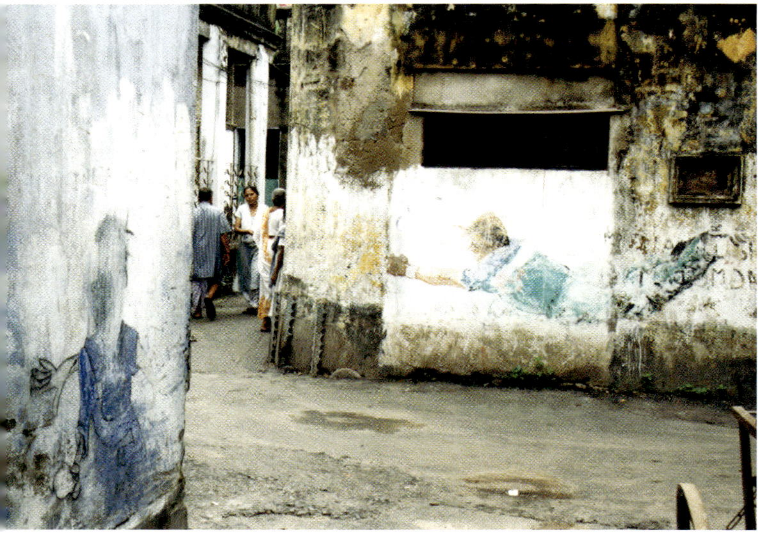

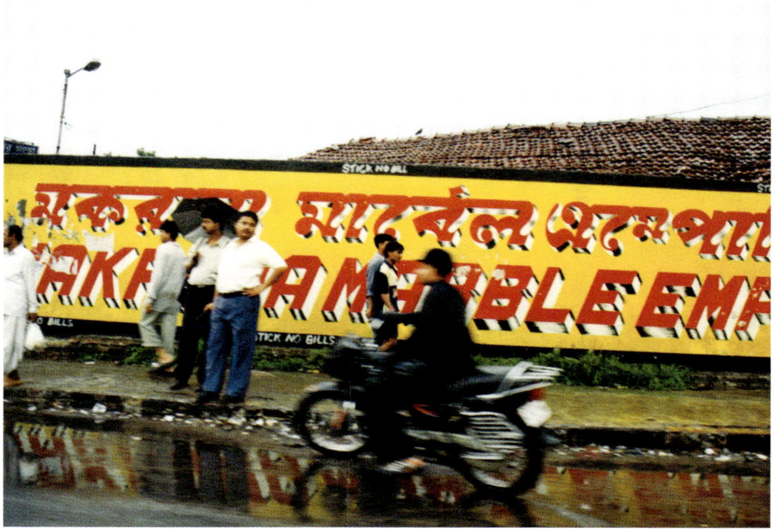
STICK NO BILL
STICK NO BILLS

In den Nationalfarben Jamaikas – Rot, Schwarz, Grün und Gelb – gehalten findet man Wandbilder, die die sozialen und politischen Ideale des Rastafari-Glaubens, die Einstellung der Bevölkerung Jamaikas und in diesem Fall die Philosophie eines „Itals“ – eines Rastafari Soul Food Restaurants – widerspiegeln.

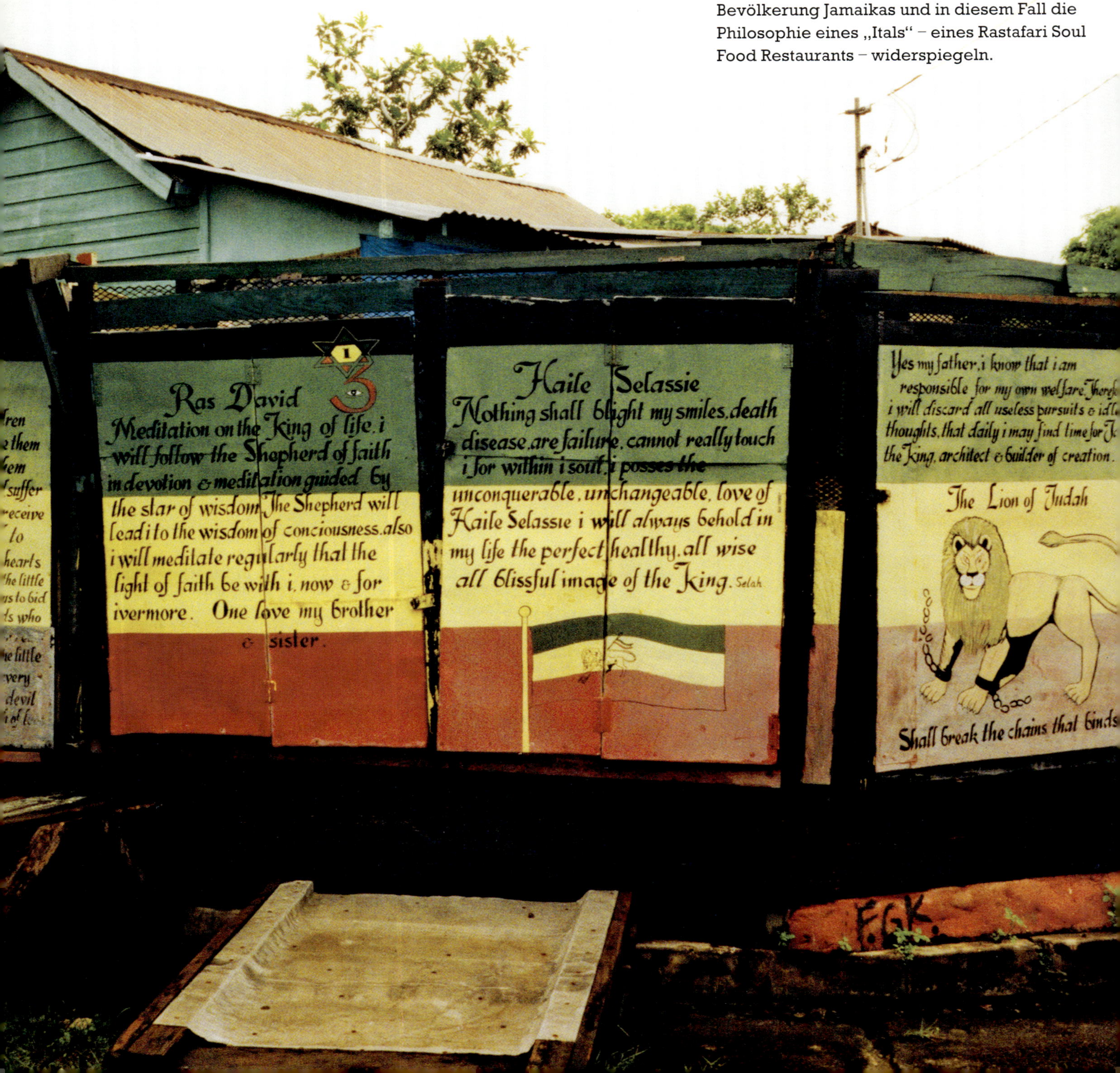

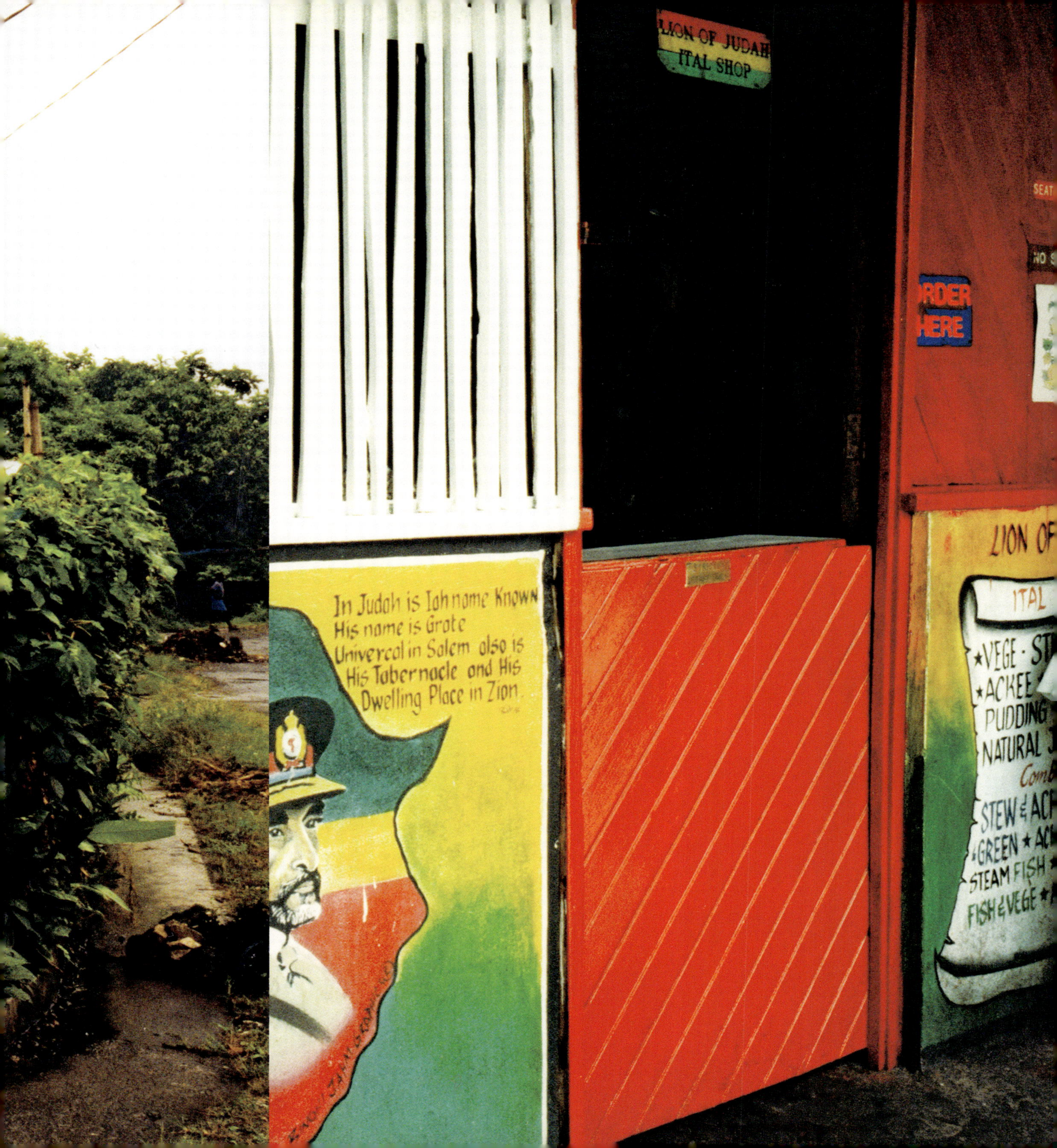

LION OF JUDAH
ITAL SHOP
In Judah is Iah name Known
His name is Grate
Univercal in Salem also is
His Tabernacle and His
Dwelling Place in Zion
ITAL
PUDDING
STEAM FISH
FISH & VEGE

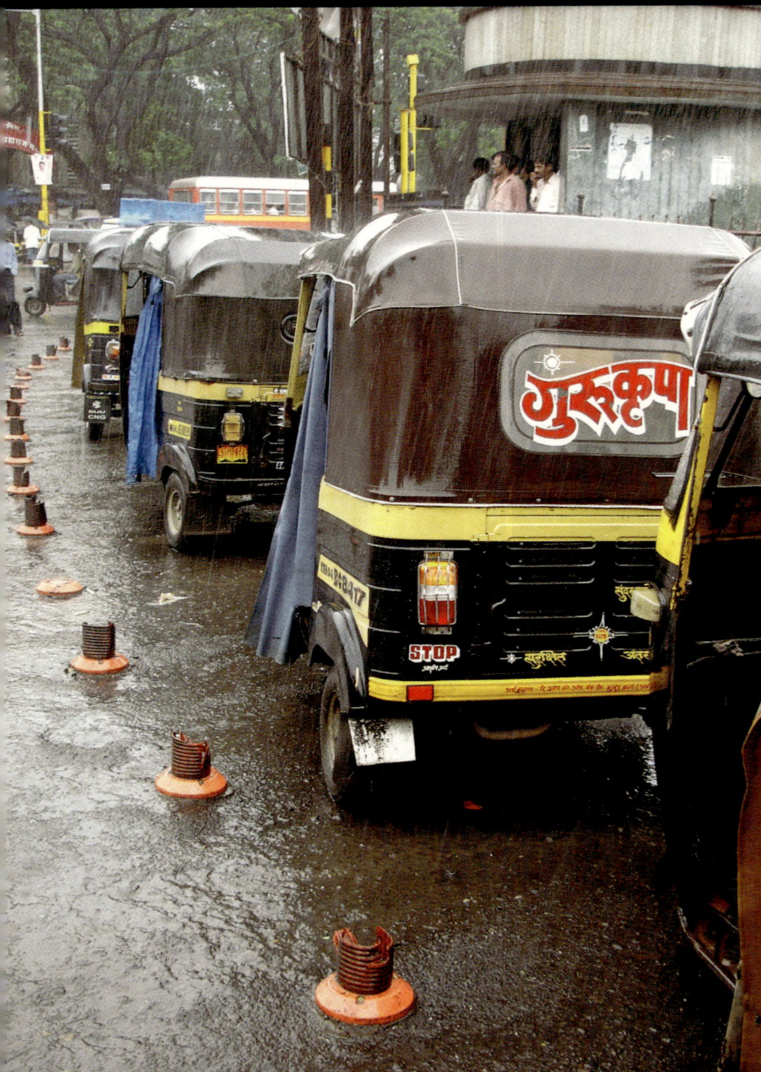
गुरुकृपा
STOP

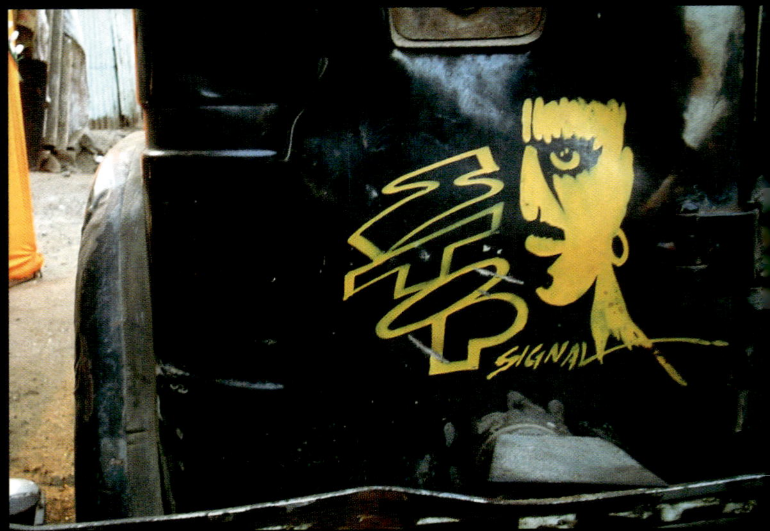
SIGNAL

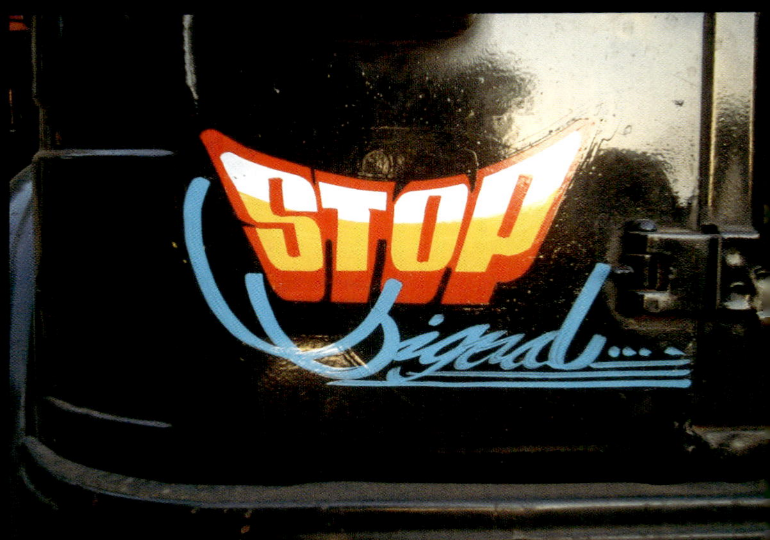
STOP
Signal....

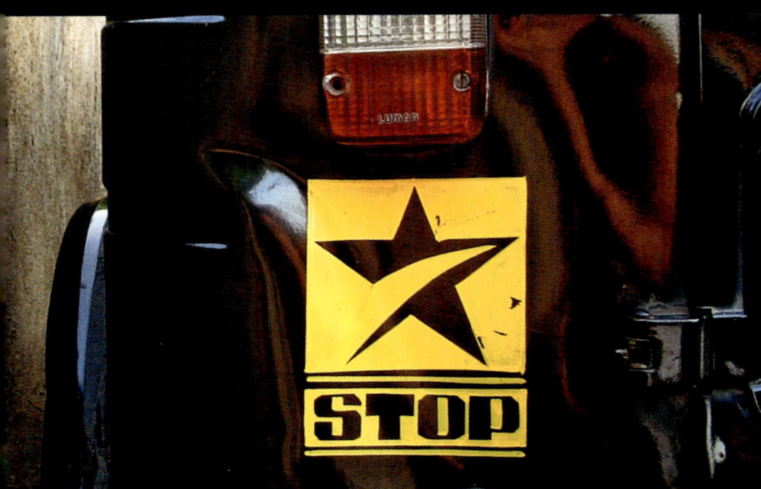
STOP

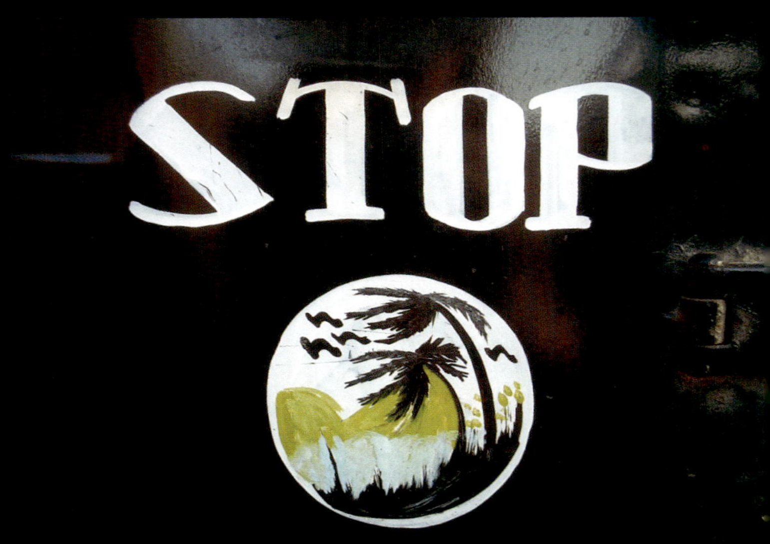
STOP

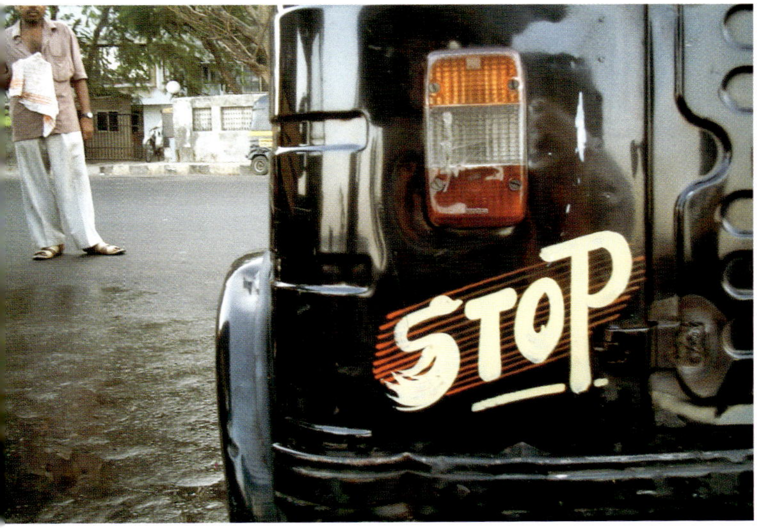

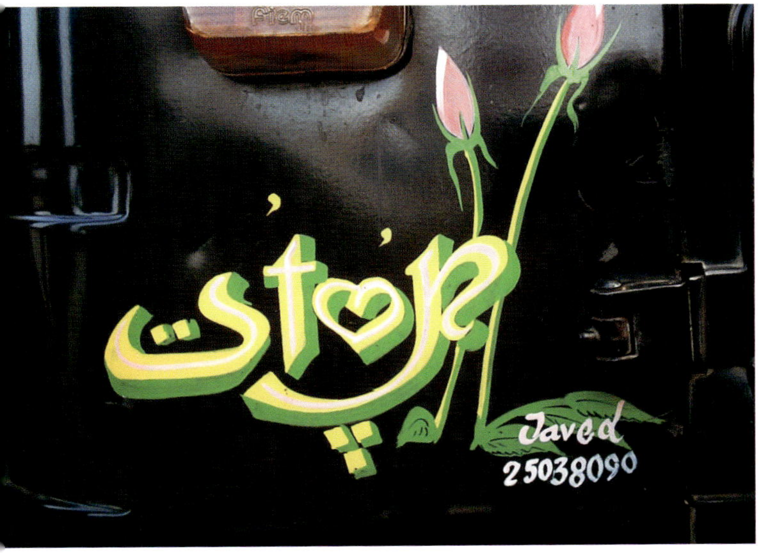

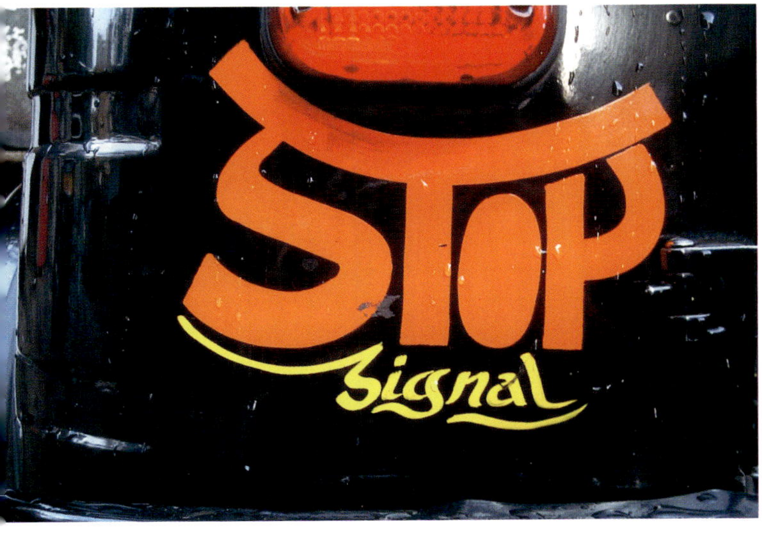

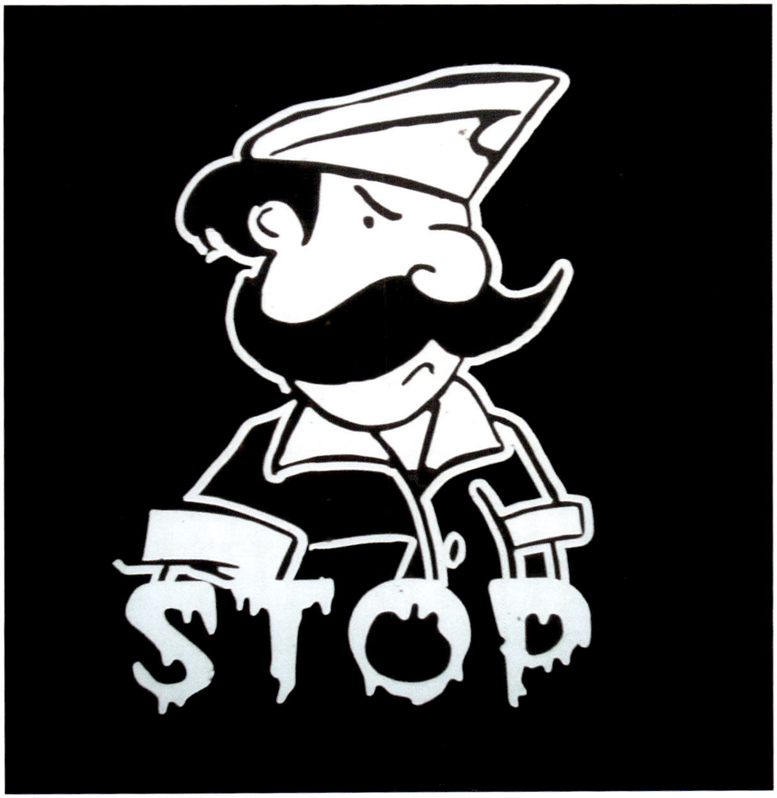

Mit bis zu 20 Millionen Einwohnern (abhängig davon, wo man zu zählen aufhört) gilt die Metropole Mumbai in Indien als eine der fünf größten Städte der Welt. Zudem ist die an der Küste gelegene Stadt mit ihrem netten Hafen auch eine der am dichtesten bevölkerten Städte. Auf den Straßen von Mumbai tragen die Autorikschas zum typischen Verkehrschaos Südostasiens bei. Die kleinen, dreirädrigen Taxis düsen einfach überall hin. Autorikschas passen sich dem städtischen Terrain perfekt an. Es gelingt ihnen, durch die schmalen Lücken im Verkehr Mumbais zu schlüpfen. Ihre offene Bauweise begünstigt abwechselnd das Einatmen von frischer Luft und Abgasen. Da sie billiger sind, sind die Kunden meist ärmer als die der anderen Taxis und es bringt wenig Ansehen, sie zu fahren oder zu benutzen. Kleiner als die anderen Fahrzeuge, ziehen sie im Fall eines Zusammenstoßes den Kürzeren. Deshalb wurde es üblich, auf der Rückseite der Rikschas einen Sicherheitshinweis anzubringen, was sie mittlerweile zu einem Medium für Volkskunst macht.

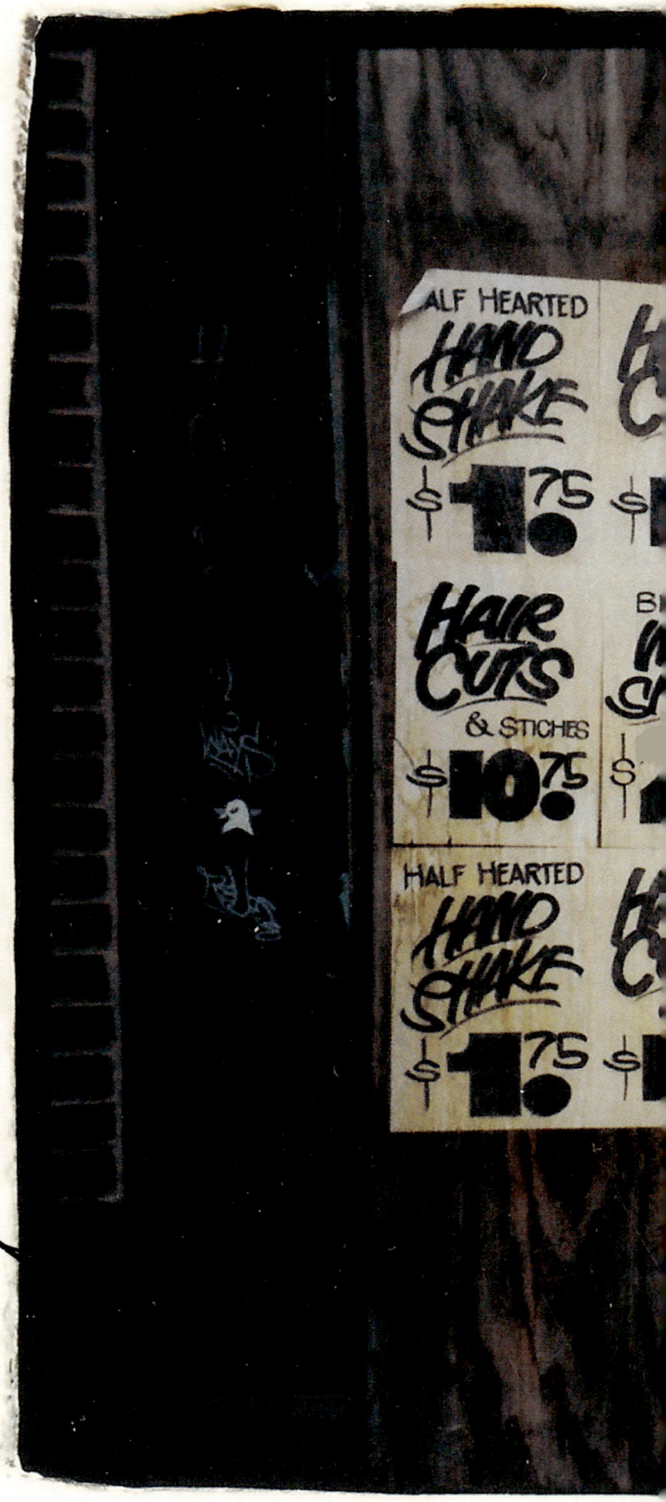

Die meisten Schilder dienen dazu, etwas zu verkaufen. An der Außenseite eines Schilderladens in Coney Island, Brooklyn, macht Matt Wright Werbung für die sogenannten Nebenprodukte des amerikanischen Traums. Wenn Sie ihn persönlich erwischen, können sie ja die sauren Trauben aus Äsops Fabel oder eine Flasche Schmerz, von der Sie immer geträumt haben, erstehen.

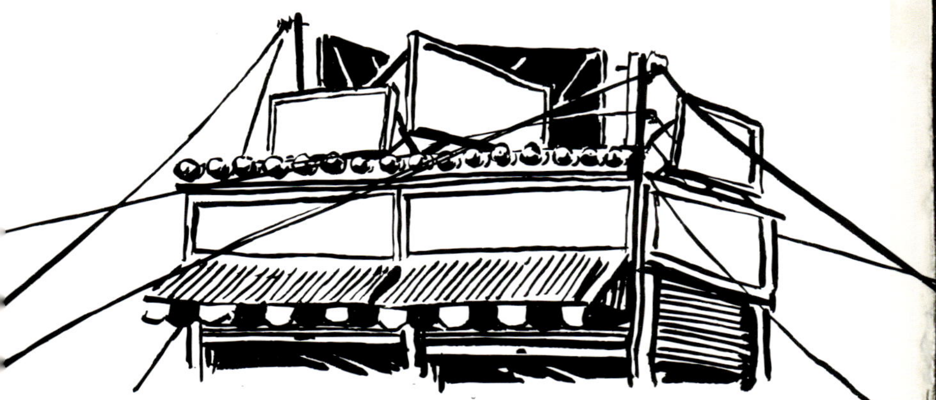

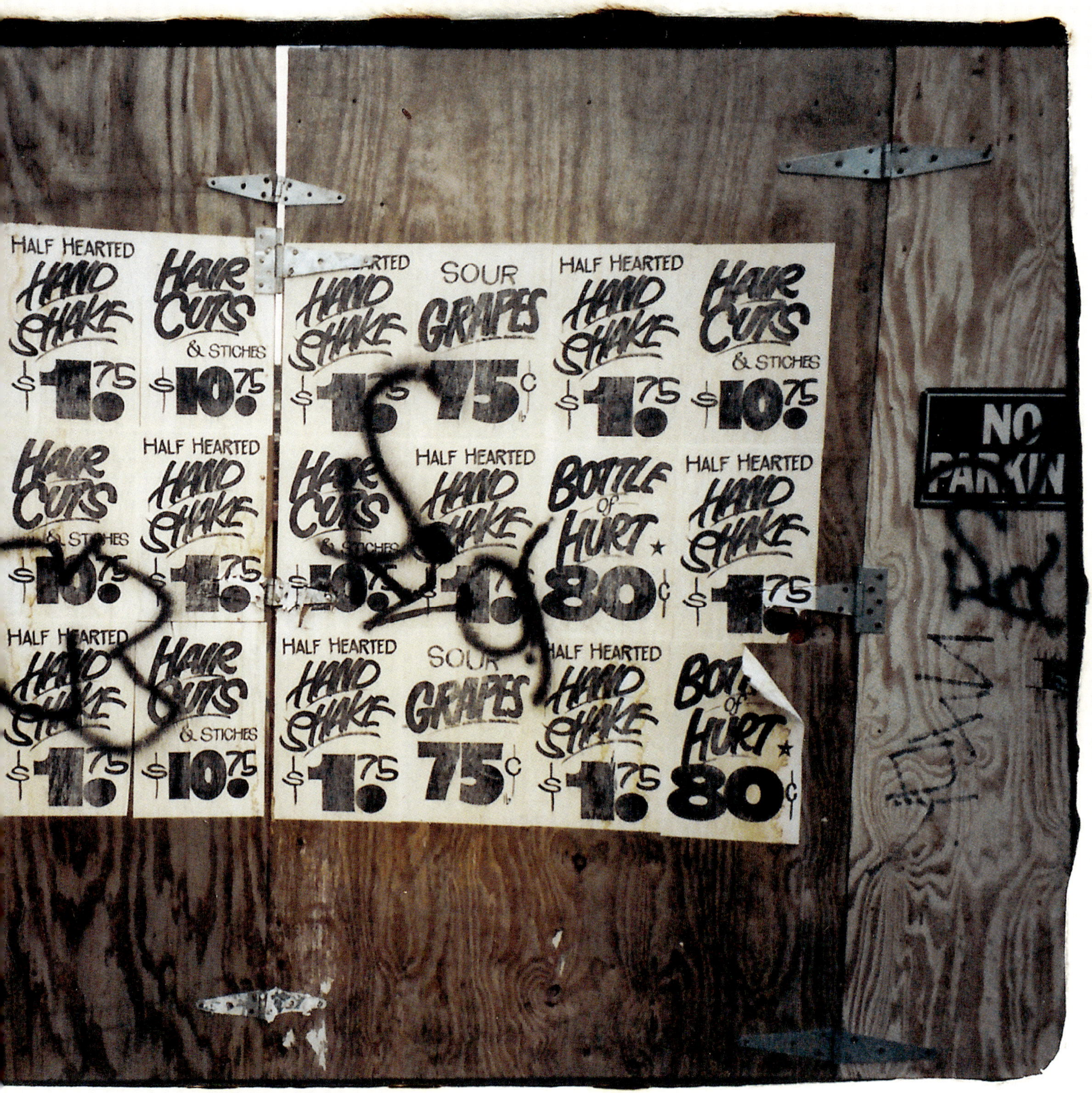
HALF HEARTED
HAND SHAKE
$1.75
HAIR CUTS
& STICHES
$10.75
SOUR
GRAPES
75¢
BOTTLE OF HURT
80¢
NO
PARKIN

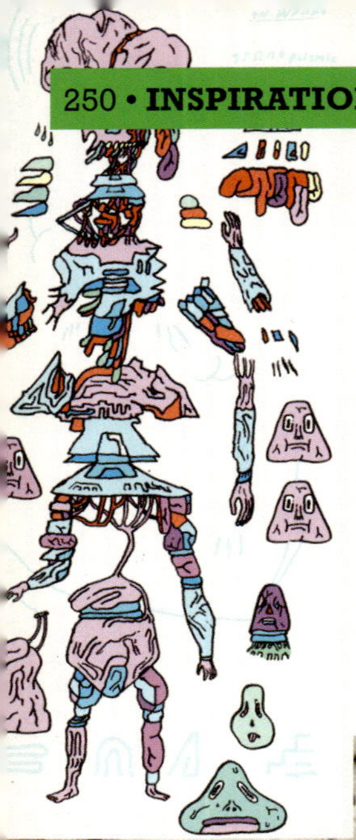

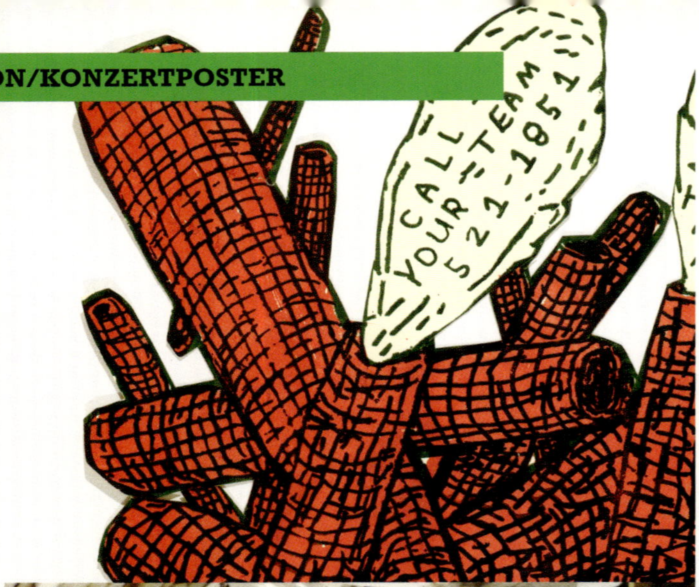

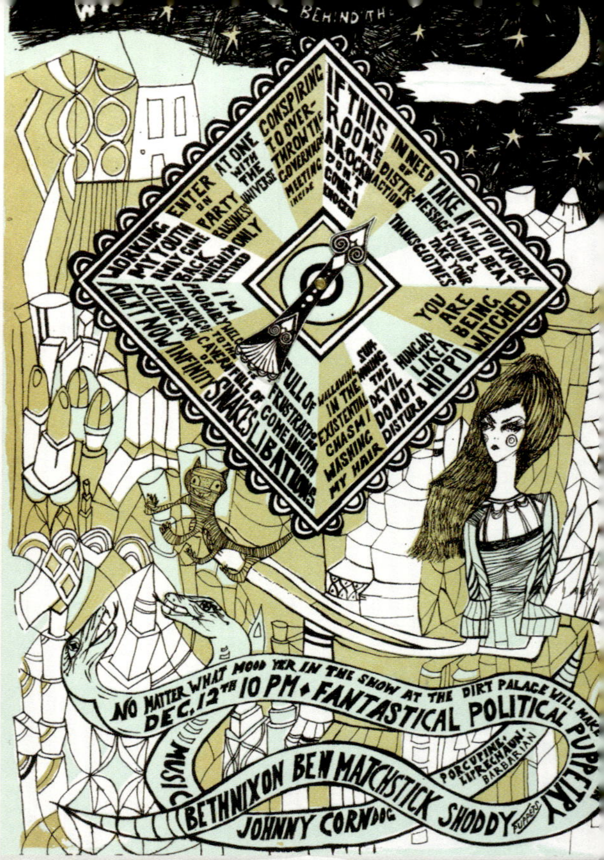

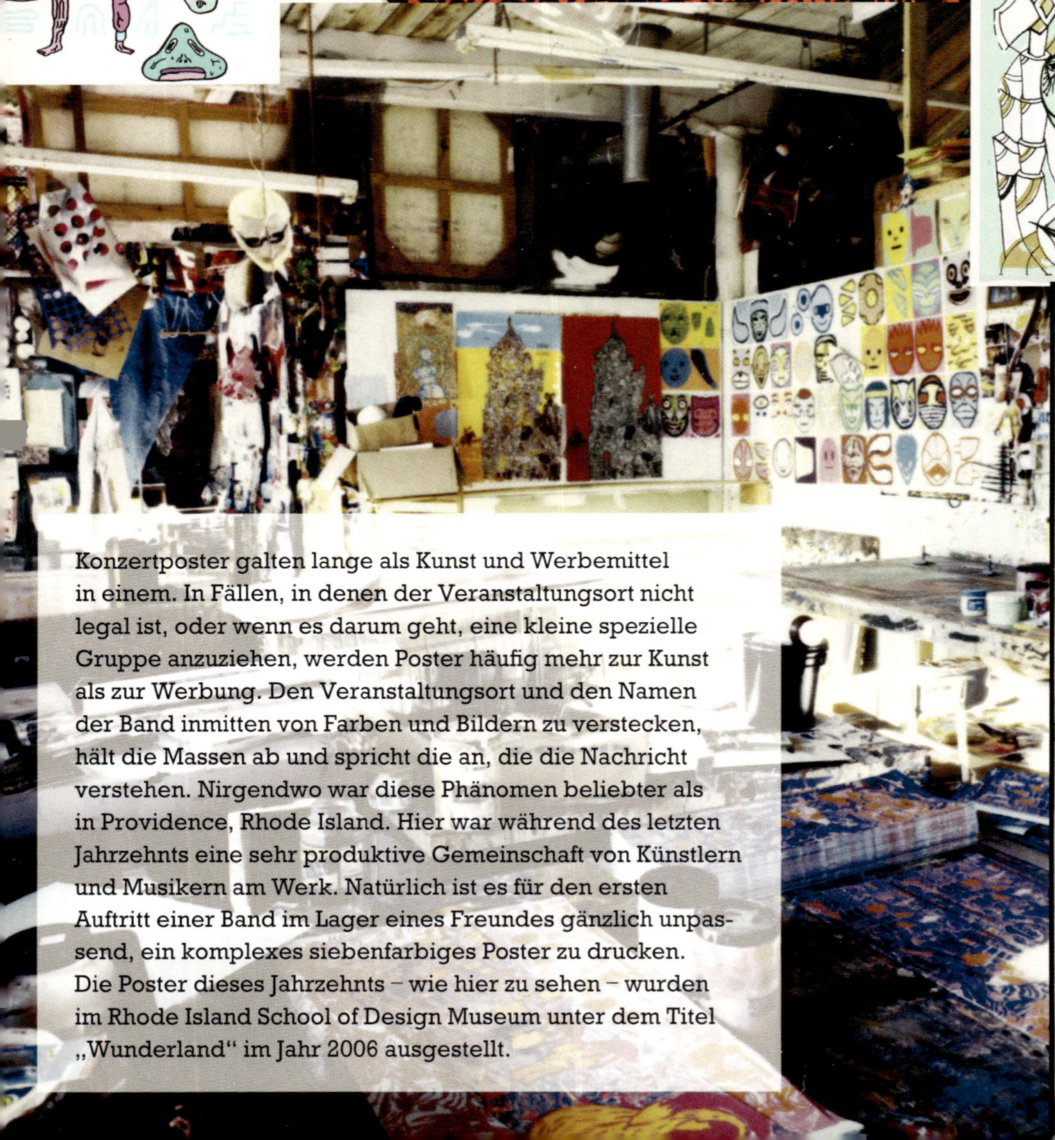

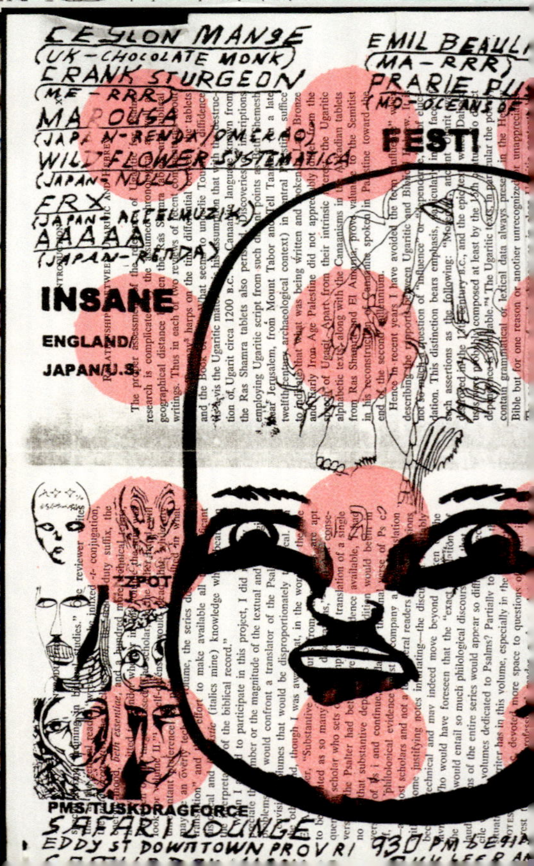

Konzertposter galten lange als Kunst und Werbemittel in einem. In Fällen, in denen der Veranstaltungsort nicht legal ist, oder wenn es darum geht, eine kleine spezielle Gruppe anzuziehen, werden Poster häufig mehr zur Kunst als zur Werbung. Den Veranstaltungsort und den Namen der Band inmitten von Farben und Bildern zu verstecken, hält die Massen ab und spricht die an, die die Nachricht verstehen. Nirgendwo war diese Phänomen beliebter als in Providence, Rhode Island. Hier war während des letzten Jahrzehnts eine sehr produktive Gemeinschaft von Künstlern und Musikern am Werk. Natürlich ist es für den ersten Auftritt einer Band im Lager eines Freundes gänzlich unpassend, ein komplexes siebenfarbiges Poster zu drucken. Die Poster dieses Jahrzehnts – wie hier zu sehen – wurden im Rhode Island School of Design Museum unter dem Titel „Wunderland" im Jahr 2006 ausgestellt.

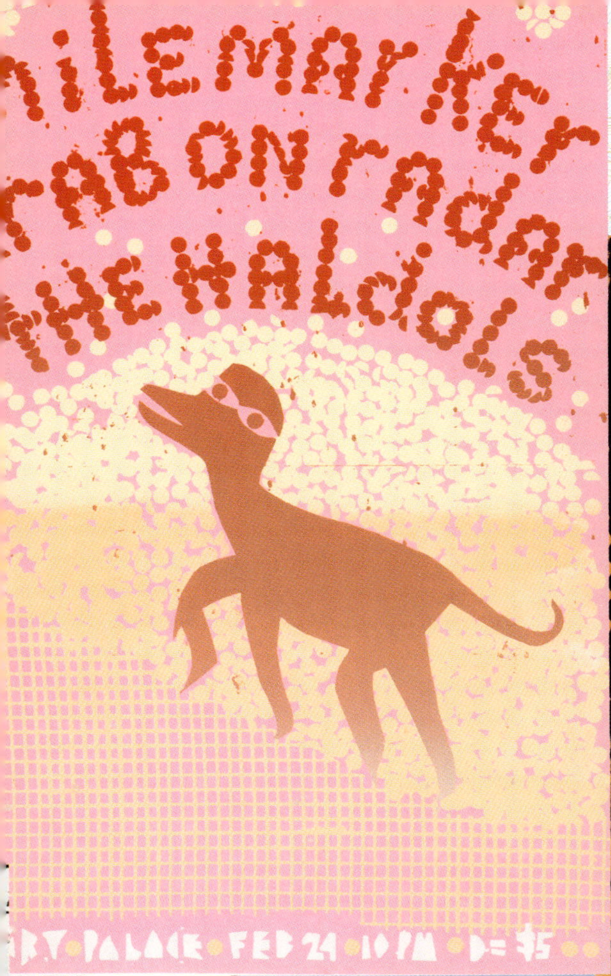
milemarker
Tab on radar
The Haldols
B.Y. PALACE · FEB 24 · 10PM · D= $5

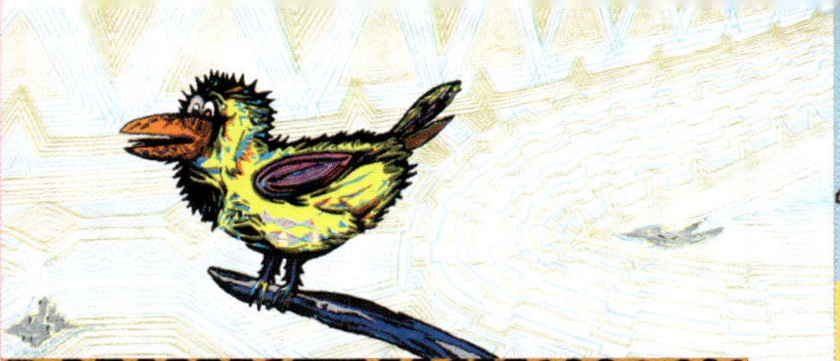

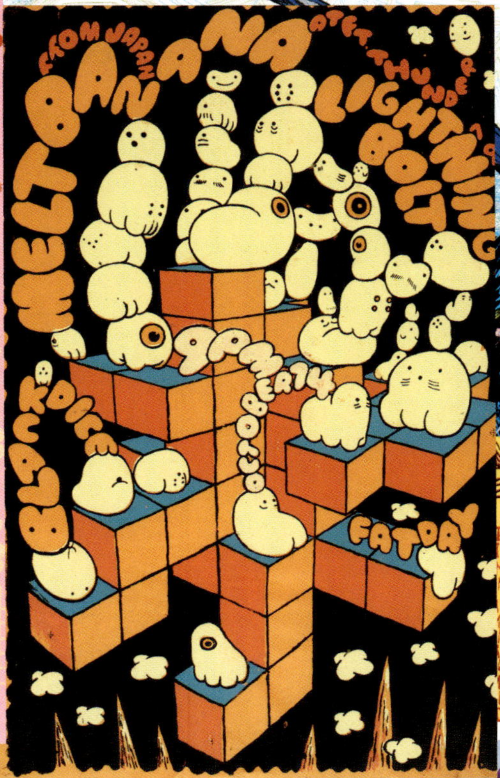
FROM JAPAN
MELT BANANA
LIGHTNING BOLT
BLACK DICE
9PM
OCTOBER 14
FAT DAY

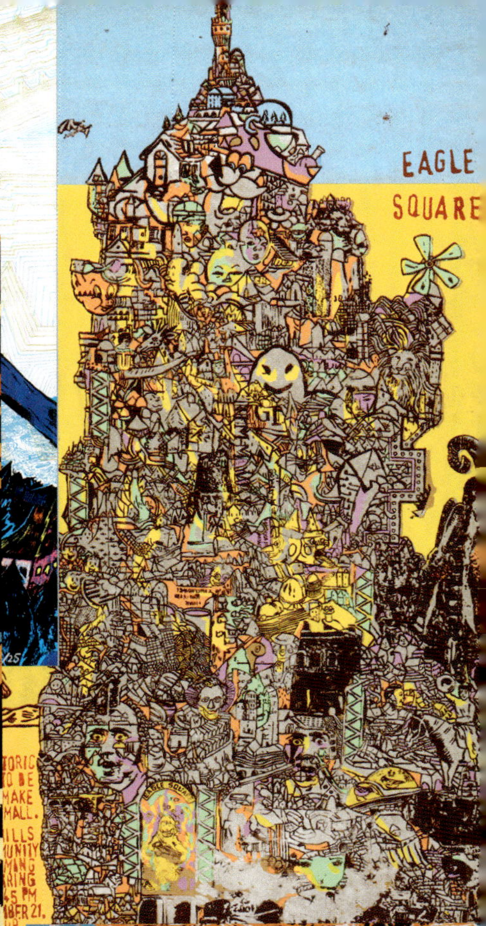
EAGLE
SQUARE

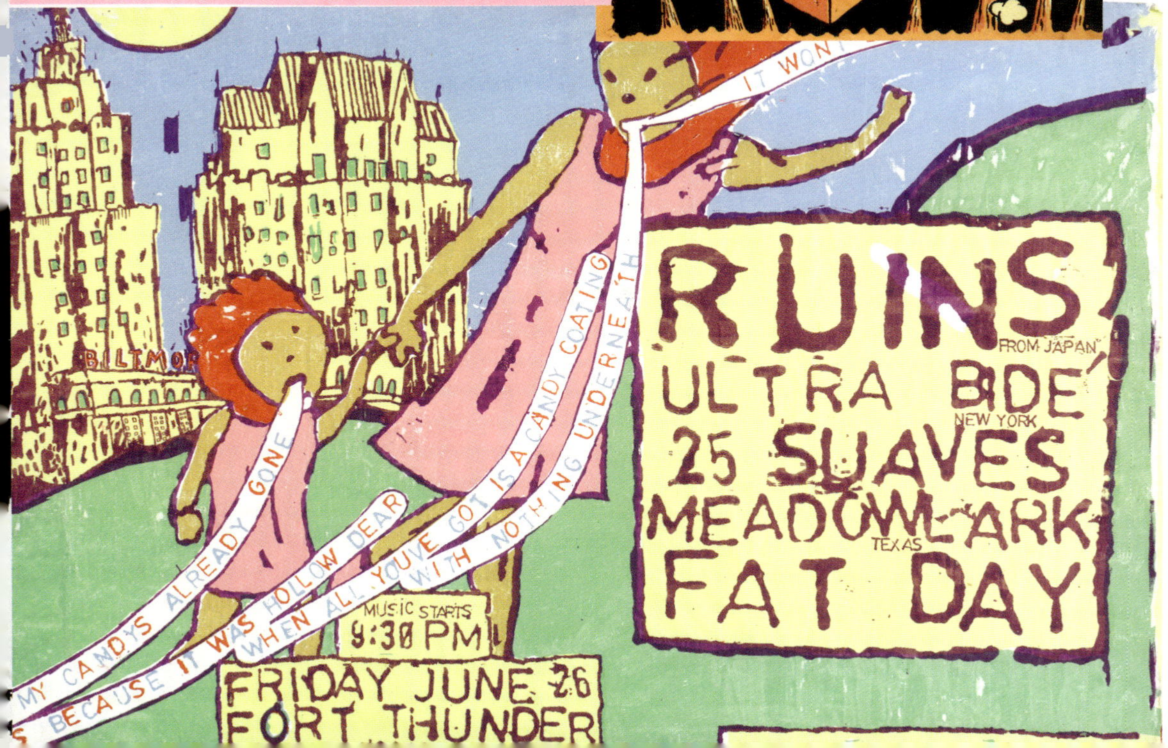
IT WON'T
MY CANDY'S ALREADY GONE
BECAUSE IT WAS HOLLOW DEAR
WHEN ALL YOU'VE GOT IS A CANDY COATING
WITH NOTHING UNDERNEATH
RUINS
FROM JAPAN
ULTRA BIDE
NEW YORK
25 SUAVES
MEADOWLARK
TEXAS
FAT DAY
MUSIC STARTS
9:30 PM
FRIDAY JUNE 26
FORT THUNDER

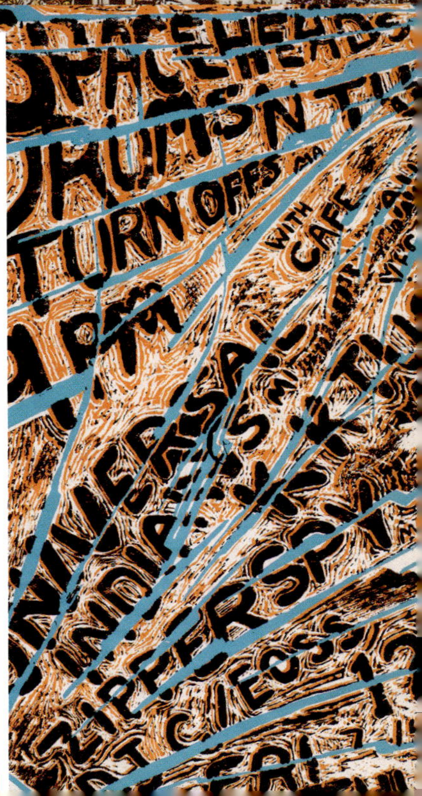
SPACEHEADS
TURN OFFS

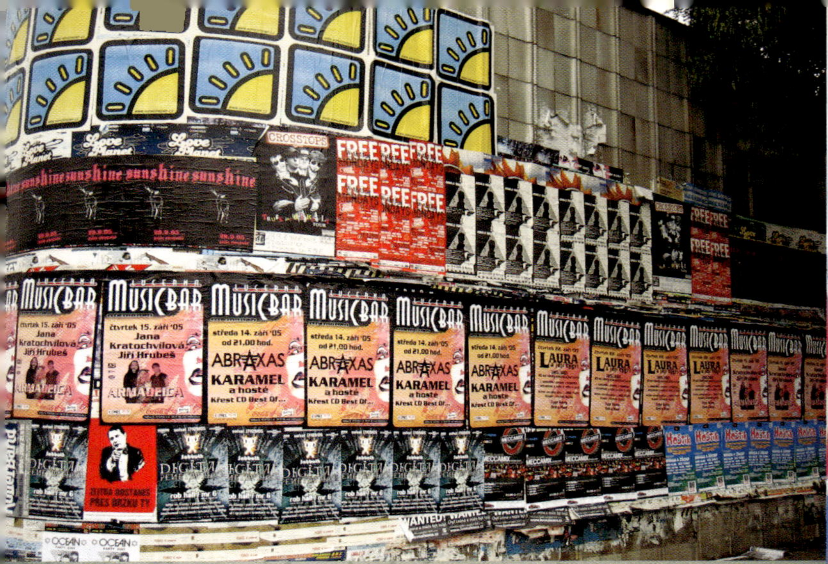
sunshine sunshine sunshine
FREE FREE FREE
MusicBar
ABRAXAS
KARAMEL
LAURA

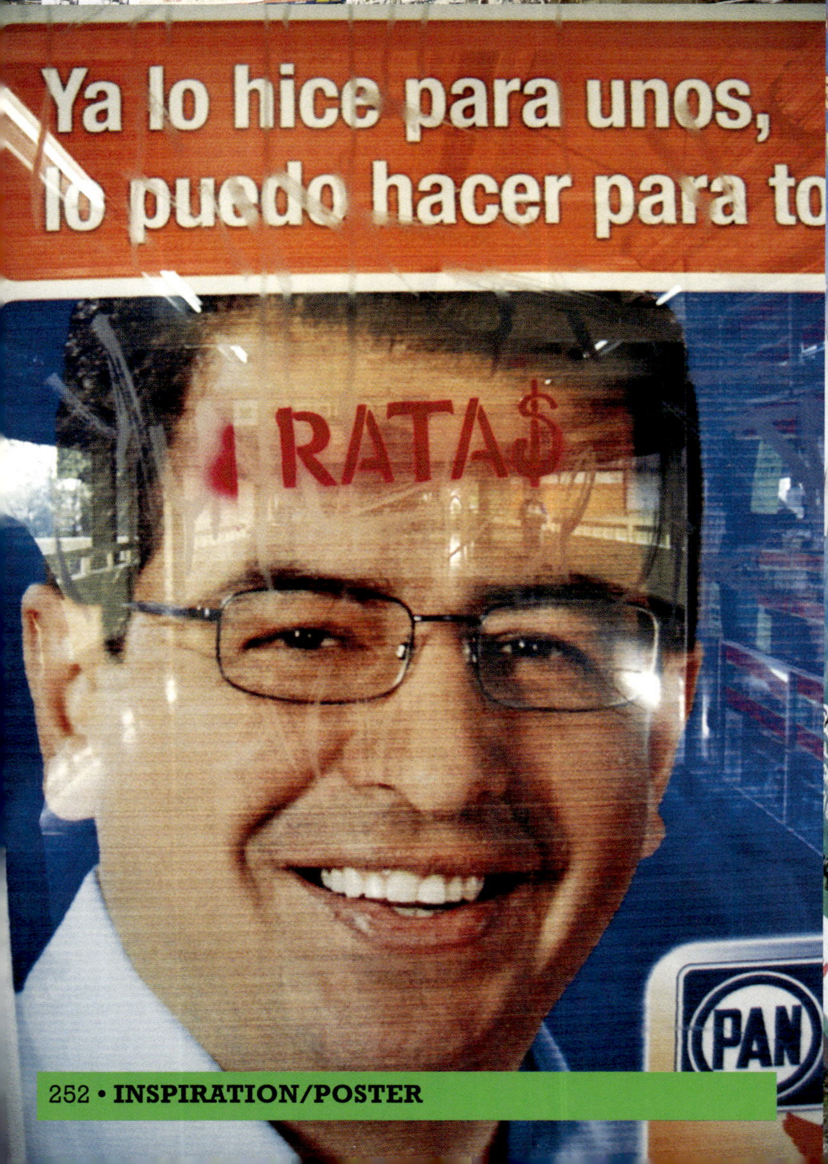
Ya lo hice para unos,
lo puedo hacer para to
RATA$
PAN

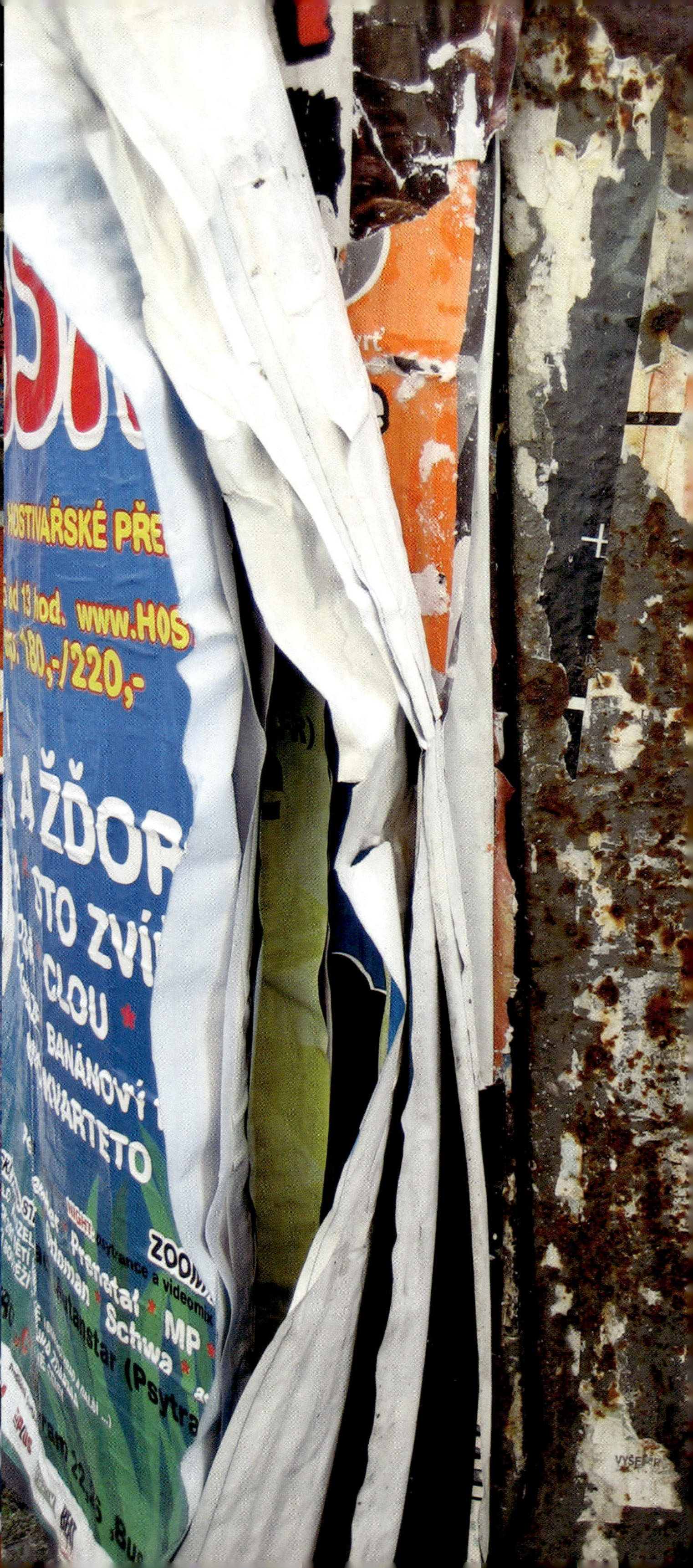
HOSTIVAŘSKÉ PŘE
www.HOS
180,-/220,-
AŽDO
STO ZVÍ
CLOU
BANÁNOVÝ
KVARTETO
ZOOM

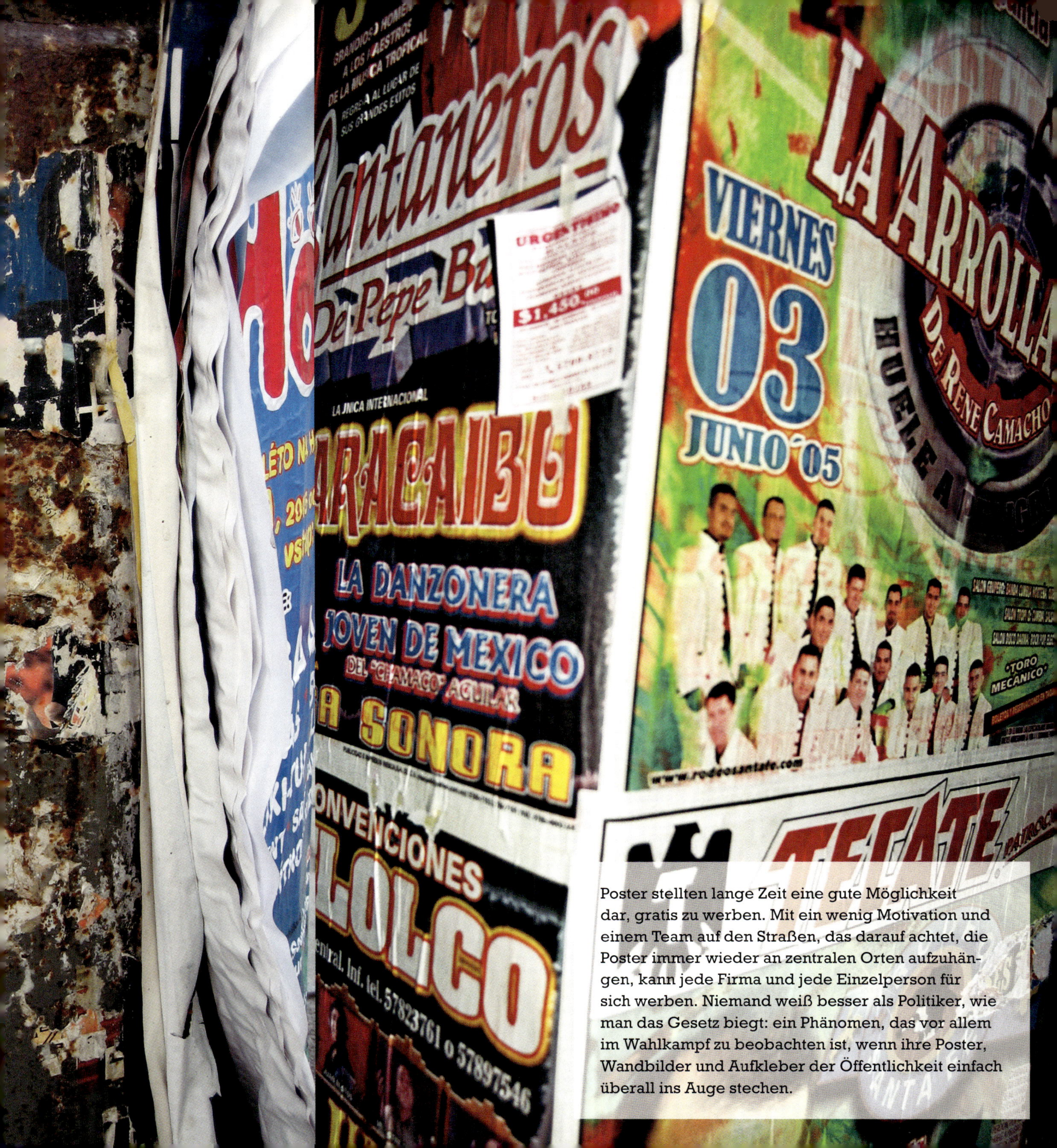

Poster stellten lange Zeit eine gute Möglichkeit dar, gratis zu werben. Mit ein wenig Motivation und einem Team auf den Straßen, das darauf achtet, die Poster immer wieder an zentralen Orten aufzuhängen, kann jede Firma und jede Einzelperson für sich werben. Niemand weiß besser als Politiker, wie man das Gesetz biegt: ein Phänomen, das vor allem im Wahlkampf zu beobachten ist, wenn ihre Poster, Wandbilder und Aufkleber der Öffentlichkeit einfach überall ins Auge stechen.

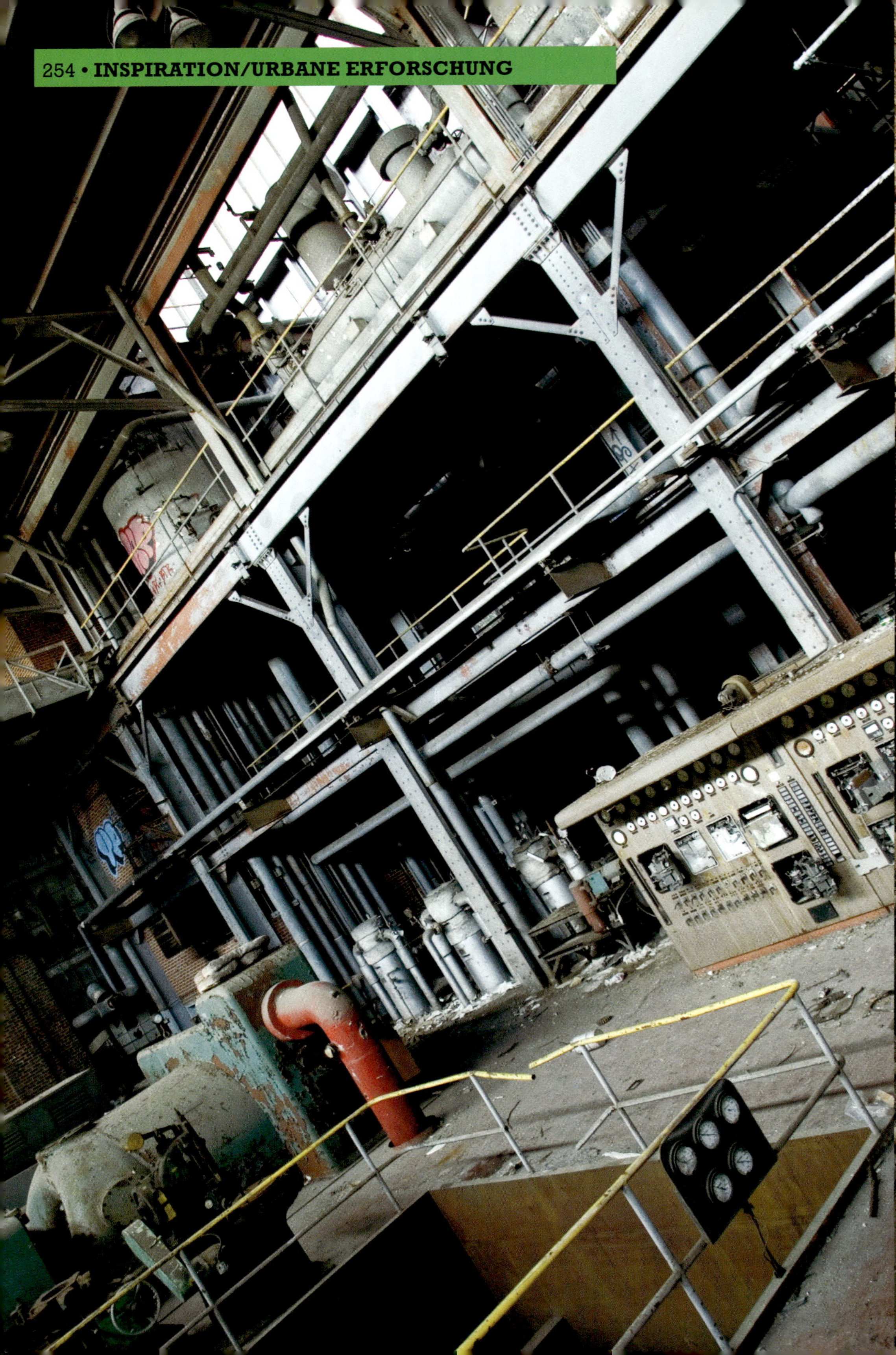

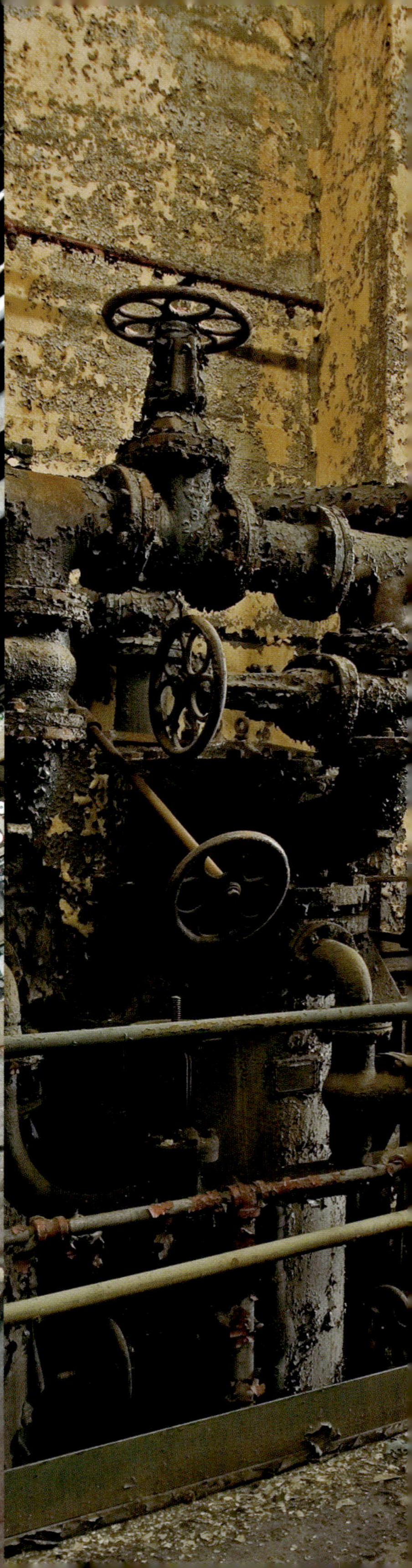

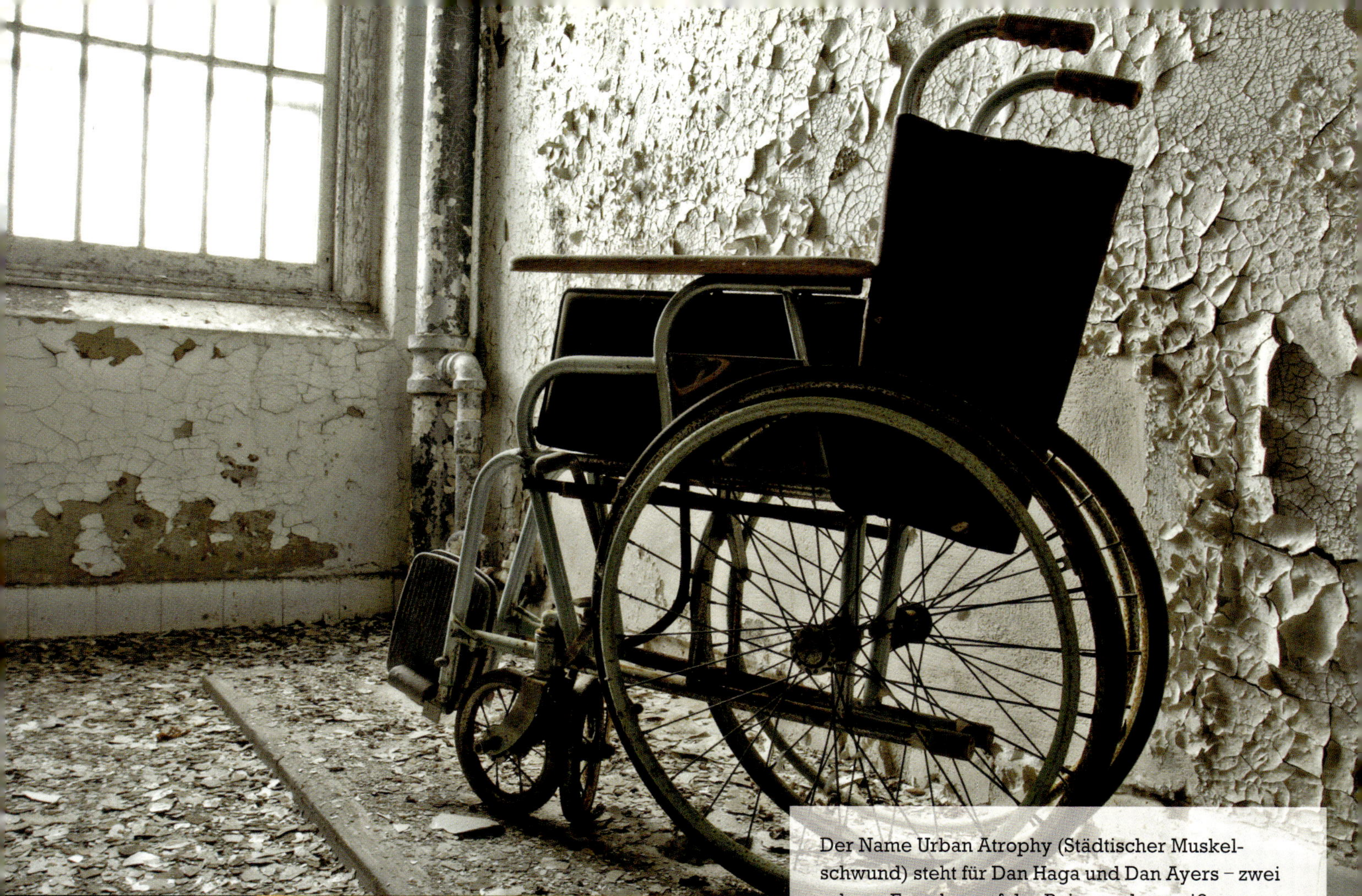

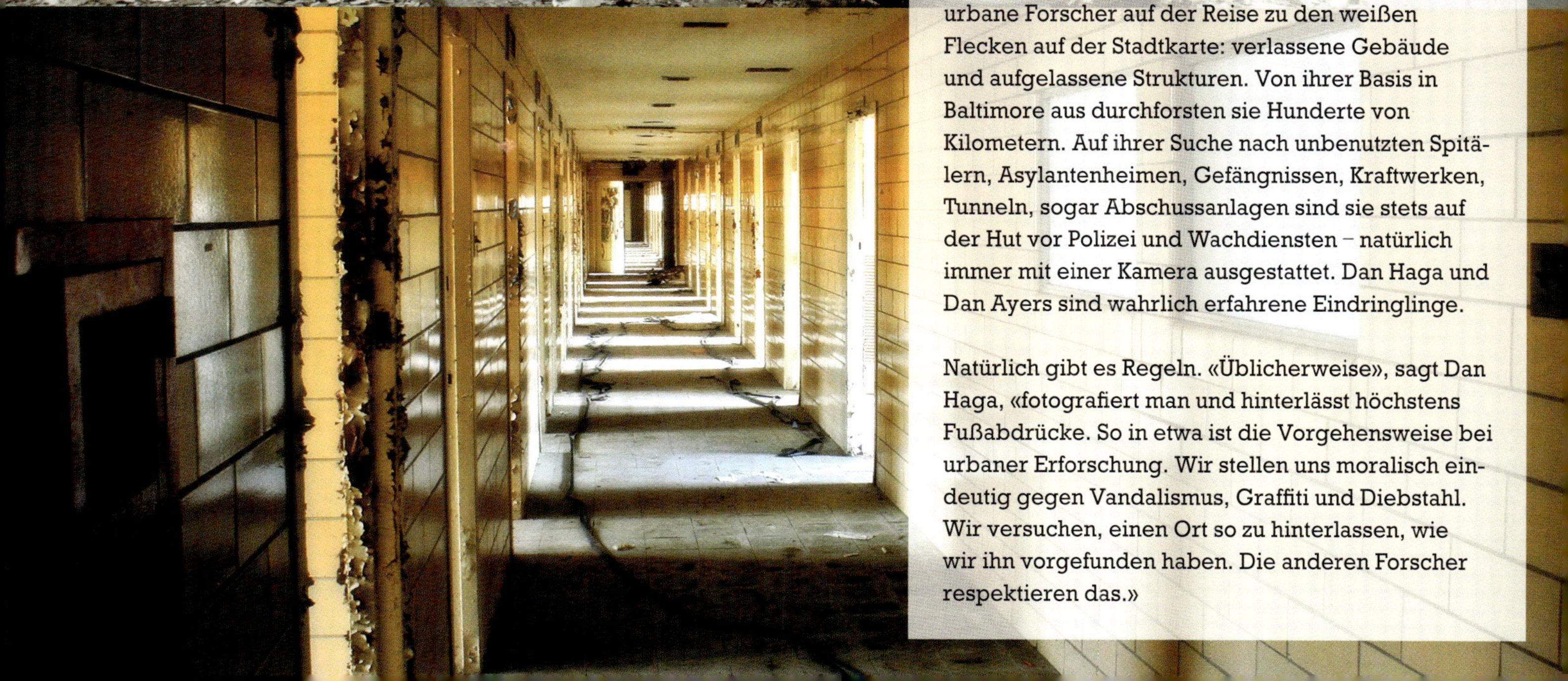

Der Name Urban Atrophy (Städtischer Muskelschwund) steht für Dan Haga und Dan Ayers – zwei urbane Forscher auf der Reise zu den weißen Flecken auf der Stadtkarte: verlassene Gebäude und aufgelassene Strukturen. Von ihrer Basis in Baltimore aus durchforsten sie Hunderte von Kilometern. Auf ihrer Suche nach unbenutzten Spitälern, Asylantenheimen, Gefängnissen, Kraftwerken, Tunneln, sogar Abschussanlagen sind sie stets auf der Hut vor Polizei und Wachdiensten – natürlich immer mit einer Kamera ausgestattet. Dan Haga und Dan Ayers sind wahrlich erfahrene Eindringlinge.

Natürlich gibt es Regeln. «Üblicherweise», sagt Dan Haga, «fotografiert man und hinterlässt höchstens Fußabdrücke. So in etwa ist die Vorgehensweise bei urbaner Erforschung. Wir stellen uns moralisch eindeutig gegen Vandalismus, Graffiti und Diebstahl. Wir versuchen, einen Ort so zu hinterlassen, wie wir ihn vorgefunden haben. Die anderen Forscher respektieren das.»

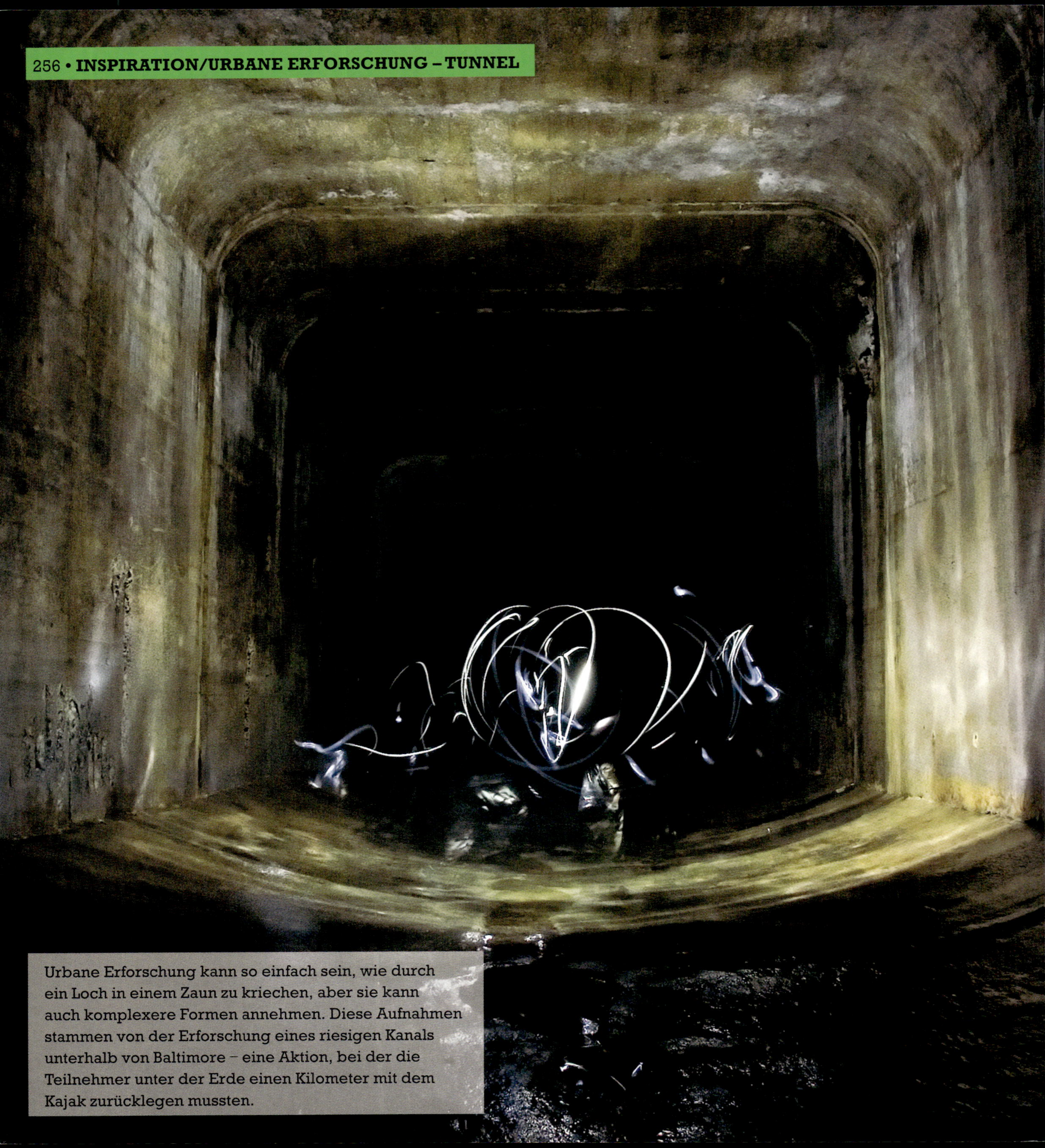

Urbane Erforschung kann so einfach sein, wie durch ein Loch in einem Zaun zu kriechen, aber sie kann auch komplexere Formen annehmen. Diese Aufnahmen stammen von der Erforschung eines riesigen Kanals unterhalb von Baltimore – eine Aktion, bei der die Teilnehmer unter der Erde einen Kilometer mit dem Kajak zurücklegen mussten.

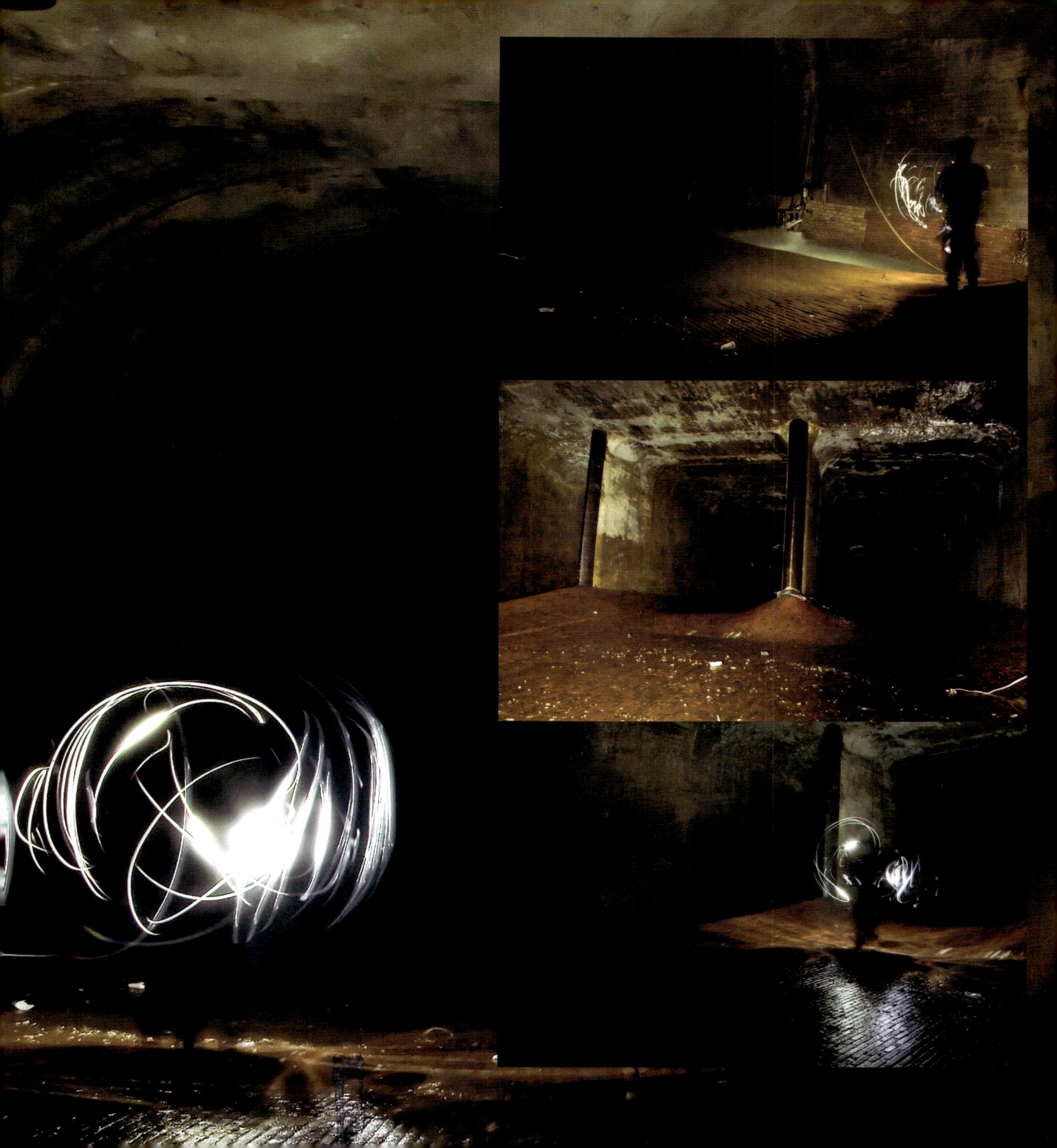

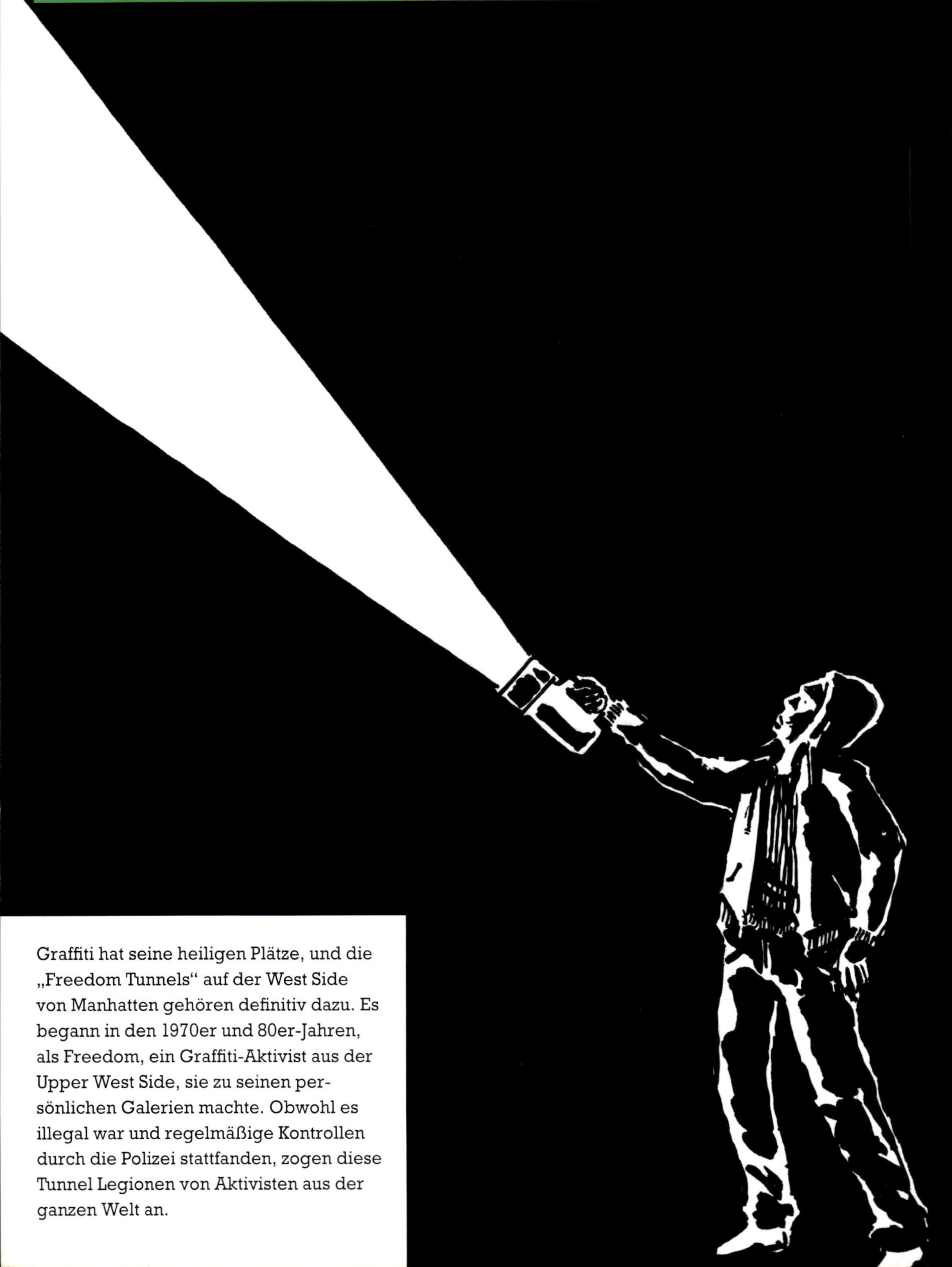

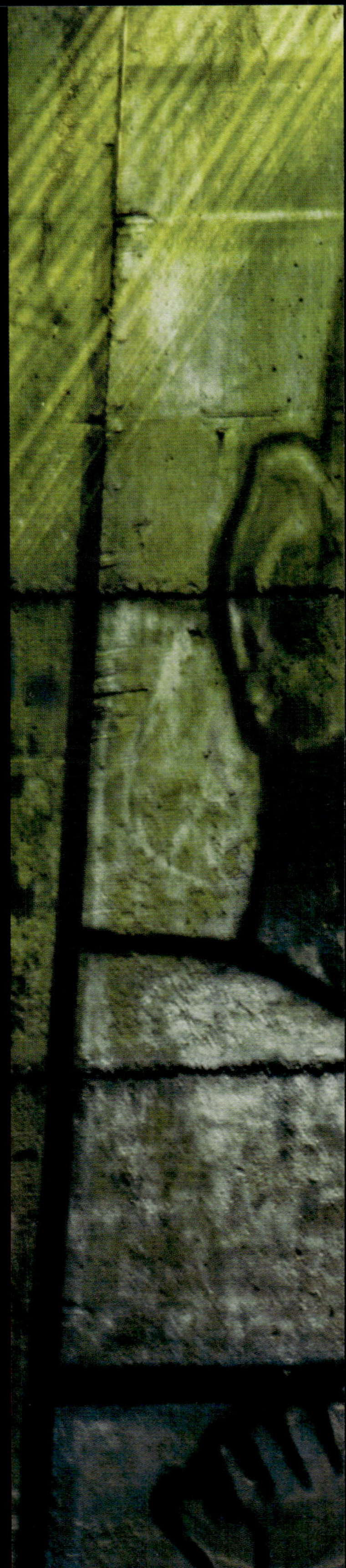

Graffiti hat seine heiligen Plätze, und die „Freedom Tunnels“ auf der West Side von Manhatten gehören definitiv dazu. Es begann in den 1970er und 80er-Jahren, als Freedom, ein Graffiti-Aktivist aus der Upper West Side, sie zu seinen persönlichen Galerien machte. Obwohl es illegal war und regelmäßige Kontrollen durch die Polizei stattfanden, zogen diese Tunnel Legionen von Aktivisten aus der ganzen Welt an.

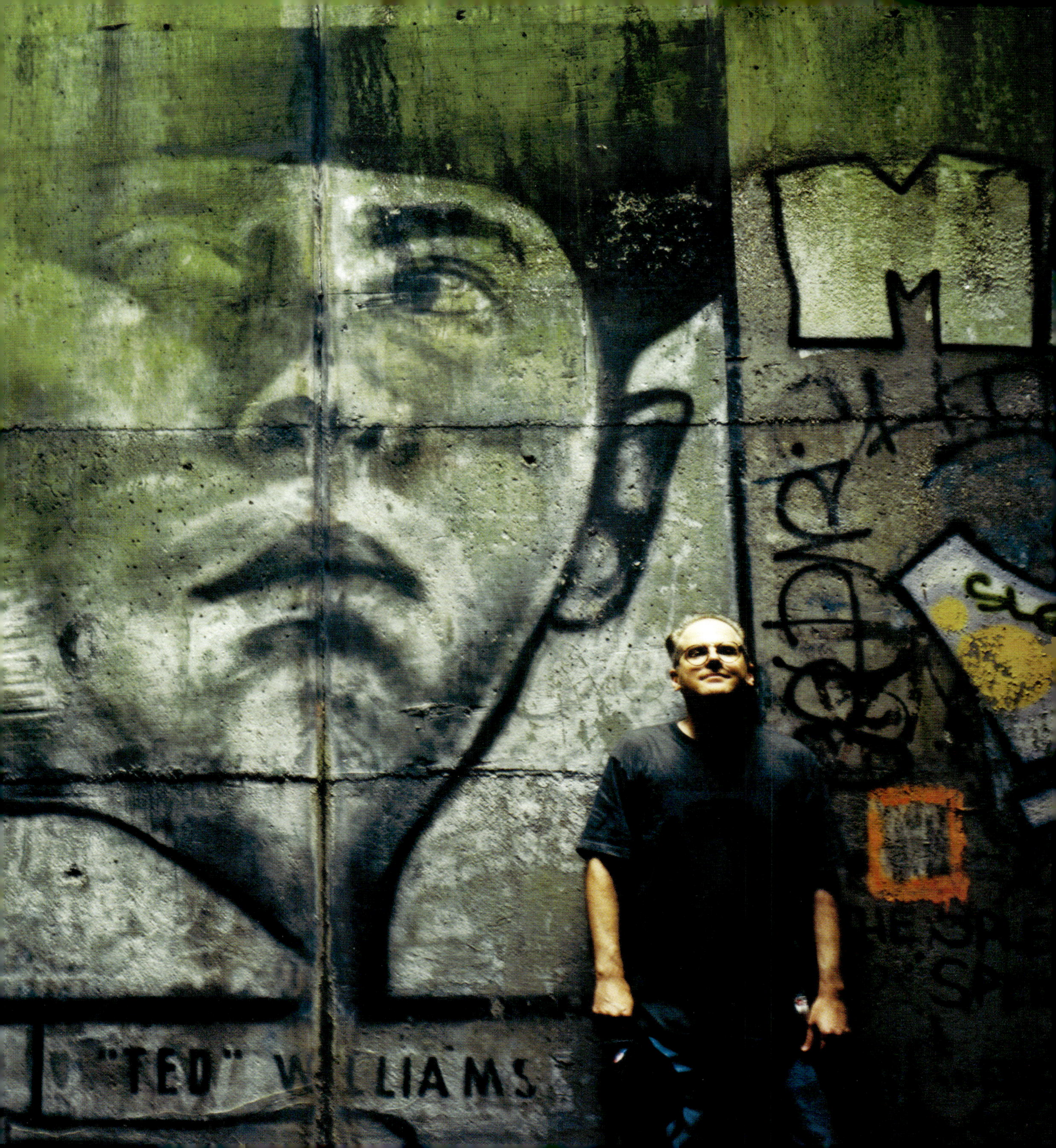
"TED" W LIAMS

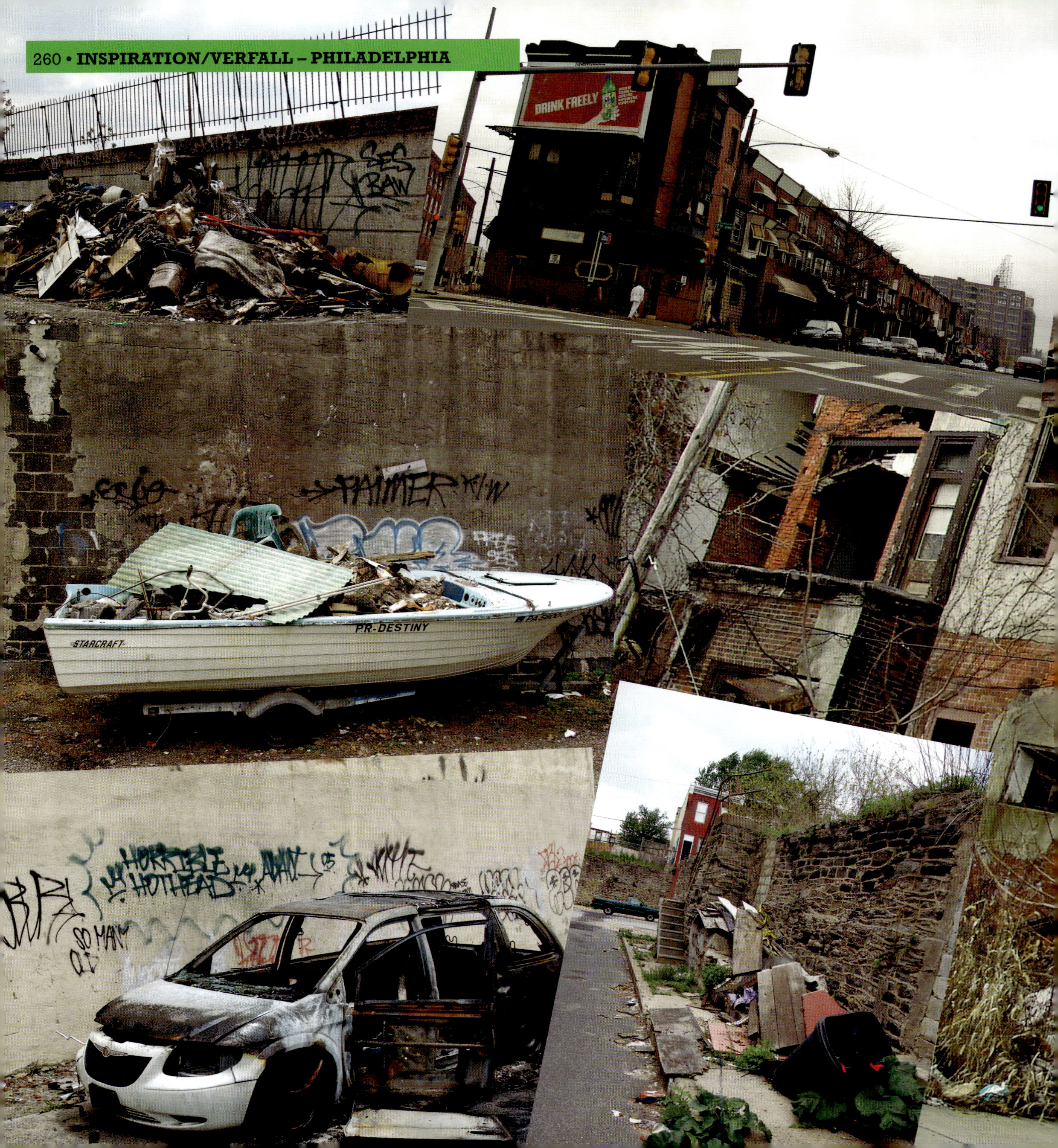
DRINK FREELY
STARCRAFT
PR-DESTINY

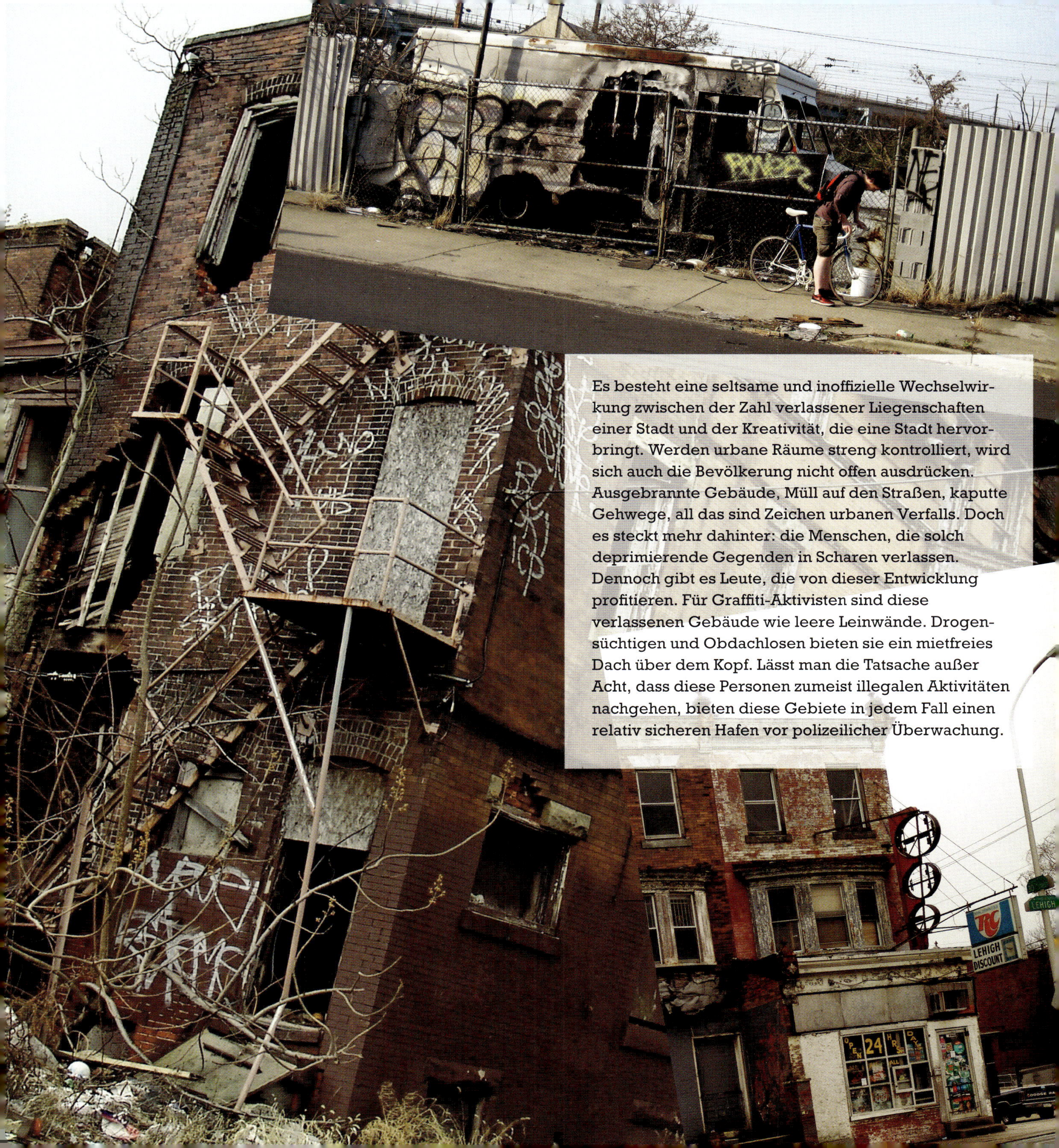

Es besteht eine seltsame und inoffizielle Wechselwirkung zwischen der Zahl verlassener Liegenschaften einer Stadt und der Kreativität, die eine Stadt hervorbringt. Werden urbane Räume streng kontrolliert, wird sich auch die Bevölkerung nicht offen ausdrücken. Ausgebrannte Gebäude, Müll auf den Straßen, kaputte Gehwege, all das sind Zeichen urbanen Verfalls. Doch es steckt mehr dahinter: die Menschen, die solch deprimierende Gegenden in Scharen verlassen. Dennoch gibt es Leute, die von dieser Entwicklung profitieren. Für Graffiti-Aktivisten sind diese verlassenen Gebäude wie leere Leinwände. Drogensüchtigen und Obdachlosen bieten sie ein mietfreies Dach über dem Kopf. Lässt man die Tatsache außer Acht, dass diese Personen zumeist illegalen Aktivitäten nachgehen, bieten diese Gebiete in jedem Fall einen relativ sicheren Hafen vor polizeilicher Überwachung.

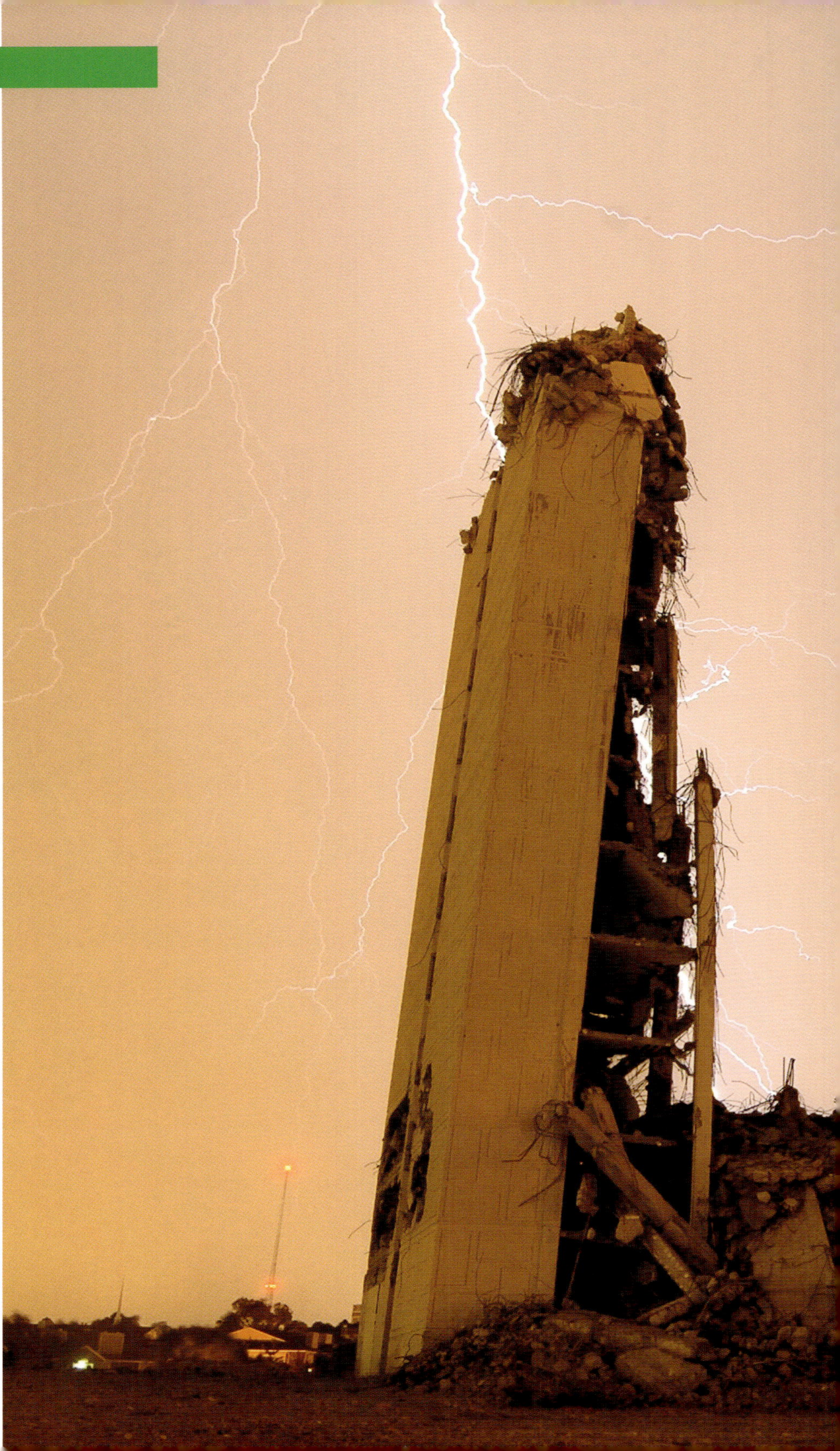

Das ehemalige Hotel Adams Mark in der City Line Avenue in Philadelphia. Heute ist das Gebäude ein riesiger Laden für Haushaltsartikel.
Foto: Robby Redcheeks

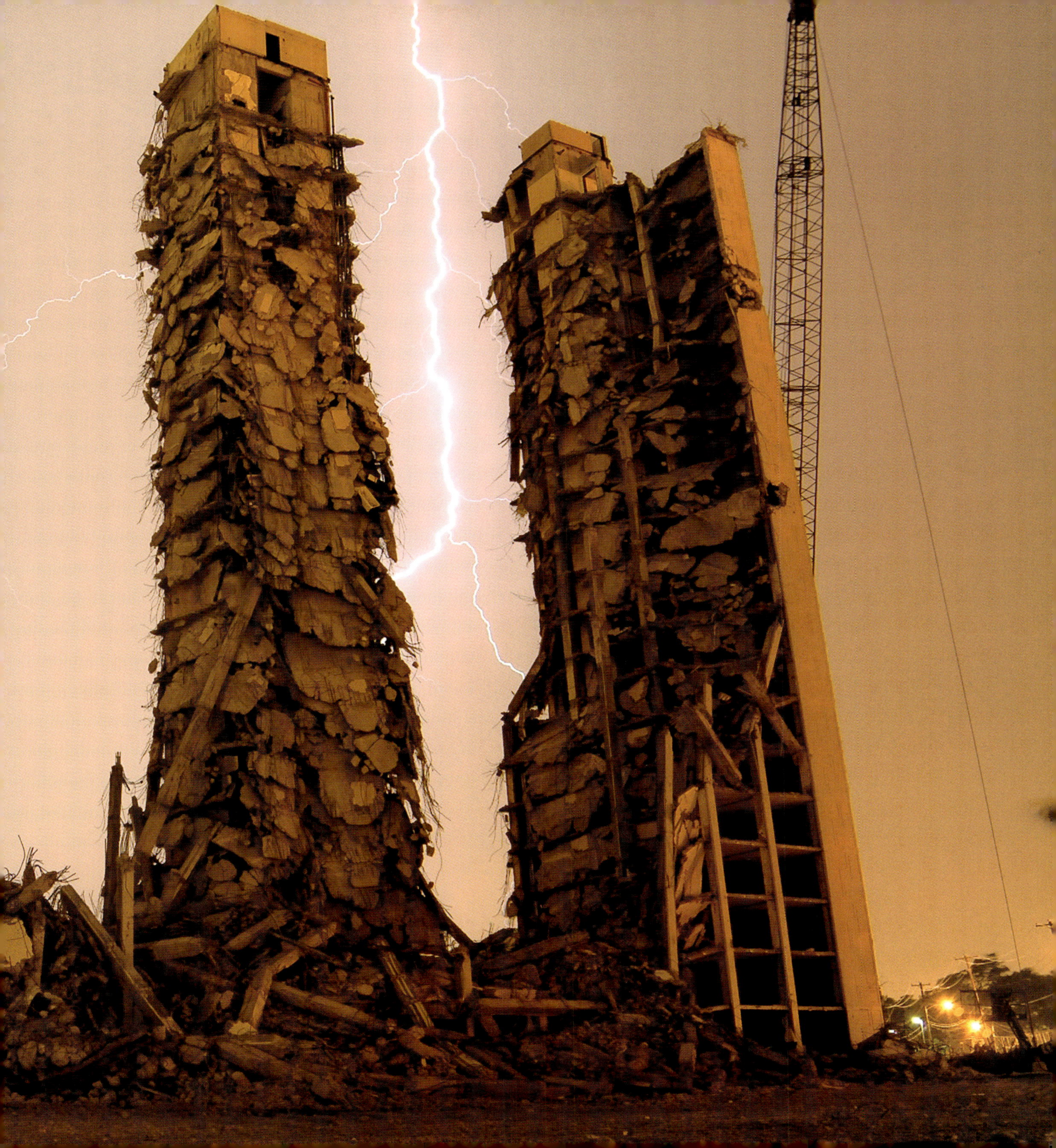

Studiokünstler können jede ihnen zur Verfügung stehende Technik anwenden, um eine alt und vom Wetter abgenutzt aussehende Patina auf jede beliebige Oberfläche zu zaubern. Natürlich befinden sich diese Oberflächen immer draußen, wie diese Bilder zeigen, die in Bangkok aufgenommen wurden. Sie locken Menschen an, deren Kunst sie nach draußen führt, und inspirieren sie.

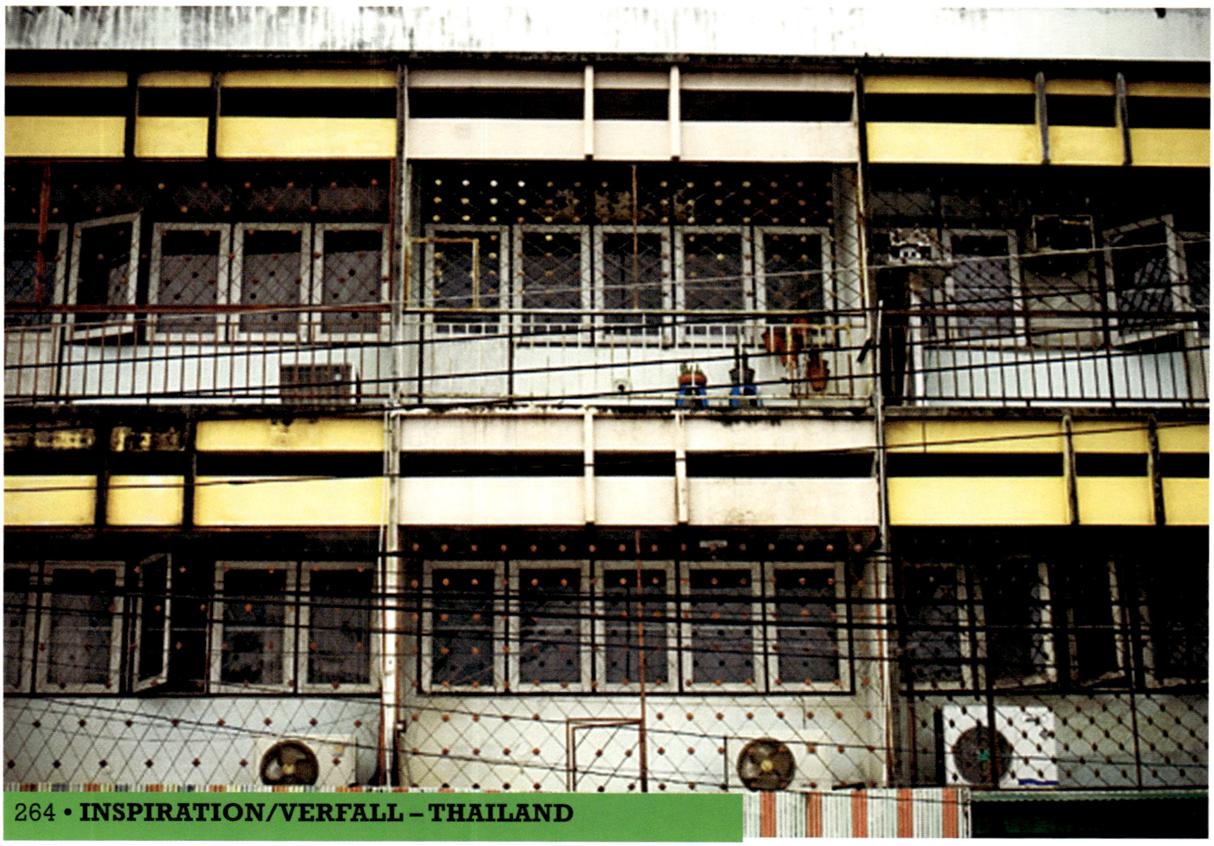

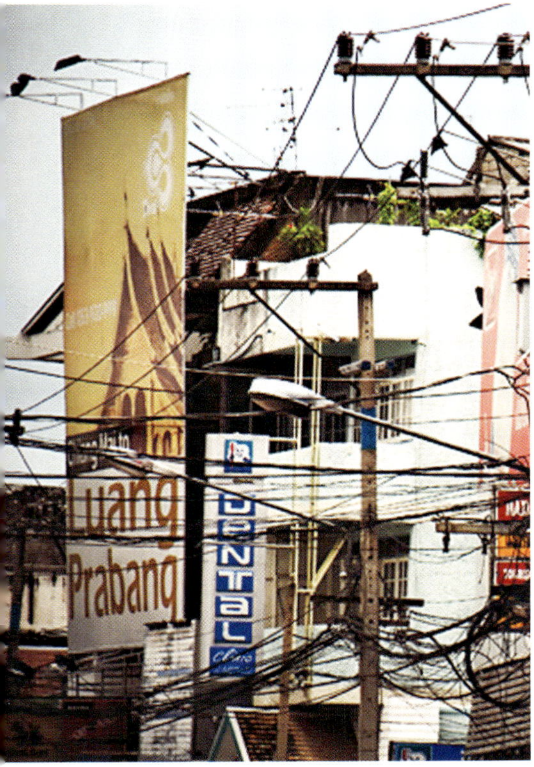
Luang
Prabang
DENTAL

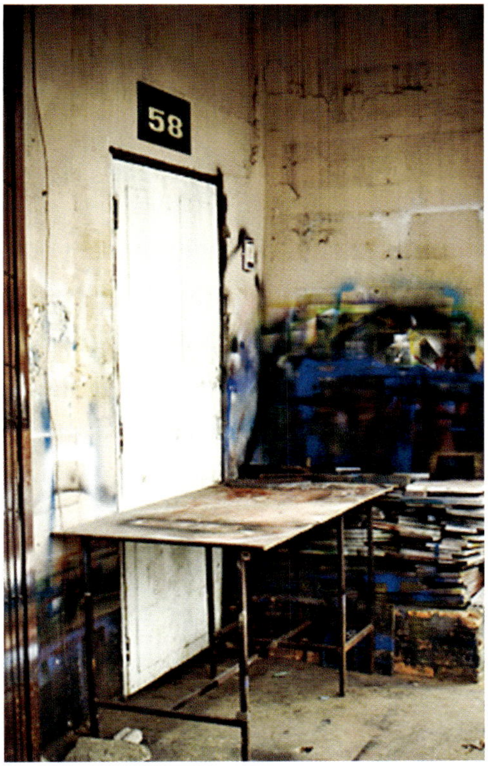
58

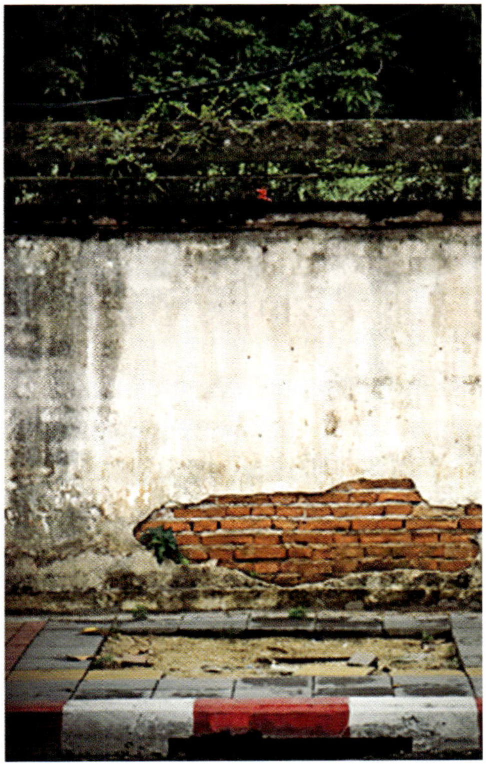

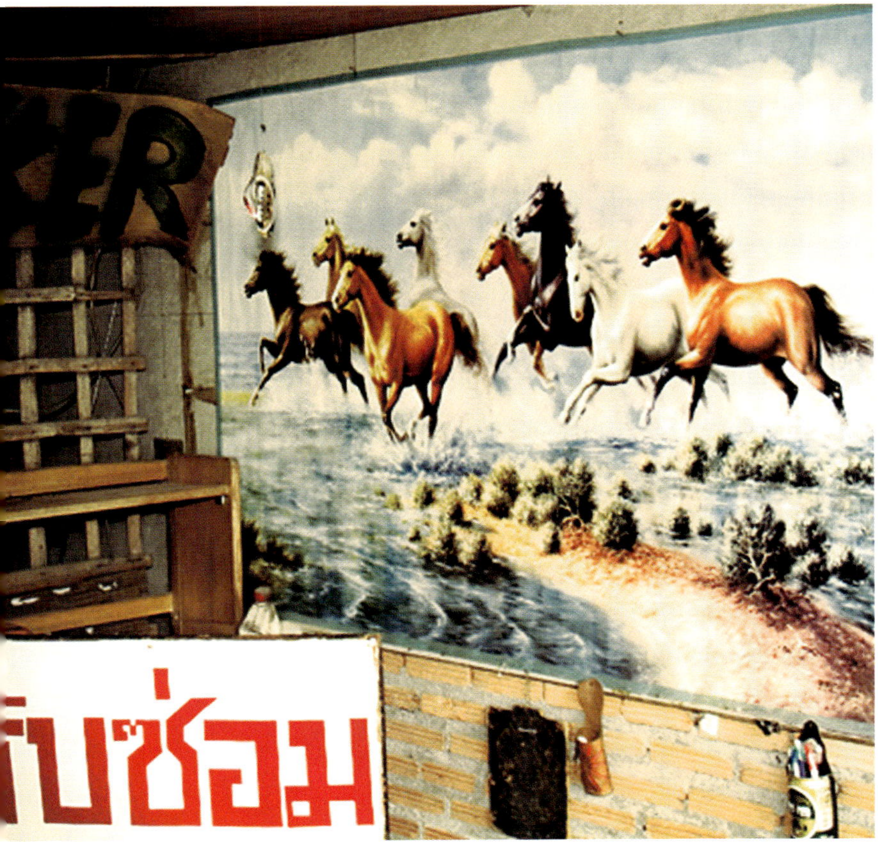
ER
บซ่อม

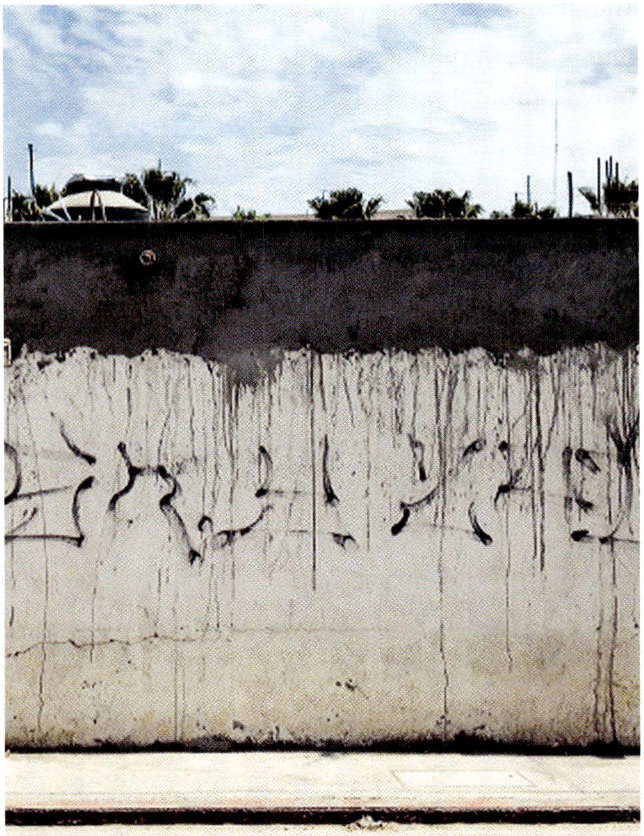

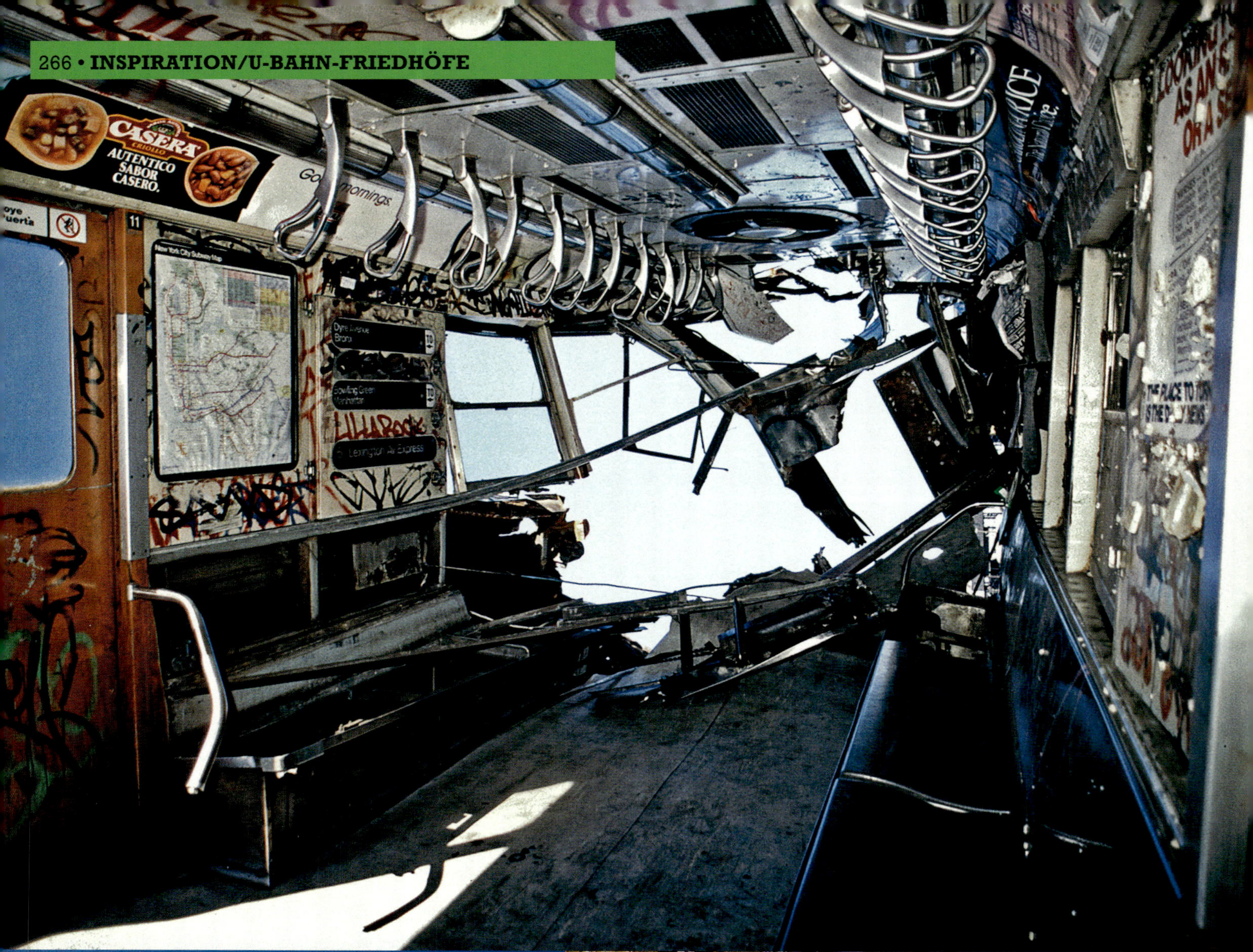
CASERA
CRIOLLO
AUTENTICO
SABOR
CASERO.
Lexington Av Express
THE PLACE TO TURN
IS THE DAILY NEWS

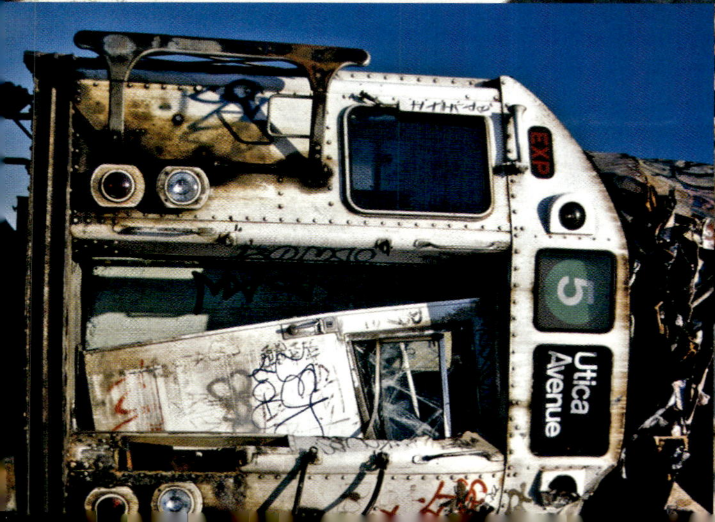
EXP
5
Utica
Avenue

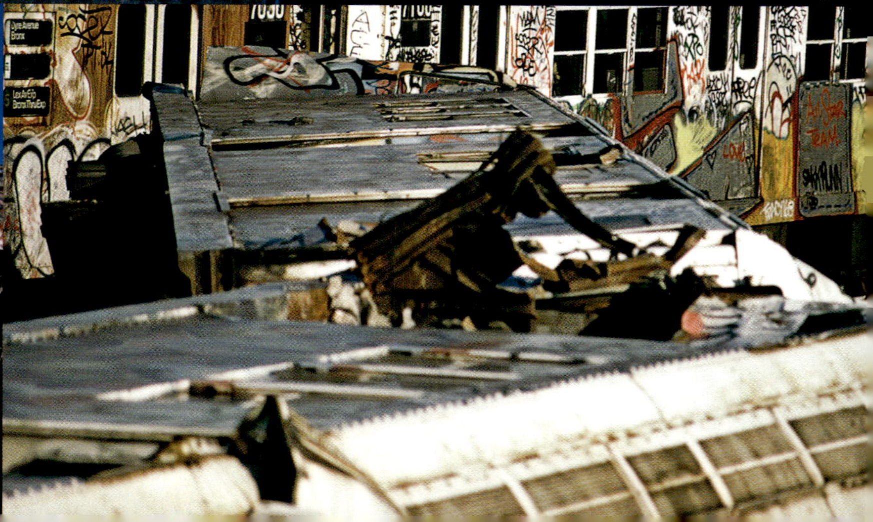

Für viele galt die New Yorker U-Bahn als die Essenz von Straßenkultur. Die 1980er-Jahre, als sie zur graffiti-freien Zone erklärt wurde, stellten das Ende dieser Ära dar. Aber es verschwanden nicht alle Züge. Manche der noch gut erhaltenen gingen auf eine letzte Reise zu U-Bahn-Friedhöfen in Brooklyn oder New Jersey. Solange es die Züge gab, bevor sie als Material für einen Gezeitendamm im Hafen von New York ein nasses Grab und eine zweite Karriere fanden, waren sie für Graffiti-Aktivisten der ganzen Welt wie ein Museum. Abgesehen natürlich von der Tatsache, dass keiner von ihnen es lassen konnte, den Zügen seine persönliche Note zu verleihen.

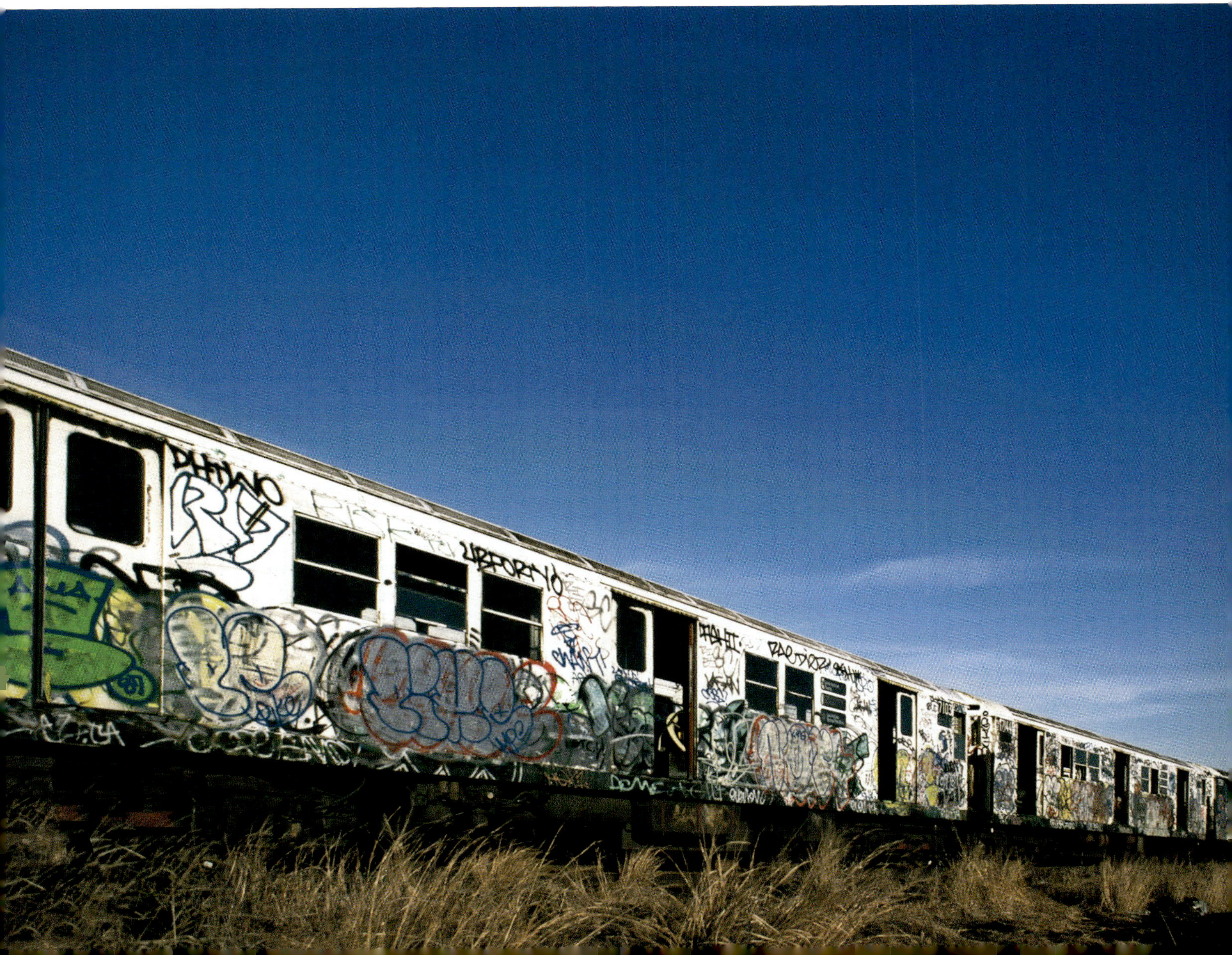

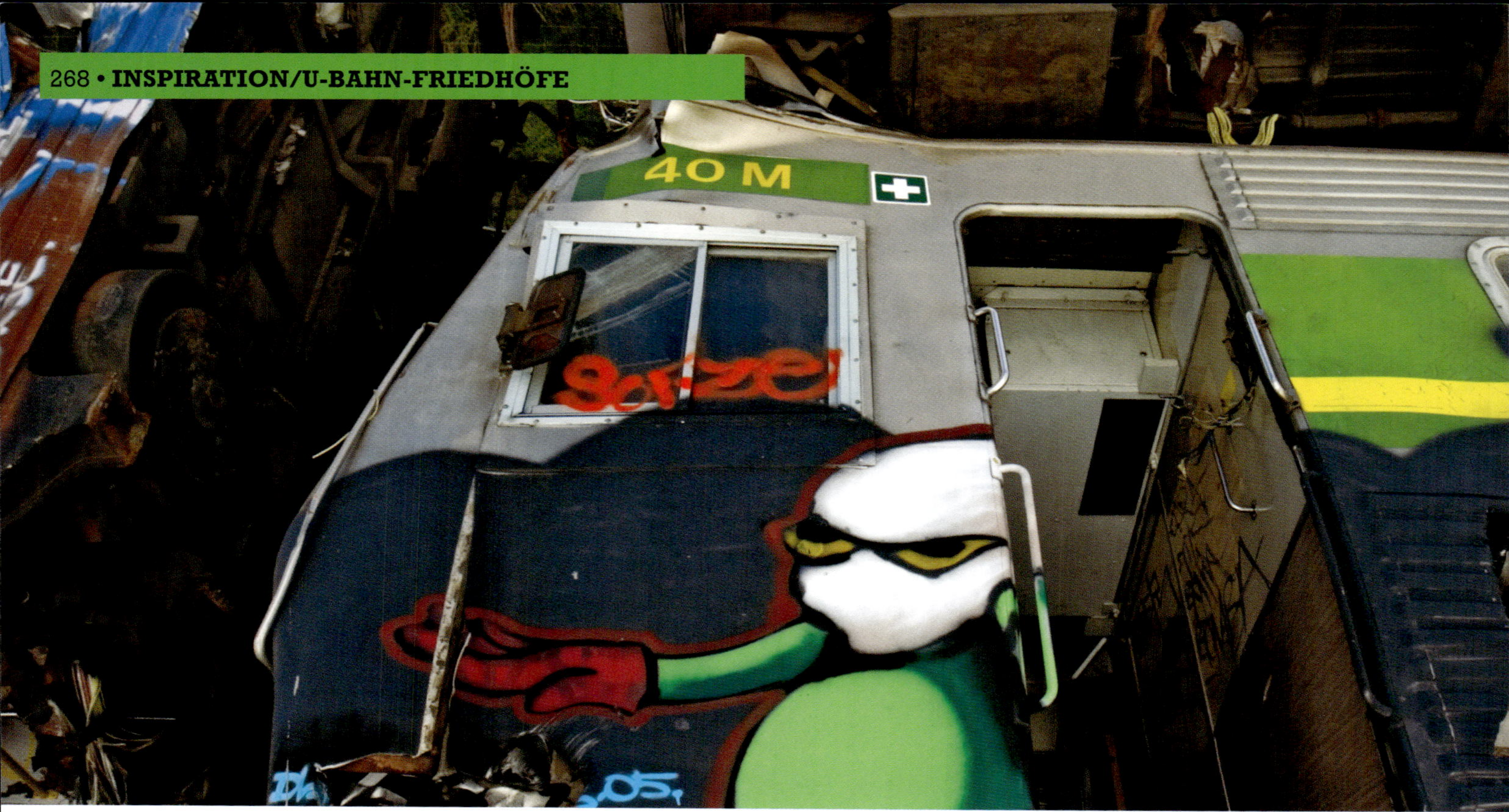
40 M

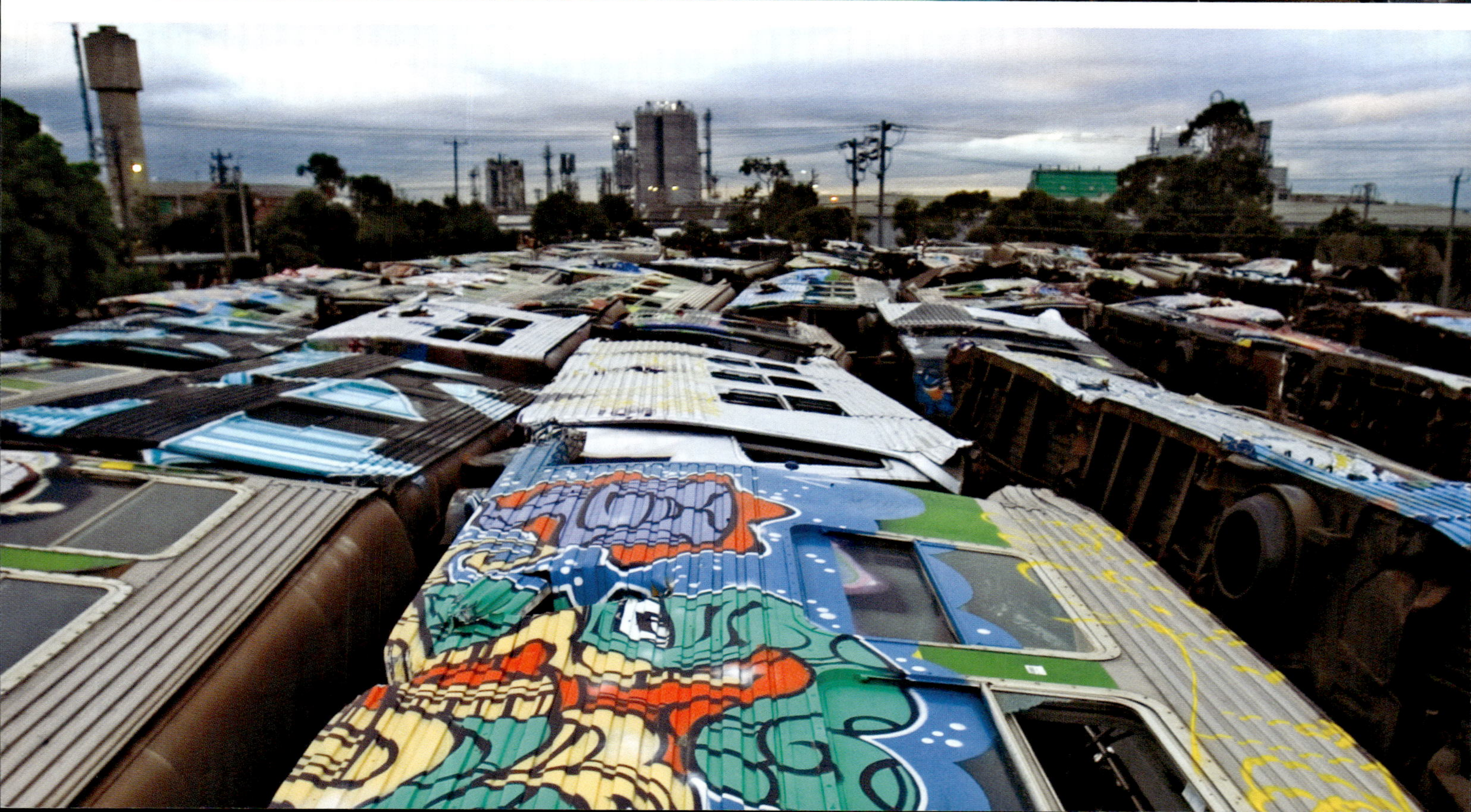

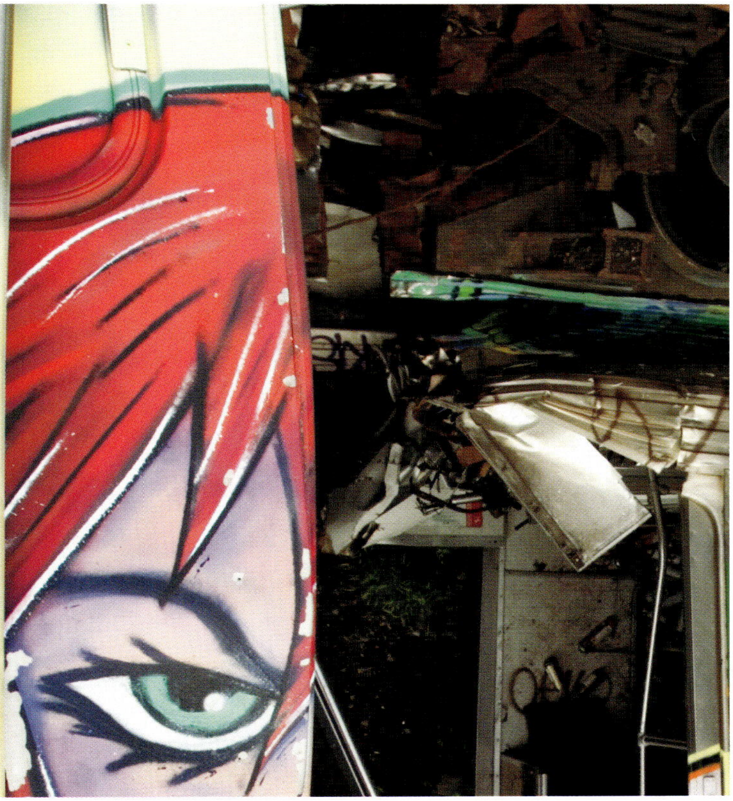

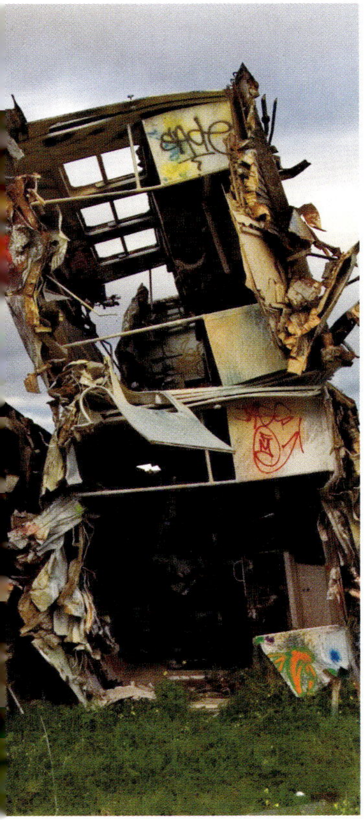

Die New Yorker U-Bahn-Wagons sind allerdings nicht die einzig faszinierenden Züge für Graffiti-Künstler. Mittlerweile wurden Wagen von so gut wie jedem Transportsystem der ganzen Welt bemalt. Dieser Friedhof für U-Bahn-Wagen in Melbourne, Australien, befindet sich zufällig im Stadtteil Brooklyn. Er wurde, ebenso wie die Züge, die noch fahren, zum beliebten Ziel von Graffiti-Aktivisten.

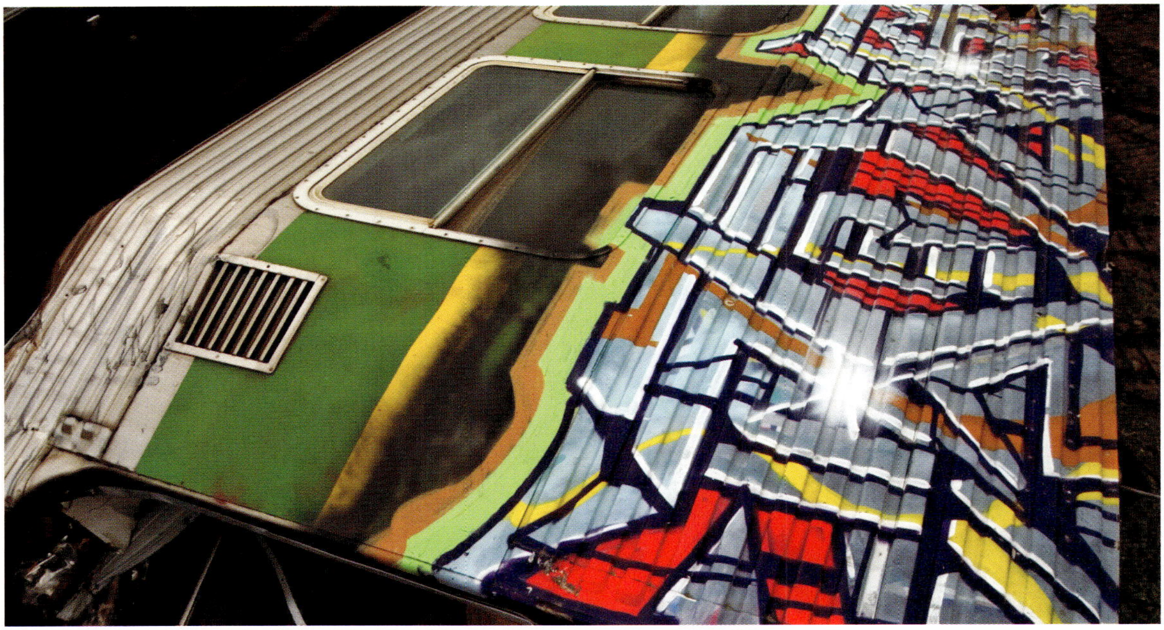

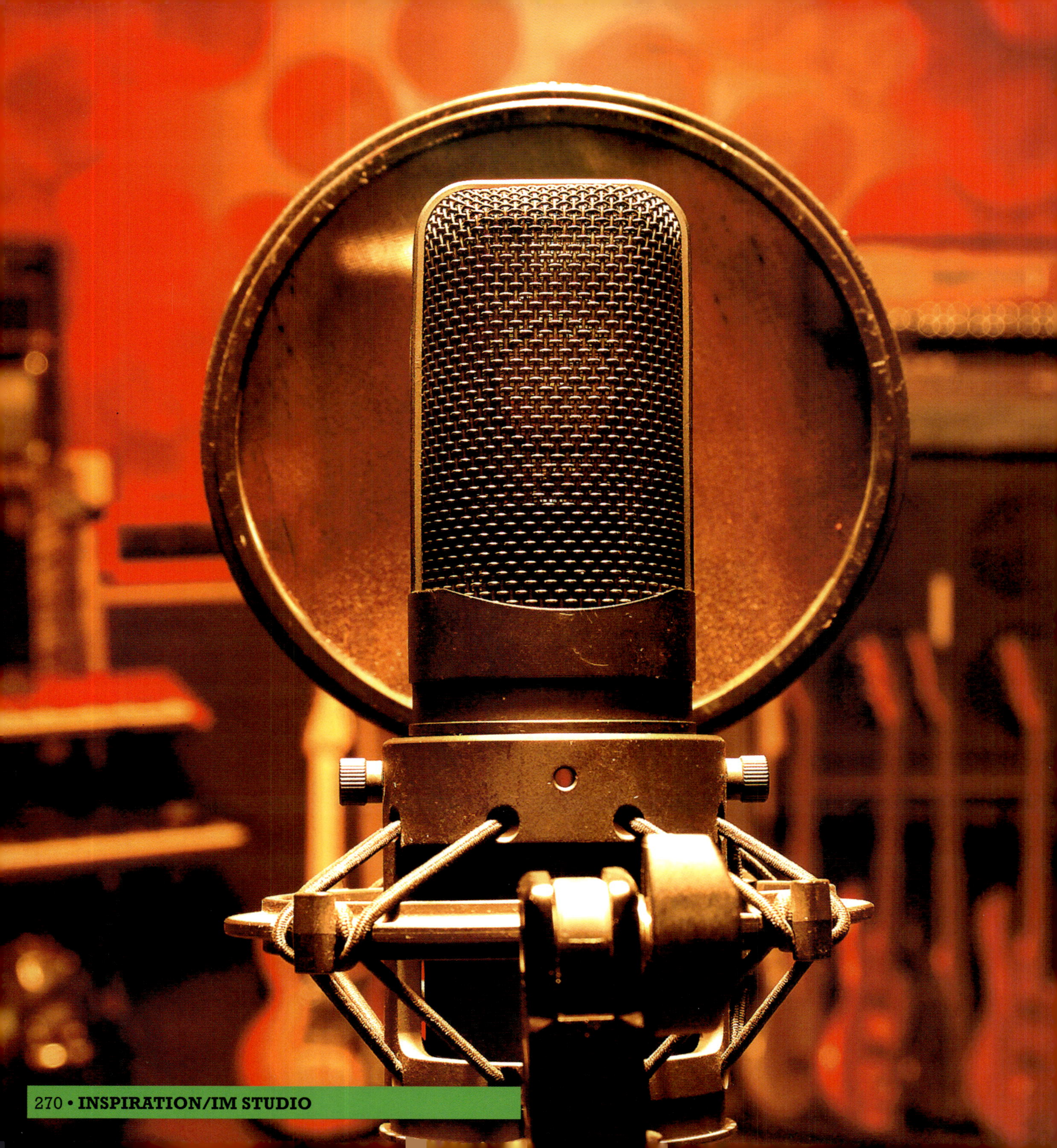

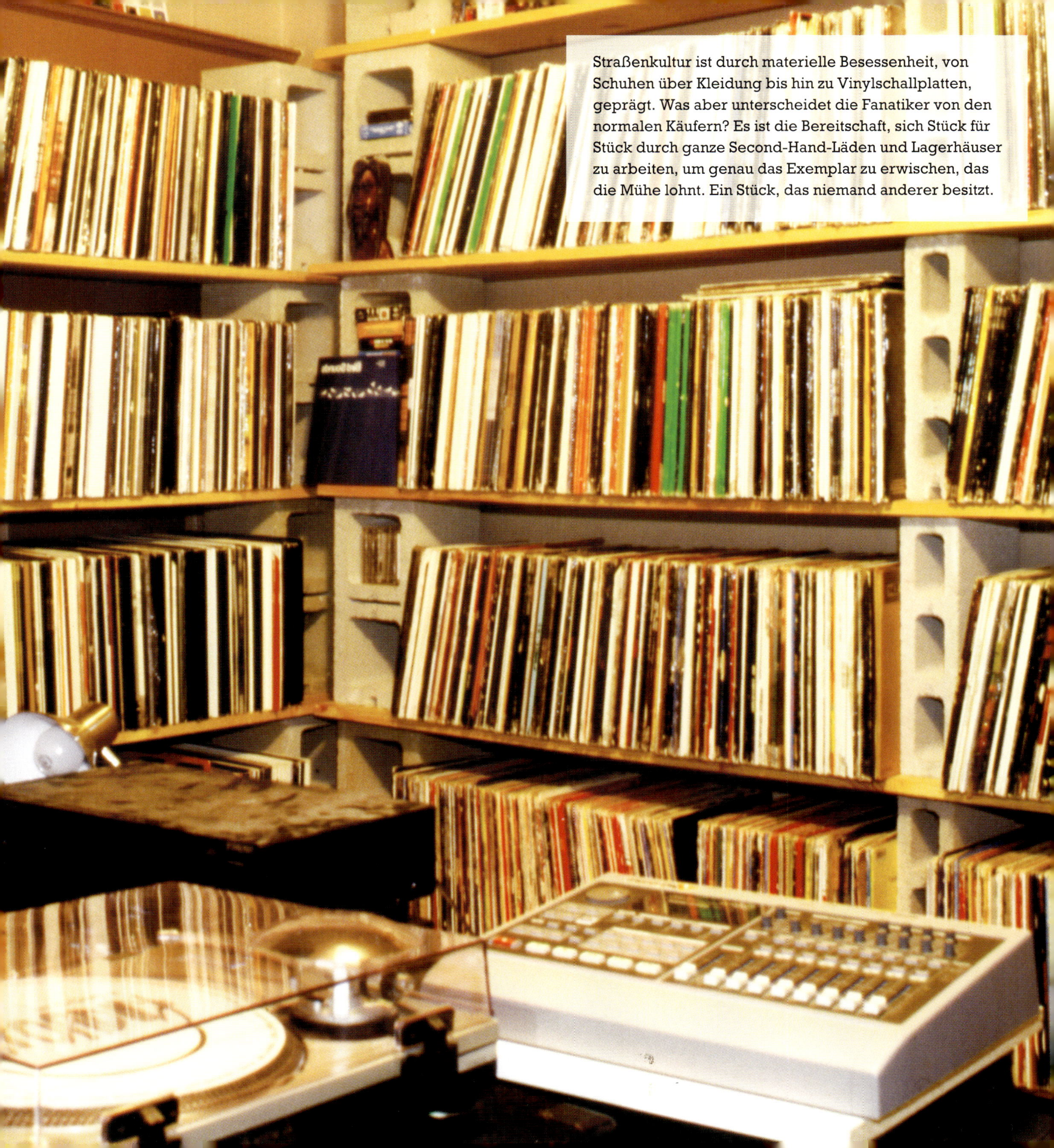

Straßenkultur ist durch materielle Besessenheit, von Schuhen über Kleidung bis hin zu Vinylschallplatten, geprägt. Was aber unterscheidet die Fanatiker von den normalen Käufern? Es ist die Bereitschaft, sich Stück für Stück durch ganze Second-Hand-Läden und Lagerhäuser zu arbeiten, um genau das Exemplar zu erwischen, das die Mühe lohnt. Ein Stück, das niemand anderer besitzt.

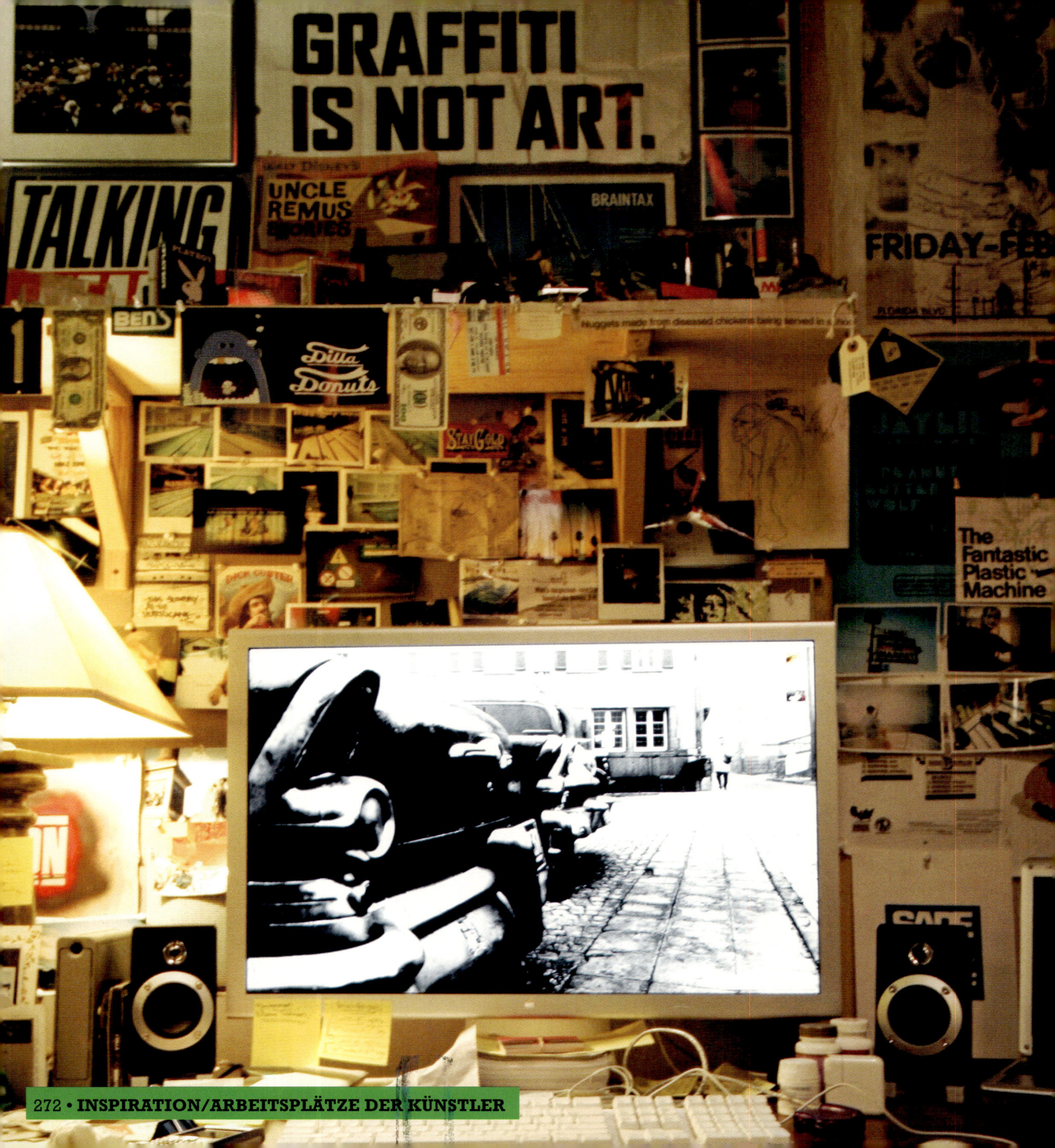
GRAFFITI
IS NOT ART.
TALKING
UNCLE
REMUS
BRAINTAX
FRIDAY-FEB
BEN'S
Dilla
Donuts
The
Fantastic
Plastic
Machine

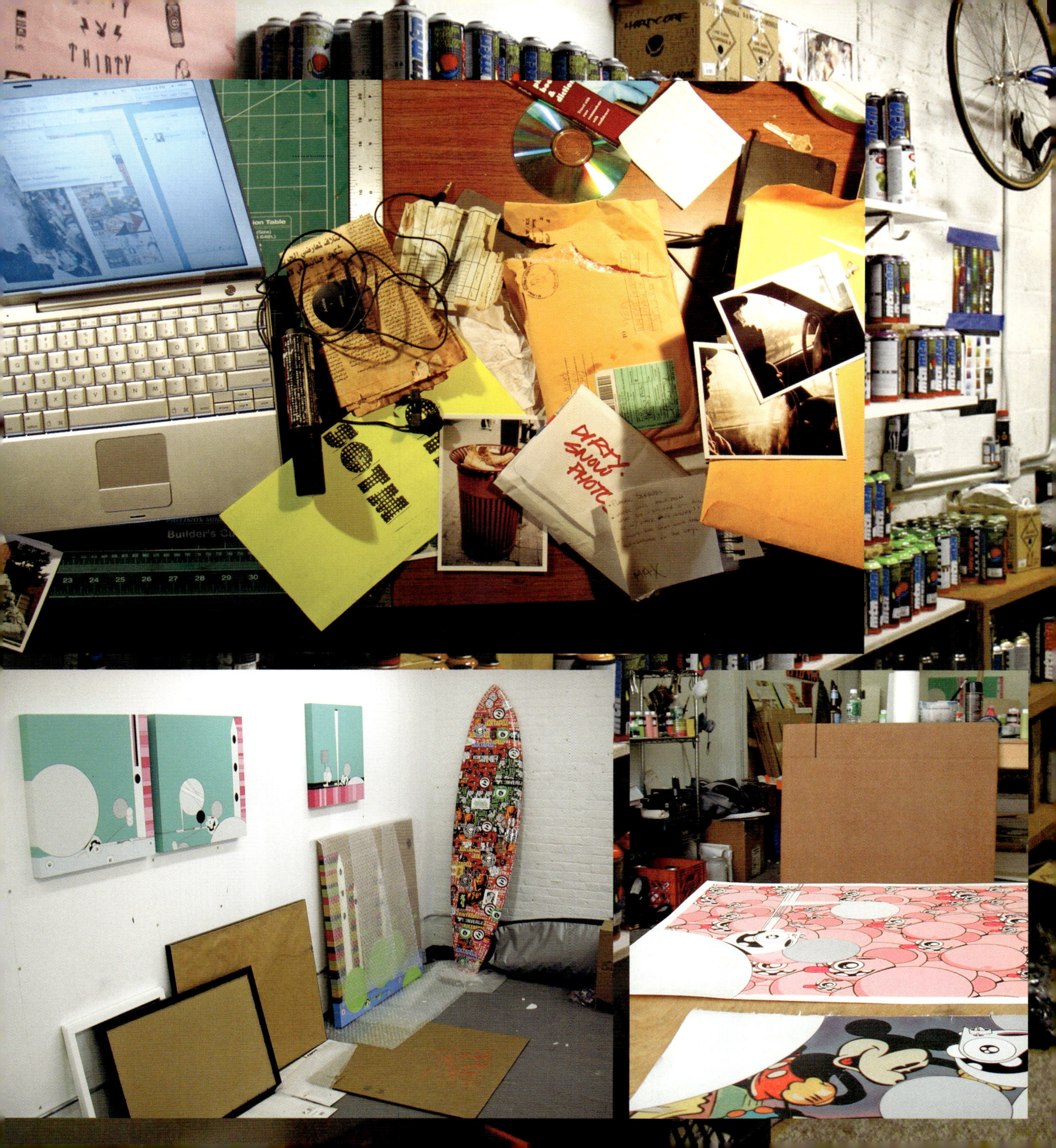
THIRTY
HARDCORE
DIRTY.
SNOW

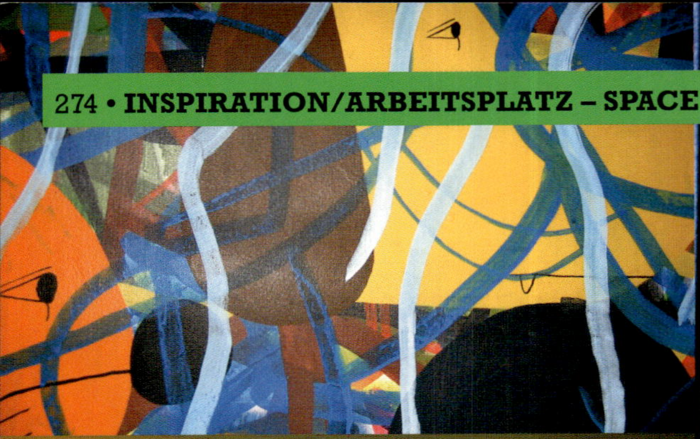

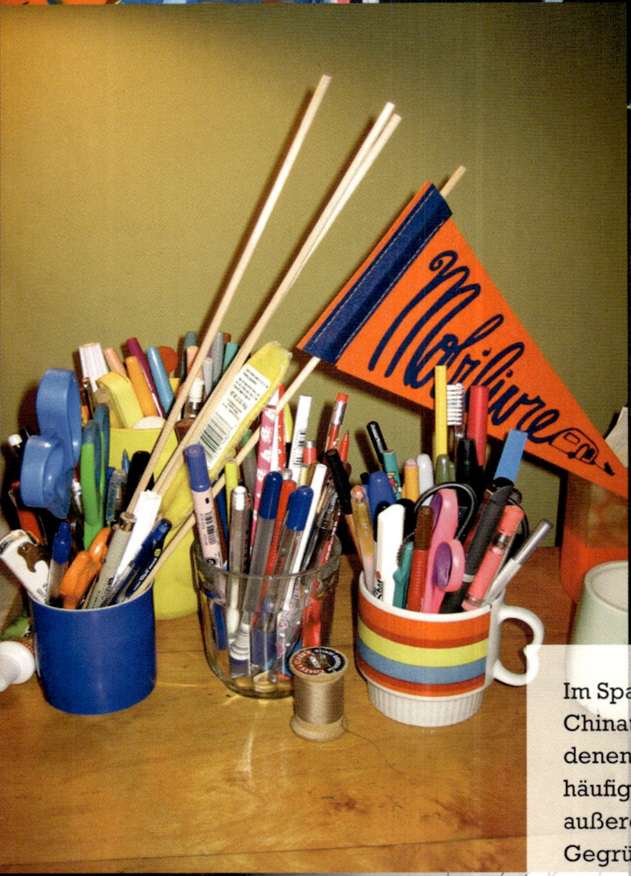

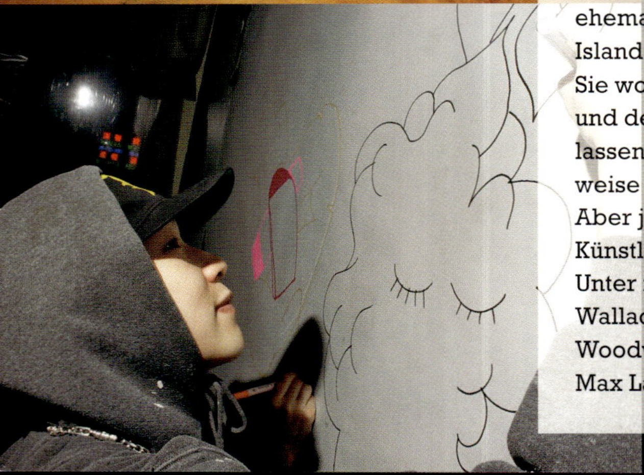

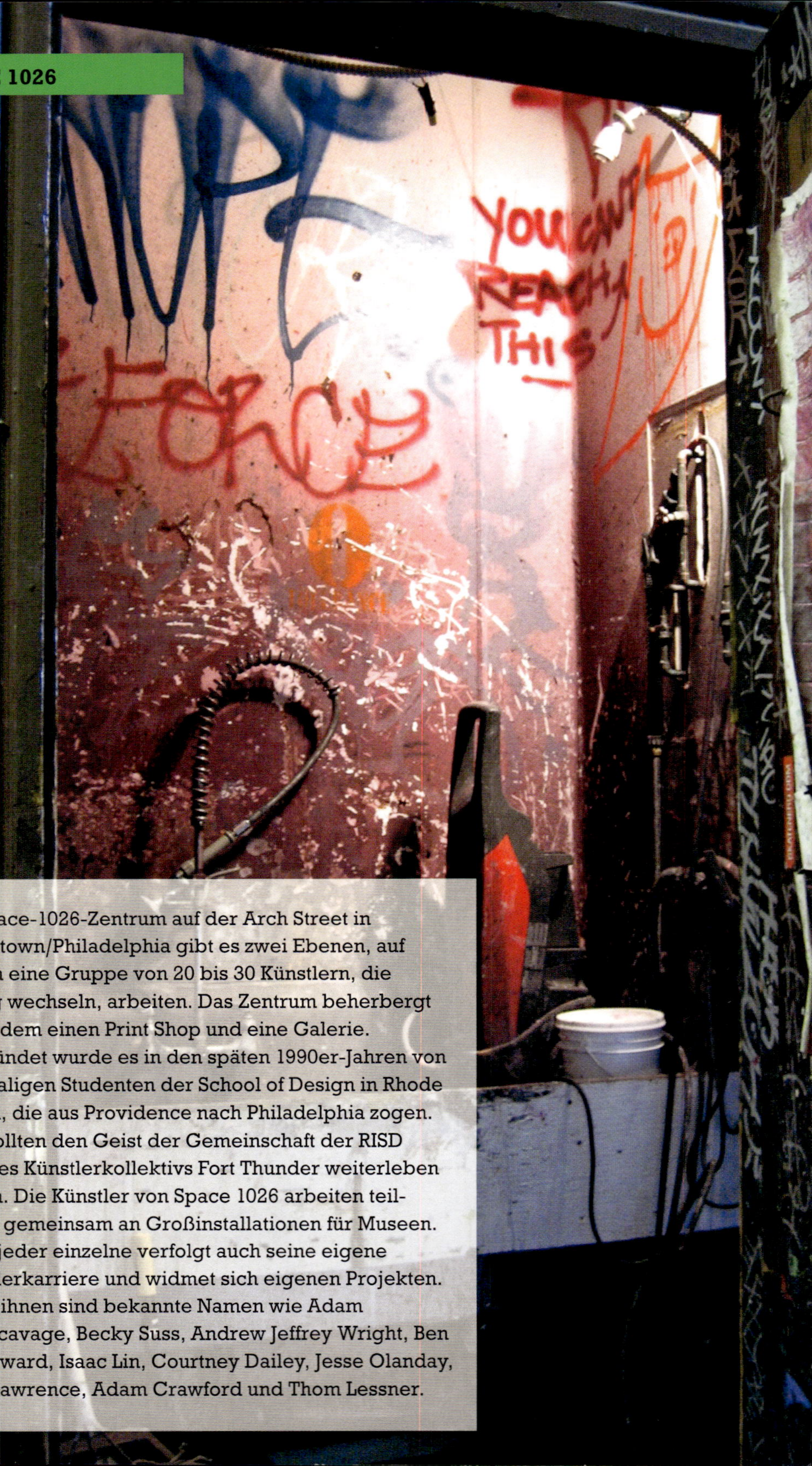

Im Space-1026-Zentrum auf der Arch Street in Chinatown/Philadelphia gibt es zwei Ebenen, auf denen eine Gruppe von 20 bis 30 Künstlern, die häufig wechseln, arbeiten. Das Zentrum beherbergt außerdem einen Print Shop und eine Galerie. Gegründet wurde es in den späten 1990er-Jahren von ehemaligen Studenten der School of Design in Rhode Island, die aus Providence nach Philadelphia zogen. Sie wollten den Geist der Gemeinschaft der RISD und des Künstlerkollektivs Fort Thunder weiterleben lassen. Die Künstler von Space 1026 arbeiten teilweise gemeinsam an Großinstallationen für Museen. Aber jeder einzelne verfolgt auch seine eigene Künstlerkarriere und widmet sich eigenen Projekten. Unter ihnen sind bekannte Namen wie Adam Wallacavage, Becky Suss, Andrew Jeffrey Wright, Ben Woodward, Isaac Lin, Courtney Dailey, Jesse Olanday, Max Lawrence, Adam Crawford und Thom Lessner.

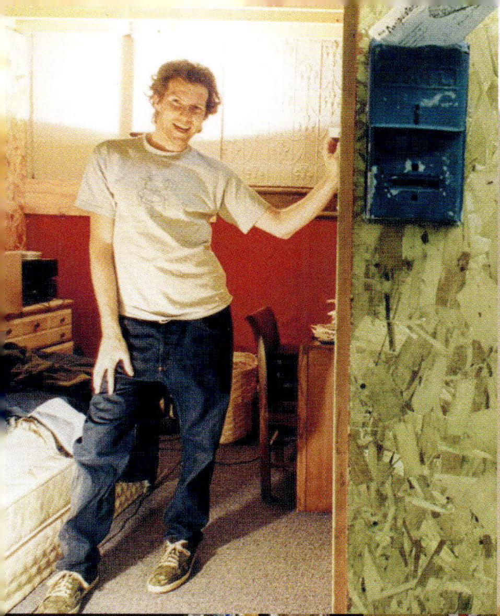

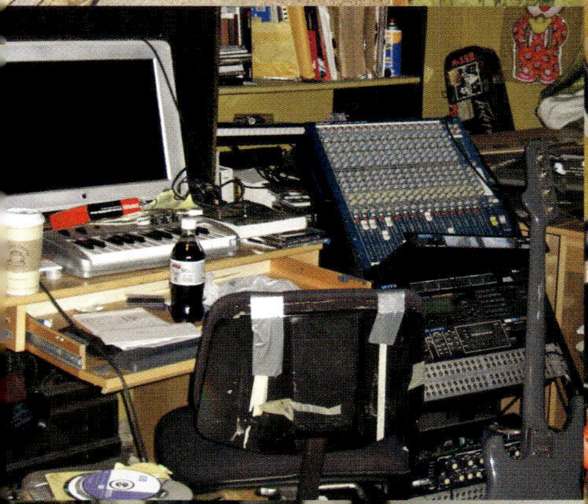

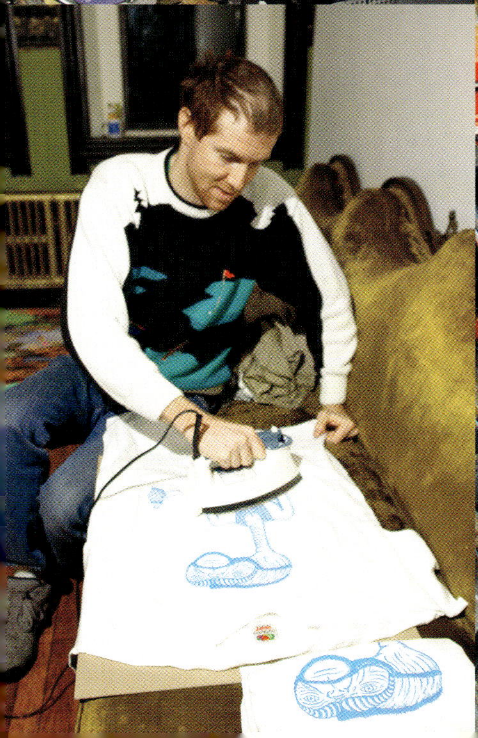

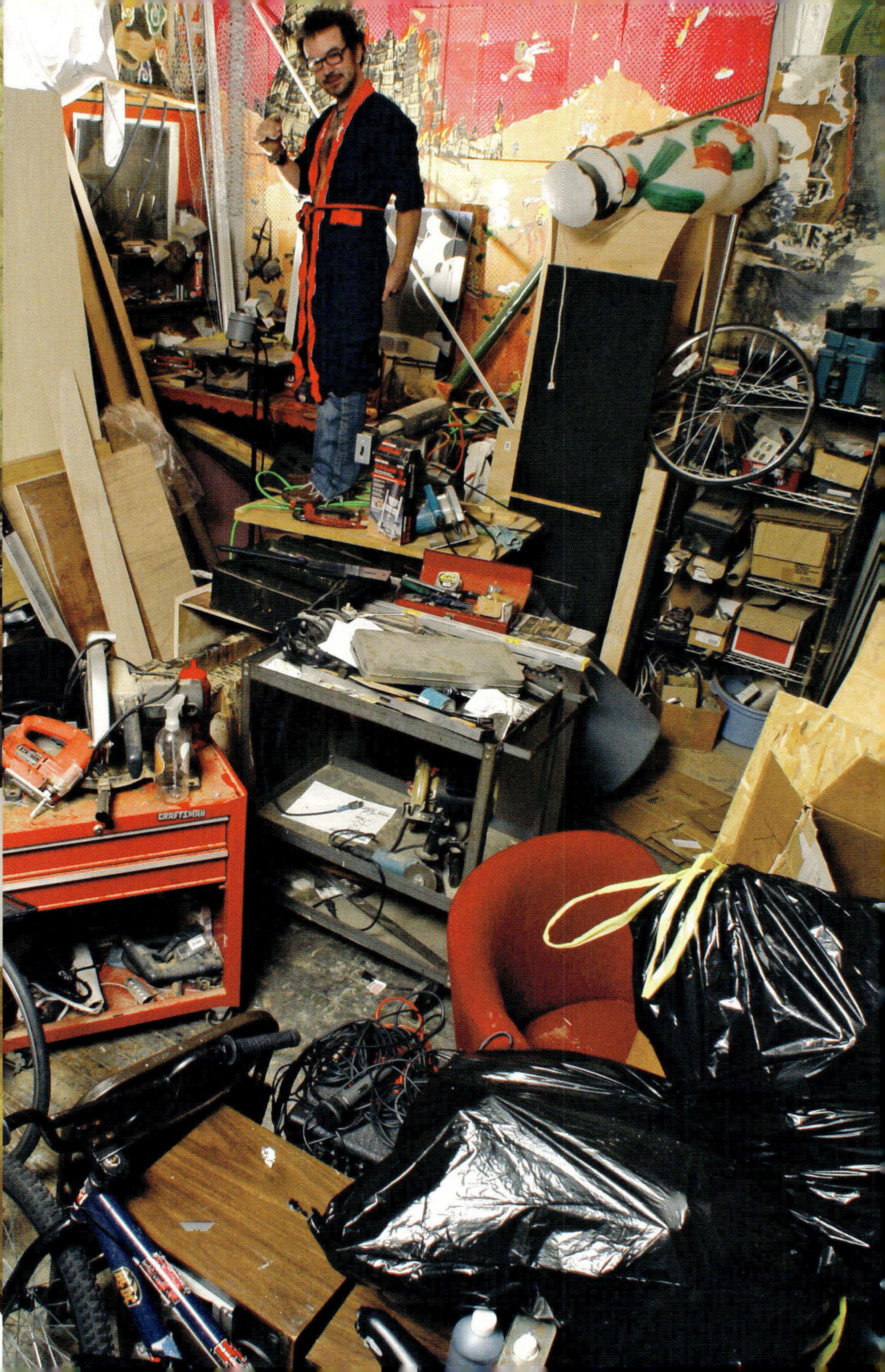
CRAFTSMAN

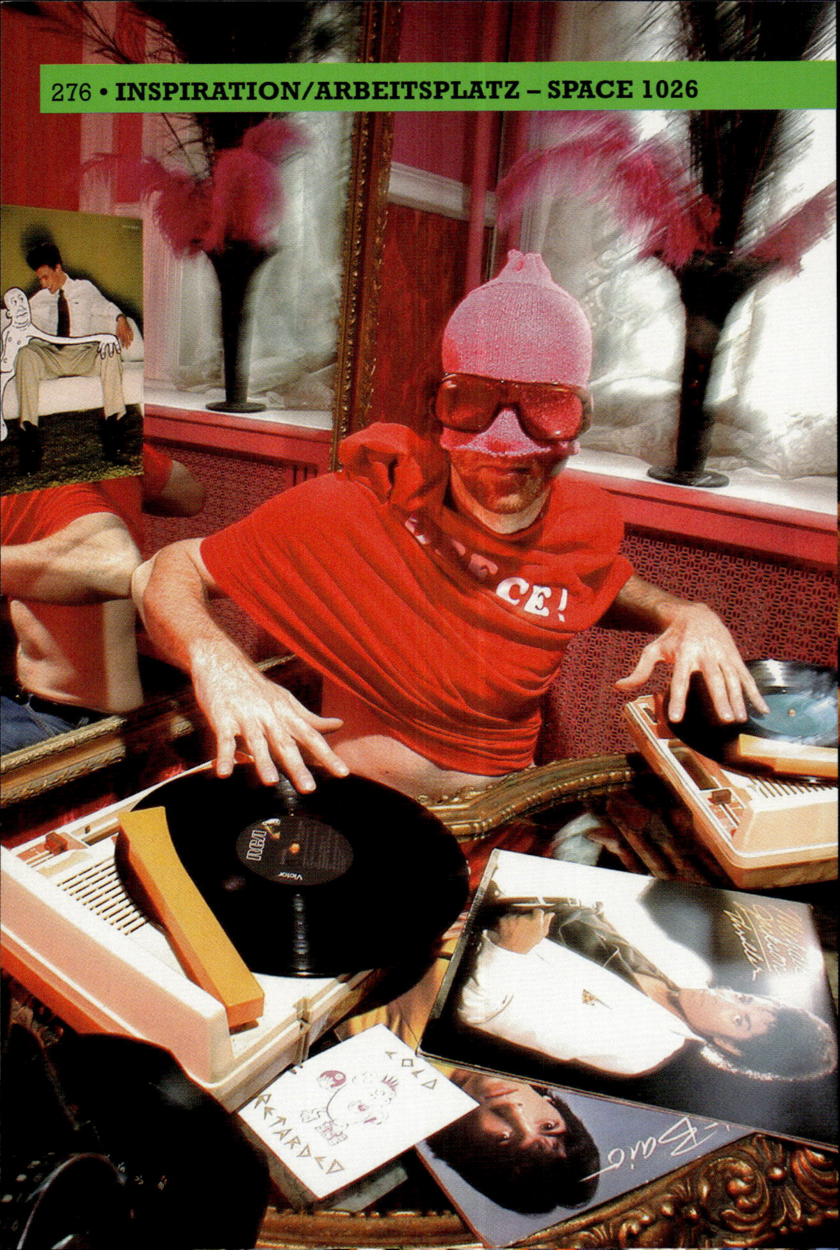

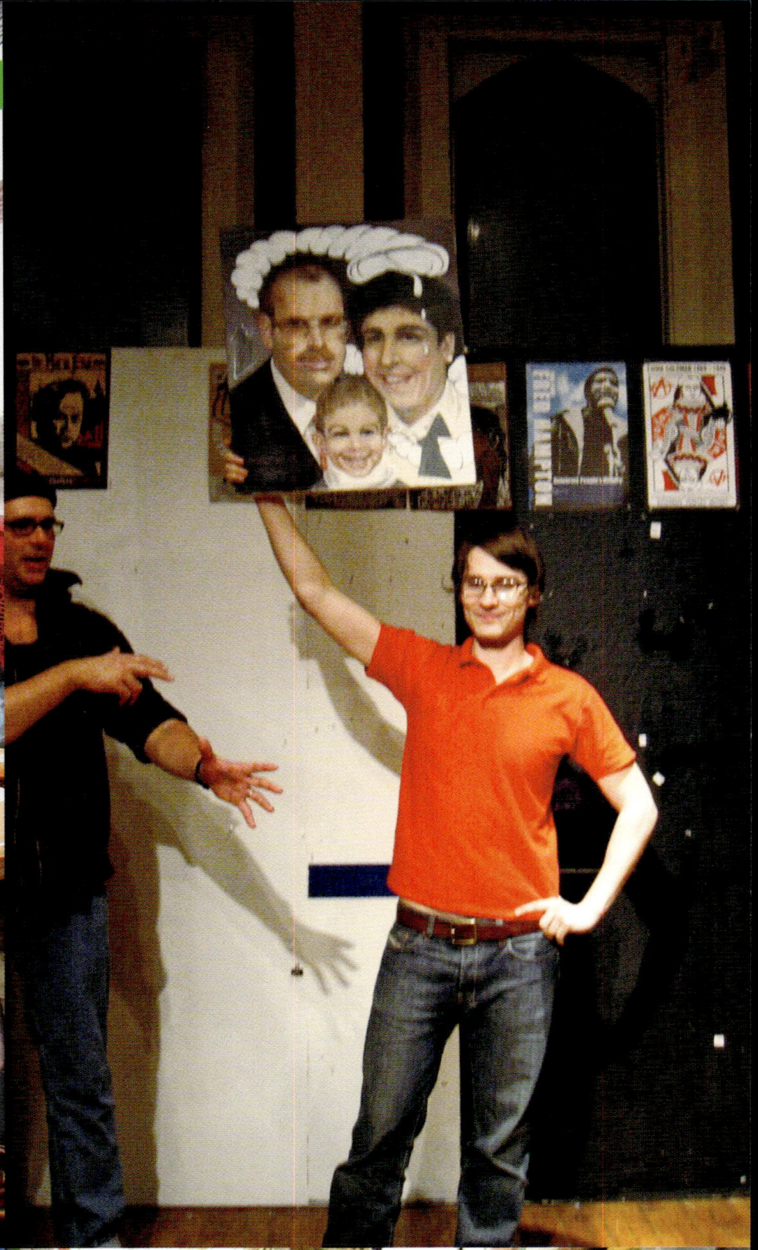

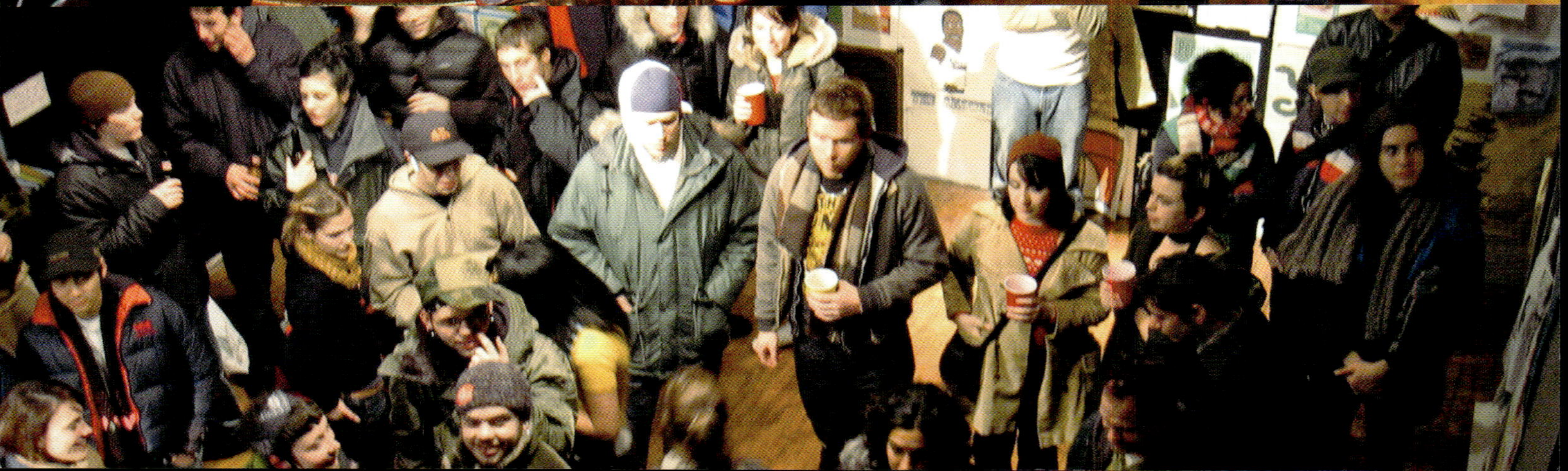

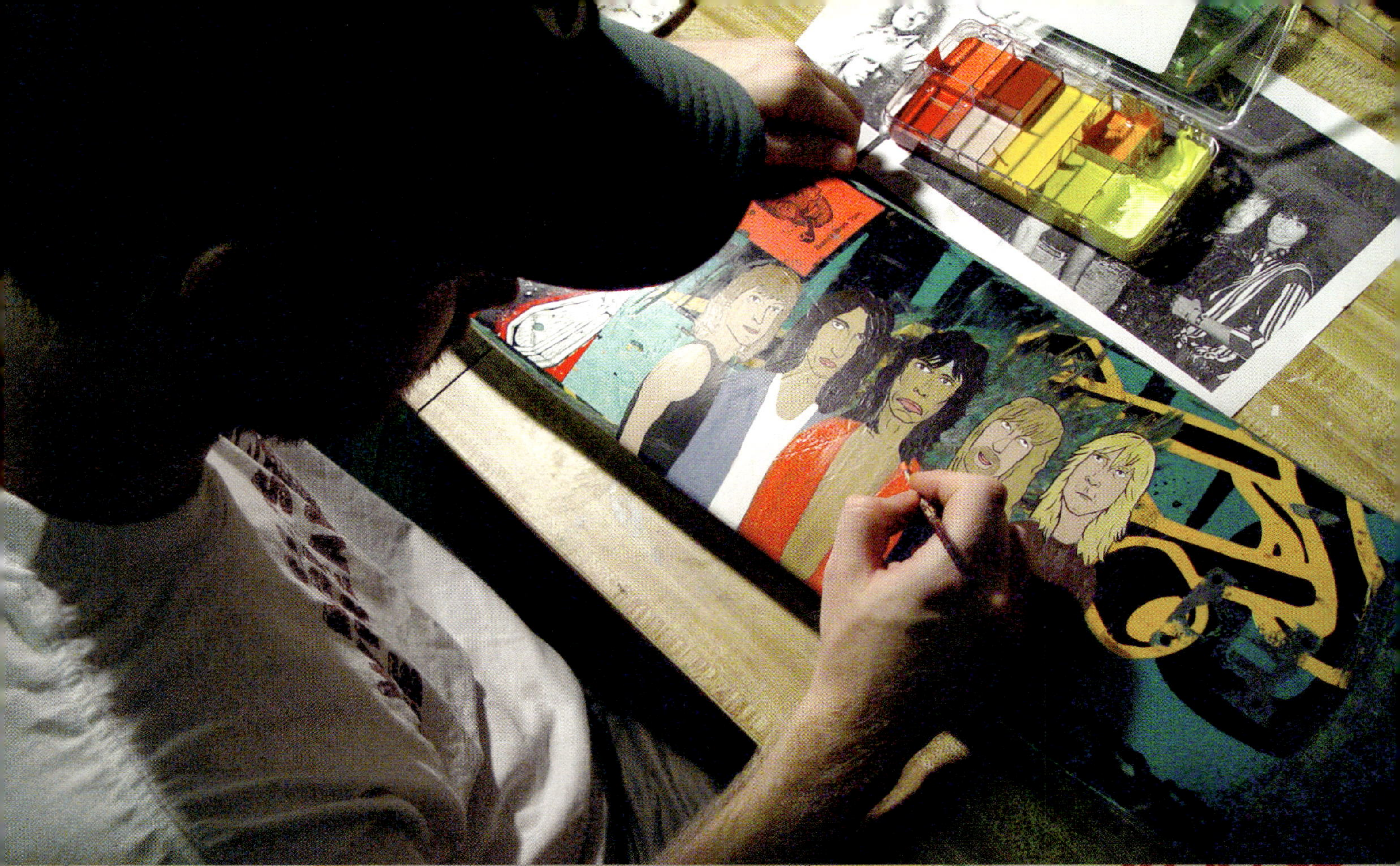

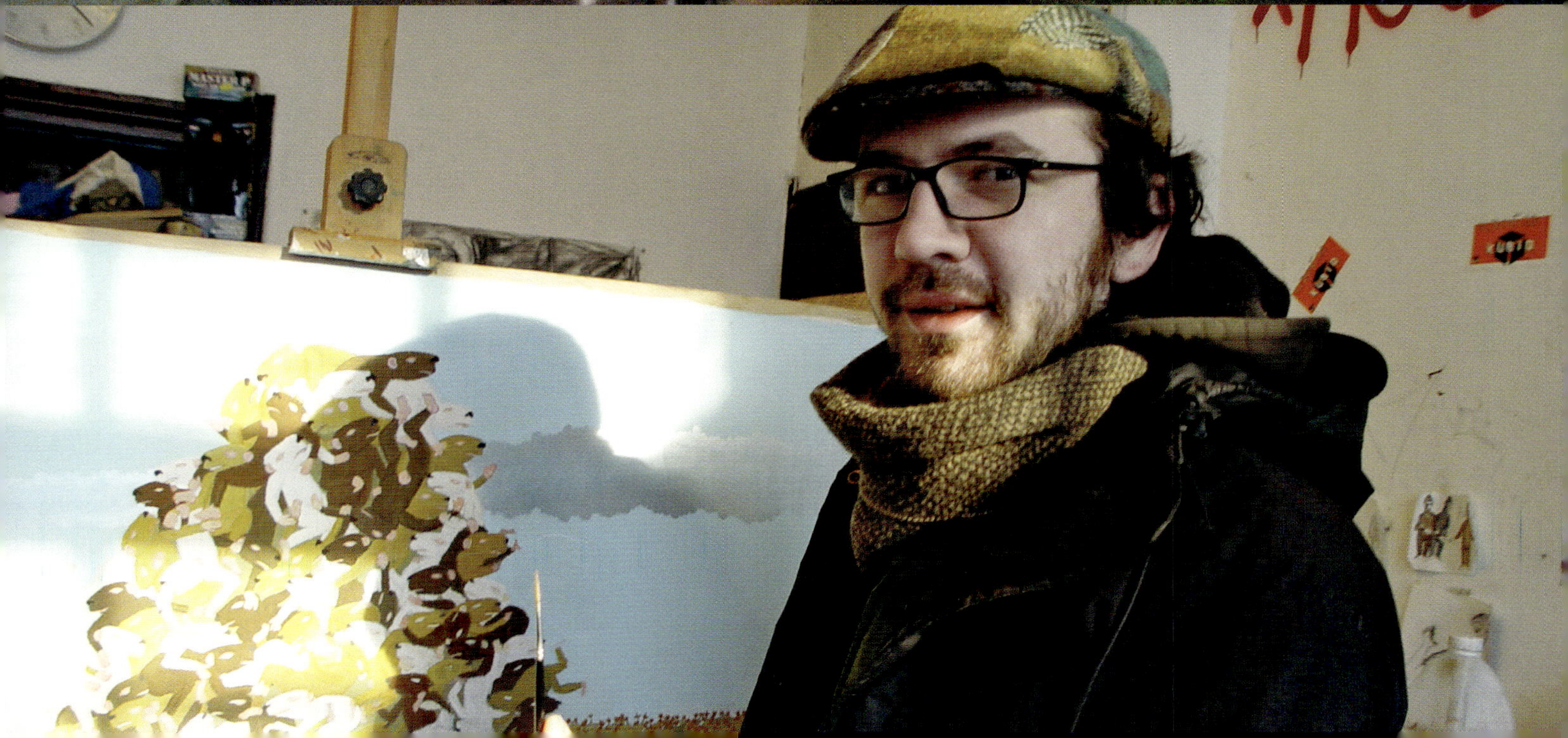

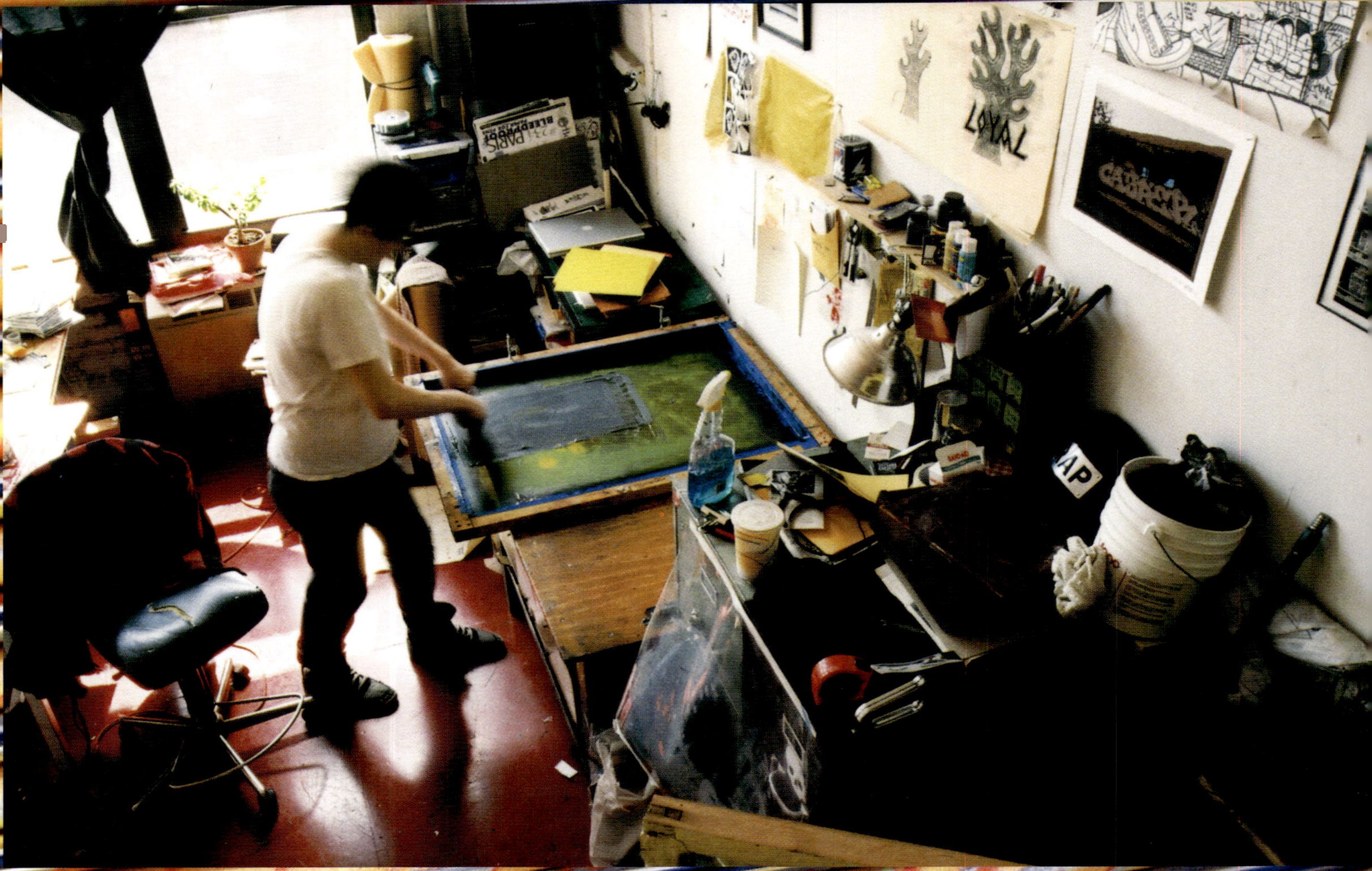
LOYAL

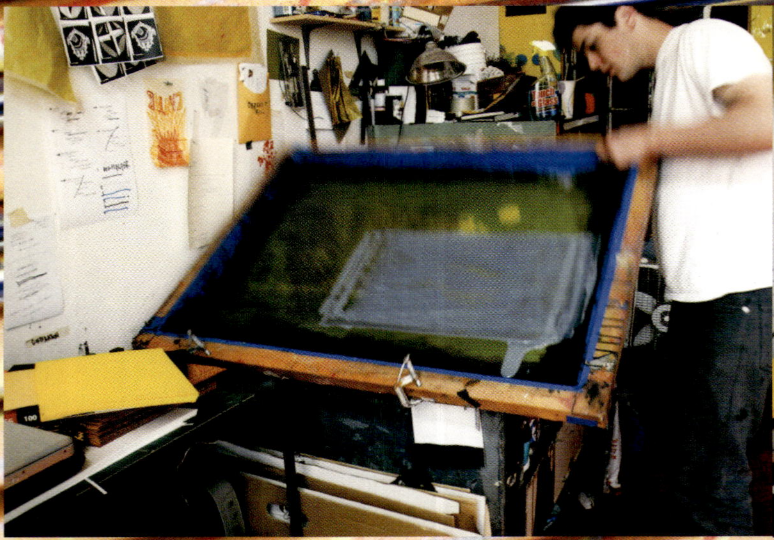

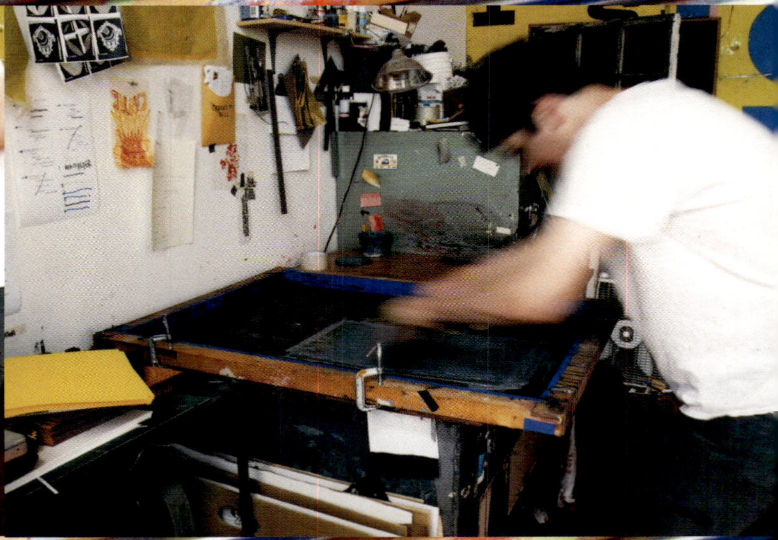

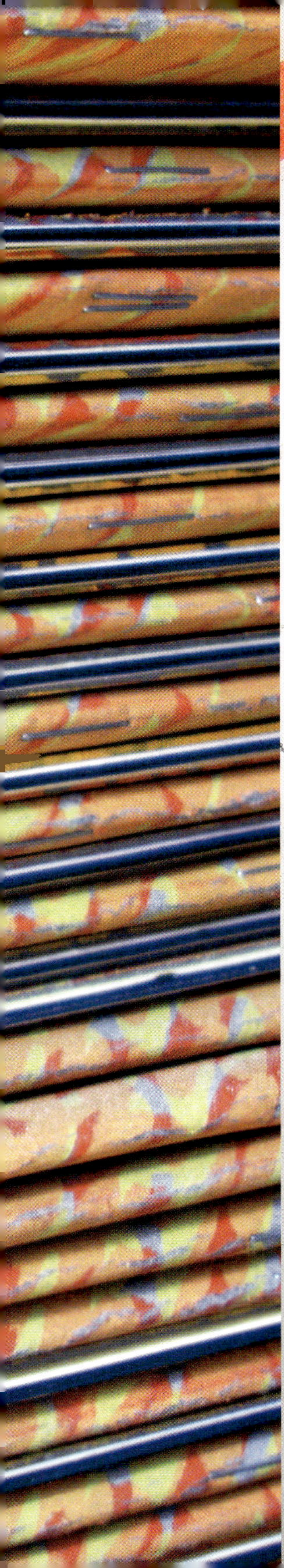

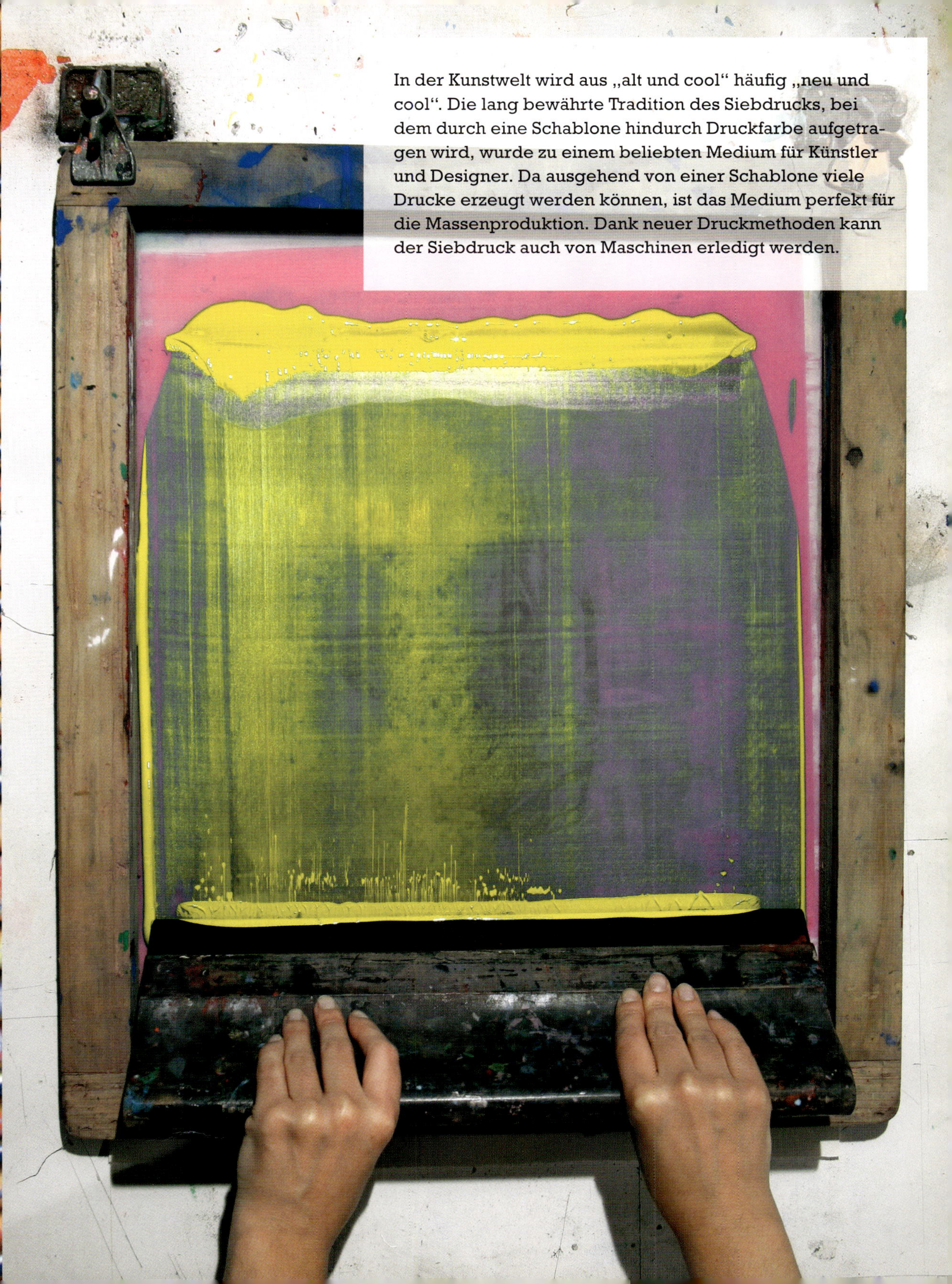

In der Kunstwelt wird aus „alt und cool“ häufig „neu und cool“. Die lang bewährte Tradition des Siebdrucks, bei dem durch eine Schablone hindurch Druckfarbe aufgetragen wird, wurde zu einem beliebten Medium für Künstler und Designer. Da ausgehend von einer Schablone viele Drucke erzeugt werden können, ist das Medium perfekt für die Massenproduktion. Dank neuer Druckmethoden kann der Siebdruck auch von Maschinen erledigt werden.

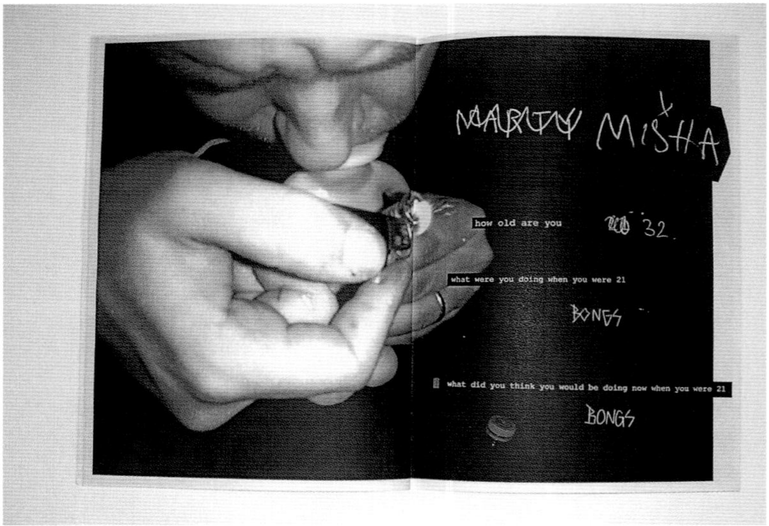

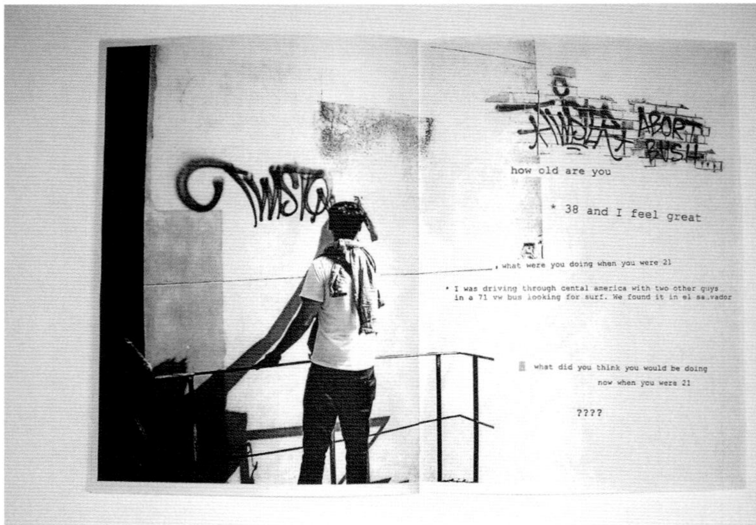

Seit der Erfindung des Buchdrucks im 15. Jahrhundert ist es Menschen möglich, Informationen unabhängig von der Obrigkeit weiterzugeben. Natürlich wurde alles einfacher, als in den 1960er-Jahren der Fotokopierer Einzug erhielt, und in den letzten Jahren vereinfachten Desktop-Publishing und Copy Shops das Ganze noch mehr. *Fanzines*, oder einfach *'zines*, wurden zum inoffiziellen Newsletter für nahezu jede Subkultur – von Musik bis hin zur Politik. Die Do-It-Yourself (DIY) Bewegung, die aus dem Punk-Rock der 1970er-Jahre entstand, gab während der vergangenen 30 Jahre eine Vielzahl an Punk-*'zines* heraus, von denen viele mittlerweile als Sammlerstücke gelten. Heute veranstalten *'zine*-Verleger auf der ganzen Welt jährliche *'zine*-Festivals und Konferenzen, wo mit ihren Ausgaben gehandelt wird und neue verlegerische Entwicklungen diskutiert werden.

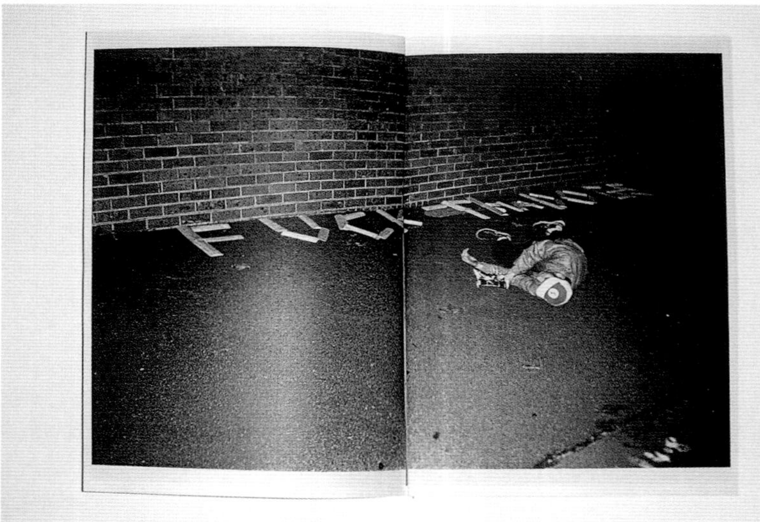

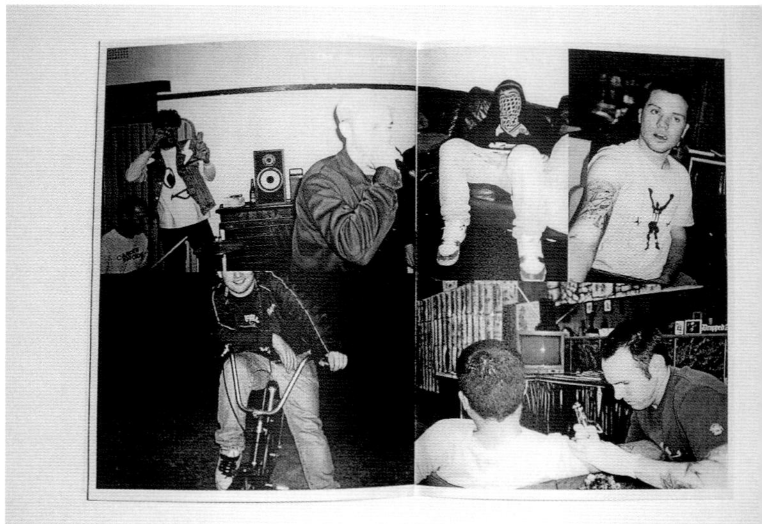

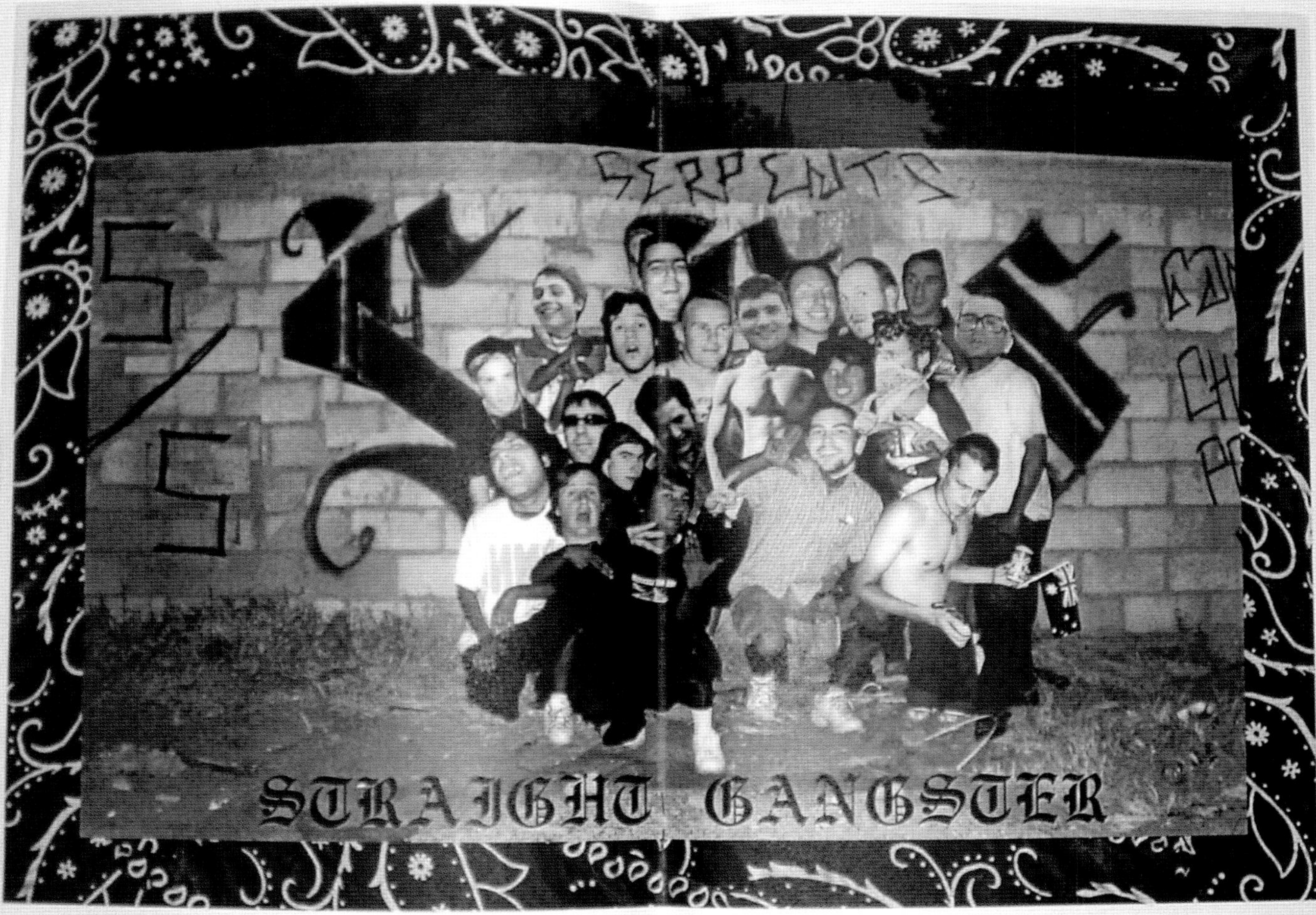
SERPENTS
STRAIGHT GANGSTER

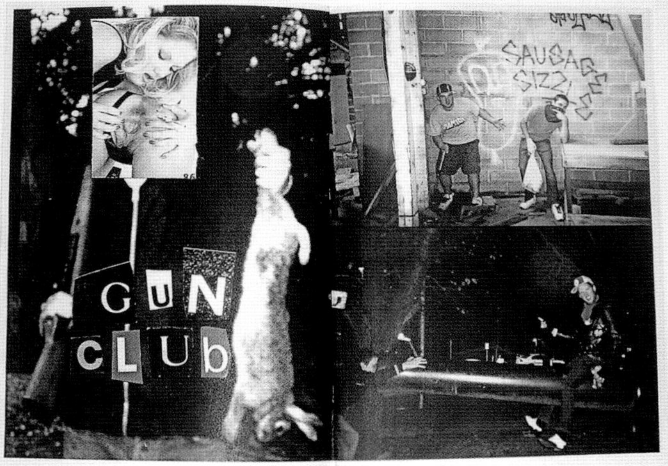
SAUSAGE SIZZLE
GUN CLUB

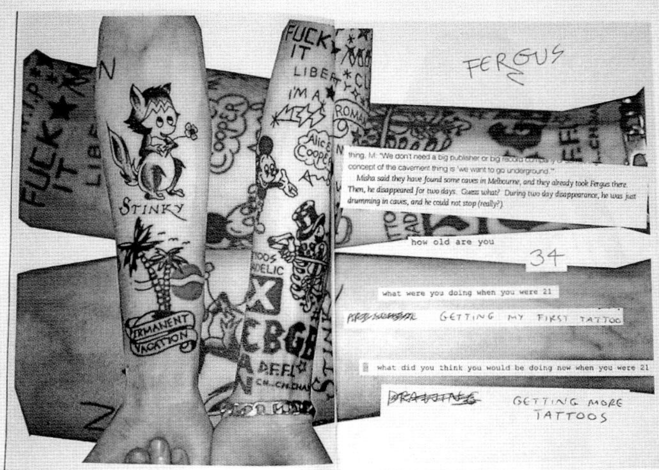
FERGUS
STINKY
CBGB
thing. M: "We don't need a big publisher or big record company ... concept of the caverment thing is 'we want to go underground.'"
Misha said they have found some caves in Melbourne, and they already took Fergus there. Then, he disappeared for two days. Guess what? During two day disappearance, he was just drumming in caves, and he could not stop (really?).
how old are you
34
what were you doing when you were 21
GETTING MY FIRST TATTOO
what did you think you would be doing now when you were 21
GETTING MORE TATTOOS

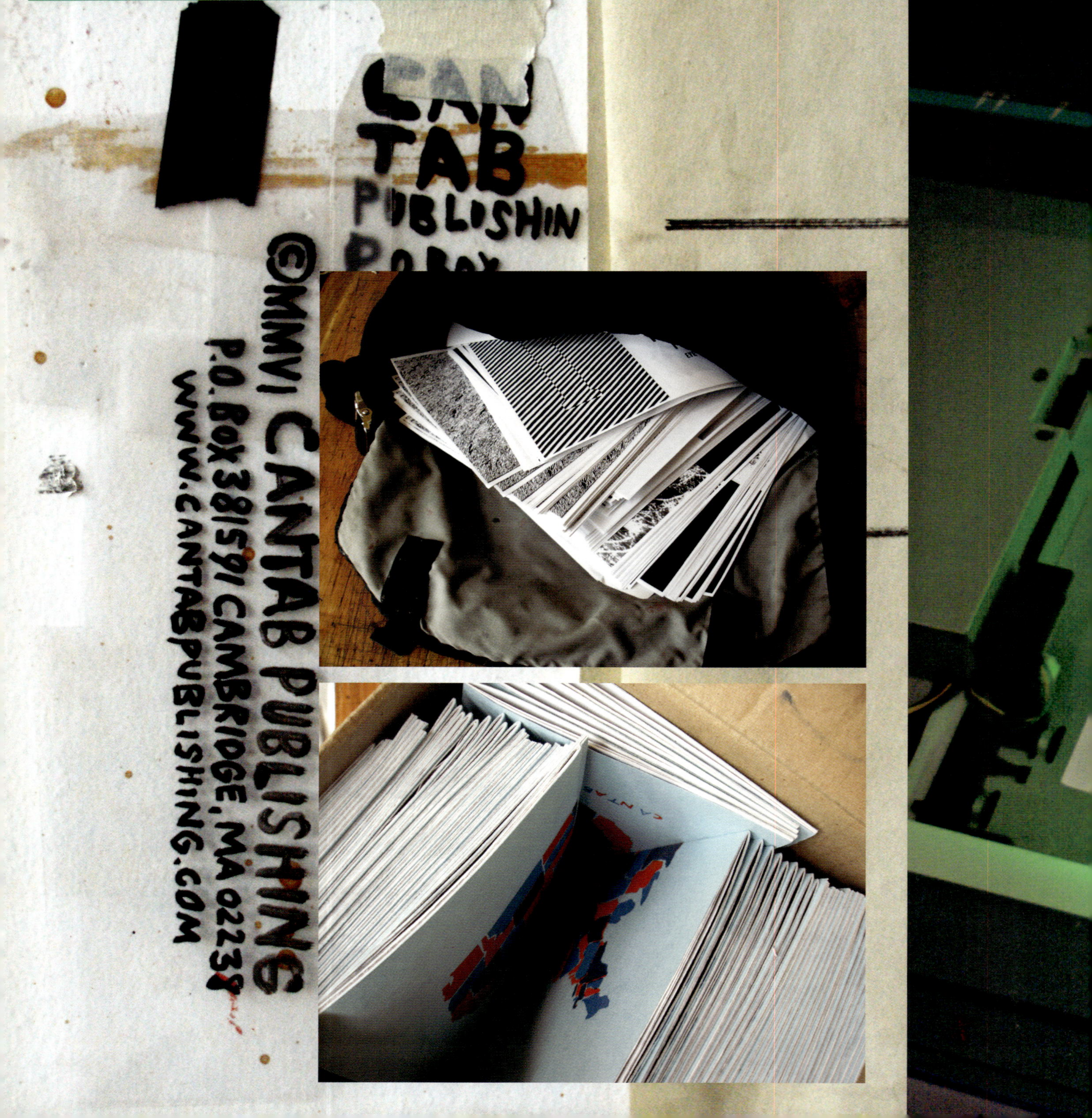
CAN
TAB
PUBLISHIN
©MMVI CANTAB PUBLISHING
P.O.BOX 381591 CAMBRIDGE, MA 02238
WWW.CANTABPUBLISHING.COM

Mit einer geringen Auflage von meist 100 Exemplaren, die in einem selbst gebauten Siebdruckstudio erzeugt und dann kopiert werden, zielt jedes *'zine* von Cantab Publishing darauf ab, sowohl gelesen als auch betrachtet zu werden. Mit mehr als 30 Titeln schuf Cantab eine spezielle Ästhethik: Sein Stil liegt irgendwo zwischen Copy Shop-Heft und einem teuren Kunstobjekt, das man in einem der Innenstadt-Läden gekauft hat. «Das Wichtigste ist der Inhalt», sagt Alex Lukas von Cantab. «Wir versuchen, ein Thema aufzugreifen und zu erforschen, wobei das Hauptaugenmerk darauf liegt, es in *'zine*-Form zu verfassen.» Doch Cantab möchte nicht dafür bekannt sein, nur eine Art Buch zu verlegen. Lukas erklärt: «Wir versuchen, viel Material zu präsentieren. Wir machen Comics und zeigen Graffiti, bringen Interviews und Reiseberichte. Wir versuchen immer, ein interessantes Thema aufzugreifen und es gut zu präsentieren.»

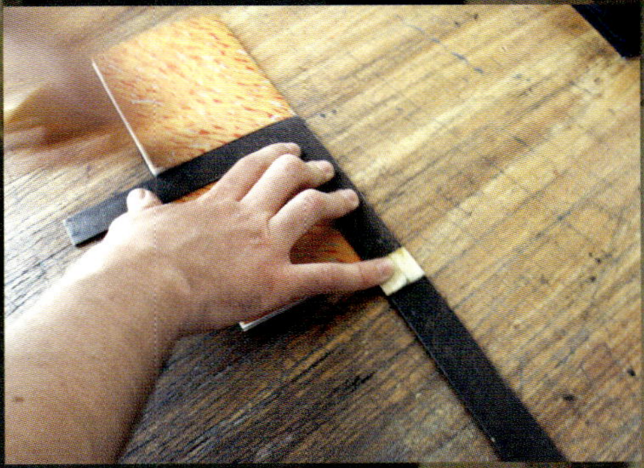

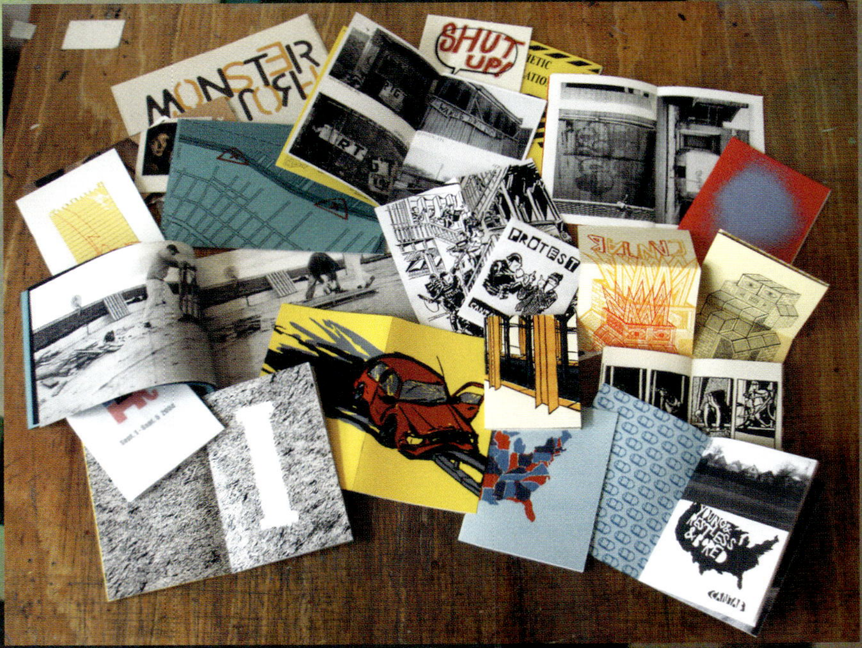

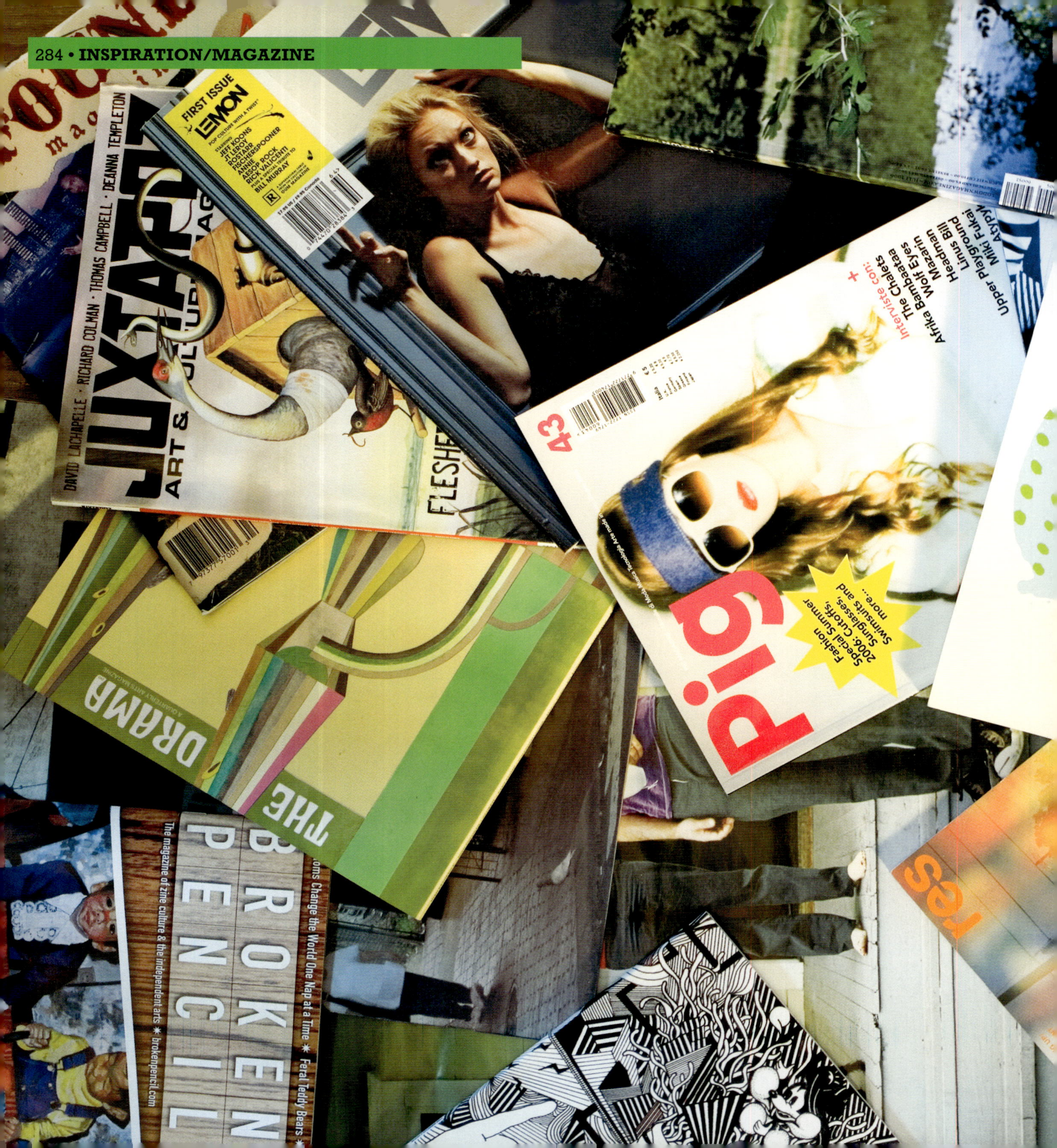
FIRST ISSUE
LEMON
POP CULTURE WITH A TWIST
JEFF KOONS
BILL MURRAY
DAVID LACHAPELLE • RICHARD COLMAN • THOMAS CAMPBELL • DEANNA TEMPLETON
JUXTAPOZ
ART &
43
pig
Special Summer Fashion 2006: Cutoffs, Sunglasses, Swimsuits and more...
THE DRAMA
BROKEN PENCIL
The magazine of zine culture & the independent arts * brokenpencil.com
Change the World One Nap at a Time * Feral Teddy Bears
res

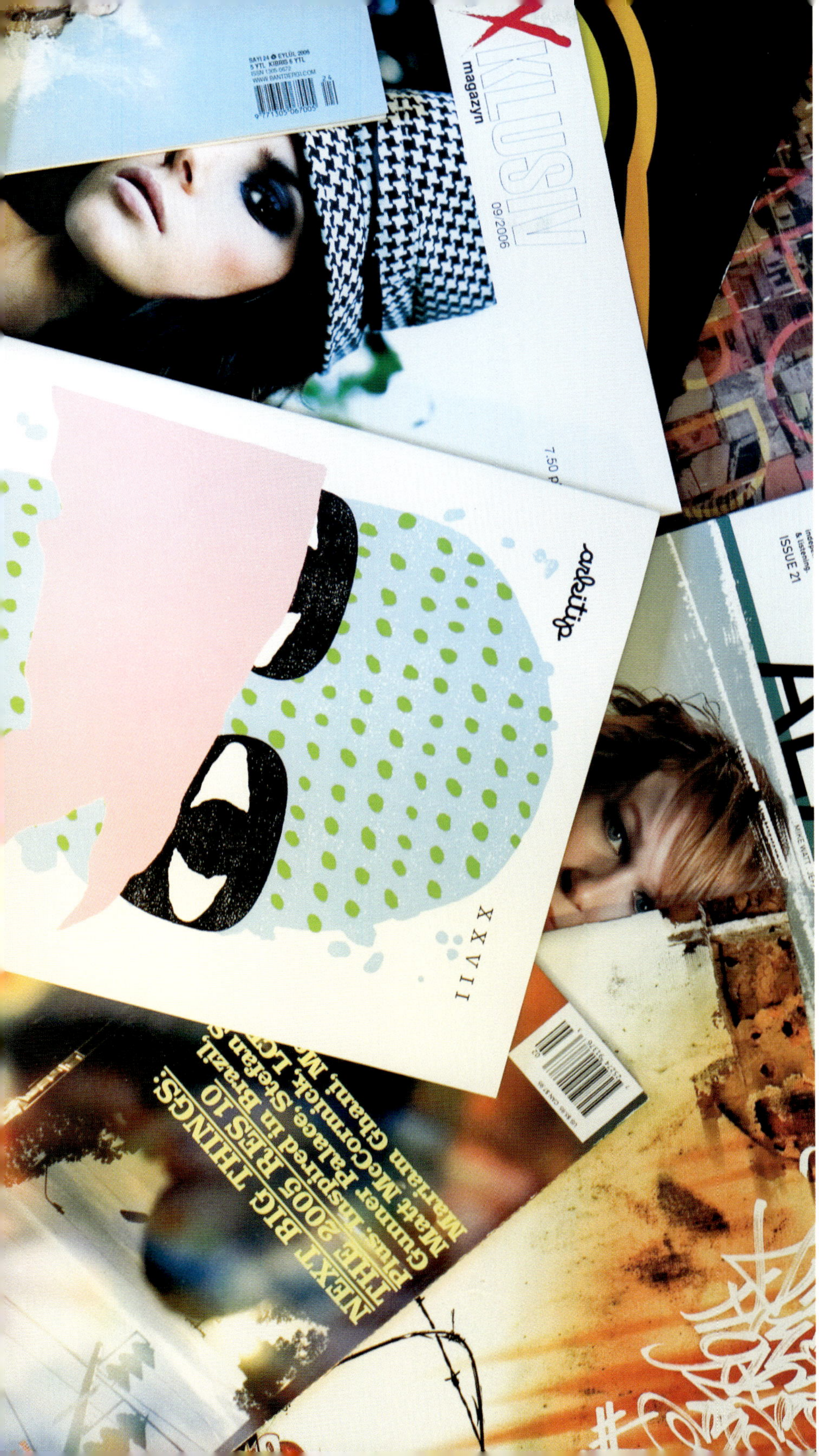

Obwohl viele Subkulturen aus dem Zusammenschluss von nur wenigen Menschen entstanden, erreichten viele schließlich nationale Reichweite und wurden sogar zu globalen Phänomenen. Natürlich musste jemand sie dokumentieren, denn schließlich leben wir im Zeitalter der Information. Die heutige Vielzahl von Magazinen an den Zeitungsständen ist Zeugnis des Einflusses und der Vermarktbarkeit von Subkulturen. Einige dieser Magazine entwickelten sich aus *'zines*, zu ihnen gehören die asiatische Kulturpublikation *Giant Robot* und das feministische Journal *Bust*. Andere wiederum wurden von großen Verlegern aus einfachen kommerziellen Gründen ins Leben gerufen, wie Condé Nast's *Lucky*, ein Magazin, das der Einkaufskultur gewidmet ist. Während manche großen kommerziellen Magazine als simple Antwort auf die Nachfrage entstanden, erscheinen unabhängige Publikationen oft aus dem Wunsch der Verleger heraus, ihre Leidenschaft für bestimmte Themen mit anderen zu teilen.

«Jede Subkultur mit Einfluss genießt diesen Einfluss nur so lange, wie die Leute sie cool finden. Gelingt es einem Magazin, seinen Lesern zu vermitteln, dass das Thema wirklich cool ist, wird das das Verfallsdatum sowohl des Magazins als auch der Subkultur selbst hinauszögern.»

Shepard Fairey

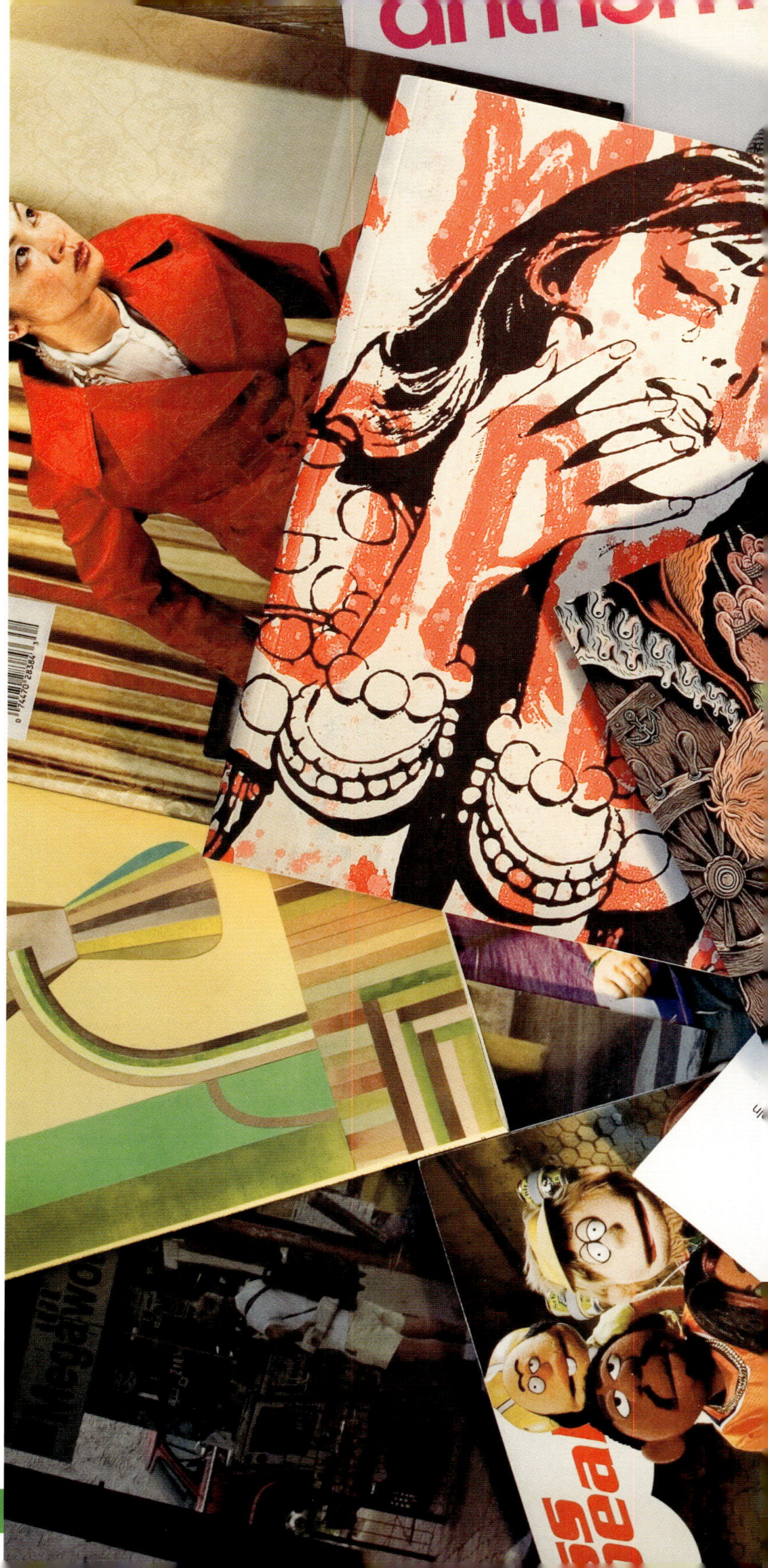

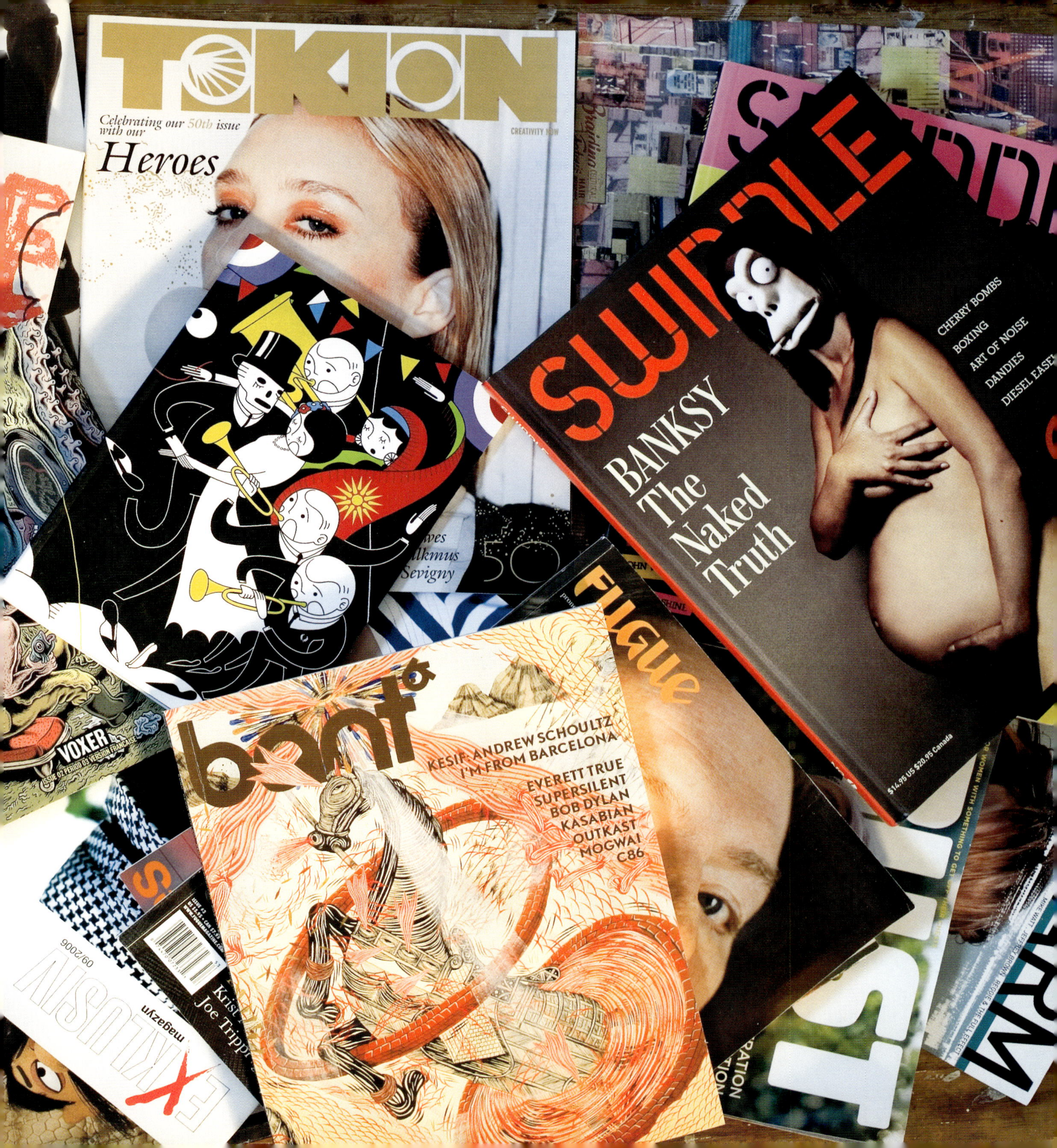
TOKION
Celebrating our 50th issue with our
Heroes
CREATIVITY NOW
SWINDLE
BANKSY
The Naked Truth
CHERRY BOMBS
BOXING
ART OF NOISE
DANDIES
DIESEL EASEL
$14.95 US $20.95 Canada
FLAGUE
bant
KESIF ANDREW SCHOULTZ
I'M FROM BARCELONA
EVERETT TRUE
SUPERSILENT
BOB DYLAN
KASABIAN
OUTKAST
MOGWAI
C86
VOXER
EXKLUSIV
magazyn
09/2006

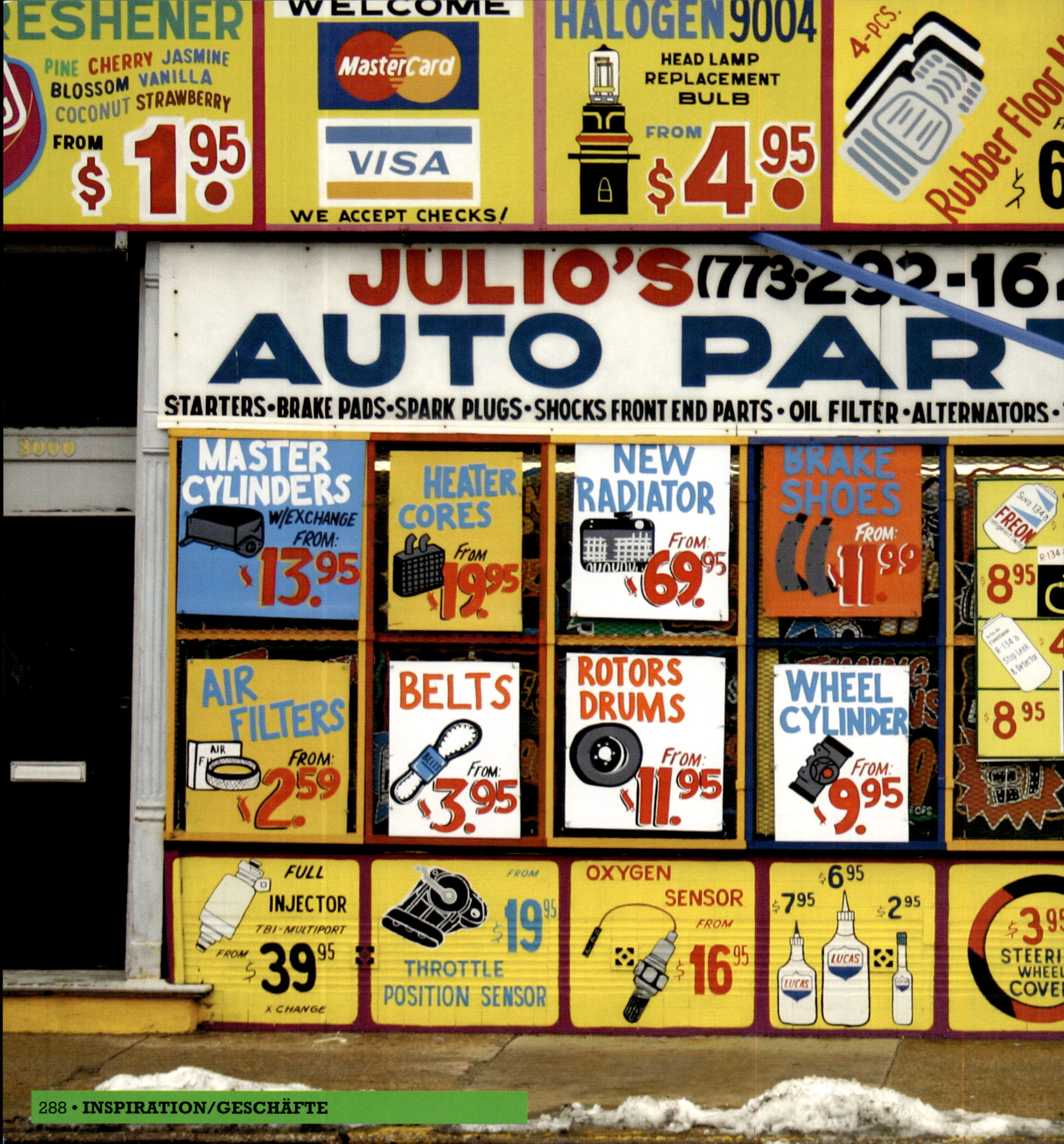
RESHENER
PINE CHERRY JASMINE
BLOSSOM VANILLA
COCONUT STRAWBERRY
FROM $ 1.95
WELCOME
MasterCard
VISA
WE ACCEPT CHECKS!
HALOGEN 9004
HEAD LAMP REPLACEMENT BULB
FROM $ 4.95
4-PCS.
Rubber Floor
JULIO'S (773)
AUTO PAR
STARTERS • BRAKE PADS • SPARK PLUGS • SHOCKS FRONT END PARTS • OIL FILTER • ALTERNATORS •
MASTER CYLINDERS W/EXCHANGE FROM: $13.95
HEATER CORES From $19.95
NEW RADIATOR From: $69.95
BRAKE SHOES FROM: $11.99
FREON
8.95
8.95
AIR FILTERS FROM: $2.59
BELTS From: $3.95
ROTORS DRUMS From: $11.95
WHEEL CYLINDER From: $9.95
FULL INJECTOR TBI-MULTIPORT FROM $39.95 X CHANGE
FROM $19.95 THROTTLE POSITION SENSOR
OXYGEN SENSOR FROM $16.95
$6.95 $7.95 $2.95
LUCAS
$3.9
STEERI WHEEL COVER

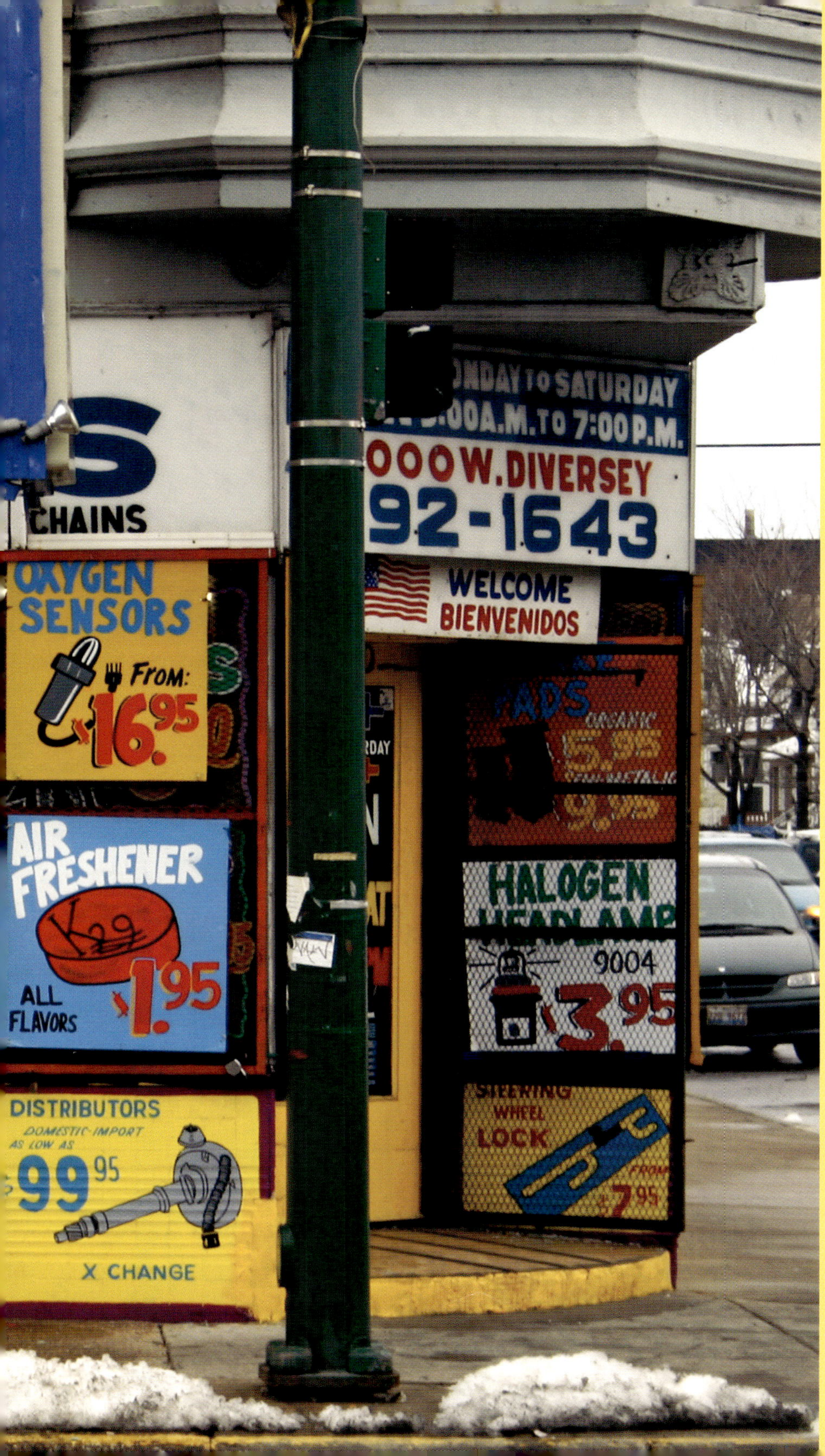

Andy Warhol sagte einmal: «Gute Geschäfte zu machen ist die größte Kunst.» Für viele Geschäfte hängt die Kunst der Geschäftemacherei von der Qualität der Wandbilder, Zeichnungen und Malereien ab. Einige Ladeninhaber versuchen sich selbst an der Verschönerung ihrer Fassaden, andere ziehen dagegen Profis hinzu. Kleine Betriebe sind oft am meisten geschmückt, benutzen sie doch ihre Fassaden, um Kunden anzulocken. Doch auch große Ketten haben mit der Verschönerung begonnen. Offensichtlich ist gute Kunst das Beste fürs Geschäft.

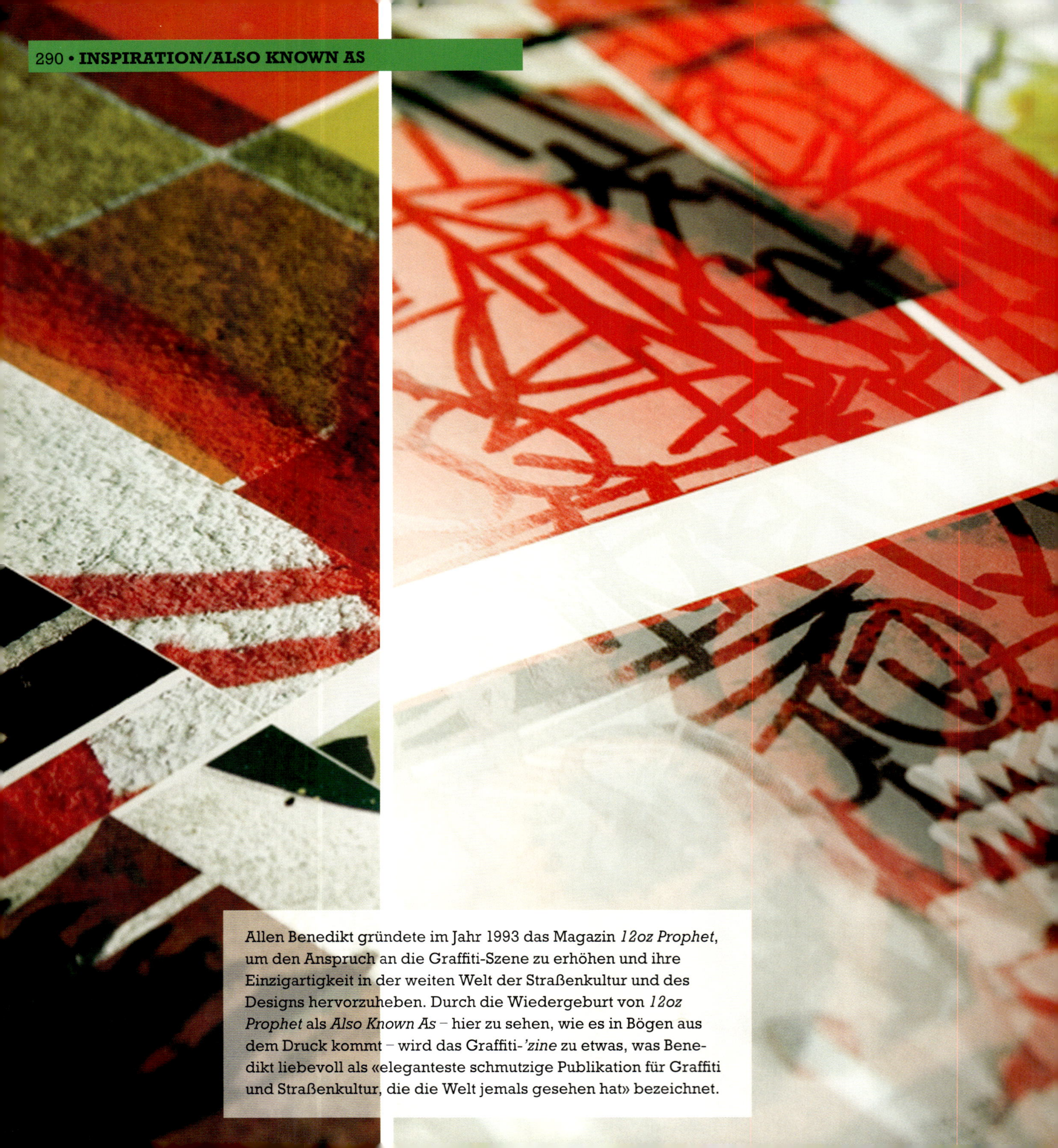

Allen Benedikt gründete im Jahr 1993 das Magazin *12oz Prophet*, um den Anspruch an die Graffiti-Szene zu erhöhen und ihre Einzigartigkeit in der weiten Welt der Straßenkultur und des Designs hervorzuheben. Durch die Wiedergeburt von *12oz Prophet* als *Also Known As* – hier zu sehen, wie es in Bögen aus dem Druck kommt – wird das Graffiti-*'zine* zu etwas, was Benedikt liebevoll als «eleganteste schmutzige Publikation für Graffiti und Straßenkultur, die die Welt jemals gesehen hat» bezeichnet.

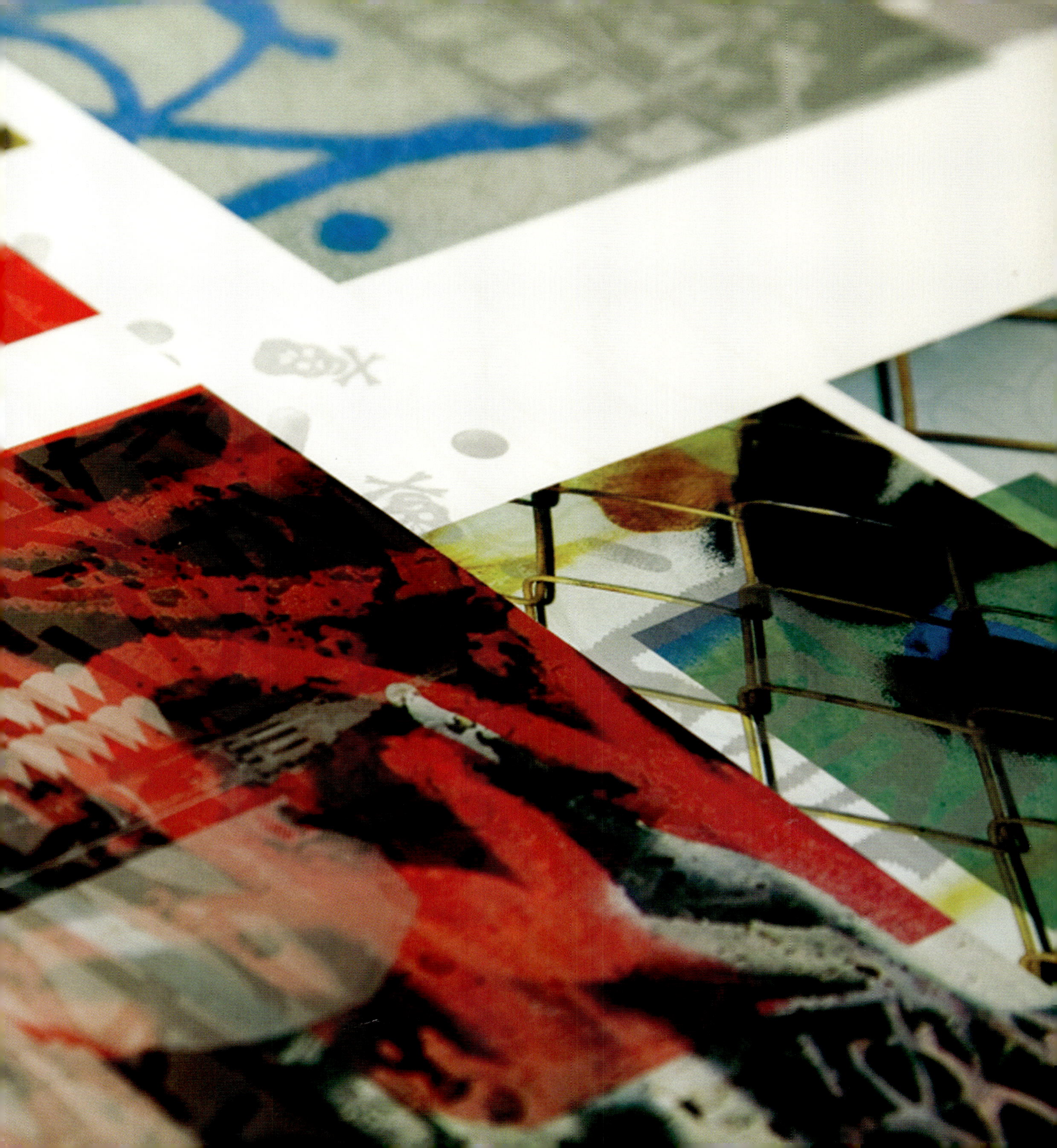

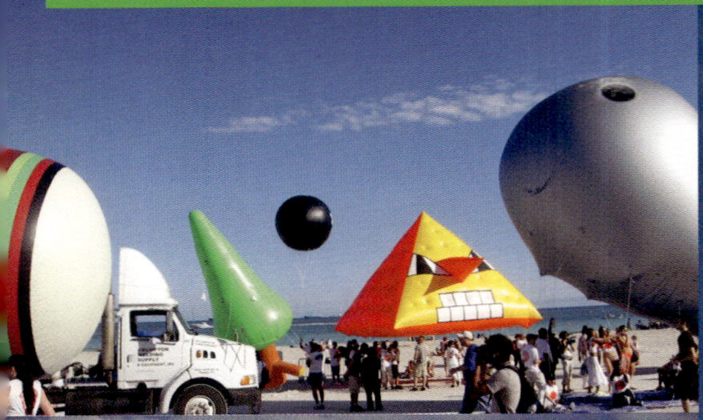

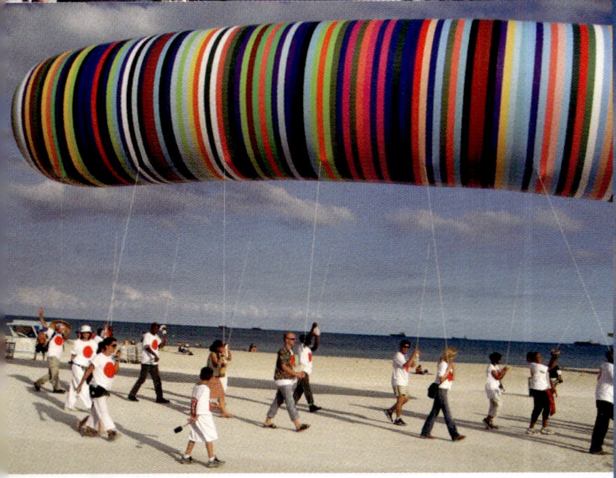

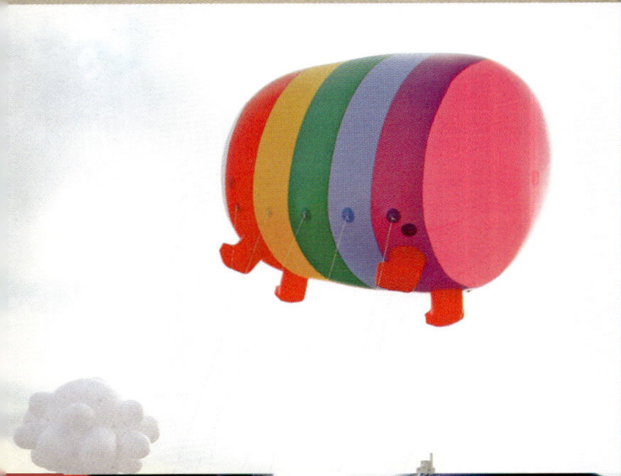

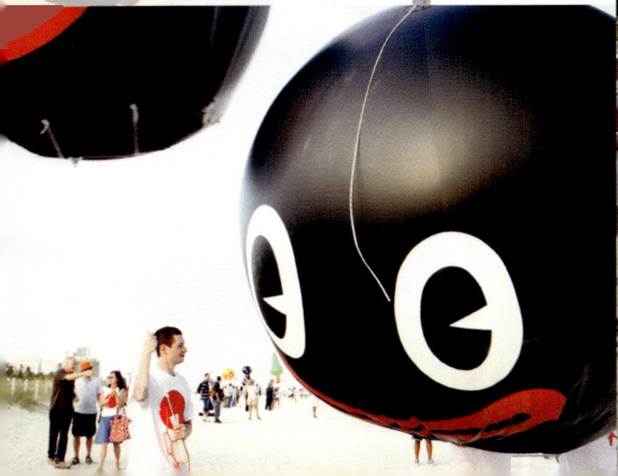

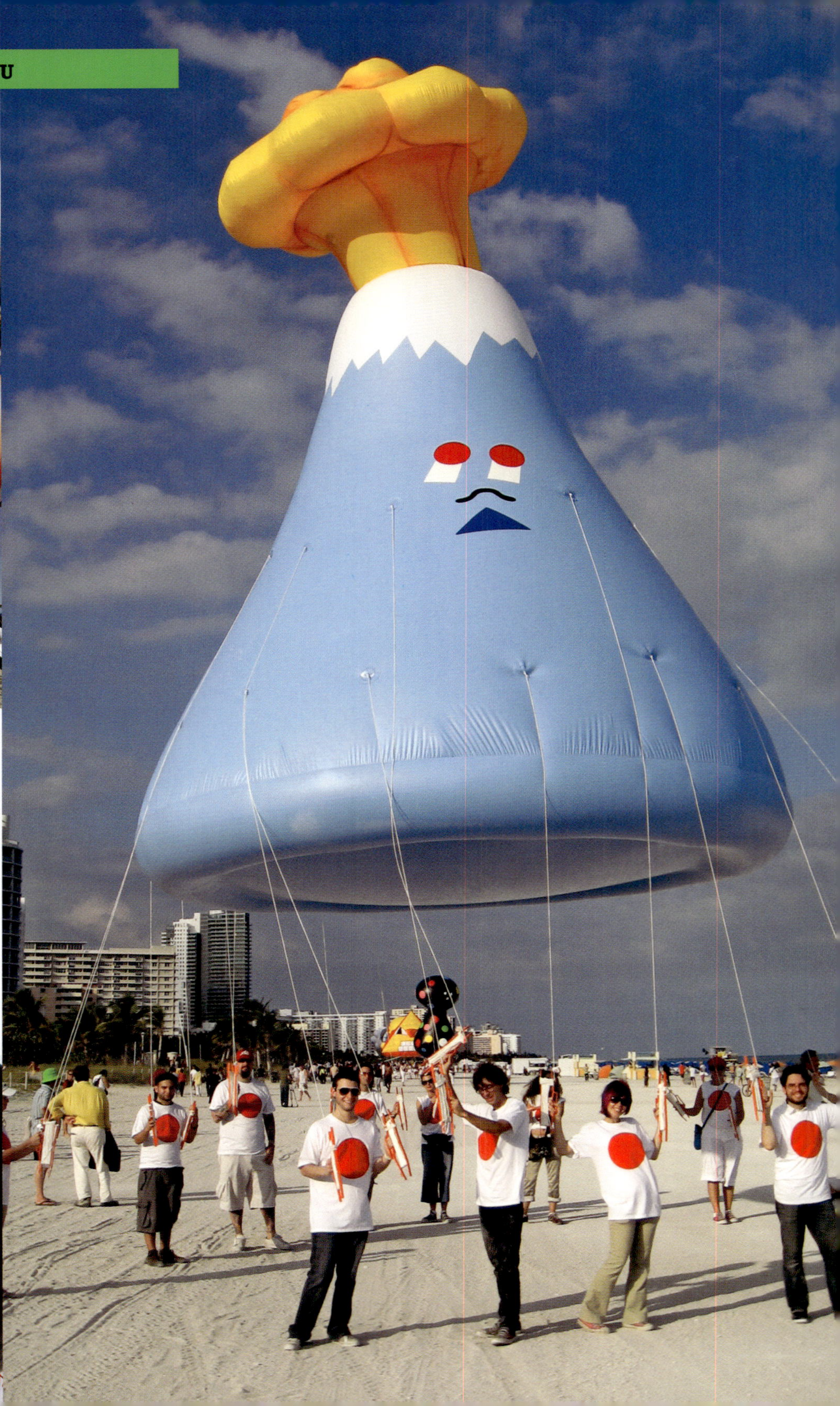

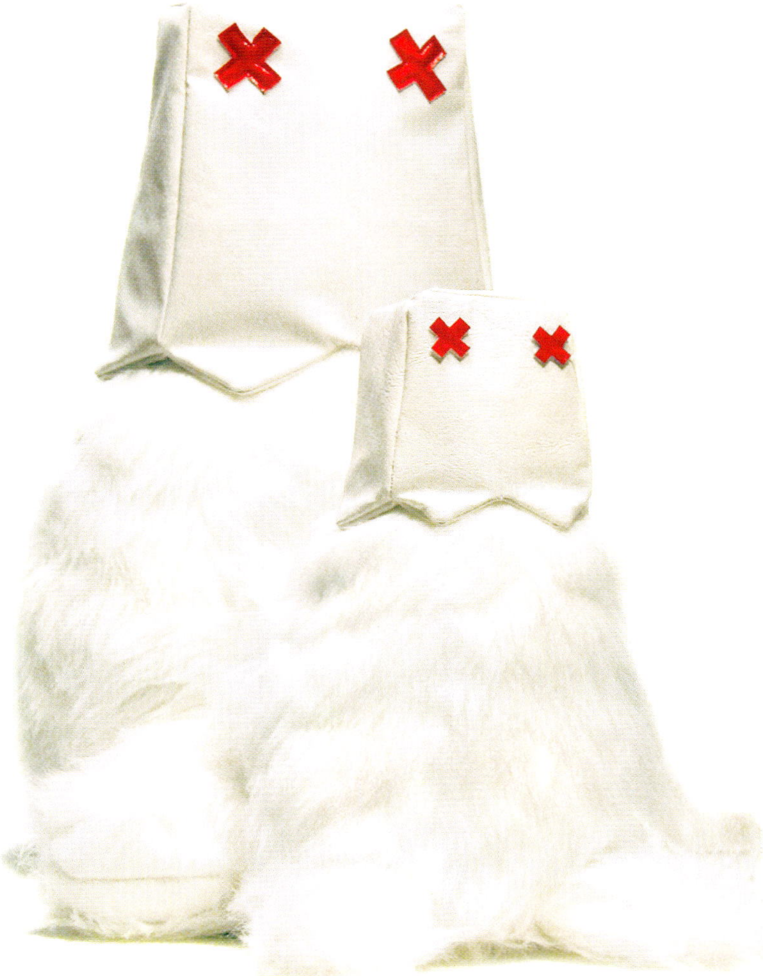

Das aus Florida stammende Duo „Friends With You“ – Sam Borkson und Tury Sandoval – baut seine Arbeit auf einer Gruppe von sich weiterentwickelnden Charakteren mit Namen „Friends“ auf. Sie existieren mittlerweile in Form von Designer-Spielzeug, großen Galerie-Installationen, digitalem Video und anderen Medien. Die Zusammenarbeit der beiden begann, als Sam gerade aus Japan zurückgekehrt war, wo die kleinen Talismänner und Nippes an den Rucksäcken ihn und Turky zur Idee ihres nächsten Projekts inspirierten. Das Duo lernte zu nähen und begann, Prototypen für Plüschfiguren anzufertigen – jedes mit eigenem Namen und speziellen Fähigkeiten. Malfi, das Albino Squid und viele andere waren geboren.

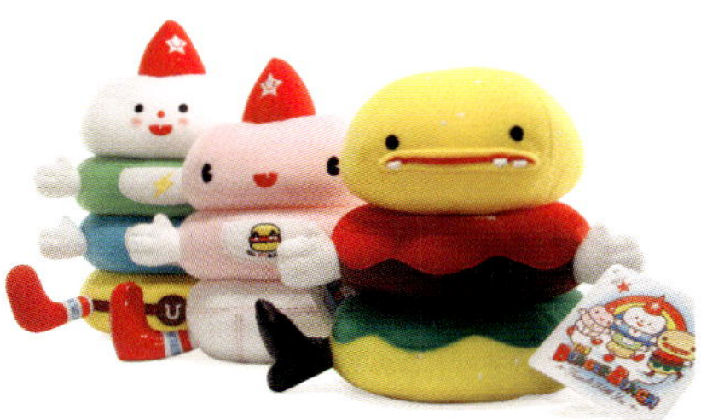

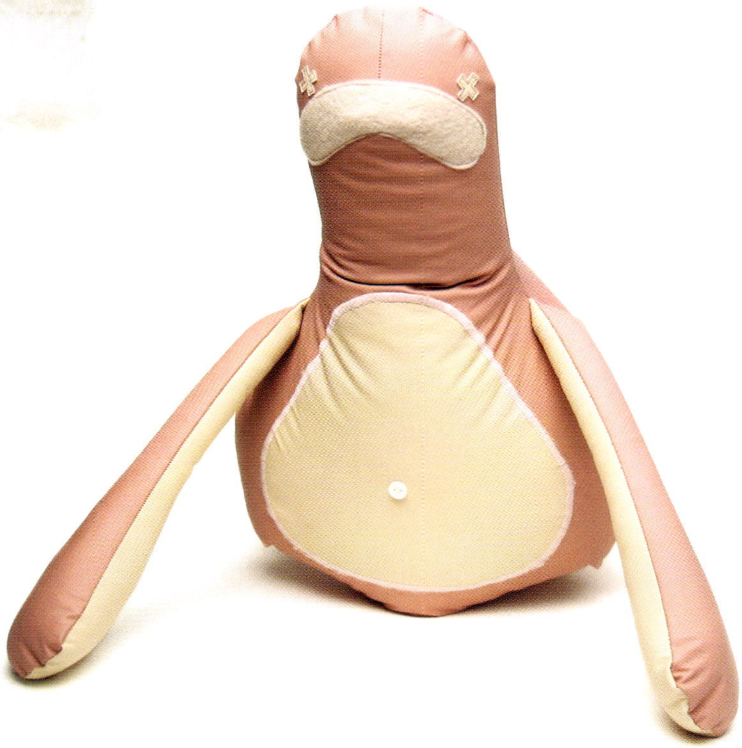

Für Maler ist es gar nicht so einfach, ständig ihre Staffelei bei sich zu haben, und auch Töpfern fällt es schwer, den Brennofen in der Jackentasche zu tragen. Im Gegensatz zu diesen Kunstschaffenden entbehren Graffiti-Künstler des Luxus, in sicherer, privater Umgebung zu arbeiten. Da sie aber ständig in Bewegung sind, greifen sie zum handlichsten Utensil schlechthin – dem Marker. Während Sprühfarbe ideal ist, um große Arbeiten anzufertigen, werden Farb- oder Tintenmarker, die entweder in der Fabrik oder vom Graffiti-Aktivisten selbst zusammengesetzt werden, aufgrund ihrer Schlichtheit und Präzision zum Mittel erster Wahl, wenn es um die Verrichtung kleinerer Arbeiten geht: zum Beispiel um *tags* anzubringen, die häufig auf Aufkleber gemalt werden, um dann auf diversen Oberflächen angebracht zu werden.

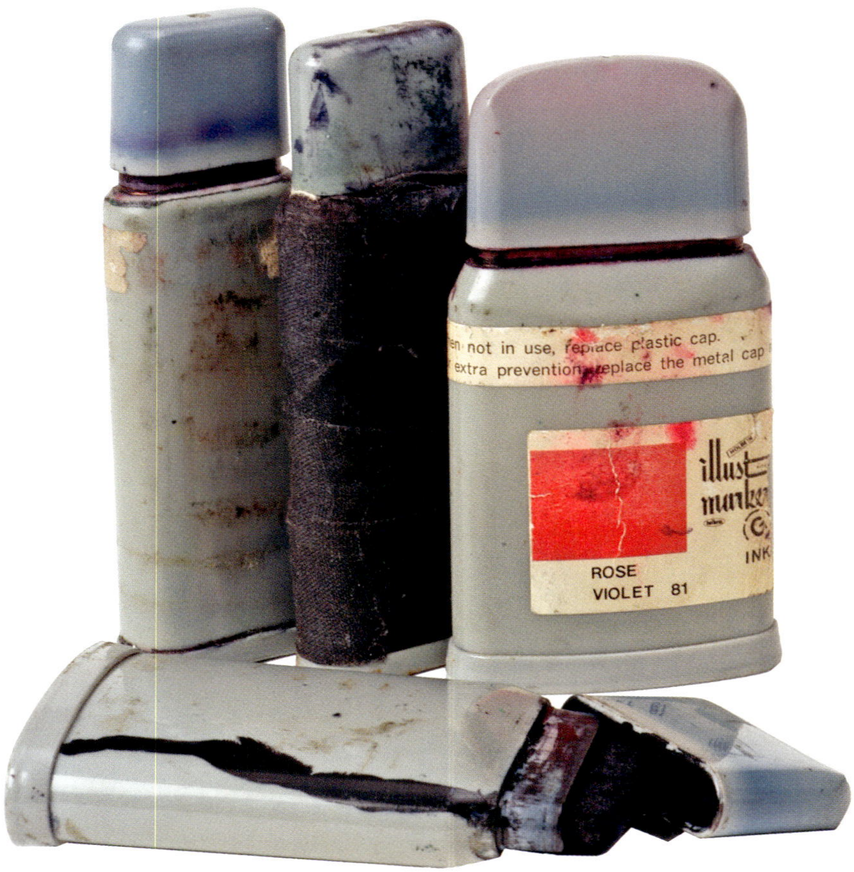

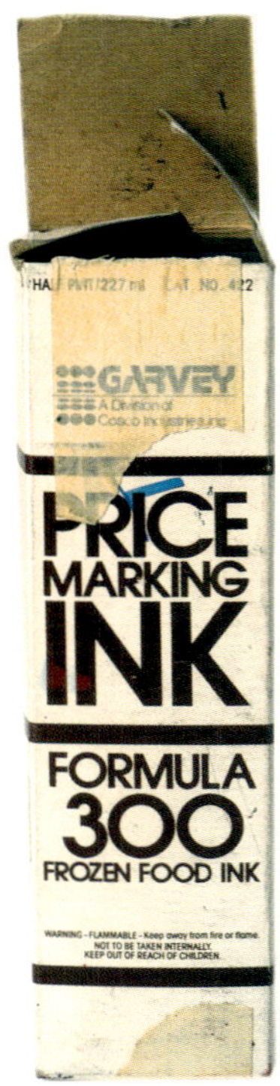

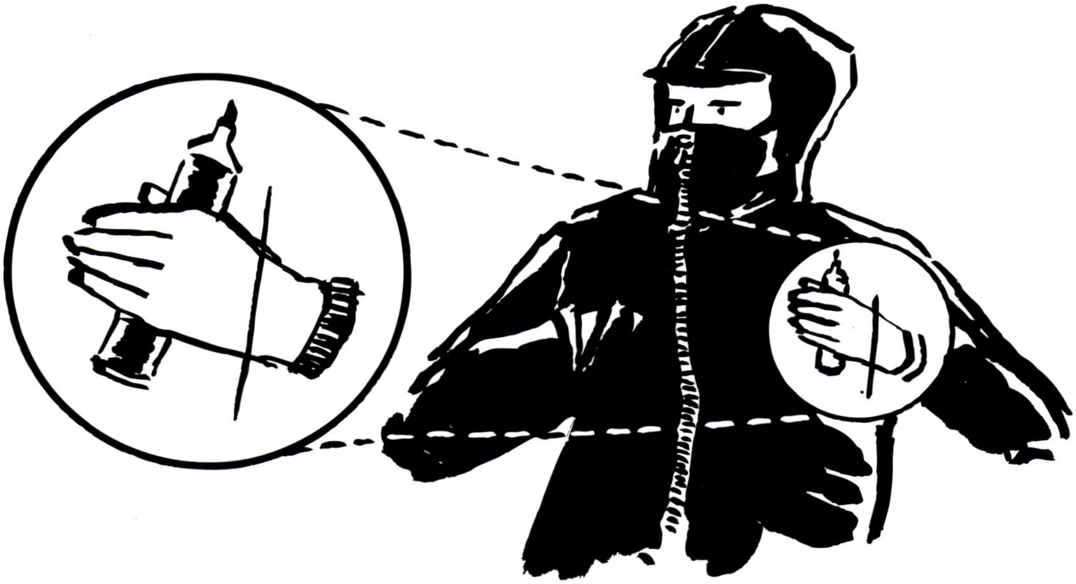

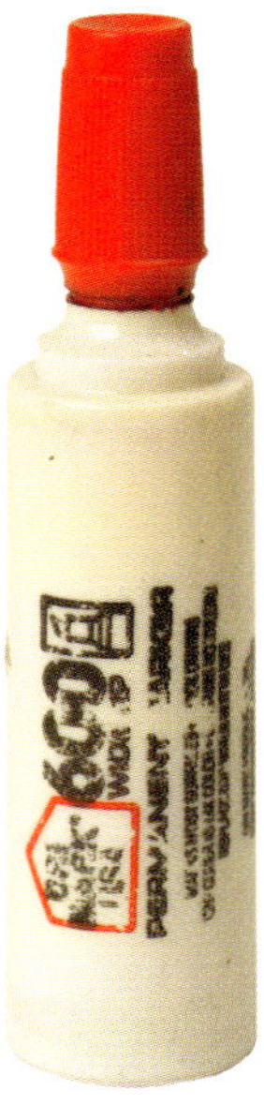

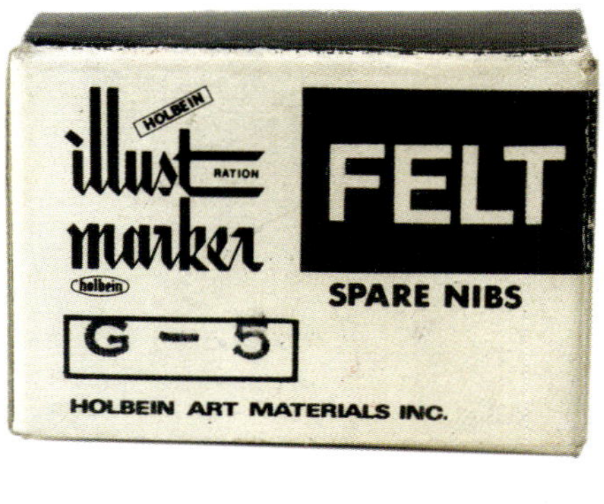
HOLBEIN
illust
RATION
marker
holbein
FELT
SPARE NIBS
G - 5
HOLBEIN ART MATERIALS INC.

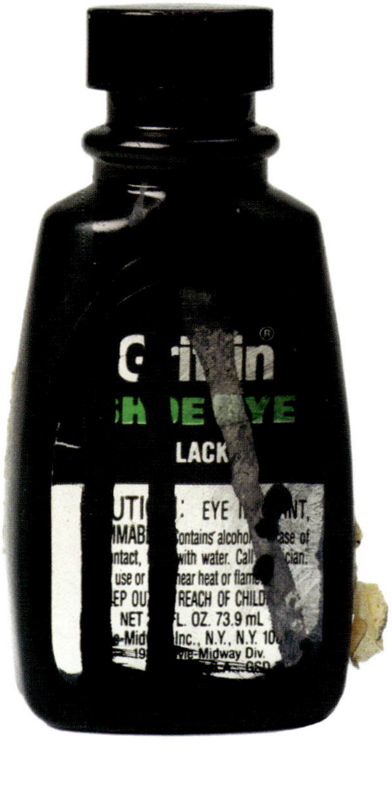

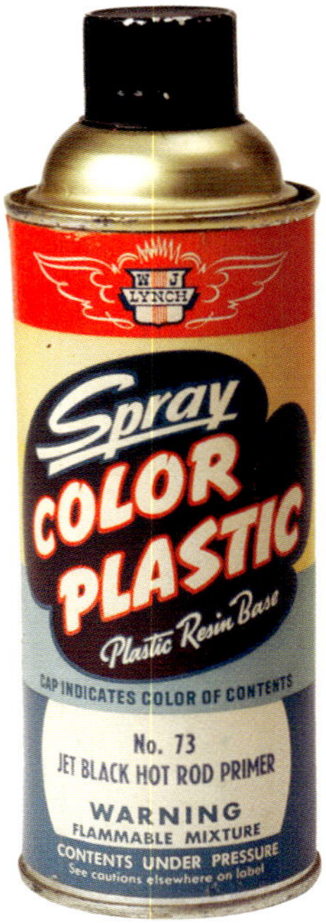
W J LYNCH
Spray
COLOR PLASTIC
Plastic Resin Base
CAP INDICATES COLOR OF CONTENTS
No. 73
JET BLACK HOT ROD PRIMER
WARNING
FLAMMABLE MIXTURE
CONTENTS UNDER PRESSURE
See cautions elsewhere on label

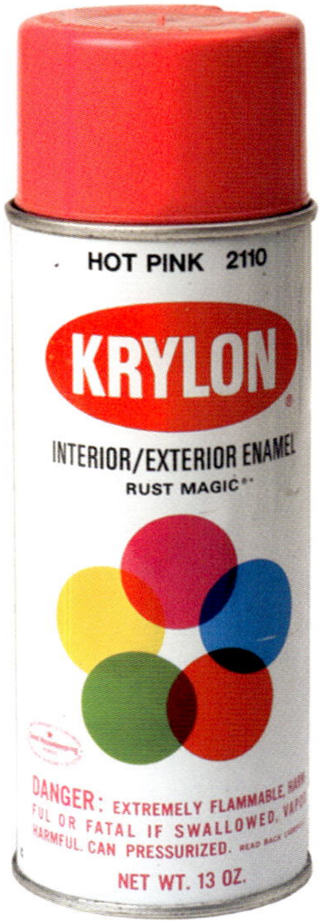
HOT PINK 2110
KRYLON
INTERIOR/EXTERIOR ENAMEL
RUST MAGIC
NET WT. 13 OZ.

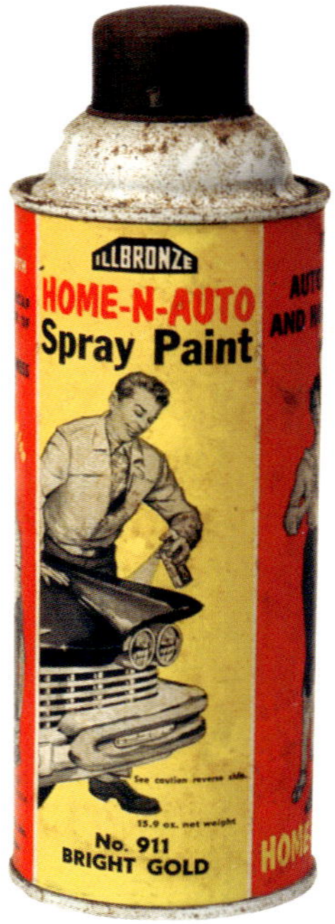
ILLBRONZE
HOME-N-AUTO
Spray Paint
No. 911
BRIGHT GOLD

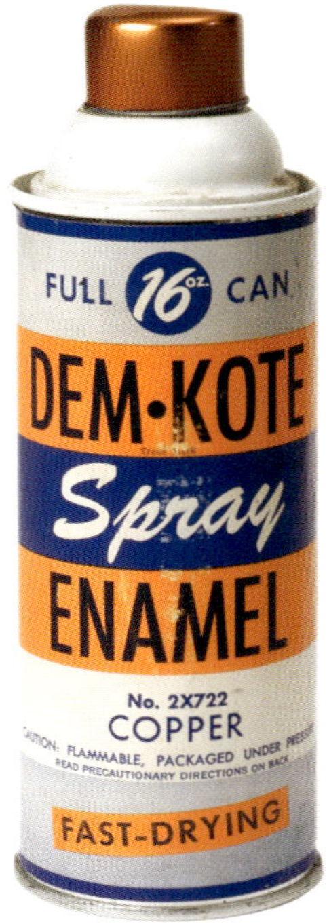
FULL 16 OZ. CAN
DEM-KOTE
Spray
ENAMEL
No. 2X722
COPPER
FAST-DRYING

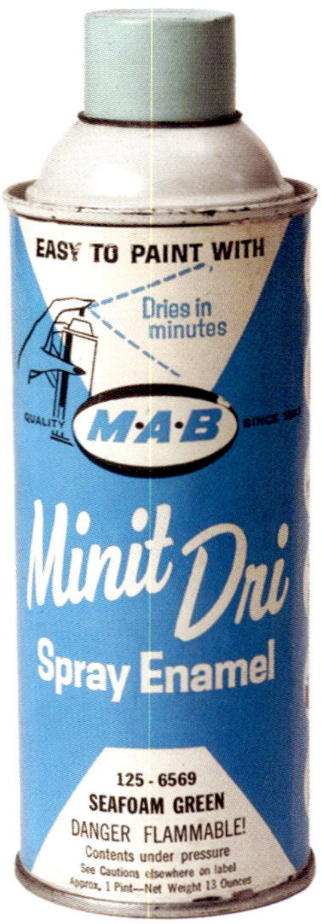
EASY TO PAINT WITH
Dries in minutes
M·A·B
Minit Dri
Spray Enamel
125 - 6569
SEAFOAM GREEN
DANGER FLAMMABLE!
Contents under pressure

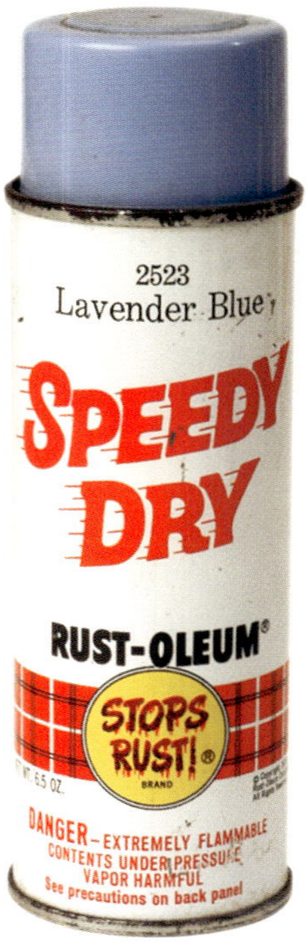
2523
Lavender Blue
SPEEDY DRY
RUST-OLEUM
STOPS RUST!
DANGER - EXTREMELY FLAMMABLE
CONTENTS UNDER PRESSURE
VAPOR HARMFUL
See precautions on back panel

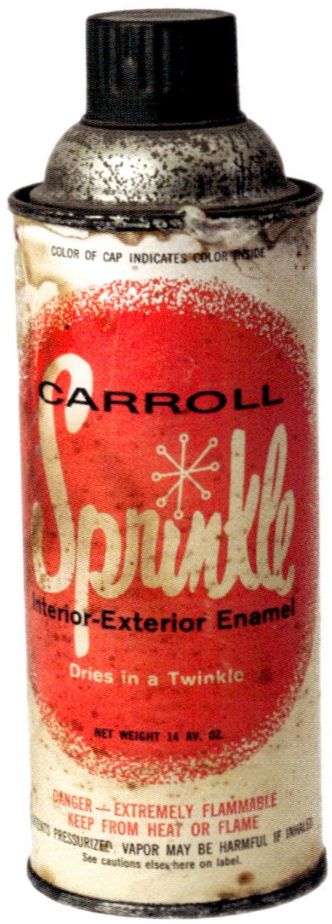
COLOR OF CAP INDICATES COLOR INSIDE
CARROLL
Sprinkle
Interior-Exterior Enamel
Dries in a Twinkle
DANGER — EXTREMELY FLAMMABLE
KEEP FROM HEAT OR FLAME

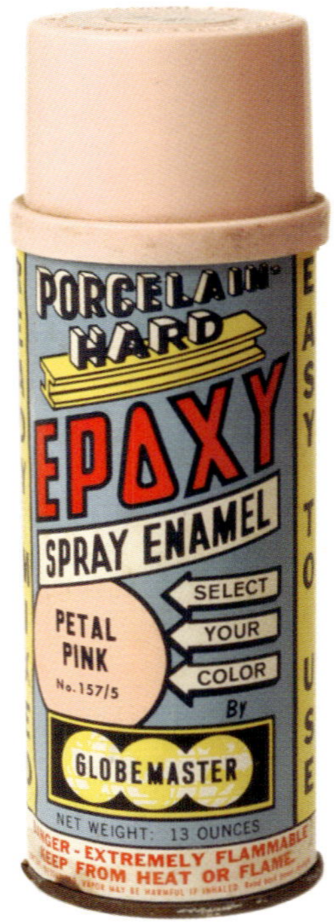
PORCELAIN HARD
EPAXY
SPRAY ENAMEL
SELECT YOUR COLOR By
PETAL PINK
No. 157/5
GLOBEMASTER
EASY TO USE
NET WEIGHT: 13 OUNCES
DANGER - EXTREMELY FLAMMABLE
KEEP FROM HEAT OR FLAME

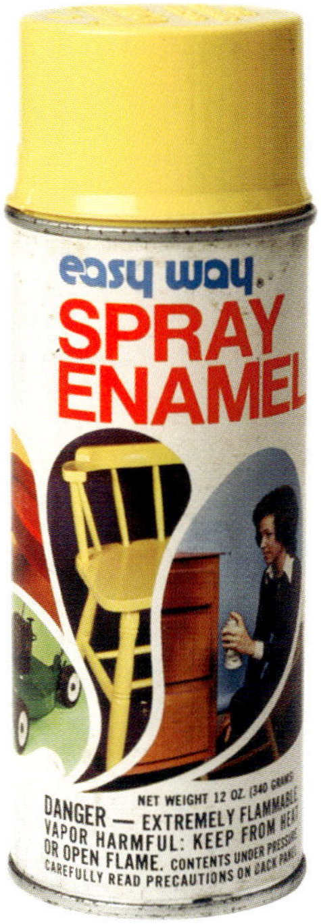

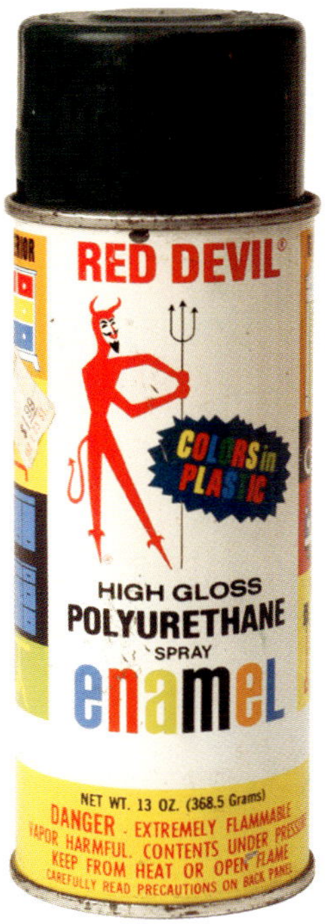

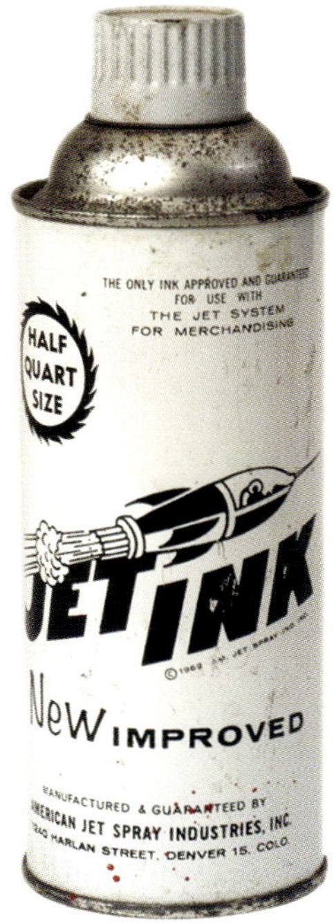

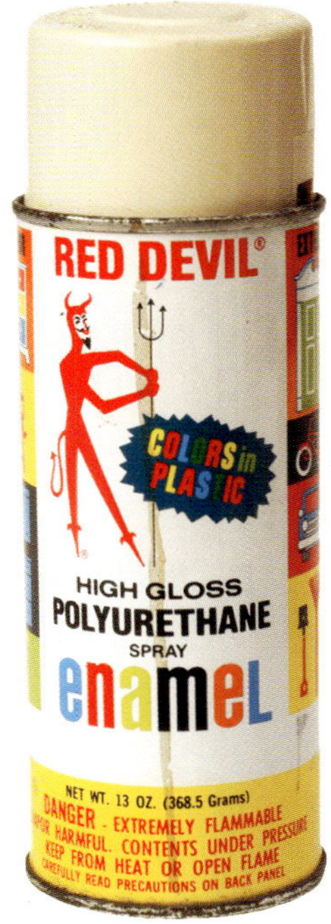

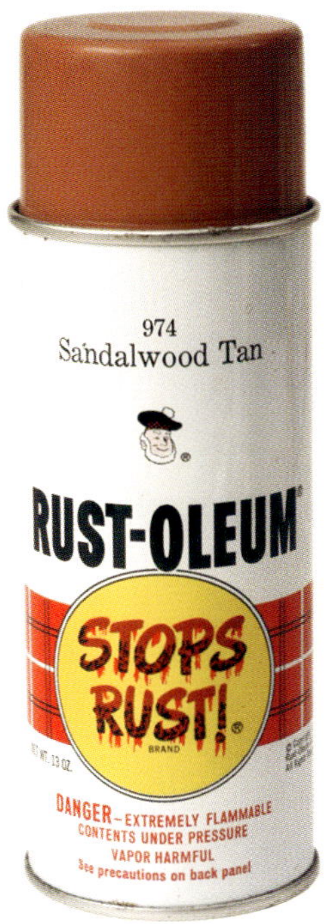

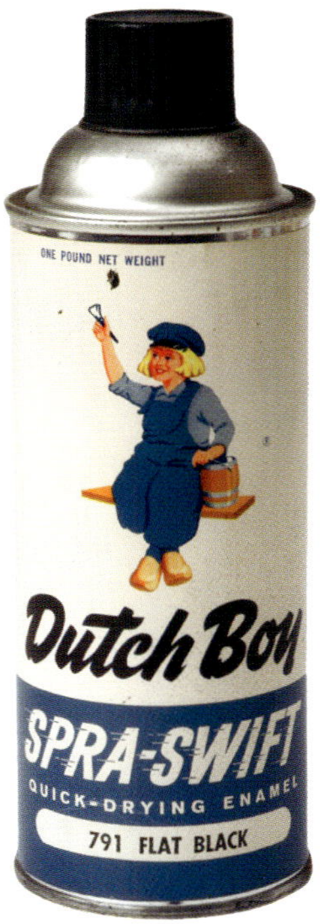

Baseball-Fans haben ihre Karten zum Tauschen. Musikliebhaber ihre Platten. Das Sammeln ist ein wichtiger Weg für Menschen, mit der Subkultur ihrer Wahl in Verbindung zu treten. Graffiti vereint Anhänger der unterschiedlichen Materialien, wobei das grundlegendste aller Werkzeuge das offensichtlichste ist. Im Gegensatz zu anderen Arten von Farbe ist es sehr schwierig, Sprühfarbe zu mischen und den richtigen Farbton zu erzeugen. Graffiti-Aktivisten sind deshalb relativ abhängig vom jeweiligen Angebot der Herstellerfirmen. Farben sind diversen Modetrends unterworfen, ihre Beliebtheit ändert sich häufig. Deshalb gibt es Aktivisten, die sich darauf spezialisiert haben, Farbgeschäfte nach alten Farbtönen, die nicht mehr in Mode sind, zu durchkämmen. Immer die Ästhetik vor Augen suchen die Aktivisten nicht nur nach den seltensten Dosen, sondern auch nach den Dosen mit dem schönsten und einprägsamsten Design oder Logo. Natürlich steht es jedem Einzelnen frei, den Inhalt zu benutzen oder die Dose als Sammlerstück zu behalten.

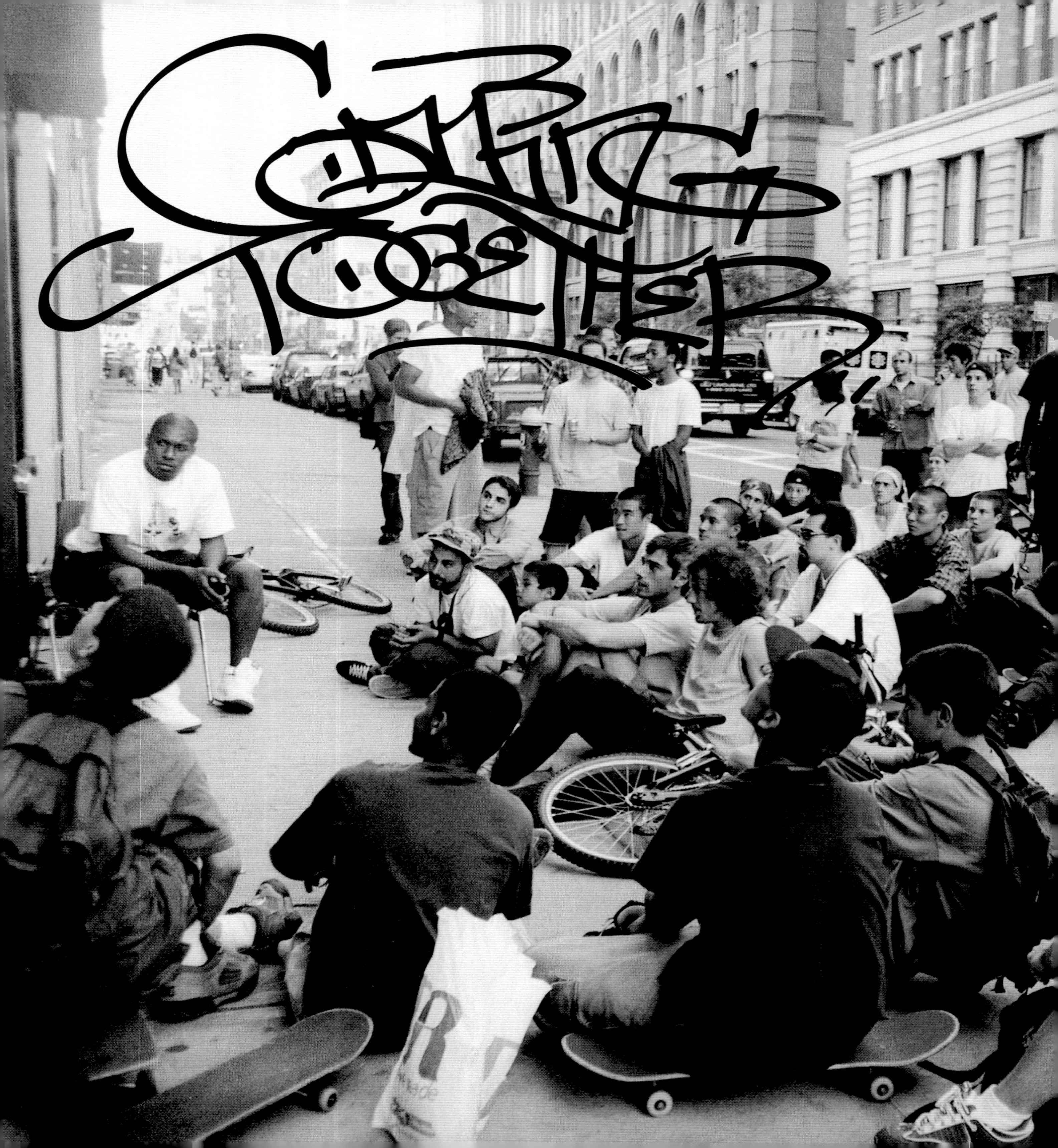
COMING TOGETHER

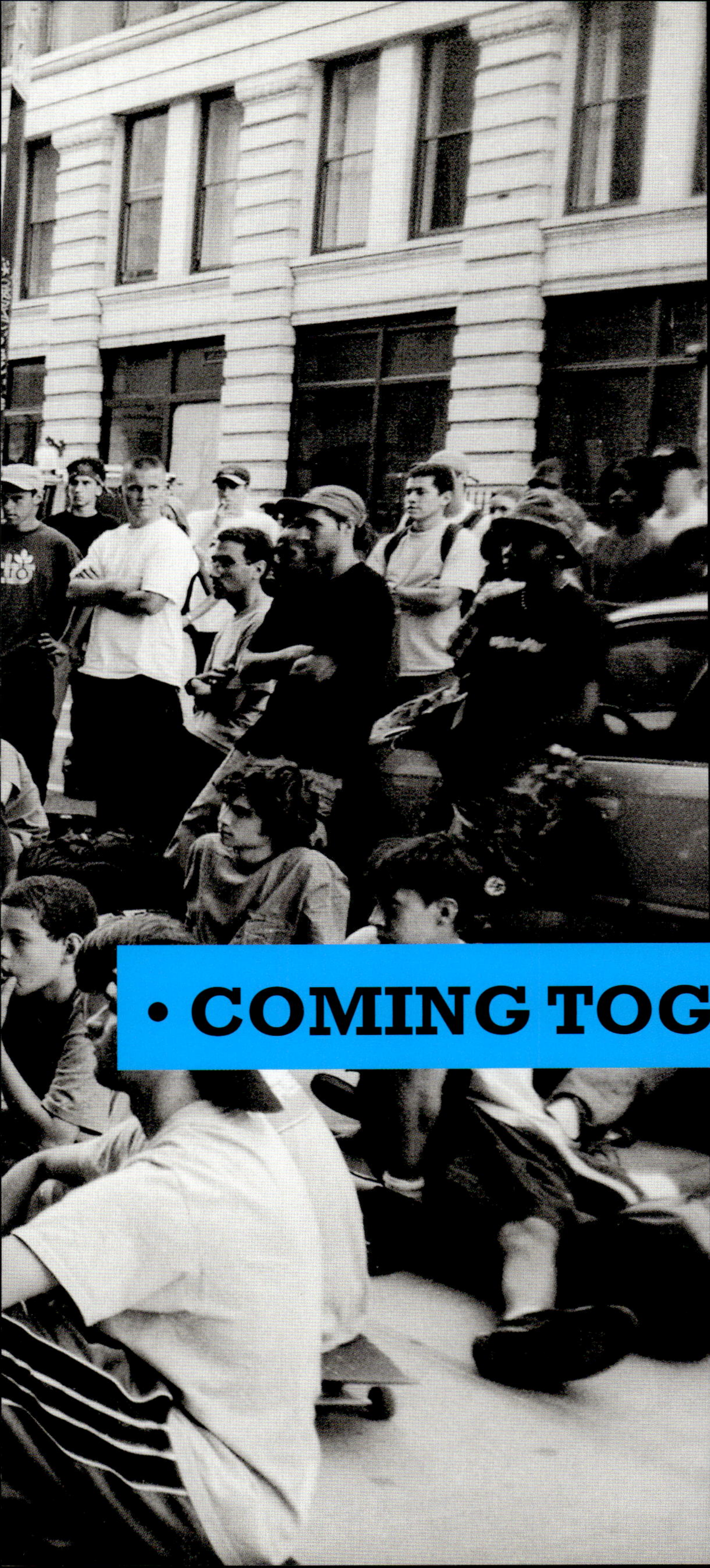

Eine Veranstaltung, ein Protest, eine Ausstellungseröffnung – immer ist etwas los. Schließlich geht es bei Straßenkunst um Menschen, und je öfter wir einander treffen, desto mehr erkennen wir, wer wir wirklich sind. Schreien, brüllen, singen, posieren, sich herausputzen und Netzwerke bilden – dazu bedarf es immer einer Gruppe von Menschen.

• COMING TOGETHER

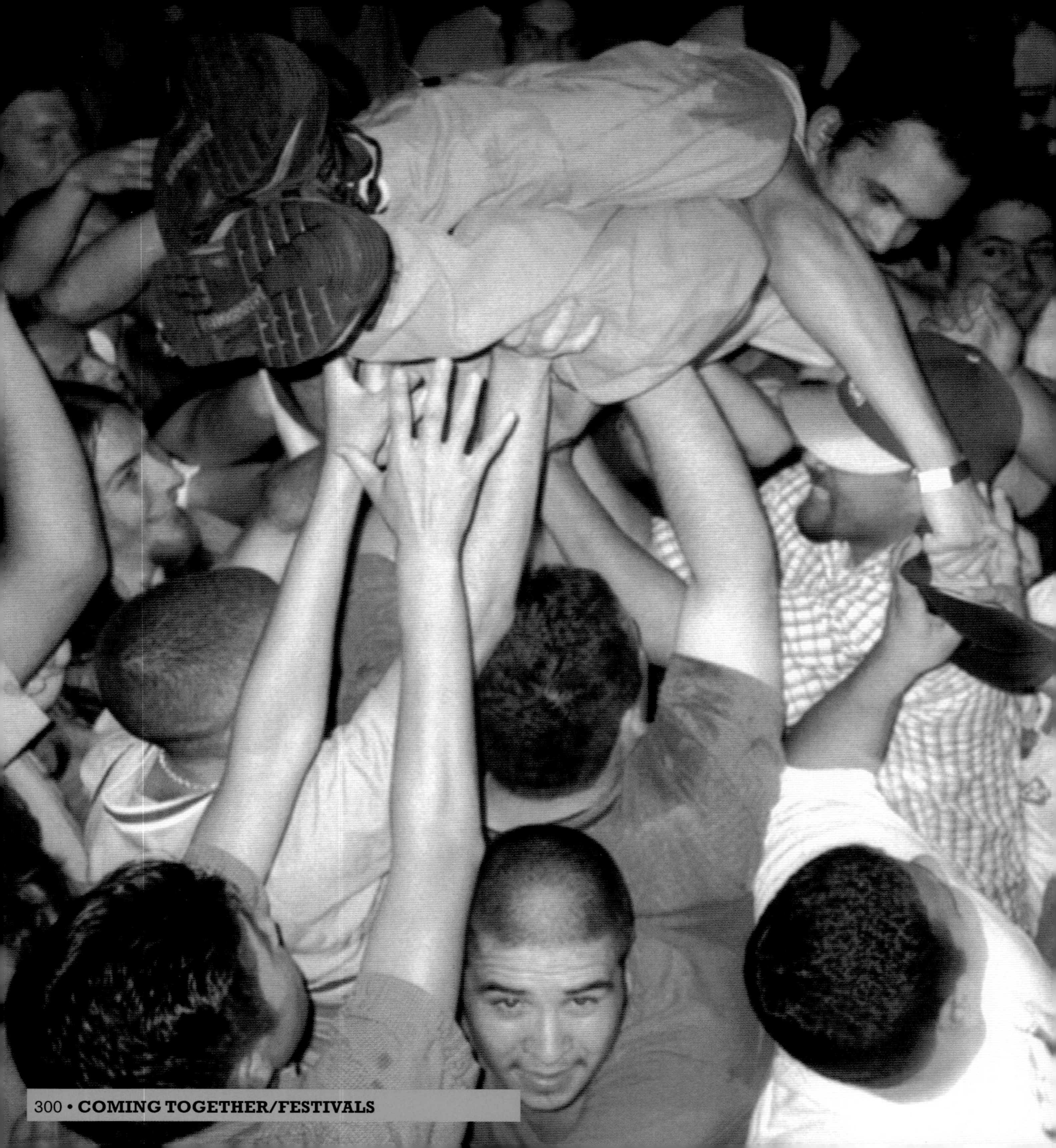

Mehrtägige Musikfestvials erfreuten sich in den letzten Jahren immer größerer Beliebtheit – jedes einzelne davon mit dem Anspruch, das Woodstock seiner Generation zu sein. Eine kurze Liste von jährlichen Festivals – manche davon finden noch statt, andere nicht mehr: das „Isle of Wight Festival“ und „Glastonbury“ in Großbritannien; „Roskilde“ in Dänemark; „Big Day Out“ in Australien; „Burning Man“ und „Bonnaroo“ in den USA; sowie Eintagesfeste wie „Lollapalooza,“ „Ozzfest,“ „Lilith Fair“ und „Warped.“

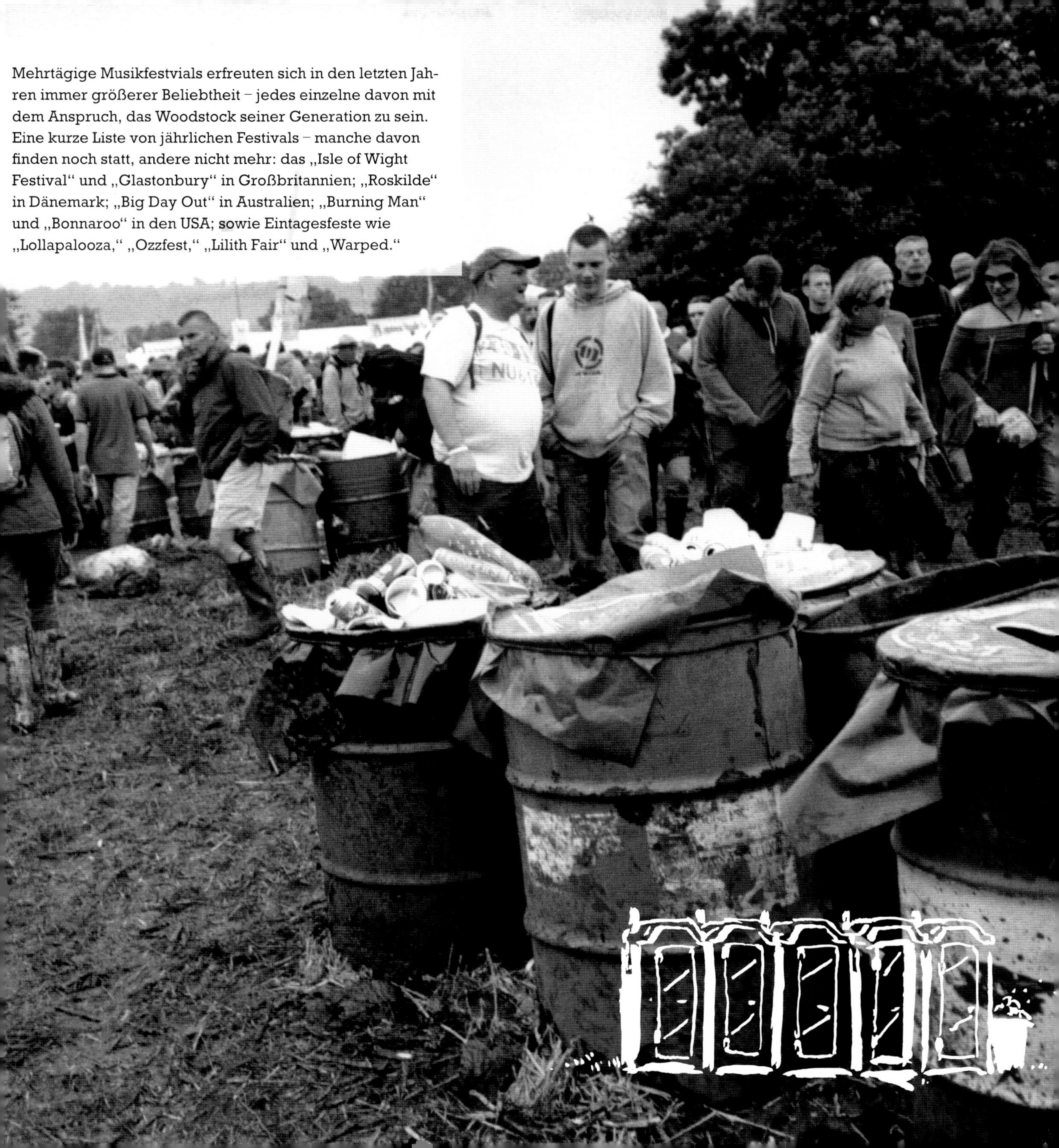

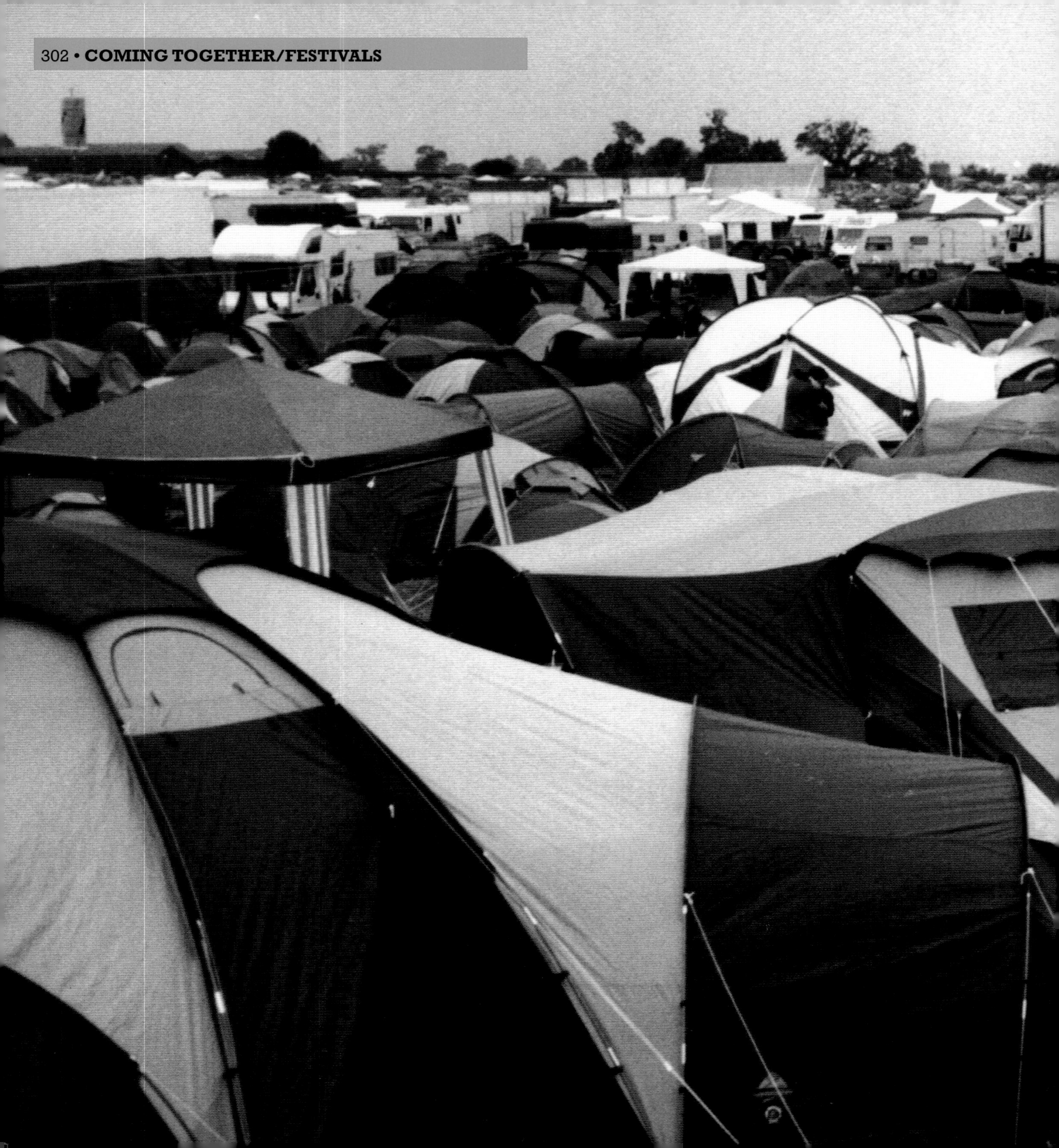

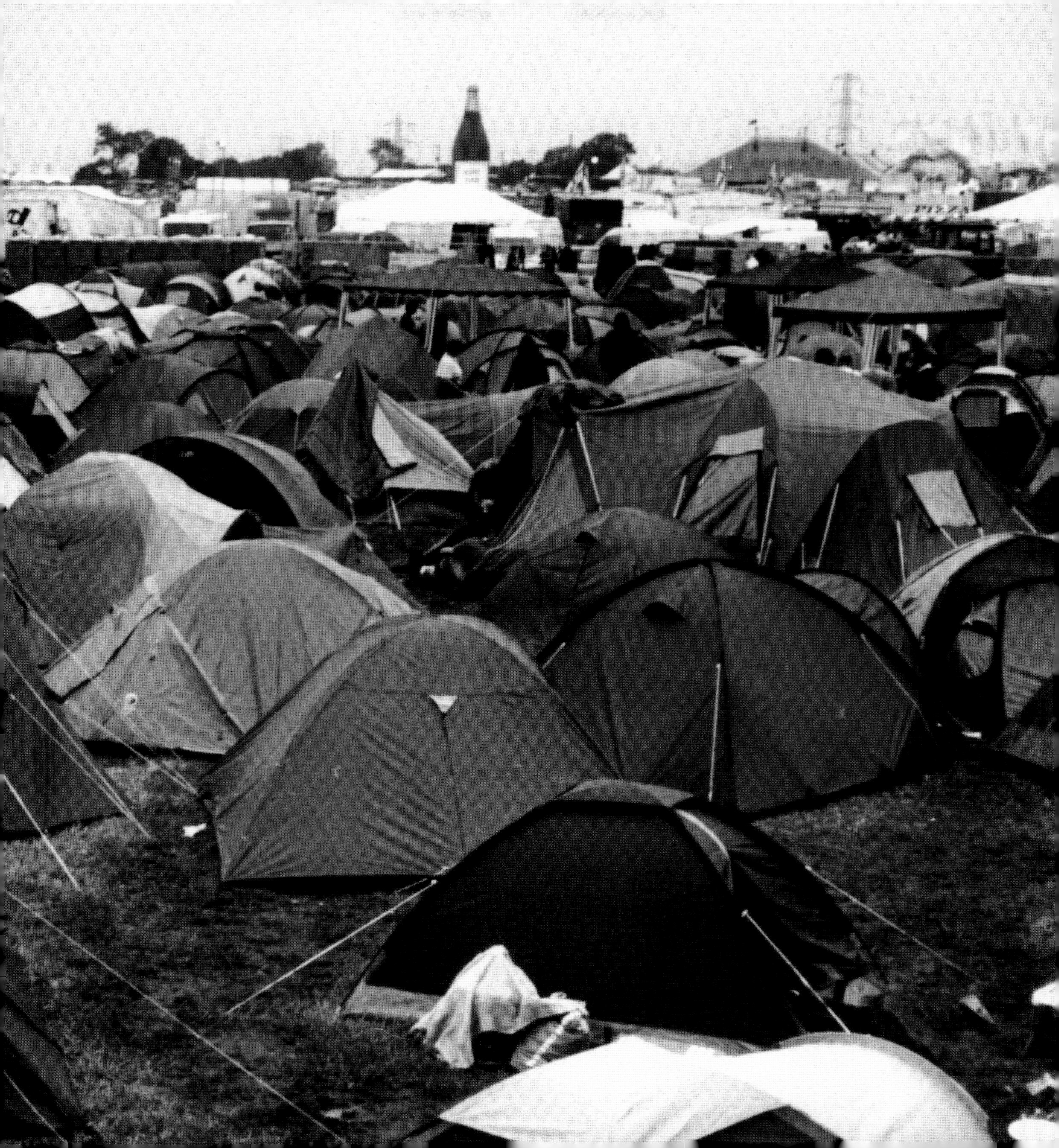
PIZZA

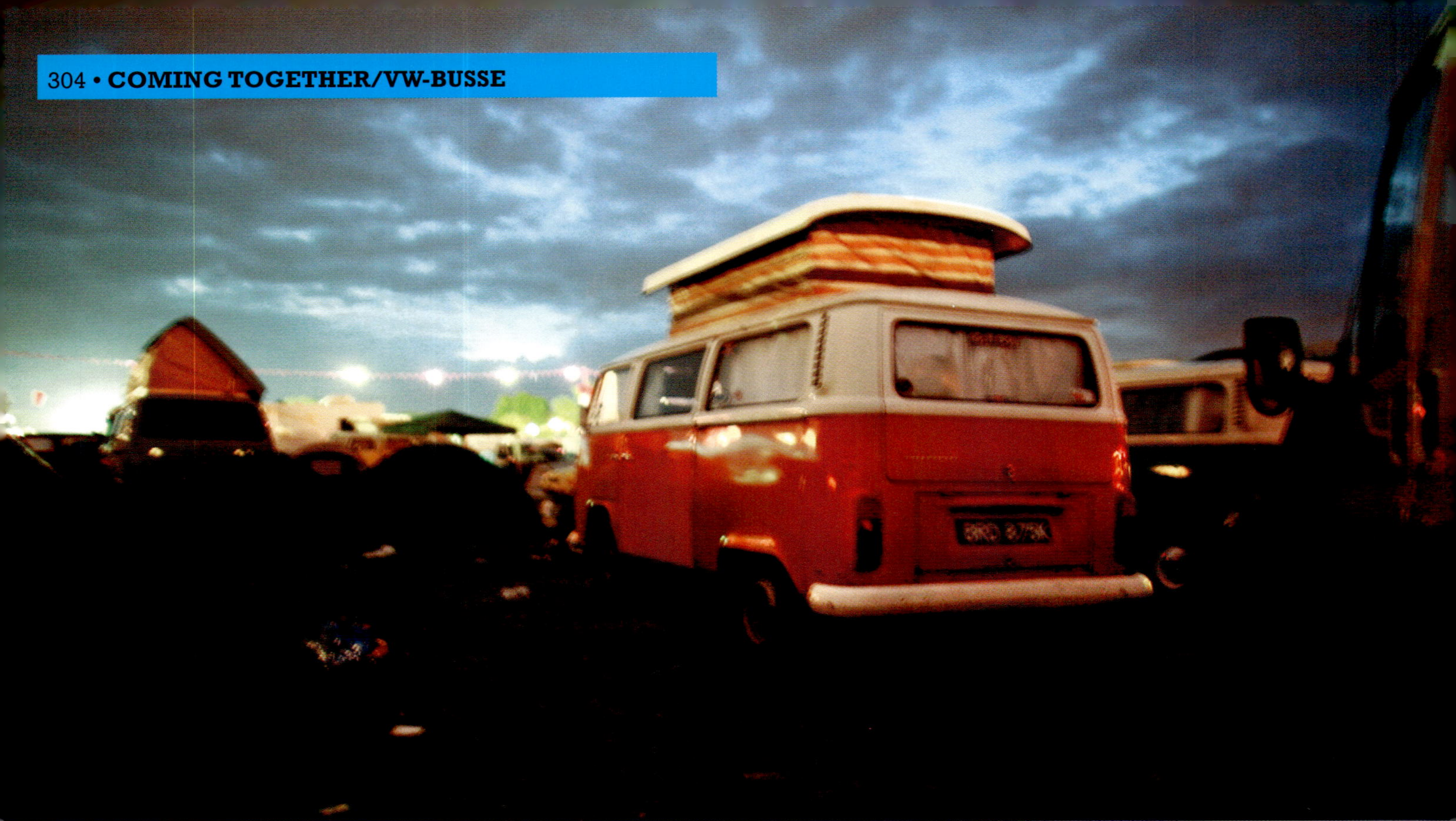

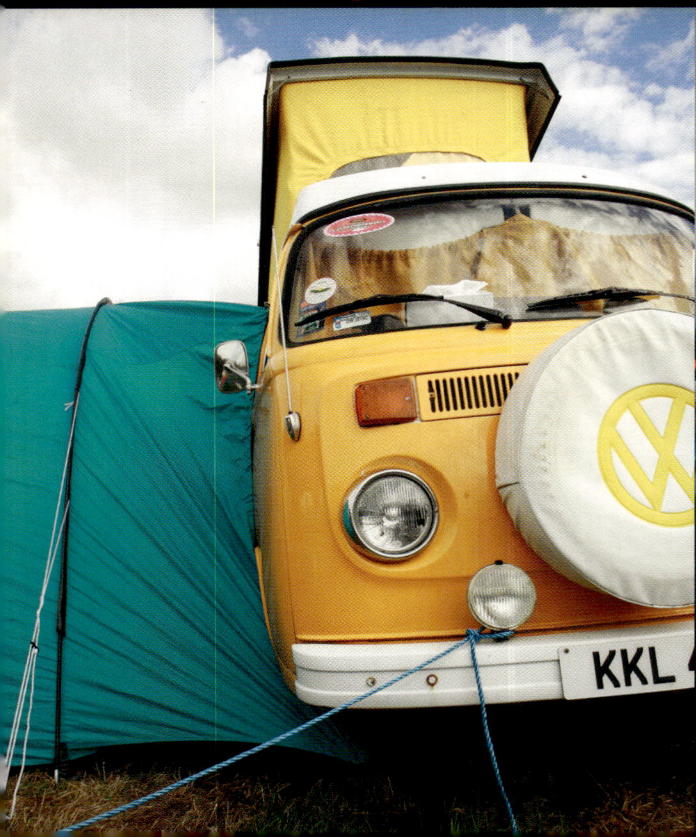
KKL

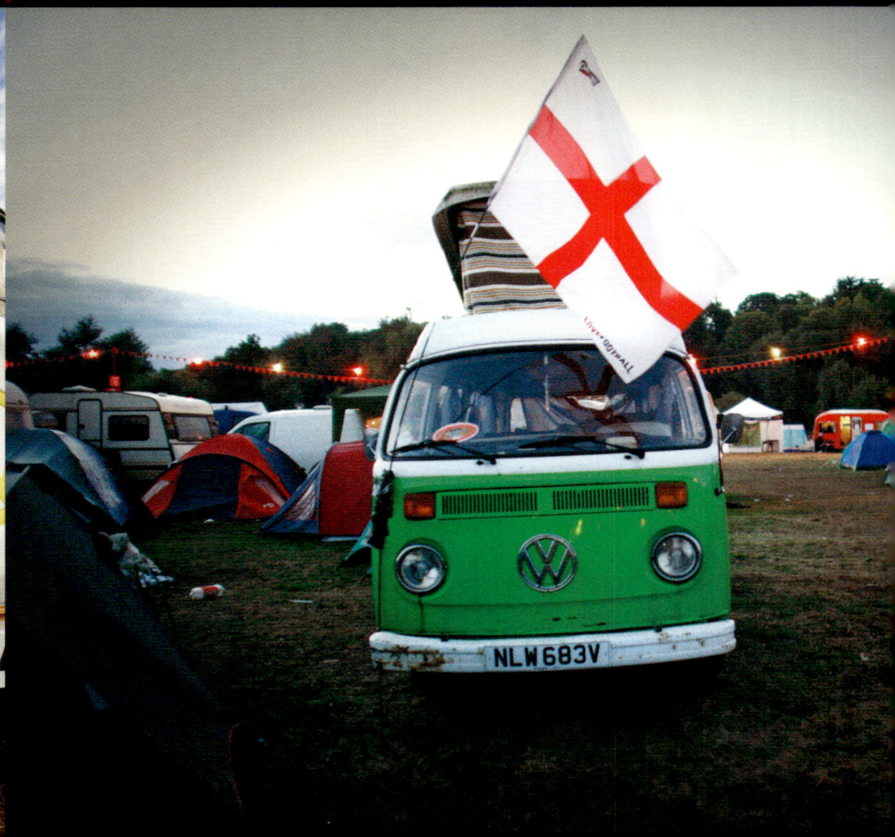
NLW 683V

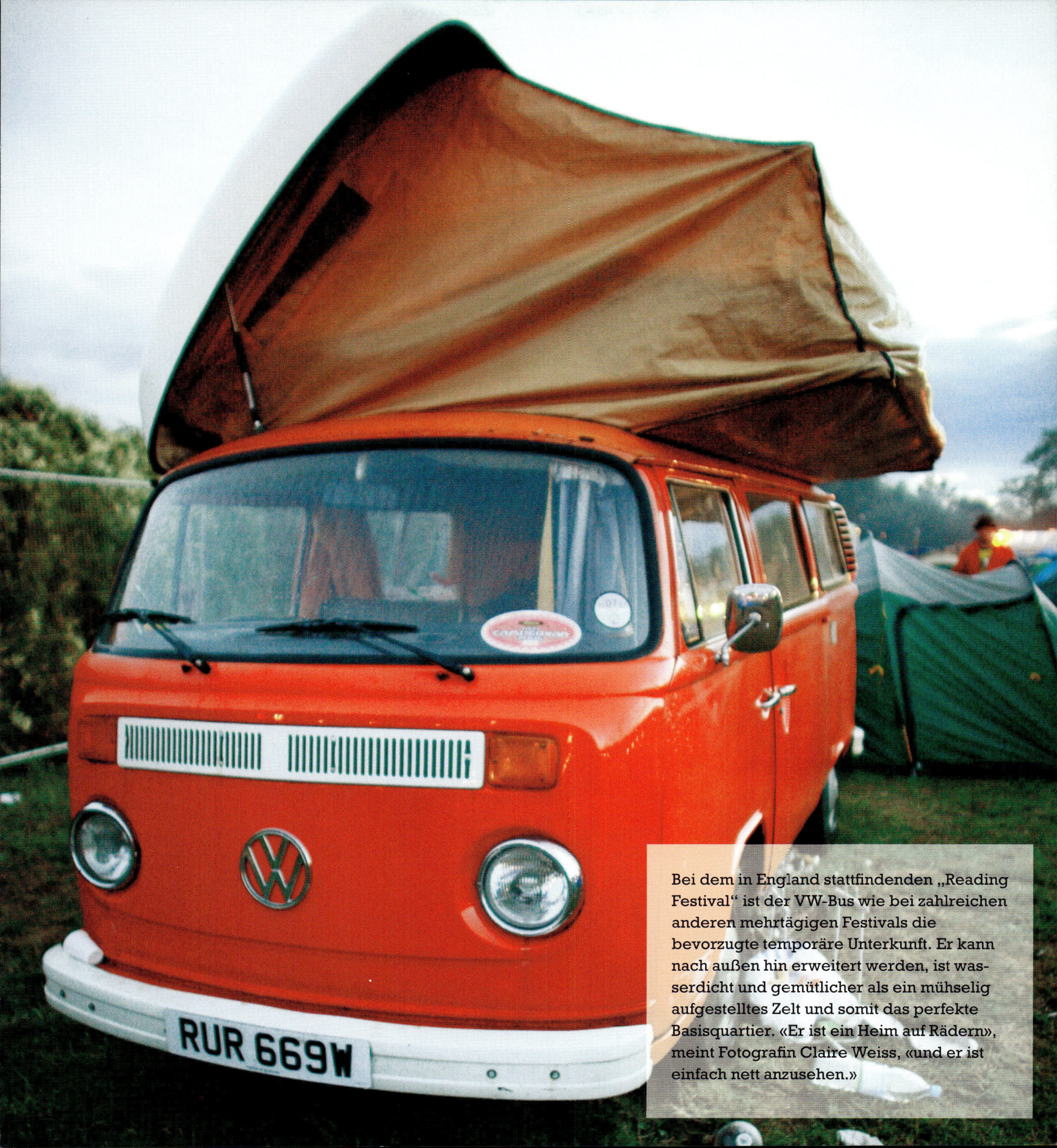

Bei dem in England stattfindenden „Reading Festival“ ist der VW-Bus wie bei zahlreichen anderen mehrtägigen Festivals die bevorzugte temporäre Unterkunft. Er kann nach außen hin erweitert werden, ist wasserdicht und gemütlicher als ein mühselig aufgestelltes Zelt und somit das perfekte Basisquartier. «Er ist ein Heim auf Rädern», meint Fotografin Claire Weiss, «und er ist einfach nett anzusehen.»

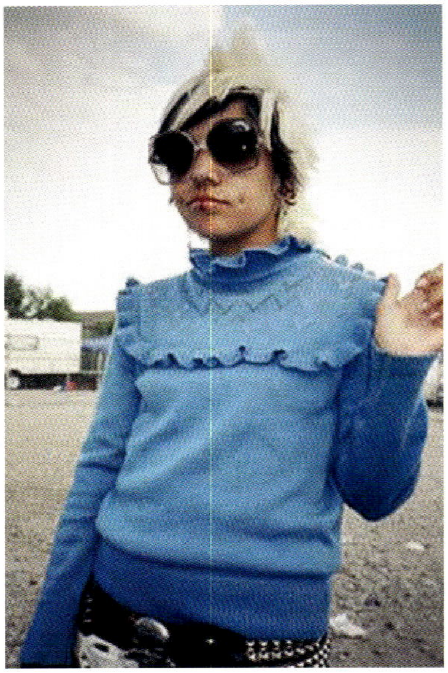

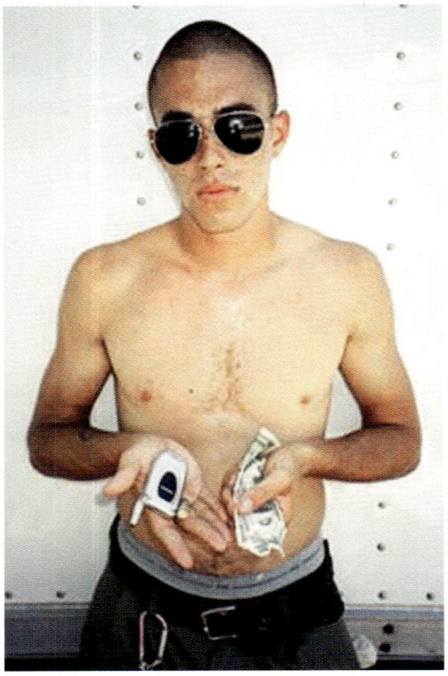

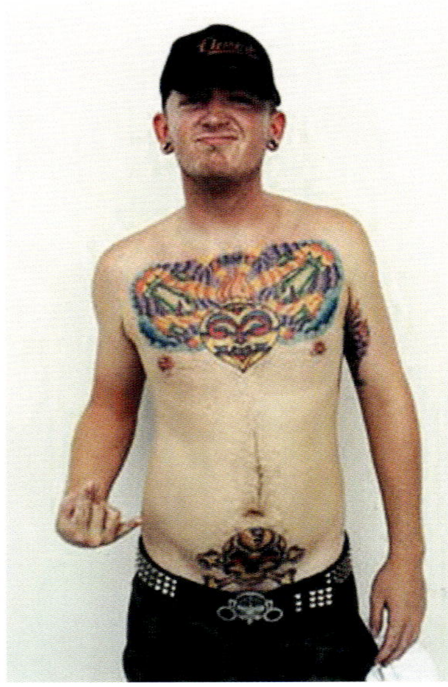

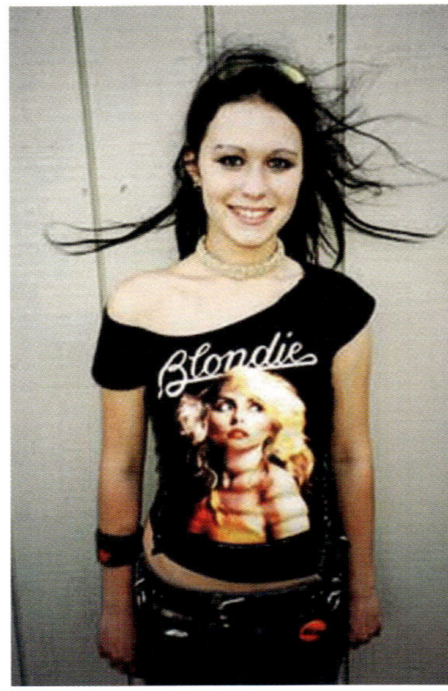

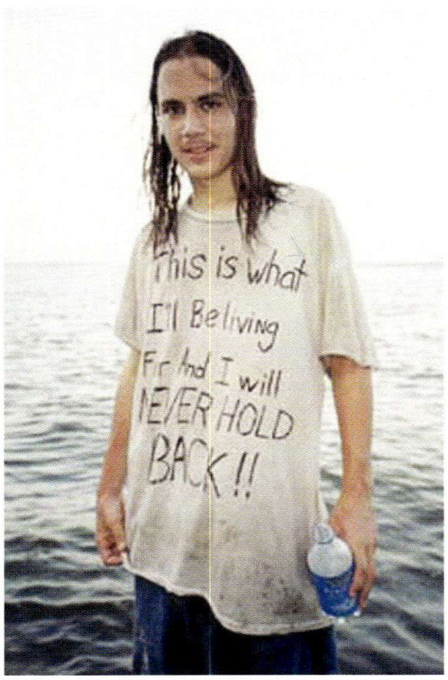

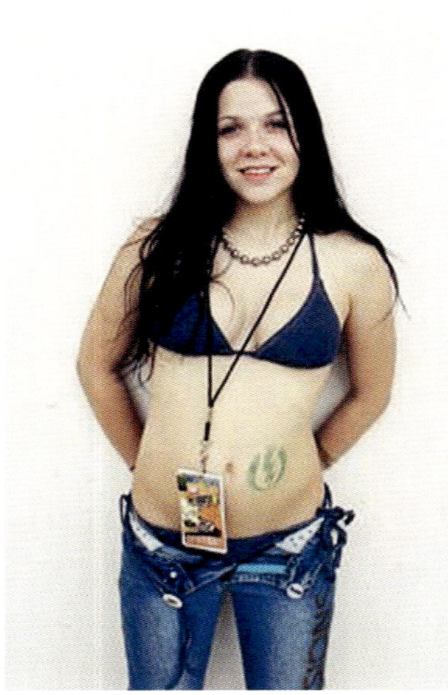

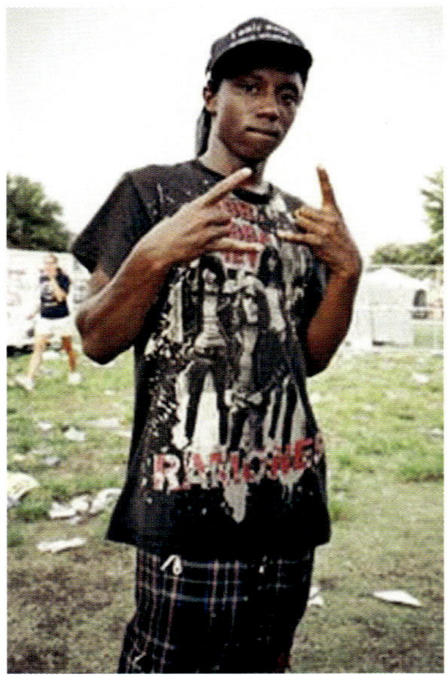

«Diese Fotos entstanden während riesiger Musikfestivals. Jeder dieser Jugendlichen zog meine Aufmerksamkeit auf sich – aus offensichtlichen oder subtilen Gründen … Einer von ihnen saß gerade in einem behelfsmäßigen Gefängnis, weil er wegen irgendetwas geschnappt worden war oder sonst was ausgefressen hatte. Ich konnte nur ein Foto des Kids machen, bevor mich ein Sicherheitsbediensteter anbrüllte. Raten Sie mal, welche Person es war.»
Dan Monick

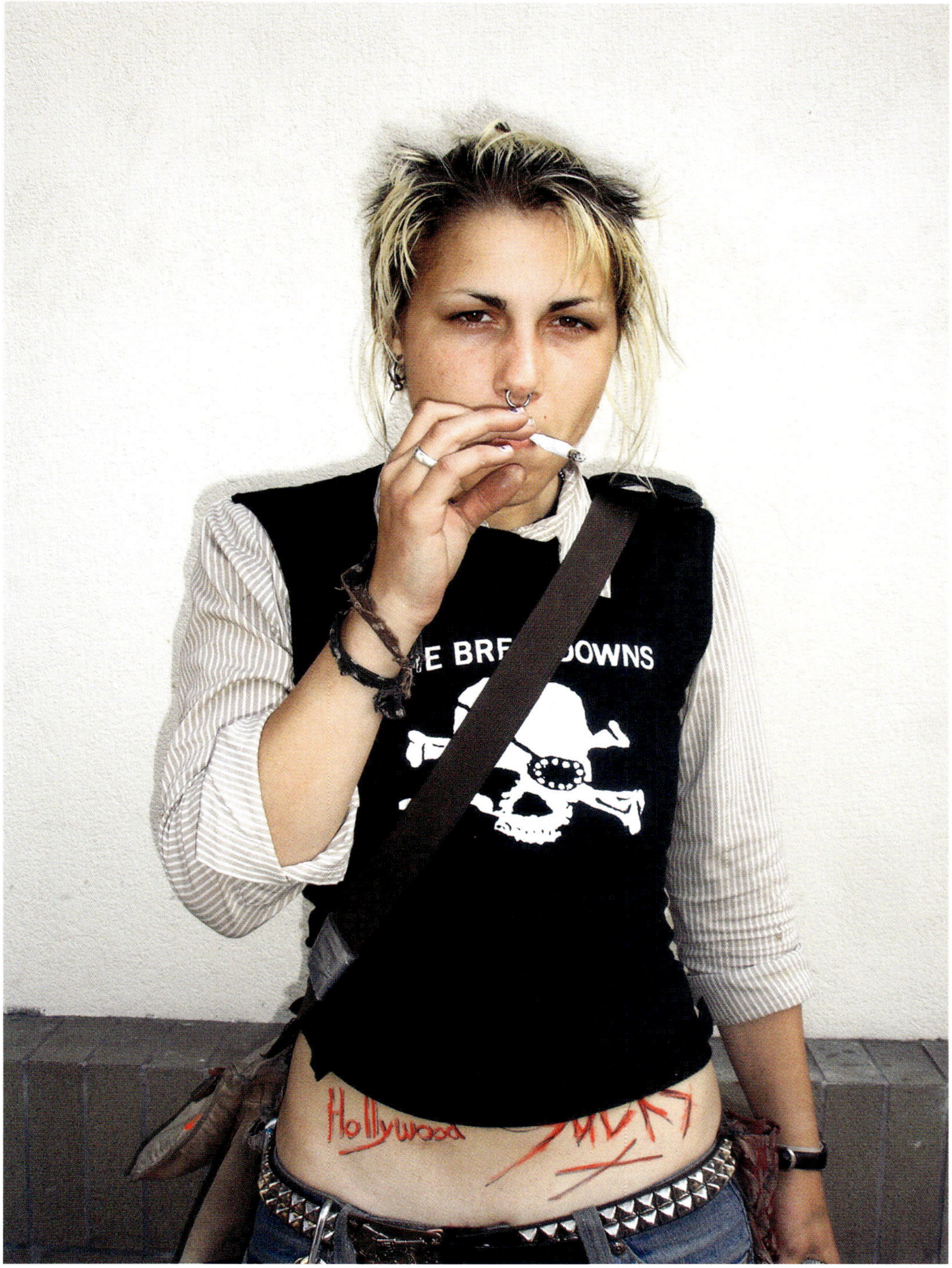
Hollywood

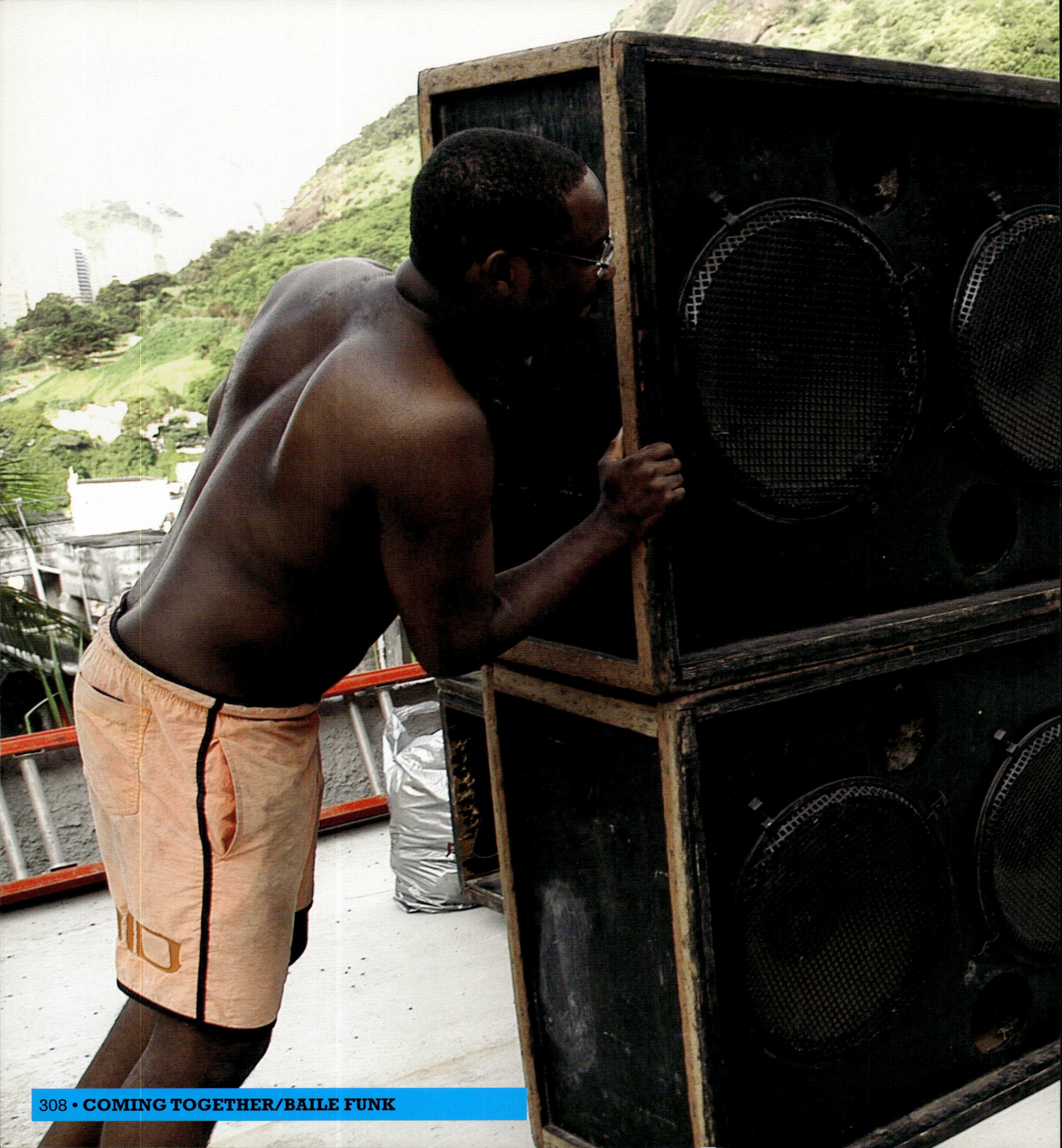

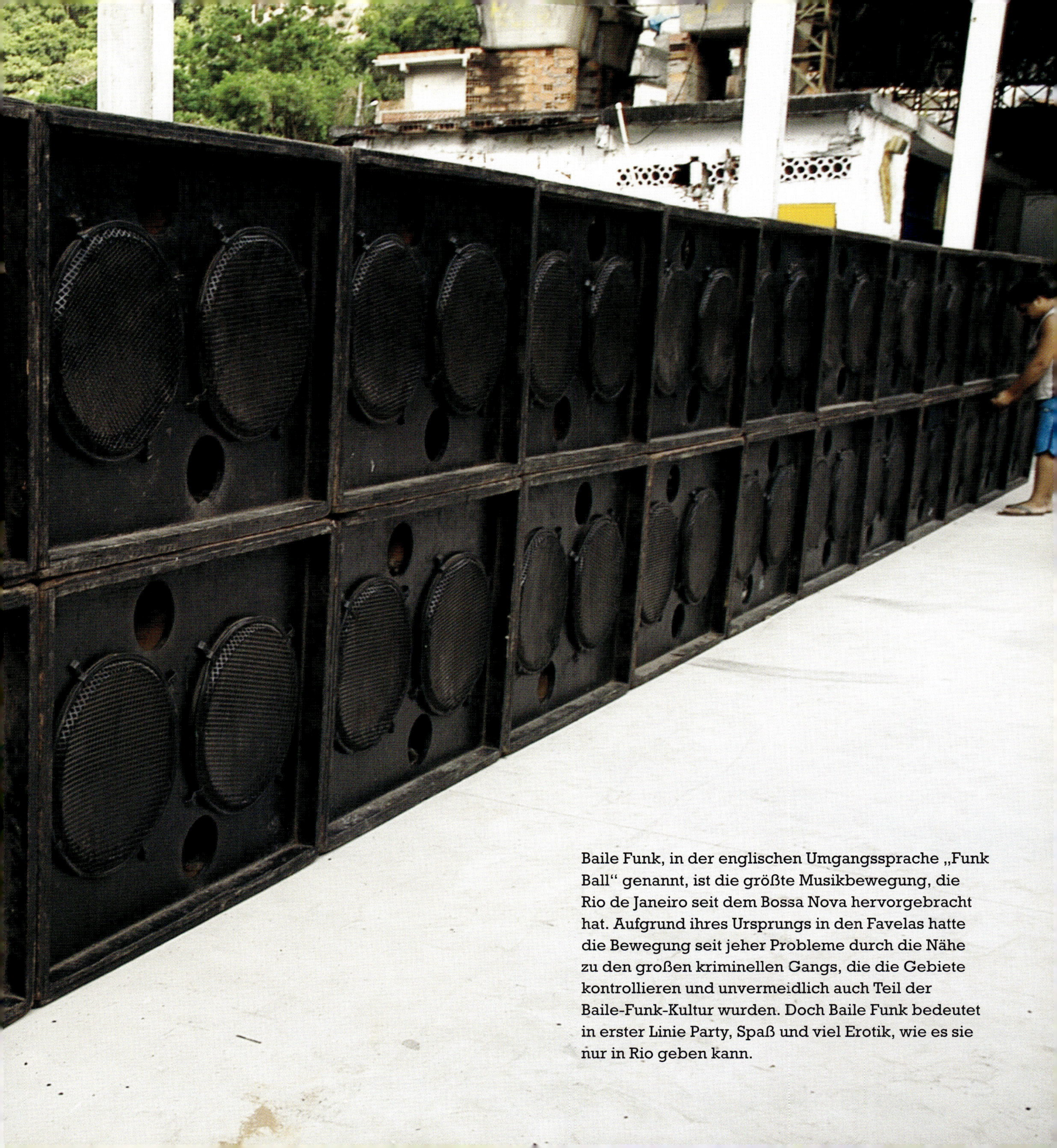

Baile Funk, in der englischen Umgangssprache „Funk Ball“ genannt, ist die größte Musikbewegung, die Rio de Janeiro seit dem Bossa Nova hervorgebracht hat. Aufgrund ihres Ursprungs in den Favelas hatte die Bewegung seit jeher Probleme durch die Nähe zu den großen kriminellen Gangs, die die Gebiete kontrollieren und unvermeidlich auch Teil der Baile-Funk-Kultur wurden. Doch Baile Funk bedeutet in erster Linie Party, Spaß und viel Erotik, wie es sie nur in Rio geben kann.

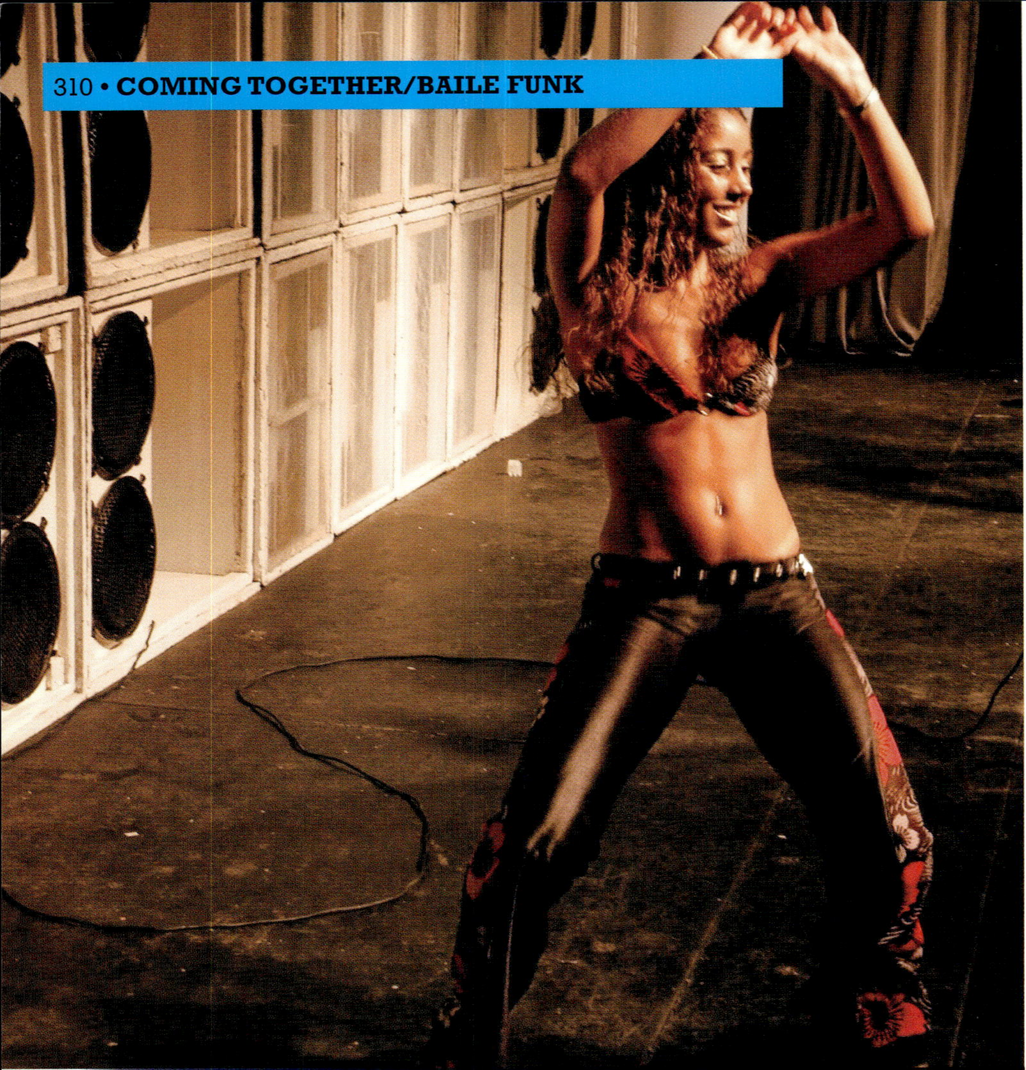

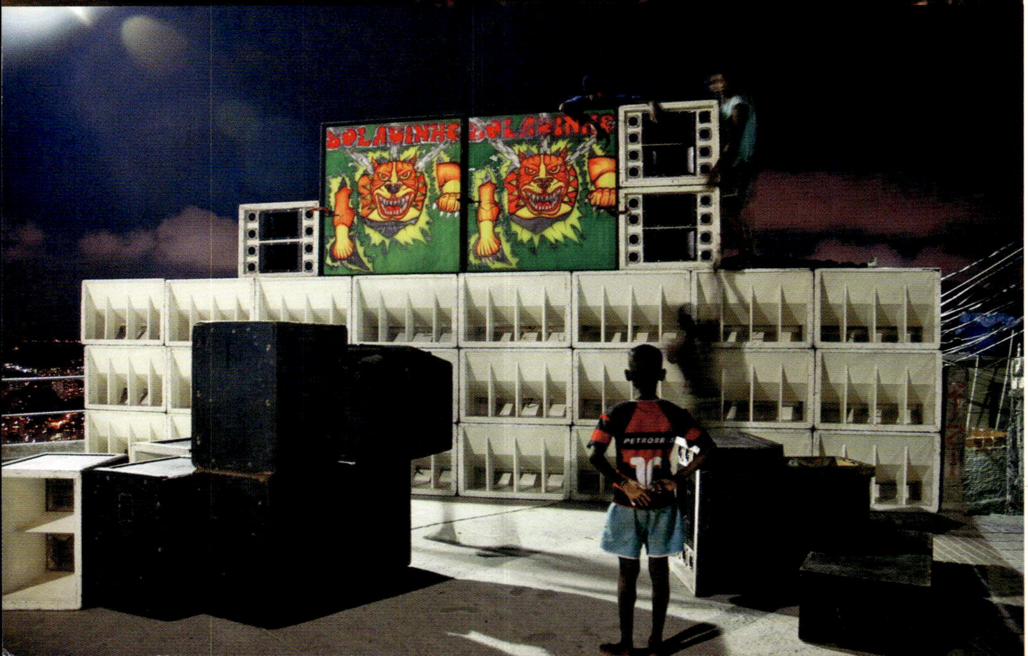

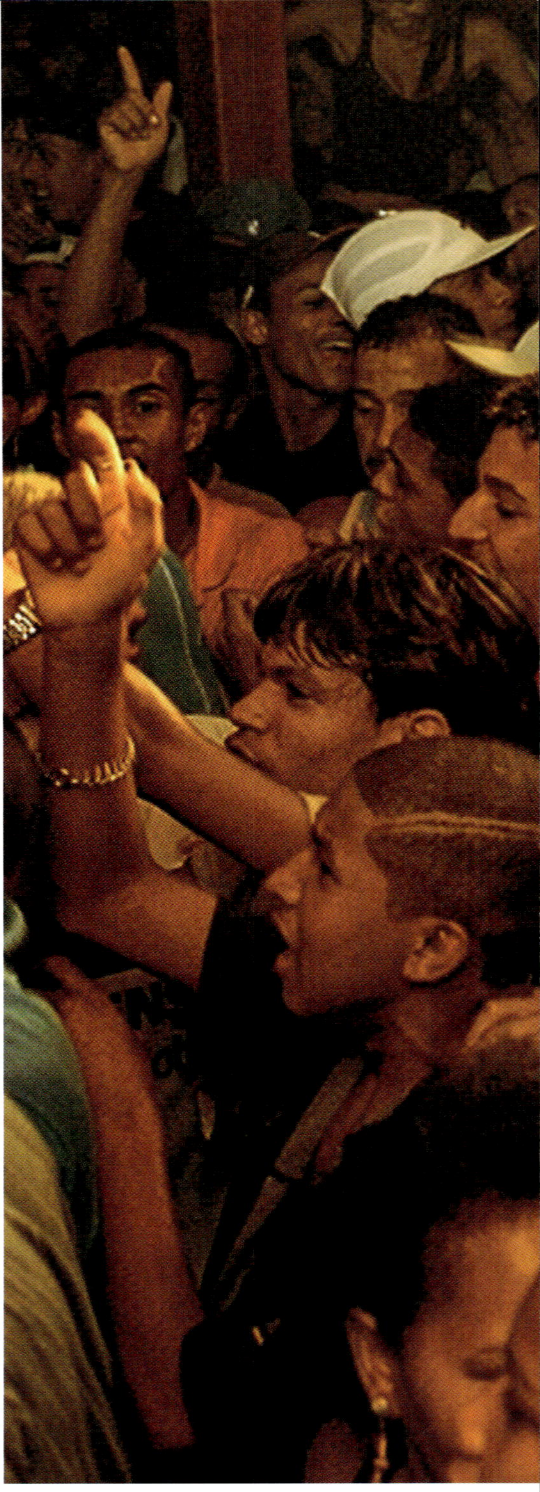

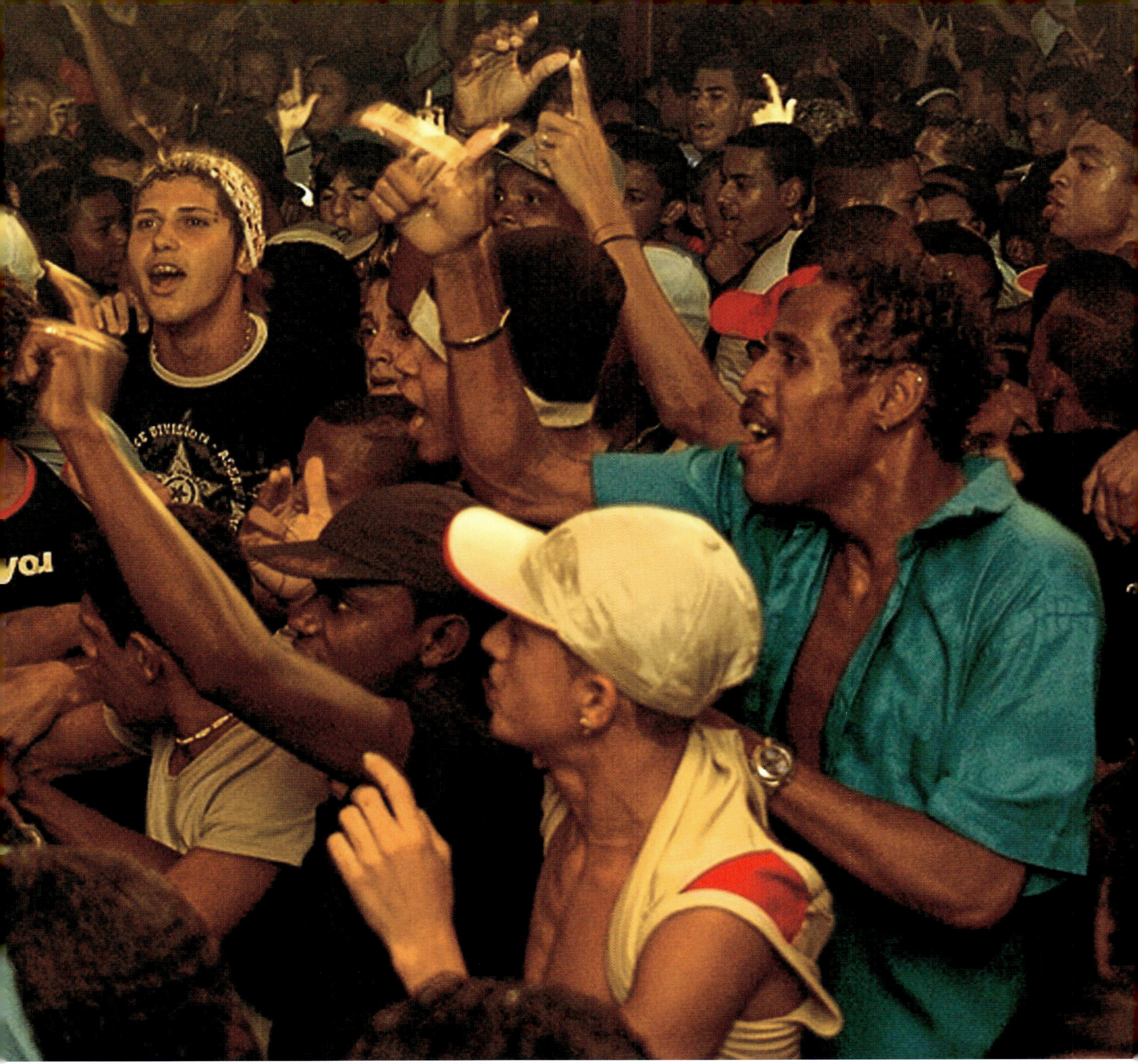

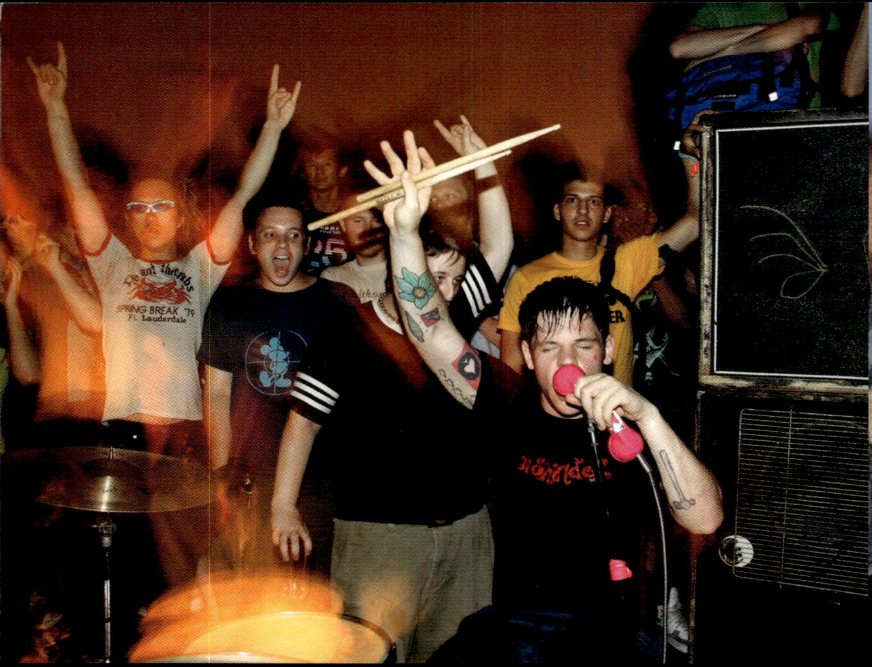

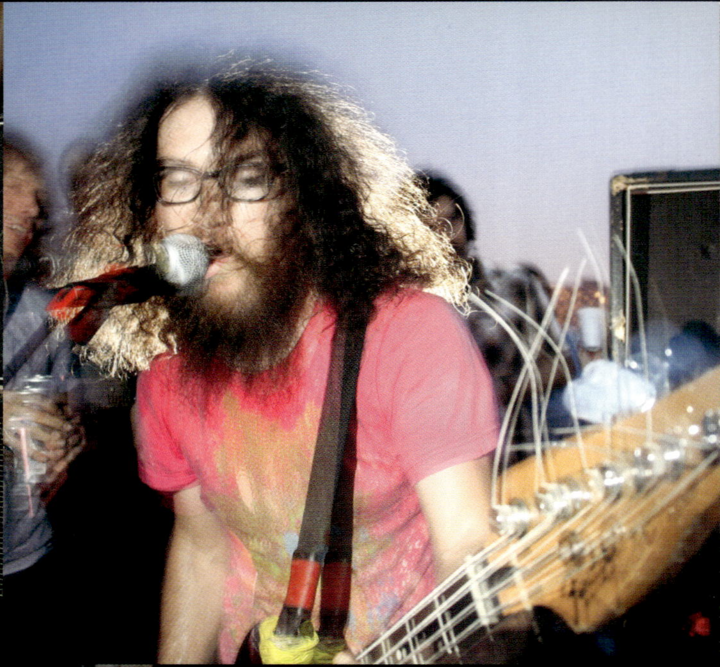

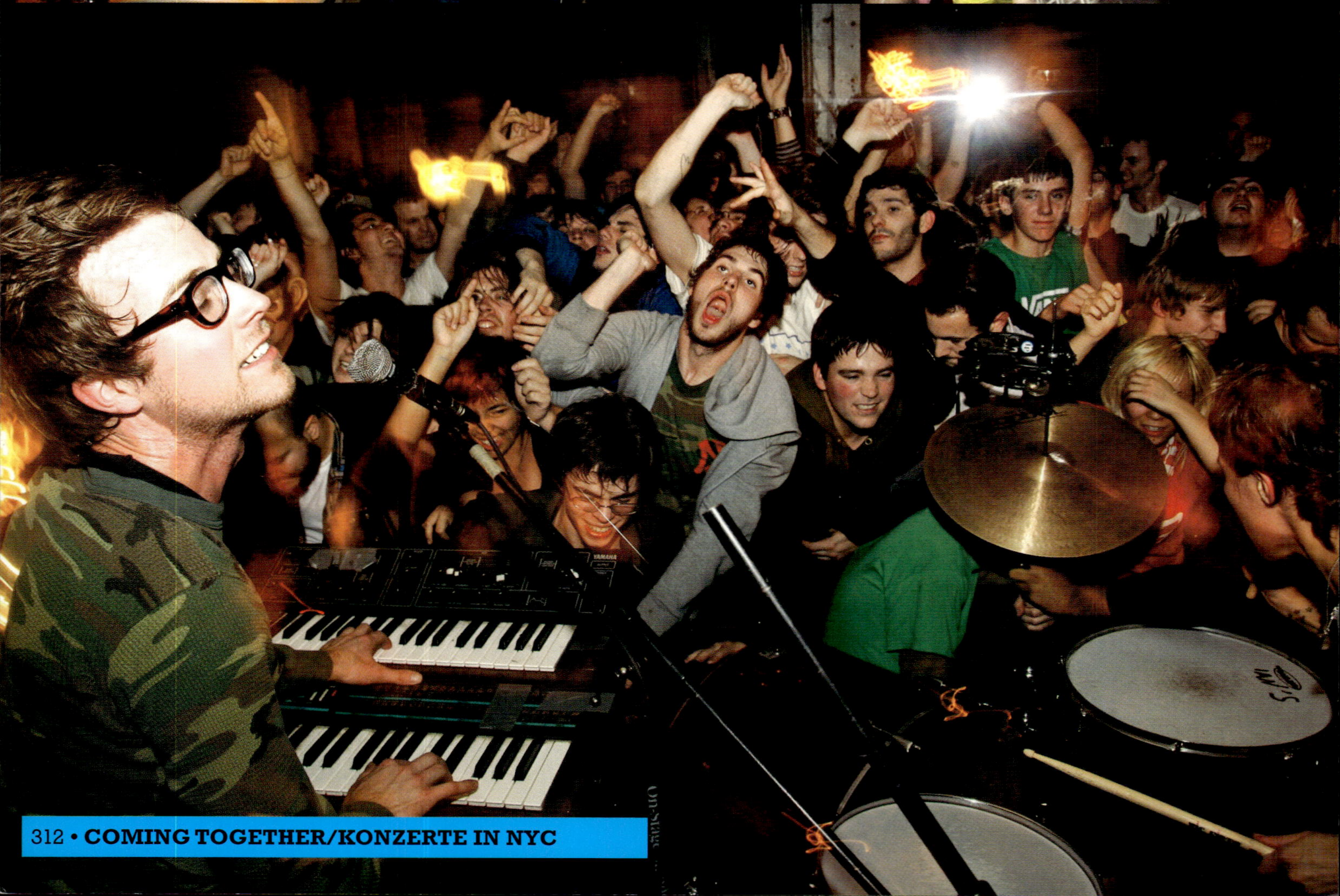

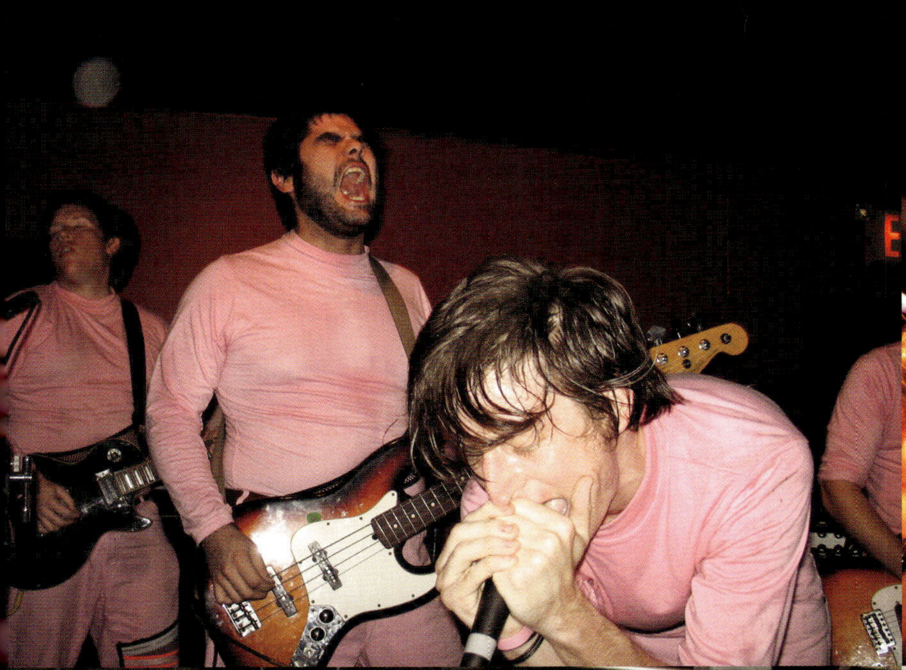

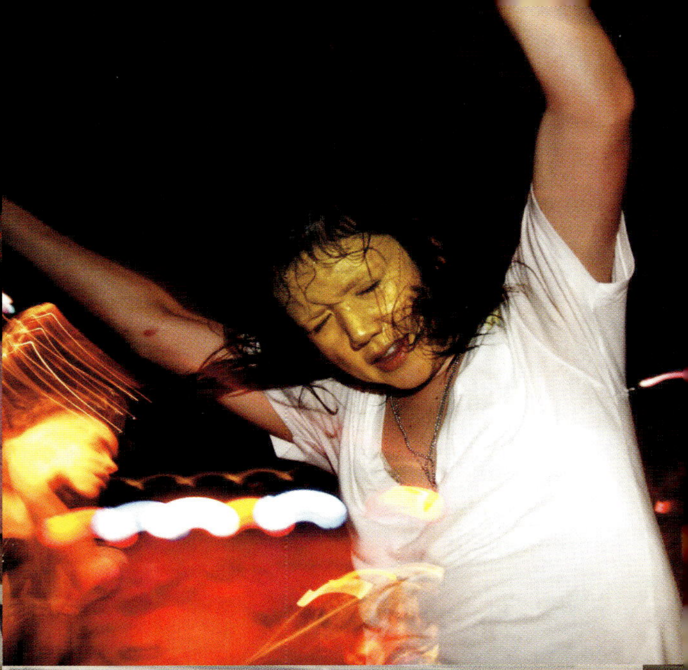

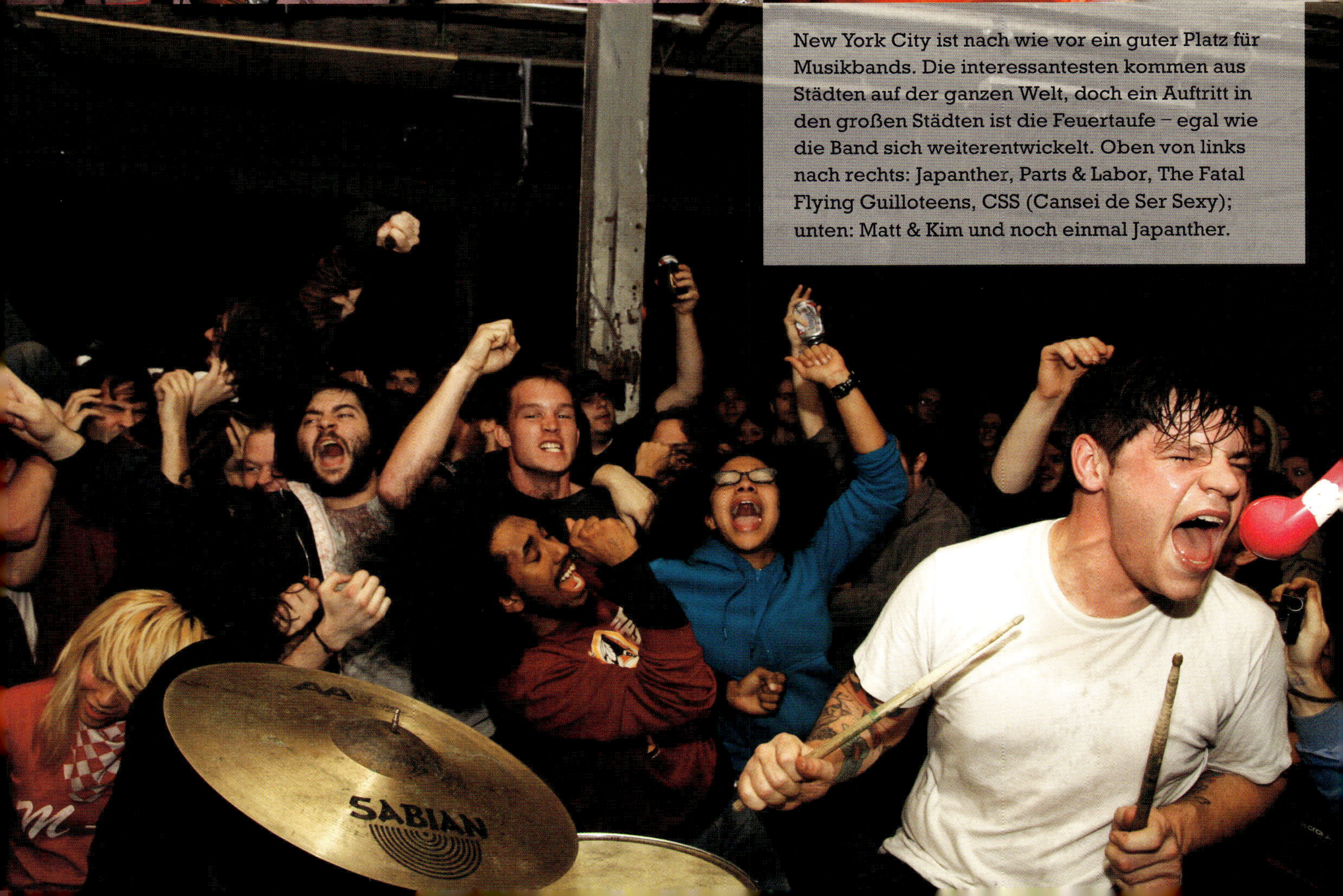

New York City ist nach wie vor ein guter Platz für Musikbands. Die interessantesten kommen aus Städten auf der ganzen Welt, doch ein Auftritt in den großen Städten ist die Feuertaufe – egal wie die Band sich weiterentwickelt. Oben von links nach rechts: Japanther, Parts & Labor, The Fatal Flying Guilloteens, CSS (Cansei de Ser Sexy); unten: Matt & Kim und noch einmal Japanther.

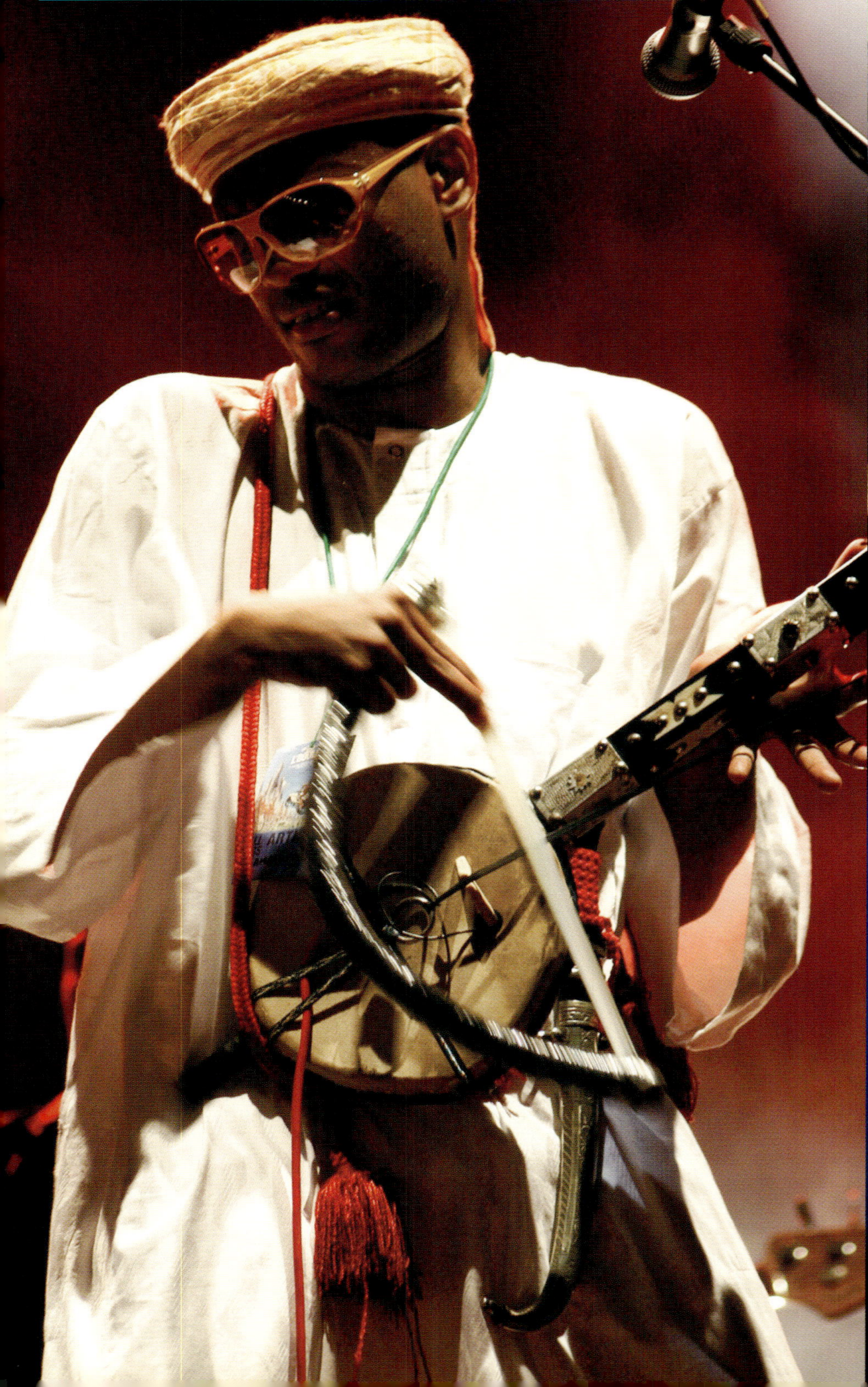

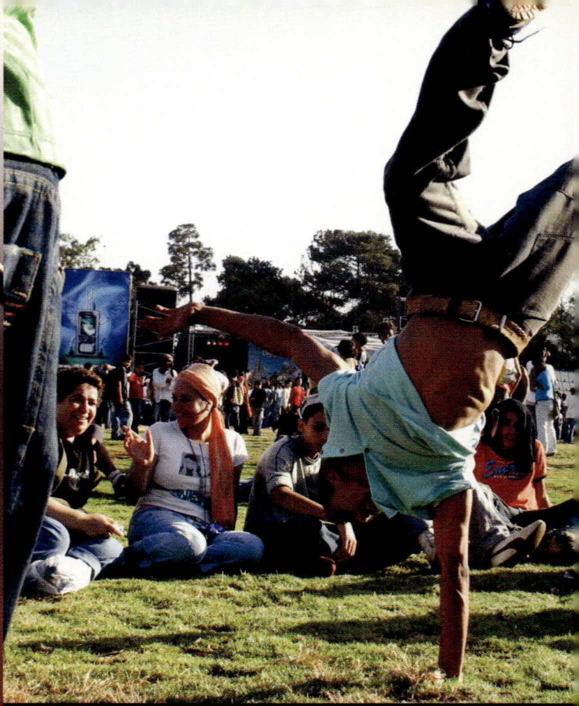

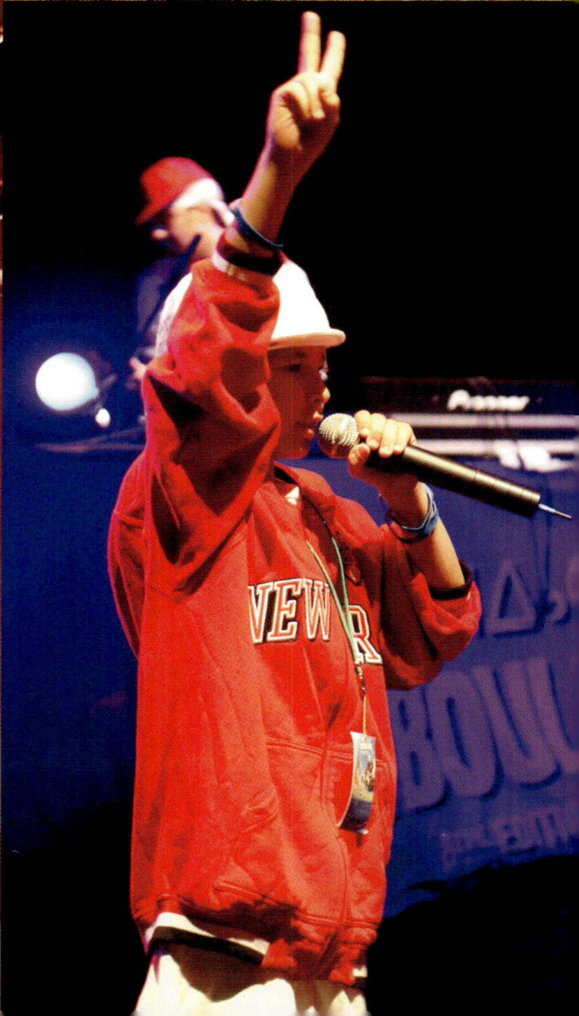

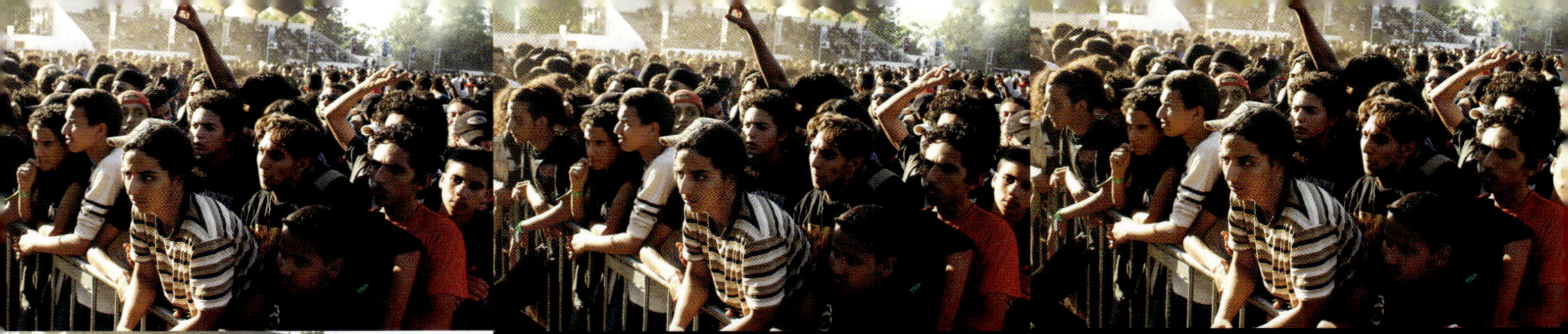

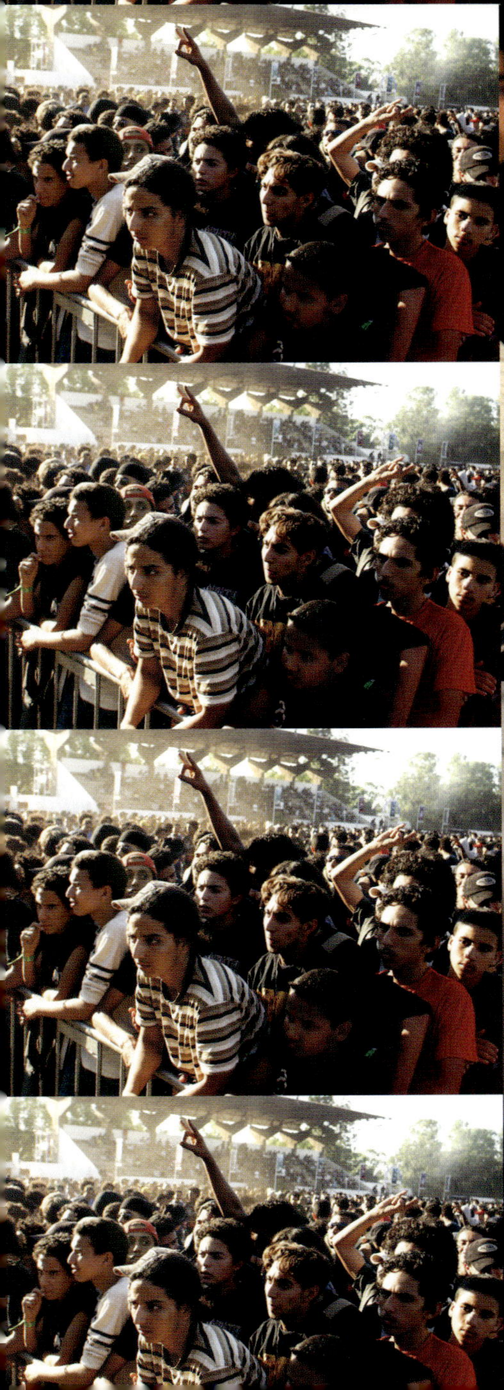

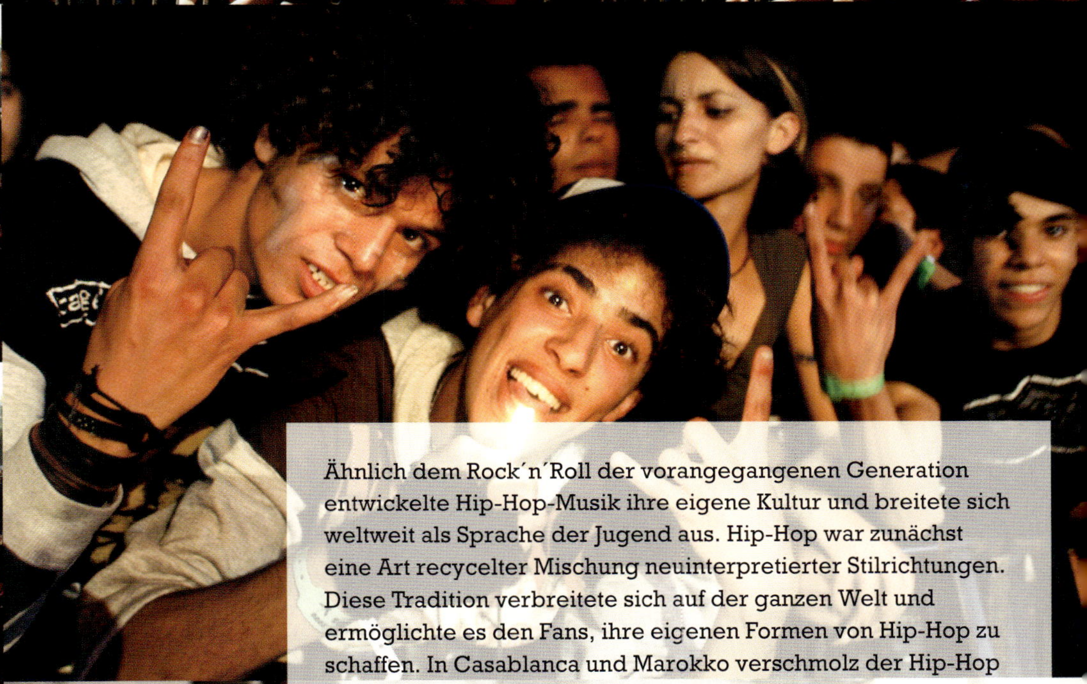

Ähnlich dem Rock´n´Roll der vorangegangenen Generation entwickelte Hip-Hop-Musik ihre eigene Kultur und breitete sich weltweit als Sprache der Jugend aus. Hip-Hop war zunächst eine Art recycelter Mischung neuinterpretierter Stilrichtungen. Diese Tradition verbreitete sich auf der ganzen Welt und ermöglichte es den Fans, ihre eigenen Formen von Hip-Hop zu schaffen. In Casablanca und Marokko verschmolz der Hip-Hop mit traditionellen Musikrichtungen, wodurch eine Anziehungskraft entstand, die sowohl einzigartig als auch universell ist. Hier zu sehen: das Festival „Boulevard des Jeunes Musiciens“ in Casablanca mit Bands aus Frankreich und aus Marokko.

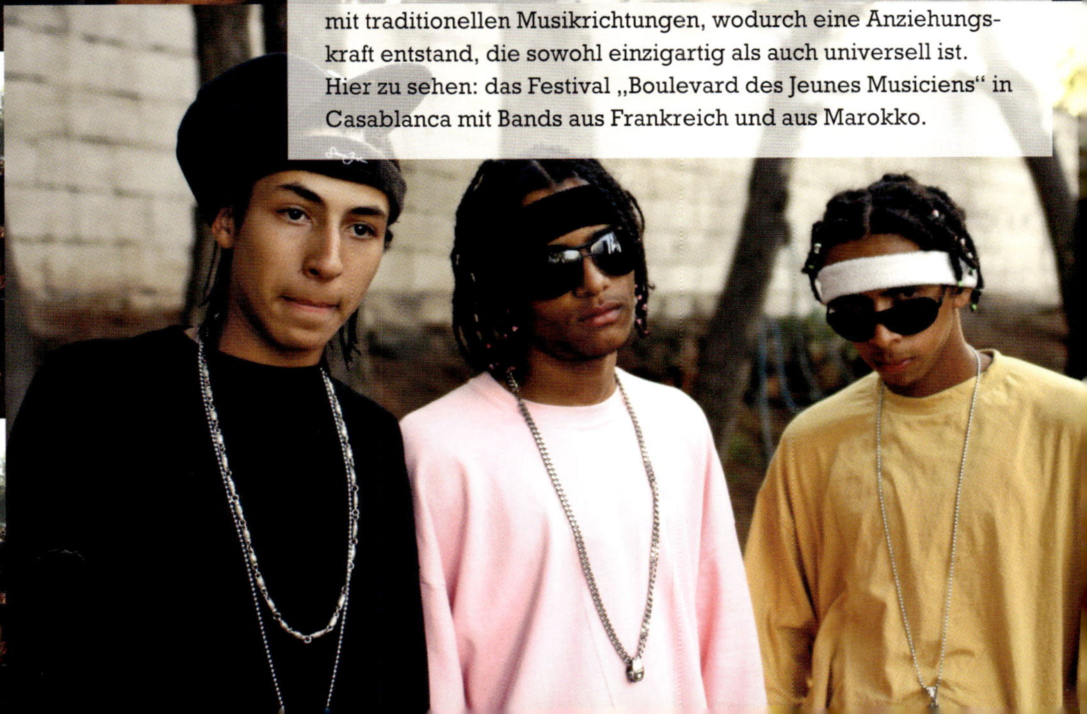

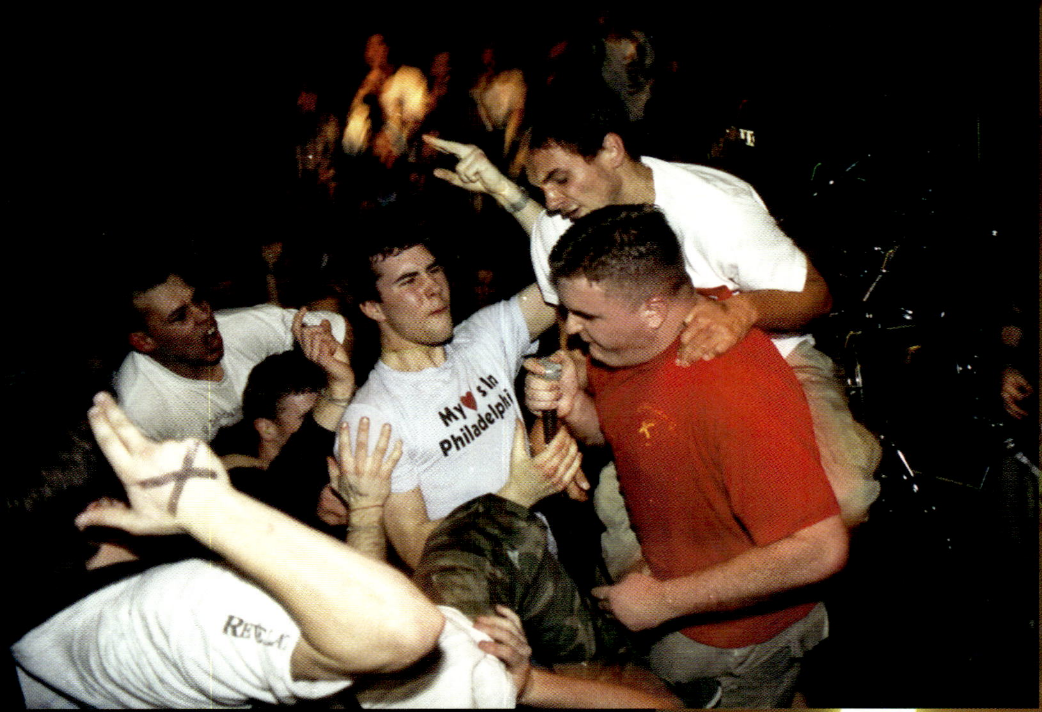
Philadelphia
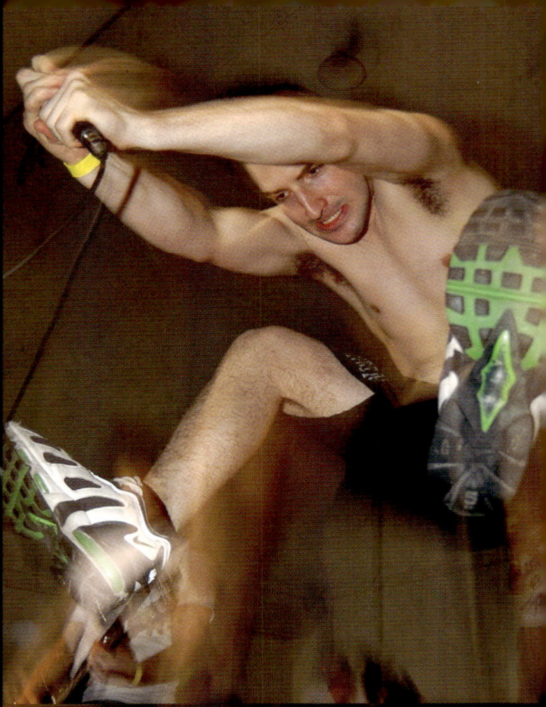
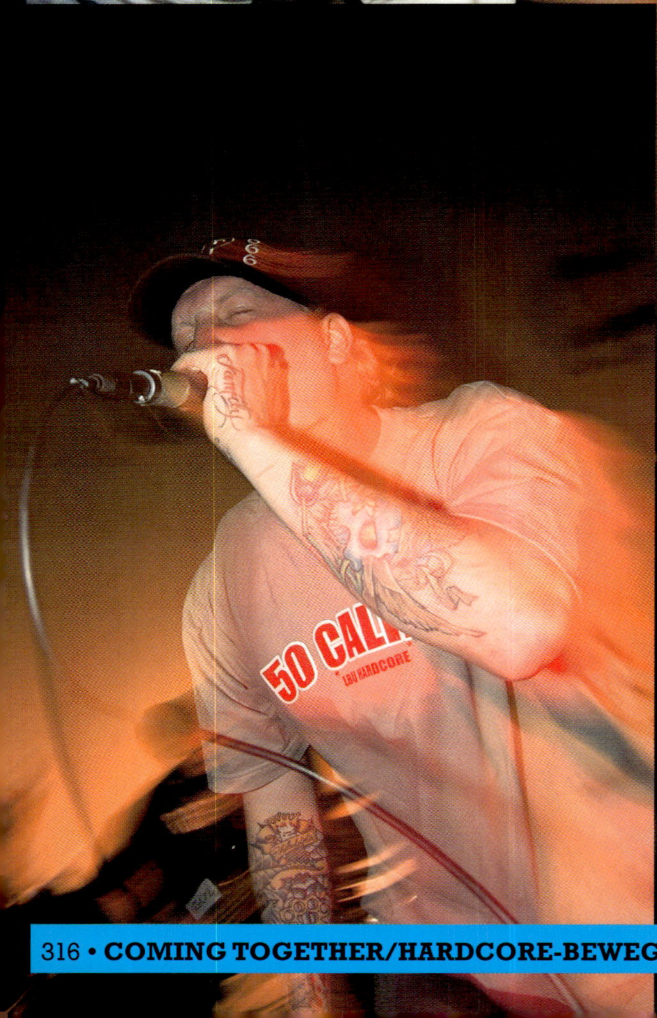
50 CAL
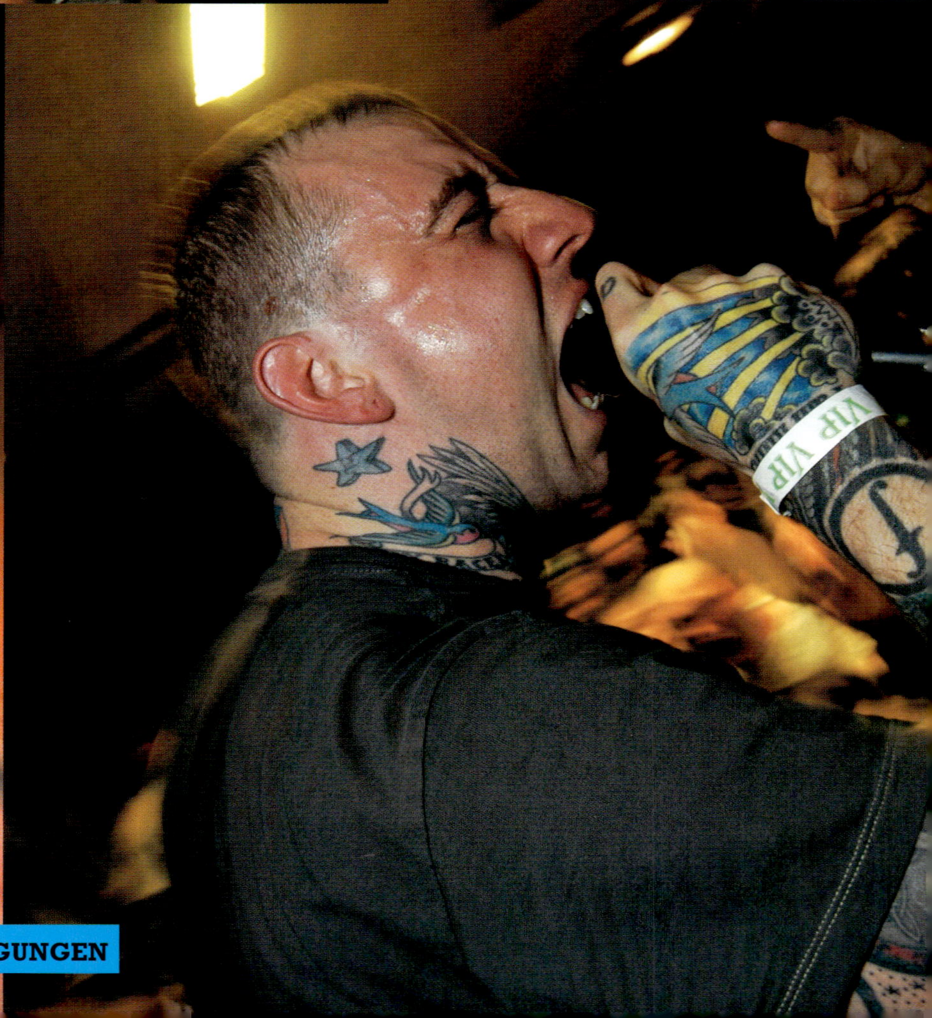
VIP VIP

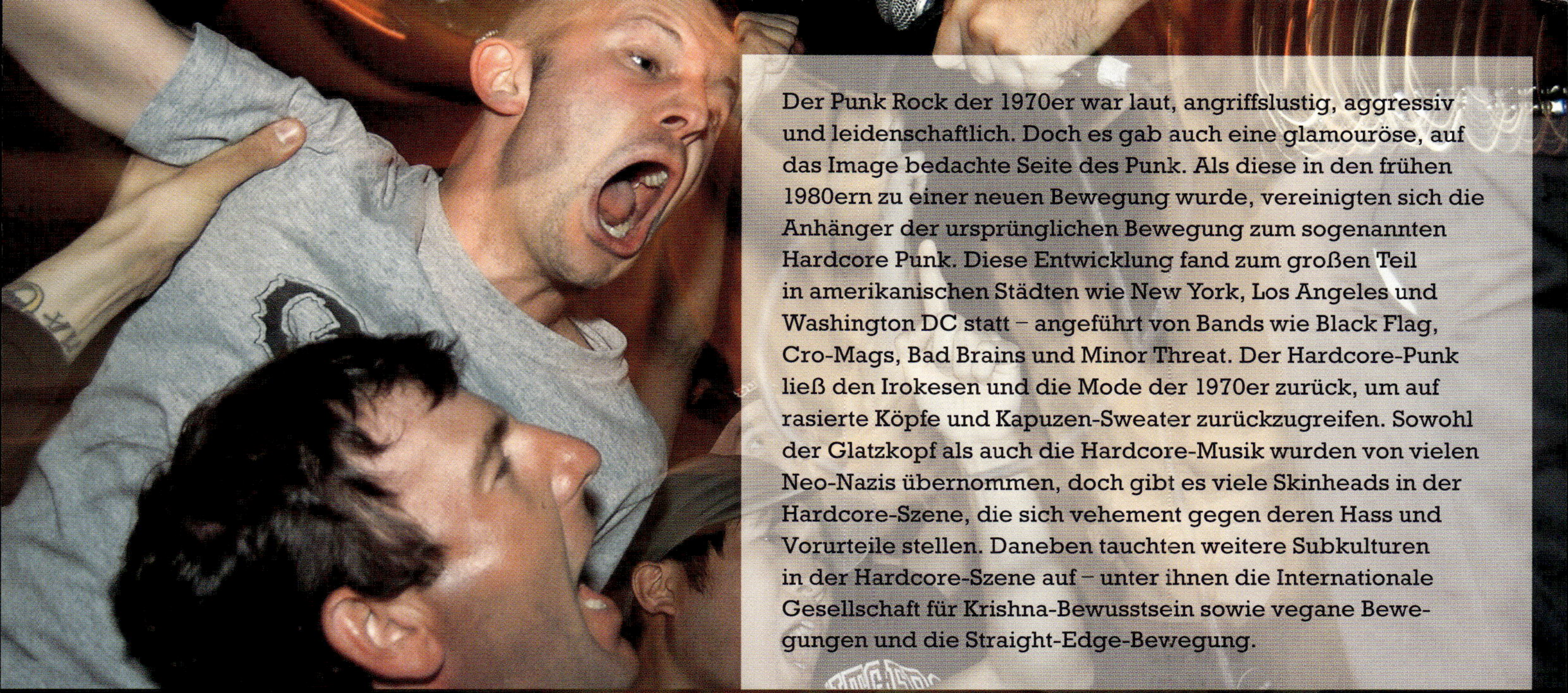

Der Punk Rock der 1970er war laut, angriffslustig, aggressiv und leidenschaftlich. Doch es gab auch eine glamouröse, auf das Image bedachte Seite des Punk. Als diese in den frühen 1980ern zu einer neuen Bewegung wurde, vereinigten sich die Anhänger der ursprünglichen Bewegung zum sogenannten Hardcore Punk. Diese Entwicklung fand zum großen Teil in amerikanischen Städten wie New York, Los Angeles und Washington DC statt – angeführt von Bands wie Black Flag, Cro-Mags, Bad Brains und Minor Threat. Der Hardcore-Punk ließ den Irokesen und die Mode der 1970er zurück, um auf rasierte Köpfe und Kapuzen-Sweater zurückzugreifen. Sowohl der Glatzkopf als auch die Hardcore-Musik wurden von vielen Neo-Nazis übernommen, doch gibt es viele Skinheads in der Hardcore-Szene, die sich vehement gegen deren Hass und Vorurteile stellen. Daneben tauchten weitere Subkulturen in der Hardcore-Szene auf – unter ihnen die Internationale Gesellschaft für Krishna-Bewusstsein sowie vegane Bewegungen und die Straight-Edge-Bewegung.

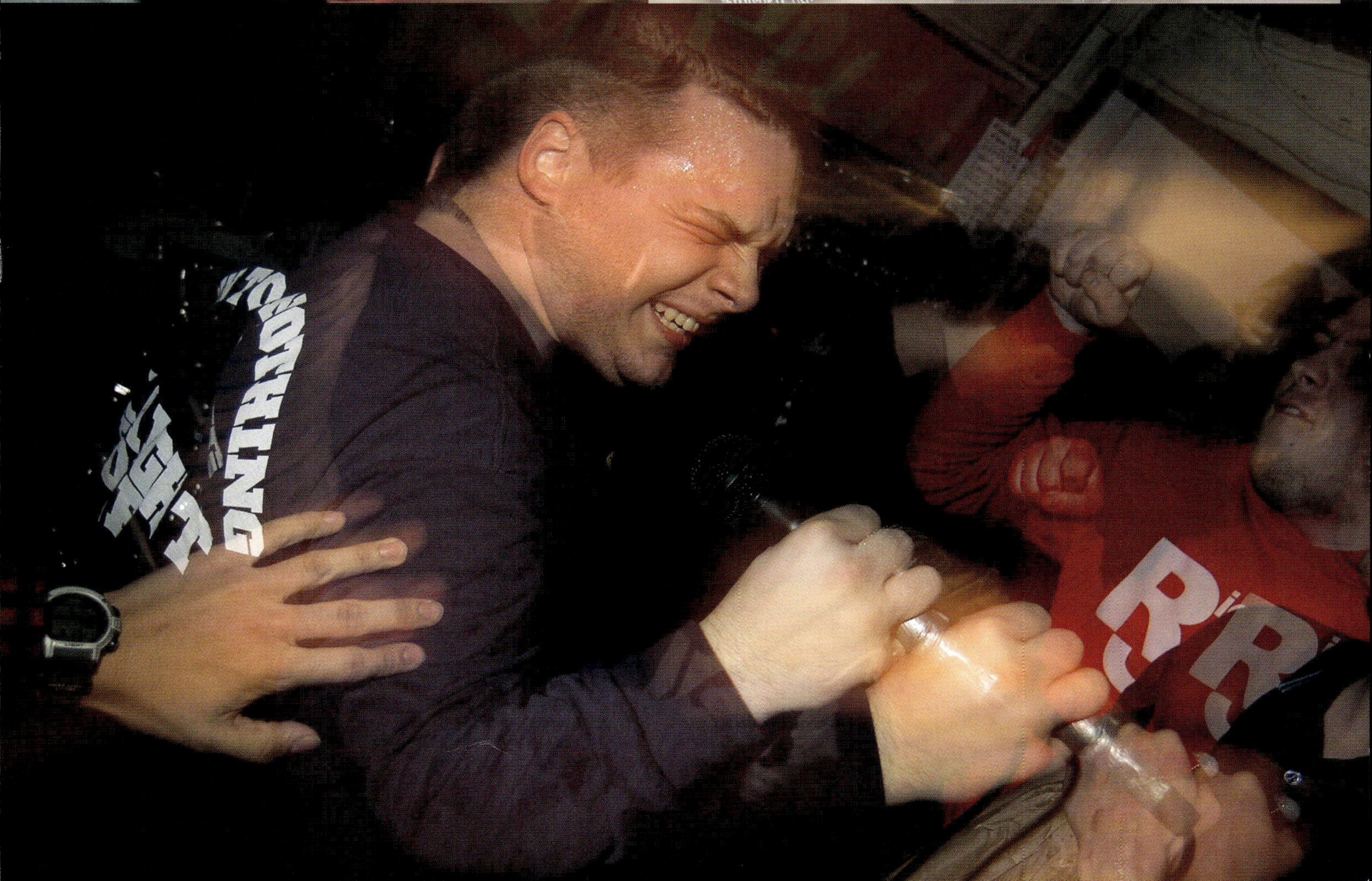

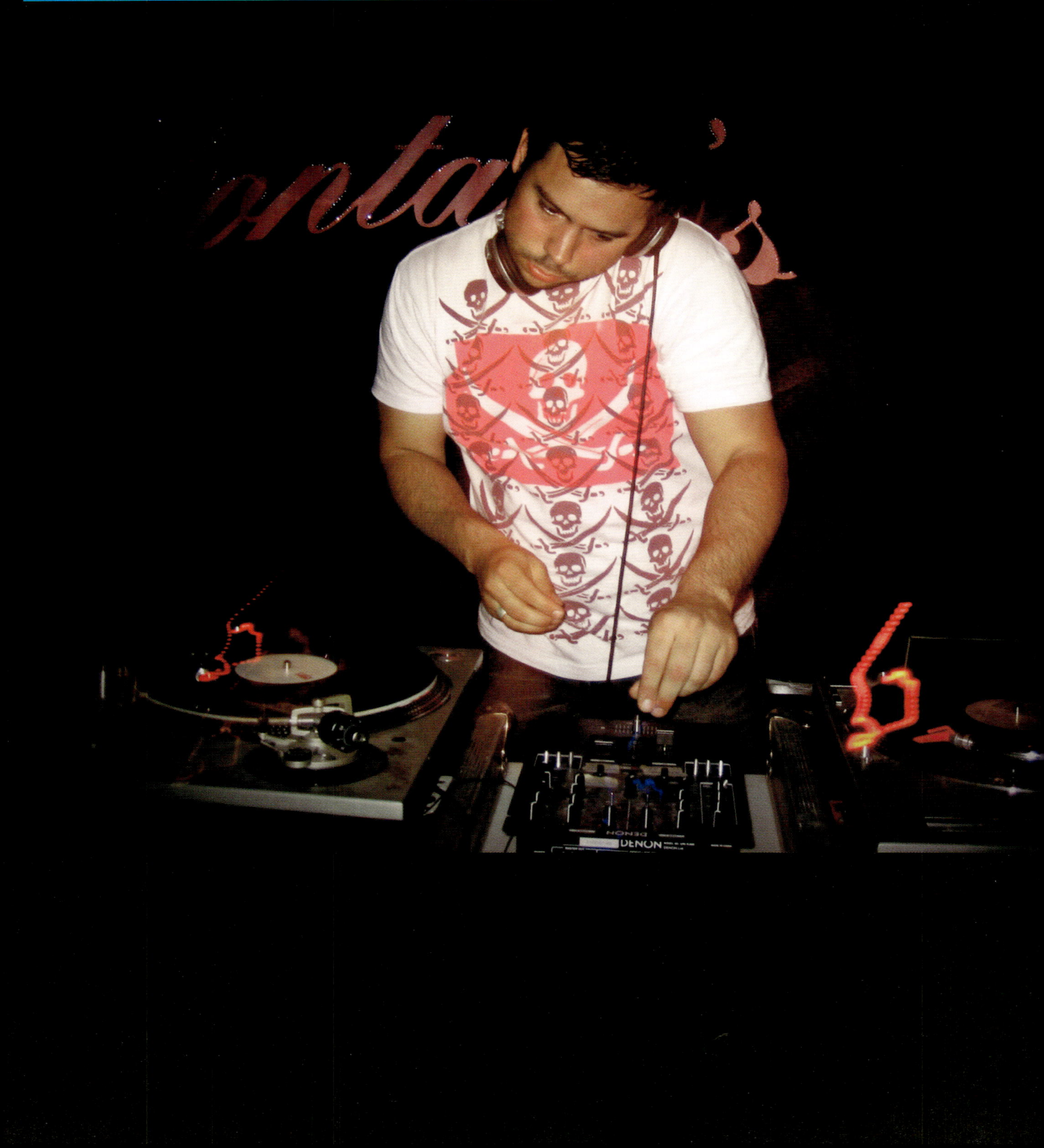
DENON

Ohne Musik ist eine Party keine wirkliche Party, und die Qualität der Musik bestimmt oft die Qualität der Party. Hier kommt der DJ ins Spiel. Mit einem inoffiziellen Abschluss in Massenpsychologie ausgestattet, weiß der erfahrene DJ genau, welche Tracks die Leute zum Tanzen animieren und welche sie zum Kuscheln bringen. Während der Anfangszeit des Hip-Hop in New York waren DJs die Anführer der Gruppen. Sie konkurrierten miteinander darin, eine Party wirklich zum Kochen zu bringen. Der Geschickteste konnte seine Plattenteller in Musikinstrumente verwandeln, indem er die Aufnahmen per Hand manipulierte, was landläufig als *scratching* bekannt ist. DJ-ing bedeutete früher, Jahre damit zu verbringen, Platten zu sammeln und die Muskeln beim Schleppen schwerer Plattenkisten zu trainieren. Durch die Entwicklung digitaler Musiktechnololgie kann mittlerweile nahzu jeder, der eine CD- oder MP-3-Sammlung besitzt, DJ sein. Einzige Voraussetzung: das Wissen, wie man eine Menge zum Tanzen bringt.

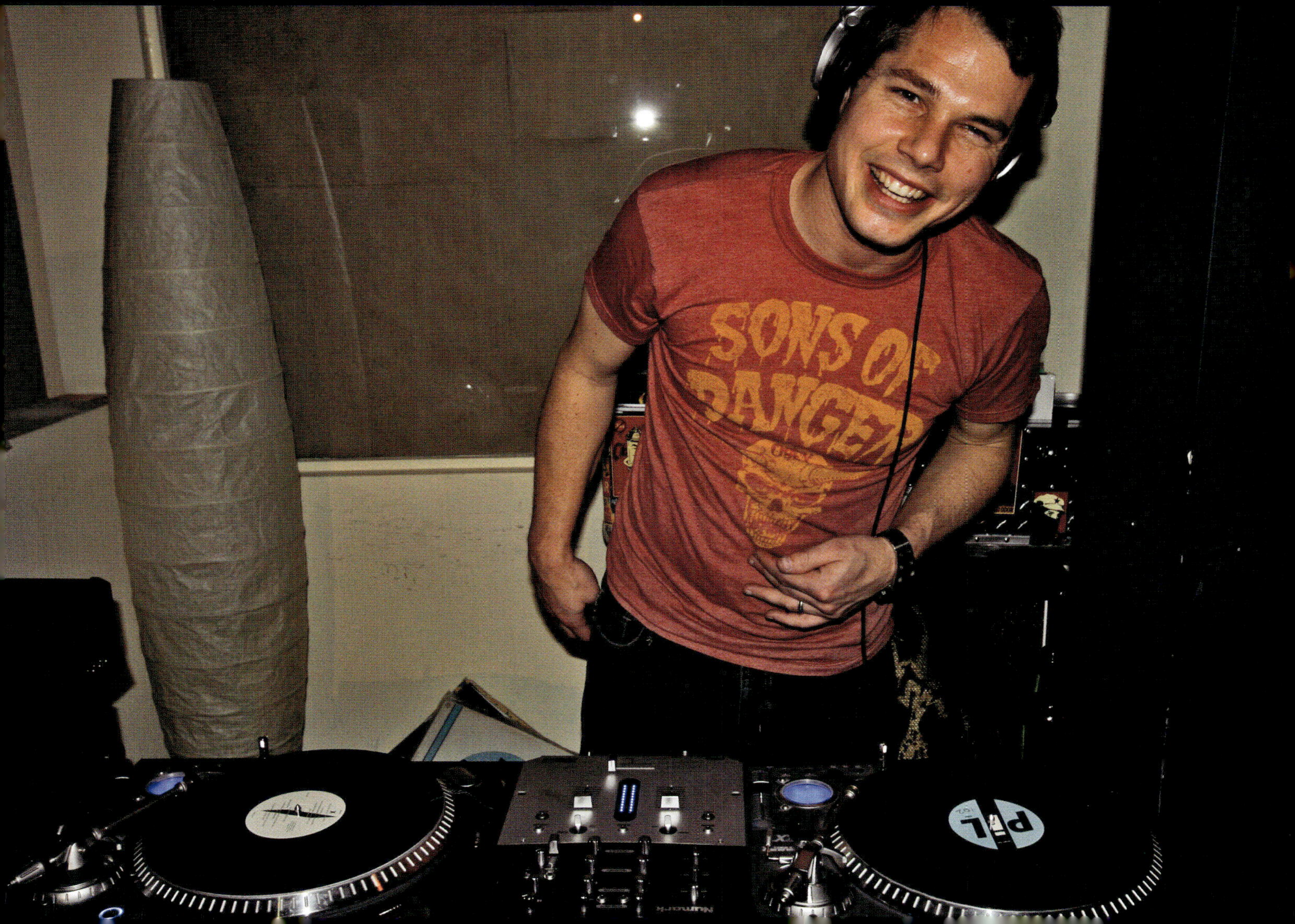

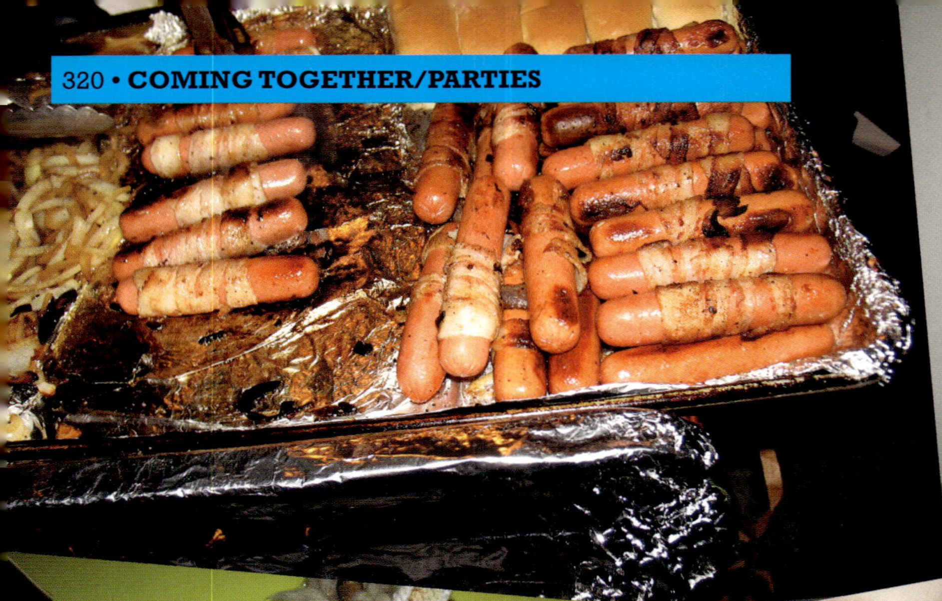

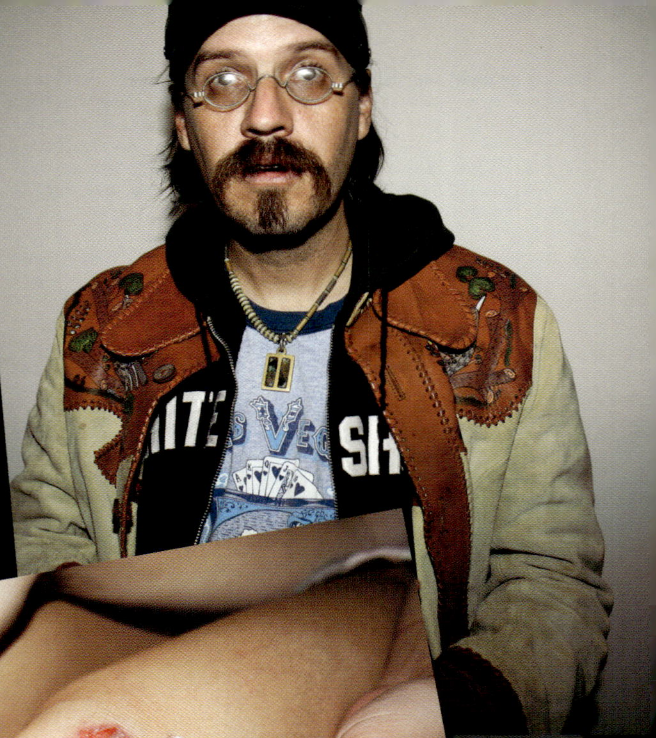

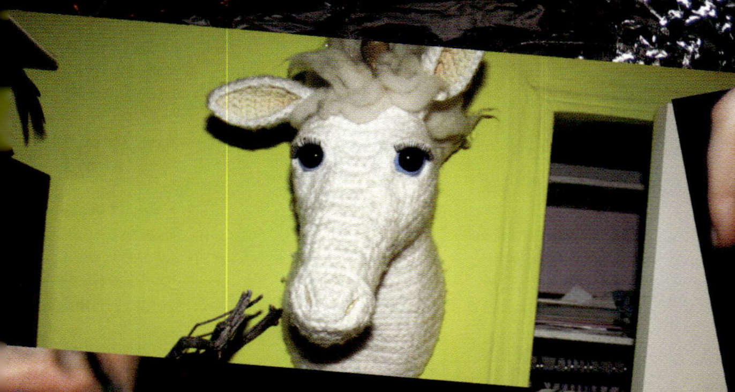

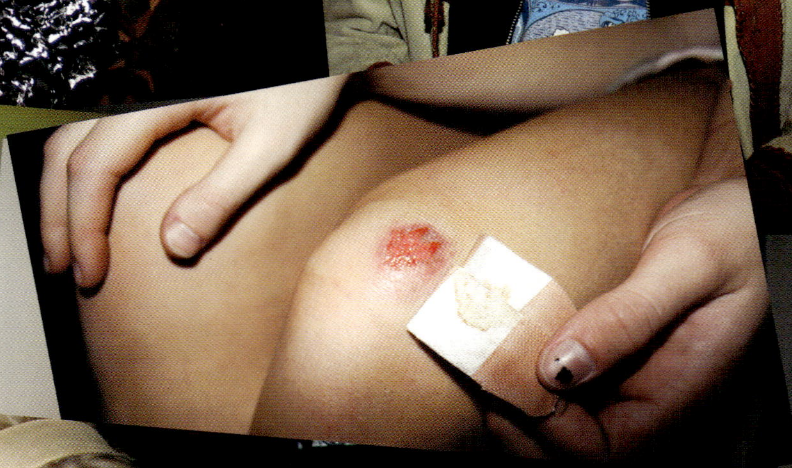

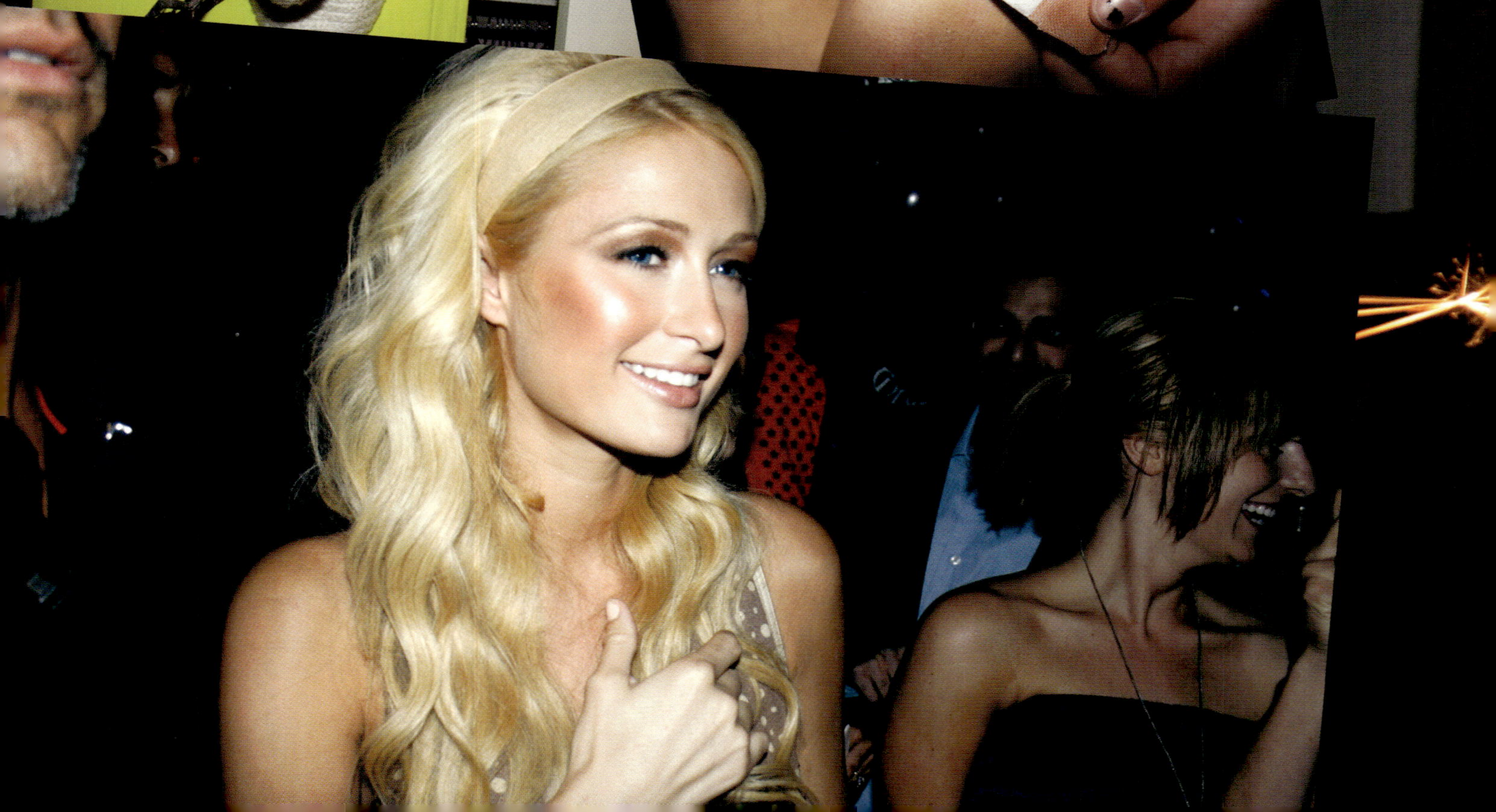

Mark the Cobra Snake ist professioneller Partygänger in Los Angeles – er weiß immer, wohin man gehen muss. Seine Informationen erhält er aus seinem großen Freundeskreis. Er verlässt das Haus nie ohne Kamera, da er nie weiß, wohin ihn der Abend führen wird. Er vermeidet, für unnötige Dinge wie Gedeck oder Getränke etwas zu bezahlen. Irgendwie schafft er es immer, sie gratis zu bekommen. Man muss eben nur die richtigen Leute kennen. Gelingt ihm das nicht, fischt er einfach einen VIP-Pass aus dem Müll. Seine Lebensweise wird in der Clubszene noch Furore machen, und wer weiß, eines Tages ist Mark vielleicht berühmt.

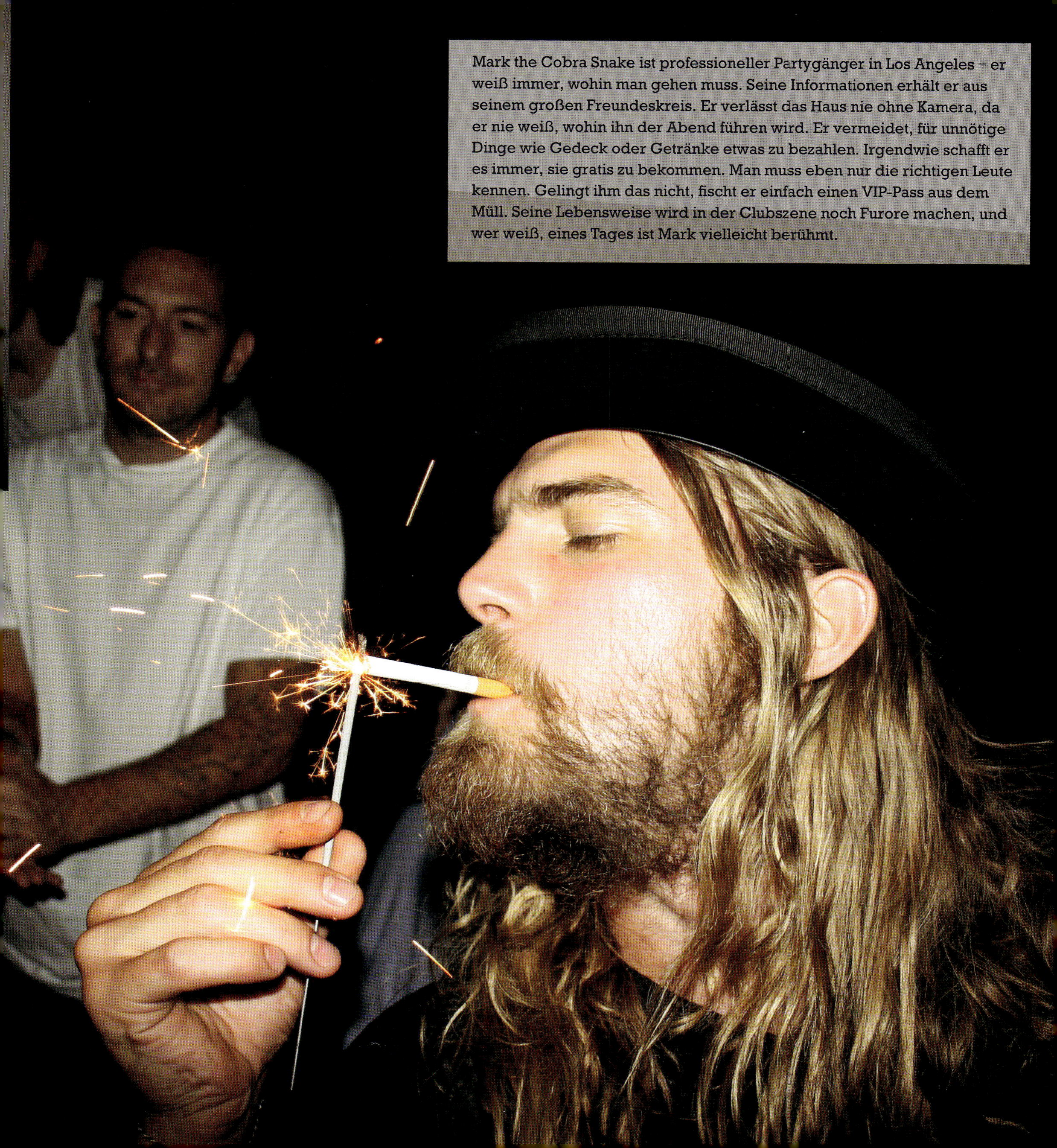

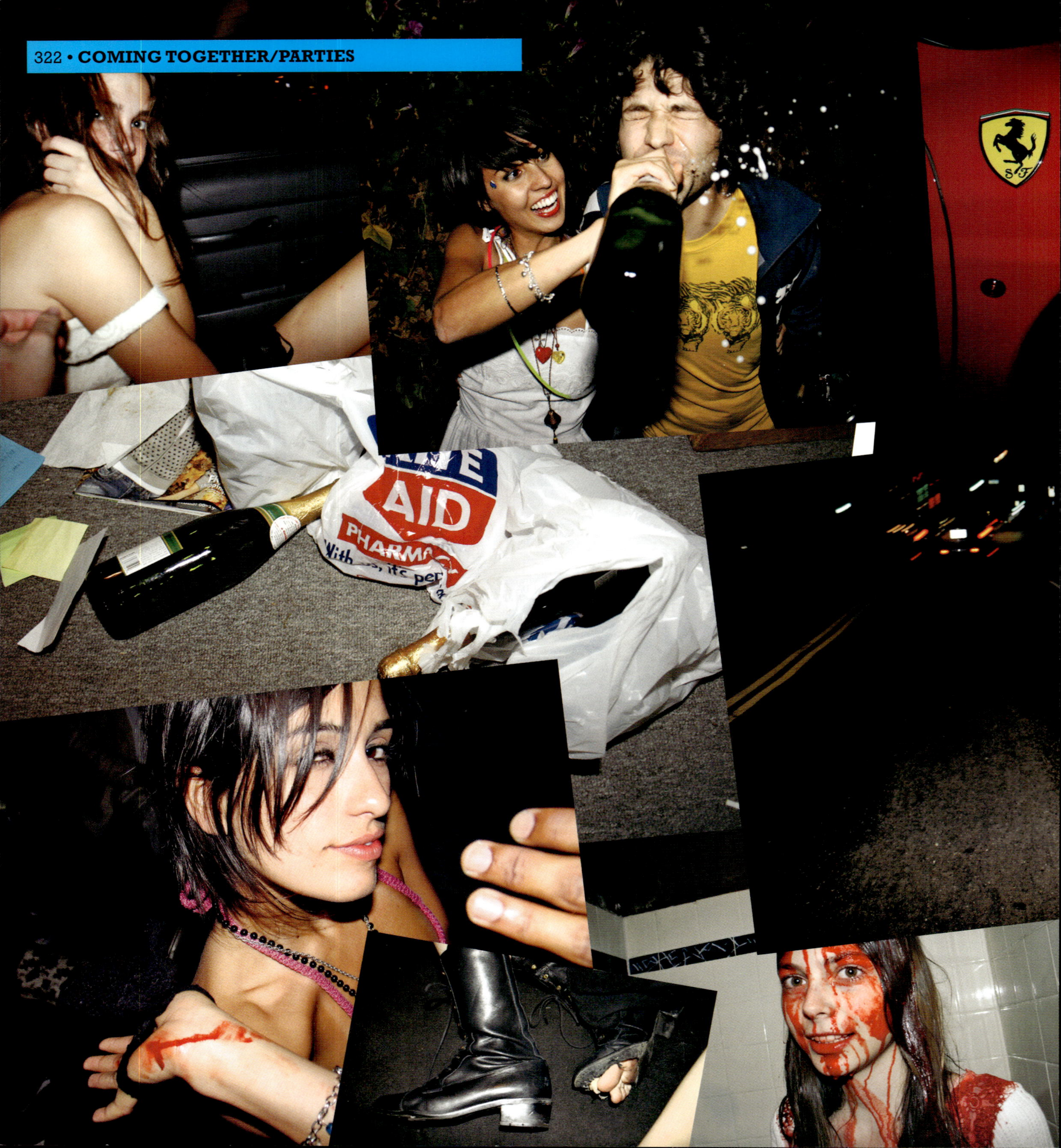
AID

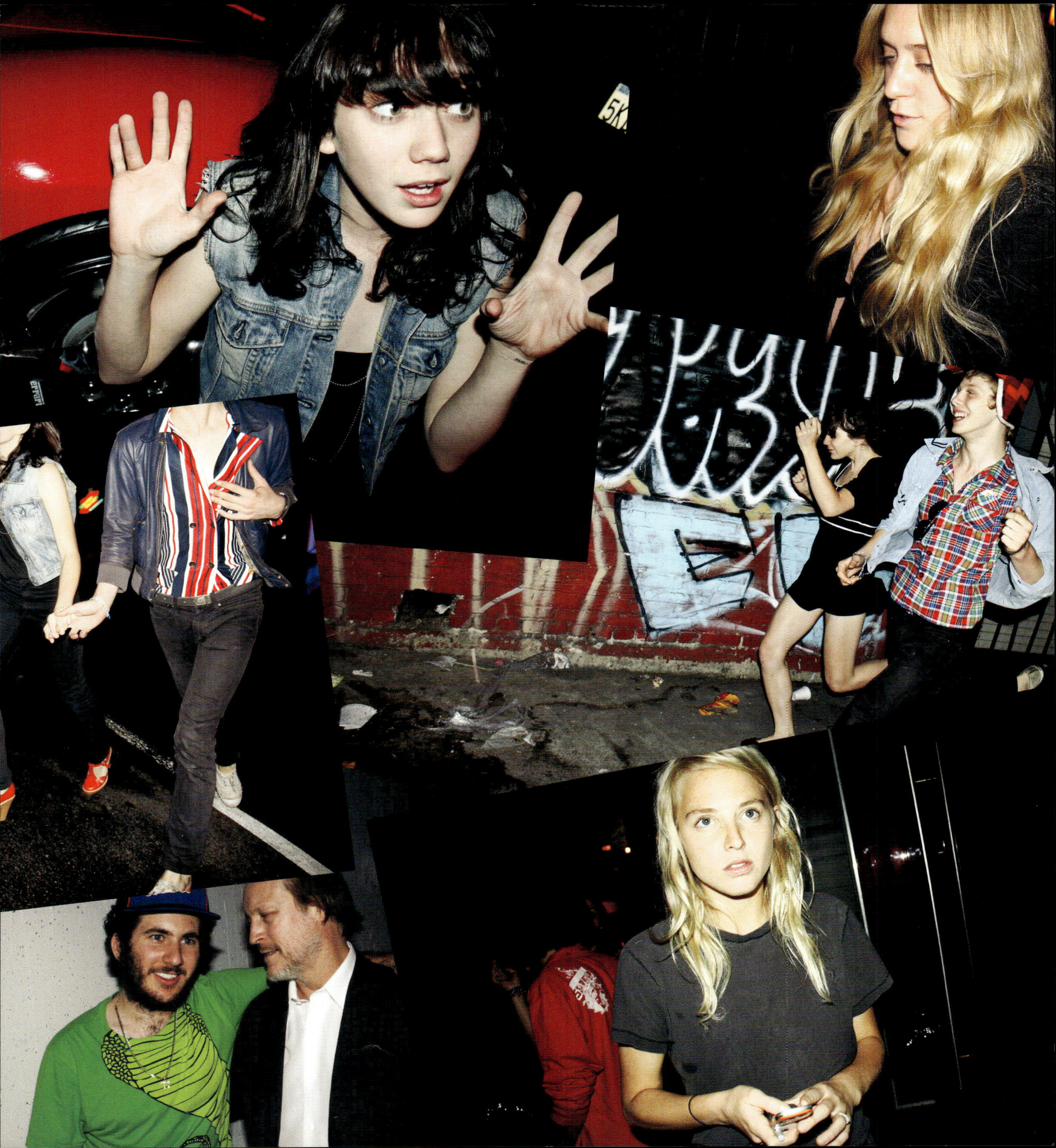

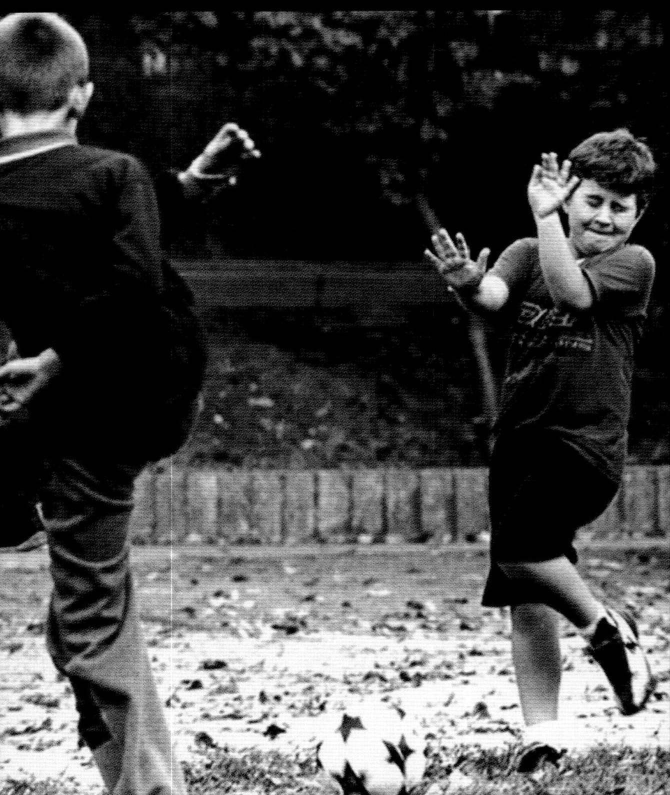
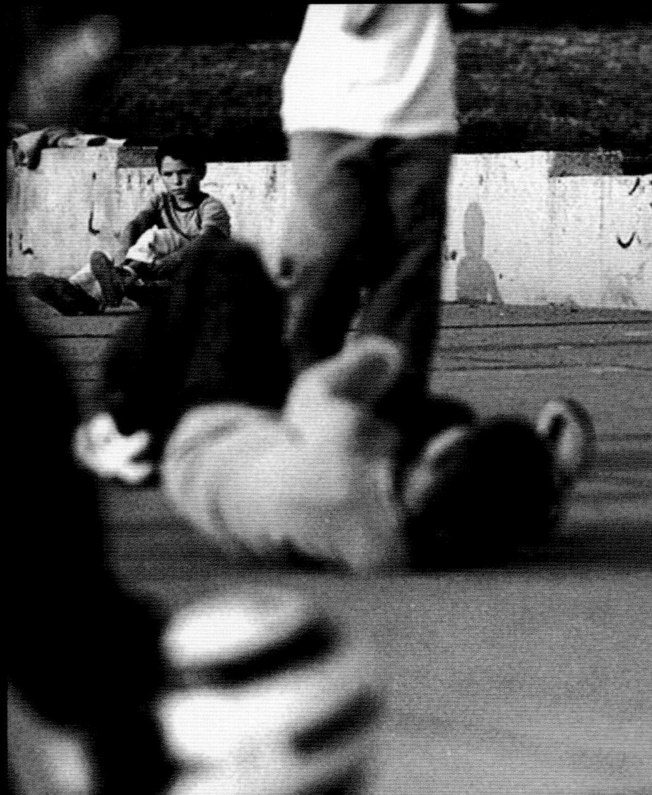
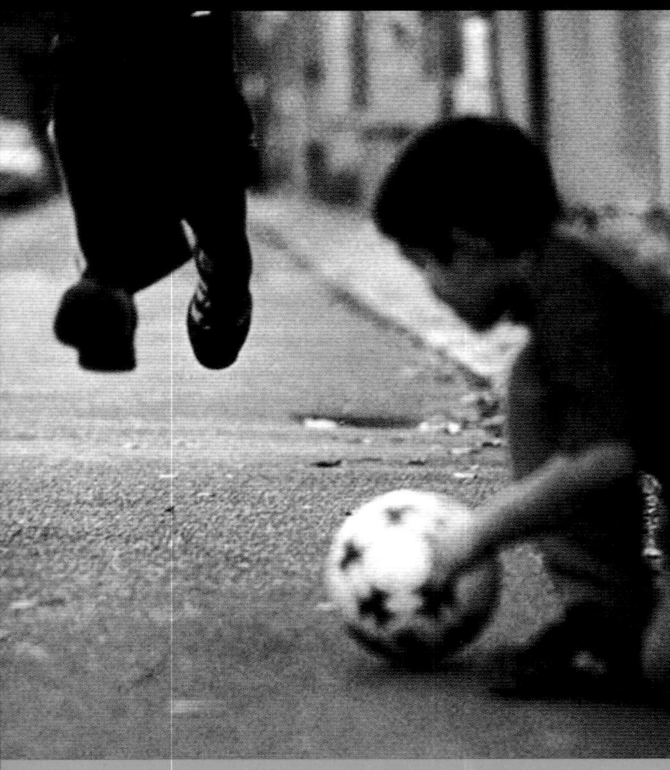
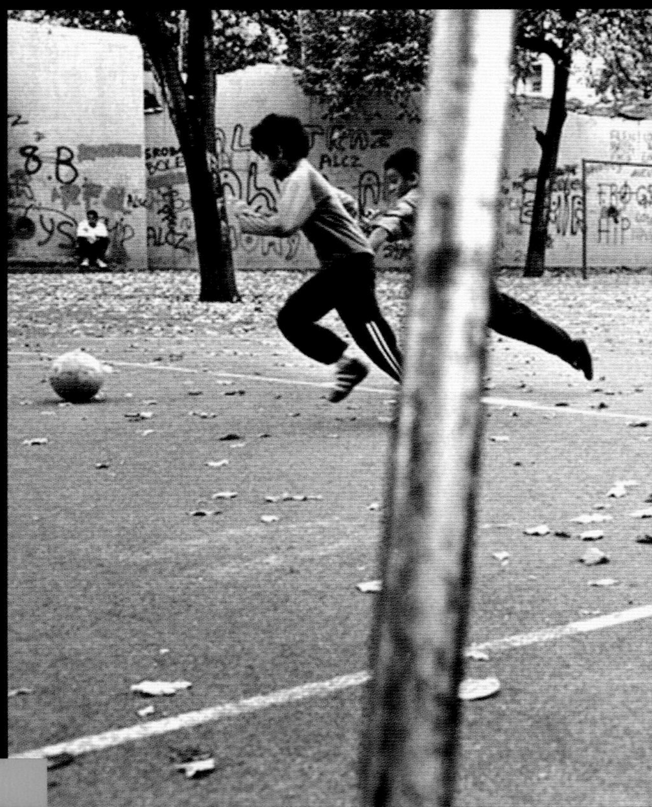
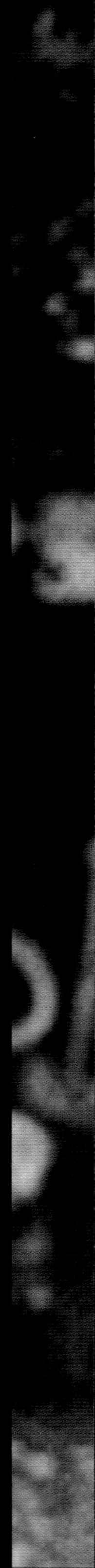

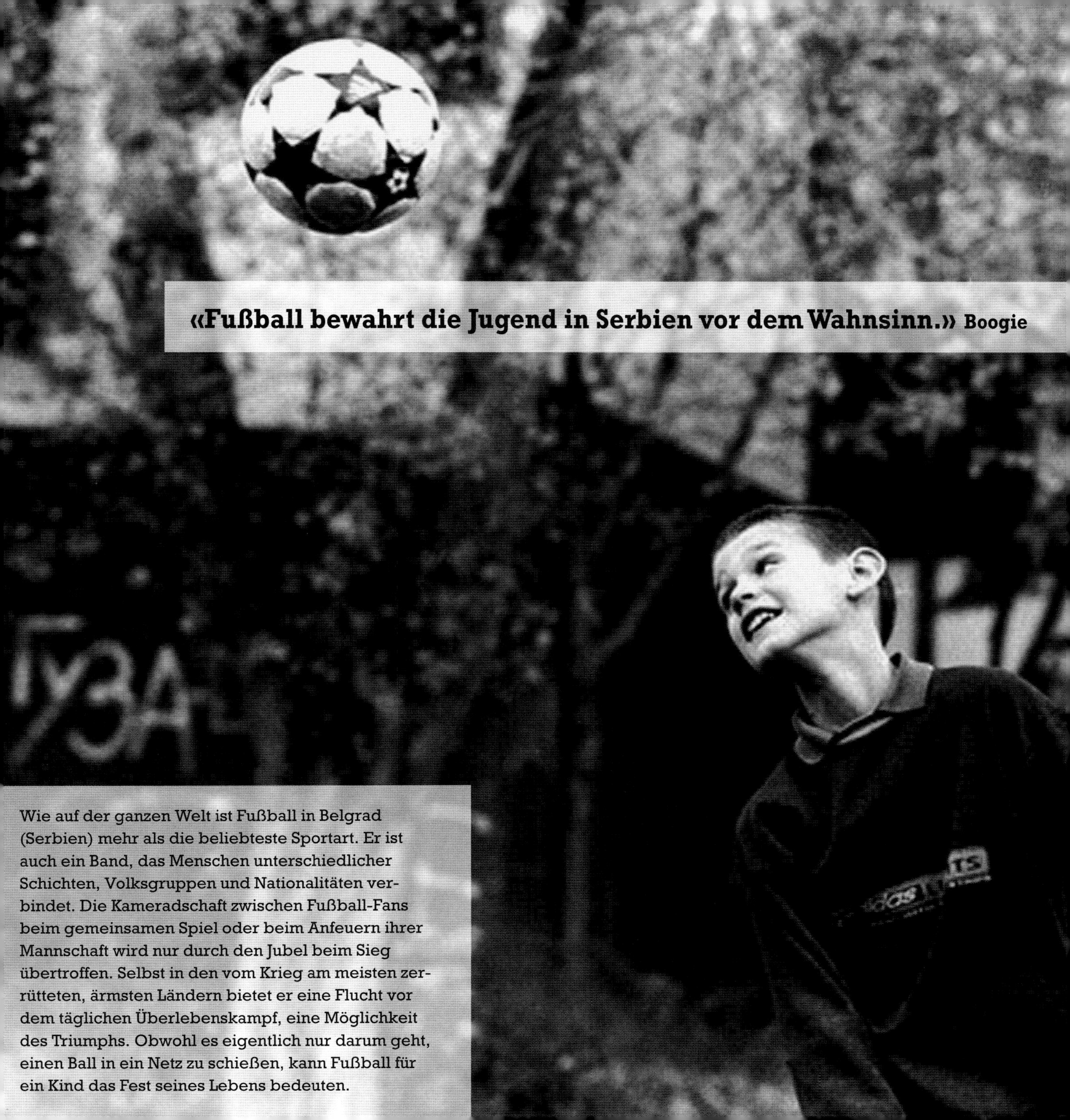

«Fußball bewahrt die Jugend in Serbien vor dem Wahnsinn.» **Boogie**

Wie auf der ganzen Welt ist Fußball in Belgrad (Serbien) mehr als die beliebteste Sportart. Er ist auch ein Band, das Menschen unterschiedlicher Schichten, Volksgruppen und Nationalitäten verbindet. Die Kameradschaft zwischen Fußball-Fans beim gemeinsamen Spiel oder beim Anfeuern ihrer Mannschaft wird nur durch den Jubel beim Sieg übertroffen. Selbst in den vom Krieg am meisten zerrütteten, ärmsten Ländern bietet er eine Flucht vor dem täglichen Überlebenskampf, eine Möglichkeit des Triumphs. Obwohl es eigentlich nur darum geht, einen Ball in ein Netz zu schießen, kann Fußball für ein Kind das Fest seines Lebens bedeuten.

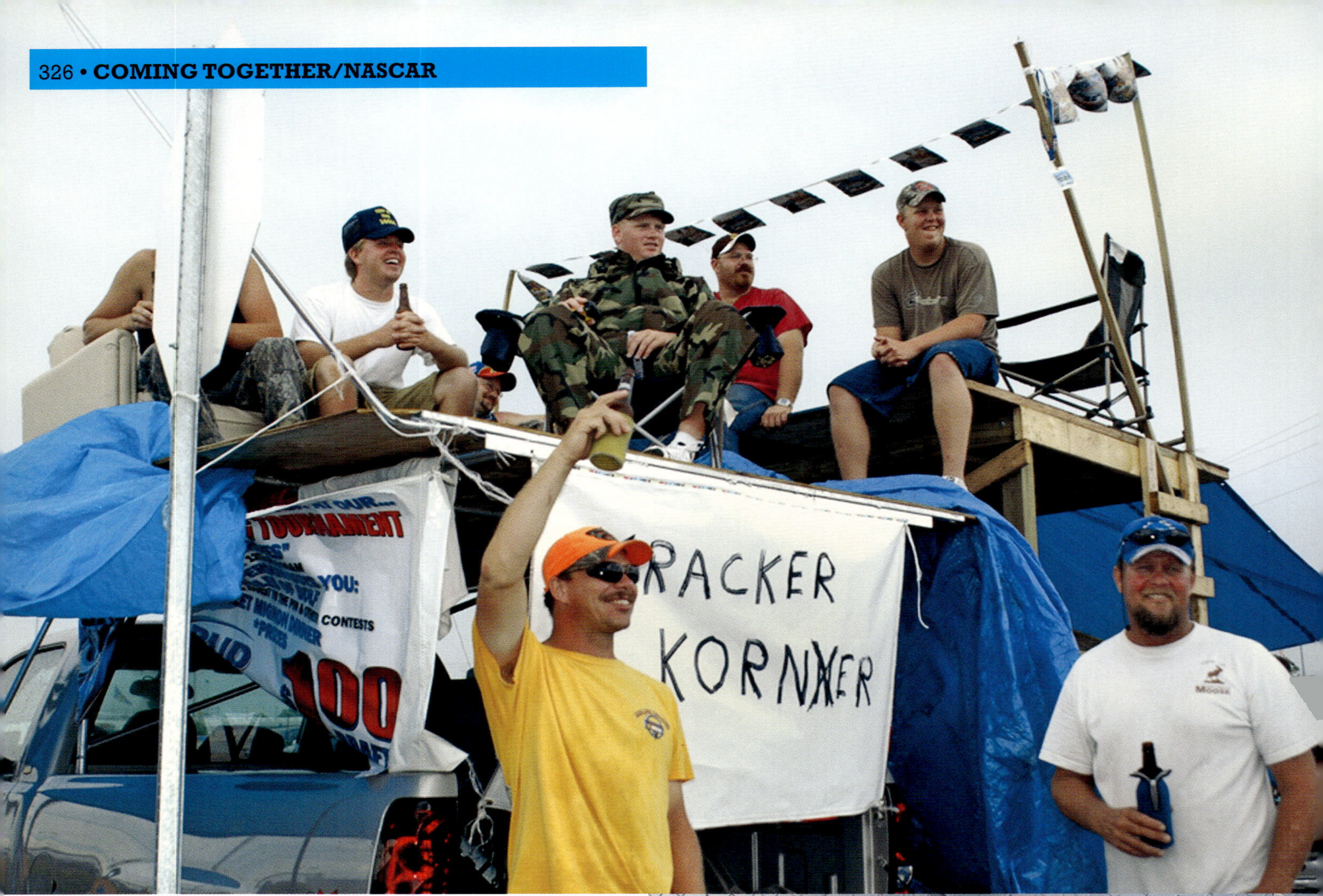

Es begann während der Prohibition der 1920er-Jahre, als Alkoholschmuggler ihre Wagen frisierten und illegale Rennen fuhren. Heute ist NASCAR die bedeutendste Organisation für sogenannte Stock-Car-Rennen in den USA, und diese sind bekannt für ihre raue Anhängerschaft aus der Arbeiterklasse. Der Wahrheitsgehalt dieses Vorurteils sei hier dahingestellt. Die Fans erfüllen zwar gerne die stereotypen Erwartungen, doch Eintrittskarten in der Höhe von mehreren Tausend Dollar, um in das Innere der Rennstrecke zu kommen, und die Ausstattung der Wohnmobile, von denen viele sicherlich mehr als eine Million Dollar wert sind, lassen Zweifel an ihrem sozialen Hintergrund aufkommen.

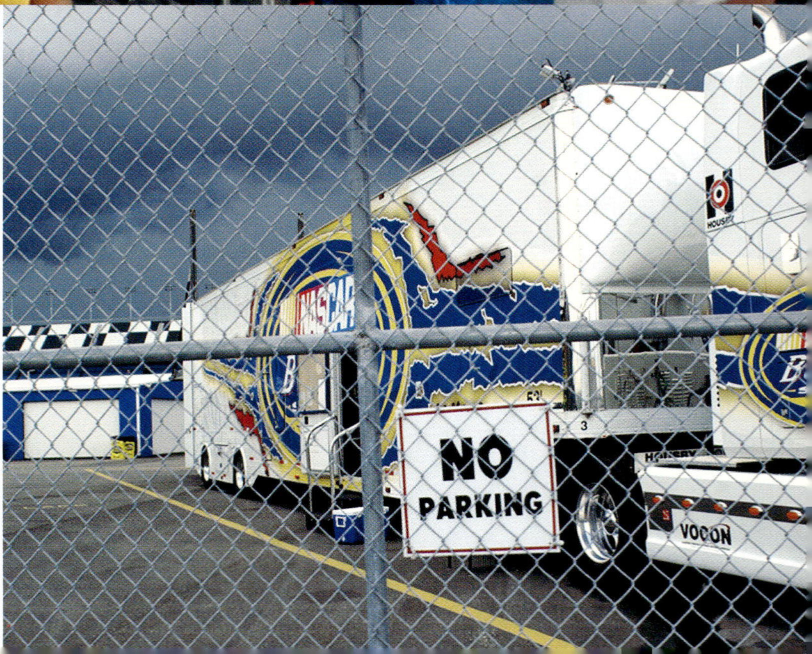

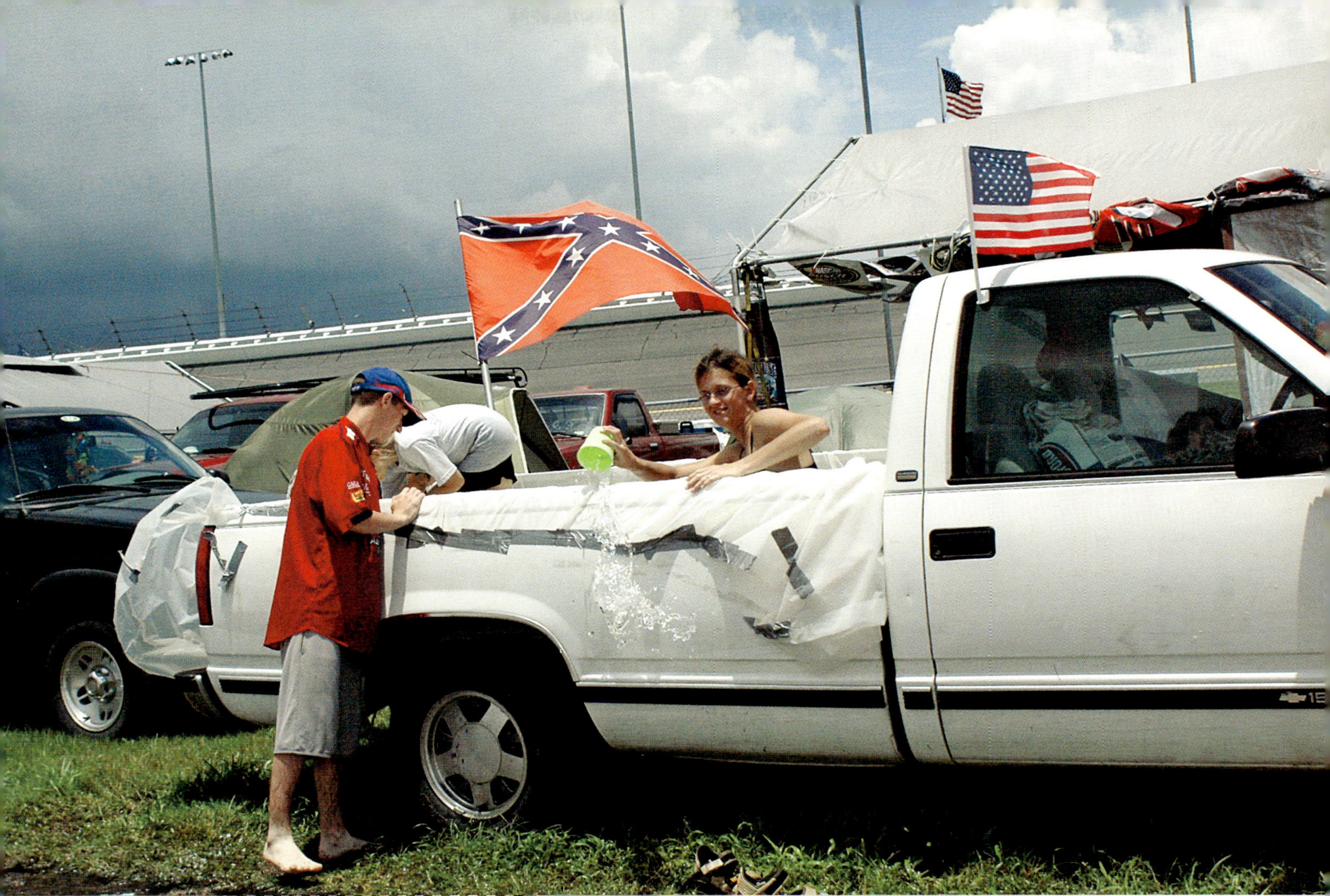

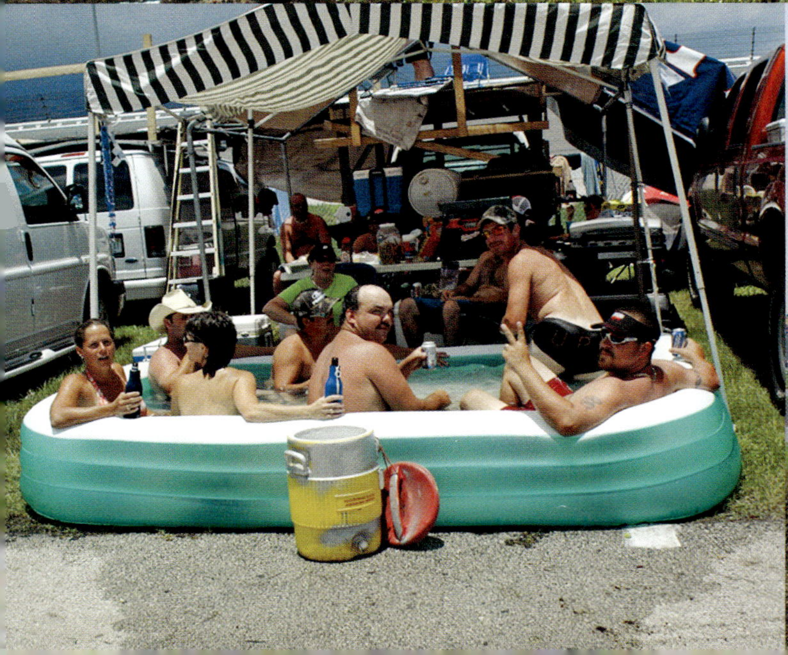

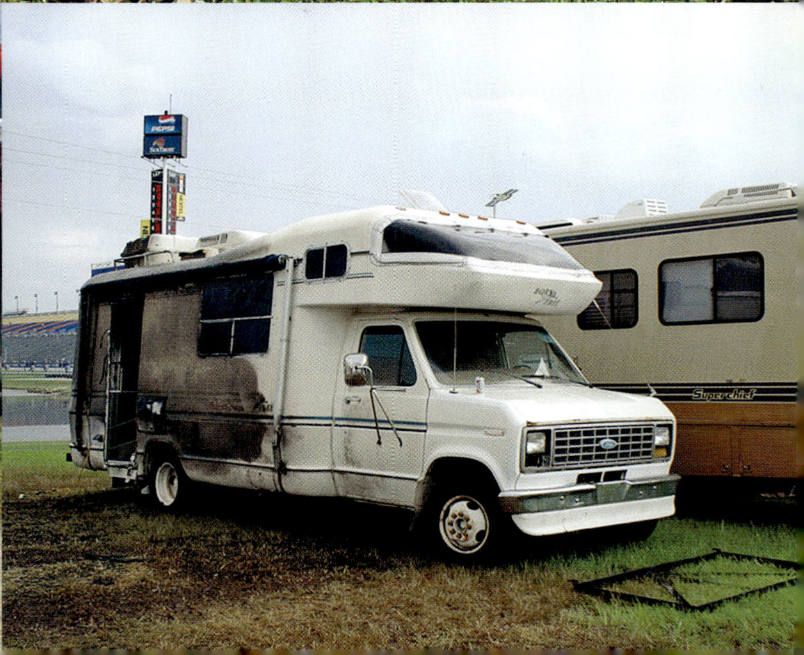
PEPSI
Superchief

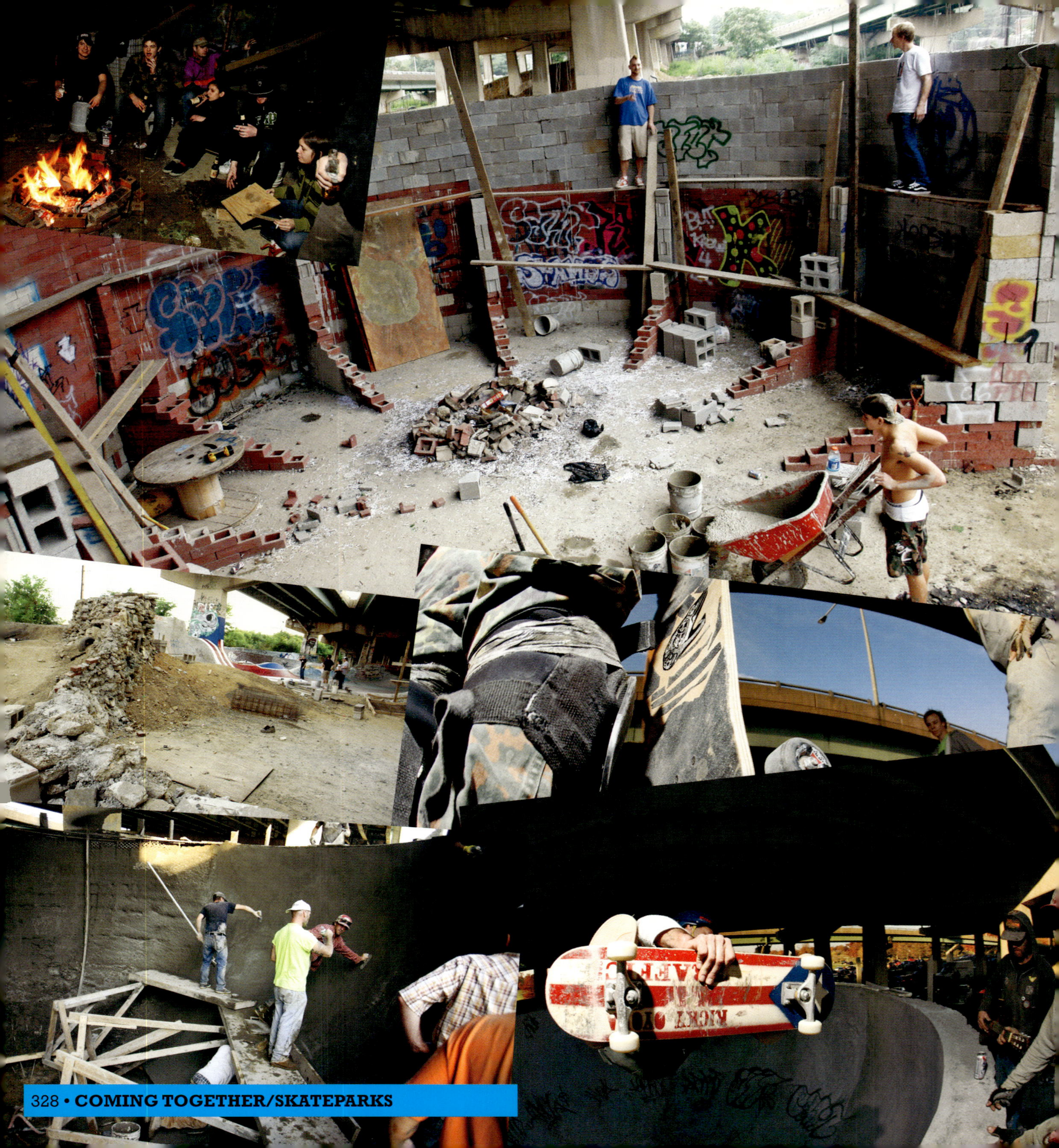

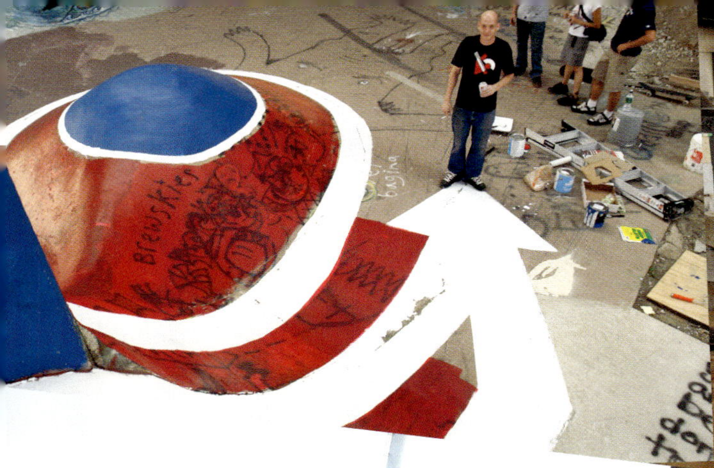
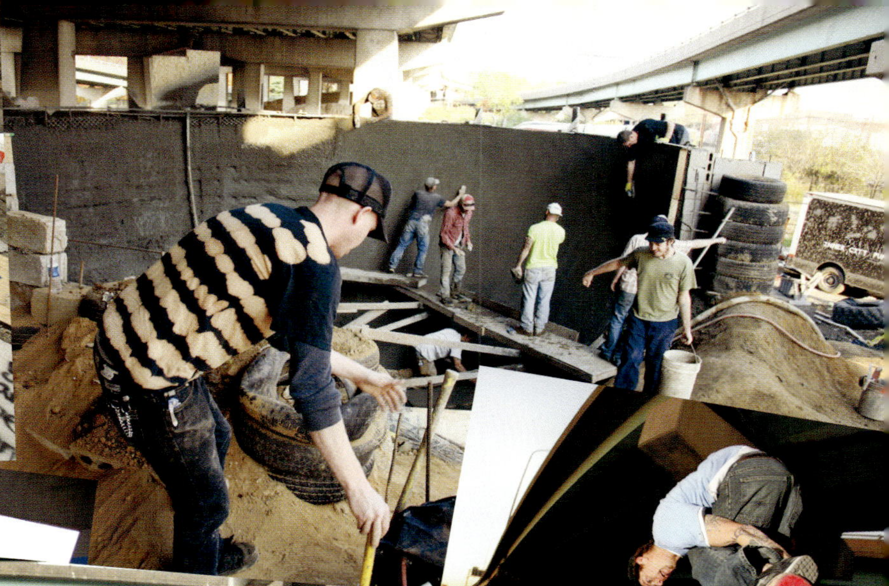
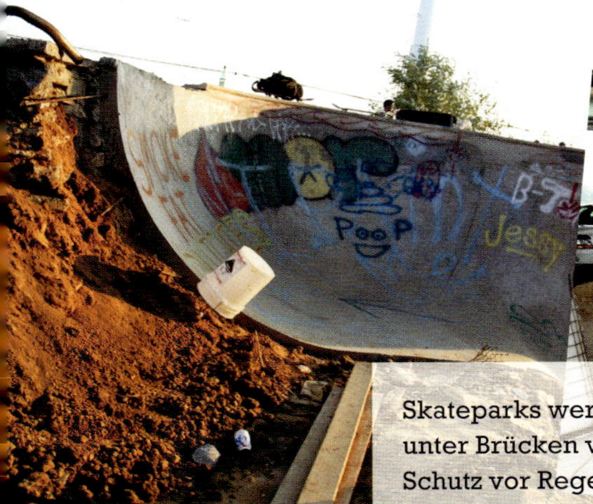
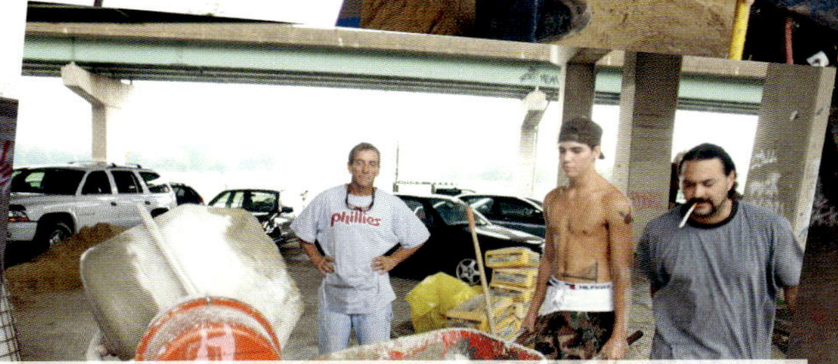
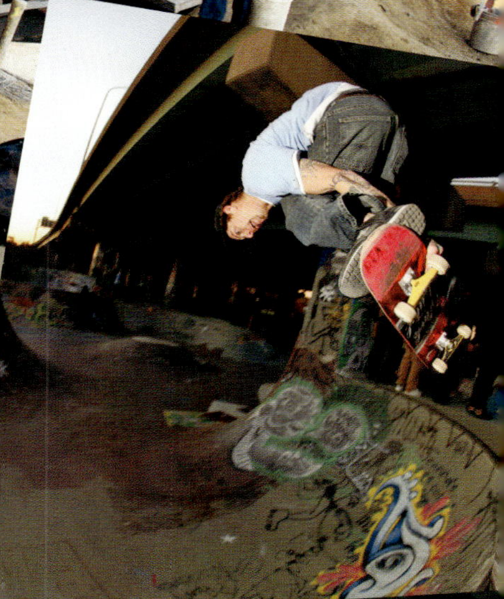

Skateparks werden häufig an völlig verlassenen Plätzen wie unter Brücken von Autobahnen angelegt. Solche Plätze bieten Schutz vor Regen, aber sonst nicht viel. Doch genau das wollen Skateboarder – einen trockenen Ort, wo sie in Ruhe gelassen werden. Sie verlangen meist nur grünes Licht von den Behörden, und dass diese ab und zu ein Auge zudrücken. Den Rest – vom Design über die Bauarbeiten bis hin zur laufenden Instandhaltung – regeln sie selbst.

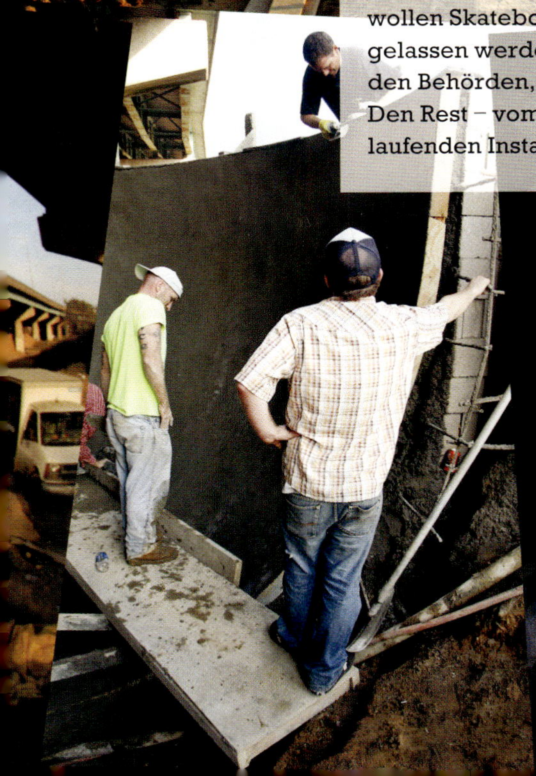
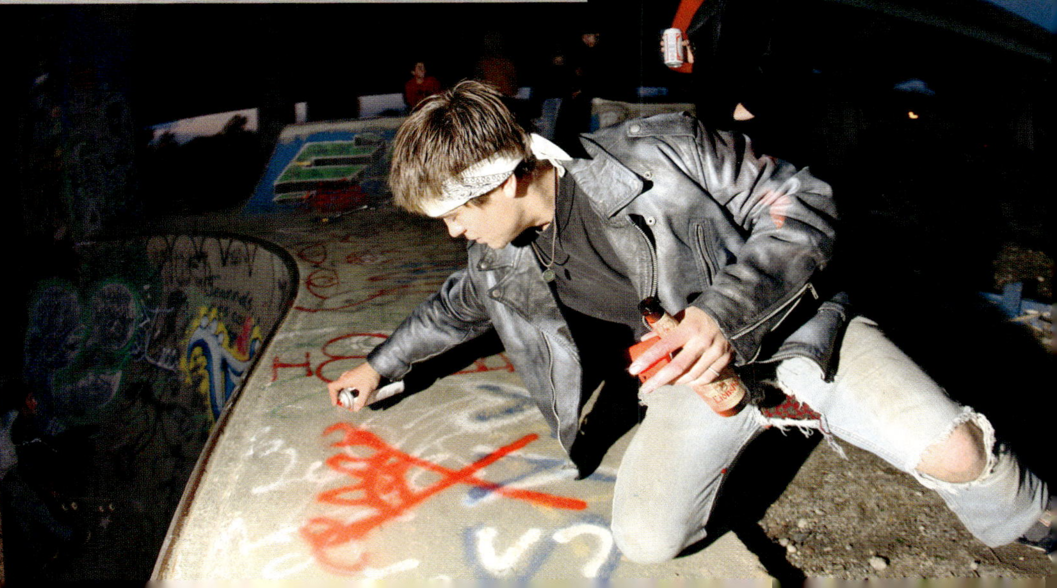

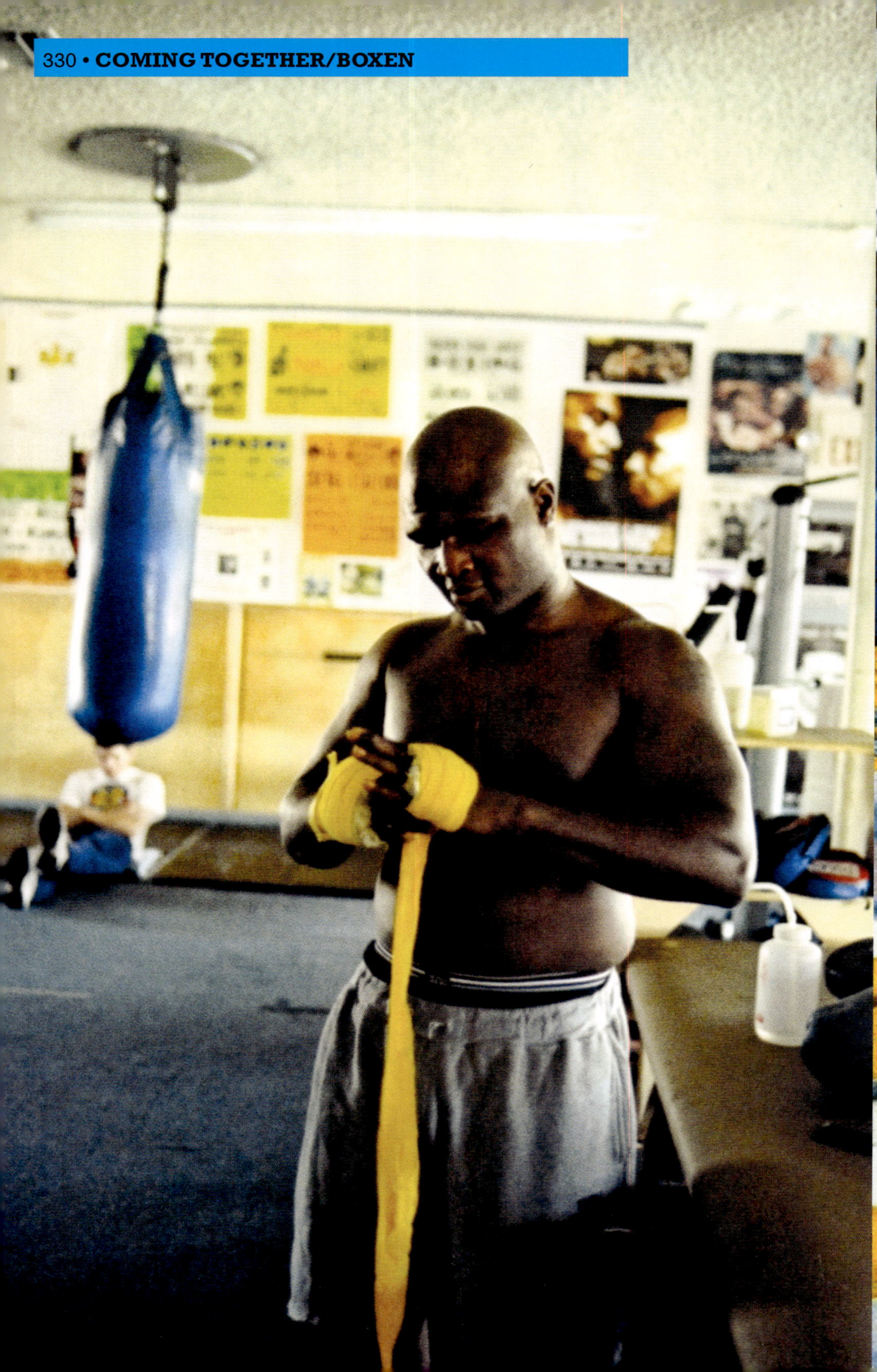

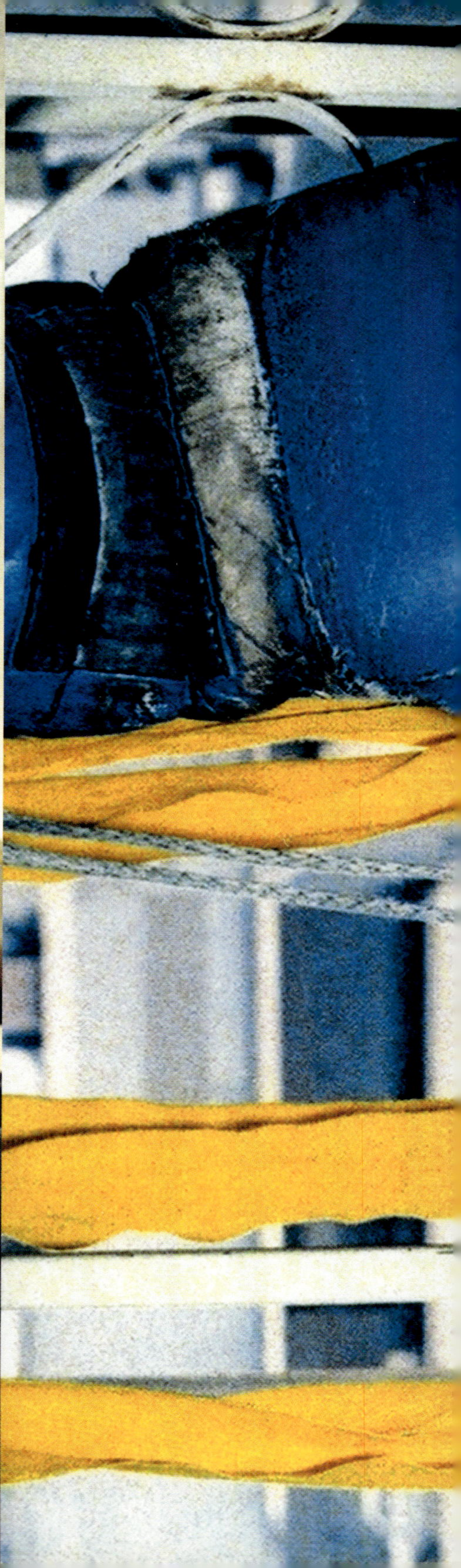

Von Fans häufig als „die süße Wissenschaft“ bezeichnet, ist Boxen alles andere als süß. Das harte Training, das heimtückische Schlagen und Geschlagenwerden machen Boxen zu einer der körperlich anstrengendsten Sportarten. Zugleich ist es für viele Kinder von der Straße eine Möglichkeit, den Gefahren des Ghettos zu entkommen und sich Respekt zu verschaffen. Nur wer sich dem Boxsport mit Leib und Seele hingibt, wird Erfolg haben – eine Intensität, die auf die Fans überspringt. Fotograf Carlos Batts dazu: «Als ich zum ersten Mal ein Boxsportzentrum betrat, fühlte ich sofort, dass hier etwas Tiefes, Schonungsloses pulsierte. Das Stakkato der Schläge auf die Boxbirne; der Basston beim Schlag auf die Boxsäcke; das gleichmäßige Schnaufen der im Ring sparrenden Boxer – alles war Rhythmus und Kinetik. Ich war wie elektrisiert.»

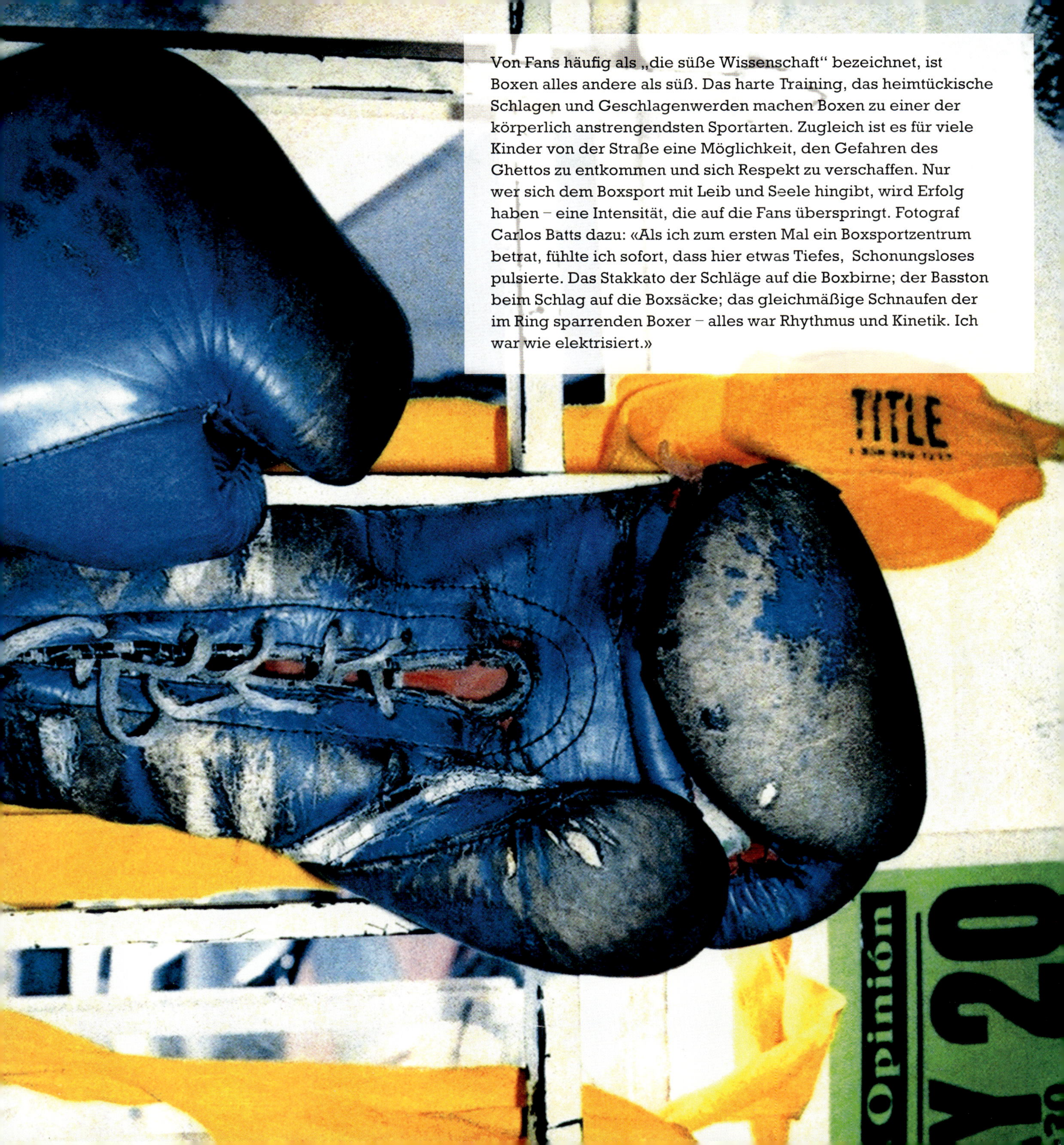

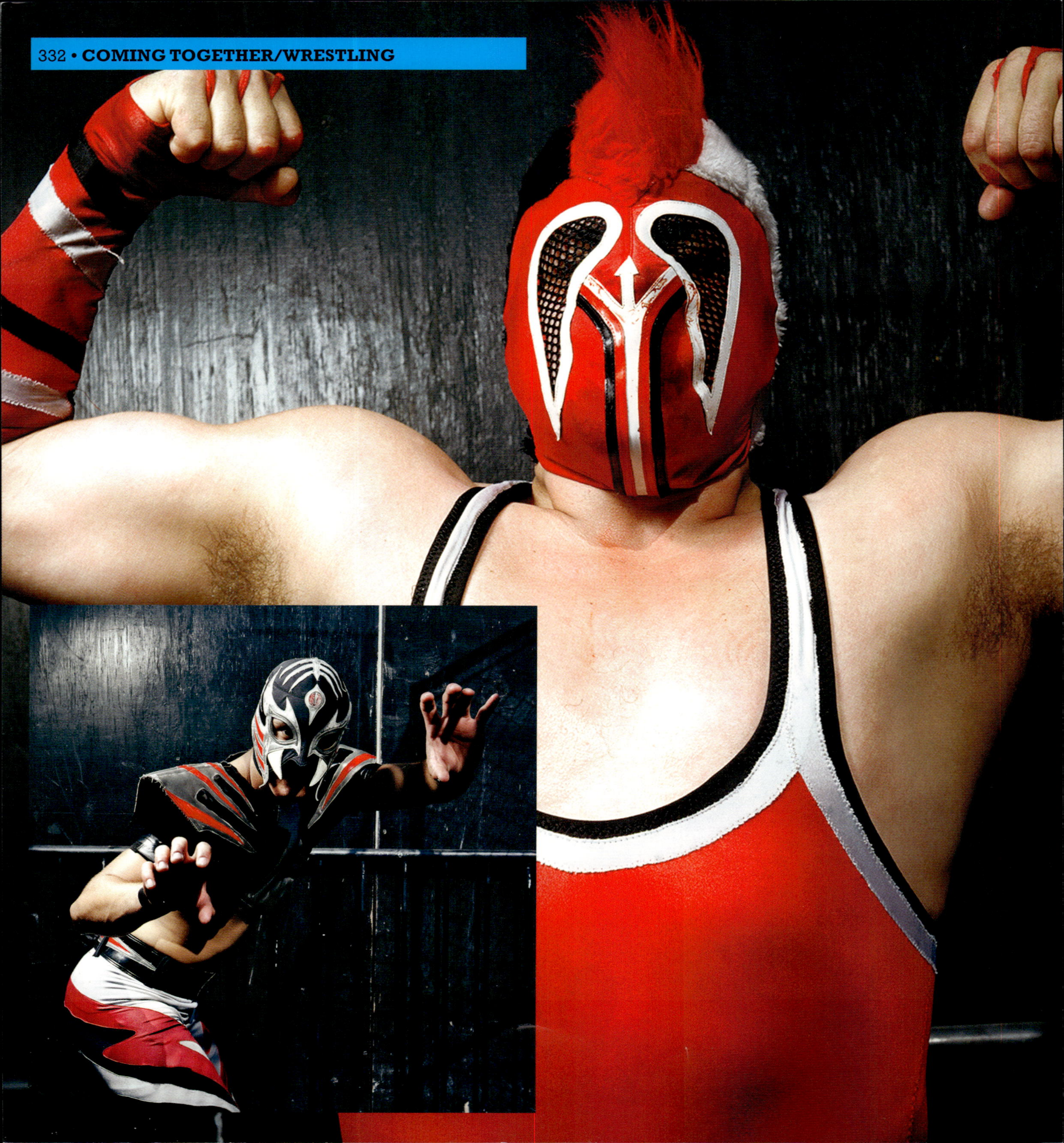

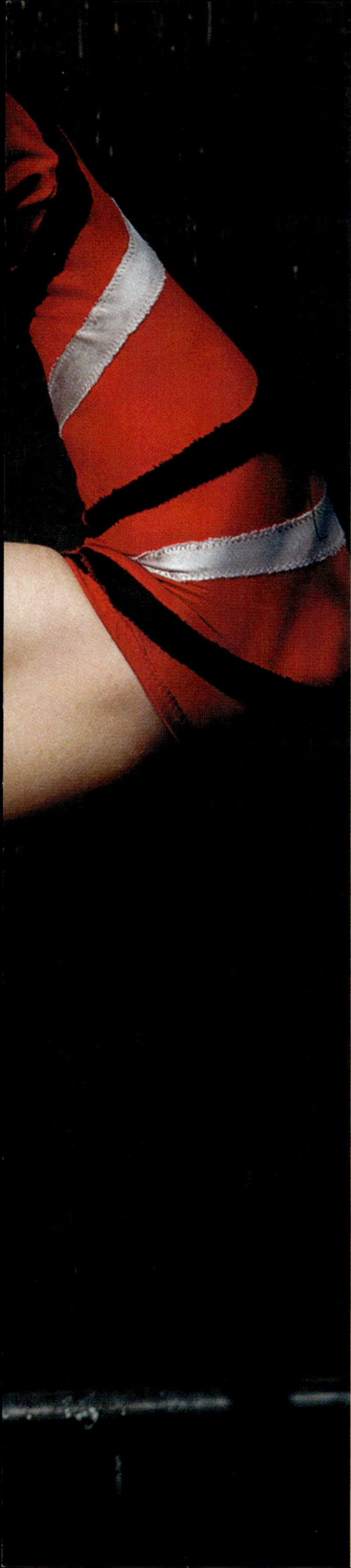

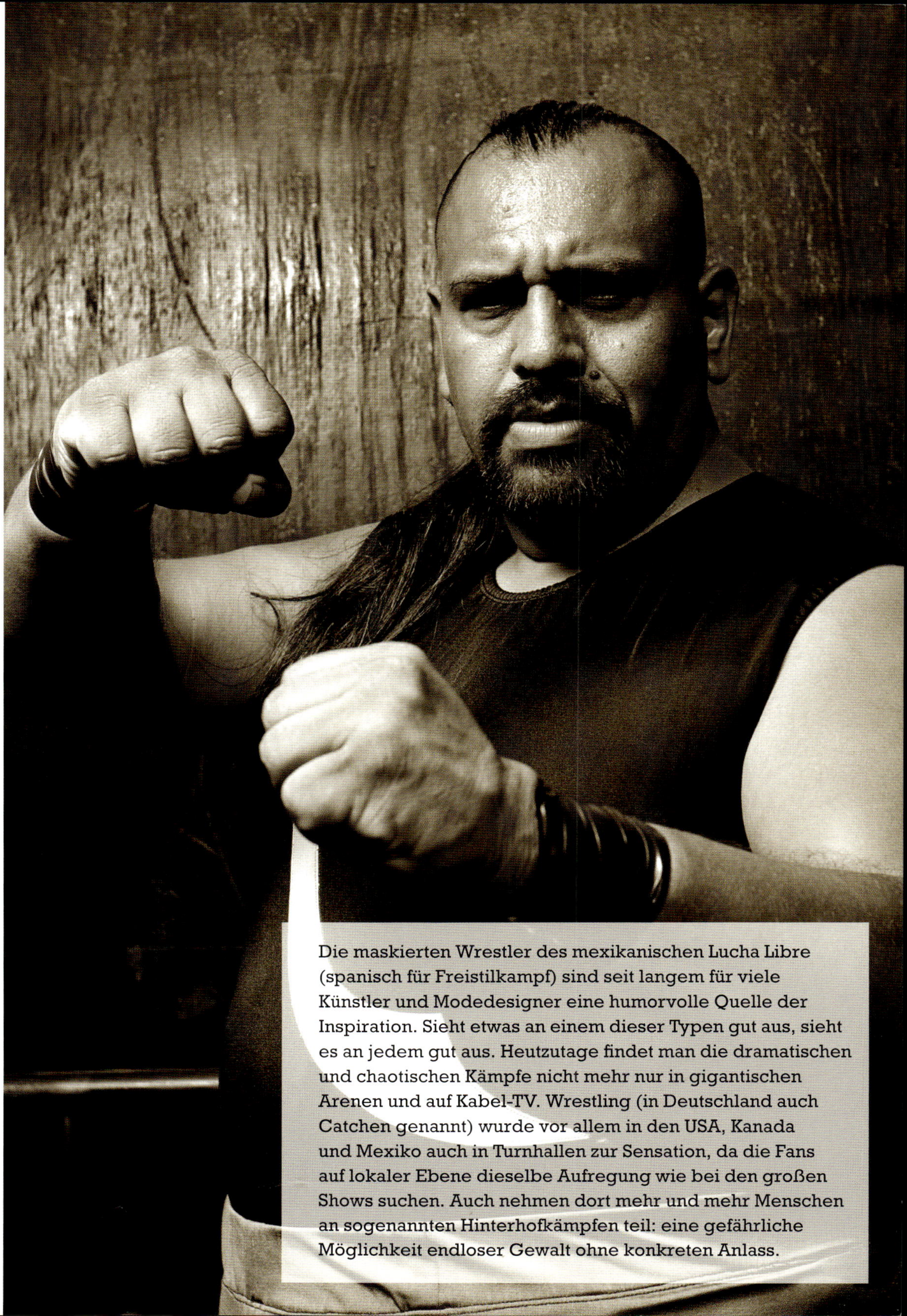

Die maskierten Wrestler des mexikanischen Lucha Libre (spanisch für Freistilkampf) sind seit langem für viele Künstler und Modedesigner eine humorvolle Quelle der Inspiration. Sieht etwas an einem dieser Typen gut aus, sieht es an jedem gut aus. Heutzutage findet man die dramatischen und chaotischen Kämpfe nicht mehr nur in gigantischen Arenen und auf Kabel-TV. Wrestling (in Deutschland auch Catchen genannt) wurde vor allem in den USA, Kanada und Mexiko auch in Turnhallen zur Sensation, da die Fans auf lokaler Ebene dieselbe Aufregung wie bei den großen Shows suchen. Auch nehmen dort mehr und mehr Menschen an sogenannten Hinterhofkämpfen teil: eine gefährliche Möglichkeit endloser Gewalt ohne konkreten Anlass.

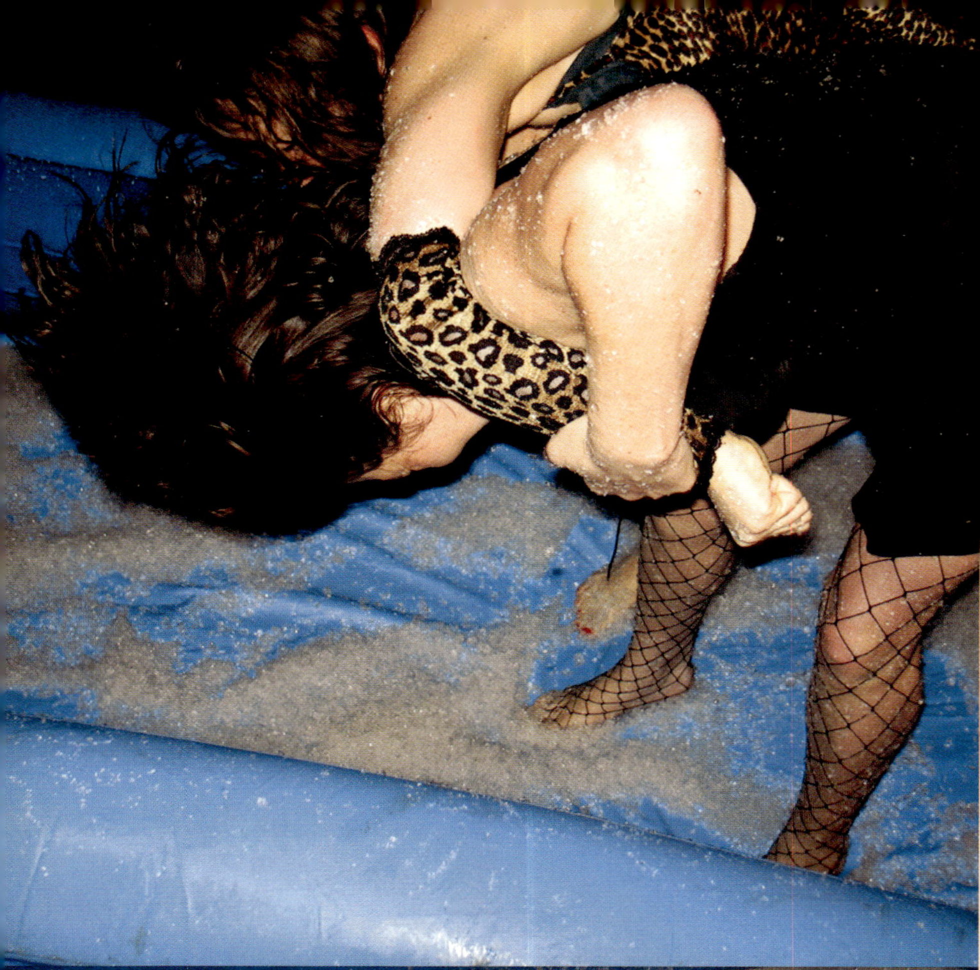

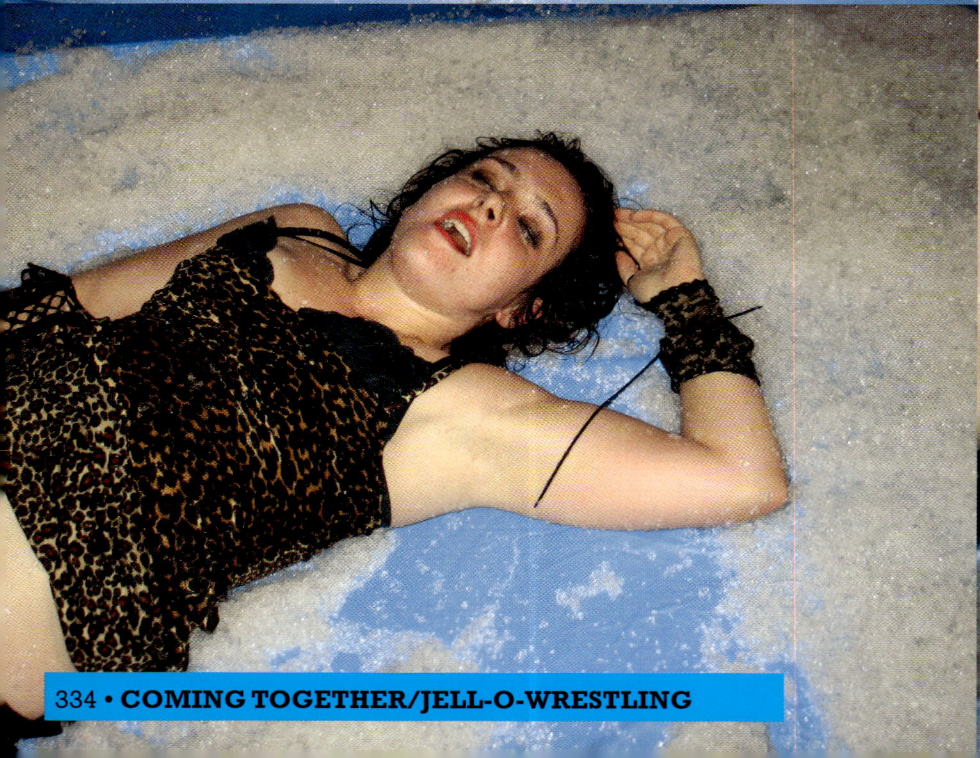

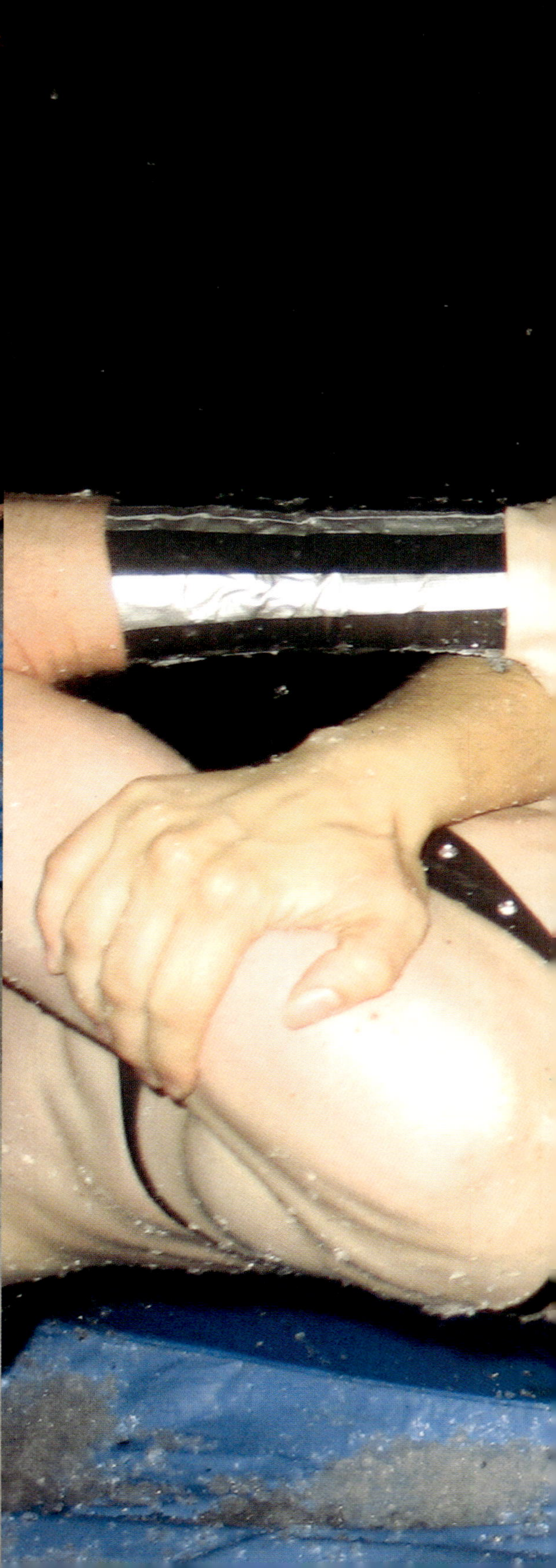

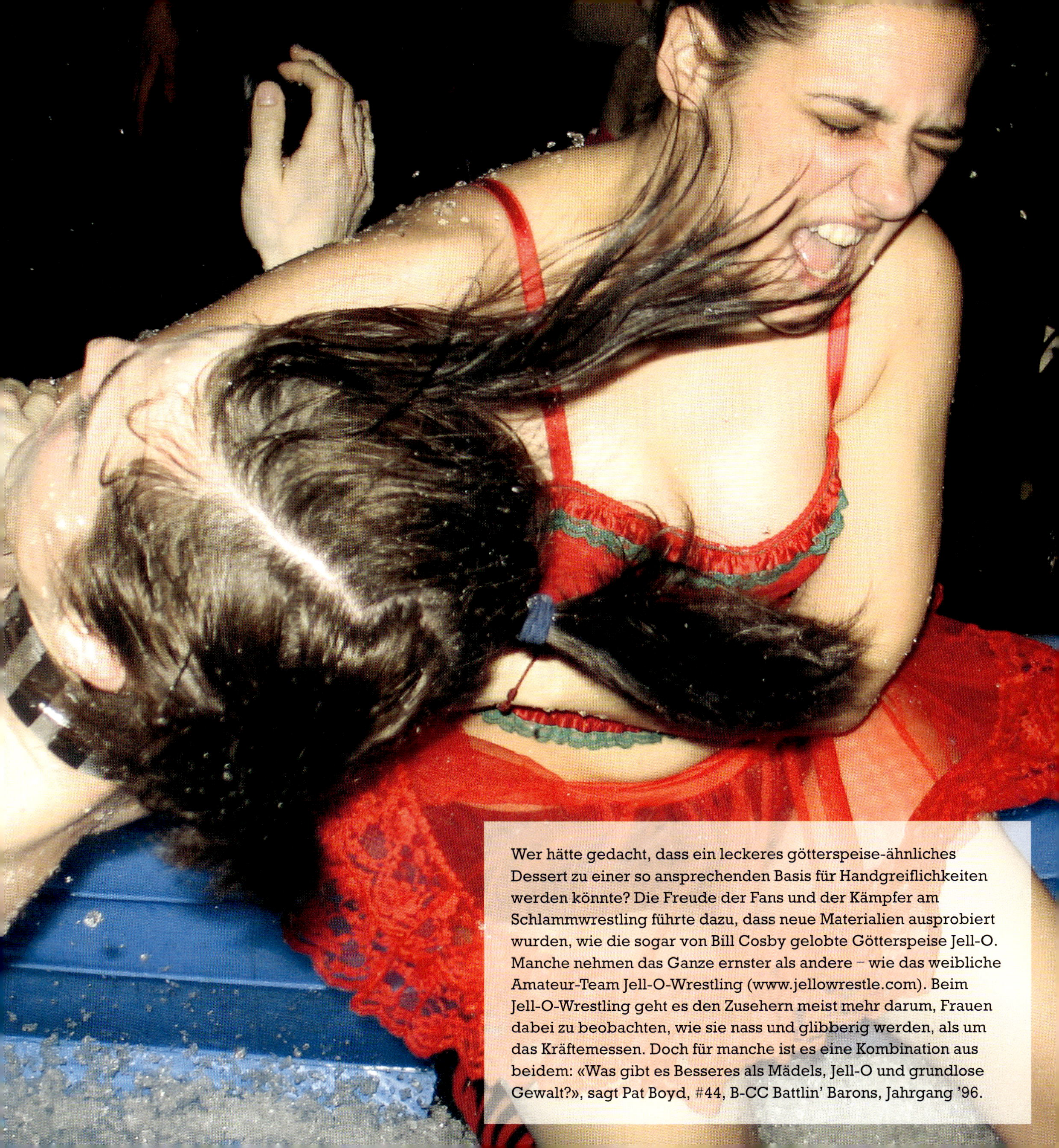

Wer hätte gedacht, dass ein leckeres götterspeise-ähnliches Dessert zu einer so ansprechenden Basis für Handgreiflichkeiten werden könnte? Die Freude der Fans und der Kämpfer am Schlammwrestling führte dazu, dass neue Materialien ausprobiert wurden, wie die sogar von Bill Cosby gelobte Götterspeise Jell-O. Manche nehmen das Ganze ernster als andere – wie das weibliche Amateur-Team Jell-O-Wrestling (www.jellowrestle.com). Beim Jell-O-Wrestling geht es den Zusehern meist mehr darum, Frauen dabei zu beobachten, wie sie nass und glibberig werden, als um das Kräftemessen. Doch für manche ist es eine Kombination aus beidem: «Was gibt es Besseres als Mädels, Jell-O und grundlose Gewalt?», sagt Pat Boyd, #44, B-CC Battlin' Barons, Jahrgang '96.

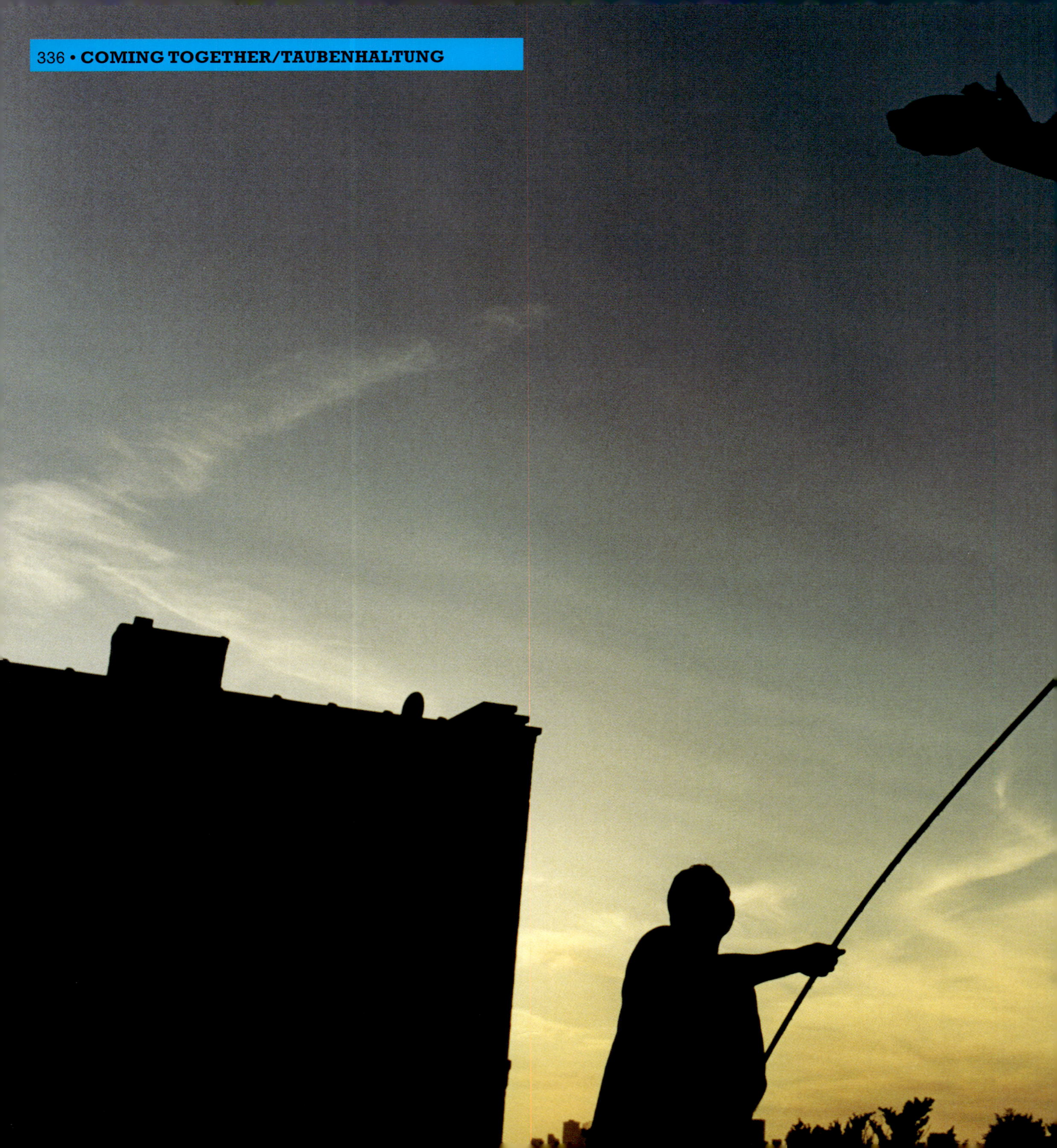

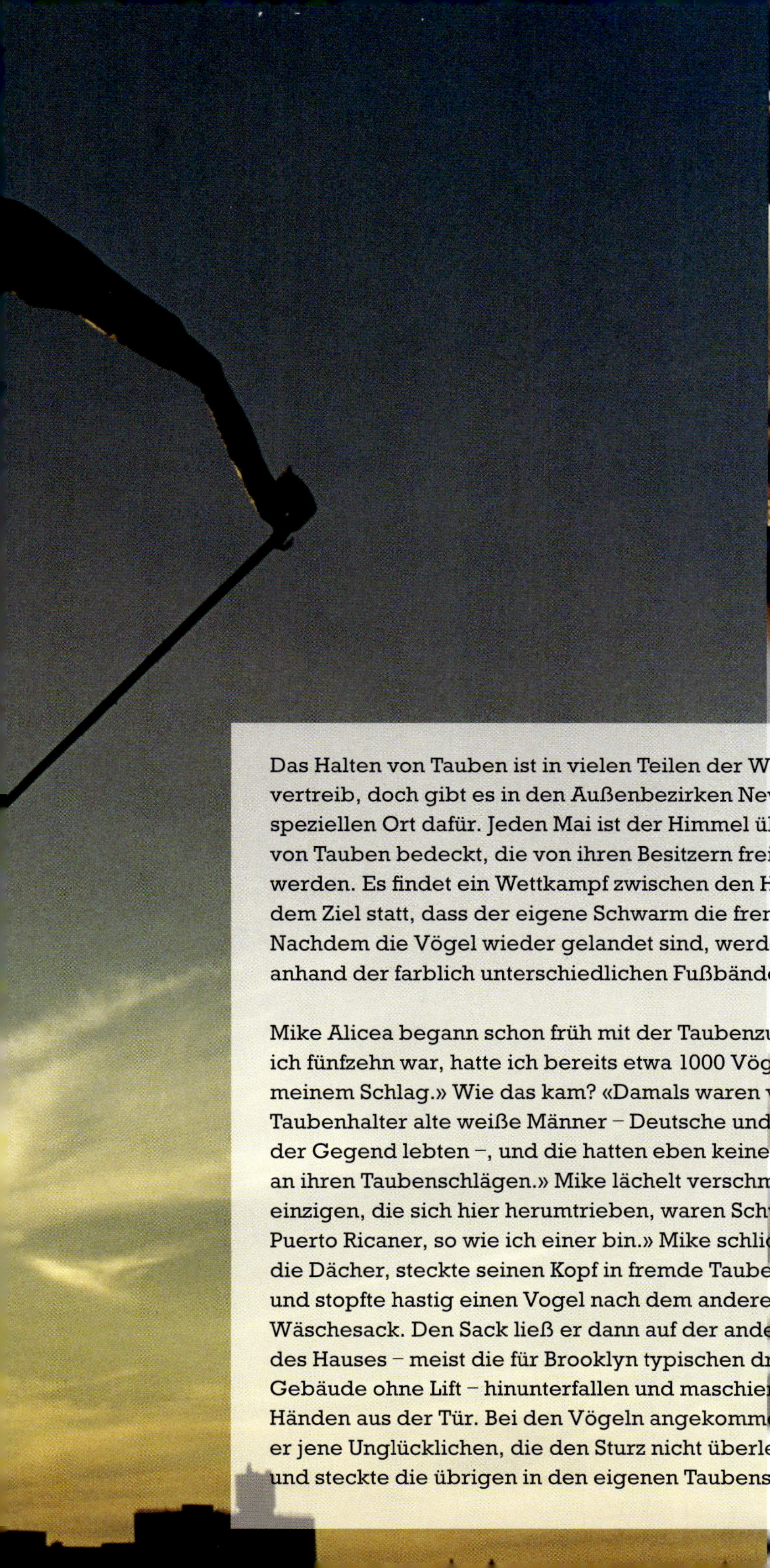

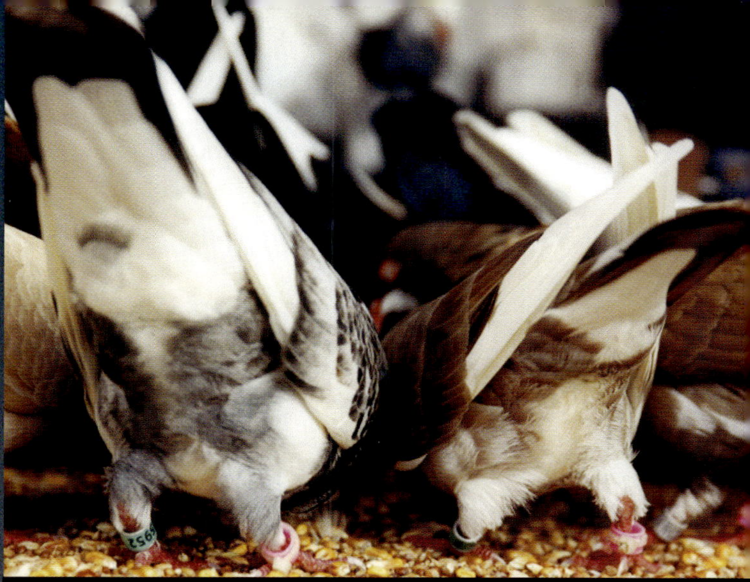

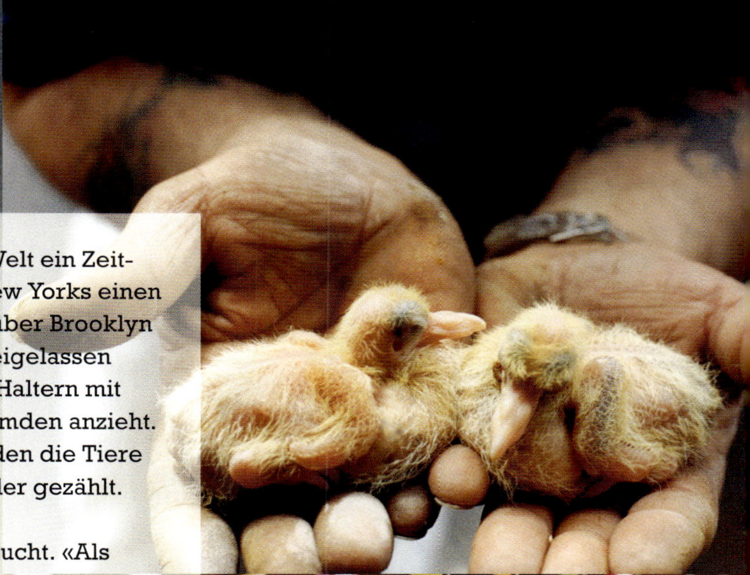

Das Halten von Tauben ist in vielen Teilen der Welt ein Zeitvertreib, doch gibt es in den Außenbezirken New Yorks einen speziellen Ort dafür. Jeden Mai ist der Himmel über Brooklyn von Tauben bedeckt, die von ihren Besitzern freigelassen werden. Es findet ein Wettkampf zwischen den Haltern mit dem Ziel statt, dass der eigene Schwarm die fremden anzieht. Nachdem die Vögel wieder gelandet sind, werden die Tiere anhand der farblich unterschiedlichen Fußbänder gezählt.

Mike Alicea begann schon früh mit der Taubenzucht. «Als ich fünfzehn war, hatte ich bereits etwa 1000 Vögel in meinem Schlag.» Wie das kam? «Damals waren viele der Taubenhalter alte weiße Männer – Deutsche und Iren, die in der Gegend lebten –, und die hatten eben keine Schlösser an ihren Taubenschlägen.» Mike lächelt verschmitzt: «Die einzigen, die sich hier herumtrieben, waren Schwarze und Puerto Ricaner, so wie ich einer bin.» Mike schlich sich auf die Dächer, steckte seinen Kopf in fremde Taubenschläge und stopfte hastig einen Vogel nach dem anderen in einen Wäschesack. Den Sack ließ er dann auf der anderen Seite des Hauses – meist die für Brooklyn typischen dreistöckigen Gebäude ohne Lift – hinunterfallen und maschierte mit leeren Händen aus der Tür. Bei den Vögeln angekommen, entfernte er jene Unglücklichen, die den Sturz nicht überlebt hatten, und steckte die übrigen in den eigenen Taubenschlag.

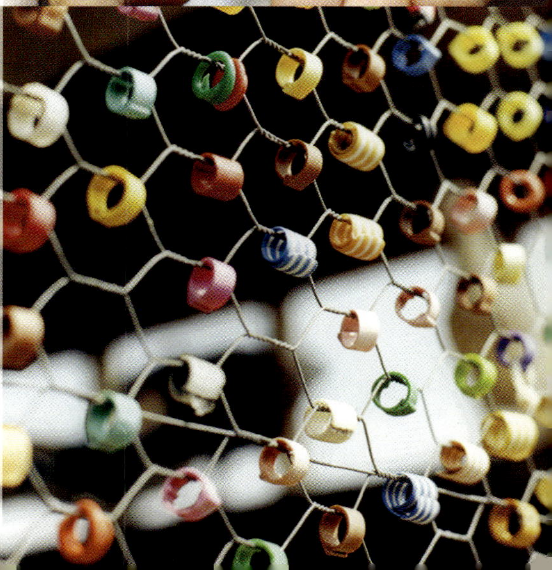

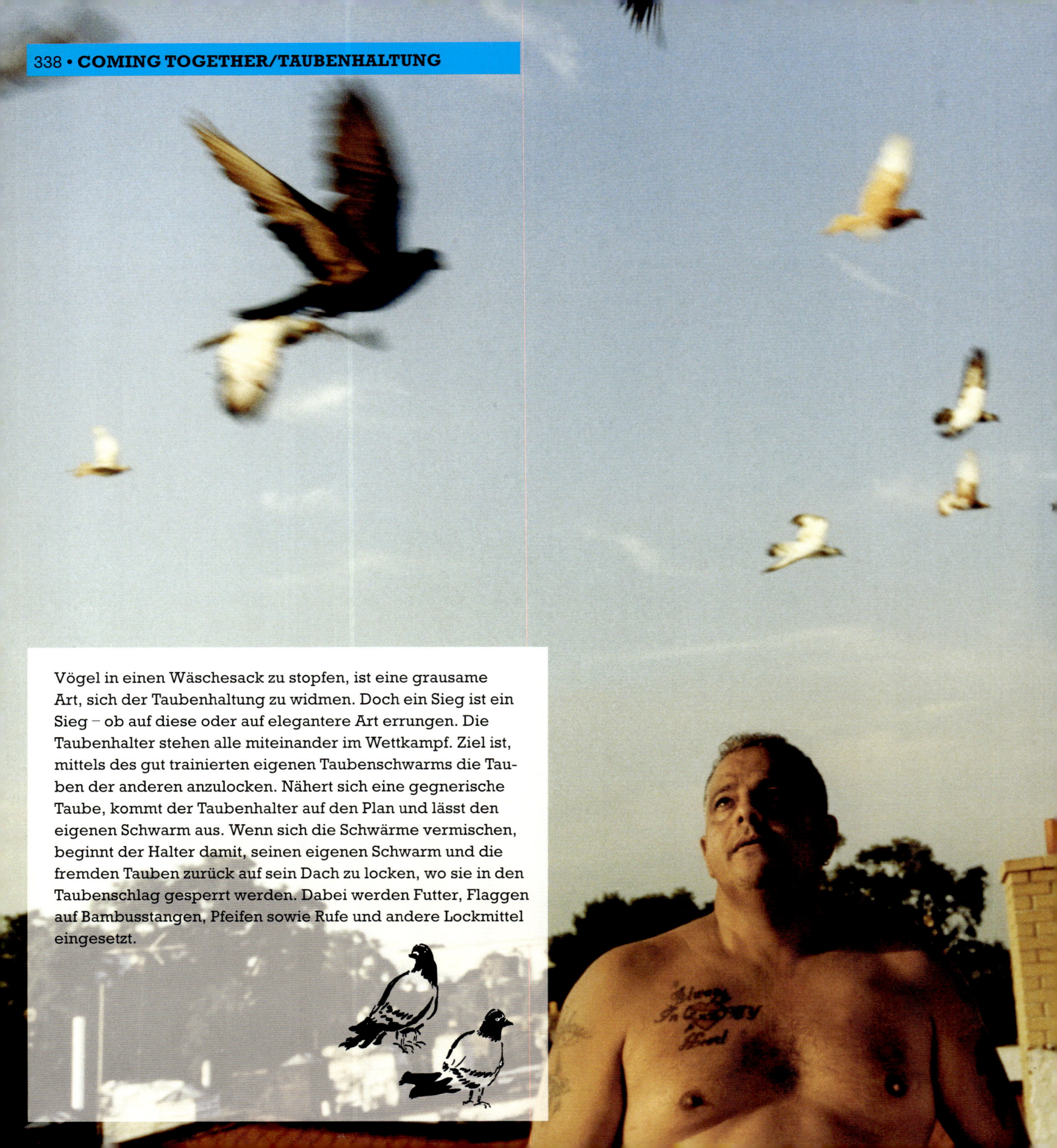

Vögel in einen Wäschesack zu stopfen, ist eine grausame Art, sich der Taubenhaltung zu widmen. Doch ein Sieg ist ein Sieg – ob auf diese oder auf elegantere Art errungen. Die Taubenhalter stehen alle miteinander im Wettkampf. Ziel ist, mittels des gut trainierten eigenen Taubenschwarms die Tauben der anderen anzulocken. Nähert sich eine gegnerische Taube, kommt der Taubenhalter auf den Plan und lässt den eigenen Schwarm aus. Wenn sich die Schwärme vermischen, beginnt der Halter damit, seinen eigenen Schwarm und die fremden Tauben zurück auf sein Dach zu locken, wo sie in den Taubenschlag gesperrt werden. Dabei werden Futter, Flaggen auf Bambusstangen, Pfeifen sowie Rufe und andere Lockmittel eingesetzt.

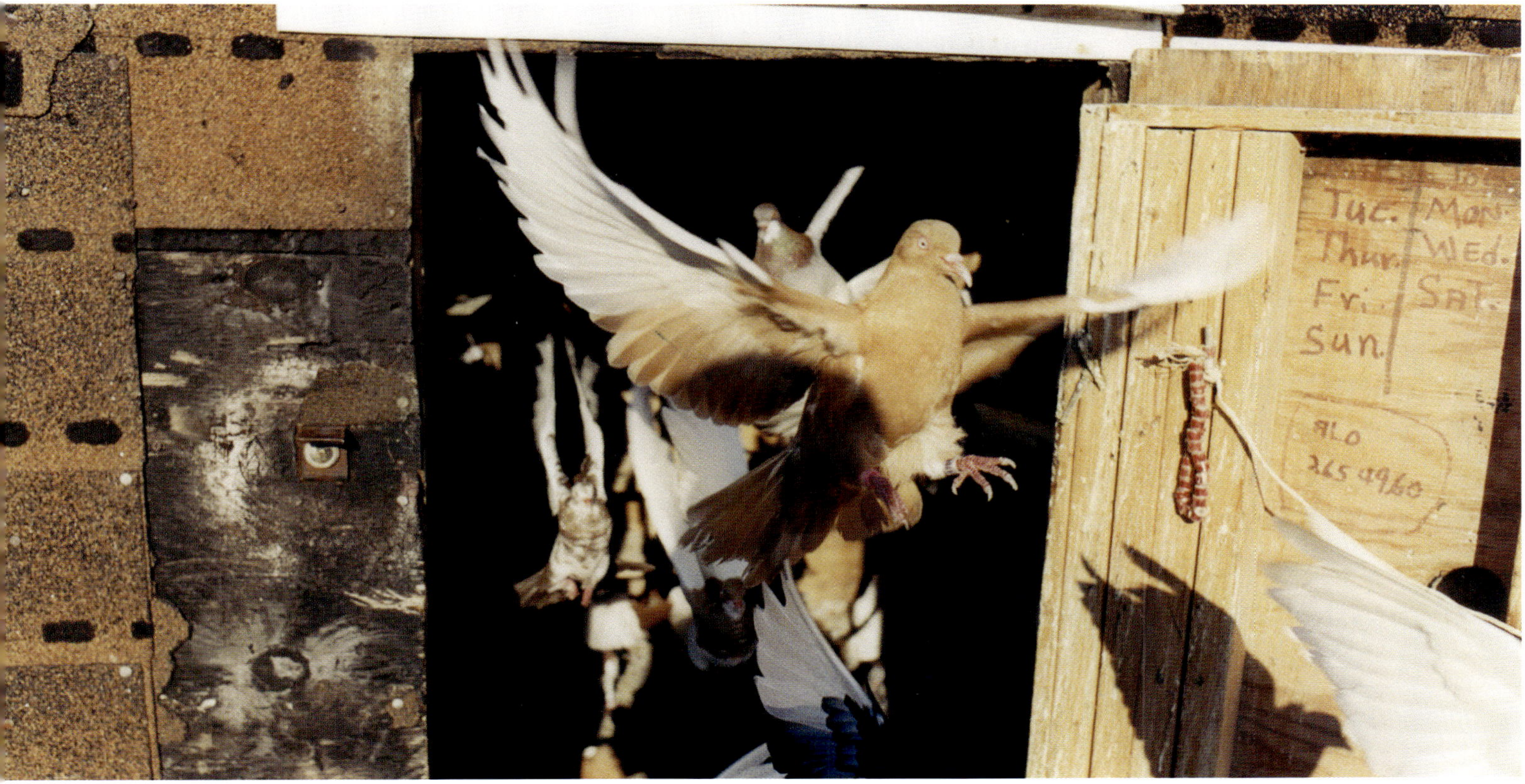
Tue. Mon.
Thur. Wed.
Fri. Sat.
Sun.

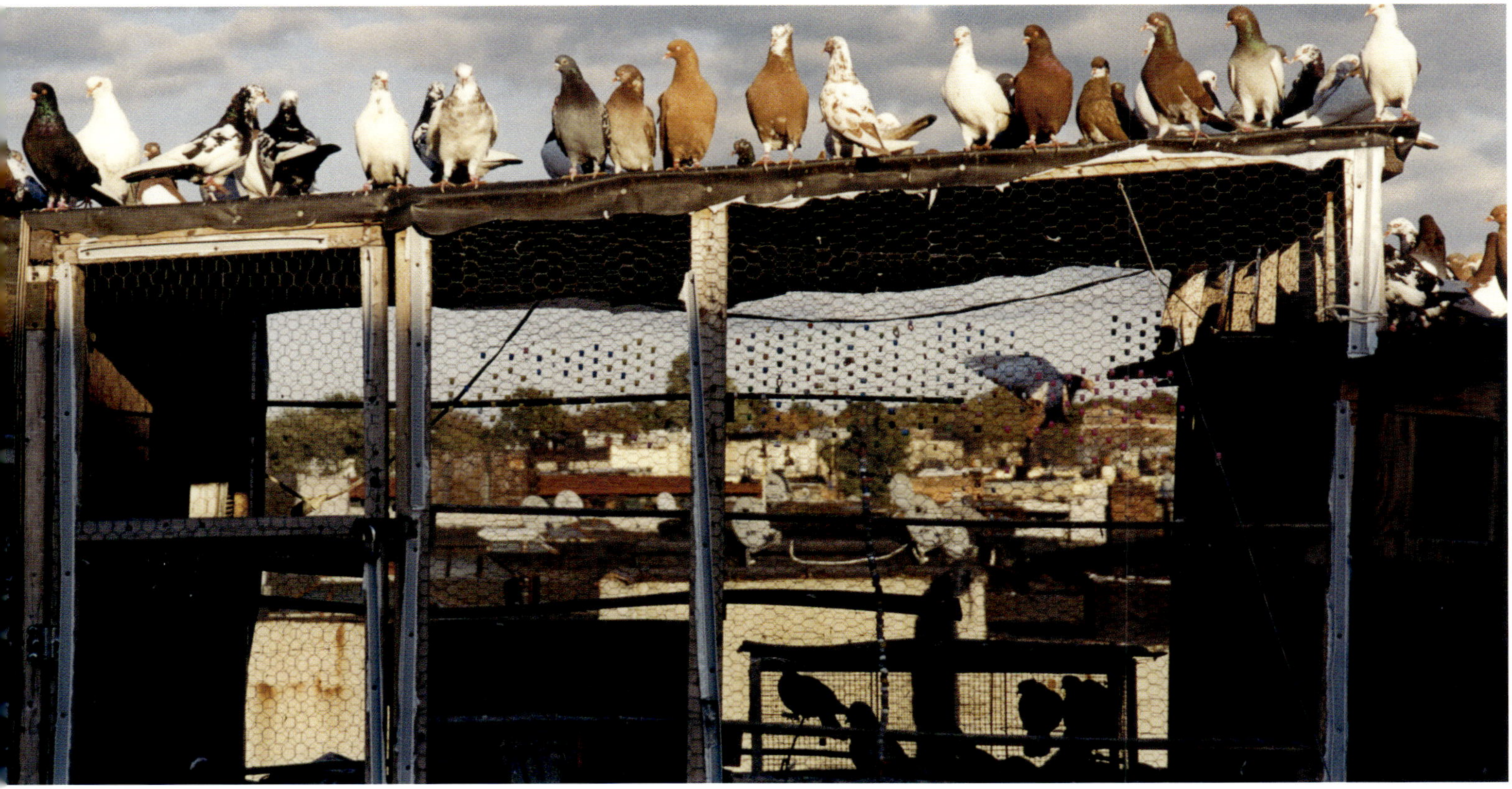

«Jeder von uns hat einzigartige Fähigkeiten, doch wir benutzen sie, um durch unsere Arbeit eine kollektive Identität zu schaffen, und nicht, um uns einfach unter demselben Namen zusammenzuschließen.»
Jordan Nickel

Das Straßenkünstlerkollektiv „We Are Supervision" hinterließ eine unauslöschbare Spur in Städten in ganz Amerika. Es veränderte die urbane Ästhetik durch seine einzigartige Methode, urbane Leere in Landschaften zu verwandeln. Die Gruppe ist auch für ihre Fotografien bekannt. Die Fotos von ihren Abenteuern im ganzen Land zeigen, wie sie die Umgebung um sich herum interpretierten und modifizierten. Neben dem künstlerischen Schaffen beobachtet „We Are Supervision" die verrückte Welt, in der wir leben: Sie findet Kunst überall und dokumentiert sie zuverlässig. Es ist der Gruppe gelungen, eine Identität als Team und weniger als Kollektiv von Individuen zu finden. Für sie gibt es kein „Supervision" ohne das „We". Jordan Nickel, eines der Gründungsmitglieder, sagt: «Wir können von nichts, was wir tun, sagen, es sei ‹meines› oder ‹deines›, da wir jede kreative Vision gemeinsam erschaffen haben. Jeder von uns hat einzigartige Fähigkeiten, doch wir benutzen sie, um durch unsere Arbeit eine kollektive Identität zu schaffen, und nicht, um uns einfach unter demselben Namen zusammenzuschließen.»

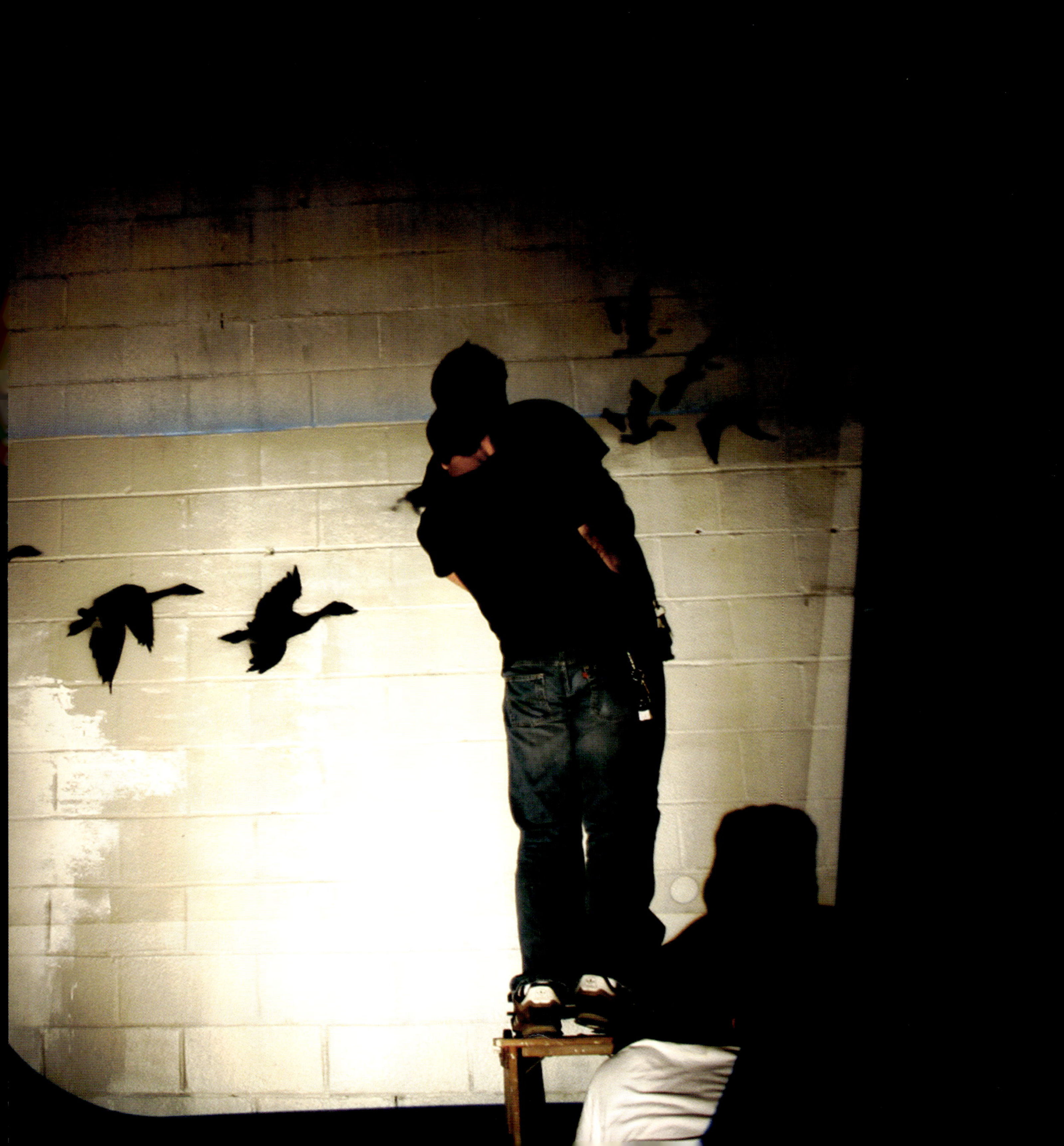

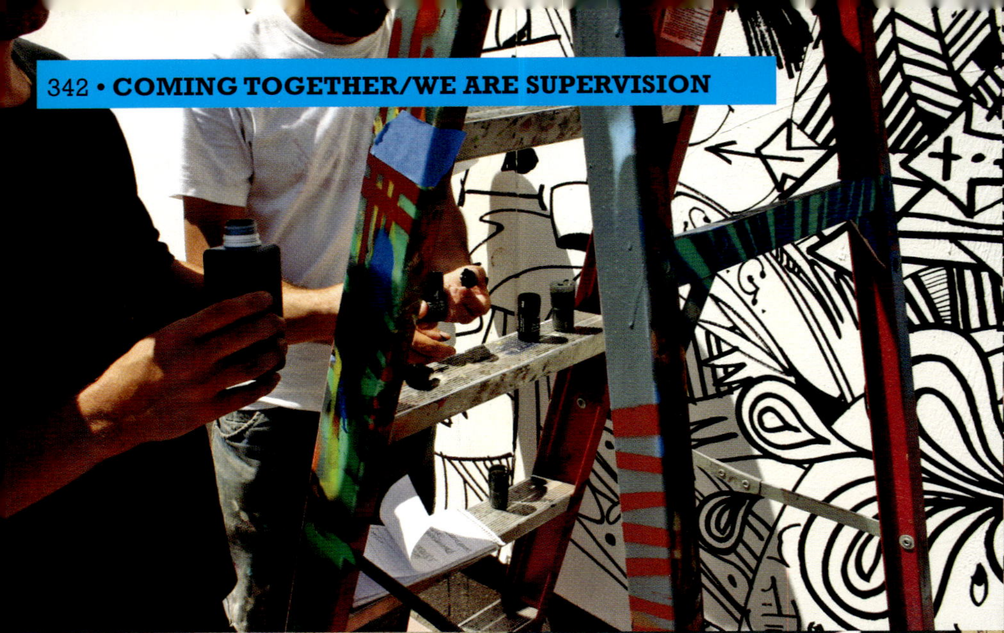

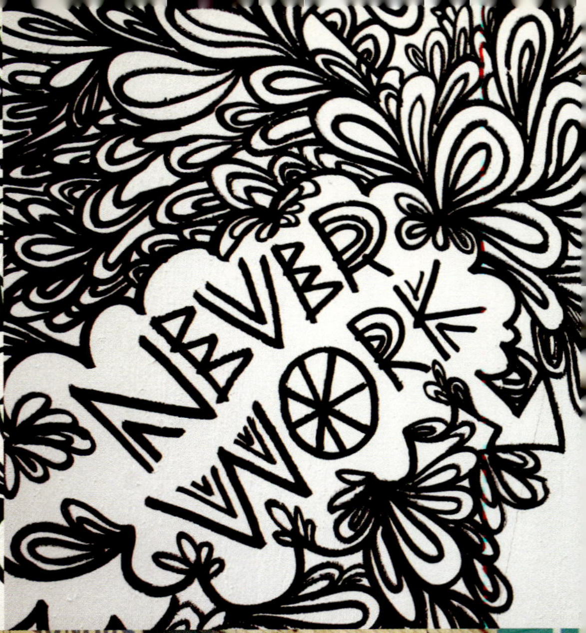
NEVER
WORK

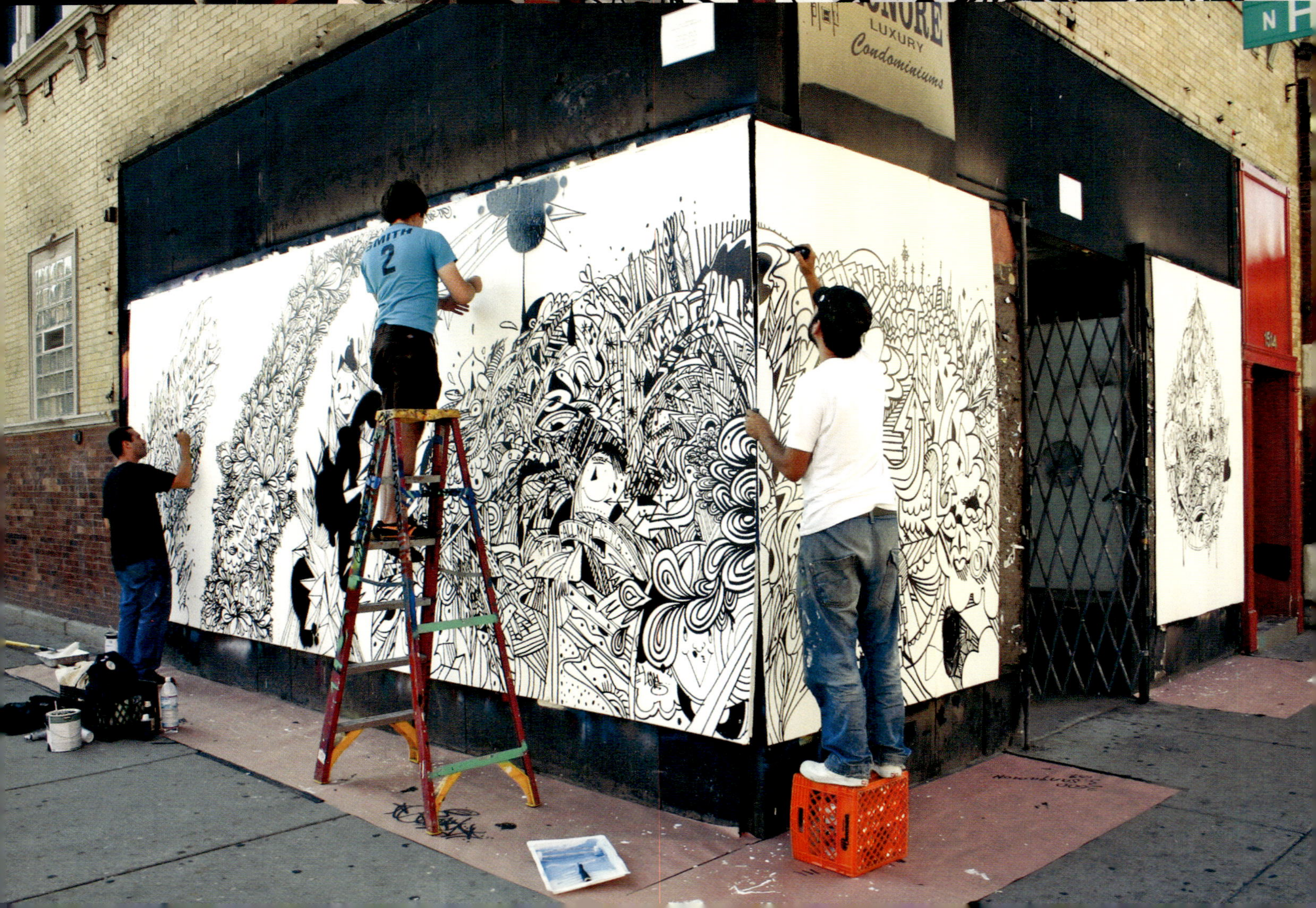
LUXURY
Condominiums
SMITH
2

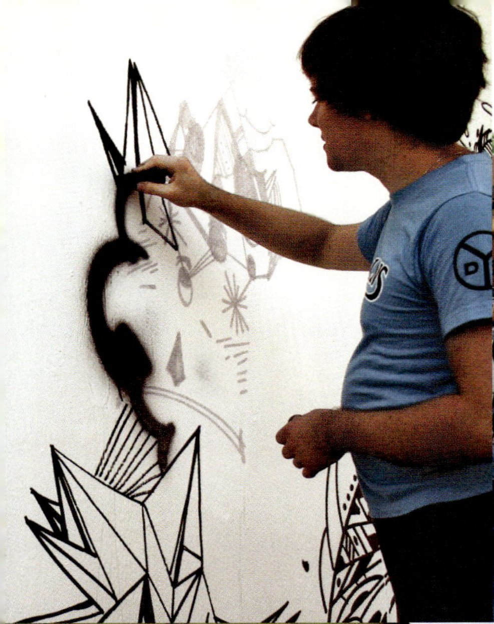

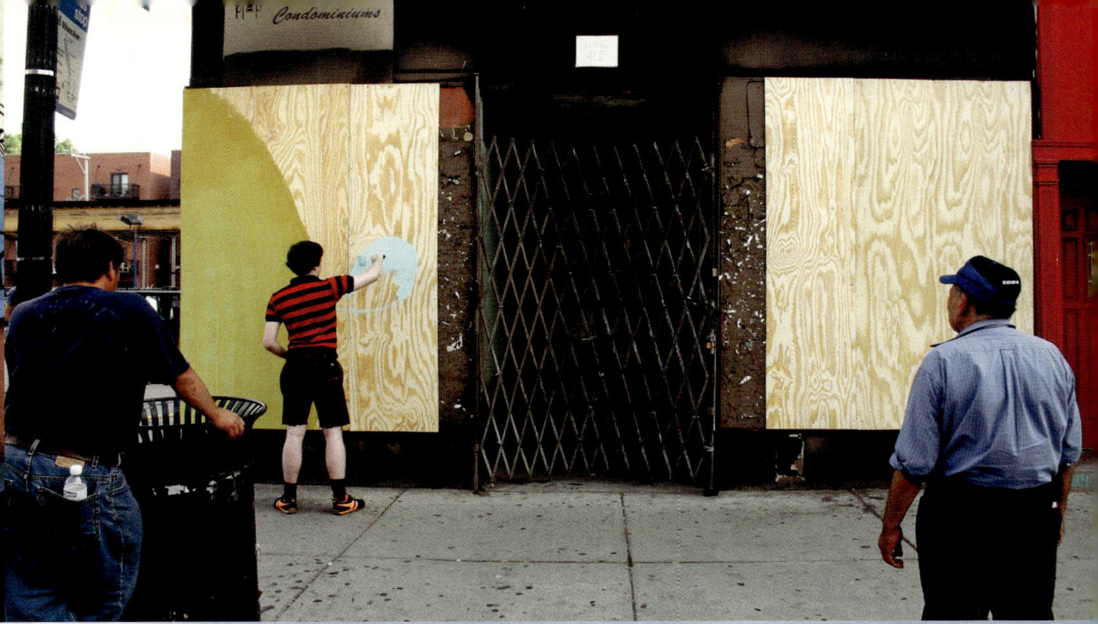
Condominiums

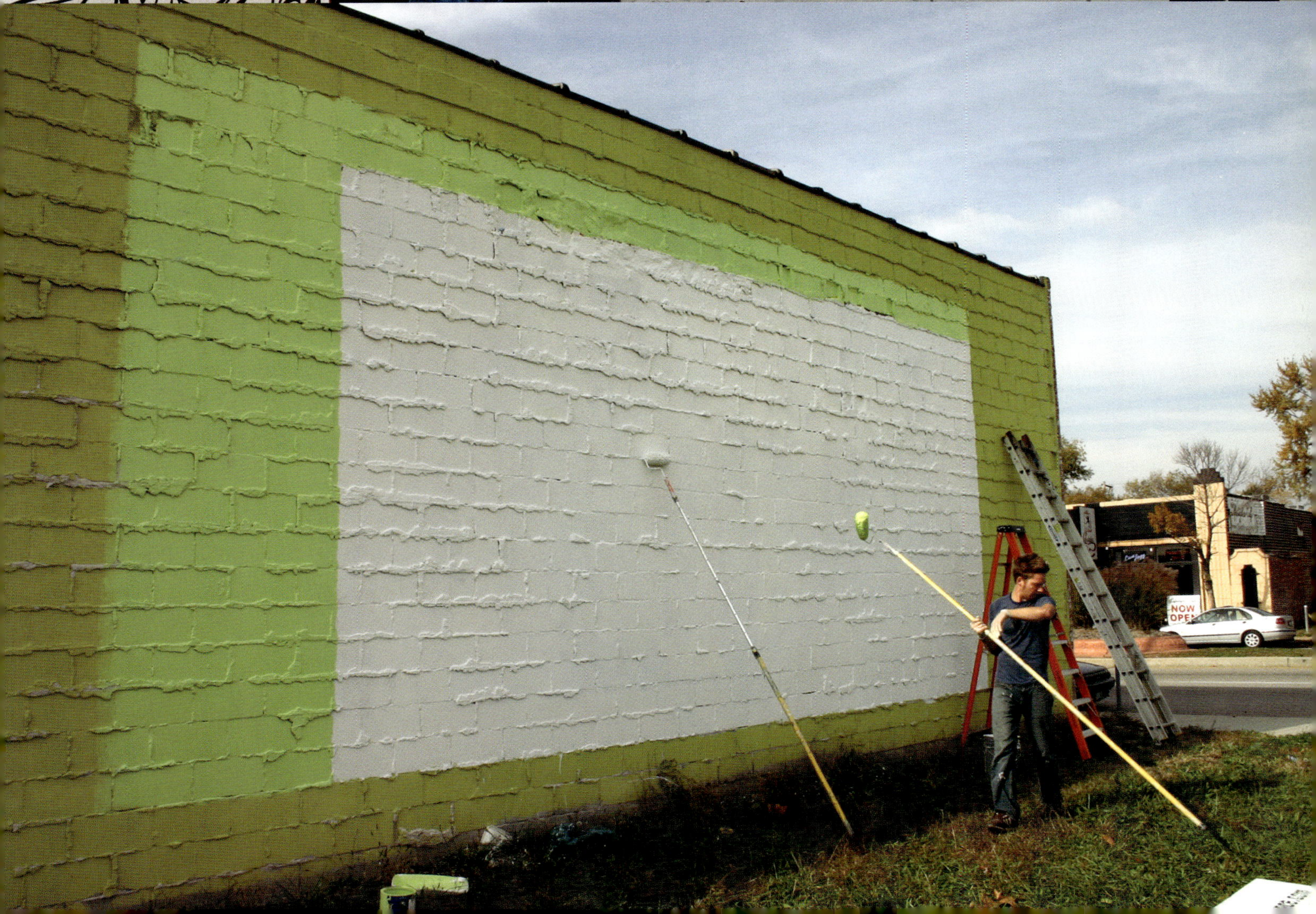
NOW
OPEN

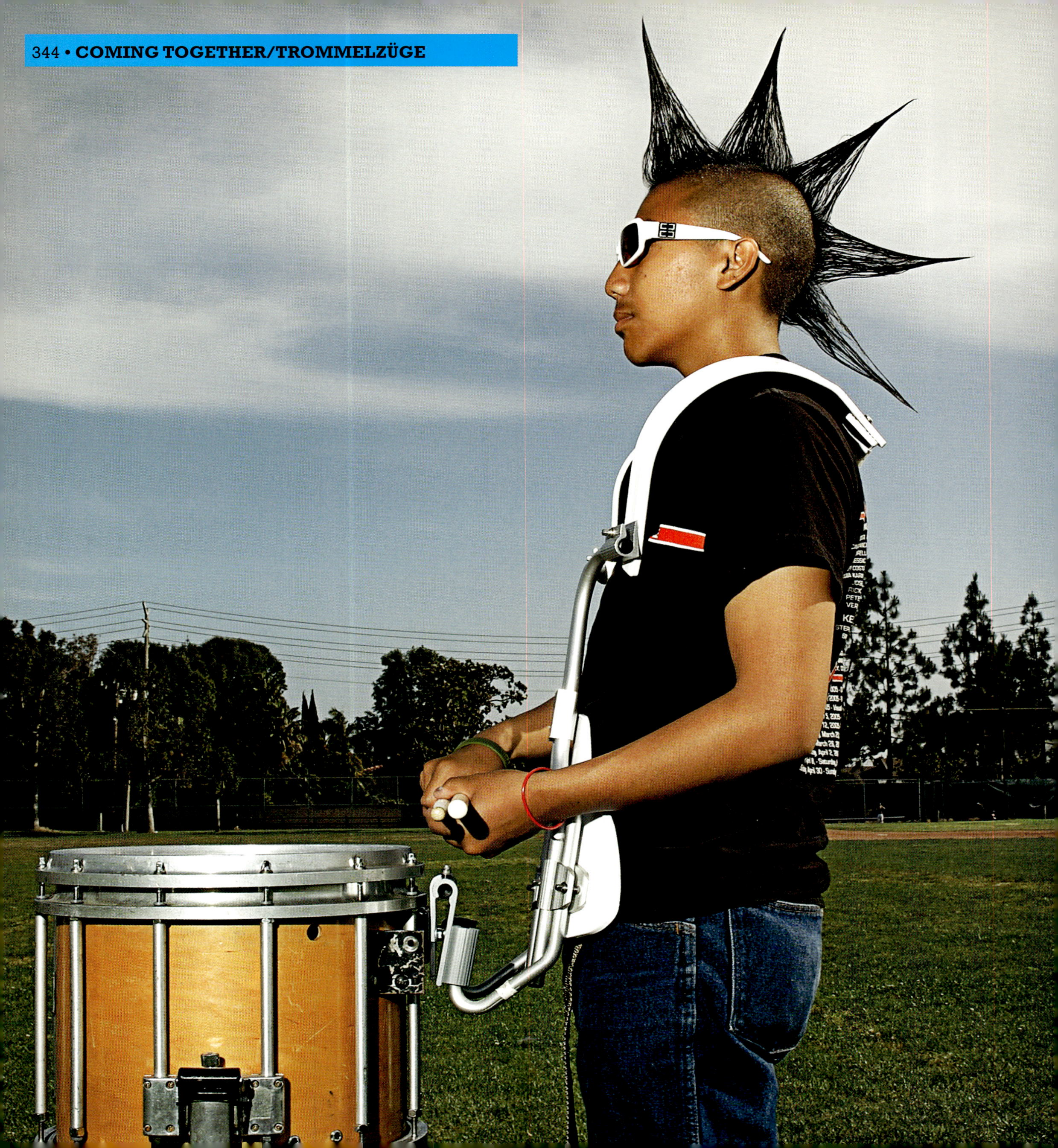

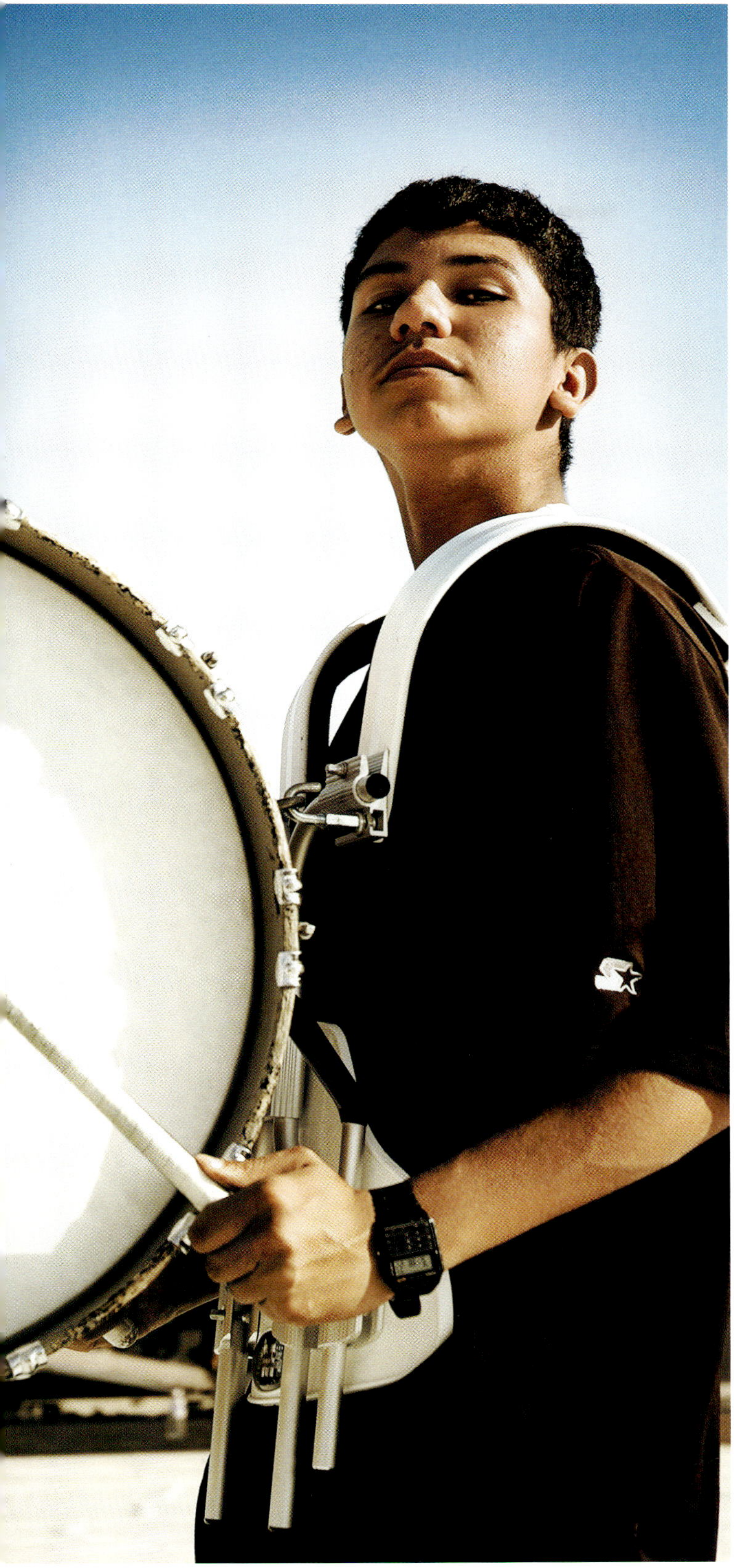

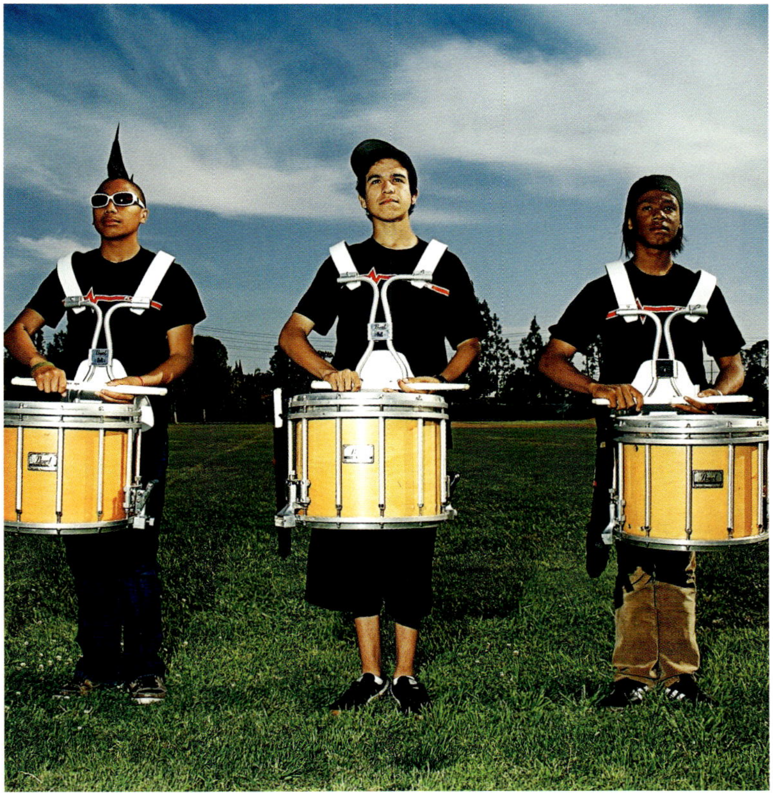

Trommelzüge als Teil einer Marschkapelle sind in den USA und in Japan sehr beliebt. Sie stellen eine Verbindung zwischen Musik, Marschieren, Tanz und Theater dar. Die meisten Trommelzüge gibt es an den High Schools, die Marschkapellen-Saison dauert von Oktober bis November oder Dezember. Außerdem finden im April die nationalen Meisterschaften statt. Aufgrund ihrer engen Verbindung zu den Schulen sind Trommelzüge de facto eine Grundausbildung für viele Musiker, egal für welche musikalisch-rhythmische Richtung sie sich später entscheiden.

Darbietungen von Trommelzügen finden meist in Auditorien oder Turnhallen statt, da die Gruppen versuchen, Übungsräume für den Winter zu finden, wenn das Training draußen auf Football-Feldern nicht möglich ist. In einem Trommelzug spielen meist die große Marschtrommel, Snare Drums, Paradetrommeln, das Becken, ein Xylophon oder ein Marimbaphon. Ebenfalls häufig sind Vibraphone, Tamburine, Glockenspiele und Kesselpauken. Manchmal werden sogar unkonventionelle Instrumente wie Mülleimer aus Metall, Fässer, Rohre und Besenstiele verwendet. Dem Design kommt bei Auftritten eine wichtige Rolle zu: Da ein Trommelzug an den unterschiedlichsten Plätzen spielt, wird mittels riesiger Tücher, die den Boden bedecken, und Plakaten im Hintergrund häufig eine Geschichte erzählt.

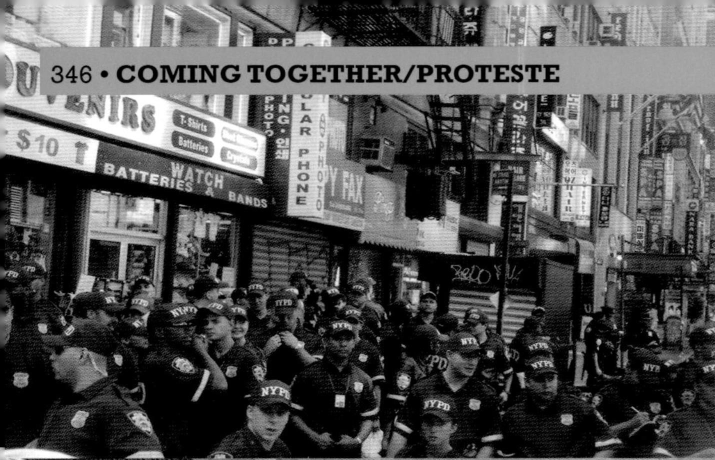

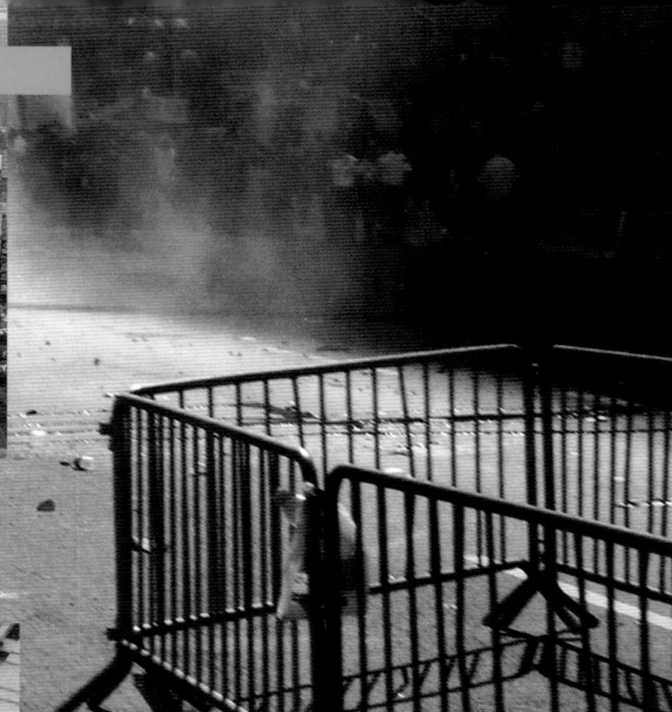

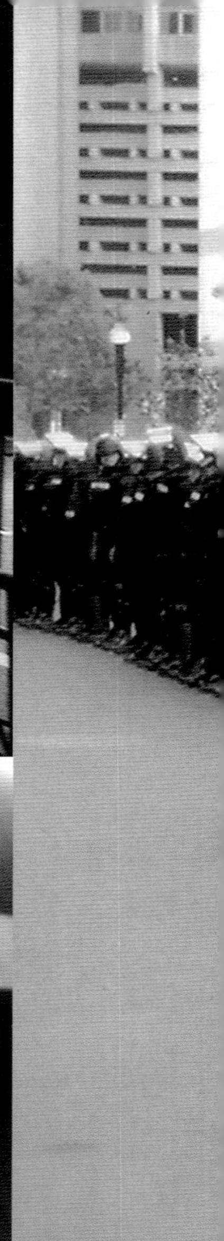

Im Jahr 2004 waren sowohl die Nationalversammlung der Demokraten in Boston als auch die Nationalversammlung der Republikaner in New York mit enormen Protesten konfrontiert. Sie kamen aus dem Lager der Anarcho-Punks, der Hippies und anderer Friedensbewegungen sowie von gemäßigteren Aktivisten. Sie belegten die Unzufriedenheit der Amerikaner mit der eigenen Regierung besser als jede Fernseh-Umfrage.

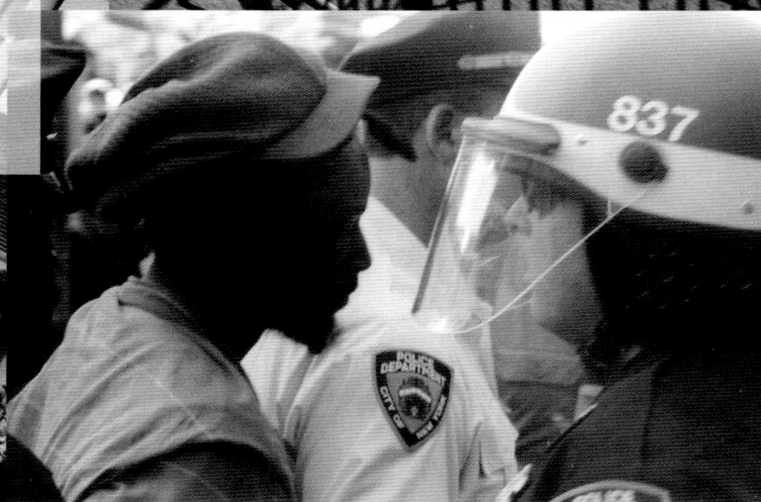

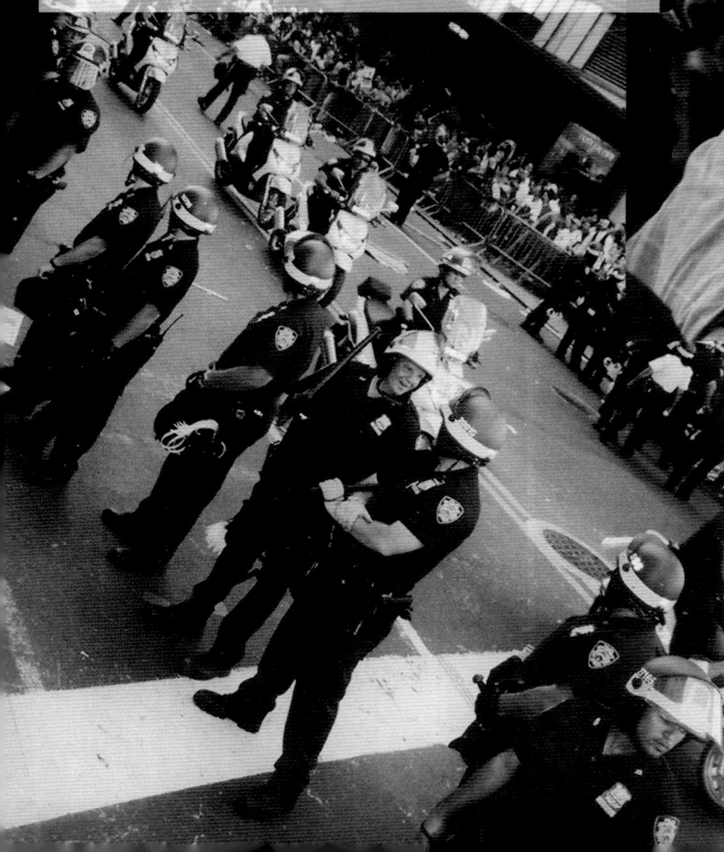

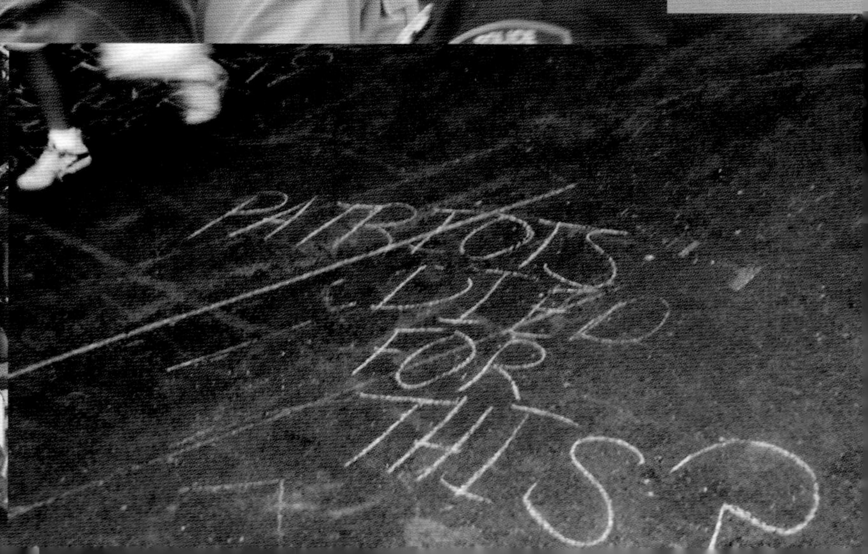

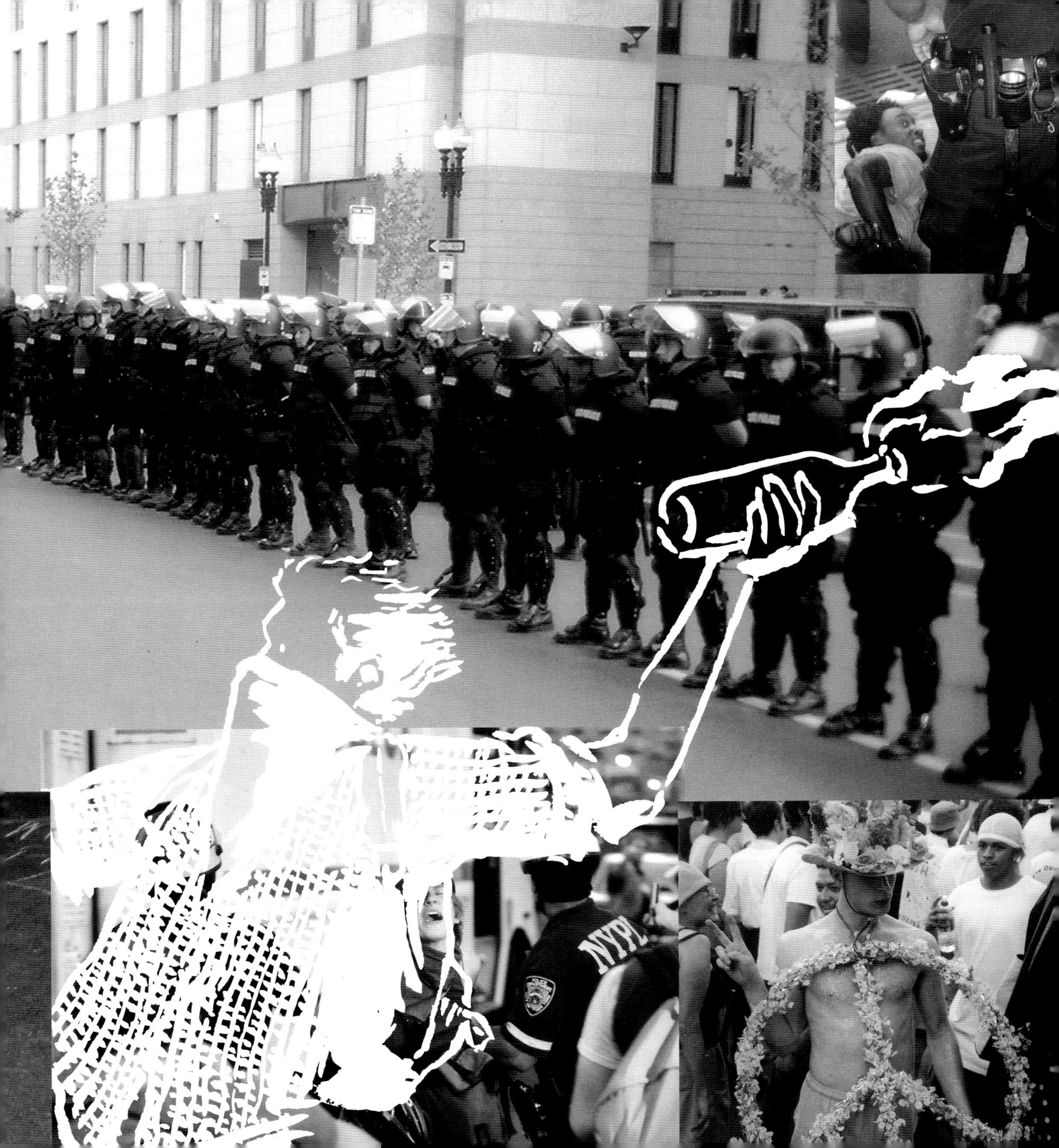

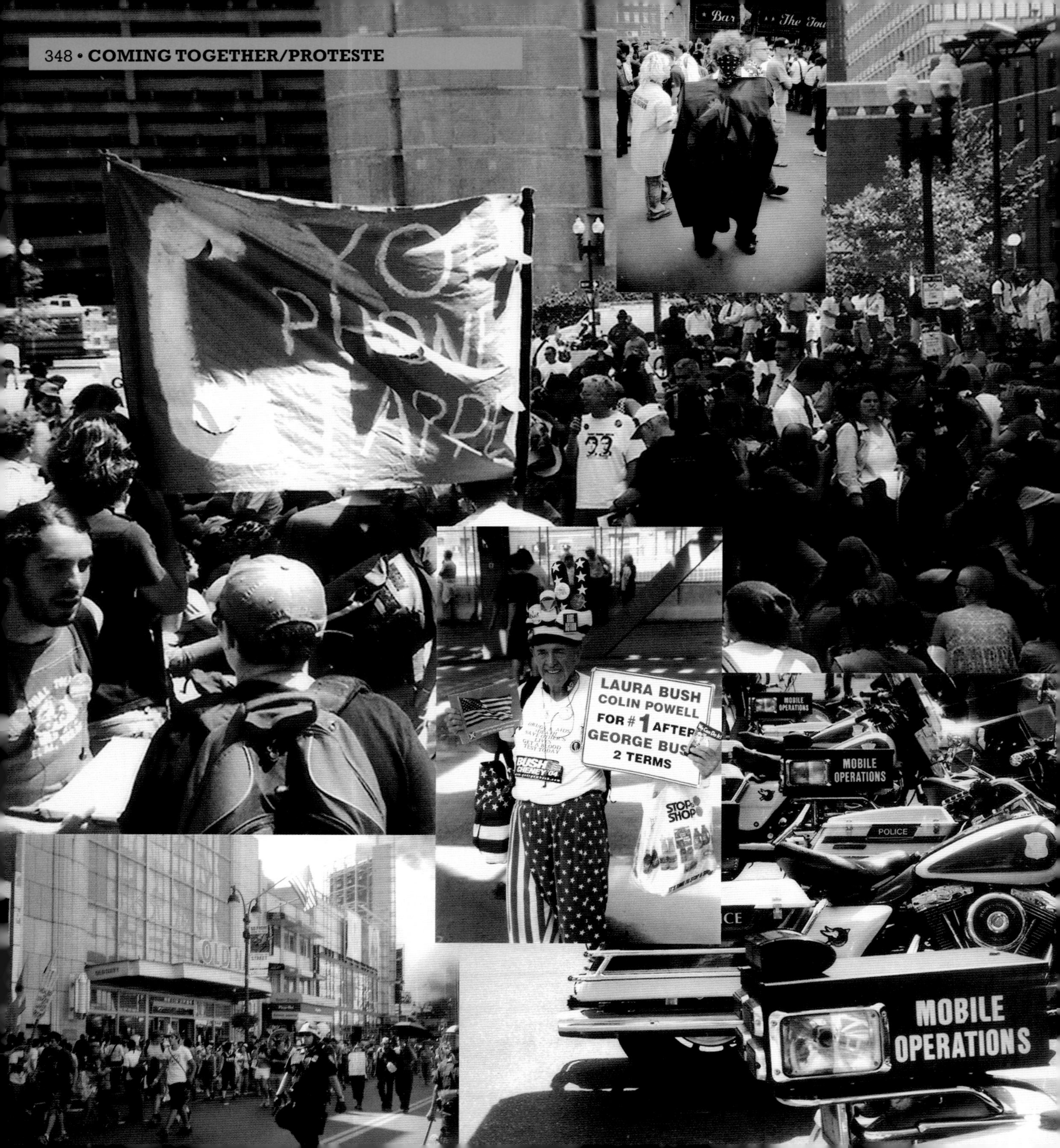
LAURA BUSH
COLIN POWELL
2 TERMS
BUSH CHENEY '04
MOBILE OPERATIONS
POLICE
MOBILE OPERATIONS
MOBILE OPERATIONS

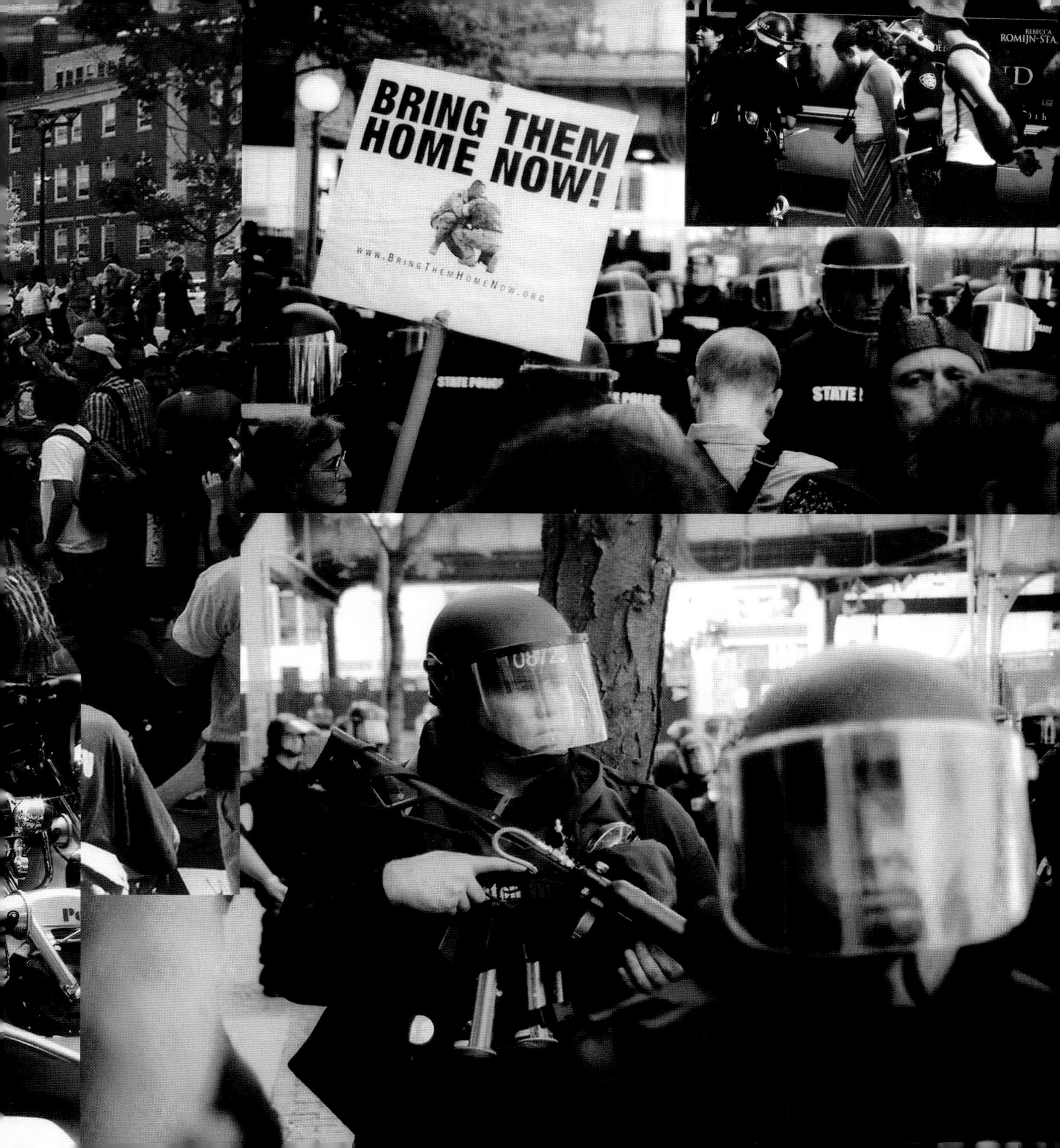
BRING THEM HOME NOW!
www.BringThemHomeNow.org
REBECCA
ROMIJN-STA
STATE POLICE
STATE

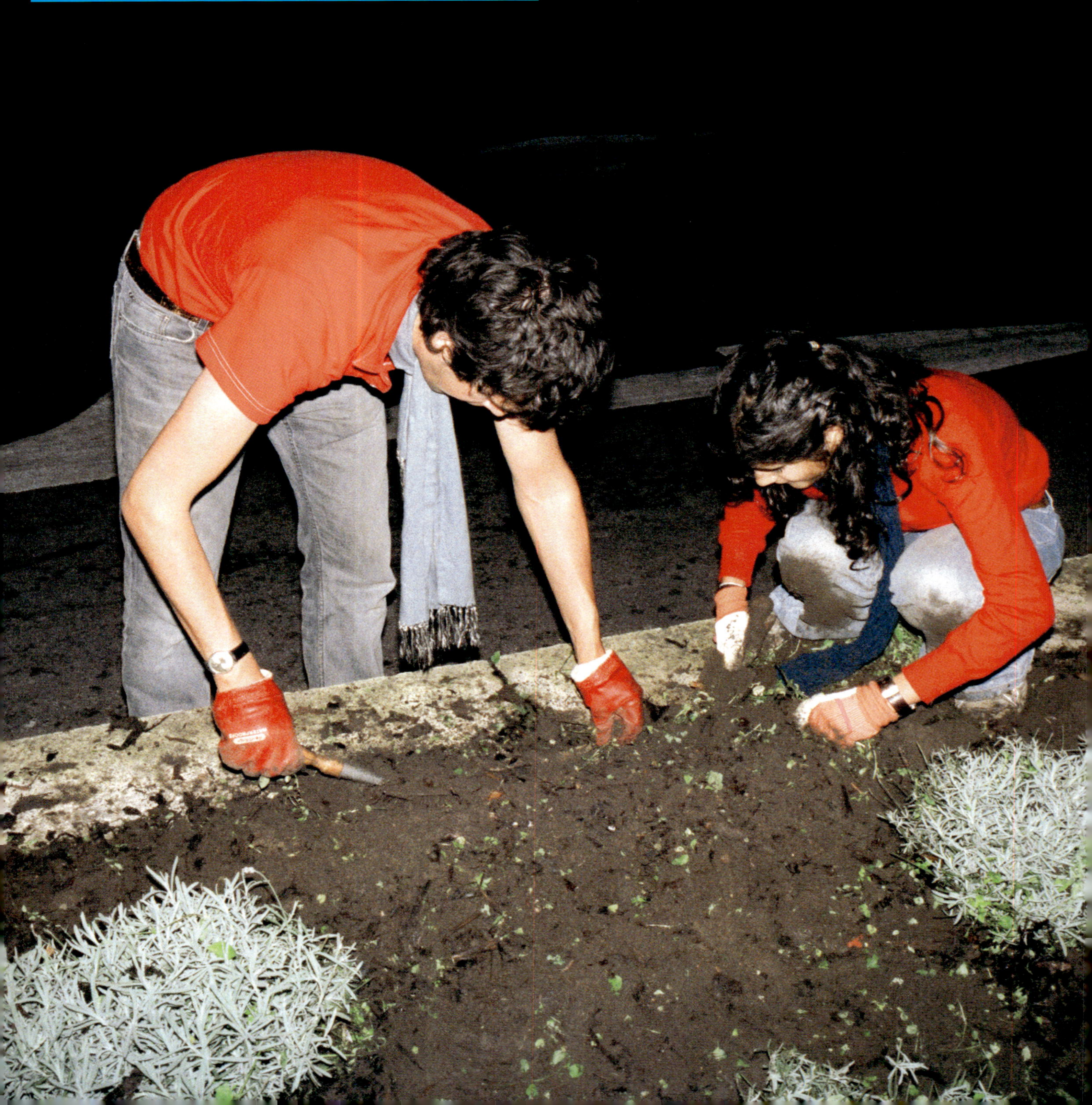

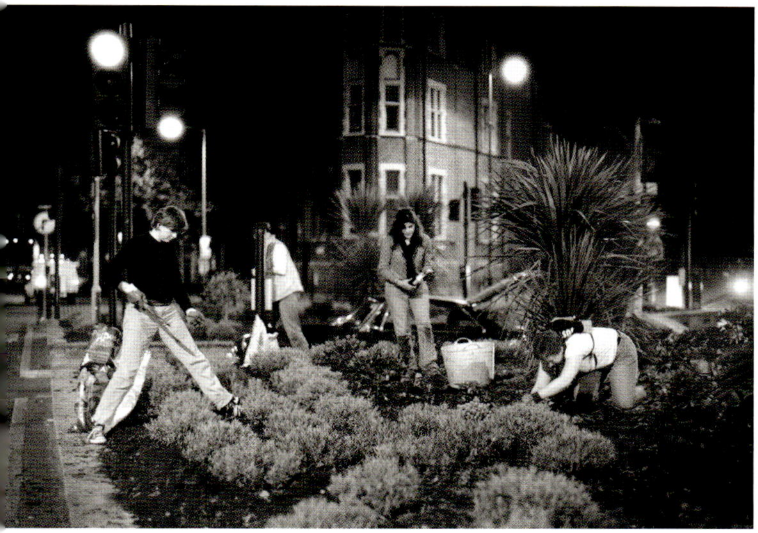

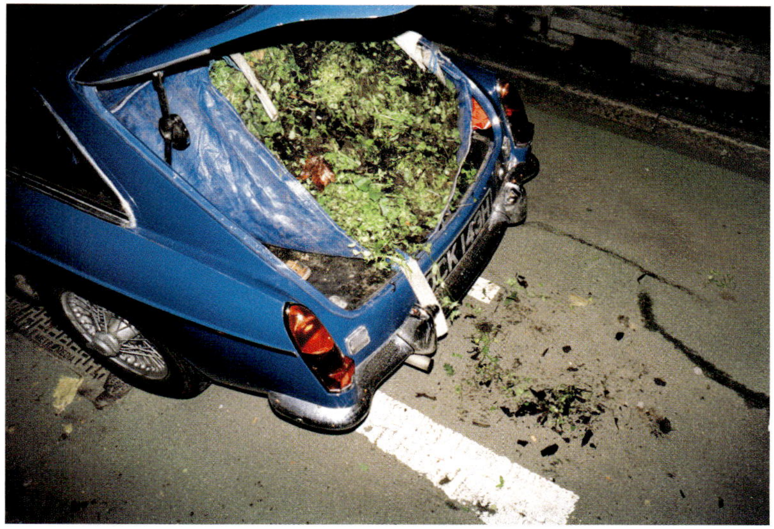

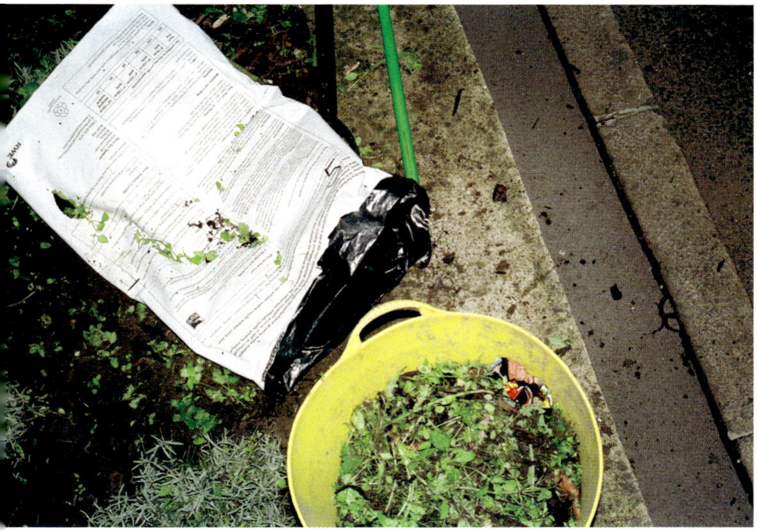

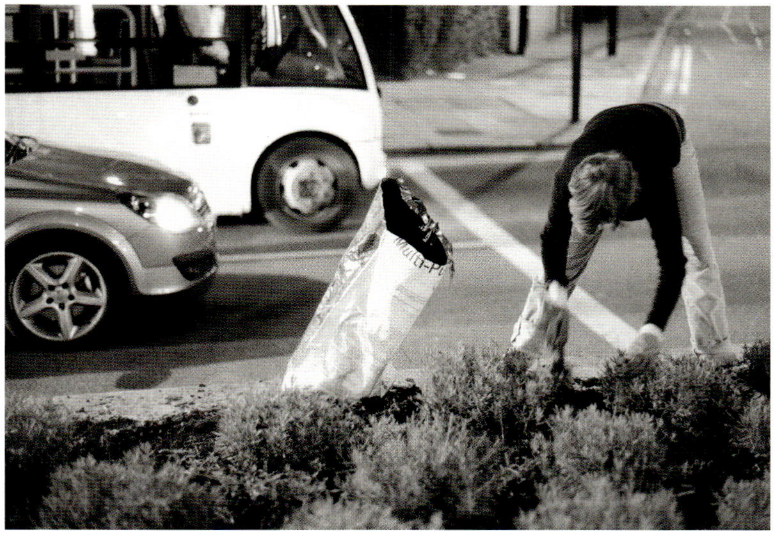

Inmitten des Asphalts und Betons der Stadt ist es oft eine erfreuliche Überraschung, ein kleines Fleckchen Grün zu erspähen. In vielen Städten gibt es Verschönerungsprojekte, die für die Verbreitung der urbanen Flora verantwortlich sind, an anderen Orten arbeiten Gruppen von Privatpersonen, genannt „Guerilla-Gärtner", zusammen, um Grün zu schaffen. Obwohl ihre Arbeit illegal ist, stößt sie doch meist auf die Zustimmung der Mitbürger. Selbst öffentliche Behörden, die hier ein Auge zudrücken, können es oft nicht lassen, einen verstohlenen Blick über ihre Schultern zu werfen, um die Landschaftsgestaltung, die der Stadt zu neuer Schönheit verhilft, zu betrachten.

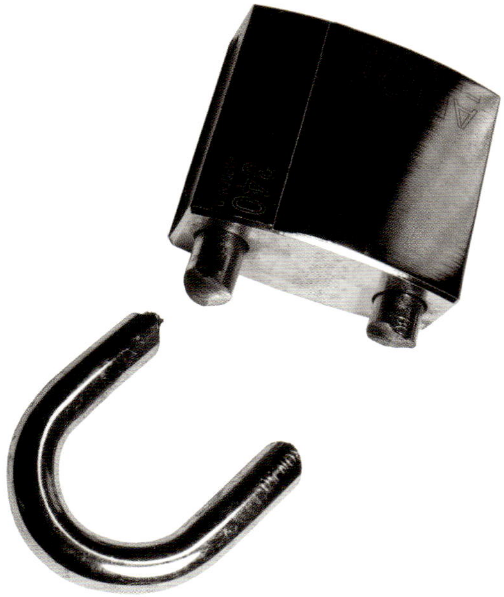

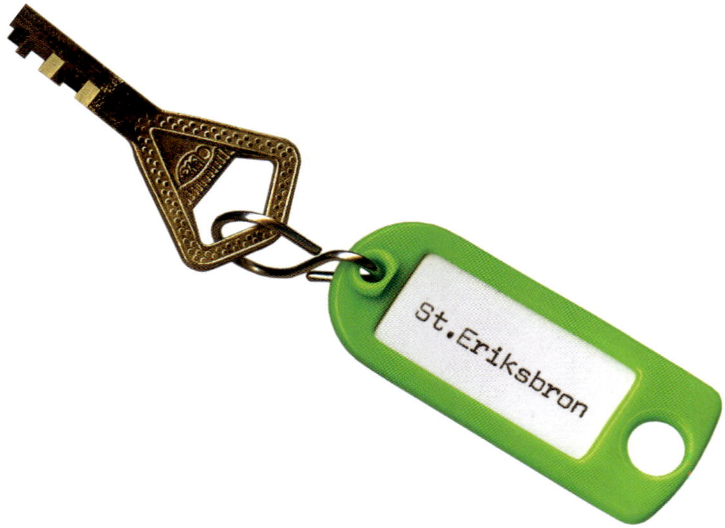

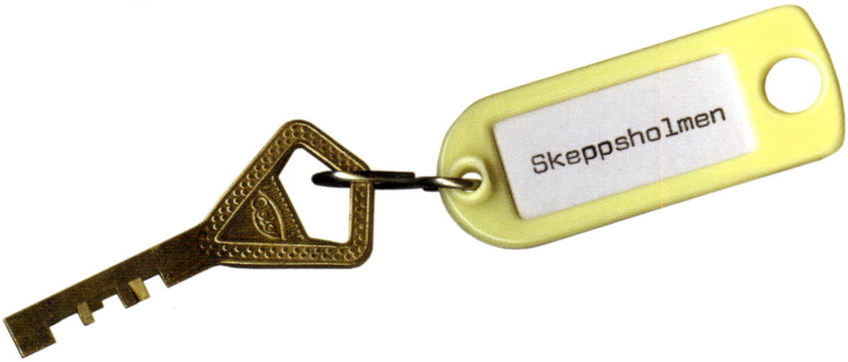

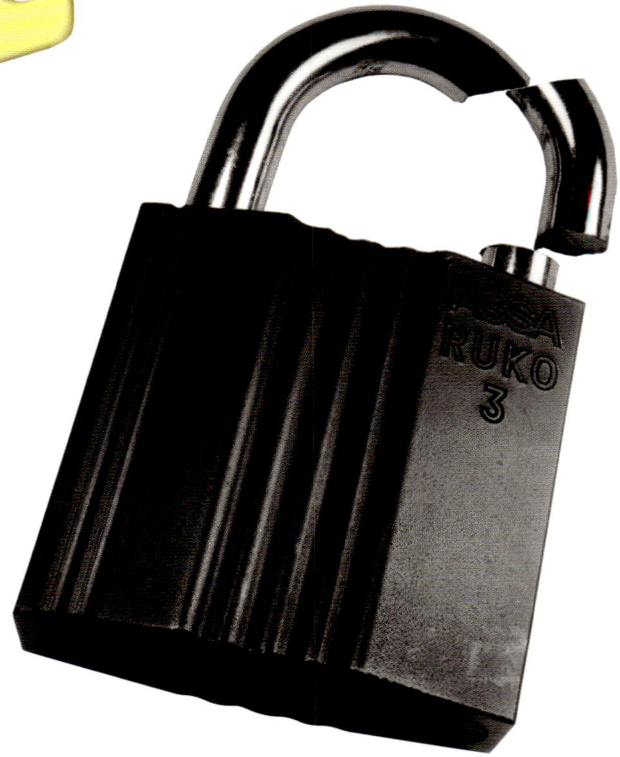

Viele Aspekte des sogenannten „öffentlichen Raumes“ sind alles, nur nicht öffentlich. Der in Stockholm ansässige Künstler Adams rief Dutzende von Projekten ins Leben, um dies zu veranschaulichen und sich damit auseinanderzusetzen. Einer seiner Meisterstreiche: Er entfernte Schlösser von öffentlichen Räumen und ersetzte sie durch solche, zu denen er den Schlüssel hatte. Diese Schlüssel versteckte er anschließend in Büchern öffentlicher Leihbüchereien in Stockholm, gemeinsam mit Karten, auf denen die genaue Lage der Räume, die sie öffnen würden, eingezeichnet war.

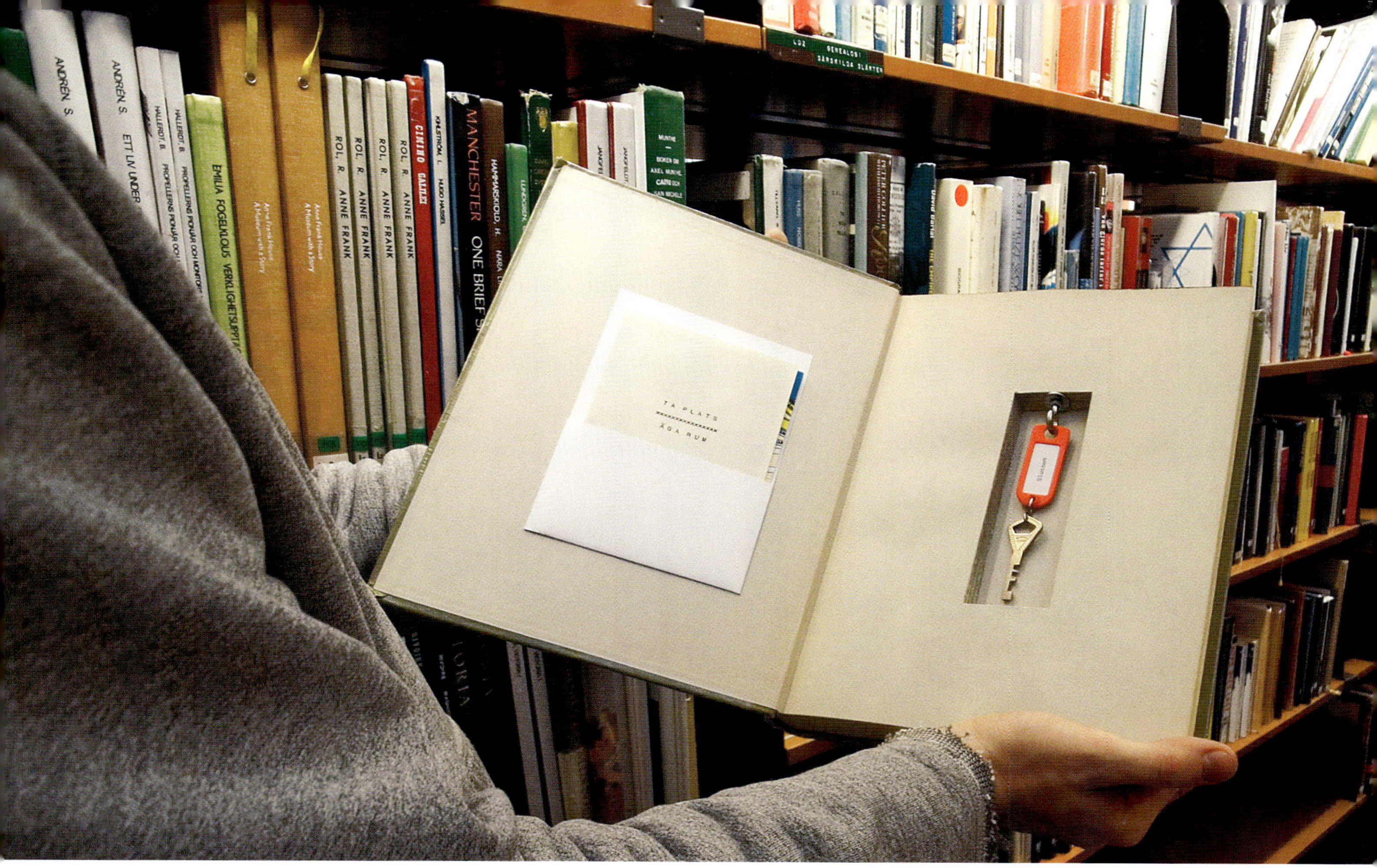
ANDRÉN S.
ANDRÉN S. ETT LIV UNDER
ROL. R. ANNE FRANK
ROL. R. ANNE FRANK
ROL. R. ANNE FRANK
ROL. R. ANNE FRANK
MANCHESTER
ONE BRIEF S
TA PLATS
ÄGA RUM

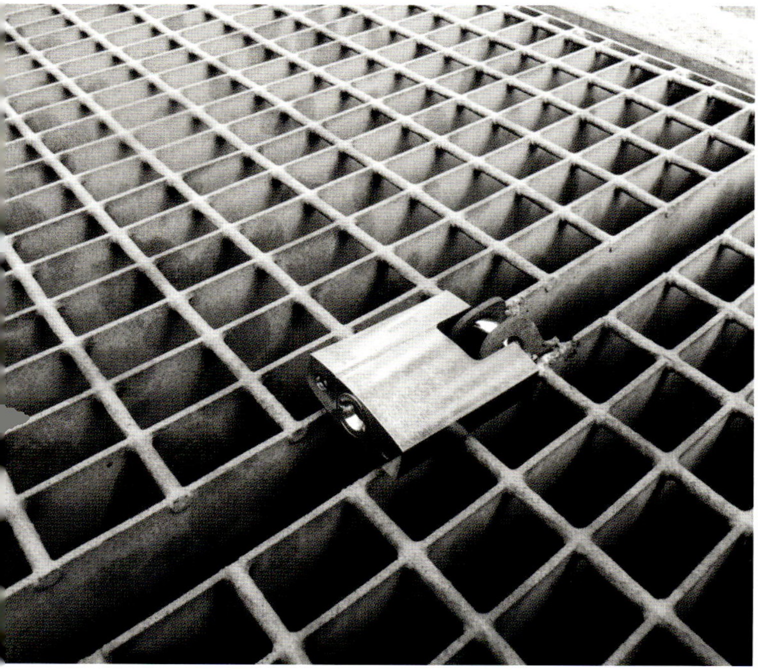

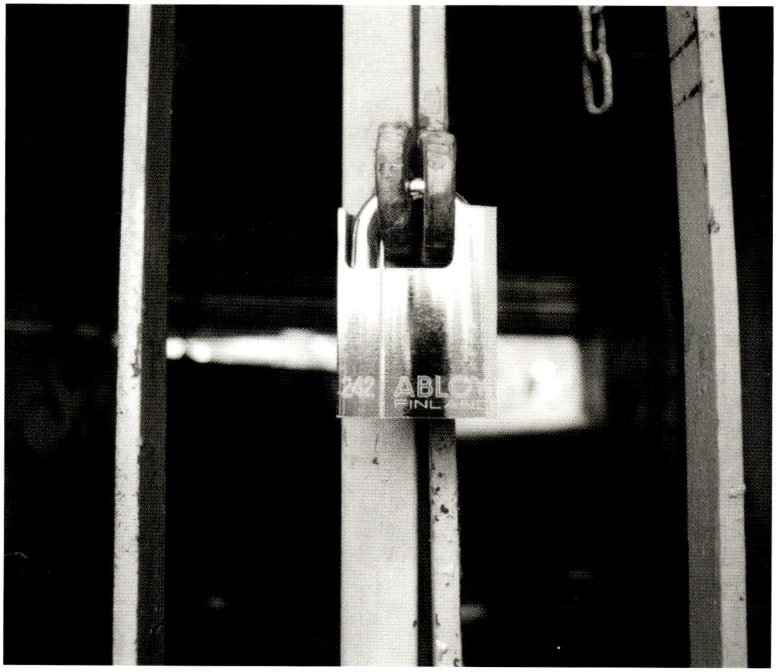
242 ABLOY

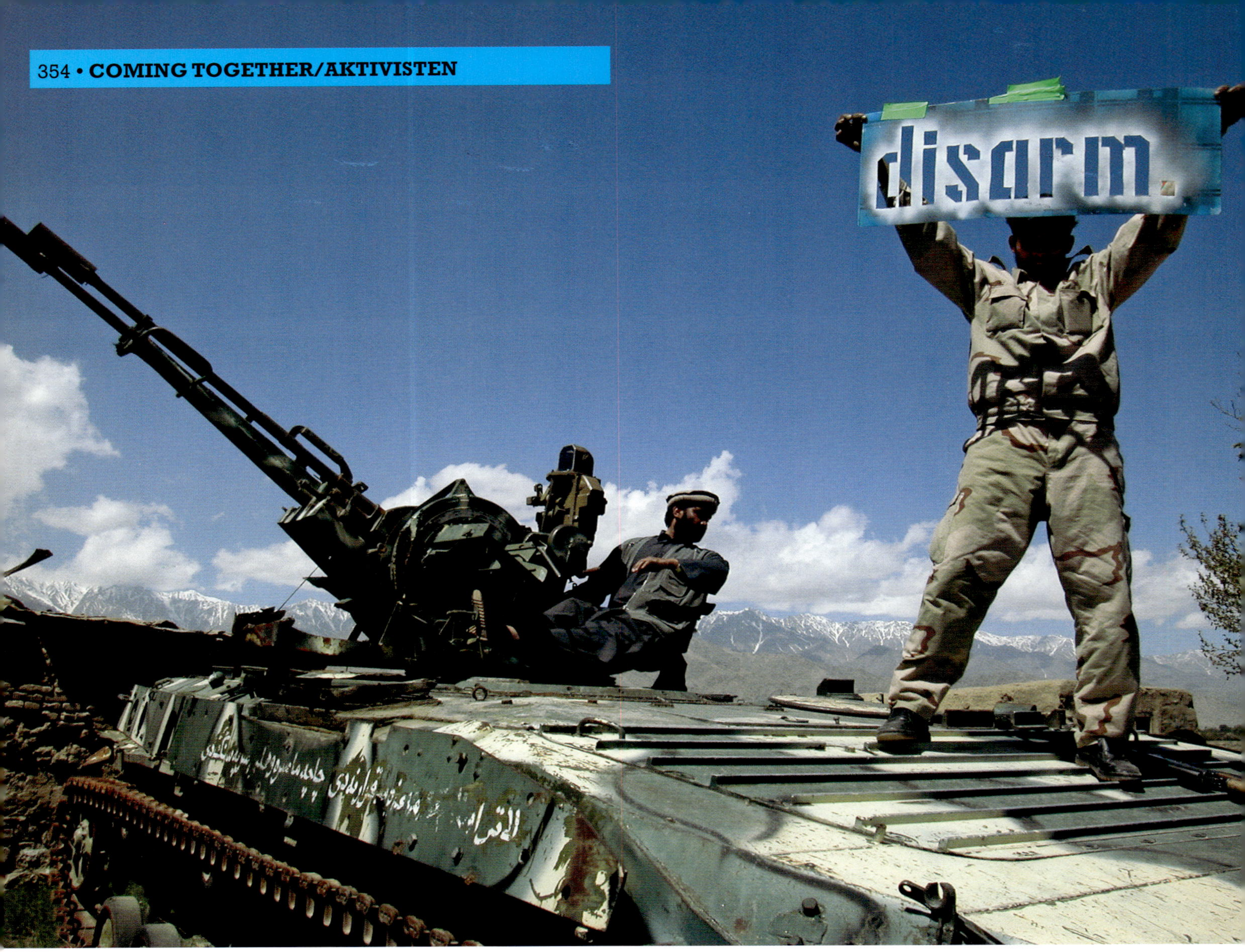

Brian Liu riskiert auf der Reise durch ehemalige Kriegsschauplätze in Asien, dem Mittleren Osten und den Balkanstaaten sein Leben und begleitet Teams bei der Entfernung von Landminen. Dabei fotografiert und filmt er. In Kabul, Afghanistan, stellte er eine Metallschablone mit der Aufschrift „Disarm" her, die er ansässigen Polizeibeamten und Jugendlichen gab – mit der Bitte, diese zum Besprayen von zerstörten und ausgebrannten Panzern und Wänden zu benützen.

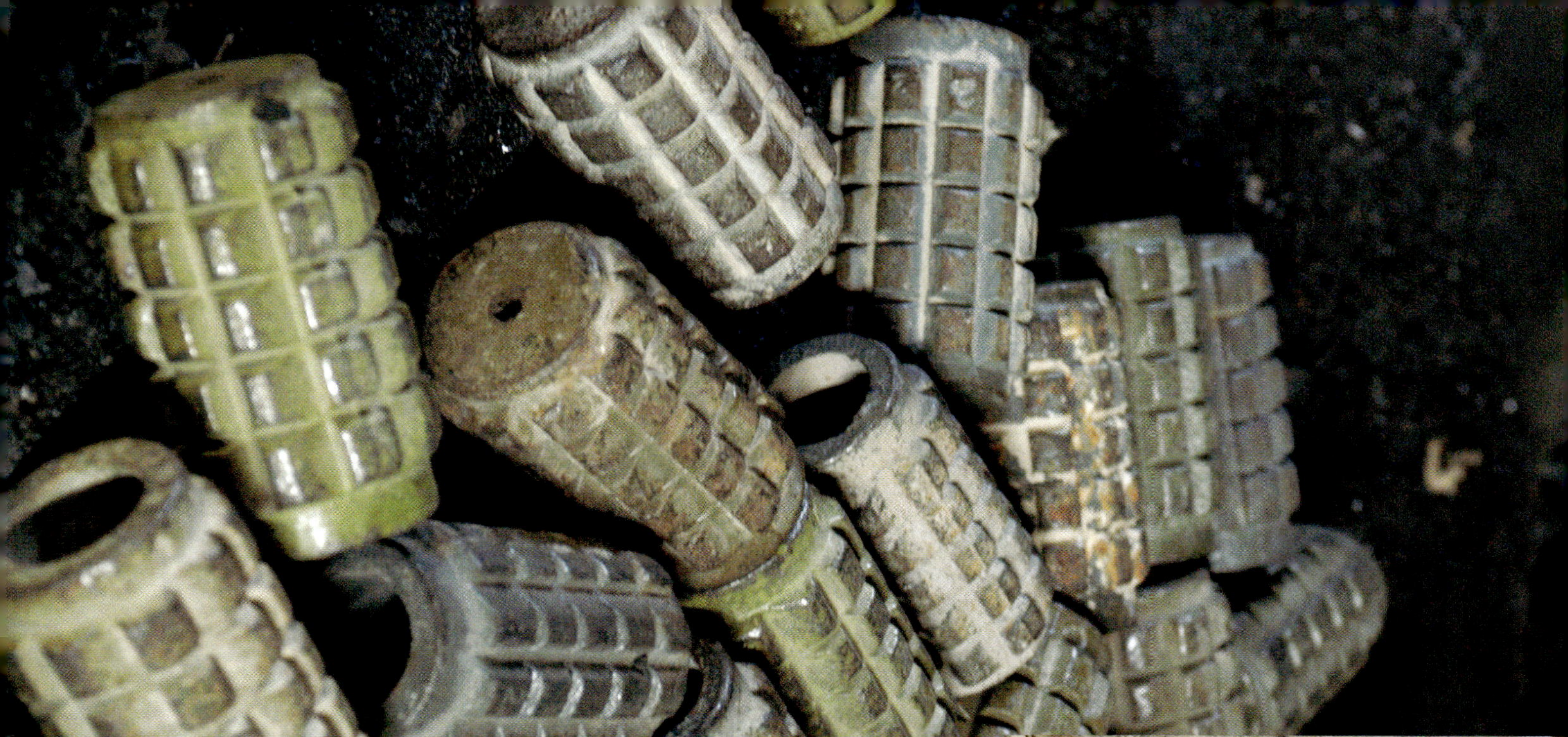

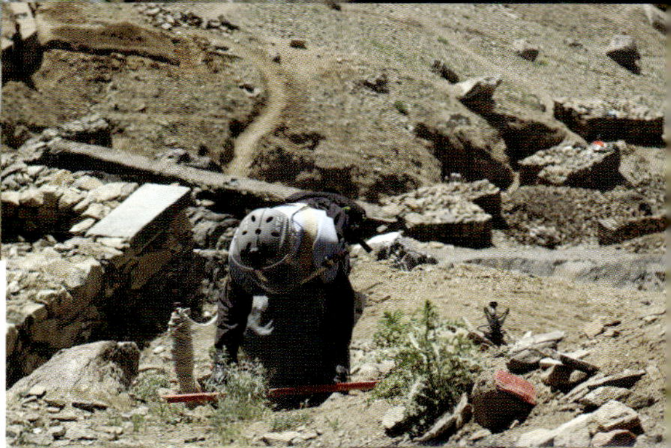

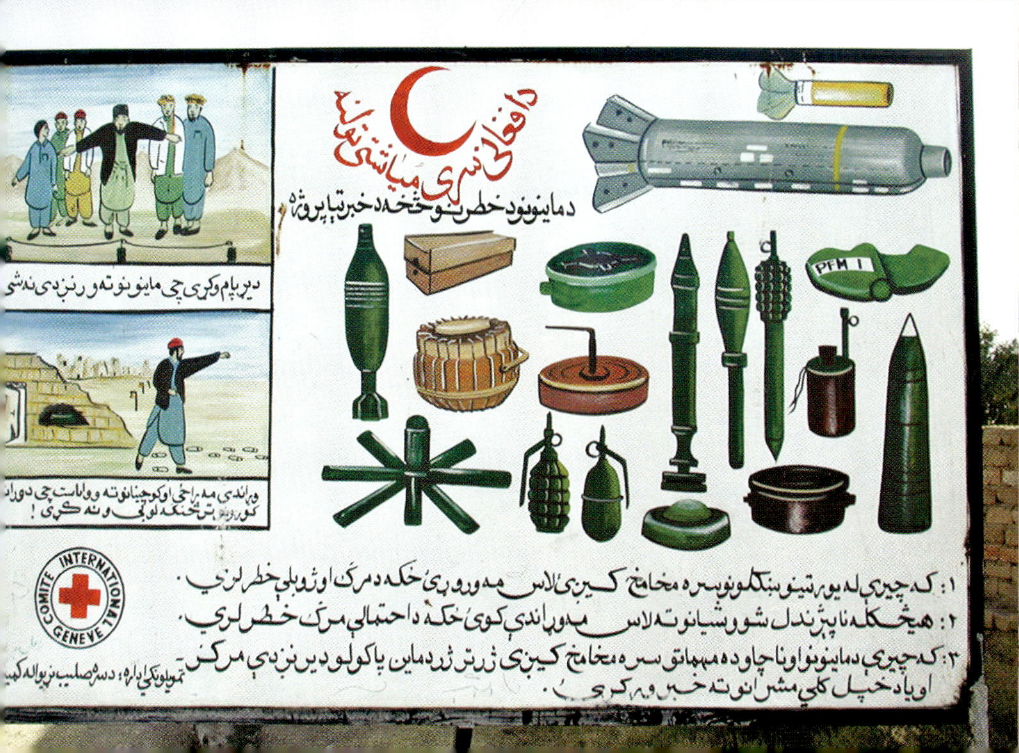
PFM 1
COMITE INTERNATIONAL GENEVE

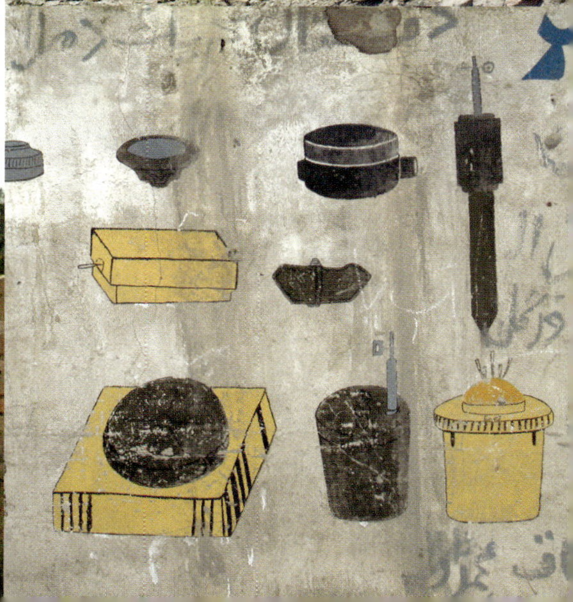

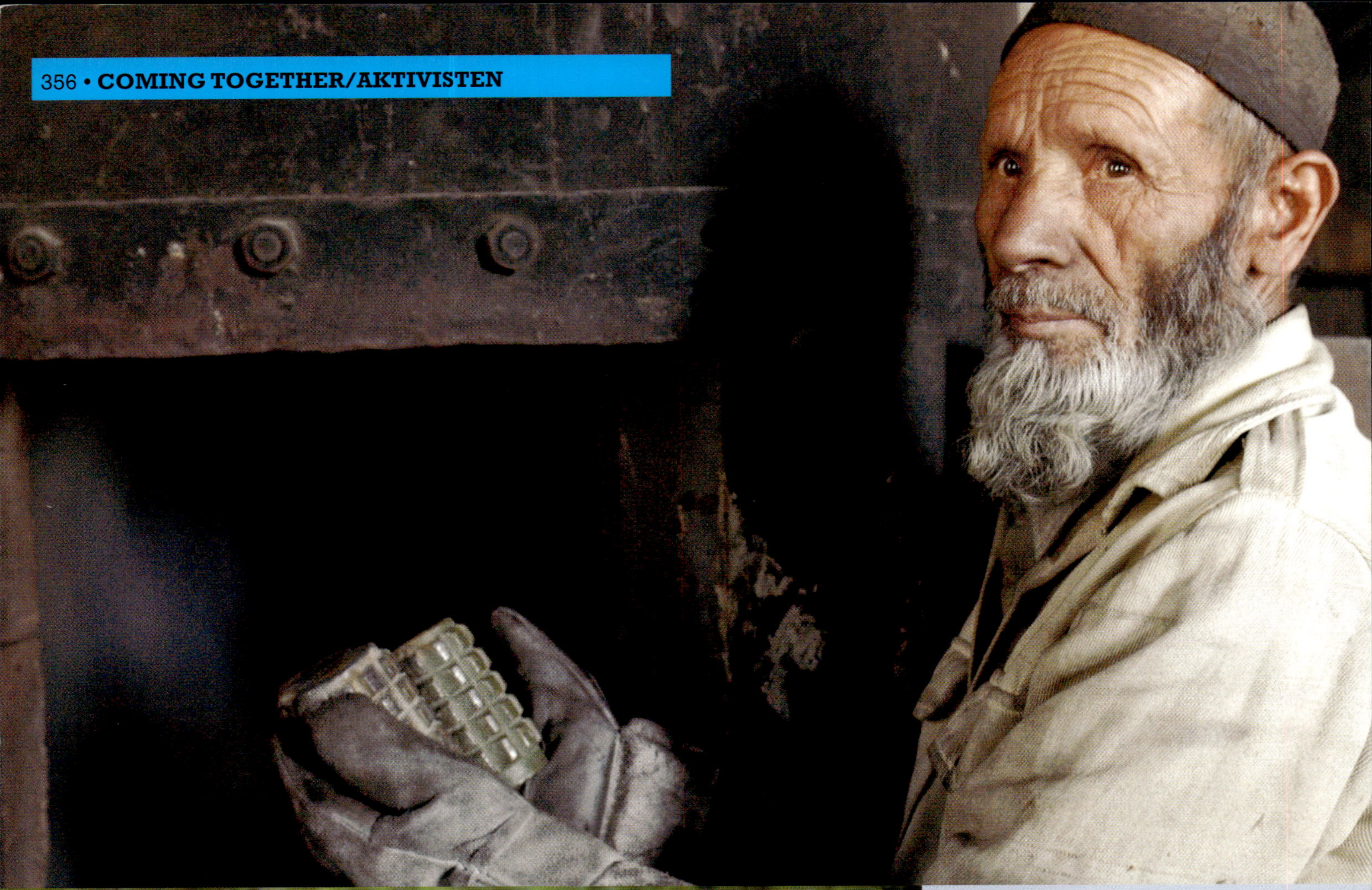

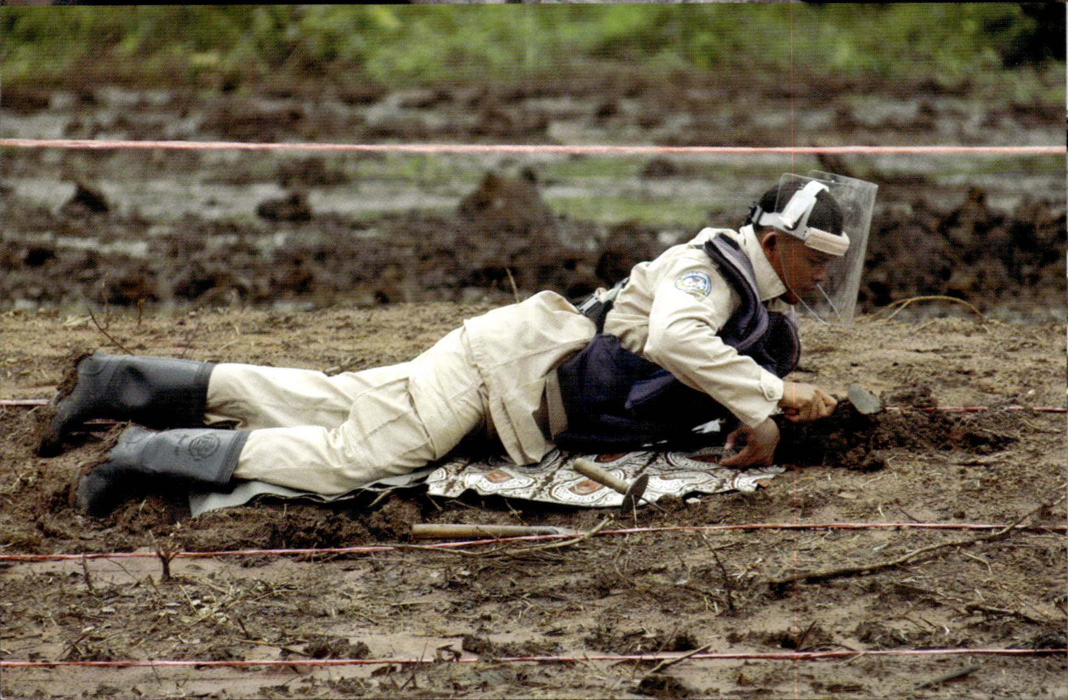

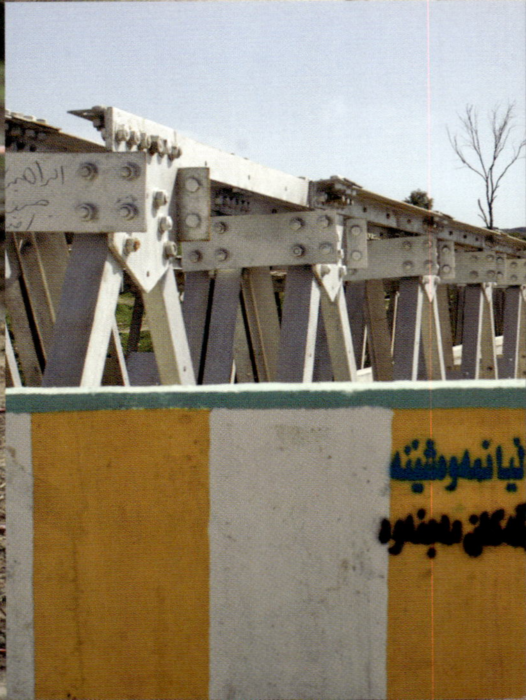

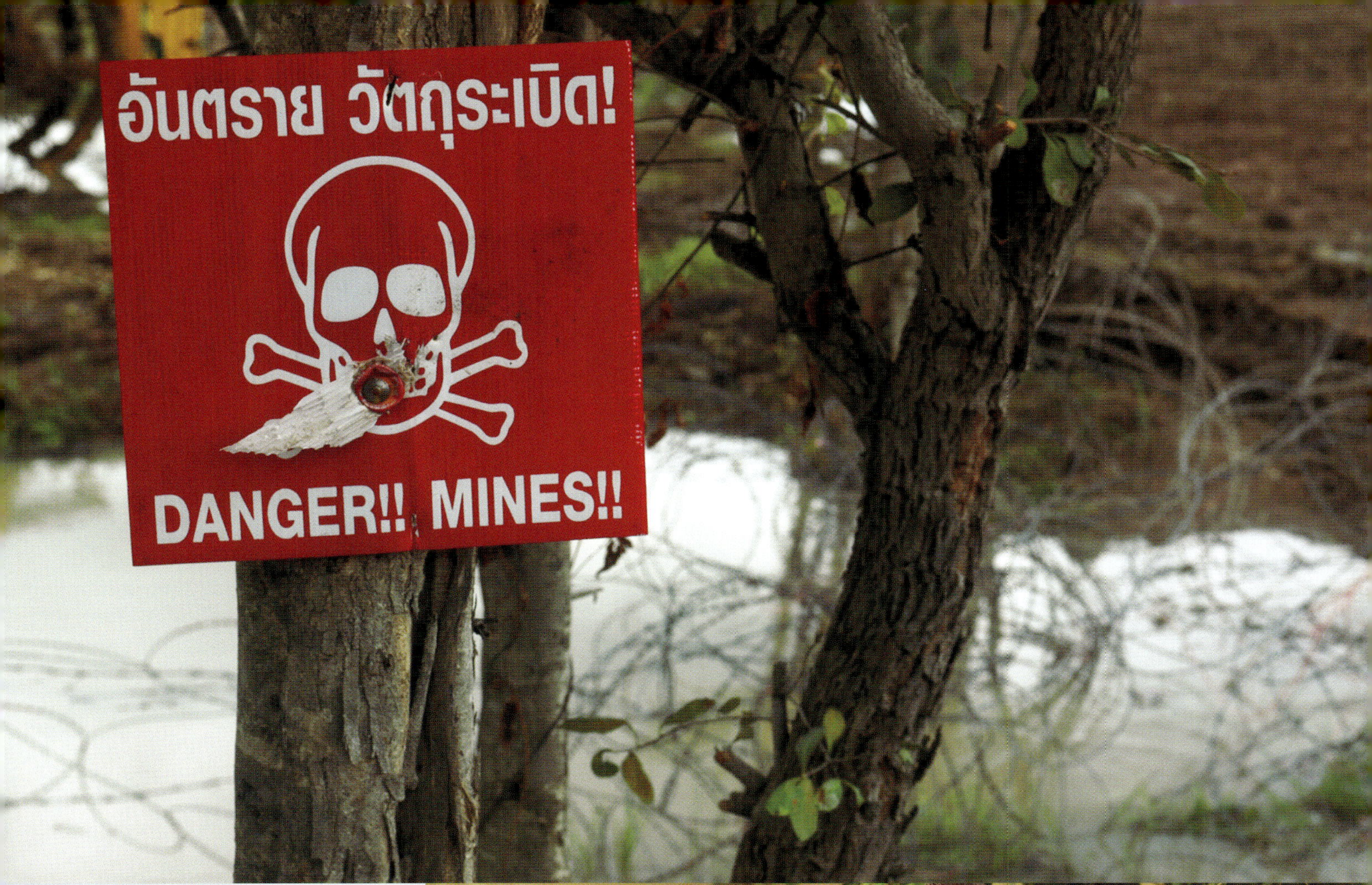
อันตราย วัตถุระเบิด!
DANGER!! MINES!!

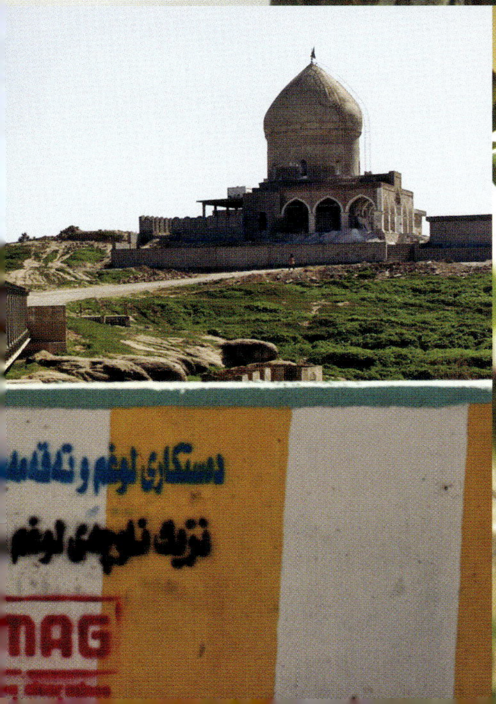

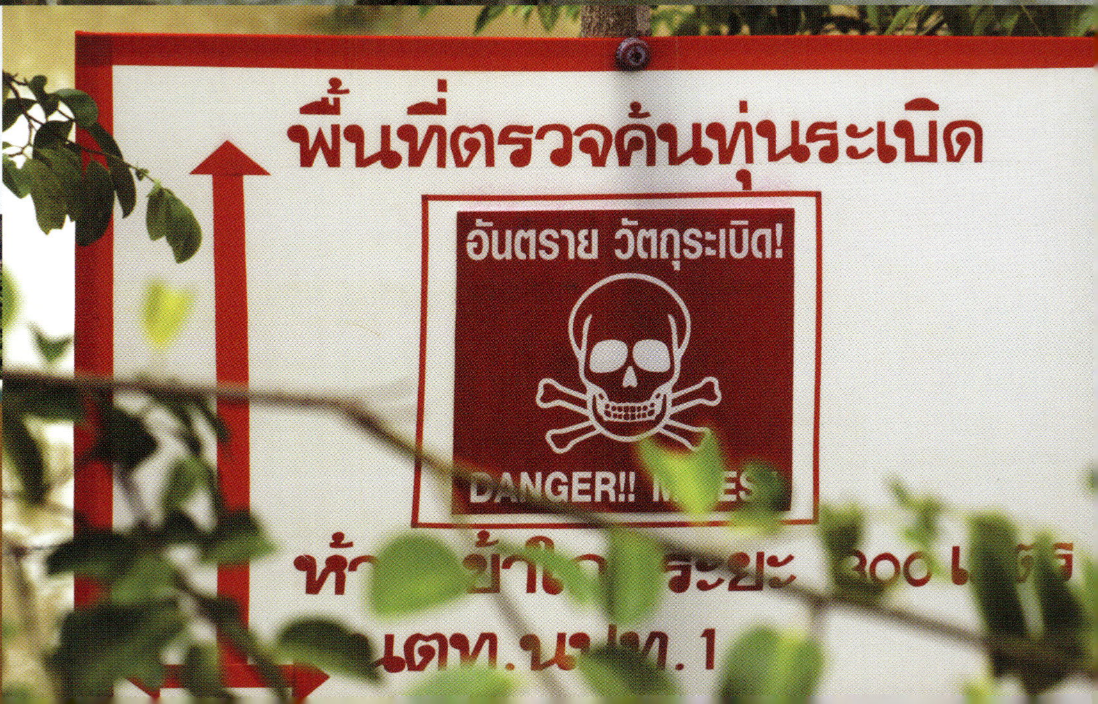
พื้นที่ตรวจค้นทุ่นระเบิด
อันตราย วัตถุระเบิด!

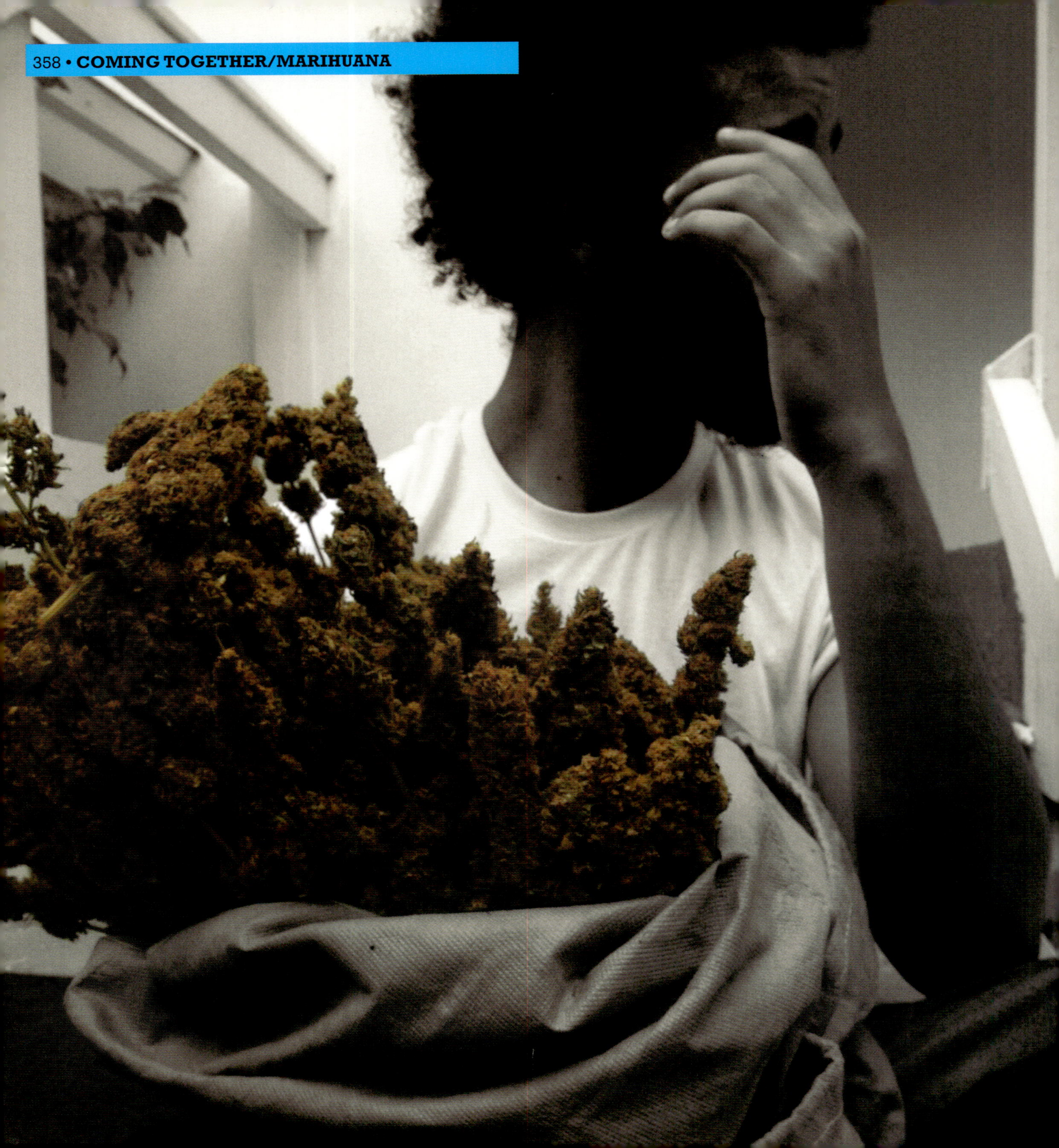

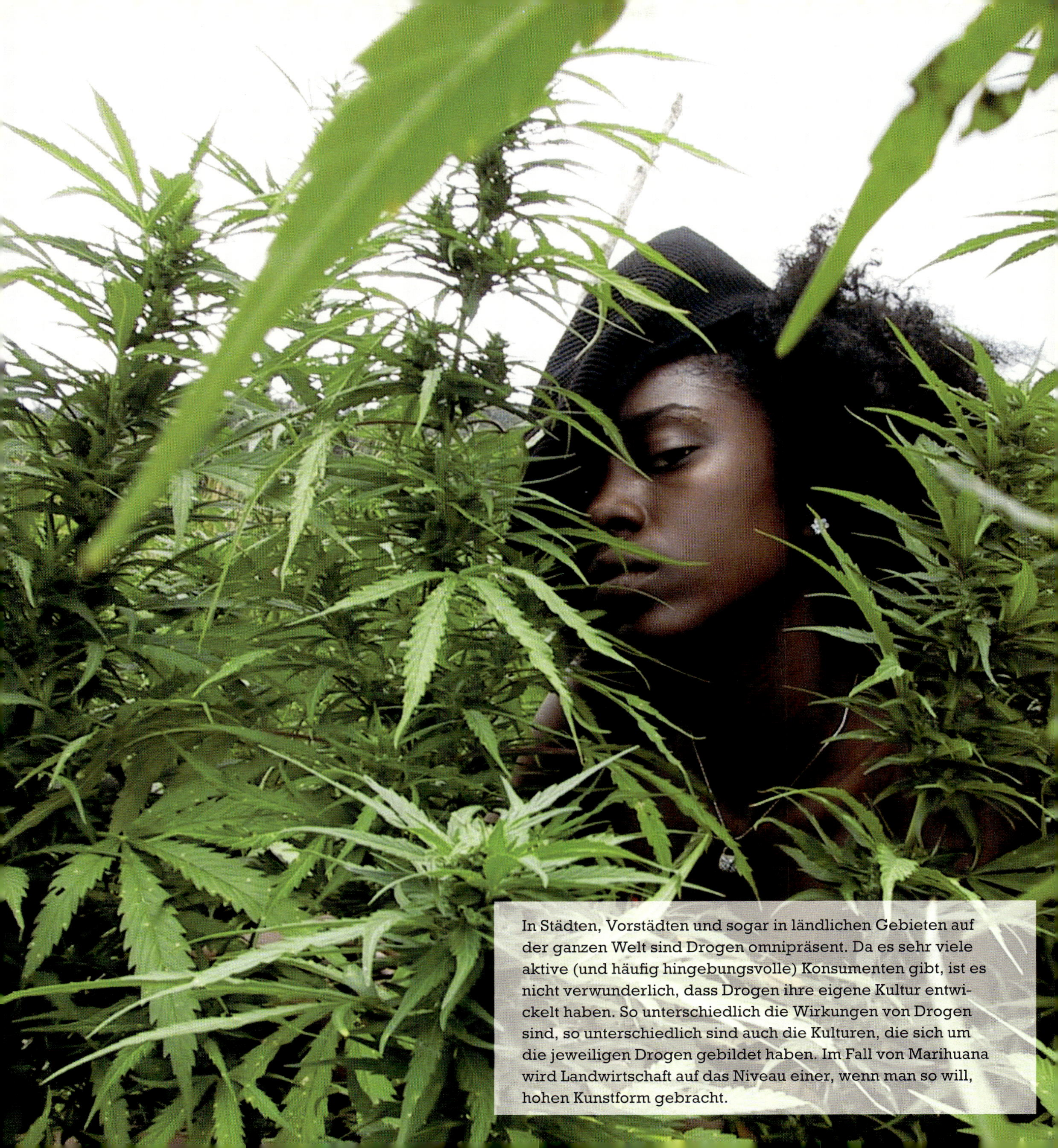

In Städten, Vorstädten und sogar in ländlichen Gebieten auf der ganzen Welt sind Drogen omnipräsent. Da es sehr viele aktive (und häufig hingebungsvolle) Konsumenten gibt, ist es nicht verwunderlich, dass Drogen ihre eigene Kultur entwickelt haben. So unterschiedlich die Wirkungen von Drogen sind, so unterschiedlich sind auch die Kulturen, die sich um die jeweiligen Drogen gebildet haben. Im Fall von Marihuana wird Landwirtschaft auf das Niveau einer, wenn man so will, hohen Kunstform gebracht.

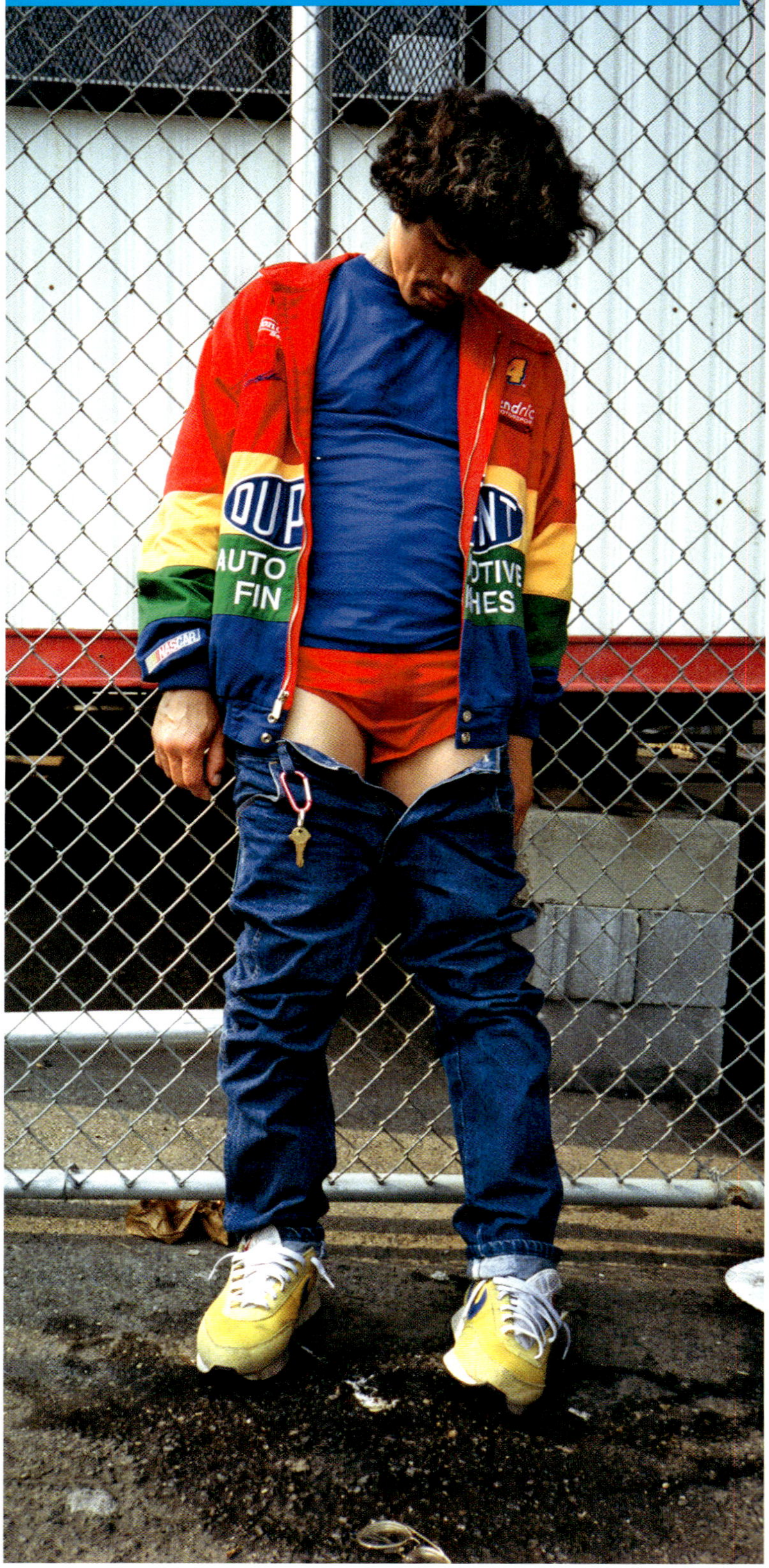
AUTO
FIN
NASCAR

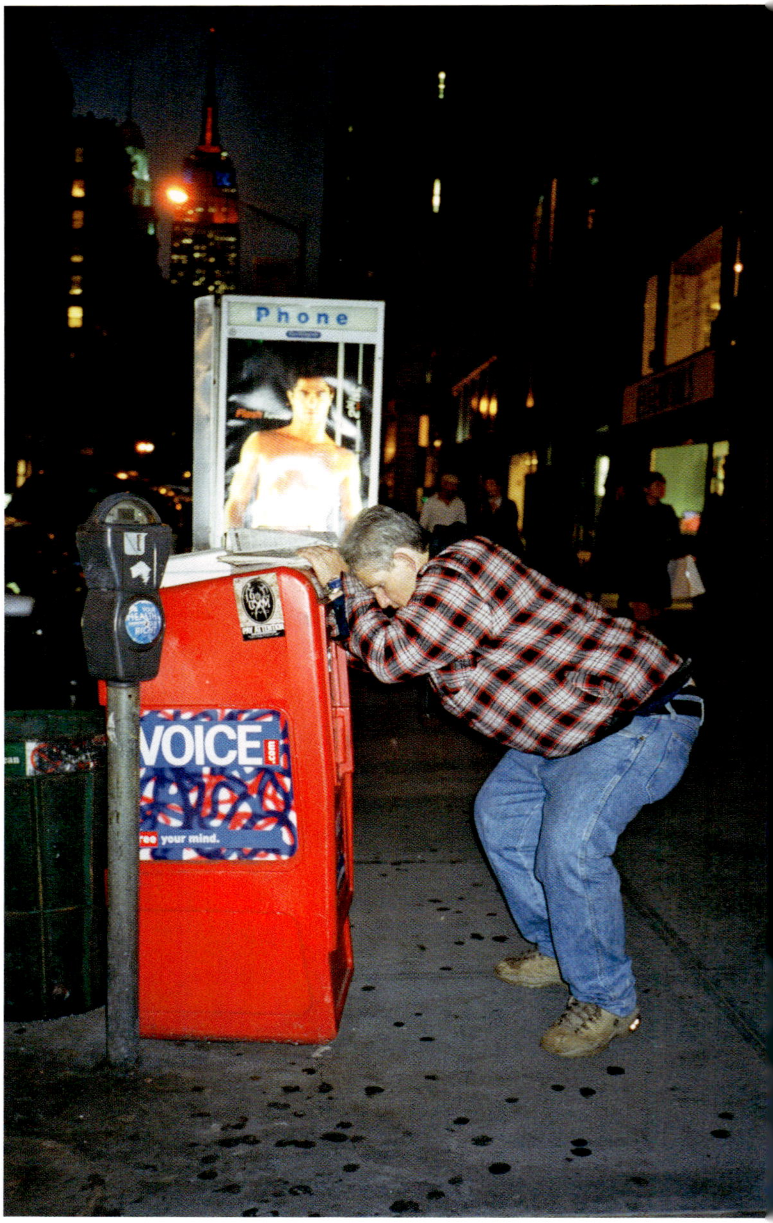
Phone
VOICE
your mind.

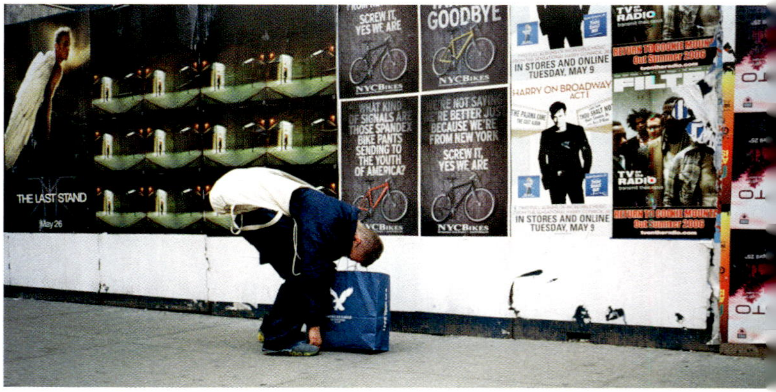
SCREW IT, YES WE ARE
GOODBYE
NYCBIKES
IN STORES AND ONLINE TUESDAY, MAY 9
HARRY ON BROADWAY ACT I
WHAT KIND OF SIGNALS ARE THOSE SPANDEX BIKE PANTS SENDING TO THE YOUTH OF AMERICA?
SCREW IT, YES WE ARE
IN STORES AND ONLINE TUESDAY, MAY 9
THE LAST STAND

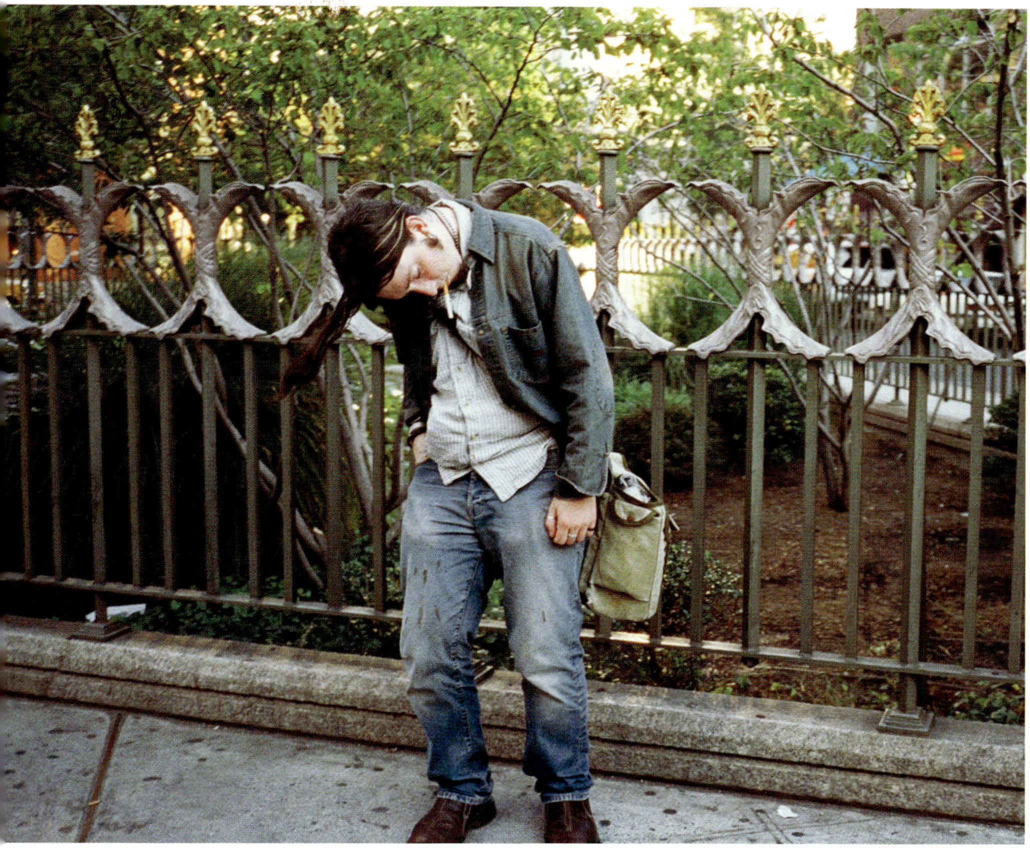

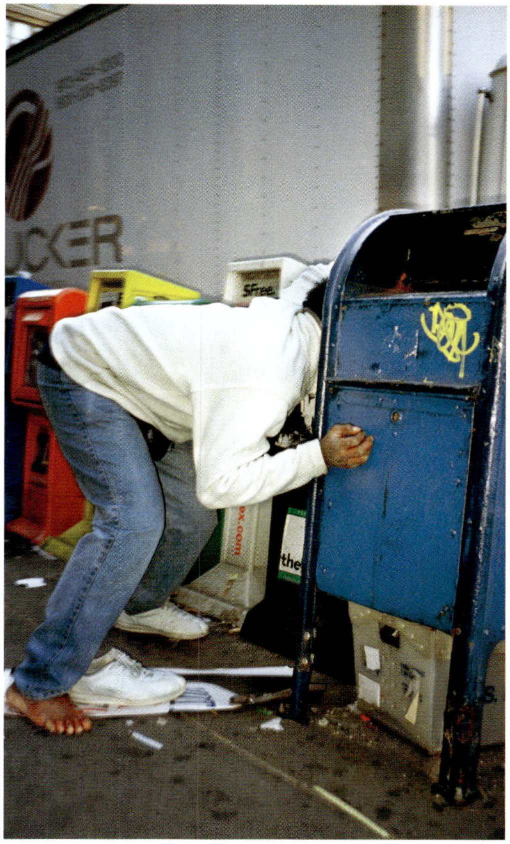

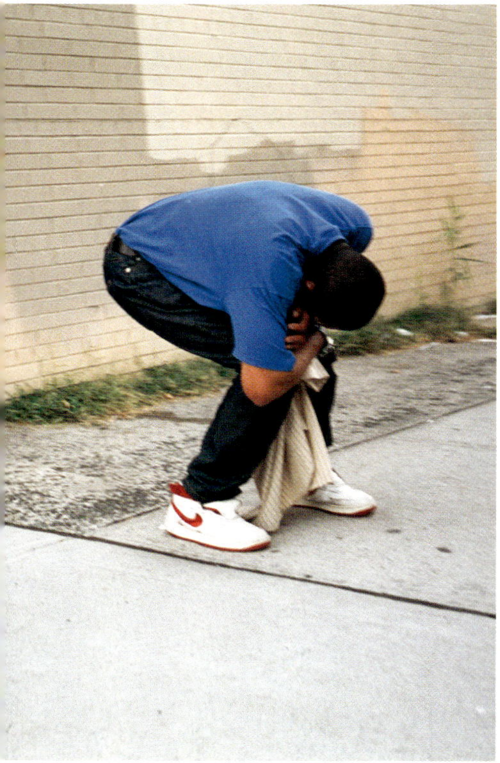

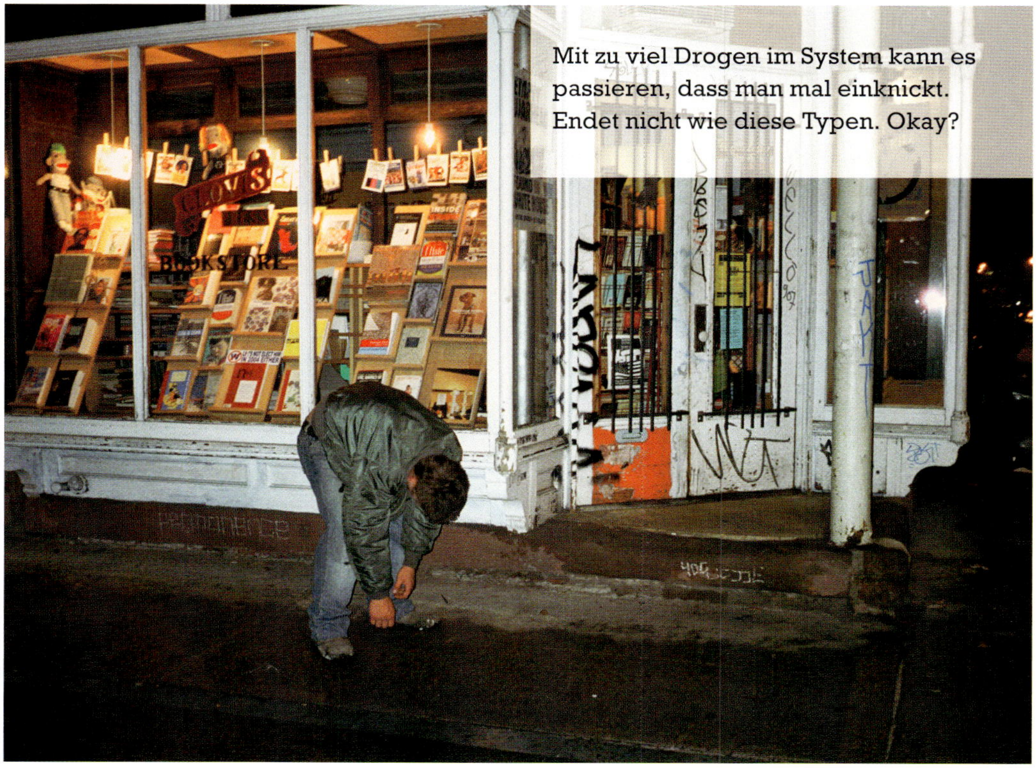

Mit zu viel Drogen im System kann es passieren, dass man mal einknickt. Endet nicht wie diese Typen. Okay?

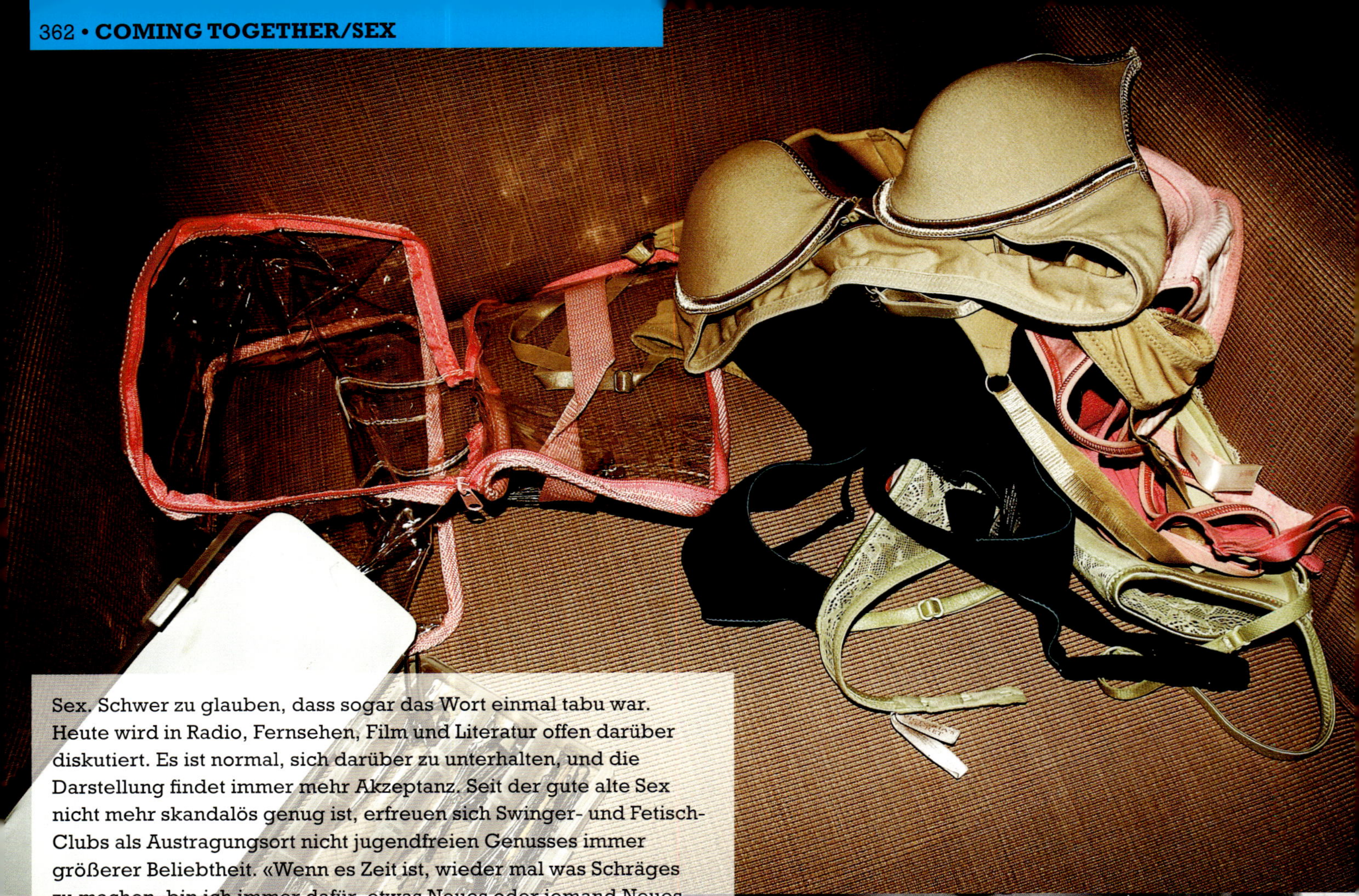

Sex. Schwer zu glauben, dass sogar das Wort einmal tabu war. Heute wird in Radio, Fernsehen, Film und Literatur offen darüber diskutiert. Es ist normal, sich darüber zu unterhalten, und die Darstellung findet immer mehr Akzeptanz. Seit der gute alte Sex nicht mehr skandalös genug ist, erfreuen sich Swinger- und Fetisch-Clubs als Austragungsort nicht jugendfreien Genusses immer größerer Beliebtheit. «Wenn es Zeit ist, wieder mal was Schräges zu machen, bin ich immer dafür, etwas Neues oder jemand Neues auszuprobieren», sagt der stadtbekannte New Yorker Swinger Mike Eisen. «Ich lasse mir gerne alle Möglichkeiten offen.»

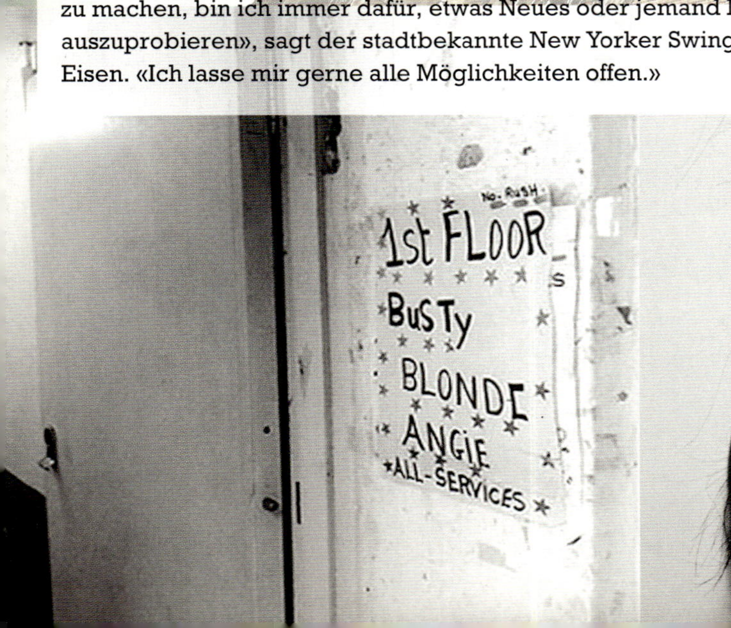

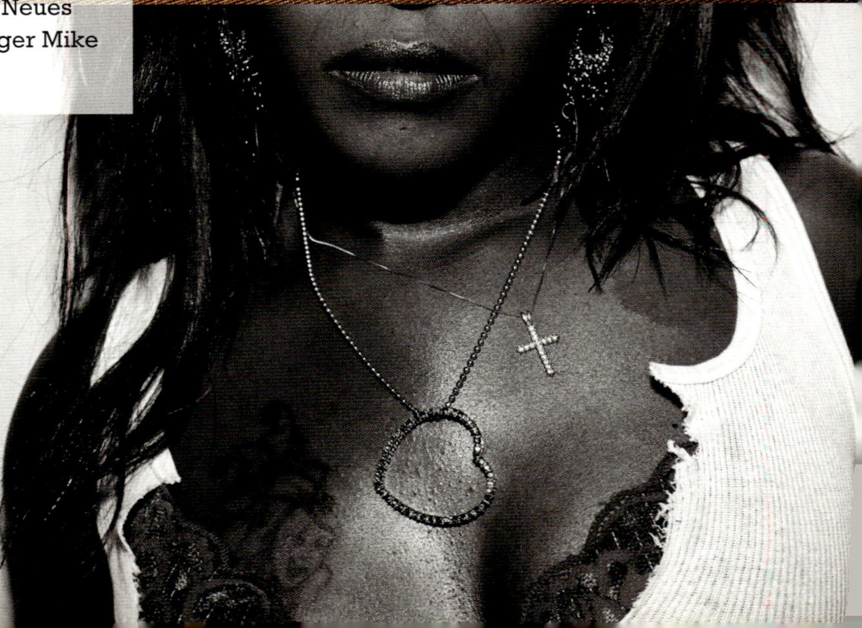

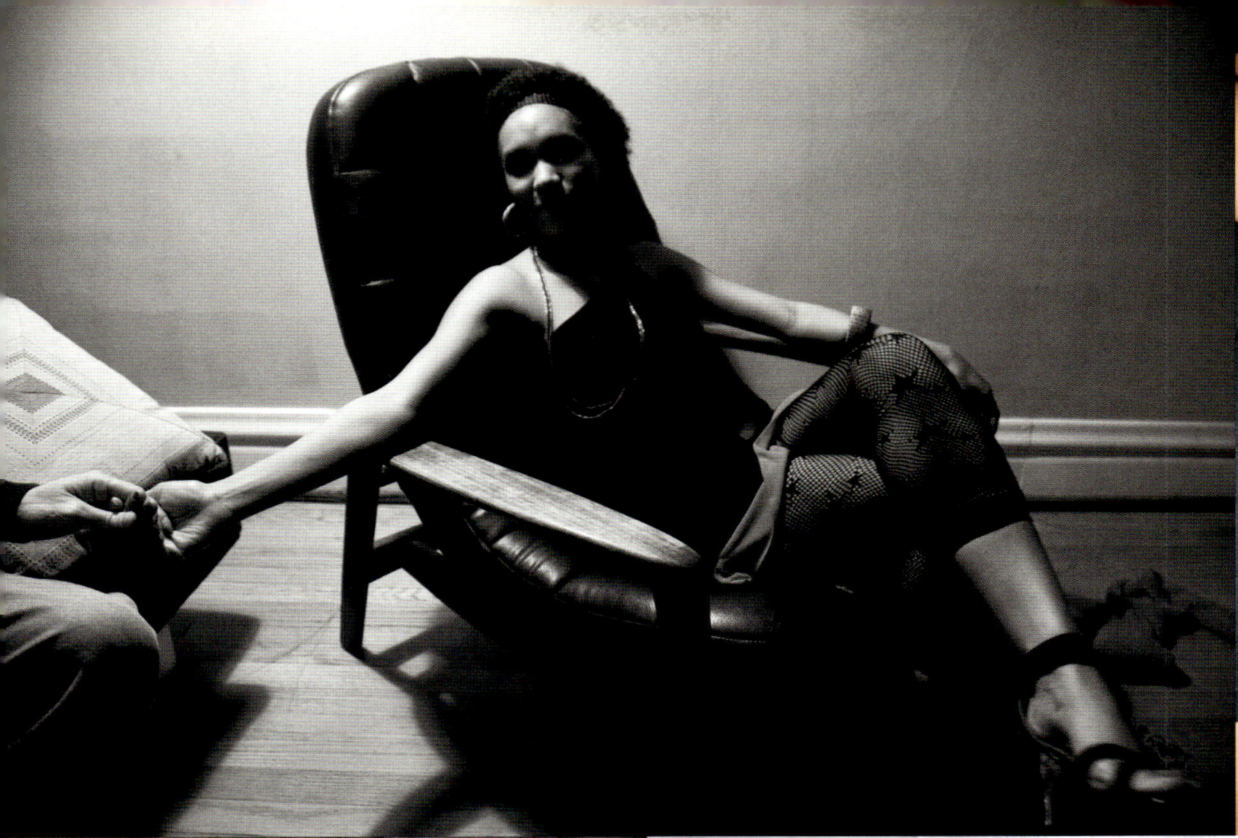

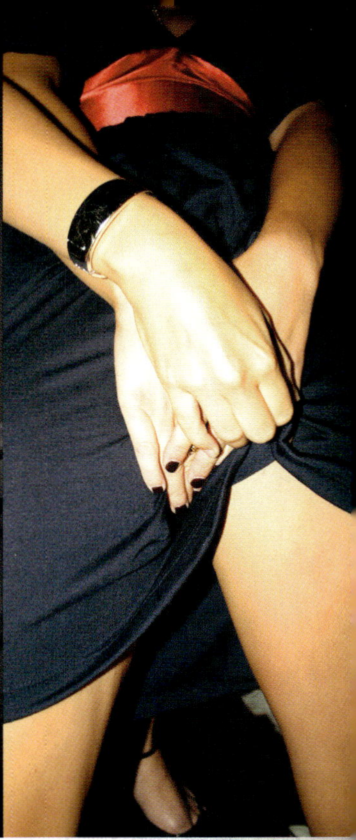

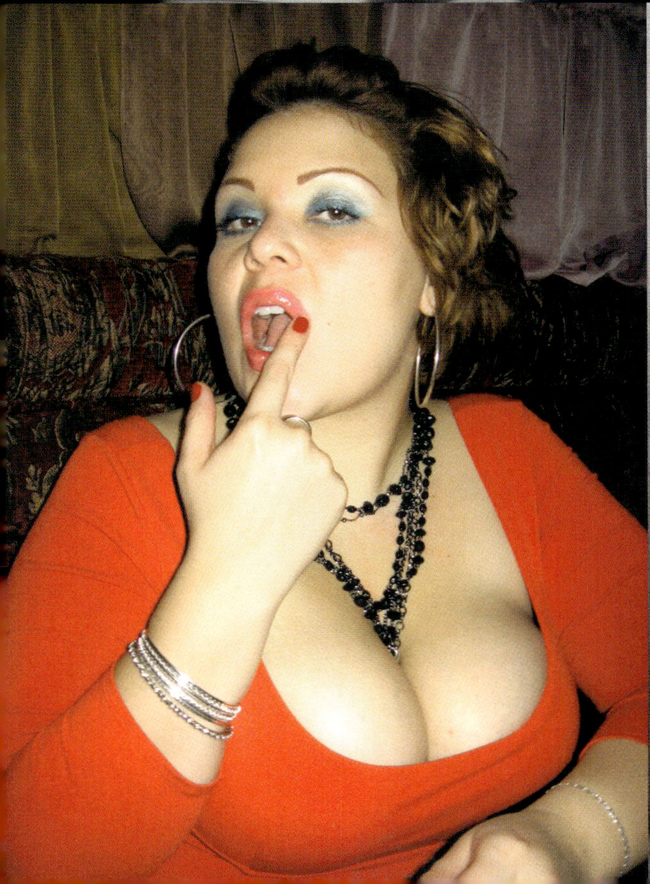

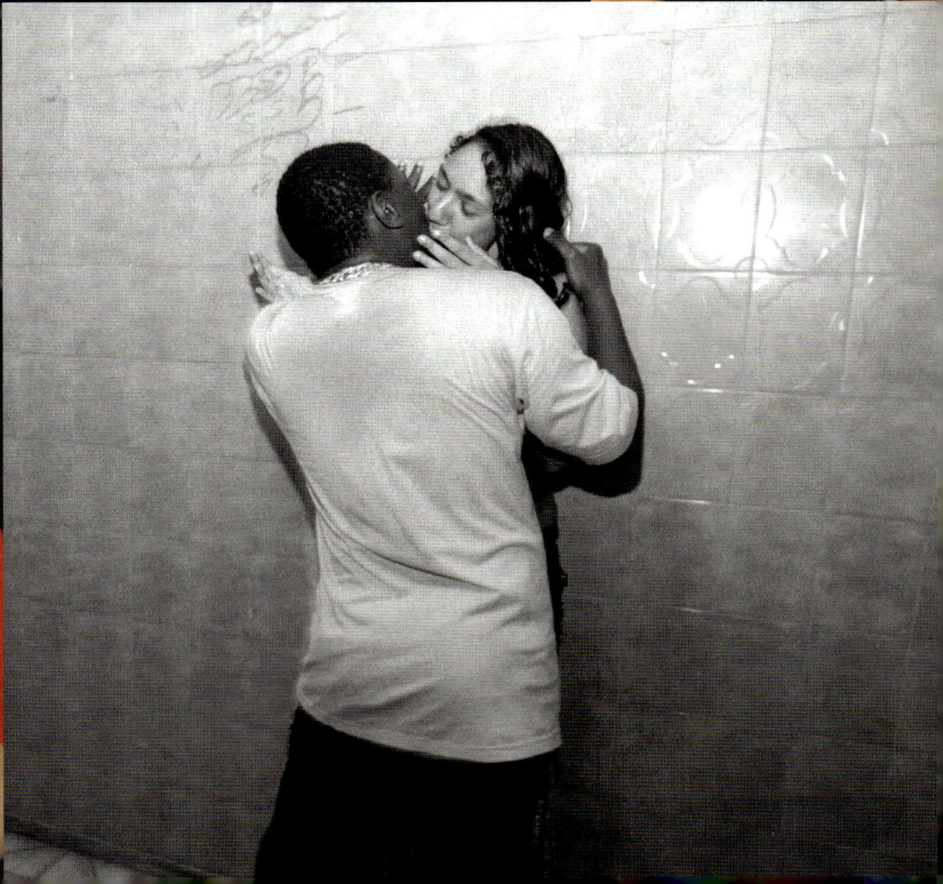

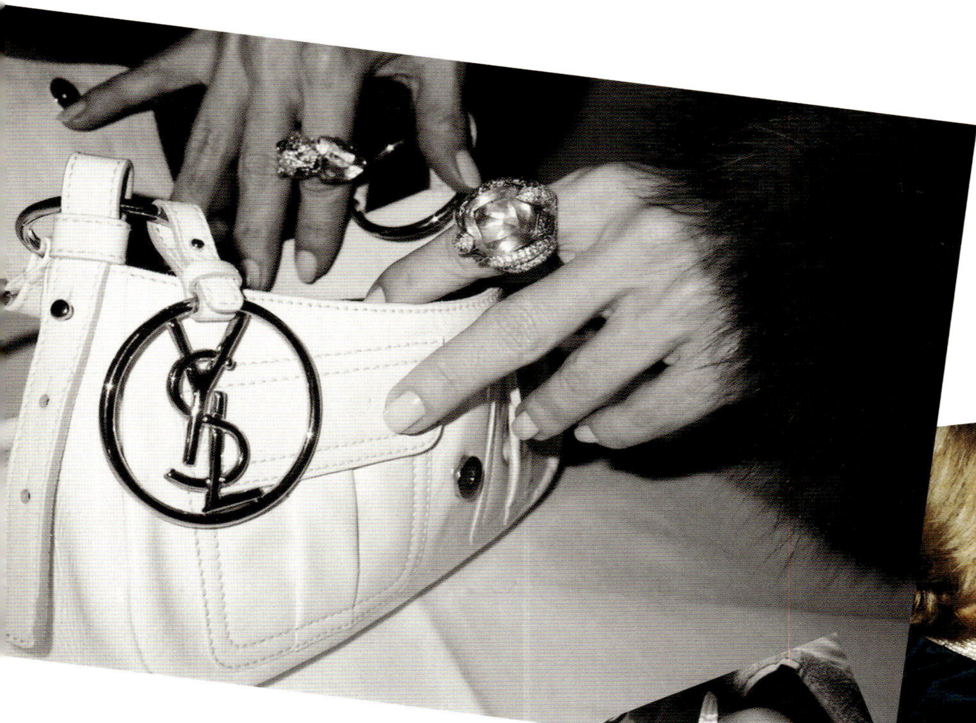

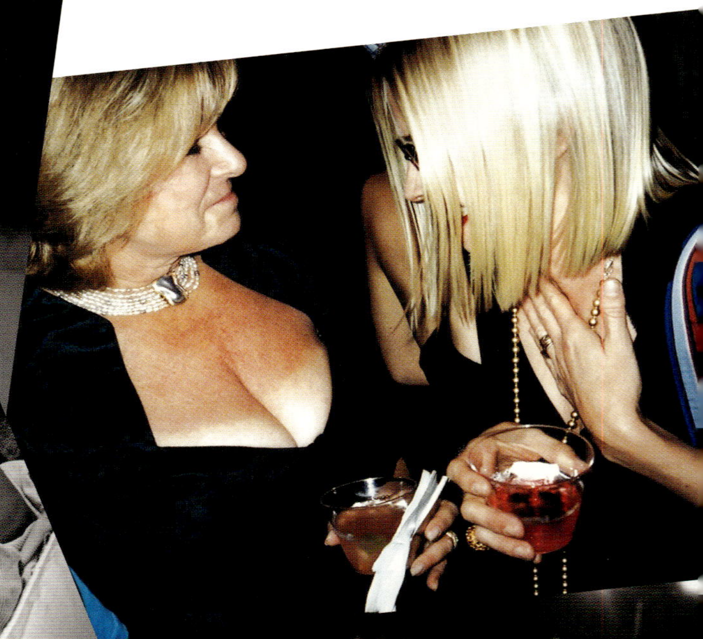

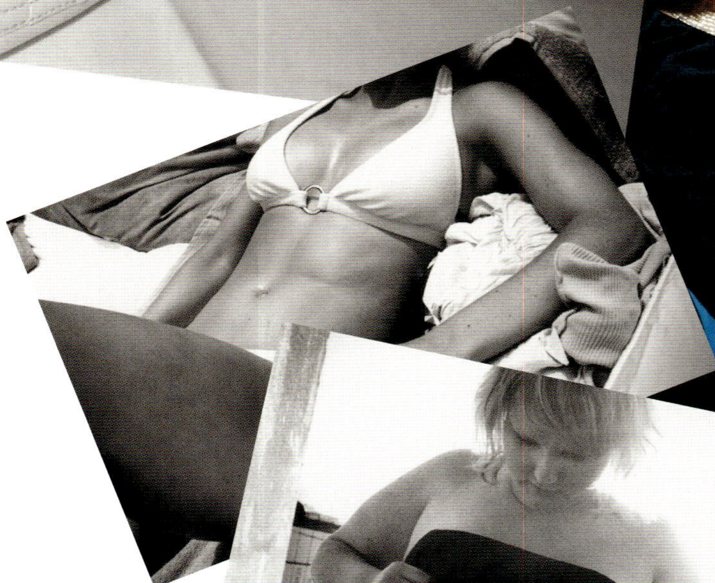

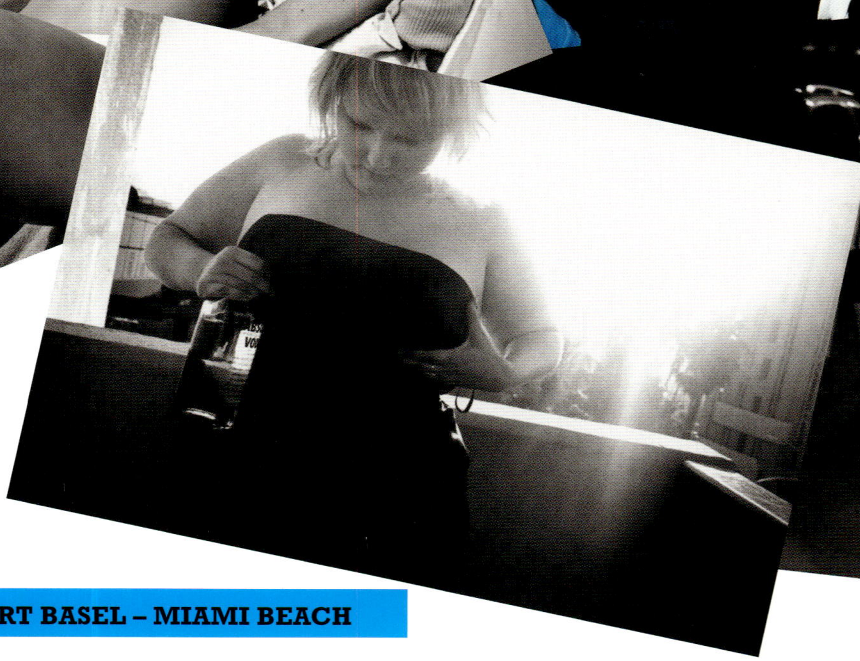

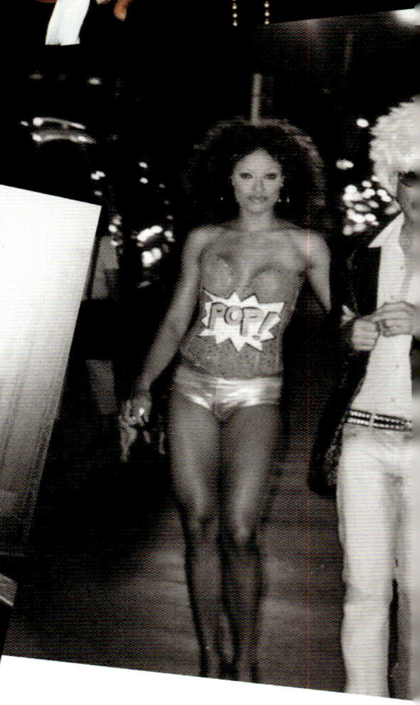
POP!

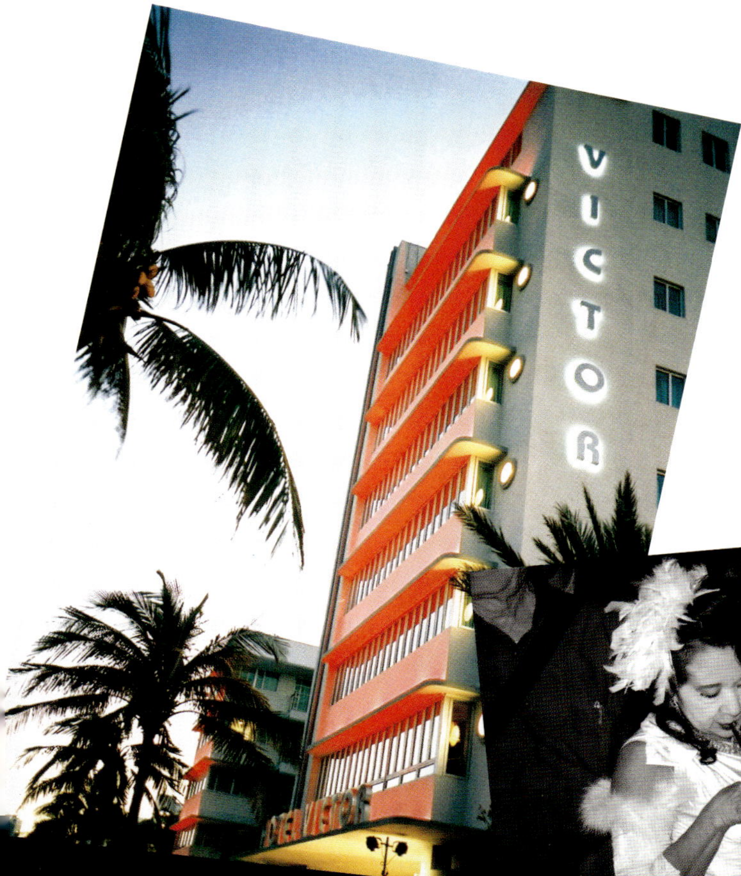

Die Art Basel in Miami Beach ist der hellste Stern am Himmel der Kunstmessen. Hier trifft die Welt der höchstbezahlten Künstler auf die Welt der ultrareichen Sammler, die sie ernähren. Gleichzeitig dient die Messe als Debütantinnenball für die Straßenkulturen dieser Welt, die hier in den Olymp der hohen Künste aufgenommen werden – oder auch nicht. Jeder Kunsthändler und jeder engagierte Künstler bemüht sich darum, in der dünnbesiedelten Welt der Big Spender, die am Drücker des Kunstmarktes dieser Welt sitzen, wahrgenommen zu werden. Ob die Art Basel wirklich Einfluss darauf hat, ob eine Straßenkultur aufblüht oder stirbt, ist strittig. Natürlich geht es ab einem gewissen Punkt nicht mehr nur um Kunst – bei all dem Geld, das mit im Spiel ist.

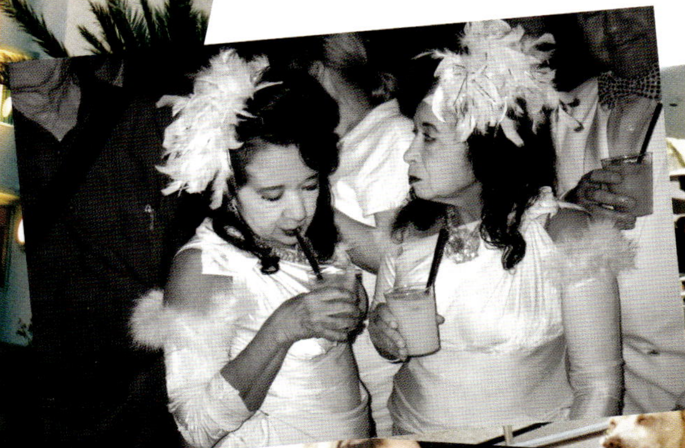

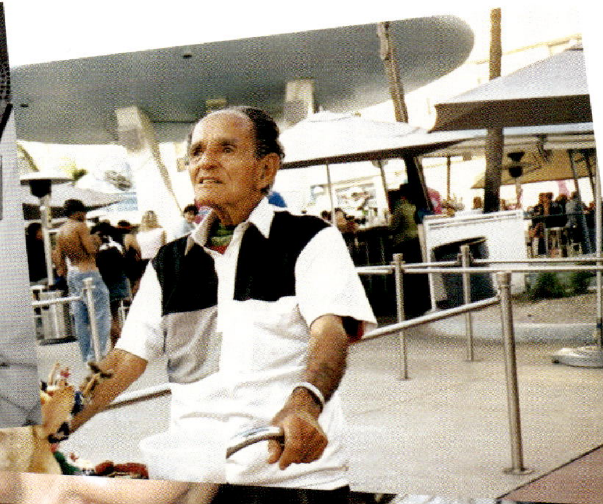

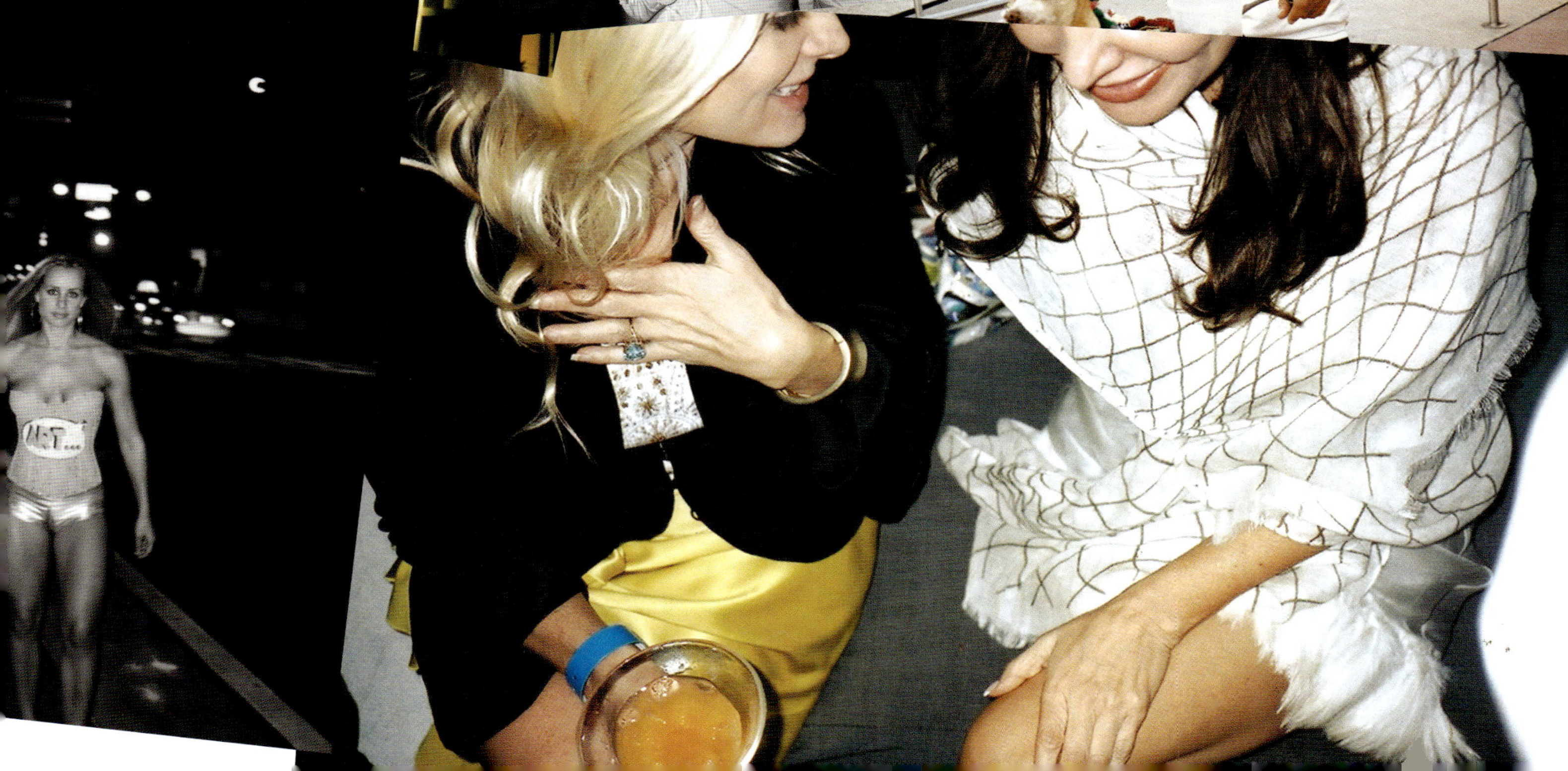

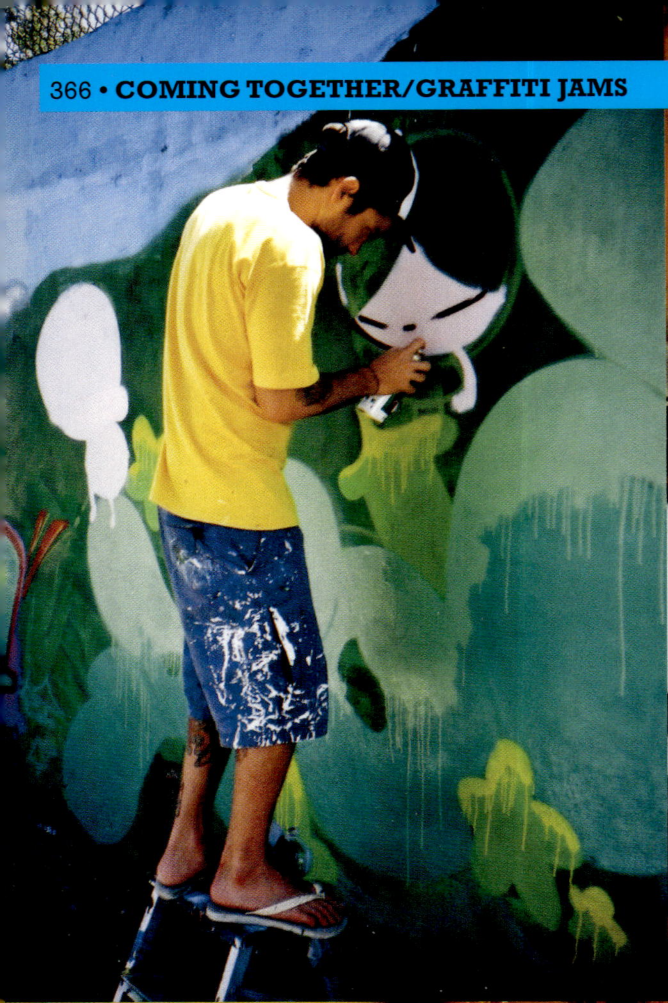

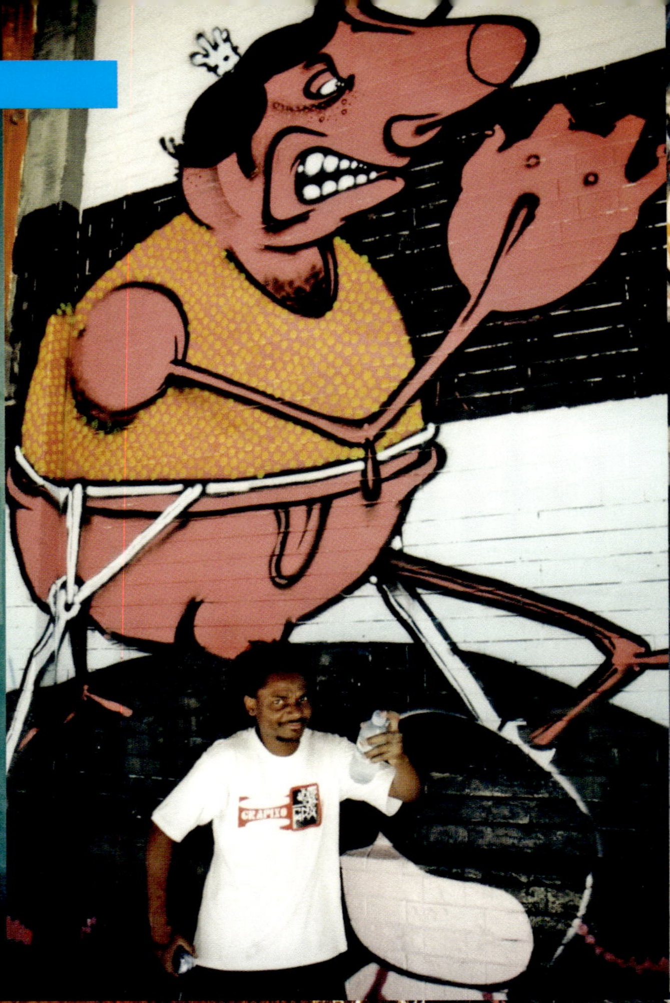

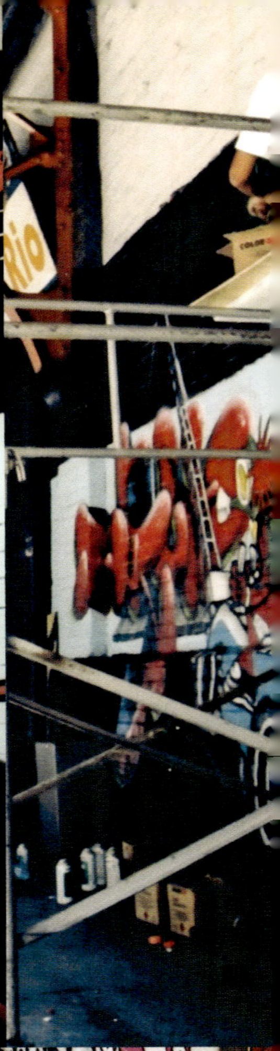

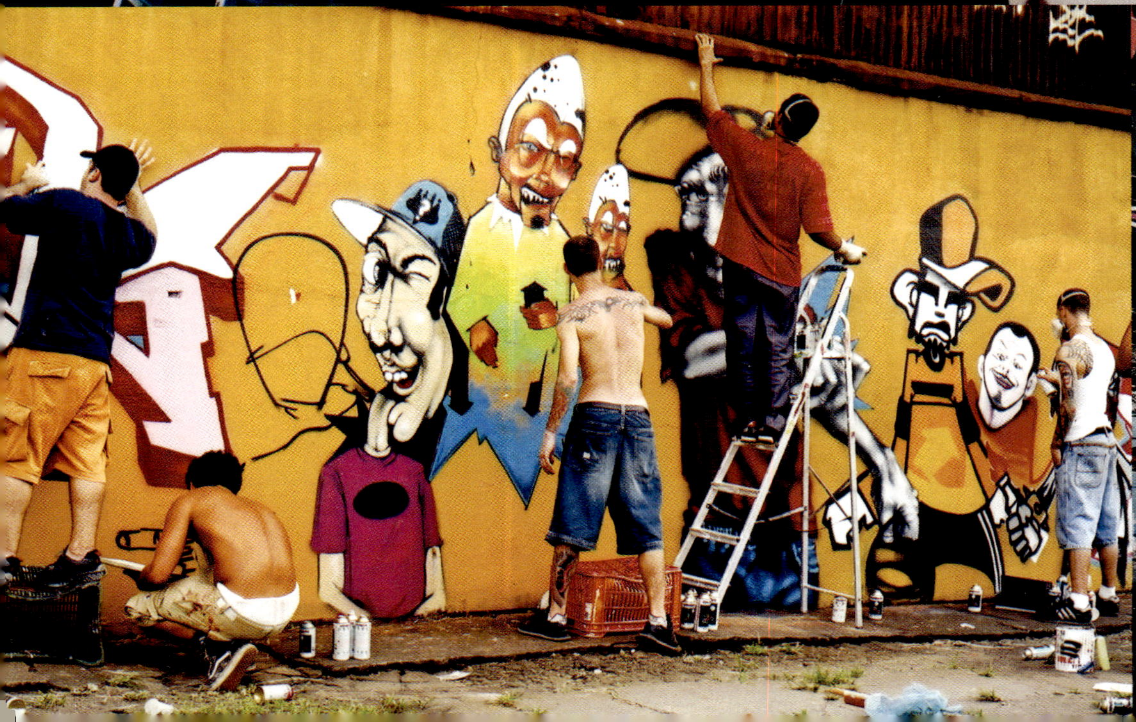

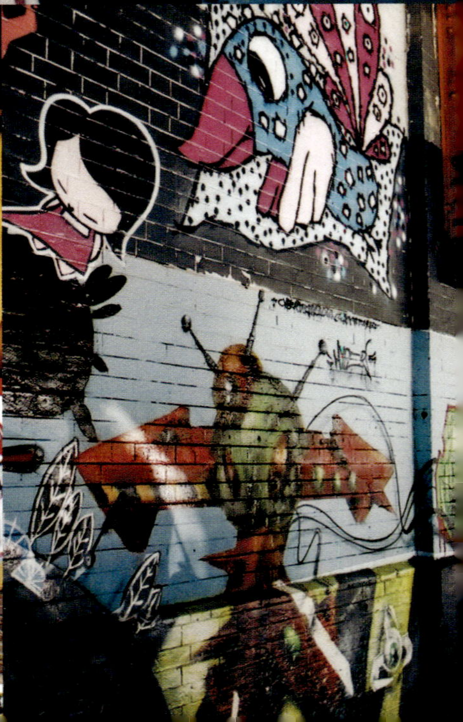

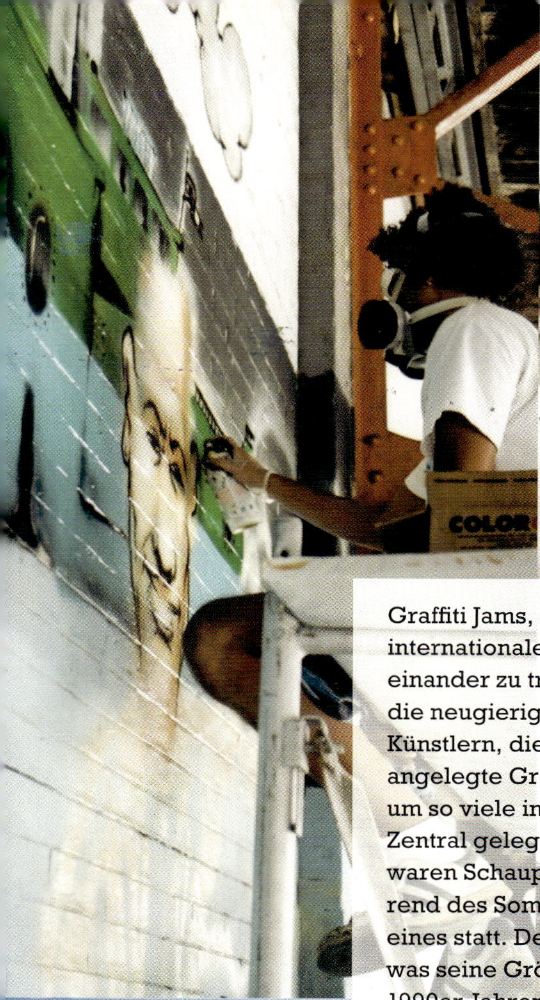
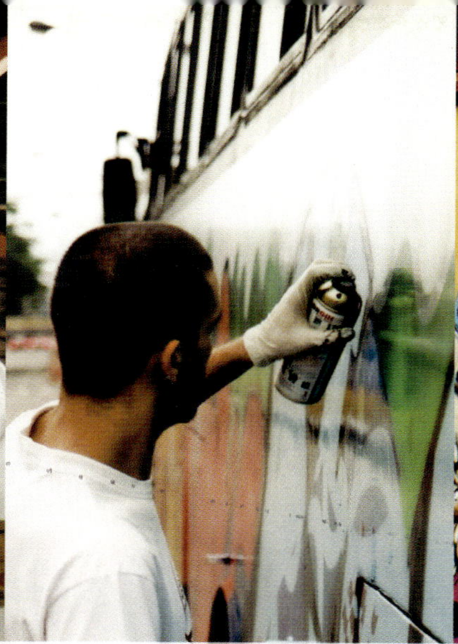
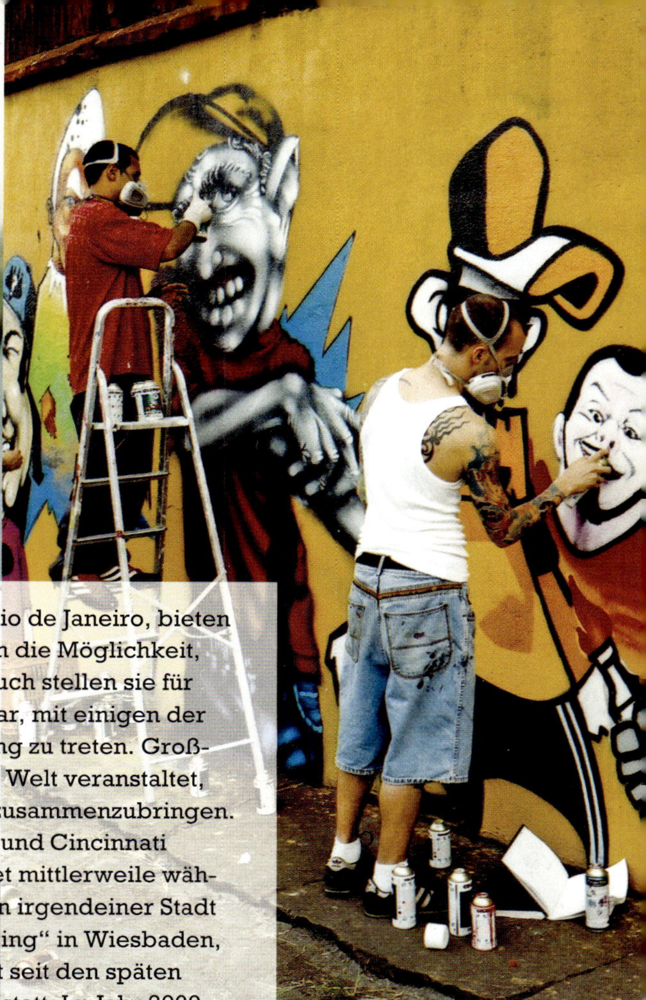

Graffiti Jams, so wie dieses im Hafenviertel von Rio de Janeiro, bieten internationalen und ansässigen Graffiti-Aktivisten die Möglichkeit, einander zu treffen und Netzwerke zu pflegen. Auch stellen sie für die neugierige Öffentlichkeit eine Möglichkeit dar, mit einigen der Künstlern, die ihre Stadt verändern, in Verbindung zu treten. Großangelegte Graffiti-Events werden überall auf der Welt veranstaltet, um so viele internationale Künstler wie möglich zusammenzubringen. Zentral gelegene Städte in den USA wie St. Louis und Cincinnati waren Schauplatz solcher Events. In Europa findet mittlerweile während des Sommers beinahe jedes Wochenende in irgendeiner Stadt eines statt. Dennoch bleibt das „Wall Street Meeting“ in Wiesbaden, was seine Größe angeht, unübertroffen. Es findet seit den späten 1990er-Jahren in einem stillgelegten Schlachthof statt. Im Jahr 2000 zog es als bisher größtes Treffen dieser Art mehr als 500 Künstler und mehr als 10 000 Besucher an.

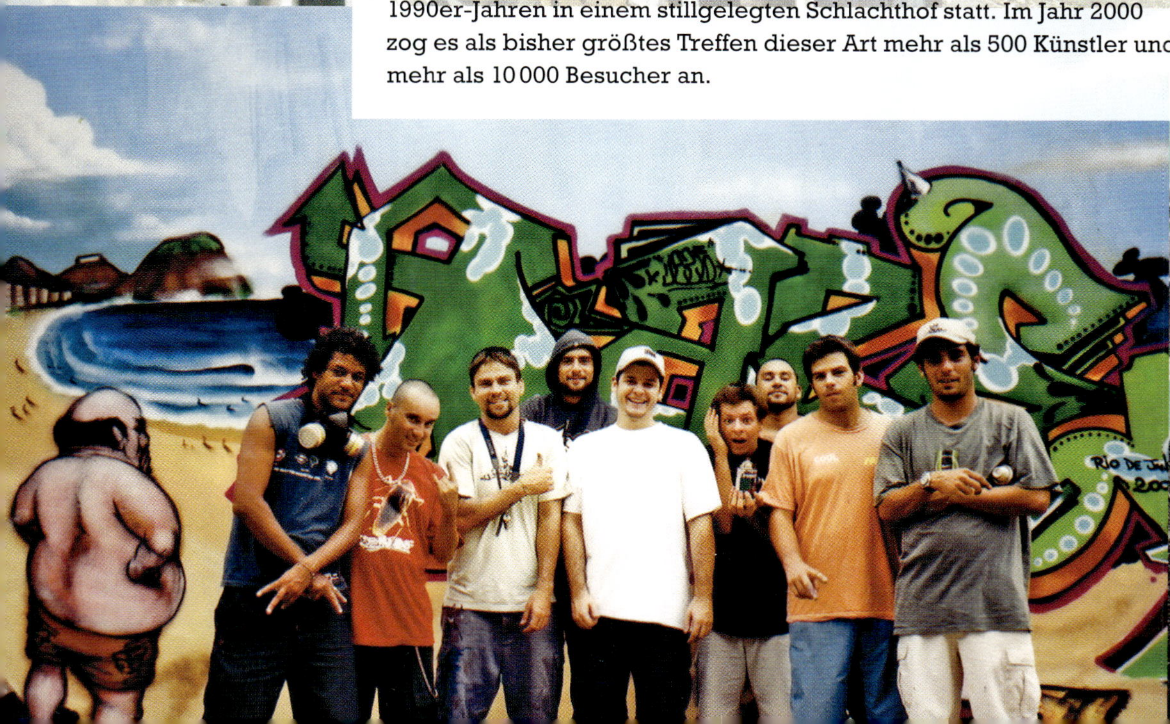
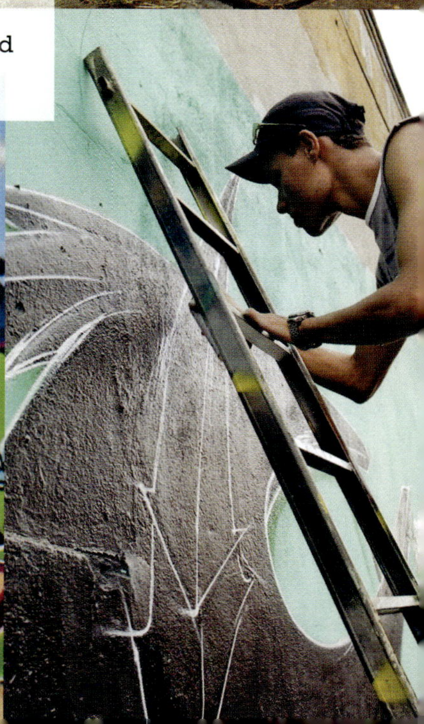

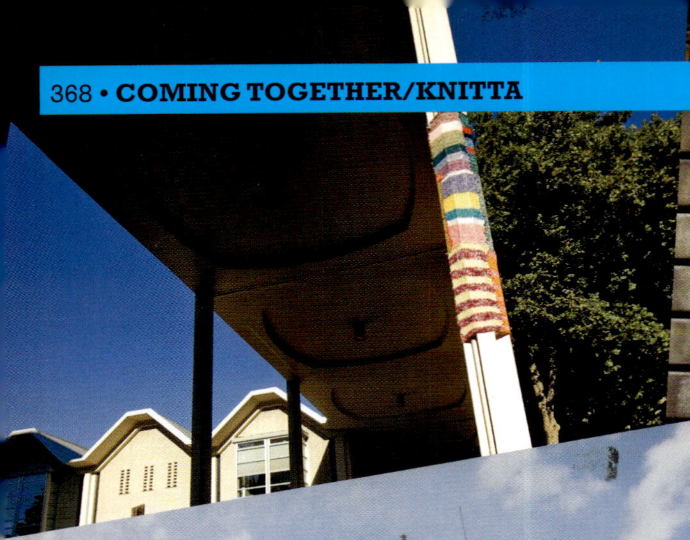

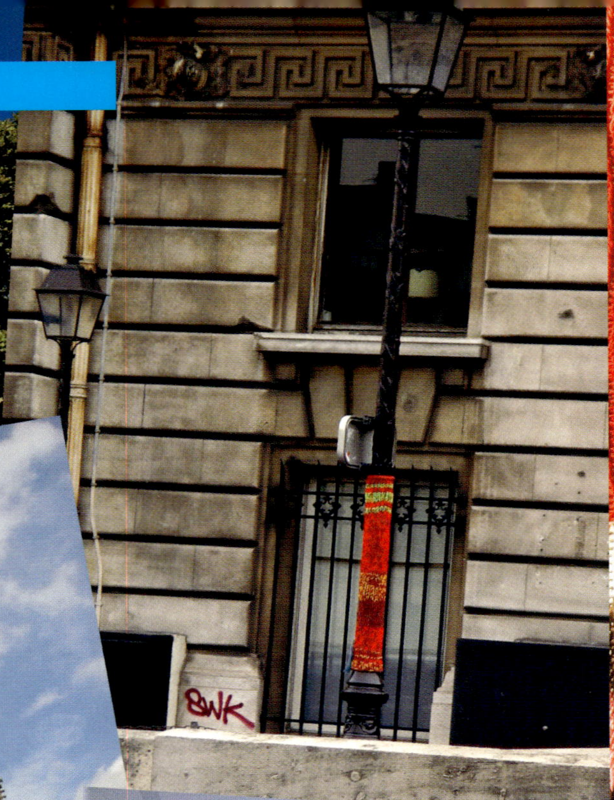

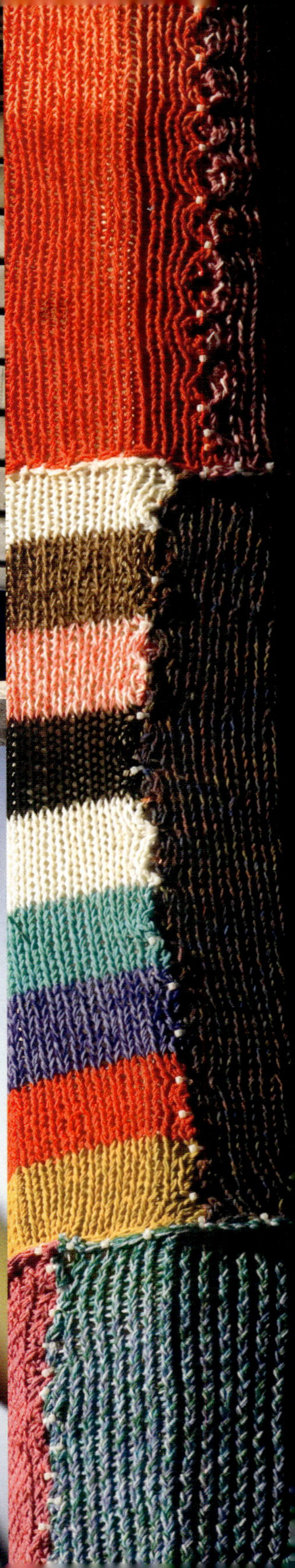

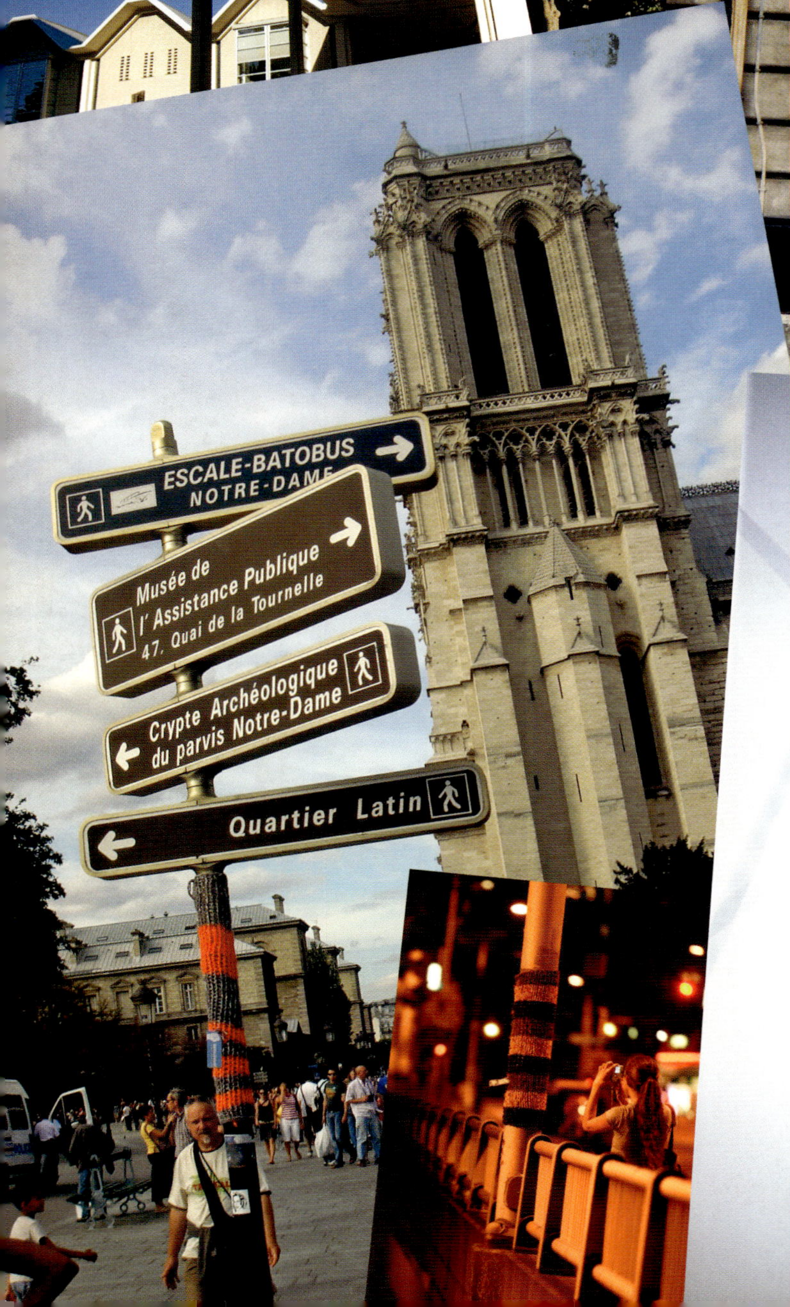
ESCALE-BATOBUS
NOTRE-DAME
Musée de
l'Assistance Publique
47, Quai de la Tournelle
Crypte Archéologique
du parvis Notre-Dame
Quartier Latin

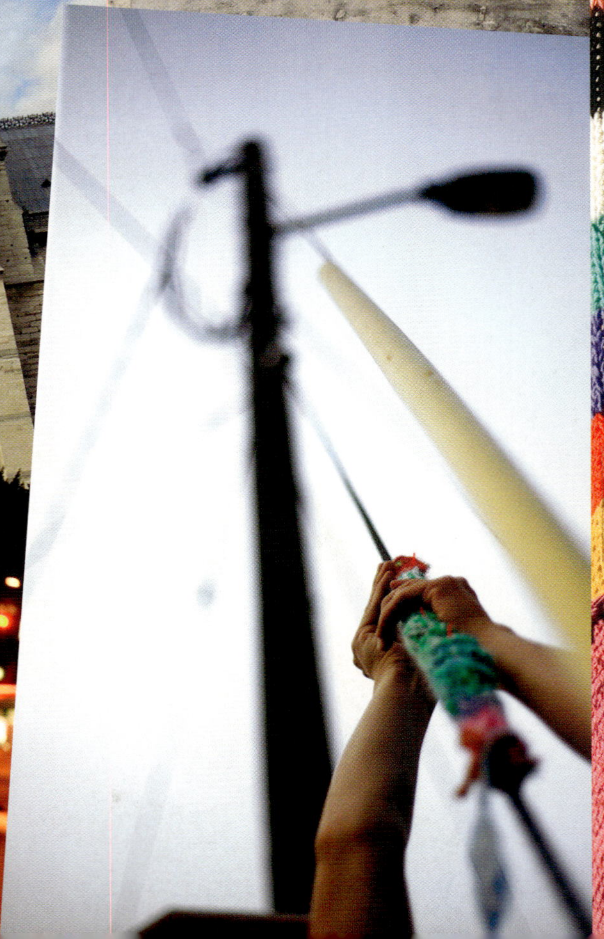

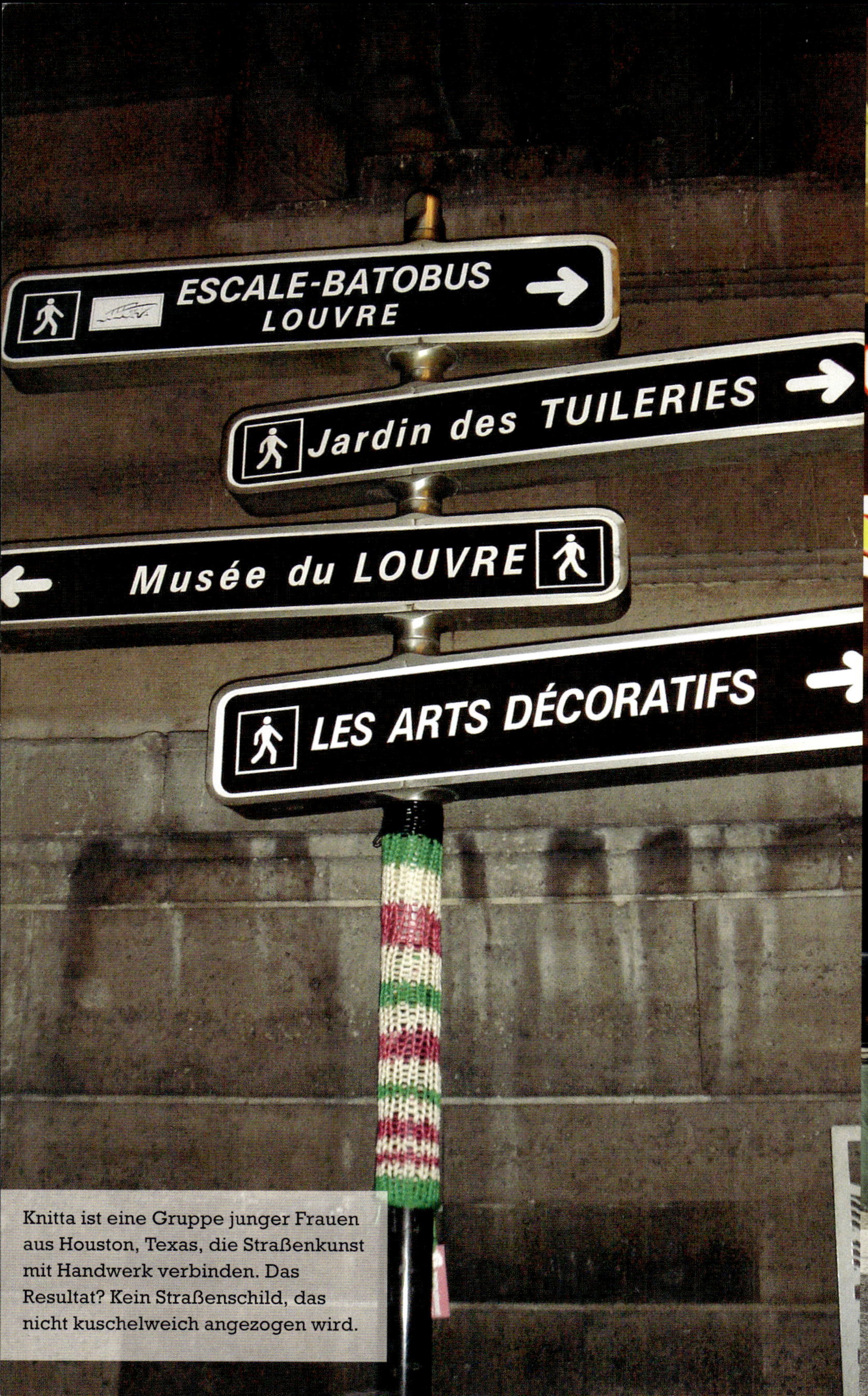

Knitta ist eine Gruppe junger Frauen aus Houston, Texas, die Straßenkunst mit Handwerk verbinden. Das Resultat? Kein Straßenschild, das nicht kuschelweich angezogen wird.

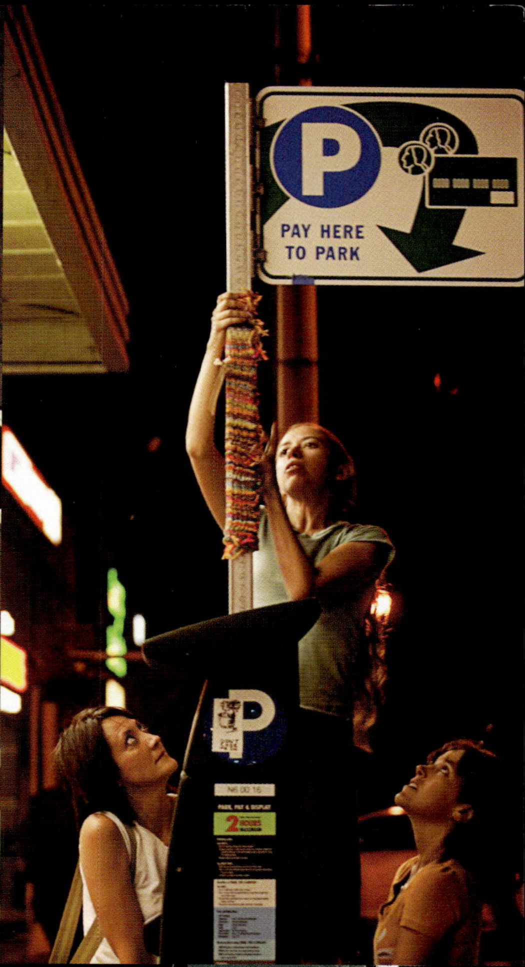

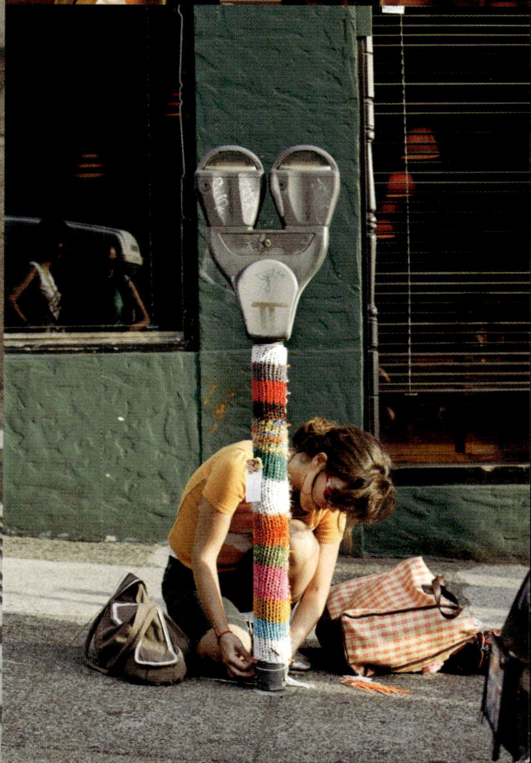

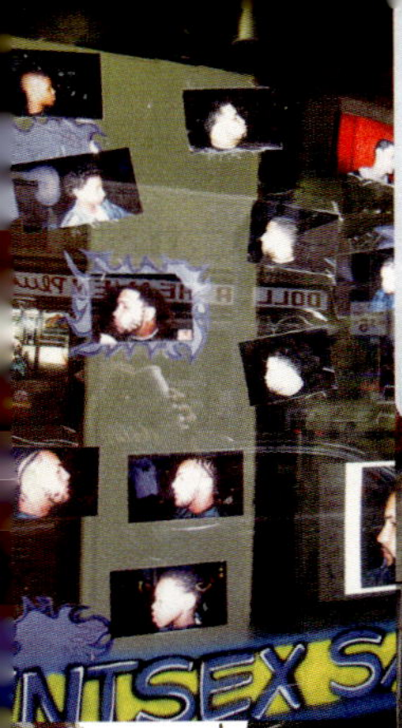
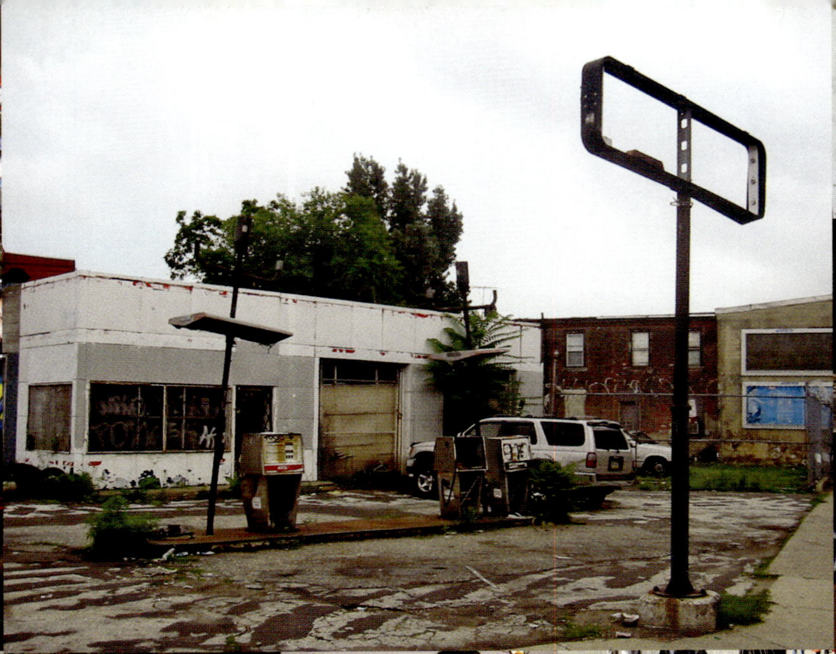
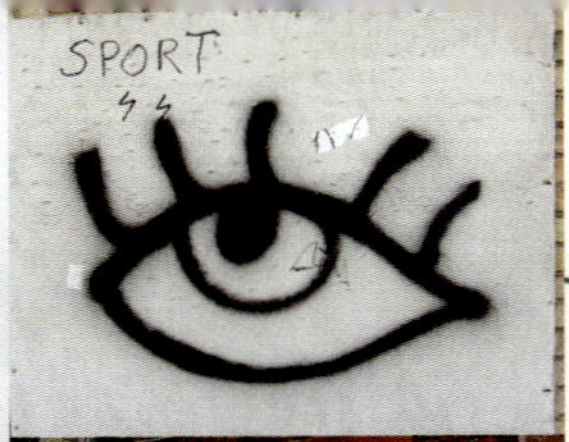
SPORT
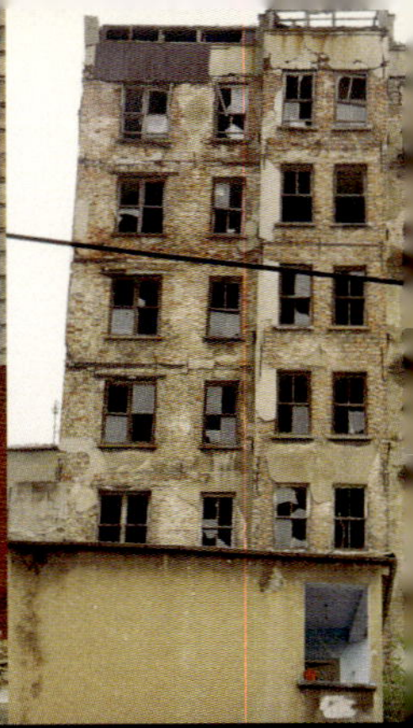
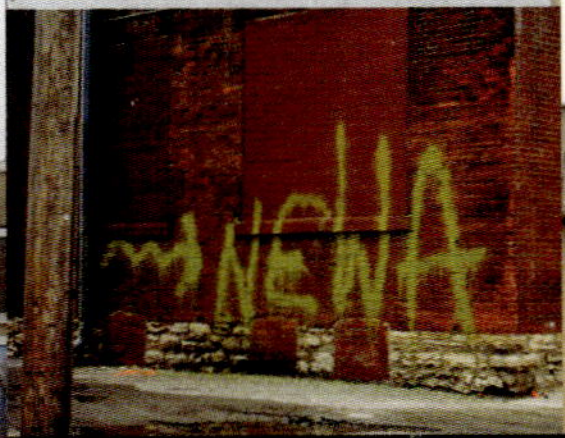
NEWA
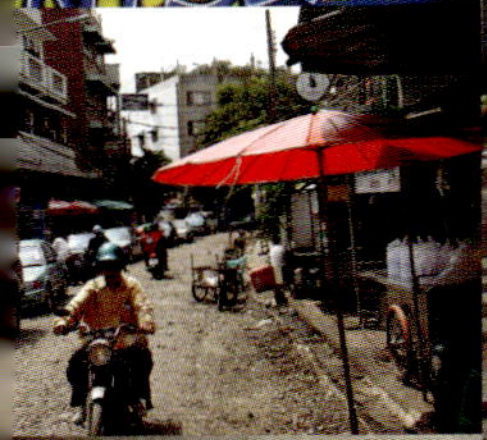
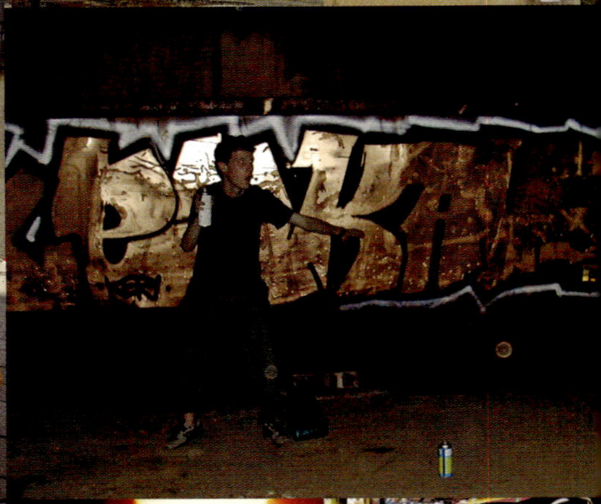
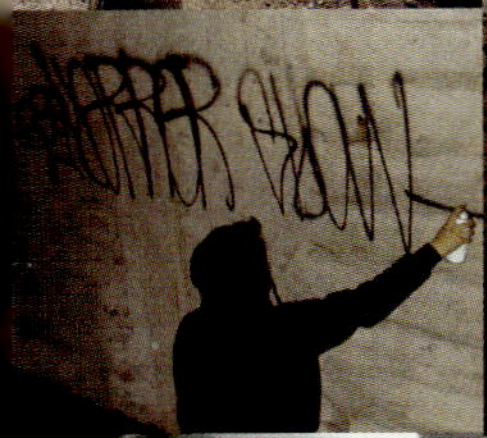
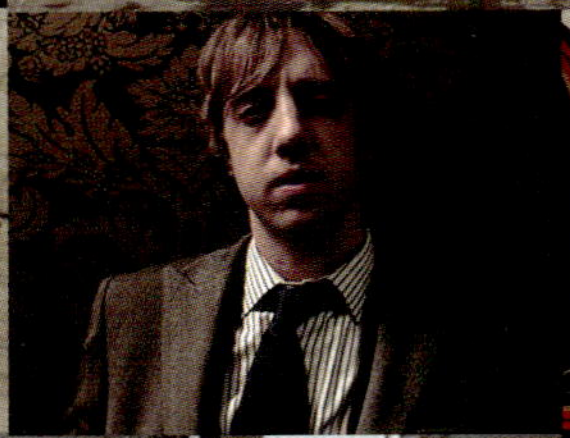
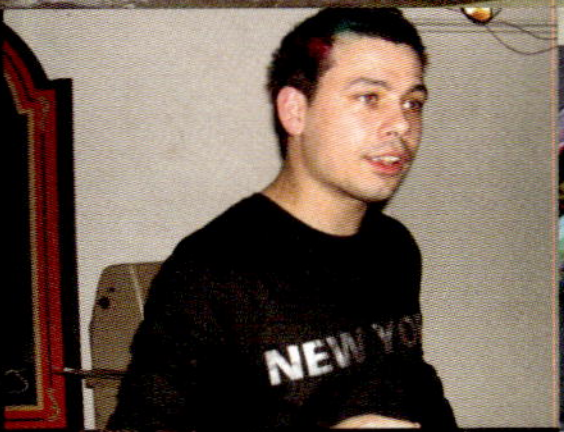
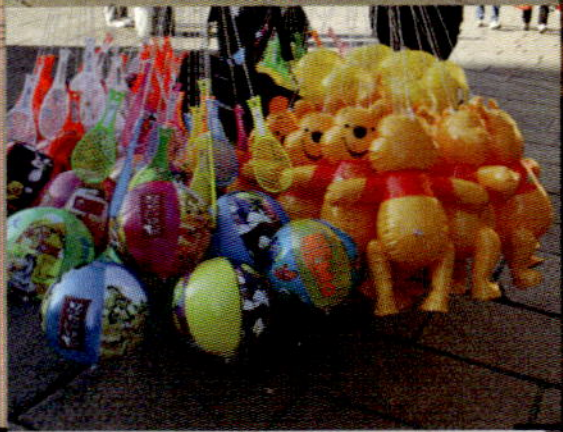
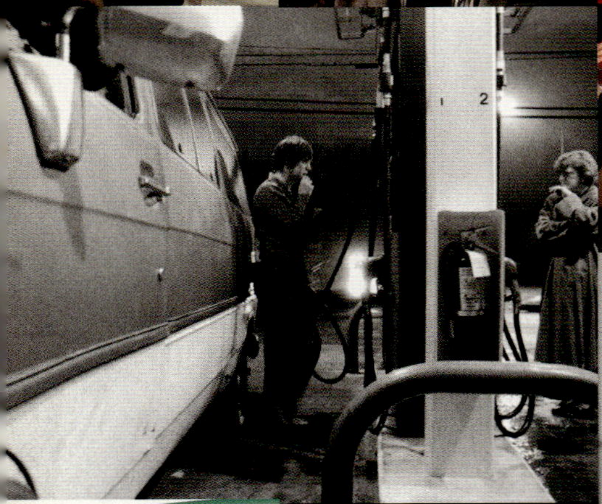
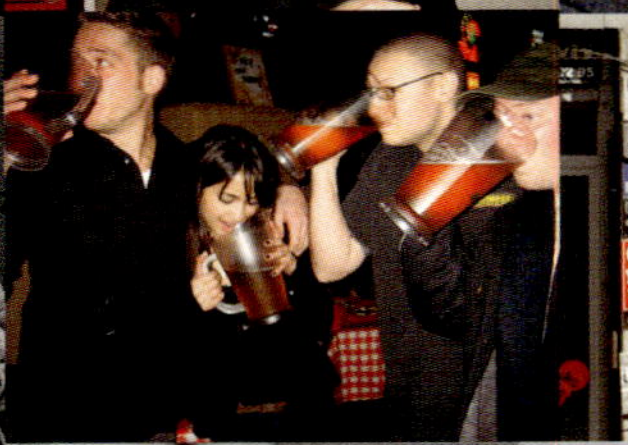
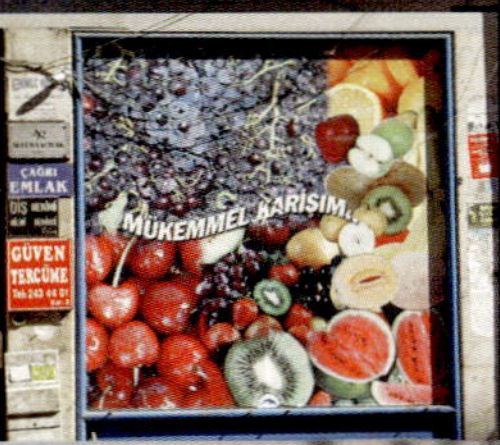
MÜKEMMEL KARIŞIM
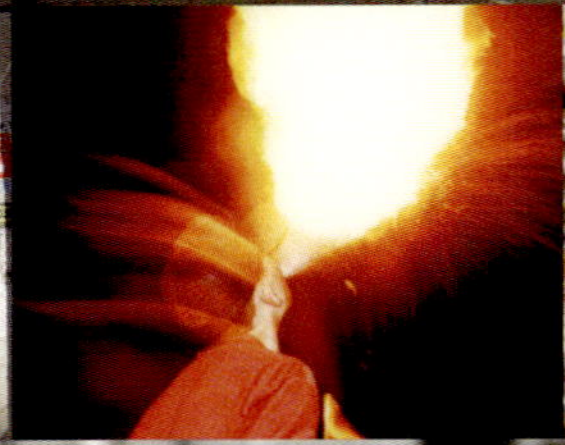
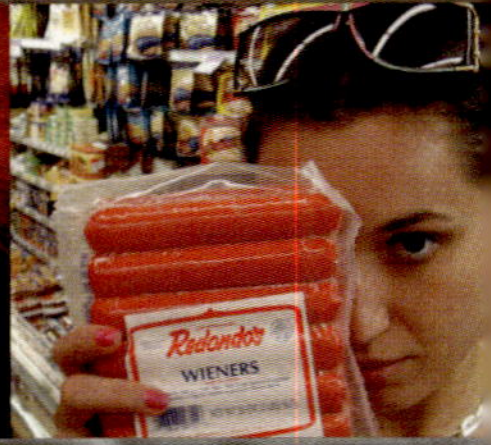
WIENERS
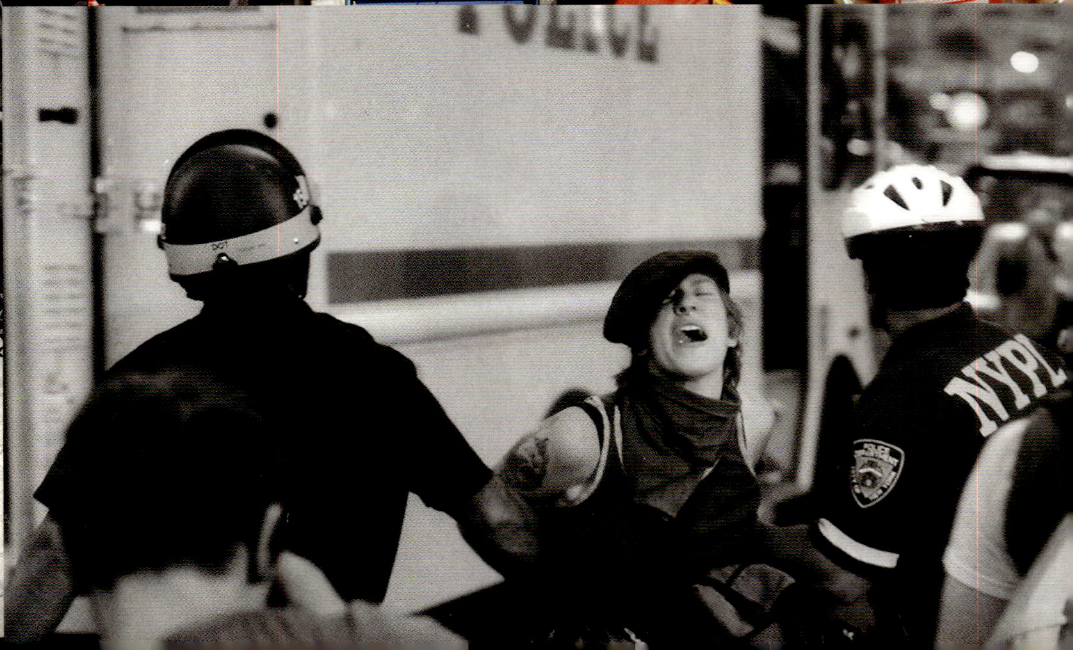
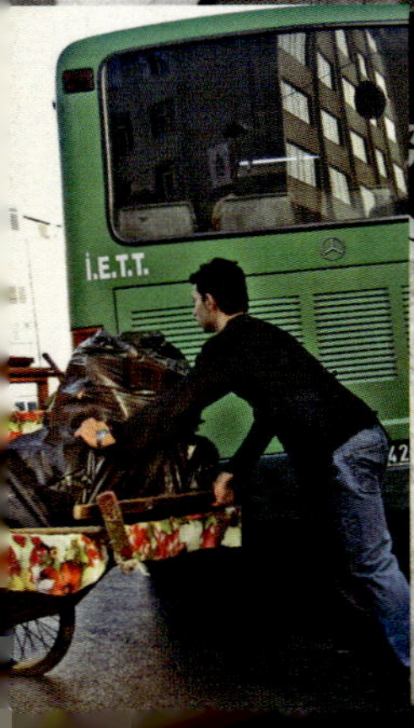
İ.E.T.T.
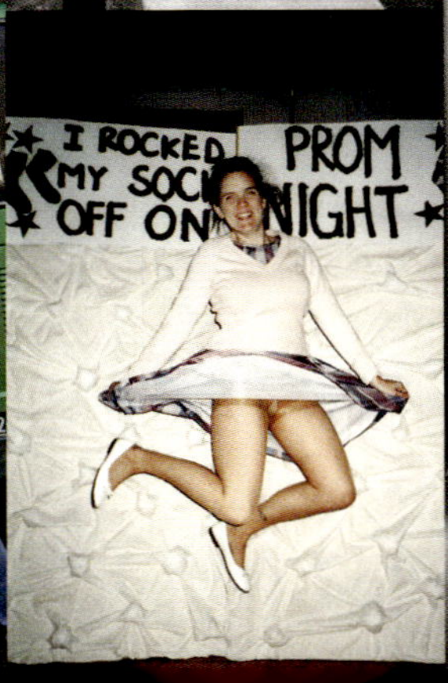

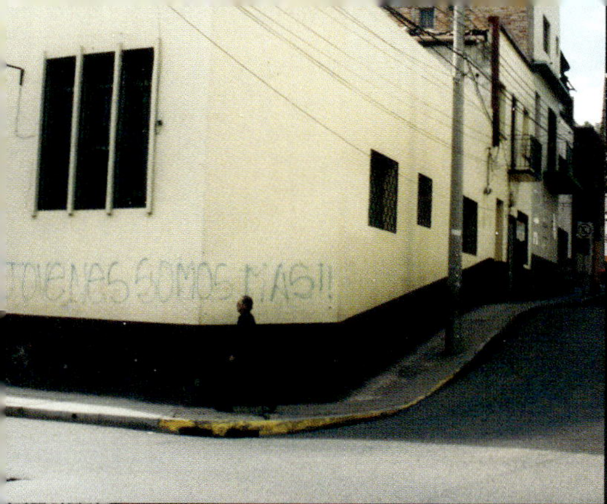

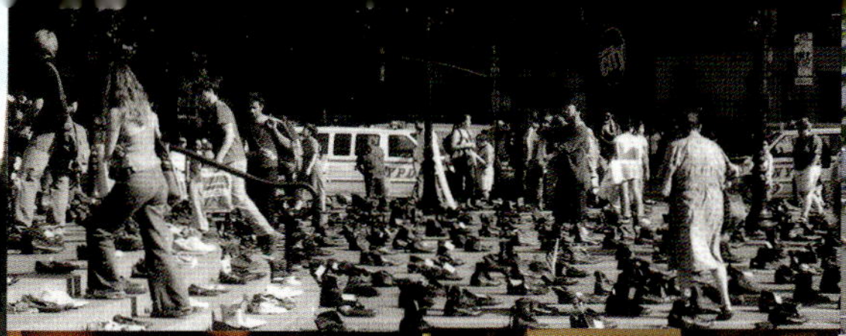

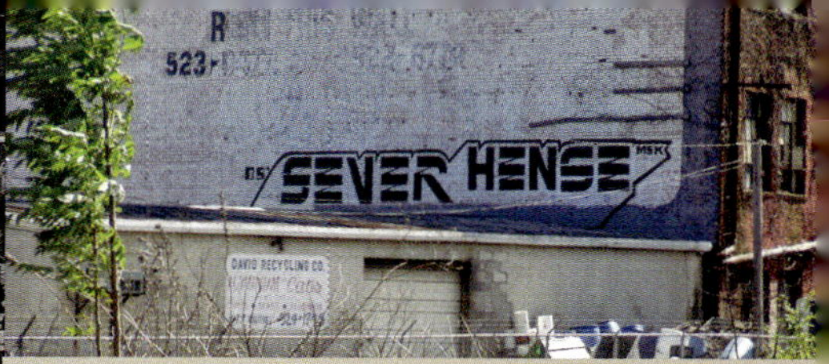
SEVER HENSE

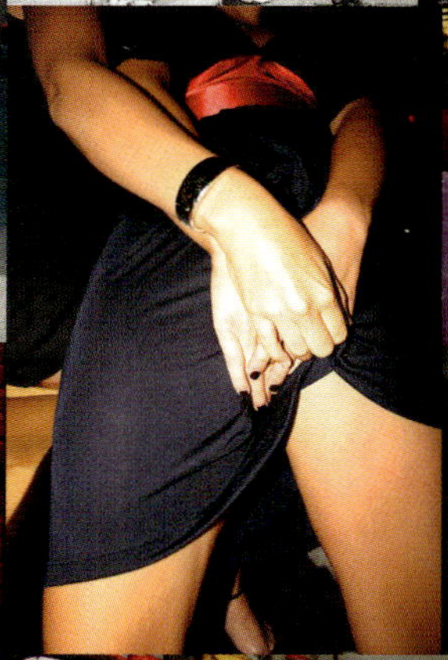

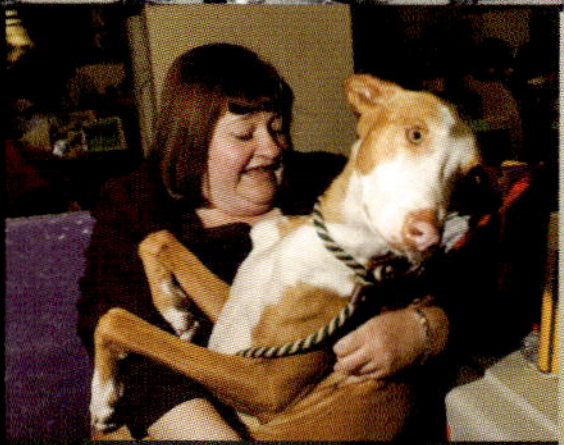

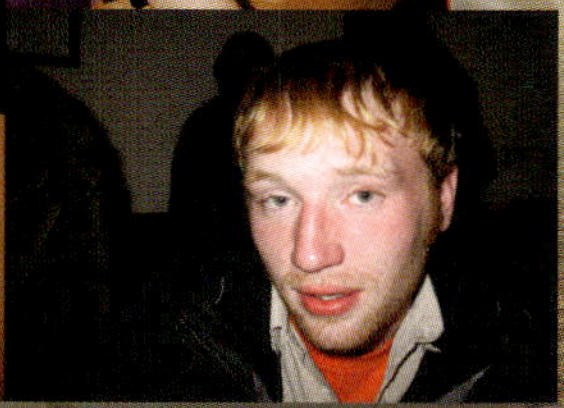

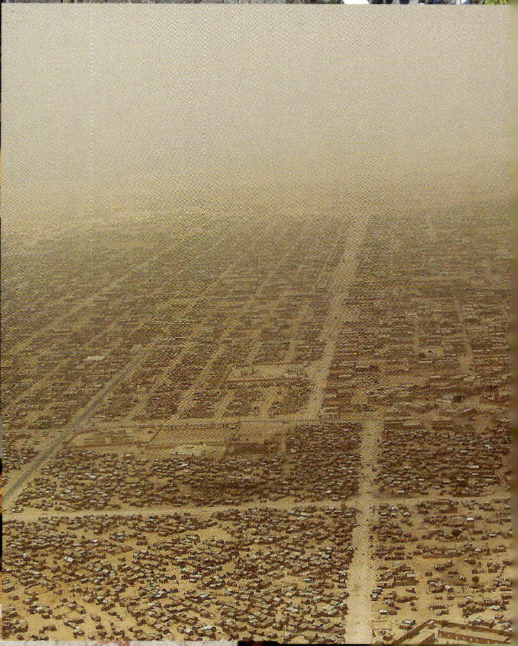

WITHDRAW ENHANCED
BUS FARE
S.U.C.I

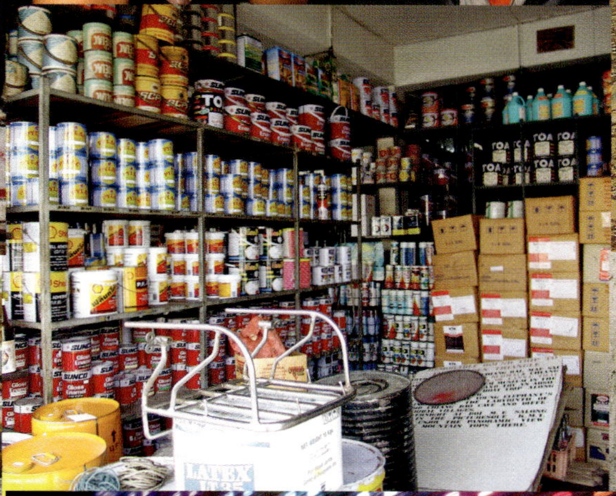
LATEX

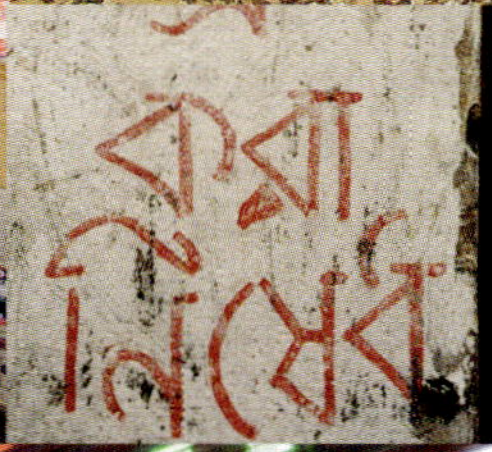

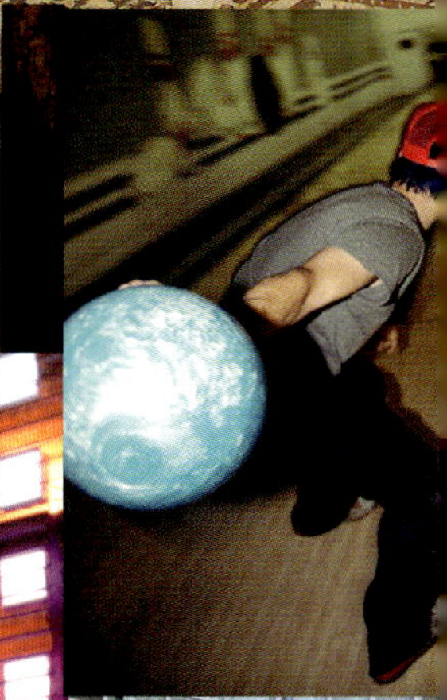

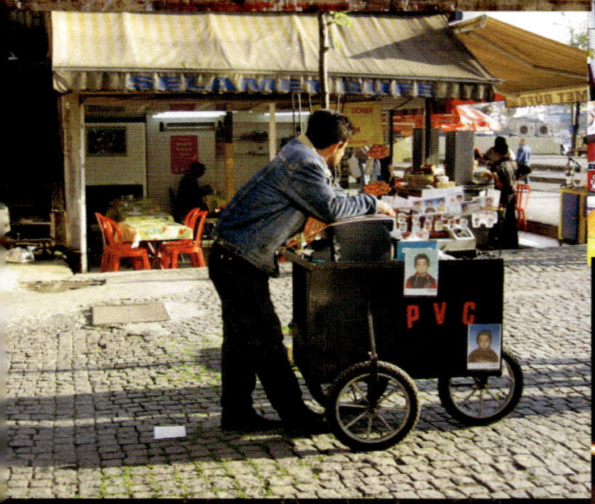
PVC

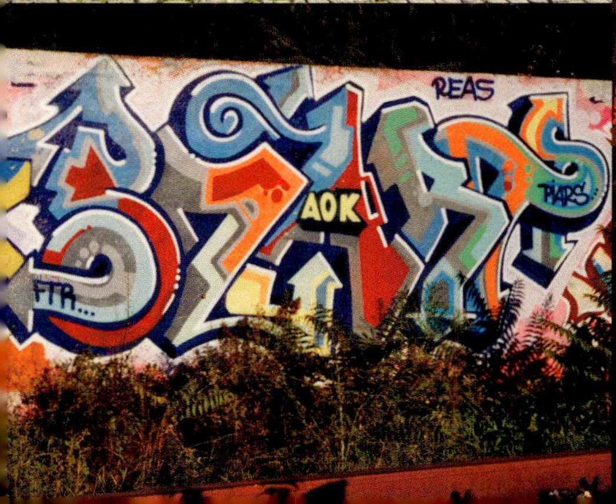
REAS
AOK

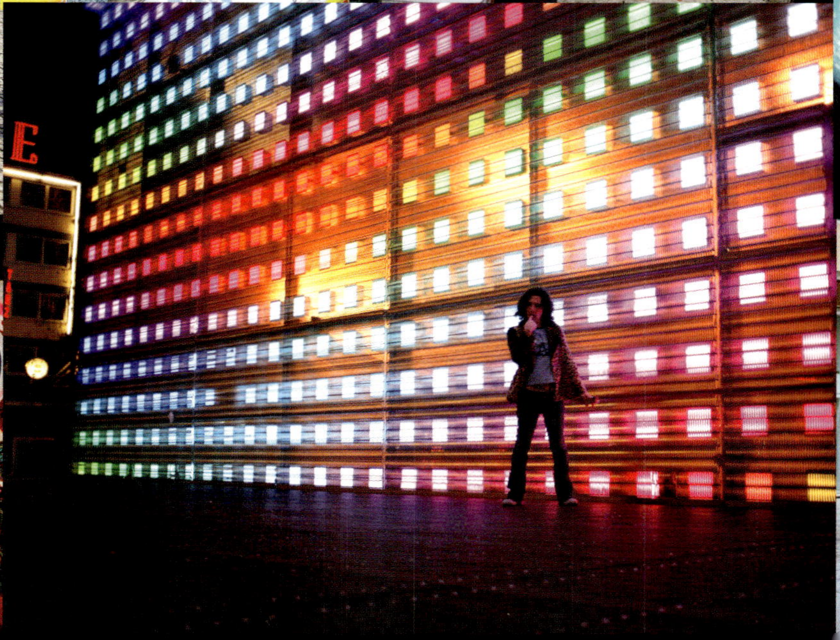

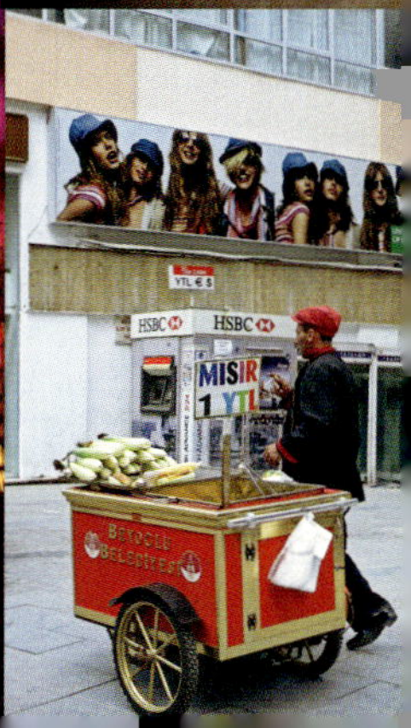
HSBC
MISIR

HÄUFIG GESTELLTE FRAGEN

WO ...

... erfahre ich etwas über Trends der populären und Straßenkultur?

www.swindlemagazine.com
www.coolhunting.com
www.beinghunted.com
www.thebrilliance.com
www.arkitip.com/intelligence
www.hypebeast.com
www.agendainc.com
www.spinemagazine.com

Jede dieser Seiten bietet eine reiche Palette an Neuigkeiten, Kritiken und Ankündigungen kommender Events sowie Links zu vielen anderen interessanten Seiten.

... finde ich Trends für Mode und Kleidung?

www.superfuture.com
www.clawmoney.com
www.thecobrasnake.com

Diese Seiten bieten neben den allgemeinen Seiten Informationen über lokale und globale Trends.

... finde ich Informationen über Skateboards, Monster Bikes usw?

www.blacklabelnyc.com
www.skateboardingsucks.com
www.haveboard.com

Diese Seiten bieten Diskussionsforen, Links und Ankündigungen von Events.

... erfahre ich mehr über Trends in der Graffiti- und Straßenkulturszene?

www.12ozprophet.com
www.woostercollective.com
www.theartwheredreamscometrue.com
www.artcrimes.com
www.obeygiant.com
www.garagemagazine.net

Diese Seiten beinhalten riesige Bilddatenbanken, Diskussionsforen und Informationen bezüglich Kunst auf der Straße.

... erfahre ich mehr über interessante und esoterische Kultur?

www.tinyvices.com
www.hustlerofculture.com
www.megawordsmagazine.com

Mit außergewöhnlichen Features und Links bieten diese Seiten einen ganz persönlichen Blick in die Welt der Kultur von heute.

... erfahre ich mehr über Parties, Konzerte und andere städtische Zusammentreffen?

www.lastnightsparty.com
www.newstoday.com
www.turntablelab.com
www.ameobarecords.com

Ankündigungen von kommenden Events und Links zu noch mehr Listen kommender Events, sowie Fotografien vergangener Parties usw. Einige bieten sogar gut sortierte Shopping-Tipps.

Weiterführende Literatur

Adbusters:
www.adbusters.org

Roger Gastman, Darin Rowland und Ian Sattler, *Freight Train Graffiti*, Thames & Hudson: London, 2006

Tristan Manco, Lost Art und Caleb Neelon, *Graffiti Brasil*, Thames & Hudson: London, 2005

Nusigns: www.myspace.com/nusign

Anthony Smyrski, *Public Wall Writing in Philadelphia*

SWINDLE Magazine:
www.swindlemagazine.com

Underground Productions:
www.underground-productions.se

Beiträge von

Adams: *Fotografien auf Seiten 230–231, 352–353*

Atome: www.atome.com.au
Fotografien auf Seiten 170–171

Aves: *Fotografien auf Seiten 162–163*

Carlos Batts ist Fotograf, Filmemacher und Kurator mit Wohnsitz in Los Angeles.
www.carlosbatts.com
Fotografien auf Seiten 12–13, 26–27, 226, 330–331, 362–363, 370–371

David Bean ist ein in Nashville lebender Fotograf.
www.visualreserve.com
Fotografien auf Seiten 264–265

Travis Beard arbeitete und reiste als Fotojournalist während der letzten neun Jahre durch Australien.
www.argusphotography.com
Fotografien auf Seiten 26–27, 268–269

Allen Benedikt ist Verleger, Designer und kreatives Alpha-Tier mit Wohnsitz in New York City.
www.akanyc.com
Fotografien auf Seiten 62–63, 130–131, 140–141, 290–291

Jean Berry, geboren 1980, ist Journalist für Jugendkultur und Underground-Musik. Er lebt in Frankreich und Marokko.
indyjean@gmail.com
www.flickr.com/photos/indyjean/sets/
Fotografien auf Seiten 314–315, 318

Blu: www.blublu.org
Fotografien auf Seiten 218–219

Angela Boatwright ist Fotografin mit Wohnsitz in New York City, wo sie Killer of Giants, eine Vermittlungsagentur für Künstler und gleichgesinnte Sponsoren betreibt.
www.killerofgiants.com
Fotografien auf Seiten 26–27, 31, 46–47, 124–125, 138–139, 190–191, 258–259

Boogie wurde in Belgrad geboren, wo er seine Kindheit verbrachte. 1998 kam er nach New York City. Er bereist die Welt und fotografiert Drogensüchtige, Gangster, traurige Stadtszenen und die Treffen einer fußballspielenden Gruppe Jugendlicher, die er jedes Jahr besucht.
www.artcoup.com
Fotografien auf Seiten 26–27, 324–325

Philip Buehler ist Fotograf. **Woody Guthrie** ist Historiker in New York.
www.modern-ruins.com
Fotografien auf Seiten 266–267

Ceaze nimmt sich Wände vor. Er fährt die Ostküste der USA auf und ab, bereist die ganze Welt, bemalt Wände und macht Tattoos.
www.theseventhletter.com
Fotografien auf Seiten 18–19, 143

Tristan Ceddia ist australischer Künstler und Designer.
www.serpspress.com
Fotografien auf Seiten 280–281

Cense arbeitet viel.
Fotografien auf Seiten 156–157

Con ist noch immer am Arbeiten.
Fotografien auf Seiten 156–157

D30 bemalt Züge.
Fotografien auf Seiten 154–155

Daniela Dacorso ist ein in Rio de Janeiro, Brasilien ansässiger Fotograf.
danidacorso@hotmail.com
Fotografien auf Seiten 16–17, 308–311, 362–363

Dalek ist Künstler und Designer in Brooklyn.
www.dalekart.com
Fotografien auf Seiten 18–19, 272–273

Day 19 ist ein Fotografen-Team aus Los Angeles bestehend aus dem Ehepaar Jeremy und Claire Weiss. www.day19.com
Fotografien auf Seiten 8–9, 26–27, 304–305

Daze (Chris Ellis) ist Künstler und Fotograf aus New York City, dem es Brasilien angetan hat.
www.dazeworld.com
Fotografien auf Seiten 366–367

Wendy Dembo ist Trend Consultat. Er betreibt ein Unternehmen für strategisches Marketing in New York zur Verbesserung der innovativen Zusammenarbeit zwischen Künstlern und Unternehmen.
www.coolhunting.com
Fotografien auf Seiten 220–221

Abbey Drucker ist Fotograf in New York.
www.abbeydrucker.com
Fotografien auf Seiten 301–303, 364–365

Per Englund ist Fotograf in Schweden.
www.per-englund.com
Fotografien auf Seiten 68–69

Rob Erickson ist Künstler und Fotograf in Philadelphia.
www.roberickson.com
Fotografien auf Seiten 88–91

Shepard Fairey: www.obeygiant.com
Fotografien auf Seiten 192–193

Aaron Farley ist Fotograf in Los Angeles. Er macht Fotos, weil er süchtig danach ist.
www.aaronfarley.com
Fotografien auf Seiten 36, 38, 83, 84–85, 110, 332–333, 344–345, 370–371

Todd Fisher lebt und arbeitet in New York.
www.toddfisher.net
Fotografien auf Seiten 360–361

Friends With You: www.friendswithyou.com
Fotografien auf Seiten 26–27, 292–293

Garage Magazine ist ein italienisches Graffiti-Unternehmen.
www.garagemagazine.net
Fotografien auf Seiten 152–153

Mike Genovese ist Mixed-Media Künstler in Chicago.
www.genovesestudios.com
Fotografien auf Seiten 214–217

Mike Giant: www.mikegiant.com
Fotografien auf Seiten 8–9, 18–19, 26–27, 40–41, 150–151, 160–161, 248–249

Chris Glancy wuchs in einem winzigen Wohnwagen im Süden Floridas auf und lebt nun in Los Angeles in einer Wohnung derselben Größe.
www.ephemeroi.com/clients/visualsniper
Fotografien auf Seiten 2–3, 8–9, 26–27, 54–55

Valerie Green: www.valeriegreen.la
Fotografie auf Seite 67

Histo ist ein herumziehender Graffiti-Aktivist.
Fotografien auf Seiten 14–15

Cody Hudson ist Künstler und Designer in Chicago.
www.struggleinc.com
Fotografien auf Seiten 214–217

Husk Mit Navn: www.huskmitnavn.com
Fotografien auf Seiten 200–201

Inti ist Graffiti-Aktivist in Santiago.
Fotografien auf Seiten 172–173

Invader: www.space-invaders.com
Fotografien von Invader und SCS auf Seiten 208–211

Isto ist Künstler in Kopenhagen.
Fotografien auf Seiten 230–231

Malcolm Jacobson ist Autor und Herausgeber von *Underground Productions* in Stockholm.
www.dokument.org
Fotografien auf Seiten 188–189

Malia James fotografiert Musiker und Gärtner in Großbritannien und sonst wo.
www.maliajames.com
Fotografien auf Seiten 350–351

Jase besprayt Tausende von Güterwagons.
www.infamythemovie.com
Fotografien auf Seiten 156–157

Mark Jenkins: www.xmarkjenkinsx.com
Fotografien auf Seiten 202–203

Nik Jung ist Fotograf in Los Angeles.
www.nikolausjung.com
Fotografien auf Seiten 102–103

Colby Katz, geboren in Washington DC, ging auf die New York University und lebt in Fort Lauderdale, Florida.
www.colbykatz.com
Fotografien auf Seiten 44–45

Kem 5: *Fotografien auf Seiten 158–159*

Keramik: *Fotografien auf Seiten 164–165*

Knitta: www.knittaplease.com
Fotografien auf Seiten 368–369

John LaCroix betreibt Medicine Agency, ein Design- und Marketingunternehmen in Oakland.
www.medicineagency.com
Fotografien auf Seiten 301, 326–327

Leigh Ledare ist Fotograf in New York City. Er nimmt derzeit am MFA Visual Arts Programm der Columbia University teil.
www.tinyvices.com
Fotografien auf Seiten 106–107

Brian Liu betreibt das Design-Unternehmen Toolbox DC in Washington DC.
www.toolboxdc.com
Fotografien auf Seiten 354–357

Amanda Lopez ist Fotografin in Los Angeles.
www.amandalopezphoto.com
Fotografien auf Seiten 26–27, 252–253

Alex Lukas ist Künstler und Verleger in Cambridge, Massachusetts, und machte die Zeichnungen für dieses Buch.
www.cantabpublishing.com
Fotografien auf Seiten 278–279, 282–283

Mark the Cobra Snake ist Fotograf in Los Angeles.
www.thecobrasnake.com
Fotografien auf Seiten 70–71, 320–323, 370–371

Teri Memolo ist Fotograf in Washington DC.
www.rosinaphotography.com
Fotografien auf Seiten 76–77, 232–233, 294–297

Miss Van: www.missvan.com
Fotografien auf Seiten 198–199

Dan Monick ist Fotograf und Kurator in Los Angeles.
www.danmonick.com
Fotografien auf Seiten 26–27, 64–67, 196–197, 271, 306–307, 319

Monster Project: www.cantabpublishing.com
Fotografien auf Seiten 212–213

Dominic Neitz: www.dominicneitz.com
Fotografie auf Seite 67

Newa gibt es noch immer.
Fotografien auf Seiten 18–19

Estevan Oriol ist Fotograf, Filmemacher und Mode-Executive in Los Angeles.
www.estevanoriol.com
Fotografien auf Seiten 26–27, 56–59, 108–109, 112–117, 178–181

R8bit erschafft und dokumentiert Straßenkunst und Graffiti in Moskau.
www.visualartifacts.ru
Fotografien auf Seiten 194–195

Kurnal Rawat ist Teil des Gründer-Duos von Grandmother India, einem Design- und Kreativ-Unternehmen in Mumbai, Indien.
www.grandmotherindia.com
Fotografien auf Seiten 246–247

Rebel ist 100% Brooklyn.
Fotografien auf Seiten 8–9, 60–61, 150–151

Robby Redcheeks ist Fotograf in Philadelphia.
www.robbyredcheeks.com
Fotografien auf Seiten 42–43, 262–263, 270, 316–317

Remio bereist und beschreibt die ganze Welt.
Fotografien auf Seiten *156–157*

Revok setzt nach wie vor neue Maßstäbe in der Welt des Graffiti.
www.revok1.com
Fotografien auf Seite 22–23, 142, 144–145, 150–151

Peter Dean Rickards ist Fotograf auf Jamaika.
www.afflictedyard.com
Fotografien auf Seiten 72–73, 358–359

Travis Roozee ist ein Taubenliebhaber aus Brooklyn.
www.travisroozee.com
Fotografien auf Seiten 336–339

Saber: www.saberone.com
Fotografien auf Seiten 146–147, 150–151

Tod Seelie ist ein in Brooklyn, New York, ansässiger Fotograf. Er ist den Mississippi hinab geraftet.
www.todseelie.com
Fotografien auf Seiten 98–101, 312–313, 334–335

Ryan Shea-Pare ist Künstler und Designer in Boston.
www.hiremeimtalented.com
Fotografien auf Seiten 346–349, 370–371

Bryan Sheffield hat unzählige Musiker fotografiert.
www.bryansheffield.com
Fotografien auf Seiten 370–371

Eliot Shepard: www.eliotshepard.com
Fotografien auf Seiten 82

Yuri Shibuya ist ein in Tokyo ansässiger Fotograf und *'zines*-Produzent.
www.yurishibuya.com
Fotografien auf Seiten 86–93, 236–237, 244–245, 298–299

Skeptik arbeitet für die CIA in Langley, Virginia.
Fotografien auf Seiten 370–371

Fred Skinner ist ein in Jacksonville, Florida, lebender Pensionist. Von 1994 bis1996 lebte er in Pakistan.
Fotografien auf Seiten 74–75, 97, 118–121

Smith wird niemals müde.
Fotografien auf Seite 156–157

Space 1026: www.space1026.com
Fotografien auf Seiten 274–277

Squid + MFG ist ein in Los Angeles ansässiges Unternehmen. www.danceright.net
Fotografien auf Seiten 78–79

Peter Tannenbaum ist ein in der Gegend von Boston ansässiger Fotograf.
www.petertannenbaum.com
Fotografien auf Seiten 284–287

Sonja Teri lebt in Los Angeles, und das mit dem besten Freund der Welt. Er verwöhnt sie. Sie hat einen Hund, der nicht unbedingt der hellste ist. Er läuft gegen Wände.
www.swindlemagazine.com
Fotografien auf Seiten 8–9

Toomer: www.infamythemovie.com
Fotografien auf Seiten 166–167

Too Tall Jahmal machte es sich zur Aufgabe, das Leben um sich herum einzufangen, als Kampfansage gegen den raschen Gedächtnisverlust.
www.TooTallJahmal.com
Fotografien auf Seiten 26–27, 227

Urban Atrophy ist das in Baltimore ansässige Forscherteam bestehend aus Dan Haga und Dan Ayers.
www.urbanatrophy.com
Fotografien auf Seiten 254–257

Rick Valenzuela ist ein in Bangkok ansässiger Fotograf.
www.rickv.com
Fotografien auf Seiten 80–81

Jason Vaughn ist Fotograf aus Los Angeles.
www.jasonvaughnart.com
Fotografien auf Seiten 26–27

Garth Walker gründete Orange Juice Design in Durban, Südafrika, und gibt das *I-Jusi* Magazin heraus.
www.ijusi.com
Fotografien auf Seiten 122–123, 238–239

Adam Wallacavage ist Fotograf und Künstler aus Philadelphia. Er baut Kronleuchter.
www.monstersizemonsters.com
Fotografien auf Seiten 24–25, 32, 35, 48–49, 274–277, 279, 328–329

We Are Supervision:
www.wearesupervision.com
Fotografien auf Seiten 4–11, 26–27, 94–97, 126–129, 132–133, 176–177, 272–273, 288–289, 340–343, 362–363

Craig Wetherby ist ein New Yorker Fotograf.
www.craigwetherby.com
Fotografien auf Seiten 50–53

WK Interact: www.wkinteract.com
Fotografien auf Seiten 204–207

Yes 2 ist Graffiti-Aktivist aus der Bronx.
Fotografien auf Seiten 168–169

Zekis ist ein chilenischer Graffiti-Aktivist, der momentan in Brooklyn lebt.
Fotografien auf Seiten 172–173

Jeff Zimmermann: www.jazim.com
Fotografien auf Seiten 222–225

Roger Gastman:
www.swindlemagazine.com

Roger Gastman hat seit seiner Zeit als 14-jähriger Graffiti-Aktivist in der Gegend von Washington D.C. mit Graffiti zu tun. Er verbrachte mehr als 15 Jahre an vorderster Front der Organisation von Straßen- und Graffiti-Kunst, wobei er der Bewegung zu allgemeiner Anerkennung verhalf. Er ist Gründer und Verleger von zwei der anerkanntesten Magazinen der Pop-Kultur des letzten Jahrzehnts – *While You Were Sleeping* und *SWINDLE* (Mitherausgeber) – sowie von mehr als einem Dutzend Kunstbücher.

Er arbeitete mit international renommierten Künstlern, produzierte Filme und Werbespots und half einer Vielzahl von multinationalen Herstellern von Automobilen, Getränken, Nahrungsmitteln, Schuhen, Mode, Handys und Spielen dabei, ihre Marke und die damit verbundene Mitteilung authentisch und stilvoll zu vermitteln. Im Jahr 2005 war Gastman Produzent und gestalterischer Berater für „Infamy", eine Dokumentation über Graffiti in Spielfilmlänge. Derzeit arbeitet er an mehreren Filmprojekten, unter ihnen „Brandalism", eine Dokumentation, die sich mit der Verbindung zwischen Kunst und Unternehmenskultur befasst.

Stark verwurzelt in der Welt des Graffiti und der Straßenkunst ist Gastman kompetenter Mediator zwischen der Underground-Kunstszene und der Mainstream-Kultur. Er ermöglichte die Schenkung von Graffiti-Artefakten an die Corcoran Gallery of Art in Washington DC. Als führender Experte der Geschichte des Graffiti hielt Gastman Vorträge an Universitäten und in den wichtigsten Museen in den USA.

Über ein Jahrzehnt hat Gastman die Karriere von Künstlern gefördert und konnte die Entwicklung von Underground-Kunstszenen in Facetten der zeitgenössischen Gesellschaft beobachten. Er wurde als Doppelagent bezeichnet. Immer hielt er die Balance und brachte der Geschichte der Straßenkultur den nötigen Respekt entgegen. Gastman und sein Team von Medienprofis sind nach wie vor von Künstlern und Unternehmen geschätzt, wollen sie doch immer nur das Eine: Arbeit mit Vertrauenswürdigkeit und Respekt darstellen.

Rogers Fotografien sind auf den Seiten 8–9, 26–27, 150–151 zu sehen.

Caleb Neelon:
www.theartwheredreamscometrue.com

1976 in Boston geboren und im benachbarten Cambridge aufgewachsen, ist Caleb Künstler, Schriftsteller und Erzieher. Calebs künstlerische Arbeiten wurden in Galerien in den gesamten USA sowie an den Wänden von Kathmandu, Reykjavik, Bermuda, Kalkutta, São Paulo und in ganz Europa gezeigt.
Er ist Koautor von *Graffiti Brasil*, Autor/Illustrator

des Kinderbuchs *Lilman Makes a Name for Himself* und Verfasser und Herausgeber zahlreicher anderer Bücher. Er ist darüber hinaus Herausgeber von *SWINDLE*.

Calebs künstlerische Arbeiten wurden in Dutzenden von Magazinen und Büchern auf der ganzen Welt abgebildet. Er schreibt Beiträge für *Tokion*, *Print*, *Juxtapoz*, *Lodown*, *On The Go*, *12oz Prophet* und einige andere Magazine und Journale.

Zu den Firmenkunden von Caleb zählen Nike, EA Sports, Sprite, Helio, Clarks und Scion. Er unterrichtet an verschiedenen Colleges und Universitäten, unter ihnen die Harvard Law School und seine Alma Mater, die Harvard Graduate School of Education. Er ist kein Freund von Winterwetter.

Calebs Fotografien sind auf den Seiten 8–9, 26–27, 134–135, 148–149, 164–165, 174–175, 182–187, 240–243, 366–367, 370–371, 382–383 zu sehen.

Anthony Smyrski:
www.smyrskicreative.com

Anthony Smyrski ist Art Director, Design Consultant und Herausgeber unabhängiger Bücher und Magazine. Er arbeitete an einer Vielzahl von Design-Projekten, unter ihnen *Megawords* und die *SWINDLE* Magazine, an zahlreichen Büchern für R77, Gingko, PowerHouse und Thames & Hudson und hat Stammkunden, die sowohl in der Kunst- als auch in der Unternehmenswelt tätig sind. Er arbeitet nach wie vor mit einer Vielzahl von amerikanischen und internationalen Kunden, unter ihnen Philagrafika, Deitch Projects, Steve Powers, Maysles Films, The Rosenbach Museum and Library, Motorola, The Philadelphia Institute of Contemporary Art, DALEK, The Jonathan Levine Gallery und Creative Time.

Im Jahr 2005 gründete Smyrski gemeinsam mit seinem Partner Dan Murphy das von Kritikern hochgejubelte Magazin *Megawords*. 2007 veröffentlichten die beiden ein Buch mit dem Titel *Public Wall Writing* in Philadelphia, und auch weiterhin erforschen sie urbane Kultur mittels Druck, Sound und Film. 2005 gründete Smyrski gemeinsam mit Max Lawrence die Free News Projects, einen unabhängigen Verlag, der Bücher und Musik herausbringt, wie eine Retrospektive der Glaskünstlerin Judith Schaechter, einige limitierte Künstlerbuchprojekte, eine Retrospektive von Collective Space 1026, und Schallplattenaufnahmen mit Künstlern wie Dalek, Blacklisted, ManMan und Jim Houser, sowie einige andere Projekte, die noch in Arbeit sind.

Anthonys Fotografien sind auf den Seiten 8–9, 20–21, 26–27, 39, 104–105, 228–229, 252–253, 260–261, 272–277, 370–371 zu sehen.

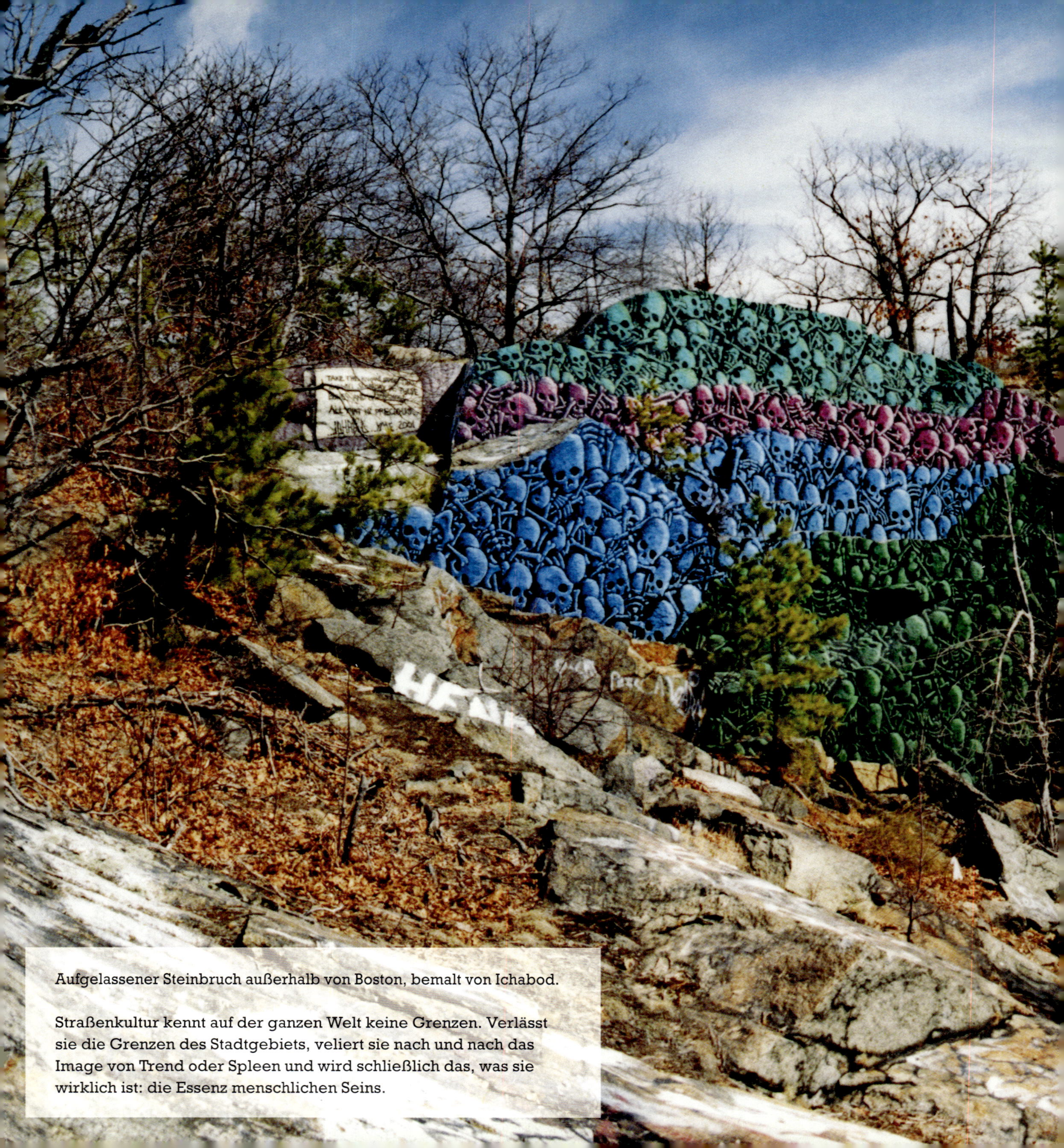

Aufgelassener Steinbruch außerhalb von Boston, bemalt von Ichabod.

Straßenkultur kennt auf der ganzen Welt keine Grenzen. Verlässt sie die Grenzen des Stadtgebiets, veliert sie nach und nach das Image von Trend oder Spleen und wird schließlich das, was sie wirklich ist: die Essenz menschlichen Seins.

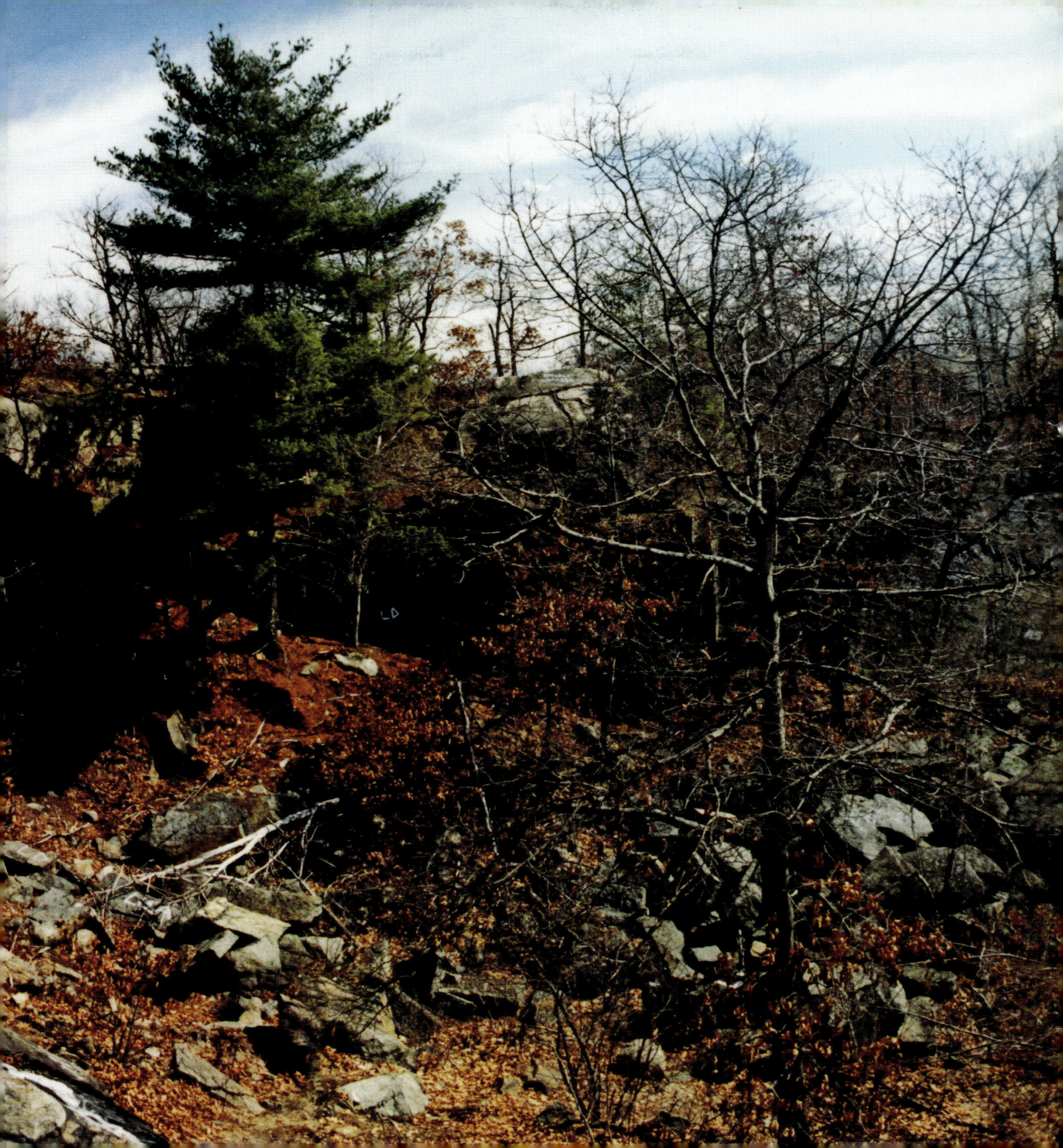

Roger Gastman dankt:

Ohne bestimmte Reihenfolge … Bethesda, Sonja, Mutter, Ian Sattler, Ian Mazie, Tone (Tone, wir vertrauen dir), Day19, Leon Catfish, Dan Monick, Harley, Avocado-Tortillas, Pro-Football, Houstons, Chonkey, Caleb, wieder Tone, gegrillte Artischocken, REVOK, Blackula, Estevan Oriol, Noah dafür, dass er Tone ausfindig machte, Thames & Hudson, Sundae Brownies auf der ganzen Welt, Bens Chili Bowl, END, Taco-Wagen, Justin-Pat—Andy—Jay—Chris (endlich werden eure Namen gedruckt), BB von SE, Fat Rich, Melanie dafür, dass sie es mit Jeff ausgehalten hat, David Lopes, Mr. Fairey, Justin Van Hoy, Mac & Cheese, Eric Dorfman, dem Mädel gegenüber von McKinley, Bob Chinns Sakko, Käse (außer Schimmelkäse), Law & Order SVU/CI, T-Shirts von Treffen in Chicago, Smyrski Creative, R. Shook, Tone im Hai-Kostüm (ein Traum), allen Fotografen in diesem Buch, Gino's East, Aaron Farley, Schokoladenkuchen, James Marshall, Gabe dafür, dass er für einen Job Chicken Nuggets mit den Fingern aß, der Polizei von Bethesda dafür, dass sie unsere Parties aufgelassen haben, We Are Supervision, R. Colman, Nicky, Eisen und all den anderen Menschen, die auf mich böse sein werden, weil ich sie nicht namentlich erwähnte.

Caleb Neelon dankt:

Meiner Familie, Ellen, Annie and Ursie, Alex Lukas, Roger, Sonja and Tony, dem *SWINDLE-Team*, allen Fotografen, die uns ihre Fotografien zur Verfügung stellten, Skeptik, Chris (pass auf dich auf), MSB, Cambridge, Charlie's, Harvard, den Circle T kids, meinem Goldfisch, CNBC, Peter Tannenbaum, White Walls, Space 1026, Thames & Hudson, Kaffee und Dessert, Menschen, die mir Möglichkeiten eröffnen und jedem, der seine Emails beantwortet.

Anthony Smyrski dankt:

Meiner Mutter (RIP) und meinem Vater, der Stadt Philadelphia, Matt Gallagher und der Gallagher Familie, Paul Butterly, Mikey, Dominic Palermo, Dan Murphy, Casey Huckel, Dean, Joe Hardcore, George Hirsch, Palmer, Scruff, Josh, Dempsey, Weird Jesse, Brett, Thai, Steve und Jay Bush, Dan Stone (RIP), dem Rest von DEK, Space 1026, Melissa Farley, Sam Schwartz, Becky Suss, Max Lawrence, Ben Woodward, Adam Wallacavage, Sonja, Roger, Nickey, Harley und Wesley Eisold.